CONTRATO DE CAPITALIZAÇÃO

JERÔNIMO JESUS DOS SANTOS

Procurador Federal
Mestre em Direito

CONTRATO DE CAPITALIZAÇÃO

LTr®

EDITORA LTDA.

Rua Jaguaribe, 571
CEP 01224-001
São Paulo, SP — Brasil
Fone (11) 2167-1101
www.ltr.com.br

Produção Gráfica e Editoração Eletrônica: RLUX
Foto capa: RENATO FERNANDES ALVES, ASCOM/MTE
Capa: RODRIGO SOARES DA SILVA e BRUNO ALVES
Revisão Formal: EDIBALDO HOMOBONO SANTA BRÍGIDA
Impressão: HR GRÁFICA E EDITORA

LTr 4880.4
Setembro, 2013

Dados Internacionais de Catalogação na Publicação (CIP)
(Câmara Brasileira do Livro, SP, Brasil)

Santos, Jerônimo Jesus dos
Contrato de capitalização / Jerônimo Jesus dos Santos. — 1. ed. — São Paulo : LTr, 2013.

Bibliografia
ISNB: 978-85-361-2700-2

1. Capitalização 2. Capitalização (Finanças) 3. Contratos 4. Contratos (Direito) — Brasil 5. Direito financeiro — Brasil I. Título.

13-09495 CDU-347.44(81)

Índice para catálogo sistemático:

1. Brasil : Contratos : Direito civil 347.44(81)

AGRADECIMENTOS

*A **DEUS**, por, mais uma vez, transformar o meu sonho em realidade.*

À memória de meu pai, Américo dos Santos, pelos ensinamentos dos verdadeiros valores de caráter, honestidade e vontade de viver.

À memória dos meus irmãos, Adinei dos Santos e Adinéia Nogueira dos Santos, pelos exemplos de força e dignidade, uma perpétua lembrança.

Em especial, a minha mãe, in memoriam, Isabel de Jesus Viana, doce e eterna vida, pela minha existência física, moral, intelectual e humana.

Aos meus irmãos "Belinha", Osvaldo, Damiana e Juvenal.

Aos meus filhos Ana Paula e Fillipe.

Ao "meu filho postiço" Vinícius

Aos meus sobrinhos e filhos.

A minha neta, Yasmim, e ao meu neto, Joaquim, todos sangue do meu sangue, razão maior do meu viver e eterna perpetuação da vida através deles.

À CNSEG, à FENACAP, à SUSEP e às Sociedades de Capitalização pelo apoio e estímulo.

Às bibliotecárias, dentre as quais, a amiga Juscenira de Freitas Leite Oliveira, competente bibliotecária, pela atenção e pela incansável colaboração amistosa; e à Rosana Souza, pela paciência e cooperação.

Aos integrantes e membros da Advocacia-Geral da União (AGU), da Procuradoria-Geral Federal, da Procuradoria da Fazenda Nacional, do Banco Central do Brasil, e da Superintendência de Seguros Privados (SUSEP).

Aos alunos, professores, colegas de trabalho, amigos (companheiros de todas as horas), o meu sempre vivo reconhecimento.

Àqueles que, direta ou indiretamente, colaboraram na execução desta obra, meus sinceros agradecimentos, sobretudo a meus colegas, os quais facilitaram muitas pesquisas de natureza técnica e jurídica.

A todos, a minha dívida de gratidão, o meu sentimento de ternura, pela bondade, pela delicadeza, pelo afeto, pelo olhar bondoso, pelo afago, pelo sorriso e pela gentileza.

Enfim, àqueles que acreditam que, a cada instante, a vida pode ser construída, reconstruída, pode ser revitalizada, pode ser regenerada, e que dão mais valor ao que vem do coração, o meu muitíssimo obrigado por existirem.

DEDICATÓRIA

A saudade não tem nada de trivial[1].

Interfere em nossa vida de um modo às vezes sereno, às vezes não.

É um sentimento bem-vindo, pois confirma o valor de quem é ou foi importante para nós, e é ao mesmo tempo um sentimento incômodo, porque acusa a ausência, e os ausentes sempre nos doem.

É justamente isto que sinto agora: ausência.

Ausência dos meus pais, dos meus irmãos (Adinei e Adnéia), da minha ex-sogra Narcisa, do ex-cocunhado Marcos.

Também ausência do saudoso radialista, jornalista, escritor, corretor de seguros e companheiro de sempre:

Jota Garcia

(divulgou, por muitos anos, a atividade securitária nacional; mantinha uma imprensa especializada com "Espaço Seguro").

Um dos meus mais nobres incentivadores, inclusive para escrever[2] *esta obra,*

a quem, onde estiver, daqui dedico este livro.

Sabemos que há muitas saudades possíveis de se conviver e possíveis de matar.

A única saudade que não se mata é a de quem morreu.

Todos *partiram cedo demais, mas ficam as cenas guardadas na lembrança,*

que não esvaecem, embora sejam recordações abstratas.

De concreto, palpável, também ficam as fotos, as imagens, as gravações, o som da voz...

Eterna lembrança a todos que partiram...

Um...

Até logo!

---

(1) MEDEIROS, Martha. *Revista O Globo*, p. 24, 4 nov. 2007.

(2) Escrever um livro é a atividade mais solitária do mundo. Uma vez a cada dois anos, vou para frente do computador, olho para o mar desconhecido de minha alma, vejo que ali existem algumas ilhas — ideias que se desenvolveram e estão prontas para serem exploradas. Então pego meu barco — chamado Palavra — e resolvo navegar para aquela que está mais próxima. No caminho, defronto-me com correntezas, ventos, tempestades, mas continuo remando, exausto, agora já consciente de que a ilha a que pretendia chegar já não está mais em meu horizonte. cf. COELHO, Paulo. *Revista O Globo*, p. 54, 4 nov. 2007.

SUMÁRIO

CAPÍTULO III

DOS PRINCÍPIOS FUNDAMENTAIS E DA FUNÇÃO SOCIAL DOS CONTRATOS DE CAPITALIZAÇÃO

CAPÍTULO IV

DOS VÍCIOS E DA EXTINÇÃO DO CONTRATO DE CAPITALIZAÇÃO

CAPÍTULO V
DAS CARACTERÍSTICAS DO CONTRATO DE CAPITALIZAÇÃO

CAPÍTULO VI

O PAPEL DO ESTADO, DA ATUAÇÃO DOS ÓRGÃOS PÚBLICOS DO SISTEMA NACIONAL DE CAPITALIZAÇÃO (SNC), DAS PARTES E DOS ELEMENTOS DO CONTRATO DE CAPITALIZAÇÃO

CAPÍTULO VII

A SOCIEDADE DE CAPITALIZAÇÃO

CAPÍTULO VIII
TÍTULO DE CAPITALIZAÇÃO

CAPÍTULO IX

INSTITUTOS DA OPERAÇÃO DE CAPITALIZAÇÃO, CONCEITOS E SEUS EFEITOS ECONÔMICOS, SOCIAIS E JURÍDICOS

CAPÍTULO X

MEIOS ALTERNATIVOS DE SOLUÇÃO DE CONFLITOS NOS CONTRATOS DE CAPITALIZAÇÃO

CAPÍTULO XI

CONSIDERAÇÕES FINAIS

LISTA DE ABREVIATURAS

a.	— autor, autuada, assinatura
ABRH	— Associação Brasileira de Recursos Humanos
ac.	— acórdão
a.C.	— antes de Cristo
ADCT	— Ato das Disposições Constitucionais Transitórias
ADIN	— Ação Direta de Inconstitucionalidade
Ad. lit.	— *ad litteram* — ao pé da letra; literalmente
AGU	— Advocacia-Geral da União; Advogado-Geral da União
ANAPP	— Associação Nacional da Previdência Privada
Ap.	— *apud* — preposição latina cujo significado é "junto a", "em"
ANATEL	— Agência Nacional de Telecomunicações
ANSEP	— Agência Nacional de Seguros Privados
BACEN ou BCB	— Banco Central do Brasil
CADE	— Conselho Administrativo de Defesa Econômica
C.C.B.	— Código Civil Brasileiro
C. Com	— Código Comercial
CDC	— Código de Defesa e Proteção do Consumidor
CEMASC	— Centro de Mediação, Conciliação e Arbitragem para Solução de Conflitos
cf.	— conforme
CF	— Constituição Federal
Cia.	— companhia, empresa
CLT	— Consolidação das Leis Trabalhistas
CMN	— Conselho Monetário Nacional
CNI	— Confederação Nacional da Indústria
CNSP	— Conselho Nacional de Seguros Privados
CNSeg	— Confederação Nacional das Empresas de Seguros Gerais, Previdência Privada e Vida, Saúde Suplementar e Capitalização
CONDGs	— Condições Gerais ou Condições Gerais do Contrato

CPC — Código de Processo Civil

CRFB — Constituição da República Federativa do Brasil

CRM — Customer Relationship Management

CVM — Comissão de Valores Mobiliários

d.C. — depois de Cristo

D. ou Dec. — Decreto

DJ — Diário da Justiça

Des. — Desembargador

EC — Emenda Constitucional

Ed. — edição (editor)

ed. — edição

E.g. — *exempli gratia* (por exemplo)

EUA — Estados Unidos da América

Fls. ou f. — folha

FENACAP — Federação Nacional de Capitalização

FENACOR — Federação Nacional dos Corretores de Seguros e de Capitalização

FENAPREVI — Federação de Previdência Privada e Vida

FENASAÚDE — Federação de Saúde Suplementar

FENASEG — Federação Nacional das Empresas de Seguros Privados e de Capitalização

FENSEG — Federações Associativas de Seguros Gerais

FUNENSEG — Fundação Escola Nacional de Seguros

Ibid., (ib) — *ibidem* — forma de ib (advérbio latino cujo significado é "onde") + dem (elemento reforçativo) = no próprio lugar, no mesmo lugar, na mesma obra

Id. — *idem*: is (este) + dem (reforçativo): a própria pessoa, este mesmo, o próprio autor

i.e. — *id est* — literalmente "isto é" (a saber)

in casu — no caso

INSS — Instituto Nacional de Seguridade Social

Ip.v. — *ipsis verbis* — corresponde a ip. lit. (*ipsis litteris*, literalmente): com as próprias palavras, com as próprias letras

IRB — Instituto de Resseguros do Brasil (atual IRB-Brasil Resseguros S/A)

LA — Lei de Arbitragem

LC — Lei Complementar

LICC — Lei de Introdução ao Código Civil, hoje denominada Lei de Introdução às Normas do Direito Brasileiro com a redação dada pela Lei n. 12.376, de 30 de dezembro de 2010

Lit. — *litteratim* — literalmente

Loc. cit. — *loco citato* (no lugar citado) ou *locus citatus* (lugar citado). Pode-se abreviar ob. cit. (obra citada)

LPI — Lei de Propriedade Industrial

LSA — Lei das Sociedades Anônimas ou Lei das Sociedades por Ações

MASC — Meios Alternativos de Solução de Conflitos

Min. — Ministro

MPT — Ministério Público do Trabalho

N. — número

N.B. — *nota bene* — do verbo *notyare* (2ª pessoa do singular do imperativo afirmativo: nota, observa) + bene (advérbio latino bem). A tradução correta é: nota bem, observa bem.

Ob. — obra

Obs. — observação

Op. cit. — *opus citatum* (obra citada) ou *opere citato* (na obra citada)

p. ex. — por exemplo

PIB — Produto Interno Bruto

pres. — presidente

prof. — professor

P.S. — *post scriptum* (pós-escrito)

Q.e.d. — *quod est (erat) demonstrandum* (o que se tem ou tinha de provar)

RE — Recurso Extraordinário

Rev. — revista

S/A — sociedade anônima

Sc. — *scilicet* — advérbio latino afirmativo hoje usado com o sentido de "a saber"

s.d. — *sine data* (sem data)

SDE — Secretaria de Direito Econômico

SE — Sentença Estrangeira

s.e. — sem editor

SEAE — Secretaria de Acompanhamento Econômico

SBDC — Sistema Brasileiro de Defesa da Concorrência

séc. — século

SEBRAE — Serviço Brasileiro de Apoio às Micro e Pequenas Empresas

SENAI — Serviço Nacional de Aprendizagem Industrial

SENAC — Serviço Nacional de Aprendizagem Comercial

SENAR — Serviço Nacional de Aprendizagem Rural

SENAT — Serviço Nacional de Aprendizagem do Transporte

SESC — Serviço Social do Comércio

SESC — Serviço Nacional de Aprendizagem do Cooperativismo

SESI — Serviço Social da Indústria

SEST — Serviço Social de Transporte

SFN — Sistema Financeiro Nacional

SINCORs — Sindicatos dos corretores de seguros, de Capitalização e de previdência complementar aberta

s.l. — *sine loco*, sem indicação de lugar

s.n. — *sine nomine* (sem nome do editor)

S.N.C. — Sistema Nacional de Capitalização

S.N.S.P. — Sistema Nacional de Seguros Privados

SPC — Serviço de Proteção ao Crédito

STF — Supremo Tribunal Federal

STJ — Superior Tribunal de Justiça

Supl. — Suplemento

SUSEP — Superintendência de Seguros Privados

t. — tomo (singular ou plural)

TAC — Termo de Ajustamento de Conduta

Tb. — também

TC — Título de Capitalização

Tit. — Título

Ult. — *ulterior* (ulteriormente)

un. — único (unânime)

v. — veja (ver)

verbo *ad verbum* — palavra por palavra

v.g. — *verbi gratia* (por exemplo)

PREFÁCIO

É com renovado apreço que faço a apresentação pública desta obra. Não é tarefa fácil prefaciar monografia de um jurista que já desponta com força inegável no pensamento jurídico brasileiro. Autor de quatro reconhecidos livros, quais sejam, *Meios alternativos de solução de conflitos; Previdência Privada; Termo de ajustamento de conduta;* e organizador, coordenador e coautor de *Temas Aplicados de Direito do Trabalho & Estudos de Direito Público* e de diversos artigos publicados em revistas do mundo jurídico, nas áreas de seguros, resseguro, previdência complementar, de Capitalização e do direito do trabalho.

Aliás, por ser oportuno, devo consignar que o doutor Jerônimo não se destaca apenas como doutrinador, professor, jurista e escritor, mas também como gestor público. Há cinco anos à frente da Consultoria Jurídica junto ao Ministério do Trabalho e Emprego, como seu titular, tem sido criativo e inovador.

Sabemos que a Gestão Pública é indispensável ao cumprimento e pleno desempenho dos princípios constitucionais capitulados no art. 37 da CF, de forma a responder, eficiente e eficazmente, às demandas institucionais de políticas públicas e sociais conclamadas pela população brasileira.

O autor aprofunda o estudo do tema em seus textos e capítulos especificando e diferenciando o "Contrato de Capitalização" no mundo jurídico pactual.

De maneira que o presente livro tem todos os motivos para agradar ao leitor, considerando que o tema nele tratado, além do Direito Constitucional, do Direito Civil, do Direito Econômico e do Consumidor, abrange várias áreas da Economia brasileira.

Este livro surge como marco de ascensão do segmento de Capitalização com propostas concretas, inclusive com uma doação de um anteprojeto de lei para sua disciplina legislativa, de forma autônoma e independente.

Sensibilizarão este trabalho o empresariado brasileiro, o tomador de decisão e os gestores públicos. Contribuirá para a melhoria da eficiência e eficácia da atividade, bem como para a agilização dos processos que elevarão mais ainda o desenvolvimento da capitalização no país.

Especialmente, este trabalho monográfico buscará mostrar ao órgão fiscalizador, ao gestor, ao consumidor, ao operador e ao intérprete que o Direito existe enquanto uma dinâmica que se relaciona com as atividades de hoje que implicam crescimento em curto, médio e longo prazo.

Nesse prisma, despertam alto interesse os tópicos em que são analisados a evolução histórica, econômica e jurídica da Capitalização, a teoria geral dos contratos aplicada ao Contrato de Capitalização, bem como os princípios fundamentais, a função social, os vícios e extinção deste tipo de *convenção negocial*. Como também são estudados os seus conceitos, suas fontes, seus elementos da obrigação, a natureza jurídica, classificação, seus efeitos, sua executoriedade, seus requisitos e a prova de validade deste específico, *especial*, *exclusivo* e tão *particular* pacto.

Além disso, o livro aborda o papel do Estado, dos órgãos públicos do Sistema Nacional de Capitalização (SNC), das partes e os elementos do Contrato de Capitalização. Em capítulo à parte, a obra cuida do conceito, da natureza jurídica, da classificação e da constituição da Sociedade de Capitalização. Particularmente, versam ainda sobre o Título de Capitalização, sobre os institutos de sua operação, conceitos e seus efeitos econômicos, sociais e jurídicos.

Em apêndice, o autor sugere e apresenta proposta de minuta de Anteprojeto de Lei Complementar que poderá alterar toda legislação de Capitalização.

Uma das propostas jusfilosóficas desta publicação é mostrar para o mundo jurídico a importância desse papel que operadores e intérpretes do Direito têm a ocupar e a importância de não estarem apenas focados na operação, no microcosmo — mas de estarem atentos ao todo, aos grandes movimentos do mundo à nossa volta.

Na verdade, esta obra oferece um completo Curso de Direito do Consumidor aplicado às operações de Capitalização constitucionalmente assegurada.

Esta obra ajudará a formar profissionais e torná-los empreendedores de negócios com uma visão mais ampla do Direito, *singularmente* do direito contratual voltado à Capitalização.

No Capítulo X, registro, o autor promove uma formulação de como os litígios de justiça distributiva podem ser resolvidos pelos meios alternativos de solução de conflitos diante de elaborado modelo de gestão de interesses.

Portanto, pela boa iniciativa, pela credibilidade do seu autor e pela densidade jurídica como é distinguido e revelado o tema, logrará êxito o inventor desta obra. Acredito que *Contrato de Capitalização* será de grande utilidade para a sociedade brasileira e, assim, este livro está destinado ao sucesso editorial.

Recomendo, então, com entusiasmo, a leitura atenta de mais uma obra do doutor Jerônimo Jesus dos Santos.

Brasília, maio de 2013.

Michel Temer

INTRODUÇÃO

"O essencial para o direito objetivo é que sancione apenas os contratos justos e úteis."

Jacques Ghestin[(3)]

O tema central ora proposto relativo ao Contrato de Capitalização, veículo empírico do setor da Capitalização (sendo esta integrante do conjunto de quatro macrossegmentos distintos: o seguro propriamente dito, o resseguro, a previdência complementar aberta, a Capitalização e, incluindo ainda, a respectiva corretagem) que intitula este livro, já se permite consagrado, porém, em poucas obras jurídicas e econômicas.

Esta temática do direito, cúmplice, intrinsecamente ligada à economia (e, aqui no Brasil, assim como o próprio instituto da Capitalização) é deficiente e insuficientemente tratada na formação profissional acadêmica tanto na graduação quanto na pós-graduação e, de conseguinte, na doutrina e na jurisprudência. E quando isso ocorre, com excepcionais exceções, tem-lhe marcado o itinerário às vezes sinuoso o caminho da copiosa produção dos autores internacionais mais ilustres.

Contrato de Capitalização é assunto vasto, mas quase insordável em nossa literatura. Às vezes, apenas ventilado; não farto em revistas especializadas. São raros os livros. Tratadistas de renome ainda não perceberam as filigranas e sutilezas da economia sistematizada e produtiva, através das possibilidades que somente a Capitalização pode oferecer à coletividade sob o controle do Estado e das garantias da Lei.

Pode se afirmar, então, com todas as letras, que muito pouco os autores nacionais têm escrito a respeito da Capitalização, quanto mais da sua aplicação, via Contrato de Capitalização, na atividade de economia programada com ou sem sorteio ou premiações, ou simplesmente a poupança, forma primeira de um investimento, embora com algum sacrifício, para enfrentar o futuro. O sacrifício é necessário, nada sem ele até hoje se fez. São raras as obras encontradas.

Ressalta-se que no direito e na economia estrangeira afloram discussões, posições e ensinamentos em vários pontos essenciais deste nicho tão específico que é o mercado de Capitalização, bem como o seu debate acerca da natureza do Contrato de Capitalização.

---

(3) GHESTIN, Jacques. *Traité de droit civil*, Les Obligations. Le Contrat: Formation. Paris: L.G.D.J., 1988.

Na verdade, o Contrato de Capitalização se apresenta como um contrato *sui generis*, não semelhante nem identificável com nenhum outro, possuindo características individualistas, único na espécie. Aliás, sob esse aspecto deverá ser abordado neste trabalho já que é, de fato, considerado como um contrato novo em nossos textos legais (Contrato-tipo-Capitalização).

De fato, o País tem experimentado alto ritmo de crescimento no mercado de Capitalização nos últimos anos, particularmente em virtude de sua premente segmentação requerida pela própria sociedade consumidora, vez que o Programa de Estabilização da Economia possibilitou planejar-se o futuro e o aumento do poder aquisitivo viabilizou poupar-se e aplicar-se em investimentos de curto, médio e longo prazo, ou em economia programada com ou sem sorteio, ou somente sorteio, como forma de investimento, como é o caso da Capitalização.

Exalta-se a importância do Contrato de Capitalização, vez que, em qualquer momento de crise generalizada e acelerada, o mercado de Capitalização sempre ganhou e ganha perfil destacado contra o fundo nebuloso da economia interna e externa. Aliás, já vimos historicamente isso antes.

A história nos conta que a cultura disseminada aumenta a concorrência, daí se verifica uma transposição do modo de encarar a vida. Ainda mais com a progressiva complexidade oriunda da coabitação humana em um mundo cada vez maior, essas aglomerações engendram novos aspectos de sobrevivência.

Em tempos idos, os problemas eram o presente, porque este assegurado, poucas variações advinham. A estabilidade é a característica e se transmite através de gerações. Repentinamente tudo se alterou. Tão sérias e fortes são as mutações na vida humana que a preocupação maior passa a ser a do futuro.

O homem treme ante o desconhecido, que é o dia de amanhã. Fortunas desaparecem, situações se liquidam, valores são aniquilados, uma série de novas técnicas e invenções ameaça o que existe, e a incógnita do futuro preocupa a maioria do gênero humano, ensina HORÁCIO LAFER (1949:04).

O Estado, premido pela inquietação, começa a encarar o problema e a iniciativa privada procura soluções. As organizações espalham-se pelo mundo nas formas mais variadas.

A "segurança", diz EDWIN E. WITTE[(4)], tornou-se o objetivo a atingir da quase totalidade dos povos. Segurança ante a doença, o desemprego, a velhice, a morte.

---

(4) Edwin E. Witte (janeiro 4, 1887 — maio 20, 1960) é chamado às vezes de o pai da segurança social, porque desenvolveu a planta original para a segurança social como o diretor executivo de Comitê do presidente na segurança econômica em 1934, sob o presidente Franklin D. Roosevelt dos Estados Unidos. Escreveu várias obras, dentre as quais se destacam: *The Government in Labor Disputes* (1932) e *Social Security in American* (1937). Disponível em: <http://www.ssa.gov/history/witte3.html>. Acesso em: 7 de novembro de 2006.

O homem hoje pensa no seu futuro e nas garantias de vida para a sua família. Esta é uma característica do século atual e envolve talvez o maior problema que os governos terão a resolver.

Um mínimo de garantias deve ser concedido a todo homem cuja proteção compete à coletividade. Sem que se tranquilize o indivíduo, na sua inquietação pelo futuro, nenhum organismo social poderá se considerar estável. Surge, assim, a indagação: até onde deverá ir a atuação do Estado e qual o domínio a ser reservado à iniciativa privada? Salvo casos especiais, a boa teoria prescreve o aspecto supletivo do Estado, isto é, a cobertura pelo poder público daquilo que o empreendimento particular não pode ou não quis ou não quer realizar.

Nessa linha, a Capitalização é um dos meios de poupança da população e garantia para o futuro, entretanto não se confunde e se diferencia, essencialmente, da tradicional "poupança" brasileira. Em outras palavras, Capitalização é uma combinação de economia programada com aplicação única ou mensal, vinculada à participação em sorteios.

No mundo, o seu desenvolvimento não foi enorme como no Brasil; forjando-se útil instrumento de formação de economias, já está bastante difundido, sedimentado e segmentado.

O Contrato de Capitalização tem, assim, por objeto a formação de um determinado capital mínimo, correspondente aos pagamentos efetuados, em um prazo determinado, geralmente longo, e o sorteio funciona como estímulo para que o subscritor permaneça até o final do prazo contratual.

Decerto que a Capitalização possui características diferenciadas, mas isso não afasta a possibilidade de ser considerada um bem-sucedido tipo de aplicação financeira que tem como estímulo a oportuna distribuição periódica de prêmios, via sorteio.

Por isso, costuma-se dizer que a Capitalização é o meio mais frequente de se transformar um sonho em realidade, seja pela sua utilização como instrumento na aquisição programada de bens de consumo, seja através das premiações distribuídas pelas empresas, proporcionando a felicidade de seus afortunados ganhadores (MORAES, 2002:01).

O mercado de Capitalização é muito ativo. Além de promover uma poupança interna, gera um incremento da atividade econômica, através de geração direta e indireta de empregos, por meio de volume de recursos utilizados no pagamento de salários e impostos.

Contudo a Capitalização constitui uma atividade técnica de natureza complexa. Pode ser examinada por diferentes ângulos, comportando cada um alentados estudos.

Sob o aspecto matemático, são tantas as implicações de cálculos de suas bases técnicas, que culminaram numa maior exploração de um ramo especializado denominado Atuária. Notadamente, utilizada para elaborar e aferir os mecanismos de proteção ao consumidor, seja por meio da obrigatoriedade de constituição de provisões matemáticas e técnicas, seja pela necessidade prévia de aprovação dos produtos que venham a ser comercializados.

Como fonte de captação de recursos financeiros, a Capitalização exerce papel preponderante no campo da economia, aspecto esse que tem merecido obras especializadas, infelizmente, de poucos autores, como, por exemplo, José Sciotti, em *A Capitalização no Brasil*, e David Campista Filho, em *Capitalização, sua Interpretação Econômica e Social*.

Os elementos técnicos, que servem de suporte à instituição da Capitalização, constituem campo fecundo de estudos e de elaboração da maioria dos trabalhos escritos sobre essa matéria, como na obra *Sociedades de Capitalização* de M. Bonini Lourenço; *Capitalização, uma história de prosperidade*, de Paulo Amador, e *Capitalização: histórico, conceitos, perspectivas,* de Ryvio Matias Pires dos Santos, Marcos Eduardo de Carvalho e Edmilson Gama da Silva.

É bom que se diga que o conjunto das empresas que operam no mercado de Capitalização pode ser incluído entre os principais investidores institucionais do País, pois, ao intermediar operações, contribui, de forma significativa, para a criação de mecanismos de formação de poupança de médio e longo prazos, essenciais para o financiamento do desenvolvimento econômico do País (MORAES, 2002:10).

O sucesso do Contrato de Capitalização está condicionado ao atendimento de alguns parâmetros básicos, como o papel de seu principal personagem, o investidor, que cada vez mais toma consciência de seus direitos. Não se pode olvidar que Capitalização é uma combinação de economia programada com aplicação única ou mensal, vinculada à participação em sorteios.

Desta forma, esse pacto deve priorizar o Princípio da Transparência das relações entre a Sociedade de Capitalização e o Consumidor, determinando, assim, progresso de um mercado crescente e sadio.

Ademais, só se expande esse mercado, similar a outros, se as Sociedades de Capitalização oferecerem produtos voltados para a real necessidade ou por interesse da coletividade usuária, segmentando, portanto, os interesses e as necessidades de grupos de consumidores, de maneira que se tente personalizar o máximo possível o produto atendendo à expectativa do consumidor.

Por outro lado, há que se ter um constante aprimoramento de um arcabouço regulatório e fiscalizatório de forma eficiente e eficaz, para acompanhar a solvência e liquidez das Sociedades de Capitalização.

De sorte que este é o objetivo desta obra e como tal se submete à disciplina jurídica e econômica que regula os contratos em geral, implicando, desta forma, o exame de muitos institutos do direito comum, mas atentando-se às suas peculiaridades que dão origem a muitas figuras jurídicas existentes no seu âmbito que tentar-se-á elucidar.

Dentro das modestas possibilidades do autor, foram analisados os aspectos jurídicos aplicáveis aos diferentes segmentos da Capitalização e os efeitos nos seus respectivos Contratos.

De fato, tenta o autor, em linguagem simples e acessível, esclarecer e difundir o Contrato de Capitalização junto ao grande público.

Com isso, procura-se, nesta obra, apresentar uma visão ampla do universo da Capitalização, muito mais dilatado e profundo do que se imagina antes de conhecer seus elementos e segmentos tão diversificados quanto surpreendentes e, não raro, curiosos e fascinantes.

Além do que, não se pode esquecer, o mercado de Capitalização representa um grande avanço na vida social, econômica e política do Brasil, quiçá do mundo. Nessa esteira, o setor de Capitalização, no ramo do direito e da economia, constitucionalmente consagrado, renasce a cada dia com nova força e sob novo impulso.

Sem dúvida, o desempenho nacional da Capitalização tem evoluído com grande velocidade devido ao PPP — *purching power parity*, ou o poder de compra. Daí a necessidade de conscientização, objetivando a constante construção da cultura da Capitalização.

Nesse contexto é que se pretende apresentar na presente obra, em linhas gerais, o Contrato de Capitalização em sua forma atual e fornecer subsídios para uma mais ampla segmentação e propostas para a massificação desse instituto, bem como apontar uma diversificação do uso do Contrato de Capitalização.

CAPÍTULO I

A EVOLUÇÃO HISTÓRICA, ECONÔMICA E JURÍDICA DA CAPITALIZAÇÃO

1.1. CONSIDERAÇÕES INICIAIS

Inicialmente, apesar de ser esta uma obra de cunho jurídico, ousa-se, seguindo ensinamentos dos economistas, conceituar e relembrar a origem da palavra Economia, ou ciência econômica, que consiste na produção, distribuição e no consumo de bens e serviços. O termo *economia* vem do grego οικονομία (de οἶκος, translit. *oikos*, "casa" + νόμος, translit. *nomos*, "costume ou lei", ou também "gerir, administrar": daí "regras da casa" ou "administração doméstica. [5]

Produção, distribuição, circulação e consumo de riquezas, as quatro províncias da Economia e Política, que se entrosam, e continuamente se renovam, formam o ciclo no qual se estrutura a ciência econômica.

Produzir para consumir, extinguindo-se o que se produz no sentido de consumação fatal de tudo o que se cria, não seria concebível na economia, como na vida humana não se aceitaria que "os pais gerassem para a morte, as mães amamentassem para o túmulo" (CAMPISTA FILHO, 1949:09).

A união sexual, pelos sortilégios do amor, enflorando-se dos mais puros e belos sentimentos, destina-se à perpetuidade da espécie, à eternidade do homem, como a produção de riquezas em revivescência constante realiza a eternidade econômica. Eternidade na acepção de longa duração, entendida no espírito da relatividade humana.

Em luminosa síntese sobre a vida e a morte da matéria, GUSTAVO LE BON[6] afirma que ela não é eterna como parece, e condensada pelo movimento intenso do éter, acaba por esgotar-se, consumir-se pela radioatividade, como a chama que se extingue queimando.

---

(5) HARPER, Douglas (November 2001). *Online Etymology Dictionary — Economy* (HTML) (em inglês). Página visitada em 27 de julho de 2010.

(6) Gustave Le Bon (1841-1931). Disponível em:<http://www.filosofia.org/aut/svc/1922p261.htm> Acesso em: 7 de novembro de 2006.

De tempos imemoriais, assinala CAMPISTA FILHO (1949:10), guarda a terra em seu seio e sua superfície, matérias para gasto do homem em entretimento de sua breve existência, e ele, por transformá-las e decompô-las, aparece como um destruidor, um perdulário.

Entretanto, em consumindo, emprega, também, processos de conservação e reprodução das utilidades de que se apropria, amanhando a terra que lhe dá os frutos, replantando florestas, utilizando reservatórios de energia da natureza, e aí se revela sua índole para economizar, guardar, reservar.

A obra de progresso e civilização material consiste em desenvolver os meios para maior duração das utilidades, para mais prolongada fruição das coisas, retardando-lhes o consumo que, por isso, não significa o término dos fenômenos de produção, distribuição e circulação das riquezas. É, então, que se desvenda no panorama econômico o ato de poupança ou reserva. Ele assume a forma do consumo diferido, isto é, aquele que se transporta a tempos futuros em previsão de exigências suspeitadas (CAMPISTA FILHO, 1949:10).

Nem toda produção é conduzida a consumo imediato; grande parte destina-se à economia, à acumulação para fomento da reprodução criadora de novos instrumentos de trabalho.

Por isso CHARLES GIDE(7) chama pré-humano, natural por excelência, esse ato econômico frequente em todas as manifestações da vida, no exemplo das formigas, das plantas e do mundo inorgânico, em que a economia, na forma de reservas acumuladas, é fenômeno habitual.

A previdência, essa faculdade particular que consiste em pressentir uma necessidade futura como se atual fosse, é de todos o sentimento humano.

Esse sentimento fecunda a economia, segundo CAMPISTA FILHO (1949:11), faz germinar a poupança, não nas velhas figuras da acumulação estéril, do entesouramento avaro, mas, sim, à luz das civilizações modernas, na forma de Capitalização, isto é, criação continuada de novos instrumentos de trabalho. E assim chegamos à serena compreensão do dizer de MARX (1976:13)(8) de que o capital é a cristalização do trabalho, pois o trabalho, fator da produção, não se dispensa integralmente no consumo, condensa-se, cristalizando-se em capital, para retornar a sua missão criadora na revolução contínua que aviventa o ciclo econômico.

O progresso econômico mede-se tanto pelo aumento de consumos populares normais, que se traduz na elevação do padrão de vida, como pela formação e pelo acréscimo de capitais resultantes da economia.

---

(7) Charles Gide (1847-1932). Disponível em:<http://www.infoplease.com/ce6/people/A0820778.html> Acesso em: 7 de novembro de 2006.

(8) Karl Heinrich Marx (5 de maio de 1818 — 14 de março de 1883). Disponível em: <http://pt.wikipedia.org/wiki/Karl_Marx> Acesso em: 8 de novembro de 2006.

Por meio da Capitalização, o homem realiza o ato de poupar, reservar, o que não significa entesourar valores, mas, sim, insuflar-lhes, pela aplicação, a força criadora de novas riquezas. É "a economia sob a forma de trabalho", expressão de JEAN COURCELLE SENEUIL[9].

Volvendo um olhar para o passado, na interpretação econômica da história, vemos o crescimento da economia seguir paralelamente ao desenvolvimento da civilização, tanto pela educação que propaga o espírito de previdência em todas as classes sociais como pela oportunidade de poupar proporcionada pelo aumento dos salários, tudo isso acrescido dos instrumentos e mecanismos que o engenho e a inteligência põem a serviço do homem, possibilitando o emprego de valores em toda a sua escala.

Não fossem, entretanto, os estímulos que as civilizações criaram, os incitamentos que a experiência sugere, a economia formada pelo poupar e reservar não se efetuaria em condições de proveito e utilidade social.

O homem quando economiza pratica aparentemente uma ação egoísta, como o é reservar para seu próprio eu, guardar para atender as suas necessidades futuras. Tal ação revela, todavia, espírito social, já por isso altruísta, quando a quantia economizada tem aplicação reprodutiva, emprego remunerador que lhe dá aquele que arrecada. Impõe-se, pois, a organização capaz de intervir na frutificação das economias, portanto, no florescimento do trabalho, e, dentre as criações do gênio humano inspiradas pela previdência, a Capitalização é das formas mais engenhosas. Visto que Capitalização é uma combinação de economia programada com aplicação única ou mensal, vinculada à participação em sorteios.

Como vimos, discorrer sobre Economia e os benefícios inúmeros que sói proporcionar ao indivíduo e à coletividade é, em última análise, tecer o elogio da previdência bem compreendida. Também o é dissertar sobre Capitalização, seus objetivos e as suas grandes possibilidades, de vez que somente ela, pela sistematização e produtividade, realiza a Economia perfeita. Tarefa, entretanto, essa não que se revê das mais fáceis como de relance poder-se-ia supor, porquanto o assunto é extenso e abrange atualmente conhecimentos e detalhes por demais complexos, dado o progresso e aperfeiçoamento que o método de Capitalização vem apresentando cada ano que passa, operante em alguns países, sobretudo no Brasil, onde goza, *sui generis*, com brilho, de conceito firmado pelas garantias legais.

O empecilho maior que ainda se antepõe à sua difusão (aliás, como a qualquer outro sistema matemático-econômico), refere-se a um fato psicológico que se observa em todas as latitudes: o desinteresse do homem feliz pelo enigma do futuro, estendendo-se o fato, além do indivíduo, às suas próprias organizações sociais.

---

(9) Jean Courcelle-Seneuil (Seneuil, Dordogne, 22 de dezembro de 1813; Paris, em 29 de junho de 1892). Disponível em:<http://www.asmp.fr/fiches_academiciens/decede/COURCELLE-SENEUIL.htm> Acesso em: 8 de novembro de 2006.

Raros, raríssimos mesmo, ensina SCIOTTI (1948:09), os que têm inato o senso de Economia e são previdentes na abastança. Vive-se intensamente a hora de prosperidade que passa pródiga e farta, cheia de atrativos, e descuida-se do capricho do destino humano, tão à mercê da instabilidade eterna das circunstâncias[10]. O homem, via de regra, esquece a previdência, fugindo de aceitar a possibilidade de um futuro desfavorável.

Urge, portanto, economizar — reter sistematicamente pequenas reservas para a incerteza, de maneira racional, científica, sem tendência à avareza, que reflete descontrole, quiçá preocupação mórbida.

Nesse sentido, disse, com muito acerto, um de nossos financistas: "os indivíduos econômicos são os que prosperam[11]. Um indivíduo pode ser generoso e ao mesmo tempo econômico, pode viver vida folgada de acordo com os seus recursos, economizando, porém, parte de suas rendas para os maus dias", magistra SCIOTTI (1948:09).

Aliás, o senso normal de Economia não cria avaros, pois o sentido de previdência é bem orientado e em absoluto não exige o sacrifício injustificado da hora presente. Em si, o acúmulo racional de reservas monetárias segue o exemplo que nos dá a obra divina, maravilhosamente perfeita, que é o organismo humano. A ciência da nutrição evidencia muito bem o extraordinário papel que os nossos órgãos desempenham no tocante ao armazenamento, sabiamente proporcionado, de substâncias indispensáveis à integridade de todo o organismo. Elementos esses facilmente mobilizáveis em face das solicitações constantes da vida, garantidores da saúde, agentes providenciais no infortúnio das doenças.

Por conseguinte, segundo SCIOTTI (1948:09), a Economia cientificamente dirigida tem a sua filosofia natural que a define como sendo a garantia melhor contra os infortúnios, os imprevistos, os esgotamentos eventuais no terreno financeiro.

Atualmente todo o sistema matemático-econômico baseia-se, de um modo geral, em operações de Capitalização. Capitalizar não consiste literalmente em "guardar dinheiro", mas em "empregá-lo a juros compostos e transformá-lo, por força desses mesmos juros, em importâncias superiores às empregadas", ensina WEBER (1931:11-13).

Traz-nos um sorriso aos lábios a simples lembrança de como os nossos ancestrais concebiam a Economia, confiando as suas reservas às velhas arcas tacheadas, aos pesadíssimos cofres-fortes, aos modestos baús de folha de flandres encon-

---

(10) Ainda hoje como nos tempos bíblicos, nos quais vamos encontrar JOSÉ explicando o sonho faraônico das sete vacas gordas e das sete vacas magras, tal como nos relata o GÊNESIS. Não somente na prosperidade, a mais completa, mas naquela em que se anulam as preocupações imediatas em relativa modéstia de vida.

(11) A vida do direito não é diferente da vida das pessoas. Ao longo da sua existência, o homem vai polindo aquele diamante bruto que ele é quando nasce, sendo, por isso, joalheiro de si mesmo. O Direito também necessita desse constante polimento, a fim de que possa conferir utilidade social àqueles que labutam nas relações sociais do dia a dia.

tradiças no Norte do país ou ao clássico pé-de-meia originário do Velho Mundo, e mantendo-as em espécie. Era noção única de um só armazenamento estático, improdutivo, no qual também um só progresso assistia: a chegada de novas reservas. Tal conceito e tal prática derivavam por certo da insegurança do ambiente e da inexistência de instituições adequadas, e por esse motivo são de todo inconcebíveis na época atual. Hoje é mister que se faça progredir a reserva amealhada, e se transforme o sentido do mealheiro no da produtividade da reserva confiada a um estabelecimento de crédito (SCIOTTI, 1948:11).

Urge economizar, dizíamos há pouco, mas cientificamente procurando não dispersar as pequenas parcelas que, se empregadas de maneira sistemática, constituirão, por força dos juros capitalizados, somas apreciáveis. Arraigada esta noção no seio de uma coletividade, é óbvio que toda ela se beneficia e progride. Também se revela desvantajosíssima a paralisação não propriamente do dinheiro, mas do capital, como se pode observar em fortunas pessoais, mas, em particular, em certas empresas, organizações industriais ou casas comerciais que mantêm inativas cifras elevadas, em caixa ou em estabelecimentos bancários. Seja pela instabilidade na situação econômica mundial, seja pelo receio de recorrerem a meios pouco convenientes ou capazes para a inversão de suas reservas acumuladas. Tais firmas, assim procedendo, incorrem após determinado tempo em prejuízos inevitáveis de não pequena monta (SCIOTTI, 1948:11).

De qualquer maneira, sejam quais forem as reservas (ou de dinheiro ou de capital), todas elas necessitam ser movimentadas, uma vez que representam o verdadeiro sangue do organismo social (veículo de energias, vetor de realizações), não sendo possível que permaneçam estagnadas, virtualmente mortas, sem que determinem o pauperismo, o enfraquecimento fatal de toda a coletividade.

Guardar dinheiro, em sentido lato, então, não é um critério de escolha do indivíduo que possa se chamar puramente egoísta, mas, pelo contrário, pode perfeitamente ser racionalmente altruísta, visto, portanto, como um caso em que o interesse próprio do indivíduo inclui fazer o bem aos outros.

Guardar dinheiro, contudo, sem aplicação justa não é apenas prejudicar a si mesmo, mas atrasar o dinamismo do país, que tem de ser, sem dúvida, o resultado do giro contínuo de suas reservas.

1.2. SURGIMENTO E DESENVOLVIMENTO DO SEGMENTO DE CAPITALIZAÇÃO

Historicamente aprendemos que o segmento de Capitalização teve seu berço na França, em 1850.

A concepção inicial dessa Capitalização é atribuída a um habilíssimo ourives, estabelecido à *Rue dês Martyres*, em Paris, chamado PAUL VIGET. Esse delicado artista, profissionalmente um encantado da maravilha destes pequenos astros (as pedras preciosas), aliava à sua perícia de lapidário um senso incomum de financista. O seu espírito inquieto vibrava-se a todo o instante às tentadoras regiões das altas cifras, e a tais incursões convidavam-no decerto o custo elevado das suas joias e as condições de seu trabalho calmo, silencioso. Dotado de fértil imaginação, concebeu finalmente um engenhoso plano destinado a incentivar a economia, acenando aos que dele participassem com o atrativo de pequenos sorteios. Pondo em prática a nova ideia, organizou de logo um núcleo de copartícipes do método, comprometendo-se todos esses a pagar a soma de 10 cêntimos(12) por semana, a fim de concorrerem a três sorteios anuais: pela Páscoa, no dia de São João e pelo Natal, pelos quais eram distribuídos prêmios no valor de 100 francos (SCIOTTI, 1948:28).

Assim, ampliando a sua ideia inicial, como diretor dessa cooperativa de mineiros franceses, naquele ano, ele idealizou um sistema no qual todos contribuíam mensalmente com uma parcela de suas economias por um período previamente determinado. Seu objetivo inicial foi montar um sistema que proporcionasse auxílio financeiro aos cooperados, por meio de suas próprias poupanças. De forma muito parecida com algumas modalidades existentes hoje. Outro objetivo era também constituir um capital, previamente definido, a ser pago no final do período combinado, ou por meio de sorteio, de forma antecipada. Ou seja, além da garantia de resgatar toda a quantia acumulada quando o prazo acabasse, o cooperado poderia receber tudo antecipado se fosse sorteado.

Malgrado, essa primeira Sociedade de Capitalização floresceu sem dúvida e, por fim, desapareceu com o seu próprio criador.

Outras Sociedades de Capitalização surgiram na França, e depois de uma série de progressos efêmeros, e de desastres escandalosos, quase todas naufragaram (WEBER, 1931:11-13). Faltaram-lhes as bases científicas em que deveria repousar o imenso edifício e onde a própria fiscalização governamental iria buscar as regras técnicas dos regulamentos.

Todavia a semente fora lançada em bom terreno e surgiram então outras tentativas semelhantes, já um tanto organizadas, consistindo no que se chamava naquela época de "reconstituição de capitais". Havia estabelecimentos emissores de títulos que assumiam a obrigação de pagar aos seus subscritores, após um determinado prazo, uma importância fixa, em espécie, além de distribuírem periodicamente, por meio de uma pequena loteria, prêmios suplementares muito vantajosos. Usualmente, eram iniciativas particulares, como a de PAUL VIGET, sem

---

(12) [Do fr. *Centime*.] S.m. Moeda divisionária que representa a centésima parte do dólar, do euro e de várias outras moedas. [Cf. centavo e centésimo], segundo FERREIRA, Aurélio Buarque de Holanda. *Novo dicionário Aurélio da língua portuguesa*. 3. ed. Curitiba: Positivo, 2004. p. 438). Assim como parte da peseta, do bolívar, do guarani, do colom costa-riquenho, da gourde, do leone, do florim holandês, do dinar argelino, da piastra sul-vietnamita, da rupia cingalesa e das Ilhas Malvinas e Maurício, e do xelim da Tanzânia, do Quênia, da Somália e de Uganda.

legislação alguma e sob o controle sumaríssimo, em sua maioria, orientadas pelo engenho ou pela fantasia dos seus patrocinadores, havendo, não raro, prêmios em artigos manufaturados e até mesmo em mercadorias (SCIOTTI, 1948:28).

Naturalmente essas experiências tiveram o grande mérito de atrair a atenção do público em geral e, sobretudo, de estudiosos, despertando em todos uma evidente simpatia, porquanto, a par dos benefícios que provêm da economia sistematizada, perdurava a fascinação pelo sorteio periódico.

De sorte que aquele modelo agradou bastante e não só conquistou a simpatia dos cooperados como acabou por espalhar-se por toda a França e a ganhar novas formas. Desse modo, o Título de Capitalização constituiu-se em um dos pilares do sistema de captação de recursos populares na França, representado notadamente por suas três maiores sociedades do gênero: *Union des Assurances de Paris* (U.A.P.), *Groupe des Assurances Nationales* (G.A.P.) e *Epargne de France*.

Em 1931, já existiam na França 40 sociedades de capitalização, algumas desde 1886. Para se ver a importância que adquiriram as massas enormes de reservas matemáticas que acumularam o aumento incessante de suas operações, bastará dizer que só os novos contratos se elevaram, em 1930, a mais de 8.196 milhões. Os capitais pagos por antecipação subiram em 1930 a 89 milhões de francos. Os contratos em vigor alcançaram quase 26.756 milhões em 1930. As reservas matemáticas eram, em 1930, de 2.873.146.000 francos (ARANHA, 1933:04).

As chamadas "reconstituições de capital" perduraram na França até o ano de 1888, quando aí se estabeleceu uma empresa cujos planos evidentemente mais se aproximavam dos atuais. Firmava-se, então, com o subscritor, um contrato-tipo pelo qual as importâncias recebidas eram aplicadas imediatamente em transações hábeis, a fim de se constituir, após um tempo determinado, um capital garantido. Os sorteios continuaram a ser adotados, mas um grande alarido se fez em torno dos mesmos por parte dos eternos homens de má vontade, mal informados ou ignorantes, despeitados ou demolidores impenitentes (estigmatizando a transação por indecorosa, os sorteios por imorais, o método por especulativo). Grita formidável que se ergueu e encontrou no espírito simples do povo um eco retumbante. Aliás, favorecia à demolição a ausência total de uma legislação específica e, ainda mais, a presença, nos textos legais, da proibição explícita de qualquer loteria (SCIOTTI, 1948:29).

É desnecessário acentuar que dos debates, acérrimos, participaram os Tribunais, o Parlamento Francês, toda a imprensa, enfim, pois na realidade dos fatos só a atração do sorteio constituía o motivo de sucesso da instituição, visto ser de 99 anos (praticamente um século) o prazo fixado para a constituição do capital subscrito, relata o citado autor.

Como sempre acontece, há espíritos observadores que se colocam à margem desses conflitos de opiniões e procuram raciocinar calma e logicamente, pesando as controvérsias, aclarando os pontos obscuros, para triunfo legítimo da razão.

Assim, a celeuma desencadeada atraiu a perspicácia de indivíduos cultos e honestos que, passando em revista os capciosos planos tão incriminados, procuraram nos mesmos as fronteiras da especulação, da fantasia e da genialidade da ideia, confusamente delimitadas que não se poderia dizer, apenas de relance, onde terminava uma e começava a outra. Nesse ínterim, a jurisprudência estudava decididamente o assunto, revolvia-o, encarava-o em todos os aspectos, e concluía por julgar legalmente admissíveis os sorteios de títulos para o reembolso antecipado dos capitais subscritos.

Memorável na história da Capitalização é o dia 26 de abril de 1902, dia em que, perante a Corte de Cassação de Paris, coube ao deputado MIRMAN apresentar o projeto de lei que recebeu sentença favorável à Capitalização, permitindo o seu funcionamento em todo o território gaulês por não identificá-la com as comuns instituições lotéricas. Os sorteios, tão mal interpretados, mereceram explicação concisa e ficou patente a noção de que não correspondiam, em verdade, a uma loteria, "desde quando o montante e a atribuição dos prêmios de Capitalização determinados pelo próprio contrato, e uniformemente para a totalidade dos subscritores, o acato da sorte apenas intervém para determinar a época do reembolso", afirma o doutrinador.

SABATIER, outro proeminente advogado francês, membro da Corte de Cassação e do Conselho de Estado, concluía também "que uma transação que garante a todos os seus participantes o mesmo reembolso, salvo a diferença no prazo de vencimento, está em harmonia com a lei" (SCIOTTI, 1948:30).

Não sucedeu, porém, a essa primeira vitória da Capitalização no terreno da Justiça um período de calma tranquilizadora. Malgrado a permissão concedida pela Corte de Cassação, perdurava a inquietude do público em face da inexistência de uma legislação especial, necessária à solidez do grande empreendimento. Entretanto, por essa mesma época (1905), estudavam os legisladores franceses a regulamentação específica das sociedades que operavam em seguros de vida, e como entre essas e a Capitalização havia pontos de contato, estenderam a esta os seus estudos, certos de que, na verdade, a vigilância do Estado é elemento nobre, de garantia imprescindível, no controle das vultosas massas de dinheiro por ambas arrecadadas do povo.

A 12 de dezembro de 1907 foi finalmente promulgada a legislação necessária, com o que se tornou a Capitalização um plano de previdência ao abrigo de quaisquer inventivas, solidamente protegido pelas garantias do Estado, sob a sua fiscalização e direto controle. De então, tornaram-se numerosas as sociedades, cada vez mais bem aceitas por parte do povo francês que, em 1948, as possuíam aproximadamente em número de 40, todas em pleno florescimento (SCIOTTI, 1948:30).

Portanto o aparecimento dessas sociedades teve lugar na França, nos meados do século XX, confirmando mais uma vez que nascem os costumes e depois vêm as leis para lhes dar a força coercitiva do Estado.

Novos dispositivos legais foram acrescidos ao texto de 1907, não somente nos anos seguintes de 1908, 1910 e 1912, até mesmo, 1921, 1924 e 1929, o que demonstra a preocupação dos legisladores em acrescer às primeiras garantias concedidas, outras mais, que pusessem o público subscritor sob verdadeira proteção. Assim, apesar das convulsões econômicas que, com frequência, sacodem o Velho Mundo, a Capitalização não morreu na França, mas progrediu sempre a ponto de, em 1939, a estatística demonstrar que havia um Título para quatro franceses. A pátria da previdência ainda hoje presta a sua homenagem inequívoca ao empreendimento engenhoso de PAUL VIGET, o habilíssimo joalheiro da Rua dos Mártires.

A experiência realizada na França, e já então reconhecida de utilidade pública (a Capitalização), serviu extraordinariamente a outras nações que aceitaram e legalizaram também a instituição, cuja estrutura repousava agora em bases sólidas e deixava perceber a contribuição dos economistas hábeis que a modificavam, aperfeiçoando-a segundo os cânones da Ciência das Finanças.

Na Itália, vamos encontrar a regulamentação do assunto logo após a Lei de 29 de abril de 1923, pelo art. 67, e na vizinha República do Uruguai, época em que foi, como tivemos oportunidade de dizer, regulamentado no Brasil. Como se constata, a partir do século XX, as ideias do visionário PAUL VIGET romperam fronteiras e foram bem recebidas também nos países de origem latina.

De fato, a Capitalização tomou grande impulso teórico e prático na França e, de lá, difundiu-se, principalmente por intermédio de países de origem latina, notadamente pela fascinação do sorteio periódico. Oferece-nos a oportunidade de acentuar aqui, como ainda atualmente, o sorteio para amortização antecipada dos títulos que exerce uma influência extraordinária sobre o nosso povo, sempre disposto a tentar a fortuna pelos caprichos da sorte.

Interessante é o fato seguinte, segundo SCIOTTI (1948:30), em nosso País, muito antes de ser adotada, a Capitalização mereceu referências jurídicas que concordavam inteiramente com o ponto de vista dos legisladores franceses. Isso prova como, apesar de constituirmos uma nação nova, todos os problemas humanos nos interessam de perto, como seguimos e nos deixamos entusiasmar pelos legítimos progressos do engenho e da arte, assimilando-os de logo e dando-lhes feição própria de acordo com o nosso temperamento e as nossas tendências.

Nesse caminho, o legislador brasileiro antecipou-se aos fatos, estudou-os antes de serem realidade no País e a eles referiu-se em texto de lei. O nosso governo, pelo Decreto de 18 de dezembro de 1920, ao instituir a regulamentação destinada às Companhias de Seguro de Vida, estendeu-a às "*Sociedades nacionais ou estrangeiras que, sob qualquer denominação, tenham por objeto reunir e capitalizar em comum as economias de seus associados ou aderentes, embora sem tomar para com os mesmos obrigações determinadas ou positivas*".

Isso, em 1920. Nove anos depois é que iniciava as suas operações, em território nacional, a primeira Sociedade de Capitalização, sob fiscalização do Governo

Federal, por meio do Departamento Nacional de Seguros Privados e Capitalização (DNSPC), hoje, Superintendência de Seguros Privados (SUSEP). Tão grande o entusiasmo por parte do povo brasileiro despertado pela nova instituição, que logo se delineou o destino brilhante que lhe estava reservado em solo pátrio (SCIOTTI, 1948:33).

Todavia resistência houve, não há como se negar, mormente em seu início, sempre originada pelos habituais detratores, pelos ignorantes ou pelos jactanciosos de alto saber, tal como se verificara na França; todavia as circunstâncias já não eram as mesmas. A Capitalização conquistara conceito favorável, e a grita foi de pronto respondida pelo texto legal que a sufocou, protegendo os interesses do povo. Todavia mostrava-se de urgência o regulamento da novel instituição, e na realidade a providência não tardou, surgindo quatro anos depois, com o Decreto n. 22.456, de 10 de fevereiro de 1933, transcrito, em anexo, para estudo, como Referência Histórica.

Na verdade, concretamente, foram os franceses que implantaram a Capitalização no Brasil. Chamados para esse fim, técnicos franceses foram, durante muito tempo, diretores e assessores das primeiras sociedades de capitalização fundadas no País entre as quais a Sul América Capitalização (SULACAP) foi a pioneira, criada em 1929.

Relata AMADOR (2002:09) que a Capitalização brasileira nasceu da convergência do acaso com a necessidade. Por acaso, seu introdutor no País, o empresário Antônio Sanchez de Larragoiti Junior, conheceu os fundamentos conceituais dessa modalidade de título. Por necessidade, a Capitalização foi introduzida no Brasil numa época de crise, quando o País viu-se repentinamente órfão dos capitais externos que desde a Proclamação da Independência vinham patrocinando nosso financiamento.

Portanto o marco da Capitalização no País foi a criação da SULACAP.

Desde então, uma das formas de previdência que maiores simpatias têm obtido é a denominada Capitalização. Seu desenvolvimento é assombroso e sem precedentes. É incontestável o serviço que as Capitalizações prestam à coletividade. Elas vão buscar na economia popular as pequenas contribuições individuais que de nada serviam, para transformá-las em massas colossais de dinheiro, movimentando e fecundando as indústrias e o comércio, criando empresas novas, desenvolvendo o crédito e aumentando o bem-estar das populações. É necessária, entretanto, uma rígida fiscalização governamental para impedir que as sociedades, por incompetência ou desarrazoada ambição de lucros, não destruam as enormes quantias monetárias, que de fato não lhes pertencem, nem mesmo excedam, com despesas e lucros, uma determinada porcentagem das contribuições recolhidas. É indispensável que a economia popular encontre nessas operações, depois de um certo prazo, a justa recompensa de sua perseverança, recebendo realmente, pela força dos juros, somas maiores do que as empregadas (ARANHA, 1933:04).

Desde 1848, o monopólio do Estado sobre Capitalização é uma reivindicação constante. Desde então, os projetos de lei se sucederam durante quase um século e alimentaram as polêmicas sobre o papel e o lugar do Estado na Economia. De solução média entre as finalidades da operação à necessidade de reunir nas mãos do poder político os instrumentos do reerguimento econômico, as nacionalizações pretendem ser, no seu conjunto, uma resposta à crise econômica da década de 1930.

Se o objetivo de libertar a Capitalização da tutela capitalista é apresentado como essencial pelos autores do projeto, a procedência pede para limitar sua envergadura: parece difícil, de fato, no clima da liberação, barrar o acesso do mercado francês às companhias estrangeiras, sobretudo inglesas e americanas, instaurando um monopólio de Estado, ainda mais que a Inglaterra trabalhista não achou bom nacionalizar a Capitalização.

Em 1933, como dissemos, o Governo Federal baixou o primeiro diploma legal (Decreto 22.456, de 10 de fevereiro) disciplinando as operações das Sociedades de Capitalização no Brasil, que já eram em número de quatro.

Com a publicação do Decreto n. 21.143, de 10 de março de 1932 (art. 17 em seu regulamento, art. 62, letra "c"), urgia a expedição de decreto que disciplinasse tão importante matéria. O que existia, até então, era uma mera autorização, *in verbis:*

> [...].
>
> Art. 17. Cada bilhete exposto à venda deverá conter, repetidos em cada fração; na face, o nome da loteria, o número (cujos algarismos serão também escritos por extenso), o preço do bilhete inteiro e de cada fração, inclusive o imposto, o prêmio maior, a série da fração e o compromisso de pagamento e, no verso, a descrição do Plano, a que o bilhete pertença, a data no contrato e a firma social do contratante ou contratantes, a data, hora e local da extração e quaisquer outros esclarecimentos sintéticos, que couberem e forem aconselháveis.
>
> [...].
>
> Art. 62. Não se compreendem nas disposições do artigo anterior:
>
> [...].
>
> c) a venda de mercadorias ou imóveis, mediante sorteio, na forma do respectivo regulamento, desde que não haja distribuição de dinheiro, nem conversão em dinheiro dos prêmios sorteados.
>
> [...].

Por isso, ARANHA (1933:04), então ministro da Fazenda, afirmou que o projeto submetido ao então chefe de governo provisório, doutor Getúlio Vargas, iria dar às sociedades grandes margens de lucros, oferecere um vasto campo à concorrência e facilitar o aparecimento de novas empresas. E dessa concorrência, se real, resultaria a limitação de lucros exagerados, sem haver, por enquanto, a urgência de sua restrição legal que uma tarifa máxima saberia impor.

Mas, segundo o citado autor, se o projeto não é exíguo na concessão de elementos essenciais para vida próspera das sociedades, procura, também, amparar o público contra cláusulas leoninas, cuja verdadeira interpretação passaria despercebida. Por outro lado, impede vultosos lucros ocultos, prejudiciais não só ao erário como aos próprios subscritores de títulos de capitalização. Para que exista a benéfica concorrência entre as sociedades, é preciso que a numerosa clientela das Capitalizações possa julgar facilmente como são geridas as suas economias, e distinguir, sem hesitações, as sociedades que só procuraram os próprios lucros das que contemplam, como devem, os inúmeros e modestos contribuintes que as enriquecem. Foi esse um dos principais objetivos do projeto.

Contudo, um prazo excessivo de Capitalização desvirtuaria completamente os intuitos da operação. Qual seja, se a previdência é um nobre ato de desprendimento a favor dos filhos ou netos, ela torna-se incompreensível se os beneficiários pertencerem à terceira ou quarta geração. Se por isso, nas Capitalizações a prazo demasiadamente longo, deixa de existir o caráter de previdência, predominando apenas o desejo egoísta de lucro imediato proveniente de uma loteria. O projeto limitou este prazo máximo há 30 anos (ARANHA, 1933:04).

O mesmo cunho de loteria surge com um prazo muito curto de Capitalização. Com efeito, se dentro de pouco tempo o subscritor de título recebe o capital a constituir, que talvez seja inferior ao preço de custo, a soma perdida, diferença entre os dois valores, será apenas o preço de um bilhete de loteria. Desapareceu, evidentemente, a ideia de previdência; ficou apenas o prazer do jogo, e jogo caro, pois o preço do bilhete aumenta ao passo que diminui o tempo de Capitalização. O projeto fixou o prazo mínimo de dez anos, consoante o citado autor.

Assegurava ARANHA (1933:04) que nesses limites de dez a trinta anos são inúmeras as combinações possíveis de Capitalização. Se, para alguns subscritores, for longo o prazo de trinta anos do Título que obtiveram, resta-lhes o recurso ao resgate que lhes permite, depois de um certo número de anos, inferior a trinta, exigir das sociedades somas maiores do que as despendidas graças aos juros acumulados e aos lucros prometidos nos planos das sociedades.

Entre aqueles limites de dez a trinta anos de Capitalização, subsiste, sem dúvida, um certo vestígio de loteria. É incontestável, porém, que o vago desejo de um lucro imediato, oferecido pelas Capitalizações, constitui um formidável incentivo à economia. Passará depois o desejo de enriquecer subitamente; ficará o hábito de economia, a lição prática de suas vantagens. As Sociedades de Capitalização, honestamente dirigidas, serão escolas fecundas onde simples jogadores se transformam em homens econômicos, úteis à coletividade, consoante aquele renomado autor.

Mantendo uma severa fiscalização sobre as reservas destinadas a lucros suplementares dos subscritores, o projeto quer que não sejam ilusórias as promessas contidas nos títulos.

Para alargar o campo da concorrência, segundo ARANHA (1933:05), e estimular entre os subscritores de títulos a perseverança na economia, permite o Regulamento que os capitais pagos por antecipação possam variar, em cada título, desde o valor subscrito até ao seu duplo. Restabelece-se, desse modo, um certo equilíbrio nos sorteios, e, como corolário, a continuidade das contribuições mensais, continuidade que muda aquele cunho de loteria em ato de previdência.

O projeto, afirma o autor, não obriga as sociedades a um aumento progressivo nos capitais antecipados; permite apenas que o façam. Entre os títulos sorteados com as primeiras contribuições e com as últimas, a diferença é grande, e poderia até acontecer que os sorteios finais da série fossem desvantajosos para os sorteados.

Com efeito, se a princípio o título recebe, antecipadamente, muito mais do que lhe era devido pelas contribuições pagas no fim, conforme os lucros acumulados e oferecidos pelas sociedades, talvez o simples capital antecipado seja inferior à soma a que o título teria direito sem o sorteio, porque sua parte nas reservas técnicas e nos lucros acumulados pode exceder o valor do capital subscrito. E assim o sorteio seria uma burla (ARANHA 1933:06).

Por outro lado, lembra ARANHA (1933:04) que o regulamento não permite a retroatividade dos títulos além de trinta dias, porque um prazo maior acobertaria cláusulas leoninas, profundamente prejudiciais aos subscritores, em benefício apenas de alguns privilegiados ou dos próprios acionistas[13] da sociedade.

Aos poucos, as sociedades de capitalização existentes entre nós, conforme ARANHA (1933:04), ainda não saíram dos períodos em que se copia o mesmo modelo; a concorrência há de torná-las engenhosas, e outros planos surgirão cada vez mais favoráveis ao público.

Daí dizer-se que, na década de 30, a Capitalização tomou grande impulso no Brasil. Senão vejamos ainda.

Grande parte das reservas técnicas das Sociedades de Capitalização foi aplicada nas atividades de construção civil, na época áurea do seu desenvolvimento, inclusive em projetos habitacionais. No Rio de Janeiro, são exemplo disso os bairros do Jardim Sulacap e da Vila Kosmos. O Edifício Kosmos, na Rua do Carmo, o Edifício Sulacap, na esquina das ruas da Quitanda e Alfândega, além de edifícios similares construídos pela Sul América Capitalização S.A. em várias capitais brasileiras testemunham sobre essa época esplendorosa.

Por aqui então a novidade — a Capitalização — encontrou muitos adeptos e até os anos 40 não parou de crescer. Já em 1947, por exemplo, havia um total de dezessete sociedades sediadas no Rio de Janeiro, em São Paulo, em Porto Alegre e na Bahia.

---

(13) **Capital Integralizado** é o capital subscrito e pago pelos acionistas da empresa, no ato de sua incorporação ou em prazo determinado (SILVA, 2010-251).

Ressalta-se a importância da Capitalização que, na segunda metade da década de 40, pode ser aferida pelo considerável número de publicações tratando sobre a matéria em jornais, revistas e livros. Quanto a esses últimos, merecem especial desta que as obras de José Sciotti (*A Capitalização no Brasil*, Edições Artes Gráficas, São Paulo, 1948) e David Campista Filho (*Capitalização, sua Interpretação Econômica e Social*, Rio de Janeiro, Editora A Noite, 1949), embora *Sociedades de Capitalização* de M. Bonini Lourenço, publicada em 1948, pela Livraria Sulina, tenha tido, conforme os registros da época, uma divulgação maior que a dos seus congêneres.

Como consabido, a década de 50 ficou marcada pelos malefícios da inflação atinente ao abuso do crédito e ao descuido dos métodos de Economia. Tal situação acarreta infalivelmente consequências funestas.

Com a inflação, formou-se, em nosso País, uma mentalidade estranha, de idolatria ao crédito, que precisava ser combatida. Todos apelavam para os financiamentos de origem inflacionista e ninguém mais se esforçava por economizar. Atribuiu-se ao crédito o privilégio da geração espontânea e garantia-se que ele podia surgir do nada.

Com o espírito conturbado por essas ideias, as pessoas tentavam ganhar em um instante aquilo que só podia ser adquirido em anos de trabalho. Todos os seus planos assentavam apenas no crédito e, convencidos de estarem vivendo a era de realizações, pretendiam abater a golpes de crédito as depressões econômicas e faziam a humanidade progredir numa linha reta ascendente. Tudo, porém, era fantasia. O crédito deve repousar sobre um fundamento: a economia (SCIOTTI, 1948:14).

A inflação se acelerou, comprometendo a viabilidade dos planos. Como ainda não existia a correção monetária, as reservas acumuladas pelos Títulos de Capitalização não contavam com cláusulas que garantissem a sua atualização monetária, perdendo, consequentemente, estas reservas, o seu valor.

Nessa década, com a inflação, não era interessante guardar dinheiro por períodos determinados. Mesmo com a criação da correção monetária, o vaivém da inflação afetava a dinâmica do setor.

Na década de 60, a inflação continuou, mas o governo instituiu a correção monetária[14] em 1964, criando condições para que a Capitalização ganhasse novo impulso algum tempo depois.

---

(14) A década de 60, sobretudo em sua segunda metade, marcou a institucionalização do Sistema Financeiro Nacional (SFN) inspirado em padrões internacionais. O Conselho Monetário Nacional (CMN), o Banco Central (BACEN), o Sistema Financeiro de Habitação (SFH), além dos principais mecanismos de poupança compulsória, como o Fundo de Garantia por Tempo de Serviço (FGTS), foram criados nesse período.

Desta forma, a instituição da correção monetária, instituída pela Lei n. 4.380, de 21 de março de 1964, e as subsequentes reformas introduzidas no Sistema Financeiro Nacional (SFN) possibilitaram o soerguimento do mercado de Capitalização, pois o mecanismo dos reajustes periódicos ensejava a preservação do valor real da poupança e dos prêmios de sorteio.

Com a estabilização monetária, a curva da produção melhora: cada vez que a inflação diminui e que a confiança na moeda renasce, o interesse do público por esta forma de poupança se manifesta de novo.

Apesar desta retomada difícil, o desenvolvimento da Capitalização vai ser, ao longo dos trinta anos gloriosos, duas vezes mais rápido que o da atividade econômica em geral. É que ela se apoiou em dois fatores-chave do crescimento: a progressão da indústria automobilística e o aumento da capacidade de poupança, esta em consequência da elevação do nível de vida. Mas o crescimento econômico tem o outro lado da moeda: a inflação, que freia o desenvolvimento da Capitalização e lhe infringe um atraso durável em relação aos outros países. Ele também tem suas exigências: o investimento, fiador da prosperidade futura, que deve ser assegurado apesar do ímpeto em relação ao consumo. A Capitalização (combinação de economia programada com aplicação única ou mensal, vinculada à participação em sorteios) será um dos canais que permitirá drenar a poupança em direção aos equipamentos pesados e às infraestruturas indispensáveis a seu reerguimento e a seu desenvolvimento.

Levada pela expansão econômica, esta população produz e consome, economiza e investe em equipamentos para o lar, que parecem elementos indispensáveis para o seu padrão de vida. O consumo individual praticamente dobra entre 1949 e 1965. Adaptar-se à demanda será, de início, produzir os meios de responder às necessidades de seguro para os produtos, cujo consumo se desenvolve mais rápido.

Paralelamente à sua ação direta no campo da construção, a Capitalização contribui igualmente para o seu financiamento, dando empréstimo à cidade e a diversos órgãos públicos ou particulares. Em 1962, as Sociedades de Capitalização contribuem bastante na revalorização imobiliária. A Capitalização lança novos produtos[15] que acompanham o desenvolvimento do crédito imobiliário[16] e empréstimos para construção, por exemplo.

As aplicações da Capitalização se multiplicam e se estendem a campos bem distantes de seus territórios tradicionais. Os projetos industriais tomam uma envergadura crescente e recorrem a novas energias, tais como a nuclear, cujos riscos

---

(15) "*Produto é qualquer bem, móvel ou imóvel, material ou imaterial*" (§ 1º, do art. 3º, do CDC).

(16) **Capital Imobiliário**. Denominação dada ao capital aplicado em bens imóveis ou bens de raiz, em regra para produção de rendas, distinguindo-se do *capital imobilizado*, que se entende aquele aplicado no negócio e que se mostra improdutivo, por ter sido aplicado em bens que não dão rendas. E estes bens tanto são móveis como imóveis (SILVA, 2010-251).

estão em uma escala que os torna difíceis a apreciar: é uma nova fronteira para as Sociedades de Capitalização.

Entre 1974 e 1980, o mercado de Capitalização tomou grande impulso, registrando o aparecimento de seis novas Sociedades de Capitalização, marcando um forte período de reaquecimento do mercado, ou seja, uma reativação, em larga escala, das sociedades que haviam sobrevivido aos difíceis anos nas décadas de 50 e 60. Durante muito tempo, o setor foi afetado pela falta de perspectiva a médio e longo prazos. Mesmo com a correção monetária, a inflação transformava em pó qualquer rendimento.

Foi só em 1994, quando a moeda se estabilizou, que a Capitalização voltou a todo vapor. De lá pra cá, este segmento apresenta crescimento de 10% ao ano. Inclusive, a intensificação da fiscalização feita pela SUSEP nos últimos anos ajudou a dar mais transparência e credibilidade ao mercado. Uma das medidas da Circular SUSEP n. 130, de 12 de maio de 2000, foi tornar obrigatória, entre coisas, a formação de reserva e a remuneração do saldo com taxas de juros de, no mínimo, 20% da correção da poupança.

Aliás, desde a introdução do Plano Real, em 1994, o faturamento das Sociedades de Capitalização no País aumentou de forma vertiginosa.

Atualmente, as principais Sociedades atuam em um ambiente cada vez mais competitivo, não existindo uma grande vantagem no *ranking* a favor de nenhuma delas.

Graças à sua simplicidade, afirma AMADOR (2002:09), e aos aspectos lúdicos que a envolvem, a Capitalização se difundiu, a princípio, apenas nos grandes centros financeiros de Rio e São Paulo, para progressivamente, e com o aprimoramento de sua comercialização, chegar a todos os recantos do território nacional. Hoje a Capitalização está presente em todo o País.

Juntamente com as demais modalidades de ativos financeiros, ensina esse autor, o Título de Capitalização tem vivido momentos bons e momentos difíceis. Sensível às variações do humor da Economia, que se refletem nos níveis de renda e propensão à poupança, a Capitalização atravessou os anos de incerteza, quando a inflação impedia o acesso das famílias aos produtos financeiros.

Destarte, a Capitalização, hoje, dá mostras de vigor e maturidade, e vem cumprindo uma de suas finalidades, que é favorecer a formação e a difusão da riqueza no estado brasileiro, por meio do Contrato de Capitalização.

CAPÍTULO II

DA TEORIA GERAL DO CONTRATO DE CAPITALIZAÇÃO

2.1. CONSIDERAÇÕES INICIAIS

Traçado acima um escorço histórico da Capitalização, neste capítulo apresentaremos breves considerações jurídicas acerca da Teoria Geral dos Contratos à luz do Código de Proteção e Defesa do Consumidor (CDC)[17], e, residualmente, do atual Código Civil brasileiro (CCB)[18], bem como, quando necessário, comparada ao Código Civil revogado[19], aplicada, no que couber, ao Contrato de Capitalização.

No estudo que aqui se pretende fazer acerca do Contrato de Capitalização, seguindo a combinação da lei específica — o Decreto-lei n. 261, de 28.02.67[20] — com o Decreto-lei n. 73, de 21.11.66[21], o CDC assume o papel de norma geral das relações de consumo, cabendo ao Código Civil Brasileiro[22], no âmbito do direito privado, a **função residual**, como, aliás, estabelece, por exemplo, o próprio CDC,

---

(17) Lei n. 8.078, de 11 de setembro de 1990 (*Dispõe sobre a proteção do consumidor*), o CDC.

(18) Lei n. 10.406, de 10 de janeiro de 2002 (*Código Civil*).

(19) Lei n. 3.071, de 1º de janeiro de 1916 (*Código Civil*).

(20) Decreto-lei n. 261, de 28 de fevereiro de 1967 (*Dispõe sobre as sociedades de capitalização*). *[...]. Art. 1º Todas as operações das sociedades de capitalização ficam subordinadas às disposições do presente Decreto-lei. [...].*

(21) Decreto-lei n. 73, de 21 de novembro de 1966 (*Dispõe sobre o Sistema Nacional de Seguros Privados, regula as operações de seguros e resseguros*).

(22) "Outro ponto merecedor de esclarecimento inicial tem relação com a identificação do campo de aplicação do novo Código Civil em relação ao Código de Defesa do Consumidor. À partida, esclareça-se que, em nenhuma matéria, o novo Código altera ou extingue as normas próprias de direito do consumidor, pois estas são especiais em face daquele, entendido como norma geral. Um dos critérios clássicos de superação das antinomias jurídicas (aparentes, como lembra Norberto Bobbio, pois solúveis) é a da especialidade, mediante a qual a norma especial não é revogada pela norma geral, ficando esta como supletiva, assegurando-se àquela a precedência. A relação contratual de consumo não se confunde com a relação contratual comum a que se destina o Código Civil. Portanto, o Código de Defesa do Consumidor não foi modificado pelo novo Código Civil, permanecendo aquele a regular os contratos de consumo e este os contratos comuns civis e mercantis", relembra LÔBO (2005-02).

num reconhecimento do diálogo das fontes, isto é, um diálogo necessário entre o CCB e o CDC, sendo que um sistema complementa o outro, principalmente quanto à principiologia contratual, notadamente em seu art. 7º[23], bem como no art. 23[24] em relação aos vícios[25] dos produtos ou serviços.

2.2. A CONCEPÇÃO DO CDC

Em primeiro lugar, deve-se acentuar que o termo *código* foi utilizado em obediência à Norma Constitucional prevista no art. 5º, XXXII, que dita: "*O Estado promoverá, na forma da lei, a defesa do consumidor*"; no art. 170, inciso V, que impõe: "*A ordem econômica, fundada na valorização do trabalho humano e na livre iniciativa, tem por fim assegurar a todos existência digna, conforme os ditames da justiça social, observados os seguintes princípios: V — defesa do consumidor*"; e à do art. 48 dos Atos das Disposições Constitucionais Transitórias (ADCT), segundo a qual "*O Congresso Nacional elaborará, dentro de cento e vinte dias da promulgação da Constituição, o Código de Defesa do Consumidor*". Apesar disso, o CDC tem sentido profundamente diferente dos velhos códigos do passado.

Na condição de corpo de normas homogêneas e sistematizadas, que dizem respeito, ainda que de forma genérica, a princípios que se encontram no campo do direito civil, comercial, administrativo, penal e processual, o Código se constitui em verdadeiro microssistema normativo, dotado de lógica própria e regras específicas para a proteção dos conflitos concernentes às relações de consumo, segundo AMARAL JÚNIOR (1993:217).

Diversamente do que sucedia com os códigos do século passado, que pretendiam abarcar os múltiplos aspectos da vida social, o CDC se apresenta como

---

(23) *[...]. Art. 7º Os direitos previstos neste código não excluem outros decorrentes de tratados ou convenções internacionais de que o Brasil seja signatário, da legislação interna ordinária, de regulamentos expedidos pelas autoridades administrativas competentes, bem como dos que derivem dos princípios gerais do direito, analogia, costumes e equidade. [...].*

(24) *[...]. Art. 23. A ignorância do fornecedor sobre os vícios de qualidade por inadequação dos produtos e serviços não o exime de responsabilidade. [...].*

(25) Para alguns autores, não se aplica o "diálogo das fontes" nos vícios contratuais, pois entendem que os vícios contratuais são tratados especificamente e de forma completa pelos dois sistemas. Aliás, pregam que os vícios contratuais atingem a coisa que está sendo adquirida, não se confundindo com os vícios ou defeitos do negócio jurídico, que atingem a vontade, caso do dolo e do erro. Ex. carro de aventura — "publicidade" — se a publicidade diz que o carro encara qualquer tipo de terreno e ele não o faz, haverá dolo (publicidade enganosa). Se o adquirente pensa que o veículo encara qualquer tipo de terreno e isso não ocorre na prática, haverá erro. Se o veículo apresenta um problema qualquer, haverá vício contratual (redibitório ou do produto).

lei destinada a cuidar das relações específicas, definidas por seu caráter funcional. Além disso, não se pode deixar de reconhecer que a reunião dos dispositivos legais de proteção ao consumidor em um único texto legal revela grandes vantagens de ordem prática. Como as relações de consumo possuem caráter multidisciplinar, constituindo objeto de tratamento específico por diversos ramos do conhecimento jurídico, os consumidores podem enfrentar dificuldades insuperáveis em conhecer o teor de tais dispositivos. A reunião das normas legais de proteção ao consumidor em um único código facilita o seu conhecimento e a sua compreensão, servindo como orientação segura aos consumidores.

O CDC estabelece como fundamento normativo de toda a elaboração o Princípio da Vulnerabilidade do Consumidor, procurando dotá-lo das informações necessárias e dos instrumentos adequados para a tutela dos seus interesses. Deve-se reconhecer que não se trata simplesmente de um código do consumo, mas de um Código de Defesa do Consumidor, integrando, por isso, a chamada Ordem Pública de Proteção.

O consumidor do passado, que em geral se confundia com a figura do comprador isolado, se converte em elemento da economia de massa, objeto de campanhas publicitárias, bem como da pressão exercida por produtores e distribuidores organizados. A produção passa a determinar o que será ou não consumido, invertendo o ciclo tradicional da economia clássica, que se baseava na soberania do consumidor.

Tais mudanças acentuaram o desequilíbrio entre fornecedores e consumidores, sugerindo nos diversos países a necessidade de estabelecer medidas legislativas voltadas a coibir os abusos criados pela alteração das condições de mercado.

No Brasil, ensina AMARAL JÚNIOR (1993:219), esse problema se pôs de forma particularmente dramática, dadas as circunstâncias peculiares que marcaram o desenvolvimento econômico brasileiro. Enquanto nos EUA e nos países europeus, a proteção ao consumidor surge como resultado da consolidação da chamada "sociedade afluente", no Brasil, o seu aparecimento é concomitante com as consequências provocadas pela industrialização dos anos 60 e 70, ocorrida num contexto caracterizado por profundas desigualdades sociais e regionais, em que grande parte da população vive abaixo dos níveis de pobreza absoluta. No Brasil, o problema não reside apenas em proteger os consumidores, mas em garantir acesso ao consumo às camadas marginais da população.

O CDC expressamente reconheceu a vulnerabilidade do consumidor nas relações de consumo, procurando dotá-lo dos instrumentos necessários para minimizar esta situação. Assim procedendo, não se procurou olvidar a importância da atividade desempenhada pelo fornecedor de produtos e serviços, buscando conciliar o objetivo de proteger o consumidor com o desenvolvimento econômico(26) e social do País. Este é, aliás, o objetivo visado pelo art. 170, da CF, que instituiu os princípios que devem nortear a Ordem Econômica.

A proteção ao consumidor não aparece como limite externo, mas como elemento integrante que define o alcance e a abrangência do Princípio da Livre Iniciativa Econômica. A propósito, o art. 4º, inciso III, do CDC(27), estabelece como princípio que deverá orientar as relações de consumo a "*harmonização dos interesses dos participantes das relações de consumo e compatibilização da proteção do consumidor com a necessidade de desenvolvimento econômico e tecnológico, de modo a viabilizar os princípios nos quais se funda a ordem econômica*" (art. 170, da CF), "*sempre com base na boa-fé e no equilíbrio nas relações entre consumidores e fornecedores*".

O CDC procurou levar em consideração os interesses dos consumidores nos vários setores da atividade, bem como satisfazer as suas necessidades coletivas e individuais. Trata-se de orientação geral destinada a melhorar a situação do consumidor em todos os setores da produção ou da prestação de serviços.

De modo amplo, pode-se dizer que o nosso CDC se funda no desdobramento das diretrizes estabelecidas pela Resolução n. 39.248, aprovada em 10 de abril de 1985, pela Organização das Nações Unidas (ONU), na qual figuram os seguintes Princípios Fundamentais:

a) Proteção dos consumidores frente aos riscos para a sua saúde e segurança;

b) Promoção e proteção dos interesses econômicos dos consumidores;

---

(26) A discussão sobre quais são as melhores instituições políticas e econômicas a serem adotadas para estimular o desenvolvimento econômico é antiga, interminável e tem sua relevância unanimemente reconhecida. "O fato é que as instituições são fundamentais para o desenvolvimento. O desenvolvimento capitalista jamais teria ocorrido não fosse os italianos terem inventando a sociedade por quota de responsabilidade limitada e os iluministas terem garantido os direitos civis, ou seja, o direito à propriedade e a liberdade", escreve Luiz Carlos Bresser Pereira, professor da FGV-SP, em novo prefácio a seu clássico *Desenvolvimento e crise no Brasil*. São Paulo: Editora 34, 2003).

(27) No CDC, os princípios estão referidos no art. 4º, não especificamente dos contratos, mas do sistema nacional das relações de consumo. Há uma certa imprecisão entre o que denomina princípios e as diretrizes gerais contidas no mencionado artigo. As expressões empregadas no referido artigo podem ser agrupadas segundo a classificação dos princípios sociais adotados nesta obra: I) "compatibilização da proteção do consumidor com a necessidade de desenvolvimento econômico e tecnológico, de modo a viabilizar os princípios nos quais se funda a ordem econômica". Esse trecho do inciso III, do art. 4º, implicitamente, conduz ao princípio da função social; II) "transparência", "boa-fé", "informação": princípio da boa-fé; e III) vulnerabilidade, harmonização dos interesses, equilíbrio nas relações: princípio da equivalência material. O CDC, no capítulo específico da proteção contratual, especialmente no art. 51 (cláusulas abusivas), menciona o princípio da boa-fé e expressões enquadráveis no princípio da equivalência material, como "equidade", "equilíbrio contratual", "justo equilíbrio entre direitos e obrigações das partes".

c) Acesso dos consumidores à informação adequada sobre os produtos e serviços existentes no mercado;

d) Educação do consumidor;

e) Possibilidade de compensação efetiva do consumidor em face dos danos ou prejuízos sofridos; e

f) Liberdade para que sejam constituídos grupos e organizações de consumidores, assim como a necessidade de que sejam ouvidos na tomada de decisões que lhes dizem respeito.

Segundo o Código, magistra AMARAL JÚNIOR (1993:220), os produtos e serviços postos à disposição dos consumidores devem ser de tal ordem que, utilizados em condições normais, não apresentem perigo à saúde e segurança dos seus usuários. Quando apresentarem perigos, devem ser retirados do mercado, evitando que sejam produzidos danos aos consumidores.

Os riscos inerentes à utilização normal de produtos e serviços, levadas em consideração a sua natureza e as pessoas para as quais são destinados, deverão ser comunicados aos consumidores. Além disso, segundo o citado escritor, o consumidor será especialmente protegido contra as consequências dos danos causados pelos defeitos dos produtos e serviços colocados no mercado.

A proteção dos interesses econômicos do consumidor foi realizada pelo CDC visando à proteção do consumidor dos abusos de poder do fornecedor que se manifestam, de modo particular, nos contratos de adesão, nas condições abusivas de crédito e nos métodos não ortodoxos de venda.

Ao garantir o acesso dos consumidores às informações necessárias sobre os bens existentes no mercado, o CDC determinou que a apresentação ou propaganda de produtos e serviços não deve enganar ou induzir em erro as pessoas para as quais é dirigida. Estabeleceu-se ainda o princípio segundo o qual todas as informações fornecidas pelas etiquetas ou publicidade[28] devem ser exatas.

---

(28) A publicidade pode ser um ilícito civil, neste caso, se insere a publicidade enganosa. [...]. A publicidade é um meio lícito de promover, de estimular o consumo de bens e serviços, mas deve pautar-se pelos princípios básicos que guiam as relações entre fornecedores e consumidores, especialmente o da boa-fé. As relações de consumo, mesmo em sua fase pré-contratual ou, como preferem alguns, extracontratual, devem guiar-se pela lealdade e pelo respeito entre fornecedor e consumidor. Nesse sentido, o Código proíbe a publicidade enganosa, dispondo em seu art. 37, *caput* e §§ 1º e 3º. A publicidade enganosa, segundo o CDC, é ser suscetível de induzir o consumidor ao erro, mesmo por suas "omissões". A interpretação dessa norma deve ser necessariamente ampla, uma vez que o "erro" é a falsa noção da realidade, falsa noção esta potencial, formada na mente do consumidor por ação da publicidade. [...]. Optou o CDC por proibir também a chamada publicidade abusiva, pois ofensiva aos parâmetros obrigatórios de boa-fé e de respeito que devem guiar as relações de consumo, conforme dispõe o art. 37, § 2º, do CDC. A publicidade abusiva é, em resumo, a publicidade antiética, que fere a vulnerabilidade do consumidor, que fere valores sociais básicos, que fere

Lembra AMARAL JÚNIOR (1993:221) que, no tocante à informação e educação dos consumidores, deve-se ainda ressaltar que o adquirente de produtos ou usuário de serviços deve dispor das informações adequadas que lhe permitam:

a) Conhecer as características essenciais, a natureza, qualidade, quantidade e o preço dos produtos e serviços oferecidos;

b) Escolher de forma racional os produtos e serviços concorrentes;

c) Utilizar com plena segurança e de modo satisfatório os produtos e serviços; e.

d) Pretender o ressarcimento dos danos eventuais provenientes do produto ou do serviço recebido.

Todavia, a dupla instrumentalidade do direito moderno parte do pressuposto de que o direito ora concorre para conservar, ora contribui para alterar as relações sociais. Por isso que em nosso estudo, além da combinação da lei específica — o Decreto-lei n. 261, de 1967, com o Decreto-lei n. 73, de 1966, — utilizaremos o CCB, como função residual, e o CDC, norma efetiva e preponderante. Sem diminuir a importância da viga sustentadora na análise contratual, que é o CCB, o CDC indiscutivelmente significa grande contribuição para a melhoria das relações de consumo, conferindo maior equilíbrio às relações entre Sociedades de Capitalização (fornecedor), Subscritor e Titular (consumidores) no Contrato de Capitalização.

2.3. CONCEITO DE CONTRATO

Contrato, conforme o conceito de BEVILAQUA (1950:235), é o acordo de vontades para o fim de adquirir, resguardar, modificar ou extinguir direitos. O contrato[29] não tem um conceito tão amplo. Contudo, segundo ALVIM (1983:118), seu domínio deve limitar-se às relações patrimoniais.

Neste sentido, contrato é o acordo de duas ou mais pessoas para, entre si, constituir, regular ou extinguir uma relação jurídica de natureza patrimonial (ANDRADE, 1960:29). O contrato[30] corresponde ao vínculo obrigacional existente

a própria sociedade como um todo. [...]. (MARQUES, 2011:830-831 e 835).

(29) A palavra "contrato" por vezes é utilizada como documento comprobatório, significando instrumento contratual ou como sinônimo de vínculo obrigacional.

(30) Um contrato será mercantil quando os dois contratantes forem empresários, ou seja, quando ambos exercerem, profissionalmente, atividade econômica organizada para a produção ou circulação de bens e serviços.

entre duas partes, em que uma deve prestação à outra, e esta, em contrapartida, deve à primeira uma contraprestação. O contrato, pois, é um acordo de vontades que tem por fim criar, modificar ou extinguir direitos. Constitui o mais expressivo modelo de negócio jurídico bilateral (GONÇALVES, 2012:72).

A noção de contrato se situa como um negócio jurídico[31] bilateral, e de conseguinte exige o consentimento[32]; pressupõe, de outro lado, a conformidade com a ordem legal, sem o que não teria o condão de criar direitos para o agente; e, sendo ato negocial, tem por escopo aqueles objetivos específicos.

Com a pacificidade da doutrina[33], afirmamos então que o contrato é um acordo de vontades, na conformidade da lei, e com a finalidade de adquirir, resguardar, transferir, conservar, modificar ou extinguir direitos. Dizendo-o mais sucintamente, e reportando-nos à noção de negócio jurídico, podemos definir contrato como o "acordo de vontades com a finalidade de produzir efeitos jurídicos" (PEREIRA, 2004:07).

Podemos entender que o contrato é um negócio jurídico bilateral ou plurilateral, ou seja, para a sua celebração exige-se o concurso de duas ou mais pessoas, com a finalidade de regular interesses privados das partes e por isso a ele se submetem.

---

(31) A noção primária de negócio jurídico assenta na ideia de um pressuposto de fato, querido ou posto em jogo pela vontade, e reconhecido como base do efeito jurídico perseguido. Seu fundamento ético é a vontade humana, desde que atue na conformidade da ordem jurídica. Seu *habitat* é a ordem legal. Seu efeito, a criação de direitos e de obrigações. O direito atribui, pois, à vontade este efeito, seja quando o agente procede unilateralmente, seja quando a declaração volitiva marcha na conformidade de outra congênere, concorrendo à dupla emissão de vontade, em coincidência, para a constituição do negócio jurídico bilateral. Em tal caso, o ato somente se forma quando as vontades se ajustam, num dado momento (PEREIRA, 2004:07).

(32) **2005.001.11453** — APELAÇÃO CÍVEL DES. MARCUS TULLIUS ALVES — Julgamento: 26/07/2005 — NONA CÂMARA CÍVEL — RESPONSABILIDADE CIVIL — INDENIZAÇÃO — DANO MORAL PURO — ALEGAÇÃO DE NEGATIVAÇÃO INDEVIDA EM CADASTRO NEGATIVO DE CRÉDITO — FATO NÃO COMPROVADO PELO CORRENTISTA QUE REGULARMENTE AUTORIZOU CRÉDITO EM CONTA DE OBRIGAÇÃO DECORRENTE DE CONTRATO DE PLANO DE **CAPITALIZAÇÃO** — AUSÊNCIA DE PROVA DE OPERAÇÃO CASADA — RECURSO NÃO PROVIDO DIANTE DA PERFEITA ANÁLISE DA QUESTÃO DEBATIDA — DECISÃO CONFIRMADA.

(33) Doutrina, do latim *doctrina*, de *docere* (ensinar, instruir, mostrar), na terminologia jurídica, é tido, em sentido lato, como o conjunto de princípios expostos, fazem interpretações sobre a ciência jurídica. Mas, em acepção mais estreita, quer significar a opinião particular, admitida por um ou vários jurisconsultos, a respeito de um ponto de direito controvertido. E, neste sentido, aplica-se mesmo o vocábulo para exprimir o princípio que se possa firmar em uma sentença ou num acórdão, desde que, por ele, se estabeleça um esclarecimento a respeito da aplicação do direito, por força da doutrina, que ali se encerra. Na verdade, doutrina designa um conjunto de ideias, opiniões, conceitos e reflexões teóricas que os autores expõem e defendem no estudo do direito e interpretação da lei.

Como sempre sói assentar, o vocábulo não está adstrito a esta rigidez semântica. Ao revés, vai estender a sua abrangência a toda espécie de negócio jurídico[34]

---

(34) **Negócios Jurídicos** — O negócio jurídico é todo ato decorrente de uma vontade autorregulada, em que uma ou mais pessoas se obrigam a efetuar determinada prestação jurídica colimando a consecução de determinado objetivo. Como em todo ato jurídico, os efeitos do negócio jurídico são previamente instituídos pelas normas de direito, porém os meios para a realização desses efeitos estão sujeitos à livre negociação das partes interessadas, que estabelecem as cláusulas negociais de acordo com suas conveniências, claro que sem ultrajar os limites legais. O negócio jurídico mais comum é o contrato, apesar de existirem outros tipos de atos negociais, como o testamento, p. ex. A classificação mais comum dos negócios jurídicos é a seguinte: **Negócios receptícios e não receptícios:** o negócio jurídico receptício é aquele em que a manifestação da vontade de uma parte deve estar em consonância com a outra parte para que o negócio se constitua e produza efeitos. Há a necessidade de duas vontades dirigidas em sentidos opostos, ou seja, à vontade de uma parte deve ser direcionada à outra parte, que, por sua vez, deve recebê-la e manifestar suas intenções ao outro interessado, produzindo então o acordo de vontades. Já os negócios não receptícios são aqueles que se realizam com uma simples manifestação unilateral de vontade, não havendo a necessidade de seu direcionamento a uma pessoa específica para que se planifique e produza efeitos. **Negócios *"inter vivos"* e *"mortis causa"*:** Os negócios "*inter vivos*" são aqueles que se realizam e se aperfeiçoam enquanto as partes estão vivas. "*Mortis causa*" são aqueles cujos efeitos só são produzidos com o advento da morte de uma das partes. E o caso dos testamentos ou dos contratos de seguro de vida. **Negócios onerosos e gratuitos:** Negócio jurídico oneroso é aquele em que as partes acordam uma prestação e uma contra prestação pecuniária, produzindo, para ambas, vantagens e encargos. O negócio gratuito ou gracioso caracteriza-se pela presença de vantagens para somente uma das partes, enquanto que para a outra há somente encargos. **Negócios solenes e não solenes:** Solenes são aqueles que, por sua própria natureza ou por disposição legal, exigem o cumprimento de determinadas formalidades para que se configurem perfeitos. Não solenes são aqueles que não exigem tais formalidades para se constituírem, apesar de, geralmente, apresentarem forma apenas a título de prova de sua existência. **Estrutura dos Negócios Jurídicos:** *Consentimento* — Sabemos que a presença da vontade é característica básica na formação de qualquer ato jurídico. Porém, mister se faz a manifestação livre e consciente desta vontade, para que esta possa funcionar de maneira a expressar a verdadeira intenção do agente a respeito do negócio que está realizando. Caso isso não ocorra, caracterizam-se os chamados vícios do consentimento, situações que apreciaremos adiante. **Elementos Acidentais ou Modalidades:** *Condição* — Segundo o art. 114 do Código Civil "considera-se condição a cláusula que subordina o efeito do ato jurídico a evento futuro e incerto". O legislador não poderia ser mais claro ao definir a condição que, ao incidir sobre a eficácia (capacidade de produzir consequências de direito) do negócio jurídico, deixa seus efeitos dependentes de um acontecimento futuro que pode ou não se realizar. Para que haja condição, o acontecimento, além de futuro e incerto, deve ser possível física e juridicamente. A impossibilidade física da realização de determinado acontecimento gera a invalidação da condição, porém, mantém o negócio ileso, devendo ignorar a existência da cláusula condicional impossível, para que possa produzir efeitos desde sua formação. Os principais tipos de condição admitidos em nosso direito são a condição suspensiva e a condição resolutiva. Segundo o CCB, subordinando-se a eficácia do ato à condição suspensiva, enquanto esta se não verificar, não se terá adquirido o direito a que ele visa. Dessa maneira, a condição resolutiva é o contrário da suspensiva, uma vez que esta última, ao se observar o fato condicionante, permite que o ato passe a produzir seus efeitos normais, enquanto a primeira, quando se dá o acontecimento previsto por ela, cessa todos os efeitos que o negócio já produzia desde sua formação. *Termo* é todo evento futuro e certo ao qual ficam subordinados os efeitos decorrentes do negócio jurídico. Aliás, a diferença básica entre termo e condição é justamente a certeza do acontecimento futuro que, no caso do termo, deve existir necessariamente. Nos negócios a termo é comum o aparecimento de um termo inicial, que corresponde ao dia em que o negócio começará a produzir seus efeitos ordinários. Possui, portanto, características suspensivas, pois deixa os efeitos do ato suspensos até a chegada da data acordada pelas partes. Contudo o termo inicial não corresponde ao dia em que os direitos das partes serão adquiridos, mas, sim, ao marco

em que ocorrer a participação de vontade plúrima, ainda que não limitado seu objetivo a estes desiderata (PEREIRA, 2004:07).

Ampliada assim a noção, abraça a palavra o casamento, embora seja necessário desde logo ressalvar que a aproximação não traduz identidade essencial, como vemos, segundo supracitado autor, no direito de família; abrange o contrato de direito público, que prolifera nas atividades da Administração Pública, em que há coincidência de alguns extremos e diversificação quanto a outros; e vai ainda abranger toda espécie de convenção, embora para alguns esta expressão melhor se aplique aos atos plurilaterais criadores, modificativos ou extintivos de obrigações preexistentes.

Não será, no entanto, má linguagem nem mau direito referirem-se alguém a contrato denominando-o convenção, ou vice-versa, sinonímia que o nosso legislador do Código Civil Brasileiro de 2002 consagrou, ao aludir a "obrigações convencionais" no art. 221[35], compreendendo particularmente os contratos.

Se uma visão atual já indica a variação do conceito, uma análise em pesquisa acusa enorme diferenciação. No campo doutrinário, porém a questão continua desafiando a argúcia dos autores, na busca de uma conceituação que seja capaz

---

inicial para a possibilidade do exercício desses direitos, esses existindo desde a formação do ato. E o que encontramos disciplinados no Codex. Também é comum o advento do chamado termo final, que nada mais é do que o dia marcado pelas partes para o rompimento dos efeitos jurídicos do negócio, possuindo, com efeito, características resolutivas. *Prazo* é o lapso de tempo existente entre o termo inicial e o final. Assim, quando alguém compra um automóvel e divide o pagamento em prestações, o termo inicial corresponderá ao dia acordado para o pagamento da primeira prestação e o termo final à data para a efetuação da última parcela, sendo o prazo o tempo que decorrer entre a primeira prestação e a última. **Modo ou Encargo** – *Modo* é a determinação acidental que, quando aparece no negócio, restringe o direito ou as vantagens auferidas por uma das partes, na medida que institui uma ou mais obrigações ao adquirente do direito, em favor da outra parte, de terceiros ou de uma generalidade de pessoas. Geralmente aparecem nos chamados negócios graciosos como a doação e o testamento ou legado. Apresenta-se na forma de um compromisso ou uma prestação imposta à parte beneficiada pelo negócio e que deve ser observada, sob pena do desfazimento do ato. O modo, entretanto, é diferente da condição, na medida em que esta suspende a aquisição do direito até que se realize determinado evento (condição suspensiva), porém, ao ser adquirido, o direito torna-se pleno. Ao passo que, ao contrário da condição, o *Encargo* permite a aquisição do direito desde a formação do ato, porém restringindo-o a uma determinada obrigação que deve ser observada pelo adquirente. Em que pese o fato de considerável parte da doutrina civilista confundir as expressões ato jurídico e negócio jurídico, modernamente uma nova concepção, de caráter dualista, ressalta sensíveis diferenças entre estas duas figuras. Relações Jurídicas, desde seu nascimento até a morte, o homem se acha envolvido em imensa teia de relações sociais, muitas das quais a lhe imporem direitos e deveres. Quando, numa relação jurídica, os direitos e deveres das partes são recíprocos, tal relação chama-se complexa; quando apenas uma das partes tem direito, e a outras obrigações, a relação chama-se simples. Por outro lado, se num dos polos da relação jurídica acha-se o Estado, dotado de seu poder de império, há relação jurídica de direito público.

(35) *[...]. Art. 221. O instrumento particular, feito e assinado, ou somente assinado por quem esteja na livre disposição e administração de seus bens, prova as* ***obrigações convencionais*** *de qualquer valor; mas os seus efeitos, bem como os da cessão, não se operam, a respeito de terceiros, antes de registrado no registro público. [...].* (grifos nossos)

de preservar uma concepção unitária do contrato. Se do ponto de vista técnico e econômico não se deve afastar a possibilidade, no plano jurídico, de uma definição de contrato que seja reflexo dessa unidade pactual. É o que se vai fixar neste Capítulo. Senão vejamos.

2.4. EVOLUÇÃO DA DEFINIÇÃO DE CONTRATO, SEUS ELEMENTOS E CATEGORIAS

O Direito Romano estruturou o contrato, e todos os romanistas a ele se reportam sobre a base de um acordo de vontades a respeito de um mesmo ponto. O confronto com o direito moderno pode não acusar, ao primeiro súbito, maior disparidade. Uma aproximação mais chegada e uma perquirição mais aguda apontam, entretanto, sensível diferença, que vai articular-se na noção mesma do ato, naquele sistema jurídico. Ali, como nas sociedades antigas, a convenção por si só não tem o poder criador de obrigações (PEREIRA, 2004:08).

Entendia o romano não ser possível contrato sem a existência de elemento material, uma exteriorização de forma, fundamental na gênese da própria *obligatio*. Primitivamente, eram as categorias de contratos *verbis*, *re* ou *litteris*, conforme o elemento formal se ostentasse por palavras sacramentais, ou pela efetiva entrega do objeto, ou pela inscrição no Codex. Somente mais tarde, com a atribuição de ação a quatro pactos de utilização frequente (venda, locação, mandato e sociedade), surgiu a categoria dos contratos que se celebravam solo *consensu*, isto é, pelo acordo das vontades. Somente aqueles quatro contratos consensuais eram reconhecidos como tais. Nos demais, prevalecia sobre a vontade a materialidade de sua declaração, que haveria de obedecer rigidamente ao ritual consagrado: a inscrição material no livro do credor (contratos *litteris*), a *traditio* efetiva da coisa (contratos *re*), a troca de expressões estritamente obrigatórias (contratos *verbis*) de que a *policitatio* era o mais frequente exemplo, segundo o citado autor.

Uma vez celebrado, com observância estrita ao ritual, o contrato gerava obrigações, vinculava as partes e provia o credor da *actio*, fator da mais lídima essencialidade, sem o qual não haveria direito, já que este era nada, se não fosse munido da faculdade de reclamação em juízo.

Portanto, os romanos classificavam os contratos[36] em quatro tipos: *verbis*, *litteris*, *re* e *consensus*. Os dois primeiros, consagrados pelo *jus civil*, eram privativos dos cidadãos romanos. Dependiam de formalidades que lhes davam um caráter solene. Os dois últimos, inspirados nos usos e costumes dos povos — *jusgentium* —, podiam ter como titulares tanto os romanos como quaisquer peregrinos (ALVIM, 1983:118).

---

(36) TEPEDINO, Gustavo. *Contratos*. Rio de Janeiro: Cursos Jurídicos em Vídeo, Tele-Jur., 2009, 1 fita de vídeo (112:51 min), VHS, son., col.

O contrato *verbis*, segundo ANDRADE (1960:95), depende, para aperfeiçoar-se, da pronúncia de palavras especiais, enquanto o contrato *litteris* exigia a forma escrita. Os contratos *re* se formavam com a tradição da coisa, feita, por um contratante ao outro, os *consensus* resultavam do simples acordo de vontades, independente de qualquer formalidade.

Ao lado do *contractum*, estruturou o Direito Romano outra figura que foi o *pactum*. Este, porém, não permitia a *rem persequendi in iudicio*, não conferia às partes uma ação, mas gerava tão somente *exceptiones*, e, portanto, não era dotado de força cogente. Contrato e pacto eram compreendidos na expressão genérica *conventio*. O que os distinguia era a denominação que individuava os contratos (comodato, mútuo, compra e venda), era a exteriorização material da forma (com exceção dos quatro consensuais: compra e venda, locação, mandato e sociedade), e era finalmente a sanção, a *actio* que os acompanhava; ao passo que os *pacta* não tinham nome especial, não revestiam forma predeterminada, e não permitiam à parte a invocação de uma ação. Todas essas expressões, porém, são genericamente batizadas de *conventiones*. Esta expressão, como gênero, do qual o contrato é uma espécie, revive em Pothier assim como ainda no nosso Teixeira de Freitas (art. 1.830, da Consolidação) (PEREIRA, 2004:09).

2.4.1. DISTINÇÕES DO CONTRATO MODERNO

Estas distinções perderam a sua razão de ser no direito moderno, especialmente depois da obra de Savigny, que afasta a distinção entre pacto e contrato, aproximando-os em sinonímia que o direito moderno traz quase perfeita. E dizemo-la quase perfeita, porque a terminologia jurídica ainda se compraz em reservar a expressão pacto para a designação de alguns contratos acessórios (*e.g.*: pacto adjeto à nota promissória, pacto comissório na compra e venda, pacto nupcial).

Não obstante tal especificidade, todos eles poderão, sem quebra da boa linguagem, denominarem-se contratos, como ainda não ofenderia a boa técnica apelidar de pacto qualquer contrato típico.

Toda convenção é modernamente dotada de força vinculante e mune o credor de ação para perseguir em juízo a prestação em espécie ou em equivalente.

O que, mais do que a forma e a *actio*, constitui traço distintivo mais puro entre o contrato romano e o moderno é a relação jurídica criada. No Direito Romano, dado o caráter personalíssimo da *obligatio*, a ligação se estabelecia entre as pessoas dos contratantes, prendendo-os (*nexum*) e sujeitando os seus próprios corpos. Só muito mais tarde foi possível desbordar a execução que incidia sobre a pessoa do devedor para os seus bens (*pecuniae creditae bona debitoris, non corpus obnoxium esse*), porém, mesmo assim, ainda sobreviveu, no sistema, o sentido personalíssimo (PEREIRA, 2004:10).

Por outro lado, o direito moderno admite uma classificação mais ampla dos contratos: bilaterais ou sinalagmáticos e unilaterais; onerosos e gratuitos; comutativos ou aleatórios; consensuais, formais, reais, ou solenes e não solenes, nominados e inominados etc.

Portanto trata-se de uma fotografia, de um momento guardado para ser estudado, mas que ainda nem denominação fixa tem. A verdade é que do modelo estático da compra e venda, de um dar, passamos para um modelo dinâmico, complexo, reiterado e de fazeres de longa duração, como nos contratos cativos e nos aqui estudados contratos de prestação de serviços, que é a essência do Contrato de Capitalização.

2.4.2. UMA VISÃO DO CONTRATO PÓS-MODERNO

De um salto, passamos de um contrato bilateral e comutativo para o modelo de um contrato múltiplo, conexo, triangular ou plúrimo, onde nos polos encontra-se uma variada gama de sujeitos, como o fornecedor direto e a cadeia de fornecedores indiretos e sujeitos protegidos (individuais ou coletivos), como o consumidor-contratante, o consumidor *stricto sensu* e os consumidores equiparados.

A noção de sinalagma, segundo MARQUES (2011:175), de nexo mínimo *in concreto*, ganha destaque, assim como a da confiança. Cuida-se de um contrato muitas vezes aleatório e, se não, um contrato fictamente-comutativo, pois o importante passa a ser o nexo das prestações e seu equilíbrio (*synalagma*), não a prestação em si, mas seus anexos, sua qualidade, sua funcionalidade, a informação que a acompanha, o *status* que assegura a rapidez e a segurança quanto ao seu prestar. Os valores que nos movem a contratar são outros; outros os desejos, outras as pressões, as necessidades do mundo atual, algumas plúrimas e passageiras, em quase consumismo.

Do contrato com regime geral e único, passamos para o contrato com regime jurídico também plural, tendo em vista a aplicação de uma série de leis especiais e gerais à mesma relação contratual em seus mais diversos aspectos. Este conviver de normas de diversas hierarquias e finalidades traz consigo o problema da solução de antinomias, mais do que a segura Teoria da Revogação Expressa, hoje quase não mais usada. Onde há, ensina a renomada MARQUES (2011:175), *Zersplieterung* (*sistemas genéricos normativos*), onde houve uma autoimplosão das grandes codificações e o aparecimento de vários microssistemas, as antinomias são inevitáveis e mesmo os princípios constitucionais, por vezes, são propositadamente contraditórios.

Pontua MARQUES (2011:175-176) que:

> [...].
>
> *No novo modelo contratual há uma revalorização da palavra empregada e do risco profissional, aliada a uma grande censura intervencionista*

do Estado quanto ao conteúdo do contrato. É um acompanhar mais atento para o desenvolvimento da prestação, um valorizar da informação e da confiança despertadas. Alguns denominam o novo modelo de renascimento da autonomia da vontade protegida. O esforço deve ser agora para garantir uma proteção da vontade dos mais fracos, como os consumidores. Garantir uma ***autonomia real da vontade*** *do contratante mais fraco, uma vontade protegida pelo direito, vontade liberta das pressões e dos desejos impostos pela publicidade e por outros métodos agressivos de venda é o objetivo.*

Esta "nova autonomia" foi denominada por Nicole Chardin, em sua tese de doutorado de 1988, de ***vontade racional*** *("volonté rationelle"). A denominação parece-me feliz, pois indica a importância dos novos direitos dos consumidores: o direito à informação, o direito à reflexão e ao eventual arrependimento como forma de proteção. Os métodos de venda mudaram e estão cada vez mais agressivos, emocionais e apelativos, os desejos dos consumidores aprimoraram-se e o consumismo não é mais um fenômeno isolado — assim, está cada vez mais difícil alcançar esta vontade realmente refletida ou "racional", como prefere Chardin.*

[...].

Decerto quer a autonomia da vontade deixar de ser aquela exercida diante da teoria tradicional contratual, passando a ser uma autonomia do outro, do mais fraco, do consumidor. Essa autonomia tem dupla significação e nunca mais poderá ser apenas (e unilateralmente) entendida como "autonomia do mais forte".

Por outro lado, a liberdade contratual não pode ser compreendida como aquela que visa reduzir, limitar ou mesmo excluir a liberdade contratual da outra parte. Neste sentido, liberdade significa sempre a liberdade do outro. Ou seja, liberdade dos dois e não somente a liberdade do mais forte.

Contudo, ressalvando o lado positivo da revalorização da vontade, não se deve radicalizar, pois isso pode levar-se a conclusões incoerentes. Há que se ter, portanto, equilíbrio, objetivo principal do contrato pós-moderno. É necessário assim, valorização dos Princípios, dos Valores de Justiça e Equidade e, principalmente, no direito civil, do Princípio da Boa-Fé Objetiva, como paradigma limitador da autonomia da vontade.

2.4.3. NOVA CONCEPÇÃO DO CONTRATO PÓS-MODERNO

Assegura MARQUES (2011:210) que a nova concepção de contrato é uma concepção *social* para a qual não só o momento da manifestação da vontade (consenso) importa, mas em que também e principalmente os *efeitos* do contrato na sociedade serão levados em conta e na qual a condição social e econômica das pessoas nele envolvidas ganha em importância.

À procura do equilíbrio contratual, na sociedade de consumo moderna, o direito destacará o papel da lei como limitadora e como verdadeira legitimadora da autonomia da vontade. A lei passará a proteger determinados interesses sociais, valorizando a confiança depositada[37] no vínculo, as expectativas e a boa-fé[38] das partes contratantes.

A autonomia da vontade deve se reduzida por normas imperativas, como as do próprio CDC. É uma nova concepção do contrato no Estado Social[39], em que a vontade perde a condição de elemento nuclear, surgindo em seu lugar elemento estranho às partes, mas básico para a sociedade como um todo: o *interesse social*.

---

(37) Essa confiança está diretamente relacionada a questões jurídicas. Confiança que tem o desenvolvimento econômico como suposto corolário. Aí está o papel do Direito no desenvolvimento econômico do País, que deve servir como juiz da isonomia entre partes, poderes assimétricos, garantidor de um *status quo* mínimo no qual confiar.

(38) É de ressaltar, da mesma forma, por incomum, a classificação do contrato como de *boa-fé*. É sabido e consabido que a boa-fé é princípio geral de direito, e se por vezes dela se prescinde, (*v.g.* usucapião extraordinário), isso de forma alguma *infirma* que seja regra ampla, de tal modo que se torna a princípio descabido falar-se em classificação como contrato de boa-fé, o que pode fazer supor fosse possível contratos de má-fé. Isso é um raciocínio falso, e se se atribui característica de contrato de *bona fidae* não se pode daí tirar a ilação de que a ordem jurídica agasalhe contratos *male fidae*. Se lhe atribui tal característica devido à relevância da boa-fé que de princípio geral passa a fazer, pode se dizer, parte do conteúdo do contrato.

(39) O Estado social, sob o ponto de vista do direito, deve ser entendido como aquele que acrescentou à dimensão política do Estado liberal (limitação e controle dos poderes políticos e garantias aos direitos individuais, que atingiu seu apogeu no século XIX) a dimensão econômica e social, mediante a limitação e o controle dos poderes econômicos e sociais privados e a tutela dos mais fracos. O Estado social se revela pela intervenção legislativa, administrativa e judicial nas atividades privadas. As Constituições sociais são assim compreendidas quando regulam a ordem econômica e social, para além do que pretendia o Estado liberal. Para alguns, impressionados com o fenômeno crescente da globalização econômica e com a crise do Estado social, a partir da década de 80 do século passado, já se cogitaria de um Estado pós-social. Firmando posição na controvérsia, entendo que não há, rigorosamente, Estado pós-social, ao menos sob o ponto de vista jurídico. **A crise do Estado social foi aguçada pela constatação dos limites das receitas públicas para atendimento das demandas sociais, cada vez mais crescentes. Portanto a crise situa-se na dimensão da ordem social insatisfeita (garantia universal de saúde, educação, segurança, previdência social, assistência aos desamparados, sobretudo), ou do Estado providência. No que respeita à ordem econômica, todavia, a crise é muito mais ideológica que real, pois se dirige à redução do Estado empreendedor ou empresário e do garantismo legal. Mas, na medida que o Estado substitui seu papel de empreendedor para o de regulador da atividade econômica, permanece intacta a natureza intervencionista da ordem econômica constitucional, ou a "mão visível" do Estado.** O Estado regulador fortalece ainda mais o processo de intervenção legislativa, administrativa e judicial nas atividades econômicas, máxime das empresas concessionárias de serviço público, que lidam com coletividades de adquirentes ou utentes. O paradoxo atual, que confunde tanto os espíritos, pode ser assim esquematizado: a intervenção jurídica cresce na proporção da redução da atividade econômica estatal e do consequente aumento dos poderes privados nacionais e transnacionais. LÔBO (2005-01). Grifos nossos.

Ensina MARQUES (2011:211) que haverá um *intervencionismo* cada vez maior do Estado nas relações contratuais, no intuito de relativizar o antigo dogma da autonomia da vontade com as novas preocupações de ordem social, com a imposição de um novo paradigma, o Princípio da Boa-Fé Objetiva. É o contrato, como instrumento à disposição dos indivíduos na sociedade de consumo, mas, assim como o direito de propriedade, agora limitado e eficazmente regulado para que alcance a sua *função social*.

Houve, assim, uma evolução do pensamento jurídico até a formação do conceito de função social de contrato, resultante da evolução teórica do direito dos contratos, chamada de "socialização da teoria contratual", na qual os elementos sociais, além de outros interesses que não os derivados da doutrina da autonomia da vontade, integrem as preocupações do direito dos contratos; da nova teoria sobre negócio jurídico, em que se destaca papel maior da lei na nova noção do contrato; bem como do novo entendimento de que a autonomia da vontade seria a autorregulamentação dos interesses particulares.

Afirma MARQUES (2011:212) que:

> *[...].*
>
> *O contrato seria, então, um instrumento que o Direito oferece para possibilitar a autorregulamentação dos interesses dos particulares. A vontade é pressuposto e fonte geradora das relações jurídicas já reguladas em abstrato e em geral, pelas normas jurídicas. A ordem jurídica é que, em última análise, reconhece a autonomia privada, é ela, pois, quem pode impor limites a esta autonomia.*
>
> *Tais postulados abalariam a onipotência da vontade individual na teoria do direito. Valores como a equidade, a boa-fé e a segurança nas relações jurídicas tomam lugar ao lado da autonomia da vontade na nova teoria contratual.*
>
> *Assim, se na concepção clássica de Savigny a vontade interna deveria prevalecer sobre a vontade declarada, vamos observar, quando da renovação da teoria contratual, que a preferência recairá sobre a vontade declarada e a aparência de vontade, na chamada* ***Teoria da Confiança****. Enquanto a Willenstheorie de Savigny valoriza o dogma da vontade, como criadora e única legitimadora do vínculo, peca por desconsiderar a necessidade de segurança das relações jurídicas. Assim, propõe a anulação do contrato mesmo tendo em vista a dificuldade de prova da vontade interna da pessoa, e uma eventual boa-fé do outro contraente ou de terceiro que adquiriu o bem. Na Teoria da Confiança (Vertrauenstheorie), abrandamento da antiga* ***Teoria da Declaração****, valoriza-se mais a vontade declarada do que a vontade interna, tudo com o fim de dar maior certeza e segurança às relações contratuais.*
>
> *[...].*
>
> Grifos nossos.

Nesse sentido, é o elemento social, representado pela *confiança*, ganhando significação. De modo que, pela Teoria da Confiança, hoje majoritária, admite-se a responsabilidade de quem, por seu comportamento na sociedade, fez nascer no outro contratante a justificada expectativa no cumprimento de determinadas obrigações.

Vamos observar reflexos desta Teoria no Código Brasileiro de Defesa do Consumidor (MARQUES, 2011:212), quando a publicidade(40) ou as informações prestadas pelo vendedor vão ser inseridas no contrato (art. 30)(41), uma vez que criam no consumidor justificadas expectativas em relação ao bem, ao serviço ou às obrigações acessórias ao contrato. Em outras palavras, na nova concepção de contrato, o declarante deve responder pela confiança que o outro contratante nele depositou ao contratar.

Assevera MARQUES (2011:213) que o direito dos contratos socializado redescobre o *papel da lei*, que não será mais meramente interpretativa ou supletiva, mas cogente (veja art. 1º, do CDC(42)). A lei protegerá determinados interesses sociais e servirá como instrumento limitador do poder da vontade.

Desta forma, atualmente, a função do direito dos contratos é de orientador da relação obrigacional e realizador da equitativa distribuição de direitos e deveres.

---

(40) [...]. Em virtude dos novos efeitos jurídicos reconhecidos pelo CDC à publicidade, é necessário determinar o que se deve entender por "publicidade" segundo o sistema do CDC. O Código Brasileiro de Auto-Regulamentação Publicitária define a publicidade comercial como toda atividade destinada a estimular o consumo de bens e serviços, bem como promover instituições, conceitos ou ideias, incluindo nessa definição a publicidade governamental e o *merchandising*. Preferimos, porém, entender como publicidade, no sistema do CDC, toda informação ou comunicação difundida com o fim direto ou indireto de promover junto aos consumidores a aquisição de um produto ou a utilização de um serviço, qualquer que seja o local ou meio de comunicação utilizado. Logo, fica excluída a propaganda governamental que não tenha como fim promover atos de consumo, separando-se assim claramente o que é propaganda (difusão de ideias) e o que é publicidade (promoção, incitação ao consumo). Este parece ter sido o caminho adotado pelo CDC. Sendo assim, o elemento caracterizador da publicidade é a sua finalidade consumista. Como relembram os autores, o vocábulo publicidade deriva do latim *publicus* — tornar público, publicar de forma geral, vulgarizar, divulgar — e teria sua utilização com o atual aspecto comercial generalizada no início do século XIX, também como forma de distinção para a então existente propaganda nazifacista, política ou governamental. Captando a atenção do público consumidor, informando ou persuadindo, divulgando, promovendo o produto ou serviço e estimulando ao consumo, certo é que a publicidade tem clara feição e finalidade comercial: é ato negocial de um profissional consciente no mercado de consumo massificado. [...]. (MARQUES, 2011:828-829).

(41) *[...]. Art. 30. Toda informação ou publicidade, suficientemente precisa, veiculada por qualquer forma ou meio de comunicação com relação a produtos e serviços oferecidos ou apresentados, obriga o fornecedor que a fizer veicular ou dela se utilizar e integra o contrato que vier a ser celebrado. [...].*

(42) *[...]. Art. 1° O presente código estabelece normas de proteção e defesa do consumidor, de ordem pública e interesse social, nos termos dos arts. 5°, inciso XXXII, 170, inciso V, da Constituição Federal e art. 48 de suas Disposições Transitórias. [...].*

Esta justiça contratual encontra-se justamente na equivalência das prestações ou sacrifícios, na proteção da confiança e da boa-fé de ambas as partes.

Ensina MARQUES (2011:213) que o direito desenvolve, assim, uma *teoria contratual "com função social"*, bem ao estilo daquelas descritas por Wiehweg, isto é, o direito deixa o ideal positivista (e dedutivo) da ciência, reconhece a influência do social (costume, moralidade, harmonia, tradição) e passa a assumir proposições ideológicas, ao concentrar seus esforços na solução dos problemas. É um estilo de pensamento cada vez mais tópico, que se orienta para o problema, criando figuras jurídicas, conceitos e princípios mais abertos, mais funcionais, delimitados sem tanto rigor lógico, como veremos no CDC, pois só assumem significação em função do problema a resolver, são fórmulas jurídicas de procura da solução do conflito, fórmulas que jamais perdem a sua qualidade de tentativa.

Como resultado desta mudança de estilo de pensamento, as leis passam a ser mais *concretas*, mais *funcionais* e menos *conceituais*. É o novo ideal de concretude[(43)] das leis que, para alcançar a solução dos novos problemas propostos pela nova realidade social, opta por soluções abertas, ensina MARQUES (2011:214), que deixam larga margem de ação ao juiz e à doutrina, usando frequentemente noções-chaves, valores básicos, princípios como os de boa-fé, equidade, equilíbrio, equivalência de prestações e outros. São *topoi*[(44)] da argumentação jurídica, fórmulas variáveis no tempo e no espaço, de inegável força para alcançar a solução justa do caso concreto.

Como novo paradigma para as relações contratuais de consumo de nossa sociedade massificada, despersonalizada e cada vez mais complexa, propõe a ciência do direito o renascimento ou a revitalização de um dos Princípios Gerais do Direito há muito conhecido e sempre presente desde o movimento do direito natural: o Princípio Geral da Boa-Fé.

Este Princípio Geral da Boa-Fé ou novo "mandamento" obrigatório a todas as relações contratuais na sociedade moderna, e não só as relações de consumo, será aqui denominado de Princípio da Boa-Fé Objetiva para destacar a sua nova interpretação e função.

Efetivamente, o Princípio da Boa-Fé Objetiva na formação e na execução das obrigações possui uma tripla função na nova teoria contratual:

---

(43) O ideal de "concretude" das leis foi perfeitamente explicado na Exposição de Motivos do Projeto de Código Civil n. 634/75, p. 14 e 15.

(44) "*Topoi* são, portanto, para Aristóteles, pontos de vista utilizáveis e aceitáveis em toda parte, que se empregam a favor ou contra o que é conforme a opinião aceita e que podem conduzir à verdade" (CAMARGO, 2003:144). [...]. Os *topoi*, enumerados de um modo mais ou menos completo, são os que nos podem ajudar, em relação a cada problema, a obter raciocínios dialéticos. [...]. (VIEHWEG, 1979:26-27).

1ª) como fonte de novos deveres especiais de conduta durante o vínculo contratual, os chamados anexos;

2ª) como causa limitadora do exercício, antes lícitos, hoje abusivo, dos direitos subjetivos; e

3ª) na concepção e interpretação dos contratos.

Nessa nova teoria, espera-se que os contratantes honrem os compromissos assumidos, ou seja, fidelidade e coerência no cumprimento da expectativa alheia independentemente da palavra que haja sido dada, ou do acordo que tenha sido concluído; representando atitude de lealdade, de cuidado que se costuma observar e que é legitimamente esperada nas relações entre homens honrados, no respeitoso cumprimento das expectativas reciprocamente confiadas.

Neste ponto, magistra MARQUES (2011:216), é o compromisso expresso ou implícito de "fidelidade" e "cooperação" nas relações contratuais, é uma visão mais ampla, menos textual do vínculo, é a concepção leal do vínculo, das expectativas que desperta (confiança).

Boa-fé Objetiva significa, portanto, uma atuação "refletida", uma atuação refletindo, pensando no outro, no parceiro contratual, respeitando-o, respeitando seus interesses legítimos, suas expectativas razoáveis, seus direitos, agindo com lealdade, sem abuso, sem obstrução, sem causar lesão ou desvantagem excessiva, cooperando para atingir o bom fim das obrigações: o cumprimento do objetivo contratual e a realização dos interesses das partes.

A imposição, pela nova teoria contratual, do Princípio Geral de Boa-Fé Objetiva na formação e execução das obrigações obteve como primeiro resultado — e, talvez, ainda o menos conhecido e aceito pelos juristas — a modificação no modo de visualizar estaticamente a relação contratual.

Passa-se a visualizar o contrato como relação jurídica dinâmica, que "nasce, vive e morre", vinculando durante certo tempo, talvez mesmo anos, um fornecedor de serviços, como uma Sociedade de Capitalização a um subscritor e seus dependentes e titular.

Desta forma, o Contrato é uma relação jurídica total e contínua, que nasce em determinada data, vinculando a Sociedade de Capitalização e um Subscritor, por vezes, o Titular, e desenvolvendo-se mesmo antes do implemento do termo inicial ou do vencimento da prestação principal através do nascimento, da modificação ou imposição de novos direitos e deveres para ambas as partes. Trata-se de uma relação jurídica contratual em um feixe de obrigações múltiplas e recíprocas.

As relações obrigacionais são uma fila ou uma série de deveres de conduta e contratuais, vistos no tempo, ordenados logicamente, unidos por uma finalidade. Esta finalidade, este sentido único, que une e organiza a relação contratual, é a realização dos interesses legítimos das partes; realização do objetivo do contrato e posterior desaparecimento da relação.

Cuida-se de um verdadeiro processo que se desenvolve no tempo, um processo social, um processo jurídico, o contrato, visualizado dinamicamente, irradiando uma série de efeitos jurídicos durante a sua realização, antes mesmo dessa e após.

MARQUES (2011:217) ensina que esta visão dinâmica e realista do contrato é uma resposta à crise da teoria das fontes dos direitos e obrigações, pois permite observar que as relações contratuais durante toda a sua existência (fase de execução), mais ainda, no seu momento de elaboração (de tratativas) e no seu momento posterior (de pós-eficácia), fazem nascer direitos e deveres outros que os resultantes da obrigação principal. Em outras palavras, o contrato não envolve só a *obrigação de prestar*, mas envolve também uma *obrigação de conduta!*

A relação contratual nada mais é do que um *contato social*, um *contato na sociedade* que une, vincula pessoas, contato onde necessariamente não se pode esquecer ou desrespeitar os deveres gerais de conduta, os deveres de atuação conforme a boa-fé e conforme o direito. Estes deveres de conduta obrigam-nos a todos, todos os dias, nas relações extracontratuais e muito mais, nas relações contratuais.

Assegura MARQUES (2011:217-218) que liberar os contratantes de cumprir seus deveres gerais de conduta significaria afirmar que na relação contratual os indivíduos estão autorizados a agir com má-fé, a desrespeitar os direitos do parceiro contratual, a não agir lealmente, a abusar no exercício de seus direitos contratuais, a abusar de sua posição contratual preponderante (*Machtposition*), autorizando a "vantagem excessiva" ou a lesão do parceiro contratual somente porque as partes firmaram um contrato, escolhendo-se mutuamente de maneira livre no mercado.

A lógica — e o Direito —, magistra a doutrinadora, impõe que nesses contatos sociais, nesses processos sociais, de inegável relevância jurídica, que são os contratos, os parceiros contratuais devam também observar seus deveres de conduta, devam também tratar o outro com lealdade e respeito, não danificar o patrimônio do próximo, não impedir que o outro cumpra com os seus deveres, em suma, cooperar na medida do possível e segundo a lei.

Estes deveres de conduta que acompanham as relações contratuais vão ser denominados de **deveres anexos**, deveres que nasceram da observação da jurisprudência alemã ao visualizar que o contrato, enquanto fonte imanente de conflitos de interesses, deveria ser guiada e, mais ainda, guiar a atuação dos contraentes conforme o princípio da boa-fé nas relações. Dever aqui significa a sujeição a uma determinada conduta, sujeição esta acompanhada de uma sanção em caso de descumprimento.

Estes deveres de conduta gerais existem sempre, mas quando integram uma relação contratual vão receber um novo nome especial, uma vez que seu descumprimento dará razão a uma sanção com regime especial, uma sanção contratual. Descumprir o dever anexo de informar o contratante sobre os riscos de um serviço a ser executado, ou sobre como usar um produto, significa inadimplir, mesmo que parcialmente.

Assim, apesar de no Brasil consagrarmos a expressão alemã de deveres anexos ou secundários, enquanto contratuais, tratam-se de verdadeiras obrigações (**obrigações acessórias**, como as denominam os franceses), a indicar que a relação contratual obriga não somente ao cumprimento da obrigação principal (a prestação), mas também ao cumprimento das várias obrigações acessórias ou dos deveres anexos aquele tipo de contrato.

O CDC trouxe como grande contribuição à exegese das relações contratuais no Brasil a positivação do **Princípio da Boa-Fé Objetiva**, como linha teleológica de interpretação, em seu art. 4º, III,(45) e como cláusula geral, em seu art. 51, IV,(46) positivando em todo o seu corpo de normas a existência de uma série de deveres anexos às relações contratuais.

O primeiro e mais conhecido dos deveres anexos (ou das obrigações contratuais acessórias) é o dever de informar, previstos nos arts. 30 e 31 do CDC.(47)

Este dever já é visualizado na fase pré-contratual, que vamos cuidar mais abaixo, fase de tratativas entre consumidor e o fornecedor, quando o consumidor escolhe, por exemplo, um Título de Capitalização que o forçará a poupar nos próximos anos. Aqui as informações são fundamentais para a decisão do consumidor

---

(45) *[...]. Art. 4º A Política Nacional das Relações de Consumo tem por objetivo o atendimento das necessidades dos consumidores, o respeito à sua dignidade, saúde e segurança, a proteção de seus interesses econômicos, a melhoria da sua qualidade de vida, bem como a transparência e harmonia das relações de consumo, atendidos os seguintes princípios: (Redação dada pela Lei n. 9.008, de 21.3.1995) III — harmonização dos interesses dos participantes das relações de consumo e compatibilização da proteção do consumidor com a necessidade de desenvolvimento econômico e tecnológico, de modo a viabilizar os princípios nos quais se funda a ordem econômica (art. 170, da Constituição Federal), sempre com base na boa-fé e equilíbrio nas relações entre consumidores e fornecedores. [...].*

(46) *[...]. Art. 51. São nulas de pleno direito, entre outras, as cláusulas contratuais relativas ao fornecimento de produtos e serviços que: IV — estabeleçam obrigações consideradas iníquas, abusivas, que coloquem o consumidor em desvantagem exagerada, ou sejam incompatíveis com a boa-fé ou a equidade. [...].*

(47) *[...]. Art. 30. Toda informação ou publicidade, suficientemente precisa, veiculada por qualquer forma ou meio de comunicação com relação a produtos e serviços oferecidos ou apresentados, obriga o fornecedor que a fizer veicular ou dela se utilizar e integra o contrato que vier a ser celebrado. [...]. Art. 31. A oferta e apresentação de produtos ou serviços devem assegurar informações corretas, claras, precisas, ostensivas e em língua portuguesa sobre suas características, qualidades, quantidade, composição, preço, garantia, prazos de validade e origem, entre outros dados, bem como sobre os riscos que apresentam à saúde e segurança dos consumidores. [...].*

(garantias, riscos, carências, resgate, sorteio, aquisição de bens, exclusões de responsabilidades etc.) e não deve haver indução ao erro, qualquer dolo ou falha na informação por parte da Sociedade de Capitalização ou promessas vazias, uma vez que as informações prestadas[48] passam a ser juridicamente relevantes, integram a relação contratual futura e, portanto, deverão depois ser cumpridas na fase de execução do Contrato de Capitalização.

É a nova transparência obrigatória nas relações de consumo, em que vige um novo dever de informar, imputado ao fornecedor de serviços e produtos, e uma nova relevância jurídica da publicidade, instituída pelo CDC como forma de proteger a confiança despertada por este método de *marketing* nos consumidores brasileiros.

Estabeleceu-se, assim, um novo patamar de conduta, de respeito no mercado, que não admite mais sequer o *dolus bonus*[49] do vendedor, do atendente, do representante autônomo dos fornecedores, face ao dever legal.

---

(48) **2005.001.04920** — APELAÇÃO CÍVEL — DES. MALDONADO DE CARVALHO — Julgamento: 27/09/2005 — QUARTA CÂMARA CÍVEL — RESPONSABILIDADE CIVIL. DANOS MATERIAIS E MORAIS. PRINCÍPIO DA RAZOABILIDADE. Enquanto tratado como simples dever secundário pela doutrina contratual, o dever de informar, instituído pelo CDC, não mais se restringe a uma simples cooperação entre os contratantes, restrito aos interesses individuais de cada um. O dever de informar no sistema do CDC assume proporções de dever básico, verdadeiro ônus imposto aos fornecedores, obrigação agora legal. Daí porque, nos termos do art. 31 do CDC, "a oferta e a apresentação de produtos ou serviços devem assegurar informações corretas, claras e precisas, ostensivas e em língua portuguesa, preço, garantia, prazo de validade e origem do produto, bem como informar sobre os riscos que o produto apresenta à saúde à segurança do consumidor". Assim, e com esteio na legislação consumerista, deve o fornecedor cuidar para que sua oferta, bem como a apresentação de seu produto ou serviço, assegure ao consumidor informações claras, precisas e ostensivas sobre as características principais. E mais: deve oportunizar ao consumidor o conhecimento prévio do conteúdo do contrato, assegurando-lhe uma decisão fundada na informação plena, de acordo com a transparência que lhe incumbe. Por conseguinte, se os respectivos instrumentos forem redigidos de modo a dificultar a compreensão de seu sentido e alcance, não obrigarão os consumidores (art. 46, CDC). A emissão de **Títulos de Capitalização,** não solicitada ou sequer anuída, com a utilização de crédito rotativo, também sem qualquer anterior comunicação ou simples aviso, levou o fornecedor ao inusitado absurdo de notificar o consumidor para que, em 24 horas, promovesse a quitação de saldo devedor (fls. 30), tendo, por fim, encaminhado ao Serviço Central de Proteção ao Crédito (fls. 28) e SERASA (fls. 29) pedido de inclusão de nome nos arquivos do SCPC, o que dá a exata noção da intranquilidade vivida peio consumidor, cidadão cumpridor dos seus deveres, com mais de 80 anos de idade. Evidente, portanto, que o abalo psíquico suportado pelo autor foi a causa direta e imediata do dano reclamado. Viveu o autor, sem dúvida, momento muito angustiante, amargando sofrimentos e inquietações. Logo, plausível se tem a reclamação por danos morais, sendo, pois, exigível, como também assim reconhecido na sentença requestada, a sua fixação por um duplo viés: o ressarcitório compensatório e o preventivo-pedagógico. PARCIAL PROVIMENTO DO PRIMEIRO RECURSO E IMPROVIMENTO DO SEGUNDO.

(49) *Dolus bonus* significa boa intenção e mau resultado. ***Dolus bonus*** é aquele frequentemente empregado no comércio informal e até mesmo no formal. Consiste em exageros nas vantagens e boas qualidades da mercadoria oferecida pelo comerciante. Já ***Dolus malus*** é o dolo que prejudica efetivamente a vítima, capaz de viciar sua vontade, tornando o negócio anulável. E um artifício frau-

Interessante observar que a doutrina estrangeira visualiza dois tipos de deveres de informação, o primeiro denominado dever de "conselho" ou aconselhamento, e o segundo, dever de esclarecimento simples.

Neste ponto, relembra MARQUES (2011:226) que o **dever de esclarecimento** (*Aufklarungspflicht*, em alemão, e *obligation de renseignements*, em francês) obriga o fornecedor do serviço, como, por exemplo, o de seguro-saúde e de assistência médica, informar sobre os riscos do serviço do atendimento ou não em caso de emergência, exclusões da responsabilidade contratual, de modificações contratualmente possíveis etc.; sobre a forma de utilização (necessidade de auto-

---

dulento que consegue enganar até mesmo as pessoas mais cautelosas e instruídas. É de se observar que "no art. 30 o CDC trata da oferta. O oferecimento do produto ou do serviço é ínsito ao comércio. Desde os mercados persas que os produtos são oferecidos aos possíveis compradores de forma a chamar-lhes a atenção para as qualidades do que está sendo vendido. O que a sociedade moderna fez foi aperfeiçoar a oferta, massificando-a. A publicidade a torna pública, é o meio de fazer com que alcance um número considerável de possíveis consumidores. A vinculação entre a oferta e o produto é clara na lei, que estabelece sua integração ao contrato. A norma afirma que toda a informação ou publicidade, **suficientemente precisa**, obriga o fornecedor, e, portanto, integra o contrato, ou seja, torna-se parte dele, criando uma obrigação correspondente à expectativa que surge com a oferta. Diante da dicção literal da norma, emerge evidente perplexidade em razão da expressão "**suficientemente precisa**". Estará a lei dizendo que a oferta insuficientemente precisa não integra o contrato? Não é possível interpretar o art. 30 no sentido de entender que a oferta imprecisa não vincula o fornecedor do produto ou prestador do serviço. Se assim fosse as empresas especializadas em publicidade zelariam para que as mensagens publicitárias se mantivessem no limbo da informação, entre o preciso e o impreciso, gerando dúvidas capazes de afastar a vinculação pretendida na lei. Só há uma possibilidade de interpretação razoável. A precisão mencionada na norma é a que permite a identificação do produto ou do serviço, não suas características e qualidades mercadológicas. No caso de ser imprecisa a identificação da marca do produto ou sua denominação no mercado, será o empresário o perdedor, considerando que a publicidade não estará alcançando seu objetivo. No mais, se for imprecisa a informação acerca das características, qualidades, quantidade, composição, preço, garantia, prazo de validade e origem, entre outros dados, militará em favor do consumidor presunção de boa-fé, dentro do espírito protetivo da legislação do consumo. O consumidor sabe das suas necessidades, cabe ao empresário esclarecer de forma precisa as qualidades do seu produto para que o comprador verifique se há perfeita coerência entre o que deseja e o que vai consumir. A imprecisão na informação deve ser encarada como tentativa de engodo, como de fato quase sempre é. Não se pode modernamente aplicar aos negócios jurídicos de consumo a vetusta figura do ***dolus bonus.*** A distinção entre essa figura e o ***dolus malus*** só tem sentido em um negócio jurídico realizado *tête-à-tête*, característico de uma fase bem menos mordaz da sociedade. O ***dolus bonus*** era caracterizado pela gabança, exagero em ressaltar as qualidades do objeto do negócio. O comprador deveria estar munido de inadmissível singeleza de espírito para ser induzido a erro no mais das vezes inocente e sem grandes consequências. Na sociedade moderna o negócio *tête-à-tête* é uma exceção. A massificação, como já dito, se tornou uma característica inafastável da modernidade. Nada é planificado levando em conta as necessidades individuais, as diferenças e particularidades que nos caracterizam como unidades distintas da raça humana. Muito menos a publicidade leva em conta a diversidade elementar dos consumidores. Daí a inaplicabilidade dos princípios do ***dolus bonus*** à oferta e à publicidade." ZÉFIRO, Gabriel de Oliveira. **A boa-fé na publicidade no código de defesa do consumidor**. Fonte: Disponível no site: <http://www.usinadeletras.com.br/exibelotexto.phtml?cod=497&cat=Textos_Jurídicos>. Acesso em: 23 de março de 2007.

rização, de exames prévios, de opiniões de médicos do grupo, do tempo total de internação por ano etc.); e sobre a qualidade dos serviços (hospitais conveniados, médicos ligados ao grupo etc.).

Já o **dever de aconselhamento**(50) (*Beratungspflicht*, em alemão, e *obligation de conseil*, em francês), ensina a doutrinadora MARQUES (2011:227), é um dever mais forte e só existe nas relações entre um profissional, especialista, e um não especialista. Cumprir ou não o dever de aconselhamento significa fornecer aquelas informações necessárias para que o consumidor possa escolher entre os vários caminhos a seguir (por exemplo, diferentes tipos de planos, diferentes carências, diferentes exclusões etc.). E, a nosso ver, diante, *e.g.*, de diferentes tipos de Títulos de Capitalização, carências etc.

O segundo dever anexo destacado pela doutrina é o "Dever de Cooperação", dever (leia-se, obrigação contratual) de colaborar durante a execução do contrato, conforme o paradigma da boa-fé objetiva. Cooperar é agir com lealdade e não obstruir ou impedir.

Esse dever, ensina a professora MARQUES (2011:230-231), será cumprido de forma passiva pelo fornecedor, mantendo-se fiel à finalidade contratual e às expectativas legítimas da parte mais fraca (*Leistngstreupflicht*), assim evitando inviabilizar ou dificultar a atuação do outro contratante, por exemplo, quando este tenta cumprir com suas obrigações contratuais. Da mesma forma, quando o consumidor necessita adimplir a sua obrigação e o fornecedor dificulta o pagamento do consumidor, ao determinar que este só possa ser executado em local especial ou em horas difíceis, ou somente após autorizado por determinados papéis ou determinados servidores etc., descumpre seu dever de conduta, suas obrigações acessórias conforme a boa-fé. A Súmula 286 do STJ(51) está imbuída deste espírito, pois o contratante mais forte muitas vezes forçava a confissão da dívida ou seu pagamento, sob ameaça de enviar o nome do consumidor aos bancos de dados negativos ou de vencimento antecipado de contratos conexos, daí sua importância.

---

(50) [...]. Este dever foi identificado como espécie mais forte, mais exigente, do gênero dever de informar, especialmente no caso dos médicos que receitam determinado remédio, que aconselham o paciente a submeter-se a determinada cirurgia ou a determinado tratamento, a utilizar determinado hospital, deixando (ou omitindo) de informar as outras possibilidades ou outros possíveis caminhos, que, como especialistas, devem conhecer e informar. [...]. O dever de informar existe também para o consumidor, quando informa, por exemplo, seu estado de saúde à seguradora ou prestadora de serviços. Aqui, porém, trata-se de pessoa leiga, que geralmente pressupõe a boa saúde sua e de seus dependentes. Se informações especializadas são necessárias, há a seguradora de organizar esta pré-seleção de clientes, pois elas são normalmente desconhecidas ou consideradas não relevantes pelo consumidor, a favor do qual milita uma presunção de boa-fé subjetiva. [...]. (MARQUES, 2011:227-230).

(51) Súmula n. 286 do STJ é: "A renegociação de contrato bancário ou a confissão da dívida não impede a possibilidade de discussão sobre eventuais ilegalidades dos contratos anteriores".

De outro lado, se o fornecedor está obrigado a cumprir com suas obrigações (por exemplo, reembolsar ou fornecer determinados exames e consultas médicas, entregar determinado bem, executar determinado serviço), não deve dificultar o acesso do consumidor aos seus direitos ou inviabilizar que a prestação seja devida (conhecida, tradicionalmente, como *exceptio doli*). Deve o fornecedor, igualmente, abster-se de usar ou impor expedientes desnecessários ou maliciosos, como exigir uma grande série de autorizações, documentos, solicitações só retiráveis em determinados locais, em determinada hora e por decisão arbitrária do próprio fornecedor, exigir comunicações imediatas ou em curto espaço de tempo em matérias que envolvem a integridade física e psíquica da pessoa e de seus familiares, e, ainda mais, exigindo essa atuação contratual sob pena de perda de direitos contratuais (MARQUES, 2011:232).

Essas dificuldades excessivas impedem o cumprimento da prestação principal e significam o descumprimento das obrigações acessórias oriundas do contrato e do dever de conduta segundo a boa-fé: descumprir o dever de cooperação, de lealdade, significa inadimplir, mesmo que parcialmente.

Esse dever de lealdade, de cooperação, segundo MARQUES (2011:232), reflete-se também na redação dos contratos, a qual é executada de maneira unilateral e prévia pelo fornecedor. O fornecedor está autorizado a utilizar o método da contratação em massa, por intermédio de contratos de adesão, e a imposição de CONDGs, mas deve redigir estes textos de forma clara e precisa, destacando as cláusulas que limitem ou excluam direitos do consumidor. A imposição desta obrigação acessória no cumprimento do contrato tem por fim preservar o cocontratante de danos à sua integridade pessoal (moral ou física) e à integridade de seu patrimônio.

O fornecedor de serviço não deve abusar da sua posição contratual preponderante de poder impor "normas", cláusulas, em relação com o consumidor, que façam este ter que suportar gastos desnecessários, destrua o seu patrimônio ou cláusulas que tentem obstruir ou expor o consumidor à situação constrangedora, quando tenta simplesmente cumprir com suas obrigações ou adimplir.

Ensina a doutrinadora MARQUES (2011:232) que reconhecer a existência de deveres anexos de conduta significa, igualmente, interpretar o contrato de forma mais abrangente. Redigido de forma não clara, ou atuando o fornecedor em sentido contrário do que informou o consumidor (*venire contra factum proprio*), deverá o fornecedor, uma vez vinculado *ex lege* por essas promessas e atuações, cumprir o contrato totalmente. O fornecedor deverá realizar as expectativas (agora legítimas) do consumidor, adimplir seu dever principal e seus deveres anexos.

O Princípio da Boa-Fé Objetiva é, portanto, um princípio limitador do Princípio da Autonomia da Vontade e um elemento criador de novos deveres contratuais, que deve contar, para sua maior efetividade, com sua previsão legal específica.

Para atingir este ambicioso fim de equidade contratual e boa-fé nas relações o Estado utiliza, então, o instrumento que dispõe o poder de regular a conduta dos homens através das leis, limitando assim a autonomia privada.

2.5. TEORIA CONTRATUAL NO CDC

Como acabamos de ver, o direito contratual sofreu uma profunda renovação. As suas transformações devem-se umas aos fatos, como p. ex. o incremento da vida contratual, cada vez mais intensa e estandardizada, a mudança de uma economia agrária em economia industrial e capitalista, concentradora de riquezas e de poder, e a criação de uma sociedade de consumo. Outras se devem à intervenção dos poderes públicos, chamados a corrigir e a dirigir as forças econômicas e sociais, resultando na institucionalização dos contratos e na intervenção legislativa neste campo antes reservado à autonomia da vontade.

Segundo a nova visão do direito, o contrato não pode mais ser considerado somente como um campo livre e exclusivo para a vontade criadora dos indivíduos. Hoje, a **função social do contrato**, como instrumento basilar para o movimento das riquezas e para a realização dos legítimos interesses dos indivíduos, exige que o contrato siga um regramento legal rigoroso. A nova teoria contratual fornecerá o embasamento teórico para a edição de normas cogentes, que traçarão o novo conceito e os novos limites da autonomia da vontade, com o fim de assegurar que o contrato cumpra a sua nova função social (MARQUES, 2011:267-268).

Nesse fim, o CDC representa o mais novo e mais amplo grupo de normas cogentes, editado com o fim de disciplinar as relações contratuais entre fornecedor e consumidor, desde a fase preliminar, que veremos a seguir, segundo os postulados da nova teoria contratual.

2.5.1. DO CONTRATO PRELIMINAR OU PRÉ-CONTRATO

Contrato preliminar ou pré-contrato é a "convenção pela qual as partes criam em favor de uma delas, ou de cada qual, a faculdade de exigir a imediata eficácia de contrato que projetaram" (GOMES, 2007:159-160). Constitui fase distinta das denominadas negociações preliminares, às quais sucedem a fase da proposta e da aceitação. A partir daí, temos a fase relativa à formação do contrato e, se as partes assim o desejarem ou, se em razão de algum impedimento não puderem, desde já, celebrar o contrato de forma definitiva, podem contratar de forma preliminar.

Aliás, essa modalidade de pacto já era conhecida pelos romanos com a denominação de *pactum de contrahendo*, tendo sido albergada pelo direito alemão (*Vovertrag*), direito italiano (*contratto preliminare* ou *ante contratto*), direito francês (*avant contrat* ou *promesse de contrat* ou *compromis*) e direito espanhol e hispano-americano (*contracto preliminar*). Temos, também, no direito português a previsão do contrato preliminar, mas sob a denominação de "contrato-promessa", que também prevê a hipótese de "promessa unilateral", como podemos depreender dos arts. 410º e 411º do Código Civil português (BARROS *et al.*, 2002:353).

Em nosso Código Civil anterior, o legislador não fez inserir a figura do contrato preliminar, embora alguns doutrinadores visualizassem no conteúdo do art. 1.088[(52)] do código revogado o nascedouro do referido instituto. Este dispositivo mencionava ser lícito o arrependimento de qualquer das partes, antes da assinatura do contrato, caso o instrumento público fosse exigido como prova do mesmo, competindo à parte desistente ressarcir à outra as perdas e danos, sem prejuízo do estatuído no instituto das arras[(53)].

Ao início do século passado, sob a inspiração da doutrina liberal, não cogitou o legislador pátrio da proteção daquele que entabulava um contrato preliminar, tendo interesse em sua concretização, em sua transformação em contrato definitivo.

Alvitrou o legislador, apenas à hipótese de arrependimento, dando ensejo ao não cumprimento de avenças, a partir do momento em que o objeto destas sofria uma supervalorização, o que levava geralmente o alienante a não honrar o seu compromisso preliminar, preferindo o arrependimento, seguido de indenização por perdas e danos que, na maioria das vezes, se mostrava muito mais vantajosa do que concluir e tornar definitivo o contrato primitivo.

O contrato preliminar, em sua essência, importa em reconhecimento de sua validade, no sentido de torná-lo definitivo e não de extingui-lo, usando de direito de arrependimento. Nesta linha de raciocínio afastamos o entendimento da doutrina que visualizou no antigo art. 1.088 o nascedouro do instituto do contrato preliminar, visto que o referido dispositivo somente fazia exigir a escritura pública para a avença preliminar quando essa fosse requisito do contrato definitivo, possibilitando, dessa forma, o arrependimento.

Neste mesmo entendimento, BARROS *et al.*, 2002:354, ensinam que o instituto do contrato preliminar somente veio a ser reconhecido expressamente em

---

(52) *[...]. Art. 1.088. Quando o instrumento público for exigido como prova do contrato, qualquer das partes pode arrepender-se, antes de o assinar, ressarcindo à outra as perdas e danos resultantes do arrependimento, sem prejuízo do estatuído nos arts. 1.095 a 1.097. [...].*

(53) Arras é termo jurídico utilizado no Direito Civil que designa o penhor ou a garantia de pagamento por uma das partes envolvidas em uma obrigação. Nesse sentido, conforme SILVA (2010:136), Arras é a expressão que se introduziu no vocabulário comercial dos gregos (*arrhabón*) e dos romanos (*arrhabo*) abreviado para *arrhas*), pelos mercadores fenícios, para indicar o penhor que era dado em sinal de firmeza do contrato ajustado, notadamente do contrato de compra e venda. Assim, arras é o sinal em dinheiro, ou qualquer outro valor, que um dos contraentes dá como prova de estar definitivamente concluído o contrato, ou para assegurar o seu cumprimento.

nosso ordenamento quando da vigência do Decreto-Lei n. 58, de 10 de dezembro de 1937, que dispôs sobre o loteamento e a venda de terrenos para pagamento em prestações, tendo estabelecido, em seu art. 16, ser lícito ao promitente comprador, uma vez pagas todas as prestações, intimar o promitente vendedor, que se recuse a outorgar-lhe a escritura definitiva, para que o faça no prazo de dez dias, e se nada opuser, ou for rejeitada a sua oposição, o juiz por sentença adjudicará o terreno ao requerente. A partir do disposto no Decreto-Lei n. 58, de 1937, passou o nosso ordenamento a atribuir amplos efeitos ao contrato preliminar, de modo a assegurar que uma das partes, uma vez cumprida a sua obrigação no pacto, pudesse exigir da outra o contrato definitivo, sob pena de o juiz poder suprir-lhe a vontade.

Aliás, só a título de comentário, é ilustrativo destacar o contido nos "considerandos" que justificaram a edição do Decreto-lei n. 58, de 1937, na medida em que o legislador da época atacava os efeitos nocivos que se irradiavam do art. 1.088, do antigo Código Civil Brasileiro, em relação aos compradores de lotes de terreno que não tinham nenhuma segurança de ao final dos pagamentos obterem a escritura definitiva de compra e venda do lote objeto do contrato preliminar. Não adianta visualizar a presença do nascedouro do contrato preliminar se o artigo base não contém nenhuma norma protetiva no sentido de assegurar que o contrato preliminar venha a se tornar definitivo ou que uma das partes possa, uma vez cumprida a sua obrigação, exigir que o contrato definitivo seja outorgado.

Posteriormente, seguindo a linha evolutiva do reconhecimento da existência e da eficácia do contrato preliminar, tivemos a Lei n. 649, de 11 de março de 1949; o Decreto-lei n. 745, de 7 de agosto de 1969; e a Lei n. 6.766, de 19 de dezembro de 1979, que dispôs sobre o parcelamento do solo urbano. Podemos mencionar, ainda, o Código de Processo Civil (CPC) de 1939, que em seu art. 1.006 "deu maior amplitude ao contrato preliminar, ao cogitar da execução das obrigações de fazer, dispondo que, se condenado o réu a emitir declaração de vontade, será esta havida por enunciada logo que a sentença de condenação transite em julgado. E, em particular, o seu § 2º dispôs que cabe ao juiz assinar prazo ao devedor para que execute a obrigação oriunda da promessa de contratar, desde que preencha ele os requisitos do definitivo". O CPC atual fala em "compromisso de concluir um contrato", consoante se depreende do que dispõe do art. 639[54], tendo, assim, também reconhecida a existência e a eficácia do contrato preliminar.

A propósito, segundo BESSONE (1997:51), o CPC de 1939 (art. 1.006, § 2º) ditava em promessa de contratar e em contrato preliminar, usando como sinônimas as duas expressões. O de 1973 alude ao compromisso de concluir um contrato (art. 639), sem repetir a linguagem do anterior.

(54) *[...]. Se aquele que se comprometeu a concluir um contrato não cumprir a obrigação, a outra parte, sendo isso possível e não excluído pelo título, poderá obter uma sentença que produza o mesmo efeito do contrato a ser firmado.. [...].*

Assim, veio a doutrina reafirmando que a promessa de contratar ou contrato preliminar possuía validade, qualquer que fosse a sua forma, bastando que possuísse os requisitos do contrato definitivo, sendo estes cumpridos pelas partes, independentemente da exigência de forma. Nesse sentido, e demonstrando convergência com a posição doutrinária atualmente dominante, o legislador fez inserir no Código Civil a figura do contrato preliminar, como podemos inferir dos arts. 462 a 466, do CCB[55], destacando-se que o art. 462 prevê que o contrato preliminar deve conter todos os requisitos essenciais do contrato definitivo, salvo no que pertine à forma (BARROS *et al.*, 2002:355).

Então, desde que o contrato preliminar contenha todos os requisitos essenciais à validade dos contratos, exceto no que tange à forma, estará apto a produzir efeitos e obrigar à realização do contrato definitivo, ante o cumprimento pelas partes das obrigações a que se sujeitaram. Os requisitos de validade dos negócios jurídicos, conforme previsto no art. 104 do CCB[56], são:

a) agente capaz;

b) objeto lícito, possível, determinado ou determinável; e

c) forma prescrita ou não defesa em lei[57].

Assim, sendo capazes as partes contratantes e, sendo lícito, possível e determinado ou determinável o objeto do contrato preliminar, estando fixado o preço, bem como as formas de pagamento, não constando da mesma cláusula de arrependimento, estará apto o consumidor, ou até o fornecedor, desde que cumprida a sua parte, a exigir que a outra parte outorgue a seu favor o contrato definitivo, sob pena de pedir suprimento judicial para tanto.

Caso o contrato definitivo a ser firmado seja daqueles que não exija forma solene, não advirão maiores problemas, na medida em que o contrato preliminar já contém todos os requisitos do contrato definitivo. O problema se torna maior e aí residia toda a controvérsia da jurisprudência, na medida em que o contrato

---

(55) *"[...]. Art. 462. O contrato preliminar, exceto quanto à forma, deve conter todos os requisitos essenciais ao contrato a ser celebrado. [...]. [...]. Art. 463. Concluído o contrato preliminar, com observância do disposto no artigo antecedente, e desde que dele não conste cláusula de arrependimento, qualquer das partes terá direito de exigir a celebração do definitivo, assinando prazo à outra para que o efetive. Parágrafo único. O contrato preliminar deverá ser levado ao registro competente. [...]. [...]. Art. 464. Esgotado o prazo, poderá o juiz, a pedido do interessado, suprir a vontade da parte inadimplente, conferindo caráter definitivo ao contrato preliminar, salvo se a isto se opuser a natureza da obrigação. [...]. [...]. Art. 465. Se o estipulante não der execução ao contrato preliminar, poderá a outra parte considerá-lo desfeito, e pedir perdas e danos. [...]. [...]. Art. 466. Se a promessa de contrato for unilateral, o credor, sob pena de ficar a mesma sem efeito, deverá manifestar-se no prazo nela previsto, ou, inexistindo este, no que lhe for razoavelmente assinado pelo devedor. [...].*

(56) *[...]. Art. 104. A validade do negócio jurídico requer: I — agente capaz; II — objeto lícito, possível, determinado ou determinável; III — forma prescrita ou não defesa em lei. [...].*

(57) Forma prescrita ou não defesa em lei ("*forma dat esse rei*, ou seja, a forma dá ser às coisas").

preliminar dizia respeito à transferência de propriedade, p. ex., contrato que, a depender de seu valor, exige a forma pública para a sua perfeição. A discussão girava em torno da eficácia do contrato preliminar que tivesse por objeto a transferência de propriedade, considerando que este não se fazia pela forma de escritura pública, enquanto essa forma se traduz em essencial para a validade do referido pacto. Temos assim que a redação do art. 462 do CCB enfrentou diretamente o tema controvertido, na medida em que deu validade e eficácia ao contrato preliminar, mesmo que esse não contenha a forma exigida para o contrato definitivo.

Impende observar que, se o objeto do contrato preliminar for coisa móvel, o registro competente será o de Títulos e Documentos, enquanto, se o objeto for coisa imóvel, o Registro de Imóveis será o competente para o respectivo ato.

De se ressaltar que o registro do contrato preliminar, como já dito, somente possui o condão de outorgar validade ao mesmo perante terceiros. Para que tenha validade perante as partes contratantes e, que possa ser pedido o suprimento judicial da vontade de uma das partes, para a conversão do pacto em definitivo, basta que o contrato preliminar tenha satisfeito todos os requisitos do contrato pretendido, salvo no que tange à forma, independentemente de qualquer registro (BARROS *et al.*, 2002:356).

A parte interessada, caso queira, poderá pedir ao juiz que supra a vontade da parte inadimplente, uma vez esgotado o prazo concedido, previsto no *caput* do art. 463 do CCB. Este suprimento de vontade por parte do Poder Judiciário tem como objetivo conferir caráter definitivo ao contrato preliminar, o que é possível na medida em que a natureza da obrigação comporte tal proceder.

Também poderá a parte credora, no caso de inadimplemento do contrato preliminar, considerar o contrato desfeito, pedindo perdas e danos (art. 465, do CCB). Essa hipótese pode ser aventada no caso de a natureza da obrigação impedir a outorga obrigatória do contrato definitivo e, também, no caso de a parte credora preferir a via de perdas e danos uma vez constituídos em mora a parte devedora.

Como vimos, o art. 466 do CCB dispõe a respeito da "promessa de contrato unilateral", conhecido sob a denominação de contrato de "opção". "É unilateral quando, perfeito pelo consentimento[58] de ambas as partes, produz obrigações *ex uno latere*" (PEREIRA, 2004:83). O legislador civil pátrio outorgou ao credor a obrigação de manifestar-se no prazo previsto no contrato, sob pena de ficar a pro-

---

(58) **2005.001.10569** — APELAÇÃO CÍVEL DES. NAMETALA MACHADO JORGE — Julgamento: 29.6.2005 — DÉCIMA TERCEIRA CÂMARA CÍVEL. Banco. Título de **Capitalização.** Débito em conta. Contrato inexistente. Devolução. Dano moral. Comprovado o débito relativamente a contrato inexistente, impõe-se a devolução em dobro do indébito, na forma do art. 42, parágrafo único do CDC. Descontos indevidos, por si só, não geram dano moral, senão meros aborrecimentos. Recurso parcialmente provido.

messa sem qualquer efeito. Caso não haja prazo, deverá o credor se manifestar no que lhe for razoavelmente assinado pelo devedor. Na primeira hipótese, o prazo vem inserido na própria promessa de contrato unilateral, enquanto na segunda hipótese, por não ter prazo previsto na promessa, caberá ao devedor assinar prazo razoável para que o credor possa manifestar sua vontade, sob pena de a promessa ficar sem qualquer efeito.

Por seu lado, o encontro de vontades para a formação legal do Contrato de Capitalização deve ser manifestado de modo expresso e por escrito. Embora, em geral, na maioria dos contratos, o encontro de vontades possa ser manifestado de modo expresso ou tácito. Esta manifestação de vontade tácita é permitida, na medida em que o CCB, em seu art. 107[59], prevê a validade da declaração de vontade independentemente de forma especial, salvo se essa for exigida expressamente pela lei.

Assim, para grande parte dos contratos, assegura o Codex que a manifestação de vontade possa se dar de qualquer forma, inclusive na forma silenciosa, se expressar a real vontade da parte contratante. Nesse caso, o silêncio é classificado como qualificado, ou seja, uma manifestação silenciosa que permite a percepção da vontade da parte declarante. O art. 111 do CCB[60] autoriza que o silêncio importe em anuência, quando as circunstâncias ou os usos o autorizarem e, na medida em que não seja necessária a declaração de vontade expressa (escrita), como ocorre para ter efeitos o Contrato de Capitalização. De se afirmar que esta somente será necessária no caso de a manifestação silenciosa não se mostrar suficiente para que a outra parte entenda a vontade que está sendo manifestada.

De se inferir então que, desde a fase preliminar (contrato preliminar ou pré-contrato), a Sociedade de Capitalização deve seguir os princípios informadores e formadores basilares da atual concepção social, advinda da nova teoria contratual, do Contrato de Capitalização.

2.5.2. A FORMAÇÃO DOS CONTRATOS

O Contrato de Capitalização, como na grande maioria das convenções, antes de ser formado, passa por uma série de etapas, também conhecidas como tratativas preliminares, que, como apontamos acima, devidamente implementadas, na forma da lei, vão dar ensejo ao nascimento do pacto, ou melhor, ao contrato preliminar ou pré-contrato.

(59) *[...]. Art. 107. A validade da declaração de vontade não dependerá de forma especial, senão quando a lei expressamente a exigir. [...].*

(60) *[...]. Art. 111. O silêncio importa anuência, quando as circunstâncias ou os usos o autorizarem, e não for necessária a declaração de vontade expressa. [...].*

A propósito, cabe dizer que a oferta ou veiculação de mensagem publicitária sobre um determinado produto ou serviço, seja ressaltando suas qualidades ou características, seja definindo condições e preços para a sua aquisição, tem força vinculante a partir da vigência do CDC.

Nesse caminho, lembra TOSHIO MUKAI *et al.* (1991:149), quem realizar a comunicação (oferta ou publicidade) ou quem se utilizar dela estará obrigado a contratar com observância do anunciado. A norma alcança tanto o fabricante que promove a publicidade de seu produto como o varejista que a invoca na hora da venda.

Contudo, para obrigar o fornecedor e gerar direitos para o consumidor, é necessário que o conteúdo veiculado através da oferta ou da publicidade seja *suficientemente* preciso. Assim, não se encontra vinculado o fornecedor pelas informações genéricas que alardeia sobre o seu produto ou serviço. Para que produza o efeito indicado pelo CDC, deve a informação circunscrever-se a elemento específico, determinável, delineável. Não poderia, aliás, ser diferente, posto que as generalidades não comportem, comumente, execução.

Neste particular, exemplifica TOSHIO MUKAI *et al.* (1991:150):

> [...].
>
> Imagine-se a oferta ou publicidade de uma incorporação imobiliária. As chamadas do tipo "venha morar como um rei" ou "o lugar mais aprazível do mundo" não podem, por sua generalidade, obrigar o empreendedor. Já especificações como "azulejo até o teto", "sala com tábuas largas" e outras, inegavelmente, representam verdadeiras cláusulas contratuais. Pelas informações suficientemente precisas responde o fornecedor, cabe, inclusive, a execução específica (Código de Defesa do Consumidor, arts. 48 e 84).
>
> [...].

Para que a informação ou publicidade suficientemente precisa não crie obrigações para o fornecedor, é necessária a concordância do consumidor. Como em qualquer outro contrato de compra e venda ou de prestação de serviço, as partes podem, a qualquer tempo, por sua livre manifestação de vontade, alterar as cláusulas inicialmente pactuadas, segundo TOSHIO MUKAI *et al.* (1991:150). Esta possibilidade alcança, sem dúvida, também as nformações suficientemente precisas da oferta ou publicidade. É evidente que, se o consumidor não se interessar pela alteração ou não ficar satisfeito com a eventual compensação com que o fornecedor lhe acena, ele não estará obrigado a aceitá-la.

O meio através do qual se veicula a informação suficientemente precisa não é relevante. Qualquer que tenha sido o veículo utilizado — imprensa, rádio, televisão, folhetos, *outdoors*, cartazes, faixas ou outro —, o resultado do ponto de vista jurídico é rigorosamente o mesmo. Sem dúvida, a prova da veiculação da informação suficientemente precisa pode apresentar maior ou menor dificuldade de acordo com o meio empregado. Por esta razão, é de todo conveniente que o consumidor, quando lhe interessar, exija a transcrição do conteúdo veiculado pela oferta ou publicidade no próprio instrumento de contrato quando este vier a ser elaborado. Tal requisito não é condição para o exercício do direito reconhecido ao consumidor, ensina TOSHIO MUKAI *et al.* (1991:150), mas um simples expediente destinado a facilitar a produção da prova. De qualquer maneira, uma vez provada a veiculação, em oferta ou publicidade, de uma informação suficientemente precisa, pode o consumidor pleitear a sua execução específica.

Por outro lado, o CCB estatui, em seu art. 427, correspondente ao art. 1.080 do CCB revogado, que "*a proposta de contrato obriga o proponente, se o contrário não resultar dos termos dela, da natureza do negócio, ou das circunstâncias do caso*". Há, portanto, magistra TOSHIO MUKAI *et al.* (1991:156), nas relações de direito civil, três situações em que o ofertante não se vincula aos termos da oferta. Quando se cuida, no entanto, de relação de consumo, estas ressalvas não existem. O fornecedor está vinculado aos termos da sua oferta, apresentação ou publicidade, não podendo ressalvá-las de nenhuma maneira. Nem haverá circunstância de fato ou característica do negócio, nas relações de consumo, que possa ser invocada pelo fornecedor para pretender a sua desoneração, total ou parcial. Em matéria de proteção ao consumidor, a oferta sempre obriga o ofertante.

No entanto, evidentemente, não o obriga para sempre. As hipóteses do art. 428 do CCB[61], correspondente ao art. 1.081 do Codex anterior, referentes aos fatores temporais que importam na desconstituição do caráter obrigatório da proposta, têm aplicação nas relações de consumo, à vista da omissão da lei especial. Não tem incidência apenas a hipótese de retração tempestiva (inciso *IV — se, antes dela, ou simultaneamente, chegar ao conhecimento da outra parte a retratação do proponente*), uma vez que essa não pode ser efetivada pelo fornecedor. Mas as demais previsões daquele dispositivo do CCB, pertinentes ao decurso do tempo como fator de liberação do ofertante aos termos de sua oferta, regulam também as relações de consumo. TOSHIO MUKAI *et al.* (1991:156)

Dessa forma, se a oferta é feita sem prazo a um consumidor presente, a não-aceitação imediata desonera o fornecedor. Importante lembrar-se que a oferta por via telefônica é tida como realizada entre presentes. Já em relação ao consumidor au-

(61) *[...]. Art. 428. Deixa de ser obrigatória a proposta: I — se, feita sem prazo a pessoa presente, não foi imediatamente aceita. Considera-se também presente a pessoa que contrata por telefone ou por meio de comunicação semelhante; II — se, feita sem prazo a pessoa ausente, tiver decorrido tempo suficiente para chegar a resposta ao conhecimento do proponente; III — se, feita a pessoa ausente, não tiver sido expedida a resposta dentro do prazo dado; IV — se, antes dela, ou simultaneamente, chegar ao conhecimento da outra parte a retratação do proponente. [...].*

sente, se a oferta não tem prazo, o fornecedor se libera assim que houver decorrido o tempo suficiente para aquele o procurar com vistas à realização do contrato. Se fixado um prazo, somente a sua fluência opera a desoneração do fornecedor.

As ofertas feitas através de publicidade em veículo de comunicação de massa, como televisão, cinema, rádio, *outdoor* ou jornal, *e. g.*, devem ser consideradas como feitas entre ausentes. Uma determinada promoção de um magazine, *e. g.*, "leve 3 e pague 2", "tudo com 20% de desconto" etc., veiculada através de anúncios naqueles meios, pode ou não se referir ao prazo de duração. No primeiro caso, enquanto não fluir o tempo assinalado, o fornecedor é obrigado a manter as condições anunciadas, de acordo com o CCB, art. 428, III (inciso *III — se, feita a pessoa ausente, não tiver sido expedida a resposta dentro do prazo dado*). No segundo caso, cessada veiculação da publicidade e transcorrido o tempo suficiente para os consumidores se dirigirem ao estabelecimento do fornecedor para aproveitarem a promoção, pode este considerar-se desobrigado pelo anúncio, nos termos do art. 428, inciso *II — se, feita sem prazo a pessoa ausente, tiver decorrido tempo suficiente para chegar a resposta ao conhecimento do proponente*.

A duração da oferta pode ficar condicionada à existência de estoque, devendo tal circunstância ser comunicada aos consumidores para que tenha o efeito de antecipar a liberação do fornecedor em relação às condições promocionais divulgadas pela publicidade.

Aponta TOSHIO MUKAI *et al.* (1991:157) que, nessas condições, o fornecedor encontra-se obrigado em virtude das informações suficientemente precisas constantes da oferta, apresentação ou publicidade do seu produto ou serviço. Se recusar-lhes cumprimento, o consumidor poderá optar entre uma das seguintes alternativas: a) exigir o cumprimento forçado da obrigação; b) aceitar outro produto ou serviço equivalente; e c) rescindir o contrato.

Desta forma, o consumidor pode promover a execução específica dos termos constantes da oferta, apresentação ou publicidade, com vistas à obtenção do resultado prático que melhor lhes corresponda (CDC, arts. 48 e 84). A alternativa "b" depende da vontade do fornecedor, já que a lei cogita de mera aceitação, pelo consumidor, de outro produto ou serviço. Ora, a ação de aceitar pressupõe a existência de uma proposta. Finalmente, a rescisão do contrato, de acordo com o previsto em lei, garante a restituição ao consumidor da quantia eventualmente antecipada, com correção monetária e sem prejuízo de perdas e danos. Neste caso, em optando pela rescisão do contrato, o consumidor deve devolver o produto ou a parte dele porventura já entregue e indenizar os serviços parcialmente executados, se houver. TOSHIO MUKAI *et al.* (1991:157)

É de se aplicar, portanto, ao Contrato de Capitalização as regras estabelecidas nos arts. 30 e 35 do CDC(62), que determinam a vinculação do fornecedor de

---

(62) *[...]. Art. 30. Toda informação ou publicidade, suficientemente precisa, veiculada por qualquer forma ou meio de comunicação com relação a produtos e serviços oferecidos ou apresentados, obri-*

produto às informações ou publicidade veiculada, por qualquer forma ou meio de comunicação, com relação a produtos oferecidos, integrando ainda o contrato que vier a ser celebrado. Ressaltando-se que o Contrato de Capitalização, para ser formado, depende da conjugação de manifestações de vontade, ou seja, adesão ao veiculado nos termos da lei cogente, que em realidade se traduzem em pressuposto existencial do próprio negócio, por serem vitais para o nascimento da avença.

2.5.2.1. A Proposta

Após as negociações preliminares, temos a fase da proposta, que já é obrigatória para o proponente. No entanto a proposta tem que conter todos os elementos necessários a que o oblato possa aferir o negócio e aceitá-lo ou não, devendo ser precisa, objetiva e séria. É uma manifestação receptícia de vontade, dependendo da aceitação do oblato para que possa se tornar obrigatória. Na conceituação de GOMES (2007-73), proposta é a firme declaração receptícia de vontade dirigida à pessoa com a qual pretende alguém celebrar um contrato ou ato público.

Então, como se vê, a primeira fase é a da proposta, que é feita pelo proponente ou policitante, candidato a subscritor, enquanto a fase seguinte é a da aceitação, realizada pelo aceitante ou oblato, ou seja, a Sociedade de Capitalização, que é a emitente e fornecedora do Título de Capitalização, materialização resultante das condições e dos planos pactuados no Contrato de Capitalização. Quando a proposta e a aceitação se entrelaçam, formado se encontra o contrato, apto a produzir efeitos no mundo jurídico.

Neste ponto, neste trabalho monográfico, Proposta de Adesão, Proposta de Aquisição ou simplesmente Proposta equivalem à denominada Ficha de Cadastro na Capitalização.

Aqui vale lembrar a importância de que tanto o futuro subscritor (proponente ou policitante) quanto a Sociedade de Capitalização, futura fornecedora (aceitante ou oblato), mantenham, durante as discussões pré-negociais, a mais autêntica boa-fé em suas tratativas, visto que a fase pré-contratual é campo fértil para a incidência de procedimentos que podem vir a desvirtuar a própria formação do contrato. Caso os pré-contratantes não mantenham um proceder reto e

---

ga o fornecedor que a fizer veicular ou dela se utilizar e integra o contrato que vier a ser celebrado. [...]. [...]. Art. 35. Se o fornecedor de produtos ou serviços recusar cumprimento à oferta, apresentação ou publicidade, o consumidor poderá, alternativamente e à sua livre escolha: I — exigir o cumprimento forçado da obrigação, nos termos da oferta, apresentação ou publicidade; II — aceitar outro produto ou prestação de serviço equivalente; III — rescindir o contrato, com direito à restituição de quantia eventualmente antecipada, monetariamente atualizada, e a perdas e danos. [...].

pautado pela boa-fé, provocando prejuízos à parte contrária, serão obrigados a reparar eventual dano produzido.

Antes da proposta, como já apontado, primeiro temos as negociações preliminares, nas quais ainda não há vinculação, embora as partes necessariamente tenham de manter a mais absoluta boa-fé e probidade, no sentido de as tratativas não criarem expectativas na outra parte, no sentido de dar como certa a celebração da avença, realizando despesas ou deixando de contratar com outrem. Aqui, a responsabilidade ainda não é contratual, mas, sim, aquiliana, tendo como fundamento a inobservância dos princípios da probidade e da boa-fé (BARROS *et al.*, 2002:329).

O art. 427, correspondente ao art. 1.080 do Código Civil de 1916, prevê a obrigatoriedade da proposta para o proponente, enquanto o art. 428 do CCB (art. 1.081 do Código anterior) reconhece os casos em que a proposta deixa de ser obrigatória. Pode o proponente, ao fazer a proposta, constar da mesma, de forma expressa ou tácita, a sua não obrigatoriedade. Assim, a não obrigatoriedade resultará dos termos da própria proposta. Pode, ainda, a não obrigatoriedade resultar da natureza do próprio negócio proposto, não sendo este condizente com uma proposta obrigatória ou, ainda, no caso de circunstâncias peculiares retirarem a obrigatoriedade. Essas circunstâncias são aquelas previstas em lei, segundo dispõe o art. 428 do CCB.

As hipóteses previstas no art. 428 são taxativas, na medida em que excepcionam a regra da obrigatoriedade da proposta. As normas de exceção devem ser interpretadas de forma restrita, não se admitindo, pois, outras hipóteses de não obrigatoriedade, salvo as nominadas expressamente nos incisos do referido artigo.

Neste ponto, é de se observar que o inciso I do art. 428 do CCB cuida da hipótese de a proposta ser realizada entre presentes, sem estipulação de prazo, não sendo imediatamente aceita. O legislador considerou presentes as pessoas por telefone ou meio de comunicação semelhante, a que podemos acrescer o radioamador, o fax, o e-mail (correio eletrônico), entre outras formas que a evolução da tecnologia permitir. O fato de o legislador considerar presentes as pessoas que se comunicam através de telefone ou por meio de comunicação assemelhado constitui avanço, na medida em que faz cessar discussão doutrinária a respeito desse tipo de contratação. Discutiam os doutrinadores, sob a égide do Código Civil anterior, se os contratantes, via telefone, se classificavam como ausentes ou presentes, sendo certo que hoje essa discussão já não mais existe. O mundo ficou pequeno diante da evolução tecnológica. O computador, permitindo a comunicação eletrônica, praticamente extirpou a possibilidade de uma contratação ser entre presente e ausente, visto que todos que possam se comunicar eletronicamente devem ser tidos como presentes. A ausência fica cada vez mais restrita, reservada àquelas pessoas que não têm acesso aos meios modernos de comunicação (BARROS *et al.*, 2002:331).

A doutrina entende como prazo moral, feita a proposta sem prazo a pessoa ausente e, decorrido tempo suficiente para a resposta (aceitação ou não), chegar ao conhecimento do proponente. O "prazo moral", retratado pela expressão "tempo suficiente", pode e deve variar de acordo com a localidade em que as negociações forem realizadas. Se no interior, sem transporte ou sem meios de comunicação, esse "prazo moral" deve ser mais dilatado do que no caso de a proposta ser efetuada em localidade provida de transporte e de meios de comunicação, embora precários.

Já na hipótese de proposta com prazo, feita à pessoa ausente, não tendo sido expedida a resposta no prazo, ocorre perda da obrigatoriedade da proposta. Porém, o art. 428, IV, do CCB aventa a hipótese de a retratação feita pelo proponente chegar ao conhecimento do oblato antes ou simultaneamente com a proposta, que seja a proposta feita entre presentes ou entre ausentes.

É de se ressaltar que o art. 429 do CCB não encontra precedente no ordenamento civil anterior, constando do mesmo a hipótese de "oferta ao público", que encontra origem no Código Civil Italiano (PEREIRA, 2004:39)[63]. O legislador, seguindo a esteira do CDC, que em seu art. 30 torna obrigatória para o fornecedor toda a informação ou publicidade, suficientemente precisa, veiculada por qualquer forma ou meio de comunicação, com relação a produtos ou serviços apresentados, erigiu a oferta ao público, à condição de proposta obrigatória, desde que contenha os requisitos essenciais ao contrato.

Aqui o legislador se dirige aos consumidores, visto que a oferta pública se encontra umbilicalmente ligada aos contratos de massa, aos contratos de adesão, como é o Contrato de Capitalização. Menciona, ainda, a doutrina as hipóteses de licitação ou concurso, para caracterizar a denominada "oferta pública" (BARROS *et al.*, 2002:331).

A oferta pública é o que se pode chamar de proposta aberta, dirigida não a um determinado destinatário, mas a destinatário ou oblato indeterminado, não perdendo a sua característica de declaração receptícia de vontade, na medida em que somente se efetivará a contratação, em havendo aceitação por parte do oblato que, nesta hipótese, passará a condição de identificado.

2.5.2.2. A Aceitação

O pressuposto do contrato é o consentimento, ou seja, a adesão. Antes da manifestação deste, o Contrato de Capitalização ainda não existe, havendo,

(63) PEREIRA (**2004:39**) ensina que "o novo Código Civil italiano perfilha boa doutrina, estatuindo (art. 1.336) que a oferta ao público vale como proposta obrigatória quando contenha todos os extremos essenciais do contrato; em caso contrário, traduz uma sugestão para que venham propostas (*invitatio ad offerendum*), caso em que o anunciante se coloca na expectativa de que lhe sejam dirigidas propostas" (grifo do autor).

apenas, a proposta, que em realidade é o impulso inicial dado pelo proponente, pretenso subscritor. Somente quando a Sociedade de Capitalização, figura do oblato, se traveste na figura do aceitante, aderindo à proposta que lhe fora feita, é que podemos falar em formação do Contrato de Capitalização.

A aceitação pode ser expressa ou tácita. No primeiro caso, a Sociedade de Capitalização (oblato), através de escrito, declara a sua aceitação à proposta enviada, como requisito necessário para nascer o Contrato de Capitalização, enquanto, no segundo caso, a aceitação ocorre em face de atitude tomada pelo oblato, que evidencia concordância com a proposta apresentada, como, por exemplo, na hipótese de o oblato enviar ao proponente o título solicitado ou deixar passar *in albis* o prazo legal de resposta, daí presume-se a aceitação. Esse proceder, independentemente de qualquer escrito, demonstra aceitação tácita à proposta ou aceitação presumida.

Comumente, a existência da aceitação presumida ocorre quando o negócio for um daqueles em que não seja costume a aceitação expressa, ou quando o proponente expressamente dispensar a aceitação, em razão das circunstâncias peculiares do negócio segundo o art. 432 do CCB. Nesse caso, a conduta do aceitante faz presumir a anuência. A aceitação presumida pode ocorrer quando o negócio for reiterado entre as partes, e o oblato sempre manifesta a sua aceitação de qualquer forma, independentemente de ser expressa ou não.

Portanto pode, assim, o proponente (futuro Subscritor) considerar presumida a aceitação se, decorrido determinado prazo, a Sociedade de Capitalização (oblato) não se pronunciar em contrário. Nessa hipótese, a recusa tem de ser imediata ou em até 15 dias contados do recebimento da proposta, se essa for entre presentes, e dentro do prazo especial estipulado, se a proposta for entre ausentes, sob pena de se presumir a aceitação.

Nas propostas entre ausentes, caso a aceitação chegue ao conhecimento do proponente após decorrido o prazo fixado, esse tem a obrigação de comunicar o ocorrido imediatamente ao aceitante, sob pena de, não o fazendo, incorrer em perdas e danos, conforme preceitua o art. 430 do CCB. Esse artigo visa a não permitir que o aceitante tenha a errônea percepção de que o contrato fora implementado, tendo, assim, gastos com o seu cumprimento. O proponente tem o dever de comunicar a não formação do contrato para evitar que o aceitante tenha prejuízos com o acontecido, em decorrência de circunstâncias imprevistas. A responsabilidade do proponente é extracontratual, por não existir contrato, visto que não houve aceitação da proposta, salvo nas hipóteses de pré-contrato.

A aceitação fora do prazo, nas propostas entre ausentes, se contiver adições, restrições ou modificações enviadas ao proponente do Contrato de Capitalização solicitado, será tida como nova proposta, a depender de aceitação ou não do primitivo proponente, não gerando a formação de contrato, como dita o art. 431 do

CCB. Nesse caso, a regra não pode ser tida como absoluta, na medida em que a proposta pode ser parcialmente aceita, se divisível o objeto da proposta, havendo a formação do contrato com relação a essa parte e permanecendo a parte que contiver adições, restrições ou modificações, a depender de aceitação ou não por parte do primitivo proponente[64].

Deve ser considerado, também, que a aceitação, da mesma forma que a proposta, é passível de retratação que, se exercida tempestivamente, gera a sua ineficácia. Nesse sentido é o teor do art. 433 do CCB, ao estatuir que se considere inexistente a aceitação, se antes dela ou com ela chegar ao proponente a retratação do aceitante. É uma hipótese *in casu* de não obrigatoriedade, de não formação do contrato, visto que a retratação da aceitação do Contrato de Capitalização fora exercida tempestiva e tecnicamente justificada.

O CCB, em seu art. 434, aduz a respeito da obrigatoriedade da aceitação, tornando-se perfeito o contrato entre ausentes desde a sua expedição. O dispositivo adota expressamente, em seu *caput*, a Teoria da Expedição. Em seus incisos, contudo, elenca três exceções ao previsto no *caput*, adotando a Teoria da Recepção. A primeira delas é a retratada no art. 433 acima aludidos. A segunda é aquela em que o policitante, de livre vontade, resolveu declarar expressamente que esperaria pela chegada da resposta. A terceira vislumbra a situação de a resposta não chegar ao conhecimento do proponente no prazo convencionado.

Todavia há de se registrar que em todos os casos, aplicando a chamada Teoria da Informação à formação do Contrato de Capitalização, a Sociedade de Capitalização deve justificar, motivadamente, a recusa da proposta, sob as penas da legislação em vigor.

A aceitação tem como consequência a formação do contrato, tornando obrigatória a proposta, tanto para o policitante quanto para o oblato, ensejando para ambos uma série de direitos e obrigações. Daí a importância da fixação desse momento, tendo a doutrina delineado quatro teorias a respeito da aceitação, que procuram chegar a um ponto comum com relação ao momento em que se configura a aceitação. Essas teorias são: "da Informação; da Recepção; da Declaração; e da Expedição" (BARROS *et al.*, 2002:334), a saber:

2.5.2.2.1. Teoria da Informação ou Cognição

A Teoria da Informação ou Cognição considera perfeito o contrato quando o proponente toma conhecimento da aceitação do oblato. Nas palavras de PEREIRA

---

(64) SERPA LOPES (1996:112) assim se pronuncia: [...]. O fato da aceitação pressupor uma adesão integral não importa em se excluir uma aceitação parcial. Todavia é uma questão suscetível de apreciação caso por caso, interpretando-se a divisibilidade ou ainda se a quantidade do objeto da oferta pode compreender apenas uma parte, e assim considerar-se autorizada a aceitação parcial. [...].

(2004:47), "tem o inconveniente de deixar ao arbítrio do proponente abrir a correspondência e tomar conhecimento da resposta positiva e geradora do ajuste". O arbítrio é todo do proponente, que dessa forma fica em posição privilegiada em relação ao oblato, visto que passa a ter exclusivamente em suas mãos o poder de formar ou não o contrato.

2.5.2.2.2. Teoria da Recepção

A Teoria da Recepção dá o contrato como celebrado no momento em que o proponente recebe a resposta, mesmo que não a leia. Essa teoria é mais protetiva do oblato, na medida em que este pode tomar cautelas no sentido de poder comprovar que o policitante efetivamente recebeu a resposta. É objetiva em relação à Teoria da Informação, considerando que a prova do recebimento pode ser feita mediante documento, enquanto a prova do conhecimento do conteúdo da resposta, por ser subjetiva, é de difícil comprovação.

2.5.2.2.3. Teoria da Declaração ou Agnição

A Teoria da Declaração ou Agnição vincula as partes, dando como concluída a avença no momento em que o oblato escreve a resposta positiva. Essa teoria, segundo PEREIRA (2004:47), "peca do defeito da imprecisão, por não haver um meio certo de determinar o policitante quando o fato ocorrerá". Aqui temos a situação inversa da que ocorre com a Teoria da Informação, visto que deixa ao arbítrio do oblato fixar o momento da aceitação, que tem como consequência a formação do contrato e o corolário de sua obrigatoriedade.

2.5.2.2.4. Teoria da Expedição

A Teoria da Expedição fixa como formado o contrato no momento em que se dá a expedição da aceitação. Essa é a teoria aceita e adotada pelo CCB. A doutrina diverge a respeito de a Teoria da Expedição ser a mais adequada para fixar o momento da formação do contrato. GOMES (2007:78) por exemplo, se filia à corrente que defende a adoção da Teoria da Recepção, por ser a mais adequada, na medida em que obvia o inconveniente de extravio da carta, com a consequência do desfazimento de um contrato perfeito (BARROS *et al.*, 2002:335).

Aliás, GOMES (2007:79) expressa que a Teoria da Recepção minimiza esse inconveniente, pois o contrato só se forma quando o proponente recebe a resposta do aceitante; não é necessário ter conhecimento do seu conteúdo, basta que esteja em condições de conhecê-la, por ter chegado ao seu destino.

2.5.3. LUGAR DA FORMAÇÃO DO CONTRATO

O local da formação do contrato tem importância para a fixação de regras de competência, bem como para a fixação da legislação aplicável, em caso de contrato entabulado entre pessoas residentes em países diversos. A norma civil considera celebrado o contrato no lugar em que foi proposto. Essa regra vem insculpida no art. 435 do CCB, correspondente ao art. 1.087 do Código Civil antigo.

Essa regra tem natureza supletiva, visto que a competência para resolução de conflitos que resultem do contrato firmado pode ser fixada através de eleição das próprias partes contratantes, em cláusula contratual a ser inserida no respectivo instrumento, quando não houver impeditivo excepcional em contrário. Por outro lado, quando for o caso, há que se observar a regra de Direito Internacional Privado, estabelecida na antiga Lei de Introdução ao Código Civil (LICC), hoje denominada Lei de Introdução às Normas do Direito Brasileiro com a redação dada pela Lei n. 12.376, de 30 de dezembro de 2010, em seu art. 9º, § 2º, que estabelece que *"a obrigação resultante do contrato reputa-se constituída no lugar em que residir o proponente"*.

Assim, o contrato entre presentes considera-se formado no local onde se encontrem tanto o policitante quanto o oblato, valendo a regra constante do art. 435 do CCB para os contratos celebrados entre ausentes ou para aqueles que a doutrina considera celebrados entre presentes, embora estejam as pessoas distantes fisicamente. O legislador civil, portanto, optou pelo local de realização da proposta como sendo aquele de celebração do contrato. É questão de opção legislativa, como poderia ter sido pelo local de expedição da aceitação, por exemplo.

2.5.4. DO CONTRATO COM PESSOA A DECLARAR

A definição fornecida para essa espécie de contrato, por Enrico Enrietti, vem assim transcrita: "é uma espécie de contrato em que uma pessoa (o "*stipulans*") contrata, por si, com outra pessoa (o "*promittens*"), reservando-se, porém, a faculdade de nomear sucessivamente, como parte contratante, e no seu lugar, outra pessoa: este contrato produz, portanto, imediatamente, os seus efeitos entre "*stipulans*" e "*promittens*". Mas, com o verificar a "*electio*", o sujeito da relação originária passa a ser "*ex tunc*", e em lugar do "*stipulans*", o "*electus*", o qual terá de comportar-se, em face do "*promittens*", como verdadeira e própria parte contratante, e adquirirá os direitos em face do *promittens* mesmo e em face de quem assumir as obrigações, enquanto o *stipulans* perderá a sua qualidade de parte contratante também "*ex tunc*" (PEREIRA, 2004:119). Através deste contrato se introduz cláusula especial pro *amico eligendo* ou pro *amico electo*, tomando a pessoa designada, na relação contratual, o lugar da pessoa que a nomeou.

Essa figura contratual não encontrou regulação em nosso ordenamento civil anterior, mas possui previsão no Código Civil italiano (arts. 1.401 a 1.405), bem como no Código Civil português (arts. 452º a 456º), dentre outras legislações alienígenas. O CCB atual fez constar expressamente nos arts. 467 a 471 este instituto de direito material, sanando omissão constante do ordenamento anterior.

No momento da conclusão do contrato, que pode ser uma compra e venda, como qualquer outra modalidade de contrato oneroso, como é o caso do Contrato de Capitalização, uma das partes contratantes pode reservar-se a faculdade de indicar outra pessoa para assumir o seu lugar, adquirindo os direitos e assumindo as obrigações que decorrem do pacto (art. 467, do CCB). A indicação deve ser feita à outra parte contratante no prazo de cinco dias estipulado por lei, a contar da conclusão do contrato, ou em outro prazo que as partes tenham convencionado ou no prazo de lei especial. As partes primitivas são livres para fixar o prazo para a indicação que, em não havendo, será o prazo de cinco dias fixado por lei (art. 468, do CCB). A aceitação da pessoa nomeada, para ser eficaz, deverá ser realizada através de instrumento que contenha a mesma forma utilizada na realização do contrato primitivo, nos termos do parágrafo único do art. 468 do CCB (BARROS *et al.*, 2002:358).

Esta espécie de contrato se divide em dois momentos: o primeiro, que é o da contratação primitiva, entabulado entre o estipulante e o promitente, diretamente, reservando-se o estipulante a faculdade de indicar um terceiro que assuma a sua posição no contrato. O segundo momento define-se com a indicação da pessoa a declarar, que, aceitando a indicação, assume a posição do estipulante, desde o momento da contratação primitiva, ou seja, com efeitos *ex tunc* (art. 469 do CCB).

Caso não haja a indicação ou, em havendo, se a pessoa indicada a recusar, o contrato se consolida nas pessoas do promitente e do estipulante, sendo eficaz somente entre esses, o que também ocorre na hipótese de a pessoa indicada ser insolvente, fato esse desconhecido pelo estipulante no momento da contratação (art. 470 e incisos do CCB). O art. 471 traz a mesma regra da insolvência, cogitada no inciso II do art. 470, aditando, também, a hipótese do incapaz, no sentido de que, se a pessoa nomeada for incapaz ou insolvente, no momento da contratação, o contrato produzirá efeitos apenas em face dos contratantes originários, que são o estipulante e o promitente.

De se ver que este instituto se aplica *in totum* ao Contrato de Capitalização, de acordo com as normas cogentes do CDC, sobretudo quando existente a figura do titular.

CAPÍTULO III

DOS PRINCÍPIOS FUNDAMENTAIS E DA FUNÇÃO SOCIAL DOS CONTRATOS DE CAPITALIZAÇÃO

3.1. CONSIDERAÇÕES SOBRE USOS E COSTUMES

Nos primórdios da civilização, os primeiros grupamentos humanos habitavam as cavernas, não dominavam a escrita e se orientavam pelos costumes. O costume representava a regra não escrita, a norma fictícia que imperava entre os membros dessas comunidades primitivas. Ainda hoje, principalmente em alguns municípios do nordeste brasileiro, o costume possui muito mais significado que a própria lei; exerce maior influência nas relações comunitárias que o direito legislado (ALMEIDA, 2009:02).

Nesse entendimento, basta apresentar, como exemplo, o fato de que, em algumas cidades do interior maranhense, a carne bovina funciona como moeda nas transações comerciais, de tal maneira que todo o negócio é celebrado por conta e risco das partes contraentes, que sequer exigem umas das outras qualquer forma escrita como garantia. Dentro desse espectro, propriedades, automóveis, fazendas etc. são negociadas e avaliadas com base em tantas arrobas de carne, quando não fixado o montante da avença em número definido de cabeças de gado.

Essa prática tão significativa para esses munícipes, segundo ALMEIDA (2009:02), faz parte do senso comum, compondo um universo que orienta a totalidade dos negócios de gado desde tempos imemoriais, cuja intervenção legislativa ou judiciária não convém aos negociantes.

O sistema consuetudinário praticado nas civilizações antigas carecia de certa imparcialidade, pela ausência de mecanismos legais de controle da atividade censória que ficava, geralmente, nas mãos do chefe tribal, dos anciãos ou de parentes da parte lesada. Esse tipo de solução de conflito, não raras vezes, podia levar à exacerbada utilização da força no seu cumprimento ou à sua inexecução, por falta de governo centralizado para impor o respeito às decisões constituídas, o que somente o direito escrito pode regulamentar de forma clara, genérica e abrangente.

O direito costumeiro se constitui dos usos e costumes. Uso é aquilo que se torna reiterado e habitual durante longo tempo. Dito de outro modo, o uso é a prática reiterada, frequente e inveterada de certos atos e fatos que se tornaram aceitos pelo consenso geral. Costume é norma jurídica, resultante da prática usual e repetida de atos ou fatos, ou seja, daquilo que todos aprovaram como acertado, independentemente da existência de qualquer convenção ou ajuste prévio ou de lei que permitisse fazer.

O costume, embora não encarne a forma escrita, pode ser invocado pelo juiz no julgamento da lide (art. 126, do CPC[(65)]). Se o juiz desconhece a regra consuetudinária, deve determinar que a parte alegante faça a sua prova (art. 337, do CPC[(66)]), a qual será permitida por qualquer meio previsto em direito.

Segundo SANTOS (1983: 222-225), para o costume ser admitido como norma jurídica, é indispensável que sejam preenchidos os seguintes requisitos: 1) o uso longo, constante e uniforme de uma dada relação de fato; 2) não ser contrário à lei; 3) exteriorizar a convicção de que obedece a uma norma jurídica. ALMEIDA (2009:02) acrescenta o requisito da força probante do costume através dos meios admissíveis em juízo.

Observada, em rápidas considerações acima, a importância dos usos e costumes para as relações jurídicas e como fonte de direito apta a produzir efeitos em juízo, passemos à análise dos princípios como pressupostos fundamentais também no direito contratual.

3.2. CONCEITO DE PRINCÍPIO

Etimologicamente, princípio, do latim *principiu*, significa regra, preceito; razão primária; proposição; normas básicas; verdade geral, em que se apoiam outras verdades. Princípios são proposições diretoras de uma ciência, às quais todo o desenvolvimento posterior dessa ciência deve estar subordinado.

Por sua vez, SILVA (2010:1090) conceitua princípio como derivado de *principium* (origem, começo), em sentido vulgar quer exprimir o começo da vida ou o primeiro instante em que as pessoas ou as coisas começam a existir. É, amplamente, indicativo do começo ou da origem de qualquer coisa. Princípio é também a expressão que designa a espécie de norma jurídica cujo conteúdo é genérico, contrapondo-se à regra ou ao preceito, que é a norma mais individualizada. Constituem princípio jurídico normas genéricas como, por exemplo, "todos são iguais perante a lei", enquanto preceito ou regra é a norma específica, como, por exemplo, o idoso tem direito à assistência de sua família.

(65) *[...]. Art. 126. O juiz não se exime de sentenciar ou despachar alegando lacuna ou obscuridade da lei. No julgamento da lide caber-lhe-á aplicar as normas legais; não as havendo, recorrerá à analogia, aos costumes e aos princípios gerais de direito. [...].*

(66) *[...]. Art. 337. A parte, que alegar direito municipal, estadual, estrangeiro ou consuetudinário, provar-lhe-á o teor e a vigência, se assim determinar o juiz. [...].*

Os princípios do direito são dogmas que se estabeleceram socialmente desde o surgimento do homem sobre a face da terra e existem independentemente de sua previsão em normas ou preceitos escritos, pois assim já demonstrou a história no exemplo de Antígona, clássica peça de Sófocles, que bem representa o atendimento a direito não escrito, vale dizer o respeito a princípio que não estava previsto em nenhuma norma ou lei do Estado (ALMEIDA: 2009:03).

Diferentemente dos princípios, a lei envelhece, cai em desuso. Já o princípio a tudo resiste, vence o túnel do tempo, sobrevive a todos os regimes jurídicos e enfrenta todas as espécies de governo, mesmo que não seja contemplado no ordenamento legislativo do País. Por isso, resulta de fundamental importância seu estudo, como fonte basilar de tudo.

De uma forma geral, os princípios são imprescindíveis na elaboração de um texto normativo, porquanto abrangem dupla função exegética. Primeiro, orienta a formação do sistema jurídico e político; segundo, orienta os aplicadores do direito quando da interpretação das normas no caso concreto. Assim, os princípios estão por toda parte. Esta afirmação é, hoje, recebida de maneira incontestável.

A propósito, NASCIMENTO (1997:79) aponta que princípios, que lembram origem e raiz, são regramentos de caráter genérico, dirigidos aos aplicadores das normas jurídicas para que, ao aplicá-las, extraiam seus conteúdos normativos, considerando, indiretamente, o que os princípios informam.

Também ALMEIDA (2009:02) assegura que a noção de princípio, como preceito axiomático, surgiu posteriormente ao costume. Com base nessa assertiva pode-se afirmar que, no início, foi o costume. Depois veio a norma e, no bojo dela, os costumes e os princípios em forma de regra de direito.

Os princípios jurídicos têm sua fundamentação básica no direito natural, pois sua vigência independe da existência de qualquer documento ou preceito escrito. A ampla defesa[(67)], p. ex., é invocada diariamente, por pessoas leigas e pela classe

(67) Rica em exemplos, a Bíblia também narra o caso em que o evangelista Paulo (Livro dos Atos dos Apóstolos — 22, 25 e 26, 1), após ser preso e levado à enxovia, exige o direito à ampla defesa, por ser cidadão romano. Para que não passe despercebido, tenha-se em mente que nesse exemplo bíblico se encontra evidente a presença do devido processo legal, como pressuposto necessário para a imposição da medida que se perseguia. Aglutinada também nesses episódios se encontra a ideia do contraditório como elemento preponderante da ampla defesa. O contraditório é o exercício da dialética processual, plasmada a partir da pretensão deduzida em juízo. Trata-se de princípio constitucional do processo, cujo escopo é oportunizar ensanchas à parte demandada de ser informada a respeito do que está sendo alegado pelo demandante, a fim de que possa produzir defesa de qualidade e indicar prova necessária, lícita e suficiente para alicerçar sua peça contestatória. A impugnação da pretensão varia, em sua forma bilateral, de acordo com o interesse ou direito que se pretende resguardar ou obter. O contraditório implica no direito que tem as partes de serem ouvidas nos autos. O processo é marcado pela bilateralidade da manifestação dos litigantes. Essa regra de equilíbrio decorre do denominado princípio da igualdade das partes, tão importante para o embate

operária do direito, sempre que uma situação concernente à acusação de alguém se apresente sem que haja concessão de oportunidade para a sua oitiva. O leigo invoca esse princípio por pura intuição, enquanto o profissional do direito o faz pela concepção que possui do alcance desse postulado na vida do indivíduo e do ordenamento jurídico do Estado.

Por outro lado, vale dizer, numa acepção comum ou vulgar, a palavra princípio denota início, começo, origem. Assim se pode observar, inclusive, da criação do mundo, segundo a versão bíblica (Gênesis, Capítulo 1, Versículo 1).

No sentido jurídico do termo, a palavra princípio isoladamente também possui o mesmo significado do seu entendimento comum. Quando, no entanto, emprega-se essa palavra no plural (princípios), modifica-se completamente a sua significação, pois passa a dar a ideia de regras ou de preceitos que antecedem a própria norma ou podem influenciar a criação dessa, exercendo, com isso, raio de ação aplicável a toda espécie de movimento jurídico.

Apenas para fixar melhor o entendimento dos termos em análise, colhe-se do eminente vocabularista SILVA (2010:1090) a seguinte preleção:

> [...].
>
> Princípio. Derivado do latim principium (origem, começo), em sentido vulgar quer exprimir o começo de vida ou o primeiro instante em que

---

processual quanto qualquer um dos demais princípios orientadores do processo. A ampla defesa representa garantia constitucional prevista no art. 5º, LV, da CF. Sua concepção possui fundamento legal no direito ao contraditório, segundo o qual ninguém pode ser condenado sem ser ouvido. Por força do que foi enunciado, não seria demasiado dizer que a ampla defesa também está intimamente ligada a outro princípio constitucional mais abrangente, qual seja, o devido processo legal, seu epifenômeno, pois é inegável que o direito a defender-se amplamente implica consequentemente na observância de providência que assegure legalmente essa garantia. Tão importante é o devido processo legal, como princípio constitucional, que ele representa a base legal para a aplicação de todos os demais princípios, qualquer que seja o ramo do direito processual. Esta afirmação não afasta, por outro lado, a incidência desse postulado também no âmbito do direito material ou administrativo. Numa concepção primária, trata-se a ampla defesa de direito constitucional processual assegurado ao réu subjetivamente. Por esse postulado, a parte que figura no polo passivo da relação processual exige do Estado-Juiz, a quem compete a prestação da tutela jurisdicional, o direito de ser ouvida, de apresentar suas razões e de contra-argumentar as alegações do demandante, a fim de elidir a pretensão deduzida em juízo. A ampla defesa é garantia do demandado inerente ao Estado de Direito. Mesmo quando se está diante de regime de exceção, a noção desse instituto não desaparece porque é algo que se encontra arraigado ao ser humano, é uma necessidade inata do indivíduo, é algo que resulta do próprio instinto de defesa que orienta todo ser vivo. Apesar de esse princípio vir expresso pela fórmula "ampla defesa", seu raio de aplicação não se limita exclusivamente a beneficiar o réu, posto que visa também a favorecer outros sujeitos da relação processual. Sendo assim, não é errôneo dizer que a ampla defesa constitui direito que protege tanto o réu quanto o autor, bem como terceiros juridicamente interessados. Diante disso, é forçoso reconhecer que somente haverá ampla defesa processual quando todas as partes envolvidas no litígio puderem exercer, sem limitações, os direitos que a legislação vigente lhes assegura, dentre os quais se pode enumerar o relativo à dedução de suas alegações e à produção de prova (cf. ALMEIDA: 2002:03).

as pessoas ou as coisas começam a existir. É, amplamente, indicativo do começo ou da origem de qualquer coisa. Princípio é também a expressão que designa a espécie de norma jurídica cujo conteúdo é genérico, contrapondo-se à regra ou ao preceito, que é a norma mais individualizada. Constituem princípio jurídico normas genéricas como, por exemplo, "todos são iguais perante a lei", enquanto preceito ou regra é a norma específica, como, por exemplo, o idoso tem direito à assistência de sua família.

[...].

Princípios significam as normas elementares ou os requisitos primordiais instituídos como base, como alicerce de alguma coisa. Repita-se, pois, princípios jurídicos, sem dúvida, significam os pontos básicos, que servem de ponto de partida ou de elementos vitais do próprio Direito. Indicam o alicerce do Direito.

Os princípios são entes fundamentais para a vida do direito e sua prática diária, quer na atividade forense, quer no trato das pessoas em suas relações cotidianas. A respeito disso, inúmeros são os conceitos que a doutrina emprega para definir o que sejam princípios jurídicos fundamentais.

Não obstante o que foi dito, e para não tornar repetitiva a ideia traduzida por cada um dos estudiosos do tema, traz-se à colação apenas dois conceitos. Na ordem em que está disposta a citação abaixo, o primeiro vem enunciado pelo jurista lusitano CANOTILHO (2007:1.038) e o segundo firmado pelo juslaboralista pátrio COQUEIJO COSTA (1998:105), *in verbis*:

[...].

Consideram-se princípios jurídicos fundamentais os princípios historicamente objectivados e progressivamente introduzidos na consciência jurídica e que encontram uma recepção expressa ou implícita no texto constitucional.

[...].

[...].

Princípio fundamental é algo que devemos admitir como pressuposto de todo ordenamento jurídico e aflora de modo expresso em múltiplas e diferentes normas, nas quais o legislador muitas vezes necessita mencioná-los. São linhas diretrizes que informam algumas normas e inspiram direta ou indiretamente uma série de soluções, promovem e embasam a aprovação de normas, orientam a interpretação das existentes e resolvem os casos não previstos.

[...].

A compreensão dos princípios fundamentais parte, geralmente, dos conceitos que se encontram expressos na Carta Magna do País. Não se pode, contudo, descurar a existência de certos princípios fundamentais que, a despeito de não se encontrarem expressamente consignados no texto constitucional vigente ou em leis ordinárias, devam ser levados em consideração pelo profissional da ciência jurídica, porque representam axiomas universais indicativos de proteção de direitos que toda sociedade organizada tem a obrigação de assegurar ao cidadão.

Paralelamente aos princípios constitucionais fundamentais vamos encontrar os princípios gerais do direito constitucional que não se confundem com os primeiros. Na lição incensurável do constitucionalista DA SILVA (2012:95), *in exthensis*:

> [...].
>
> Temos que distinguir entre princípios constitucionais fundamentais e princípios gerais do Direito Constitucional. Vimos já que os primeiros integram o Direito Constitucional positivo, traduzindo-se em normas fundamentais, normas-síntese ou normas-matriz, 'que explicitam as valorações políticas fundamentais do legislador constituinte', normas que contêm as decisões políticas fundamentais que o constituinte acolheu no documento constitucional. Os princípios gerais formam temas de uma teoria geral do Direito Constitucional, por envolver conceitos gerais, relações, objetos, que podem ter seu estudo destacado da dogmática jurídico-constitucional.
>
> [...].

Conhecido o conceito de princípio, sob os mais variados aspectos de sua terminologia, tomemos, agora, ao exame propriamente dito do questionamento principal, qual seja, o exame da existência, em nosso ordenamento jurídico, da preservação dos princípios fundamentais aplicados no Contrato de Capitalização, mediante a análise percuciente da repercussão de referido instituto na órbita da lei específica, no direito civil e no direito do consumidor atinentes à Capitalização (combinação de economia programada com aplicação única ou mensal, vinculada à participação em sorteios).

3.3. PRINCÍPIO E REGRA — DIFERENÇA

A discussão doutrinária acerca da dicotomia entre princípio e regra, cujo argumento ressalta serem esses dois institutos jurídicos espécies diferentes de normas, não será tema de profundo debate no presente trabalho, além do acima considerado.

Isso porque o problema surge quando se tenta definir os princípios e diferenciá-los das regras jurídicas. Não só, a discussão se alonga para o âmbito de sua importância como de sua aplicação. Assim, neste capítulo, visa-se a esclarecer o conceito de princípio, efeitos práticos e sua aplicação no Contrato de Capitalização. Aliás, aproveitamos também o conceito de princípio tal como apresentado por DWORKIN (1977:02), e a sua especificidade e diferença em relação à regra jurídica.

Oportunamente argumenta DWORKIN (1977:02) que a regra de reconhecimento de Hart não consegue captar todos os *standards* que os juízes têm o dever de aplicar, e que de fato frequentemente aplicam. O Direito não é apenas um conjunto de regras primárias e secundárias, mas é também constituído por princípios. Face à dificuldade de conceituar, ele propõe uma definição negativa de princípio, que depende da distinção entre regras e outros padrões (*standards*). Assim, princípio é o conjunto de normas outras que não são regras jurídicas (MUÑIZ, 1997:269).

Pontua CHUEIRI (1993:38) que a definição geral engloba, de forma mais precisa, a noção de diretriz política que diz respeito a um tipo de norma (*standard*) cujo objetivo é o bem-estar geral (econômico, político e/ou social) da comunidade. O termo princípio, de modo mais específico, diz respeito a um tipo de norma cujo respeito é um requisito de justiça ou equidade ou alguma outra dimensão da moralidade (DWORKIN, 1977:43).

A noção de princípio, segundo CHUEIRI (1993:69), atua em dois níveis: internamente, opondo-se à política (nervo da teoria da *adjudication*), e externamente, opondo-se à regra jurídica, o que determina o debate com o positivismo de Hart. No primeiro nível, o argumento com base em princípios atenderá um direito individual; no segundo, baseado em diretrizes políticas, atenderá um fim coletivo, visando ao bem-estar geral da comunidade.

Para DWORKIN (1977:45-46), a distinção entre princípios e regras é uma distinção lógica. Ambos são conjuntos de normas (*standards*) que apontam para decisões particulares sobre obrigações jurídicas numa particular circunstância. Mas se diferenciam no caráter da direção que apontam. As regras são aplicáveis na forma do "tudo ou nada", ou seja, são disjuntivas, aplicam-se ou não se aplicam ao caso. Por sua vez, os princípios, embora muito se pareçam com as regras, não indicam uma consequência legal que automaticamente se segue quando as condições dadas se realizam.

Um princípio apresenta uma razão que aponta para uma direção, porém não exige uma decisão específica naquele mesmo sentido (apontado). Ilustrando se um homem vai receber algo como produto direto de uma conduta ilegal, o princípio de que ninguém deve se beneficiar do seu próprio erro precisa ser levado em conta, mas há outros princípios e políticas apontando para uma outra direção: a política da segurança do título, por exemplo, ou o princípio da legalidade. Um princípio pode não prevalecer, no entanto não significa que não seja um princípio do nosso Direito. Trata-se de um dos princípios que os funcionários do sistema precisam levar em conta, se for relevante, como uma consideração que aponta para uma outra direção (DWORKIN (1977:47).

Observa-se uma notável distinção: princípios são "exigências de optimização abertas a várias concordâncias, ponderações, compromissos e conflitos", "são normas jurídicas impositivas de uma optimização, compatíveis com vários graus de concretização, consoante os condicionamentos fáticos e jurídicos", enquanto as regras são "normas que prescrevem imperativamente uma exigência (impõem, permitem ou proíbem) que é ou não cumprida", constituem exigências de aplicação.

Enquanto a regra é aplicada e esgota seus efeitos, o princípio é otimizado ou concretizado (aplicado ou densificado da melhor forma possível, segundo as circunstâncias) e nunca exaure seus efeitos, pode sempre ser otimizado novamente. O princípio não está somente na origem, mas também na continuidade.

Uma outra diferença é que princípios têm uma dimensão de peso ou importância. Se duas regras estão em conflito, uma não poderá ser válida; já quanto aos princípios, será aplicado aquele que tiver maior peso ou importância naquela circunstância.

3.4. PRINCÍPIOS DA RELAÇÃO CONTRATUAL

No que concerne aos princípios do contrato, são notáveis as aproximações entre o CCB[68] e o CDC. E a causa reside no fato de ambos pretenderem realizar o ideário do Estado social, distanciando-se do individualismo acentuado que marcou as opções do Código Civil de 1916, fruto do contexto histórico do liberalismo do século XIX e do início do século XX, cuja ideologia foi nele estabelecido.

O firme propósito de trazer o novo Código Civil ao contexto e à ideologia da terceira fase histórica do Estado Moderno (as três fases corresponderiam às do Estado absolutista, do Estado liberal e do Estado social) foi sempre destacado pelos autores do projeto, nomeadamente Miguel Reale[69], quando se refere à diretriz de "socialidade", que o teria informado.

---

(68) O atual CCB traz menção expressa à "função social do contrato" (art. 421) e, nesse ponto, foi mais incisivo que o CDC. Também fica consagrado, definitivamente e pela primeira vez na legislação civil brasileira, a boa-fé objetiva, exigível tanto na conclusão quanto na execução do contrato (art. 422). A referência feita ao princípio da probidade é abundante, uma vez que se inclui no princípio da boa-fé. No que toca o princípio da equivalência material o Código o incluiu, de modo indireto, nos dois importantes artigos que disciplinam o contrato de adesão (arts. 423 e 424), ao estabelecer a interpretação mais favorável ao aderente (*interpretado contra stipulatorem*), já prevista no art. 47 do CDC, e ao declarar nula a cláusula que implique renúncia antecipada do contratante aderente a direito resultante da natureza do negócio (cláusula geral aberta, a ser preenchida pela mediação concretizadora do aplicador ou intérprete, caso a caso). Os princípios sociais adotados aproximam, muito mais do que se imaginava, os dois códigos. A tendência, portanto, é o desaparecimento progressivo da distinção dos regimes jurídicos dos contratos comuns e dos contratos de consumo, ao menos no que concerne a seus princípios e fundamentos básicos.

(69) O contrato nasce de uma ambivalência, de uma correlação essencial entre o valor do indivíduo e o valor da coletividade. "O contrato é um elo que, de um laco, põe o valor do indivíduo como aquele que o cria, mas, de outro lado, estabelece a sociedade como o lugar onde o contrato vai ser executado e onde vai receber uma razão de equilíbrio e medida". (REALE, 1986:33)

Esse breve pano de fundo contribui para esclarecer a força crescente dos princípios contratuais típicos do Estado social, os quais, de um modo ou de outro, comparecem nos códigos brasileiros referidos. São eles:

a) princípio da função social do contrato[70];

b) princípio da boa-fé objetiva; e

c) princípio da equivalência material do contrato.

Os princípios sociais do contrato não eliminam os princípios liberais (ou que predominaram no Estado liberal), a saber, o princípio da autonomia privada (ou da liberdade contratual em seu tríplice aspecto, como liberdades de escolher o tipo contratual, de escolher o outro contratante e de escolher o conteúdo do contrato); o princípio da *pacta sunt servanda* (ou da obrigatoriedade gerada por manifestações de vontades livres, reconhecida e atribuída pelo direito); e o princípio da eficácia relativa apenas às partes do contrato (ou da relatividade subjetiva); mas limitou, profundamente, seu alcance e seu conteúdo, como veremos abaixo.

Assim, de um modo geral, os contratos, como o de Capitalização, constituem-se a partir de sete pilares ou Princípios Fundamentais: da Autonomia da Vontade, do Consensualismo, da Relatividade, da Obrigatoriedade, da Revisão, da Boa-Fé e da Supremacia da Ordem Pública, relativizados e limitados a partir da nova teoria contratual e a sua concepção social, notadamente, aqui no País, com o advento do CDC, que delineou os atuais princípios norteadores e informadores do Contrato de Capitalização, conceitualmente, a saber:

3.4.1. PRINCÍPIO DA AUTONOMIA DA VONTADE

O Princípio da Autonomia da Vontade nada mais é do que a liberdade das partes para negociar, celebrando contratos, nominados ou inominados, sem qualquer intervenção governamental. Essa autonomia, porém, não é absoluta, esbarrando nos limites da ordem pública, uma vez que não se pode conferir às partes liberdade para confrontarem o Estado de Direito. Além disso, é necessário que se respeitem a moral e os bons costumes (GONÇALVES, 2004:96).

Nesse ponto, o art. 421[71] do diploma civil menciona a expressão "liberdade de contratar", que se traduz no significado maior do Princípio da Autonomia da Vontade.

---

(70) O princípio da função social determina que os interesses individuais das partes do contrato sejam exercidos em conformidade com os interesses sociais, sempre que estes se apresentem. Não pode haver conflito entre eles, pois os interesses sociais são prevalecentes. Qualquer contrato repercute no ambiente social, ao promover peculiar e determinado ordenamento de conduta e ao ampliar o tráfico jurídico.

(71) *[...]. Art. 421. A liberdade de contratar será exercida em razão e nos limites da função social do contrato. [...].*

Ou seja, a parte que deseja contratar tem liberdade de fazer a opção por contratar ou não, escolher com quem deseja contratar e, também, de discutir o conteúdo das cláusulas que deverão constar do contrato. Toda pessoa capaz de adquirir direitos e contrair obrigações na órbita civil tem aptidão para contratar e, assim, provocar o nascimento de um direito ou uma obrigação. Aos absolutamente incapazes é dada a representação, ao passo que aos relativamente incapazes é dada a assistência, nos termos do art. 1.634, V, do CCB[(72)] e, quando for o caso, arts. 8º e 9º do CPC[(73)].

O conceito de liberdade de contratar abrange os poderes de autorregência de interesses, de livre discussão das condições contratuais e, por fim, de escolha do tipo de contrato conveniente à atuação da vontade. Manifesta-se, por conseguinte, segundo GOMES (2007:26-27), sob tríplice aspecto:

a) liberdade de contratar propriamente dita;

b) liberdade de estipular o contrato; e

c) liberdade de estipular o conteúdo do contrato.

3.4.1.1. Princípio da Liberdade de Contratar

O Princípio da Liberdade de Contratar se concretiza em quatro momentos fundamentais:

1) faculdade de contratar ou de não contratar;

2) escolha da pessoa com quem fazê-lo, bem como o tipo de negócio a efetuar;

3) o poder de fixar o conteúdo do contrato; e

4) a constituição de fonte formal do direito, uma vez concluído o contrato.

O legislador civil brasileiro, ao mencionar a expressão "liberdade de contratar", efetivamente se referiu ao seu sentido amplo, abrangendo não somente a liberdade de contratar propriamente dita, mas também os atos de escolha da parte com quem deseja contratar, de escolha do tipo de contrato e a decisão a respeito do conteúdo do contrato, de discussão de suas cláusulas, que nela se encontram inserida. Assim, verifica-se que a função social do contrato, colocada pelo legislador como razão e limite da liberdade de contratar, se aplica em todas as fases da relação contratual, desde as tratativas preliminares até os atos de execução e conclusão do contrato.

---

(72) *[...]. Art. 1.634. Compete aos pais, quanto à pessoa dos filhos menores: V — representá-los, até aos dezesseis anos, nos atos da vida civil, e assisti-los, após essa idade, nos atos em que forem partes, suprindo-lhes o consentimento. [...].*

(73) *[...]. Art. 8º Os incapazes serão representados ou assistidos, por seus pais, tutores ou curadores, na forma da lei civil. [...]. [...]. Art. 9º O juiz dará curador especial: ao incapaz, se não tiver representante legal, ou se os interesses deste colidirem com os daquele; II — ao réu preso, bem como ao revel citado por edital ou com hora certa. Parágrafo único. Nas comarcas onde houver representante judicial de incapazes ou de ausentes, a este competirá a função de curador especial. [...].*

3.4.2. PRINCÍPIO DO CONSENSUALISMO

O Princípio do Consensualismo considera que o contrato nasce do consenso puro dos interessados, uma vez que é uma vez que a vontade é a entidade geradora (PEREIRA, 2004:19). O acordo é indispensável para a formação do vínculo contratual. Assim, se houver mútuo consenso sobre algum objeto, estará concluído o contrato.

O contrato depende, em regra, do acordo de vontade das partes, ou seja, do consenso que elas atingem na criação de uma relação jurídica que as envolve. Essa é a essência do consensualismo. Apenas os contratos reais, como exceção, não se constituem pelo mero acordo de vontades, visto que dependem da efetiva entrega de uma coisa, isto é, de um bem, como ocorre no mútuo, comodato e depósito, por exemplo.

Quanto à forma de declaração, observa-se que a validade da declaração de vontade não depende de forma especial, senão quando a lei expressamente a exigir, como é o caso do Contrato de Capitalização nos termos do art. 107 do CCB.

Aduza-se, nesse particular, como o disposto no parágrafo único do art. 2.036, do CCB, assim redigido: "*Nenhuma convenção prevalecerá se contrariar preceitos de ordem pública, tais como os estabelecidos por este Código para assegurar a função social da propriedade e dos contratos.*" Tal preceito evidencia a importância outorgada pelo legislador à função social do contrato, que, no dizer da própria lei, integra a ordem pública contratual, sendo considerada como um fim e justificando a imposição de preceitos inderrogáveis pela vontade das partes (BARROS *et al.*, 2002:319).

3.4.2.1. Limitações aos Princípios da Autonomia da Vontade, da Liberdade de Contratar e do Consensualismo

Como vimos alhures, a teoria contratual clássica, por meio da aceitação total do dogma da autonomia da vontade, assegurava, no campo teórico do Direito, a igualdade e a liberdade de todas as pessoas. O dogma da liberdade contratual era o reflexo mais importante da força criadora da vontade. O indivíduo estaria, assim, livre para contratar ou não contratar, para definir o conteúdo de suas futuras obrigações, para escolher o parceiro contratual que lhe interessasse.

No campo prático dos fatos, ensina MARQUES (2011:268), com a proliferação dos contratos de massa, especialmente dos contratos de adesão, a liberdade contratual já se encontrava limitada, (sic.) como ocorre no Contrato de Capitalização. Ao contrário do que se acreditava, o dogma da liberdade contratual tornou-se uma ficção — em liberdade de um e opressão do outro –, assim, como a esperada livre concorrência, não foi suficiente para conduzir a resultados aceitáveis.

A concentração das empresas e os monopólios, estatais ou privados, reduziram a liberdade de escolha do parceiro. Em casos de serviços imprescindíveis, como água, luz, transporte, fala-se mesmo em obrigação de contratar, assim também no caso de seguros tornados obrigatórios, pois permanece a liberdade de escolha do parceiro, mas não a de redigir ou não o contrato. O dirigismo contratual passa a dominar.

Neste sentido, o conteúdo de muitos contratos é ditado, regulamentado ou autorizado pelo poder estatal. Os contratos pré-redigidos pelas empresas substituem o negócio jurídico bilateral antes concluído individualmente, desaparecendo o laborioso processo de negociações e discussões preliminares. Permanece a liberdade de contratar, isto é, a de realizar ou não um determinado contrato, mas a liberdade contratual, liberdade para determinar o conteúdo da relação obrigacional, sofre graves limitações através das novas técnicas de contratação e também através do intervencionismo legal na vida dos contratos, aqui, notadamente, o Contrato de Capitalização.

Assevera MARQUES (2011:269) que o declínio da liberdade contratual é, portanto, um fato na moderna sociedade de consumo. O direito embutido da nova concepção de contrato, em vez de combater esse declínio, tentando, por exemplo, assegurar a plena liberdade defendida pelos clássicos, aceita esses novos limites impostos. Passa, porém, a verificar: a) se os limites provêm do poder estatal — se foram legitimamente impostos, respeitando os direitos constitucionais e tendo amparo em alguma lei; b) se provêm dos particulares — se estas limitações, como, por exemplo, a imposição do conteúdo do contrato, foram abusivas ou se respeitaram os novos postulados sociais da boa-fé, da segurança, do equilíbrio e da equidade contratual.

A aceitação de uma liberdade contratual limitada vai ter reflexos na teoria do direito. Assim, na nova noção da oferta, reforça-se o seu caráter vinculante, em nome da segurança das relações contratuais e da proteção da confiança, mas, e principalmente, passam a integrar a oferta todas as informações (mesmo as publicitárias) que possam fazer nascer expectativas ilegítimas quanto à qualidade, à quantidade do produto ou quanto ao tipo de obrigações assumidas se for aceita a oferta.

Assim também o novo direito dos contratos vai limitar a possibilidade de as empresas se recusarem a contratar com determinada pessoa ou em determinadas ocasiões, seja por respeito aos direitos constitucionais, seja por passar a considerar ilícito o uso do poder econômico e do monopólio para forçar, *e. g.*, um aumento de preço. A recusa de contratar, em alguns casos, será punida pelas normas jurídicas, conforme dita, p. ex., o art. 35 do CDC, com desvantagens de ordem econômica, podendo essas ser interpretadas como levando a uma verdadeira "obrigação de contratar". A tese é discutível. Relembre-se aqui que, desde Jhering e sua ideia de *culpa in contrahendo*, mesmo não nascendo o contrato, poderiam nascer obrigações de indenizar prejuízos para aquele que frustra a conclusão de um contrato com condutas reprováveis. Assim, no caso em exame, não é obrigação de contratar *stricto sensu*, mas uma punição, equivalente aos eventuais direitos oriundos do contrato, se for recusada a oferta.

A limitação da liberdade contratual vai possibilitar, assim, que novas obrigações não oriundas da vontade declarada ou interna dos contratantes sejam inseridas no contrato em virtude da lei ou ainda em virtude de uma interpretação construtiva dos juízes, demonstrando mais uma vez o papel predominante da lei em relação à vontade na nova concepção de contrato após o advento do CDC.

Ensina MARQUES (2011:271) que a nova teoria contratual impregnada por uma visão total da relação e conforme a boa-fé passa também a valorizar o tempo como elemento relevante. Na formação do vínculo, o tempo será considerado um aliado da racionalidade e reflexão na decisão dos consumidores. O Código de Defesa do Consumidor reconhece a importância das novas técnicas de venda, muitas delas agressivas, do *marketing* e do contrato como forma de informação do consumidor, protegendo o seu direito de escolha e sua autonomia racional, através do reconhecimento de um direito mais forte de informação (arts. 30, 31, 34, 46, 48 e 54 do CDC)(74) e um direito de reflexão (art. 49 do CDC)(75).

Na execução do contrato, o tempo também passa a ser valorizado, seja pela visão da obrigação como um processo, a protrair-se no tempo para alcançar um só

---

(74) *[...]. Art. 30. Toda informação ou publicidade, suficientemente precisa, veiculada por qualquer forma ou meio de comunicação com relação a produtos e serviços oferecidos ou apresentados, obriga o fornecedor que a fizer veicular ou dela se utilizar e integra o contrato que vier a ser celebrado. [...]. [...]. Art. 31. A oferta e apresentação de produtos ou serviços devem assegurar informações corretas, claras, precisas, ostensivas e em língua portuguesa sobre suas características, qualidades, quantidade, composição, preço, garantia, prazos de validade e origem, entre outros dados, bem como sobre os riscos que apresentam à saúde e segurança dos consumidores. [...]. [...]. Art. 34. O fornecedor do produto ou serviço é solidariamente responsável pelos atos de seus prepostos ou representantes autônomos. [...]. Art. 46. Os contratos que regulam as relações de consumo não obrigarão os consumidores, se não lhes for dada a oportunidade de tomar conhecimento prévio de seu conteúdo, ou se os respectivos instrumentos forem redigidos de modo a dificultar a compreensão de seu sentido e alcance. [...]. [...]. Art. 48. As declarações de vontade constantes de escritos particulares, recibos e pré-contratos relativos às relações de consumo vinculam o fornecedor, ensejando inclusive execução específica, nos termos do art. 84 e parágrafos. [...]. [...]. Art. 54. Contrato de adesão é aquele cujas cláusulas tenham sido aprovadas pela autoridade competente ou estabelecidas unilateralmente pelo fornecedor de produtos ou serviços, sem que o consumidor possa discutir ou modificar substancialmente seu conteúdo. § 1° A inserção de cláusula no formulário não desfigura a natureza de adesão do contrato. § 2° Nos contratos de adesão admite-se cláusula resolutória, desde que a alternativa, cabendo a escolha ao consumidor, ressalvando-se o disposto no § 2° do artigo anterior. § 3° Os contratos de adesão escritos serão redigidos em termos claros e com caracteres ostensivos e legíveis, de modo a facilitar sua compreensão pelo consumidor. § 4° As cláusulas que implicarem limitação de direito do consumidor deverão ser redigidas com destaque, permitindo sua imediata e fácil compreensão. § 5° (Vetado). [...].*

(75) *[...]. Art. 49. O consumidor pode desistir do contrato, no prazo de 7 dias a contar de sua assinatura ou do ato de recebimento do produto ou serviço, sempre que a contratação de fornecimento de produtos e serviços ocorrer fora do estabelecimento comercial, especialmente por telefone ou a domicílio. Parágrafo único. Se o consumidor exercitar o direito de arrependimento previsto neste artigo, os valores eventualmente pagos, a qualquer título, durante o prazo de reflexão, serão devolvidos, de imediato, monetariamente atualizados. [...].*

bom fim — a realização das expectativas legítimas de ambas as partes —, seja pela valorização do tempo como fator de pressão e catividade. Quanto mais duradoura a relação, mais difícil e prejudicial é seu rompimento para o consumidor — assim, cláusulas antes normais, como a de fim de vínculo, passam a ser consideradas abusivas, se a escolha não couber ao consumidor ou se não for colocada à sua disposição (art. 54, § 2º, do CDC). Destacam-se os deveres de cooperação e de adaptação que haja mais possibilidade de manutenção do vínculo contratual, consoante magistra MARQUES (2011:271).

A necessidade de proteção da liberdade do contratante mais fraco leva a impor novos riscos profissionais aos fornecedores, que não podem ser transferidos aos consumidores por nenhuma manifestação válida da vontade, a redefinir o abuso.

Da mesma maneira, lembra MARQUES (2011:275), a nova concepção social levará a um renascimento do formalismo, pois o dever de empregar determinadas formas para o nascimento de obrigações jurídicas representa uma proteção extra para os contratantes menos preparados. A forma leva o contratante a pensar na seriedade do ato que está empreendendo, contribui para que este conheça o teor da obrigação que está assumindo ou, pelo menos, protege e dá publicidade do ato para terceiros. Relembre-se aqui a legislação brasileira sobre o compromisso de compra e venda de imóveis não loteados. Observe-se, também, que de certa maneira as novas leis intervencionistas vão ocasionar um renascimento da defesa da liberdade de contratar, da liberdade de escolha do parceiro contratual, através do novo dever de informação imposto ao fornecedor, para que o consumidor possa escolher o parceiro que melhor lhe convier (veja o inc. III do art. 6º do CDC)[76].

Assim, esta concepção de contrato trouxe como reflexo a possibilidade do poder estatal, seja por intermédio do legislador, seja por intermédio do controle judicial ou administrativo, proibir determinadas cláusulas abusivas nos contratos de massa, como costumeiramente faz a SUSEP, quando da análise de minutas de Planos e de Contratos de Capitalização, submetidos previamente à sua análise técnica e jurídica e, se for o caso, para aprovação.

3.4.3. PRINCÍPIO DA RELATIVIDADE

O Princípio da Relatividade já era um dos pilares desde o Codex de 1916, que expressa que os efeitos do contrato não atingem terceiros que não fizeram parte da contratação original.

---

(76) *[...]. Art. 6º São direitos básicos do consumidor: III — a informação adequada e clara sobre os diferentes produtos e serviços, com especificação correta de quantidade, características, composição, qualidade e preço, bem como sobre os riscos que apresentem; [...].*

Daí dizer-se que os efeitos dos contratos só se produzem entre os sujeitos que dele tomam parte, não aproveitando nem prejudicando a terceiros. Como o vínculo contratual emana da vontade das partes, é natural que terceiros não possam ficar atados a uma relação jurídica que não lhes foi imposta pela lei, nem derivou de seu querer.

É importante frisar, segundo FIÚZA e ROBERTO (2002:32), que a Relatividade diz respeito aos efeitos dos contratos, ou seja, à criação de direitos e obrigações e não ao contrato em si mesmo, pois a existência desse é um fato que não pode ser ignorado pelas pessoas, às quais se torna oponível.

Então, consoante o Princípio da Relatividade Contratual, o contrato não deve atingir pessoas que dele não tomaram parte, uma vez que é fonte de obrigações e importa restrições à liberdade individual (*Res inter alios acta, aliis nocere non potest*).

Ora, o Princípio da Relatividade dos Contratos, segundo GOMES (2007:46), diz respeito a sua eficácia. Sua formulação fez-se em termos claros e concisos ao dizer-se que o contrato é *res inter alios acta, aliis neque nocet neque prodest*, o que significa que seus efeitos se produzem exclusivamente entre as partes, não aproveitando nem prejudicando terceiros.

Explica ainda GOMES (2007:46-47) que, para torná-lo compreensível, é indispensável distinguir da existência do contrato os efeitos internos. A existência de um contrato é um fato que não pode ser indiferente a outras pessoas, às quais se torna oponível. Os efeitos internos, isto é, os direitos e as obrigações contratantes, a eles se limitam, reduzem-se, circunscrevem-se. Em regra, não é possível criar, mediante contrato, direitos e obrigações para outrem. Sua eficácia interna é relativa; seu campo de aplicação comporta, somente, as partes. Em síntese, ninguém pode tornar-se credor ou devedor contra a vontade se dele depende o nascimento do crédito ou da dívida. Pothier, chamando-a de verdade evidente, enunciou a regra nesses termos: "uma convenção tem efeito senão a respeito das coisas que constituem seu objeto: e somente entre as partes contratantes".

Contudo, convém pontuar, o Princípio da Relatividade dos Contratos não é absoluto. Sofre importantes exceções.

Nesse entendimento, para defini-las, cumpre fixar a noção de terceiros. GOMES (2007:47) assinala que como tal se considera quem quer que seja totalmente estranho ao contrato ou à relação sobre o qual ele estende os seus efeitos. Assim, o sucessor, a título universal de um contratante, embora não tenha participado da formação do contrato, terceiro não é, porque a sua posição jurídica deriva das partes, como tal devendo ser tido.

Há contratos que, fugindo à regra geral, estendem efeitos a outras pessoas, quer criando, para essas, direitos, quer impondo obrigações. Tais são, dentre outros, a estipulação em favor de terceiro, o contrato coletivo de trabalho, a locação em certos casos e o fideicomisso *inter vivos*.

Pontifica GOMES (2007:47-48):

> [...].
>
> *O princípio da relatividade dos contratos não se aplica somente em relação aos sujeitos. Incide, igualmente, no objeto, enunciando-se do seguinte modo: o contrato tem efeito apenas a respeito das coisas que caracterizam a prestação. Se o objeto da prestação, recebido pelo credor em virtude de contrato comutativo, tem defeito oculto que o torna impróprio o uso a que é destinado ou lhe diminui o valor, ou se dele vem a ser privado em virtude de sentença que reconheça o direito de outrem, a eficácia do contrato estará comprometida.*
>
> *Consideradas as pessoas em cuja esfera jurídica podem incidir efeitos finais de contrato, é de ressaltar a noção de oponibilidade, distinguindo três categorias de terceiros: 1ª) os que são estranhos ao contrato, mas participantes do interesse, cuja posição jurídica é subordinada à da parte, como os subcontratantes e os mandatários*[77]*; 2ª) os que são interessados, mas têm posição independente e incompatível com os efeitos do contrato; 3ª) os que são normalmente indiferentes ao contrato, mas podem ser legitimados a reagir quando sofram particular prejuízo dos efeitos do mesmo, como os credores.*
>
> [...].

Decerto, a relatividade significa que o contrato produzirá efeitos apenas entre as partes contratantes e, consequentemente, os seus sucessores, com exceção das obrigações personalíssimas, que só vinculam o próprio contratante. De outro bordo, encontram-se os contratos que produzem efeitos na esfera jurídica de terceiros não envolvidos na relação contratual, como, por exemplo, o Contrato de Seguro de Vida e o Contrato de Capitalização, que podem beneficiar terceiros. Na verdade, o Contrato de Capitalização faz nascer para o titular direitos que podem

---

(77) Neste ponto, há que ser observada a **Teoria da Aparência**. Por essa teoria, o direito reconhece eficácia a situações aparentes que, assim, podem gerar obrigações a terceiros estranhos ao contrato, quando o contratante de boa-fé tinha razões suficientes para tomar por real uma situação aparente. Aplica-se essa teoria mais comumente na hipótese de mandato findo ou excesso de mandato. "*Veja-se, como exemplo: A, empresário, firmou contrato com B, tornando-o seu mandatário, para que angariasse uma série de negócios para ele. B, por sua, vez, cumprindo o contrato, firmou diversos negócios com C, D, E e F, todos em nome de A. A, no entanto, havia cancelado o mandato outorgado a B, de modo que este não tinha mais poderes para negociar em nome dele. C, D, E e F, de acordo com a teoria da aparência, não poderiam supor essa revogação do mandato, porque já haviam anteriormente firmado outros negócios com A por intermédio de B. Por isso, A deverá cumprir os contratos firmados por B.*" (GONÇALVES, 2004:101)

ser parciais ou totais deliberadamente estipulados nesse específico pacto. Mas, "para ser possível, é necessário que tal exceção esteja expressamente consignada em lei" (GONÇALVES, 2004:96).

3.4.4. PRINCÍPIO DA OBRIGATORIEDADE

A Obrigatoriedade do Contrato, ou força obrigatória,(78) era um dos pilares em que se assentava o Código Civil de 1916, que significa outorgar ao contrato força de lei entre as partes, vedando, por corolário lógico, qualquer possibilidade de revisão do pacto.

Pacta sunt servanda. *Qui dit contractuel, dit juste*. Essas frases célebres, bem como a disciplina do art. 1.134 do Código Civil francês, que afirma que o contrato faz lei entre as partes, ilustram bem a força das convenções na concepção tradicional de contrato.

Uma vez manifestada a vontade com obediência aos requisitos legais, está perfeito o contrato e as partes só se desvinculam com o devido cumprimento de suas prestações ou mediante outro acordo de vontades. A visão clássica só admitia uma exceção: impossibilidade de cumprimento por caso fortuito ou força maior.

---

(78) O Contrato é o negócio jurídico que mais se propaga, já que diariamente se realiza em todos os lugares, abrangendo as atividades econômicas e jurídicas. Vem se difundindo por toda a história, passando pela antiguidade até os nossos dias, onde tem sido usado como meio de dirimir embaraços em todos os ajustes de vontades. Os fundamentos da obrigatoriedade dos contratos se traduzem, deste modo, por meio de diversos pensamentos ao longo dos tempos, o que fez Miguel Maria de Serpa Lopes (*Curso de direito civil brasileiro*. Fontes das Obrigações: Contratos. 6. ed. Rio de Janeiro: Freitas Bastos, 1996. v. 3. p. 43/44), ao analisar a questão, referir-se a vários pensadores mencionando como primeira corrente que funda a força obrigatória dos contratos aquela seguida por GROZIO, PUFFENDORF e BURLAMAQUI, baseada no Princípio da Sociabilidade ou do Pacto Social, em que o homem se compromete a manter-se fiel à palavra dada. Prosseguindo, destaca HEGEL, KANT e WURTH, os quais entendiam que o fundamento da obrigatoriedade contratual advinha da ocupação ou da posse, no qual o homem cede o seu próprio direito; outros entendem que se funda no abandono da própria liberdade do promitente. BENTHAN acreditava que a obrigatoriedade advinha do próprio interesse do homem em manter o compromisso. AHRENS, era adepto de que a obrigatoriedade contratual surgia da consciência e da razão do homem. Para GRATZ, a explicação da obrigatoriedade estava na integração da moral com o interesse. Finalmente, VICO, FRIES, BÉLIME e TISSOT acolhem o pensamento de GIORGI GIORGIO, achando que o fundamento da obrigatoriedade dos contratos está no dever de veracidade, pois o homem deve se manter fiel ao seu compromisso por imposição da própria lei natural, que o obriga a dizer a verdade. Para outros doutrinadores, o fundamento da obrigatoriedade dos contratos se explica por um conjunto de motivos diversos, conforme assevera Arnaldo Rizzardo (*Contratos*. Rio de Janeiro: Aide, 1988. v. 1. p. 37): [...]. Em verdade, o contrato obriga em função de várias razões, todas de ordem prática, sem necessidade de teorizar os fundamentos. É necessário o cumprimento em virtude da palavra dada, e mais porque a lei ordena a obediência às cláusulas, cominando sanções aos infratores. A estabilidade da ordem social e a necessidade de dar segurança às relações desenvolvidas são outros fatores que ensejam a irretratabilidade. [...].

O Princípio da Obrigatoriedade Contratual cumpre a função de garantir a segurança nas relações jurídicas, afirmam FIÚZA e ROBERTO (2002:30).

Deve-se salientar que, modernamente, a obrigatoriedade contratual encontra seus fundamentos na Teoria Prepectiva, segundo a qual as obrigações oriundas dos contratos obrigam não apenas porque as partes se assumiram, mas porque interessa à sociedade a tutela da situação objetivamente gerada, por suas consequências econômicas e sociais.

O Princípio da Obrigatoriedade dos Contratos, ou Princípio da Força Obrigatória, se limita pelo Princípio da Relatividade, de maneira que a força de lei que a convenção adquire somente se manifesta entre os próprios contratantes e seus sucessores.

Acentua GOMES (2007-38) que o princípio da força obrigatória consubstancia-se na regra de que o contrato é lei entre as partes. Celebra que seja, com observância de todos os pressupostos e requisitos necessários à sua validade, deve ser executado pelas partes como se suas cláusulas fossem preceitos legais imperativos.

RIZZARDO (1988:36) afirma que a obrigatoriedade não atinge terceiros, contra os quais não podem ser invocadas as obrigações contratuais em que não intervieram. Há casos, porém, em que nem mesmo aos herdeiros se manifesta a força contratual. São os chamados contratos personalíssimos, como o mandato, a locação de serviços, a fiança etc., como já apontados acima.

A força obrigatória dos contratos está implícita em todos eles. A cláusula *pacta sunt servanda*[79] neles presente significa que, implicitamente, há nos contratos uma cláusula de irretratabilidade e intangibilidade, salvo disposição em contrário. Em outras palavras, o contrato faz lei entre as partes, não podendo ser alterado sequer pelo juiz. Não fosse esse princípio, não existiria segurança jurídica no ordenamento, uma vez que as pessoas poderiam cumprir ou não um contrato da maneira que lhes aprouvesse. Assim, qualquer alteração tem de ser feita bilateralmente, mediante acordo mútuo de vontades. Cabe ressaltar que esse princípio hoje está bastantemente mitigado. Com o advento do CDC e do atual Codex, prevalecem os princípios e funções sociais do contrato, que abaixo iremos abordar.

3.4.4.1. Princípio da Irretratabilidade (Unilateralidade e Bilateralidade)

A irretratabilidade diz respeito à impossibilidade de uma das partes, unilateralmente, liberar-se dos encargos contratuais assumidos e encerrar o contrato sem a anuência da outra.

---

(79) De acordo com ensinamentos do advogado catarinense Nelson Zunino Neto (*op.* e *loc. cit.*), [...]. *pacta sunt servanda* é o princípio segundo o qual o contrato obriga as partes nos limites da lei. [...]. Deste modo, o contrato só passa a ter obrigatoriedade entre as partes contratantes a partir do momento em que estiverem preenchidos todos os pressupostos de validade estabelecidos em lei.

De maneira que a sociedade empresária, ou seja, a Sociedade de Capitalização, não poderá rescindir o Contrato de Capitalização unilateralmente e o manterá em vigor se o pagamento não sofrer interrupção.

Observa-se que o pagamento pode ser realizado por meio de rede bancária, em dependências da Sociedade de Capitalização ou de qualquer instituição financeira, desde que legalmente autorizada.

As Condições Gerais do Título, para o caso de atraso no pagamento, devem prever um prazo de suspensão, durante o qual o título possa ser reabilitado com prorrogação, ou não, dos prazos de pagamento. Essa reabilitação sem prorrogação implica no pagamento vencido, acrescido dos juros do plano e da correção monetária.

Contudo, vencido o prazo de suspensão, o título fica rescindido, permanecendo à disposição do subscritor o respectivo valor de resgate, para recebimento do mesmo após o prazo de carência.

Ao subscritor do título reabilitado não assiste qualquer direito aos sorteios realizados durante o período de suspensão.

Todavia somente pela circunstância de ser facultada ao subscritor a rescisão do contrato é que o mesmo possui um caráter unilateral, como sucede, em geral, aos Títulos ao Portador, apólices, debêntures etc.

3.4.4.2. Princípio da Intangibilidade (Unilateralidade e Bilateralidade)

A Intangibilidade corresponde à impossibilidade de uma das partes, unilateralmente, alterar o conteúdo das prestações assumidas.

Sobremais disso, segundo FIÚZA e ROBERTO (2002:32), se as partes livremente alienaram sua liberdade, deviam cumprir o prometido ainda que disso lhes sobreviesse considerável prejuízo, não se facultando ao juiz, em nome da equidade, interferir no objeto da avença. A lei permitia a intervenção judicial para a decretação de nulidade ou da resolução de um contrato nos casos nela previstos, mas nunca para modificação de seu conteúdo.

Em outras palavras, uma vez que a avença tinha origem em vontades autônomas, a intervenção do juiz, segundo o pensamento corrente, seria uma restrição à liberdade de contratar.

Assim, se uma das partes se submeteu a condições extremamente desvantajosas ou se, pela superveniência de algum acontecimento, foi rompido o equilíbrio das prestações, a presunção de que o contrato foi livremente concluído significa que suas cláusulas tinham força obrigatória para os contratantes. Entretanto tudo isso foi prontamente modificado pelo CDC e pelo CCB vigente.

Saliente-se que a jurisprudência dos tribunais é pacífica no tocante à incidência do CDC no Contrato de Capitalização e, por isso, na impossibilidade de alteração unilateral de suas cláusulas, máxime quando manifestamente lesivas ao subscritor ou ao titular.

3.4.4.3. Limitação dos Princípios da Obrigatoriedade, da Irretratabilidade e da Intangibilidade

Como já dissemos anteriormente, na visão tradicional, a força obrigatória do contrato teria fundamento na vontade das partes. Uma vez manifestada essa vontade, as partes ficariam ligadas por um vínculo, donde nasceriam obrigações e direitos para cada um dos participantes, força obrigatória essa reconhecida pelo direito e tutelada judicialmente.

A nova concepção de contrato destaca, ao contrário, o papel da lei. É a lei que reserva um espaço para a autonomia da vontade, para a autorregulamentação dos interesses privados. Logo, é ela que vai legitimar o vínculo contratual e protegê-lo. A vontade continua essencial à formação dos negócios jurídicos, mas sua importância e força diminuíram, levando a relativização da noção de força obrigatória e intangibilidade do conteúdo do contrato, segundo MARQUES (2011:276).

Assim, o princípio clássico de que o contrato não pode ser modificado ou suprimido senão através de uma nova manifestação volitiva das mesmas partes contratantes sofre limitações, conforme ditam os incisos IV e V do art. 6º do CDC[80]. Aos juízes é agora permitido um controle do conteúdo do contrato, como dita o próprio CDC, devendo ser suprimidas as cláusulas abusivas e substituídas pela norma legal supletiva (art. 51, do CDC). É o intervencionismo estatal, que ao editar leis específicas pode, p. ex., inserir no quadro das relações contratuais novas obrigações com base no Princípio da Boa-Fé (dever de informar, obrigação de substituir bem, renovação automática etc.), mesmo que as partes não as queiram, não as tenham previsto ou as tenham expressamente excluído no instrumento contratual. Relembre-se aqui também o enfraquecimento da força vinculativa dos contratos através da possível aceitação da Teoria da Imprevisão, conforme, p. ex., impõe o art. 6º, V, do CDC.

Assim, também, a vontade das partes não é mais a única fonte de interpretação que possuem os juízes para interpretar um instrumento contratual, ensina MARQUES (2011:276-277). A evolução doutrinária do direito dos contratos já

---

(80) *[...]. Art. 6º São direitos básicos do consumidor: IV — a proteção contra a publicidade enganosa e abusiva, métodos comerciais coercitivos ou desleais, bem como contra práticas e cláusulas abusivas ou impostas no fornecimento de produtos e serviços; V — a modificação das cláusulas contratuais que estabeleçam prestações desproporcionais ou sua revisão em razão de fatos supervenientes que as tornem excessivamente onerosas. [...].*

pleiteava uma interpretação teleológica do contrato, um respeito maior pelos interesses sociais envolvidos, pelas expectativas legítimas das partes, especialmente das partes que só tiveram a liberdade de aderir ou não aos termos pré-elaborados.

As leis, aqui chamadas de leis intervencionistas, autorizam o Poder Judiciário a um controle mais efetivo da justiça contratual e ao exercício de uma interpretação mais teleológica, na qual os valores da lei tomam o primeiro plano e delimitam o espaço para o poder da vontade. O juiz, ao interpretar o contrato, não será um simples servidor da vontade das partes, mas será, ao contrário, um servidor do interesse geral. Ele terá em vista tanto o mandamento da lei e a vontade manifestada quanto os efeitos sociais do contrato e os interesses das partes protegidos pelo direito em nova concepção social.

A pluralidade não é só de leis imperativas a considerar, é também de agentes econômicos, aponta MARQUES (2011:277), o que revaloriza a solidariedade, como forma de responsabilização da cadeia organizada de fornecedores na sociedade de consumo atual (arts. 14, 18 e 20 do CDC[81]), e com isso abala as estruturas

(81) *[...]. Art. 14. O fornecedor de serviços responde, independentemente da existência de culpa, pela reparação dos danos causados aos consumidores por defeitos relativos à prestação dos serviços, bem como por informações insuficientes ou inadequadas sobre sua fruição e riscos. § 1º O serviço é defeituoso quando não fornece a segurança que o consumidor dele pode esperar, levando-se em consideração as circunstâncias relevantes, entre as quais: I — o modo de seu fornecimento; II — o resultado e os riscos que razoavelmente dele se esperam; III — a época em que foi fornecido. § 2º O serviço não é considerado defeituoso pela adoção de novas técnicas. § 3º O fornecedor de serviços só não será responsabilizado quando provar: I — que, tendo prestado o serviço, o defeito inexiste; II — a culpa exclusiva do consumidor ou de terceiro. § 4º A responsabilidade pessoal dos profissionais liberais será apurada mediante a verificação de culpa. [...]. [...]. Art. 18. Os fornecedores de produtos de consumo duráveis ou não duráveis respondem solidariamente pelos vícios de qualidade ou quantidade que os tornem impróprios ou inadequados ao consumo a que se destinam ou lhes diminuam o valor, assim como por aqueles decorrentes da disparidade, com a indicações constantes do recipiente, da embalagem, rotulagem ou mensagem publicitária, respeitadas as variações decorrentes de sua natureza, podendo o consumidor exigir a substituição das partes viciadas. § 1º Não sendo o vício sanado no prazo máximo de trinta dias, pode o consumidor exigir, alternativamente e à sua escolha: I — a substituição do produto por outro da mesma espécie, em perfeitas condições de uso; II — a restituição imediata da quantia paga, monetariamente atualizada, sem prejuízo de eventuais perdas e danos; III — o abatimento proporcional do preço. § 2º Poderão as partes convencionar a redução ou ampliação do prazo previsto no parágrafo anterior, não podendo ser inferior a sete nem superior a cento e oitenta dias. Nos contratos de adesão, a cláusula de prazo deverá ser convencionada em separado, por meio de manifestação expressa do consumidor. § 3º O consumidor poderá fazer uso imediato das alternativas do § 1º deste artigo sempre que, em razão da extensão do vício, a substituição das partes viciadas puder comprometer a qualidade ou características do produto, diminuir-lhe o valor ou se tratar de produto essencial. § 4º Tendo o consumidor optado pela alternativa do inciso I do § 1º deste artigo, e não sendo possível a substituição do bem, poderá haver substituição por outro de espécie, marca ou modelo diversos, mediante complementação ou restituição de eventual diferença de preço, sem prejuízo do disposto nos incisos II e III do § 1º deste artigo. § 5º No caso de fornecimento de produtos in natura, será responsável perante o consumidor o fornecedor imediato, exceto quando identificado claramente seu produtor. § 6º São impróprios ao uso e consumo: I — os produtos cujos prazos de validade estejam vencidos; II — os*

da divisão de responsabilidade civil contratual e extracontratual. A pluralidade é também de sujeitos envolvidos e sujeitos a proteger, identificados como sujeitos a tutelar de forma diferenciada, os mais fracos na sociedade.

Relativiza-se, assim, o postulado que os contratos só têm efeitos entre as partes (*res inter alios acta*). As novas tendências sociais da concepção de contrato postulam que, em alguns casos, o raio de ação do contrato deva transcender a órbita das partes. Como exemplo, relembre-se, ensina MARQUES (2011:277-278), a tentativa doutrinária de estender a garantia contratual contra vícios ou defeitos aos terceiros, vítimas de um fato do produto, principalmente na doutrina francesa; relembre-se, igualmente, a intensificação na vida moderna dos contratos em benefício de terceiros, como os Contratos de Seguro de Vida e o de Transporte de Mercadorias em alguns casos. Aqui se localiza um dos mais importantes fenômenos, desafios do novo direito dos consumidores. Nas relações contratuais de massa a crédito, a relação se estabelece entre o consumidor e a empresa de crédito, mas o bem é fornecido pela empresa-vendedora. Neste triângulo contratual, a acessoriedade da relação de crédito em relação ao cumprimento dos deveres da relação de fornecimento do bem deve ficar clara, para evitar que uma fique independente da outra, impossibilitando as reclamações do consumo.

Assim também, as fases anteriores e posteriores ao momento da celebração do contrato ganham em relevância. Disciplina-se o pré-contrato, reforçando a sua força obrigatória para que conceda, em alguns casos, direito real ao beneficiário. Reforçam-se os requisitos da fase pré-contratual ao impor deveres de informação ao fornecedor. Mas especial atenção receberá a fase pós-contratual. A doutrina já havia desenvolvido a teoria da culpa *post factum finitum*, a qual, baseada no Princípio da Boa-Fé, estendia a eficácia do contrato para além do cumprimento do dever principal. As novas leis intervencionistas, no que se refere ao consumo de bens duráveis, disciplinarão os deveres anexos à obrigação, impondo, p. ex., o dever de prestação da chamada assistência pós-venda (art. 18, § 1º, do CDC)[82],

---

produtos deteriorados, alterados, adulterados, avariados, falsificados, corrompidos, fraudados, nocivos à vida ou à saúde, perigosos ou, ainda, aqueles em desacordo com as normas regulamentares de fabricação, distribuição ou apresentação; III — os produtos que, por qualquer motivo, se revelem inadequados ao fim a que se destinam. [...]. [...]. Art. 20. O fornecedor de serviços responde pelos vícios de qualidade que os tornem impróprios ao consumo ou lhes diminuam o valor, assim como por aqueles decorrentes da disparidade com as indicações constantes da oferta ou mensagem publicitária, podendo o consumidor exigir, alternativamente e à sua escolha: I — a reexecução dos serviços, sem custo adicional e quando cabível; II — a restituição imediata da quantia paga, monetariamente atualizada, sem prejuízo de eventuais perdas e danos; III — o abatimento proporcional do preço. § 1º A reexecução dos serviços poderá ser confiada a terceiros devidamente capacitados, por conta e risco do fornecedor. § 2º São impróprios os serviços que se mostrem inadequados para os fins que razoavelmente deles se esperam, bem como aqueles que não atendam as normas regulamentares de prestabilidade. [...].

(82) *[...]. Art. 18. Os fornecedores de produtos de consumo duráveis ou não duráveis respondem solidariamente pelos vícios de qualidade ou quantidade que os tornem impróprios ou inadequados ao consumo*

o dever de informar sobre o modo e a técnica de utilização de produtos (veja art. 18, *caput*, *in fine*), assim como disciplinando a garantia legal e a garantia contratual oferecida pelo fornecedor (veja arts. 24 e 50 do CDC)(83), conforme assegura MARQUES (2011:277).

Portanto, como se vê, a evolução principiológica dos contratos, embora tenha ganhado forte impulsão com o CDC e o recente CCB, é muito mais um fenômeno social do que propriamente jurídico. A realidade mais uma vez se antecipou ao legislador, a quem coube adequar a legislação aos fatos.

3.4.5. PRINCÍPIO DA REVISÃO DOS CONTRATOS

Como pontuamos alhures, a crescente intervenção do Estado no domínio econômico — na medida em que o Estado substitui seu papel de empreendedor para o de regulador da atividade econômica, permanece intacta a natureza intervencionista da ordem econômica constitucional, ou a "mão invisível" do Estado — e a aplicação do revisionismo contratual são exemplos emblemáticos do desenvolvimento da atual teoria contratual.

Esse desenvolvimento está intrinsecamente relacionado à superação da ideia de justiça contratual que se apoiava na igualdade formal dos contratantes. Segundo esse critério, se os contratantes estavam em pé de igualdade no momento de debater as condições sobre as quais se vinculariam, os contratos seriam justos, desde que houvesse reciprocidade, ou seja, desde que as partes negociassem o conteúdo e que ambas tivessem uma prestação a cumprir.

Tanto as disparidades econômicas — que demandariam a intervenção estatal — quanto os acontecimentos extraordinários — que exigiram a formulação da Teoria da Imprevisão — acrescentaram novas exigências ao ideal de justiça nas relações negociais.

---

a que se destinam ou lhes diminuam o valor, assim como por aqueles decorrentes da disparidade, com as indicações constantes do recipiente, da embalagem, rotulagem ou mensagem publicitária, respeitadas as variações decorrentes de sua natureza, podendo o consumidor exigir a substituição das partes viciadas. § 1° Não sendo o vício sanado no prazo máximo de trinta dias, pode o consumidor exigir, alternativamente e à sua escolha: I — a substituição do produto por outro da mesma espécie, em perfeitas condições de uso; II — a restituição imediata da quantia paga, monetariamente atualizada, sem prejuízo de eventuais perdas e danos; III — o abatimento proporcional do preço.[...].

(83) *[...]. Art. 24. A garantia legal de adequação do produto ou serviço independe de termo expresso, vedada a exoneração contratual do fornecedor. [...]. [...]. Art. 50. A garantia contratual é complementar à legal e será conferida mediante termo escrito. Parágrafo único. O termo de garantia ou equivalente deve ser padronizado e esclarecer, de maneira adequada em que consiste a mesma garantia, bem como a forma, o prazo e o lugar em que pode ser exercitada e os ônus a cargo do consumidor, devendo ser-lhe entregue, devidamente preenchido pelo fornecedor, no ato do fornecimento, acompanhado de manual de instrução, de instalação e uso do produto em linguagem didática, com ilustrações. [...].*

Está implícita em todos os contratos a cláusula *rebus sic stantibus* ou Teoria da Imprevisão, que significa que as obrigações contratualmente assumidas podem ser revistas se fatos posteriores imprevisíveis alterarem a situação econômica de uma das partes, tornando o cumprimento do contrato excessivamente oneroso para ela e indevidamente vantajoso para a outra. Referida cláusula impõe que a obrigatoriedade do cumprimento de um contrato pressupõe a inalterabilidade da situação fática que envolve os contratantes. Se essa situação, em virtude de acontecimento externo e extraordinário, tornar muito oneroso o contrato para uma das partes, poderá ela recorrer ao Judiciário para que seja amortizada sua prestação, de acordo com o art. 478 do CCB (GONÇALVES, 2004:97).

Isso ocorreu, algum tempo atrás, com muitos contratos firmados em dólar, que não previam uma enorme alta da referida moeda em curto espaço de tempo, praticamente triplicando o valor das parcelas. Assim, com base na Teoria da Imprevisão, muitos contratantes buscaram, em juízo, uma alternativa para amenizar o impacto da alta do preço da moeda norte-americana nos contratos, visto que essa circunstância tornou-se quase impossível de ser adimplido.

Tal cláusula, contudo, está implícita apenas em contratos comutativos de execução diferida ou trato sucessivo. Nesses contratos, a parte, desde logo, sabe qual será a prestação e a contraprestação devidas; logo, sabe-se qualquer alteração substancial nesse quadro, a que ela não tenha dado causa, será suscetível de correção. Em oposição aos contratos comutativos encontram-se os aleatórios, em que o contratante não sabe ao certo se vai ganhar ou perder, como, p. ex., o Contrato de Seguro e o sorteio no Contrato de Capitalização, visto que se considera Capitalização uma combinação de economia programada com aplicação única ou mensal, vinculada à participação em sorteios.

O Contrato de Capitalização, como já se disse alhures, prevê o sorteio do título em época indeterminada, mas esse sorteio não é senão um reembolso por antecipação de um certo número de títulos ou valores, segundo uma tabela previamente organizada.

3.4.6. PRINCÍPIO DA BOA-FÉ OBJETIVA E SUBJETIVA — DIFERENÇAS

A maior crítica que certamente se podia fazer ao Código Civil de 1916 era a de que nele não se tinha consagrado expressamente o Princípio da Boa-Fé como cláusula geral, falha imperdoável diante da consagração do princípio nos Códigos a ele anteriores, como o francês (art. 1.134) e o alemão (§ 242).

A boa-fé mencionada no Código Civil anterior, quando o mesmo tratava da posse e do usucapião, por exemplo, era a subjetiva, enquanto a boa-fé objetiva apenas vinha mencionada no art. 1.433 do antigo diploma civil, ao dispor a respeito das disposições gerais atinentes aos contrato de seguro. Portanto, pela primeira vez, o Princípio da Boa-Fé Objetiva vem insculpido como cláusula geral, permeando todas as relações contratuais na órbita civil (BARROS *et al.*, 2002:318).

Com efeito, a boa-fé foi muito considerada pelo novo Código Civil, que no art. 422 esclareceu que "os contratantes são obrigados a guardar, assim na conclusão do contrato, como em sua execução, os princípios de probidade e boa-fé". Permanece o antigo brocardo de que a boa-fé será sempre presumida, devendo a má-fé ser provada por aquele que a alega (GONÇALVES, 2004:98).

Todavia esqueceu-se o legislador de incluir expressamente na fórmula do art. 422 os períodos pré e pós-contratual, dentro dos quais o Princípio da Boa-Fé tem importância fundamental para a criação de deveres jurídicos para as partes, diante da inexistência nessas fases de prestação a ser cumprida. Essa omissão não implica negação da aplicação da regra da boa-fé para essas fases antecedente e posterior ao contrato, muito pelo contrário, já que cabe aqui a interpretação extensiva da norma para abranger também as situações não expressamente referidas, mas contidas no seu espírito (PEREIRA, 2004:20).

O Princípio da Boa-Fé, apesar de consagrado em norma infraconstitucional, incide sobre todas as relações jurídicas na sociedade. Configura cláusula geral de observância obrigatória, que contém um conceito jurídico indeterminado, carente de concretização segundo as peculiaridades de cada caso.

Na verdade, verbalizam BARROS *et al.*, 2002:322, o Princípio da Boa-Fé Objetiva, juntamente com os Princípios da Função Social e do Equilíbrio Econômico (Equivalência Material), constituem os pilares de sustentação da nova Teoria Contratual. Com o crescimento populacional, o progresso científico e tecnológico, que geraram o fenômeno da massificação social e do mercado, os contratos "objetivaram-se", de maneira que a sua interpretação também deve ser dar de maneira contextualizada, a fim de serem observados os direitos das partes, fomentando-se a justiça social.

A expressão boa-fé nos faz lembrar um proceder ético, moral, honrado, no qual são cumpridas as obrigações previamente assumidas. Faz-nos lembrar, também, um estado de espírito, um estado psicológico, assumido pelo agente com relação à determinada situação vivida por ele. Temos aí, em poucas palavras, as duas vertentes que a doutrina nos aponta com relação ao Princípio da Boa-Fé, uma objetiva e outra subjetiva. A primeira (objetiva) diz respeito a um proceder retilíneo, a um dever de conduta exigível no âmbito das obrigações assumidas, enquanto a segunda (subjetiva) se traduz por uma situação ou um fato de ordem psicológica, em verdade, um fato volitivo.

Os alemães utilizam a expressão *Treu und Glauben* para denominar a boa-fé, sendo esse o núcleo do § 242 do BGB (*Burgerliches Gesetzbuch*), conhecido como a cláusula geral de boa-fé e responsável por uma série de desenvolvimentos jurisprudenciais e doutrinários que, ao longo do tempo, vêm atuando para a concreção do princípio na Alemanha e nas culturas jurídicas que sofrem a sua influência (NEGREIROS, 1998:10).

A boa-fé assim estabelecida como dever de conduta exigível no âmbito do direito das obrigações não se confunde com o conceito de *guter Glube*, entre nós traduzidos pela situação ou pelo fato psicológico de boa-fé.

Na Alemanha, o princípio da boa-fé objetiva ganhou guarida no Código Civil (BGB, par. 242), o que também ocorreu na Itália (arts. 1.175, 1.337 e 1.336 do Código Civil), na Espanha (arts. 7º, I e 1.258 do Código Civil), em Portugal (art. 762, 2 do Código Civil), na França (art. 1.134 do Código Civil), na Suíça (art. 2º), dentre outros.

Prosseguimos no dizer de PEREIRA (2004:20):

> [...].
>
> Recomenda, ainda, o Código Civil, art. 114, que os negócios jurídicos benéficos e a renúncia se interpretem restritivamente.
>
> Andou bem o legislador ao adotar esta política de comedimento, ao enunciar as regras de hermenêutica. Assim também procedeu o BGB, que se dispensou de minúcias, além de enunciar no princípio do par. 133 a mesma regra do nosso art. 112. O Código de 2002, preenchendo uma lacuna do Código de 1916, acrescentou ainda regra de hermenêutica no art. 113, determinando que os negócios jurídicos devem ser interpretados conforme a boa-fé e os usos do lugar de sua celebração, acolhendo o princípio alemão da Treu und Glauben, nosso Código Comercial de 1850 (art. 131, al. 1ª), e antes dele o art. 1.134, alínea 3ª, do francês, que os contratos devem ser interpretados sob inspiração da boa-fé, segundo exigem a lealdade e confiança recíproca dos contratantes. O conceito de boa-fé, embora flexível, pode ser dominado por uma regulamentação pragmática, a dizer que o espírito da declaração deve preponderar sobre a letra da cláusula; a vontade efetiva predominar sobre o formalismo; o direito repousar antes na realidade do que nas palavras.
>
> [...].

Desse modo, já não era sem tempo para que o legislador civil inserisse em nosso ordenamento jurídico o Princípio da Boa-Fé, demonstrando convergência com os princípios constitucionais que criam exigências de conduta ético-social, coincidentes com as que compõem o Princípio da Boa-Fé, especialmente quando se refere à construção de uma sociedade justa e solidária.

É de salientar que a doutrina alienígena reconhece a distinção entre a boa-fé denominada objetiva e a boa-fé subjetiva.

Nessa esteira, MOLLEDA (1998:368) admite a distinção entre as duas vertentes da boa-fé:

> [...].
>
> La doctrina que aún hoy puede considerarse como dominante es la que, partiendo de la distinción romana, discrimina entre la buena fé em sentido objetivo (cláusula válvula o estandar, que se entiende implícita em los negocios jurídicos y que sirve para integrar e interpretar los mismos com arreglo a lo impuesto por la manera de obrar del hombre honrado) y la buena fé em sentido subjetivo (elemento psicológico que se concreta em uma errônea representación intelectiva — creencia o ignorância — de la realidad y que, al ser valorado por la norma, determina, trueca o modaliza los efectos de ciertas relaciones jurídicas).
>
> [...].

A doutrina reconhece a existência das duas vertentes do Princípio da Boa-Fé, quer a objetiva, quer a subjetiva, sendo de se destacar que o Código Civil anterior possuía dispositivos relacionados a ambas as vertentes, em sua maioria relativos à boa-fé subjetiva, que não implica a configuração de uma regra de conduta, mas apenas de um estado psicológico do agente (BARROS *et al.*, 2002:323).

Aliás, o exemplo mais utilizado de boa-fé subjetiva é aquele constante do art. 490[(84)] do ordenamento civil anterior, concernente à posse. Já no art. 1.433[(85)] do mesmo diploma, encontramos exemplo de boa-fé objetiva, como já apontamos que consiste num dever de conduta contratual ativo, e não mais um estado psíquico do agente.

É de se repisar que a boa-fé é princípio geral do direito e, nessa vertente, paira sobre todas as normas contidas na codificação privada. Ou seja, os detentores de direitos subjetivos têm a obrigação de agir com lealdade, mantendo postura retilínea ao contratarem. O Princípio da Boa-Fé Objetiva constitui regra de conduta que permeia todo o ordenamento jurídico civil, ao lado de outros princípios como os da liberdade e da dignidade da pessoa humana.

A boa-fé objetiva, como dever jurídico que é, obriga a uma certa conduta em vez de outra, não se limitando a operar como uma justificativa para um determinado comportamento (NEGREIROS, 1998:15).

A boa-fé objetiva, diferentemente da boa-fé subjetiva, não se pode conceituar em termos de inexistência de má-fé, na medida em que a má-fé diz respeito

(84) *[...]. Art. 490. É de boa-fé a posse, se o possuidor ignora o vício, ou o obstáculo que impede a aquisição da coisa, ou do direito possuído. [...].*

(85) *[...]. Art. 1.433. O segurado e o segurador são obrigados a guardar no contrato a mais estrita boa-fé e veracidade, assim a respeito do objeto, como das circunstâncias a ele concernentes. [...]*

apenas à boa-fé subjetiva, considerando que ambas encerram um estado psicológico do agente, ao contrário da boa-fé objetiva.

Vale, mais uma vez, repetir: a boa-fé objetiva, como cláusula geral, é um conceito jurídico indeterminado, tendo incidência sobre todo o ordenamento jurídico, regulando as relações contratuais em todas as suas fases, ou seja, desde a fase pré-contratual, até o exaurimento da execução do pactuado.

Nesse passo, CORDEIRO (1997:649) afirma que:

> [...].
>
> Não é possível, em termos de abstractos, determinar áreas imunes à boa-fé; ela é susceptível de colorir toda a zona de permissibilidade, actuando ou não consoante as circunstâncias. Impõe-se, assim, à reflexão, um nível instrumental da boa-fé; ela reduz a margem de discricionariedade da actuação privada, em função de objectivos extremos.
>
> [...].

O atual Código Civil consagra a inserção do referido princípio, além do mencionado art. 422, nos arts. 113 e 187, sendo que, no primeiro, a boa-fé é colocada de forma essencial na interpretação dos negócios jurídicos e, no segundo, vem inserida na definição do princípio do abuso do direito, como forma de caracterização do mesmo, na medida em que ocorrer excesso por parte do titular, quando do exercício de seu direito, de molde a ultrapassar os limites traçados pela boa-fé.

A boa-fé referida no art. 422 do Código é a boa-fé objetiva, que é característica das relações obrigacionais. Ela não se qualifica por um estado de consciência do agente de estar se comportando de acordo com o Direito, como ocorre com a boa-fé subjetiva. A boa-fé objetiva não diz respeito ao estado mental subjetivo do agente, mas, sim, ao seu comportamento em determinada relação jurídica de cooperação. O seu conteúdo consiste em um padrão de conduta, variando as suas exigências de acordo com o tipo de relação existente entre as partes (PEREIRA, 2004:20).

A boa-fé objetiva não cria apenas deveres negativos, como o faz a boa-fé subjetiva. Ela cria também deveres positivos, já que exige que as partes tudo façam para que o contrato seja cumprido conforme previsto e para que ambas obtenham o proveito objetivado. Assim, o dever de simples abstenção de prejudicar, característico da boa-fé subjetiva, se transforma na boa-fé objetiva em dever de cooperar. O agente deve fazer o que estiver ao seu alcance para colaborar para que a outra parte obtenha o resultado previsto no contrato, ainda que as partes assim não tenham convencionado, desde que evidentemente para isso não tenha que sacrificar interesses legítimos próprios.

A boa-fé objetiva serve como elemento interpretativo do contrato, como elemento de criação de deveres jurídicos (dever de correção, de cuidado e segurança, de informação, de cooperação, de sigilo, de prestar contas) e até como elemento de limitação e ruptura de direitos (proibição do *venire* contra *factum proprium*, que veda que a conduta da parte entre em contradição com conduta anterior, do *inciviliter agere*, que proíbe comportamentos que violem o princípio da dignidade humana, e da *tu quoque*, que é a invocação de uma cláusula ou regra que a própria parte já tenha violado) (PEREIRA, 2004:21).

A positivação do Princípio da Boa-Fé Objetiva como cláusula geral no Código de 2002 certamente em muito contribuirá para o seu desenvolvimento na doutrina e jurisprudência brasileiras. Na apuração da conduta contratual, em face da probidade e boa-fé exigidas pelo legislador, o juiz não pode deixar de se informar dos usos, dos costumes e das práticas que os contratantes normalmente seguem, no tocante ao tipo contratual que constitua objeto das cogitações no momento, ou em torno do qual surge o litígio.

Ambas as noções não se contêm dentro de parâmetros rígidos. A probidade resulta do confronto da conduta do contratante com um padrão de "homem leal e honesto", e terá de ser apurada em face das circunstâncias de cada caso. O conceito de boa-fé, embora seja flexível, exige que o intérprete procure pesquisar a real intenção das partes, dentro do contexto efetivo do instrumento do contrato (PEREIRA, 2004:21).

O teor do art. 422 já sofreu várias críticas pela sua insuficiência, na medida em que limita a incidência da boa-fé ao período que vai da conclusão do contrato até sua execução apenas.

Ressalta AZEVEDO (2000:4-5) que o contrato é um "processo" em que há começo, meio e fim. Temos fases contratuais — fase pré-contratual, contratual propriamente dita e pós-contratual. Uma das possíveis aplicações da boa-fé é aquela que se faz na fase pré-contratual; nessa fase, temos as negociações preliminares, as tratativas. É um campo propício para a regra do comportamento da boa-fé, eis que, aí, ainda não há contrato e, apesar disso, já são exigidos aqueles deveres específicos que uma pessoa precisa ter como correção de comportamento em relação à outra.

Assim, o Código Civil não expressa a incidência da boa-fé na fase pré-contratual, bem como na fase pós-contratual. A primeira é a fase das tratativas, das entabulações iniciais que constitui campo fértil para a incidência da regra de comportamento da boa-fé. A fase pós-contratual, que é a fase posterior à execução do contrato, no mesmo sentido, merece previsão, visto que a doutrina vislumbra hipóteses de o mesmo, após encerrado o contrato, ter a possibilidade de exigir a boa-fé dos contratantes (BARROS *et al.*, 2002:325).

As negociações contratuais, embora não vinculem as partes em uma relação jurídica obrigacional, vez que ainda não se formou o vínculo jurídico, modificam substancialmente a natureza da relação que as partes negociantes travam em sociedade. Existe aí o dever genérico de não causar danos a outrem, fazendo surgir, também, outros deveres que são típicos de relações jurídicas contratuais, havendo com relação a esses a incidência do Princípio da Boa-Fé Objetiva, como norma de conduta a orientar as partes envolvidas nas negociações contratuais.

Parafraseando PEREIRA, podemos dizer que é intuitivo que as mesmas exigências de conduta, típicas das relações jurídicas contratuais, que fazem surgir os denominados deveres jurídicos instrumentais ou secundários, devem ser estendidas à fase pré-contratual, quando estão as partes trocando informações ou deliberando sobre constituírem ou não a relação jurídica contratual. Na fase pré-contratual, contudo, os deveres jurídicos decorrentes da incidência do Princípio da Boa-Fé não terão caráter acessório de um dever jurídico, já que esse dever jurídico principal ainda não existe. Nessa fase, esses deveres jurídicos assumirão o papel principal na regulação do comportamento das partes, pois serão eles que definirão as exigências de conduta de uma parte em relação à outra.

Não se pode deixar de lembrar que o Princípio da Boa-Fé Objetiva restou inserido em nosso ordenamento jurídico positivo a partir da vigência do Código de Defesa do Consumidor (CDC), que o previu expressamente no art. 4º, inciso III, ao dispor a respeito dos princípios da Política Nacional das Relações de Consumo, bem como no art. 51, inciso IV, dispondo sobre as cláusulas abusivas (BARROS *et al.*, 2002:325).

Portanto o legislador do Código Civil, seguindo a linha traçada pela Constituição Federal e pelo CDC, obediente ao posicionamento já adotado pelo direito exterior, fez inserir, no estatuto privado, o Princípio de Probidade e Boa-Fé como cláusula geral, de obrigatória aplicação à nova teoria dos contratos, notadamente o Contrato de Capitalização que implica a existência constante do elemento confiança.

Aliás, desde 1990, o *caput* do art. 4º do CDC menciona, além da *transparência*, a necessária *harmonia* das relações de consumo. Essa harmonia será buscada através da exigência de boa-fé nas relações entre consumidor e fornecedor. Segundo dispõe o art. 4º do CDC, inciso II, todo o esforço do Estado ao regular os contratos de consumo, como, por exemplo, aqui em estudo, o Contrato de Capitalização, deve ser no sentido de "harmonização dos interesses dos participantes das relações de consumo e compatibilização da proteção do consumidor com a necessidade de desenvolvimento econômico e tecnológico, de modo a viabilizar os princípios nos quais se funda a ordem econômica (art. 170 da Constituição Federal), sempre com base na boa-fé e no equilíbrio nas relações entre consumidores e fornecedores.

Genericamente a boa-fé é o princípio máximo orientador do CDC. Neste trabalho, porém, destaca-se o princípio da transparência (art. 4º, *caput*), que não deixa de ser um reflexo da boa-fé exigida aos agentes contratuais.

O CDC se preocupa tanto com os aspectos pré-contratuais quanto com os de formação, execução e os pós-contratuais dos contratos de consumo, dentre os quais se insere o Contrato de Capitalização (art. 3º, § 2º, do CDC[86]), neste também se destacando os reflexos do princípio da boa-fé dada à função social deste pacto.

3.4.7. PRINCÍPIO DA SUPREMACIA DA ORDEM PÚBLICA E DA FUNÇÃO SOCIAL DOS CONTRATOS

Não podemos esquecer que, sob a égide do Código Civil de 1916, como vimos alhures, o contrato restou assentado sobre três princípios: a) liberdade de contratar; b) obrigatoriedade do contrato ou força obrigatória (*pacta sunt servanda*); e c) relatividade.

Contudo, conforme afirmamos, tais princípios se modernizaram, sendo, hoje, interpretados de maneira condizente com os costumes atuais, com a evolução da sociedade e de acordo com as necessidades de uma população massificada. Aos princípios tradicionais foram somados novos princípios decorrentes das transformações sociais que, por consequência, vieram a provocar transformações jurídicas. Esses novos princípios sobreditos — a boa-fé, o equilíbrio econômico e os da função social (AZEVEDO, 2005:212) — abrangem toda essa concepção moderna, na medida em que se inserem como princípios fundamentais da nova teoria contratual.

Na verdade, a teoria contratual também sofreu uma evolução com absorção de novos fundamentos do contrato. Toda essa evolução mexe com a principiologia do direito contratual. As pessoas já não contratam como antes. Não há mais lugar para negociações e discussões acerca de cláusulas contratuais. Os fundamentos da vinculatividade dos contratos não podem mais se centrar exclusivamente na vontade, segundo o paradigma liberal individualista. Daí os contratos são celebrados em massa, já vindo escritos em formulários impressos. Esta é, portanto, em ligeiras palavras, a concepção atual do contrato, notadamente o Contrato de Capitalização.

Ademais, os contratos passam a ser concebidos em termos econômicos e sociais. Segundo a Teoria Preceptiva, frise-se, repitam-se, as obrigações oriundas dos

---

(86) *[...]. Art. 3° Fornecedor é toda pessoa física ou jurídica, pública ou privada, nacional ou estrangeira, bem como os entes despersonalizados, que desenvolvem atividade de produção, montagem, criação, construção, transformação, importação, exportação, distribuição ou comercialização de produtos ou prestação de serviços. § 1° Produto é qualquer bem, móvel ou imóvel, material ou imaterial. § 2° Serviço é qualquer atividade fornecida no mercado de consumo, mediante remuneração, inclusive as de natureza bancária, financeira, de crédito e securitária, salvo as decorrentes das relações de caráter trabalhista. [...].*

contratos valem não apenas porque as partes as assumiram, mas porque interessa à sociedade a tutela da situação objetivamente gerada por suas consequências econômicas e sociais. Todavia, se seguirem essa nova teoria, não restam dúvidas de que os contratos integram uma esfera privada na qual as partes podem, dentro dos limites da lei, prescrever normas, preceitos acerca das obrigações que contraem.

A jurisprudência vem encampando essa nova concepção contratual, como vemos na seguinte transcrição:

> *[...].*
>
> *Os princípios fundamentais que regem os contratos deslocaram seu eixo do dogma da vontade e do seu corolário da obrigatoriedade, para considerar que a eficácia dos contratos decorre da lei, a qual os sanciona porque são úteis, com a condição de serem justos.*
>
> *[...].*
>
> *Nessa óptica, continua-se a visualizar o contrato como uma oportunidade para o cidadão, atuando no âmbito da autonomia privada, dispor sobre os seus interesses, de acordo como a sua vontade, mas essa manifestação de vontade não pode só por isso prevalecer, se dela resulta iniquidade e injustiça. O primado não é da vontade, é da justiça, mesmo porque o poder da vontade de uns é maior do que o de outros.*
>
> *[...].*
>
> (Resp. n. 45.665-5, DJ 5.9.94, p. 23.110. Relator Ministro Ruy Rosado de Aguiar Júnior).

Salienta-se, neste particular, que, fundadas em bases negociais, devem as disposições contratuais do Contrato de Capitalização ser interpretadas, para todos os efeitos legais, na conformidade dos princípios, das normas e da finalidade do regime jurídico instituído pelo CDC; os contratantes devem admitir ser de natureza especial derrogatória de quaisquer normas de natureza geral, principalmente as incompatíveis com as suas disposições especiais do Decreto-Lei n. 261, de 1967, combinado com a do Decreto-Lei n. 73, de 1966, pertinentes ao Contrato de Capitalização, no qual deverão ser respeitadas as bases e condições essenciais em que lastreiam esse contrato, determinadas pelas citadas legislações e por seus regulamentados ditados pelo CNSP, pela SUSEP e, no que pertine, pelo CMN(87).

O contrato necessariamente tem de ser interpretado com base em uma visão social, possibilitando que as partes realizem plenamente seus objetivos. As partes, ao contratarem, objetivam o atingimento de determinado fim e a função do contrato é a realização desse objetivo final. É a proteção conferida pelo ordenamento jurídico aos menos favorecidos "mediante adoção de critérios que favoreçam uma repartição mais equilibrada das riquezas" (AZEVEDO, 1998:115).

O elemento de confiança assume especial relevo, especial significação, na medida em que tutela os interesses das partes contratantes, permitindo a respon-

(87) O Conselho Monetário Nacional (CMN) dita normas sobre a aplicação de reservas e provisões técnicas administradas pelas Sociedades de Capitalização.

sabilização (BARROS *et al.*, 2002:3208) daquele que, por seu comportamento na sociedade, fez nascer no outro contratante a justificada expectativa no cumprimento de determinadas obrigações.

Hoje, a função social do contrato, como instrumento basilar para o movimento das riquezas e para a realização dos legítimos interesses dos indivíduos, exige que o contrato siga um regramento legal rigoroso. A nova teoria contratual fornecerá o embasamento teórico para a edição de normas cogentes que traçarão o novo conceito e os novos limites da autonomia da vontade, com o fim de assegurar que o contrato cumpra a sua função social.

Em decorrência da noção de função social, o Estado deve criar mecanismos de defesa e de proteção para o contraente débil, a fim de impedir que a parte hipersuficiente imponha ao mesmo regras de contratação desiguais.

Vivemos sob a égide de uma Constituição cidadã que valoriza a pessoa humana e sua dignidade. Quanto aos contratos, também sentimos as consequências dessa era do bem-estar social, na medida em que se verifica a socialização e funcionalização do direito dos contratos, de modo a alterar regras básicas do cumprimento dos ajustes. A lei, da qual o exemplo marcante é o CDC, assume seu papel protegendo os interesses sociais de forma cogente, agindo como instrumento limitador do poder da vontade, priorizando a igualdade substancial, em detrimento da igualdade meramente formal. É nesse sentido que deve ser entendida a norma constante do art. 421[88] do Código Civil, na medida em que a função social, repita-se, foi colocada como princípio direcionador e limitador da liberdade de contratar (BARROS *et al.*, 2002:321).

A lei e a doutrina têm papel fundamental na implementação dessa nova visão social do direito dos contratos. Toda inovação é difícil de ser implementada, encontra resistência por parte dos conservadores, mas, com insistência, trabalho árduo e perseverança, vem sendo possível transformar a realidade contratual existente. A nova teoria contratual desenvolvida, com o primado da função social, retrata o direito deixando o seu aspecto individualista e reconhecendo a existência de uma grande influência social.

Assim, aumenta (ainda mais) a importância do controle do Estado[89], principalmente no interesse dos aderentes aos Contratos de Capitalização, bem como

---

(88) [...]. *A liberdade de contratar será exercida em razão e nos limites da função social do contrato.* [...].

(89) Decreto-Lei n. 261, de 1967: [...]. Art. 2º *O controle do Estado se exercerá pelos órgãos referidos neste Decreto-lei, no interesse dos portadores de títulos de capitalização e objetivando: I — promover a expansão do mercado de capitalização e propiciar as condições operacionais necessárias à sua integração no processo econômico e social do País; II — promover o aperfeiçoamento do sistema de capitalização e das sociedades que nele operam; III — preservar a liquidez e a solvência das sociedades de capitalização; IV — coordenar a política de capitalização com a política de investimentos do Governo Federal, observados os critérios estabelecidos para as políticas monetária, creditícia e fiscal, bem como as características a que devem obedecer as aplicações de cobertura das reservas técnicas.* [...].

dos portadores de Títulos de Capitalização. Neste particular, essa atuação deve ser exercida pelos órgãos que compõem o SNC, regulados pelo Decreto-Lei n. 261, de 1967, e constituído do CNSP[(90)], da SUSEP[(91)] e das Sociedades de Capitalização[(92)], legalmente autorizadas a operar neste segmento.

---

(90) Decreto-Lei n. 261, de 1967: *[...]. Art. 3º... § 1º Compete privativamente ao CNSP fixar as diretrizes e normas da política de capitalização e regulamentar as operações das sociedades do ramo, relativamente às quais exercerá atribuições idênticas às estabelecidas para as sociedades de seguros, nos seguintes incisos do art. 32 do Decreto-lei no 73, de 21 de novembro de 1966: I, II, III, IV, V, VI, IX, XI, XII, XIII.* [...].

(91) Decreto-Lei n. 261, de 1967: [...]. Art. 3º... § 2º *A SUSEP é o órgão executor da política de capitalização traçada pelo CNSP, cabendo-lhe fiscalizar a constituição, organização, funcionamento e operações das sociedades do ramo, relativamente às quais exercerá atribuições idênticas às estabelecidas para as sociedades de seguros, nas seguintes alíneas do art. 36 do Decreto-lei no 73, de 21 de novembro de 1966: a, b, c, g, h, i.* [...].

(92) Decreto-Lei n. 261, de 1967: [...]. Art. 4º *As sociedades de capitalização estão sujeitas a disposições idênticas às estabelecidas nos seguintes artigos do Decreto-lei n. 73, de 21 de novembro de 1966 e, quando for o caso, seus incisos, alíneas e parágrafos: 7º, 25 a 31, 74 a 77, 84, 87 a 111, 113, 114, 116 e 121.* [...].

CAPÍTULO IV

DOS VÍCIOS E DA EXTINÇÃO DO CONTRATO DE CAPITALIZAÇÃO

4.1. CONSIDERAÇÕES INICIAIS

Etimologicamente, vício, do latim *vitium* (defeito, falha, má qualidade), traduz-se por uma deformidade, imperfeição, em sentido amplo significa defeito ou irregularidade, com que possam apresentar as coisas, as pessoas ou os atos; costume condenável no direito. Assim, vício referente aos atos jurídicos indica-se defeito, falta ou irregularidade, que vem afastar a eficácia jurídica dos mesmos, levando-os à anulação ou à nulidade. Semelhante vício deve ser chamado propriamente de vício jurídico, segundo SILVA (2010:1472). Portanto vício é todo o elemento objetivo ou subjetivo que torna nulo ou anulável o ato jurídico[(93)].

---

(93) **Atos Jurídicos no Sentido Amplo** — O Ato jurídico **"lato sensu",** necessariamente, é decorrente da vontade do homem devidamente manifestada, ou seja, não há ato jurídico sem a devida participação volitiva humana. Para que se constitua um ato jurídico, o direito brasileiro adotou a necessidade da declaração da vontade, que pode ser expressa ou tácita. Convém ressaltar que os efeitos jurídicos decorrentes da volição humana são instituídos pela norma jurídica, assim como os provenientes da ação da natureza também o são. Porém, no âmbito dos atos jurídicos, o caminho para a realização dos objetivos visados pelo declarante da vontade depende da natureza ou do tipo do ato realizado. Tal caminho terá que ser seguido na conformidade da lei ou poderá ser traçado autonomamente pela parte interessada. **Atos Jurídicos "Stricto Sensu"** — Conforme a doutrina pandeccista alemã, os atos jurídicos no sentido estrito são aqueles decorrentes de uma vontade moldada perfeitamente pelos parâmetros legais, ou seja, uma manifestação volitiva submissa à lei. São atos que se caracterizam pela ausência de autonomia do interessado para autorregular sua vontade, determinando o caminho a ser percorrido para a realização dos objetivos perseguidos. **Defeitos dos atos Jurídicos** — *Vícios do Consentimento*: **Erro** — Podemos considerar o erro como um falso conhecimento ou noção equivocada sobre um fato ou características referentes ao objeto, à pessoa, à cláusula ou sobre o próprio ato negocial como um todo. Erro, entretanto, só é considerado como causa de anulabilidade do negócio se for essencial, escusável e prejudicar real e efetivamente o declarante da vontade. *Erro de Fato*, aquele que recai sobre uma situação fática referente ao negócio realizado, subdivide-se em *erro essencial* e *erro acidental*. Erro essencial ou substancial: É aquele que, de acordo com o direito positivo, é capaz de viciar o consentimento do agente, tornando o negócio por ele praticado anulável. São quatro as modalidades de erro substancial, a saber: *Error in negotio:* Este tipo de erro diz respeito à natureza própria do ato, ou seja, incide sobre a própria essência ou substância do negócio. P. ex., alguém que pensa estar vendendo um objeto quando na verdade está realizando uma doação. *Error in corpore:* É aquele que recai sobre a identidade do objeto principal da relação jurídica negocial. Por exemplo, um indivíduo que acredita estar comprando uma motocicleta, mas na realidade adquire uma bicicleta. *Error in substantia:* Incide sobre as características essenciais do objeto da declaração da vontade. P. ex., alguém que, sem saber, adquire uma casa de dois pavimentos, mas acreditava estar comprando uma de três. *Error in persona:* Induz a uma falsa ideia sobre a própria pessoa que figura como a outra parte da relação negocial.

Estabelecido o conceito de vício, passemos primeiro por uma visão civilista de alguns vícios da ou advindos da relação contratual para, após, apontá-los na concepção consumerista atual. Senão vejamos.

Erro acidental: Em tese, não é capaz de viciar o consentimento do sujeito, pois recai apenas sobre qualidades acessórias do objeto da relação *(error in qualitate)*, bem como sobre sua medida, seu peso ou sua quantidade *(error in quantitate)*, desde que não importe em prejuízo real ao indivíduo. Por ex., uma pessoa que compra um automóvel e posteriormente descobre que o porta-malas é 5 cm^2 menor do que pensava. Já o ***erro de direito*** ou ***error juris é*** aquele que diz respeito à norma jurídica disciplinadora do negócio. Não se confunde, contudo, com a *ignorantia legis*, uma vez que esta é o desconhecimento completo da existência da lei, sendo o erro de direito seu conhecimento equivocado, apesar do Código Civil equiparar essas duas noções. **Dolo** — A noção que teremos de dolo é diversa daquela empregada pelo direito penal, pois este o restringe apenas à vontade livre e consciente de praticar um crime. Dolo civil é todo ato malicioso ou fraudulento empregado por uma das partes ou por terceiro com o objetivo de ludibriar o outro contratante para que este manifeste seu consentimento de maneira prejudicial a sua vontade livre ou ao seu patrimônio, pois este consentimento seria declarado de forma diferente ou sequer teria existido caso não fosse utilizado tal artifício astucioso. Existem diversos tipos de dolo, sendo o ***dolus bonus* e o *dolus malus*** os que mais nos interessam. ***Dolus bonus*:** É aquele frequentemente empregado no comércio informal e até mesmo no formal. Consiste em exageros nas vantagens e boas qualidades da mercadoria oferecida pelo comerciante. ***Dolus malus*:** É o dolo que prejudica efetivamente a vítima, capaz de viciar sua vontade, tornando o negócio anulável. E um artifício fraudulento que consegue enganar até mesmo as pessoas mais cautelosas e instruídas. **Coação** — Entende-se como coação capaz de viciar o consentimento todo fator externo capaz de influenciar, mediante força física ou grave ameaça, a vítima a realizar negócio jurídico que sua vontade interna não deseja efetuar. **Vícios Sociais** — **Simulação:** Negócio simulado é aquele forjado pelas partes e que na verdade não existe, com o objetivo de prejudicar terceiros. São atos praticados sempre com a cumplicidade de outrem, ou seja, são bilaterais. Podem apresentar uma declaração de vontade intencionalmente discrepante da vontade real ou um consentimento externo em harmonia com a vontade interna, mas que de qualquer modo está em detrimento com a ordem jurídica. **Fraude contra credores:** A fraude contra credores é um ato praticado pelo devedor, com ou sem a cumplicidade de outrem, com o objetivo de desfazer o seu patrimônio para impossibilitar o pagamento de suas dívidas, prejudicando, portanto, os credores. Pode decorrer de uma simulação ou da realização de um negócio de fato existente, porém anulável. **Atos Ilícitos** — São atos que vão de encontro com o ordenamento jurídico, lesando o direito subjetivo de alguém. Para que se configure o ato ilícito é mister que haja um dano moral ou material à vítima, uma conduta culposa (dolo ou culpa "*stricto sensu*") por parte do autor e um nexo causal entre o dano configurado e a conduta ilícita. **Ilícito civil** gera uma obrigação indenizatória pelos danos efetivos e, em alguns casos, pelo que a vítima deixou de lucrar com o dano provocado. Tal obrigação decorre da responsabilidade civil, que é a possibilidade jurídica que determinada pessoa tem de responder pelos seus atos, sejam eles lícitos ou não. A responsabilidade pode ser direta (responder pelos próprios atos) ou indireta (responder por atos de terceiros). ***Ato Jurídico Inexistente*** não constitui um ato propriamente dito, de vez que a própria expressão ato inexistente constitui uma ***contradictio in adiectio. Ato Jurídico Nulo,*** ato desprovido de requisitos substanciais ou que fere a norma jurídica, sendo inquinado de ineficácia absoluta. O Código Civil exige para a validade do ato jurídico, agente capaz, objeto lícito e forma prescrita ou não defesa em lei. ***Ato Jurídico Anulável*:** ato praticável em desatendimento a formalidades legais, e que, embora ratificável, pode ser anulado por quem tenha interesse na sua ineficácia. Determina o Código Civil "anulável o ***ato Jurídico,*** por incapacidade relativa do agente; por vício resultante de erro, dolo, coação, simulação, ou fraude. O ***ato anulável*** pode ser ratificado pelas partes, salvo direito de terceiro. A ratificação retroage à data do ato. O CCB estabelece que as nulidades não tenham efeito antes de julgadas por sentença, nem se pronunciam de ofício. Só os interessados as podem alegar, e aproveitam exclusivamente aos que as alegarem, salvo o caso de solidariedade, ou indivisibilidade". ***Ato-Condição*** é necessário para que a lei possa ser aplicada. Pressupõem um imperativo hipotético, cuja concretização depende da realização de certos atos voluntários ou, mesmo, fatos. **Ato-condição** não se confunde com o **ato jurídico** em sentido restrito porque no **ato-condição** o efeito jurídico é produzido pela aplicação de uma situação jurídica criada, ao passo que no ***Ato Jurídico*** em sentido estrito, há vontade daquele que pratica o ato que produz o efeito jurídico.

4.2. DOS VÍCIOS REDIBITÓRIOS

Vício redibitório é o vício oculto que já existia quando da realização do negócio e que a coisa adquirida possa ser utilizada ou a desvaloriza.

Assim, vício redibitório pode ser definido como sendo o defeito oculto que contém determinada coisa, objeto de contrato comutativo. Esse defeito, em primeiro lugar, deve ser oculto, no sentido de não ser detectável ao homem médio, mediante um exame apurado da coisa objeto do contrato comutativo (BARROS *et al.*, 2002:339).

Segundo SERPA LOPES (1996:180), o defeito é oculto quando nenhuma circunstância pode revelar-lhe a existência, principalmente se for impossível apurá-la a não ser mediante uma análise química, ou perícia, ou emprego da coisa vendida, ou por um trabalho qualquer de uso não comum. Ao contrário, é aparente o vício quando suscetível de ser descoberto por meio de um exame atento, comumente feito por homem cuidadoso no trato dos seus negócios, pois a negligência em tais casos não é protegida.

Os vícios redibitórios, para se caracterizarem, exigem a existência de contrato comutativo, que é aquele em que ambas as partes assumem obrigações que, em tese, se equivalem. É contrato oneroso, como é o Contrato da Capitalização. Assim, como consequência da existência do referido vício ou defeito oculto, poderá o adquirente da coisa pedir a redibição do contrato ou a diminuição do preço. A redibição do contrato importa em o adquirente rejeitar a coisa, caso reste constatado que o vício ou defeito, por sua gravidade, torne a coisa imprópria ao uso normal ao qual é destinada, ou lhe diminua o valor (art. 441, *caput*, do CCB). A hipótese de rejeição da coisa já fora prevista no art. 1.101, *caput*, do antigo ordenamento civil, que utilizava a expressão "enjeitar" em vez do sinônimo "rejeitar", atualmente empregado pelo Código Civil vigente (BARROS *et al.*, 2002:339).

No parágrafo único do art. 441, o legislador civil estende a aplicação do instituto dos vícios redibitórios às doações onerosas, equiparando-as aos contratos comutativos, para fins de abrigar a incidência do instituto dos vícios redibitórios. Essa equiparação ocorre na medida em que as doações onerosas, mesmo não perdendo o caráter de liberalidade, "impõem ao donatário uma prestação em favor de outrem, determinada ou indeterminadamente" (PEREIRA, 2004:125). O parágrafo único do art. 441 do CCB encontra semelhança com a redação constante do parágrafo único do art. 1.101 do antigo CCB, que utilizava a expressão "doações gravadas com encargo", sendo que hoje a expressão utilizada é "doações onerosas". A expressão do direito anterior, em nossa opinião, melhor caracteriza a doação, na medida em que é contrato gratuito, não existindo doações onerosas[94], mas simplesmente doações com encargo.

(94) Há uma garantia real quanto a tais vícios nos contratos onerosos e nos comutativos, o que inclui também as doações onerosas. Há duas modalidades de doações onerosas: doação remuneratória e doação modal ou com encargo (art. 540 do CCB).

Destaque-se que algumas legislações alienígenas, como é o caso da portuguesa, da italiana e da francesa, adotaram como critério constituírem os vícios redibitórios como um elemento natural próprio só aos contratos de compra e venda, enquanto o nosso Código Civil, tanto o atual quanto o anterior, estendeu seus efeitos não só aos contratos comutativos em geral, mas também às doações onerosas.

De outro lado, caso o vício ou defeito seja menos grave, de forma a não tornar a coisa adquirida imprópria para o seu uso normal, apenas diminuindo-lhe o valor, pode o adquirente, alforriado no art. 442 do CCB, em vez de rejeitar a coisa, redibindo o contrato, apenas reclamar o abatimento do preço. A redação do art. 442 do CCB é idêntica à redação do art. 1.105 do antigo CCB.

Compete ao adquirente, no caso de detectar a presença de vício oculto na coisa adquirida através de contrato comutativo, vício esse já existente à época da contratação, propor ação edilícia[95], visando não sofrer a perda ocasionada pela presença do denominado vício oculto. As ações colocadas à disposição do adquirente, de acordo com a doutrina corrente, são as ações redibitórias e estimatória ou *quanti minoris*. A primeira visa à rejeição da coisa, com a redibição do contrato, enquanto a segunda tem por objetivo conseguir abatimento no preço pago, não tendo como consequência a redibição do contrato. A escolha da ação a propor é exclusiva do adquirente que, pela própria natureza das ações, fica impedido de cumulá-las. Ou escolhe uma, ou escolhe outra, dependendo de querer a redibição

(95) Havendo vício redibitório, o adquirente poderá pleitear, por meio de uma das ações edilícias: 1) abatimento no preço (ação "*quanti minoris*" ou ação estimatória); 2) a resolução do contrato mais perdas e danos (sendo preciso provar a má-fé do alienante) — ação redibitória. As ações edilícias são constitutivas negativas, o que justifica a existência de prazos decadenciais (Enunciado 28, CJF). Prazos decadenciais: a) Vícios aparentes (de fácil constatação): 30 dias, se o bem for móvel, um ano se for imóvel (prazo contado da tradição). Se o adquirente já estava na posse do bem, os prazos são reduzidos à metade: 15 dias para bem móvel e seis meses para bem imóvel. Ex: locatário que compra o imóvel, ocorrendo uma tradição ficta ou "*traditio brevi manus*". Vícios ocultos — art. 445, § 1º, do CCB. Prazo de 180 dias para bem móvel e um ano para bem imóvel. Não se aplicam aqui as reduções de prazo, que estão previstas no art. 445, *caput*, do CCB. Contam-se os prazos do conhecimento do vício, o que está em maior sintonia com a boa-fé objetiva. Esclarecendo o art. 446 do CCB: na vigência de prazo de garantia não correm os prazos legais, mas o adquirente deve denunciar o vício ao alienante no prazo de 30 dias do seu descobrimento, sob pena de decadência. Essa decadência é da garantia. Os prazos convencionais independem dos legais e vice-versa. Quanto aos prazos de decadência legal no CCB, não se suspendem nem interrompem (art. 207, do CCB) (v. arts. 197 a 204, do CCB). Vícios do produto (arts. 18 a 26, do CDC). Opções do consumidor: 1) abatimento do preço; 2) resolução do contrato, devolução do que foi pago mais perdas e danos (sem necessidade de provar a má-fé do alienante, pois se presume a boa-fé do consumidor); 3) novo produto. Prazos decadenciais no CDC: 30 dias para bens não-duráveis (desaparecem facilmente como consumo); 90 dias para bens duráveis (não desaparecem facilmente com o consumo). Se o vício for aparente, contam-se os prazos da tradição. Se for oculto, do conhecimento do vício (art. 26, do CDC). Crítica doutrinária: os prazos do CDC são menores. Há quem entenda que devem ser aplicados os prazos do CCB. Porém, apesar de menores, há possibilidade de obstação do prazo ou suspensão especial (por haver um ato do credor), em dois casos: a) reclamação comprovada do consumidor ao fornecedor, até a resposta; b) instauração do inquérito civil pelo Ministério Público.

do contrato, com a rejeição da coisa adquirida, ou de se contentar com o abatimento do preço, mantendo a coisa e o contrato (BARROS *et al.*, 2002:340).

A ação estimatória é uma forma de permitir a revisão do contrato comutativo que deu origem à aquisição da coisa que contém o vício oculto, visto que proporciona a adequação entre a coisa adquirida e o seu real valor, em razão do vício oculto apresentado, mantendo o equilíbrio econômico do contrato. É um exemplo de possibilidade de revisão judicial do contrato, já prevista no ordenamento anterior e mantida no atual Código Civil.

O instituto dos vícios redibitórios já vinha previsto no CCB anterior (arts. 1.101 a 1.106), tendo sido objeto de algumas alterações no novo ordenamento, principalmente com relação aos prazos de decadência para o seu respectivo exercício, por parte do adquirente da coisa.

Convém destacar, ainda, que o CDC, no capítulo relativo à responsabilidade por vício do produto (arts. 18 a 25[96]), abordou a matéria sob a óptica consumerista,

---

(96) *[...]. Art. 18. Os fornecedores de produtos de consumo duráveis ou não duráveis respondem solidariamente pelos vícios de qualidade ou quantidade que os tornem impróprios ou inadequados ao consumo a que se destinam ou lhes diminuam o valor, assim como por aqueles decorrentes da disparidade, com a indicações constantes do recipiente, da embalagem, rotulagem ou mensagem publicitária, respeitadas as variações decorrentes de sua natureza, podendo o consumidor exigir a substituição das partes viciadas. § 1º Não sendo o vício sanado no prazo máximo de trinta dias, pode o consumidor exigir, alternativamente e à sua escolha: I — a substituição do produto por outro da mesma espécie, em perfeitas condições de uso; II — a restituição imediata da quantia paga, monetariamente atualizada, sem prejuízo de eventuais perdas e danos; III — o abatimento proporcional do preço. § 2 º Poderão as partes convencionar a redução ou ampliação do prazo previsto no parágrafo anterior, não podendo ser inferior a sete nem superior a cento e oitenta dias. Nos contratos de adesão, a cláusula de prazo deverá ser convencionada em separado, por meio de manifestação expressa do consumidor. § 3 º O consumidor poderá fazer uso imediato das alternativas do § 1 º deste artigo sempre que, em razão da extensão do vício, a substituição das partes viciadas puder comprometer a qualidade ou características do produto, diminuir-lhe o valor ou se tratar de produto essencial. § 4° Tendo o consumidor optado pela alternativa do inciso I do § 1° deste artigo, e não sendo possível a substituição do bem, poderá haver substituição por outro de espécie, marca ou modelo diversos, mediante complementação ou restituição de eventual diferença de preço, sem prejuízo do disposto nos incisos II e III do § 1° deste artigo. § 5° No caso de fornecimento de produtos in natura, será responsável perante o consumidor o fornecedor imediato, exceto quando identificado claramente seu produtor. § 6° São impróprios ao uso e consumo: I — os produtos cujos prazos de validade estejam vencidos; II — os produtos deteriorados, alterados, adulterados, avariados, falsificados, corrompidos, fraudados, nocivos à vida ou à saúde, perigosos ou, ainda, aqueles em desacordo com as normas regulamentares de fabricação, distribuição ou apresentação; III — os produtos que, por qualquer motivo, se revelem inadequados ao fim a que se destinam. Art. 19. Os fornecedores respondem solidariamente pelos vícios de quantidade do produto sempre que, respeitadas as variações decorrentes de sua natureza, seu conteúdo líquido for inferior às indicações constantes do recipiente, da embalagem, rotulagem ou de mensagem publicitária, podendo o consumidor exigir, alternativamente e à sua escolha: I — o abatimento proporcional do preço; II — complementação do peso ou medida; III — a substituição do produto por outro da mesma espécie, marca ou modelo, sem os aludidos vícios; IV — a restituição imediata da quantia paga, monetariamente atualizada, sem prejuízo de eventuais perdas e danos. §*

permitindo que, nos contratos que contenham relação de consumo, possa ser aplicada a legislação do consumidor, em vez do CCB.

Assegura FILHO (1998:380) que:

> [...]
>
> O Código de Proteção e Defesa do Consumidor estende a garantia por defeitos nos produtos de consumo duráveis ou não, à desconformidade em relação às indicações constantes do recipiente, da embalagem, rotulagem ou mensagem publicitária, respeitadas, contudo, as variações decorrentes de sua natureza, podendo o consumidor exigir a substituição das partes viciadas (Lei n. 8.078 de 13.9.1990, art. 18).
>
> A tendência moderna de proteção ao consumidor levou a considerar que a teoria dos vícios redibitórios revela-se insuficiente. Construiu-se, então, a doutrina da responsabilidade civil do fabricante, cuja essência é reconhecer ação direta contra o produtor, para cobertura de dano causado na utilização de produtos acabados, que revelem defeitos atribuíveis à fabricação.

1° Aplica-se a este artigo o disposto no § 4° do artigo anterior. § 2° O fornecedor imediato será responsável quando fizer a pesagem ou a medição e o instrumento utilizado não estiver aferido segundo os padrões oficiais. Art. 20. O fornecedor de serviços responde pelos vícios de qualidade que os tornem impróprios ao consumo ou lhes diminuam o valor, assim como por aqueles decorrentes da disparidade com as indicações constantes da oferta ou mensagem publicitária, podendo o consumidor exigir, alternativamente e à sua escolha: I — a reexecução dos serviços, sem custo adicional e quando cabível; II — a restituição imediata da quantia paga, monetariamente atualizada, sem prejuízo de eventuais perdas e danos; III — o abatimento proporcional do preço. § 1° A reexecução dos serviços poderá ser confiada a terceiros devidamente capacitados, por conta e risco do fornecedor. § 2° São impróprios os serviços que se mostrem inadequados para os fins que razoavelmente deles se esperam, bem como aqueles que não atendam as normas regulamentares de prestabilidade. Art. 21. No fornecimento de serviços que tenham por objetivo a reparação de qualquer produto considerar-se-á implícita a obrigação do fornecedor de empregar componentes de reposição originais adequados e novos, ou que mantenham as especificações técnicas do fabricante, salvo, quanto a estes últimos, autorização em contrário do consumidor. Art. 22. Os órgãos públicos, por si ou suas empresas, concessionárias, permissionárias ou sob qualquer outra forma de empreendimento, são obrigados a fornecer serviços adequados, eficientes, seguros e, quanto aos essenciais, contínuos. Parágrafo único. Nos casos de descumprimento, total ou parcial, das obrigações referidas neste artigo, serão as pessoas jurídicas compelidas a cumpri-las e a reparar os danos causados, na forma prevista neste código. Art. 23. A ignorância do fornecedor sobre os vícios de qualidade por inadequação dos produtos e serviços não o exime de responsabilidade. Art. 24. A garantia legal de adequação do produto ou serviço independe de termo expresso, vedada a exoneração contratual do fornecedor. Art. 25. É vedada a estipulação contratual de cláusula que impossibilite, exonere ou atenue a obrigação de indenizar prevista nesta e nas seções anteriores. § 1° Havendo mais de um responsável pela causação do dano, todos responderão solidariamente pela reparação prevista nesta e nas seções anteriores. § 2° Sendo o dano causado por componente ou peça incorporada ao produto ou serviço, são responsáveis solidários seu fabricante, construtor ou importador e o que realizou a incorporação. [...].

> Grande foi a inovação introduzida pelo Código do Consumidor nesta matéria. A garantia assegurada pela nova lei é bem mais ampla que aquela prevista no Código Civil. Enquanto os vícios redibitórios (Código Civil, arts. 1.101-1.106) dizem respeito aos defeitos ocultos da coisa e só podem ser reclamados no prazo de 15 dias, contados da tradição, na hipótese de coisa móvel (Código Civil, art. 178, § 2º), e 6 meses, tratando-se de coisa imóvel (§ 5º, IV), os vícios de qualidade ou de quantidade de bens e serviços podem ser ocultos ou aparentes e o prazo de garantia é bem superior.
>
> [...].

No CDC temos a responsabilidade objetiva do fornecedor do produto, independentemente da exigência de o defeito ser oculto ou não, o que nos leva a concluir que, nesse particular, sob a óptica dos vícios redibitórios, o CCB operou uma involução, ao continuar a exigir que o vício ou defeito seja oculto, para caracterizar a possibilidade de a coisa ser rejeitada pelo adquirente. O correto seria prever a possibilidade de rejeição da coisa ou de abatimento do preço, no caso de haver o vício, sendo este oculto ou aparente, apenas exigindo-se que o mesmo não tenha sido, por qualquer motivo, detectado pelo adquirente no momento em que realizou a transação.

Oportuno frisar que o Código Civil português, em seu art. 913º, ao regular a venda de coisas defeituosas, apenas menciona a existência de vício que desvalorize ou impeça a realização do fim a que é destinada, ou não tiver as qualidades asseguradas pelo vendedor ou necessárias para a realização daquele fim, não exigindo que o referido vício seja oculto. Uma coisa é o adquirente não ter conhecimento do vício, outra completamente diferente é a legislação exigir que o vício seja oculto, exigência esta que não se compatibiliza com o dinamismo das relações jurídicas atuais, constituindo, como já dito acima, uma verdadeira involução, até em razão da previsão do CDC, atual e condizente com os reclamos da sociedade moderna (BARROS *et al.*, 2002:342).

O art. 1.102 do anterior ordenamento não foi acolhido pelo CCB, permitindo à conclusão no sentido de que a ignorância do alienante, com relação aos vícios ocultos apresentados pela coisa adquirida, não o exime de responsabilidade. Essa conclusão é permitida na medida em que o art. 443 do CCB atribui responsabilidade ao alienante, tanto no caso de conhecimento quanto no caso de não conhecimento do vício oculto. Em conhecendo o vício, o alienante responde por perdas e danos, além de ser obrigado a restituir o que recebeu, obviamente acrescido de juros, mais as despesas do contrato. Não conhecendo, a responsabilidade não deixa de existir, apenas ficando restrita à restituição do valor recebido, na forma antes prescrita, não tendo responsabilidade com relação a eventuais perdas e danos. O disposto no art. 443 do CCB encontra identidade com a redação constante do art. 1.103 do antigo CCB.

A função social do contrato, como princípio fundamental, autoriza a conclusão exposta no parágrafo anterior, decorrente do não acolhimento pelo CCB dos termos do art. 1.102 do anterior ordenamento. O contrato que não atinja os seus objetivos não observa a sua função social. A existência de vício redibitório tem como consequência a impropriedade do uso da coisa adquirida para a finalidade a que está destinada ou a diminuição de seu valor de mercado, sendo que, em ambas as hipóteses, o contrato deixa de atingir seu objetivo principal, que é a satisfação das partes contratantes. Mesmo que o vício seja ignorado pelo alienante, a sua existência, por si só, fere preceito de ordem pública, como exposto nos arts. 421 e 2.036, parágrafo único, ambos do CCB.

No mesmo sentido temos o não acolhimento pelo CCB do contido no art. 1.106 do anterior ordenamento civil, que versava a respeito da impossibilidade de propositura das ações edilícias (redibitória e estimatória), quando o vício decorresse de venda feita em hasta pública. A justificativa encontrada pela doutrina para a subsistência, no ordenamento anterior, da exceção formulada pelo art. 1.106, era no sentido de que em hasta pública a alienação seria compulsória, seria forçada, realizada em decorrência de processo judicial. Aliás, na linha de pensamento de PEREIRA, há que se sustentar que, se o interessado livremente escolheu o leilão para a alienação, subsistirá a garantia.

A regra de exceção comentada em boa hora deixou de ser albergada pelo CCB, visto que mesmo se realizada através de hasta pública levada a efeito em processo judicial, temos a entabulação de um contrato que, como todos os demais, terá de cumprir a sua função social, sob pena de ferir preceito de ordem pública, não prevalecendo. A situação não é de poder ou não poder escolher o leilão, mas, sim, de possibilitar ao adquirente o conhecimento das condições em que se encontra a coisa que será objeto de aquisição, no caso de a alienação ocorrer em decorrência de hasta pública. Não se justifica que a coisa seja vendida com vício somente pelo fato de a aquisição ter ocorrido em decorrência de venda em processo judicial. Exatamente por essa razão é que a coisa adquirida tem de se encontrar em condições de uso ou que seja dado total conhecimento ao adquirente do estado da coisa, possibilitando-lhe que opte pela aquisição ou não, de forma livre e consciente. A credibilidade das vendas realizadas em decorrência de processos judiciais tem muito a ganhar com o não acolhimento do dispositivo em comento pelo Código Civil. Assim temos que, qualquer que seja a forma de alienação, inclusive a realizada em hasta pública, se ocorrer a presença de vício redibitório, poderá o adquirente propor as ações edilícias, ou redibitórias, ou estimatórias (BARROS *et al.*, 2002:343).

O art. 444 do CCB repete a redação do art. 1.104 do anterior ordenamento, contendo regra que possibilita a utilização, pelo alienatário, da ação redibitória. O dispositivo fala em perecimento[97] da coisa, em poder do alienatário, por decor-

(97) Em caso de *perecimento* (perda total) da coisa antes da tradição, é preciso, primeiro, verificar se o fato decorreu de culpa ou não do devedor. *Não tendo havido culpa* deste, ou pendente a *condição suspensiva*, fica resolvida a obrigação para ambas as partes, que voltam à primitiva situação, tanto

rência de vício redibitório já existente ao tempo da contratação. O perecimento indica que a coisa adquirida já não mais subsiste, impossibilitando a opção pelo adquirente de utilizar a ação estimatória, também conhecida como *quanti minoris*, somente lhe restando a possibilidade de utilizar a ação redibitória, com o objetivo de resolução do contrato, com a restituição do preço pago e, se for o caso, acrescido de perdas e danos. Mesmo que o perecimento ocorra em mãos do alienatário, se teve como causa vício redibitório já existente ao tempo da contratação, exsurge a responsabilidade do alienante.

Os arts. 445 e 446 do CCB tratam da ocorrência de decadência, a incidir sobre o direito do adquirente, caso permaneça inerte e não promova a respectiva reclamação a respeito do vício redibitório. Saliente-se que o ordenamento anterior não tratava da hipótese de extinção do direito pela decadência dentro do capítulo relativo ao próprio instituto, abordando o tema na parte geral, especificamente em capítulo destinado aos prazos de prescrição, não tendo aquele legislador se preocupado em estabelecer distinção entre prazos de prescrição e de decadência, rotulando todos os prazos extintivos como sendo de prescrição. A doutrina e a jurisprudência é que tiveram de se preocupar em fazer a distinção entre prazos de prescrição e de decadência. Os vícios redibitórios eram tratados no art. 178, § 2º, relativamente à coisa móvel e, no mesmo artigo, § 5º, inciso IV, quando a coisa adquirida tinha a natureza imóvel, respectivamente com prazos de quinze dias e seis meses, contados da tradição.

O CCB dilargou os prazos anteriormente previstos, duplicando-os, demonstrando maior preocupação com o *termo a quo* para a contagem dos referidos prazos. O art. 445 prevê o prazo decadencial de trinta dias, em sendo coisa móvel, e de um ano, se for coisa imóvel, contados da entrega efetiva. A tradição, segundo a melhor doutrina, pode ser real ou ficta, também denominada simbólica. Na primeira, há a efetiva entrega ou entrega material da coisa adquirida, enquanto, na segunda, a tradição se dá a partir da entrega de algo que represente a própria

---

na obrigação de entregar como na de restituir (arts. 234, 1ª parte, e 238, do CCB). Quem sofre o prejuízo, na obrigação de *entregar*, é o próprio alienante, pois continua sendo o proprietário, até a tradição. Segundo o princípio que vem do direito romano, a coisa perece para o dono (*res perit domino*). Na obrigação de restituir coisa certa ao credor, porém, prejudicado será este, na condição de dono (*res perit domino*). A *culpa* acarreta a responsabilidade pelo pagamento de perdas e danos. Em caso de deterioração (perda parcial), também importa saber, preliminarmente, se houve culpa ou não do devedor. *Sem culpa*, na obrigação de entregar, poderá o credor resolver a obrigação, por não lhe interessar receber o bem danificado, voltando as partes, neste caso, ao estado anterior, ou aceitá-lo no estado em que se acha, com abatimento do preço, proporcional à perda (art. 235, do CCB). Na obrigação de restituir, recebe-o no estado em que estiver, sem direito a qualquer indenização (art. 240, do CCB). *Havendo culpa* pela deterioração, na obrigação de entregar, as alternativas deixadas ao credor são as mesmas do art. 235 do CCB, ainda os arts. 236 e 240, 2ª parte, do CCB. Observa-se assim que, no geral, sem culpa, resolve-se a obrigação, sendo as partes repostas ao estado anterior, sem perdas e danos. Havendo culpa, estas são devidas, respondendo o culpado, ainda, pelo equivalente em dinheiro da coisa.

coisa adquirida. Pela redação do direito anterior, que mencionava a tradição, como *termo a quo*, o prazo poderia se iniciar se houvesse, por exemplo, a tradição simbólica ou ficta, na qual o adquirente não tem a efetiva entrega da coisa. Hoje, com a redação contida no art. 445 do CCB, entende-se por efetiva entrega a tradição real, não se considerando, para essa finalidade, a tradição simbólica ou ficta. A inovação vem com o espírito de proteger mais o adquirente da coisa, que passará a contar o prazo para eventual reclamação por vício redibitório somente a partir do momento que tiver a coisa adquirida em suas mãos (BARROS *et al.*, 2002:344).

Na hipótese de o adquirente já se encontrar na posse da coisa adquirida, o prazo somente iniciará a partir da data da alienação, reduzido à metade. Esta regra expõe um caminho duplo, que tanto pode ser benéfico para o adquirente quanto pode vir de encontro aos seus interesses, na medida em que determina a redução do prazo à metade, embora inicie a contagem do mesmo somente a partir da data da alienação. Se o período de posse for superior à metade do prazo decadencial, o adquirente será beneficiário, caso contrário, sofrerá redução no prazo para reclamação. Em qualquer caso, como já tem a posse anterior, possui condições de aferir eventual vício oculto que possa existir na coisa adquirida.

O § 1º do art. 445 do CCB, sem precedentes no direito civil anterior, prevê a ocorrência de vício que seja oculto, de modo que não possa ser detectado pelo exame acurado do homem médio, mas que, além de oculto, por sua natureza, não tenha condições de ser detectado no momento do recebimento efetivo. Nesse caso, se por razões técnicas ou científicas, *e. g.*, o adquirente não tiver condições de tomar conhecimento do vício existente, no momento do recebimento efetivo da coisa, o prazo somente começará a fluir a partir do momento em que o adquirente vier a ter ciência do vício. Contudo, respeitado o prazo máximo de cento e oitenta dias se a coisa for móvel e um ano se imóvel. Aqui somente observamos um prazo maior para a coisa móvel, mantido o prazo máximo para a coisa imóvel.

O § 2º do art. 445 do CCB, também sem precedentes no ordenamento civil anterior, encontra inspiração no disposto no artigo 920º, do Código Civil português, que possui a seguinte redação: "Ficam ressalvadas as leis especiais ou, na falta destas, os usos sobre a venda de animais defeituosos." O dispositivo em análise deixou para a legislação especial o estabelecimento de prazos de garantia por vícios ocultos, tratando-se de venda de animais, ou, na falta de lei especial, a fixação deve ser feita com base nos usos locais, com observância do disposto no parágrafo anterior, no caso de não haver lei específica a regular a matéria. A legislação especial estabelecerá os prazos de garantia e, não havendo esta, o estabelecimento será feito pelos usos locais, sempre observando o prazo máximo previsto no parágrafo anterior, relativamente à coisa móvel, no caso de não haver lei especial a disciplinar a matéria.

O disposto no art. 446 do CCB estabelece duplo prazo de garantia para o adquirente da coisa. O primeiro é o prazo contratual, ou seja, aquele estabelecido pelo alienante e aceito pelo adquirente no ato da venda. Somente após decorrido o prazo contratual, caso este seja previsto, é que se iniciará a contagem do prazo decadencial previsto no art. 445 do CCB. Todavia o legislador criou regra específica para que o adquirente possa se beneficiar do duplo prazo de garantia, que se afigura como uma condição. O adquirente, para fazer jus à dupla garantia, deverá denunciar o defeito ao alienante, nos trinta dias seguintes ao seu descobrimento, sob pena de decadência. Observa-se que o legislador somente visou a beneficiar o adquirente de coisa móvel, na medida em que previu prazo de decadência idêntico àquele previsto para a reclamação relativa a coisas móveis. Em se tratando de coisa imóvel, não há de se aplicar o disposto no art. 446, sob pena de prejudicar o adquirente, considerando que o artigo anterior concede prazo decadencial muito maior, independentemente de outro prazo contratual que possa vir a ser estipulado de comum acordo entre as partes. Destaca-se, como constatado, se aplica, *in totum*, a legislação consumerista combinada, no que couber, à civilista, ao aqui tratado acerca dos vícios redibitórios, no Contrato de Capitalização quando, obviamente, este estipular entrega de bem.

4.3. DA EVICÇÃO

Evicção, do latim evictio, de evencere (evencer, desapossar judicialmente), por sua origem, significa o ato pelo qual vem um terceiro desapossar a pessoa da coisa ou do direito, que se encontrava em sua posse, por ter direito a ela. É o desapossamento judicial, ou seja, a tomada da coisa ou do direito real, detida por outrem, embora por justo título, conforme SILVA (2010-572). Evicção é a perda total ou de coisa, objeto de negócio jurídico, que o seu adquirente sofre em virtude de sentença judicial que a reconhece como propriedade de terceiro.

Então, doutrinariamente, considera-se evicção como a perda de coisa diante de uma sentença judicial que atribui à mesma a outrem, havendo uma garantia nos contratos onerosos (com remuneração, ainda que a venda seja realizada em hasta pública). Nesta as partes são o alienante que transferiu a coisa com o vício da evicção, de forma onerosa; evicto, adquirente ou evencido, aquele que perde a coisa adquirida e evictor ou evecente, aquele que adquire a coisa por meio de "ação judicial".

Na verdade, a evicção é modalidade de garantia, igualmente como ocorre com os vícios redibitórios, sendo que, na evicção, a garantia é com relação a vícios ou defeitos de direito, não a vícios ocultos. "A teoria dos vícios redibitórios aproxima-se da teoria da evicção, porque uma e outra vão assentar a responsabilidade do alienante na mesma razão jurídica, que é o princípio da garantia, oferecido pela lei ao adquirente contra o alienante." (PEREIRA, 2004:135)

Evicção é, portanto, garantia própria dos contratos onerosos, sendo definida como sendo "a perda da coisa, por força da sentença judicial, que a atribui a outrem, por direito anterior ao contrato aquisitivo" (PEREIRA, 2004:135). Assim, temos como requisitos para caracterização da evicção, primeiro, a perda da coisa; segundo, a sentença judicial e, por último, a anterioridade do direito do terceiro.

A responsabilidade pela evicção decorre de lei, não necessita de previsão no instrumento contratual, mas podem as partes, por cláusula expressa, reforçar, diminuir ou excluir a responsabilidade pela evicção.

A doutrina entende que, em relação ao reforço, o valor máximo é o dobro da coisa. Também compreende que a diminuição e exclusão são possíveis por meio da cláusula do "*non praestaenda evictione*", e há três fórmulas:

1ª) isenção do alienante de toda a responsabilidade = cláusula expressa de exclusão da garantia + ciência específica do risco pelo adquirente;

2ª) responsabilidade do alienante apenas pelo preço relacionado com a coisa evicta = cláusula expressa de exclusão da garantia – ciência do risco pelo adquirente ou ter o mesmo assumido esse risco;

3ª) omissão da cláusula "*non praestaenda evictione*" = responsabilidade total do alienante + perdas e ganhos.

Destaque-se que o instituto da evicção se encontra previsto nos arts. 447 a 457 do CCB, que se constituem de repetição quase que integral dos arts. 1.107 a 1.117, do ordenamento anterior, com algumas modificações que serão objeto de análise a seguir. No entanto as referidas modificações não tiveram o condão de alterar a essência do instituto, que possui a natureza de garantia do adquirente da coisa alienada por contrato oneroso, como é o Contrato de Capitalização. Algumas legislações alienígenas limitam o instituto da evicção aos contratos de compra e venda, como é o exemplo da legislação portuguesa, considerando o disposto nos artigos 892º a 903º, ao regular a "venda de bens alheios". O CCB estende a aplicabilidade do instituto da evicção a todos os contratos onerosos, como se depreende do teor do art. 447, tendo esse dispositivo o mesmo sentido do art. 1.107 do código anterior.

O fato de no art. 447 não constar a expressão "pelos quais se transfere o domínio, posse ou uso" não quer dizer que o novo Código não tenha estendido os efeitos da evicção aos mesmos institutos. Muito ao contrário, com a nova redação, mais genérica, foi ampliado o campo de incidência da evicção para além dos contratos pelos quais se transfere o domínio, a posse e o uso, bastando ser contrato oneroso para ser atingido pelos efeitos da evicção.

No mesmo art. 447, além de constar expressa a responsabilidade do alienante pela evicção, verifica-se também a determinação do legislador no sentido da subsistência da garantia da evicção no caso de a aquisição ter se realizado em hasta pública. A regra de subsistência, mesmo em caso de alienação em hasta pública, veio a dirimir controvérsia doutrinária no sentido de a garantia da evicção se aplicar ou não a esses casos. Não há por que não incidir a garantia, valendo aqui os mesmos argumentos antes arrazoados quando dos comentários ao não acolhimento pelo CCB do disposto no art. 1.106 do ordenamento civil anterior (BARROS *et al.*, 2002:347).

Por ser matéria de ordem privada, as partes têm o direito de reforçar, diminuir ou excluir a garantia, desde que o façam de forma expressa no contrato. O parágrafo único do antigo art. 1.107 já previa esta possibilidade, embora não incluindo a "exclusão" da garantia, visto que a mesma se encontrava inserida ao final do *caput* do mesmo artigo. Hoje, as três previsões (reforço, diminuição ou exclusão) vêm previstas no art. 448 do CCB, possibilitando que as partes contratantes possam, por livre vontade, manter a garantia total, estipulando garantia suplementar, diminuí-la, tornando a responsabilidade pela evicção apenas parcial, ou excluí-la de forma total.

Mesmo que haja cláusula exoneratória da garantia da evicção, caso essa ocorra, o adquirente terá direito a receber de volta o preço que pagou, se não tiver tido ciência do risco ou, se dele informado, não o assumiu. Assim, temos que a cláusula exoneratória da garantia somente produz amplamente seus efeitos a partir do momento em que o adquirente da coisa tem ciência do risco da evicção, assumindo-o expressamente. Esta a inteligência do art. 449 do CCB, que, por sua vez, reproduz a redação constante do art. 1.108 do anterior ordenamento civil.

No art. 450 do CCB, temos a previsão de o evicto receber parcelas além daquela relativa à devolução da importância paga pela coisa adquirida. Aqui temos a previsão de perdas e danos, expressamente regulada pela lei, inserindo o legislador o direito à indenização dos frutos pendentes, das despesas de contrato e dos demais prejuízos que resultarem da evicção, além das custas judiciais e dos honorários de advogado. Quanto aos frutos, por serem pendentes, ou seja, por se encontrarem naturalmente ligados à coisa principal, sendo essa restituída, também o serão os frutos, razão esta que levou o legislador a incluí-los no rol sujeito à indenização. As despesas de contrato, as custas judiciais e os honorários do advogado que estiver contratado se justificam porque não seria justo que o adquirente, além de perder a coisa por força da evicção, também não se visse ressarcido por despesas que foi obrigado a realizar em função da aquisição da coisa, no caso das despesas de contrato e, em função de promover a sua defesa em juízo, no caso das custas judiciais e honorárias de advogado, que em última análise constituem a sucumbência judicial.

Em suma, o art. 450 do CCB, ao tratar da responsabilidade total, inclui:

a) restituição integral do preço pago;

b) despesas com contrato;

c) todos os prejuízos que a parte provar (perdas e danos);

d) indenização pelos frutos;

e) valor das benfeitorias necessárias e úteis que não lhe forem pagas pelo evictor;

f) custas judiciais, honorários advocatícios e demais despesas processuais.

Na vigência do Código anterior, havia a necessidade de inclusão dos honorários de advogado e também dos juros legais. Na linha das reposições, inscrevem-se, ainda, os honorários do advogado que o adquirente haja contratado para defendê-lo, por ser um prejuízo diretamente decorrente da evicção. Finalmente, o alienante deve ainda os juros legais, assunto sobre o qual pendia controvérsia em nosso direito pré-codificado, e já hoje, à vista do disposto no art. 1.061 do Código Civil, como do art. 215 do Código Comercial, não mais subsiste.

Aliás, PEREIRA (2004:140) menciona, *in litteris*:

> [...].
>
> Sendo uma garantia legal, e não convencional, em princípio, cabe ao legislador estabelecer a sua extensão. Ocorrendo a perda judicial da coisa, tem o adquirente a faculdade de voltar-se contra o alienante (Código Civil, art. 450) e exigir que este lhe restitua o preço pago, e mais as despesas com o contrato, honorários de advogado e custas judiciais na ação que lhe impôs a evicção; e ainda lhe indenize os frutos que tiver sido obrigado a restituir, e demais prejuízos que da evicção diretamente resultarem.
>
> [...].

Prevê, ainda, o legislador, que a indenização venha a abranger os prejuízos que diretamente resultarem da evicção, levando a concluir que a indenização deve ser abrangente, de modo a considerar todos os prejuízos sofridos pelo adquirente da coisa, qualquer tipo de investimento que tenha realizado na coisa adquirida ou, ainda, os lucros que efetivamente deixou de auferir em razão da ocorrência da evicção. A indenização, nos termos da legislação civil, inclui não somente perdas e danos, mas também os lucros cessantes, caso esses tenham sido experimentados pelo adquirente. O art. 1.109 do Código anterior previa norma assemelhada, embora sem incluir as despesas com advogado que, a partir do novo ordenamento, passaram a fazer parte do rol das despesas a que o evicto tem direito de se ver ressarcido, situação que demonstra justiça, na medida em que torna a indenização ampla e reconhece expressamente o direito do evicto ao recebimento da mesma (BARROS *et al.*, 2002:348).

O parágrafo único do art. 450, regulando matéria anteriormente tratada pelo art. 1.115, estabelece que o preço a ser integralmente restituído, conforme previsão do art. 449, será o do valor da coisa, na época em que se evenceu, ou seja, na época em que ocorreu a evicção, que se caracteriza pela perda da coisa em razão de sentença judicial que reconhece o direito anterior de terceiro. Essa data é a do trânsito em julgado da sentença judicial, momento em que se opera de forma definitiva a evicção. Caso esta seja parcial, o valor deverá ser proporcional ao desfalque sofrido.

Subsiste a obrigação do alienante, mesmo no caso de a coisa alienada se encontrar deteriorada, salvo no caso de dolo do adquirente (arts. 451 do CCB e 1.110 do CCB anterior), estatuindo o artigo seguinte — 452/1.111, do CCB — que eventual vantagem auferida pelo adquirente com o estado de deterioração da coisa adquirida será deduzida do valor a ser recebido do alienante, caso não tenha o adquirente sido condenado a indenizá-las.

Por benfeitorias entendem-se as obras ou despesas realizadas na coisa adquirida, com a finalidade de conservá-la, melhorá-la ou embelezá-la. A doutrina, com base na definição supra, classifica as benfeitorias em necessárias, úteis e voluptuárias, sendo as primeiras aquelas destinadas a conservar a coisa; as segundas, destinadas a melhorá-la; e, por último, aquelas destinadas a torná-la mais bonita, mais bela, mais suntuosa. As benfeitorias se integram à coisa adquirida e, desta forma, em sendo necessárias ou úteis, são passíveis de indenização, na medida em que não são tidas como supérfluas, como é o caso das voluptuárias. Assim, as benfeitorias necessárias ou úteis realizadas na coisa adquirida e não abonadas, não reembolsadas ao adquirente na época de suas respectivas realizações, serão pagas pelo alienante, a título de ressarcimento ao adquirente da coisa em razão dos efeitos da evicção sofrida pelo mesmo. Esta a inteligência do art. 453, com a mesma redação do art. 1.112 do CCB anterior. O preço integral a ser restituído ao evicto deve ser justo e, assim, caso as benfeitorias mencionadas tiverem sido realizadas a expensas do alienante, esse terá direito a abater o preço das mesmas do valor da coisa a ser restituído ao evicto. Em primeiro lugar deve ser evitado o enriquecimento sem causa de uma das partes em detrimento da outra (arts. 454 e 1.113 do CCB anterior) (BARROS *et al.*, 2002:349).

Ao evicto, dependendo do grau que a evicção atinja a coisa, restará a opção entre a rescisão do contrato, ou a restituição da parte do preço correspondente ao desfalque sofrido. Em sendo total a evicção, não haverá nenhuma dúvida de que caberá ao adquirente apenas a solução no sentido de pleitear resolução do contrato, com a indenização ampla pelos prejuízos sofridos com a evicção, aí incluídos os danos emergentes, bem como os lucros cessantes. Em sendo parcial a evicção, mas considerável, caberá ao adquirente a opção entre a resolução do contrato, cumulada com a indenização ampla, ou o pedido de restituição da parte do preço correspondente ao desfalque sofrido. Essa última opção poderá ser exercida no caso de a coisa adquirida ser divisível, por exemplo, e a evicção atingir-lhe apenas uma das partes, permanecendo íntegra a outra parte, de modo a permitir que o adquirente possa fruir e gozar da mesma, mesmo tendo sofrido os efeitos da evicção. Se não for parcial, caberá ao adquirente, apenas o pleito indenizatório limitado proporcionalmente ao desfalque sofrido. O art. 455 do CCB[98] dispõe neste sentido, sendo de se destacar que possui a redação antes contida no art. 1.114 do CCB revogado.

Define, então, a evicção total, como sendo a em que o comprador se vê obrigado a abandonar a coisa por inteiro ao proprietário que a reivindicou, ou a pagá-la ao credor pignoratício ou hipotecário, cujo crédito igualava ou excedia o valor da coisa. Como evicção parcial entende a relativa apenas a uma parte materialmente determinada, ou uma parte alíquota da coisa, ou uma das coisas vendidas por preço único, ou quando se trata de ônus ou servidão de valor inferior (SERPA LOPES, 1996:195).

O art. 456 e seu parágrafo único do atual CCB cuidam de dispor a respeito da maneira que o evicto deve proceder processualmente, para resguardar seus direitos em face do vendedor. Cabe ao evicto proceder, na forma da lei processual, a notificação do alienante imediato ou, no caso de alienações sucessivas, de qualquer dos alienantes anteriores, com o fim de se ver ressarcido dos prejuízos no caso de o pedido de reivindicação feito por terceiro, p. ex., vir a ser acolhido pelo juízo. A hipótese aqui versada é a da denunciação da lide ao alienante imediato, ou a qualquer dos anteriores, conforme previsão expressa no art. 70, inciso I, do CPC. Nesse caso, a denunciação da lide é obrigatória, devendo o adquirente observar os prazos e a forma da lei processual civil em vigor. No mesmo sentido previa o Código anterior, no art. 1.116.

A disposição constante no parágrafo único do art. 456 do CCB é nova no sentido de que não se encontrava inserida no Código anterior. O conteúdo é nitidamente processual, colidindo com o contido no inciso II do art. 75 do CPC, não tendo, por conseguinte, o condão de alterar o dispositivo processual. A lei processual, pelo Princípio da Especificidade, deve prevalecer em face de norma de direito processual inserida em Código Civil, que regula prioritariamente as relações de direito material. O conflito é flagrante, na medida em que a lei processual diz expressamente que, se o denunciado (no caso, o alienante imediato ou qualquer dos anteriores) for revel, cumprirá ao denunciante (no caso, o adquirente da coisa

---

(98) O art. 455 do CCB trata da evicção parcial, ou seja, quando a perda é inferior a 100%. Há a *evicção parcial considerável,* aquela entre 50% e 99%. Neste caso, o evicto pode pleitear a rescisão do contrato com todas as perdas e os danos ou o valor do desfalque (indenização/abatimento no preço). Também existe, por outro lado, a chamada *evicção parcial não considerável,* compreendida entre 1% e 49%. Dessa forma, o evicto pode pleitear o valor do desfalque (indenização/perdas e danos). Todavia, para exercitar o direito decorrente da evicção, o adquirente deverá denunciar à lide o alienante, o que é obrigatório (art. 70, I, do CPC, e art. 456, *caput*, do CCB). Segundo o Enunciado 29 do CJF, "*o evicto pode denunciar diretamente qualquer dos responsáveis pelo vício*". A novidade trazida pelo art. 456, parágrafo único, do CCB é que, não atendendo o alienante à denunciação à lide e sendo manifesta a procedência da evicção, pode o adquirente deixar de oferecer contestação ou usar de recursos. Essa regra afasta a incidência, neste caso, do art. 75, II, do CPC.

evicta) prosseguir na defesa até o final. Se o adquirente está sendo processado por terceiro que diz possuir anteriormente o mesmo direito, cabe ao adquirente a produção de sua defesa da forma mais ampla possível, incluindo a denunciação da lide ao alienante imediato, ou a qualquer dos anteriores. Porém, se o denunciado for revel, pelo Princípio da Eventualidade, caberá ao denunciante prosseguir em sua defesa e não deixar de oferecer contestação ou usar de recursos, porque, nessa hipótese, perderá a oportunidade de se livrar dos efeitos da evicção.

No entanto, em se tratando de direito disponível, pode perfeitamente o adquirente, se entender que a evicção é manifesta, sendo inevitável a procedência da ação movida pelo terceiro, deixar de oferecer resistência processual, se deixar vencer, para posteriormente pleitear a respectiva indenização ao alienante imediato ou qualquer dos anteriores, na medida em que tiverem sido devidamente denunciados da lide, nos prazos e na forma da lei processual civil em vigor.

Neste ponto, a previsão legal em comento é completamente desnecessária, visto que a atitude nela prevista, a ser tomada pelo adquirente, poderia perfeitamente ser adotada independentemente de qualquer autorização legislativa, em se tratando, repita-se, de direito disponível.

Por último, temos o art. 457 do CCB, que torna defeso ao adquirente valer-se de demandar pela evicção, se tinha ciência de que a coisa adquirida era alheia ou litigiosa. A ciência anterior por parte do adquirente, comprovada por qualquer forma de direito, torna o adquirente cúmplice do aproveitamento, fazendo com que o mesmo não possa demandar pela evicção. Se sabia que a coisa adquirida era alheia, assumiu o risco de perdê-la e, no mesmo sentido, se sabia que a coisa adquirida era litigiosa, tinha conhecimento de determinada prestação pendente, a qual poderia vir a ser-lhe desfavorável. Estes casos se traduzem em exceção ao direito do adquirente evicto em seu direito de demandar judicialmente em razão da evicção sofrida (BARROS *et al.*, 2002:351).

Esse dispositivo não acolheu integralmente o conteúdo do antigo art. 1.117 do Código revogado, deixando de mencionar a hipótese antes prevista no inciso I do artigo anterior. Nenhum prejuízo houve em razão da omissão, visto que a hipótese de o adquirente ser privado da coisa adquirida em razão de caso fortuito, força maior, roubo ou furto, não caracterizava a evicção que, por sua natureza, diz respeito, apenas, a vícios ou defeitos jurídicos, não ao fato das coisas ou dos homens. A responsabilidade do alienante somente existe se a perda da coisa decorrer de pronunciamento judicial, visto que a sentença judicial é um dos requisitos para a caracterização da evicção, a possibilitar ao adquirente da coisa demandar judicialmente seu direito. Dessa forma, a exclusão de tais causas de exceção ao direito de demandar do evicto veio em boa hora, uma vez que, por si só, independentemente de qualquer previsão legal, as referidas hipóteses não sustentam a proceder a relativo à evicção.

Contudo o regime desses institutos (vícios redibitórios, evicção etc.), sua aplicação e seus prazos, no que diz respeito ao Contrato de Capitalização e a seus contratos acessórios e contratos anexos, devem ser buscados nas normas dispostas no CDC, bem como, no que couber, residualmente, no CCB, como consignamos anteriormente e mais amiúde ressaltaremos abaixo. Apenas a abordagem acima serve para reavivar conceitos e nos dar ciência da evolução desses institutos na seara civilista, acompanhando de perto as linhas orientadoras traçadas no Código de Defesa e Proteção do Consumidor.

4.4. VÍCIOS NA CONCEPÇÃO CONSUMERISTA

A propósito, faz-nos pensar, analisar o regime legal dos vícios do produto, no sistema introduzido pelo CDC, é analisar o problema da *responsabilidade civil*. Os vícios representam na sistemática do CDC a imputação da responsabilidade dos danos (contratuais, extracontratuais, patrimoniais ou morais) ao fornecedor. Os "vícios" no CDC, conforme a melhor doutrina, são os vícios por inadequação (art. 18 ss.) e os vícios por insegurança (art. 12 ss.). O novo regime dos "vícios" possui assim aspectos contratuais e extracontratuais, e foi regulado com prioridade pelo CDC e não afetado pelo CCB em vigor.

O regime dos vícios por inadequação ou por desconformidade não é simplesmente de uma responsabilidade contratual (consumidor/fornecedor-direto), — a responsabilidade por vícios ultrapassa tais barreiras para ser imputada a um número maior de agentes, através da solidariedade, imposta pelo art. 18 do CDC, a todos os fornecedores da cadeia de produção. Nasce então a dúvida sobre qual seria o *fundamento* dessa nova e mais ampla responsabilidade civil do fornecedor.

De fato, "toda a manifestação da atividade humana traz em si o problema da responsabilidade", no dizer de DIAS (1987:01-02), e "responsabilidade seria a repercussão obrigacional da atividade do homem". Essa repercussão ocorrerá principalmente se o homem violar dever, obrigação imposta pelo direito (inclusive a que regula a força obrigatória dos contratos). A ideia nuclear não é mais um juízo de valor negativo sobre a conduta dos agentes, mas a necessidade de reparação do dano.

Hoje, em nossa sociedade de consumo hipercomplexa, onde nem mesmo as ações e condutas da cadeia de fornecedores são visíveis ou identificadas pelo consumidor, mais do que nunca a culpa é noção insuficiente como geradora da responsabilidade civil. As barreiras entre as responsabilidades de origem contratual e extracontratual estão cada vez mais fluidas, ensina MARQUES (2011:1206), de modo que mesmo os franceses, apegados ao seu sistema de estreita separação entre elas e de não cumulação de pretensões originárias de áreas diferentes (*principle du non-cumul*), tiveram de criar, em matéria de defesa do consumidor, um terceiro caminho, uma responsabilidade *per si mista*. Procura-se uma *unidade teórica* da responsabilidade, não mais baseada na culpa como noção transcendente – procura-se um outro fundamento unitário, mesmo reconhecendo a necessária *dualidade técnica* que existe entre a responsabilidade de origem contratual e a extracontratual.

O Princípio da Proteção da Confiança, confiança essa despertada no consumidor pelos produtos e serviços colocados no mercado pela atividade dos fornecedores, exige que se impute que se responsabilize um maior número de agentes da cadeia de produção, visando à efetiva reparação da vítima/do consumidor, como ordena o art. 6º, VI, do CDC.

Afirma MARQUES (2011:1206) que, com a entrada em vigor do CDC, estamos assistindo a mais um passo na evolução do direito civil à procura da efetiva reparação dos danos sofridos pelas vítimas. Como a noção de culpa já não mais satisfaz, procura o direito outros elementos que possam fundamentar a obrigação de reparação do dano, seja através da imposição de deveres anexos ao contrato (dever de qualidade do produto), de deveres anexos à própria atividade produtiva (dever geral de qualidade do produto), seja através da imposição de novas garantias implícitas (não só contra a evicção e contra o vício redibitório, mas garantia de adequação de todo produto introduzido no mercado, podendo pensar-se, mesmo, em uma garantia da segurança do produto).

Assim, no sistema do CDC, da tradicional responsabilidade assente na culpa passa-se à presunção geral desta e conclui-se com a imposição de uma responsabilidade legal. O novo regime de vícios no CDC caracteriza-se como um regime de responsabilidade legal do fornecedor, tanto daquele que possui um vínculo contratual com o consumidor quanto daquele cujo vínculo contratual é apenas com a cadeia de fornecedores.

A doutrina brasileira mais moderna, na fala de MARQUES (2011:1207), está denominando Teoria da Qualidade o fundamento único que o sistema do CDC instituiria para a responsabilidade (contratual e extracontratual) dos fornecedores. Isso significa que ao fornecedor, no mercado de consumo, a lei impõe um *dever de qualidade* dos produtos e serviços[99] que presta. Descumprido esse dever, surgirão efeitos contratuais

(99) [...]. Enquanto o direito tradicional se concentra na ação do fornecedor do serviço, no seu *fazer*, exigindo somente diligência e cuidados ordinários, o sistema do CDC, baseado na teoria da função social do contrato, concentra-se no *efeito do contrato*. O efeito do contrato é a prestação de uma obrigação de fazer, de meio ou de resultado. Este *efeito*, este serviço prestado, é que deve ser *adequado* para os fins que "razoavelmente deles se esperam" [...]. [...]. Está claro que o fazer e seu resultado são inseparáveis, conexos de qualquer maneira, mas o CDC como que presume que o fazer foi falho, viciado, se o serviço dele resultante não é adequado ou não possui a prestabilidade regular. Se efetivamente o fornecedor agiu ou não com a diligência, o cuidado e a vigilância normal, quando da prestação de sua obrigação, importa apenas para a alegação de um eventual inadimplemento contratual. O recurso usado pelo CDC de instituir uma noção de vício do serviço facilitará a satisfação das expectativas legítimas dos consumidores também nos contratos de serviços, pois objetiva os critérios jurídicos para determinar se há ou não falha na prestação do fornecedor. [...]. cf. MARQUES (2011:1224).

(inadimplemento contratual ou ônus de suportar os efeitos da garantia por vício) e extracontratuais (obrigação de substituir o bem viciado, mesmo que não haja vínculo contratual, de reparar os danos causados pelo produto ou serviço defeituoso). A Teoria da Qualidade se bifurcaria, no sistema do CDC, na exigência de qualidade-adequação e de qualidade-segurança, segundo o que razoavelmente se pode esperar dos produtos e dos serviços. Nesse sentido, haveria *vícios de qualidade por inadequação* (art. 18 ss.) e *vícios de qualidade por insegurança* (arts. 12 a 17).

Em suma, a responsabilidade do fornecedor em seus aspectos contratuais e extracontratuais, presente nas normas do CDC (arts. 12 a 27), está *objetivada*, isto é, *concentrada* no *produto* ou no *serviço* prestado, concentrada na existência de um *defeito* (falha na segurança) ou na existência de um *vício* (falha na adequação, na prestabilidade).

Observando-se a evolução do direito comparado, segundo o magistério de MARQUES (2011:1208), há toda uma evidência de que o legislador brasileiro se inspirou na ideia de garantia implícita do sistema da *common law* (*implied warranty*). Assim, o produto ou os serviços prestados trariam em si uma garantia de adequação para o seu uso e, até mesmo, uma garantia referente à segurança que deles se espera. Há efetivamente um novo *dever de qualidade* instituído pelo sistema do CDC, um novo dever *anexo* à atividade dos fornecedores.

Podemos dizer que o dever anexo de qualidade, *qualidade-adequação*, e seu reflexo, o *vício por inadequação* do produto ou do serviço, substituem no sistema do CDC, com largas melhoras, a noção de vício redibitório. Mas tratando-se de responsabilidade pelo fato do produto, responsabilidade puramente extracontratual e não mista, como a oriunda da nova noção de vício (art. 18), considerando-se que o sistema instituído pelo CDC de uma garantia de qualidade foi complementado por noções oriundas, também, do direito comparado, no caso, da Comunidade Econômica Europeia.

Esta influência europeia destaca a importância da noção de *defeito*, de modo a evitar as falhas do sistema da *common law* (de origem contratual), procurando, assim, alcançar uma responsabilidade objetiva eficaz que está sendo chamada na Europa de *responsabilidade não culposa*.

Aliás, acompanhando o raciocínio de MARQUES (2011:1271-1272), à primeira vista, entendemos que essa teoria foi introduzida no Brasil, consciente ou inconscientemente. Parece-nos que, à leitura do art. 12 do CDC, sua disposição funciona como uma espécie de hipótese-tipo, na qual se prevê uma responsabilidade legal sem culpa dos agentes ali citados, nos casos e nos limites impostos pela norma. A responsabilidade positivada no CDC é, sem dúvida, objetiva, no sentido de ser independente da existência de culpa, mas não pelo risco da atividade. Seria a introdução, no ordenamento jurídico brasileiro, da chamada *responsabilidade não culposa*. Esse tipo de responsabilidade exige, para caracterizar o ilícito, a existência de um defeito, defeito esse imputado objetivamente (*peritus spondet artem suam*) aos fornecedores citados no art. 12 supracitado e nos casos especiais previstos no art. 13 do CDC. Esta imputabilidade objetiva, baseada no profissionalismo dos fornecedores e no defeito, seria, *e. g.*, oriunda de caso fortuito ou força maior quando da atividade do fornecedor, como, por exemplo, corte de energia, erro do computador, erro dos prepostos, clonagem de cartão de crédito por criminosos etc.

Tratando-se de direito do consumidor, a sua causa primeira, a razão de ser de todos esses seus novos institutos, deve ser a atividade do sujeito protegido pelo direito, isto é, o consumidor, aqui, em comento, o subscritor do Contrato de Capitalização, bem como o titular, cessionário ou beneficiário.

Ora, o direito muda, evolui, a fim de proteger o consumidor, seja em suas expectativas em relação à prestação contratual, seja em suas expectativas em relação a um tipo determinado de serviço ou produto, sua adequação para determinados fins, ou a segurança que dele razoavelmente se espera, desde a fase preliminar do contrato até a sua extinção.

4.5. EXTINÇÃO DOS CONTRATOS

Os contratos, dentre os quais o Contrato de Capitalização, como os negócios jurídicos em geral, têm também ciclo vital: nascem do acordo de vontades, nos termos da lei, produzem os efeitos que lhes são próprios e extinguem-se. Como se sabe, os contratos podem ser extintos de duas formas, com ou sem adimplemento. O modo natural ou normal de extinção dá-se, em regra, com adimplemento, satisfação obrigacional, seu cumprimento ou sua execução pelas partes, quer de forma momentânea ou instantânea, quer diferida ou continuada. O cumprimento da prestação libera o devedor e satisfaz o credor. Este é o meio *normal* de extinção do contrato. Comprova-se, pois, o pagamento[100] pela *quitação* fornecida pelo credor, observados os requisitos exigidos no art. 320 do CCB.

---

(100) A extinção da obrigação dá-se, em regra, pelo seu cumprimento, que o CCB denomina *pagamento*. Embora essa palavra seja usada, comumente, para indicar a solução em dinheiro de alguma dívida, o legislador a empregou no sentido técnico-jurídico de execução de qualquer espécie de obrigação. Assim, ensina GONÇALVES (2002:49), *paga* a obrigação o escultor que entrega a estátua que lhe havia sido encomendada, bem como o pintor que realiza o trabalho solicitado pelo cliente. *Pagamento* significa, pois, cumprimento ou adimplemento da obrigação. Pode ser direto ou indireto. Entre os diversos meios indiretos encontram-se o pagamento por consignação, a novação, a compensação, a transação etc. Além do meio normal, que é o pagamento, direto ou indireto, a obrigação pode extinguir-se também por meios anormais, isto é, sem pagamento, como no caso de impossibilidade de execução sem culpa do devedor, do advento do termo, da prescrição, da nulidade ou anulação etc. O pagamento, por sua vez, pode ser efetuado voluntariamente ou por meio de execução forçada, em razão de sentença judicial. Embora para alguns o contrato seja um *fato jurídico*, e para outros um *ato não livre* ou um *ato devido*, predomina o entendimento na doutrina de que o pagamento tem *natureza contratual*. Corresponde a um contato, por também resultar de um acordo de vontades, estando sujeito a todas as suas normas. Para que o pagamento produza seu principal efeito, que é o de extinguir a obrigação, devem estar presentes seus *requisitos essenciais de validade*, que são: a) a existência de um vínculo obrigacional; b) a intenção de solvê-lo (*animus solvendi*); c) cumprimento da prestação; d) a pessoa que efetua o pagamento (*solvens*); e) a pessoa que recebe (*accipiens*). O objeto do pagamento é a *prestação*. O credor não é obrigado a receber outra, "diversa da que lhe é devida, ainda que mais valiosa (art. 313 do CCB). Prova-se o pagamento pela regular quitação fornecida pelo credor. O devedor tem o direito de exigi-la, podendo reter o pagamento e consigná-lo, se não lhe for dada (arts. 319 e 335, I, do CCB).

Contudo algumas vezes o contrato extingue-se antes de ter alcançado o seu fim, sem adimplemento, ou seja, sem que as obrigações tenham sido cumpridas. Essa extinção *anormal* ou *anômala* do contrato poderá ocorrer em virtude de motivos variados. Em algumas hipóteses, a causa da extinção é *anterior* ou *contemporânea* à sua elaboração e formação do contrato, enquanto nas demais a causa é *posterior* ou *superveniente*.

4.5.1. EXTINÇÃO POR FATOS ANTERIORES À CELEBRAÇÃO

Doutrinariamente, apontam-se três situações (a razão está na autonomia privada ou no vício atingindo o negócio jurídico) que ocorrem com a extinção do contrato por fatos anteriores a sua celebração:

1) Invalidade contratual[(101)];

2) Cláusula resolutiva expressa; e

3) Cláusula de arrependimento.

Didaticamente, assinala GONÇALVES (2002:51) que as causas anteriores ou contemporâneas à formação do contrato são: a) defeitos decorrentes do não preenchimento de seus requisitos subjetivos (capacidade das partes e livre consentimento), objetivos (objeto lícito, possível, determinado ou determinável) e formais (forma prescrita em lei), que afetam a sua validade, acarretando a *nulidade* absoluta ou relativa (*anulabilidade*)[(102)]; b) implemento de *cláusula resolutiva*, expressa ou tácita; e c) exercício do *direito de arrependimento*[(103)] convencionado. A saber.

A nulidade absoluta decorre de transgressão a preceito de ordem pública e impede que o contrato produza efeitos desde a sua formação (*ex tunc*). A nulidade relativa ou anulabilidade advém de imperfeição da vontade: ou porque emanada de um relativamente incapaz não assistido (prejudicando o interesse particular de pessoa que o legislador quis proteger), ou porque contém algum dos vícios do consentimento, como erro, dolo, coação etc. Como pode ser sanada e até mesmo não arguida no prazo prescricional, não extinguirá o contrato enquanto não se mover ação que a decrete, sendo *ex nunc* os efeitos da sentença.

---

(101) A invalidade contratual decorre dos casos de negócio jurídico nulo, que estão previstos nos arts. 166 e 167 do CCB. Para a doutrina haverá nulidade absoluta quando houver coação física ou "*vis absoluta*". Em relação à Teoria da Inexistência do Negócio Jurídico, segundo Silvio Rodrigues, é tida como inútil, inconveniente e inapropriada.

(102) **Nulidade ou anulabilidade do contrato** que decorre da incapacidade da parte, ilicitude do objeto, inidoneidade da forma e vícios de consentimento (CCB, arts. 166, 167 e 171).

(103) **Direito de arrependimento** — quando expressamente previsto no contrato, as arras ou o sinal entregues servirão de indenização (art. 420, do CCB).

A chamada cláusula resolutiva ou a resolução do contrato pode ser expressa(104) quando convencionada e decorre, em princípio, da inexecução do contrato em razão do inadimplemento de uma das partes de forma voluntária, involuntária (como no caso fortuito ou força maior) ou por onerosidade excessiva (por acontecimento extraordinário e imprevisível, em razão da cláusula *rebus sic stantibus*) ou tácita.

Em todo contrato bilateral ou sinalagmático presume-se a existência de uma cláusula resolutiva tácita, autorizando o lesado pelo inadimplmento a pleitear a resolução do contrato, com perdas e danos (art. 475 do CCB). Segundo dispõe o art. 474 do mesmo diploma, a expressa opera de pleno direito, e a tácita depende de interpelação judicial. Em ambos os casos, ensina GONÇALVES (2002:53), a resolução deve ser judicial. No primeiro, a sentença tem efeito meramente declaratório e *ex tunc*, pois a resolução dá-se automaticamente, no momento do inadimplemento; no segundo, tem efeito desconstitutivo, dependendo de interpelação judicial.

Garante-se a indenização por perdas e danos em duas hipóteses: na inexecução voluntária ou na hipótese de caso fortuito ou força maior, se o contratante estava em mora ou havia assumido expressamente essa obrigação (arts. 393 e 399 do CCB).

Ensinam BARROS *et al.* (2002:360) que os arts. 474 e 475 do CCB cuidam da matéria que não possuía seção própria no ordenamento anterior, sendo tratada de forma superficial no parágrafo único do art. 1.092 do Código revogado. Hoje temos assentada a previsão da cláusula resolutiva expressa ou tácita nos contratos comutativos, a que a doutrina, de forma pacífica, já havia acolhido. O BGB (art. 326) e o Código Civil francês (art. 1.184) já previam a possibilidade de resolução do contrato por não cumprimento da obrigação por uma das partes, tendo o nosso ordenamento adotado o sistema francês, que exige que a resolução se opere judicialmente.

Diante dessa dupla orientação político legislativa, inclinou-se o nosso Código pelo sistema francês, o que, aliás, afina com os princípios dominantes em nosso direito anterior: a parte lesada pelo inadimplemento pode requerer a rescisão do contrato com perdas e danos.

No direito romano já se admitia cláusula assemelhada, nos contratos de compra e venda denominados *lex commissoria*, que operava a resolução do contrato por falta de pagamento. Foi na Idade Média que se adotou a praxe de inserir em

(104) Cláusula resolutiva expressa é aquela pela qual, ocorrendo um evento futuro e incerto (condição), o contrato estará extinto. Decorre da autonomia privada (fato anterior). Ex. pacto comissório contratual, que é previsto como cláusula especial de compra e venda, pelo qual, não sendo pago o preço ou entregue a coisa até certa data, o contrato será extinto. O efeito é similar ao que consta no art. 476 do CCB. Não confundir com o pacto comissório real do art. 1.428, do CCB que é vedado. Nulidade da cláusula que autoriza o credor de garantia real ficar com o bem sem levá-lo a excussão.

todo contrato uma *lex commissoria*, pactuando a resolução por inadimplemento, e coube aos canonistas fazê-lo em fortalecimento dos princípios morais em respeito à boa-fé, proclamando que, independentemente de sua inserção explícita, dever-se-ia presumir a vontade de desfazê-lo, como punição contra o que o infringisse (PEREIRA, 2004:93).

A resolução do contrato, no caso, deriva do não cumprimento por uma das partes, das obrigações assumidas no pacto, gerando o inadimplemento. Assim, se no contrato houver uma cláusula resolutiva expressa, essa vai operar seus efeitos de pleno direito, ou seja, independentemente de notif cação da parte inadimplente. Por outro lado, se não houver a cláusula resolutiva expressa, a lei reconhece a sua existência de forma tácita, autorizando a resolução do contrato mediante interpelação judicial da parte inadimplente.

Todavia, o legislador pátrio não andou muito bem ao exigir que a interpelação fosse judicial, visto que desta forma limita o campo de atuação da parte prejudicada pelo inadimplemento. A interpelação, ao contrário, deveria ter sido exigida independentemente de forma, sendo que o importante é que se tenha certeza de que a parte inadimplente tomou conhecimento, por qualquer meio de direito, de que a outra parte deseja a resolução da avença.

A parte lesada pelo inadimplemento tanto pode pedir a resolução do contrato como pode também exigir o cumprimento do mesmo por parte do inadimplente. Pode haver hipótese em que a resolução do contrato seja benéfica para a parte inadimplente, não se afigurando justo que a lei não desse à parte lesada pelo inadimplemento a opção de, em vez de buscar a resolução, buscar o cumprimento do contrato. Em qualquer dos casos, a parte prejudicada pelo inadimplemento terá direito a perdas e danos, aí incluídos os danos emergentes e os lucros cessantes, se ficarem caracterizados.

4.5.1.1. Do Direito de Arrependimento

O direito de arrependimento ou, melhor, as cláusulas de arrependimento, de resolução tácita e expressa, que ora são classificadas entre as causas de extinção de contratos contemporâneas à sua formação, ora entre as causas de extinção dos contratos supervenientes. Isso porque são previstas no momento da formação dos contratos, sendo, portanto, consideradas causas contemporâneas à sua formação, porém os fatos que geram a extinção do contrato só ocorrem após a sua formação, sendo, então, denominados por outros de causas supervenientes.

As cláusulas de arrependimento têm os mesmos efeitos do distrato, sendo classificadas como espécie de resilição bilateral quando consideradas supervenientes.

Esse direito de arrependimento, quando expressamente previsto no contrato, autoriza qualquer das partes a rescindir o ajuste, mediante declaração unilateral da vontade, sujeitando-se à perda do sinal ou à sua devolução[105] em dobro (art. 420 do CCB). Deve ser exercido no prazo convencionado ou antes da execução do contrato, se nada for estipulado a esse respeito, pois o adimplemento deste importará renúncia tácita àquele direito. Vejamos, então, esse direito, sua concepção e aplicação à luz do CDC.

O desenvolvimento de métodos agressivos de venda provocou o aparecimento de situações em que se tornou notório o desequilíbrio das relações contratuais. Isso ocorre principalmente no caso das vendas que têm lugar fora do estabelecimento comercial do fornecedor.

Afirma AMARAL JÚNIOR (1993:230) que em tal circunstância o aderente normalmente se encontra em posição de inferioridade, já que é levado a contratar pela pressão de vendedores especialmente treinados e remunerados em função do número de contratos celebrados. Nessa situação, a busca do consentimento refletido por parte dos consumidores pode ser obtida pelo emprego de duas vias diferentes.

A primeira consiste em estabelecer um prazo de reflexão anterior à formação do contrato, visando a impedir a manifestação precipitada e irrefletida do consentimento. O contrato apenas se formaria ao final do período de reflexão, sempre que não houvesse manifestação do aderente em sentido contrário.

A segunda via consiste em conceder ao consumidor um prazo de reflexão após a assinatura do contrato, dentro do qual ele pode liberar-se das obrigações assumidas mediante o exercício do direito de arrependimento. O CDC optou pela segunda solução, estabelecendo que o consumidor possa desistir do contrato no prazo de sete dias a contar da data da sua assinatura ou do ato de recebimento do produto ou serviço, sempre que a contratação do produto ou serviço se dê fora do estabelecimento comercial, especialmente por telefone ou a domicílio. O direito de arrependimento não poderá ser exercido quando houver prática de atos de utilização da mercadoria que constitui objeto do contrato. Neste ponto, observa-se que sempre que o consumidor se comporta como proprietário da mercadoria recebida, exterioriza, ainda que tacitamente, o desejo de não mais se arrepender.

O art. 49, parágrafo único, do CDC determina que se o consumidor exercitar o direito de arrependimento, os valores eventualmente pagos, a qualquer título durante o prazo de reflexão, serão devolvidos de imediato, monetariamente atualizados. Trata-se de medida que visa a resguardar os interesses dos consumidores evitando que o exercício do direito de arrependimento possa causar dano ao

---

(105) CONSÓRCIO. Obrigatoriedade de devolução dos valores pagos ao desistente. Devidamente corrigidos. Excluídos apenas o valor do seguro e a taxa de administração. Tratando-se de contrato de adesão, é abusiva a cláusula que permite a devolução não atualizada. (grifo nosso) Incidência do CDC que determina a correção e limita a cláusula penal em 10% sobre o valor. (TARGS. N. 1918853 — Data 27.3.1991 — Rel. Paulo Heerdt).

autor. São nulas de pleno direito as cláusulas contratuais que restrinjam ou limitem a opção de reembolso pelo exercício do direito de arrependimento.

Deve-se assinalar que a assinatura dos contratos celebrados fora do estabelecimento comercial, pelos riscos que comporta, exige que o consumidor disponha de um prazo de reflexão dentro do qual possa amadurecer o seu consentimento. A assinatura do contrato não é o símbolo da vontade definitiva, constituindo somente uma etapa no processo de formação do consentimento. Este apenas se tornará perfeito nos sete dias seguintes à assinatura do contrato, porque o contratante terá tempo necessário para refletir sobre o alcance e oportunamente sobre o acordo, além de poder informar-se melhor sobre o contrato que pretende celebrar. O direito de arrependimento não representa assim qualquer atentado ao Princípio da Força Obrigatória dos Contratos. Ele tem lugar em um momento no qual o contrato não foi ainda formado.

4.5.2. EXTINÇÃO POR FATOS SUPERVENIENTES À CELEBRAÇÃO

Parte da doutrina entende que a extinção por fatos supervenientes à celebração gera rescisão contratual, podendo ser de duas espécies: resolução e resilição.

Entretanto, de acordo com GONÇALVES (2002:52), verifica-se a dissolução do contrato em função de causas posteriores à sua criação por: a) resolução, como consequência de seu inadimplemento *voluntário*, *involuntário* ou por *onerosidade excessiva*; b) *resilição*, pela vontade de um ou de ambos os contratantes; c) morte de um dos contratantes, se o contrato for *intuitu personae*; d) rescisão, modo específico de extinção de certos contratos e, nessa esteira; e) exceção de contrato não cumprido. Senão vejamos.

4.5.2.1. Da Resolução

A resolução é hipótese em que há descumprimento, culposo ou não, como abaixo verificado.

A resolução ou a cláusula de resolução expressa é o pacto comissório convencional, por meio do qual fica estipulado que, caso não seja pago o preço em determinada data, o contrato será extinto. Essa espécie de disposição é legal, sendo vedada apenas nos contratos de direito real, pacto comissório real em que o credor com garantia real fica com o bem em vez de levá-lo à excussão.

A cláusula de resolução expressa opera-se de pleno direito, independentemente de qualquer intervenção judicial, para que seja efetivada.

A chamada resolução por *inexecução voluntária* decorre de comportamento doloso ou culposo de um dos contratantes, com prejuízo ao outro. Produz efeitos *ex tunc*, extinguindo o que foi executado e obrigando a restituições recíprocas, sujeitando ainda o inadimplente ao pagamento (ressarcimento) de *perdas e danos morais e materiais* à parte inocente e da *cláusula penal*[(106)], convencionada para o caso de total inadimplemento da prestação (compensatória), em garantia de alguma cláusula especial ou para evitar o retardamento (moratória), conforme os arts. 475 e 409 a 411 do CCB.

Entretanto, se o contrato for de *trato sucessivo* (de prestação de serviços de transporte, *e. g.*), a resolução não produz efeito em relação ao pretérito, não se restituindo as prestações cumpridas. O efeito será, neste caso, *ex nunc*.

Anote-se que, de acordo com a Teoria do Adimplemento Substancial, se parte substancial do contrato já houver sido cumprida, ocorrendo pequeno inadimplemento, a resolução do contrato será medida desproporcional, em exercício abusivo do direito, devendo ser executada judicialmente a parte não cumprida.

A resolução pode decorrer, no entanto, de *inexecução involuntária*, ou seja, sem culpa e sem dolo, de fatos inevitáveis, alheios à vontade das partes, como em decorrência de *caso fortuito* (evento totalmente imprevisível) ou *força maior* (evento previsível, mas inevitável), que impossibilitam o cumprimento da obrigação.

Assim, não haverá responsabilidade por caso fortuito ou força maior, em regra. Há exceções, p. ex., quando o devedor está em mora (art. 339 do CCB); havendo previsão no contrato (art. 393 do CCB) e casos previstos em lei (art. 583 do CCB).

A impossibilidade superveniente há de ser objetiva (não referente à própria pessoa do devedor), total e definitiva. O inadimplente não fica, nesse caso, responsável pelo pagamento de perdas e danos, salvo se expressamente for obrigado a ressarcir os prejuízos resultantes do caso fortuito ou de força maior, ou se estiver em mora (arts. 393 e 399 do CCB).

4.5.2.1.1. Da Resolução por Onerosidade Excessiva

A Teoria da Imprevisão não se encontrava regulada no ordenamento jurídico civil anterior, na medida em que o mesmo foi elaborado na época do liberalismo, em que a denominada Teoria se encontrava adormecida, sem aplicabilidade. Tanto assim é que as demais codificações da época, como os Códigos Civis francês e alemão, que serviram de base para o nosso ordenamento, também não contiveram dispositivos a respeito da mesma.

---

(106) Obrigações com cláusula penal são aquelas em que há a cominação de uma multa ou pena para o caso de inadimplemento ou de retardamento do cumprimento da avença. A cláusula penal tem *caráter acessório*, e como principal função a de servir como *meio de coerção*. Pode ser *compensatória*, quando estipulada para o caso de total inadimplemento da obrigação, ou *moratória*, se destinada a garantir o cumprimento de alguma cláusula especial ou simplesmente a evitar a mora.

A Teoria da Imprevisão, conhecida como cláusula *rebus sic stantibus*, vem assim definida: "Consiste, resumidamente, em presumir, nos contratos comutativos, uma cláusula, que não se lê expressa, mas figura implícita, segundo a qual os contratantes estão adstritos ao seu cumprimento rigcroso, no pressuposto de que as circunstâncias ambientes se conservem inalteradas no momento da execução, idênticas as que vigoravam no momento da celebração" (PEREIRA, 2004:162-163).

A onerosidade excessiva, proveniente de acontecimento extraordinário e imprevisível, segundo GONÇALVES (2005:53), pode acarretar, também, a resolução do contrato, por se considerar subentendida, nos contratos comutativos e de execução diferida ou continuada, a cláusula *rebus sic stantibus* (art. 478 do CCB). Poderá o juiz reajustar as prestações, tão somente reduzindo o valor da obrigação, ou exonerar totalmente o devedor.

Aliás, vale observar o Enunciado 175 do CJF, que expressa que "*a menção à imprevisibilidade e à extraterritorialidade do art. 478 do CCB deve ser interpretada não somente em relação ao fato que gere o desequilíbrio, mas também em relação às consequências que ele produz. Deve-se levar em conta não o mercado, mas o contratante*". Já o Enunciado 176 do CJF dita que, "*em atenção ao Princípio da Conservação dos Negócios Jurídicos, o art. 478 do CCB deverá conduzir, sempre que possível, à revisão judicial dos contratos e não à resolução*". O art. 479 do CCB traz a revisão por acordo entre as partes. O art. 480 do CCB, a revisão por decisão do juiz.

Podemos concluir que, se circunstâncias posteriores à contratação vierem a modificar a execução do contrato entabulado entre as partes, poderá essa ocorrer de maneira diversa da que fora inicialmente contratada. Igualmente, segundo a concepção tradicional de contrato, ancorada no dogma da autonomia da vontade, a revisão do pactuado sempre se mostrou inviável, visto que o Princípio da Obrigatoriedade dos Contratos, repito, em sua concepção tradicional, sempre se mostrou suficientemente forte para fazer cessar qualquer pretensão revisionista. Quando muito, se admitia a extinção do contrato, mas não a sua revisão.

Os Códigos Civis francês e alemão foram elaborados em período referente ao liberalismo, quando se pregava a autonomia da vontade dos contratantes com base na igualdade formal, priorizando a força obrigatória dos pactos. O cultivo exacerbado ao individualismo, de certa forma, explica a aversão dos legisladores civis francês e alemão em inserirem nos seus respectivos ordenamentos a inovação relativa à cláusula *rebus sic stantibus*.

Naturalmente, magistra ROPPO (1988:47), o BGB, enquanto Código burguês, não podia deixar de inspirar-se em certos princípios gerais que vimos serem coessenciais a qualquer ordenamento capitalista de direito contratual, e que já tinham sido adaptados pelo código napoleônico, enquanto (primeiro) código burguês: a liberdade de contratar, baseada no pressuposto da igualdade formal dos sujeitos.

Vale destacar a menção expressa contida no art. 1.134 do Código Civil francês, segundo a qual "as convenções legalmente formuladas valem como lei entre as partes" (CORDEIRO, 1997:955), tendo como consequência a consagração do princípio do *pacta sunt servanda*, em vez de prever a cláusula *rebus sic stantibus*. Tal aversão foi sentida por parte de nossos juristas e legisladores encarregados da elaboração e aprovação de nosso Código Civil anterior, a uma porque viviam o mesmo período do liberalismo, com o culto ao individualismo e, a duas, porque o Código Civil anterior teve por base ambas as codificações alienígenas mencionadas (BARROS *et al.*, 2002:363).

Com o passar do tempo, a jurisprudência francesa, por meio de algumas decisões judiciais, passou a aplicar a cláusula relativa à Teoria da Imprevisão.

Assinala FONSECA (1958:200) que o estudo da máxima pareceria, assim, fadado a constituir matéria de pura erudição histórica, segundo acentuou Pugliese, se não surgissem de quando em quando algumas decisões judiciárias aplicando-a, como o aresto da Cassação de Turim de 16 de agosto de 1990.

Consta ainda que, em 1918, a França fez promulgar a conhecida *Loi Failliot* (Lei de Failliot), de 21 de janeiro de 1918, autorizando a resolução dos contratos concluídos antes da Primeira Grande Guerra, na medida em que a execução dos mesmos se tornara por demais onerosa. O referido diploma demandava a participação obrigatória do juiz (VENOSA, 2010:476), sendo legislação excepcional em relação ao Código Civil francês, constituindo uma exceção ao Princípio da Obrigatoriedade dos Contratos, devido à peculiaridade da situação atravessada pelos franceses em razão das consequências deixadas pela guerra na economia daquele país (BARROS *et al.*, 2002:363).

A Teoria da Imprevisão, embora não prevista no Código Civil anterior, aos poucos foi sendo admitida pela doutrina nacional e aplicada pelos tribunais. O avanço da legislação esparsa teve importância básica para a mudança de posicionamento da doutrina e da jurisprudência. Leis posteriores ao Código Civil revogado, como, por exemplo, a legislação dos contratos administrativos (Decreto-Lei n. 2.300, de 1986); a denominada Lei de Luvas (Decreto n. 24.150, de 1934); bem como as leis do inquilinato que vigeram posteriormente (Leis ns. 6.649, de 1979, e 8.245, de 1991), dentre outras, abriram caminho para a adoção da Teoria da Imprevisão em nosso ordenamento jurídico civil. Neste sentido é a doutrina de Arnoldo Medeiros da Fonseca, que concluiu pela vigência da Teoria da Imprevisão no direito brasileiro, não obstante o silêncio do Código Civil anterior (BARROS *et al.*, 2002:364).

Também no mesmo sentido e admitindo expressamente a revisão contratual, temos o mestre Gustavo Tepedino, citado por JÚNIOR (1993:166), que assim se expressa:

> [...].
>
> A tendência geral da doutrina posterior, no entanto, foi preponderantemente no rumo de criar, para o contratante, um mecanismo de

revisão judicial das bases do negócio, com o propósito de restabelecer a equação econômica de início programada pela convenção. Com isso, adotava-se o princípio geral da conservação dos atos jurídicos, passando-se a entender possível a intervenção do juiz para modificar determinadas cláusulas do contrato, e somente com o malogro de a revisão admitir a decretação da rotura def nitiva do vínculo. (cf. GUSTAVO TEPEDINO, in Rev. Forense, 301/76).

[...].

Os requisitos para a aplicação da cláusula *rebus sic stantibus* são: "acontecimento superveniente, extraordinário e imprevisível", que torne a prestação excessivamente onerosa para o devedor, sendo que os "contratos devem ser a prazo ou de duração". O primeiro requisito é a superveniência, ou seja, o acontecimento a gerar a aplicação da cláusula deverá ser posterior ao período em que o contrato foi elaborado, devendo ocorrer durante a sua execução. O segundo requisito é a extraordinariedade e a imprevisibilidade do acontecimento com relação aos contratantes. Um fato será extraordinário e anormal para o contrato quando se afastar do curso ordinário das coisas. Será imprevisível quando as partes não possuírem condições de prever, por maior diligência que tiverem (VENOSA, 2010:476).

O contrato deverá conter prestações de trato sucessivo, sendo, portanto, firmados "a prazo, ou de duração", devendo o acontecimento superveniente, extraordinário e imprevisível surtir efeitos diretamente sobre a prestação a que se obrigou o devedor, tornando-a excessivamente onerosa, de modo a dificultar ou impossibilitar o seu cumprimento. O campo de incidência da cláusula *rebus sic stantibus* são os contratos bilaterais comutativos ou unilaterais onerosos. A doutrina sustenta a possibilidade de incidência também sobre os contratos aleatórios, desde que a onerosidade excessiva decorra de fato imprevisível que nada tenha a ver com a álea do contrato, sendo decorrente de fatores estranhos aos riscos do próprio contrato.

Há de se verificar, também, a ausência de culpa do devedor, o que demonstraria, primeiro, o conhecimento desse com relação ao acontecimento que interfere na prestação e, segundo, porque seria inconcebível que o devedor viesse a se beneficiar da própria torpeza. Quanto à mora do devedor, embora alguns doutrinadores sustentem que seria impeditiva da revisão do pacto, entende este signatário que a questão deva ser analisada em cada caso, na medida em que muitas vezes a mora é ocasionada pelo próprio acontecimento superveniente, extraordinário e imprevisível que vem a fundamentar o pedido revisional. Muitas vezes os fatos ocorrem de forma muito rápida, impossibilitando que o devedor pague ou deposite o valor em juízo. A referida impossibilidade tanto pode ser temporal quanto financeira, visto que às vezes o devedor tem o numerário para cumprir o pactuado, mesmo injustamente, e não o faz porque não houve tempo suficiente para pagar ou consignar em juízo. "Outras vezes, a onerosidade da prestação é tão excessiva que impossibilita, sob o aspecto financeiro, o devedor de saldar a obrigação pactuada. Nestes casos, com toda certeza, devidamente comprovados, a mora do devedor não pode e não deve, por injusto, impedir que o pedido de revisão ou extinção do contrato seja levado ao Poder Judiciário. É a aplicação do Princípio da Inafastabilidade da Jurisdição" (BARROS *et al.*, 2002:365).

A Teoria da Imprevisão, de aceitação já sedimentada em nossos tribunais, pelo requisito da imprevisibilidade, possui carga de subjetividade que por mais das vezes impede a sua aplicação à bem daqueles que se veem lesados ou ameaçados de lesão em seus patrimônios, por acontecimentos que alterem totalmente a base da contratação original, onerando excessivamente a prestação e impedindo o cumprimento do acordado.

O requisito da imprevisibilidade não se coaduna com os tempos modernos, de contratação de massa, de celeridade dos acontecimentos, muitas vezes inovadores e mesmo impensados. Há de se adotar a Teoria Objetiva da Onerosidade Excessiva para a solução dos conflitos relativos à revisão de cláusula contratual, sob pena de malogro da própria instituição, seguindo o exemplo do Código Civil português que, em seu art. 437, assim preconiza:

> [...].
>
> 1. Se as condições em que as partes fundaram a decisão de contratar tiverem sofrido uma alteração anormal, tem a parte lesada direito à resolução do contrato, ou à modificação dele segundo juízos de equidade, desde que a exigência das obrigações por ela assumidas afete gravemente os princípios da boa-fé e não esteja coberta pelos riscos próprios do contrato.
>
> 2. Requerida a resolução, a parte contrária pode opor-se ao pedido, declarando aceitar a modificação do contrato nos termos do número anterior.
>
> [...].

Dispõe, ainda, o mesmo Código, em seu artigo seguinte, que: A parte lesada não goza do direito de resolução ou modificação do contrato, se estava em mora no momento em que a alteração das circunstâncias se verificou. Quanto à questão da mora, o Código Civil português delineou a matéria de molde a não cometer qualquer injustiça, destacando que somente a mora já existente ao tempo em que a alteração das circunstâncias se verificou é que obstaria o pedido de resolução ou revisão do contrato. Assim, a *contrario sensu* permitiu que o devedor em mora pleiteasse a resolução ou modificação do contrato, desde que a mora tenha sido causada pela própria alteração das circunstâncias do tempo da contratação, encontrando-se em sintonia com os princípios norteadores da justiça contratual (BARROS *et al.*, 2002:366).

Ademais, a previsão de revisão contratual contida no ordenamento jurídico civil português prescinde do requisito subjetivo da imprevisibilidade da alteração das circunstâncias da época da contratação, o que demonstra a atualidade e a concepção moderna da referida legislação. O dispositivo em comento apenas exige como requisito a alteração anormal das circunstâncias que fundaram a decisão de contratar, permitindo que o juiz encarregado do julgamento da causa lance mão dos princípios de equidade, desde que seja afetada a boa-fé da parte prejudicada, não estando a obrigação coberta pelos riscos próprios do contrato. Essa última parte do dispositivo permite expressamente que seja formulado pedido de revisão com relação a contratos aleatórios, desde que a alteração das circunstâncias não tenha por base a própria álea contratual, sendo decorrente de fatores estranhos aos riscos do próprio contrato.

Infelizmente, o Código Civil Brasileiro não seguiu os passos do ordenamento civil português. Embora tenha inserido em seu bojo a imprevisão como forma de resolução e, ainda, dependendo do consentimento da parte contratante beneficiada pela onerosidade excessiva, admite a revisão contratual, o fez impregnado do requisito de ordem subjetiva relativo à imprevisibilidade, não demonstrando convergência com os princípios constitucionais que pregam a justiça contratual.

A Teoria da Imprevisão restou inserida nos arts. 478, 479 e 480 do CCB. Além dos requisitos subjetivos da extraordinariedade e da imprevisibilidade, o art. 478 exige, para caracterização da onerosidade excessiva, a ocorrência de extrema vantagem para a outra parte, que no caso é a beneficiada pela própria onerosidade excessiva. Esse requisito é incabível de ser exigido para comprovação da onerosidade excessiva, na medida em que esta pode perfeitamente ocorrer sem que haja extrema vantagem ou apenas vantagem para a outra parte. Aqui, o conteúdo subjetivo é ainda maior do que o contido na cláusula *rebus sic stantibus*, precursora dos estudos relativos à imprevisão (BARROS *et al.*, 2002:367).

A resolução do contrato, com base na onerosidade excessiva, depende de sentença judicial, conforme exigência contida no parágrafo único do art. 478 do CCB, retroagindo seus efeitos à data da citação.

Ademais, a modificação ou revisão da avença somente pode ocorrer após ajuizada a demanda de resolução e desde que a parte beneficiada pela onerosidade excessiva se ofereça para modificar as condições do contrato. Nos termos do art. 479 do CCB, a parte mais fraca da relação contratual, parte hipossuficiente, para ter direito à revisão contratual, fica na dependência da concordância da parte hipersuficiente, ou seja, da parte beneficiada pela ocorrência da onerosidade. De acordo com o texto frio da lei, a revisão, independentemente da concordância da parte beneficiada pela onerosidade excessiva, somente pode ser pleiteada em caráter preventivo, para os contratos nos quais as obrigações couberem a apenas uma das partes, conforme dispõe o art. 480, mas desde que seja comprovado o acontecimento extraordinário e imprevisível, exigido pelo art. 478 do mesmo diploma legal.

O legislador do Código Civil não seguiu o avanço adotado pelo legislador do Código do Consumidor, que previu a possibilidade de revisão dos contratos, adotando critério objetivo. De qualquer forma, a previsão do Código Civil já constitui um avanço em relação ao Código revogado, que nada previa. A doutrina e a jurisprudência têm o papel construtivo no sentido de interpretar o texto codificado, em consonância com os princípios constitucionais que privilegiam o ser humano e direcionam a nova teoria dos contratos para a realização do Princípio da Justiça Contratual. Também não se pode descartar a interpretação abrangente dos dispositivos constantes do CDC.

Aduza-se, por oportuno, que as cláusulas gerais insculpidas nos arts. 421 e 422 do CCB autorizam uma interpretação mais humana e atual do disposto no art. 478 do mesmo diploma, na medida em que preconizam a funcionalização social dos contratos, bem como a adoção do Princípio da Boa-Fé, tanto durante a contratação quanto no período de conclusão e execução do contrato.

Não se pode olvidar que o legislador civil, adotando a nova teoria contratual que teve como base os dispositivos da Constituição Federal e do Código de Defesa do Consumidor, inseriu a função social como princípio fundamental a limitar a liberdade de contratar. O contrato, para ter validade e eficácia, terá que observar a função social preconizada em lei, não podendo o mesmo legislador criar dispositivo que contrarie este princípio inserido na nova teoria contratual.

De maneira que, se deve observar sempre, em seara consumerista, aqui inserido o Contrato de Capitalização em estudo, é direito básico do subscritor a modificação das cláusulas contratuais que estabeleçam prestações desproporcionais ou a sua revisão em razão de fatos supervenientes que as tornem excessivamente onerosas, conforme impõe o art. 6º, V, do CDC.

4.5.2.2. Resilição

A resilição não deriva de descumprimento ou inadimplemento contratual, mas unicamente da manifestação de vontade, que pode ser bilateral ou unilateral. Ou seja, a resilição é consequência da dissolução do vínculo contratual pela vontade de um ou ambos os contratantes. Quer dizer, a resilição pode ser unilateral ou bilateral. Geralmente ela é bilateral (modalidade de revogação que se realiza pelo *contrarius consensus*), denominada de *distrato*, que é um contrato que visa a pôr fim a outro contrato, ou seja, é o acordo de vontades que tem por fim extinguir um contrato anteriormente celebrado, de cujas consequências serão aquelas que as partes combinarem. Senão vejamos.

4.5.2.2.1. Do Distrato

O distrato é o meio através do qual as partes fazem cessar os efeitos de determinado contrato por mútuo consenso. É uma forma de resilição bilateral, na medida em que as próprias partes contratantes resolvem dissolver a avença, mediante a entabulação de negócio extintivo. É propriamente o acordo de vontades para pôr termo a um contrato, desfazimento, de comum acordo, do laço que prendia os contraentes. Ou seja, distrato é o acordo de vontades que tem por fim extinguir contrato anteriormente celebrado.

Ensina GOMES (2007:222) que o modo normal de resilição bilateral é o distrato, negócio jurídico pelo qual as partes, declarando conjuntamente a vontade de dar cabo do contrato, rompem o vínculo, extinguindo a relação jurídica. É, em síntese, um contrato para extinguir outro.

O distrato, de acordo com o Princípio da Atração das Formas, conforme estipulado pelo art. 472 do CCB, exige a mesma forma do contrato anteriormente celebrado, isto é, se o contrato objeto do distrato, p. ex., for a compra e venda de imóvel superior à taxa legal, exige-se escritura pública para sua validade, o seu distrato, de comum acordo, necessariamente terá de ser realizado por meio de escritura pública para ter validade jurídica. Tal dispositivo não deve ser interpretado, contudo, de forma literal, mas com temperamento: o distrato deve obedecer à mesma forma do contrato a ser desfeito quando esse tiver forma especial, mas não quando esta for livre. Desse modo, p. ex., o contrato de locação, que tem forma livre, pode ser objeto de distrato verbal, mesmo tendo sido constituído mediante contrato escrito. Os efeitos do distrato são *ex nunc*, para o futuro, não se desfazendo os anteriormente produzidos, salvo disposição em contrário, não podendo prejudicar terceiros.

Como vimos, o distrato é forma de resilição do contrato, quando as partes manifestam a vontade de romper o vínculo inicialmente assumido, devendo ser diferenciado da quitação que uma das partes dá a outra quando ocorre o cumprimento da obrigação contratual. O contrato, embora não cumprido em sua plenitude, pode ser objeto de distrato, que na realidade é a realização de um negócio jurídico para pôr fim a outro. Contudo o negócio jurídico pode também ser extinto pelo seu cumprimento e, neste caso, bastará a mera quitação que, independentemente de forma, produzirá os efeitos de direito (BARROS *et al.*, 2002:359).

A redação contida no art. 472 do CCB é parte da redação do art. 1.093 do Código anterior, sem menção à validade da quitação, independentemente da sua forma. Assim, a quitação vale qualquer que seja a sua forma. Não precisa obedecer à mesma forma do contrato. Desta maneira, a hipoteca só pode ser convencionada por escritura pública. A quitação do crédito hipotecário, no entanto, pode ser outorgada por instrumento particular, conforme dita o art. 320 do CCB. Entretanto, como o citado dispositivo exige determinados requisitos para a validade da quitação, dentre eles a assinatura do credor, obviamente deve ter a *forma escrita*. Esta parte do antigo dispositivo foi inserida no livro relativo ao Direito das Obrigações, Capítulo I, Seção III, sob o título "Do objeto do pagamento e sua prova", art. 320, parágrafo único, que é o local mais apropriado.

4.5.2.2.2. Da Denúncia

Quando a resilição é unilateral, denomina-se *denúncia* e não existe a garantia do retorno à situação anterior ao contrato (*status quo ante*), excepciona o princípio *pacta sunt servanda*, já que a lei autoriza que uma das partes denuncie o contrato à outra, comunicando[107] que pretende extinguir o contrato, normalmente de execução continuada. As partes apenas devem resolver as pendências. Essa forma de dissolução somente poderá ocorrer em alguns contratos, pois a regra é a impossibilidade de um contraente romper o vínculo contratual por sua exclusiva vontade, principalmente nos contratos de consumo, como é o Contrato de Capitalização. Neste pacto é tida como abusiva e consequentemente nula de pleno direito qualquer cláusula que autorize a Sociedade de Capitalização a cancelar o contrato unilateralmente, sem que igual direito seja conferido ao subscritor (art. 51, XI, do CDC).

Alguns contratos no âmbito civilista, no entanto, pela sua própria natureza, podem ser dissolvidos unilateralmente. Isso ocorre, por exemplo, naqueles de execução continuada, celebrados por prazo indeterminado, como de prestação de serviços, fornecimento de mercadorias etc. Nesses casos, a resilição denomina-se *denúncia*. Podem ser mencionados ainda, como exemplos, os de mandato, comodato e depósito. No primeiro, a resilição denomina-se *revogação* ou *renúncia*, conforme a iniciativa seja, respectivamente, do mandante ou do mandatário. Na enfiteuse, ocorre o resgate (art. 693 do CCB de 1916), como modo de liberação unilateral do ônus real. A resilição unilateral independe de pronunciamento judicial e produz somente efeitos *ex nunc*, não retroagindo.

Dispõe o art. 473 do CCB que a "resilição unilateral[108], nos casos em que a lei expressa ou implicitamente o permita, opera mediante denúncia notificada à outra parte". Se, porém, dada a natureza do contrato, uma das partes houver

---

(107) Segundo TAGLIETA (2006-01), essa comunicação é feita por meio da renúncia ou da revogação, com efeito *ex nunc*.

(108) Casos de resilição unilateral: I) na locação, há a denúncia, que pode ser cheia ou vazia (sem motivos); II) contratos baseados na confiança: comodato, doação, depósito e mandato. Quem pode revogar é o comodante, o depositante, o mandante e o doador. A renúncia cabe ao comodatário, donatário, depositário e mandatário; III) fiança com prazo indeterminado. O art. 835 do CCB prevê exoneração unilateral por simples notificação ao credor. O fiador poderá exonerar-se, na fiança com prazo indeterminado, mediante notificação ao credor, com quem mantém o contrato, garantindo a dívida por mais 60 dias após a notificação. Entretanto há questões polêmicas em relação à aplicação do art. 835 do CCB: 1ª) Não é possível renunciar, por força do contrato, ao que consta no art. 835 do CCB em nenhum caso. Decisão do extinto 2º TAC/SP. O art. 835 do CCB é norma de ordem pública que protege o fiador. 2ª) O art. 835 do CCB aplica-se à locação de imóvel urbano, já que o art. 39 da Lei n. 8.245, de 1991 (lei de locação), prevê que as garantias estendem-se até a entrega das chaves. Qual prevalece? Prevalece o art. 835 do CCB, pois se trata de norma especial aplicável à fiança com prazo indeterminado. O art. 39 da lei de locação deve ser aplicado à fiança com prazo determinado.

feito investimentos consideráveis para a sua execução, "a denúncia unilateral só produzirá efeito depois de transcorrido prazo compatível com a natureza e o vulto dos investimentos" (art. 473, parágrafo único, do CCB).

Portanto a resilição unilateral, desde que a lei expressa ou implicitamente a permita, se realiza mediante notificação de uma parte a outra. A lei presume que ninguém deseja contratar perpetuamente, assim, facultando às partes contratantes que possam resilir unilateralmente a avença, mediante notificação prévia da parte contrária, concedendo-lhe prazo razoável para que possa se adequar à nova situação. Obviamente que, se o contrato objeto da resilição unilateral, para sua realização, tiver levado a outra parte a realizar investimentos de vulto, a denúncia unilateral somente produzirá efeitos após transcorrido prazo que permita àquele que investiu um mínimo de condições de recuperação de seus investimentos. Assim dispõe o art. 473 e seu parágrafo único do CCB (BARROS *et al.*, 2002:359).

4.5.2.3. Da Morte

A morte de um contratante só acarreta a dissolução dos contratos personalíssimos (*intuitu personae*), que não poderão ser executados pela morte daquele em consideração do qual foi ajustado.

Contudo subsistem as prestações cumpridas, pois o seu efeito opera-se *ex nunc*. Por exemplo, a fiança, que se extingue com a morte do fiador. A condição do fiador não se transmite, mas transmitem-se as obrigações vencidas em vida aos sucessores até os limites da herança, segundo o art. 836 do CCB.

4.5.2.4. Da Rescisão

O termo rescisão[109], por vezes, é usado como sinônimo de resolução e de resilição. No entanto deve ser empregado para as hipóteses de dissolução de determinados contratos, como aqueles em que ocorreu lesão ou que foram celebrados em estado de perigo (arts. 156 e 157 do CCB). A primeira é um defeito do negócio jurídico, que se configura quando alguém obtém um lucro exagerado, desproporcional, aproveitando-se da inexperiência ou da situação de necessidade do outro contratante (art. 157 do CCB). O estado de perigo assemelha-se à anulação pelo vício da coação e caracteriza-se quando a avença é celebrada em condições desfavoráveis a um dos contraentes, em situação de extrema necessidade, conhecida

(109) Para alguns autores, a rescisão é gênero, admitindo as seguintes espécies: resilição e resolução, cf. TAGLIETA (2006-01). No entanto essa classificação não é pacífica, há aqueles que entendem que rescisão não é gênero, mas outra espécie, ao lado da resilição e da resolução, nos casos de fim dos contratos em razão de lesão ou estado de perigo.

da outra parte[110] (art. 156 do CCB). Os efeitos da sentença retroagem à data da celebração do contrato em ambos os casos. Destarte, a parte que recebeu fica obrigada a restituir.

Anota-se que é prática abusiva nos termos do art. 39 e proibida pelo CDC, dentre as quais, prevalecerem-se o fornecedor da fraqueza ou ignorância do consumidor, tendo em vista sua idade, saúde, seu conhecimento ou sua condição social, para impingir-lhe seus produtos ou serviços; exigir do consumidor vantagem manifestamente excessiva; e deixar de estipular prazo para o cumprimento de sua obrigação ou deixar a fixação de seu termo inicial a seu exclusivo critério; bem como deixar de estipular prazo para o cumprimento de sua obrigação ou deixar a fixação de seu termo inicial a seu exclusivo critério.

Observa-se que a rescisão do contrato, de acordo com o previsto em lei, garante a restituição ao consumidor da quantia eventualmente antecipada, com correção monetária e sem prejuízo de perdas e danos. Neste caso, optando pela rescisão do contrato, o consumidor deve devolver o produto ou a parte dele porventura já entregue e indenizar os serviços parcialmente executados, se houver.

4.5.2.5. Da exceção de contrato não cumprido **(exceptio non adimpleti contractus)**

De acordo com o art. 476 do CCB, "nos contratos bilaterais, nenhum dos contratantes, antes de cumprida a sua obrigação, pode exigir o implemento da do outro". Isso quer dizer que qualquer das partes poderá valer-se da *exceptio non adimpleti contractus*, isto é, da exceção do contrato não cumprido, ou seja, enquanto uma parte não arcar com a sua prestação, não poderá exigir a da outra. Se o fizer, a outra poderá opor-lhe essa exceção. Claro que isso somente se aplica quando as prestações forem simultâneas, pois, se as prestações são sucessivas, não há falar nessa exceção, visto que uma das partes depende da prestação da outra para executar a sua.

---

(110) Nota-se que são cláusulas abusivas e, portanto, nulas de pleno direito, entre outras, as cláusulas do Contrato de Capitalização que impossibilitem, exonerem ou atenuem a responsabilidade da Sociedade de Capitalização por vícios de qualquer natureza dos produtos e serviços ou impliquem renúncia ou disposição de direitos; subtraiam ao subscritor ou ao titular a opção de reembolso da quantia já paga, nos casos previstos no CDC; transfiram responsabilidades a terceiros; e estabeleçam obrigações consideradas iníquas, abusivas, que coloquem o subscritor ou o titular em desvantagem exagerada, ou sejam incompatíveis com a boa-fé ou a equidade; imponham representante para concluir ou realizar outro negócio jurídico pelo subscritor ou o titular; deixem à Sociedade de Capitalização a opção de concluir ou não o contrato, embora obrigando o subscritor ou titular; permitam à Sociedade de Capitalização, direta ou indiretamente, variação do preço de maneira unilateral; obriguem o subscritor ou titular a ressarcir os custos de cobrança de sua obrigação, sem que igual direito lhe seja conferido contra a Sociedade de Capitalização; autorizem a Sociedade de Capitalização a modificar unilateralmente o conteúdo ou a qualidade do contrato, após sua celebração; e estejam em desacordo com o sistema de proteção ao consumidor, nos termos do art. 51 do CDC.

É de aplicação aos contratos bilaterais sinalagmáticos, caracterizando-se pela reciprocidade das prestações avençadas. Cada parte contratante é, ao mesmo tempo, credora e devedora de determinadas obrigações, devendo, em princípio, o cumprimento se dar de forma simultânea. Uma parte não pode exigir o cumprimento por parte da outra, se está inadimplente quanto ao cumprimento de sua própria obrigação. Trata-se de uma espécie de defesa que é disponibilizada à parte que, demandada, verifica que a parte demandante também não cumpriu a obrigação assumida.

Nosso ordenamento civil anterior previa a denominada *exceptio non adimpleti contractus* no *caput* do art. 1.092. Hoje, o instituto vem regulado nos arts. 476 e 477 do CCB, havendo previsão de regra análoga no BGB, bem como no Código Civil português, esse último nos artigos 428º a 431º. A previsão legal não visa à resolução do contrato, muito ao contrário, visa a criar condições para o seu cumprimento. A parte prejudicada exige que a outra parte cumpra a sua obrigação, mantendo suspenso o cumprimento da obrigação que lhe competia. Note-se que a recusa no cumprimento tem como fundamento o fato de aquele que reclamou em primeiro lugar também não ter cumprido a sua parte.

A regra insculpida no art. 476 do CCB configura a hipótese de inadimplemento. As obrigações assumidas pelas partes, por serem recíprocas, devem ser cumpridas simultaneamente ou não, sendo que em ambos os casos pode ocorrer à arguição da exceção do contrato não cumprido. Obviamente que, se uma parte tiver de cumprir a sua obrigação primeiro, essa não poderá arguir a exceção, porque a obrigação a ser prestada pela outra parte ainda não estaria vencida. Mas, se a parte que tiver de cumprir a obrigação em primeiro lugar assim não proceder e pretender cobrar que a outra parte, que teria de cumprir a obrigação em segundo lugar, o faça, aí a parte demandada poderá arguir a exceção do contrato não cumprido. O não cumprimento, a gerar a possibilidade de arguir a exceção, pode ser total ou parcial. Contudo a parte inadimplente pode oferecer o cumprimento da prestação devida, juntamente com a resposta à exceção formulada, o que faz com que a exceção seja aniquilada, tornando obrigatório o cumprimento da obrigação que com a exceção permaneceria suspensa.

O art. 477 do CCB prevê a hipótese baseada no fato da diminuição do patrimônio de uma das partes, que seja capaz de influir diretamente em sua condição de cumprimento da obrigação assumida. Neste caso, uma das partes pode se recusar ao cumprimento de sua obrigação, até que a parte afetada em seu patrimônio dê garantia bastante de cumprimento de sua obrigação. Cada parte, ao contratar, o faz com base em condições econômicas que deem suporte para o cumprimento da obrigação assumida. Se, após concluído o contrato, uma das partes perde a condição econômica que possuía quando da contratação, a outra parte pode negar o cumprimento da obrigação assumida, até que a parte que se encontra financeiramente abalada dê garantias para o cumprimento de sua obrigação. Este abalo financeiro pode ser detectado através do protesto de um Título, do ajuizamento de uma execução ou do requerimento de concordata, fazendo com que o outro contratante tenha motivos suficientes para duvidar que a prestação assumida possa ser cumprida. Por outro lado, a garantia pode se dar através de fiança ou aval, bem como através de garantia real, que possibilite a segurança para a outra parte cumprir a obrigação assumida. Uma vez prestada garantia bastante, caduca a exceção, voltando a ser obrigatório o cumprimento da obrigação que se encontrava suspenso (BARROS *et al.*, 2002:362).

Há que se repisar que se uma parte perceber que há um risco futuro para o cumprimento do contrato, poderá exigir que a outra cumpra primeiro com sua obrigação ou exigir uma forma de garantia.

Importante se observar que a chamada cláusula "*solve et repete*", ou seja, aquela que traz renúncia aos arts. 476 e 477 do CCB, em alguns contratos não é válida, como no contrato de consumo (art. 51 do CDC) e no contrato de adesão (art. 424 do CCB), como é o caso do Contrato de Capitalização. Enfim, se ambas as partes descumprirem totalmente com suas obrigações, resolve-se o contrato.

CAPÍTULO V

DAS CARACTERÍSTICAS DO CONTRATO DE CAPITALIZAÇÃO

5.1. CONSIDERAÇÕES INICIAIS

Nos capítulos anteriores, dissemos superficialmente algumas palavras acerca da Teoria Geral dos Contratos aplicada ao contrato de Capitalização, a partir disso, pretendemos tecer breves comentários em torno da natureza jurídica do Contrato de Capitalização, desde quando, dada a sua complexidade, não nos permite ser prolixos nos limites naturais do trabalho. Aliás, o assunto é sobremodo interessante, presta-se a uma série de controvérsias, divagações, e constitui motivo para a feitura de outros livros.

Entre nós ainda a legislação não situou, com a necessária precisão, o Contrato de Capitalização dentre os contratos de várias e diferentes modalidades. O aspecto jurídico com que este se apresenta ainda não foi devidamente fixado em nossos textos legais, e, exatamente por isso, são numerosos os pontos de vista dos que estudaram e se dedicam à intrincada questão.

SCIOTTI (1948:42) relembra que fato idêntico se passou com os Seguros de Vida, em seu início: primeiro constituiu-se uma realidade, um empreendimento em marcha, a progredir vitoriosamente e a solicitar, para sua solidez, a letra legal; estudaram-na os legisladores, viram-na de todos os ângulos e através de todas as modalidades em que se desdobrava, atendendo ao ritmo cada vez mais acelerado da vida humana e às particularidades infinitas dos seus grandes problemas. Enfim surgiu a legislação adequada, criteriosamente urdida pela observação direta dos fatos, a garantir os interesses dos segurados pela estabilidade real das empresas de seguro.

Quando, há pouco, no Capítulo I, traçamos um rápido esboço sobre as origens e a evolução extraordinária do Contrato de Capitalização, tivemos ensejo de salientar o fato de que, na França, de onde surgiu, a sua existência precedeu de muito a sua legislação específica. Também no Brasil, só no ano de 1933 foi promulgado o Decreto que regulamentou e desde 1929 já operava a primeira Sociedade de Capitalização em território nacional, mercê de uma simples autorização governamental.

É verdade que em 1920 havia uma citação no Regulamento de Seguros referente à Capitalização, mas não se tratava, evidentemente, de nada além de uma referência, imprecisa, sobre a mesma.

De fato, o Decreto de n. 22.456, de 10 de fevereiro de 1933, o primeiro texto legal sobre o tema no País, atrasou-se em quatro anos da própria realidade da Capitalização no Brasil.

Isso, que a muitos poderá transparecer como um descuido, inconcebível sempre, do legislador, da doutrina e da jurisprudência, não reflete senão o tumulto contínuo que a civilização desperta em todos os setores de atividade do homem, sugerindo novas transações, novos contratos, atualizando sem cessar os conceitos básicos da existência e das possibilidades humanas na inter-relação dos indivíduos e de suas instituições.

Nesse sentido, cabem aos juristas, ensina SCIOTTI (1948:44), o estudo calmo e o julgamento imparcial de todas estas avassaladoras conquistas da civilização, a fim de que possam criteriosamente "separar o joio do trigo", desmascarar as especulações e apoiar os empreendimentos capazes e honestos, dando-lhes a proteção da lei. Tal estudo e tal julgamento são tarefas imprescindíveis à ordem social por que delas emanam as medidas de garantia para ambas as partes contratantes, — como no caso da Capitalização, — e a mediação em questões ou dúvidas que venham a ser suscitadas e convenientemente resolvidas. Desta sequência natural da realidade e da lei é que surgiu o conceito tão verdadeiro: "os costumes passam para os códigos e não os códigos para os costumes".

CARVALHO DE MENDONÇA (1942:43) assim se referiu ao historiar o ingresso do Seguro de Vida ao recinto das leis:

> [...].
>
> *Penetrou não como conviva recém-vindo e festejado, mas como um conquistador que ganhou terreno palmo a palmo, com esforço ingente, pelas suas vantagens na vida social.*
>
> [...].

Nesse passo, o mesmo sucedeu, como acabamos de ver, ao Título de Capitalização: travestido de fantasia no seu começo, foi pouco a pouco deixando a roupagem europeia e substituindo-a pela áurea veste de realidade útil com que hoje se mostra aos nossos olhos — legítimo conquistador —, segundo SCIOTTI (1948:44).

A lei francesa de 1907 regulamentou a constituição, o mecanismo e a fiscalização, por parte do governo, das Sociedades de Capitalização, mas escapou ao seu texto, como ao de nosso Decreto n. 22.456, de 1933, bem como ao atual Decreto-Lei n. 261, de 1967, que revogou o Decreto de 1933, a definição exata da natureza jurídica do Contrato de Capitalização. Então, formulemos.

5.2. CONCEITOS DE CONTRATO DE CAPITALIZAÇÃO

Primeiro, nas palavras de SILVA (2010:251), segundo a sua origem, tomado com acepção própria, **Capitalização**, seja no sentido jurídico, seja no sentido econômico, quer significar a conversão dos rendimentos ou dos frutos de um capital(111), em capital, unindo-se tais frutos ao principal, para se igualarem ou se acumularem a ele. Desse modo, a Capitalização mostra-se a gênese de novo capital, que se vem anexar ou acumular ao primitivo, de onde se produziu, para aumentar a sua soma. A Capitalização ocorre segundo se ajustar, pois que, não havendo ajuste, ou convenção, em regra não se opera a Capitalização, isto é, os lucros, os juros ou as rendas não se acumulam ao capital. Nesse sentido, entende-se, pois, na convenção negocial que aqui se estuda, Capitalização como sendo uma combinação de economia programada com aplicação única ou mensal, vinculada à participação em sorteios.

---

(111) Cf. SILVA (2010:249-250), **capital** é derivado do latim *capitalis*, de *caput*, possui o sentido de *principal*, *fonte*, *origem*, dando, assim, a ideia de algo que tem preponderância, serve de elemento fundamental, para a produção de novas riquezas, desde que já se tem o sentido de riquezas anteriormente acumuladas. A primeira noção de *capital* vem de seu conceito econômico, em que se debatem os teoristas, consoante os princípios dominantes no sistema esposado. Mas, em todas as teorias, predomina a ideia de que o capital representa sempre a soma de valores ou de coisas que possuam o valor de troca e sejam o efeito acumulado de trabalho anterior (CAREY), ou qualquer coisa que possa ser usada de dois modos diferentes, ou para consumo pessoal do proprietário ou para produzir lucro ou renda em seu benefício (MACLEOD). Donde, em sentido econômico, na síntese de FONTENAY, **capital** é toda quantia econômica aplicada com o fito de lucro. Ou, então, toda soma de riquezas adquiridas, em oposição à soma de novas riquezas que possam ser produzidas por elas: *os frutos, os lucros e os juros*. Em razão disso, os economistas, salvo objeções dos marxistas, colocam-no entre os fatores de produção. Mas, em verdade, nos próprios domínios da Economia, há *capitais improdutivos*. **Capital**, em Direito Civil e em Direito Comercial, tem várias acepções, que, em regra, se mostram análogas. Deste modo, encontramos os sentidos: a) de principal de uma dívida ou parte principal de um débito (*capitalis pars debiti*), para distingui-lo dos juros, que dele se auferem; b) dinheiro disponível para aplicação em negócios ou em empréstimos; c) soma de bens, sentido em que se mostra equivalente a *patrimônio*, que produz rendas, distinguindo-se, assim, de outras *fontes produtoras de rendas*, tais como as atividades profissionais, onde a produção de rendas provém do próprio trabalho, embora possa ser este auxiliado pelo capital aplicado nos instrumentos da profissão. Neste sentido, também o tem o Direito Tributário, para efeito de tributação do imposto de renda, onde se distinguem as rendas que provêm da *aplicação de capitais* e as que resultam do exercício de profissões. **Capital**, na terminologia técnica do Direito Comercial, possui ainda a significação especial de indicar a categoria de sociedades, em que a responsabilidade dos sócios é restrita à soma de dinheiro com que se obrigaram para a formação do *capital social*, e, por esta razão, as sociedades se dizem de *capital*, para diferenciá-las daquelas em que a responsabilidade é solidária e ilimitada, e se denominam de pessoas. **Capital**, consoante seu sentido etimológico de *cabeça*, é empregado para designar a cidade principal de um Estado ou País, justamente aquela onde se acha instalada a sede de seu governo. **Capital**, na contabilidade, é título representativo do *capital nominal* da sociedade ou firma, sendo o lançamento inicial feito pelo débito na conta dos sócios das cotas de sua obrigação e crédito de capital, que assim se conserva com o saldo fixado no contrato ou na declaração da firma, se individual.

Tal ajuste da Capitalização, em nosso sistema, não está compreendido entre os contratos de seguro[112]. A regulamentação inicialmente encontrava-se fundamentalmente no Decreto n. 22.456, de 1933 e, hoje, ainda, no Decreto-Lei n. 261, de 1967. Visto que não se trata de seguro, passemos a conceituá-lo.

MARTINS (2000:367) conceitua esta convenção de Capitalização como sendo o contrato em que os portadores de certas quotas contribuem para a constituição de um fundo específico, que lhe será devolvido em certa época ou ocorrendo determinado evento.

Segundo PEREIRA (2004:471), a Capitalização tem por objeto oferecer ao público a composição de um capital mínimo, a ser pago em prazo máximo determinado à pessoa que subscrever ou possuir um título, segundo cláusula e regras aprovadas e mencionadas no mesmo. O pagamento pode ser antecipado ao que for contemplado em sorteio.

Compreende COELHO (2012:555) que Contrato de Capitalização é o contrato pelo qual uma sociedade anônima, especificamente autorizada pelo governo federal a operar com esse gênero de atividade econômica, se compromete, mediante contribuições periódicas do outro contratante, a pagar-lhe importância mínima ao término de prazo determinado. Comumente, firma-se cláusula contratual com a previsão de prêmios ou de antecipação do pagamento do capital a contratantes sorteados.

Configura-se a Capitalização como contrato aleatório apenas se pactuada esta cláusula de premiação ou antecipação por sorteio, que, inclusive, representa o aspecto atraente do produto. Mais que o recebimento do capital, ao término do prazo convencionado, interessa aos contratantes a possibilidade de ganhos oferecida pela eventual premiação.

Para o Contrato de Capitalização, é indispensável a emissão do respectivo Título de Capitalização pela sociedade anônima autorizada a operar neste ramo de atividade. Tal documento tem a natureza de Título de Crédito Impróprio de Investimento e, por este motivo, comporta somente a forma nominativa (Lei n. 8.021, de 1990, art. 2º, II).

Afirma GOMES (2007:525), por sua vez, que, pelo Contrato de Capitalização, uma das partes paga à outra contribuições periódicas para receber, em prazo estipulado, determinado capital, cujo pagamento pode ser antecipado mediante sorteio.

---

(112) Cf. GOMES, Orlando. *Op. cit.*, p. 426: [...]. Não se confunde o contrato como outras figuras contratuais com o seguro e o mútuo [...].MARTINS, Fran. *Op. cit.*, p. 367. [...]. Igualmente não se confunde o contrato de seguro com o de capitalização [...]. Caio Mário. *Instituições*... cit, .v. III. p. 471: [...]. Capitalização não é propriamente um seguro, mas operações assemelhadas a este e a constituição de renda [...].

Como se vê das colocações dos doutos autores, há o pagamento[113] de prestações com vistas ao recebimento de quantia a tempo certo ou por evento, mas essas circunstâncias de *per si* não servem para diferenciá-lo (o Contrato de Capitalização) do seguro de sobrevivência que também pode ser por tempo certo, e a Capitalização também usa eventualmente de sorteio, ou seja, de um evento[114].

Nem se use a circunstância de pagamento de prestações contínuas para diferenciá-los, eis que também é cabível o prêmio por prestações que poderiam inclusive estender-se até o termo apresentado. Logo o grande diferenciador é a ausência de assecuritização de risco, presente no seguro, já que na Capitalização há fim previdenciário[115].

É da essência econômica do Contrato de Capitalização a poupança do contratante — economia programada — que, ao se obrigar perante a Sociedade de Capitalização pelas prestações periódicas ou aplicação única, acaba forçando-se a economizar uma certa parte de sua renda. No prazo do Contrato, ele terá direito à restituição do *capital*[116] *poupado*[117] — isto é, *capital lucrativo*[118], melhor seria, restituição do *capital produtivo*[119] — ou a parte deste, acrescido dos consectários definidos no Título.

Existem no mercado produtos denominados *Capitalização*, aos quais, não obstante, falta esta marca de poupança, uma vez que o contratante

---

(113) O valor total de "prêmios" de Capitalização (valores pagos pelos clientes, o que, tecnicamente, na Capitalização é denominado de "pagamentos") tem gerado, aproximadamente, 10 bilhões de reais ao ano. Apesar da crise financeira mundial que teve início em 2008, o mercado de Capitalização continua em expansão na economia brasileira. De acordo com dados da SUSEP (Superintendência de Seguros Privados), somente em 2009, o faturamento das sociedades de capitalização apresentou um crescimento nominal de 12% em relação ao ano anterior. Apesar da expansão num cenário de crise, as sociedades de capitalização terão grandes desafios a enfrentar, cf. FUNENSEG (2012-11).

(114) Esta possibilidade toma o contrato aleatório segundo GOMES (1999:232).

(115) Cf. GOMES (1999:425). Ainda Pontes de Miranda. *Op. cit.*, v. 45, § 4911, n. 2, p. 274, [...]. No contrato de Seguro pré-elimina-se a álea, prevê-se, e por isso requer-se a promessa do segurador, razão para se aludir a função de previdência [...].

(116) **Capital Privado** é o capital pertencente aos particulares e que se encontra em giro ou circulação nas diversas empresas industriais ou comerciais, distinto do capital que entra na circulação, mas que pertence às entidades públicas e às autarquias administrativas (SILVA, 2010-251).

(117) Cf. SILVA (2010:250), *capital economizado* é a denominação dada para toda soma em dinheiro guardada pela pessoa, como medida de previdência pessoal, isto é, para acorrer a gastos extraordinários ou eventuais, que se venha a registrar. Desse modo, na técnica econômica, o *capital economizado* entende-se o **capital poupado**, ou seja, o pecúlio que se forma pela poupança, que tem por finalidade prevenir manutenção futura, nos casos anormais ou críticos, em que os salários ou as rendas da pessoa não bastam para suprir as suas necessidades.

(118) **Capital Lucrativo** é o que é aplicado em empréstimos, *títulos* ou ações (SILVA, 2010-251). Grifos nossos.

(119) **Capital Produtivo**. Diz-se do que é aplicado no comércio e na indústria, para a missão de *reproduzir*, mostrando-se, desse modo, um fato da *economia coletiva*. E, assim, se opõe ao capital lucrativo, que simplesmente promove rendas ou rendimentos, sem cooperar na produção (SILVA, 2010-251). Grifos nossos.

desembolsa, para aquisição do Título de Capitalização, apenas uma única prestação e de valor comumente exíguo.

Neste ponto, é de se considerar que, em sua essência, Capitalização é uma combinação de economia programada com aplicação única ou mensal, vinculada à participação em sorteios.

Compreende-se aqui como **Sorteio** o evento no qual se apura o(s) número(s) da sorte dos Títulos de Capitalização contemplado(s). De fato, o sorteio tem sido o atrativo para a aplicação financeira. As operações podem ser realizadas com base em sorteios oficiais (forma de sorteio substitutivo) ou de sorteios realizados pela própria Sociedade de Capitalização, o chamando sorteio próprio, e, ainda, pode ser por premiação instantânea, de acordo com a estrutura dos títulos que preveem sorteio. Dá-se, então, a premiação, ou seja, a importância recebida, pelo subscritor, em razão de contemplação em sorteio.

O sorteio realizado por meio de premiação instantânea deve atender aos seguintes requisitos:

I — o conhecimento relativo à contemplação na premiação instantânea deve estar disponível ao Titular no momento imediatamente posterior à aquisição do Título de Capitalização, dependendo exclusivamente de sua atuação;

II — os procedimentos que o Titular deve utilizar para verificar a contemplação na premiação instantânea devem estar previstos nas CONDGs do Contrato de Capitalização e respectivo Título; e

III — a cada alteração de critério, é necessária a realização de auditoria independente.

Para cada sorteio realizado, inclusive nos de premiação instantânea, as Sociedades de Capitalização devem manter, à disposição da SUSEP, o **Relatório da Auditoria Independente**, onde devem constar, no mínimo, o seguinte:

I — as regras estabelecidas pela Sociedade de Capitalização para determinação dos resultados de sorteios a serem obtidos;

II — parecer atestando a aleatoriedade, a equiprobabilidade de ocorrência dos possíveis resultados e a efetiva distribuição dos prêmios previstos nas CONDGs; e

III — parecer atestando a garantia de sigilo quanto ao conhecimento dos títulos contemplados, no caso de premiação instantânea.

A exploração desta atividade econômica é disciplinada pelo Decreto-Lei n. 261, de 1967, que instituiu o Sistema Nacional de Capitalização, aproveitando a estrutura do Sistema Nacional de Seguros Privados. Assim como as seguradoras, as Sociedades de Capitalização submetem-se a controle e normatização do *CNSP* e da *SUSEP* (COELHO:2012:556).

Como alhures fixamos, Título de Capitalização, instrumento material fruto do

Contrato de Capitalização, é uma modalidade de Título financeiro que objetiva a formação de um capital por meio de aplicação de uma importância prefixada, por período estipulado, a taxa de juros determinada.

Na verdade, Capitalização é tipo *sui generis* de contrato.

O Contrato de Capitalização, na classificação geral dos fatos jurídicos, é ato *lato sensu*, em virtude do componente vontade, da espécie negócio jurídico, cuja forma mais expressiva é o *contrato*. A condição de negócio tem em vista a correlação vontade – conteúdo, na medida em que a emissão de vontade interfere não só como elemento preponderante na formação contratual no que diz respeito à existência ou inexistência; vai mais longe, determinando o conteúdo e a eficácia do ato (*princípio da liberdade contratual*). Analisado enquanto pacto, o Contrato de Capitalização é de natureza mista, pois possui disciplina civil, consumerista e comercial, como a seguir confirmamos.

Contrato de Capitalização, entende FIÚZA (2003:566), é aquele em que o consumidor "compra um Título" se comprometendo a pagar mensalidades enquanto o fornecedor (a empresa capitalizadora) se compromete a entregar um valor determinado ou bem móvel, denominado **prêmio**, mediante sorteio a ser realizado com base nos números da Loteria Federal ou quando se encerrar o contrato, sendo o Título de Capitalização o documento que fica em poder do consumidor.

5.3. CONTRATO: FONTE DE OBRIGAÇÃO[120]

Doutrinariamente, diz-se que o contrato, ao lado das declarações unilaterais de vontade e dos atos ilícitos[121], dolosos e culposos, por ação ou omissão, é fonte de

(120) Classificação das Obrigações quanto ao objeto (de dar, de fazer e de não fazer). Em se adotando a classificação das obrigações prevista no Código Civil, temos o seguinte quadro, **quanto ao objeto e quanto ao sujeito.** ***Quanto ao objeto*** subdividem-se em: ***positivas,*** que são as de **dar e** as de **fazer; *negativas,*** que são as de **não fazer (arts. 882 e 883); *alternativas; divisíveis; indivisíveis. Quanto ao sujeito,*** as obrigações classificam-se em: **individuais; solidárias. *A Obrigação Positiva*** de dar é aquela cujas prestações consiste na entrega de uma coisa móvel ou imóvel, seja para constituir um direito real, seja somente para facultar o uso, ou ainda, a simples detenção, seja, finalmente, para restituí-la ao seu dono. Tal definição compreende duas espécies de obrigações: a de dar, propriamente dita, e a de restituir. O devedor não se desobriga, nesta relação jurídica, oferecendo outra coisa, ainda que mais valiosa. Se a coisa a dar é certa, nela se compreendem os seus acessórios, ainda que se achem, no momento, dela separados, salvo se, na convenção, o devedor foi eximido desse encargo. A *obrigação positiva* de dar pode estar fundada em coisa certa ou em coisa incerta. Na obrigação de dar coisa certa, o credor não está obrigado a receber outra coisa, mesmo que seja mais valiosa. O devedor entregar ou restituir o bem ao credor, sem que se permita qualquer modificação no objeto da prestação. No tocante à **obrigação positiva de fazer (arts. 878 a 881),** o devedor obriga-se a criar algo novo, que não existia no mundo real, transcendendo a simples entrega ou restituição do bem. Compromete-se, então, a prestar uma atividade qualquer, lícita e

obrigação. Considera-se, assim, fonte de obrigação o seu elemento gerador, o fato que lhe dá origem, de acordo com as regras de direito. Assim, indagar das fontes é buscar as razões pelas quais alguém se torna o credor ou devedor de outrem.

---

vantajosa, ao seu credor, por exemplo, escrever um livro sob encomenda da editora, ministrar aulas particulares. As **obrigações de fazer** são, muitas vezes, resolvidas em prestações de trabalho por parte do devedor, como acontece nas locações de obras; porém, muitas outras vezes, consistirão num ato ou fato, para cujas execuções se não exige um desenvolvimento de força física ou intelectual. Quando alguém promete prestar uma fiança, a essência do ato, objeto da prestação, não consiste no significante dispêndio de esforço, que a prestação da fiança possa exigir, mas sim na necessidade de concluir a operação jurídica, a que se vem ligar, de um lado, os riscos, e do outro, as vantagens do crédito fornecido "". Referentemente à **obrigação negativa ou de não fazer (arts. 882 e 883),** consiste, simplesmente, na omissão ou abstenção obrigatória da prática de um ato. Entretanto, se o devedor pratica livremente o ato a que se obrigara a não praticar, infringe o **art. 883 do CC,** podendo o credor exigir dele que o desfaça, sob pena de se desfazer à sua custa, ressarcindo o culpado perdas e danos. Quanto à obrigação alternativa, a própria denominação o indica, é aquela que tem natureza composta ou complexa, apresentando-se com vários objetos, dos quais o devedor deve escolher um, se o contrário não se estipular. Podem as partes, contudo, contratarem que a escolha seja feita pelo credor ou por terceiro escolhido por elas. No que tange às obrigações divisíveis, são aquelas que ensejam cumprimentos parciais. A importância desta espécie de obrigação avulta quando se trata de vários credores e devedores para uma só obrigação; em tal caso, cada credor tem direito apenas a uma parte, podendo reclamá-la independentemente dos demais credores. Em contrapartida, cada devedor responde apenas por sua cota. Quanto às obrigações indivisíveis, somente podem ser cumpridas em sua integralidade. Havendo vários credores na obrigação indivisível, qualquer deles pode cobrar a dívida toda; porém, recebendo prestação, fica devedor junto aos demais credores pela cota-parte de cada um. O devedor, por sua vez, desobriga-se por inteiro pagando a todos conjuntamente ou a um credor apenas, desde que dê caução de ratificação aos demais. No que se refere à obrigação solidária, pode ser conceituada como a espécie de obrigação em que há vários credores ou vários devedores, mantendo entre si uma solidariedade jurídica quanto ao crédito ou débito. A solidariedade pode ser ativa, quando pertinente aos credores, e passiva, quando referente aos devedores. Determina o **Código Civil** no **art. 896, parágrafo único,** que há solidariedade quando na mesma obrigação concorre mais de um credor, ou mais de um devedor, cada um com direito, ou obrigado à dívida toda. Não há solidariedade, pois esta não se compadece com o fracionamento do objeto. Extinção das obrigações sem pagamento (novação, compensação, transação, confusão, compromisso e remissão). *Novação* do latim *novare,* inovar. Constituição de uma nova obrigação, em substituição à anterior, que se extingue. E a extinção de uma dívida anterior pela criação de uma nova obrigação. Código Civil: arts. 999 a 1.008. É a forma de extinção da obrigação mediante a substituição de uma divida por outra. Opera-se pela mudança do credor (art. 999, III, do Código civil), pela mudança do devedor (art. 999, II do Código Civil), como, por igual, pela troca do objeto ou da causa da obrigação (art. 999, I, do mesmo Código). Sua prova demonstra-se pela constituição válida da nova obrigação que substitui a anterior. Diante de uma nova obrigação assim constituída após a penhora, a questão é passível de exame em sede de embargos. Compensação do latim, *compensatio.* Equilibrar, contrabalançar. Modo de extinção de obrigações recíprocas. Quando duas pessoas são, simultaneamente, credoras e devedoras entre si, as obrigações respectivas se compensam. Pode ser legal ou voluntária, conforme determinada em lei ou resultante da vontade das partes. Somente se aplica a dívidas líquidas, que representem dinheiro ou coisas fungíveis. Código Civil: arts. 1.009 a 1.024. *Transação* do latim *transigere,* transigir, ceder, condescender, contemporizar, chegar a acordo. In/transigente, aquele que não transige ou não cede. Ato jurídico pelo qual as partes (transigentes) extinguem obrigações litigiosas mediante concessões mútuas. O Código Civil disciplina a transação nos arts. 1.025 a 1.036, assim dispondo os arts. 1.025, 1.026, 1.027, 1.028, 1.029, 1.030, 1.033 e 1.035: "Art. 1.025. É lícito aos interessados prevenirem ou ter-

No direito romano, quatro eram as fontes admitidas: contrato, quase contrato, delito e quase delito. O contrato era a mais importante e resultado da

---

minarem o litígio mediante concessões mútuas. Art. 1.026. Sendo nula qualquer das cláusulas da transação, nula será esta. Parágrafo único. Quando a transação versar sobre diversos direitos contestados e não prevalecer em relação a um, fica, não obstante, válida relativamente aos outros. Art. 1.027. A transação interpreta-se restritivamente. Por ela não se transmitem, apenas se declaram ou reconhecem direitos. **Art. 1.028.** Se a transação recair sobre direitos contestados em juízo, far-se-á": É também outra forma de extinção da obrigação. Nela, as partes previnem ou extinguem litígio por meio de recíprocas concessões **(art. 1.025 do Código Civil)**. A transação pode ser judicial e extrajudicial: a primeira resulta de pendência processual que põe fim ao litígio, extinguindo, pois, o processo com julgamento de mérito (art. **269, III, do CPC**), mediante termo nos autos e homologado pelo juiz; a segunda dá-se fora dos autos e "tanto pode ter a finalidade de evitar a demanda, como a ela pôr termo". ***Por termo nos autos,*** assinado pelos transigentes e homologado pelo juiz; II — Por escritura pública, nas obrigações em que a lei o exige, ou particular, nas em que ela o admite. Art. 1.029. Não havendo ainda litígio, a transação realizar-se por aquele dos modos indicados no artigo antecedente, II, que no caso couber. **Art. 1.030.** A transação produz entre as partes o efeito de coisa julgada, esse rescinde por dolo, violência ou erro essencial quanto à pessoa ou coisa controversa. **Art. 1.033.** A transação concernente a obrigações resultantes de delito não perime a ação penal da justiça pública. **Art. 1.035.** Só quanto a direitos patrimoniais de caráter privado se permite a **transação.** ***Confusão*** do latim ***confusione,*** fusão, mistura. Modo de extinção de obrigações consistente na reunião, numa única pessoa, das qualidades de credor e de devedor. Tal conceito encontra apoio no próprio Código Civil, **art. 1.049:** ***"Extingue-se a obrigação, desde que na mesma pessoa se confundam as qualidades de credor e devedor". Compromisso,*** geralmente aparece nos chamados negócios graciosos como **a doação e** o testamento ou legado. Apresenta-se sob a forma de um compromisso ou uma prestação imposta à parte beneficiada pelo negócio e que deve ser observada, sob pena do desfazimento do ato. Portanto, um dos efeitos do aparecimento de uma cláusula modal num negócio gracioso é justamente a sua compulsoriedade. Sendo assim, quando se trata de doações, o **art. 1.180 do Código Civil** institui que "o donatário é obrigado a cumprir os encargos da doação, caso forem a benefício do doador, de terceiro, ou do interesse geral". O modo, entretanto, é diferente da condição, na medida em que esta suspende a aquisição do direito até que se realize determinado evento (condição suspensiva), porém, ao ser adquirido, o direito torna-se pleno. Ao passo que, ao contrário da condição, o encargo permite a aquisição do direito desde a formação do ato, porém restringindo-o a uma determinada obrigação que deve ser observada pelo adquirente. *Remissão*, renúncia, liberação, perdão. Trata-se de ação de desobrigar, feita espontaneamente, sem condição de espécie alguma. Remitir, perdoar incondicionalmente. As palavras remissão e aceptilação têm o mesmo significado, qual seja, o de perdão da dívida. No direito, a causa de extinção de obrigações e não se confunde com remissão. Código Civil: arts. 1.053 a 1.055. O termo remissão, que na linguagem jurídica tem o significado de extinção da obrigação pelo perdão dado pelo credor, seja por ato unilateral, verdadeira renúncia a direito, seja por ato de liberalidade a pedido do devedor.

(121) Entende-se como ato ilícito, nos termos do art. 186 do CCB, a ação ou omissão voluntária, negligência ou imprudência, que viola direitos e causa dano (material, pessoal, moral) a outrem, ainda que exclusivamente moral. Desta forma, os elementos constitutivos do ato ilícito são a ação ou omissão voluntária, o dano e o nexo causal. A culpa ocorre quando há falta de diligência na observância de norma de conduta. Assim, reconhece a culpa na negligência, quando acontece um desajuste psíquico, que se traduz em comportamento antijurídico ou em omissão de certa atividade que teria evitado o resultado danoso. Quer dizer: o sujeito age com descuido, com desleixo; na imprudência, quando o agente procede precipitadamente ou sem prever integralmente as consequências do ato, ou seja, age sem cautela ou precaução; e a imperícia, quando o sujeito age sem habilidade técnica que deveria possuir como profissional habilitado, isto é, o profissional apresenta incapacidade técnica. Já o nexo causal conceitua-se como a relação de causalidade entre o comportamento do agente e o dano resultante (resultado final).

convenção ou do pacto, isto é, de um regramento bilateral de condutas. O quase contrato a ele se assemelhava, faltando-lhe, porém, o acordo de vontades, como na gestão de negócios. O delito consistia no ato ilícito doloso e gerava a obrigação de reparar o dano, assim como o quase delito, de natureza culposa.

Assinala GONÇALVES (2002:6) que a gestão de negócios figura, hoje, no rol das declarações unilaterais, sendo que o delito e o quase delito passaram a ser denominados, genericamente, atos ilíticos. O novo Código Civil prevê, no Título VII do Livro das Obrigações, quatro espécies de atos unilaterais: promessa de recompensa, gestão de negócios, pagamento indevido e enriquecimento sem causa (arts. 854 a 886); e Título ao portador, no Capítulo II do Título VIII (arts. 904 a 909). Há obrigações, entretanto, que resultam diretamente da *lei*, como a de prestar alimentos aos parentes (art. 1.694 do CCB), a de indenizar os danos causados por seu empregado (art. 932, III, do CCB), a *propter rem*(122) imposto aos vizinhos etc. Mesmo no caso de contrato, da declaração unilateral da vontade e do ato ilícito, a lei aparece como fonte primária, pois os referidos atos e negócios jurídicos somente geram obrigações porque assim dispõe a lei.

Pode-se afirmar, pois, que a obrigação resulta da vontade do Estado, por intermédio da lei, ou da vontade humana, manifestada no contrato, na declaração unilateral ou na prática de um ato ilícito. No primeiro caso, a lei é a fonte imediata da obrigação; no segundo, a mediata.

Para isso, considera-se obrigação o vínculo jurídico que confere ao credor (sujeito ativo) o direito de exigir do devedor (sujeito passivo) o cumprimento de determinada prestação (de dar, fazer ou não fazer). Portanto, duas positivas (de

---

(122) As obrigações *propter rem* pertencem à categoria das *obrigações híbridas*, assim denominadas por constituírem um misto de direito pessoal e de direito real, ou por se situarem entre o direito pessoal e o real. Nessa categoria podem ser incluídas, também, as com *ônus reais* e as com *eficácia real*. Obrigação *propter rem* é a que recai sobre uma pessoa, por força de determinado direito real. Só existe em razão da situação jurídica do obrigado, de titular do domínio ou de detentor de determinada coisa. É o que ocorre com a obrigação imposta aos proprietários e inquilinos de um prédio de não prejudicarem a segurança, o sossego e a saúde dos vizinhos (art. 1.277 do CCB). Decorre da contiguidade dos dois prédios. Por se transferir a eventuais novos ocupantes do imóvel, é também denominada *obrigação ambulatorial*. Além das normas do direito de vizinhança, podem ser mencionadas, como exemplos de obrigações dessa espécie, a do condômino, de contribuir para a conservação da coisa comum (art. 1.315 do CCB); a do condômino, no condomínio em edificações, de não alterar a fachada do prédio (art. 1.336, III, do CCB); a dos donos de imóveis confinantes, de concorrerem para as despesas de construção e conservação de tapumes divisórios (art. 1.297, § 1º, do CCB) etc. *Ônus reais* são obrigações que limitam o uso e gozo da propriedade, constituindo direitos reais sobre coisas alheias, oponíveis *erga omnes*, como, por exemplo, a renda constituída sobre imóvel. Obrigações com *eficácia real* são as que, sem perder seu caráter de direito a uma prestação, transmitem-se e são oponíveis a terceiro que adquira direito sobre determinado bem. Exemplo; a estabelecida no art. 576, do CCB, pela qual a locação pode ser oposta ao adquirente da coisa locada (GONÇALVES, 2002:15).

dar e de fazer) e uma negativa (de não fazer). Todas as obrigações que venham a se constituir na vida jurídica compreenderão sempre alguma dessas condutas, que resumem o objeto da prestação. Em alguns casos, elas caminham juntas, como no contrato de empreitada, em que a obrigação de fazer pode abranger a de dar (art. 610, parte final do CCB).

5.3.1. ELEMENTOS DA OBRIGAÇÃO

Segundo a maior parte da doutrina, são três os elementos essenciais da obrigação: 1) o vínculo jurídico (existente entre as partes); 2) subjetivo (relativo aos sujeitos ativo e passivo: credor e devedor); e 3) o objetivo (atinente ao objeto da relação jurídica, ou seja, a conduta humana ou prestação de dar, fazer ou não fazer).

Ensina GONÇALVES (2002:7) que, em relação a esses elementos, dividem-se as obrigações em simples e compostas (ou complexas). Neste caso, obrigações simples são as que se apresentam com um sujeito ativo, um sujeito passivo e um único objeto, ou seja, com todos os elementos no singular. Basta que um deles esteja no plural para que a obrigação se denomine composta ou complexa. Então, tem-se obrigação composta pela multiplicidade de objetos e obrigação composta pela multiplicidade de sujeitos, ativo e passivo, concomitantemente ou não.

As obrigações compostas pela multiplicidade de objetos podem ser cumulativas (ou conjuntivas) e alternativas (ou disjuntivas). Nas primeiras, pondera GONÇALVES (2002:08), os objetos apresentam-se ligados pela conjunção "e", como na obrigação de entregar um veículo e uma moto, ou seja, os dois, cumulativamente. Efetiva-se o seu cumprimento somente pela prestação de todos eles. Nas alternativas, os objetos estão ligados pela disjuntiva "ou", podendo haver duas ou mais opções. No exemplo supra, substituindo-se a conjunção "e" por "ou", o devedor libera-se da obrigação entregando o veículo ou a moto, ou seja, apenas um deles e não ambos. Tal modalidade de obrigação exaure-se com a simples prestação de um dos objetos que a compõem.

Os doutrinadores costumam mencionar uma espécie *sui generis* de obrigação alternativa, a que denominam facultativa. Trata-se de obrigação simples, em que é devida uma única prestação, ficando, porém, facultado ao devedor, e só a ele, exonerar-se mediante o cumprimento de prestação diversa e predeterminada. É obrigação com faculdade de substituição. O credor só pode exigir a prestação obrigatória (que se encontra *in obligatione*), mas o devedor se exonera cumprindo a prestação facultativa. Embora apresente semelhança com a obrigação alternativa, pode assim ser considerada somente quando observada pela óptica do devedor. Visualizada pelo prisma do credor, é obrigação simples, de um só objeto. Se esse perece, sem culpa do devedor, resolve-se o vínculo obrigacional, não podendo aquele exigir a prestação acessória. A obrigação alternativa extingue-se somente com o perecimento de todos os objetos e será válida se apenas uma das prestações estiver eivada de vício, permanecendo eficaz a outra. A obrigação facultativa restará totalmente inválida se houver defeito na obrigação principal, mesmo que não o haja na acessória.

Por sua vez, as obrigações compostas com a multiplicidade de sujeitos podem ser divisíveis, indivisíveis e solidárias. Neste sentido, obrigações divisíveis são aquelas cujo objeto pode ser dividido entre os sujeitos. Nas indivisíveis, isso não ocorre. Ambas podem ser ativas (vários credores) ou passivas (vários devedores). Só há interesse em saber se uma obrigação simples é divisível ou indivisível quando há multiplicidade de credores ou de devedores. Se o vínculo obrigacional se estabelece entre um só credor e um só devedor, não interessa saber se a prestação é divisível ou indivisível, porque o devedor deverá cumpri-la por inteiro.

Todavia, se dois forem os credores, ou dois os devedores, as consequências serão diversas. Nas obrigações divisíveis, cada credor só tem direito à sua parte e pode reclamá-la independentemente do outro. E cada devedor responde exclusivamente pela sua quota.

Sabe-se que nas obrigações indivisíveis, cada devedor só deve, também, a sua quota-parte. Mas, em razão da indivisibilidade física do objeto, a prestação deve ser cumprida por inteiro. Se dois são os credores, um só pode exigir a entrega do objeto, mas somente por ser indivisível, devendo prestar contas ao outro credor (art. 259 e 261 do CCB).

Contudo a solidariedade independe da divisibilidade ou da indivisibilidade do objeto da prestação, porque resulta da vontade das partes ou da lei. Pode ser, também, ativa ou passiva. Se existirem vários devedores solidários passivos, cada um deles responde pela dívida inteira. Havendo cláusula contratual dispondo a obrigação assumida por dois devedores, o credor pode exigi-las de apenas um deles. O devedor que cumprir sozinho a prestação pode cobrar, regressivamente, a quota-parte de cada um dos codevedores (art. 283 do CCB).

5.3.2. OBRIGAÇÃO LEGAL E OBRIGAÇÃO VOLUNTÁRIA

Chama-se obrigação legal a decorrente, p. ex., do Contrato de Capitalização, que é uma obrigação de dar coisa certa[123], quando a existência e a extensão da

(123) Como já visto, quanto ao objeto a obrigação classifica-se em: obrigação de dar, de fazer e de não fazer. A obrigação de dar divide-se em: obrigação de dar *coisa certa* e de dar *coisa incerta*. Na primeira, obriga-se o devedor a dar coisa *individualizada*, que se distingue por características próprias, móvel ou imóvel. Por essa razão, o credor de coisa certa não pode ser obrigado a receber outra, ainda que mais valiosa. O devedor não pode, assim, modificar unilateralmente o objeto da

obrigação estão todas na lei e na obrigação voluntária quando a obrigação estiver disciplinada em parte pela lei e em parte pelas cláusulas criadas pelos contratantes. Essa obrigação, muito embora tenha sido parcialmente formada pela livre-iniciativa das partes, terá assegurada pelo direito positivo uma série de medidas para que o acordo seja cumprido.

Se a obrigação não está, em nenhum aspecto, amparada pela lei, tendo sido formada apenas pela vontade das partes, esse vínculo terá caráter moral entre os pactuantes, não possuindo amparo jurídico. É o que ocorre, p. ex., com uma dívida de jogo (GONÇALVES, 2004:96).

5.4. NATUREZA JURÍDICA DO CONTRATO DE CAPITALIZAÇÃO

O Contrato de Capitalização tem natureza econômica híbrida. Esta espécie de contrato comporta em si a reunião de acumulação de renda com sorteio. Embora criticado por alguns poucos, inclusive renomados economistas, que, equivocadamente, expressam que o instrumento do Contrato de Capitalização é ideal para apostadores, produto adequado para quem gosta de jogar.

---

prestação (art. 313, do CCB). A recíproca também é verdadeira: ao credor não pode exigir coisa diferente, ainda que *menos* valiosa. Entretanto, pode haver concordância do credor em receber uma coisa por outra. A dação em pagamento (entrega de um objeto em pagamento de dívida em dinheiro), p. ex., depende do expresso consentimento do credor (art. 356, do CCB). O referido art. 313, do CCB afasta a possibilidade de compensação nos casos de comodato e depósito (art. 373, II, do CCB), porque o credor tem direito à restituição da própria coisa emprestada ou depositada, bem como impede que o devedor se desobrique por partes, se assim não convencionado. No tocante a seu *conteúdo*, a obrigação de dar coisa certa confere ao credor simples direito pessoal, e não real. Aperfeiçoado o contrato de compra e venda, p. ex., o vendedor não transfere desde logo o domínio: obriga-se apenas a transmiti-lo (art. 481, do CCB). Não cumprida a obrigação, não pode o adquirente reivindicar a coisa, por não ter-lhe o domínio. Terá de contentar-se com ação de perdas e danos e com a resolução da avença (arts. 389 e 475, do CCB). Quanto à *extensão* da obrigação, prescreve o art. 233, do CCB que "a obrigação de dar coisa certa abrange os acessórios dela embora não mencionados, salvo se o contrário resultar do título ou das circunstâncias do caso". É uma decorrência da regra geral de que o acessório segue o principal. Nada obsta a que se convencione o contrário. No silêncio do contrato quanto a esse aspecto, a venda de um terreno com árvores frutíferas inclui os frutos pendentes; a alienação de um imóvel inclui, como acessório, o ônus dos impostos; a de um veículo abrange os acessórios colocados pelo vendedor etc. Pode o contrário resultar não só de convenção como de *circunstâncias* do caso. Por exemplo: embora o alienante responda pelos vícios redibitórios, certas circunstâncias podem excluir tal responsabilidade, como o conhecimento do vício por parte do adquirente. Cumpre-se a obrigação de dar coisa certa mediante *entrega* (como na compra e venda) ou *restituição* (como no comodato, p.ex.). Esses dois atos podem ser resumidos numa palavra: *tradição*. Como no direito brasileiro o contrato, por si só, não transfere o domínio, mas apenas gera a obrigação de entregar a coisa alienada, enquanto não ocorrer a tradição a coisa continuará pertencendo ao devedor, "com os seus melhoramentos e acrescidos, pelos quais poderá exigir aumento do preço; se o credor não anuir, poderá o devedor resolver a obrigação (art. 237, do CCB). Também os frutos percebidos são do devedor, cabendo ao credor os pendentes (art. 237, parágrafo único, do CCB) cf. GONÇALVES (2002:15-17).

Contrariamente, podemos afirmar, a Capitalização não é uma loteria porque esta operação oferece ao público a esperança de um ganho que se adquire por meio da sorte. A realização dessa esperança e o fim procurado por aquele que compra o bilhete. Corrida a loteria, o bilhete fica sem valor. Basta considerar-se a maneira de ser das duas operações para se ver a diferença essencial entre elas.

O Contrato de Capitalização prevê o sorteio do título em época indeterminada, mas esse sorteio não é senão, por vezes, um reembolso por antecipação de um certo número de títulos, segundo uma tabela previamente organizada. O subscritor não está sujeito a ganhar ou a perder. Recolhe afinal o seu capital.

O Contrato de Capitalização se aproxima do Contrato de Seguro, pois, se legalmente aquele utiliza regras destes, legalmente impostas segundo o art. 4º[(124)], do Decreto-Lei n. 261, de 1967 que remete ao Decreto-Lei n. 73, de 1966. É um contrato de certeza, antítese do bilhete de loteria. É gerador de obrigações a termo certo[(125)], civil[(126)], líquido[(127)], permitindo o reembolso antecipado embora incerto; repetimos, para fixar bem a sua natureza financeira.

---

(124) [...]. *Art. 4º As sociedades de capitalização estão sujeitas a disposições idênticas às estabelecidas nos seguintes artigos do Decreto-lei n. 73, de 21 de novembro de 1966 e, quando for o caso, seus incisos, alíneas e parágrafos: 7º, 25 a 31, 74 a 77, 84, 87 a 111, 113, 114, 116 e 121.* [...].

(125) [...]. *Art. 4º As sociedades de capitalização estão sujeitas a disposições idênticas às estabelecidas nos seguintes artigos do Decreto-lei n. 73, de 21 de novembro de 1966 e, quando for o caso, seus incisos, alíneas e parágrafos: 7º, 25 a 31, 74 a 77, 84, 87 a 111, 113, 114, 116 e 121.* [...].

(126) Obrigação civil é a que encontra respaldo no direito positivo, podendo seu cumprimento ser exigido pelo credor, por meio de ação. Ao contrário da obrigação natural que o credor não tem o direito de exigi a prestação, e o devedor não está obrigado a pagar. Em compensação, se este, voluntariamente, efetua o pagamento, não tem o direito de repeti-lo. Não cabe o pedido de restituição da importância paga, em razão da *soluti retentio* (expressão usada no direito romano e que significa retenção do pagamento) existe em favor do credor. A referida retenção é o único efeito que o direito positivo atribui à obrigação natural. O CCB refere-se à obrigação natural em dois dispositivos: o art. 882, pelo qual "não se pode repetir o que se pagou para solver dívida prescrita, ou cumprir obrigação judicialmente inexigível"; e o art. 564, III, segundo o qual não se revogam por ingratidão as doações "que se fizerem em cumprimento de obrigação natural". Os casos de obrigação natural no CCB são dois: dívidas prescritas (art. 882) e dívidas de jogo (art. 814). Em todos eles encontram-se presentes os elementos caracterizadores da referida espécie de obrigação: inexigibilidade do cumprimento, inexistência do dever de prestar e inadmissibilidade de repetição em caso de pagamento voluntário. Não é possível revitalizar obrigação natural por novação, nem se admite possa ser objeto de compensação, que ocorre somente entre dívidas vencidas, isto é, exigíveis. Não comporta fiança nem ônus reais, e não tem eficácia a simples promessa de cumpri-la. Seu pagamento parcial não autoriza o credor a reclamar o cumprimento do restante, cf. GONÇALVES (2002:11).

(127) Líquida é a obrigação certa quanto à sua existência, e determinada quanto ao seu objeto. É expressa por uma cifra, por um algarismo. Diferentemente da obrigação ilíquida que é a que depende de prévia apuração, pois o seu valor, o montante da prestação, apresenta-se incerto. Essa distinção tem aplicação prática em diversos dispositivos do estatuto civil, como o art. 397, que considera em mora, de pleno direito, o devedor que descumpre obrigação positiva e líquida, no seu termo; o art. 407, que trata da contagem de juros nas obrigações líquidas; o art. 369, que admite a compensação somente entre dívidas líquidas, vencidas e de coisas fungíveis; o art. 352, que prevê o direito à indicação, pelo devedor, do débito em que o pagamento deve ser imputado, se todos forem líquidos e vencidos etc. Em seara processual civil, a execução para cobrança de crédito fundar-se-á sempre em título líquido, certo e exigível.

Ademais, o Contrato de Capitalização tem uma peculiaridade: além de ser uma obrigação certa em relação ao resgate, é uma obrigação condicional quanto ao sorteio, cujo efeito está subordinado a um evento futuro e incerto, ou seja, a sorte do subscritor, titular ou cessionário.

Por essa linha, o Contrato de Capitalização denota uma obrigação de resultado em que a Sociedade de Capitalização promete empregar seus conhecimentos, seus meios e suas técnicas para a obtenção de determinado resultado financeiro, e só se exonera dela somente quando o fim prometido é alcançado. Não o sendo, é considerada inadimplente, devendo responder pelos prejuízos decorrentes do insucesso.

Na verdade, conquanto ainda não se possam auferir grandes ganhos em Capitalização, não deixa de ser uma das formas mais seguras de economia programada, principalmente para os aplicadores mais conservadores e para aqueles que desejam despender uma quantia mínima, sem risco, para acumular ou, melhor, poupar. Sabem esses que se honrarem o Contrato de Capitalização receberão, dependendo do tipo de Plano de Capitalização escolhido, o pagamento do capital pactuado corrigido e capitalizado pela taxa de juros prevista no respectivo Plano e ainda concorrendo a uma provável contemplação em sorteio, se previsto no Plano. E, ainda, incipiente, mas já uma tendência regulatória da SUSEP, a prática do mercado a vinculação entre o valor do bem e o valor de resgate.

Esse capital é comumente sempre maior e às vezes bem maior do que o total das quantias encaixadas pela Sociedade de Capitalização.

Isso porque a Sociedade de Capitalização poderá, em seus Planos, adotar a Taxa Referencial — TR — como índice de correção, ou outra taxa de juros dentre aquelas oficialmente permitidas. Quer dizer, a Sociedade de Capitalização pode prever em seu Plano a taxa de juros efetiva mensal utilizada[128] para remuneração do Título e/ou a equivalente anual, ou a taxa que for referenciada como um percentual da taxa de juros aplicada às Cadernetas de Poupança. No entanto isso deve constar do Plano, que inclui a Nota Técnica Atuarial (*documento que contém a descrição e o equacionamento técnico do Plano e que deverá ser protocolizado*

---

(128) A taxa de juros efetiva mensal utilizada para remuneração do Título e/ou sua equivalente anual, com exceção das Modalidades Popular e Incentivo, deve corresponder a, no mínimo, 90% da taxa de juros aplicada às Cadernetas de Poupança e deve constar da Nota Técnica Atuarial e das Condições Gerais do Título de Capitalização. A taxa de juros pode ser modificada a partir da data da alteração que houver na taxa de juros aplicada às Cadernetas de Poupança, mesmo para os Títulos já comercializados. Caso haja alteração na taxa de juros que remunera as Cadernetas de Poupança, os Títulos que estabelecerem valor fixo para taxa de juros devem ter sua comercialização automaticamente suspensa até que a Sociedade de Capitalização obtenha nova aprovação adequando o seu valor, podendo excepcionalmente ser mantido o mesmo número de processo SUSEP. A aplicação da taxa de juros cessa a partir da data do cancelamento do Título de Capitalização por falta de pagamento, ou por resgate antecipado, ou, ainda, a partir da data do término da vigência. As Sociedades de Capitalização podem prever, também, nas Condições Gerais dos Títulos, participação dos Titulares nos lucros da Empresa, ou em excedentes financeiros, nos termos da legislação específica.

na SUSEP previamente à comercialização) e as CONDGs de Capitalização refletidas no Título de Capitalização; frise-se, incorporadas no Contrato de Capitalização.

Aliás, as Sociedades de Capitalização podem estruturar Títulos com taxas diferenciadas de juros ao longo de seu prazo de vigência, podendo ser prefixadas ou estabelecidas em função de percentuais variáveis dos juros aplicados às Cadernetas de Poupança, observado o limite mínimo estabelecido na legislação vigente. Assim, há possibilidade de se utilizar, além da TR, outros índices de correção, de acordo com as normas do CNSP e da SUSEP.

Considera-se prazo de vigência o período durante o qual o Título de Capitalização está sujeito às regras descritas nas CONDGs do Título, sendo administrado pela Sociedade de Capitalização. Aliás, dois fatos podem determinar a data de início de vigência: a ocorrência do primeiro pagamento (se o Título for do tipo PU será pagamento único) ou a aquisição do Título. É considerada como sendo a data de início de vigência a que ocorrer primeiro entre as hipóteses anteriores. Assim, se um consumidor adquire o título no dia 5 do mês, efetuando o primeiro pagamento no dia 10, considera-se que o Título de Capitalização iniciou vigência no dia 5, por ser essa a data que ocorreu primeiro (FUNENSEG, 2012:32).

É bom lembrar que o título permanece plenamente ativo enquanto não houver atraso nos pagamentos. A partir da data de início, e durante o prazo de vigência, o titular passa a ter direito a todos os benefícios proporcionados pelo produto: juros e atualização da Provisão Matemática para Resgate, além de poder participar dos sorteios. Aliás, o art. 1º do Decreto-Lei n. 261, de 1967, menciona que o título objetiva "*a constituição de um capital mínimo perfeitamente determinado em cada Plano, e pago em moeda corrente em um prazo máximo indicado no mesmo Plano*".

Dessa forma, o prazo de vigência é exatamente o prazo estabelecido no título para a formação do capital. Pode-se dizer que o prazo de vigência é aquele em que esse capital está sujeito à remuneração (Capitalização), pela incidência da taxa de juros prevista nas CONDGs, e à atualização monetária, por meio da aplicação do índice informado também nas respectivas CONDGs.

É de se observar dois pontos:

1) o prazo mínimo de vigência para um Título de Capitalização é de 12 meses, conforme legislação em vigor; e)

2) o prazo de vigência não se confunde com o **prazo de pagamento**, que é o período durante o qual o subscritor se compromete a efetuar os pagamentos. Porém o prazo de pagamento só pode, no máximo, ser igual ao prazo de vigência.

Vale frisar então que os Títulos de Capitalização não podem ser estruturados com prazo de vigência inferior a 12 (doze) meses. Por sua vez, a data de início de vigência do Título de Capitalização deve ser a data do primeiro pagamento ou do pagamento único, ou ainda a data de aquisição, a que ocorrer primeiro.

Por outro lado, sabe-se que, pelo Sistema Nacional de Capitalização, as Sociedades de Capitalização firmam um Contrato que resta estabelecer, por exemplo, se é uni ou bilateral, se são admitidas obrigações de apenas uma das partes contratantes, isto é, obrigações recíprocas, se é contrato aleatório ou comutativo, oneroso ou gratuito, etc. Sobre esses, dentre pontos é que vamos ousar delimitar.

Impende dizer que para o contrato é indispensável a emissão do respectivo Título de Capitalização pela sociedade anônima autorizada a operar neste ramo de atividade.

O Contrato de Capitalização, como já dito, é estabelecido entre o subscritor e uma sociedade que foi legalmente constituída, mediante o compromisso que o primeiro assume de pagar pontual e periodicamente uma contribuição fixa de capital livre(129), única obrigação que, na realidade, é imposta ao mesmo. Excetuam-se os casos em que se adquirem títulos saldados, cujo pagamento é realizado na data de efeito, ou seja, ao adquiri-los.

Ao ser subscrito Contrato de Capitalização visando à emissão de um Título de Capitalização e durante todo o seu tempo de vigência, a Sociedade de Capitalização deve constituir, obrigatoriamente, provisões matemáticas para garantia dos títulos em vigor (Provisão Matemática para Resgate(130)) e, caso haja sorteios(131) no título, a Provisão para Sorteios a Realizar, específica para essa finalidade. A Sociedade de Capitalização deve constituir, ainda, provisões técnicas(132) para obrigações a liquidar, como:

---

(129) **Capital Livre** é o capital disponível e representado em dinheiro, pronto a qualquer aplicação (SILVA, 2010-251).

(130) **2005.001.23378** — APELAÇÃO CÍVEL — DES. JOSÉ DE SAMUEL MARQUES — Julgamento: 5.10.2005 — DÉCIMA TERCEIRA CÂMARA CÍVEL. Contrato de investimento "SUPER PIC DO MILÊNIO". — Havendo o contrato disposto sobre a forma de **capitalização,** rendimentos e sorteios, de maneira clara, não pode o Autor pretender o resgate, capitalizando o capital investido com rendimentos encontrados através de índices não pactuados. RECURSO NÃO PROVIDO.

(131) É de se observar que "nos títulos de Pagamento Único, a taxa de juros para a formulação do critério matemático referente ao custeio dos sorteios será aquela informada nos parâmetros do plano, a qual não poderá ser inferior à última taxa de juros aplicada à caderneta de poupança", nos termos do art. 15, § 3º, da Circular SUSEP n. 365, de 27 de maio de 2008 alterada e com a nova redação dada pela Circular SUSEP n. 453, de 6 de dezembro de 2012.

(132) Em outras palavras: as Sociedades de Capitalização devem constituir Provisões Matemáticas para garantia dos Títulos em vigor e, caso haja previsão do sorteio, Provisão Matemática específica para essa finalidade — assume diversas obrigações — a ser efetivadas por Provisões Técnicas para obrigações a liquidar — dentre as quais, recapitulando, podemos citar: a) o reembolso, ao final do Contrato, do valor do Título, ou seja, resgate de Títulos cujo prazo de vigência tenha terminado; b) reembolso antecipado, mediante sorteios, do capital subscrito, ou seja, Títulos já contemplados em sorteio, quando for o caso; c) concessão de valores do resgate; d) concessão de empréstimos e) resgate de Títulos rescindidos; f) lucros atribuídos aos Titulares, quando for o caso etc.

- Provisão de Sorteios a Pagar;
- Provisão para Resgate de Títulos; e
- Provisão para Participação nos Lucros de Títulos Ativos.

Há outras provisões facultativas, como a Provisão Administrativa, que pode ser constituída para cobrir despesas administrativas do Plano, e a Provisão para Contingências, que pode ser constituída para cobrir eventuais insuficiências relacionadas aos sorteios realizados e à remuneração dos Títulos, além de possibilitar a distribuição de bônus.

5.5. CLASSIFICAÇÃO DO CONTRATO DE CAPITALIZAÇÃO

Doutrinariamente, os contratos agrupam-se em diversas categorias, suscetíveis, isoladamente, de subordinação a regras idênticas ou afins, dentre as quais a do Contrato de Capitalização. Daí a utilidade de sua classificação, a saber.

5.5.1. QUANTO AOS EFEITOS

O Contrato de Capitalização deve ser considerado como contrato bilateral[(133)] (ou sinalagmático), segundo também entende FIÚZA (2003:566), pois se inclui dentre aqueles que geram obrigações para ambos os contratantes, como na compra e venda, por exemplo, em que cabe a uma das partes o pagamento do preço e à outra a entrega da mercadoria. Diferentemente, os chamados contratos unilaterais geram obrigações somente para uma das partes, no momento em que se forma[(134)], *ex uno latere*, e no momento da execução, os efeitos são passivos para uma parte, como, por exemplo, uma doação pura e simples. A outra parte não se obriga.

---

(133) Embora houvesse quem defendesse que o Contrato de Capitalização seria unilateral, pois, segundo essa doutrina, o Subscritor a nada se obriga. Se quiser continuar, pagará as contribuições periódicas. Em contraposição, a Sociedade de Capitalização assume compromissos (*Revista de Seguros*, Ano XIX, agosto de 1938, número 206).

(134) GOMES (1999:71) denomina genética quando existe dependência desde a formação do contrato e funcional quando surge em sua execução o cumprimento da obrigação por uma parte acarretando o da outra. "*Nos contratos unilaterais somente uma das partes se obriga, é impossível conceber espécie de dependência, mas, em alguns, surge, no curso da execução, determinada obrigação para a parte que tinha apenas direitos. Nesse caso, diz-se que o contrato é bilateral imperfeito. Seria uma categoria intermediária. A melhor doutrina repele-a, mas pode ser mantida por sua utilidade prática, especialmente para o direito de retenção. O contrato bilateral imperfeito não deixa de ser unilateral, pois, no momento de sua conclusão, gera obrigações somente para um dos contratantes. Em verdade, a obrigação esporádica não nasce do contrato, mas, acidentalmente, de fato porterior à sua formação. O contrato bilateral imperfeito subordina-se, com efeito, ao regime dos contratos unilaterais.*"

De maneira que, segundo GOMES (2007:109), nos *contratos bilaterais ou sinalagmáticos,* nenhum dos contratantes pode, antes de cumprida sua obrigação, exigir a do outro. Na verdade, nos contratos bilaterais, as duas partes ocupam, simultaneamente, a dupla posição de credor e devedor. Cada qual tem direitos e obrigações. À obrigação de uma corresponde o direito da outra. Nos *contratos unilaterais*, uma das partes tem a condição de credor e a outra de devedor. Um dos contratantes tem direitos, o outro, obrigações. A relação jurídica oriunda de contrato unilateral é simples, pois só uma parte se constitui devedora, enquanto a que nasce de um contrato bilateral se apresenta complexa, visto que em ambos os contraentes figuram reciprocamente como sujeito ativo e passivo.

Ensina GOMES (2007:84) que:

> [...].
>
> Antes de os distinguir, cumpre dar o significado técnico dos termos, para prevenir confusões ou equívocos. Os qualificativos unilateral e bilateral empregam-se para diferenciar os negócios jurídicos, assim na formação como nos efeitos. Sob o ponto de vista da formação, negócio jurídico unilateral é o que decorre fundamentalmente da declaração da vontade de uma só pessoa, e bilateral o que se constitui mediante concurso de vontades. O contrato é o negócio jurídico bilateral por excelência. Todo contrato, com efeito, é, por definição, negócio bilateral, visto que supõe declarações coincidentes de vontades. Considerado, pois, no momento de sua formação, seria contrassenso falar-se em contrato unilateral, mas, levando-se em conta os efeitos que esse negócio jurídico bilateral produz, verifica-se que ora cria obrigações para as duas partes, ora para uma só. Então, sob esse aspecto, se denomina bilateral no primeiro caso, e unilateral no segundo, porque ali as obrigações nasceram nos dois lados e aqui num só. Assim, na formação, todo contrato é negócio jurídico bilateral, mas, nos efeitos, tanto pode ser bilateral como unilateral. Não se deve confundir, portanto, a bilateralidade da obrigação contratual com a bilateralidade do consentimento. Dizer-se que um contrato é bilateral porque resulta do acordo de vontades — bilateralidade do consentimento —, é desconhecer a acepção técnica da expressão, confundindo a formação do negócio jurídico com a sua eficácia — bilateralidade da obrigação contratual.
>
> [...].

Não é pacífica a noção de contrato bilateral. Consoante ressalta GOMES (2007:85), para alguns, todo contrato que produz obrigações para as duas partes, enquanto para outra a sua característica é o sinalagma, isto é, dependência recíproca das obrigações, razão por que preferem chamá-las contratos sinalagmáticos ou de prestações correlatas.

Ressalta-se que, não sendo possível negar a necessidade do pagamento pelo subscritor para que subsistam as obrigações da Sociedade de Capitalização, é preferível, para muitos, admitir a bilateralidade do Contrato de Capitalização, mas bilateralidade "incompleta", porquanto não há, por certo, partes reciprocamente credoras e devedoras, como é fato característico dos contratos sinalagmáticos ou bilaterais propriamente ditos.

Ainda quanto aos efeitos, é *contrato oneroso* se existe a relação entre vantagem e sacrifício, é subjetivamente equivalente, havendo certeza quanto às prestações. Nesse conceito se enquadra o Contrato de Capitalização, segundo FIÚZA (2003:566), "porque existem as prestações e contraprestações". Ou seja, é um daqueles contratos em que ambas as partes auferem vantagens no negócio jurídico, mas também têm sacrifícios, como na compra e venda. Ao passo que os denominados contratos gratuitos (ou benéficos), em que apenas uma das partes aufere vantagens, tiram utilidade ou obtêm um proveito sem retribuição equivalente, como, por exemplo, na doação ou no comodato (empréstimo gratuito de coisa fungível). Trata-se de contrato porque há necessidade de aceitação por parte de quem recebe o bem.

Relembra GONÇALVES (2002:27) que a doutrina distingue os *contratos gratuitos* propriamente ditos dos *contratos desinteressados*. Aqueles acarretam uma diminuição patrimonial a uma das partes, como se dá nas doações puras. Estes, subespécies dos primeiros, não produzem esse efeito malgrado beneficiem a outra parte (comodato e mútuo, p. ex.).

Os *contratos onerosos*, por sua vez, são *comutativos* quando as prestações estão certas e determinadas, já antevistas pelas partes, como é o Contrato de Capitalização, ou *aleatórios*, quando as partes não sabem, de antemão, se irão auferir lucros ou perdas com o negócio jurídico, ou melhor, há incerteza para as duas partes em relação à questão de a vantagem esperada ser proporcional ao sacrifício. Há incerteza para as duas partes em relação à vantagem esperada ser proporcional ao sacrifício.

O vocábulo aleatório é originário do latim *alea*, que significa sorte, risco, acaso. Aleatório, define SILVA (2010:91), consoante sua própria origem etimológica, do latim *aleatorius*, foi incorporado à linguagem jurídica no mesmo sentido do vocabulário latino: designa tudo o que se prende ao acaso ou ao jogo da sorte, que depende de um acontecimento futuro incerto, duvidoso, ou do acaso da sorte.

Desse modo, a qualificação indica sempre a condição imposta ou admitida em um contrato, mediante a qual o seu cumprimento, ou a exigibilidade da obrigação decorrente, depende sempre da realização de evento futuro ou incerto.

Sendo assim, subordinado que está a acontecimento futuro ou incerto, se este não se realiza ou não chega, a obrigação se resolve sem adimplemento ou a entrega da prestação não se impõe.

A condição aleatória, pois, é sempre fundada na sorte, nos azares ou no acaso.

E, em Direito, o termo vem sempre junto ao contrato ou à obrigação, em que se encerram certas convenções relativas a acontecimentos incertos.

Aleatório, então, é o contrato em que a contraprestação, a prestação ou o lucro esperado por uma das partes dependem de acontecimento futuro, incerto ou variável. Neste caso, cuida-se de um contrato de risco, p. ex., o de seguro. A seguradora pagará o valor do seguro somente se ocorrer o sinistro. Assim, a incerteza ocorre em relação à extensão das vantagens procuradas pelas partes. No Contrato de Capitalização, a aleatoriedade se encontra na ocorrência ou não de haver ganhador do sorteio. Os exemplos citados são de contratos aleatórios por natureza.

Há, porém, contratos tipicamente comutativos, como a compra e venda, que, em razão de certas circunstâncias, tornam-se aleatórios.

Ensina GONÇALVES (2003:28) que se denominam *contratos acidentalmente aleatórios* e são de suas espécies: a) venda de coisas futuras; b) venda de coisas existentes, mas expostas a risco. Nos que têm por objeto coisas futuras, o risco pode referir-se: a) à própria existência da coisa; e b) à sua quantidade. Do risco respeitante à própria existência da coisa trata o art. 458 do CCB, nos termos:

[...].

Art. 458. Se o contrato for aleatório, por dizer respeito a coisas ou fatos futuros, cujo risco de não virem a existir um dos contratantes assuma, terá o outro direito de receber integralmente o que lhe foi prometido, desde que de sua parte não tenha havido dolo ou culpa, ainda que nada do avençado venha a existir.

[...].

Tem-se, na hipótese, afirma GONÇALVES (2003:28), a *emptio spei* ou venda da esperança, isto é, da probabilidade de as coisas ou os fatos existirem. Caracteriza-se, por exemplo, quando alguém vende a colheita futura, declarando que "a venda ficará perfeita e acabada haja ou não safra, não cabendo ao comprador o direito de reaver o preço pago se, em razão de geada ou outro imprevisto, a safra inexistir".

Por outro lado, assegura GONÇALVES (2003:29):

> [...].
>
> O art. 459 cuida do risco respeitante à quantidade maior ou menor da coisa esperada (*emptio rei speratae* ou venda da coisa esperada); "Se for aleatório, por serem objeto dele coisas futuras, tomando o adquirente a si o risco de virem a existir em qualquer quantidade, terá também direito o alienante a todo o preço, desde que de sua parte não tiver concorrido culpa, ainda que a coisa venha a existir em quantidade inferior à esperada". Aduz o parágrafo único: "Mas, se da coisa nada vier a existir, alienação não haverá, e o alienante restituirá o preço re-

cebido". Assim, se o risco da aquisição da safra futura limitar-se à sua quantidade, pois, deve ela existir, o contrato fica nulo se nada puder ser colhido. Porém, se vem a existir alguma quantidade, por menor que seja, o contrato deve ser cumprido, tendo o vendedor direito a todo o preço ajustado.

[...].

A venda de coisas já existentes, mas sujeitas a perecimento ou depreciação, é disciplinada no art. 460 do CCB ("*Se aleatório o contrato, por se referir a coisas existentes, mas expostas a risco, assumido pelo adquirente, terá igualmente direito o alienante a todo o preço, posto que a coisa já não existisse, em parte, ou de todo, no dia do contrato.*").

Nesse caminho, GONÇALVES (2003:29) cita, como exemplo, a venda de mercadoria que está sendo transportada em alto-mar por pequeno barco, cujo risco de naufrágio o adquirente assumiu. É válida, mesmo que a embarcação já tenha sucumbido na data do contrato. Se, contudo, o alienante sabia do naufrágio, a alienação pode ser anulada, como dolosa, pelo lesado (art. 461 do CCB).

Pelo acima exposto, há alguma semelhança entre *contrato aleatório* e *contrato condicional*, mas não se confundem. Neste (contrato condicional), ensina GOMES (2007:88-89), é sua eficácia que fica na dependência de acontecimento futuro e incerto. Naquele (contrato aleatório), a incerteza ocorre em relação à extensão das vantagens procuradas pelas partes; o risco está na alternativa de ganho ou perda. Não se sabe qual das partes terá a vantagem ou a perda.

A propósito, vale dizer, se a álea fica a cargo exclusivo de um dos contratantes, o contrato é nulo. Absurdo admitir-se que uma das partes celebre o contrato na certeza de ganhar. A certeza esperada na prestação dos contratos comutativos não significa que estejam isentos de toda álea. Há, por assim dizer, uma álea normal em certos contratos que dependem do futuro, sem que percam por isso sua tipicidade comutativa, como na empreitada e no transporte.

GOMES (2007:89) distingue as seguintes classes de contratos aleatórios:

[...].

a) a dos que dizem respeito a coisas futuras, cujo risco de não virem a existir assuma o adquirente;

b) a dos que dizem respeito a coisas futuras, tomando o adquirente a si o risco de virem a existir em qualquer quantidade;

c) a dos que dizem respeito a coisas existentes, mas expostas a riscos assumidos pelo adquirente;

d) a dos que dizem respeito a fatos que podem não suceder.

[...].

Na primeira hipótese, magistra GOMES (2007:89), ainda que da coisa nada venha a existir absolutamente, o alienante terá direito a todo o preço, desde que, da sua parte, não tenha havido culpa. Na segunda, ainda que a coisa venha a existir em quantidade inferior à esperada, o alienante terá direito a todo o preço, se também, de sua parte, não houver culpa. Na terceira, terá direito ao preço, ainda que a coisa já não exista em parte, ou de todo, no dia do contrato, salvo se não ignorar a consumação do risco, pois, nesse caso, o contrato seria leonino.

A distinção entre contratos comutativos e aleatórios interessa, principalmente, no que diz respeito à lesão. Somente aos contratos comutativos aplicam-se as regras que a disciplinam, uma vez que, essencialmente, consiste na desproporção entre as prestações.

Em outros pontos, ainda, a distinção tem interesse, ensina GOMES (2007:90): a existência de vícios redibitórios[135] somente pode ser invocada nos contratos comutativos. Também as arras não se justificam nos contratos aleatórios. O chamado contrato de risco não é aleatório.

5.5.1.1. Dos contratos aleatórios

Como visto, os contratos aleatórios constituem subespécie dos contratos onerosos. Estes se dividem em contratos comutativos e aleatórios. Nos primeiros, as partes contratantes possuem uma relação equivalente entre vantagem e sacrifício, havendo certeza quanto à prestação, bem como a respeito do valor desta (prestação). As partes, desde o início da contratação, têm certeza de que deverão arcar com uma prestação determinada ou determinável e que receberão determinada contraprestação que será equivalente à prestação. Nos segundos, há incerteza para as duas partes a respeito de a vantagem esperada ser ou não proporcional ao sacrifício. Os contratos aleatórios expõem os contraentes à alternativa de ganho ou perda. O equivalente, como reza o Código Civil francês, consiste "*dans la chance de gain ou de pert par chacune des parties*". Aleatório é, em suma, o contrato em que, seguramente, é incerto o direito à prestação, segundo GOMES (2007:88).

Os contratos aleatórios são necessariamente bilaterais e encerram uma incerteza quanto à ocorrência do evento constante do contrato, sendo essa incerteza inerente a ambos os contratantes. Se um dos contratantes não tiver essa incerteza, o contrato será nulo e a obrigação não subsistirá. O risco de perder ou ganhar, por sua vez, é inerente a uma ou a ambas as partes contratantes. Se é certo que

(135) Vício redibitório é o vício oculto que já existia quando da realização do negócio e que a coisa adquirida possa ser utilizada ou a desvaloriza. É aplicável às doações onerosas. Conforme SILVA (2010:1473), vício redibitório resulta da existência de vícios ou defeitos ocultos da coisa, cuja venda se procede, existentes ao tempo da aquisição, e que a tornam imprestável, ou imprópria ao seu uso, ou destino, diminuindo, por isso, o seu justo valor.

em todo contrato há um risco, pode-se, contudo, dizer que no contrato aleatório este é da sua essência, pois o ganho ou a perda consequente está na dependência de um acontecimento incerto para ambos os contratantes (PEREIRA, 2004:69).

O Código Civil, em seus arts. 458 a 461, disciplinou os denominados contratos aleatórios, regulamentação esta já contida no ordenamento anterior, mais precisamente nos arts. 1.118 a 1.121 do CCB revogado.

No art. 458 (art. 1.118 do código revogado), temos a previsão de álea versando sobre a existência de coisa ou fato futuro, denominada pelos romanos de "*emptio spei*". Se um dos contratantes assume o risco de determinada coisa ou um fato futuro vir a existir, o outro contratante terá direito ao recebimento integral do avençado, mesmo que a coisa ou o fato venham a não existir, desde que da parte do contratante beneficiado não tenha havido dolo ou culpa. Neste caso, ambos os contratantes têm incerteza quanto à realização ou não do negócio, mas o risco é assumido por apenas um deles. Se um dos contratantes, no caso o que não assumiu o risco, tivesse certeza de que o negócio não se realizaria, a obrigação não subsistiria, porque seria caracterizado o dolo ou a culpa deste (BARROS *et al.*, 2002:352).

No art. 459 (art. 1.119 do código revogado), temos a previsão de álea versando sobre a quantidade da coisa futura, denominada pelos romanos de "*emptio rei speratae*". Se o adquirente toma para si o risco de a coisa futura vir a existir em qualquer quantidade, terá direito o alienante ao valor total do preço avençado, ainda que a coisa futura venha a existir em quantidade inferior à esperada, desde que não concorra com culpa para a referida diminuição. Neste caso, ambos os contratantes têm incerteza quanto à coisa futura existir na quantidade ajustada, mas o adquirente assume o risco de que aquela quantidade será atingida. Se o alienante não agir com culpa, terá direito a todo o preço, mesmo que a quantidade conseguida seja menor que a ajustada e esperada. Caso nada venha a existir da coisa esperada, a alienação não subsistirá, sendo o alienante obrigado a restituir o preço recebido ao adquirente (parágrafo único do art. 459, que, por sua vez, repete o contido no parágrafo único do art. 1.119 do código anterior) (BARROS *et al.*, 2002:335).

A previsão de álea constante do art. 460 do CCB (art. 1.120 do ordenamento civil anterior) diz com relação a coisas existentes ao tempo da contratação, mas expostas a risco assumido pelo adquirente. Neste caso terá o alienante direito a todo o valor pactuado, mesmo que a coisa, no dia do contrato, já não existisse no todo ou em parte. O dispositivo seguinte (art. 461 do CCB, antigo art. 1.121, do código revogado) prevê a possibilidade de anulação do pacto, se ficar comprovado que o contratante alienante não ignorava a consumação do risco, a que no contrato se considerava exposta a coisa. "Na terceira, terá direito ao preço, ainda que a coisa já não existisse em parte, ou de todo, no dia do contrato, salvo se não ignorava a consumação do risco, pois, nesse caso, o contrato seria leonino" (GOMES, 2007:89).

Outro aspecto interessante da questão é o que nos oferece a possibilidade do reembolso antecipado do capital subscrito, mediante os sorteios periódicos. Trata-se, não resta a menor dúvida, de um fato na dependência de uma eventualidade, e por isso indagam os estudiosos se se trata ou não de um contrato aleatório firmado pela Sociedade de Capitalização com o Subscritor.

Contrato aleatório — o próprio adjetivo já o define — é aquele pelo qual uma das partes se obriga para com a outra (ou reciprocamente) de qualquer compromisso dependente de um fato futuro e incerto.

Configura-se a Capitalização como contrato aleatório apenas se pactuada esta cláusula de premiação ou antecipação por sorteio, que, inclusive, representa o aspecto atraente do produto. Mais que o recebimento do capital, ao término do prazo convencionado, que obriga Sociedade de Capitalização ao pagamento no termo final, interessa aos contratantes a possibilidade de ganhos oferecida pela eventual premiação.

Afirma FIUZA (2003:23) que são duas as naturezas jurídicas do Contrato de Capitalização. Primeiro, consiste em contrato pré-estimado em razão do pagamento das parcelas já conhecidas e acordadas pelas partes, outrossim, é aleatório, tendo em vista estar sujeito a sorteios periódicos.

Ora, como no caso do sorteio em Capitalização, não influi nada mais do que o fato "sorte", e nada mais aleatórias que as suas consequências, sob esse aspecto jurídico poderia ser visado, também, o Contrato de Capitalização.

Contudo, segundo SCIOTTI (1948:46), convém indagar: este sorteio dá, na verdade, ao Contrato de Capitalização, possibilidade única de um lucro incerto? Faz com que se torne esse Contrato semelhante ao de um empréstimo a risco, tal como os que se referem aos seguros marítimos e terrestres, e jogo, em suma?

Esta face da questão foi, conforme comentamos alhures, amplamente analisada quando, em seus primórdios, incriminava-se a Capitalização como sendo nada mais e nada menos que um disfarce de loteria, olvidando-se, por quaisquer motivos, todos os elevados objetivos que se procurava alcançar com habilidade.

Fechando, porém, esses parênteses, e voltando ao ponto crucial da questão, responderíamos às indagações acima formuladas afirmando não prometer a Capitalização um lucro "incerto", porquanto ao término do Contrato de Capitalização recebe o Titular, sendo o próprio Subscritor ou um terceiro, o capital garantido, um apreciável lucro, portanto. Apenas se dá, com o sorteio, um lucro antecipado. Riscos não há, nem influência de fatos incertos sobre o Contrato de Capitalização em qualquer momento da vigência do mesmo. Se, por um acaso, a sorte não decidir a antecipação do lucro, esse continuará legalmente garantido e o Subscritor ou Titular o terá dentro do prazo fixado.

O Subscritor ou Titular, na verdade, não está sujeito a ganhar ou a perder. Recolhe afinal o seu capital.

Alongaríamos ainda mais este capítulo se fossemos citar, uma por uma, todas as opiniões exaradas a respeito da natureza jurídica do Contrato de Capitalização. A muitas delas faltam alicerces firmes, fundamentos reais, tais como as que admitem semelhanças com empréstimos de dinheiro em geral, com a venda de objetos etc. e sustentadas por artifícios de dialética.

WEBER (1931:11-13), clássico em Capitalização, admitiu mesmo que o Contrato de Capitalização representa um "mandato assalariado". Tal opinião, vindo de quem a perfilhou, mereceu de SCIOTTI (1948:49) o seguinte comentário, à parte:

> [...].
>
> No "mandato", o mandante outorga ao mandatário o poder de, em seu nome, praticar determinados atos. Ora, logo de início se percebe que, no caso da Capitalização, não é em nome do subscritor-mandante que a sociedade-mandatária inverte as contribuições recebidas (o que seria inconcebível em economia coletiva), mas em sua própria razão social, acarretando prejuízos ou auferindo lucros, sem que dos prejuízos participe o pretenso "mandante", que dos lucros vem a perceber — por força do Contrato — uma parte razoável e bem proporcionada. Aliás, a opinião de WEBER não é seguida pela maioria dos estudiosos que não identificam o contrato-tipo de Capitalização com o de um mandato dito "assalariado".
>
> [...].

Contudo, o Contrato de Capitalização, ao nosso entendimento, deve ser classificado como bilateral ou sinalagmático; oneroso; comutativo; formal; consensual, inominado, execução futura; de boa-fé e de adesão. Senão vejamos mais ainda.

5.5.2. QUANTO À FORMAÇÃO

5.5.2.1. Contratos Consensuais e Reais

Como pontuamos acima, o Direito didaticamente é dividido em dois grandes ramos: o dos *direitos não patrimoniais*, referentes à pessoa humana (direito à vida, à liberdade, ao nome etc.), e o dos *direitos patrimoniais*, de valor econômico, que, por sua vez, se dividem em *reais e obrigacionais*. Os primeiros integram o direito das coisas. Os obrigacionais, pessoais ou de crédito compõem o direito das obrigações, no qual se insere o Contrato de Capitalização. O direito real recai sobre a coisa, direta e imediatamente (direito de sequela), e o *jus praeferendi* (direito de preferência), pode ser exercido contra todos (*erga omnes*). O direito pessoal confere ao credor o direito de exigir do devedor determinada prestação.

Dessa forma, podemos dizer que os direitos reais diferem dos obrigacionais:

a) quanto ao objeto, porque incidem sobre uma coisa, enquanto estes exigem o cumprimento de determinada prestação;

b) quanto ao sujeito, porque o sujeito passivo é ndeterminado (são todas as pessoas do universo, que devem abster-se de molestar o Titular), enquanto nos direitos pessoais é determinado ou determinável;

c) quanto à duração, porque são perpétuos, não se extinguindo pelo não uso, mas somente nos casos expressos em lei (desapropriação, usucapião em favor de terceiro etc.), enquanto os pessoais são transitórios e se extinguem pelo cumprimento ou por outros meios;

d) quanto à formação, pois só podem ser criados pela lei, sendo seu número limitado e regulado por esta (*numerus clausus*), ao passo que os últimos podem resultar da vontade das partes, sendo ilimitado o número de contratos inominados (*numerus apertus*);

e) quanto ao exercício, porque são exercidos diretamente sobre a coisa, sem necessidade da exigência de um sujeito passivo, enquanto o exercício dos direitos pessoais exige uma figura intermediária, que é o devedor; e

f) quanto à ação, que pode ser exercida contra quem quer que detenha a coisa, ao passo que a ação pessoal é dirigida somente contra quem figura na relação jurídica como sujeito passivo.

Todavia a classificação dos contratos em consensuais e reais não anula o princípio do consensualismo como vimos anteriormente.

O consentimento é bastante para formar o contrato, mas, ressalta GOMES (2007:90), alguns tipos contratuais exigem que se complete com a entrega da coisa que será objeto da restituição. Esses contratos são chamados reais, em contraposição aos que se formam *solo consensu*, os simplesmente consensuais, que se tornam perfeitos e acabados por efeito exclusivo da integração das duas declarações de vontade, como a compra e venda, a locação, o mandato.

GOMES (2007:90) pontua a característica dos contratos reais:

> [...].
>
> Dizem-se reais os contratos para a perfeição dos quais é necessária, ademais do consentimento das partes, a entrega da coisa, feita por uma à outra como o comodato, o mútuo e o depósito. A vontade é, por si só, importante para formá-los. Tais contratos são, de regra, uni-

laterais, pois a entrega da coisa pressuposto de sua formação, jamais significa, como sustentam alguns, começo de sua execução. Nesses contratos, o simples consentimento dá lugar, quando muito, a um pré-contrato inonimado. O contrato definitivo só se conclui re, isto é, com a entrega da coisa que deverá ser restituída. Se assim não fosse, os contratos reais seriam bilaterais, sujeitando-se, em consequência, às regras que disciplinam tal categoria, as quais, em verdade, não lhes aplicam.

A qualificação de certos contratos como reais é, tecnicamente, importante para a determinação do momento de sua formação, pois , ao contrário dos contratos simplesmente consensuais, só se tornam perfeitos e acabados com a entrega da coisa, formando-se, por conseguinte, somente quando esta se dá. Eles não geram a obrigação de entregar a coisa, visto que nascem, precisamente, no momento em que se efetua a consignação. A forma da tradição é indiferente, mas essencial ao nascimento do contrato.

[...].

Via de regra, segundo GOMES (2007:91), os contratos reais são unilaterais. Nada impede, porém, que a realidade se exija como requisito para a formação dos contratos. Nos contratos reais, sua determinação é apurável através de fatos. Demais disso, a admissão da categoria dos contratos reais permite classificá-los entre os contratos unilaterais e subordiná-los ao regime a que se submetem tais negócios jurídicos.

A entrega da coisa é colocada fora dos efeitos do contrato, criando dificuldade para o enquadramento jurídico. Alguns autores qualificam-na como simples fato jurídico(136), do qual nasce a obrigação *ex lege* de restituí-lo; outros, como

---

(136) ***Fato Jurídico*** é todo acontecimento, natural ou humano e suscetível de produzir efeitos jurídicos. Os ***fatos Jurídicos*** constituem gênero que inclui eventos puramente naturais **(fatos jurídicos em sentido restrito), e** atos humanos de que derivam efeitos jurídicos, quais sejam, atos jurídicos **e** atos ilícitos. Tal a classificação adotada pelo **Código Civil** ao considerar que, no ***ato Jurídico*** ou lícito, o efeito jurídico deriva da vontade do agente **(contratos, testamentos),** ao passo que no ato ilícito o feito independe da vontade do agente, que, ao agir com dolo ou culpa e ocasionar dano a outrem, ocasionará efeitos jurídicos que, em absoluto, desejou, porque sempre sujeito às sanções legais. ***Caso fortuito ou força maior*** são fatos capazes de modificar os efeitos de relações jurídicas já existentes, como também de criar novas relações de direito. São eventualidades que, quando ocorrem, pode escusar o sujeito passivo de uma relação jurídica pelo não cumprimento da obrigação estipulada. É o caso, por ex., de uma tempestade que provoque o desabamento de uma ponte por onde deveria passar um carregamento confiado a urna transportadora. Diante de tal situação e da impossibilidade da continuação do itinerário, a transportadora livra-se da responsabilidade pela entrega atrasada do material. Porém, para que determinado caso fortuito ou força maior possa excluir a obrigação estipulada em um contrato, é necessária a observação de certas circunstâncias, tais como a inevitabilidade do acontecimento e a ausência de culpa das partes envolvidas na relação afetada. Caso não haja a presença de qualquer destes requisitos, não pode haver caso fortuito ou força maior

forma essencial de expressão da vontade das partes, ou elemento de qualificação do contrato, ou, ainda, como um momento substancial da sua estrutura.

Ensina GOMES (2007:91) que, apesar da utilidade dessa construção, parte da doutrina moderna a rejeita sob o fundamento de que a entrega da coisa é simples pressuposto da exigibilidade da obrigação de restituição. A principal razão invocada para conservá-la é que, nos contratos assim qualificados, consistindo a obrigação principal na restituição da coisa recebida, pressupõe sua entrega, sem a qual o contrato não se forma. O argumento é inconsistente, porque são simples consensuais outros contratos mediante os quais uma coisa também é recebida e deve ser devolvida após certo prazo, como é o caso da locação. Objeta-se ainda que os contratos reais não tenham por finalidade, como se afirma, a criação da obrigação de restituir, por isso que esta resulta do fato da posse de coisa alheia, e não do contrato propriamente dito. Dizer-se que os acordos são lícitos, mas só produzem efeitos com a *traditio* equivale a lhes negar a aplicação da regra *pacta sunt servanda*.

Importa para o início da formação do Contrato de Capitalização, baseado no princípio do consensualismo, que a construção do acordo de vontades basta para criar o vínculo jurídico nos termos da legislação regedora, comumente face da prévia e exaustiva propaganda lançada pela Sociedade de Capitalização, forjando, de efeito, o contrato preliminar, o pré-contrato. Quer dizer-se, todas as informações, anúncios, prospectos e outras peças promocionais ou elementos, de qualquer natureza, que fazem referência ao Plano ou Título de Capitalização, prestados ou realizados na época anterior à celebração do contrato, ficam fazendo parte integrante e complementar à formação do Contrato de Capitalização. Na verdade, aquelas peças são a verdadeira expressão da idealização do Contrato de Capitalização.

Convém pontuar que a legislação determina que, embora não sejam passíveis de aprovação pela SUSEP, a propaganda e o material de promoção referentes aos Títulos de Capitalização somente podem ser elaborados com autorização expressa e sob supervisão da Sociedade de Capitalização, respeitadas as CONDGs e também os Títulos e as normas em vigor.

---

que justifiquem o descumprimento contratual. ***Factum principis*** é aquele fato também capaz de alterar relações jurídicas já constituídas, porém, através da presença da intervenção do Estado e não da ação da natureza ou de qualquer eventualidade. Tal situação se configura quando o Estado, por motivos diversos e de interesse público, interfere numa relação jurídica privada, alterando seus efeitos e, por vezes, até assumindo obrigações que antes competiam a um ou mais particulares. Por ex., o Estado pretende construir uma estrada que cortará o espaço físico de determinada indústria, provocando sua desapropriação e a consequente extinção do estabelecimento industrial, mediante, obviamente, indenização. Porém não só a indústria será extinta como também os demais contratos de trabalho dos empregados do local. Diante de tal situação, a autoridade pública obriga-se a assumir as devidas indenizações trabalhistas, conforme disposto no art. 486 da CLT.

Aliás, em qualquer material de promoção referente aos Títulos de Capitalização deve apresentar sempre, em destaque, a seguinte mensagem:

> 'É proibida a venda de Título de Capitalização a menores de dezesseis anos. — Art. 3º, I do Código Civil'.

A Sociedade de Capitalização é responsável pela fidedignidade das informações prestadas no material de promoção e de comercialização dos seus Títulos de Capitalização. Evidentemente, busca-se alcançar a relação Sociedade de Capitalização/corretores. Como consequência, a Sociedade torna-se também responsável por todo o conteúdo de informações prestadas, por meio do material de divulgação.

Há alguns requisitos específicos para esse tipo de material, como a inclusão do número de processo SUSEP, além de algumas frases obrigatórias exigidas pela legislação (Exemplo: "*A aprovação deste Título pela SUSEP não implica, por parte da Autarquia, em incentivo ou recomendação a sua aquisição, representando, exclusivamente, sua adequação às normas em vigor*"; e, quando a venda for intermediada por Corretor de Capitalização"). Há outro requisito bastante importante: qualquer veiculação de caráter publicitário, independentemente da mídia utilizada, ao mencionar a faculdade de conversão dos valores de resgate e/ou prêmios de sorteio em eventuais bens e/ou serviços, deverá informar que o consumidor sempre terá direito ao recebimento em dinheiro, se assim o desejar. (FUNENSEG, 2012:27)

Dessa forma, é necessário extremo cuidado com os materiais de propaganda e comercialização que, segundo o CDC, tornam-se partes integrantes do Contrato de Capitalização.

Um Título de Capitalização pode ser contratado da forma mais clássica, isto é, por meio da presença física do consumidor e do Corretor de Capitalização ou da contratação por **canais remotos**: aqueles em que a contratação ocorre sem a necessária presença conjunta de consumidor e de um Corretor de Capitalização. Por exemplo, podemos citar a contratação do Título via terminais bancários de autoatendimento ou mesmo pela Internet.

Contudo, a legislação exige requisitos especiais para a contratação por canais remotos. A Sociedade de Capitalização deve:

1º) disponibilizar, imediatamente, a confirmação da contratação ao consumidor; e

2º) encaminhar, em até 15 (quinze) dias após a data do início de vigência, o Título de Capitalização ao Titular ou disponibilizar efetivamente, no momento da contratação, documentação contendo o Título de Capitalização e suas CONDGs.

Aliás, as CONDGs completas devem ser disponibilizadas ao subscritor, assim como todas as demais informações acessórias ao produto, previamente à aquisição do Título de Capitalização ou ao preenchimento da Ficha de Cadastro, quando existente.

É de se aplicar, portanto, as regras estabelecidas nos arts. 30 e 35 do CDC, que determinam a vinculação do fornecedor de produto às informações ou publicidade veiculada, por qualquer forma ou meio de comunicação, com relação a produtos ou serviços oferecidos, integrando ainda o contrato que vier a ser celebrado.

O Contrato de Capitalização, nessa linha, embora possa parecer uma espécie de contrato real, porquanto gera para o subscritor uma obrigação, uma prestação: a entrega à Sociedade de Capitalização da contribuição pactuada e escolhida por ele. Ou seja, porque o Contrato é formado com a entrega do capital que será objeto de contraprestação, ou seja, a restituição pela Sociedade de Capitalização. Daí ter-se, nesse momento, o Contrato de Capitalização perfeito e acabado com a consignação da contribuição efetuada pelo proponente à Sociedade de Capitalização. O fornecimento pela Sociedade de Capitalização do objeto convencionado, como o capital corrigido e capitalizado, o resgate, o sorteio (contrato adjeto) e, quando for o caso, um outro produto, seja um bem móvel ou imóvel (contrato adjeto), entre outros, é o cumprimento da obrigação da Sociedade de Capitalização, começo da execução do Contrato.

No entanto é de mister posicionar-se quanto a ser o contrato consensual ou real. Tal ilação, a de ser real o contrato, resulta da interpretação do atual CCB, do CCB combinado com o parágrafo único do art. 1º, do Decreto-lei 261, de 1967, o qual parece indicar a remessa de um Título como requisito do Contrato de Capitalização[137]. É minoritário o entendimento. A doutrina majoritariamente se posiciona pela natureza consensual do Contrato de Capitalização à semelhança do que ocorre com o contrato de seguro[138], mesmo porque a apólice é tida por requisito *ad probationem* e não *ad substantian*[139]. A nosso ver, a posição majoritária é de fato

---

(137) [...]. *Art. 1º Todas as operações das sociedades de capitalização ficam subordinadas às disposições do presente Decreto-Lei. Parágrafo único. Consideram-se sociedades de capitalização as que tiverem por objetivo fornecer ao público, de acordo com Planos aprovados pelo Governo Federal, a constituição de um capital mínimo perfeitamente determinado em cada Plano, e pago em moeda corrente em um prazo máximo indicado no mesmo Plano, à pessoa que possuir um título segundo cláusulas e regras mencionadas e aprovadas no próprio título.* [...].

(138) Pontes de Miranda. *Tratado*...cit. v. 45, § 4917, n. 2, p. 298. " O Contrato de seguro é consensual..." Fran Martins. Contratos... cit. p. 359. "o pagamento do prêmio contra a entrega da apólice não torna o contrato real". GOMES, Orlando. *Op. cit.*, p. 411. "O contrato é simplesmente consensual, a despeito de ser obrigatória a forma escrita." Aparentando opinião contrária Caio Mário. *Instituições* ...cit. v. III. p. 303.

(139) Pontes de Miranda. *Op. cit.*, v. 45, § 4920, n. 1, p. 316. "A forma escrita é *ad probationem* e não *ad substantian*"; errado dizer no entanto que o contrato não é formal, pois afirma na p. 303 "A forma escrita é exigida ao contrato de seguro", v. ainda § 4917, n. 4, p. 301: "Tem-se pretendido que a aceitação somente ocorre com a entrega da apólice. Ora, a apólice é prova do contrato." E p. 303, "A jurisprudência tem frisado que a apólice é *ad probationem*". GOMES, Orlando. *Op. cit.*, p. 420. "O seguro é, pois, contrato consensual, que se conclui, pelo simples acordo de vontades, pouco importante que o consentimento das partes deva se manifestar por escrito". Ainda p. 419 "Embora a lei esteja redigida em termos que fazem presumir a vinculação de sua eficácia à forma escrita, em verdade esta não é da substância do contrato, senão como forma *ad probationem tantun*".

a correta, pois há o contrato de seguro sem a apólice, similarmente há Contrato de Capitalização sem a entrega do Título de Capitalização.

5.5.2.2. Contratos Paritários

Doutrinariamente, conceitua-se como *paritários* aqueles contratos efetivamente formados pelo acordo de vontade das partes que livremente estipularam suas condições, como, p. ex., um contrato de mandato.

Contratos paritários, discutidos individualmente, cláusula a cláusula, em condições de igualdade e com o tempo para tratativas preliminares, ainda hoje existem, mas em número muito limitado e geralmente nas relações entre dois particulares (consumidores), mas raramente entre dois profissionais e somente quando de um mesmo nível econômico (MARQUES, 2011:70).

Paritários, para GONÇALVES (2003:29), são os contratos do tipo tradicional, em que as partes discutem livremente as condições, porque se encontram em pé de igualdade (par a par).

Todavia essa não é a classificação do Contrato de Capitalização, que é tipicamente um *contrato de adesão*, como assinalaremos abaixo. Neste Contrato não é permitida essa total liberdade, devido à preponderância da vontade de um dos contratantes, no caso, a Sociedade de Capitalização, que elabora todas as cláusulas e CONDGs, e, até, especiais. Restando àquele, seja pessoa física ou jurídica, que queira adquirir ou utilizar os serviços como destinatário final, proponente (futuro subscritor), somente aderir ao modelo de contrato previamente confeccionado pela Sociedade de Capitalização, não podendo, em tese, modificá-las. Sendo assim, aceita-as ou rejeita-as, de forma pura e simples, e em bloco, afastada qualquer alternativa de discussão.

Enfim, segundo FIÚZA (2003:566), de adesão é uma das características intrínsecas ao Contrato de Capitalização. Vejamos, em linhas gerais, as peculiaridades do contrato de adesão imbricadas no Contrato de Capitalização.

5.5.2.3. Contratos de Adesão

O contrato de adesão caracteriza-se por permitir que seu conteúdo seja pré-constituído por uma das partes, eliminada a livre discussão que precede normalmente à formação dos contratos, segundo afirma GOMES (2007:128).

O contrato de adesão se realiza quando o interessado (o contratante, a empresa que disponibiliza Contratos de Capitalização, p. ex.) já determina de antemão as CONDGs negociais com a finalidade de uniformizar as futuras relações contratuais.

A partir de então, o contratante começa a divulgar o seu serviço por meio de propagandas em jornais, revistas. O próximo passo a ser tomado ocorre quando o cliente vem ao encontro do futuro contratante e assina o contrato predisposto.

O contrato de adesão é um contrato "atípico", pois foge às regras gerais, que regem os contratos. Neste contrato, o Princípio da Responsabilidade determina que o contratante deva preocupar-se mais do que só com a real compreensão do contratado das CONDGs, a sua responsabilidade (do contratante) abrange as situações previstas nos arts. 49 e §§ 3º e 4º do art. 54 do CDC.

Desta maneira, a Sociedade de Capitalização deve verificar se as cláusulas foram redigidas de modo a facilitar a compreensão do seu sentido e alcance pelo subscritor. Em outras palavras, o Contrato de Capitalização deve ser redigido em termos claros e com caracteres ostensivos e legíveis e, finalmente, as cláusulas que implicarem algum tipo de limitação de direito do subscritor ou titular devem ser redigidas com destaque, conforme determina o CDC.

Em casos como esse já decidiu o Tribunal de Justça de São Paulo:

> CONTRATO DE ADESÃO. Cláusulas que limitaram o direito do consumidor deverão ser redigidas com destaque, inteligência do artigo 54, § 4º, do CDC. Interpretação mais favorável ao consumidor conforme artigo 47 do CDC (TJ de São Paulo — Embargos de Declaração n. 2.367-4, 16/04/96. 3ª Câmara de Direito Privado. Rel. Mattos Faria).

Como salientamos, é contrato de adesão[(140)] aquele cujas cláusulas são preestabelecidas unilateralmente pelo parceiro contratual economicamente mais forte (fornecedor[(141)]), *ne vaietur*, isto é, sem que o outro parceiro (consumidor[(142)]) possa discutir ou modificar substancialmente o conteúdo do contrato escrito (MARQUES, 2011:76).

Em outras palavras, contratos de adesão são aqueles em que uma das partes apenas adere a um modelo contratual previamente estabelecido pela outra parte. Enfim, ou o contratante o adere por inteiro ou não há negócio.

---

(140) *Os Contratos tipo (ou contrato de massa, em série ou por formulário) são muito semelhantes aos de adesão, porque também já foram preconcebidos por uma das partes. Diferem daquele porque nestes não há, necessariamente, uma desigualdade econômica entre as partes contratantes, que podem discutir seu conteúdo, sendo lícito o preenchimento de algumas cláusulas e a inserção de outras, por acordo mútuo de vontades. Grande exemplo desses contratos são os bancários, em que há espaços em branco a serem preenchidos pelo contratante (futuro cliente do banco), com as taxas de juros, prazos de financiamento etc.* (GONÇALVES, 2004:102).

(141) "*Fornecedor é toda pessoa física ou jurídica pública ou privada, nacional ou estrangeira, bem como os entes despersonalizados, que desenvolvem atividade de produção, montagem, criação, construção, transformação, importação, exportação, distribuição ou comercialização de produtos ou prestação de serviços*" (art. 3º do CDC).

(142) "*Consumidor é toda pessoa física ou jurídica que adquire ou utiliza produto ou serviço como destinatário final*" (art. 2º do CDC).

O contrato de adesão é oferecido ao público de maneira uniforme. Geralmente impresso, faltando apenas preencher os dados[143] referentes à identificação da parte aderente, do objeto e do preço, limitando-se o aderente a aceitar as condições unilateralmente impostas pela parte estipulante. As cláusulas são pré-impressas de forma unilateral e uniformemente elaboradas pela empresa. O aderente apenas manifesta adesão à vontade da parte estipulante, geralmente em instrumento contratual massificado. Somente resta ao aderente a alternativa de aceitar ou rejeitar o contrato, não podendo modificá-lo de maneira relevante. O aderente apenas declara a sua aceitação, não declinando consentimento com o conteúdo do contrato (BARROS *et al.*, 2002:326).

A doutrina, hoje, é unânime em aceitar a natureza contratual dos pactos de adesão. Essa natureza contratual não deve ser negada. Devem-se, sim, criar normas e uma disciplina específica adaptada às suas características especiais e que permita um controle efetivo da equidade contratual, para que se mantenha a paridade entre as partes contratantes. É o que pretendeu o Código de Proteção e Defesa do Consumidor (CDC) — Lei n. 8.078, de 11.9.1990 —, e é o que pretende o CCB, ao estipular nos arts. 423 e 424 normas de interpretação e de nulidade relativas a determinadas cláusulas inseridas em contratos de adesão.

Os contratos de adesão são escritos devendo o aderente seguir e observar essa forma. Estes, especialmente com relação às cláusulas que mostrem dubiedade, devem ser interpretados contra aquele que redigiu as referidas cláusulas, ou seja, a benefício do aderente (BARROS *et al.*, 2002:326). Aliás, é o que impõe o art. 47 do CDC, quando expressa que as cláusulas contratuais serão interpretadas de maneira mais favorável ao consumidor.

Nesse sentido também é o disposto no art. 423 do CCB, que estabelece norma de interpretação cogente para os contratos de adesão. Estipula que, "*quando houver no contrato de adesão cláusulas ambíguas ou contraditórias, dever-se-á adotar a interpretação mais favorável ao aderente*".

No art. 424 do CCB, o legislador civil destaca determinada modalidade de cláusula abusiva, inquinando-a de nulidade. É norma cogente, devendo ser observada nos contratos de adesão, sob pena de ser considerada como não escrita, em nada onerando a parte aderente.

---

(143) **2005.001.14058** — APELAÇÃO CÍVEL — DES. FERDINALDO DO NASCIMENTO — Julgamento: 11.8.2005 — DÉCIMA QUARTA CÂMARA CÍVEL. AÇÃO DE RESCISÃO CONTRATUAL. AQUISIÇÃO DE TÍTULO DE **CAPITALIZAÇÃO.** AUTOR AFIRMA QUE PASSOU A DUVIDAR DA IDONEIDADE DA EMPRESA RÉ, EM RAZÃO DE INCORREÇÕES DE SEUS DADOS NOS CARNÊS DE PAGAMENTO. REVELIA. SENTENÇA PARCIALMENTE PROCEDENTE. APELAÇÃO DA RÉ. NÃO RESTOU CONFIGURADO O DANO MORAL. OS FATOS NARRADOS NA INICIAL REPRESENTAM MERO ABORRECIMENTO. A R.SENTENÇA DEVE SER REFORMADA PARA QUE NÃO ENSEJE ENRIQUECIMENTO SEM CAUSA. RECURSO CONHECIDO E PROVIDO.

Tanto o contrato de adesão quanto a estipulação de cláusulas abusivas e a nulidade dessas vêm previstos no CDC, não tendo o anterior CCB nenhum dispositivo a tratar especificamente da matéria. O CDC, em seu art. 54, dispõe que: "*Contrato de adesão é aquele cujas cláusulas tenham sido aprovadas pela autoridade competente ou estabelecidas unilateralmente pelo fornecedor de produtos ou serviços, sem que o consumidor possa discutir ou modificar substancialmente o seu conteúdo*".

Prevê, ainda, o estatuto consumerista, em seu art. 51, elenco exemplificativo de cláusulas abusivas, taxadas de nulas de pleno direito. A cláusula abusiva constante do art. 424 do CCB já se encontrava prevista no inciso I do art. 51 do CDC, na medida em que o referido dispositivo estipula serem nulas de pleno direito as cláusulas que "impliquem renúncia ou disposição de direitos" (BARROS *et al.*, 2002:326).

A novidade fica por conta da previsão expressa no CCB, seguindo a linha adotada pelo CDC, do contrato de adesão, espancando de uma vez por todas qualquer discussão a respeito da natureza contratual dos pactos adesivos. O CCB não somente reconhece aos pactos de adesão a sua natureza contratual, como também estabelece normas cogentes de interpretação e de nulidade de cláusulas abusivas.

Aliás, a previsão constante do art. 424 é meramente exemplificativa, visto que o reconhecimento de outras cláusulas abusivas, mesmo que não seja aquela expressamente mencionada, dará ensejo à nulidade da mesma, de forma a resguardar os direitos da parte aderente no contrato de adesão.

Portanto, repita-se, esses contratos de adesão foram primeiro disciplinados pelo CDC, que traz uma série de regras para a proteção do aderente, de modo que o contrato não lhe seja prejudicial. Como exemplos, entre outros, há os contratos bancários, contratos financeiros, contratos de crédito, contratos de transporte, bem como os contratos de natureza securitária, como os contratos de seguro, contratos de previdência complementar aberta e, principalmente, o que nos chama atenção no momento, o Contrato de Capitalização que também se insere, neste caso, naquela atividade securitária, nomenclatura utilizada pelo legislador consumerista.

Em outras palavras, o Contrato de Capitalização é uma espécie de contrato do gênero atividade securitária, a fim de, especificamente, prestar serviço de poupança financeira, de crédito à coletividade, ou de economia programada com sorteio objeto do pacto, representado e instrumentalizado no Título de Capitalização. De forma que somente através do Contrato de Capitalização se viabiliza a prestação desse serviço. Serviço este enquadrado no art. 3º, § 2º, do CDC, e definido como qualquer atividade fornecida no mercado de consumo, mediante remuneração, salvo as decorrentes das relações caráter trabalhista.

Decerto que o Contrato de Capitalização é um contrato de adesão, pois tem suas cláusulas previamente aprovadas pela SUSEP (autoridade competente), antes estabelecidas unilateralmente pela Sociedade de Capitalização (fornecedora de serviços), sem que o Subscritor (consumidor) tenha discutido ou modificado substancialmente o seu conteúdo. E, portanto, devem ser aplicadas as regras contidas no CDC, já que *o Contrato de Capitalização é uma espécie de formação de recursos financeiros que cria expectativas específicas e legítimas nos consumidores, merecendo um controle específico do direito para evitar abusos nesses contratos.*

Sendo o contrato de adesão um contrato bilateral, pode ser conceituado como uma relação contratual em que cada uma das partes tem prestações reciprocamente obrigatórias. Estas são muito importantes tendo em vista que a prestação de uma das partes é a razão da prestação da outra. Caso uma delas descumpra o que foi anteriormente acordado, passaria a existir um desequilíbrio contratual.

A Sociedade de Capitalização, por meio de Contratos de Capitalização, os instrumentaliza, via Títulos de Capitalização, e é considerada fornecedora porque, segundo o art. 3º, § 2º, do CDC, é também considerada fornecedora a pessoa jurídica, pública ou privada, nacional, que presta serviço, sendo este definido como a atividade fornecida no mercado de consumo, mediante remuneração, inclusive as de natureza bancária, financeira, de crédito e securitária (gênero do qual a Capitalização é a espécie). Com o objetivo de dar maior segurança ao consumidor, temos a súmula 297 do STJ, que segue: *"O Código de Defesa do Consumidor é aplicável às instituições financeiras."*

O parágrafo único do art. 1º do Decreto-Lei 261, de 1967, define as Sociedades de Capitalização como as que objetivam fornecer ao público, de acordo com os Planos do Governo Federal, a constituição de um capital mínimo determinado em cada Plano e pago em moeda corrente em um prazo determinado contratualmente nos termos da legislação em vigor. O art. 74 do Decreto-Lei n. 73, de 1966, determina que a autorização para funcionamento seja concedida através de Portaria do Ministro da Indústria e Comércio (*sic.* Ministro da Fazenda) e, com o intuito de conferir uma maior segurança jurídica em suas relações comerciais, as sociedades capitalizadoras são obrigadas a constituir reservas técnicas, fundos especiais e provisões (art. 84 do Decreto-Lei n. 73, de 1966), ressaltando ainda que a não constituição ou insuficiência dessas reservas constitui crime contra a economia popular combinada com a Lei dos Crimes contra a Economia Popular (Lei n. 1.521, de 26.12.1951). Determina ainda o art. 113 desse diploma legal que as pessoas que realizarem esse tipo de operação sem a devida autorização, no País ou no exterior, terão de pagar multa no mesmo valor da importância investida pelo aderente ou consumidor.

Ressalta-se que o Contrato de Capitalização ("contrato de adesão de venda de Título de Capitalização") é incompatível com o instituto da *"exceptio non adimpleti contractus",* tendo em vista, para que essa ocorra, se faz necessário que as prestações sejam não somente recíprocas, mas também simultâneas. No Contrato de Capitalização o momento de exigibilidade das prestações é diferente para cada uma das partes.

5.5.3. QUANTO AO MOMENTO DE SUA EXECUÇÃO

A conceituação *de contratos de duração* não é unívoca. As hesitações da doutrina começam na denominação, estendendo-se à delimitação e à diferenciação de subespécies. A figura é mais conhecida pelo nome de *contrato de trato sucessivo*. Outros preferem chamá-la de *contratação de execução continuada*, havendo quem os designe pela expressão *contratos de débito permanente* para contrapô-lo aos de *obrigação transitória*. Prefere-se atualmente a denominação contratos de duração.

Aos contratos de duração ou contratos de trato sucessivo ou de execução continuada contrapõem-se os *instantâneos* ou de *execução única*, que se caracterizam por serem executados de uma vez, em um só momento. A execução pode dar-se imediatamente após a sua conclusão ou ser protraída para outro momento. No primeiro caso, diz-se que são *contratos de execução imediata*. No segundo, *contratos de execução diferida*.

O Contrato de Capitalização é de execução diferida, chamada por FIÚZA (2003:566) de execução futura, pois, além da consequência da natureza da prestação prometida, é um daqueles que também se exaurem em um só ato, no entanto, em momento futuro, diverso daquele em que o contrato se formou, mas de execução momentânea ou instantânea. Diversamente dos chamados contratos de execução instantânea (momentânea) ou imediata que se exaurem em um só ato, sendo cumpridos imediatamente após a sua celebração, como na compra e venda à vista, p. ex., bem como dos contratos de trato sucessivo, que se executam mediante prestações periodicamente repetidas ou de execução continuada, são aqueles que se cumprem por meio de atos reiterados; em que a prestação é única, mas ininterrupta, e.g., a prestação de algum serviço, como o de vigilância por uma empresa a outra.

Somente a estes se aplica a *Teoria da Imprevisão*, e, diferentemente do que ocorre com os contratos de execução imediata, a sua nulidade ou resolução por inadimplemento não conduzem as partes aos *status quo ante*, segundo GONÇALVES (2004:102-103).

Todavia, conforme a doutrina predominante, com a qual mais uma vez concordamos, o interesse da distinção reside na circunstância de que os contratos de execução diferida dependem do futuro, aplicando-se lhes, por conseguinte, as regras deduzidas pela Teoria da Imprevisão, que, intuitivamente, não cabem nos contratos de execução imediata.

5.5.4. QUANTO AO AGENTE

A pessoa concreta do contratante é, de regra, juridicamente indiferente. Contudo há contratos nos quais tem influência decisiva no consentimento da outra parte. Importa, assim, distingui-los dos outros.

Neste sentido, GOMES (2007:97-98) ensina-nos que:

> *[...].*
>
> *Um contrato é **intuitu personae** quando a consideração da pessoa de um dos contraentes é, para o outro, o elemento determinante de sua conclusão. A uma das partes convém contratar somente com determinada pessoa, porque seu interesse é de que as obrigações contratuais sejam cumpridas por essa pessoa. Por isso, a pessoa do contratante passa a ser elemento causal do contrato.*
>
> *Em contraposição aos contratos nos quais é indiferente a pessoa com quem se contrata, os que se realizam **intuitu personae** podem ser denominados contratos pessoais. Geralmente, origina uma obrigação de fazer, cujo objeto é um serviço fungível, isto é, que pode ser executado por outra pessoa, ou porque só aquela seja capaz de prestá-lo, ou porque à outra parte interessa que seja executado tão somente por ela.*
>
> *[...].*

Neste sentido, o Contrato de Capitalização é "impessoal", primeiro, porque "qualquer pessoa pode ser um consumidor em potencial", conforme FIÚZA (2003:566), e, segundo, porque as qualidades pessoais do contratante são indiferentes à formação e execução do pacto, quer seja da Sociedade de Capitalização, quer seja do Subscritor. Qualidades estas percebidas nos contratos personalíssimos (*intuitu personae*) que são firmados em razão de características especiais de um ou de ambos os contratantes.

De fato. Uma vez que essa obrigação é intransmissível, não pode ser cumprida por outrem. Por conseguinte, a morte do devedor é causa extintiva do contrato, pois os sucessores não poderiam executar prestação que era personalíssima. Pela mesma razão, o contrato *intuitu personae* não pode ser cedido. A substituição do devedor importaria celebração de novo contrato, salvo se houver anuência da outra parte contratante expressa no instrumento. É claro que essas consequências só se afirmam em relação ao contratante cuja atividade pessoal é elemento determinante do contrato. O que não é o caso do Contrato de Capitalização.

Cabe registrar que FIÚZA (2003:566) defende que *individual* é característica intrínseca do Contrato de Capitalização, porque somente as pessoas envolvidas no contrato, as partes, é que se obrigam.

5.5.5. QUANTO AO MODO POR QUE EXISTEM

Há contratos que dependem da existência de outros. Seria mais correto, afirma GOMES (2007:93), qualificá-los como *contratos dependentes*, mas o uso consagrou a expressão *acessórios*. Assim, reciprocamente consideradas, as obrigações oriundas desses contratos dividem-se em *principais* e *acessórias*, respectivamente. As primeiras subsistem por si, sem depender de qualquer outra, e essas últimas têm sua existência subordinada a outra relação jurídica, ou seja, dependem da obrigação principal. É o caso da fiança, da cláusula penal, dos juros etc.

Nesta seara, os contratos dos quais dependem chamam-se *principais*. Têm existência própria, independente e autônoma. Por sua vez, a função predominante dos *contratos acessórios* é garantir o cumprimento de obrigações contraídas em contrato principal.

Nessa estrada, o Contrato de Capitalização é contrato principal, pois existe por si só, independentemente de qualquer outra avença. Todavia, frequentemente agrega contratos acessórios (adjetos), que são aqueles que estão subordinados à existência daquele (contrato principal), como ocorre com o sorteio, que acompanha o destino do negócio principal. Se aquele é nulo ou anulável, assim será o acessório. A recíproca, contudo, não é verdadeira.

Em sendo assim, a distinção entre contratos principais e acessórios justifica-se em face da aplicação do princípio[144] geral de que o acessório segue a sorte do principal. A relação de subordinação vincula igualmente tais contratos. Em consequência, a extinção do contrato principal acarreta a do contrato acessório, pois, logicamente, não lhe pode sobreviver, por faltar a razão de ser. Pelo mesmo motivo, se o contrato principal for nulo, também o será, por via de consequência, o acessório.

GOMES (2007:93) assevera que os contratos acessórios podem ser *preparatórios*, como o mandato; *integrativos*, como a aceitação do terceiro na estipulação em seu favor; *complementar*, como a adesão a um contrato aberto, como é o Contrato de Capitalização.

5.5.6. QUANTO À FORMA

Prevalece no direito moderno o princípio da liberdade de forma, segundo o qual os contratos se concluem, via de regra, pelo simples consentimento das partes, seja qual for o modo de expressão da vontade.

---

(144) O princípio de que o acessório segue o destino, a condição jurídica do principal, foi acolhido pela nossa legislação, como, por exemplo, nos arts. 92, 184, 233, 364 do CCB. Assim, a nulidade da obrigação principal implica a das obrigações acessórias, mas a recíproca não é verdadeira, pois a destas não induz a da principal (art. 184, 2ª parte, CCB).

Em atenção, porém, à conveniência de dar segurança ao comércio jurídico, a lei exige que certos contratos obedeçam à determinada forma, elevando-se à condição de requisito essencial à sua validade. Nesses casos, como ocorre com o Contrato de Capitalização, a vontade das partes não basta à formação do contrato.

Sendo assim, "como uma das características intrínsecas ao Contrato de Capitalização, este é formal", ensina FIÚZA (2003:566), "porque a lei exige a sua forma escrita e, *a posteriori*, a emissão do respectivo Título de Capitalização". Neste caso, o Contrato só se aperfeiçoa quando o consentimento é expresso pela forma prescrita na lei.

Nessa linha, entendemos que essa característica é decorrente da do Título de Capitalização, instrumento resultante do Contrato de Capitalização. Diversamente, *data maxima venia*, o que compreende FIGUEIREDO (2006:297), quando ao definir as Sociedades de Capitalização, diz que os Contratos de Capitalização são contratos específicos denominados Títulos de Capitalização. Mera confusão de causa e efeito, *data maxima venia*.

Como visto anteriormente, o Título de Capitalização tem a natureza de Título de crédito, que é um documento formal, com força executiva, representativo de dívida líquida e certa. Daí a imbricação do Título e do Contrato de Capitalização.

O Contrato de Capitalização como instrumento jurídico tem por objetivo estabelecer os direitos e as obrigações entre a Sociedade de Capitalização, o Subscritor e, quando couber, o Titular. Na verdade, este Contrato reflete pontos essenciais, notadamente, referentes a direitos e obrigações, resumidos no Título de Capitalização, antes projetados nas CONDGs, particulares e especiais, capítulos do Plano apresentado pela Sociedade de Capitalização e aprovado pelo órgão de controle, fiscalizador e regulamentador, a SUSEP.

Abrem-se parênteses, para anotar que as CONDGs são normas que especificamente regem o Contrato de Capitalização entre a Sociedade de Capitalização e os adquirentes de Títulos de Capitalização. As cláusulas definem os deveres e direitos dos contratantes nas transações de compra e venda de Títulos de Capitalização.

Em suma, o Título é o documento em que estão previstos todos os direitos e deveres da Sociedade de Capitalização e do consumidor.

De maneira que nas CONDGs dos Títulos são apresentados todos os diferenciais que a Sociedade de Capitalização quer imprimir ao seu produto.

Nessa trilha, as Sociedades de Capitalização podem prever, por exemplo, a participação dos Titulares nos lucros da empresa. Os direitos conferidos pela aquisição de um Título de Capitalização variam de empresa para empresa e até de Título para Título (aqui entendidos como "Planos" distintos) de uma mesma empresa, embora haja uma crescente tendência de uniformização das CONDGs, em função da existência do Plano Padrão de Capitalização elaborado pela Comissão Técnica da Federação Nacional de Capitalização (FenaCap).

Aliás, tenho que abrir parênteses para ressaltar que essa Federação, fundada em 7 de fevereiro de 2007, é uma associação civil, com sede e foro na Cidade do Rio de Janeiro; representa as sociedades de Capitalização no território nacional. A entidade civil, localizada na rua Senador Dantas, 74 — 8º andar — Centro, empenha-se pelo fortalecimento das sociedades de Capitalização, contribuindo assim para o desenvolvimento econômico e social do País.

Entre outros objetivos, a FenaCap exerce a representação política e institucional do setor; promove a permanente defesa dos interesses do segmento; representa as associadas, judicial ou extrajudicialmente; atua na criação e no aprimoramento de leis, normas e regulamentos que aumentem a eficiência deste segmento econômico.

A FenaCap está encarregada ainda de realizar pesquisas e projetos, promover a divulgação de ações do setor e cuidar do aprimoramento da imagem institucional do mercado, além de contribuir para a formação, a qualificação e conceder certificação profissional.

De acordo com a legislação em vigor, as CONDGs do Título de Capitalização devem conter, no mínimo e sempre em destaque, os seguintes elementos:

- glossário com as definições de Subscritor, Titular, capital, capital nominal;
- percentuais de sorteio e de Carregamento;
- tabela que discrimine o percentual de resgate em função do prazo de vigência do Título de Capitalização, considerando-se todos os pagamentos previstos e demais parâmetros de cálculo, especificando eventuais fatores de redução para resgates antecipados;
- informações sobre se o valor do prêmio de sorteio é líquido ou bruto e, nesse caso, que o desconto de imposto de renda dever ser na forma da legislação em vigor, explicitando o percentual vigente aplicável;
- denominação e CNPJ da Sociedade de Capitalização;
- nome fantasia do produto, número do processo SUSEP e a Modalidade, facilmente identificáveis;
- critério de atualização de valores[145], com a indicação do índice utilizado;

(145) As Condições Gerais do Título de Capitalização devem conter o critério de atualização de valores inerentes ao contrato, observadas as normas em vigor. Os valores inerentes ao contrato são: 1) Pagamentos Periódicos (PP) ou Pagamentos Mensais (PM), facultativamente e somente nos casos em que o prazo de pagamento é superior a 12 (doze) meses; 2) Provisão matemática para resgate;

• informação sobre a incidência de juros moratórios, quando o sorteio e/ou resgate não forem pagos nos prazos estabelecidos pela legislação em vigor;

• informações relativas à participação em excedentes financeiros, nos termos da legislação específica, e as condições para obtenção de bônus, quando previstos; e

• informações sobre local do foro para processamento de questões judiciais e informações sobre os prazos prescricionais.

É indispensável conhecer o conteúdo das CONDGs de um Título, seja para vendê-lo, comprá-lo ou, ainda, para prestar informações aos consumidores.

Assim, todas as cláusulas que implicarem limitações ou impuserem ônus aos titulares devem ser redigidas em destaque nas CONDGs, permitindo sua fácil identificação e compreensão.

Além disso, elas devem apresentar a seguinte redação, obrigatoriamente: "*A aprovação deste Título pela SUSEP não implica, por parte da Autarquia, incentivo ou recomendação à sua aquisição, representando, exclusivamente, sua adequação às normas em vigor.*"; E, quando a venda for intermediada por Corretor de Capitalização, também deve haver a redação: "*O consumidor poderá consultar a situação cadastral de seu Corretor de Capitalização, no síte www.susep.gov.br, por meio do número de seu registro na SUSEP, seu nome completo, CNPJ ou CPF.*"

As duas redações acima também são aplicáveis à Ficha de Cadastro, se existente. Mas não é só: a primeira frase, que aborda a aprovação, também deve ser inserida em material de comercialização e propaganda utilizado pela Sociedade de Capitalização quando esse for específico para um determinado produto ou grupo de produtos, à exceção da propaganda efetuada por mídia eletrônica, a exemplo de rádio e TV.

Além de todas as informações que devem estar presentes nas CONDGs e na Ficha de Cadastro, a legislação prevê, ainda, a obrigatoriedade da Sociedade prestar outras informações complementares ao subscritor, podendo tais informações estarem apartadas das CONDGs do Título de Capitalização. São elas:

• valor do capital nominal mínimo, formado ao final do prazo de vigência, considerando-se todos os pagamentos previstos efetuados em dia;

---

3) Pagamentos de resgates e sorteios realizados; 4) Prêmios de sorteios nos casos de Título de Capitalização de Pagamento Único (PU) com sorteios após o 12º (décimo segundo) mês de vigência; 5) Devolução do custeio dos sorteios cuja realização se der após a liquidação antecipada do Título sorteado. Faculta-se às Sociedades de Capitalização estabelecerem nas Condições Gerais do Título a livre pactuação entre as partes do percentual do índice de atualização a ser aplicado aos Pagamentos Periódicos (PP) ou Pagamentos Mensais (PM), a cada período de 12 (doze) meses. As Condições Gerais e a Ficha de Cadastro, quando prevista, devem, nos casos em que a Taxa de Remuneração Básica aplicada às cadernetas de poupança (TR) for utilizada como índice de atualização da Provisão Matemática para resgate, conter esta informação.

• nome e número de registro do Corretor de Capitalização, quando existente;

• identificação dos Titulares, quando conhecidos previamente, com o respectivo percentual de cada um sobre os direitos do Título, quando for o caso; e

• número do Título e os números ou códigos que o Título utilizará na participação dos sorteios.

Tal redação deve ser inserida, necessariamente, em todo e qualquer material de comercialização e propaganda utilizado pela Sociedade de Capitalização, à exceção da propaganda efetuada por meio de mídia eletrônica, a exemplo de rádio e TV, quando este for específico para um determinado produto ou grupo de produtos.

Não obstante, o Título de Capitalização, contendo suas Condições Gerais, juntamente com as informações complementares acima mencionadas, deve ser disponibilizado efetivamente ao titular ou ao subscritor em, no máximo, 15 dias após a respectiva data de início de vigência.

A disponibilização efetiva do Título deve compreender a possibilidade de obtenção de sua versão impressa e das respectivas informações complementares, na cidade de domicílio do subscritor e do titular, devendo ser realizada sem custos adicionais que sejam revertidos direta ou indiretamente para a Sociedade de Capitalização.

Ora, se por imposição legal o Título de Capitalização há de ser formal, o Contrato que lhe deu origem deve ter carreada também essa característica. Esta lógica está nas nomenclaturas utilizadas pelo Decreto-Lei n. 261, de 1967, quando, ao conceituar Sociedades de Capitalização, impõe em seu art. 1º, parágrafo único, que são "*as que tiverem por objetivo fornecer ao público, de acordo com **Planos aprovados** pelo Governo Federal, a constituição de um capital mínimo perfeitamente determinado em cada **Plano**, e pago em moeda corrente em um prazo máximo indicado no mesmo Plano, à pessoa que possuir um **Título** segundo cláusulas e regras mencionadas e aprovadas no próprio Título*". Como se vê, o legislador usou os termos Plano e Título. Senão vejamos.

O vocábulo "plano", segundo FERNANDES, LUFT e GUIMARÃES (1993:550), significa projeto, intento, programa, roteiro. E plano é o projeto ou empreendimento com fim determinado; planejamento básico. Extrai-se que o referido plano aprovado é um conjunto de métodos e medidas para a execução de um empreendimento da Sociedade de Capitalização.

Filosoficamente, plano é uma forma de disciplina para transformar sonhos em projetos e projetos em realidade. Mas, de fato, o plano aprovado representa a soma de suas CONDGs, da Nota Técnica Atuarial e do material de sua comercialização. E, como já apontado, o Título de Capitalização, basicamente, estampa o resumo de direitos e obrigações delineados no Contrato de Capitalização que abrange e incorpora, repita-se, o Plano, as CONDGs, a Nota Técnica Atuarial e o material de sua comercialização.

De maneira que, embora o Contrato de Capitalização seja atípico, ele está entre os chamados contratos solenes e formais, já que deve obedecer a uma forma prescrita em lei e normativos infralegais, ditados pelo CNSP, bem como deve ser aprovado pelo órgão público controlador, fiscalizador e regulamentador, a SUSEP, para que seja válido. Distintivamente dos denominados contratos não solenes, que são de forma livre, de acordo com o consenso das partes, podendo ser orais, escritos, por instrumento público ou particular.

O Contrato de Capitalização é contrato formal. Impende ressaltar: formal, mas não solene, pois ser formal ou não concerne a aspectos intrínsecos do contrato, ao passo que a solenidade é providência, extrínseca, geralmente relacionada à eficácia. É formal o de Capitalização por lhe ser imprescindível o instrumento escrito que espelha aquele Contrato que recebe a denominação de *"Título de Capitalização"*.

Aliás, salienta-se que para alguns doutrinadores é substancial, pelo que, antes de reduzido a escrito, não há contrato. Seria, pois, contrato solene. Contudo, para outros há contrato, mas não se inclui entre os contratos solenes.

Magistra GOMES (2007:92) que a importância da distinção entre contratos solenes e não solenes reside em que os primeiros são nulos, se não obedecida forma prescrita na lei, por lhes faltar elemento essencial à sua validade.

A propósito, nas palavras de GOMES (2007:92), vale aqui distinguir *forma* e *prova* do contrato. A *forma* é maneira pela qual a manifestação de vontade deve exteriorizar-se no momento da realização do contrato, para que o negócio seja válido. A *prova* é qualquer fato anterior, posterior ou concomitante à celebração do contrato, que seja hábil a de ministrar a existência do ajuste. Assim, não é solene o contrato para o qual a lei exige apenas a prova por escrito.

5.5.7. QUANTO AO OBJETO

Em relação ao objeto, alhures apontamos que, para a formação do Contrato de Capitalização, espécie da obrigação de dar coisa certa, passa-se pela fase de contrato preliminar (*pactum de contrahendo*). Sabe-se que este é aquele cujo objeto é justamente a celebração de um contrato definitivo, como, por exemplo, o compromisso de compra e venda, que é um pré-contrato ao contrato de compra e venda, vinculando as partes (arts. 462 a 466 do CC). Já o contrato definitivo — contrato final, resultante das negociações entre as partes — é o Contrato de Capitalização que, basicamente, é travado entre a Sociedade de Capitalização, o subscritor e, quando for o caso, o titular.

5.5.8. QUANTO À DESIGNAÇÃO[146]

5.5.8.1. Contratos Nominados ou Típicos

A importância desta classificação, assim do ponto de vista teórico como prático, pede mais demorada atenção nas espécies que compreende. Os *contratos típicos* também são chamados *nominados*, e os *atípicos*, *inominados*.

Os denominados *contratos nominados* ou *típicos* têm designação própria, como a compra e venda, o comodato, o mútuo, a locação etc. Nesses, FIÚZA (2003:566), como uma das características intrínsecas ao Contrato de Capitalização, entende que este "é típico porque está devidamente tipificado em lei". Ao lado desses, há os *contratos coligados* que são resultantes da interligação de vários contratos típicos, constando, entretanto, do mesmo instrumento.

Observa-se que o Código Civil disciplina vinte contratos nominados ou típicos, havendo ainda aqueles tratados por lei especial. São chamados de típicos, então, os contratos regulados em lei. Aliás, pode-se dizer que todo contrato nominado é típico e vice-versa.

Portanto, o contrato é nominado ou típico, na medida em que se encontra disposto expressamente esquematizado na lei, com denominação própria, ou formando espécies definidas na legislação, que contém todo o seu regramento. A *contrario sensu*, atípico, como, a nosso ver, por exemplo, o Contrato de Capitalização, pois não se cuida de uma figura contratual identificada por sua linha dogmática precisa e definida, e designado por seu próprio nome. Em outras palavras, por que o Contrato de Capitalização não se acha especificamente disciplinado em lei, é, portanto, atípico, a saber.

5.5.8.2. Contratos Inominados ou Atípicos

A vida moderna, rápida no aparecimento de controvérsias, não pode ser menos rápida na apresentação de soluções. As relações interprivadas crescem a cada momento, fomentando o aparecimento de relações até então não previstas

---

(146) Os romanos identificavam essa espécie de classificação, denominando-os de contratos nominados e inominados. Aqueles se compunham de figuras contratuais identificadas por suas linhas dogmáticas precisas e definidas, e designados por seus próprios nomes. Daí chamar-se **nominados**. Mas a complexidade da vida romana opôs-se à contenção dos negócios dentro de tais esquemas. Outras convenções apareceram, com aspecto contratual, não enquadradas, porém, nos modelos conhecidos e denominados, aos quais não se podia reconhecer uma *actio*, o que nem por isso autorizava se considerarem desprovidas de efeitos, já que habilitavam o interessado a exigir a contraprestação por via de uma *condictio* (PEREIRA, **2004:59**). Aqui temos os contratos **inominados** dos romanos.

expressamente pelo ordenamento civil vigente. Mesmo que não haja previsão expressa, não podem as pessoas deixar de levar adiante seus intentos, sob pena de paralisação da ordem econômica e estagnação das vertentes do comércio e do trabalho. Aí entra a possibilidade de as pessoas poderem formular e entabular contratos atípicos, desde que observadas as normas gerais fixadas no CCB, no que tange aos requisitos de validade dos contratos, conforme previsto no art. 104, tais como: I) agente capaz; II) objeto lícito[147], possível, determinado ou determinável; e III) forma prescrita ou não defesa em lei.

Os contratos atípicos constituem, na realidade, os contratos inominados dos romanos, apenas alterada a sua nomenclatura pela doutrina moderna, embora alguns doutrinadores ainda prefiram utilizar a expressão romanista.

O contrato atípico ou inominado distingue-se dos chamados *contratos mistos* e dos *contratos coligados*. Diz-se que os contratos são mistos quando conjugam regras expressamente previstas com outras que não acorreram ao legislador. Em outras palavras: são aqueles formados pela combinação de um contrato típico com algumas cláusulas criadas pelas partes contratantes.

Os contratos atípicos produzem seus efeitos, como previsto no art. 425 do CCB, desde que as partes observem os requisitos de validade para os contratos em geral. Não é pelo fato de aquele tipo de contrato não se encontrar expressamente previsto em lei que ele não terá validade. Desde que contenha todos os requisitos de validade, embora de denominação não prevista, será lícita às partes a sua estipulação. Além disso, aqui, *in casu*, no que diz respeito ao Contrato de Capitalização, seguindo os princípios e as normas do CDC, bem como a lei da Capitalização e sua regulamentação infralegal.

Aliás, por oportuno, vejamos algumas estipulações que possível e ocasionalmente poderão ocorrer no Contrato de Capitalização. A saber, a estipulação a favor de terceiro e a promessa de fato de terceiro.

5.6. DA ESTIPULAÇÃO A FAVOR DE TERCEIRO

O Princípio da Relatividade dos Contratos, que se traduz pela máxima de que os efeitos do contrato somente atingem às partes contratantes, não se propagando em face de terceiros que não integraram o pacto, sofre relativização na medida

(147) Ser lícito significa não atentar contra a lei, a moral, a ordem pública ou os bons costumes. Quando é imoral, os tribunais aplicam o princípio de que ninguém pode valer-se da própria torpeza ("*nemo auditur propriam turpitudinem allegans*"), com fundamento no Código Civil, que trata do dolo e da torpeza bilateral em que ninguém pode invocá-las para anular o ato ou reclamar indenização, e proíbe a restituição do pagamento quando esse tiver sido feito com o intuito de obter fim ilícito, imoral ou proibido por lei.

em que a legislação civil prevê a possibilidade de estipulação de uma parte, em favor de terceiro, que não é parte no pacto, como ocorre no Contrato de Capitalização, quando o Subscritor estipula em nome do Titular. Constitui exceção à regra *res inter alios acta aliis nec nocet nec prodest*.

A estipulação em favor de terceiro vem prevista nos arts. 436, 437 e 438, do CCB, que por sua vez repetem quase integralmente o conteúdo dos arts. 1.098, 1099 e 1.100 do antigo CCB. As alterações de redação, contudo, não possuem o condão de modificar a natureza do instituto, que se manteve com todas as suas características. Merece destaque o fato de o legislador ter omitido, no parágrafo único do art. 436, a expressão o estipulante, que constava do parágrafo único do art. 1.098 do anterior Código, o que levaria à errônea interpretação de que a inovação poderia ser feita pelo terceiro. Mas a menção ao art. 438, constante ao final do parágrafo único do art. 436, não deixa dúvidas de que quem pode inovar no contrato é o estipulante, o que, aliás, vem ratificado pela redação do art. 438. Somente o estipulante pode inovar, no sentido de promover a substituição do beneficiário da estipulação (BARROS *et al.*, 2002:336).

A estipulação em favor de terceiro é realmente o contrato por via do qual uma das partes se obriga a atribuir vantagem patrimonia gratuita a pessoa estranha à formação do vínculo contratual. "Dá-se o contrato em favor de terceiro quando uma pessoa (*o estipulante*) convenciona com outra (*o promitente*) uma obrigação, em que a prestação será cumprida em favor de outra pessoa (*o beneficiário*)" (PEREIRA, 2004:107). A natureza contratual é compartilhada pela doutrina, que rejeita outras teorias que tentam configurar o instituto de maneira diversa, como, por exemplo, a que busca sustentação na declaração unilateral de vontade, contrariada pelo fato de o instituto exigir, para sua configuração, o concurso de duas vontades, o que o torna um ato tipicamente convencional.

O estipulante pode exigir, perante o promitente, o cumprimento da obrigação assumida, sendo tal direito também reservado ao beneficiário, nas condições e normas estipuladas inicialmente e desde que venha a anuir às mesmas. Ao beneficiário somente se reserva tal direito no caso de o estipulante não inovar os termos da estipulação inicial, não promovendo, p. ex., a substituição do beneficiário.

O estipulante pode reservar para si o direito de substituição do beneficiário, independentemente da sua anuência e da do outro contratante, podendo a referida substituição ocorrer *inter vivos* ou *causa mortis*, a forma preconizada no art. 438 e seu parágrafo único.

Na hipótese de ao terceiro ter sido reconhecido em contrato o direito de reclamar a execução do mesmo, o estipulante fica impedido de promover a exoneração do devedor, que vem a ser o promitente (art. 437 do CCB).

A estipulação em favor de terceiro, melhor nomeada como contrato em favor de terceiro, cria vínculo de obrigatoriedade independentemente da intervenção do terceiro, que não faz parte da estipulação primitiva, somente aderindo à mesma posteriormente. Por ser um contrato, exige-se a presença dos requisitos de validade dos negócios jurídicos, tanto de ordem subjetiva quanto de ordem objetiva e formal. Quanto ao terceiro beneficiário, não se exige o requisito de ordem subjetiva, na medida em que não integra o contrato, que se forma, inclusive, independentemente de sua aceitação. É reservado ao beneficiário, contudo, o direito de recusar a estipulação feita em seu favor, tendo como consequência a liberação do proponente da obrigação assumida.

Em nosso ordenamento, reconhecendo a natureza contratual da estipulação em favor de terceiro, temos: a constituição de renda; o contrato de seguro em várias de suas modalidades; e os contratos com o poder público. Na constituição de renda é estipulado ao beneficiário o pagamento de uma renda, por determinado prazo ou durante toda a vida deste. No contrato de seguro, o segurado contrata com o segurador o pagamento ao beneficiário de uma determinada importância, caso ocorra o sinistro. E, na hipótese de contratação com o poder público, os beneficiários são indeterminados, constituindo-se pelos usuários dos serviços públicos concedidos ou permitidos (BARROS *et al.*, 2002:337). Nessa trilha, temos o Contrato de Capitalização quando estipula resgate ou sorteio para o Titular ou Cessionário, respectivamente.

A modalidade de contrato a favor de terceiro encontra paradigma no direito alienígena. O Código Civil português, em seus artigos 443º a 450º, regula o instituto do contrato em favor de terceiro, dispondo a respeito dos direitos e obrigações do terceiro, do promissário e do promitente. Este, a parte que assume a obrigação, o promissário, a parte a quem se fez a promessa, e o beneficiário, o terceiro, o estranho que vem a ser o destinatário da promessa (BARROS *et al.*, 2002:335).

5.7. DA PROMESSA DE FATO DE TERCEIRO

Essa forma de pacto ocorre quando uma pessoa se compromete com outra a obter uma prestação de fato de um terceiro. É o chamado contrato por outrem, ou promessa de fato de terceiro, como denomina o Código Civil nos arts. 439 e 440 (PEREIRA, 2004:114). Ambas as partes contratantes, em vista da natureza jurídica de contrato, têm que ser capazes e aptas de contrair direitos e obrigações na ordem civil, requisito subjetivo de validade dos negócios jurídicos. Os contratantes ajustam determinado negócio jurídico que tem por objeto a prestação de um fato a ser cumprido por outra pessoa, que não fez parte do ajuste primitivo. A promessa de fato de terceiro, para ter validade, independe do assentimento do terceiro, mas, para ter eficácia, depende de o terceiro anuir aos termos da obrigação que lhe fora reservada. "Pode-se prometer a prestação de fato de terceiro, mas obviamente não se pode compeli-lo a executar a prestação prometida" (PEREIRA, 2004:115).

Esse instituto, por vezes, se verifica em um contrato adjeto (compra programada) ao Contrato de Capitalização, quando há promessa da Sociedade de Capitalização de que uma terceira pessoa fará entrega de determinado bem, por exemplo, caso seja sorteado ou quando terminar de cumprir com todos os pagamentos avençados, o subscritor ou titular venha a receber um automóvel, uma casa etc.

A promessa de fato de terceiro vem prevista nos arts. 439 e 440 do CCB, sendo que, no ordenamento anterior, havia a previsão constante do art. 929, hoje repetido pelo art. 439, *caput*. No código anterior, constava de artigo isolado, inserto nas disposições gerais, atinentes aos efeitos das obrigações. Hoje, de forma sistematizada, encontra-se o instituto inserido no atual Código, em seção própria, na parte relativa às disposições gerais dos contratos, que é o seu local apropriado, considerando a sua natureza contratual. A promessa de fato de terceiro é também uma exceção ao princípio da relatividade dos contratos, na esteira do instituto da estipulação em favor de terceiro.

O legislador pátrio, ao admitir a existência do instituto, regulou-lhe os efeitos em relação ao obrigado primitivo e ao terceiro. No caso do obrigado primitivo, reconheceu que este responde por perdas e danos, no caso de o terceiro não executar o fato que lhe cabia. Assim, temos a responsabilidade do estipulante, que na realidade é o primeiro obrigado, que se estende até o cumprimento final da avença. Por primeiro, o estipulante é obrigado a obter a anuência do terceiro para o cumprimento do fato prometido. Se não consegue a referida anuência, torna-se inadimplente, sendo obrigado ao pagamento de perdas e danos. Caso consiga a anuência e o terceiro não cumpra a obrigação que assumiu, nos termos do art. 439, o estipulante, contratante originário, permanece obrigado a responder por perdas e danos. É de se ressaltar que a obrigação, no caso, não pode ser cumprida pelo estipulante, primeiro obrigado, não sendo fungível, na medida em que, se assim o fosse, o estipulante a cumpriria e não se comprometeria a obter o assentimento de terceira pessoa para cumpri-la. O promitente não deve a prestação final, sendo essa devida pelo terceiro, mas é devedor de uma prestação que consiste na obtenção do consentimento do terceiro (BARROS *et al.*, 2002:335).

5.8. REQUISITOS DE VALIDADE DO CONTRATO DE CAPITALIZAÇÃO

Como já formulado anteriormente, os requisitos de validade do Contrato de Capitalização podem ser gerais, comuns a todos os negócios jurídicos, como a capacidade das partes[148], o objeto lícito e a forma prescrita ou não defesa em lei (arts. 104 e 107 do CCB), bem como específicos dos contratos, como o consentimento recíproco entre os contratantes.

(148) Deve ser observada a capacidade genérica para os atos da vida civil (arts. 1º a 10 do CCB).

O Contrato de Capitalização será nulo ou anulável se celebrado, respectivamente, por pessoa absoluta ou relativamente incapaz, sem a necessária representação ou assistência (art. 166, I, e 171, II, do CCB).

O objeto deste Contrato, além de lícito, deverá ser determinado ou determinável. O art. 166, II, do CCB é claro ao dispor que é nulo o negócio jurídico quando for ilícito impossível ou indeterminável o seu objeto. Essa impossibilidade pode ser física. Também a impossibilidade pode ser jurídica quando não estiver amparada pelo direito[149].

Em algumas situações, a impossibilidade é absoluta, porque se estende a toda e qualquer pessoa, hipótese em que se resolve a obrigação. Ao contrário, se fosse apenas relativa à impossibilidade, isto é, se não pudesse ser praticada por apenas um dos devedores, o negócio jurídico não seria invalidado.

---

(149) **Capacidade das partes** — Se a vontade é pressuposto essencial para a existência dos atos jurídicos, consequentemente, a possibilidade jurídica ou capacidade para manifestá-la também o será. Dessa maneira, a vontade declarada por incapaz torna o negócio jurídico, a depender do grau da incapacidade (absoluta ou relativa), nulo ou anulável. Sendo assim, o Código Civil assim determina que seja nulo o ato jurídico: I. quando praticado por pessoa absolutamente incapaz. E na mesma linha de raciocínio, reza: É anulável o ato jurídico: I. por incapacidade relativa do agente. Isso não significa que os incapazes não podem figurar como sujeitos de uma relação jurídica negocial. Participam indiretamente de tais relações através de seus representantes legais, no caso dos absolutamente incapazes, ou de um assistente, quando se trata dos relativamente incapazes. Dessa forma, a representação é a forma de suprimento da incapacidade absoluta, sendo a assistência a maneira adotada pelo direito para a proteção dos relativamente incapazes. Há casos, entretanto, em que a capacidade ordinária ou geral a qual se referem os arts. 4º e 5º do CCB não é suficiente para conferir a possibilidade jurídica para uma pessoa manifestar validamente seu consentimento. Nestas situações, estamos na seara da chamada capacidade especial, que é exigida ao indivíduo devido à sua posição em relação ao objeto do ato negocial, ou devido a determinadas circunstâncias relativas à própria situação da pessoa. **Liceidade do objeto** — Para que o negócio jurídico possa realizar-se de forma perfeita e eficaz, o direito, além de exigir a presença do consentimento e a capacidade das partes, pressupõe que a relação jurídica gire em torno de um objeto lícito, ou seja, tolerado pelo ordenamento jurídico e pelos bons costumes. De maneira que a presença de objeto ilícito é causa incontestável de anulação do negócio, conforme dita o CCB. **Idoneidade do objeto**: Ainda nas considerações sobre o objeto da relação negocial, temos que, além de lícito, deve ser ele idôneo, ou seja, passível de figurar como centro de uma relação jurídica. Assim, o objeto cuja prestação for impossível de ser realizada tanto pelo devedor quanto por qualquer outra pessoa normal gera a nulidade do ato ao qual pertence. **Forma** — A vontade, para que possa dar eficácia ao negócio jurídico colimado pelas partes, deve ser manifestada através de um meio determinado pela norma jurídica ou pelos próprios interessados. São solenidades ou ritos que devem ser seguidos para que a vontade deixe o âmbito subjetivo e passe a existir no mundo exterior ao indivíduo, gerando então efeitos jurídicos. O nosso direito adota o princípio da forma livre para a validade das emissões volitivas na seara negocial. Porém O CCB põe a salvo os negócios cuja forma é previamente determinada pela lei, não se admitindo para a validade desses atos qualquer outro tipo de meio para a exteriorização da vontade senão aquele imposta pela norma legal. Dessa maneira, a regra é que os negócios jurídicos reputam-se válidos mediante qualquer instrumento de manifestação volitiva, e a exceção é que determinado ato só será considerado existente caso observe a forma especial a ele determinada pela norma jurídica. Como já pudemos observar, a forma nos negócios jurídicos pode ser determinada pela lei ou pelos próprios interessados de maneira autônoma. No primeiro caso, estamos no campo dos negócios solenes, ou seja, aqueles que exigem o cumprimento de determinadas solenidades para sua configuração jurídica.

Como acima vimos, se a impossibilidade decorrer de caso fortuito ou força maior, resolve-se o contrato, sem ônus para qualquer das partes. Se, no entanto, decorrer ela de dolo ou culpa do devedor, resolve-se o Contrato de Capitalização, mas ele responde por perdas e danos.

É imperioso relembrar, ainda, que qualquer contrato deve ter sempre algum valor econômico; caso contrário, não haveria interesse no mundo jurídico.

Portanto esse pressuposto da economicidade implica em dizer que o objeto do contrato tem que importar em algum valor econômico capaz de se transformar, direta ou indiretamente, em dinheiro, pois se não tiver valor econômico não interessará ao mundo jurídico, já que não terá suporte para uma ação judicial.

No que tange à forma, os contratos, em regra, são livres, fixando-se de acordo com a vontade das partes. Todavia há alguns contratos em que a lei prescreve forma certa a ser observada.

Como último requisito, o acordo de vontades entre as partes contratantes deve ser livre e voluntário, desvinculado de qualquer vício que cause a anulabilidade do negócio, como erro, dolo, coação, estado de perigo, lesão e fraude (art. 171 do CCB). Havendo simulação entre as partes, o contrato será nulo (art. 167 do CCB).

Nessa parte, o CCB sofreu uma grande e significativa alteração, talvez a mais significativa de todas, ao inserir em seu texto os Princípios da Função Social e de Probidade e Boa-Fé. A inserção desses princípios, que na realidade se traduzem em cláusulas gerais, teve o condão de promover a alteração da teoria contratual, dando ensejo a uma nova teoria dos contratos, permeada pela exigência de uma conduta proba, reta, honesta das partes e também pela exigência da observância de uma função social, como razão e limite ao exercício da liberdade de contratar (BARROS *et al.*, 2002:318).

De se destacar que no código civil revogado não existia qualquer menção aos princípios da função social do contrato, de probidade e boa-fé objetiva, o que efetivamente caracteriza a inovação do novo estatuto privado de direito.

É de se rememorar que o Contrato de Capitalização não pode conter cláusula que permita rescisão unilateral ou por qualquer modo subtraia sua validade e eficácia além das situações previstas em lei. Ademais, deve preencher e conter os elementos impostos pelo Decreto-Lei 261, de 1967 c/c Decreto-Lei 73, de 1966, pelo CCB, e estar em consonância com os ditames cogentes e princípios regedores do CDC.

Neste sentido, o Contrato de Capitalização deve conter todos os elementos e requisitos essenciais à sua validade, estando apto a produzir efeitos e obrigar à realização do pactuado, ante o cumprimento pelas partes das obrigações a que se sujeitaram. Portanto o Título de Capitalização, instrumento do Contrato, deve ser válido, ademais, por via de consequência.

Não há dúvida de que o Contrato de Capitalização, para ter validade e eficácia, terá de observar a função social preconizada em lei, não podendo nem mesmo o legislador criar dispositivo que contrarie este princípio inserido na nova teoria contratual.

Então devem constar todas as cláusulas do Contrato divididas em duas espécies: obrigatórias e facultativas. As primeiras, essenciais, compreendem: a identificação dos contratantes, o objeto do Contrato, o valor, a data do início e fim, o titular (beneficiários) etc. Nas cláusulas facultativas, encontra-se disciplina dos interesses dos contratantes no caso específico.

Vale anotar que a validade do Contrato de Capitalização compreende a aptidão do ato jurídico para gerar efeitos. Enquanto no plano de existência verificamos a adequação do suporte fático *in concreto* ao suporte fático *in abstrato* e sua juridicização, que lhe confere existência, no plano da validade enfrenta-se a inexistência de óbices a que o fato jurídico[(150)], declarado existente, gere seus efeitos.

No entanto, reputando-se válido, nem por isso produzem-se efeitos jurídicos, quer programático, quer não. No mais das vezes, o válido produz efeitos, mas não é absoluta esta relação. Uma vez verificada a potencialidade de geração de efeitos, adentramos no plano da eficácia, que é a "irradiação de efeitos do ato". Impende notar que existem algumas questões pertinentes à irradiação de seus efeitos normais, não se olvidando das peculiaridades do Contrato de Capitalização.

No entanto, mesmo diante de uma flagrante validade desse Contrato, retratado no Título de Capitalização, em seara civil e consumerista, em face dos direitos e interesses do subscritor, do titular e de outros terceiros, não afasta a aplicação de sanção administrativa cabível, se a SUSEP verificar a ausência das condições do

(150) Do fato nasce o Direito, e os romanos expressam esta verdade evidente num antigo adágio: *ex facto oritur jus*. Mas nem todo fato — humano ou do mundo exterior — tem interesse ou importância para o Direito; nem todo acontecimento, nem todo evento tem significação jurídica. O fato, para qualificar-se como jurídico, tem de corresponder a uma previsão normativa, a um tipo legal, ocorrendo a subsunção, uma relação de causalidade, o que os alemães chamam *Tatbestand* e os italianos *fattispecie*, enfim, a hipótese de incidência. Fato jurídico, portanto, é o que está inserido em uma estrutura normativa (Miguel Reale), o que corresponde ao suporte fático da regra jurídica (Pontes de Miranda). Incidindo a regra jurídica sobre um fato, ele entra no mundo jurídico, passa a existir como fato jurídico. Fatos jurídicos são acontecimentos naturais ou ações humanas que produzem consequências jurídicas. Aqui, empregamos a locução "fatos jurídicos" em sentido amplo, geral, *lato sensu*. Na célebre definição de Savigny (SAVIGNY, Frederich Carl Von. *Sistema del derecho romano actual*. Trad. Jacinto Mesia e Manuel Poely. 2. ed. Madri: Centro Editorial de Góngora, s/d. t. II, CIV.), fatos jurídicos são acontecimentos em virtude dos quais as relações de direito nascem e terminam. Alguns doutrinadores têm demonstrado ser incompleta a lição do grande mestre germânico, porque os fatos jurídicos não produzem o efeito somente de criar ou extinguir as relações jurídicas, mas também conservam ou modificam direitos ou relações jurídicas. O fato, para ser selecionado, passar à dimensão jurídica e ganhar a adjetivação de fato jurídico, tem de repercutir no mundo do Direito, apresentar significação jurídica, produzir efeitos jurídicos. Dessa forma, o mesmo fato pode ser jurídico, ou não, conforme tenha, ou não, gerado consequências jurídicas.

pacto e/ou do Título, de conformidade com os critérios mínimos estabelecidos em regulamentação específica; de algum elemento ou requisito básico técnico na elaboração do Contrato e/ou do Título, ou, ainda, não utilização de modelo aprovado pela SUSEP.

Na condição de negócio cuja plena carga de eficácia se sujeita à condição, podemos discernir claramente dois momentos, correspondendo exatamente as fases anterior e posterior de ocorrência da condição.

Quanto à primeira fase do contrato, que se estende de sua celebração até sua ocorrência da condição, a grande questão é saber exatamente a partir de quando começa sua eficácia. O Contrato de Capitalização possui formação *sui generis* principiando por proposta cujo prazo de aceitação é de 15 dias. Ordinariamente, a proposta não gera vínculo obrigacional ou se possa contratar promessa de entrega de Título de Capitalização. Restam-nos duas outras possibilidades: aceitação ou entrega do Título, só lembrando aqui que este Contrato é consensual, no Plano de existência, o Título *ad probationen*. Logo é a partir da aceitação que gera o Contrato a eficácia de assunção das obrigações. Na Capitalização, aceitação se confunde com momento da proposta a *contrario sensu* da normal contratação, de proposta e aceitação escritas e autônomas, o que não infirma a regra. Pode-se dispor diferentemente quanto ao tempo.

O segundo momento corresponde ao subsequente à ocorrência da condição necessária ao pagamento da prestação ou contribuição e que é ou um fato (sorteio) ou o decurso do prazo para a ocorrência do resgate. Trataremos aqui, por agora, só do primeiro caso. Antes vejamos o período intermediário do pagamento: a contribuição.

O pagamento da contribuição é o adimplemento do subscritor e requisito de eficácia do Contrato de Capitalização; é otimizado por via bancária com prazo, comumente, de trinta dias para o subscritor pagar. É formada da *contribuição pura* e da *taxa de Carregamento;* se não paga e não enviado o boleto, suspende-se a eficácia do Contrato, podendo-se estipular que a mora implique suspensão por *"cláusula de suspensão de sua eficácia"*. Se o sorteio ocorrer no interstício aceitação-pagamento e o subscritor vier adimplir o contrato, por qualquer outro meio, salvo cláusula em contrário, o Contrato tem plena eficácia de efeitos desde que não se incorra em resilição. A resilição por mora opera *ex nunc* vedada a cláusula de preclusão ou resolução, permitindo-se a resilição, como anteriormente ressaltado.

Pois bem, válido o Contrato de Capitalização e ocorrendo o respectivo sorteio, gera-se a condição para a produção da eficácia total do Contrato com o pagamento do valor ou a entrega de algum bem. À Sociedade de Capitalização cabe liquidar e pagar o valor pactuado, o capital acumulado ou, como dissemos, a entrega do bem pactuado.

Algumas das causas obstativas da normal fluência da eficácia total do Contrato de Capitalização pertencem ao Plano da validade, e somente por via indireta ou reflexa atingem a eficácia em fase que lhe antecede. Como causas genuinamente próprias do Plano da eficácia cita-se o transcurso do lapso de duração do Contrato.

Encerrando o plano da eficácia objetiva intrínseca da relação contratual, resta-nos abordar algumas questões acerca do valor, especialmente ao *quantum debeatur*. Como vimos, o valor da prestação ou contribuição é requisito essencial do Contrato de Capitalização. A questão que se coloca é se esse valor é alterável. A resposta afirmativa se impõe em duas hipóteses possíveis cláusula de aumento ou cláusula de redução. A cláusula de aumento ou de redução é instituto convencional e representa o exercício de um direito formativo modificativo, permitindo-se, p. ex., ao subscritor reduzir o valor convencionado. Podemos ainda citar a redução legal pela ausência de pagamento de algum período e o resgate.

A segunda questão é do *quantum debeatur*. Seria valor a ser resgatado ou do Título.

Cumpre aqui observar a posição do terceiro como beneficiário e como pessoa Titular ou cessionária: em relação à circulação do título.

Claro também que, quanto à(ao) companheira(o), só se impede se for adúltero, mormente ante o seu reconhecimento constitucional da união estável (art. 226 da CF). Por outro lado, tem-se por atraída a disciplina das doações em todo o seu conteúdo, eis que se o é a título oneroso ou substitui-se o beneficiário a qualquer momento e *ad nutun*. Sendo assim, já que é a título oneroso ou *solvendi causa,* nem por isso, e bem por isso, se pode afastar por incorrer o beneficiário em atentado à vida do subscritor, titular ou cessionário.

Na estipulação do cônjuge adúltero ao amásio, ante a nulidade ou anulabilidade de estipulação, tem-se por beneficiários os herdeiros e a mulher ou companheira. Na ausência de beneficiário, se paga da mesma forma ao herdeiro ou legatário, mas não há aí aquisição *mortis* causa, não sendo invocáveis os impedimentos de sucessão. Deve o beneficiário existir ao tempo da morte daquele, mas a designação não é necessariamente concomitante à celebração do contrato, inclusive em estipulação de última vontade.

Resta lembrar que o terceiro ainda pode vir a tornar-se beneficiário por circulação do título. A circulação ocorre por cessão, endosso ou tradição versada nesta obra.

5.9. PROVA DO CONTRATO DE CAPITALIZAÇÃO

Na falta do Contrato de Capitalização *ad substantian* e *ad probationem* ou seu instrumento, o Título de Capitalização *ad probationem*, a prova será o meio empregado visando à demonstração da existência daquele ato ou negócio jurídico.

Características da prova, segundo MIRANDA (1995:88), são: "a) admissibilidade, isto é, que esteja de acordo com a lei: b) pertinência, ou seja, aplicável ao fato que se quer provar; c) concludência, que esteja em consonância com as alegações feitas e relativas ao ponto questionado". O que se visa com a prova é o ato alegado por uma das partes, e não o direito.

Dispõe o art. 212 do CCB que, "salvo o negócio que se impõe forma especial, poderá o ato jurídico ser provado mediante: I — confissão; II — documento; III — testemunha; IV — presunção; e V — perícia".

Tal enumeração continua sendo meramente exemplificativa, visto que o CPC dispõe no art. 332 que "todos os meios legais, bem como os moralmente legítimos, ainda que não especificados neste Código, são hábeis para provar a verdade dos fatos, em que se funda a ação ou a defesa".

Contudo vejamos o conceito de cada uma das formas elencadas no art. 212 acima transcritas.

5.9.1. CONFISSÃO

Há confissão quando a parte admite a verdade de um fato, contrário ao seu interesse e favorável à parte adversa. A confissão é judicial ou extrajudicial (art. 348 do CPC). A primeira ocorre em juízo, levada a termo nos autos, podendo ser espontânea ou provocada; essa última "constará do depoimento pessoal prestado pela parte" (art. 349 do CPC).

Por seu lado, a confissão extrajudicial é aquela realizada fora do juízo, por uma das partes, ou por representante, até o limite em que possa vincular o representado, segundo o parágrafo único do art. 213 do CCB, podendo ser realizada por escrito, feito a terceiro ou através de testamento, a qual será livremente apreciada pelo juiz (art. 353 do CPC), se for a confissão realizada verbalmente, "só terá eficácia nos casos em que a lei não exija prova literal" (parágrafo único do art. 353 do CPC)).

Via de regra, a confissão é irrevogável (art. 214), porém poderá ser anulada se tiver decorrido de coação ou de erro, vício do consentimento, em que se verifica a distorção entre a vontade e sua manifestação.

No que concerne à indivisibilidade da confissão, somente será aceita a cindibilidade "quando o confitente lhe aduzir fatos novos, suscetíveis de constituir fundamento de defesa de direito material ou de reconvenção" (art. 354).

5.9.2. DOCUMENTO

Considera-se documento[151] a demonstração por escrito de um ato, fato ou negócio jurídico.

---

(151) Documentos "são todos os papéis contendo informações que ajudem a tomar decisões, comuniquem decisões tomadas, registrem assuntos de interesse da organização ou do indivíduo." (Feijó). "Qualquer informação escrita, objeto ou fato registrado materialmente, suscetível de ser utilizado para estudo, consulta ou prova." (Rabaça). "Registro de uma informação independentemente da natureza do suporte que a contém." (Paes). Quanto à procedência, os documentos podem ser divididos em públicos e privados, ambos podendo constituir *prova* de *fato jurídico*, *ato jurídico* ou de *negócio jurídico*. Públicos: São emitidos por autoridade pública ou mediante procuração de autoridade pública. Por exemplo, *escritura pública* de compra e venda emitida por um *notário*. Privados: São emitidos por um particular (*pessoa física*), ou por autoridade pública fora de suas funções, *atribuições*, ou *competência*). Quanto ao valor, o documento pode ser: Administrativo — Valor que um documento possui para a administração produtora do arquivo, na medida em que informa, fundamenta ou aprova seus *atos* presentes ou futuros. Fiscal — Valor atribuído a documentos ou arquivos para comprovação de operações financeiras ou fiscais. Informativo — Valor que um documento possui pelas informações nele contidas, independentemente de seu valor probatório. Legal — Valor *processual* que um documento possui perante a lei para comprovar um fato ou constituir um direito. Permanente — Valor probatório ou valor informativo que justifica a guarda permanente de um documento em um arquivo. Também referido como valor histórico. Primário — Valor atribuído aos documentos em função do interesse que possam ter para o gerador do arquivo, levando-se em conta a sua utilidade para fins administrativos, legais e fiscais. Probatório — Valor intrínseco de um documento de arquivo que lhe permite servir de prova legal. Secundário — Valor atribuído aos documentos em função do interesse que possam ter para o gerador do arquivo, e para outros usuários, tendo em vista a sua utilidade para fins diferentes daqueles para os quais foram originalmente produzidos. Quanto à natureza do assunto, os documentos podem ser Ostensivos: Não há necessidade de ter acesso restrito, pois sua natureza de assunto não prejudica a administração; *Sigilosos*: São aqueles que, por seu conteúdo, devem ter o acesso restrito. No *Brasil*, há diferentes graus de sigilo (reservado, confidencial, secreto e ultrassecreto). Quanto ao gênero, os documento podem ser impressos e *manucritos*. Cartográficos: Documentos com representações geográficas. Iconográficos: Documentos que contém imagens estáticas (fotos). Filmográficos: documento áudio-visual. Sonoros: Documentos contendo registros fonográficos. Micrográficos: *Microfilme* e microficha. Informáticos: HD, disquete, CD etc. É de se ressaltar que a Lei n. 12.527, de 18 de novembro de 2011, que regula o acesso a informações, além de cuidar do sigilo como exceção, considera, no seu Art. 4º, o seguinte: I — Informação: são dados, processados ou não, que podem ser utilizados para produção e transmissão de conhecimento, contidos em qualquer meio, suporte ou formato; II — **documento**: unidade de registro de informações, qualquer que seja o suporte ou formato; III — informação sigilosa: aquela submetida temporariamente à restrição de acesso público em razão de sua imprescindibilidade para a segurança da sociedade e do Estado; IV — informação pessoal: aquela relacionada à pessoa natural identificada ou identificável; V — tratamento da informação: conjunto de ações referentes à produção, recepção, classificação, utilização, acesso, reprodução, transporte, transmissão, distribuição, arquivamento, armazenamento, eliminação, avaliação, destinação ou controle da informação; VI — disponibilidade: qualidade da informação que pode ser conhecida e utilizada por indivíduos, equipamentos ou sistemas autorizados; VII — autenticidade: qualidade da informação que tenha sido produzida, expedida, recebida ou modificada por determinado indivíduo, equipamento ou sistema; VIII — integridade: qualidade da informação não modificada, inclusive quanto à origem, trânsito e destino; IX — primariedade: qualidade da informação coletada na fonte, com o máximo de detalhamento possível, sem modificações.

Os documentos podem ser:

a) Públicos — são os atos escritos por autoridade pública, no exercício de suas funções, segundo as exigências e formalidades legais; ou

b) Particulares — são os documentos escritos pela própria pessoa, sem intervenção de autoridade pública.

Nota-se que para a validade dos documentos particulares é necessário que seja assinado por ambas as partes, por testemunhas, com seus respectivos reconhecimentos de firma, e que, conforme o art. 369 do CPC, tal reconhecimento reputará o documento como sendo autêntico.

Consoante o art. 215 do CCB, a escritura púb ica lavrada por tabelião de notas é documento dotado de fé pública, salvo quando a lei exigir outros requisitos, devendo conter as disposições do parágrafo primeiro deste dispositivo, assim como será redigida em língua nacional; e, no caso de um dos comparecentes não saber a língua nacional, deverá estar presente ao ato tradutor público.

Pode ocorrer também que um dos comparecentes não possa ser identificado por documento ou pelo tabelião; nestes casos, dispõe o parágrafo quinto daquele dispositivo que será necessária a presença de duas testemunhas; tal exigência tem por finalidade possibilitar a identificação daquele.

As certidões extraídas por tabelião ou oficial de registro têm a mesma força probante dos originais; isso se deve ao fato de as pessoas acima serem dotadas de fé pública.

Dispõe o art. 216 do CCB que farão a mesma prova que os originais as certidões textuais de qualquer peça judicial, do protocolo das audiências, ou de outro qualquer livro, a cargo do escrivão, sendo extraídas por ele, ou sob a vigilância, e por ele subscritas, assim como os traslados de autos, quando por outro escrivão consertados.

Ensina MIRANDA (1995:104) que a certidão é a reprodução ou cópia autêntica do teor de ato escrito, registrado em autos ou em livro, feito por pessoa que tenha fé pública. Para que em juízo façam a mesma prova que os originais, as certidões devem ser textuais, isto é, *verbo ad verbum*, portanto, abrangente de todo o conteúdo do ato. Quando resumida, contendo apenas os pontos essenciais requeridos pela parte interessada, chama-se em breve relatório.

Já traslado, assegura MIRANDA (1995:104), é a cópia fiel e imediata passada pelo próprio tabelião ou escrivão, de escritura ou documento, constante de livros públicos ou do arquivo de repartições ou cartórios. O traslado de autos é extraído pelo próprio escrivão e por outro consertado.

Os documentos redigidos em língua estrangeira serão traduzidos para o português para ter efeitos legais no país (art. 224 do CCB). A tradução deverá ser efetuada por tradutor juramentado, conforme impõe o § 6º do art. 129 da Lei 6.015, de 1973.

5.9.3. TESTEMUNHA

Considera-se testemunha a pessoa que presenciou determinado ato, declarando, perante outra pessoa, a veracidade do mesmo. Pode ser judiciária, quando depõe em juízo, ou instrumentária, quando subscreve o ato, *v. g.*, um contrato.

Entretanto não pode ser testemunha qualquer pessoa, nem alguns atos podem ser provados por meio de testemunhas, havendo restrições legais a respeito (arts. 141/144 e 401/406 do CPC).

Aliás, o art. 228 do CCB enumera as pessoas que não podem ser admitidas como testemunhas, salvo no caso em que seu depoimento seja de necessidade para que o juízo forme o seu convencimento, visto que se trata de fatos que somente essas pessoas conhecem.

Em matéria de prova testemunhal, ressalva o direito das pessoas de não testemunharem, quer por necessidade de se manter o sigilo profissional, assim como evitar que as pessoas em face do testemunho desonrem a si mesmas, ao cônjuge, companheiro(a), parente em grau sucessível ou amigo íntimo, ou expor essas pessoas a perigo de vida ou dano patrimonial em face do testemunho, segundo dita o art. 229 do CCB.

5.9.4. PRESUNÇÃO

Compreende-se por presunção o meio utilizado para se chegar à verdade mediante um processo lógico, partindo-se de um fato conhecido, visando a provar o desconhecido.

A palavra presunção, conforme MIRANDA (1995:103), vem do latim *praesumptio* (conjectura, ideia antecipada). As presunções se desdobram em presunções legais (absolutas e condicionais) e comuns (*hominis*). A presunção legal e absoluta (*iuris et de iure*) não admite prova em contrário e prevalece como verdade. É uma dedução que a lei extrai, necessariamente, de um fato certo, para alcançar outro que deve ser tido como verdade.

5.9.5. PERÍCIA

Raramente utilizada no Contrato de Capitalização, a prova pericial consiste em exame, vistoria ou avaliação, conforme art. 420 e ss. do CPC.

A perícia pode ser indeferida pelo juiz quando a prova do fato não depender do conhecimento especial de técnico, quando for desnecessária em vista de outras provas produzidas e quando a verificação for impraticável.

No entanto, caso necessite, o juiz nomeia o perito, fixando de imediato o prazo para a entrega do laudo. Quando a natureza do fato o permite, a perícia poderá consistir apenas na inquirição pelo juiz do perito e dos assistentes, por ocasião da audiência de instrução e julgamento a respeito das coisas que houverem informalmente examinado ou avaliado.

O juiz, nos termos do art. 427 do CPC, pode dispensar prova pericial quando as partes, na inicial e na contestação, apresentarem sobre as questões de fato pareceres técnicos ou documentos elucidativos que considerar suficiente.

Contudo, esperamos que os conflitos surgidos no âmbito da operação de Capitalização e, principalmente, no Contrato de Capitalização sejam resolvidos pelos meios alternativos de solução de conflitos tratados, nesta obra, no Capítulo X.

Resta-nos, ao encerrar este Capítulo, afirmar o nosso ponto de vista em assunto tão debatido. Estamos decididamente ao lado dos que admitem o caráter especialíssimo, juridicamente falando, do Contrato de Capitalização. Ele apresenta-se-nos, na verdade, como um Contrato *sui generis*, não semelhante nem identificável com nenhum outro, possuindo características individualistas, único na espécie.

CAPÍTULO VI

O PAPEL DO ESTADO, DA ATUAÇÃO DOS ÓRGÃOS PÚBLICOS DO SISTEMA NACIONAL DE CAPITALIZAÇÃO (SNC), DAS PARTES E DOS ELEMENTOS DO CONTRATO DE CAPITALIZAÇÃO

6.1. O PAPEL DO ESTADO NO DOMÍNIO ECONÔMICO

O Texto Constitucional de 1988 autorizou o Estado a intervir no domínio econômico como agente normativo e regulador, com a finalidade de exercer as funções de fiscalização, incentivo e planejamento indicativo ao setor privado sempre com fiel observância aos Princípios Constitucionais da Ordem Econômica.

De fato, o Estado deve funcionar como um selecionador de oportunidades. Nessa via, quando consegue expandir possibilidades de escolha, auxilia na promoção do desenvolvimento. Isso demanda capacidade de controle dessa expansão de alternativas.

Necessário se faz, para se entender as formas de atuação do Estado, considerar sua atuação em relação ao processo econômico, a noção da atividade econômica considerando-se serviços públicos prestados, ou seja, área de atuação estatal, bem como a atividade econômica do particular, área de atuação do setor privado.

Primeiro, antes de qualquer coisa a lançar-se, questão que merece referência é a expressão intervenção e atuação do Estado. Noção de intervenção, nas palavras de GRAU (2005:93), em sentido rigoroso, caracteriza atuação de área de outrem, porém, se usadas as expressões para manifestar o mesmo significado, pouco importará o termo a ser usado, seja o Estado atuando no setor público, seja no setor privado. *Intervenção* em sentido rigoroso significa atuação estatal em área de Titularidade do setor privado. Assim, dá-se a intervenção como a atuação estatal no campo da atividade econômica em sentido estrito e atuação estatal no campo da ação do Estado no campo da atividade econômica em sentido amplo, a saber.

Atuação do Estado, em sentido estrito, ensina AJAJ (2006:01), acarreta transformações no direito, como, p. ex., o regime de contrato. Nas economias capitalistas são protegidos valores como o da propriedade, dos bens de produção e da liberdade de contratar. Assim, sem sombra de dúvida, a atuação do Estado sobre o domínio econômico tem impacto sobre o Regime Jurídico dos Contratos.

A ação estatal sobre os contratos tem extrema importância de forma que configura instituto fundamental da economia de mercado(152), sendo a conformação das relações contratuais conformação do exercício da atividade econômica (AJAJ, 2006:01).

A liberdade contratual, que se decompõe em liberdade de contratar ou abster-se de contratar, é a liberdade de configuração interna dos contratos, magistra AJAJ (2006:01). Pode-se pensar o contrato como resultado de livres consentimentos e estipulação de coisa e preço.

Por outro lado, também as condições de validez do contrato e o condicionamento de sua execução dependem de ou residem em disposições normativas ou atos administrativos externos à vontade das partes.

Com relação à padronização dos contratos, a experiência demonstrou que sua padronização por uma das partes levava a um inevitável comprometimento da liberdade de contratar daqueles que se colocam em posição adversa na relação contratual à do contratante que detém o poder de padronização. Dessa forma, dá-se o surgimento de contratos, entre os quais, o Contrato de Capitalização, com cláusulas padronizadas por ato estatal nas quais se ressalta a relativização do Princípio de Contratar enquanto liberdade de configuração interna dos contratos.

A ordenação da atividade econômica em âmbito contratual supõe a definição de normas que alcançam em dois níveis os agentes econômicos: comportamentos a serem assumidos perante a Administração e comportamentos a serem assumidos perante os demais agentes econômicos, assim não apenas as normas que conformam, condicionam e direcionam o exercício da atividade econômica pelos seus agentes, relação do agente econômico com o Estado, mas também as que

(152) De acordo com Barry R. Weingast, professor da Universidade de Stanford e autor de *Constitutions as governance structures: the political foundations of secure markets* (*Journal of Institutional and Theoretical Economics*, v. 149, n. 1, 1993), mercados seguros requerem não apenas legislação apropriada para garantir o cumprimento de contratos, mas também um sistema político fundamentado de maneira a evitar que os governantes confisquem o dinheiro do povo por meio da alteração dessas leis e desses mecanismos. Assim, para ser cumprido, Weingast propõe três pontos: 1) a Constituição deve ser *self-enforcing*, ou seja, deve conter elementos que forcem sua preservação, fornecendo incentivos, para que os atores políticos respeitem-na; 2) a democracia não é suficiente para garantir a proteção dos mercados, por ser inerentemente instável, com decisões tomadas por uma maioria volátil; e 3) as regras e instituições que limitam as decisões da maioria são componentes necessários para estabelecer e manter garantias de direitos políticos e econômicos. Como afirma Adam Przeworski et all. *in Democracy and development: political instituions and well-being in the world, 1950-1990*, Cambrige University Press, 2000, o regime democrático é a institucionalização da incerteza. A liberdade para escolher governantes é uma "incerteza" que podemos julgar como algo bom em si.

criam direitos e obrigações atribuíveis aos agentes privados nas relações contratuais, relações dos agentes econômicos entre si (AJAJ, 2006:02).

A atuação estatal ordenadora do processo econômico se manifesta de modo incisivo que não se limita o Estado a simplesmente impor a celebração de determinados contratos e de determinada forma, mas define como compulsório o próprio exercício da atividade econômica. Neste termos é o que prevê a CF no seu art. 174[153] ao dispor sobre a atuação do Estado como agente normativo e regulador da atividade econômica.

À técnica dos contratos aqui tratados não importa jamais a substituição da vontade das partes pela vontade imposta pela lei, o que neles há é tão somente a substituição da vontade de uma das partes pela vontade da lei e não se podem descrever os Contratos de Capitalização nestas condições, como inteiramente supressivos das vontades próprias dos contratantes. Neles apenas uma das partes é vinculada, cabendo à outra optar por contratar ou não contratar. As partes, mesmo neste tipo de Contrato, estão entre si relacionadas por vínculo obrigacional, só que nele a Sociedade de Capitalização é alcançada pelo dever de contratar, isto é, de assumir obrigações perante o subscritor, titular ou terceiro, quando for o caso.

6.2. O PAPEL DO ESTADO E AS RELAÇÕES OBRIGACIONAIS

A filosofia do Estado Liberal exigia uma separação quase absoluta entre o Estado e a sociedade. Logo, aquele não poderia intervir nas relações obrigacionais dos particulares — ao contrário, deveria permitir a liberdade contratual como reflexo do postulado máximo da autonomia da vontade, criadora do próprio Estado publicamente organizado, conforme ensina MARQUES (2011:248).

Consequentemente, ao juiz não era permitido mais do que um controle formal da presença ou da ausência da vontade e de um consenso isento de vícios ou defeitos, nunca, porém, um controle do conteúdo do contrato, da justeza e do equilíbrio das obrigações assumidas. De outro lado, à lei cabia uma função interpretativa, no máximo, supletiva da vontade.

Com o início da renovação da Teoria Contratual por meio das tendências sociais antes mencionadas, em virtude dos postulados de um novo Estado Social e da realidade da sociedade de massas, o Estado passa a intervir nas relações obrigacionais, de forma contundente.

Aponta MARQUES (2011:249) que, no início, o intervencionismo estatal dar-se-á através da planificação de certas atividades, pela fiscalização e pelo controle

(153) *[...]. Art. 174. Como agente normativo e regulador da atividade econômica, o Estado exercerá, na forma da lei, as funções de fiscalização, incentivo e planejamento, sendo este determinante para o setor público e indicativo para o setor privado. [...].*

de certos negócios, pela fixação de quotas e preços mínimos. Mas, aos poucos, o intervencionismo estatal evolui de modo a fomentar a edição de leis limitadoras do poder de autorregular determinadas cláusulas (p. ex., cláusulas de juros) e determinar o conteúdo de certos contratos, nos quais incluímos o de Contrato de Capitalização, passando a ditar o conteúdo daqueles contratos em atividades imprescindíveis (por exemplo, transportes, fornecimento de água, luz).

Assim, o Estado regulador fortalece ainda mais o processo de intervenção legislativa, administrativa e judicial nas atividades econômicas. Desta forma, a intervenção do Estado na formação dos contratos vai ser exercida não só pelo legislador, como também pelos órgãos administrativos, como a SUSEP e o CNSP, em relação à matéria de Capitalização, Seguros e Prev dência Privada Aberta, bem como Resseguro. Também o Poder Judiciário tem nova função, pois, se as normas imperativas destas leis, aqui chamadas de intervencionistas, restringem o espaço da liberdade individual no contrato, também legitimam o Judiciário para que exerça o tão reclamado controle efetivo do conteúdo do contrato, controle da justiça contratual, em especial, o controle das cláusulas abusivas.

Rememora MARQUES (2011:254) que, no Bras l, este intervencionismo do Estado nas relações contratuais concentrava-se no tabelamento de preços, no congelamento de aluguéis e salários, na renovação compulsória de locações, na proscrição de usura e na declaração de ineficácia de certas cláusulas exonerativas em determinados contratos, como o de transporte.

Mas, exceção feita às normas trabalhistas, uma ampla intervenção legislativa só aconteceu mesmo com o advento do CDC, o qual, em seus artigos, deixa claro o espírito protetor da nova concepção de contrato que o guia, notadamente, o de Contrato de Capitalização.

6.3. O PAPEL DO ESTADO E AS SOCIEDADES ANÔNIMAS

O Estado não deve alhear do estímulo e fomento a "todo ato efetuado pelo indivíduo com fim de resguardá-lo das incertezas do amanhã", porquanto a generalização de tais atos significa o bem-estar social, estabelecendo equilíbrio, fator da tranquilidade pública como, outro tanto, influindo no crescimento das reservas financeiras do País e, portanto, no crédito público e aumento de produção (CAMPISTA FILHO, 1949:19).

Desde as mais rudimentares formas do Estado, ressaltava como dever precípuo dos soberanos — fazer a felicidade e bem-estar de seus súditos, — e no Estado moderno, nas ampliações complexas do progresso, é ainda esse o espírito que dita os atos do governo emanados no interesse público, para bem da coletividade.

Por isso, as legislações orientaram-se no sentido de preservar o fundamento da Sociedade Anônima — reunião e solidariedade de recursos e vontades — da contaminação funesta, regulamentando-a para cercear a liberdade anárquica, garantido, sem dificultar, o funcionamento da admirável máquina que o gênio humano foi capaz de engendrar, em proveito do progresso econômico e benefício social. Esse Princípio de Associação, cuja força vai haurir nos pequenos valores, nos capitais improdutivos[(154)], e que investiu a Sociedade Anônima de surpreendente capacidade, a técnica moderna de economia pode apurar, aprimorar-lhe o sentido na operação de Capitalização[(155)].

6.4. DO SISTEMA NACIONAL DE CAPITALIZAÇÃO

Dada a importância do segmento da Capitalização como meio de distribuição de riqueza, se houve por bem levar a cabo forte intervenção estatal. Para efetivação de tal mister o Decreto-Lei n. 261, de 1967, instituiu, pelo seu art. 3º, o Sistema Nacional de Capitalização[(156)] integrado pelo ***CNSP*** (*Conselho Nacional de Seguros Privados*), pela ***SUSEP*** (*Superintendência de Seguros Privados*) e pelas *Sociedades de Capitalização*.

Neste ponto, é de se salientar que o art. 3ª da Resolução CNSP n. 15, de 2001, considera os Corretores de Capitalização integrantes do SNC.

Portanto a exploração desta atividade econômica é disciplinada pelo DL 261, de 1967, que instituiu o Sistema Nacional de Capitalização (SNC), aproveitando a estrutura do Sistema Nacional de Seguros Privados (SNSP).

---

(154) **Capital Improdutivo** é o que se emprega, mas não se tira dele a menor produtividade. É o capital morto (SILVA, 2010-251). Grifos nossos.

(155) O produto Capitalização acaba de completar 80 anos e, à medida que os órgãos fiscalizadores e de proteção aos consumidores criam novas legislações e regulamentos, o modelo de Capitalização vai se adequando às realidades de mercado. A atuação desses órgãos são de suma importância para garantir a transparência e, consequentemente, a credibilidade e continuidade do produto no mercado durante todos esses anos. A criação de novas formas de publicidade, mais transparência nos sorteios (com participação do público), notificação dos contemplados e atendimento ao consumidor foram algumas iniciativas das Empresas de Capitalização para atender a essa realidade. Cf. FUNENSEG (2012:14).

(156) *[...]. Art. 3o Fica instituído o Sistema Nacional de Capitalização, regulado pela presente Lei e constituído: I — do Conselho Nacional de Seguros Privados — CNSP; II — da Superintendência de Seguros Privados — SUSEP; III — das sociedades autorizadas a operar em capitalização. § 1º Compete privativamente ao CNSP fixar as diretrizes e normas da política de capitalização e regulamentar as operações das sociedades do ramo, relativamente às quais exercerá atribuições idênticas às estabelecidas para as sociedades de seguros, nos seguintes incisos do art. 32 do Decreto-lei no 73, de 21 de novembro de 1966: I, II, III, IV, V, VI, IX, XI, XII, XIII. § 2º A SUSEP é o órgão executor da política de capitalização traçada pelo CNSP, cabendo-lhe fiscalizar a constituição, organização, funcionamento e operações das sociedades do ramo, relativamente às quais exercerá atribuições idênticas às estabelecidas para as sociedades de seguros, nas seguintes alíneas do art. 36 do Decreto-lei no 73, de 21 de novembro de 1966: a, b, c, g, h, i. [...].*

Nessa linha, compete, assim, ao CNSP e à SUSEP, além de fiscalizar, controlar, normatizar e regulamentar o mercado de Capitalização. Vejamo-los.

6.4.1. CONSELHO NACIONAL DE SEGUROS PRIVADOS — CNSP

O Decreto-Lei n. 73, de 1966, em seu art. 32(157), criou o Conselho Nacional de Seguros Privados — CNSP.

O ***CNSP*** pertence à administração direta federal, competindo-lhe basicamente tocar os contornos gerais da política de Capitalização, normatizando, na medida de sua competência funcional, a constituição, o funcionamento e a fiscalização das Sociedades de Capitalização, bem como a disciplina geral dos Contratos de Capitalização, com atribuições idênticas às estabelecidas para as sociedades de seguros, nos incisos I, II, III, IV, V, VI, IX, XI, XII, XIII do art. 32 do Decreto-Lei n. 73, de 1966.

São atribuições do CNSP:

1. Fixar diretrizes e normas da política de seguros privados;

2. Regular a constituição, a organização, o funcionamento e a fiscalização dos que exercem atividades subordinadas ao Sistema Nacional de Seguros Privados, bem como a aplicação das penalidades previstas;

3. Fixar as características gerais dos contratos de seguro, previdência privada aberta, Capitalização e resseguro;

---

(157) *[...]. Art. 32. É criado o Conselho Nacional de Seguros Privados — CNSP, ao qual compete privativamente: I — Fixar as diretrizes e normas da política de seguros privados; II — Regular a constituição, organização, funcionamento e fiscalização dos que exercerem atividades subordinadas a este Decreto-lei, bem como a aplicação das penalidades previstas; III — Estipular índices e demais condições técnicas sobre tarifas, investimentos e outras relações patrimoniais a serem observadas pelas Sociedades Seguradoras; IV — Fixar as características gerais dos contratos de seguros; V — Fixar normas gerais de contabilidade e estatística a serem observadas pelas Sociedades Seguradoras; VI — Delimitar o capital do IRB e das Sociedades Seguradoras, com a periodicidade mínima de dois anos, determinando a forma de sua subscrição e realização; VII — Estabelecer as diretrizes das operações de resseguro; VIII — Disciplinar as operações de cosseguro, nas hipóteses em que o IRB não aceite resseguro do risco ou quando se tornar conveniente promover melhor distribuição direta dos negócios pelo mercado; IX — Conhecer dos recursos de decisão da SUSEP e do IRB, nos casos especificados neste Decreto-lei; X — Aplicar às Sociedades Seguradoras estrangeiras autorizadas a funcionar no País as mesmas vedações ou restrições equivalentes às que vigorarem nos Países da Matriz, em relação às Sociedades Seguradoras brasileiras ali instaladas ou que neles desejem estabelecer-se; XI — Prescrever os critérios de constituição das Sociedades Seguradoras, como fixação dos limites legais e técnicos das operações de seguro; XII — Disciplinar a corretagem de seguros e a profissão de corretor; XIII — Corrigir os valores monetários expressos neste Decreto-lei, de acordo com os índices do Conselho Nacional de Economia; XIV — Decidir sobre sua própria organização, elaborando o respectivo Regimento Interno; XV — Regular a organização, a composição e o funcionamento de suas Comissões Consultivas; XVI — Regular a instalação e o funcionamento das Bolsas de Seguro. [...].*

4. Estabelecer as diretrizes gerais das operações de resseguro;

5. Conhecer dos recursos de decisão da SUSEP e do IRB;

6. Prescrever os critérios de constituição das Sociedades Seguradoras, de Capitalização, Entidades de Previdência Privada Aberta e Resseguradores, com fixação dos limites legais e técnicos das respectivas operações; e

7. Disciplinar a corretagem do mercado e a profissão de corretor.

6.4.2. SUPERINTENDÊNCIA DE SEGUROS PRIVADOS — SUSEP

6.4.2.1. Breve Histórico sobre o Surgimento da SUSEP

Historicamente, a lei mais importante que se refere à regulamentação do órgão fiscalizador é a que trata sobre a "Casa de Seguros de Lisboa", aprovada pelo Alvará português em 11 de agosto de 1791, também aplicável ao Brasil, estabelecendo as primeiras regulações. Continha 24 artigos dispondo sobre as condições para alguém operar em seguro. Todos os negociantes, nacionais e estrangeiros, de boa fama e crédito, podiam assinar, como seguradores, as apólices feitas pelos oficiais da "Casa". Qualquer seguro não registrado seria nulo. O segurado tinha a faculdade de escolher seus seguradores entre os inscritos na entidade.

Em 24 de fevereiro de 1808, foi autorizada a funcionar a primeira sociedade seguradora com sede no Brasil. Aquela regulamentação foi alterada ao ser transplantada para o Brasil, por Decreto de 30 de agosto de 1820, promulgado no Palácio do Rio de Janeiro, com a rubrica d´El Rei.

A partir do Código Comercial dos anos 1850, acelera-se a criação de companhias seguradoras no País e, pouco depois, em 1860, inicia-se o processo de regulação da atividade pelo Estado, a criação de companhias seguradoras no País.

A primeira lei nacional de seguros, que dispõe sobre a fiscalização, refere-se às companhias estrangeiras de seguros de vida. É a Lei n. 294, de 6 de setembro de 1895, que teve a sua regulamentação com o Decreto n. 2.153, de 1º de novembro do mesmo ano.

Em seguida, foi promulgada a Lei n. 741, de 26.12.1900, que sujeita todas as companhias de seguros ao Decreto n. 2.153, de 1895, e cria a "Superintendência de Seguros".

Com o desenvolvimento cada vez mais crescente da indústria entre nós, foi por leis do Congresso feita a regulamentação de seguros: Decreto n. 4.279, de 1º.12.1901, e Decreto n. 5.072, de 12.12.1903. Sendo pela Lei n. 2.803, de 30.7.1909, art. 37, incorporando a "Inspetoria de Seguros" ao quadro das repartições do Ministério de Fazenda, sendo essa incorporação regulamentada pelo Decreto n. 7.751, de 23.12.1909, em seu Capítulo III.

Decretos posteriores dão melhor uniformidade às leis de seguros, como o Decreto n. 9.287, de 30.12.1911, que cria a *classe dos fiscais de seguros*; o Decreto n. 14.593, de 31.12.1920, e o Decreto n. 16.738, de 31.12.1924, ambos sobre regulamentação de seguros.

Depois da Revolução de 1930 e com a criação do Ministério do Trabalho, a "Inspetoria de Seguros" passou a ser incorporada ao novo Ministério.

A lei foi substituída pelo Decreto n. 21.828, de 14.12.1932, que estabeleceu novo regulamento.

O Decreto n. 24.782, de 14.7.1939, criou o "Departamento Nacional de Seguros Privados e Capitalização" e aprovou a sua regulamentação.

No ano seguinte, o Decreto-Lei n. 2.603, de 7.3.1940, deu nova regulamentação às operações de seguros privados e dispôs sobre a sua fiscalização. Este importante Decreto é de alto alcance porque atendeu muito de perto às novas diretrizes da política econômica em face, sobretudo, da sua nacionalização, sem criar atritos de qualquer natureza. A nova lei teve sua origem principal na conexão necessária com o Instituto de Resseguros do Brasil, que entrou em função em 1º de abril de 1940.

Este Decreto, em parte(158), foi alterado pelo Decreto-Lei n. 73, de 21.11.1966(159), extinguiu o Departamento Nacional de Seguros Privados e Capitalização (DNSPC) e passou as suas atribuições para a Superintendência de Seguros Privados (SUSEP).

A *SUSEP* é uma Autarquia Federal, hoje, com 46 anos de existência, aliás, um dos raros órgãos mais antigos da República em plena atividade, que, embora possua, em tese, independência financeira e administrativa, atrela-se ao Ministério

---

(158) Dec.-lei n. 73, de 1966: *[...]. Art. 153. Este Decreto-lei entrará em vigor na data de sua publicação, ficando revogadas expressamente todas as disposições de leis, decretos e regulamentos que dispuserem em sentido contrário. [...].*

(159) Dec.-lei n. 73, de 1966: *[...]. Art. 136. Fica extinto o* ***Departamento Nacional de Seguros Privados e Capitalização (DNSPC)****, da Secretaria do Comércio, do Ministério da Indústria e do Comércio, cujo acervo e documentação passarão para a* ***Superintendência de Seguros Privados (SUSEP)****. § 1º Até que entre em funcionamento a SUSEP, as atribuições a ela conferidas pelo presente Decreto-lei continuarão a ser desempenhadas pelo DNSPC. § 2º Fica extinto, no Quadro de Pessoal do Ministério da Indústria e do Comércio, o cargo em comissão de Diretor-Geral do Departamento Nacional de Seguros Privados e Capitalização, símbolo 2-C. § 3º Serão considerados extintos, no quadro de Pessoal do Ministério da Indústria e do Comércio, a partir da criação dos cargos correspondentes nos quadros da SUSEP, os 8 (oito) cargos em comissão do Delegado Regional de Seguros, símbolo 5-C. (Redação dada ao "caput" e §§ pelo Decreto-lei n. 168 de 14.2.1967). [...].* (grifos nosso)

da Fazenda. Tem como finalidades principais a promoção efetiva das políticas definidas pelo *CNSP* e a fiscalização das Sociedades de Capitalização inclusive, quando é o caso, efetua liquidações extrajudiciais. Ademais, relativamente aos seus fins, a SUSEP exerce atribuições idênticas às estabelecidas para as sociedades de seguros, nas alíneas "a", "b", "c", "g", "h", "i", do art. 36 do Decreto-Lei n. 73, de 1966[(160)].

São atribuições da SUSEP:

1. Fiscalizar a constituição, a organização, o funcionamento e a operação das Sociedades Seguradoras, de Capitalização, Entidades de Previdência Privada Aberta e Resseguradores, na qualidade de executora da política traçada pelo CNSP;

2. Atuar no sentido de proteger a captação de poupança popular que se efetua através das operações de seguro, previdência privada aberta, de Capitalização e resseguro;

3. Zelar pela defesa dos interesses dos consumidores dos mercados supervisionados;

4. Promover o aperfeiçoamento das instituições e dos instrumentos operacionais a eles vinculados, com vistas à maior eficiência do Sistema Nacional de Seguros Privados e do Sistema Nacional de Capitalização;

5. Promover a estabilidade dos mercados sob sua jurisdição, assegurando sua expansão e o funcionamento das entidades que neles operem;

6. Zelar pela liquidez e solvência das sociedades que integram o mercado;

7. Disciplinar e acompanhar os investimentos daquelas entidades, em especial os efetuados em bens garantidores de provisões técnicas;

8. Cumprir e fazer cumprir as deliberações do CNSP e exercer as atividades que por este forem delegadas; e

9. Prover os serviços de Secretaria Executiva do CNSP.

---

(160) *[...]. Art. 36. Compete à SUSEP, na qualidade de executora da política traçada pelo CNSP, como órgão fiscalizador da constituição, organização, funcionamento e operações das Sociedades Seguradoras: a) processar os pedidos de autorização, para constituição, organização, funcionamento, fusão, encampação, grupamento, transferência de contrôle acionário e reforma dos Estatutos das Sociedades Seguradoras, opinar sôbre os mesmos e encaminhá-los ao CNSP; b) baixar instruções e expedir circulares relativas à regulamentação das operações de seguro, de acôrdo com as diretrizes do CNSP; c) fixar condições de apólices, Planos de operações e tarifas a serem utilizadas obrigatoriamente pelo mercado segurador nacional; g) fiscalizar a execução das normas gerais de contabilidade e estatística fixadas pelo CNSP para as Sociedades Seguradoras; h) fiscalizar as operações das Sociedades Seguradoras, inclusive o exato cumprimento dêste Decreto-lei, de outras leis pertinentes, disposições regulamentares em geral, resoluções do CNSP e aplicar as penalidades cabíveis; i) proceder à liquidação das Sociedades Seguradoras que tiverem cassada a autorização para funcionar no País. [...].*

Portanto a SUSEP é o órgão governamental responsável pela aprovação dos Planos elaborados pelas Sociedades de Capitalização a ela submetidos, que contém, além da Nota Técnica (*documento que contém a descrição e o equacionamento técnico do Plano e que deverá ser protocolizado na SUSEP previamente à comercialização,* as minutas de CONDGs, cláusulas do Contrato de Capitalização e, de conseguinte, de Títulos de Capitalização oferecidos ao público. É também o órgão responsável pelo controle, pela fiscalização e regulamentação da operação e atuação das Sociedades de Capitalização e dos Corretores de Capitalização.

Neste ponto, aliás, anota-se que, à propósito, para que uma Sociedade de Capitalização possa comercializar um Título, é necessário que ela obtenha, previamente, uma aprovação específica, fornecida pela SUSEP. A Sociedade de Capitalização deve encaminhar à SUSEP as CONDGs e a Nota Técnica Atuarial dos Títulos de Capitalização a serem por elas comercializados, para análise e, caso estejam em conformidade com os normativos em vigor, aprovação. As CONDGs e a Nota Técnica Atuarial devem ser enviadas por meio de expediente que contemple, no mínimo:

- a razão social da sociedade;
- seu CNPJ;
- a respectiva modalidade à qual pertença o título;
- a assinatura de um diretor da Sociedade de Capitalização; e
- a assinatura do atuário responsável pela elaboração da Nota Técnica Atuarial, com número de identificação profissional perante o órgão competente. A aprovação ocorre por meio do processo, para deferimento (aprovação) de respectivo Título de Capitalização. Existe um número de processo administrativo para cada Plano, fornecido pela SUSEP quando do protocolo do material acima elencado.

É obrigatória a inclusão do número de processo SUSEP nas CONDGs, na Ficha de Cadastro ou em qualquer veiculação de caráter publicitário, de forma a permitir a imediata identificação do produto pelo destinatário. A única exceção é quando se tratar de propaganda institucional, hipótese em que não é necessário mencionar os números dos processos cadastrados na SUSEP.

É de se observar que tanto as CONDGs quanto a Nota Técnica[161] precisam ser previamente aprovadas pela SUSEP para que os títulos, referentes àquele processo administrativo, possam ser comercializados.

---

(161) A Nota Técnica e as Condições Gerais não precisam ser estáticas. Podem sofrer ajustes ou alterações, desde que as mudanças em seus dispositivos sejam aprovadas pela SUSEP previamente à sua implementação. Porém, após a comercialização do Título, qualquer alteração implementada nas Condições Gerais ou na Nota Técnica Atuarial deverá ser previamente encaminhada à SUSEP mediante abertura de novo processo administrativo e, consequentemente, geração de um novo número. A critério da sociedade de capitalização, pode-se solicitar o arquivamento do processo original. Excepcionalmente, a SUSEP não exige a abertura de um novo processo administrativo se as alterações forem decorrentes de mudanças nas normas determinadas pela própria SUSEP ou pelo CNSP, isto é, se forem mudanças apenas para se adaptar a normativos novos.

Anota-se. Qualquer alteração implementada nas Condições Gerais ou na Nota Técnica Atuarial, após a comercialização do Título, deve ser previamente encaminhada à SUSEP, mediante abertura de novo processo administrativo e, a critério da Sociedade de Capitalização, solicitação de arquivamento do processo original.

Contudo, excluem-se desta exigência as alterações decorrentes de mudanças nas normas determinadas pela SUSEP ou pelo CNSP, ou nos demais normativos em vigor.

No que toca a tal aprovação pela SUSEP, pode ser automaticamente revogada pelo próprio Órgão Fiscalizador se não houver início de comercialização do Título de Capitalização no prazo de um ano, contado da data de sua aprovação.

6.4.2.2. O Papel Atual dos Órgãos Reguladores e Fiscalizadores

Há diversas publicações contendo indagações sobre o papel desses órgãos, bem como das agências reguladoras; e a importância de sua independência.

Com efeito, percebe-se o tratamento dispensado pelos governos a estes órgãos reguladores e fiscalizadores, tais como contigenciamento de verbas, aparelhamento político etc., além de crescente interferência de algumas autoridades nas decisões administrativas tomadas por esses órgãos, inclusive no próprio IRB Brasil Re. Salvo exceção, este é o cotidiano vivenciado.

Ora, estes órgãos possuem deveres, missões e procedimentos que foram legalmente estabelecidos pelo Poder Legislativo, democraticamente eleito e em conformidade com os Princípios Constitucionais do país. Cuida-se, portanto, de instituições voltadas para salvaguardar interesses coletivos de caráter social e universal, cuja independência é necessária para evitar que tais interesses sejam violados segundo as orientações particulares de um determinado governo ou determinada autoridade.

Assim, a legislação de Capitalização no Brasil, à semelhança do que ocorre praticamente em outros países, tem por objetivo que o controle do Estado se exerça pelos órgãos elencados no art. 3º do Decreto-Lei 261, de 1967, supramencionados, no interesse dos consumidores, dos aderentes aos Contratos de Capitalização e dos portadores de Títulos de Capitalização; visando, principalmente, promover a expansão do mercado de Capitalização; propiciar as condições operacionais necessárias à sua integração no processo econômico e social do país; promover o aperfeiçoamento do Sistema de Capitalização e das Sociedades que nele operam; preservar a liquidez e a solvência das Sociedades de Capitalização; e coordenar a política de Capitalização com a política de investimentos do governo federal, observados os critérios estabelecidos para as políticas monetária, creditícia e fiscal, bem como as características a que devem obedecer as aplicações de cobertura das reservas técnicas.

Com efeito, esse objetivo é fundamental para garantir que o mercado de Capitalização funcione adequadamente, alinhando os interesses privados com os interesses da sociedade.

Nesse contexto, não cabe a qualquer autoridade intervir nas decisões independentes destes órgãos aqui, *in casu*, o CNSP e a SUSEP, ou de quaisquer outros órgãos regulatórios, na medida em que tal independência se aplica somente à vontade do Executivo, mas não em relação aos desejos da sociedade, expressos nas próprias legislações que os criaram e às quais se encontram inteiramente subordinados. Cumpre evidentemente ao Poder Judiciário a correção de eventuais desvios ou equívocos desses órgãos de regulação e fiscalização.

Aliás, esses órgãos regulatórios, parafraseando JORGE FAGUNDES[(162)], não somente são democráticos e politicamente importantes para a garantia da implementação isenta e técnica de Princípios Constitucionais e Legais, como também são fundamentais para o crescimento econômico, ao gerarem a segurança jurídica e a estabilidade de regras indispensáveis à indução dos investimentos privados nacionais e estrangeiros. Longe, portanto, de representarem anacrônicos à evolução competitiva da economia brasileira, tais órgãos são instituições essenciais para a consolidação de um novo, moderno e democrático padrão de intervenção estatal na sociedade.

De fato, quanto mais liberalizada for a economia, maior a necessidade de regulação e monitoramente do funcionamento dos mercados. O exemplo cristalino deste argumento pode ser encontrado na força da legislação e de instituições antitrustre nos EUA, país constantemente citado como paradigma de uma economia de livre mercado e da livre-iniciativa, cujo sucesso da economia e da democracia é inegável.

A consolidação dos órgãos de regulação no Brasil representa, portanto, a passagem do Estado interventor para o Estado regulador, a exemplo do que acontece nas economias desenvolvidas, em que existem instituições voltadas para a aplicação de legislações de defesa do mercado e de seus agentes. Tais legislações, operacionalizadas pelos órgãos de Estado, zelam pelo bem-estar social dos consumidores, protegendo os interesses difusos e coletivos da sociedade contra o arbítrio do poder econômico e do poder político dos governos do momento, nem sempre a serviço do bem comum.

De maneira que a preocupação maior atual deve estar voltada para o aperfeiçoamento e fortalecimento do CNSP e, principalmente, da SUSEP, órgãos de regulação e fiscalização respectivamente, com o objetivo de transformá-los em entidades cujas decisões sejam crescentemente baseadas em critérios técnicos — jurídicos e econômicos —, claros, precisos, independentes e transparentes, ainda

(162) Jornal *O Globo*, Autoritarismo Presidencial. Opinião, Sexta-feira, 10 de novembro de 2006, p. 7.

que sempre pautadas pelos ditames legais estabelecidos pelos poderes legislativos e sujeitas à devida revisão pelo Poder Judiciário.

6.4.3. CONSELHO ADMINISTRATIVO DE DEFESA ECONÔMICA — CADE

O Conselho Administrativo de Defesa Econômica — CADE — é uma autarquia federal, vinculada ao Ministério da Justiça, com sede e foro no Distrito Federal, que exerce, em todo o Território nacional, as atribuições dadas pela Lei n. 12.529, de 30 de novembro de 2011 (*Estrutura o Sistema Brasileiro de Defesa da Concorrência; dispõe sobre a prevenção e repressão às infrações contra a ordem econômica; altera a Lei n. 8.137, de 27 de dezembro de 1990, o Decreto-Lei n. 3.689, de 3 de outubro de 1941 — Código de Processo Penal, e a Lei n. 7.347, de 24 de julho de 1985; revoga dispositivos da Lei n. 8.884, de 11 de junho de 1994, e a Lei n. 9.781, de 19 de janeiro de 1999*).

O CADE tem como missão zelar pela livre concorrência no mercado, sendo a entidade responsável, no âmbito do Poder Executivo, não só por investigar e decidir, em última instância, sobre a matéria concorrencial, como também fomentar e disseminar a cultura da livre concorrência. Esta entidade exerce três funções: Preventiva, Repressiva e Educacional ou Pedagógica. Vejamos:

- **Preventiva**

Analisar e posteriormente decidir sobre as fusões, aquisições de controle, incorporações e outros atos de concentração econômica entre grandes empresas que possam colocar em risco a livre concorrência.

- **Repressiva**

Investigar em todo o território nacional e posteriormente julgar cartéis e outras condutas nocivas à livre concorrência.

- **Educacional ou pedagógica**

Instruir o público em geral sobre as diversas condutas que possam prejudicar a livre concorrência; incentivar e estimular estudos e pesquisas acadêmicas sobre o tema, firmando parcerias com universidades, institutos de pesquisa, associações e órgãos do governo; realizar ou apoiar cursos, palestras, seminários e eventos relacionados ao assunto; editar publicações como a *Revista de Direito da Concorrência* e cartilhas.

O Sistema Brasileiro de Defesa da Concorrência — SBDC — é formado pelo CADE e pela Secretaria de Acompanhamento Econômico — SEAE — do Ministério da Fazenda. O CADE é constituído pelo Tribunal Administrativo de Defesa Econômica, pela Superintendência-Geral e pelo Departamento de Estudos Econômicos. Dessa estrutura participam também, de forma auxiliar, a Procuradoria Federal e o Ministério Público Federal.

A SEAE realiza a chamada "*advocacia da concorrência*" perante órgãos do governo e a sociedade brasileira. Em outras palavras, ela promove a livre concorrência, opinando sobre proposições legislativas ou minutas de atos normativos nos aspectos relacionados ao tema, propondo a revisão de leis, decretos e regulamentos, manifestando-se sobre pedidos de revisão de tarifas e realizando estudos que avaliem a concorrência em setores específicos da economia, para subsidiar as decisões de órgãos governamentais.

O Tribunal Administrativo, órgão judicante, compõe-se de um presidente e seis Conselheiros, nomeados pelo presidente da República depois de aprovados pelo Senado Federal. O mandato dos membros do Plenário é de quatro anos, não coincidentes, vedada a recondução.

O Tribunal Administrativo exerce as competências previstas pelo art. 9º da Lei n. 12.529, de 2011. Basicamente, compete-lhe o julgamento dos processos administrativos para análise ou apuração de atos de concentração econômica; o julgamento dos processos administrativos para imposição de sanções administrativas por infrações à ordem econômica (instaurados pela Superintendência-Geral); o julgamento dos recursos contra as medidas preventivas (adotadas pelo Conselheiro Relator ou pela Superintendência Geral); e a aprovação dos **Termos do Compromisso** de cessação de prática e dos acordos em controle de concentrações.

A Superintendência Geral é chefiada por um superintendente geral, nomeado pelo presidente da República depois de sabatinado pelo Senado Federal, para mandato de dois anos, permitida a recondução para um único período subsequente, com o auxílio de dois superintendentes adjuntos.

A Superintendência Geral exerce as competências previstas pelo art. 13 da Lei n. 12.529, de 2011. Basicamente, compete-lhe a instauração e instrução de processos administrativos para análise ou apuração de atos de concentração econômica, remetendo-os ao Tribunal Administrativo para julgamento, nos casos previstos na referida lei; a sugestão, ao Tribunal Administrativo, de condições para celebração de acordo em controle de concentrações; a instauração e instrução de procedimentos investigatórios, sempre que se deparar com indícios de condutas anticoncorrenciais, remetendo-os ao Tribunal Administrativo quando concluir por seu arquivamento ou quando entender que houve prática de condutas anticoncorrenciais; a adoção de medidas preventivas; a proposição de Termos de Compromisso de cessação, submetendo-os à aprovação do Tribunal Administrativo.

O Departamento de Estudos Econômicos — DEE — é dirigido por um economista chefe, nomeado, conjuntamente, pelo superintendente geral e pelo presidente do Tribunal, a quem incumbe elaborar estudos e pareceres econômicos.

Ao Departamento de Estudos Econômicos compete, nos termos do art. 17 da Lei n. 12.529, de 2011, a elaboração de estudos e pareceres econômicos, por iniciativa própria ou a pedido do Plenário do Tribunal Administrativo, do presidente, do conselheiro relator ou do superintendente geral, zelando pelo rigor e pela atualização técnica e científica das decisões do CADE.

O Decreto n. 7.738, de 28 de maio de 2012, aprova a nova estrutura regimental e o quadro demonstrativo dos cargos em comissão do Conselho Administrativo de Defesa Econômica — CADE. A nova estrutura contempla órgãos de assistência direta ao presidente — Gabinete, Assessoria Internacional, Assessoria de Comunicação Social e Assessoria de Planejamento e Projetos — e órgãos seccionais, que incluem a Diretoria Administrativa, a Auditoria e a Procuradoria Federal Especializada junto ao CADE.

Também compõem a autarquia a Superintendência Geral e o Departamento de Estudos Econômicos, como órgãos específicos e singulares, e o Tribunal Administrativo de Defesa Econômica, órgão colegiado do CADE.

A Superintendência Geral e o Tribunal Administrativo são unidades gestoras diferentes e atuarão de forma independente e concomitante. Os gabinetes dos conselheiros ganharam reforço na equipe de assessoramento para garantir agilidade na análise prévia dos processos.

Na Superintendência Geral, há oito Coordenações Gerais de Análise Antitruste, compostas pelo coordenador, um assistente, um assistente técnico e uma equipe formada por integrantes da carreira de Especialista em Políticas Públicas e Gestão Governamental — EPPGG.

A Procuradoria Federal junto ao CADE mantém a divisão funcional em duas dimensões: por matéria e por cliente interno. O modelo garante a defesa dos interesses do CADE na esfera judicial e o suporte técnico jurídico para os casos em tramitação no CADE e para os referentes à matéria administrativa.

Paralelamente, cabe à Procuradoria Federal junto ao CADE o atendimento célere à Superintendência Geral e ao Tribunal, respeitando as peculiaridades das fases de instrução e julgamento e garantindo a autonomia administrativa das unidades gestoras.

6.4.4. CONSELHO DE CONTROLE DE ATIVIDADES FINANCEIRAS — COAF

O Conselho de Controle de Atividades Financeiras (COAF), um órgão especial de inteligência criado no âmbito do Ministério da Fazenda com a finalidade de disciplinar, aplicar penas administrativas, receber, examinar e identificar as ocorrências suspeitas de atividades ilícitas previstas em lei, sem prejuízo da competência de outros órgãos e entidades, para, se for o caso, denunciar os envolvidos ao Ministério Público.

De fato, o COAF cuida da prevenção e da lavagem de direito e sua relação com as Sociedades de Capitalização e Corretores de Capitalização, bem como aponta as operações suspeitas que podem indicar lavagem de dinheiro.

Grosso modo, a lavagem de dinheiro é o processo de transformação do dinheiro "sujo", captado com atividades ilícitas, em dinheiro lícito. Para a regulamentação deste tema, o Governo, em 1998, editou a Lei n. 9.613, de 3 de março de 1998, que tipifica os crimes de lavagem de dinheiro, regulamentada pelo Decreto n. 2.799, também de 1998.

Desde os atentados terroristas de 11 de setembro de 2001, a comunidade internacional reconheceu que as organizações criminosas tornaram-se transnacionais. O avanço tecnológico foi um dos grandes facilitadores da expansão de atividades criminosas, pois a qualquer momento movimentações financeiras de volumes "consideráveis" podem migrar para qualquer lugar do mundo.

A legislação brasileira é uma das mais modernas do mundo neste tema, havendo a obrigatoriedade de identificação de clientes, comunicação de operações suspeitas, manutenção de cadastro atualizado e monitoramento de clientes enquadrados como Pessoas Politicamente Expostas (PPEs).

Com as determinações legais, o mercado é obrigado a adotar ações preventivas, de forma que as instituições se organizem para conhecer melhor seus clientes e, com isso, analisar se as evoluções patrimoniais estão de acordo com as informações cadastrais prestadas para monitorar estes casos. Assim, a atualização cadastral de clientes é essencial, sendo o maior alvo de atenção.

A lavagem foi classificada como o "crime dos anos 1990". A última década do século viveu a internacionalização do regime antilavagem de dinheiro, principalmente por intermédio do Grupo de Ação Financeira contra a Lavagem de Dinheiro (GAFI), criado em 1989 com o objetivo de reforçar a luta contra o dinheiro sujo através do mundo.

Desde o início da década de 1990, leis e normas têm sido emanadas com o intuito de coibir a prática de lavagem de dinheiro. Entre as que afetam o mercado de Títulos de Capitalização, podemos citar:

• n. Lei 9.613, de 1998 — dispõe sobre os crimes de "lavagem" ou ocultação de bens, direitos e valores; a prevenção da utilização do sistema financeiro para os ilícitos previstos nesta Lei; cria o Conselho de Controle de Atividades Financeiras — COAF;

• Circular SUSEP 089, de 1999 — divulga relação de operações e situações que podem configurar indícios de ocorrência dos crimes previstos na Lei n. 9.613, de 1998;

• Circular SUSEP 327, de 2006 — dispõe sobre os controles internos específicos para o tratamento de situações relacionadas à prática dos crimes previstos na Lei n. 9.613, de 3 de março de 1998, ou que com eles possam relacionar-se, à comunicação de operações suspeitas e à responsabilidade administrativa de que trata aquela lei;

• Circular SUSEP 341, de 2007 — dispõe acerca dos procedimentos a serem observados no relacionamento com clientes, considerados pessoas politicamente expostas, adicionalmente aos procedimentos estabelecidos na Circular 327, de 29 de maio de 2006;

• Circular SUSEP 380, de 2008 — dispõe sobre os controles internos específicos para a prevenção e o combate dos crimes de "lavagem" ou ocultação de bens, direitos e valores, ou que com eles possam relacionar-se, o acompanhamento das operações realizadas e as propostas de operações com pessoas politicamente expostas, bem como a prevenção e coação do financiamento ao terrorismo (FUNENSEG, 2012:94).

Para a efetivação do processo de lavagem de dinheiro, são definidas três etapas:

• colocação — primeira etapa do processo de lavagem de dinheiro, é a injeção do dinheiro "sujo" no sistema bancário;

• ocultação, camuflagem, estratificação ou difusão — etapa de múltiplas transferências e movimentos de fundos, visando "mascarar" as origens do dinheiro sujo, desassociando o recurso ilícito da fonte de origem criminosa; e

• integração — fase final do processo de lavagem de dinheiro, que pode estar interligada ou sobreposta à etapa anterior. Nesta fase, o dinheiro "limpo" é integrado ao sistema econômico financeiro.

Segundo determinação legal da Circular SUSEP 380, as Sociedades de Capitalização deverão acompanhar operações realizadas com PPEs. Como as informações são dinâmicas, clientes que antes não eram enquadrados como PPEs podem vir a sê-lo ao longo dos anos e, por isso, as sociedades devem adotar as seguintes providências:

• no cadastro e nas atualizações cadastrais, solicitar declaração expressa do cliente, beneficiário, de terceiro ou outras partes relacionadas, a respeito da sua classificação;

• recorrer a informações publicamente disponíveis; e

• recorrer a bases de dados eletrônicos comerciais sobre pessoas politicamente expostas (FUNENSEG, 2012:96).

Consideram-se pessoas politicamente expostas os agentes públicos que desempenham ou tenham desempenhado, nos cinco anos anteriores, no Brasil ou em países, territórios e dependências estrangeiras, cargos, empregos ou funções públicas relevantes, assim como seus representantes, familiares e outras pessoas de seu relacionamento próximo.

As Sociedades de Capitalização devem adotar procedimentos que possibilitem:

- a identificação da origem de recursos de clientes enquadrados como PPEs;
- confrontar se o patrimônio declarado na Ficha de Cadastro dos clientes enquadrados como PPEs está compatível com as operações realizadas pelo mesmo; e
- a identificação e o enquadramento de clientes, beneficiários, terceiros ou outra parte relacionada como PPEs.

A manutenção cadastral é extremamente importante no processo de "conheça o seu cliente", permitindo monitorar se suas operações são condizentes com as informações declaradas na ficha cadastral.

O art. 10 da Circular 380 determina que as Sociedades de Capitalização deverão realizar e manter atualizadas as informações cadastrais de clientes, beneficiários, terceiros e outras partes relacionadas, contendo:

Pessoas Físicas:

a) nome completo;

b) número único de identificação (CPF/Identidade/ Habilitação);

c) endereço completo;

d) número de telefone e DDD, se houver;

e) profissão;

f) patrimônio estimado ou faixa de renda mensal; e

g) enquadramento, se for o caso, na condição de pessoa politicamente exposta, na forma do art. 4º.

Pessoas Jurídicas:

a) a denominação ou razão social;

b) atividade principal desenvolvida;

c) CNPJ (empresas nacionais) ou CADEMP (para empresas estrangeiras);

d) endereço completo;

e) número de telefone e DDD;

f) nomes dos controladores até o nível de pessoas físicas, principais administradores e procuradores, bem como menção a seu enquadramento, se for o caso, na condição de pessoa politicamente exposta; e

g) informações acerca da situação patrimonial e financeira.

É importante anotar que é obrigatória a aprovação por alçada superior para o estabelecimento de relação de negócios com a pessoa politicamente exposta ou para dar continuidade nas relações já existentes com a pessoa que passar a se enquadrar nessa qualidade.

É de observar que os familiares são os parentes, na linha direta, até o primeiro grau; o cônjuge; os companheiros, filhos e enteados.

Conforme definido no art. 1º do anexo IV da Circular 365, de 27 de maio de 2008, o cadastro de Títulos de Capitalização da Modalidade Popular deve ser efetuado no resgate, envolvendo um ou mais Títulos, de valor total igual ou superior a R$ 2.000,00, e no pagamento de sorteio, registrando as informações cadastrais e obtendo cópia da documentação comprobatória.

Para as demais Modalidades de Título, o cadastro deve ser realizado:

• na contratação, com base no registro de informações cadastrais do Titular e do Subscritor; e

• no pagamento de resgate de valor igual ou superior a R$ 10.000,00, e no pagamento de sorteios, obtendo cópia da documentação comprobatória do Titular.

Os registros e a documentação comprobatória poderão ser arquivados na forma de documentação eletrônica ou impresso e deverão ser guardados por, no mínimo, cinco anos para imediata apresentação à SUSEP, quando solicitado.

A documentação comprobatória de pessoas físicas pode limitar-se ao documento de identificação e comprovante de residência, desde que não implique fragilização dos controles internos para prevenção e combate à lavagem de dinheiro e ao financiamento ao terrorismo.

A Lei n. 9.613 determina que as Sociedades de Capitalização devem manter organizados e à disposição do órgão regulador (SUSEP) os registros, a documentação comprobatória e os demais documentos pertinentes às operações com clientes, beneficiários, terceiros e outras partes relacionadas, inclusive aqueles referentes a todos os pagamentos realizados, identificando o beneficiário final dentro do prazo exigido por lei. A exatidão das informações prestadas ao órgão regulador é de responsabilidade das Sociedades de Capitalização.

As operações são divididas em dois grupos:

• **Operações mensuráveis:**

— pagamento único de Capitalização em valor igual ou superior a R$ 300.000,00;

— resgate de valor igual ou superior a R$ 300.000,00 no período de um mês;

— pagamento de Título de Capitalização fora da rede bancária, em valor igual ou superior a R$ 50.000,00, no período de um mês;

— resgate de Títulos de Capitalização da Modalidade Popular cujo somatório seja igual ou superior a R$ 2.000,00; e

— Titular sorteado para recebimento de valor igual ou superior a R$100.000,00.

- **Operações subjetivas:**

— resistência em fornecer informações na identificação;

— contratação por estrangeiro não residente, sem razão justificável;

— propostas ou operações incompatíveis com o perfil socioeconômico, capacidade financeira ou ocupação profissional do cliente, beneficiário, terceiros e outras partes relacionadas;

— propostas ou operações discrepantes das condições normais de mercado;

— transações cujas características peculiares, no que se refere às partes envolvidas, valores, forma de realização, instrumentos utilizados ou pela falta de fundamento econômico ou legal, mesmo que tragam vantagem à Sociedade, possam caracterizar indício de lavagem de dinheiro, de financiamento ao terrorismo ou de qualquer outro ilícito;

— variações patrimoniais relevantes de clientes, beneficiários, terceiros ou outras partes relacionadas sem causa aparente; e

— operações de valores inferiores aos limites estipulados, que por sua habitualidade e forma, configurem artifício para a burla de referidos limites.

As operações suspeitas deverão ser comunicadas à SUSEP, no prazo de 24 horas contadas de sua verificação, sendo as operações mensuráveis, independentemente de qualquer análise, e as operações subjetivas após análise.

Caso haja a participação ou envolvimento de PPEs na operação suspeita, esta informação deve ser comunicada à SUSEP.

Se durante o mês calendário não forem identificadas operações atípicas, as Sociedades de Capitalização deverão informar, na forma de comunicação negativa, à SUSEP que não tiveram indícios durante o período.

É interessante notar que a comunicação deverá ser feita através do site do Conselho de Controle de Atividades Financeira — COAF (FUNENSEG, 2012:99).

6.4.5. AS SOCIEDADES DE CAPITALIZAÇÃO

Em relação às ***Sociedades de Capitalização***, que já iremos cuidar mais detalhadamente logo no capítulo a seguir, são integrantes do Sistema Nacional de Capitalização e partes dos Contratos de Capitalização. Mas não é de todo despiciendo relembrar que devem ser constituídas na forma de sociedades anônimas, com ações nominativas, sujeitas a normas especiais quanto ao seu processo de constituição e funcionamento, como a da fixação do capital mínimo para autorização de funcionamento, que é o montante de capital que uma Sociedade de Capitalização deve manter, a qualquer tempo, para poder operar, e é equivalente à soma do capital base com o capital adicional (Resolução CNSP n. 178, de 2007), bem como sujeição à intervenção pela ***SUSEP***, com nomeação de diretor fiscal, tratamento financeiro de saneamento e liquidação extrajudicial, dentre outros.

As Sociedades de Capitalização se submetem a disposições idênticas às estabelecidas nos seguintes arts. 7º, 25 a 31, 74 a 77, 84, 87 a 111, 113, 114, 116 e 121, do Decreto-Lei n. 73, de 1966, e, quando for o caso, seus incisos, alíneas e parágrafos, conforme estabelece o art. 4º, o Decreto-Lei n. 261, de 1967.

Igualmente, as Sociedades de Capitalização estão submetidas à regime jurídico próximo ao delineado para as sociedades seguradoras. Ou seja, o seu funcionamento depende de autorização governamental, elas não podem falir, ressalvando o disposto na Lei n. 10.190, de 4.2.2001[163], ou impetrar concordata, e se submetem à liquidação extrajudicial.

Convém relembrar e repetir, em outras palavras, que a Capitalização não integra o Sistema Nacional de Seguros Privados (SNSP), isto é, o Título de Capitalização não é um plano de seguro a ser comercializado por uma seguradora. Os títulos somente podem ser comercializados por Sociedades de Capitalização. No entanto a fiscalização e a regulamentação da Capitalização, por força do Decreto-Lei n. 261, de 1967, que criou o Sistema Nacional de Capitalização (SNC), também estão a cargo da SUSEP e do CNSP, respectivamente, da mesma forma que ocorre com as Sociedades Seguradoras.

Como vimos, diversos artigos do Decreto-Lei n. 73, de 1966, que criou o SNSP, são aplicáveis à Capitalização, por isso é muito comum haver laços entre Sociedades de Capitalização e Sociedades Seguradoras, que são, muitas vezes, ligadas a um mesmo grupo econômico.

Além disso, da mesma forma que o SNSP, o Sistema Nacional de Capitalização (SNC) possui relevante papel em termos de política econômica, já que desenvolve a captação de poupança, sendo fundamental como alternativa para financiamento de grandes projetos de longo prazo, tão importantes para o desenvolvimento autossustentável de um país.

---

(163) Decreto-Lei n. 73, de 1966:*[...]. Art. 26. As sociedades seguradoras não poderão requerer concordata e não estão sujeitas à falência, salvo, neste último caso, se decretada a liquidação extrajudicial, o ativo não for suficiente para o pagamento de pelo menos a metade dos credores quirografários, ou quando houver fundados indícios da ocorrência de crime falimentar. (Redação dada pela Lei n. 10.190. de 4.2.2001). [...].*

Como envolvem captação de poupança popular, as Sociedades de Capitalização, assim como as Sociedades Seguradoras, devem obedecer às regras estabelecidas pelo Conselho Monetário Nacional (CMN), conforme previsto no Decreto-Lei n. 73, de 1966. Isso, certamente, já demonstraria a relevância social dessas empresas e a necessidade de controle e fiscalização por parte do Estado.

Apesar de o Título de Capitalização poder ser comercializado por bancos, as Sociedades de Capitalização não são consideradas instituições financeiras e, por isso, não sofrem fiscalização do BACEN — Banco Central. Entretanto, o BACEN publica normas para aplicação das reservas técnicas das Sociedades de Capitalização, em conformidade com Resoluções do CMN — Conselho Monetário Nacional.

Em suma, o mercado de Capitalização no Brasil está submetido à fiscalização da SUSEP, autarquia vinculada ao Ministério da Fazenda, e acha-se, também, submetido à política traçada pelo CNSP.

6.5. PARTES DO CONTRATO DE CAPITALIZAÇÃO E INFORMAÇÕES RELATIVAS AO TÍTULO

Classicamente, o Contrato de Capitalização apresenta configuração dúplice formada pela Sociedade de Capitalização e pelo Subscritor como Titular. Ou seja, quando a pessoa do Subscritor se confunde com a do Titular, pois se traduzem na mesma pessoa.

Contudo, hodiernamente, em alguns tipos de Planos e, notadamente, na Modalidade de Incentivo (em que ocorre a transferência ou cessão dos direitos do Título); bem como na Modalidade Popular (quando há cessão de resgate a alguma instituição), nestes casos, exemplificadamente, o Contrato de Capitalização evidencia configuração tríplice, formada pela Sociedade de Capitalização, pelo Subscritor e pela outra parte, a beneficiária, chamada Titular. Portanto, são três partes, cada qual com os seus direitos, seus deveres e suas obrigações legais e contratuais a serem cumpridos.

A Sociedade de Capitalização, reconhecidamente a parte passiva e o Subscritor, a parte ativa do Contrato de Capitalização, porquanto só a partir deste deve nascer o pacto. Todavia, este pacto é impulsionado para fiel execução e cumprimento pelo Titular.

Nesse caminho, a contratação (pretendendo adquirir qualquer Título de Capitalização) estabelece a obrigatoriedade de a Sociedade de Capitalização (parte contratada) prestar informações relativas ao Título sempre, mesmo que não solicitadas pelo Subscritor (parte contratante) ou pelo Titular (parte beneficiária).

Segundo legislação em vigor, toda e qualquer cláusula que implique limitação ou impuser ônus aos Subscritores ou Titulares deve ser redigida em destaque, permitindo imediata identificação e compreensão das regras. Além disso, por exemplo, a Sociedade de Capitalização deve prestar ao Titular as informações necessárias ao acompanhamento dos valores inerentes ao Título ou por meio da emissão e remessa de extratos individuais, ou por meio da disponibilização de informações através da mídia impressa ou eletrônica, ou, ainda, mediante outro canal de comunicação, devendo conter, no mínimo, o valor do resgate atualizado. Aliás, vale lembrar que a formação do capital a ser resgatado é constituída de *Parcela a Capitalizar*, formada a partir da incidência da Cota de Capitalização sobre os pagamentos realizados, e *Provisão Matemática*, que resulta da Capitalização do valor anterior a uma taxa de juros predeterminada, além de atualização monetária — **PM(j) = PC(j) + PM(j-1).(1+i).(1+h).**

Neste ponto, importa dizer que o **Capital ou Saldo de Capitalização** é o valor constituído na reserva de Capitalização, ou seja, é o montante constituído pelos percentuais de cada pagamento(s) efetuado(s) pelo Subscritor e que será mensalmente capitalizado e atualizado pelas taxas e cotas definidas nas Condições Gerais de cada produto, formando o valor do resgate do Título de Capitalização.

No caso de optar por extratos, a periodicidade da remessa deve constar das Condições Gerais do Contrato (CONDGs)[(164)] de Capitalização retratadas no respectivo Título, observada a periodicidade máxima semestral, no caso de Títulos de Capitalização de pagamentos periódicos (PP) ou pagamentos mensais (PM) com prazo de vigência de 12 meses, e a periodicidade máxima anual para os demais Títulos.

Aliás, de pronto, vale aqui abrir-se parênteses para as chamadas Condições Gerais (CONDGs) do Título de Capitalização (TC), ou melhor, do Contrato de Capitalização, bem como para os requisitos necessários para aprovação pela SUSEP e as informações obrigatórias[(165)].

---

(164) Assim, *condições gerais dos contratos* (CONDGs) é aquela "lista de cláusulas contratuais pré-elaboradas unilateralmente para um número múltiplo de contratos, a qual pode estar ou não inserida no documento contratual que um dos contraentes oferece para reger a relação contratual no momento de sua celebração. Trata-se, portanto, de uma técnica de pré-elaboração do conteúdo de futuros contratos" (MARQUES, 2011:84).

(165) A legislação em vigor dita que são obrigatórias as seguintes informações: 1) a inclusão do número de processo SUSEP nas Condições Gerais, na Ficha de Cadastro ou em qualquer veiculação de caráter publicitário, de forma a permitir a fácil e imediata identificação do produto pelo destinatário da mensagem, sendo desnecessário mencionar tal número quando se tratar de propaganda institucional; 2) qualquer veiculação de caráter publicitário, independentemente da mídia utilizada, ao mencionar a faculdade de conversão dos valores de resgate e/ou prêmios de sorteio em eventuais bens e/ou serviços, deve informar que o Titular sempre tem direito ao recebimento em dinheiro, se assim o desejar; 3) o Titular contemplado em sorteio deve ser notificado deste fato pela Sociedade de Capitalização, por escrito, mediante correspondência expedida com aviso de recebimento — AR, ou pela mídia impressa ou eletrônica, caso o pagamento do sorteio não tenha sido efetuado em até 15 (quinze) dias úteis de sua realização; 4) deve constar das Condições Gerais, em destaque, que se aplica, quando do pagamento do resgate, tratamento tributário, na forma da legislação fiscal

Tais Condições Gerais são as regras, devidamente aprovadas pela SUSEP, que regem os Títulos de Capitalização e que definem os deveres e direitos dos adquirentes de Títulos de Capitalização e da Sociedade de Capitalização que administra o produto. Ou seja, é o instrumento que estabelece as normas do Contrato de Capitalização firmado entre a Sociedade de Capitalização e os clientes, aprovadas pelo Órgão Regulador (SUSEP).

Em suma, Condições Gerais é o documento que contém todos os direitos e deveres da Sociedade de Capitalização e do comprador do Título de Capitalização. É, portanto, de fundamental importância conhecer o texto das Condições Gerais de um Título, tanto para vendê-lo como para comprá-lo. Atente-se ainda para o fato de que não existe padrão de Condições Gerais; assim sendo, os direitos conferidos pela aquisição de um Título de Capitalização ou os deveres decorrentes da sua venda variam substancialmente de empresa para empresa e até de Plano para Plano em uma mesma empresa.

Segundo as normas vigentes, nas Condições Gerais do TC devem constar, sempre em destaque, no mínimo:

A) glossário com as definições de Subscritor, Titular, capital, capital nominal;

B) percentuais de sorteio e de Carregamento;

C) tabela que discrimine o percentual de resgate em função do prazo de vigência do Título, considerando-se todos os pagamentos previstos e os demais parâmetros de cálculo, especificando eventuais fatores de redução para resgates antecipados;

D) se o valor do prêmio de sorteio é líquido ou bruto e, nesse caso, que o desconto de imposto de renda será na forma da legislação em vigor, explicitando o percentual vigente aplicável;

E) denominação e CNPJ da Sociedade de Capitalização;

---

vigente; 5) as Condições Gerais devem estabelecer a obrigatoriedade da Sociedade de Capitalização prestar ao Titular as informações necessárias ao acompanhamento dos valores inerentes ao Título, bem como emitir e remeter extratos individuais aos Titulares, no mínimo uma vez a cada ano, durante a vigência do Título, ou disponibilizar as informações por meio da mídia impressa ou eletrônica ou mediante outro canal de comunicação, devendo conter, no mínimo, o valor do resgate atualizado; 6) caso as informações sejam fornecidas por extratos, a periodicidade de remessa desses extratos deve constar nas Condições Gerais do Título; 7) independentemente da emissão de extratos, a Sociedade de Capitalização deve prestar informações relativas ao Título, sempre que solicitadas pelo Subscritor ou Titular; 8) no caso de Títulos de Capitalização de Pagamentos Periódicos (PP) ou Pagamentos Mensais (PM) com prazo de vigência de 12 (doze) meses, deve ser observada a periodicidade máxima semestral para o envio de extratos, quando previstos; 9) deve ser estabelecido, nas Condições Gerais, que as questões judiciais entre o Subscritor e/ou Titular e a Sociedade de Capitalização devem ser processadas no foro de domicílio do Titular; e 10) deve ser estabelecido, nas Condições Gerais, que os prazos prescricionais são aqueles determinados em lei.

F) nome fantasia do produto, número do processo SUSEP e a modalidade, facilmente identificáveis;

G) critério de atualização de valores, com a indicação do índice utilizado;

H) informação sobre a incidência de juros moratórios, quando o sorteio e/ou resgate não forem pagos nos prazos estabelecidos pela legislação em vigor; e

I) informações relativas à participação em excedentes financeiros, nos termos da legislação específica, e as condições para obtenção de bônus, quando previstos.

As Condições Gerais devem estabelecer a obrigatoriedade de a Sociedade de Capitalização prestar ao Titular da Provisão Matemática para Resgate, que devem ser constituídas conforme legislação em vigor, as informações necessárias ao acompanhamento dos valores inerentes ao Título, bem como emitir e remeter extratos individuais ao mesmo, no mínimo uma vez a cada ano, durante a vigência do Título, ou disponibilizar as informações através da mídia impressa ou eletrônica ou mediante outro canal de comunicação, devendo conter, no mínimo, o valor do resgate atualizado.

Há que se consignar que os Títulos de Capitalização adquiridos por meio de débito automático em conta, a Sociedade de Capitalização deve realizar, quando do fim da vigência do Título, o depósito automático do saldo integral da Provisão Matemática para Resgate na respectiva conta, salvo se verificada a ocorrência de pelo menos um dos seguintes fatos:

I — manifestação expressa em sentido diverso do Titular;

II — Titular diferente do Subscritor correntista;

III — falecimento do Titular;

IV — encerramento da conta-corrente;

V — impossibilidade devidamente justificada de efetivação de crédito em conta.

Contudo, nos casos que não se enquadrem no acima referido, a Sociedade de Capitalização deve possuir procedimentos operacionais que viabilizem, quando do fim da vigência do Título de Capitalização, a ciência ao Titular sobre a disponibilidade do saldo da Provisão Matemática para Resgate atualizada monetariamente e com juros, a partir da data de início de vigência.

Aliás, a legislação em vigor prevê que no caso de não conhecida a data de aquisição ou do pagamento inicial, a Provisão Matemática para Resgate deve considerar atualização monetária e juros, a partir do 15º dia da data de início de comercialização da série ou a partir da data média estabelecida entre as datas de início e término de comercialização, o que for menor.

Doutra banda, é facultada a previsão de bônus ao Titular, devendo este ser constituído de forma independente da Provisão Matemática para Resgate.

Existe, também, a obrigatoriedade de notificação, por escrito, mediante correspondência expedida com Aviso de Recebimento (AR) ou pela mídia impressa ou eletrônica, ao Titular do Título contemplado em sorteio no prazo máximo de 15 dias, contados da data de sua realização, caso o prêmio não tenha sido pago.

Sobremais disso tudo, no momento de tomada de decisão pelo consumidor pela contratação do Título de Capitalização, também deve ser dada a oportunidade de esse conhecer o conteúdo do Contrato, de acordo com o art. 46 do CDC[166], de entender a extensão das obrigações que assume e a abrangência das obrigações da prestadora de serviços, ou seja, os misteres e deveres da Sociedade de Capitalização.

Como anotado, são partes do Contrato de Capitalização as Sociedades de Capitalização, que cuidaremos mais amiúde no Capítulo a seguir, o Titular e o Subscritor. Senão vejamos.

6.5.1. TITULAR E SUBSCRITOR

Compreende-se como Subscritor a pessoa que subscreve uma proposta de adesão — proposta de aquisição ou simplesmente proposta equivalentes a denominada Ficha de Cadastro na Capitalização — aos Planos dos Título de Capitalização, comprometendo-se a efetuar o pagamento de acordo com as Condições Gerais (CONDGs). É a pessoa que adquire o Plano e efetua o pagamento na forma convencionada nas Condições Gerais. Ou seja, Subscritor é a pessoa, física ou jurídica, que subscreve a compra do Título de Capitalização, comprometendo-se a pagar a(s) mensalidade(s) na forma prevista nas condições traçadas no Contrato de Capitalização. Assim, Subscritor é a pessoa que subscreve a proposta de aquisição do Título, ou seja, a Ficha de Cadastro, assumindo o compromisso de efetuar o pagamento na forma convencionada nas CONDGs, além do dever de acompanhar a evolução do capital subscrito. Já Titular é a pessoa proprietária dos direitos do Título de Capitalização, a quem deverão ser pagos todos os benefícios do mesmo. Ou seja, Titular é a pessoa física ou jurídica, proprietária dos direitos do Título de Capitalização, a quem devem ser pagos os benefícios, garantidos nas CONDGs do Plano, pactuadas no Contrato de Capitalização.

Por outro lado, o Titular pode ser o próprio Subscritor ou outra pessoa por ele indicada na proposta (beneficiário). Titular, portanto, é o próprio Subscritor ou

(166) *[...]. Art. 46. Os contratos que regulam as relações de consumo não obrigarão os consumidores, se não lhes for dada a oportunidade de tomar conhecimento prévio de seu conteúdo, ou se os respectivos instrumentos forem redigidos de modo a dificultar a compreensão de seu sentido e alcance. [...].*

outra pessoa expressamente indicada por ele. É o proprietário do Título, a quem devem ser pagos todos os valores originados por esse Título. É possível afirmar que um Título de Capitalização, tecnicamente, é formado pela união das CONDGs do Título e da Nota Técnica Atuarial.

Em outras palavras, Titular é a pessoa, física ou jurídica, proprietária do Título. Assim, a ele Titular devem ser pagos ou entregues, com exclusividade, os direitos e benefícios originados pelo Título de Capitalização. Já o Subscritor é a pessoa física ou jurídica que subscreve a proposta para contratar, comprometendo-se a efetuar os pagamentos, prestações ou mensalidades, na forma prevista no Contrato de Capitalização. O Subscritor também é chamado de proponente, mas em Capitalização, normalmente, utiliza-se o termo Subscritor.

É possível, também, a escolha de mais de um Titular. Assim, os pagamentos de resgate e de sorteios deverão ser efetuados a cada um dos Titulares indicados, na proporção estabelecida pelo Subscritor por ocasião da contratação.

Exemplo: uma pessoa pode comprar um Título para si mesma ou pode comprá-lo e indicar como Titular seu filho. Nesse caso, ela é responsável pelo pagamento e o filho será o Titular do direito de resgate; caso o Título seja sorteado, o filho possuirá o direito de receber o prêmio do sorteio (FUNENSEG, 2012:30).

Em caso de falecimento do Titular, o Título integrará o seu espólio. Assim, em regra, após a conclusão do processo de inventário, serão distribuídos os direitos decorrentes do Título aos herdeiros do Titular.

Em caso de falecimento do Subscritor, a transferência se dá de acordo com duas situações:

• Subscritor e Titular eram a mesma pessoa — neste caso, os direitos oriundos do Título integrarão o espólio do falecido. Quanto à obrigação de realização dos pagamentos restantes (caso existam), que cabia ao Subscritor falecido, tal obrigação poderá ser assumida por qualquer pessoa legalmente interessada, porém isso não lhe garantirá os direitos do Título; e

• Subscritor e Titular eram pessoas diferentes — neste caso, qualquer pessoa legalmente interessada poderá assumir o lugar do Subscritor. O Titular continuará a deter os direitos Originados do Título (resgate da provisão matemática e prêmios de sorteios).

Em qualquer das duas hipóteses, não se efetuando os pagamentos, o Título será cancelado conforme as regras previstas nas CONDGs, persistindo, no entanto, o direito de resgate (FUNENSEG, 2012:31).

Em caso de falecimento do Titular, como o Título de Capitalização é nominativo, deve ser aberto o inventário para a sucessão legal dos herdeiros. Não havendo outros bens, deverá feito o pedido de alvará, procedendo-se à transferência, conforme for decidido e autorizado pela Justiça.

Verifica-se que ao Subscritor é apenas solicitado o pagamento do valor do Título subscrito, facultado, como lhe é rescindir o Contrato de Capitalização em qualquer tempo.

6.6. ELEMENTOS DO CONTRATO DE CAPITALIZAÇÃO

6.6.1. SUBSTITUIÇÕES

6.6.1.1. Do Titular

6.6.1.1.1. Na Assunção de Dívida ou na Cessão de Débito

A *assunção de dívida* ou *cessão de débito* constitui novidade introduzida pelo CCB de 2002. Embora não regulada no diploma de 1916, nada impedia sua celebração, em face da autonomia da vontade e da liberdade contratual, desde que houvesse aceitação do credor. Trata-se de, ensina GONÇALVES (2002:47), negócio jurídico pelo qual o devedor transfere a outrem sua posição na relação jurídica. Ocorre frequentemente na venda do fundo de comércio, em que o adquirente declara assumir o passivo, e na cessão de financiamento para aquisição da casa própria. Na adequada definição de PONTES DE MIRANDA, é "o negócio jurídico bilateral pelo qual o novo devedor fica no lugar de quem o era" (*Tratado de direito privado*, Rio de Janeiro, Borsoi, v. 13, p. 257).

O CCB disciplina a assunção de dívida no Título referente à "transmissão das obrigações", ao lado da cessão de crédito. Prescreve o art. 299 que "é facultado a terceiro assumir a obrigação do devedor, com o consentimento expresso do credor, ficando exonerado o devedor primitivo, salvo se aquele, ao tempo da assunção, era insolvente e o credor o ignorava". Requer, portanto, anuência expressa do credor, mas qualquer das partes pode assinar-lhe prazo para que consinta, "interpretando-se o seu silêncio como recusa" (art. 299, parágrafo único, do CCB). Se acarretar a criação de obrigação nova e a extinção da anterior, caracterizar-se-á a *novação subjetiva* por substituição do devedor, e não simples cessão de débito. Todavia, ensina GONÇALVES (2002:47), esta pode ocorrer sem novação, ou seja, com a mudança do devedor e sem alteração na substância da relação obrigacional, como nos exemplos citados da cessão de financiamento para aquisição de casa própria e da alienação de fundo de comércio.

Relembra GONÇALVES (2002:48) que, havendo assunção da dívida por terceiro, extinguem-se as garantias especiais originariamente dadas pelo devedor primitivo ao credor, salvo se expressamente assentir em sua manutenção (art. 300

do CCB). Anulada a substituição do devedor, restaura-se o débito, com todas as suas garantias, salvo as prestadas por terceiro, exceto se este conhecia o vício que maculava a obrigação (art. 301 do CCB). O novo devedor não pode opor ao credor as exceções pessoais que competiam ao devedor primitivo (art. 302 do CCB).

Nessa linha de entendimento, há possibilidade de pacto de assunção de dívida ou cessão de débito, nos termos dos arts. 299 a 303 do CCB[167], no Contrato de Capitalização. Ou seja, as dívidas ou os débitos do Subscritor ou da Sociedade de Capitalização podem ser assumidos ou transferidos para uma terceira pessoa, desde que, dependendo do disposto no Contrato, haja consentimento legal específico ou convencional.

6.6.1.1.2. Na Cessão de Crédito

O crédito constitui bem de caráter patrimonial suscetível de transferência. Ensina GONÇALVES (2002:41) que cessão de crédito é negócio jurídico bilateral, pelo qual o credor transfere a outrem seus direitos na relação obrigacional. Trata-se de um dos mais importantes instrumentos da vida econômica atual.

A cessão de crédito pode configurar tanto alienação onerosa como gratuita, preponderando, no entanto, a primeira espécie. Pode caracterizar, também, dação em pagamento (*datio in solutum*), quando a transferência é feita em pagamento de uma dívida. A alienação onerosa assemelha-se a uma *venda*, desempenhando papel idêntico a esta. A cessão, contudo, tem por objeto bem incorpóreo (crédito), enquanto a compra e a venda destinam-se à alienação de bens corpóreos.

Segundo GONÇALVES (2002:41), o credor que transfere seus direitos denomina-se *cedente*. O terceiro a quem são eles transmitidos, investindo-se na sua Titularidade, é o *cessionário*. O terceiro personagem, o devedor ou *cedido*, não participa necessariamente da cessão, que pode ser realizada, na maioria das hipóteses, sem a sua anuência.

Deve ser, entretanto, dela comunicado, para que possa solver a obrigação ao legítimo detentor do crédito.

---

(167) *[...]. Art. 299. É facultado a terceiro assumir a obrigação do devedor, com o consentimento expresso do credor, ficando exonerado o devedor primitivo, salvo se aquele, ao tempo da assunção, era insolvente e o credor o ignorava. Parágrafo único. Qualquer das partes pode assinar prazo ao credor para que consinta na assunção da dívida, interpretando-se o seu silêncio como recusa. [...]. [...]. Art. 300. Salvo assentimento expresso do devedor primitivo, consideram-se extintas, a partir da assunção da dívida, as garantias especiais por ele originariamente dadas ao credor. [...]. [...]. Art. 301. Se a substituição do devedor vier a ser anulada, restaura-se o débito, com todas as suas garantias, salvo as garantias prestadas por terceiros, exceto se este conhecia o vício que inquinava a obrigação. [...]. [...]. Art. 302. O novo devedor não pode opor ao credor as exceções pessoais se competiam ao devedor primitivo. [...].*

Todavia, exceção, a esta é a cessão de crédito em se cuidando de Contrato de Capitalização em que não haja estipulação em favor de terceiro é normativamente obrigado obter-se a concordância da Sociedade de Capitalização.

Como a cessão importa alienação, o cedente há de ser pessoa *capaz* e *legitimada* a praticar atos de alienação. O pai, no exercício da administração dos bens dos filhos menores, não pode realizá-la sem prévia autorização do juiz (art. 1.691 do CCB). Para ser efetuada por mandato, deve o mandatário ter poderes especiais e expressos (art. 661, § 1, do CCB). O tutor e o curador não podem constituir-se cessionários de créditos contra, respectivamente, o pupilo e o curatelado.

A cessão de crédito, lembra GONÇALVES (2002:42), não se confunde com *cessão de contrato*, em que se procede à transmissão, ao cessionário, da inteira posição contratual do cedente. A cessão de crédito distingue-se, também, da *novação subjetiva ativa*, porque nesta, além da substituição do credor, ocorre a extinção da obrigação anterior, substituída por novo crédito. Naquela, porém, subsiste o crédito primitivo, que é transmitido ao cessionário com todos os seus acessórios (art. 287 do CCB). Não se confunde, ainda, com a *sub-rogação legal*. O sub-rogado não pode exercer os direitos e as ações do credor além dos limites de seu desembolso, não tendo, pois, caráter especulativo (art. 350 do CCB). A cessão de crédito, embora excepcionalmente possa ser gratuita, em geral encerra o propósito de lucro. A *sub-rogação convencional*, porém, na hipótese do art. 347, I, do CCB, é tratada como cessão de crédito (art. 348 do CCB).

Em regra, todos os créditos podem ser objetos de cessão, constem de Título ou não, vencidos ou por vencer, salvo se a isso se opuser "a *natureza* da obrigação, a *lei*, ou a *convenção* com o devedor" (art. 286 do CCB).

A cessão pode ser *total* ou *parcial* e abrange todos os acessórios do crédito, como os juros e os direitos de garantia (art. 287 do CCB). Porém há créditos que não podem, como visto, ser cedidos. Pela sua *natureza*, não podem ser objeto de cessão relações jurídicas de caráter personalíssimos e as de direito de família (direito ao nome, a alimentos etc.). Por *lei*, não pode haver cessão do direito de preempção ou preferência (art. 520 do CCB), do benefício da justiça gratuita (art. 10, da Lei n. 2.060, de 1950), da indenização derivada de acidente no trabalho etc. Por *convenção das partes,* pode ser ainda estabelecida a inacessibilidade do crédito.

Em regra, a cessão convencional não exige forma especial para valer *entre as partes*, salvo se tiver por objeto direitos em que a escritura pública seja da substância do ato. Neste caso, a cessão efetuar-se-á também por escritura pública. Nessa consonância, relembra GONÇALVES (2002:43), a escritura pública deverá ser utilizada na cessão de crédito hipotecário ou de direitos hereditários.

Para valer contra *terceiros*, entretanto, o art. 288 do CCB exige instrumento público ou instrumento particular revestido das solenidades do § 1º do art. 654.

O instrumento particular deve conter, assim, a indicação do lugar onde foi passado, a qualificação do cedente e do cessionário, a data e o objetivo da cessão com a designação e a extensão dos direitos cedidos, e ser registrado no Cartório de Títulos e Documentos (art. 221 do CCB; art. 129, § 9º, da Lei 6.015, de 1973). Tais formalidades somente são exigidas para a cessão valer contra terceiros, sendo desnecessárias, porém, em relação ao devedor cedido.

Normalmente, a *cessão de Títulos de crédito* é feita mediante endosso. O posterior ao vencimento produz os mesmos efeitos do anterior (art. 920 do CCB). A aquisição de Título à ordem, por meio diverso do endosso, tem efeito de cessão civil (art. 919 do CCB).

Portanto, na cessão de crédito, a substituição pode ser feita a qualquer tempo, de acordo com os arts. 286 a 298 do CCB, quando o Contrato de Capitalização for estipulação em favor de terceiro. Contudo, não sendo estipulação em favor de terceiro, somente o Titular pode ceder seu direito, mediante consentimento da Sociedade de Capitalização.

6.6.1.2. Cessionário de Sorteio

Como vimos acima, o Título de Capitalização, como Título de crédito, é livremente negociável, podendo ser vendido, trocado ou doado, desde que seja formalizada junto à Sociedade de Capitalização a transferência de Titular, mediante solicitação conjunta do cedente e do cessionário.

Lembrando que essa transferência ou cessão dos Títulos deve ser lavrada em formulário próprio e assinada por ambos ou por seus representantes legais, ou, ainda, quando for o caso, de acordo com ordem judicial. Assim, o cessionário sucede o cedente em todos os seus direitos e as suas obrigações. Somente o Titular ou seu representante legal pode transferir o Título para outra pessoa.

Por outro lado, há que se notar que é vedado ao proponente este direito, a não ser que o proponente e Titular sejam a mesma pessoa.

Considera-se cedente, para todos os efeitos, a pessoa física ou jurídica que cede o Título de Capitalização, e cessionário, a pessoa física ou jurídica a quem está sendo cedido o Título de Capitalização e se torna o novo Titular.

Ressalta-se que, contrariamente do que entendem alguns, pode haver a Cessão de Sorteio, inclusive, prevista em legislação infralegal. Contudo o cessionário de sorteio é insubstituível, dada a sua natureza de Contrato adjeto e dadas às questões tributárias e legais, *e.g.*, a retenção de Imposto de Renda e, ainda, observando-se detidamente nos casos de cessão, a fim de evitar "Lavagem de Dinheiro".

Por outro lado, conforme a legislação em vigor, o Título de Capitalização é indivisível em relação à Sociedade. Isso significa que duas Sociedades de Capitalização não podem se unir para lançar um Título, sendo uma responsável pelo pagamento dos resgates e a outra responsável pelo pagamento referente aos sorteios. Não é possível, também, mesmo depois de comercializado o Título, uma Sociedade transferir à outra a obrigação dos pagamentos referentes aos sorteios.

Além disso, uma Sociedade de Capitalização não pode comercializar os direitos relativos ao Título separadamente, ou seja, ela não pode por decisão sua vender o direito de resgate de um Título para uma pessoa e o direito de sorteio do mesmo Título para outra. Assim, a Sociedade de Capitalização não pode, sozinha, decidir por dividir os direitos de um Título de Capitalização.

Por outro lado, é facultada a cessão total ou parcial dos direitos ou das obrigações do Título, a qualquer momento, mediante comunicação escrita à Sociedade de Capitalização, ficando vedada a cobrança de qualquer espécie.

Nessa linha, são obrigações do Subscritor e do Titular comunicar à Sociedade de Capitalização seus dados cadastrais atualizados, para efeito de registro e controle; e a realização de cessão, informando os dados cadastrais do novo Subscritor ou do novo Titular, respectivamente. Já a Sociedade de Capitalização deve manter registro atualizado contendo as informações sobre o Título e os dados cadastrais do Subscritor e Titular, de modo a identificar a perfeita vinculação do Título de Capitalização entre estes e a Sociedade de Capitalização, observados também os requisitos da legislação específica.

Nessa estrada, é vedada à Sociedade de Capitalização a inclusão de cláusula que estabeleça a cessão do direito de resgate e/ou de participação dos sorteios a qualquer Entidade de que esta Sociedade ou qualquer de seus sócios, diretores, ou parentes destes até o terceiro grau, dela participem de alguma forma.

No caso de comercialização de Título em que haja a cessão do direito de resgate, a Sociedade de Capitalização deve informar no material de comercialização e nas Condições Gerais, em destaque, que o consumidor está adquirindo um Título de Capitalização em que está cedendo o direito de resgate a uma referida instituição, cujo nome também deve constar em destaque no material de comercialização.

Por sua vez, na previsão de Título de Capitalização em que haja a cessão do direito de resgate, cujos sorteios sejam apresentados na televisão, a informação da cessão deve constar em texto apresentado durante a transmissão e comunicado pelos apresentadores, durante a realização dos sorteios e nas campanhas publicitárias.

É proibido também que a Entidade beneficiária da cessão de direito:

I — participe de qualquer custo relativo à realização dos sorteios, excetuando-se aqueles relativos à sua divulgação;

II — destine qualquer recurso à própria Sociedade de Capitalização ou a qualquer outra de que esta Sociedade ou qualquer de seus sócios, diretores, ou parentes destes até o terceiro grau, dela participem de alguma forma.

Por outro lado, repita-se, para o Subscritor e para o Titular, é facultada a transferência (cessão) de seus papéis no Título a qualquer momento, mediante comunicação escrita à Sociedade, não podendo ser cobrada qualquer taxa para a realização dessa transferência.

A transferência de Titular é mais frequente do que a transferência entre Subscritores. Na transferência do Titular, o cessionário (novo Titular) substitui o cedente (antigo Titular) em todos os seus direitos e obrigações. Assim, o novo Titular assumirá o papel do cedente, passando a possuir o direito ao resgate e à participação nos sorteios. Somente o Titular ou seu representante legal podem transferir a Titularidade a outra pessoa. É vedado ao Subscritor esse direito, a não ser que Subscritor e Titular sejam a mesma pessoa. Já o Subscritor pode transferir a outra pessoa a obrigação de efetuar os pagamentos.

Cabe ao Subscritor e/ou ao Titular comunicar à Sociedade de Capitalização sobre:

• seus dados cadastrais atualizados para efeito de registro e controle;

• a realização de transferência (cessão), informando os dados cadastrais do novo Subscritor e do novo Titular (cessionários), respectivamente, mediante solicitação formal (assinatura) de ambas as partes ou de seus representantes legais; e

• a Sociedade de Capitalização deve manter registro atualizado contendo as informações sobre o Título e os dados cadastrais do Subscritor e Titular, de modo a identificar, para aquele Título de Capitalização, a perfeita vinculação entre estas pessoas e a Sociedade de Capitalização, observados, também, outros requisitos de legislação mais específica (FUNENSEG, 2012:32).

6.6.2. CORRETORES DE CAPITALIZAÇÃO

6.6.2.1. Conceito

Para melhor compreensão sobre o tema é necessário traçar paralelo e conceituar preliminarmente o instituto da mediação, a qual, como o próprio nome já diz, trata-se da intervenção de uma pessoa em negócios alheios.

Na doutrina civilista, entendem-se como intermediários nos negócios jurídicos o mandatário, o comissário, o agente de negócios, bem como o representante comercial, ou seja, todo comerciante em sentido lato é um intermediário[168].

---

(168) SANTOS, Thiago Carvalho. *Breves considerações sobre a corretagem*. Acesso em: 22 de novembro de 2006.

Contudo eles não se confundem entre si nem se identificam com o corretor, que é também um intermediário. Da mesma forma, não basta dizer que a mediação é a intervenção de uma pessoa entre duas outras, e que o corretor é um intermediário, pois a definição jurídica do corretor não está fundada apenas neste aspecto.

A doutrina ensina que para que, a interferência de uma pessoa em negócios de outrem se qualifique como mediação, são necessários certos requisitos:

i) cometimento a uma pessoa de conseguir interessado para certo negócio;

ii) aproximação, feita pelo corretor, entre terceiros e o comitente (aquele que incumbe alguém, mediante o pagamento de uma comissão, de executar certos atos em seu nome e sob sua direção e responsabilidade); e

iii) conclusão do negócio entre o comitente e o terceiro, graças à atividade do corretor.

Portanto a mediação é a interferência feliz de um terceiro, feita sob a promessa de recompensa, entre duas ou mais pessoas, levando-as a concluir determinado negócio.

Chamar esta atividade, o trabalho de intervenção, interferência, intercessão, corretagem, ou como quer que seja, desde que realizado com o intuito de conseguir interessados que preencham as condições do comitente, não passa de mediação.

6.6.2.1.1. O Corretor

A mediação é um fenômeno natural derivado das leis econômicas, e o corretor, economicamente, é uma figura tipicamente capitalista, filho da economia liberal, onde se observa a prevalência da lei máxima da economia, a lei da oferta e da procura.

A figura do corretor é inconciliável com um Estado de economia dirigida, em que a iniciativa particular e a especulação comercial inexistem. Em uma economia ditatorial, a atividade do corretor se retrai pela vontade do legislador, com fixação de preços, direção de produção e controle de distribuição.

O corretor não é parte, não fica nem de um lado nem de outro de qualquer dos contratantes, não representa nenhuma das partes envolvidas na negociação, não fala nem por um nem pelo outro, permanece no meio. O corretor transmite a oferta à procura e realiza diligências para que o terceiro se enquadre nas condições do comitente. Em um exemplo diário, o Corretor de Capitalização não se posiciona a favor nem do Subscritor nem tampouco da Sociedade de Capitalização, ele realiza a oferta à procura e busca enquadrar as necessidades do primeiro às condições da segunda, aproximando as partes.

Corretor de Capitalização é um terceiro que não figura nos Contratos de Capitalização, tendo como característica a circunstância de manter-se alheio aos negócios que agencia, não se confundindo com o procurador, o comissário, o locador de serviços, que figuram como partes contratantes.

O Corretor, para que realize suas atividades com esmero, deve estar atento às condições do mercado, entender seus mecanismos, conhecer a legislação pertinente, com o objetivo de não apresentar produtos sem garantias, tornando-se ferramentas para tecer com o fio das informações a trama do negócio, demonstrando as vantagens do produto, aproveitamento econômico, resolvendo situações, desfazendo impressões errôneas, com o objetivo de promover o acordo das vontades das partes.

Em casos particulares, as Sociedades de Capitalização promovem tábuas especiais demonstrativas de suas vantagens sobre as demais, quer pelo valor dos pagamentos, quer pela probabilidade dos sorteios, em face do seu número etc., tudo com o objetivo de auxiliar o Corretor de Capitalização no seu trabalho de convencer o terceiro — futuro Subscritor — das vantagens do negócio, levando-o a fechá-lo.

Os Corretores de Capitalização, apesar de não integrarem formalmente o Sistema Nacional de Capitalização (SNC), nos termos do Decreto-Lei n. 261, de 1967, anteriormente denominados Agentes, são pessoas físicas ou jurídicas que se dedicam a intermediar, legalmente autorizados a angariar e promover, Contratos de Capitalização entre as Sociedades de Capitalização e os potenciais clientes, Subscritores e Titulares, consoante o art. 1º do Decreto n. 56.903, de 24 de setembro de 1965, nos termos do art. 32, da Lei n. 4.594, de 1964, que disciplina a profissão de corretor de seguros.

Vale mais uma vez ressaltar que os Corretores de Capitalização passaram a ser considerados integrantes do SNC, segundo o art. 3º da Resolução CNSP 15, de 2001.

6.6.2.1.2. Surgimento do profissional corretor

Para alguns estudiosos, os profissionais corretores de seguros (e também os de finanças) apareceram, pela primeira vez, em Florença, como intermediários dos contratos firmados entre pessoas de direito privado. Ali estavam os protótipos dos corretores de seguros, trabalhando com os riscos sob as leis da oferta e da procura (RIBEIRO, 1994:06). Já àquela época, para se proteger desses riscos, as pessoas outorgavam a pessoas de sua inteira e extrema confiança e detentores de conhecimentos técnicos para elaborar e/ou mediar contrato de seguro.

Uma preciosidade histórica para se conhecer domesticamente a origem legislativa da profissão de corretor de seguros é a Portaria n. 44, de 30 de julho de

1943[169], do Ministério do Trabalho, Indústria e Comércio, dispondo sobre registro de corretores de seguros. Na verdade, essa Portaria, de conformidade com o Decreto-Lei n. 2.603, de 1940, é o primeiro normativo conquistado pelos corretores. Essa norma dispõe que os contratos de seguros dos Ramos Elementares, bem como o pagamento da respectiva corretagem, só poderão ser feitos através da mediação de corretor habilitado. Ou seja, já em 1940, a lei dizia que só corretor podia intermediar seguros[170].

O final do ano de 1964 no Brasil ficou marcado pela vitória da categoria dos corretores de seguros com a promulgação da Lei n. 4.594, que regulamentou a profissão. Foi no dia 29 de dezembro, e significou a vitória do esforço de pioneiros e abnegados que gestionaram em Brasília da Lei que veio disciplinar a profissão.

Por força da Lei n. 4.594, de 1964, e das exigências do mercado, o Corretor passou a ser um profissional cada vez mais preparado, uma espécie de consultor do segurado.

Posteriormente, esses profissionais viveram fases difíceis, por falta de credibilidade e pela estagnação do setor na década de 1980. Porém foi exatamente nessa

---

(169) Vejamos o que dispunha na íntegra a Portaria n. 44, de 1943, do Ministério do Trabalho, Indústria e Comércio: [...]. O Ministro de Estado, considerando que a profissão de corretor de seguros ainda não está regulamentada, cabendo a este Ministério esclarecer em que consiste a habilitação para o seu exercício e estabelecer as condições necessárias à respectiva prova; Considerando que, na conformidade do Decreto-lei n. 2.603, de 7 de março de 1940, os contratos de seguros dos Ramos Elementares, bem como o pagamento da respectiva corretagem, só poderão ser feitos através da mediação de corretor habilitado. Considerando que, segundo estabelece o parágrafo único de art. 24, da Portaria Ministerial de 11 de abril de 1935 — "consideram-se corretores habilitados, para os efeitos do mesmo artigo, os que possuírem Carteira Profissional deste Ministério; Considerando ainda a conveniência de incrementar o desenvolvimento dos seguros, que têm grande significação para a vida nacional, constituindo, além de garantia do patrimônio coletivo, verdadeiro índice do progresso e bem-estar; Considerando, finalmente, que devem ser facilitados todos os meios para que esses objetivos de alta relevância social sejam colimados de modo satisfatório para o Estado, as empresas seguradoras e os corretores de seguros, resolve: Art. 1º A prova de habilitação para os efeitos do art. 84 e seus parágrafos do Decreto-lei n. 2.603, de 7 de março de 1940, far-se-á por meio da Carteira Profissional do Ministério do Trabalho, Indústria e Comércio. Art. 2º Para a expedição da Carteira Profissional, ou anotação relativa à profissão daquele que a possua, exige-se atestado do Sindicato, de empresa seguradora ou de dois corretores de seguros portadores de Carteira Profissional. Parágrafo único. A anotação relativa à profissão será lançada na Carteira Profissional, obedecendo ao modelo anexo, e receberá o visto do chefe da repartição e o carimbo respectivo. Art. 3º Exercendo o interessado mais de uma atividade profissional, a anotação a que se refere o art. 2º não invalidará a anterior qualificação, se ressalvada por ele a disposição de a conservar. Art. 4º É vedada a expedição de Carteira Profissional de Corretor de Seguros a favor de funcionários ou extranumerário deste Ministério (art. 22, incisos IV e IX, do Decreto-lei n. 1.713, de 28 de outubro de 1939). Art. 5º Ficam revogados os dispositivos da Portaria Ministerial n. SCM-571, de 10 de dezembro de 1940. Rio de Janeiro, 30 de julho de 1943. Alexandre Marcondes Filho. [...].

(170) Modelo a que se refere o parágrafo único do art. 2º da Portaria Ministerial n. 44, de 30 de julho de 1943:"*O portador da presente Carteira exerce a profissão de Corretor de Seguros, conforme ficou apurado no processo n. ... (Data e assinatura do Chefe da Repartição)*.

época que homens dedicados criaram um sindicato forte, organizado e preocupado em preparar o Corretor Profissional de Seguros. Esta preocupação se estende até o dia de hoje.

6.6.2.1.3. A legislação básica

Atualmente, a lei que rege a profissão de corretor é, ainda em vigor, a Lei n. 4.594, de 1964, combinada com os arts. 122 a 128 do Decreto-Lei n. 73, de 1966. Normativos estes que tratam dos preceitos relativos ao Corretor, no que se referem a conceito, habilitação, registro, preposto, comissões, impedimentos, responsabilidades e penalidades previstas. Depois se tem o Decreto n. 56.903, de 1965, publicado no DOU de 4.10.1965,[171] que regulamenta a Profissão de Corre-

---

(171) *[...]. Decreto n. 56.903, de 24 de setembro de 1965, Regulamenta a Profissão de Corretor de Seguros de Vida e de Capitalização, de conformidade com o Art. 32 da Lei n. 4.594, de 29 de dezembro de 1964. CAPÍTULO I DO CORRETOR DE SEGUROS DE VIDA E DE CAPITALIZAÇÃO E DA SUA HABILITAÇÃO PROFISSIONAL Art. 1º O Corretor de Seguros de Vida ou de Capitalização, anteriormente denominado Agente, quer seja pessoa física quer jurídica, é o intermediário legalmente autorizado a angariar e a promover contratos de seguros de vida ou a colocar títulos de capitalização, admitidos pela legislação vigente, entre sociedades de seguros e capitalização e o público em geral. Art. 2º A profissão de Corretor de Seguros de Vida ou de Capitalização, somente será exercida por pessoas devidamente inscritas no Departamento Nacional de Seguros Privados e Capitalização (D.N.S.P.C). Parágrafo único. O número de Corretores de Seguros de Vida ou de Capitalização é ilimitado. Art. 3º Para ser Corretor de Seguros de Vida ou de Capitalização é necessário: a) ser brasileiro ou estrangeiro com residência permanente; b) estar quite com o serviço militar, quando se tratar de brasileiro nato ou naturalizado; c) não haver sido condenado por crimes a que se referem as Seções II, III e IV do Capítulo VI do Título I; os Capítulos I, II, III, IV, V, VI e VII do Título II; o Capítulo V do Título VI; Capítulos I, II e III do Título VIII; os Capítulos I, II, III e IV do Título X e o Capítulo I do Título XI, parte especial do Código Penal; d) não ser falido; e) estar inscrito para o pagamento do imposto de indústria e profissões, se tiver escritório particular onde exerça suas atividades profissionais. Parágrafo único. Em se tratando de pessoa jurídica, além do atendimento do disposto neste artigo relativamente a seus diretores, gerentes ou administradores, deverá a sociedade estar organizada segundo as leis brasileiras e ter sede no país. Art. 4º A inscrição do profissional no D.N.S.P.C., a que se refere o Art. 2º, será promovida pela sociedade de seguros ou de capitalização, dentro do prazo de 90 (noventa) dias, contados do início da atividade, precedida de seleção de candidatos e mediante declaração de que o Corretor recebeu as devidas instruções e se encontra tecnicamente habilitado a exercer a profissão. § 1º As sociedades de seguros e de capitalização poderão a qualquer tempo requerer o cancelamento da inscrição de Corretor feita por seu intermédio. § 2º As sociedades de seguros e de capitalização poderão exigir do Corretor a prestação de fiança em seu favor, a qual será do valor de um salário mínimo mensal vigente na localidade em que o profissional exerce suas atividades. Art. 5º A documentação relativa à inscrição do Corretor, ficará em poder da sociedade de seguros ou de capitalização que encaminhar a sua inscrição, sendo colecionada em pastas próprias, a fim de permitir a fiscalização do D.N.S.P.C. CAPÍTULO II DOS DIREITOS E DEVERES Art. 6º Só a Corretor de Seguros de Vida ou de Capitalização, devidamente inscrito, nos termos deste Decreto, e que houver assinado a proposta de seguro ou a requisição do título, deverá ser paga a corretagem ou comissão previamente estabelecida. Parágrafo único. Aos inspetores ou organizadores admitidos ou contratados pelas sociedades para fomentar o agenciamento de seguros de vida ou de títulos de capitalização também poderá ser paga a corretagem ou comissão prevista neste artigo. Art. 7º O*

tor de Seguros de Vida e de Capitalização, de conformidade com o art. 32 da Lei n. 4.594, de 1964, bem como Resoluções do CNSP e Circulares da SUSEP.

A corretagem de Capitalização não é atividade livre, requer habilitação e registro na *SUSEP*. A habilitação técnico-profissional se faz em consonância a normas oriundas da *CNSP*. Já o registro pressupõe: ***a)*** ser brasileiro ou estrangeiro com residência no País; ***b)*** quitação militar, quando for o caso; ***c)*** ausência de condenação por certos delitos; ***d)*** ausência do estado de falência; ***e***) habilitação técnico-profissional; e ***f)*** declaração formal do candidato de que não exerce emprego em pessoa jurídica de direito público ou relação com seguradora. Os Corretores de Capitalização pessoas jurídicas devem obedecer aos mesmos critérios de constituição dos Corretores pessoas físicas. Anota-se que respondem administrativamente por suas faltas ou omissões perante a *SUSEP*.

Corretor deverá recolher incontinente, à caixa da sociedade emissora, a importância que porventura tiver recebido do segurado ou portador do título para pagamento do prêmio do contrato celebrado por seu intermédio. Art. 8º Ao Corretor de Seguros de Vida ou de Capitalização poderá ser outorgado pela sociedade o encargo da cobrança de prêmios ou cotizações periódicas, mediante a prestação de fiança adequada e pagamento de comissão previamente ajustada. Art. 9º É vedado ao Corretor de Seguros de Vida ou de Capitalização, ser diretor, sócio administrador, procurador, despachante ou empregado de empresa de Seguros ou Capitalização. Parágrafo único. O impedimento previsto neste artigo é extensivo aos sócios e diretores de empresa de corretagem de Seguros ou Capitalização. CAPÍTULO III DAS PENALIDADES Art. 10. O Corretor de Seguros de Vida ou de Capitalização responderá, profissional e civilmente, pelos atos que praticar, independentemente das sanções que forem cabíveis a outros responsáveis pela infração. Art. 11. O Corretor de Seguros de Vida ou de Capitalização, independentemente da responsabilidade penal e civil em que possa incorrer no exercício da profissão, é passível das penas disciplinares de suspensão e destituição. Art. 12. É passível de pena de suspensão das funções, por 30 a 180 dias, o Corretor que infringir as disposições deste Decreto, quando não tiver sido cominada a pena de destituição. Art. 13. Incorrerá na pena de destituição o Corretor que: a) sofrer condenação penal por motivo de ato praticado no exercício da profissão; b) houver prestado declarações inexatas para conseguir a sua inscrição. Art. 14. O processo para cominação das penalidades previstas neste Decreto reger-se-á, no que for aplicável, pelos arts 167, 168, 169, 170 e 171 do Decreto-Lei n. 2.063, de 7 de março de 1940. CAPÍTULO IV DA REPARTIÇÃO FISCALIZADORA Art. 15. Compete ao Departamento Nacional de Seguros Privados e Capitalização aplicar as penalidades previstas neste decreto e fazer cumprir as suas disposições. CAPÍTULO V DISPOSIÇÕES GERAIS Art. 16. O presente Decreto é aplicável aos territórios estaduais nos quais existem Sindicatos de Corretores de Seguros e de Capitalização legalmente constituídos. Art. 17. Não se enquadram nos efeitos deste Decreto as operações de cosseguro e de resseguro entre as empresas seguradoras. Art. 18. Nos Municípios onde não houver Corretor legalmente habilitado para operar em Seguros de Vida ou em Capitalização, as propostas de seguro sobre a vida de pessoas neles domiciliadas ou as requisições de títulos continuarão a ser encaminhadas às respectivas empresas pelas pessoas físicas ou jurídicas por elas autorizadas. § 1º As comissões devidas pelas operações de Seguros de Vida e de Capitalização, realizadas nas condições deste artigo, continuarão, também, a ser pagas ao respectivo intermediário, seja Corretor habilitado ou não. § 2º As empresas deverão orientar os Corretores não habilitados, sobre o preenchimento das formalidades previstas neste Decreto visando à sua habilitação. CAPÍTULO VI DISPOSIÇÕES TRANSITÓRIAS Art. 19. Os Corretores de Seguros de Vida ou de Capitalização, já em atividade de sua profissão quando da vigência deste Decreto, poderão continuar a exercê-la desde que satisfaçam as condições estabelecidas no Art. 3º e não contrariem o disposto no Art. 9º. Art. 20. Este Decreto entrará em vigor após 120 (cento e vinte) dias da data de sua publicação. [...].

6.6.2.1.4. Registro de Corretor de Capitalização

1. O registro do Corretor de Capitalização se fará por indicação das Sociedades de Capitalização dentre os candidatos aprovados em:

I — Exame Nacional de Habilitação Técnica — Profissional para Corretores de Capitalização, promovido pela FUNENSEG[172], ou,

II — Provas específicas de Avaliação, por disciplina, aplicadas a participantes do Curso de Habilitação Técnico Profissional para Corretores de Capitalização, realizado pela FUNENSEG.

6.6.2.1.5. O Contrato de Corretagem e sua Remuneração

O contrato de corretagem ou de (inter)mediação, embora de larguíssimo uso entre nós, apenas foi disciplinado pelo Código Comercial (arts. 36 a 67) no que se refere à profissão dos corretores, como agentes auxiliares do comércio, sendo que o Código Civil de 1916 nem mesmo os considerou, sendo tal falha sanada no atual CCB, nos arts. 722 a 729, que versam genericamente sobre o tema. No art. 722 abaixo transcrito, encontramos o conceito dado pelo próprio legislador, ao Contrato de Corretagem:

> [...].
>
> Art. 722. Pelo contrato de corretagem, uma pessoa, não ligada a outra em virtude de mandato, de prestação de serviços ou por relação de dependência, obriga-se a obter para a segunda um ou mais negócios, conforme as instruções recebidas.
>
> [...].

Os artigos supramencionados objetivam disciplinar o contrato e não a profissão dos corretores, sendo as modalidades de corretores reguladas por leis específicas, tais como o Decreto-Lei n. 73, de 1966 (os arts. 122 a 128), a Lei n. 4.594, de 1964, e os normativos expedidos pelo CNSP e pela SUSEP, quando regulam a profissão de Corretor de Capitalização.

O regime civil da corretagem baseia-se no Princípio da Autonomia das Vontades, desde que as relações entre comitente e corretor não se convencionem contrárias às normas, que, em grande parte, têm caráter consumerista cogente.

---

(172) A Escola Nacional de Seguros promove, desde 1971, diversas iniciativas no âmbito educacional, que contribuem para um mercado de seguros, previdência complementar, Capitalização e resseguro cada vez mais qualificado. Principal provedora de serviços voltados à educação continuada, para profissionais que atuam nessa área, a Escola Nacional de Seguros oferece a você a oportunidade de compartilhar conhecimento e experiências com uma equipe formada por especialistas que possuem sólida trajetória acadêmica. A qualidade do ensino, aliada à sua dedicação, é o caminho para o sucesso nesse mercado, onde as mudanças são constantes e a competitividade é cada vez maior.

Como vimos, aquele princípio relativizado só prevalece desta forma na intermediação para a conclusão de Contratos de Capitalização. Nestes, as leis e normas são imperativas.

A atividade do corretor traduz-se em obrigação de fazer, que se desenvolve mediante esforços empregados para a convergência de interesses opostos ou mesmo coincidentes de outras pessoas. O corretor não tem culpa de o acordo firmando entre as partes não ter tido cumprido, devendo receber a devida remuneração.

Tal preceito é claro no art. 725 do CCB: "*Art. 725. A remuneração é devida ao corretor uma vez que tenha conseguido o resultado previsto no contrato de mediação, ou ainda que este não se efetive em virtude de arrependimento das partes.*"

Portanto o corretor tem direito à remuneração pela aproximação das partes que acordaram sobre o negócio firmado, mesmo que, posteriormente, se modifiquem as condições ou o negócio venha a ser rescindido ou desfeito, inclusive por arrependimento de qualquer dos contratantes. Por óbvio, não poderia ser diferente, visto que a intermediação realizada pelo corretor concluiu-se antes da desistência.

Entendem alguns doutrinadores que "a comissão só é devida ao corretor, depois de concluídos os seus serviços, pelo acordo das partes, embora mais tarde não seja este efetivamente levado a efeito, ou haja arrependimento".

Todavia a comissão é devida ainda que o dono do negócio, caso não havendo prazo determinado para a corretagem, vier a dispensar o corretor, e o negócio venha a ser realizado em razão da atividade do corretor. Ora, tal entendimento não pode ser diferente, visto que a conclusão do ato negocial, ainda que posterior, se deu em função da intermediação do corretor.

Ora, o contrato de corretagem tem como objetivo firmar acordo entre o consumidor e o fornecedor, após tal conclusão, traduzido em regra em valor econômico, tem o corretor direito à comissão, não possu ndo nenhuma relação com o êxito contratual (arrependimento posterior, não conclusão do contrato ou desavença entre as partes contratantes), mas, sim, de intermediação.

Contudo para a validade do contrato de corretagem são necessários os mesmos requisitos exigidos a todo contrato, a saber:

1) capacidade do agente; e

2) licitude e possibilidade do objeto, sob pena de nulidade.

O contrato de corretagem possui ainda as seguintes características jurídicas:

a) bilateralidade — gera obrigações para o corretor de executar a atividade de mediação e ao comitente, no caso de sucesso do corretor, remunerá-lo;

b) acessoriedade — sua existência está ligada a outro contrato que será concluído;

c) onerosidade — há vantagens e benefícios patrimoniais recíprocos;

d) aleatoriedade — depende de um evento futuro e incerto que é a conclusão do negócio; e

e) consensualidade — consenso das partes.

No que tange ao valor das comissões, esclarece o art. 724 do CCB que: "*Art. 724. A remuneração do corretor, se não estiver fixada em lei, nem ajustada entre as partes, será arbitrada segundo a natureza do negócio e os usos locais.*"

6.6.2.1.6. Da Ação de Cobrança de Corretagem

Compete ao corretor ou aos seus herdeiros, contra o comitente, ou seja, a Sociedade de Capitalização, ou terceiros interessados para pedir o pagamento da corretagem convencionada, ou o que for arbitrado, e a que fez jus pela realização de uma determinada intermediação.

Parece-nos indiscutível que o corretor ou seus herdeiros possam ingressar em juízo para haver os valores devidos de corretagem concluída por sua atuação.

O direito de recebimento da comissão, após a conclusão da intermediação, incorpora-se ao patrimônio do corretor, resultando em um crédito do corretor contra o Subscritor ou, quando for o caso, contra a Sociedade de Capitalização, o comitente, que pode ser cedido a outrem, e por sua morte, passa aos seus herdeiros.

Tal fim, deve o corretor provar:

a) que foi constituído pelo comitente, seu corretor, em certos negócios, sob tais condições, percebendo tal corretagem;

b) que lhe foi dada uma autorização verbal ou uma opção escrita, pelo prazo de tanto tempo;

c) que, no prazo marcado, ele conseguiu interessado para o negócio, nas condições desejadas;

d) que pôs em contato o comitente e o terceiro, logrado fazê-los acordar no negócio, que ficou, assim, definitivamente concluído;

e) que, entretanto, o comitente:

i) ou desistiu do negócio;

ii) ou fingiu abandoná-lo, para fraudar-lhe a corretagem;

iii) ou efetuou, no prazo da opção, diretamente ou por intermédio de outro agente, o mesmo negócio;

iv) ou obstou-lhe a conclusão por qualquer modo.

f) ou o terceiro:

i) depois de fechá-lo, arrependeu-se.

6.6.2.1.7. Da responsabilidade do Corretor de Capitalização

O Corretor de Capitalização, pessoa física ou jurídica habilitada, como vimos, é o profissional autônomo responsável por angariar, promover e intermediar contratos entre Sociedades de Capitalização e quem deseja fazer uma poupança programada e concorrer a sorteios e/ou, quando for o caso, receber um bem.

No exercício de suas atividades, parafraseando ROCHA FILHO (2003:39), o Corretor de Capitalização, aqui considerado pessoa física ou jurídica, deve exercer sua atividade na qualidade de autônomo, sujeitando-se a responder civilmente perante aqueles a quem causar prejuízo, caso sua conduta amolde-se dentre as modalidades culposas, negligência, imprudência e imperícia (art. 126 do Decreto--Lei n. 73, de 1966). Neste mesmo sentido, o CDC estabelece que o Corretor, sendo um prestador de serviços, é responsável pelo prejuízo que causar (art. 14, § 3º). À exceção legal, os Contratos de Capitalização, por disposição expressa em lei, devem, necessariamente, originar-se de uma proposta. Mais ainda, a negociação pode ser intermediada por Corretor de Capitalização. Quer dizer: toda a negociação entre Subscritor e Sociedade de Capitalização, *ad cautelam*, deve ser intermediada por Corretor de Capitalização.

Por outro lado, afirma ROCHA FILHO (2003:39), inexiste vínculo empregatício entre o Corretor de Capitalização e a Sociedade de Capitalização, pois o Corretor é profissional autônomo e a lei assim o reconhece.

Entre as suas atribuições, tem-se que o Corretor de Capitalização deve angariar clientela, encaminhar as propostas, assinando-as inclusive, acompanhar até o término do contrato. Enfim, presentar os interesses do Subscritor e do Titular perante a Sociedade de Capitalização, sempre de forma independente, pelo que será remunerado por este trabalho, recebendo comissões, retiradas da contribuição paga pelo Subscritor, cumprindo à Sociedade de Capitalização repassar esse pagamento.

Seguindo o entendimento de ROCHA FILHO (2003:39), podemos dizer que a razão da existência do Corretor de Capitalização está fundamentada na própria operação de Capitalização, de natureza dinâmica e complexa. Observe-se que, diante desta realidade, se posta de um lado a Sociedade de Capitalização, que se presume conhece a matéria com profundidade, e de outro o proponente, futuro Subscritor, costumeiramente, um leigo. Desta forma, em tese, o legislador criou a figura do Corretor para justamente propor os interesses do menos favorecido — o Subscritor, visando a colocá-lo em pé de igualdade com a Sociedade de Capitalização. O Corretor de Capitalização não age como simples elemento de aproximação entre as partes, ele funciona como verdadeiro técnico da intermediação, razão pela qual se faz necessária habilitação junto à SUSEP, cujo requisito é o de ter sido aprovado no exame promovido pela FUNENSEG, como forma de comprovar a sua qualificação profissional. Note-se que, por sua própria natureza, em tese, como intermediador dos interesses do Subscritor, tende a fazer desaparecer as diferenças no campo do conhecimento técnico, facilitando o contato com a Sociedade de Capitalização.

O pretenso Subscritor, ao procurar um Corretor de Capitalização, procura alguém não só para auxiliá-lo na contratação, mas também no transcorrer de sua vigência, de acordo com a *lex mercatoria*. Para tanto, procura utilizar-se de serviços de quem lhe inspira confiança.

O Corretor de Capitalização, como se vê, não é um mero intermediário, devendo ser um conhecedor do mercado, agindo em paralelo aos órgãos fiscalizadores no que concerne ao conhecimento da solvabilidade das Sociedades de Capitalização e resseguradoras (cf. Tzirulnik, Ernesto e Pirza, Luiz de Toledo. Comercialização de Seguros, RT 723/67-98).

O Corretor de Capitalização deve recolher *in continenti* ao caixa da Sociedade de Capitalização qualquer importância recebida a Título de contribuição do Subscritor.

A responsabilidade dos Corretores de Capitalização se inicia antes mesmo do próprio contrato, ou seja, ainda na fase pré-contratual, vigorando por toda a sua vigência e muitas vezes até depois.

Neste sentido, o Corretor é obrigado a executar a mediação com a diligência e prudência que o negócio requer, prestando ao cliente, espontaneamente, todas as informações sobre o andamento dos negócios; deve, ainda, sob pena de responder por perdas e danos, prestar ao cliente todos os esclarecimentos que estiverem ao seu alcance, acerca da segurança ou do risco do negócio, das alterações de valores e do mais que possa influir nos resultados da incumbência, segundo dita o art. 723 do CCB.

No aspecto do procedimento administrativo sancionador, originado de denúncia, de representação ou de auto de infração, caberá responsabilidade profissional, perante a SUSEP, ao corretor que deixar de cumprir as leis, os regulamentos e as resoluções em vigor, ou que der causa dolosa ou culposa e prejuízo às Sociedades de Capitalização ou aos Subscritores e Titulares, *mutantis mutandis*, como prevê o art. 127 do Decreto-Lei n. 73, de 1966.

Tanto em processos judiciais quanto em procedimentos administrativos perante a SUSEP ou ao PROCON, os Corretores de Capitalização vêm sendo acionados ou figurando no polo passivo das ações ou das denúncias, às vezes, de forma individual, ou em conjunto com Sociedades de Capitalização, em decorrência de reclamações de Subscritores ou Titulares.

É recomendável, nesse aspecto, que o Corretor de Capitalização oriente sempre seu cliente, informando-lhe todos os aspectos que envolvem a operação de Capitalização em si.

Enfim, a complexidade, o dinamismo, e tudo que envolve os negócios de Capitalização requerem a presença do Corretor de Capitalização, o qual deve estar preparado de forma adequada para acompanhar essas transações, que tendem a evoluir cada vez mais, evitando, assim, ter de responder por processos administrativos e/ou ações judiciais indesejadas.

6.6.2.1.8. Seguro obrigatório de Responsabilidade Civil de Corretor

Como firmado, a responsabilidade é grande, principalmente a responsabilidade civil por danos morais e materiais e, muitas das vezes, o consequente pagamento em pecúnia. Por isso deve ser submetida uma proposta de projeto de lei ao Congresso Nacional que vise a alterar o Decreto-Lei n. 73, de 1966, com o objetivo de instituir seguro obrigatório de responsabilidade civil aos Corretores de Seguro, de Resseguro, de Planos Previdenciários e de Corretores de Capitalização, pessoa física ou jurídica.

Verifica-se que, independentemente do fato de os Subscritores poderem contratar diretamente a sua poupança programada, por vezes, com sorteios com as Sociedades de Capitalização, na prática, a maior parte dessas operações de Capitalização passa pela intermediação de Corretores de Capitalização.

Dessa forma, torna-se necessária a criação desse seguro obrigatório, ou melhor, a contratação de seguro de responsabilidade civil profissional, uma vez que não existe qualquer mecanismo na lei de seguros, Decreto-Lei n. 73, de 1966, nem tampouco na lei de Capitalização, o Decreto-Lei n. 261, de 1967, que garanta ao Subscritor reparação quanto a possíveis danos praticados por aqueles profissionais, seja pessoa física ou jurídica, que são responsáveis por grande parte da captação das comissões de corretagem do mercado nacional de Capitalização.

É imperioso registrar inclusive que atualmente não existe qualquer dispositivo legal que garanta uma caução, ou outra modalidade de garantia, para o exercício da atividade econômica de corretagem de Capitalização.

Igualmente, fez-se necessário, também, que as corretoras de resseguros tenham que contratar seguro obrigatório de responsabilidade civil de modo a minimizar os possíveis danos que venham a ocorrer no exercício de suas atividades econômicas de intermediação de resseguros.

Nesse sentido, a Lei Complementar n. 126, de 15.1.2007 *(dispõe sobre a política de resseguro, retrocessão, as operações de cosseguro, as contratações de seguro no exterior e as operações em moeda estrangeira do setor securitário; altera o Decreto-Lei n. 73, de 21 de novembro de 1966, e a Lei n. 8.031, de 12 de abril de 1990)*, ao impor, no Capítulo IV, os Critérios Básicos de Cessão, ditou no § 2º do art. 8º que "o intermediário de que trata o *caput* deste artigo é a corretora autorizada de resseguros, pessoa jurídica, que disponha de *contrato de seguro de responsabilidade civil profissional*, na forma definida pelo órgão regulador de seguros, e que tenha como responsável técnico o corretor de seguros especializado e devidamente habilitado".

Quanto ao atual CCB, impende informar que o seu art. 723 aumentou consideravelmente a responsabilidade da profissão dos Corretores, inclusive com a possibilidade de responsabilização por perdas e danos.

Em suma, essa proposição deve ser mais um mecanismo de defesa da população brasileira, o que consiste num dos pilares do governo dessa nação.

6.6.3. O CORRETOR, A SOCIEDADE DE CAPITALIZAÇÃO E O RELACIONAMENTO COM O CLIENTE

Queremos por último, neste Capítulo, apresentar, como sugestão propositiva, algumas dicas[173] para os Corretores de Capitalização, bem como para as Sociedades de Capitalização, com o propósito de angariar mais clientes para a contratação de Capitalização e fidelizá-los, principalmente.

Podemos dizer que gerenciar relacionamentos é uma arte que se torna ainda mais desafiadora quando se precisa entender os desejos e as necessidades dos clientes e, depois de conquistá-los, manter esse relacionamento.

Fidelizar a carteira de clientes passou a ser fundamental para a Sociedade de Capitalização e para o Corretor de Capitalização que pensa em prosperar. A melhor forma de fidelizar um cliente é manter um relacionamento próximo com ele, não deixando espaço para o concorrente.

É fundamental que o profissional tenha a habilidade de detectar se determinada pessoa possui o perfil ideal para contratar um Título de Capitalização.

(173) Seguindo os ensinamentos esposados na 12ª edição da apostila da Escola Nacional de Seguros (FUNENSEG, 2012:103-127).

Alguém que gosta de concorrer a sorteios, que tenha dificuldades para guardar dinheiro ou até mesmo que goste de conhecer novos produtos é um cliente potencial de um Título de Capitalização.

Há um bom tempo, o perfil do Corretor de Capitalização deixou de ser o de um anotador de pedidos. Hoje, ele atua como um verdadeiro consultor, assessorando seu cliente na escolha correta dos produtos e serviços capazes de satisfazer plenamente às suas necessidades, além de fazer todo o acompanhamento necessário depois que o negócio é efetivado. Com isso, é fundamental que os profissionais, notadamente os de vendas, assumam novos papéis, novas atitudes, adquiram novas habilidades. Para isso, é fundamental que invistam constantemente em aperfeiçoamento e atualização com relação às mudanças do mercado, que se torna cada vez mais ágil e competitivo.

O Corretor de Capitalização, hoje, para não ficar a reboque das mudanças, precisa ser capaz de analisar a realidade, definir rumos, estabelecer prioridades, gerenciar informações, estreitar relacionamentos, desenvolver parcerias e multiplicar contatos. Enfim, o profissional moderno de hoje deve ser um verdadeiro estrategista.

6.6.3.1. Conhecendo Potenciais Clientes de um Título de Capitalização

Antes de se pensar em desenvolver uma estratégia para a comercialização de Títulos de Capitalização, deve-se entender o que motiva as pessoas a adquirirem um.

Alguns são motivados basicamente pela possibilidade de realizar um sonho através do sorteio. Outros ficam interessados pela disciplina de poupar. O fato é que a grande maioria fica seduzida pelos dois, ou seja, por ter um mecanismo confiável para guardar dinheiro e ainda concorrer a sorteios (FUNENSEG, 2012:105).

Poupar não gera prazer imediato, mas prazer futuro; algo difícil de ser reconhecido pela nossa cultura. Já na Capitalização, a possibilidade de ser sorteado gera um grau de satisfação que pode ser comparado ao prazer da compra, por isso essa forma de economia é bem aceita por grande parte da população.

Uma pesquisa feita em 2007 por Danilo Angst e Jorge Arantes Pinto de Abreu, com proprietários de Títulos de Capitalização de um banco no estado do Paraná, segundo FUNENSEG (2012:106), identificou, entre outros pontos relevantes, o que levou os clientes desse banco a optar pela Capitalização:

- 50,48%, por ser uma possibilidade de guardar dinheiro;
- 16,86%, pelo relacionamento com o gerente;
- 15,89%, pela possibilidade de sorteios;

- 5,12%, para obter outros produtos bancários; e
- 11,65%, não responderam ou não lembram.

Pode-se dividir o resultado da pesquisa basicamente em dois blocos.

No primeiro, com 66,37%, a maioria dos clientes que contratou um Título de Capitalização, pela possibilidade de guardar dinheiro e pelos sorteios.

No segundo, com 21,98%, a minoria que comprou para obter benefícios com o banco, seja produtos ou melhora no relacionamento com o gerente.

A maioria dos Corretores de Capitalização diz que não entrará nesse mercado, pois os bancos agem como predadores e não deixam espaço para um bom trabalho, conforme FUNENSEG (2012:106).

A pesquisa mostra justamente o contrário, ou seja, 66,37% dos proprietários entrevistados efetuaram o Contrato de Capitalização pelos benefícios que ele oferece e não para obter vantagens junto ao banco em que possuem conta.

Nessa mesma pesquisa, os autores identificaram outro ponto muito relevante para o Corretor de Capitalização. Com base nas informações coletadas, concluíram que os clientes que adquirem um Título de Capitalização consomem, em média, maior quantidade de outros produtos, gerando maior retorno para o banco analisado. Com isso, podemos concluir que a Capitalização é uma ótima ferramenta, apesar de pouquíssimo explorada, para o Corretor de Capitalização fidelizar seus clientes para, posteriormente, trabalhar com a venda cruzada, oferecendo outros produtos do seu portfólio.

6.6.3.2. Da Oferta de Produtos Tangíveis e Produtos Intangíveis

Segundo magistra FUNENSEG (2012:106), os produtos tangíveis, aqueles que o cliente pode pegar, olhar e sentir, possuem estratégias de distribuição variadas. As lojas, os catálogos, o *showroom* são formas de vendas dos produtos tangíveis. Nesse caso, o fornecedor tem um papel importante, porém mais simples, porque o cliente vê o produto que está contratando, prova, pega; enfim, vê e o utiliza imediatamente. Como exemplo se pode citar o automóvel, pois o cliente tem a oportunidade de realizar o *test drive*, ou seja, testar o produto antes de adquiri-lo.

Os produtos intangíveis, ao contrário, são aqueles que o cliente não pode pegar, olhar e sentir, como é o caso dos Seguros de Vida, Previdência e Capitalização. Na oferta de produtos intangíveis, o profissional tem um papel decisivo, pois o cliente precisa estar apoiado por um profissional preparado, que utilize estratégias adequadas para assessorá-lo em suas decisões de contratação. Este relacionamento não termina com a contratação efetuada, pois o profissional continua prestando um auxílio aos seus clientes durante toda a vigência do contrato.

Os profissionais que oferecem produtos intangíveis precisam cuidar de sua preparação profissional e de sua imagem para conquistar a credibilidade dos *prospects* e clientes. Na oferta de produtos intangíveis, o relacionamento sempre gera bons negócios. Por isso o Corretor de Capitalização e ainda mais a Sociedade de Capitalização devem buscar sempre a excelência.

Um cliente satisfeito indica o profissional e a Sociedade para seus amigos e parentes. Dessa forma, a rede ou *networking* cresce a cada dia. Essa é a única fonte ilimitada para a prospecção de clientes. Sendo assim, é importante que, a cada dia, o profissional se sinta não apenas mais um, e sim um Consultor. É importante que crie um processo de contratação de Capitalização e uma estrutura para o seu trabalho. Fazendo isso, o sucesso será uma consequência do seu esforço.

Por um lado, a conquista da credibilidade dos clientes é um dos maiores desafios da Sociedade de Capitalização, notadamente, do Corretor de Capitalização, pois, quando se acaba de conhecer uma pessoa, o diálogo se torna mais difícil. Não se troca muitas informações. Fala-se, no máximo, sobre assuntos gerais e, muitas vezes, não se olha nos olhos desse desconhecido. À medida que o tempo passa, o relacionamento vai ficando mais próximo, mais amigável. Então, segundo FUNENSEG (2012:107), para se conquistar um cliente é indispensável:

- conquistar a credibilidade;
- descobrir necessidades;
- desenvolver soluções;
- concluir a contratação; e
- obter a satisfação do cliente na pós-contratação.

A capacidade de fornecer é muito mais do que simplesmente vender um produto ou uma ideia. Quando se oferta, se está também "ofertando", "vendendo" a sua imagem. Uma impressão má do cliente pode ocasionar a imediata perda da contratação, mesmo que o produto seja melhor do que o do concorrente.

Assim, o impacto pessoal é o retrato completo que se passa por meio do traje, da aparência, da linguagem corporal, da escolha de palavras e da maneira de falar. Assim, por exemplo, o cliente só entregará o cheque ou passará seus dados para uma proposta se conseguir confiar no profissional primeiro. Para isso, o profissional deverá ser claro e seguro ao prestar as informações necessárias.

Portanto o cliente sempre irá procurar um profissional sincero, seguro, gentil e confiável. Para ser aceito e conquistar a confiança do seu cliente, investindo em conhecimento, boa comunicação, aparência, educação e ética, o profissional se sentirá seguro para conquistar a confiança do cliente.

Sabe-se que, como somos seres humanos, pode ocorrer de o cliente simplesmente não ter qualquer tipo de afinidade com o profissional. Se isso acontecer, o profissional não deve permitir que abale sua autoconfiança. Apenas deve finalizar o encontro e procurar pensar se existe algo que possa ter despertado essa insatisfação e utilizar essa experiência como aprendizado.

Uma dica, ensina FUNENSEG (2012:108), que parece ser simples, porém de extrema importância: para iniciar o processo de conquista de credibilidade, o profissional deve procurar chamar o cliente pelo nome. Não se tem dúvida, o ser humano gosta de ser chamado pelo nome. Deve-se acreditar, isso vai fazer com que o profissional da Sociedade de Capitalização e, mais ainda, o Corretor de Capitalização se aproximem muito mais de seu cliente.

Contudo não se deve esquecer de informar ao cliente quem é o profissional, apresentar suas qualificações e especializações, entregando-lhe seu cartão de visitas. Muitos Corretores de Capitalização, até pelo nervosismo dos momentos iniciais da contratação, ao se apresentarem, dizem apenas o primeiro nome e mais nada. Ficam apressados, querendo acabar logo com aquele momento de tensão. Dessa forma, o profissional não irá conquistar a credibilidade de ninguém!

Para reduzir a tensão do contato inicial com o cliente, antes de iniciar a sua oferta e falar de negócios, o profissional deve procurar fazer um "quebra-gelo", que nada mais é do que uma conversa inicial sobre um assunto que possa ser de interesse do cliente, fundamental para estabelecer uma relação empática e, principalmente, eliminar a sensação de desconforto e ansiedade que se tem ao conhecer e falar com outra pessoa. Por exemplo, caso o cliente trabalhe numa empresa do ramo de petróleo, comente algo recente que tenha acontecido nesse mercado; isso mostrará ao seu interlocutor que o profissional é uma pessoa atualizada. Claro que, para isso, é fundamental que o profissional leia jornais, revistas e acompanhe as notícias diariamente. Portanto o profissional deve colocar isso na sua rotina de trabalho.

Em suma: o profissional deve estar bem preparado para iniciar uma conversa para o propósito de contratação, isso é excelente para sua autoconfiança e para sua produtividade. É fundamental que se tenha domínio de, pelo menos, quatro fatores em uma visita para contratação: conhecer profundamente o produto que se está oferecendo, conhecer o cliente, conhecer a empresa que desenvolve os produtos que apresenta e conhecer os concorrentes. Ademais, valorizar suas qualidades e seus conhecimentos é muito bom para a conquista de credibilidade. No entanto não se deve se deixar levar pelo entusiasmo e cometer erros extrapolando os seus conhecimentos técnicos de Capitalização, pois, ao falar em "reserva matemática" e "provisão para sorteio", o único objetivo que o profissional vai conquistar é fazer com que o cliente se sinta um ignorante e incapaz de entender como funciona um Título de Capitalização.

6.6.3.3. Do Conhecimento e da Conquista da Clientela

E bom que o profissional se lembre de que o cliente não tem conhecimento técnico sobre o produto. Ou seja, ele não sabe o que é Nota Técnica, mas sabe que um Título de Capitalização irá garantir uma reserva futura. Assim, o profissional deve utilizar sempre um vocabulário simples e claro, já que, como consultor, seu papel é fazer com que o cliente entenda e se interesse por aquilo que se está oferecendo.

Conhecer profundamente o produto que se oferece, a empresa que representa e a concorrência promovem e capitalizam a imagem do profissional. É uma ótima sensação saber que nenhuma objeção inesperada pode derrubá-lo. No entanto, caso aconteça de o profissional não saber responder a alguma pergunta do cliente, apenas diga: "Não estou bem certo, mas vou me informar e respondo o mais rapidamente possível".

É importante, também, que o profissional construa uma ponte entre o "quebra-gelo" e a próxima etapa, que é o início da contratação, pois o cliente no "quebra-gelo" pode se estender demais no assunto ou, o que é pior, se o profissional mesmo se estender demais no "quebra-gelo", o cliente pode ficar impaciente, não ouvir mais o que se está falando, e a visita do profissional estará totalmente perdida, pois o cliente irá vê-lo como uma ótima pessoa para conversar, mas não para fechar negócios.

No entanto, segundo FUNENSEG (2012:109), não basta saber as características dos produtos: o profissional deve dar um certo colorido aos seus argumentos quando falar sobre os benefícios que o produto oferece. Deve inserir exemplos que o profissional vivenciou para motivar a necessidade no cliente. Deve procurar sempre demonstrar o que se está falando por meio de exemplos, histórias, notícias em jornais e revistas. Muitos profissionais desse setor utilizam-se de gráficos e outros aspectos visuais para demonstrar a rentabilidade dos planos, pois a informação associada a imagens é mais bem percebida pelas pessoas.

Outra boa técnica é investigar casos de pessoas que tenham sido premiadas; sem mencionar os nomes, diga aos seus clientes os sonhos que elas realizaram com o valor do prêmio. As pessoas tendem a ficar mais confiantes para fechar o negócio ao saber que outras já foram premiadas e atingiram seus objetivos.

O profissional deve se municiar de uma lista de perguntas e objeções que ocorrem com mais frequência sobre o Título e a Sociedade de Capitalização. Deve fazer a lista individual, a partir de experiências em suas visitas, estudando as características do produto, procurando sempre transformá-las em benefícios para os clientes. Dessa forma, o profissional atenderá às necessidades do cliente, e ele simplesmente contratará o produto.

Em síntese, o profissional deve conhecer o seu cliente, pois ele é o elemento mais importante no processo de contratação. É a pessoa em quem o profissional deve concentrar toda a sua atenção e o seu esforço. Não se tem dúvida: conhecendo antecipadamente o cliente, o profissional certamente encontrará menos resistência e desconfiança. A conversa será mais agradável porque o cliente perceberá que o profissional pesquisou, está preparado para a visita e apto a identificar suas necessidades. A preparação irá auxiliar o profissional a derrubar a primeira barreira por parte do cliente: a desconfiança. E de se lembrar: se o cliente já está na sua carteira, isso não será uma tarefa difícil.

Por outro lado, em resumo, o profissional deve saber por que o cliente quer contratar Capitalização.

Como vimos, o cliente contrata por dois motivos básicos: Motivos Afetivos (relacionam-se com os sentimentos do cliente, suas expectativas, suas ilusões e seus afetos); e Motivos Racionais (relacionam-se com a análise racional e lógica que o cliente realiza antes de efetuar uma contratação).

É importante que o profissional inclua, em sua apresentação, argumentos que influenciam tanto os motivos afetivos quanto os racionais de seus clientes. Deve preparar uma lista com os argumentos sobre as vantagens de um Título de Capitalização para utilizar nas suas visitas. É fundamental, também, saber qual é a atividade profissional que o cliente exerce: se é casado, se tem filhos... Todas essas informações serão utilizadas como futuro argumento para as contratações. Aliás, o profissional tem, normalmente, duas formas de conseguir informações de um possível cliente pessoa física:

- se foi uma pessoa indicada por um cliente ou amigo, deve ser sincero com a pessoa que indicou esse cliente e procurar levantar o máximo de informações sobre ele;
- caso não seja possível consegui-las ou se for uma pessoa totalmente desconhecida, o profissional deve formular perguntas bem estruturadas para que consiga esse tipo de informação ao longo da conversa com o cliente, no momento da visita.

A partir dessas informações, o profissional poderá direcionar sua abordagem de forma mais eficaz. O profissional deve observar que a vida das pessoas está sempre mudando: o casamento, o nascimento de um filho, a compra de um imóvel, a aposentadoria. Em cada uma dessas etapas da vida, o cliente estará mais suscetível a um determinado tipo de abordagem. Assim, é importante o profissional identificar qual é o momento atual da vida pessoal e profissional do cliente. Afinal, a tarefa do profissional é transformar os resultados dessa análise em contratações adequadas às necessidades dos clientes naquele momento. Ou seja, se um cliente é solteiro e não possui filhos, certamente seu principal objetivo será poupar para o futuro. Se tem filhos ou é casado, deseja proteger sua família contra imprevistos. A situação econômica do potencial cliente determinará quais são os produtos adequados.

Um Título de Capitalização de pagamento único é mais indicado para quem não quer se preocupar com pagamentos mensais e dispõe de um recurso que não fará falta em seu orçamento. Tal dedução não pode ser aplicada para pessoas que não possuem uma grande renda ou simplesmente não possuem disciplina financeira para guardar dinheiro. Nesse caso, um Título de pagamento mensal será o mais indicado, o qual funcionará também como um educador financeiro.

O profissional deve sempre se colocar no lugar do cliente, como se diz, calçar os sapatos do cliente. O profissional deve ver cada situação, observar as perguntas, as preocupações e as objeções do ponto de vista do cliente. Deve verificar o que mais pode impactar a contratação e se antecipar a essas objeções. Deve se colocar no lugar do cliente e se antecipar às respostas. Dessa forma, o profissional atenderá às expectativas do cliente.

Por outro lado, o profissional deve conhecer os seus concorrentes, pois, com a concorrência acirrada do mercado de Capitalização, os produtos disponíveis nas Companhias acabam se tornando muito parecidos entre si. Na prática, se os Títulos de Capitalização ficam muito parecidos, os benefícios atrelados a esses produtos também serão parecidos. Isso demonstra que é o elemento humano que faz a diferença na hora da contratação. Dessa forma, é necessário que o Corretor de Capitalização apresente diferenciais que conquistem o cliente. É necessário encantar o cliente de tal forma que ele entenda que até pode contratar o produto do concorrente, mas que jamais terá um atendimento de excelência como o daquele profissional, em especial.

Portanto, ensina FUNENSEG (2012:111), o que garante o sucesso de um corretor profissional é a excelência com que realiza o seu trabalho. Assim deve ter:

1) conhecimentos sobre:

— a empresa — políticas e procedimentos;

— suas funções e responsabilidades;

— si mesmo (autoconhecimento);

— o produto — características e benefícios;

— os clientes — suas necessidades e motivações;

— as técnicas de contratação — para cada situação que se apresenta;

— os produtos concorrentes, para estabelecer comparativos com os produtos que comercializa.

2) habilidades para:

— projetar uma imagem profissional;

— identificar as necessidades dos clientes;

— uma boa comunicação;

— apresentar argumentos convincentes;

— persuadir os clientes; e

— manter uma atitude sempre positiva e educada.

Só assim o Corretor de Capitalização será capaz de apresentar diferenciais, oferecer soluções personalizadas e garantir a fidelização do cliente. Afinal, manter um cliente antigo custa cinco vezes menos do que conquistar um novo cliente.

Vale mais uma vez ratificar que o profissional deve buscar, constantemente, atualização e desenvolvimento por meio de bastante leitura, cursos, palestras, congressos e treinamentos.

Qualquer tipo de venda deve possuir uma estrutura que permita que o corretor e o cliente cheguem a um consenso quanto à contratação de um Título de Capitalização. A oferta começa basicamente no planejamento, passa pela prospecção e chega finalmente à visita, quando o Corretor de Capitalização deverá fazer uma abordagem inicial, descobrir as necessidades do cliente e, então, oferecer o melhor produto.

Apresentaremos etapas de contratação de um TC ou, melhor, cada etapa da contratação para que o profissional possa estruturar melhor as suas visitas comerciais.

6.6.3.4. Da Necessidade de Planejamento de Visita e Prospecção de Clientes

Quando se fala em planejamento de visita, algumas pessoas dizem que é "perda de tempo", "vou trabalhar à toa", "o que conta é a capacidade de improviso", "corretor bom vende de qualquer jeito", entre outras crenças que acabam atrapalhando a carreira de um profissional.

No entanto, magistra FUNENSEG (2012:112), em um modelo de mercado baseado na intensa competição, o profissional de Capitalização precisa planejar cada visita. O mercado exige profissionais que planejem como atingir seus resultados, sobretudo que planejem aumento qualitativo em sua produção.

Dessa forma, para um profissional que quer aumentar a produtividade, só lhe resta uma única solução: planejar. O planejamento de visita é uma tarefa que toma algum tempo, mas é necessário e importante para que o profissional aumente a sua segurança e as suas chances de sucesso. O profissional sabe que não há nada pior do que, em frente a um cliente ou um diretor de RH de uma empresa, dar "aquele branco", não saber o que responder e perder uma boa oportunidade de conquistar sua credibilidade.

O bom planejamento do trabalho do profissional começa com a definição do objetivo que se almeja conquistar. É a sua meta pessoal e profissional. A partir daí, o profissional poderá organizar o seu cronograma de trabalho, envolvendo a quantidade de visitas que irá realizar e o tempo máximo necessário que o profissional deverá ir a seu próprio escritório.

Muitos acreditam que quanto mais clientes visitarem na semana, maior a possibilidade de realizar contratações. Não é bem assim. O que vai definir as contratações não é a quantidade de clientes visitados, mas a qualidade das visitas. Muitas vezes, se deixa de contratar mais e melhor por não conhecer o cliente, por exemplo. Para se saber como vai o seu desempenho, é necessário que o profissional tenha dados suficientes para saber fazer uma relação comparativa das suas contratações do mesmo período do ano anterior em relação ao atual. Alguns vão mais longe e comparam sempre com os melhores resultados alcançados na área de trabalho. Com essas informações, o profissional poderá fazer uma análise imparcial de como anda seu trabalho. A partir dessa avaliação, o profissional conseguirá identificar se está precisando conquistar novos clientes ou aumentar a oferta de seus produtos para os clientes com quem já trabalha. Geralmente, os profissionais tendem a tentar a oferta de vários produtos numa única visita para obter o lucro máximo.

É preciso que o profissional tenha calma! O profissional deve tentar determinar as necessidades do cliente e oferecer benefícios compatíveis com as necessidades mais importantes dele. Após concretizada a contratação e desenvolvendo um excelente serviço, o profissional deve capitalizar o bom relacionamento que terá com o cliente: nas novas visitas, e aí, sim, deve revelar gradualmente a linha total de produtos com que trabalha, pois o profissional precisa conhecer o seu ramo de atuação. Deve pensar que o primeiro produto vendido, no caso, o Título de Capitalização, foi apenas o primeiro de muitos, já que o cliente, certamente, possui outras necessidades as quais o profissional poderá satisfazer.

É importante lembrar que também faz parte do planejamento do Corretor de Capitalização cuidar dos seus instrumentos complementares de contratação para que ele possa utilizá-los da melhor forma possível, o que, certamente, facilitará o fechamento do negócio. Tais instrumentos são, normalmente, compostos de:

- sua pasta — esse instrumento faz parte de sua apresentação pessoal e reflete a sua imagem profissional. Dessa forma, o profissional não deve subestimar seu valor. Deve estar certo de que o cliente irá reparar em sua pasta: se é organizada, se é limpa, se está gasta, furada etc.;

- folheto de produtos — trata-se de uma ferramenta importante, mas ele deve lembrar-se de que o profissional é ele, e não o folheto. É um material complementar para confirmação das informações prestadas por ele, profissional. O folheto trará as características do produto. O profissional, como excelente Corretor, trará os benefícios que aquele produto produzirá na vida do seu cliente. O profissional deve ser sempre o diferencial para o seu cliente;

• simulações — caso necessário, o profissional pode, até mesmo na primeira visita, efetuar uma simulação, utilizando uma máquina e tabelas do produto. Não deve fazer mais do que três simulações, pois muitas opções farão o cliente se perder em meio a tantas alternativas. O ideal é que o profissional leve as informações para seu escritório e, tranquilamente, com base no seu levantamento de necessidades, desenvolva uma solução completa em benefícios para o seu cliente, preparando-se para eventuais objeções, transformando as características dos produtos em benefícios e desenvolvendo argumentos para a contratação; e

• proposta de adesão — saber como preencher a proposta é vital para a vida do profissional. Se possível, deve procurar sempre preenchê-la pelo cliente.

Prospectar é, segundo FUNENSEG (2012:113), de modo geral, iniciar uma conversação com alguém para descobrir a viabilidade dessa pessoa, ou de uma empresa, de adquirir um produto ou serviço que se tem a oferecer.

Neste aspecto, é bom que se observe, o profissional deve procurar manter seu arquivo de clientes em dia, pois são eles os seus maiores ativos. Por meio da boa utilização dessas informações, as indicações virão automaticamente e, desta forma, o profissional verá seu planejamento rendendo bons e valorosos frutos.

Contudo, a prospecção não é apenas voltada para uma nova contratação. O profissional deve pensar no valor de se prospectar na sua própria carteira de clientes. Deve pensar que, dessa forma, estará aumentando a participação na vida de cada pessoa da sua carteira, porém não pode ser esquecido que isso exige uma adaptação de produto ou serviço à necessidade do cliente. Esse tipo de prospecção começa com a pergunta: "Qual a necessidade do meu cliente?", e não com a oferta direta de um produto. É aí que a prospecção toma um caráter investigativo, algo do tipo "o que posso fazer por você?", e não mais o desgastado "quer comprar?". A importância da prospecção de clientes é a iniciativa que o Corretor de Capitalização deve ter para aumentar as contratações. Assim, o profissional deve identificar se um indivíduo ou uma empresa é um cliente potencial qualificado:

• o cliente potencial tem dinheiro para contratar?

• o cliente potencial tem a autoridade para contratar?

• o cliente potencial tem necessidade de contratar?

Dificilmente, alguma contratação de valor significativo acontece na primeira ligação ou visita, mas isso não significa que a prospecção esteja no caminho errado.

Vive-se numa era em que os relacionamentos começam a ser mais valorizados do que a contratação imediata. Começa-se a deixar de lado a contratação persuasiva e predatória praticada no passado. Neste sentido, o Corretor de Capitalização deve controlar sua ansiedade e entender que a contratação moderna faz parte de um processo de relacionamento, em que conquistar a confiança do possível novo cliente é primordial. Para quem já adota essa postura, mesmo que uma prospecção não traga, inicialmente, resultados visíveis, tal prospecção é capaz de medir possibilidades ou, no mínimo, servir para dar início a um relacionamento, segundo FUNENSEG (2012:114).

Assim, a primeira ligação ou visita pode ser simplesmente para marcar uma segunda, que pode ser apenas para marcar uma terceira, e assim por diante.

A prospecção ativa pode se dar por meio de contatos pessoais, como visitas, ou usando algum meio de comunicação, como telefone ou e-mail. Mas é importante pensar também na prospecção passiva, ou seja, a análise dos contatos que hoje são gerados sem a iniciativa do Corretor de Capitalização. Saber quem é, de onde veio, por que razão fez ou solicitou um contato; ou seja, é analisar o terreno e suas possibilidades de encontrar algo de valor.

No passado, o Corretor de Capitalização precisava saber apenas como encontrar meios de chamar a atenção de um possível cliente e disparar dardos de persuasão que levassem a uma contratação. Esse tempo já passou. As pessoas estão mais bem informadas e cansadas de *scripts* de prospecção e contratação.

É evidente que a capacidade de persuasão do Corretor de Capitalização ajuda muito, mas esta é a camada mais inferior da contratação. Já se evoluiu para além desse estágio, embora muitos cursos e treinamentos continuem insistindo nessa técnica de ensinar truques e macetes de vendas que ajudem um Corretor a criar uma situação que impeça o possível cliente de pensar ou falar até que seja vencido pela exaustão e pela argumentação.

É importante notar que uma prospecção que pareça ser infrutífera do ponto de vista de uma contratação única para um único cliente pode se tornar a porta de entrada para toda a rede de relacionamentos daquele prospectado.

Assim, é preciso que o profissional enxergue a prospecção como parte do ciclo de contratações, e não como um elemento isolado.

Vive-se no estágio do relacionamento e, principalmente, na nova postura do Corretor como consultor do cliente, que procura descobrir suas necessidades e apresentar soluções. Só que esse estágio também se encontra saturado e ninguém conseguirá se diferenciar se permanecer nele.

Portanto o profissional atualmente não vende mais. Ele planeja para o cliente. Não apenas o assessora para ajudá-lo a descobrir suas necessidades e acatar as soluções que oferece, mas vai mais além, passando a gerenciar as próprias expectativas do cliente, ampliando-as. Ele é um gestor do negócio do cliente, ajudando-o a enxergar além das meras necessidades atuais para as oportunidades futuras.

Numa época em que a prospecção e a própria contratação caminham para a automatização em suas tarefas mais simples, o Corretor que não buscar conhecimento também em estratégia de negócio, comunicação e marketing, além do habitual currículo de negociação e venda, acabará desaparecendo do cenário.

Há, ensina FUNENSEG (2012:114), três critérios para o desenvolvimento dos melhores métodos de prospecção:

1) personalizar um método de prospecção que se ajuste às necessidades do Corretor;

2) concentrar-se primeiro nos clientes de grande potencial; e

3) sempre visitar novamente os potenciais clientes que não compraram.

Se se parar para analisar, a carteira do Corretor de Seguros é um lugar perfeito para explorar a venda de Títulos de Capitalização. O Corretor já possui a confiança dos seus clientes e pode aumentar sua margem de ganho oferecendo a Capitalização, fazendo a famosa venda cruzada. Para isso, o Corretor precisa apenas identificar na sua carteira os clientes que possuem potencial de poupança, os que apresentam dificuldades em poupar e aqueles que se sentem atraídos pelos sorteios. Feito isso, basta entrar em contato e marcar um encontro.

6.6.3.5. Da Abordagem e das Necessidades dos Clientes

Neste aspecto, aliás, como em todos os outros, o profissional tem que ser sempre positivo, informando algo comercial em argumento de venda, usando expressões para prender a atenção do cliente.

No momento da abordagem, parafraseando FUNENSEG (2012:115), o profissional deve se apresentar dando boas-vindas:

"Senhor Eduardo, que bom que o senhor veio. Vou mostrar-lhe mais uma ótima maneira de economizar, o Título de Capitalização."

Afinal, qual é o objetivo desta reunião? Esta é a pergunta que o cliente está se fazendo sobre a visita e antes de conhecer o profissional. O cliente fica pensando o que ele está fazendo ali, naquela reunião com o profissional: "Estou tão ocupado no momento que gostaria de fazer outra coisa, em vez de escutar este profissional tentando me empurrar um Título de Capitalização." "Os clientes são como nós, ou seja, não estão com vontade de dedicar tempo e conversa a alguém que é um desconhecido."

Nos primeiros momentos de um novo contato, o profissional lida com a desconfiança dos clientes, e, portanto, eles demonstram o que se chama tecnicamente de tensão de relacionamento. Assim, o objetivo de um corretor profissional, nos primeiros momentos de seus contatos, é diminuir essa tensão, pois ela é sinônimo de falta de credibilidade.

Portanto eliminar esta resistência é tarefa do profissional, que deve, primeiro, comunicar a intenção e a razão da visita, além dos objetivos e resultados que o profissional espera alcançar. No momento do planejamento, há algumas perguntas que não podem deixar de ser respondidas antes mesmo de o profissional visitar o cliente. Se o profissional não sabe a resposta para essas perguntas, ainda não está preparado para visitá-lo. Por exemplo, por que está indo visitar esse cliente? "Como assim, por que estou indo? Estou indo visitar esse cliente para a contratação de um Título de Capitalização e ganhar minha comissão." É claro que este é o objetivo final da visita.

No entanto deve ser analisada com mais cuidado a etapa para concretização desta contratação, o profissional verá que está indo para conhecer melhor o cliente e suas necessidades para, a partir daí, apresentar soluções que correspondam às expectativas dele. De nada adiantará o profissional discorrer uma tese sobre o funcionamento de um Título de Capitalização, pois não é isso que o cliente quer ouvir.

No caso da contratação de um Título de Capitalização, conforme as necessidades e a demanda que seu cliente apresentar, o profissional deve argumentar que seu produto agrega alguns dos seguintes valores:

- participar de sorteios semanais, com prêmios em dinheiro;
- possibilidade de resgate antecipado de parte dos pagamentos; e
- receber todo o valor aplicado, atualizado e corrigido ao final do Plano, se assim for previsto nas CONDGs do Título.

Para um outro cliente, se o profissional observar, por exemplo, que se trata de uma pessoa com dificuldade em poupar dinheiro, ele se estimulará a comprar pela possibilidade de finalmente conseguir economizar um pouco e por acreditar que o resgate antecipado o fará perder dinheiro; então esse cliente irá pagar o Título até o final do prazo, segundo FUNENSEG (2012:116).

Como descobrir as necessidades dos clientes? O profissional deve fazer essa pergunta. Ela é um importante instrumento para determinar as necessidades de seu cliente. O profissional precisa fazer com que a conversa seja fluente, utilizando perguntas que devem ser preparadas com antecedência, com o objetivo de obter informações sobre o cliente e suas necessidades.

O melhor tipo de pergunta para descobrir as necessidades do cliente são as perguntas exploratórias — perguntas abertas, que não podem ser respondidas com um simples "sim" ou "não". O profissional deve fazer perguntas estratégicas de modo a descobrir as necessidades do cliente. Alguns dos melhores Corretores começam suas perguntas com os tradicionais "o quê", "quando", "onde", "por que", "quem" e "como".

Exemplo:

• Quanto você pretende acumular?

• Qual o valor de contribuição mensal que seu orçamento permite?

• Quais os seus sonhos ou desejos no curto e médio prazos?

• Como você está se planejando financeiramente para a realização desses sonhos?

O que o cliente quer saber é o que ele vai ganhar com a visita do profissional e com o que o profissional está oferecendo para ele. Saber o que o cliente pode ganhar por meio do produto que o profissional está oferecendo lhe confere um poder muito grande.

Pode-se, inclusive, captar as impressões do cliente, incentivando-o a sonhar com um novo carro, uma viagem em família, com a festa de quinze anos da filha etc.

6.6.3.6. Da necessidade de se ouvir o cliente e suas consequências

O que o profissional imagina que deve fazer quando terminar suas perguntas? É claro: escutar a resposta. Parece simples, mas poucas pessoas tomam conhecimento do verbo escutar.

Normalmente, na linha de FUNENSEG (2012:117), se escuta apenas quando o cliente diz o que o profissional quer escutar. Mas quando ele toca em algum assunto que frustra as expectativas do profissional, aí este não consegue escutar — prefere falar ou até mesmo pensar no que deverá falar assim que o cliente terminar a frase.

Está o profissional, então, deixando de captar informações preciosas do cliente que poderão ser utilizadas em argumentos para a contratação e até mesmo no fechamento de uma determinada venda.

A maioria dos profissionais estende-se demais, tornando-se insistente, focando no conhecimento das características dos produtos, e não nos benefícios que o Título poderá proporcionar especificamente para o seu caso.

Para checar o entendimento do que foi dito pelo cliente, muitos profissionais de vendas fazem perguntas de confirmação. Esta técnica, chamada de paráfrase, dá a oportunidade de resumir e confirmar a compreensão do que o cliente falou. Exemplo:

"O senhor está dizendo então que não confia nos Títulos de Capitalização, uma vez que o prazo de vigência é muito longo. É isso mesmo?"

Vence-se a etapa de conquista de credibilidade e levantam-se as necessidades do cliente. Agora é o momento de o profissional propor uma solução. Certamente, o profissional já conhece algumas dessas dicas e talvez já pratique todas ou algumas delas. No entanto nunca é demais relembrar algumas técnicas simples, porém úteis.

Quando se está ofertando, o que se está oferecendo são soluções. Se para o cliente o profissional não tiver algo que na compreensão dele seja uma solução, a contratação será muito complicada ou com certeza não irá acontecer. Por exemplo, ninguém compra óculos, viagem, apartamento, plano de saúde, seguro de vida ou um Título de Capitalização pelo produto em si, mas sim pela solução que o produto traz. O profissional tem que descobrir que solução oferece o produto que está ofertando. É aí que a sua contratação começa.

O profissional deve procurar identificar em cada cliente o que o produto irá representar como solução para sua necessidade específica. Deve observar que, para alguns, irá representar uma tranquilidade, a segurança de uma economia e, para outros, apenas a oportunidade de participar de um sorteio e ganhar uma "bolada" a qualquer momento.

Para poder identificar as necessidades do cliente, o profissional deve escutar e observar, com atenção, as mensagens verbais e não verbais desse cliente!

Assim, o profissional deve procurar indicar suas soluções em função do benefício que o produto proporcionará e procurar saber se essa solução gera menor custo ou maior lucro para o cliente.

Ensina FUNENSEG (2012:118) que, para verificar se a solução que o profissional está propondo está de acordo com a necessidade do cliente, deve buscar sua participação, utilizando perguntas como:

"O que o senhor acha disto?";

"Isto ajuda especificamente a sua situação?";

"Estamos no caminho certo? Esta é a sua necessidade?".

Diferentemente do que ensinaram no passado, o melhor que o profissional tem a fazer é dar ao cliente a chance de ele expressar a sua opinião e até mesmo de dizer um não. Se isso acontecer, é porque ele ainda não está seguro de que o Título de Capitalização será bom para ele, e é melhor o profissional tratar dessa insegurança antes de contratar o negócio. O que importa é o relacionamento e não a comissão pela venda de um único produto.

Ao propor uma solução, o profissional não deve oferecer mais do que duas opções. Muitos corretores pensam que a abundância de opções auxiliará o cliente no processo de decisão. Pelo contrário, muita informação resultará em maior confusão para o cliente, pois, diante de tantas opções, ele não saberá o que fazer. Para livrar-se de tantas dúvidas, ele irá certamente tentar se livrar do profissional.

O ideal é que o profissional ofereça duas ou três alternativas no máximo. Muitas opções indicam que o profissional não desenvolveu um bom levantamento de necessidades e não sabe exatamente o que o seu cliente precisa.

A apresentação da solução é a chance do profissional de materializar todos os benefícios que o cliente precisa. Não deve o profissional desperdiçar essa chance "atirando" para todos os lados e fazendo inúmeras simulações. Com certeza, a maioria delas será descartada em algum momento.

Este é o momento da negociação: o profissional deve conciliar os seus interesses como corretor e a plena satisfação do cliente. Na relação de negociação, o tipo de relação ideal é aquela chamada de relação "ganha-ganha", na qual se deve verificar não somente os interesses como profissional, mas também os interesses dos clientes, não perdendo de vista os seus objetivos iniciais. Ou seja, trata-se de uma relação bilateral na qual ambas as partes devem levar vantagem.

Para oferecer as soluções, o ideal é que o profissional prepare muito bem a sua argumentação. Apresente ideias ou razões com o objetivo de demonstrar a vantagem do produto:

- melhor produto do mercado;
- premiações de até 2 milhões de reais;
- possibilidade de ser sorteado mais de uma vez;
- quanto mais títulos contratar, mais chance terá;
- extração dos números sorteados pela Loteria Federal; e
- economia sem risco, devolvendo 100% do valor aplicado e corrigido no final do plano (conforme o desenho do título).

O profissional deve ter um panfleto ou uma proposta à mão no momento da abordagem.

Observa FUNENSEG (2012:119) que existe um conceito muito importante que fará a diferença quando aplicado nas reuniões do profissional com clientes, que é a transformação das características de produto em benefícios. Isso é a base do estudo de técnicas de vendas.

O profissional deve falar de benefícios para o cliente sabendo que isso é transmitir o que o produto fará para ele ou como o produto solucionará o problema do cliente. Como, por exemplo, o profissional deve falar apenas que o cliente deverá pagar um determinado valor, por um prazo estipulado, não remetendo, em nenhum momento, à ideia de benefício. Por outro lado, se o profissional falar que, estando previsto no desenho do título adquirido, depois do prazo de pagamento que ele terá de volta todo o valor investido corrigido e assim poderá realizar o seu sonho de trocar de carro, despertará no cliente a vontade de permanecer no plano até o final. Isso é usar um benefício do produto como estímulo para a realização de um desejo.

O profissional deve demonstrar ao cliente as características e os benefícios da economia programada pelo sorteio! Vejam-se alguns exemplos disso:

"Adquirindo nosso Título de Capitalização, o senhor fará uma economia programada de R$ 24.000,00 e ainda participará de sorteios todo sábado de até um milhão, e trimestral de dois milhões, podendo realizar, antecipadamente, aquele sonho de reformar a casa, viajar de férias com os filhos, trocar de carro etc."

"Com o Título de Capitalização, o senhor estará economizando uma quantia mensal para realizar pequenos projetos e, ao mesmo tempo, estará concorrendo a sorteios aos sábados de até 1 milhão, e trimestrais de até 2 milhões. Mesmo sendo contemplado no plano, ainda resgata todo o dinheiro investido corrigido."

"Se após doze meses o senhor não quiser mais continuar, receberá de volta parte do que aplicou! Mas não é vantagem, pois deixará de participar dos sorteios. Aplicando durante todo esse prazo, o senhor terá muito mais chances de ganhar e ainda receber todo valor de volta corrigido, mesmo ganhando várias vezes."

Em outras palavras: o profissional deve transformar as características positivas do produto em benefícios.

Segundo FUNENSEG (2012:119), o que satisfaz a necessidade? Quando alguém percebe que tem uma necessidade e precisa comprar, o que vai satisfazer essa necessidade? Um produto ou serviço. Mas a coisa não é tão simples assim: um erro muito comum que os profissionais cometem é limitar a apresentação a determinadas características. Compare-se:

1. "Estou aqui para apresentar-lhes nosso mais novo lançamento: *Intel Core Duo*; 1 giga de RAM; DVD ROM e 320 gigas de HD. Além disso, é *Toshiba* e já vem com o Windows Vista de série."

2. "Estou aqui para apresentar-lhes nosso mais novo lançamento: trata-se de um computador com muito espaço para salvar arquivos, muito rápido e com os programas mais modernos do mercado."

Qual dos dois terá a maior chance de vender o produto? Sem dúvida, o segundo. O que o cliente compra ou contrata não são as características do produto, mas os benefícios que ele proporciona.

Nesse sentido, ensina FUNENSEG (2012:120) que é exatamente na hora de argumentar e apresentar as soluções encontradas pelo profissional que aparecerá a maioria das objeções. O profissional deve desenvolver uma filosofia de trabalho para lidar com as resistências: descobrir com quais objeções o profissional tem mais dificuldades de lidar e montar estratégias para desarmar essas objeções antes delas surgirem.

Para começar, o profissional deve mudar a forma como ele vê uma objeção e assim mudar o seu sentimento quando ela surge. Alguns profissionais apresentam uma atitude negativa frente às objeções e chegam até mesmo a "atacar" o cliente para intimidá-lo, o que demonstra um claro sinal de falta de preparo e de segurança do profissional.

Normalmente, a objeção é tudo aquilo que um profissional não queria que acontecesse. No entanto trata-se de um momento importante, pois o corretor de Capitalização tem a opção de ver a objeção como algo a ser superado ou como um pedido por mais informações.

O que todo cliente quer ao comprar ou contratar é fazer com que o profissional atenda o máximo possível às suas expectativas. A melhor maneira de ele fazer isso é criando objeções, esperando que o profissional lhe ofereça informações suficientes para que possa se sentir seguro em tomar a decisão de contratar.

O maior risco de o profissional perder a contratação não é quando surgem objeções, mas justamente o contrário, quando elas não surgem. Uma contratação concretizada depois de uma série de objeções é considerada uma contratação segura, já que o cliente não contratou pela emoção, ou seja, não foi uma contratação de impacto, daquelas que em pouco tempo ele deixará de pagar e solicitará o resgate do título, mas sim uma contratação racional. O cliente adquiriu o título estando certo do que estava fazendo.

Uma boa forma para lidar com as objeções dos clientes é utilizar o que o Título de Capitalização possui de melhor, isto é, utilizar os seus benefícios.

Como já vimos, em resumo, benefício é aquilo que o Título de Capitalização pode fazer pelo cliente. Normalmente, os clientes contratam pelos benefícios que o produto possui; por isso eles são fundamentais na hora de lidar com as objeções.

O cliente poderia ser educado e dizer:

- "O senhor me perdoe, mas minha confusão no momento é tão grande que gostaria de obter informações adicionais sobre um Título de Capitalização que o senhor está tendo a bondade de me oferecer."

Infelizmente, os clientes não se expressam dessa maneira, mas sim por meio de objeções, tais como:

• "Mas este valor de pagamento é muito alto; está longe da minha possibilidade. Não quero ficar conferindo os sorteios. Vou ter que pagar isso durante muito tempo!"

Ninguém faz objeções à toa. Elas sempre expressam um sinal de interesse. E quando o cliente faz objeções é sinal de que o processo de contratação está indo muito bem. E o profissional deve aproveitar esses momentos para explorar os benefícios do plano e atender às necessidades do cliente, assim, por exemplo:

• "Muito oportuno ter dito isso e mencionado essa questão. Agora tenho a oportunidade de esclarecer algumas coisas sobre o Título de Capitalização."

A seguir, segundo FUNENSEG (2012:120), estão relacionadas algumas das mais frequentes objeções colocadas pelo público em relação a Títulos de Capitalização. O profissional deve aproveitar e listar os argumentos que utilizaria para contorná-las eficientemente.

"Estou tentando cortar despesas, por isso não quero este Título de Capitalização."

"Vou pesquisar e ver outras opções de Títulos."

"Jamais ganhei nenhum tipo de sorteio, nem mesmo bingo de igreja. Não tenho sorte no jogo, por isso o Título de Capitalização não me interessa."

"Deixe comigo alguns folhetos e depois eu ligo para você."

"Eu posso investir em um banco, formando a mesma poupança através de investimentos em outros produtos financeiros existentes no mercado."

"Meu tio tinha um título. Depois de doze meses ce pagamento, ele resgatou apenas um percentual, e o restante ficou com o banco. O que me garante que isso não vai acontecer com o seu plano?"

"Já estou com 50 anos. É muito tarde para iniciar um Título de Capitalização."

"Eu não preciso de uma poupança. Tenho dinheiro suficiente."

"Até penso em contratar um título, mas não sou metódico a ponto de fazer uma economia mensal."

"Gostei muito, mas vou contratar direto no meu banco, com o meu gerente."

Uma boa técnica, ensina FUNENSEG (2012:122), para lidar com as objeções é transformá-las em razões para o cliente adquirir o produto, identificando as resistências como uma ferramenta positiva para apresentação do Título de Capitalização, como, por exemplo, uma conversa entre o cliente e o Corretor de Capitalização:

Cliente: 60 meses é muito tempo!

Corretor: 60 meses correspondem a mais de 240 sorteios e mais de mil chances de ganhar por mês. Além disso, o senhor pode resgatar antecipadamente a partir do 12º mês (mostrar o percentual de resgate). Mas não é vantagem, pois resgatará parte do valor investido. Ficando até o final, o resgate será de 100% mais a correção da TR.

Cliente: Já tenho muitas contas para pagar!

Corretor: Entendo a sua preocupação, mas o senhor não paga o Título de Capitalização, o senhor faz uma economia mensal, deixa seu dinheiro capitalizando e, ficando até o final do Plano, além de ter feito uma grande economia, concorre a sorteios todos os sábados.

Cliente: R$ 400,00 por mês é muito dinheiro!

Corretor: As mensalidades vão de R$ 400,00 a R$ 40,00 em múltiplo de R$ 10,00. Quanto caberia em seu orçamento para um investimento mensal? O senhor pode iniciar com um valor menor e, assim que puder, poderá adquirir outros Títulos com valores mais altos.

Cliente: Não acredito na estabilidade econômica do país.

Corretor: Nosso produto é bastante flexível e lhe permite liberdade de resgate, além de fornecer a chance de ser sorteado, pois são 1.111 chances de sorteio. Além disso, no final do plano, o senhor recebe todo o valor investido corrigido.

Cliente: Prefiro a poupança, pois se precisar retiro a qualquer momento.

Corretor: É uma excelente forma de guardar dinheiro para uma eventualidade, mas justamente pelo fato de poder fazer retiradas a qualquer momento, não garante a realização do seu sonho. O senhor deve diversificar, guardar um pouco de dinheiro para eventualidades e outra parte para aquisição de um bem dos seus sonhos.

Cliente: Qual a garantia que tenho?

Corretor: Em primeiro lugar, a Sociedade de Capitalização é uma instituição sólida, além de ter a garantia da SUSEP, Superintendência de Seguros Privados, que é o órgão fiscalizador do Governo.

Cliente: Vou falar com a minha esposa/o meu marido.

Corretor: Quando o(a) senhor(a) vai dar um presente (à)ao esposa/marido, pergunta se ela(e) quer um presente? Faça uma surpresa para ela(e).

Segundo FUNENSEG (2012:123), o fechamento da contratação representa a recompensa por todo o trabalho e planejamento efetuados. Deve ser a consequência de um bom trabalho e não a causa para um bom trabalho. É claro que o fechamento pode ocorrer sem tanto trabalho assim, mas, como se vê, as chances para o sucesso aumentam muito com um bom planejamento.

Quando o profissional sentir que trocou informações suficientes com o cliente, deve procurar conduzir a negociação para uma conclusão positiva, para a decisão de contratação.

É importante que, nesse momento, o profissional aja com rapidez para não deixar escapar a oportunidade.

Certas declarações dos clientes dão claros sinais de que o profissional pode fazer o "fechamento" da contratação. Veja:

"Em quanto tempo chegaria o meu título?"

"Acho que minha(meu) esposa/marido vai adorar!"

"Como é que este plano funciona?"

"Gostei deste detalhe!"

"Já posso até imaginar o meu cruzeiro pelo Caribe!"

De conseguinte, a maneira de obter a ação de fechamento é fazer uma pergunta final. Essa pergunta deve ser feita com uma postura alerta, pois não vai adiantar fazê-la com o olhar para o chão e a voz baixa. O profissional deve demonstrar ao cliente que chegou a hora da decisão. Ele deve ter atitude!

O profissional deve utilizar informações sutis como se a contratação já estivesse concluída. Por exemplo: "O senhor vai receber toda a documentação em casa ou em outro endereço de sua preferência." Deve utilizar perguntas que conduzam ao fechamento como: "A melhor opção é uma economia mensal ou única?"; "A melhor data para o vencimento é o dia 1º, 5, 10, 15 ou 25?"; "O senhor deseja colocar um dos seus filhos como Titular?"; "Para onde enviamos o seu Título?".

6.6.3.7. Da Pós-Contratação: busca da satisfação e de novos clientes

A pós-contratação é o início de uma boa relação comercial: é quando o cliente sente que pode ou não contar com o profissional. Infelizmente, muitos profissionais acabam perdendo seus clientes com rapidez, pois simplesmente desaparecem depois que realizam a contratação.

Segundo FUNENSEG (2012:124), a primeira coisa que um corretor deve fazer é, após o fechamento, manter contato com o cliente para sinalizá-lo de que o recebimento da documentação por parte da Sociedade de Capitalização foi feito eficientemente e que ele deverá receber o Título em determinado número de dias.

Esse procedimento serve para reduzir a ansiedade do cliente na pós-contratação, pois o profissional saiu com o cheque dele, por exemplo, e ele não sabe o que está acontecendo.

Com essa atitude, o profissional certamente irá tranquilizá-lo. Se possível, o profissional deve levar o Título e explicar toda a documentação que ele recebeu.

Coloque outro cartão do profissional junto ao material e informe que, caso o cliente necessite de qualquer informação adicional, basta entrar em contato com ele, profissional.

Uma das ações imediatas de pós-contratação, em geral, é enviar uma carta ao cliente agradecendo a contratação e reforçando os benefícios que lhe serão proporcionados.

O profissional deve aproveitar para informar, nesta carta, os outros produtos que fazem parte do seu portfólio, mostrando que o cliente pode contar sempre com ele para proteger aquilo que possui de mais importante e para planejar o seu futuro.

O profissional deverá estar apto a reconhecer os problemas surgidos, resolvê-los com rapidez, criar um programa de incentivo a sugestões e responder a todos os questionamentos. O ideal é que o profissional se antecipe aos problemas e às preocupações dos clientes antes que chegue a ele.

Ou seja, o trabalho de pós-contratação também é do profissional: pequenos gestos no dia a dia farão a diferença para seus clientes. Ganhar um cliente por toda a vida não é resultado de uma ação fantástica como, por exemplo, oferecer a ele um presente caro. O profissional constrói relacionamentos duradouros nunca deixando de atendê-lo prontamente, retornando rapidamente todos os telefonemas, além de entregar todas as solicitações. Portanto o profissional deve ser a diferença para os seus clientes.

Além disso, deve agregar valor: desenvolvendo relatórios, sendo uma fonte de informações, auxílio, ideias e solução de problemas. Com essas informações bem aplicadas, o profissional passará a entender melhor as necessidades de seus clientes e passará a conhecer o perfil do consumidor, podendo traçar metas com maior possibilidade de serem alcançadas.

O profissional deve fazer um controle de sua carteira de clientes, verificando quem está pagando o título regularmente. Deve lembrar-se de que receberá extratos de comissionamento indicando os seus clientes e quais planos contrataram, mas é importante que o profissional tenha o seu próprio banco de dados.

Dessa forma, o profissional poderá maximizar seu relacionamento comercial com cada um deles, futuramente, ao apresentar novos produtos quando efetuar as suas visitas de rotina.

O profissional deve ter um bom banco de dados com as informações dos seus clientes e utilizar essas informações para estreitar o relacionamento. Por exemplo, se o seu cliente for médico, pode mandar um cartão ou ligar para ele no dia do médico. Nesse contato não deve ser oferecido nada nem se falar de negócios, apenas mostrar ao seu cliente o quanto ele é importante para o profissional. O cliente jamais se esquecerá disso.

Um bom serviço prestado para um cliente resultará, muito provavelmente, em novas oportunidades de negócios futuros com seus amigos e familiares. O profissional não deve se esquecer de pedir ao cliente referências para outros negócios. Deve estar sempre disponível para seu cliente, mantendo uma contínua comunicação pessoal, visitando-o periodicamente.

Por último, algumas dicas propostas por FUNENSEG (2012:126):

O que o profissional sempre deve fazer:

- conduzir o cliente a uma boa decisão;
- ser direto e objetivo;
- falar economizar no lugar de pagar;
- enfatizar o que o cliente ganha ou recebe (benefícios); e
- incentivar seu cliente com palavras de efeito do tipo:

— "Parabéns, foi uma ótima escolha!";

— "É ótimo tê-lo como cliente!";

— "Estou torcendo por você!".

O profissional deve seguir os conselhos dos clientes!

Os seguintes conselhos para os profissionais, originados de uma pesquisa entre clientes, retirados do livro *Back to Basic Selling*, de Robert Taylor, ajudarão a atrair e manter os clientes:

- "Descubra tudo o que puder sobre minha pessoa antes de me oferecer contratos";

- "Quando nos falarmos, não me fale de você. Comece imediatamente a falar de mim, meus interesses, meu lucro. Diga-me como poderei ter mais lucros";

- "Lembre-se de que uma venda é feita com a cabeça e com o coração, por isso cuidado para não me ofender. Descubra como me agradar. Normalmente, deixo meu coração comandar as minhas decisões";

- "Fale-me de seus produtos e serviços, mas traduza isso em termos de minhas necessidades e meus benefícios. Explique-me que vantagens posso obter e as características do produto";

• "Ouça atentamente quando eu falar";

• "Se já sou seu cliente, procure necessidades adicionais e você certamente encontrará mais oportunidades para vender seus itens";

• "Dê duro para manter o negócio. Lembre-se de que seus concorrentes batem à minha porta diariamente";

• "Quero que seja leal e verdadeiro"; e

• "Segundo minhas regras, uma boa venda para você deve ser necessariamente uma boa compra para mim".

Conforme orienta FUNENSEG (2012:127), o processo de contratação se dá em várias etapas e depende unicamente da atuação do corretor. Saber sobre o mercado, o produto e conhecer o cliente não garante a conclusão de uma contratação e, consequentemente, o recebimento da comissão. É preciso entender que, além de conhecimento, é preciso ter disciplina e comprometimento com o trabalho. Não basta apenas querer ganhar dinheiro se não tivermos paixão por aquilo que fazemos.

A figura de Corretor de Capitalização deixou de ser a de vendedor insistente, que quer fazer o cliente comprar a qualquer custo. Hoje ele é um profissional respeitado, que depende de suas habilidades para ter sucesso profissional.

As limitações e dificuldades que surgem no momento da contratação de produtos devem ser encaradas como desafios e aprendizados para novos negócios, pois, assim como nós, o cliente nunca quer comprar. Na verdade, ele quer é ter as suas necessidades atendidas da forma mais clara e segura possível.

Esta parte, como demonstrado, tratou de forma abrangente todos os processos que envolvem a contratação e a conquista do cliente. O profissional deve utilizá-lo como base para as suas conquistas, mas não o considere como o único caminho a ser seguido.

Criar sua própria forma de atuação, baseada em conhecimento e dedicação, é o que certamente fará o profissional chegar ao lugar no topo a que poucos profissionais chegam.

6.6.3.8. Melhores Práticas das Sociedades de Capitalização

Por sua vez, além do acima anotado, o *Manual de Melhores Práticas das Empresas de Capitalização*(174), lançado em 2008 pela FenaCAP, ressalta os seguintes pontos:

(174) [...]. *O Manual de Melhores Práticas das Empresas de Capitalização não é o Código de Ética da atividade, mas uma ferramenta para facilitar a compreensão do funcionamento das empresas e dos Planos de Capitalização. As Empresas de Capitalização são signatárias do "Código de Ética do Mercado de*

6.6.3.8.1. Melhores Práticas com Relação aos Consumidores

- Ter respeito absoluto pelo consumidor;
- reconhecer que o consumidor é a razão da existência dos Planos de Capitalização;
- desenvolver produtos respeitando a boa-fé e as expectativas do consumidor;
- colocar no mercado produtos compatíveis com as diferentes realidades sociais, comercializados de forma clara e transparente, de modo a facilitar a compreensão de seus objetivos e procedimentos operacionais;
- comercializar os produtos de forma ética, mostrando ao consumidor seus objetivos, suas características e vantagens;
- utilizar, tanto na redação dos produtos como no relacionamento com os clientes, linguagem objetiva, clara e de fácil compreensão para a população;
- permitir ao consumidor amplo acesso às informações relativas à empresa responsável pelo título, bem como às características do produto;
- cumprir rápida e corretamente as obrigações constantes do plano e assumidas com os consumidores;
- disponibilizar canais de atendimento ao consumidor para o envio de sugestões, reclamações e o esclarecimento de dúvidas; e
- atender os consumidores de forma rápida, respeitando a legislação aplicável aos Planos de Capitalização e de defesa do consumidor.

6.6.3.8.2. Melhores Práticas com Relação aos Órgãos Reguladores

- Respeitar a legislação aplicável às empresas e aos Planos de Capitalização;
- acatar as determinações dos Órgãos Reguladores e Agentes Públicos;

Seguros, Previdência Complementar e Capitalização". A diferença entre o Código de Ética e este Manual é que aquele reúne um conjunto de normas e princípios aos quais as empresas participantes sujeitam-se voluntariamente com o objetivo de promover o seu desenvolvimento estruturado com base nos princípios que "sustentam a livre-iniciativa, autonomia institucional dos operadores do mercado, preservação da livre concorrência e da boa-fé contratual, que devem existir entre as empresas e as relações negociais estabelecidas com os consumidores e demais participantes do mercado" (Código de Ética do Mercado Segurador). O Manual de Melhores Práticas das Empresas de Capitalização é um instrumento destinado a dar a transparência indispensável para o desenvolvimento da atividade de capitalização, pautado em procedimentos operacionais claros, lógicos e consequentes, fazendo a interação entre as empresas de capitalização, seus produtos, seus clientes, autoridades responsáveis pela regulamentação e fiscalização da atividade, defesa do consumidor e os meios de comunicação. [...]. Conforme Introdução, p. 4, do *Manual de Melhores Práticas das Empresas de Capitalização*, lançado em 19 de novembro de 2008, pela FenaCAP (Federação Nacional de Capitalização).

• manter relacionamento saudável e transparente com os agentes reguladores e Fiscalizadores;

• disponibilizar permanentemente as informações necessárias às boas práticas da fiscalização;

• estabelecer regras operacionais destinadas a minimizar problemas com os Órgãos Fiscalizadores;

• estabelecer regras operacionais destinadas a diminuir os índices de reclamações; e

• manter relacionamento proativo visando ao aprimoramento das normas aplicáveis para o permanente desenvolvimento do mercado.

6.6.3.8.3. Melhores Práticas com Relação aos Órgãos de Defesa do Consumidor

• Disponibilizar as informações pertinentes à empresa;

• disponibilizar as informações pertinentes aos produtos;

• disponibilizar canais de atendimento ao consumidor;

• estabelecer procedimentos para a rápida resolução de conflitos; e

• manter relacionamento proativo com os órgãos de defesa do consumidor.

6.6.3.8.4. Melhores Práticas com Relação aos Órgãos de Comunicação

• Divulgar informações corretas a respeito do mercado de Capitalização, das empresas e dos produtos;

• divulgar as ações destinadas à melhoria dos produtos e ao relacionamento com consumidores;

• atender de forma ética, respeitada a legislação aplicável, às solicitações de informações feitas pelos órgãos de comunicação; e

• disponibilizar no site da FENACAP as principais características dos diferentes tipos de produtos, bem como os principais dados e indicadores relativos ao mercado de Capitalização.

6.6.3.8.5. Melhores Práticas com Relação às Congêneres

• Respeitar as empresas congêneres;

• concorrer no mercado de forma ética e leal;

• respeitar os canais comerciais; e

• agir de acordo com a legislação e as normas aplicáveis.

CAPÍTULO VII

A SOCIEDADE DE CAPITALIZAÇÃO

7.1. A EMPRESA

A produção de bens e serviços para o mercado não é consequência de atividade acidental ou improvisada, mas sim de atividade especializada e profissional, que se explica através de organismos econômicos permanentes nela predispostos. Estes organismos econômicos, que se concretizam da organização dos fatores de produção e que se propõem à satisfação das necessidades alheias, e, mais precisamente, das exigências do mercado geral, tomam na terminologia econômica o nome de *empresa* (REQUIÃO: 2010:73).

A Sociedade de Capitalização[175] como empresa, evidentemente, encerra uma atividade empresarial que significa não um ato isolado, mas uma série predeterminada e coordenada de atos, visando a uma finalidade produtiva.

O termo empresa vem sendo empregado em inúmeros sentidos, principalmente no de estabelecimento comercial. Em face do emprego, por vezes, inadequado do termo na legislação civil, comercial, trabalhista e fiscal, o conceito de empresa, universalizado, passa a ter sua compreensão dificultada. A Lei n. 4.137, de 10.9.1962, define a *empresa* como "toda organização de natureza civil ou mercantil destinada à exploração por pessoa física ou jurídica de qualquer atividade com fins lucrativos". O CCB não define a empresa, mas o empresário (art. 966), inspirando-se no art. 2.082 do Código Civil italiano, *in litteris*:

---

(175) As sociedades são classificadas, hoje, em duas categorias de acordo com o público-alvo de seus produtos: as sociedades ligadas a conglomerados financeiros e as independentes: • conglomerados financeiros — essas companhias estão concentradas diretamente nos clientes do próprio conglomerado. Em geral, pertencem a uma *holding* que é liderada por um banco. A sociedade de capitalização é uma das empresas da *holding*. • independentes — são aquelas que, por não disporem de balcão de distribuição bancário próprio, utilizam como canal de distribuição casas lotéricas, agências de correios, corretores de seguros, lojas de departamentos e o balcão de instituições financeiras com quem firmam parcerias. Em geral, pertencem também a uma *holding*, mas não de origem ligada a um banco. • Público-alvo: parceiros. é muito comum haver laços entre sociedades de capitalização e sociedades seguradoras, que são, muitas vezes, ligadas a um mesmo grupo econômico. Cf. FUNENSEG (2012:12-13).

[...].

Art. 966. Considera-se empresário quem exerce profissionalmente atividade econômica organizada para a produção ou a circulação de bens ou de serviços.

[...].

É preciso compreender ainda, segundo os ensinamentos de REQUIÃO (2010:75), que a disciplina jurídica da empresa é a disciplina da atividade do empresário, e a tutela jurídica da empresa é a tutela jurídica dessa atividade. Essas considerações leva-nos a compreender que, no ângulo do direito, *empresa*, na acepção jurídica, significa uma *atividade exercida* pelo empresário. Disso decorre inevitavelmente que avulta no campo jurídico a proeminente figura do empresário.

7.1.1. CONCEITO, NATUREZA JURÍDICA E REQUISITOS DE CONSTITUIÇÃO, DA AUTORIZAÇÃO PARA FUNCIONAMENTO, DA TRANSFERÊNCIA DE CONTROLE SOCIETÁRIO, DA REORGANIZAÇÃO SOCIETÁRIA E DO CANCELAMENTO DA AUTORIZAÇÃO PARA FUNCIONAMENTO DE SOCIEDADE DE CAPITALIZAÇÃO

As Sociedades de Capitalização no desenvolver de sua atuação levam notável concurso para realização do bem-estar social com o estímulo à economia, como, pela construção de forças criadoras de riquezas, possibilitando o financiamento de grandiosos empreendimentos, atendendo ainda aos apelos do crédito público e privado.

Portanto somos de parecer que uma operação tão complexa como a realizada pelas Sociedades de Capitalização não permite uma definição singela que por força teria de ser incompleta e, daí, sem valor algum.

As organizações que dela se ocupam no Brasil são, de acordo com a lei, formadas em Sociedades Anônimas que devem atender a todos os requisitos e disposições constantes do Dec.-lei n. 261, de 1967 c/c Dec.-lei n. 73, de 1966, normativos do CNSP e regulamentação, controle e fiscalização da SUSEP, bem como do CMN e do CADE, no que pertine. Apesar de o Título de Capitalização poder ser comercializado por bancos, as Sociedades de Capitalização não são consideradas instituições financeiras e, por isso, não sofrem fiscalização direta do BACEN — Banco Central do Brasil. Entretanto, o BACEN publica normas para aplicação das reservas técnicas das sociedades de Capitalização, em conformidade com Resoluções do CMN — Conselho Monetário Nacional. Assim, se estabelece um controle permanente exercício pelo Poder Público constituído sobre a arrecadação e devida aplicação dos pagamentos feitos pelos subscritores — controle esse que permite que sejam reais as vantagens oferecidas, e não simples fantasmagoria a iludir incautos.

Há, inclusive, normativo que dispõe sobre os requisitos e procedimentos para constituição, autorização para funcionamento, transferência de controle societário, reorganização societária e cancelamento de autorização para funcionamento das Sociedades de Capitalização. Aliás, notadamente, os pedidos de autorização são objeto de estudos pela SUSEP com vistas à sua aceitação ou recusa, bem como baixar as normas e a adotar as medidas julgadas necessárias à execução do disposto na legislação em vigor.

Portanto a constituição e o funcionamento das Sociedades de Capitalização dependem de prévia e expressa autorização daquela Autarquia Federal. Assim, o funcionamento dessas Sociedades pressupõe constituição, conforme as normas legais e regulamentares vigentes e a autorização para funcionamento.

Prevê o normativo que, no processo de constituição, deve ser indicado o responsável, tecnicamente capacitado, pela condução do projeto na SUSEP, bem como identificado o grupo organizador da nova sociedade, do qual devem participar representantes do futuro grupo de controle e dos futuros detentores de participação qualificada.

Neste caso, entende-se como qualificada a participação, direta ou indireta, por pessoas físicas ou jurídicas, equivalente a 5% (cinco por cento) ou mais de ações representativas do capital total das Sociedades de Capitalização.

A constituição das Sociedades de Capitalização devem submeter às seguintes condições, cujo atendimento será examinado pela SUSEP:

I — publicação de *declaração de propósito*, por parte de pessoas físicas ou jurídicas que ainda não integrem grupo de controle das sociedades seguradoras, de Capitalização e entidades abertas de previdência complementar, nos termos e condições estabelecidos pela SUSEP, que poderá divulgá-la, utilizando, para tanto, o meio que julgar mais adequado;

II — apresentação de *Plano de negócios*, de *Nota Técnica Atuarial* da carteira e de definição dos *padrões de governança corporativa* a serem observados, na forma definida na legislação e regulamentação vigentes;

III — indicação da *composição do grupo de controle* da sociedade;

IV — *demonstração de capacidade econômico-financeira* compatível com o porte, a natureza e o objetivo do empreendimento, a ser atendida, a critério da SUSEP, individualmente por acionista controlador ou pelo grupo de controle;

V — *autorização expressa*, por todos os integrantes do grupo de controle e por todos os detentores de participação qualificada:

a) à Receita Federal do Brasil, para fornecimento à SUSEP de *cópia da declaração de rendimentos, de bens e direitos e de dívidas e ônus reais*, relativa aos dois últimos exercícios, para uso exclusivo no respectivo processo de autorização;

b) à SUSEP, para *acesso a informações* a seu respeito constantes de qualquer sistema público ou privado de cadastro e informações.

VI — *inexistência de restrições* que possam, a juízo da SUSEP, afetar a reputação dos controladores e detentores de participação qualificada, aplicando-se, no que couber, as demais normas legais e regulamentares referentes às condições para o exercício de cargos de administração nas Sociedades de Capitalização;

VII — *comprovação*, por todos os integrantes do grupo de controle e por todos os detentores de participação qualificada, *da origem dos recursos* que serão utilizados no empreendimento.

A SUSEP, nos casos que julgar necessário, pode exigir publicação da declaração de propósito das pessoas físicas ou jurídicas que já integrem o grupo de controle ou que detenham participação qualificada nas sociedades seguradoras, de Capitalização e entidades abertas de previdência complementar.

A SUSEP, na avaliação do cumprimento das condições estabelecidas nas normas, leva em consideração a natureza e o porte da sociedade envolvida.

O início das atividades da Sociedade de Capitalização deve observar o prazo previsto no plano de negócios, podendo a SUSEP conceder, excepcionalmente, prorrogação do prazo, mediante requisição fundamentada, firmada pelos administradores da Sociedade.

A SUSEP pode, no caso de prorrogação do prazo previsto, exigir quaisquer documentos e declarações necessários para atualização do processo de autorização.

Obtida a autorização para funcionamento, e previamente ao início das atividades, a Sociedade de Capitalização deve encaminhar declaração à SUSEP, atestando a conformidade de sua infraestrutura ao plano de negócios, à Nota Técnica Atuarial da carteira e aos padrões de governança corporativa apresentados.

Iniciadas as atividades, a Sociedade de Capitalização deve, durante o período abrangido pelo plano de negócios e pela Nota Técnica Atuarial da carteira, evidenciar no relatório de administração que acompanha as demonstrações contábeis semestrais a adequação das operações realizadas com os objetivos estratégicos estabelecidos nas normas.

O auditor independente deve opinar sobre as informações, em relatório circunstanciado específico a ser enviado à SUSEP nos prazos constantes da legislação em vigor.

Verificada, durante o período abrangido pelo plano de negócios e pela Nota Técnica Atuarial da carteira, a não adequação das operações com os objetivos estratégicos, a Sociedade de Capitalização deve apresentar justificativas fundamentadas, as quais devem ser objeto de exame por parte da SUSEP, que pode estabelecer condições adicionais e fixar prazo para seu atendimento.

Nesse mesmo sentido, dependem de prévia e expressa autorização da SUSEP a transferência de controle societário e qualquer mudança, direta ou indireta, no grupo de controle, que possa implicar alteração na ingerência efetiva nos negócios da Sociedade de Capitalização, decorrentes de:

I — acordo de acionistas ou quotistas (cotistas);

II — herança e atos de disposição de vontade, a exemplo de doação, adiantamento da legítima e constituição de usufruto; e

III — ato, isolado ou em conjunto, de qualquer pessoa, física ou jurídica, ou de grupo de pessoas representando interesse comum.

Essas disposições não se aplicam às transferências de controle societário para pessoas jurídicas em que não ocorra ingresso de novas pessoas físicas no quadro de controladores finais da Sociedade de Capitalização.

Dependem igualmente de prévia e expressa autorização da SUSEP os seguintes atos de reorganização:

I — mudança de objeto de Sociedade de Capitalização;

II — mudança na área geográfica de atuação de Sociedade de Capitalização;

III — fusão, cisão ou incorporação; e

IV — redução de capital social.

Contudo, os pedidos de transferência de controle societário e qualquer mudança, direta ou indireta, no grupo de controle que possa implicar alteração na ingerência efetiva nos negócios, bem como os atos de reorganização da Sociedade de Capitalização, não precisam da apresentação de Nota Técnica Atuarial de carteira.

A SUSEP, na ocorrência das situações a seguir descritas, pode exigir o cumprimento de condições estabelecidas para a constituição das Sociedades de Capitalização, a saber:

I — na hipótese de expansão da participação detida por acionista controlador, em percentual igual ou superior a 5% do capital, de forma acumulada ou não, deve ser observada a *demonstração de capacidade econômico-financeira* compatível com o porte, a natureza e o objetivo do empreendimento, a ser atendida, a critério da SUSEP, individualmente por acionista controlador ou pelo grupo de controle; a *autorização expressa*, por todos os integrantes do grupo de controle e por todos os detentores de participação qualificada: a) à Receita Federal do Brasil, para fornecimento à SUSEP de *cópia da declaração de rendimentos, de bens e direitos e de dívidas e ônus reais*, relativa aos dois últimos exercícios, para uso exclusivo no respectivo processo de autorização; b) à SUSEP, para *acesso a informações* a seu respeito constantes de qualquer sistema público ou privado de cadastro e informações; e também a *comprovação*, por todos os integrantes do grupo de controle e por todos os detentores de participação qualificada, *da origem dos recursos* que serão utilizados no empreendimento. A SUSEP, nos casos que julgar necessário, poderá exigir publicação da declaração de propósito das pessoas físicas ou jurídicas que já integrem o grupo de controle ou que detenham participação qualificada nas Sociedades de Capitalização. E também a SUSEP, na avaliação do cumprimento das condições acima estabelecidas, levará em consideração a natureza e o porte da sociedade envolvida.

II — aplica-se na autorização expressa, por todos os integrantes do grupo de controle e por todos os detentores de participação qualificada: a) à Receita Federal do Brasil, para fornecimento à Superintendência de Seguros Privados de cópia da declaração de rendimentos, de bens e direitos e de dívidas e ônus reais, relativa aos dois últimos exercícios, para uso exclusivo no respectivo processo de autorização; b) à Superintendência de Seguros Privados, para acesso a informações a seu respeito constantes de qualquer sistema público ou privado de cadastro e informações; como também na comprovação, por todos os integrantes do grupo de controle e por todos os detentores de participação qualificada, da origem dos recursos que serão utilizados no empreendimento. A SUSEP, nos casos que julgar necessário, poderá exigir publicação da declaração de propósito das pessoas físicas ou jurídicas que já integrem o grupo de controle ou que detenham participação qualificada nas Sociedades de Capitalização. E também a SUSEP, na avaliação do cumprimento das condições acima estabelecidas, levará em consideração a natureza e o porte da sociedade envolvida, nos casos abaixo especificados:

a) ingresso de acionista com participação qualificada ou com direitos correspondentes a participação qualificada, decorrentes de atos jurídicos formalizados, direta ou indiretamente, com outros acionistas da Sociedade de Capitalização;

b) expansão da participação qualificada detida por acionista em percentual igual ou superior a 5% do capital da Sociedade de Capitalização, de forma acumulada ou não;

c) assunção da condição de acionista detentor de participação qualificada.

Na ocorrência dos eventos acima, deverá ser comunicada à SUSEP, no prazo por ela estabelecido.

A partir do recebimento das informações acima referidas, a SUSEP terá prazo de 60 dias para adoção das providências supraelencadas.

As participações societárias diretas que impliquem controle das Sociedades de Capitalização constituídas somente podem ser detidas por:

I — pessoas físicas;

II — entidades autorizadas a funcionar pela SUSEP;

III — pessoas jurídicas que tenham por objeto exclusivo a participação em sociedades autorizadas a funcionar pela SUSEP, e que adotem padrões de governança corporativa, na forma definida na legislação vigente.

O ingresso de sócio na condição de integrante do grupo de controle implica a necessidade de somente poderem ser detidas por: I — pessoas físicas; II — entidades autorizadas a funcionar pela Superintendência de Seguros Privados; e III — pessoas jurídicas que tenham por objeto exclusivo a participação em sociedades autorizadas a funcionar pela Superintendência de Seguros Privados, e que adotem padrões de governança corporativa, na forma definida na legislação vigente.

Não serão aceitos pedidos em que não haja identificação das pessoas físicas integrantes do grupo de controle ou detentoras de participação qualificada.

A prática de atos que acarretem a extinção das Sociedades de Capitalização ou a mudança de objeto que resulte na sua descaracterização como integrante do SNC implica o cancelamento da respectiva autorização para funcionamento e depende de prévia e expressa autorização da SUSEP.

São requisitos indispensáveis para o cancelamento da autorização para funcionamento das Sociedades de Capitalização:

I — publicação de declaração de propósito, nos termos e condições estabelecidos pela SUSEP, que também poderá divulgá-la, utilizando, para tanto, o meio que julgar mais adequado;

II — deliberação em assembleia geral;

III — instrução do respectivo processo na SUSEP, nos termos e condições por ela estabelecidos.

Adicionalmente aos requisitos acima estabelecidos, a SUSEP condicionará o cancelamento à liquidação de operações passivas privativas das Sociedades de Capitalização.

Contudo essas disposições não se aplicam à extinção da Sociedade de Capitalização decorrente de fusão, cisão total ou incorporação, desde que a sociedade resultante ou sucessora seja autorizada a funcionar pela SUSEP.

A SUSEP, esgotadas as demais medidas cabíveis na esfera de sua atribuição e sem prejuízo da eventual decretação de direção fiscal ou liquidação extrajudicial compulsória, suspende a autorização para funcionamento das Sociedades de Capitalização, quando constatada, a qualquer tempo, uma ou mais das seguintes situações:

I — inatividade operacional, sem justificativa aceitável;

II — Sociedade de Capitalização não localizada no endereço informado à SUSEP;

III — interrupção, por mais de três meses, sem justificativa aceitável, do envio do Formulário de Informações Periódicas exigido pela regulamentação em vigor, àquela Autarquia;

IV — não observância do prazo para início de atividades; e

V — falta de capacidade econômica do controlador.

A suspensão será decretada pelo prazo de 90 dias, após ouvida a Sociedade de Capitalização que poderá ser intimada por edital, quando não localizada em sua sede informada à SUSEP.

Cessada a causa para a suspensão durante seu prazo de 90 dias, a Sociedade de Capitalização retornará às condições de funcionamento anteriores à imposição da medida.

Se até o último dia do prazo de suspensão a Sociedade de Capitalização não fizer cessar a sua causa, a medida se convolará em cancelamento.

Na anterior, Sociedade de Capitalização somente receberá nova autorização para funcionamento se protocolizar requerimento na forma supraprevista para constituição de Sociedade e se esse for deferido pela SUSEP.

A SUSEP deverá dispor sobre os:

I — documentos necessários à instrução dos processos relativos à constituição, à autorização para funcionamento, à transferência de controle societário, à reorganização societária e ao cancelamento da autorização para funcionamento das Sociedades de Capitalização;

II — prazos a serem observados na instrução dos processos.

A SUSEP, no curso da análise da constituição, da autorização para funcionamento, da transferência de controle societário, da reorganização societária e do cancelamento da autorização para funcionamento das Sociedades de Capitalização, pode:

I — solicitar quaisquer documentos e informações adicionais que julgar necessários à decisão acerca da pretensão;

II — convocar para entrevista os integrantes do grupo de controle, os detentores de participação qualificada e os administradores indicados da Sociedade de Capitalização.

A SUSEP indeferirá os pedidos relacionados à constituição, à autorização para funcionamento, à transferência de controle societário, à reorganização societária e ao cancelamento da autorização para funcionamento das Sociedades de Capitalização, caso venha a ser apurada:

I — irregularidade cadastral contra os administradores, integrantes do grupo de controle ou detentores de participação qualificada;

II — falsidade nas declarações ou nos documentos apresentados na instrução do processo; ou

III — realização do ato sem que anteriormente tenha sido concedida a devida aprovação prévia.

Nos casos de irregularidade cadastral contra administradores, integrantes do grupo de controle ou detentores de participação qualificada, a SUSEP poderá conceder prazo aos interessados para que a irregularidade cadastral seja sanada.

Uma vez concedida aprovação prévia pela SUSEP, os interessados deverão protocolizar o processo de formalização do ato, no prazo máximo de 90 dias, contados do recebimento da comunicação da aprovação prévia, cuja inobservância ensejará o arquivamento do processo.

A SUSEP poderá, mediante pedido justificado, conceder prazo adicional de até 90 dias, uma única vez, findo o qual, não adotadas as providências pertinentes, o processo será arquivado.

É de anotar que as grandes realizações, consideradas privativas do Estado, por serem superiores à capacidade e aos esforços individuais, somente puderam aparecer quando triunfou o Princípio de Cooperação de Capitais no surto admirável das Sociedades Anônimas, nos últimos decênios do século passado (CAMPISTA FILHO, 1949:20).

A significação do prestígio da cooperação econômica e solidariedade de esforços brilham no símbolo do feixe de varas — estas, isoladas, são frágeis e quebradiças, enquanto bem enfeixadas são fortes e inquebráveis, segundo CAMPISTA FILHO (1949:20).

Há de se rememorar, com o fito de conceituar Sociedade de Capitalização, que Capitalização é o contrato pelo qual uma Sociedade Anônima, especificamente autorizada pelo Governo Federal a operar com este gênero de atividade econômica, se compromete, mediante contribuições periódicas ou contribuição única do outro contratante, a pagar-lhe importância mínima estabelecida no Contrato de Capitalização ao término de prazo determinado.

O Decreto-Lei n. 261, de 1967, procura definir as Sociedades de Capitalização a partir do que seria o Contrato de Capitalização concretizado no Título de Capitalização, consequência material daquela convenção. Dessa forma, dispõe o parágrafo único de seu art. 1º: "*Consideram-se Sociedades de Capitalização as que tiverem por objetivo fornecer ao público, de acordo com Planos aprovados pelo Governo Federal, a constituição de um capital mínimo perfeitamente determinado em cada Plano, e pago em moeda corrente em um prazo máximo indicado no mesmo Plano, à pessoa que possuir um Título segundo cláusulas e regras aprovadas e mencionadas no próprio Título.*"

As Sociedades de Capitalização, segundo FIGUEIREDO (2006:297), são pessoas jurídicas, constituídas na forma de sociedades anônimas, que negociam contratos específicos, denominados Títulos de Capitalização. *Data venia*, esse conceito no final retrata, a nosso ver, ligeira confusão entre a natureza do Contrato de Capitalização e do Título de Capitalização, sendo esse realização concreta desse pacto. O Título, como já disse anteriormente, é o instrumento do Contrato. Aliás, pode existir o Contrato de Capitalização sem a expedição, por algum motivo, do Título de Capitalização, porém a recíproca não é verdadeira. Ou seja, a existência do Título assegura a preexistência de respectivo Contrato de Capitalização.

Relembra FIGUEIREDO (2006:297) que o *objeto social* das Sociedades de Capitalização traduz-se na persecução do depósito periódico de prestações pecuniárias pelo contratante, o qual terá, depois de cumprido o prazo contratado, o direito de resgatar parte dos valores depositados corrigidos por uma taxa de juros estabelecida contratualmente, conferindo, ainda, quando previsto, o direito de concorrer a sorteios de prêmios em dinheiro.

Neste item, a fim de marcar bem as características da Sociedade de Capitalização, ressaltamos abaixo breve estudo da natureza da sociedade anônima, seguindo, entre outros renomados doutrinadores, na maior parte, os ensinamentos de COELHO (2007:224), a saber.

7.2. SOCIEDADE ANÔNIMA

7.2.1. INTRODUÇÃO

A sociedade anônima, segundo LOBO, Jorge; KANDIR *et al* (2003:219), foi certamente o grande instrumento do desenvolvimento industrial que permitiu o advento do capitalismo[176]. Chegou-se até a afirmar que constituiu "a maior descoberta dos tempos modernos, sendo mais preciosa e relevante que a máquina a vapor e a eletricidade".

Embora se tenha desenvolvido a partir do século XIX, foi após a crise econômica de 1930 e, especialmente, após a Segunda Guerra Mundial que a sociedade anônima passou a sofrer uma completa renovação, em particular nos Estados Unidos, passando a ser o grande instrumento do capitalismo popular.

Efetivamente, a abertura do capital das sociedades e constituição dos grandes grupos permitiram a realização do que DRÜCKER (1977:36) denominou "a

(176) **Capitalismo** é a denominação dada ao sistema econômico que tem o capital como um dos fatores da produção, mostrando-se o mesmo como um dos elementos prevalecentes em toda vida econômica em que predomina o capital entre os fatores de produção. É o denominado sistema da livre empresa, em que à iniciativa privada cabe, preferencialmente, a produção econômica (SILVA, 2010-251).

revolução invisível", que ocorreu na medida em que os fundos de pensão permitiram aos empregados em geral o acesso à propriedade das ações das companhias, que passaram a constituir uma parcela importante do patrimônio das famílias norte-americanas.

A importância crescente dos investidores institucionais, cuja presença se fez sentir também na Europa e na América Latina, lembram LOBO, Jorge; KANDIR *et al* (2003:220), permitiu transformar um grande número de proletários em proprietários. Estudos recentes se referem ao capitalismo das entidades institucionais que está transformando a economia do país e à revolução feita pelos acionistas, que modifica a estrutura da empresa.

Em todos os países, uma ampla literatura trata das novas formas do governo das empresas (*corporate governance*) e de sua crescente democratização, após mais de um século, no qual predominou uma espécie de regime monárquico no qual o acionista controlador exercia uma verdadeira ditadura.

A sociedade anônima ou por ação é uma pessoa jurídica de Direito Privado que exerce a atividade empresarial ou o instituto jurídico mercantil. Diz-se instituto pelo fato de ser criada para durar para sempre, não sendo possível criar por prazo determinado.

Dessa forma, a sociedade por ação, também classificada como institucional, também é chamada de "companhia".

A sociedade anônima se sujeita às regras da Lei das Sociedades Anônimas ou Lei das Sociedades por Ações (LSA), de n. 6.404, de 15 de dezembro de 1976, e alterações posteriores. O CCB é aplicável apenas nas omissões dessa lei, conforme prevê em seu art. 1.089(177).

7.2.2. CARACTERÍSTICAS GERAIS DA SOCIEDADE ANÔNIMA

A sociedade anônima (S/A) tem legislação própria, a LSA. Difere-se pela denominação, sempre sociedade de capital, sempre empresarial. Assim, S/A é aquela que tem seu capital todo dividido em ações, e a responsabilidade dos acionistas é o preço das ações.

Assim, na sociedade anônima ou companhia, o capital divide-se em ações, obrigando-se cada sócio ou acionista somente pelo preço de emissão das ações que subscrever ou adquirir, dita o art. 1.088 do CCB.

Assim, a sociedade anônima é uma sociedade de capital. Segundo COELHO (2012:219), os Títulos representativos da participação societária (ação) são

---

(177) [...]. *Art. 1.089. A sociedade anônima rege-se por lei especial, aplicando-se-lhe, nos casos omissos, as disposições deste Código.* [...].

livremente negociáveis. Nenhum dos acionistas pode impedir, por conseguinte, o ingresso de quem quer que seja no quadro associativo. Por outro lado, será sempre possível a penhora da ação em execução promovida contra o acionista.

Aliás, em falecendo o Titular de uma ação, não poderá ser impedido o ingresso de seus sucessores no quadro associativo. Inclusive, por se tratar de sociedade institucional, nem será lícito aos sucessores do acionista morto pleitear a apuração dos haveres deste. O herdeiro ou legatário de uma ação transforma-se, queira ou não, em acionista da sociedade anônima.

O capital social deste tipo societário é fracionado em unidades representadas por ações. Os seus sócios, por isso, são chamados de acionistas, e eles respondem pelas obrigações sociais até o limite do que falta para a integralização das ações de que sejam Titulares. Ou dizendo o mesmo com as expressões usadas pelo legislador: o acionista responde pelo preço de emissão das ações que subscrever ou adquirir (art. 1º da LSA). Preço de emissão, registre-se, não se confunde com o valor nominal ou de negociação (COELHO, 2012:220).

Se alguém indagar quanto vale uma ação de determinada companhia, a resposta dependerá de um esclarecimento: a respeito de que valor estará sendo feita a pergunta. A ação de uma sociedade anônima vale diferentemente de acordo com os objetivos da avaliação. Uma analogia, um tanto grosseira, pode ajudar o entendimento da questão. Uma casa tem, também, diversos valores: se o objetivo é o cálculo e pagamento do imposto de propriedade, o que interessa é o valor venal da casa; se for o pagamento de imposto de transmissão, é o valor declarado na escritura; mas nenhum destes terá qualquer importância no momento da negociação desse bem, hipótese em que tem peso o valor de mercado. Com a ação ocorre algo semelhante. Em função do objetivo perseguido, o seu valor é um ou outro.

Aliás, assim magistra COELHO (2012:221-222), tem-se:

a) *Valor nominal* — o resultante da operação matemática de divisão do valor do capital social[178] pelo número de ações é o valor nominal. O estatuto da sociedade pode expressar este valor ou não; no primeiro caso, ter-se-á ação com valor nominal, no segundo, ação sem valor nominal, apresentando, cada uma, algumas vantagens próprias, que serão examinadas em seguida.

b) *Valor patrimonial* — o valor da participação do Titular da ação no patrimônio líquido da companhia. Resulta da operação matemática de divisão do patrimônio líquido pelo número de ações em que se divide o capital social. É o valor devido ao acionista em caso de liquidação da sociedade ou amortização da ação.

---

(178) **Capital Social** é o capital com que se organiza a sociedade civil ou comercial para atender aos seus objetivos econômicos, representados pelas cotas (*capital dos sócios*) com que os sócios se obrigam a entrar para a sua constituição. Neste sentido é o mesmo capital que é posto a serviço da produção, não para servir os interesses privados, mas no interesse da sociedade em geral. É o capital público (SILVA, 2010-251).

O valor nominal, quando existente, é previsto nos estatutos. Já o valor patrimonial se pode conhecer pelas demonstrações contábeis que a sociedade anônima é obrigada a levantar ao término do exercício social. Quando esses instrumentos estão defasados no tempo, a lei estabelece mecanismos para a sua atualização (art. 45, §§ 1º a 4º, da LSA), de modo que o valor patrimonial da ação corresponda à parcela do patrimônio líquido atualizado da sociedade cabível a cada ação.

c) *Valor de negociação* — é o preço que o Titular da ação consegue obter na sua alienação. O valor pago pelo adquirente é definido por uma série de fatores econômicos, como as perspectivas de rentabilidade, o patrimônio líquido da sociedade, o desempenho do setor em que ela atua, a própria conjuntura macroeconômica etc.

d) *Valor econômico* — é o calculado, por avaliadores de ativos, através de técnicas específicas (p. ex., "a do fluxo de caixa descontado"), e representa o montante que é racional pagar por uma ação, tendo em vista as perspectivas de rentabilidade da companhia emissora.

e) *Preço de emissão* — é o preço pago por quem subscreve a ação, à vista ou parceladamente. Destina-se a mensurar a contribuição que o acionista dá para o capital social (e, eventualmente, para a reserva de capital) da companhia, bem como o limite de sua responsabilidade subsidiária.

O preço de emissão é fixado pelos fundadores, quando da constituição da companhia, e pela assembleia geral ou pelo conselho de administração, quando do aumento do capital social com emissão de novas ações. Conforme COELHO (2012:222), se a companhia tem o seu capital social representado por ações com valor nominal, o preço de emissão das ações não poderá ser inferior ao seu valor nominal. E se for superior, a diferença, chamada ágio, constituirá reserva de capital, que poderá posteriormente ser capitalizada (arts. 13 e 200, IV, da LSA).

A fixação do preço de emissão de ações emitidas por força de aumento do capital social deve obedecer a determinados critérios previstos em lei (art. 170, § 1º), dos quais se ressalta o seguinte: não se poderá impingir aos antigos acionistas uma diluição injustificada do valor patrimonial de suas ações. Com efeito, sempre que as novas ações forem subscritas por preço inferior ao valor patrimonial das existentes, este sofrerá uma redução (diluição). Tal redução poderá ser justificada ou não. Quer dizer: se a companhia efetivamente necessita dos recursos provenientes da emissão das novas ações, os acionistas antigos devem suportar a diluição do valor patrimonial de seus Títulos. Já, se não existe tal necessidade ou se os recursos de que carece a sociedade poderiam ser obtidos por outros meios, não se justifica a diluição. Essa regra vigora para a sociedade por ações com ou sem valor nominal. O acionista de qualquer companhia não pode sofrer injustificadamente diluição do valor patrimonial de suas ações. Contudo, registra COELHO (2012:222), o acionista da sociedade por ação com valor nominal encontra-se mais protegido contra essa diluição, mesmo justificada, do que o acionista de sociedade por ação exclusivamente sem valor nominal.

Em razão da proibição de fixação do preço de emissão de novas ações abaixo do valor nominal, terá aquele acionista uma relativa garantia contra a diluição do valor patrimonial de suas ações. Por outro lado, a doutrina costuma apontar a facilidade e economia na emissão de certificados de ações como a vantagem da adoção do sistema de ausência do valor nominal, posto que seria dispensável a substituição dos certificados sempre que o capital social e, consequentemente, o valor nominal das ações fossem aumentados.

A sociedade anônima é sempre empresária, mesmo que seu objeto seja atividade econômica civil (art. 982, parágrafo único, do CCB; art. 2º, § lº, da LSA). Uma companhia constituída só por dentistas para a prestação de serviços de odontologia pelos próprios acionistas, embora tenha por objeto uma atividade não empresarial (art. 966, parágrafo único, do CCB), será empresária e estará sujeita ao regime jurídico-comercial, pela só adoção do tipo societário, o que, salvo no caso das cooperativas, não ocorre com as demais sociedades tipificadas em lei que podem, em função da natureza de sua atividade, ser simples ou empresárias (COELHO, 2012:223).

A companhia adota denominação, obrigatoriamente. Desta constará referência ao tipo societário, pelas expressões "sociedade anônima" ou "companhia", por extenso ou abreviadamente (S/A ou Cia.), sendo que essa última expressão somente poderá ser utilizada no início ou no meio do nome empresarial.

7.2.3. CLASSIFICAÇÃO

Ensina COELHO (2012:224) que a sociedade anônima se classifica em *aberta* ou *fechada*, conforme tenha, ou não, admitidos à negociação, na Bolsa ou no mercado de balcão, os valores mobiliários de sua emissão. Anote-se que o critério de identificação de uma ou outra categoria de sociedade anônima é meramente formal. Basta que a companhia tenha seus valores mobiliários admitidos à negociação na Bolsa ou no mercado de balcão, para ser considerada aberta. É irrelevante se os valores mobiliários de sua emissão efetivamente são negociados nessas instituições.

Para que uma companhia tenha seus valores mobiliários admitidos à negociação na Bolsa ou mercado de balcão — o que permitirá maior liquidez do investimento representado por tais Títulos — necessita obter do Governo Federal a respectiva autorização. A companhia somente pode ser aberta se autorizada nesses termos. O órgão do Governo Federal encarregado pela lei de conceder tal autorização é uma autarquia denominada Comissão de Valores Mobiliários — CVM. Essa autarquia foi criada pela Lei n. 6.385, de 1976, e juntamente com o Banco Central do Brasil (BACEN) exerce a supervisão e o controle do mercado de capitais, de acordo com as diretrizes traçadas pelo Conselho Monetário Nacional — CMN.

O interesse do Governo Federal no acompanhamento da sociedade anônima aberta — que justifica o regime de controle específico a que esta se encontra submetida — está relacionado com a proteção ao investidor popular em especial, e com o papel que tal entidade desempenha na economia em geral, segundo COELHO (2012:224). Em virtude desse interesse é que a legislação do anonimato prevê determinadas regras de aplicação restrita a uma ou a outra categoria de sociedade anônima.

A *Bolsa de Valores* é uma entidade privada, resultante da associação de sociedades corretoras, que exerce um serviço público, com monopólio territorial; sua criação depende de autorização do Banco Central e seu funcionamento é controlado pela CVM. Mercado de balcão compreende toda operação relativa a valores mobiliários realizada fora da Bolsa de Valores, por sociedade corretora e instituição financeira ou sociedade intermediária autorizadas. A companhia aberta pode estar registrada na CVM para ter os seus valores mobiliários negociados somente no mercado de balcão ou neste e na Bolsa (COELHO, 2012:225).

A Bolsa só opera com o mercado secundário, ou seja, para venda e aquisição de valores mobiliários, ao passo que o mercado de balcão opera com o mercado primário também, ou seja, para a subscrição de valores mobiliários. A emissão de novas ações, p. ex., não poderá ser feita na Bolsa, mas poderá ser feita no mercado de balcão.

A Lei n. 7.913, de 1989, reconhece legitimidade ativa ao Ministério Público para propor, de ofício ou a pedido da CVM, Ação Civil Pública para evitar prejuízos ou obter ressarcimento de danos causados aos Titulares de valores mobiliários e aos investidores do mercado, decorrentes principalmente de práticas irregulares. Destaca COELHO (2012:225) que, embora a disposição seja bastante oportuna, a verdade é que o legislador não adotou a solução mais feliz, confundindo interesse difuso, cuja proteção deve ser feita mesmo através de Ação Civil Pública, com interesses individuais passíveis de proteção coletiva, que é o caso dos investidores do mercado de capitais lesados por práticas irregulares.

Outro critério de classificação das companhias tem em vista a sua nacionalidade. De acordo com a antiga legislação do anonimato, o Decreto-Lei n. 2.627, de 1940, mais precisamente por seu art. 60, mantido em vigor pelo art. 300 da LSA, considera-se nacional a companhia constituída de acordo com a legislação brasileira e com sede de administração localizada no Brasil, sendo irrelevante a nacionalidade do capital ou dos acionistas. A sociedade anônima organizada de acordo com legislação alienígena, ou com sede no exterior, é considerada, portanto, estrangeira, submetendo-se, em decorrência, a um controle governamental específico, disciplinado pelos dispositivos ainda vigorantes da antiga lei do anonimato.

7.2.4. CONSTITUIÇÃO

O ato constitutivo da sociedade anônima é o seu Estatuto Social.

O tema da constituição da companhia encontra-se fracionado em três níveis distintos: a) requisitos preliminares (arts. 80 e 81 da LSA); b) modalidades de constituição (arts. 82 a 93 da LSA); c) providências complementares (arts. 94 a 99 da LSA). Não se trata, rigorosamente, de etapas da constituição, posto se entrecruzarem as medidas disciplinadas em cada uma destas seções, segundo anota COELHO (2012:226).

Qualquer companhia, para constituir-se, deve atender aos seguintes três requisitos preliminares, consoante aponta COELHO (2012:226):

a) Subscrição de todo o capital social por, pelo menos, duas pessoas. Não se exige mais, como no passado, o mínimo de sete Subscritores para validade da constituição. Necessário, no entanto, é que todas as ações representativas do capital social estejam subscritas. A subscrição é contrato plurilateral complexo pelo qual uma pessoa se torna Titular de ação emitida por uma sociedade anônima. A subscrição é irretratável;

b) Realização, como entrada, de, no mínimo, 10% do preço de emissão das ações subscritas em dinheiro. Na subscrição a prazo em dinheiro, pelo menos 1/10 do preço da ação deve ser integralizado como entrada. Em se tratando de instituição financeira, a porcentagem sobe para 50%, nos termos do art. 27, da Lei n. 4.595, de 1964; e

c) Depósito das entradas em dinheiro no Banco do Brasil ou estabelecimento bancário autorizado pela CVM (CVM-AD n. 2/78). Este depósito deverá ser feito pelo fundador, até 5 dias do recebimento das quantias, em nome do Subscritor e em favor da companhia em constituição. Concluído o processo de constituição, a companhia levantará o montante depositado; se este processo não se concluir em 6 meses do depósito, o Subscritor é que levantará a quantia por ele paga.

A lei prevê duas modalidades de constituição de sociedade anônima, de acordo com a existência ou não de apelo ao público investidor: a constituição por subscrição pública, em que os fundadores buscam recursos para a constituição da sociedade junto aos investidores; e a constituição por subscrição particular, em que inexiste esta preocupação por parte dos fundadores.

A caracterização de emissão pública de ações, segundo COELHO (2012:227), encontra-se definida no art. 19, § 3º, da Lei n. 6.385, de 1976, que elege os seguintes elementos para a sua configuração: "a) a utilização de listas ou boletins de venda ou subscrição, folhetos, prospectos ou anúncios destinados ao público; b) a procura de Subscritores ou adquirentes para os Títulos, por meio de empregados, agentes ou corretores; c) a negociação feita em loja, escritório ou estabelecimento aberto ao público, ou com a utilização dos serviços públicos de comunicação". Sempre que o fundador de uma companhia pretender lançar mão de expedientes como os referidos por este dispositivo, deverá observar as normas relativas à constituição por subscrição pública, também denominada, doutrinariamente, *constituição sucessiva*, posto compreender várias etapas ou fases. Caso não pretenda lançar mão destes expedientes, deverá o fundador optar pela constituição por subscrição particular, também conhecida por *constituição simultânea*.

A constituição sucessiva tem início com o registro na CVM, cujo pedido deve estar instruído com o estudo de viabilidade econômica e financeira do empreendimento, o projeto dos estatutos e o prospecto. Aquela autarquia poderá condicionar a concessão do registro a alterações no prospecto ou no projeto de estatuto que não se revelarem satisfatórios. Se o estudo de viabilidade econômica e financeira do empreendimento, no entanto, não satisfizer aos critérios técnicos da CVM — revelando-se, segundo tais critérios, a inviabilidade ou temeridade da empresa —, não será o caso de se proceder a alterações nele, uma vez que este deve retratar uma realidade, e não dispor sobre ela, como é o caso dos outros dois instrumentos. Nesta hipótese, o único caminho a seguir é o indeferimento do registro. A CVM poderá, também, negar o registro baseada na inidoneidade dos fundadores (COELHO, 2012:228).

Para requerer o registro junto à CVM, o fundador da companhia deverá, necessariamente, contratar uma instituição financeira para intermediar a colocação das ações no mercado. O prospecto deverá, inclusive, conter a assinatura dela.

Concedido o registro da emissão e da sociedade, na CVM, passa-se à segunda fase da constituição sucessiva, que compreende a subscrição das ações representativas do capital social. Segundo COELHO (2012:228), o investimento é oferecido ao público pela instituição financeira intermediária. Quem pretender subscrever ações dessa companhia deve procurar a instituição financeira para assinar o boletim ou a lista de subscrição, que instrumentalizam o negócio jurídico. Também será possível a subscrição por carta que atenda aos requisitos fixados no prospecto. Em uma ou outra hipótese, sendo em dinheiro a integralização, o Subscritor pagará a entrada.

Quando todo o capital social estiver subscrito, os fundadores convocarão a assembleia de fundação para avaliar os bens oferecidos para a integralização, se for o caso, e deliberar sobre a constituição da companhia. Nessa assembleia, todas as ações, de qualquer espécie ou forma, conferirão ao seu Titular o direito de voto. Confirmada a observância de todas as formalidades legais e não se opondo Subscritores representativos de mais da metade do capital social, será proclamada a sua constituição, elegendo-se, em seguida, os administradores e fiscais. O projeto de estatuto somente poderá ser alterado por deliberação unânime dos Subscritores. Esta é a terceira e derradeira fase da constituição por subscrição pública (COELHO, 2012:229).

Já a constituição por subscrição particular é significativamente mais simples. Poderá processar-se por deliberação dos Subscritores reunidos em assembleia de fundação ou por escritura pública. Na primeira hipótese, todos os Subscritores deverão assinar o projeto de estatuto; na segunda, todos eles assinarão a escritura pública, que conterá os requisitos fixados em lei (art. 88, § 2º, da LSA).

Em relação à constituição, pontua COELHO (2012:229), independentemente de sua modalidade, previu a lei algumas regras gerais e comuns. São elas: a) a escritura pública é dispensável para a incorporação de imóveis para a formação do capital social (art. 89); b) o Subscritor poderá ser representado por procurador com poderes especiais, na assembleia de fundação ou na escritura pública (art. 90); c) a denominação da companhia, enquanto não concluído o seu processo de constituição, deverá ser aditada pela expressão "em organização" (art. 91); d) os fundadores e as instituições financeiras que participarem da constituição da companhia têm responsabilidade por todos os prejuízos decorrentes da inobservância de algum preceito legal e os fundadores responderão, solidariamente, pelos danos decorrentes de culpa ou dolo em atos anteriores à constituição (art. 92 e seu parágrafo único); e) os fundadores devem entregar aos primeiros administradores eleitos os papéis, documentos e livros pertinentes à constituição da companhia ou de propriedade desta (art. 93).

Na seção referente às providências complementares, fixa a lei a necessidade de registro e publicação dos atos constitutivos da companhia. Somente após estas providências é que a companhia poderá dar início à exploração de suas atividades comerciais de forma regular. Além disso, se houver incorporação de bem ao capital social, deverá ser providenciada, por seus primeiros administradores, a transferência da Titularidade desse bem para a companhia, por transcrição no registro público competente (se bem imóvel, o Registro de Imóveis; se marca, o registro no INPI etc.). A certidão dos atos constitutivos expedida pela Junta Comercial é documento hábil para instrumentalizar essa transferência (COELHO, 2012:230).

7.2.5. VALORES MOBILIÁRIOS

Valores mobiliários são Títulos de investimento que a sociedade anônima emite para obtenção dos recursos de que necessita. Além da ação, valor mobiliário representativo de unidade do capital social, a companhia poderá emitir os seguintes principais valores imobiliários: a) debêntures (arts. 52 a 74); b) partes beneficiárias (arts. 46 a 51); c) bônus de subscrição (arts. 75 a 79); d) nota promissória (Inst. CVM n. 134/90).

As *debêntures* são definidas, pela doutrina, como Títulos representativos de um contrato de mútuo, em que a companhia é a mutuária e o debenturista o mutuante. Quer dizer, são Títulos emitidos para conseguir recurso. Os Titulares de debêntures têm direito de crédito, perante a companhia, nas condições fixadas por um instrumento elaborado por esta, que se chama "escritura de emissão". Tal instrumento estabelece se o crédito é monetariamente corrigido ou não, as garantias desfrutadas pelos debenturistas, as épocas de vencimento da obrigação e os demais requisitos determinados por lei (art. 59 da LSA).

A comunidade de interesses dos debenturistas pode ser representada por um agente fiduciário, nomeado pela escritura de emissão. Sempre que as debêntures forem distribuídas, ou admitidas no mercado, a nomeação de agente fiduciário é obrigatória. Se a negociação das debêntures não se fizer no mercado, será facultativa a sua intervenção. Pode exercer a função de agente fiduciário dos debenturistas a pessoa física que preencher os requisitos que a lei estabelece para os administradores e a instituição financeira especialmente autorizada pelo BACEN, observados os impedimentos que a lei contempla no art. 66, § 3º.

As debêntures, de acordo com a garantia oferecida aos seus Titulares, podem ser de quatro espécies: a) com garantia real, em que um bem, pertencente ou não à companhia, é onerado (hipoteca de um imóvel, p. ex.); b) com garantia flutuante, que confere aos debenturistas um privilégio geral sobre o ativo da companhia, pelo qual terão preferência sobre os credores quirografários, em caso de falência da companhia emissora; c) quirografária, cujo Titular concorre com os demais credores sem garantia, na massa falida; d) subordinada (ou subquirografária), em que o Titular tem preferência apenas sobre os acionistas, em caso de falência da sociedade devedora.

As debêntures podem ter a cláusula de conversibilidade em ações e podem ser nominativas ou escriturais.

Segundo COELHO (2012:231), as partes beneficiárias são definidas como Títulos negociáveis, sem valor nominal e estranhos ao capital social, que conferem aos seus Titulares direito de crédito eventual, consistente na participação nos lucros da companhia emissora (art. 46 e seu § lº, da LSA).

Dos lucros da sociedade anônima não poderá ser destinado às partes beneficiárias mais do que 10%. Esses Títulos poderão ser alienados ou atribuídos. A atribuição, por sua vez, poderá ser onerosa, em pagamento a prestação de serviços, ou gratuita. A companhia aberta não poderá emitir partes beneficiárias.

As partes beneficiárias terão a duração estabelecida pelos estatutos, nunca superior a dez anos no caso de Títulos de atribuição gratuita, salvo se emitidos em favor de sociedade ou fundação beneficente de empregados da companhia, hipótese em que os estatutos poderão fixar a duração do Título livremente (COELHO, 2012:231).

As partes beneficiárias podem conter, também, a cláusula de conversibilidade em ações, devendo, neste caso, ser constituída uma reserva especial para Capitalização.

A alteração dos estatutos que importe em modificação ou redução das vantagens conferidas aos Titulares das partes beneficiárias somente terá eficácia após sua aprovação pela metade, no mínimo, dos Titulares das partes beneficiárias, reunidos em assembleia.

Os bônus de subscrição, Títulos de investimento de pouca presença no mercado de valores mobiliários brasileiro, conferem aos seus Titulares o direito de subscreverem ações da companhia emissora, quando de futuro aumento de capital social desta. O Titular de um bônus não estará dispensado do pagamento do respectivo preço de emissão. São Títulos criados pela sociedade anônima para alienação onerosa ou atribuição como vantagem adicional aos Subscritores de suas ações ou debêntures.

A CVM disciplinou a emissão de notas promissórias destinadas à distribuição pública. Trata-se de valor mobiliário destinado à captação de recursos para restituição a curto prazo (30 dias no mínimo e 180, no máximo). Conhecido por *Commercial Paper*, este valor mobiliário somente poderá ser negociado mediante endosso em preto com a cláusula sem garantia.

CARVALHOSA e EIZIRIK (2002:34) pontuam que a expressão "distribuição pública" é sem dúvida mais adequada do que "emissão pública", utilizada no art. 19, *caput* da Lei n. 6.385, de 1976, que tem merecido a crítica da doutrina, pelo fato de designar a emissão o ato de criar os valores mobiliários, não o de lançá-los no mercado.

As normas legais e regulamentares, editadas pela CVM, que condicionam a realização da distribuição pública ao prévio registro apresentam nítida feição instrumental; o registro diante da agência reguladora, segundo CARVALHOSA e EIZIRIK (2002:34), constitui o meio de proceder-se à prestação de informações com vistas à sua divulgação aos investidores.

O registro da distribuição pública, portanto, insere-se no princípio maior do *disclosure*, que consiste na divulgação ampla e completa de informações sobre a companhia e os valores mobiliários por ela publicamente distribuídos.

7.2.6. AÇÕES

As ações são valores mobiliários representativos de unidade do capital social de uma sociedade anônima, que conferem aos seus Titulares um complexo de direitos e deveres.

Classificam-se as ações segundo três critérios distintos: espécie, classe e forma.

Segundo a espécie, as ações são:

a) *Ordinárias* — aquelas que conferem aos seus Titulares os direitos que a lei reserva ao acionista comum. São ações de emissão obrigatória. Não há sociedade anônima sem ações desta espécie. O estatuto não precisará disciplinar esta espécie de ação, uma vez que dela decorrem, apenas, os direitos normalmente concedidos ao sócio da sociedade anônima.

b) *Preferenciais* — ações que conferem aos seus Titulares um complexo de direitos diferenciado, como, p. ex., a prioridade na distribuição de dividendos ou no reembolso do capital, com ou sem prêmio etc. As ações preferenciais podem ou não conferir o direito de voto aos seus Titulares. Para serem negociadas no mercado de capitais (bolsa de valores ou mercado de balcão), os direitos diferenciados das preferenciais devem ser pelo menos um de três definidos no art. 17, § 1º, da LSA.

c) *De fruição* — são aquelas atribuídas aos acionistas cujas ações foram totalmente amortizadas. O seu Titular estará sujeito às mesmas restrições ou desfrutará das mesmas vantagens da ação ordinária ou preferencial amortizada, salvo se os estatutos ou a assembleia geral que autorizar a amortização dispuserem em outro sentido.

O máximo de ações preferenciais sem direito a voto, ou com restrições a esse direito, tolerado por lei é de 50% das ações emitidas (art. 15, § 2º, da LSA).

As ações preferenciais, consoante COELHO (2012:234), se dividem em classes de acordo com o complexo de direitos ou restrições que, nos termos dos estatutos, forem conferidos aos seus Titulares. As ações ordinárias, em tese, não deveriam ser divisíveis em classes, na medida em que se conceituam justamente por conferirem um mesmo conjunto de direitos aos seus Titulares. No entanto a lei possibilita aos estatutos da companhia fechada a previsão de classes de ações ordinárias, em função de sua conversibilidade em ações preferenciais, exigência de nacionalidade brasileira do acionista ou direito de eleger, em separado, membros dos órgãos de administração (art. 16 da LSA). As ações ordinárias das companhias abertas não poderão ser divididas em classes (art. 15, § 1º, da LSA).

Anteriormente à Medida Provisória que deu origem à Lei n. 8.021, de 1990, as ações eram classificadas, quanto à forma, em nominativas, endossáveis, ao portador ou escriturais. Com a nova redação que aquele diploma conferiu ao art. 20 da LSA, foram extintas as formas ao portador e endossável. Presentemente, portanto, segundo este critério, as ações serão nominativas ou escriturais.

O critério de diferenciação entre uma forma e outra leva em conta o ato jurídico que opera a transferência de Titularidade da ação, ou seja, a maneira pela qual são transmissíveis. As *nominativas* circulam mediante registro no livro próprio da sociedade emissora. Já as ações *escriturais* são mantidas, por autorização ou determinação dos estatutos, em contas de depósito em nome de seu Titular. Essas ações são desprovidas de certificado e sua circulação se opera por lançamento da operação nos registros próprios da instituição financeira depositária, a débito da conta de depósito do alienante e a crédito da conta de depósito do adquirente (COELHO, 2012:234).

Os estatutos da companhia fechada podem estabelecer limites à livre circulação das ações representativas de seu capital social, desde que, dispõe a lei (art. 36), não impeçam a sua negociação nem sujeitem o acionista ao arbítrio dos órgãos de administração ou à maioria dos acionistas. Destaca COELHO (2012:235) que o exemplo mais corrente de aproveitamento dessa faculdade do legislador encontra-se na previsão do direito de preferência para a compra de ações reconhecido aos demais acionistas da companhia. Nesse caso, aquele que pretender alienar suas ações estará obrigado a oferecê-las, inicialmente, aos demais integrantes do quadro associativo da sociedade anônima. A circulação das ações da companhia aberta, no entanto, não poderá sofrer qualquer restrição por parte dos estatutos.

As ações nominativas são documentadas em um certificado, em regra de emissão da companhia, cujos requisitos se encontram fixados em lei (art. 24). Poderá, no entanto, a companhia contratar os serviços de escrituração e guarda dos livros de registro e transferência de ações, bem como os de expedição de certificados, de uma instituição financeira autorizada pela CVM, chamada pela lei de *agente emissor de certificados*. Nesta hipótese, caberá exclusivamente ao agente a prática dos atos relativos aos registros e à emissão de certificados.

A lei possibilita, também, às instituições financeiras autorizadas para este fim, pela CVM, prestarem serviços de custódia de ações fungíveis, recebendo em depósito, como valores fungíveis, as ações de cada espécie, classe e companhia. Neste caso, a instituição financeira representará, perante a companhia, os Titulares das ações depositadas em custódia, para recebimento de dividendos e ações bonificadas, bem como exercício de direito de preferência na subscrição de novas ações.

7.2.7. CAPITAL SOCIAL

A natureza jurídica do capital social, para a maioria da doutrina, é propriedade incorpórea. Alguns doutrinadores diziam que era patrimônio inicial.

Aliás, vale demarcar a diferença entre capital e patrimônio: O patrimônio é a universalidade de direitos e obrigações. O capital está contido no patrimônio.

O capital social de uma sociedade anônima, como ocorre em relação às demais sociedades comerciais, pode ser integralizado pelo acionista em dinheiro (hipótese mais comum), bens ou créditos.

Lembra COELHO (2012:236-237) que para a integralização do capital social em bens é necessário realizar-se a avaliação desses bens, que deve ser feita com observância de determinadas regras fixadas em lei (art. 8º da LSA). Assim, devem ser contratados três peritos, ou uma empresa especializada, para a elaboração de um laudo fundamentado com indicação dos critérios e dos elementos de comparação utilizados e instruídos pelos documentos relativos ao bem. Esse laudo será objeto de votação por assembleia geral da companhia. Se o valor obtido pelo laudo pericial for aprovado pelo órgão social e aceito pelo Subscritor, perfaz-se a integralização do capital social pelo bem avaliado. Qualquer bem, corpóreo ou incorpóreo (registro de marca, patente etc.), móvel ou imóvel, pode ser usado para a integralização do capital social da companhia. O bem se transfere a Título de propriedade, salvo estipulação diversa (usufruto, p. ex.), e a responsabilidade do Subscritor equipara-se, outrossim, à do vendedor.

No tocante à integralização por créditos de que seja Titular o Subscritor, há de se observar a responsabilidade deste pela existência do crédito e pela solvência do devedor. Mesmo em se tratando de cessão civil (em que, em regra, o cedente não responde pela solvência do devedor, nos termos do art. 296 do CCB), será sempre possível demandar o Subscritor quando o devedor não honrar o Título junto à companhia cessionária (LSA, art. 10, parágrafo único). O mesmo se verifica na hipótese de endosso "sem garantia", sendo ineficaz perante a companhia a cláusula exoneratória de responsabilidade do acionista-endossante. Além disso, o certificado de ação integralizada por transferência de crédito somente poderá ser expedido após a sua realização (LSA, art. 23, § 2º).

O capital social pode — e, em certos casos, deve — ser aumentado. O *aumento do capital social*, no entanto, nem sempre decorre de ingresso de novos recursos na companhia.

Com efeito, segundo COELHO (2012:237), o capital social da sociedade anônima é aumentado nas seguintes hipóteses:

a) *Emissão de ações* — hipótese em que há efetivo ingresso de novos recursos no patrimônio social. O aumento será deliberado em assembleia geral extraordinária (LSA, art. 166, IV) e tem por pressuposto a realização de, pelo menos, 3/4 do capital social então existente (LSA, art. 170).

Pode, também, ser feito por deliberação da assembleia geral ou do conselho de administração, nos limites do capital autorizado (art 166, II, da LSA).

b) *Valores mobiliários* — a conversão de debêntures ou partes beneficiárias conversíveis em ações, bem como o exercício dos direitos conferidos por bônus de subscrição ou opção de compra, importam em aumento de capital social, com emissão de novas ações (art. 166, III, da LSA).

c) *Capitalização de lucros e reservas* — a assembleia geral ordinária pode destinar uma parcela do lucro líquido ou de reservas para reforço do capital social, emitindo-se, ou não, novas ações (art. 169, da LSA), mas sempre sem o ingresso de novos recursos.

O estatuto da companhia pode autorizar o aumento do capital social, dentro de certo limite, sem necessidade de sua alteração. A medida visa a agilizar o processo de decisão e emissão de novas ações. Este limite é chamado de *capital autorizado*. O estatuto deverá, quando fixar o capital autorizado, definir qual o órgão competente para decidir a emissão das novas ações, se a assembleia geral ou o conselho de administração (art. 168 da LSA).

O capital social da companhia pode, também, ser *reduzido*. Duas são as causas que a lei considera para permitir esta redução: *excesso do capital social*, quando se constata o seu superdimensionamento; e *irrealidade do capital social*, quando houver prejuízo patrimonial (art. 173 da LSA). Quando ocorre redução do capital social com restituição aos acionistas de parte do valor das ações ou diminuição do valor destas, se não integralizadas, à importância das entradas já feitas, a lei busca proteger os interesses dos credores da companhia, sujeitando a eficácia da deliberação da assembleia geral ao transcurso do prazo de 60 dias após a publicação de sua correspondente ata. Durante este lapso temporal, os credores quirografários existentes à data da publicação terão direito de manifestar oposição à redução deliberada, hipótese em que o arquivamento da ata da assembleia geral fica condicionado ao pagamento ou ao depósito judicial do crédito do oponente. Igualmente, registra COELHO (2012:238), nesta mesma hipótese, será necessária, para a pretendida redução, a aprovação da maioria de seus debenturistas, reunidos em assembleia especial (LSA, art. 174).

Discute-se a responsabilidade do acionista controlador em face da *subcapitalização da sociedade anônima*. Cuida-se da hipótese em que o capital social é ostensivamente inferior ao necessário para o desenvolvimento do objeto social. Para obter os recursos faltantes, a companhia recorre a expedientes como empréstimos feitos pelo próprio controlador. Este, em vez de subscrever novas ações, contrai um mútuo com a sociedade, para apresentar-se, em caso de falência desta, não como acionista, mas como um credor a mais, por vezes preferencial. Mesmo não havendo empréstimo, pode ser atribuída responsabilidade ao controlador em caso de subcapitalização, fundada no fato de configurar abuso da forma societária a constituição de pessoa jurídica sem os recursos indispensáveis ao seu desenvolvimento.

7.2.8. ÓRGÃOS SOCIAIS

Os principais órgãos da companhia são a assembleia geral, o conselho de administração, a diretoria e o conselho fiscal. Além desses, o estatuto poderá prever, livremente, a existência de órgãos técnicos de assessoramento ou de execução.

7.2.8.1. Assembleia geral

A assembleia geral é o órgão máximo da sociedade anônima, de caráter exclusivamente deliberativo, que reúne todos os acionistas com ou sem direito a voto. Como se sabe, nem todas as ações conferem ao seu Titular o direito de participar do encaminhamento dos negócios sociais. Assim, ensina COELHO (2012:239), os acionistas Titulares de ações preferenciais nominativas podem ter este direito limitado ou suprimido pelo estatuto. Tais acionistas poderão exercer o direito a voto somente em casos excepcionalmente previstos, como a deliberação da constituição, eleição em separado de membros do conselho de administração ou fiscal, não pagamento de dividendos fixos ou mínimos etc. Salvo, pois, tais casos, os Titulares das ações dessas categorias não têm voto na assembleia geral. Assegura-lhes a lei apenas o direito de voz na discussão das matérias em pauta (art. 125, parágrafo único, da LSA).

A lei exige a realização de uma assembleia geral nos quatro meses imediatamente seguintes ao término do exercício social, para fins de apreciação de um conjunto de matérias específicas. Esta é a assembleia geral ordinária que se realiza anualmente. Sua competência está restrita aos temas elencados no art. 132 da LSA, a saber: a) tomar as contas dos administradores, examinar, discutir e votar as demonstrações financeiras; b) deliberar sobre a destinação do lucro líquido e a distribuição de dividendos; c) eleger os administradores e fiscais, se for o caso. Qualquer outro tema não poderá ser objeto de deliberação da assembleia geral ordinária, fazendo-se indispensável a convocação de uma assembleia extraordinária.

Fixa a lei um *quorum* para validade das deliberações da assembleia, ordinária ou extraordinária. Primeiro, cogita-se de um *quorum* de instalação, ou seja, sem a presença de acionistas que representem, no mínimo, 1/4 do capital social votante, em primeira convocação, não poderá ser dado início aos trabalhos (art. 125 da LSA). Em constando, porém, da pauta a apreciação de proposta de reforma dos estatutos, o *quorum* de instalação em primeira convocação passa a ser de acionistas representantes de 2/3, no mínimo, do capital social votante (art. 135 da LSA). Em qualquer hipótese, a assembleia se instala, em segunda convocação, com qualquer número de acionistas.

Para aprovação de proposta dirigida à assembleia geral, basta a concorrência da vontade de acionistas Titulares de ações com direito a voto representativo de mais da metade do total de ações com direito a voto presentes à reunião daquele órgão, descontados os votos em branco. É esse o sentido do conceito de *maioria absoluta* constante do art. 129 da LSA. Existe, entretanto, hipóteses em que a lei fixa um *quorum* mais elevado para a deliberação. Trata-se do *quorum* qualificado do art. 136, que impõe, para a aprovação das matérias nele elencadas, a concordância de acionistas que representem metade, no mínimo, do capital social votante. Para a deliberação de assunto recolhido pelo legislador neste dispositivo, é necessária a aprovação de acionistas Titulares de, no mínimo, 50% das ações com direito a voto. Note-se bem que este percentual é necessário para a aprovação, mas nem sempre suficiente: no caso de a proposta contar com a aprovação de metade dos acionistas com direito a voto e com a reprovação da outra metade, será o caso de empate, aplicando-se o art. 129, § 2º, da LSA. O *quorum* de deliberação, simples ou qualificado, poderá ser aumentado pelos estatutos da companhia fechada.

Prescreve em dois anos a ação para anulação de deliberações tomadas em assembleia, em virtude de vício na convocação ou instalação, bem como infração da lei ou do estatuto, ou, ainda, erro, dolo, fraude ou simulação (art. 286 da LSA).

7.2.8.2. Conselho de Administração

Nos países desenvolvidos, o poder de gestão das grandes sociedades passou às mãos dos administradores, que efetivamente dirigem a atividade empresarial. Segundo afirmam LOBO, Jorge; KANDIR *et al.* (2003:25), a gerência deixou de ser exercida por quem detém a propriedade.

A composição e atuação do conselho de administração têm primordial importância no exercício da boa governança corporativa. Hoje, vigoram novos conceitos relativamente à atuação do conselho de administração.

O conselho de administração ocupa uma função intermediária entre a assembleia geral dos acionistas e a diretoria. É órgão de deliberação colegiada. Tem por objetivo conciliar interesses da maioria e da minoria.

Porém, segundo afirmam LOBO, Jorge; KANDIR *et al.* (2003:26), enquanto da assembleia não se espera decisões técnicas, do conselho devem emanar decisões que efetivamente propiciem o retorno do capital investido pelo acionista. Na verdade, com o declínio das Assembleias Gerais, ao conselho de administração cabe a função mais importante na consecução do objetivo de lucro da sociedade, ou seja, decidir a sua política de investimentos.

O conselho de administração é órgão, em regra, facultativo. Trata-se de colegiado de caráter deliberativo, ao qual a lei atribui parcela da competência da assembleia geral, com vistas a agilizar a tomada de decisões de interesse da companhia. Este órgão só é obrigatório nas sociedades anônimas abertas, nas de capital autorizado e nas de economia mista (arts. 138, § 2º, e 239, da LSA).

Rememora COELHO (2012:241) que cabe ao estatuto fixar, observado o mínimo legal de três, o número de conselheiros, podendo optar pela fixação de mínimo ou máximo permitidos. Deve, também, fixar o prazo de duração do mandato de seus integrantes, nunca superior a três anos; e estabelecer normas regimentais do órgão, notadamente no que se refere à escolha e substituição de seu presidente, substituição de seus membros, convocação, instalação, funcionamento e deliberação. O conselho delibera por maioria de votos, se o estatuto não prevê *quorum* qualificado para uma ou mais matérias (art. 140 da LSA) e somente acionista é elegível para o cargo de conselheiro (art. 146 da LSA). Quem elege e pode, a qualquer tempo, destituir os membros do conselho de administração é a assembleia geral.

Asseguram LOBO, Jorge; KANDIR *et al.* (2003:26) que para o bom exercício da governança corporativa, as seguintes questões devem ser cuidadosamente examinadas com vistas à eficiência na alocação dos recursos da empresa, gerando valor e, consequentemente, atraindo novos investidores:

a) critérios para indicação para o conselho;

b) requisitos necessários para o preenchimento do cargo;

c) funções do conselho;

d) comitês;

e) mandato;

f) remuneração; e

g) avaliação dos conselheiros.

7.2.8.3. Diretoria

A diretoria é órgão de representação legal da companhia e de execução das deliberações da assembleia geral e do conselho de administração. O estatuto deverá prever, em relação à diretoria: a) número de membros, nunca inferior a dois, ou o mínimo e máximo permitidos; b) duração do mandato, não superior a três anos; c) modo de substituição dos diretores; d) atribuições e poderes de cada diretor (art. 143).

Os diretores não precisam ser necessariamente acionistas da companhia, e são eleitos pelo conselho de administração, se houver, ou pela assembleia geral, se inexistir o conselho de administração. São, a qualquer tempo, destituíveis pelo órgão competente para a eleição. Até 1/3 dos membros do conselho de administração poderá integrar, também, a diretoria (COELHO, 2012:242).

A representação legal compete àquele diretor ao qual for atribuída esta competência específica pelo estatuto, ou, omisso este, por deliberação do conselho de administração. Se inexistir seja previsão estatutária, seja deliberação do conselho, a representação legal competirá a qualquer dos diretores da companhia (art. 144 da LSA).

Tanto os integrantes do conselho de administração quanto os da diretoria são sempre reelegíveis (arts. 140, III, e 143, III, da LSA).

7.2.8.4. Conselho Fiscal

Registra COELHO (2012:243) que o conselho fiscal é órgão de existência obrigatória, mas de funcionamento facultativo, composto de no mínimo três, e, no máximo, cinco membros, acionistas ou não. Quando se tratar de órgão que, pelo estatuto, tem funcionamento facultativo, esse deverá ocorrer por deliberação da assembleia geral, por proposta de acionista que represente, na sociedade fechada, 10% das ações com direito a voto ou 5% das ações sem direito a voto (art. 161, § 2º, da LSA); nas abertas, os percentuais são menores, fixados pela CVM em função do capital social. Os mesmos requisitos, impedimentos e deveres que a lei estabelece para os administradores são extensíveis aos membros do conselho fiscal. Além disso, não pode ser eleito fiscal o membro de órgão de administração, empregado da companhia ou de sociedade por ela controlada, ou do mesmo grupo, bem como o cônjuge ou parente até terceiro grau de administrador da companhia (art. 162 e § 2º, da LSA). Os Titulares de ações preferenciais sem direito a voto, ou com restrições desse direito, poderão eleger, em separado, um membro do conselho fiscal. Igual direito têm os acionistas minoritários que representem 10% ou mais do capital votante. Assim, se o conselho fiscal tinha três membros, o órgão passa a ter cinco se ambos os grupos minoritários exercerem os seus direitos de eleição de fiscal em separado, em virtude do disposto no art. 161, § 4º, da LSA.

O conselho fiscal é colegiado destinado à fiscalização dos órgãos de administração, atribuição que exerce para a proteção dos interesses da companhia e de todos os acionistas. Sua competência vem detalhada no art. 163 da LSA.

Todavia, asseguram LOBO, Jorge; KANDIR *et al.* (2003:36), o Conselho Fiscal não tem uma função meramente fiscalizadora e opinativa, mas também participativa nos processos referentes à distribuição de dividendos, aumento de capital e reestruturação societária.

7.2.9. ADMINISTRAÇÃO DA SOCIEDADE

Sob a rubrica de "administradores", a LSA definiu um conjunto de regras jurídicas aplicáveis tanto ao membro do conselho de administração quanto ao da diretoria (arts. 145 a 160). Desse conjunto, destacam-se as referentes aos deveres e às responsabilidades dos administradores.

Segundo COELHO (2012:243-244), são os seguintes os deveres impostos pela LSA aos membros do conselho de administração e da diretoria:

a) *Dever de diligência* — pelo qual o administrador deve empregar, no desempenho de suas atribuições, o cuidado e a diligência que todo homem ativo e probo, costumeiramente, emprega na administração de seus próprios negócios (art. 153). Para melhor nortear o cumprimento desse dever, determina a lei que o administrador exerça suas atribuições com vistas à realização dos fins e interesses da companhia, satisfeitas as exigências do bem público e da função social da empresa (art. 154).

b) *Dever de lealdade* — o administrador não pode usar, em proveito próprio ou de terceiro, informação pertinente aos Planos ou interesses da companhia e à qual teve acesso em razão do cargo que ocupa, agindo sempre com lealdade para com aquela (art. 155). Deve, pois, abster-se de intervir em qualquer operação social em que tiver interesse conflitante com o da sociedade anônima, bem como na deliberação que a respeito tomar o órgão no qual tenha assento (art. 156). O descumprimento do dever de lealdade pode caracterizar, em alguns casos, crime de concorrência desleal (art. 195, XI e § lº, LPI).

c) *Dever de informar* — o administrador de companhia aberta tem o dever de informar, imediatamente, à Bolsa de Valores e divulgar pela imprensa qualquer deliberação dos órgãos sociais ou fato relevante que possa influir, de modo ponderável, na decisão dos investidores do mercado de vender ou comprar valores mobiliários de emissão da companhia (art. 157, § 4º). Outro aspecto do dever de informar diz respeito aos interesses que o administrador de companhia aberta possua nos negócios sociais, os quais têm os acionistas o direito de conhecer, nos termos do *caput* e do § 1º do art. 157 da LSA.

O administrador não é responsável pelas obrigações assumidas pela companhia por ato regular de gestão, mas responderá por ato ilícito seu, pelos prejuízos que causar, com culpa ou dolo, ainda que dentro de suas atribuições ou poderes, ou com violação da lei ou do estatuto. É o que proclama o art. 158 da LSA. A companhia pode promover a *responsabilização judicial* de seu administrador, por prejuízo que esse lhe tenha causado, mediante prévia deliberação da assembleia geral. A deliberação poderá ser tomada em assembleia ordinária, ou, se constar da ordem do dia, ou tiver relação direta com matéria em apreciação, pela assembleia extraordinária. Em qualquer caso, o administrador será destituído do cargo de administração e substituído nos termos estatutários.

Pontua COELHO (2012:245), se os órgãos de administração retardarem a propositura da competente ação por mais de três meses, qualquer acionista poderá fazê-lo em nome da companhia. É hipótese de *substituição processual derivada* (art. 159, § 3º, da LSA). Se, porém, a assembleia geral decidiu não promover a responsabilização do administrador, os acionistas que possuam ações representativas de 5% ou mais do capital social poderão, em nome da companhia, promover a ação judicial. É hipótese de *substituição processual originária* (art. 159, § 4º, da LSA).

A ação para responsabilização dos administradores prescreve em três anos, contados da data da publicação da ata da assembleia geral que votar o balanço referente ao exercício em que o ilícito ocorreu. O mesmo prazo conta-se, no entanto, da prescrição da ação penal ou da sentença penal definitiva, caso o fato ensejador da ação de responsabilidade civil deva ser objeto de apuração na esfera criminal (arts. 287, II, b, 2 e 288, da LSA).

Além da responsabilidade civil e penal, têm os administradores responsabilidade de caráter administrativo perante a CVM. Esta autarquia pode impor-lhes, por infração a dever prescrito na legislação do anonimato, sanções que variam de multa ou advertência até suspensão do exercício do cargo ou inabilitação (art. 11 da Lei n. 6.835, de 1976). Em relação aos administradores de Sociedade de Capitalização, há sanções administrativas, além das penais e civis cabíveis, previstas na lei específica e em sua regulamentação.

Observa-se que, até aqui, estudamos os deveres e as responsabilidades dos administradores em relação à própria sociedade anônima que administram. Eles, no entanto, também podem ser responsabilizados por danos que causam a terceiros, no exercício da função. Segundo COELHO (2012:246), os consumidores, por exemplo, têm ação contra os administradores que conduziram a companhia fornecedora à falência ou inatividade, em decorrência de má administração (art. 28 do CDC). Outro exemplo é o direito de o INSS cobrar dos administradores as dívidas previdenciárias da sociedade anônima (art. 13, parágrafo único, da Lei n. 8.620, de 1991). Os administradores de operadoras de Planos de assistência à saúde respondem subsidiariamente pelos direitos contratuais e legais de consumidores, prestadores de serviço e fornecedores, bem como pelas obrigações fiscais e trabalhistas da sociedade (art. 35-J da Lei n. 9.656, de 1998).

7.2.10. O ACIONISTA

O dever principal do acionista — define o art. 106 da LSA — é o de pagar o preço de emissão das ações que subscrever. O vencimento das prestações será o definido pelo estatuto ou pelo boletim de subscrição. Se omissos tais instrumentos, os órgãos da administração procederão à chamada dos Subscritores, por avisos publicados na imprensa, por três vezes pelo menos, estabelecendo prazo não inferior a 30 dias para o pagamento. O acionista que deixar de pagar a prestação devida, no prazo assim fixado, estará constituído em mora independentemente de qualquer interpelação. Nesta situação, deverá pagar o principal de seu débito, acrescido de juros, correção monetária e multa estatutária de, no máximo, 10%. Essas três parcelas serão devidas apenas se existir previsão estatutária.

Anota COELHO (2012:247) que a companhia poderá promover, contra o acionista em mora (chamado pela lei de "remisso"), a cobrança judicial do devido, por ação de execução, servindo o boletim de subscrição, acompanhado, se for o caso, da chamada, como *Título executivo extrajudicial*. Poderá também optar pela venda das ações subscritas pelo *acionista remisso* em Bolsa. Esta regra, porque a venda referida se faz mediante leilão especial, também se aplica às companhias fechadas. Do produto arrecadado nessa venda serão descontadas as despesas com a operação e os juros, correção monetária e multa previstos em estatuto, ficando o saldo à disposição do ex-acionista. A lei faculta à companhia promover a venda em Bolsa mesmo após o ajuizamento da execução judicial, assim como promover esta em caso de se revelar frustrada a venda em leilão especial da Bolsa. Saldadas, no entanto, ambas as providências, a companhia pode declarar a caducidade das ações, apropriando-se das entradas porventura já realizadas. Se, então, possuir fundos ou reservas (exceto a legal) disponíveis, poderá integralizar a ação para vendê-la se e quando desejar. Se não possuir fundos ou reservas suficientes para a integralização, terá a companhia o prazo de um ano para conseguir um comprador para as ações em questão, findo o qual, o capital social deverá ser reduzido, por decisão da assembleia geral, em importância correspondente.

Destaca COELHO (2012:247-248) que o art. 109 da LSA elenca os *direitos essenciais do acionista*, a saber:

a) *Participação nos resultados sociais* — o acionista tem direito de receber o dividendo, que é a parcela dos lucros sociais que lhe cabe, bem como participar do acervo da companhia, em caso de liquidação (art. 109, I e II). Este direito não poderá ser exercido se a sociedade anônima for devedora do INSS, já que a lei do custeio da seguridade social proíbe a distribuição de lucros nas sociedades com débito previdenciário (art. 52 da Lei n. 8.212, de 1991).

b) *Fiscalização da gestão dos negócios sociais* — a legislação do anonimato prevê formas de fiscalização direta e indireta dos negócios sociais. Do primeiro caso é exemplo a exibição dos livros sociais aos acionistas que representem 5% ou mais do capital social, nos casos de violação da lei ou do estatuto ou fundada suspeita de grave irregularidade (art. 105); do segundo, é exemplo o conselho fiscal.

c) *Direito de preferência* — os acionistas têm direito de preferência na subscrição de ações e de valor mobiliário conversível em ação, segundo os critérios do art. 171, § 1º, da LSA. Trata-se de um *direito cedível*.

d) *Direito de retirada* — o acionista dissidente de determinadas deliberações da assembleia geral (arts. 136, I a VI, e IX, 221, 230 e 252) ou de companhia cujo controle foi desapropriado (art. 236, parágrafo único) tem o direito de se retirar da sociedade, recebendo o reembolso de suas ações (art. 45).

A base para o *cálculo do reembolso* é o valor patrimonial das ações do acionista dissidente. Assim, o acionista que se retira terá direito de receber da sociedade, por cada ação que titulariza, a importância equivalente à divisão do patrimônio líquido da companhia pelo número de ações. Em princípio, o patrimônio líquido da sociedade é o constante do último balanço aprovado. Pode-se verificar, no entanto, a defasagem desse valor, caso em que inevitavelmente ocorreria uma injustiça (em desfavor do dissidente, se o valor histórico for inferior ao atual, ou em desfavor da sociedade, se for superior). Para evitar a injustiça contra o acionista dissidente, a lei admite que ele peça o levantamento de um balanço especial (art. 45, § 2º, da LSA); para evitar a injustiça contra a sociedade, ela faculta aos estatutos a previsão de reavaliação do patrimônio da companhia, no momento da apuração do reembolso (art. 45, §§ 3º e 4º, da LSA).

Deve-se anotar que, para boa parte da doutrina, após a reforma de 1997, o *reembolso do acionista dissidente* pode ser feito também pelo *valor econômico das ações*, quando assim previsto em estatuto.

O direito de voto, conforme já assinalado, não é direito essencial, posto existirem ações que não o conferem a seus Titulares. A lei disciplina o exercício do direito de voto e coíbe o voto abusivo e o conflitante.

Voto abusivo é aquele em que o acionista tem em vista causar dano à companhia ou a outro acionista, ou obter, para si ou para outrem, vantagem indevida e da qual resulte ou possa resultar prejuízo para a sociedade ou outro acionista. O acionista responde, civilmente, pelos danos que causar com o voto abusivo.

Já o *voto conflitante*, cuja caracterização dispensa qualquer elemento subjetivo, vem elencado em lei. O acionista não pode votar nas deliberações sobre o laudo de avaliação de bens com os quais pretende integralizar suas ações, nem na aprovação das suas contas como administrador, nem nas questões que possam beneficiá-lo de modo particular ou nas que tiver interesse conflitante com o da companhia (art. 115, § lº, da LSA). A decisão tomada em função de voto conflitante é *anulável*, sem prejuízo da responsabilidade civil do acionista por eventuais danos decorrentes (COELHO, 2012:249).

7.2.10.1. Acordo de Acionistas

Os acionistas podem, livremente, compor seus interesses por acordo que celebrem entre si. Terão, em decorrência, a proteção que a lei dispensa aos contratos em geral. Caso, entretanto, tais acordos versem sobre três temas determinados, e estejam registrados na companhia, tais acordos estarão sujeitos a uma proteção especificamente liberada pela legislação do anonimato.

Então, se o acordo tem em vista o poder de controle, exercício do direito de voto, a compra e venda de ações ou a preferência de sua aquisição, o seu registro junto à companhia importará nas seguintes modalidades de tutela: a) a sociedade anônima não poderá praticar atos que contrariem o conteúdo próprio do acordo; b) poderá ser obtida a execução específica do avençado, mediante ação judicial.

Assim, assegura COELHO (2012:250), se um acionista acordou em conceder direito de preferência a outro, mas vendeu suas ações a um terceiro, descumprindo o acordo, a companhia não poderá registrar a transferência de Titularidade das ações, caso o acordo se encontre averbado. Não há, no entanto, como tornar efetivo o direito de preferência, por parte do acionista prejudicado, senão com recurso ao Poder Judiciário que, substituindo a vontade do acionista alienante, conceda a preferência àquele.

No tocante ao acordo de acionista que tenha por objeto o exercício do direito de voto, há duas observações a fazer: lª) não pode ocorrer a venda de voto, fato tipificado como crime pelas legislações mais avançadas. O que as partes acordam é a uniformização da política administrativa; 2ª) o chamado voto "de verdade" é insuscetível de ser objeto de acordo. Nesta categoria se incluem os votos do acionista em matéria não propriamente deliberativa, mas homologatória, como é o caso da votação das contas dos administradores, ou do laudo de avaliação de bens para integralização do capital social etc.

Lembram CARVALHOSA e EIZIRIK (2002:34) que o *caput* do novo art. 118 da LSA introduziu expressamente o exercício do poder de controle como matéria que pode ser objeto de acordo de acionistas. É uma modificação importante, pois os acordos de acionistas somente podem versar sobre as matérias que a lei expressamente determinar, para terem *plena eficácia* perante a sociedade.

7.2.10.2. Poder de Controle

O acionista (ou o grupo de acionistas vinculados por acordo de voto) titular de direitos de sócio que lhe assegurem, de modo permanente, a maioria de votos na assembleia geral e o poder de eleger a maioria dos administradores e usa, efetivamente, desse poder para dirigir as atividades sociais e orientar o funcionamento dos órgãos da companhia é considerado, pelo art. 116 da LSA, *acionista controlador*. Consoante COELHO (2012:251), para a sua configuração, é necessária a convergência destes dois elementos: ser maioria societária (não no sentido de necessariamente titularizar a maior parte do capital social, mas no de possuir ações que lhe garantam a maioria nas decisões tomadas pelas três últimas assembleias) e fazer uso dos direitos decorrentes dessa situação para dirigir a sociedade.

O acionista controlador responde pelos danos que causar por *abuso de poder*, exemplificando a lei o exercício abusivo do poder de controle no art. 117 da LSA. Dentre as hipóteses ali encontradas, destacam-se o desvio de finalidade da companhia, a liquidação de sociedade próspera, a eleição de administrador ou fiscal sabidamente inapto moral ou tecnicamente etc. Se de qualquer desses atos, ou de outros que configurem abuso de poder, decorrer dano à companhia, aos seus acionistas e empregados ou à comunidade em que atua, o controlador responderá pela respectiva composição.

Para responsabilizar o controlador pelos danos advindos do exercício abusivo do poder de controle, não é necessário provar a sua intenção. Entende a doutrina que exigir tal prova (diabólica) poderia significar o esvaziamento do direito à indenização reconhecida pelo legislador, dada a extrema dificuldade de sua produção.

Cabe mencionar, ainda, outras hipóteses em que a lei imputa responsabilidade ao controlador da sociedade anônima. Por exemplo, ele pode ser responsabilizado, em caso de dolo ou culpa, por dívidas previdenciárias da companhia (art. 13, parágrafo único, da Lei n. 8.620, de 1991), ou, se a sociedade anônima for instituição financeira, na hipótese de decretação, pelo Banco Central, do regime de administração especial temporária (art. 15 do Decreto-Lei n. 2.321, de 1985), liquidação extrajudicial ou intervenção (Lei n. 9.447, de 1997). Igual responsabilidade tem o controlador de Sociedade de Capitalização (Lei n. 10.190, de 2001).

As ações que dão sustentação ao poder de controle costumam ser negociadas por valor substancialmente maior que o das demais, inclusive ordinárias emitidas pela mesma sociedade. A diferença é chamada, no mercado, de "prêmio de controle". Quando alguém adquire ações que lhe possibilitam passar a controlar a sociedade anônima, não está apenas acrescendo ao seu patrimônio o direito de participar dos seus dividendos e resultados, mas também vários outros, como o de eleger os administradores, definir a estratégia geral da empresa, reestruturar a sociedade, aumentar o capital social, estabelecer a destinação não vinculada dos resultados etc. É racional e justo que, em razão disso, pague mais pelas ações de sustentação do controle.

Algumas vezes, porém, no "*prêmio de controle*" está embutida retribuição a valor agregado à companhia não pelo controlador, mas por minoritários. Se a sociedade havia captado recursos no mercado de capitais, com a emissão de ações preferenciais não votantes, pouco antes da alienação do controle, o caixa elevado da companhia decorrente dessa operação certamente será levado em conta na negociação do preço das ações do controlador. A liquidez da companhia, no entanto, é valor agregado pelo que havia subscrito as preferenciais. Aqui, o controlador está apropriando, via "prêmio de controle", valor que não agregou ao negócio.

Para evitar esta distorção, argumenta COELHO (2012:252-253), os acionistas minoritários devem condicionar o ingresso na sociedade à cláusula de saída conjunta, no estatuto ou em acordo de acionistas (em inglês, *tag along*). Quando prevista esta cláusula, o controlador não pode vender suas ações isoladamente. Quer dizer, só poderá vendê-las a quem se comprometa a adquirir também as dos beneficiados pela cláusula. Viabiliza-se, deste modo, a distribuição do "prêmio de controle" entre os acionistas com direito de saída conjunta.

Nas companhias abertas, a *cláusula de saída conjunta* está prevista na lei em favor dos acionistas com direito a voto. Nelas, a alienação das ações que dão sustentação ao poder de controle só pode ser feita mediante condição (suspensiva ou resolutiva) de o adquirente adquirir, por oferta pública, as demais ações com direito a voto daquela sociedade, pagando no mínimo 80% do preço pago pelas do controlador (art. 254-A da LSA). Os preferencialistas sem direito a voto só têm direito de saída conjunta se for prevista como vantagem estatutária.

7.2.11. DEMONSTRAÇÕES FINANCEIRAS

Observa COELHO (2012:253) que a legislação do anonimato estabelece a obrigação de a companhia levantar, ao término do exercício social, um conjunto de demonstrações contábeis, com vistas a possibilitar o conhecimento, pelos acionistas e por terceiros, de sua situação patrimonial, econômica e financeira, bem como dos resultados positivos ou negativos alcançados pela empresa.

Essas demonstrações não são úteis apenas para o direito societário comercial. Servem também a finalidades preceituadas pela legislação tributária, que exige das sociedades anônimas ainda outras demonstrações. São instrumentos valiosos, por outro lado, para a administração da sociedade e o controle gerencial, desempenhando, desse modo, funções não jurídicas também. O estudo dessas demonstrações pelo direito comercial restringe-se aos dados relevantes para o tratamento das relações entre os acionistas e destes com os órgãos de administração.

Exercício social é o período de um ano definido pelos estatutos (art. 175 da LSA). Para a sua fixação, pode-se optar por qualquer lapso anual, embora, na grande maioria dos casos, e por estrito critério de conveniência, defina-se o exercício social entre os dias 1º de janeiro e 31 de dezembro. No ano em que a companhia foi constituída ou em que houve alteração estatutária, o exercício social poderá ser menor ou maior.

Findo o exercício social, a diretoria deve providenciar o levantamento de quatro instrumentos de demonstração contábil: a) balanço patrimonial; b) lucros ou prejuízos acumulados; c) resultado do exercício; d) origens e aplicações de recursos. Tais demonstrações, chamadas pela lei de financeiras, devem basear-se na escrituração mercantil da sociedade anônima e serão publicadas para oportuna apreciação na Assembleia Geral Ordinária (art. 132, I, da LSA), juntamente com o relatório dos administradores, no caso da Sociedade de Capitalização; além dos administradores, estas serão analisadas pela SUSEP.

Na escrituração mercantil da companhia, prevê a lei, deverá ser observado o regime de competência. Trata-se, conforme aponta COELHO (2012:254), de conceito fundamental da Contabilidade, pelo qual se define que as apropriações contábeis das operações e as mutações patrimoniais decorrentes serão feitas no exercício correspondente ao da constituição da obrigação e não ao de sua liquidação. Não se admite, portanto, a adoção do regime de caixa (também denominado *regime de gestão*), em que a apropriação contábil coincide com o pagamento da obrigação e não com o seu nascimento.

O *Balanço Patrimonial* é a demonstração financeira que procura retratar o ativo, o passivo e o patrimônio líquido da sociedade anônima. Diz-se que procura retratar porque, segundo reconhece a Contabilidade, há uma inevitável margem de subjetividade na definição de algumas contas e da classificação adequada de certos valores. Isso se deve não somente às divergências próprias entre os profissionais da área, no tocante à melhor solução para as diversas questões relacionadas com o tema, mas, fundamentalmente, às limitações próprias da capacidade humana. O balanço patrimonial, portanto, embora correto sob o ponto de vista técnico, é sempre aproximativo, fornecendo apenas relativamente o retrato da situação da empresa.

A *Demonstração de Lucros ou Prejuízos Acumulados* revelará as parcelas dos lucros aferidos pela companhia e não distribuídos aos acionistas ou os prejuízos não absorvidos por sua receita. É instrumento de grande importância para a definição da política empresarial de investimentos, a ser adotada na sociedade.

A *Demonstração do Resultado do Exercício* apresenta dados sobre o desempenho da companhia durante o último exercício e possibilita ao acionista avaliar não somente o grau de retorno de seu investimento, mas também a eficiência dos atos da administração. Os seus elementos contábeis básicos são a receita e a despesa, discriminadas de acordo com a respectiva natureza (receita bruta e líquida, despesa operacional e não operacional etc.).

A *Demonstração das Origens e Aplicações de Recursos*, por fim, visa a evidenciar as modificações na posição financeira da sociedade anônima. Por este instrumento, é possível analisar os fluxos dos recursos titularizados pela companhia, a partir da identificação da operação que os gerou e daquelas nas quais foram empregados. Tal análise justifica, em grande medida, a proposta da diretoria de distribuição de dividendos aos acionistas.

7.2.12. LUCROS, RESERVAS E DIVIDENDOS

Ensina COELHO (2012:256) que o resultado do exercício, revelado na respectiva demonstração financeira, tem a sua destinação em parte definida pela lei. Desse modo, após a absorção de prejuízos acumulados, a provisão para o Imposto de Renda (art. 189 da LSA) e o pagamento das participações estatutárias de empregados, administradores e partes beneficiárias (art. 190 da LSA), o lucro líquido gerado pela empresa durante o último exercício, terá dois possíveis destinos: ficará em mãos da própria sociedade ou será distribuído entre os acionistas, a título de dividendos. Aliás, uma parcela dos lucros permanecerá obrigatoriamente na companhia (através da reserva legal) e outra será necessariamente distribuída aos acionistas (dividendo obrigatório), restando à Assembleia Geral Ordinária deliberar quanto à destinação do restante do resultado, aprovando ou rejeitando a proposta da diretoria (art. 192 da LSA). Para tanto, abrem-se três alternativas: constituição de reserva de lucro, distribuição de dividendos ou Capitalização (aumento ao Capital Social).

Observam CARVALHOSA e EIZIRIK (2002:355) que as reservas de lucros, quer previstas em lei (reserva legal, reservas para as contigências e reserva de lucros a realizar), quer no Estatuto Social (reservas estatutárias), possuem objetivos e limites específicos, de modo que somente podem justificar a não distribuição de lucros para atender a tais objetivos e observados os respectivos limites.

Há seis categorias de reservas de lucro, lembra COELHO (2012:256). Em primeiro lugar, a reserva *legal*, constituída por 5% do lucro líquido, desde que não ultrapasse 20% do capital social (art. 193 da LSA). A companhia deve obrigatoriamente manter essa reserva, que somente poderá ser utilizada para aumento do capital social ou absorção de prejuízos. As reservas *estatutárias* são, como o nome indica, definidas pelos estatutos para o atendimento de necessidades específicas da sociedade anônima, ou por cautelas próprias dos seus acionistas. A reserva para *contingências* é destinada à compensação, em exercício futuro, de diminuição de lucro derivada de evento provável, como, por exemplo, a condenação da sociedade anônima em demanda judicial. A reversão dessa reserva será feita no exercício em que ocorrer o evento ou afastar-se a possibilidade de sua verificação. A reserva de *incentivos fiscais* se destina a excluir da base de cálculo dos dividendos a parcela do lucro da sociedade proveniente de doações ou subvenções governamentais para investimento. A reserva de *retenção de lucros* tem o objetivo de atender às despesas previstas em orçamento de capital previamente aprovado em Assembleia Geral. Normalmente é utilizada para prover recursos para investimentos em exercícios futuros. Por fim, a *reserva de lucros a realizar*, que visa a impedir a distribuição entre acionistas de recursos que somente irão ingressar no caixa da sociedade em exercícios futuros, embora devam estar já contabilizados em razão da adoção legal do regime de competência.

Além das reservas de lucro, há, ainda, as de capital e a de reavaliação.

Nas reservas de capital, encontram-se contas que, embora não integrem o capital social da companhia, guardam alguma relação com ele. De acordo com o art. 182, § 1º, da LSA, devem ser classificadas como reservas de capital contas como as seguintes: ágio na subscrição de novas ações, produto da venda de partes beneficiárias e bônus de subscrição, doações e subvenções para investimentos etc. Esses recursos somente poderão ser utilizados pela companhia em determinadas situações, como, por exemplo, para a absorção de prejuízos, após o exaurimento dos lucros acumulados e das reservas de lucros, utilizando-se a legal por último (art. 189, parágrafo único, da LSA), o resgate de partes beneficiárias ou o pagamento de dividendos preferenciais, se prevista tal possibilidade pelos estatutos (art. 200 da LSA).

A reserva de reavaliação contabiliza as contrapartidas do aumento do valor dos bens do ativo, em decorrência do apurado em laudo técnico que atenda aos requisitos legais (art. 8º da LSA). Se bem do patrimônio da companhia sofre valorização real (não apenas aumento de preço em razão de correção monetária), então a diferença constituirá reserva deste tipo, cuja reversão somente será possível na venda do referido bem ou mediante Capitalização.

Os dividendos obrigatórios são a parcela do lucro líquido da sociedade que a lei determina que seja distribuído entre os acionistas (art. 202 da LSA). Inovação interessante da lei brasileira de 1976, os dividendos obrigatórios asseguram aos acionistas minoritários algum retorno de seus investimentos, impedindo que o controlador reinvista na própria companhia todos os resultados gerados.

A parcela dos lucros a ser necessariamente distribuída entre os acionistas será a definida pelo estatuto. Na hipótese de omissão desse, prevê a lei a distribuição de pelo menos metade do lucro líquido ajustado; se a Assembleia Geral pretender suprir tal omissão, através de alteração estatutária, deverá adotar o percentual mínimo de 25% do lucro líquido ajustado.

A distribuição do dividendo obrigatório somente não será feita em duas hipóteses: se os órgãos da administração informarem à Assembleia Geral Ordinária que a situação financeira da companhia não é compatível com o seu pagamento; ou por deliberação da Assembleia Geral de companhia fechada, se não houver oposição de qualquer dos acionistas presentes. Nestas situações, os lucros não distribuídos constituirão reserva especial e serão atribuídos aos acionistas se e quando o possibilitar a situação financeira da companhia.

Destaca COELHO (2012:258) que os dividendos prioritários são os devidos aos titulares de ações preferenciais; podem ser, de acordo com a previsão estatutária, fixos ou mínimos.

Os dividendos prioritários fixos atribuem ao acionista o direito ao recebimento de um determinado valor, estipulado em moeda nacional ou em percentual do capital social ou do preço de emissão. Já os dividendos prioritários mínimos atribuem o direito ao recebimento de valor nunca inferior a certa importância ou percentual. Desse modo, o acionista titular de ação preferencial com direito a dividendo fixo poderá receber menos ou mais que o pago aos acionistas titulares de ação ordinária, enquanto o beneficiado por dividendo mínimo receberá valor igual ou superior ao pago às ordinárias.

O dividendo prioritário deve ser apropriado contabilmente após a constituição da reserva legal, mas antes da constituição das demais reservas de lucro. Por outro lado, poderá o estatuto estipular o pagamento de dividendos prioritários à conta de reserva de capital, regulando a matéria. Se o pagamento dos dividendos prioritários consumir toda a parcela dos lucros destinada à distribuição entre os acionistas, os titulares de ações ordinárias não receberão qualquer soma naquele exercício. Essa situação não contraria a previsão legal dos dividendos obrigatórios, desde que aos titulares de ações preferenciais tenha sido pago o percentual correspondente do lucro líquido ajustado definido pelos estatutos.

Por fim, a legislação previdenciária proíbe a sociedade anônima de distribuir dividendos entre os acionistas enquanto se encontrar em débito perante o INSS (art. 52 da Lei n. 8.212 de 1991). Em se verificando a hipótese, no entanto, a autarquia previdenciária não terá direito de reclamar dos acionistas os valores que esses receberam indevidamente. A sanção para o descumprimento da proibição legal, no caso, é apenas a imposição de uma multa a ser suportada pela companhia. Assim, se a fiscalização do INSS constatar, pelo exame da escrituração de uma sociedade anônima, que ela distribuiu lucros a despeito da existência de débito previdenciário, esta — e não os acionistas — será apenada.

7.2.13. DISSOLUÇÃO E LIQUIDAÇÃO

A sociedade anônima, nos termos do art. 219 da LSA, se extingue pelo encerramento da liquidação, que se segue à dissolução, ou pela incorporação, fusão e cisão com versão de todo patrimônio em outras sociedades.

A sociedade anônima, em virtude de sua natureza institucional, está sujeita ao regime dissolutório previsto nos arts. 206 a 218 da LSA. Segundo esse regime, a dissolução da companhia pode dar-se de pleno direito, por decisão judicial ou por decisão de autoridade administrativa competente. Afirma COELHO (2012:260) que "São causas determinantes da primeira modalidade de dissolução o término do prazo de duração, os casos previstos em estatuto, a deliberação da assembleia geral por acionistas detentores de, no mínimo, metade das ações com voto, por unipessoalidade incidente, e, finalmente, pela extinção da autorização para funcionar. São causas da dissolução judicial a anulação da constituição da companhia, proposta por qualquer acionista, a irrealizabilidade do objeto social, provada em ação proposta por acionista que represente 5% ou mais do capital social, e, finalmente, a falência".

A dissolução parcial da sociedade anônima se verifica apenas na hipótese de reembolso de acionista dissidente, feito à conta do capital social. Em regra, a sobrevivência da empresa encontra-se, adequadamente, garantida contra a vontade unilateral dos sócios que a compõem. O acionista dissidente pode, por exemplo, ser reembolsado à conta de lucros ou reservas (exceto a legal), não se comprometendo o capital social. A morte de acionista não importa em qualquer consequência quanto à existência da sociedade, ficando os seus sucessores titulares dos direitos de sócio possuídos pelo *de cujus*. Finalmente, a exclusão de acionista não é possível.

Deve-se acentuar que a dissolução por vontade dos acionistas não exige a unanimidade, decorrência natural do caráter institucional da sociedade anônima. Esta dissolução poderá ser decidida por quem represente metade, pelo menos, do capital votante (art. 136, VII). À dissolução, assegura COELHO (2012:261), segue-se a liquidação, que será judicial sempre que aquela o for e mais nas hipóteses de pedido de qualquer acionista, ou do representante do Ministério Público, quando a liquidação amigável não for processada a contento.

Se a liquidação for irregular, poderá ser responsabilizado o liquidante, ou mesmo o acionista, prescrevendo a correspondente ação judicial em um ano, contado da publicação da ata de encerramento da liquidação (art. 287, I, "b", da LSA).

7.2.14. TRANSFORMAÇÃO, INCORPORAÇÃO, FUSÃO E CISÃO

Os procedimentos de reorganização das empresas que envolverem pelo menos uma sociedade anônima devem atender à disciplina da LSA. Não havendo, na operação, nenhuma sociedade deste tipo, a disciplina é a do CCB (arts. 1.113 a 1.122). Segundo COELHO (2012:261), são quatro operações, pelas quais as sociedades mudam de tipo, aglutinam-se ou dividem-se, procurando os seus sócios e acionistas dotá-las do perfil mais adequado à realização dos negócios sociais ou, mesmo, ao cumprimento das obrigações tributárias.

Todavia, com a recente publicação da Lei n. 12.529, de 30 de novembro de 2011, que entrará em vigor no próximo ano, em 29 de maio de 2012, os procedimentos de reorganização das empresas que redundem em atos de concentração(179) serão disciplinados especialmente por esta Lei. Atos de concentração

---

(179) De maneira que, também, a cisão de sociedade, transferência de controle societário, venda de ativos ou cessação parcial de atividade poderão sofrer exames prévios se considerados atos de concentração. A Lei n. 12.529, de 2011, veio para estruturar o Sistema Brasileiro de Defesa da Concorrência — SBDC; dispor sobre a prevenção e a repressão às infrações contra a ordem econômica, orientada pelos ditames constitucionais de liberdade de iniciativa, livre concorrência, função social da propriedade, defesa dos consumidores e repressão ao abuso do poder econômico. Aliás, essa lei, que criará o já chamado "Super-CADE" ou "Novo CADE", sem prejuízo de convenções e tratados de que seja signatário o Brasil, será aplicada às práticas cometidas no todo ou em parte no território nacional ou que nele produzam ou possam produzir efeitos. Ademais, esta disciplina legal reputa domiciliada no território nacional a empresa estrangeira que opere ou tenha no Brasil filial, agência, sucursal, escritório, estabelecimento, agente ou representante. Sobremais disso, há que se observar que esse Super-CADE ou Novo CADE saiu mais fortalecido. Assim, necessitará de seu "sinal verde" para se concretizar as operações de fusão e aquisição entre bancos no mercado brasileiro. Isso, convém ressaltar, até que a competência para a análise de atos de concentração no setor financeiro seja conclusivamente examinada e decidida pelo STF. Cabe, pois, ao referido Conselho a responsabilidade de avaliar qualquer nova operação celebrada formalmente por instituições financeiras. Desta forma, os bancos terão que notificar suas operações e esperar o julgamento do CADE. Note-se, neste caso, há anos uma disputa acirrada entre o CADE e o Banco Central na responsabilidade de análise dos atos do Sistema Financeiro. Por seu lado, os bancos, para não sofrerem perdas e fugirem dos riscos,

estes considerados quando: duas ou mais empresas anteriormente independentes se fundirem; uma ou mais empresas adquirirem, direta ou indiretamente, por compra ou permuta de ações, quotas, títulos ou valores mobiliários conversíveis em ações, ou ativos, tangíveis ou intangíveis, por via contratual ou por qualquer outro meio ou forma, o controle ou partes de uma ou outras empresas; uma ou mais empresas incorporarem outra ou outras empresas; ou quando duas ou mais empresas celebrarem contrato associativo, consórcio ou *joint venture*(180).

---

por entenderem que não há uma imunidade concorrencial, também submetem e, tenho certeza, submeterão suas operações ao Novo CADE, enquanto esta pendência judicial — de se reconhecer qual o órgão responsável — não seja resolvida pelo Poder Judiciário. Em outras palavras, com o Novo CADE, os grandes atos de concentração, em qualquer setor da economia, deverão ser, repita-se, a partir de 29 de maio de 2012, submetidos previamente a esse Conselho. Ou seja, o negócio não poderá ser realizado se não tiver a aprovação prévia do Órgão. Saliente-se, por oportuno, pela legislação ainda em vigor, as operações podem ser efetivadas, sendo informadas ao Sistema Brasileiro de Defesa da Concorrência — SBDC — até quinze dias depois. Nessa mesma linha, após 29 de maio de 2012, aquele Super-CADE ainda ganhará mais e novos poderes. Nas operações do setor de telecomunicações, a instrução e a análise passarão a ser feitas pelo órgão, afastando a responsabilidade e a competência da Agência Nacional de Telecomunicações (ANATEL). Na verdade, a relação com a ANATEL será a mesma que o Novo CADE terá com as demais autarquias e agências reguladoras. De modo que o Novo CADE é o único órgão responsável e competente pela análise prévia e pelos julgamentos dos processos que resultem em atos de concentração e respectivas condutas deles decorrentes.

(180) *Joint venture* ou empreendimento conjunto é uma associação de empresas que pode ser definitiva ou não, com fins lucrativos, para explorar determinado(s) negócio(s), sem que nenhuma delas perca sua personalidade jurídica. Difere da sociedade comercial (*partnership*) porque se relaciona a um único projeto cuja associação é dissolvida automaticamente após o seu término. Um modelo típico de *joint venture* seria a transação entre o proprietário de um terreno de excelente localização e uma empresa de construção civil, interessada em levantar um prédio sobre o local. Há várias empresas, de diversos setores da economia, que investem nesse tipo de sociedade. As maiores *joint ventures* no Brasil e no mundo aconteceram nos ramos de tecnologia, automobilismo e alimentação. No Brasil, um bom exemplo de *joint venture* foi a Autolatina; uma união das empresas automobilísticas Volkswagen e Ford, que perdurou de 1987 até meados de 1996. Integrando as fábricas e operações das duas empresas, a ideia era compartilhar os custos e potencializar os pontos fortes de cada uma, em uma experiência tentada também em Portugal com a Auto-Europa. A Autolatina envolveu os mercados brasileiro e argentino. Durante o período de atividade da Autolatina, a VW ofereceu à Ford os motores AP-1600, AP-1800 e AP-2000 além da plataforma do sedã Santana, que originou os modelos Versalles e o Royale. A Ford, em contrapartida, ofereceu à VW os motores AE-1000 (CHT) e AE 1600 (CHT), além da plataforma do Escort, que originou os modelos Apollo, Logus e Pointer. Esses últimos modelos não obtiveram grande sucesso no mercado, sendo descontinuados após alguns anos. Ainda no ramo automobilístico brasileiro, as montadoras Fiat e General Motors iniciaram, em 2001, uma *joint venture* denominada FGP (Fiat-GM Powertrain). Em 2005 ocorreu a dissolução da *joint venture* FGP (Fiat-GM Powertrain). Um exemplo atual é a venda da marca Becel e Becel ProActiv da Unilever Brasil para a Perdigão. O que também aconteceu com as marcas Doriana, Claybom e Delicata. A Unilever entrou com essas marcas e também todo o equipamento, a mão de obra e a fábrica localizada em Valinhos (SP), em regime de comodato; e a Perdigão disponibilizará sua estrutura de venda e distribuição. As empresas estarão unidas ainda para contribuir com a área de *marketing*, pesquisa, inovação e no desenvolvimento de novos itens desse setor de margarinas. Outro exemplo é a Benq Siemens e Fujitsu-Siemens, ambas empresas que atuam no mercado de telecomunicações e tecnologia (informática). Mais um exemplo está na *joint venture* que a Hewlett-

7.2.14.1. *Transformação*

A transformação, ensina COELHO (2012:261), é a operação de mudança de tipo societário: a sociedade limitada torna-se anônima, ou vice-versa. Pode dizer respeito aos cinco tipos de sociedades personalizadas do direito brasileiro e não acarreta a dissolução e liquidação do ente societário. Aliás, a transformação não extingue a pessoa jurídica da sociedade nem cria outra nova. É o mesmo sujeito de direito coletivo anterior à transformação que permanece.

O procedimento da transformação deve obedecer às mesmas formalidades preceituadas para a constituição da sociedade do tipo resultante. A sua deliberação exige a aprovação unânime de todos os sócios ou acionistas (inclusive os titulares de ações preferenciais sem voto), salvo se o ato constitutivo já admitir a possibilidade da transformação. Na hipótese de previsão contratual ou estatutária da transformação da sociedade, no entanto, os sócios dissidentes poderão exercer o direito de retirada (art. 221 da LSA).

7.2.14.2. *Incorporação*

A incorporação é a operação pela qual uma sociedade absorve outra ou outras, as quais deixam de existir; a fusão consiste na união de duas ou mais sociedades para dar nascimento a uma nova; e a cisão é a transferência de parcelas do patrimônio social para uma ou mais sociedades, já existentes ou constituídas na oportunidade. Essas três operações submetem-se a regras comuns de procedimento, cabendo a deliberação ao órgão societário competente para alteração do ato constitutivo.

Magistra COELHO (2012:262) que a incorporação não se confunde com a incorporação de ações; essa última, uma operação disciplinada pelo art. 252 da LSA, referente à conversão de sociedade anônima em subsidiária integral. Na incorporação de ações, todas as ações do capital social de uma companhia são transferidas

-Packard (HP) fez em 1963 com Sony e Yokogawa Electric com o intuito de operar no mercado asiático. A Nintendo nos anos 90 fez uma parceria com a Gradiente e a Estrela no Brasil com o nome "Playtronic", lançando vários consoles (de mesa e portáteis) da empresa, dentre eles os videogames Super NES, Nintendo 64 e, até o início dos anos 2000, o Nintendo GameCube, quando a parceria foi desfeita por conta da pirataria, o que resultou em uma grande desvantagem para o consumidor brasileiro: agora os produtos da corporação japonesa só chegariam ao Brasil a altos preços de importação, por causa dos impostos. Além disso, os produtos importados chegam ao Brasil sem suporte, manuais de instrução em português, que antes eram produzidos no Brasil junto a extras (livretos com dicas, entre outros itens adicionais gratuitos totalmente em português, que eram disponibilizados a quem comprasse jogos originais). Outros exemplos: a Sony Ericsson, Globosat, programadora de canais do Brasil, por meio de *joint ventures*, trouxe para o Brasil canais como o Universal Channel, Rede Tele Cine, canais adultos e outros.

ao patrimônio de uma sociedade comercial, que passa à condição de sua única acionista. É indispensável que essa sociedade, detentora de todo o capital social da anônima, seja brasileira.

7.2.14.3. Fusão

Tem início a incorporação, a fusão ou a cisão com versão patrimonial para sociedade existente com a formalização de um protocolo pelos órgãos de administração das sociedades envolvidas ou seus sócios. Se uma sociedade anônima for interessada na operação, a lei exige também a apresentação à Assembleia Geral de justificação (art. 225 da LSA). Em seguida, procede-se à avaliação do patrimônio a ser vertido, mediante perícia técnica, de modo a assegurar a equivalência entre o seu valor e o capital a realizar.

A lei faculta o direito de retirada aos acionistas cuja sociedade foi incorporada em outra. Note-se que o acionista da sociedade incorporadora não tem esse direito, na hipótese em que discorda da operação. Também no caso de fusão de sociedades terão os dissidentes direito de retirada. Deve-se atentar, contudo, que há condições para o recesso, isto é, o acionista só poderá retirar-se da companhia se as ações desta não compuserem índices gerais de bolsas de futuro ou, sendo aberta a sociedade, se mais da metade das ações estiver em mãos do controlador, segundo COELHO (2012:263). Nessas duas situações, consideram-se ilíquidas as ações emitidas pela companhia (isto é, são ações difíceis de se negociarem, mesmo no mercado aberto de capitais), e por isso o acionista não tem uma real alternativa econômica ao reembolso. Na cisão, só há direito de retirada se acarretar a participação do acionista em sociedade com objeto essencial diferente ou dividendos obrigatórios menores que os da cindida, ou integrante de grupo a que não pertencia à cindida.

Os direitos dos credores, nessas operações, estão claramente definidos. Na transformação, eles continuam titularizando as mesmas garantias dadas pelo tipo societário anterior, até integral satisfação de seus créditos. Assim, a transformação de sociedade em nome coletivo em comandita por ações não impede que o credor anterior à operação responsabilize os sócios ilimitadamente. Na incorporação e na fusão, o credor prejudicado pela nova situação da sociedade devedora poderá pleitear em juízo a anulação da operação. Falindo a sociedade incorporadora ou a resultante de fusão, os credores anteriores poderão requerer no juízo falimentar a separação das massas.

7.2.14.4. Cisão

Finalmente, na cisão, define a lei a solidariedade entre as sociedades resultantes da operação por todas as obrigações da cindida. Se o instrumento da cisão estabelecer que as sociedades resultantes obrigar-se-ão somente pelas dívidas a elas transferidas, o credor poderá opor-se a essa definição de distribuição de responsabilidades no prazo de 90 dias (art. 233 da LSA).

A incorporação, a fusão ou a cisão de sociedade anônima emissora de debêntures, segundo COELHO (2012:264), não poderão ocorrer sem a prévia aprovação dos debenturistas, reunidos em assembleia, a menos que se assegure o resgate do valor mobiliário nos seis meses seguintes à operação (art. 231 da LSA).

A incorporação e a fusão de sociedades estão condicionadas à aprovação pelo CADE — Conselho Administrativo de Defesa Econômica[181] —, sempre que

---

(181) O já chamado Novo CADE "entrará em vigor" no dia 29 de maio de 2012, por meio da Lei n. 12.529, de 30 de novembro de 2011, transcrita no ANEXO VI desta obra, que amplia a competência desse Conselho e estrutura defesa da concorrência. Apesar de advogados já questionarem falta de prazo para análise de atos de concentração. Todavia a repressão aos abusos de poder econômico no Brasil passará para uma nova fase a partir da entrada em vigor da Lei n. 12.529, de 2011. Alterará o Sistema Brasileiro de Defesa da Concorrência (SBDC) e ampliará o CADE. A lei trará como principal novidade a aplicação do sistema de análise prévia de aquisições e fusões de empresas por esse Novo CADE. Pelas regras atuais, o órgão é informado sobre acordos e negócios depois que eles eram firmados. A mudança será bem recebida por aqueles que atuam no setor. A análise prévia, já adotada na maioria dos países, gerará mais segurança jurídica às empresas e evitará que decisões do CADE sejam discutidas na Justiça, como aconteceu com a fusão entre Nestlé e Garoto. Em 2004, o CADE vetou o negócio, anunciado dois anos antes, sob o argumento de que prejudicava a concorrência no mercado doméstico de chocolates. Desde então, a Nestlé vem recorrendo à Justiça contra a decisão. Apesar dos avanços, a Lei, como de praxe quase toda legislação, antes mesmo de vigorar, traz dúvidas sobre a atuação do CADE. A maior delas é sobre o prazo para que o Conselho faça a análise das fusões, já que é só após seu parecer que os negócios poderão efetivamente ser concretizados. Eis os principais pontos da Lei n. 12.529, de 2011: 1) Além de um tribunal, que vai julgar os processos, o CADE vai contar com uma Superintendência-Geral que vai acompanhar atividades de grandes grupos econômicos e instaurar inquéritos quando encontrar indícios de irregularidades, atividade hoje feita pela Secretaria de Direito Econômico (SDE). O CADE também vai contar com um Departamento de Estudos Econômicos; 2) as Empresas terão que comunicar previamente ao CADE sobre a intenção de fazer aquisições e fusões. A regra só se aplica quando pelo menos uma das partes teve faturamento de R$ 400 milhões ou mais e, outra empresa envolvida, faturamento de pelo menos R$ 30 milhões. Hoje, o negócio é feito e só depois o Conselho é informado; 3) As multas por infração à ordem econômica, como formação de cartel, passam a variar de 0,1% a 20% do faturamento de um grupo "no ramo de atividade empresarial em que ocorreu a infração". A lei atual prevê multa de 1% a 30% do faturamento da empresa; 4) os conselheiros do CADE passam a ter mandato de quatro anos, sem possibilidade de prorrogação. Atualmente, o mandato é de dois anos e pode ser estendido por mais dois. O projeto encaminhado pelo Congresso estabelecia prazo máximo de 240 dias, prorrogáveis por mais 90, para que o CADE opinasse sobre os chamados atos de concentração. Caso não fosse respeitado, o negócio estaria automaticamente aprovado. Esse dispositivo, porém, foi vetado pela presidenta Dilma Rousseff. Entendemos que esses prazos deverão constar do novo Regulamento Interno do CADE. Ao que parece, não deve haver mecanismo de aprovação automática, a fim de evitar a insegurança jurídica. Na verdade, o próprio Conselho já mostrou a intenção de cumprir esses prazos, porém, na prática, sem a previsão legal, pode ficar com prazo indefinido para fazer a análise dos casos. Como se sabe, a dinâmica da economia exige um prazo máximo, até para que as empresas possam se planejar e se programar. Os próximos anos serão de "desafios" por conta da falta de prazo máximo definido em lei e da própria transição no CADE, já que o veto

resultar em empresa que participe em 20% ou mais de um mercado relevante, ou se qualquer das sociedades envolvidas tiver faturamento bruto anual expressivo (art. 54, § 3º, da LIOE).

7.2.15. GRUPOS DE SOCIEDADE E CONSÓRCIO

A associação de esforços empresariais entre sociedades, para a realização de atividades comuns, pode resultar em três diferentes situações: os grupos de fato, os de direito e os consórcios.

7.2.15.1. Grupos de fato

Os grupos de fato se estabelecem entre sociedades coligadas ou entre controladora e controlada. Afirma COELHO (2012:264) que coligadas são aquelas em que uma participa de 10% ou mais do capital social da outra, sem controlá-la. Já controladora é aquela que detém o poder de controle de outra companhia. Em regra, a lei veda a participação recíproca entre a sociedade anônima e suas coligadas ou controladas, abrindo exceção somente para as hipóteses em que a companhia pode adquirir as próprias ações (arts. 244 e 30, § 1º, b, da LSA).

Uma hipótese específica de controle de sociedade por outra se revela na constituição de subsidiária integral, a única sociedade unipessoal originária admitida pelo direito brasileiro. A outra previsão legal de unipessoalidade diz respeito à

---

aos prazos e à aprovação automática no caso de descumprimento traz "preocupação" às empresas que vão submeter seus negócios ao CADE. O Conselho também precisará deixar mais clara a sua interpretação dentro das novas regras para aplicação de multas. Pela regra atual, empresas condenadas por práticas anticoncorrenciais, como formação de cartel, são penalizadas com valores que vão de 1% a 30% de seu faturamento bruto no ano anterior à abertura da investigação. Já a nova lei define que o valor da multa vai variar entre 0,1% e 20% do faturamento "no ramo de atividade empresarial em que ocorreu a infração." Isso significa que, se um grupo que controla negócios em vários setores pratica ato anticoncorrencial em apenas um deles, será punido com base apenas no mercado atingido. Então, o CADE deverá sinalizar melhor como vai interpretar o que é esse ramo de atividade, por exemplo. Contudo, a nova lei, de maneira geral, representará um avanço institucional importante e consolidará o amadurecimento dos órgãos antitruste no Brasil. Ademais, a nova lei terá entre seus aspectos positivos o fato de centralizar, em uma única agência, a defesa da concorrência. Hoje, o Sistema Brasileiro de Defesa da Concorrência é composto pelo CADE, pela Secretaria de Direito Econômico (SDE), que será incorporada ao "Novo CADE", e pela Secretaria de Acompanhamento Econômico (SEAE), vinculada ao Ministério da Fazenda. Assim, é uma medida que buscará agilidade e celeridade. Ora, é de observar que a Administração Pública tem seus percalços e seria muito radical aprovar fusões sem análise prévia. Essas operações envolvem grandes interesses econômicos. Todavia, apesar de breves entendimentos lançados nesta obra em nota de rodapé, a Lei n. 12.529, de 30 de novembro de 2011, necessitará de análise profunda a ser alcançada pelos especialistas, o que não é aqui a nossa intenção nem tampouco o caso nesta nossa monografia, que cuida do estudo sobre o Contrato de Capitalização.

sociedade anônima com mais de um sócio no momento da constituição, mas que, temporariamente, tem todas as suas ações reunidas nas mãos de uma só pessoa (art. 206, I, "d", da LSA). Subsidiária integral é, de acordo com a previsão legal, a sociedade anônima constituída por escritura pública cujo único acionista é uma sociedade. Essa última pode ser de qualquer tipo (anônima ou não), mas deve ser necessariamente brasileira.

Em relação aos grupos de fato, preocupou-se o legislador, basicamente, em garantir maior transparência nas relações entre as coligadas e entre as controladas e sua controladora, através de regras próprias sobre as demonstrações financeiras (arts. 247 a 250 da LSA).

7.2.15.2. Grupos de direito

Grupo de direito, ao seu turno, é o conjunto de sociedades cujo controle é titularizado por uma brasileira (a sociedade comandante, ou *holding*) e que, mediante convenção acerca de combinação de esforços ou participação em atividades ou empreendimentos comuns, formalizam essa relação interempresarial. Os grupos devem possuir designação, da qual constará palavra identificadora da sua existência ("grupo" ou "grupo de sociedades": art. 267 da LSA), e devem estar devidamente registrados na Junta Comercial (COELHO, 2012:265).

Registre-se que o grupo não tem personalidade jurídica própria, sendo apenas uma relação interempresarial formalizada. Por outro lado, entre as sociedades integrantes do mesmo grupo, não há, em regra, solidariedade, exceto perante as autoridades antitrustes (art. 17 da LIOE) e pelas dívidas trabalhistas (art. 2º, § 2º, da CLT) e previdenciárias (art. 30, IX, da Lei n. 8.212, de 1991). Não há, também, em regra, subsidiariedade entre as sociedades de um mesmo grupo, salvo quanto às obrigações relacionadas a contrato de consumo (art. 28, § 2º, do CDC). Os grupos podem contar com estrutura administrativa própria, consistente em órgãos colegiados e cargos de direção-geral.

7.2.15.3. Consórcios

Por fim, se duas sociedades quiserem combinar seus esforços e recursos para o desenvolvimento de empreendimento comum, elas podem contratar a formação de um consórcio. As consorciadas respondem pelas obrigações especificadas no instrumento de consórcio, já que esse não tem personalidade jurídica própria. Não há, por outro lado, solidariedade presumida entre elas, exceto nas obrigações relacionadas com os direitos do consumidor (art. 28, § 3º, do CDC) e nas licitações (art. 33, V, da Lei n. 8.666, de 1993).

A constituição de grupo de sociedade ou a formação de consórcio estão sujeitas à aprovação do CADE, sempre que resultar participação de 20% ou mais de um mercado relevante, ou se qualquer das sociedades agrupadas ou consorciadas tiver faturamento bruto anual expressivo (art. 54, § 3º, da LIOE).

Observa COELHO (2012:266) que o acionista que discorda da deliberação da assembleia geral, no sentido de vir a companhia a participar de grupo societário, tem direito de retirada se as ações que titulariza não possuírem liquidez (art. 137, II, da LSA).

A falta de liquidez das ações se caracteriza, de acordo com a lei, em duas hipóteses:

a) quando as ações de emissão da sociedade anônima a que pertence o dissidente não integram índice geral de bolsa de futuro; e

b) se mais da metade das ações emitidas pela sociedade aberta se encontra centralizada em mãos dos controladores. Desse modc, se as ações têm liquidez e são, portanto, facilmente negociáveis nos mercados abertos de capital, o acionista não terá direito de recesso, exatamente porque poderá vendê-las na Bolsa de Valores ou noutra entidade desses mercados.

Por fim, frisemos que a administração da Sociedade de Capitalização, a partir de 29 de maio de 2012, além da legislação vigente, também deverá se submeter à análise prévia de acordo com os novos regramentos dispostos na Lei n. 12.529, de 2011, quando nas operações de acordo de acionistas, poder de controle, dissolução, liquidação, transformação, incorporação, fusão, cisão, grupos de sociedade, consórcio, notadamente, resultarem em atos de concentração.

CAPÍTULO VIII

TÍTULO DE CAPITALIZAÇÃO

8.1. CONSIDERAÇÕES INICIAIS

Inicialmente, há que se ressaltar que este capítulo irá tratar de uma matéria bastante polêmica: a natureza jurídica do Título de Capitalização.

Atualmente, existe posição mais pacificada no âmbito do Órgão Fiscalizador e majoritariamente no seio do mercado de Capitalização afastando a natureza de Título de crédito do Título de Capitalização.

Todavia, respeitosamente, pedimos vênia, em homenagem ao princípio constitucional da livre manifestação do pensamento (art. 5º, IV, da CF), para deixar consignada nesta obra a nossa visão acadêmica e, ademais, com o único objetivo e intuito de ver cada vez mais o nicho de Capitalização em patamar mais elevado, pulverizado na sociedade e sedimentado no mercado econômico e financeiro brasileiro. A nossa posição, embora seja minoritária, entende que o Título de Capitalização expedido pela Sociedade de Capitalização, legalmente autorizada a funcionar, tem a natureza de Título de Crédito Impróprio de Investimento (investimento, neste caso, significando economia programada com sorteio) e, por este motivo, comporta somente a forma nominativa. Vejamos.

8.2. ORIGEM DO TERMO TÍTULO

Etimologicamente, pontua SILVA (2010:1391), Título, do latim *titulus* (inscrição, marca, sinal), é expressão que, mesmo na linguagem jurídica, é empregada em várias acepções. Assim, Título significa: a) a causa, a origem ou o fundamento jurídico de um direito. Neste aspecto, pois, o Título mostra-se o modo de transmissão, o fundamento de aquisição ou a própria causa dos direitos: a Título gratuito, ou a Título oneroso: b) extensiva, e objetivamente, designa o próprio escrito, ou o instrumento, em que se redigiu o ato jurídico, de que resulta, ou de que se deriva o próprio direito, e para que, por ele, se possam fazer valer os efeitos legais, Título de propriedade, Título de crédito.

Desse modo, em suma, Título significa ato ou fato de que resulta um direito ou obrigação. Modo de aquisição de um direito. Forma extrínseca de um ato jurídico. Qualquer ato escrito ou instrumento, autêntico ou formal e capaz de provar ou conferir um direito ou uma qualidade, e de produzir efeitos jurídicos.

8.3. CARACTERÍSTICAS BÁSICAS DO TÍTULO DE CAPITALIZAÇÃO

O Título de Capitalização, fruto do Contrato de Capitalização, possui duas características básicas: a previdência, que se realiza na poupança[182], com sentido de guardar (contrato principal); e a incerteza, que se perfaz no sorteio[183] (contrato acessório).

Reprise-se que se entende por previdência a proteção aos bens do contratante e à sua pessoa ou outra por ele apontada, no caso, a contribuição, prestação ou mensalidade aportada e/ou quando houver um outro contrato agregado, conjugado, por exemplo, de acidente pessoal. Já a incerteza reside quanto à ocorrência ou quanto à época, por exemplo, do sorteio, no acidente pessoal.

Vale observar que o pagamento do Título de Capitalização é constituído pelas seguintes componentes:

I — cota de Capitalização, destinada à formação do montante capitalizado ou do valor do Título de Capitalização ao seu vencimento, capitalizada à taxa de juros prevista no respectivo Plano;

II — cota de sorteio, destinada a custear os sorteios, se previstos no Plano;

---

(182) É de salientar que alguns Títulos de Capitalização não podem ser considerados como uma aplicação financeira ou poupança, uma vez que não se enquadram nem como de renda fixa nem como de aplicação de risco.

(183) O Título de Capitalização gera, para o Titular, dois direitos distintos: o direito ao resgate do valor da provisão, formado a partir da Capitalização de um percentual incidente sobre cada valor pago pelo Subscritor do Título, e o direito de participação nos sorteios, que contempla apenas uma parte dos consumidores. Muito do sucesso que os Títulos de Capitalização têm feito no Brasil é atribuído à existência do componente sorteio. Argumenta-se que o consumidor brasileiro é culturalmente propenso a aderir ou adquirir produtos que possuam algum tipo de componente lotérico. Seria uma espécie de preferência do mercado brasileiro por este aspecto lúdico. O sorteio, que a princípio deveria exercer uma função apenas acessória no processo, pode significar a antecipação do valor que seria recebido com o resgate final ou ultrapassar, e muito, o saldo que seria obtido com a poupança programada ou, ainda, ser inferior a este. Assim, atualmente, não há qualquer vínculo entre o valor de prêmio do sorteio e o valor do resgate final do Título. As Condições Gerais do Título deverão prever a forma de atribuição e apuração dos números em razão dos sorteios (critérios para determinação dos Títulos sorteados), além de definir os múltiplos dos prêmios dos sorteios. Nos Títulos de Capitalização, o sorteio tem que ser um evento aleatório — que não dependa de prognósticos, de palpites do consumidor. Além disso, o resultado do sorteio deve ser totalmente imprevisível. Deve-se apurar o Título contemplado seguindo o que determinam as Condições Gerais do Título de Capitalização. O sorteio tem que garantir a cada Título a mesma chance de ser sorteado.

III — cota de Carregamento, para cobrir as despesas gerais com a colocação e administração do Plano.

A mensalidade (pagamento) é composta pelo menos de três elementos, a saber:

1 — **Reserva Matemática** — é a parcela deduzida de cada mensalidade para constituir as quantias economizadas pelo Subscritor. É somente sobre a reserva matemática que se aplicam correção monetária e juros e não sobre o total das mensalidades. A reserva matemática nada mais é que o valor de resgate ao final do Plano.

2 — **Despesas Operacionais** — é a parcela deduzida de cada mensalidade para cobrir despesas operacionais e administrativas da Companhia tais como: salários, honorários, aluguéis, publicidade, material, correios etc.

3 — **Custo de Sorteios** — é a parcela deduzida de cada mensalidade para garantir o pagamento dos prêmios aos Subscritores, ou melhor, aos Titulares contemplados.

Quanto à forma de pagamento, podemos dizer que o Título de Capitalização pode ser adquirido a prazo ou à vista.

Já quanto ao prazo de pagamento e a tamanho da série, ou seja, o tamanho do conjunto definido de Títulos de Capitalização com idênticas características, numerados e individualizados sequencialmente — em série (**Série** considerado como um grupo de Título de Capitalização do mesmo Plano de Capitalização que concorrem entre si aos sorteios, com a mesma chance de premiação), estes (prazo de pagamento e o tamanho da série) são definidos em função do Plano a ser elaborado pela Companhia de Capitalização.

8.4. NATUREZA JURÍDICA DO TÍTULO DE CAPITALIZAÇÃO

O Título de Capitalização expedido pela Sociedade de Capitalização, legalmente autorizada a funcionar, tem a natureza de Título de Crédito Impróprio de Investimento (investimento, neste caso, significando economia programada com sorteio) e, por este motivo, comporta somente a forma nominativa. Senão vejamos.

8.5. CONCEITOS E DEFINIÇÃO DE TÍTULO DE CRÉDITO

Título de crédito (SILVA:2010:1393), designação, de natureza genérica, dada a todo documento, ou escrito, em que se firma um direito creditório, ou uma obrigação de receber certo valor, ou certa prestação, que se estima pecuniariamente, ou que tenha por objeto coisa de valor certo.

Por essa forma, o Título de crédito pode assentar-se em quantia pecuniária, como em mercadorias, ou coisas em comércio.

Diz-se de crédito porque, além de fixar um valor de apreciação monetária, que pode ser exigido por seu Titular, quando oportuna essa exigência, esses Títulos circulam como valores, transmissíveis por endosso.

Assim, o Título de crédito é aquele que entregue pelo devedor ao credor, representativo da relação de direito estabelecida entre eles.

Ainda os Títulos de crédito distinguem-se em causais ou abstratos, conforme a obrigação, que neles se encerra, cinge-se à relação jurídica fixada na declaração cartular (texto) ou pode ser decorrente da relação originária ou fundamental.

Em outras palavras, Título de crédito é papel comercial circulável; negociável. Documento escrito, formalizado, que autentica um direito; autônomo e transmissível, representativo de um valor ou de uma operação de crédito. Em sentido estrito, é todo documento escrito público ou particular que de qualquer modo prova uma obrigação de certa soma de dinheiro, ou o direito, ao seu portador, de receber, no vencimento, uma prestação de coisa apreciável. Documento necessário ao exercício do direito literal e autônomo nele contido, que produz efeito quando preenchido os requisitos da lei.

Considera-se Título de crédito o documento que formaliza um direito creditório, à ordem ou ao portador, circulável por ser capaz de realizar de pronto o valor que representa.

SILVA (2010:1393), por seu lado, assegura que Título de Crédito é a designação, de natureza genérica, dada a todo documento, ou escrito, em que se firma um direito creditório, ou uma obrigação de receber certo valor, ou certa prestação, que se estima pecuniariamente, ou que tenha por objeto coisa de valor certo.

Título de crédito é um documento formal, com força executiva, representativo de dívida líquida e certa, de circulação desvinculada do negócio que o originou.

Na definição de BRUNNER, Título de crédito é "o documento de um direito privado que não se pode exercitar, se não se dispõe do Título".

O jurista italiano CESARE VIVANTE conceituou Título de crédito como "o documento necessário para o exercício, literal e autônomo, nele mencionado". Considera-se, assim, "documento" como algo escrito, material, palpável, corpóreo; e "necessário", por ser indispensável o documento. Já a expressão "nele mencionado" significa a declaração constante do Título que deve especificar quais os direitos que se incorporam no documento. Assim, o Título cuida de direito creditório, ou seja, de gozo de dinheiro presente em troca de dinheiro futuro.

Nesse sentido, crédito, ou seja, a confiança de que uma pessoa inspira a outra de cumprir, no futuro, a obrigação atualmente assumida, veio facilitar grandemente as operações comerciais, marcando um passo avantajado para o desenvolvimento das mesmas. Trata-se da troca de dinheiro presente por dinheiro futuro.

Todavia, antes do advento da chamada Lei *Paetelia Papiria*, de 429, o patrimônio e a pessoa eram inseparáveis; os bens eram acessórios em relação à pessoa. Essa lei com a fixação dessa distinção fez inegável progresso na garantia do crédito. O credor passou a poder acionar os bens do devedor para que esse, e não a própria pessoa do devedor, solvesse a dívida.

O nosso Código Civil, seguindo o conceito de CESARE VIVANTE, no art. 887, define o Título de crédito como "*documento necessário ao exercício do direito literal e autônomo nele contido, somente produz efeito quando preencha os requisitos da lei*".

Como se vê, o Título de crédito é o documento representativo de um crédito (*creditum, credere*), ato de fé, confiança do credor de que irá receber uma prestação futura a ele devida. Ou seja, o Título de crédito se funda numa relação de confiança entre dois sujeitos: o que o concede (credor) e o que dele se beneficia (devedor).

Por sua vez, assegura COELHO (2007:372) que os Títulos de crédito são documentos representativos de obrigações pecuniárias. Não se confundem com a própria obrigação, mas se distinguem dela na exata medida em que a representam. Caracterizam-se pela abstração, que é a separação da causa do Título por ele originado (independência do negócio causal); pela autonomia, que é a independência das relações cambiárias antecedentes.

Daí podemos extrair as seguintes características do Título de crédito:

8.6. CARACTERÍSTICAS DO TÍTULO DE CRÉDITO

a) *documentalidade* — o Título de crédito é sempre um documento, necessário para o exercício do direito que representa.

b) *força executiva* — o Título de crédito tem força idêntica a uma sentença judicial transitada em julgado, dando direito diretamente ao processo de execução.

c) *literalidade* — o Título de crédito vale pelo que nele está escrito, não se podendo alegar circunstância não escrita. Quer dizer, parafraseando WHITAKER (1992:39), o Título de crédito exprime fielmente quanto vale e vale nominalmente quanto exprime.

d) *formalismo* — o Título de crédito é formal. Em princípio, se faltar uma palavra que por lei nele deveria necessariamente constar, o documento não valerá mais como Título de crédito. Por exemplo, se não estiver escrita a expressão "nota promissória" na nota promissória, então o papel não vale como Título de crédito.

e) *solidariedade* — todas as obrigações constantes do Título são solidárias. Cada um dos coobrigados (sacador, aceitante, emitente, endossante ou avalista) pode ser chamado a responder pela totalidade da dívida.

f) *autonomia* — a autonomia é a desvinculação da causa do Título em relação a todos os coobrigados.

g) *independência* — a independência é uma extensão da autonomia, significando a desvinculação entre os diversos coobrigados, um em relação ao outro. "Cada qual se obriga por si, e responde pelo cumprimento da obrigação contraída", ensina LACERDA (1921:371).

h) *abstração* — a abstração nada mais é do que mais um aspecto da autonomia. O próprio Título também desvinculado da causa.

Poderíamos distinguir entre autonomia, independência e abstração, valendo-nos do seguinte esquema:

1) desvinculação da causa em relação a todos coobrigados = autonomia;

2) desvinculação recíproca entre os diversos coobrigados = independência;

3) desvinculação da causa em relação ao próprio Título = abstração.

A independência e a abstração constituem, portanto, uma mera extensão da autonomia. Onde não há autonomia não há também independência nem abstração.

i) *circulação* — característica básica dos Títulos de crédito é a sua circulação, vez que têm eles por fim facilitar as operações de crédito e a transmissão dos direitos neles incorporados. A transmissão dá-se regularmente pela tradição ou pelo endosso, a terceiro de boa-fé.

Desta maneira, o Título de crédito é autônomo à relação jurídica que a ele deu origem, e, por essa razão, pode ser transferido de um credor a outro, livremente, seja pela simples entrega (tradição), seja por assinatura de um possuidor em favor de outro (endosso).

8.7. CARACTERÍSTICAS DO TÍTULO DE CAPITALIZAÇÃO

Títulos de crédito, na verdade, são papéis em que estão incorporados os direitos do credor contra o devedor, facilitando a circulação dos direitos creditórios. Nessa linha, o Título de Capitalização materializa os direitos previstos no Contrato de Capitalização (cártula).

Aliás, quanto à circulação, os Títulos de crédito são chamados de nominais quando o nome do beneficiário consta no Título no momento da emissão. Estes Títulos nominais podem ser nominativos, à ordem e não à ordem, bem como ao portador, a saber.

Considera-se nominativo o Título de crédito emitido em nome de um beneficiário determinado, cuja transferência se dá mediante registro no livro próprio do devedor, consoante dispõe o art. 922 do CCB. Dessa forma, o emitente do Título somente estará obrigado a reconhecer como legítimo credor da dívida aquele que constar em seu registro nessa condição.

Em outras palavras, entende-se como Título nominativo aquele cuja circulação se faz mediante um termo de cessão ou de transferência (Cessionário de Sorteio, p. ex.), em registro do emitente, assinado pelo proprietário e pelo adquirente. Traz esse Título, sempre, no contexto, o nome da pessoa indicada como beneficiária da prestação realizada. Normalmente, os nomes dos beneficiários (Titulares) dos Títulos nominativos devem constar de registro da pessoa que os emitiu, como é o caso do Título de Capitalização. Logo, perdido o Título, a Sociedade de Capitalização não estará obrigada a pagá-lo a um estranho que o tenha encontrado.

Por sua vez, o Subscritor ou Titular que perder ou extraviar Título de Capitalização, ou for injustamente desapossado, poderá obter novo Título em juízo, bem como impedir que sejam pagos a outrem capital e rendimentos (art. 909 do CCB).

Todavia o pagamento feito antes de ter ciência da ação acima referida exonera a Sociedade de Capitalização, salvo se for provado que ela tinha conhecimento do fato.

O Título nominativo também pode ser transferido por endosso que contenha o nome do endossatário. Contudo essa transferência mediante endosso só tem eficácia perante o emitente, uma vez feita a competente averbação em seu registro, podendo o emitente exigir do endossatário que comprove a autenticidade da assinatura do endossante, consoante dita o art. 923 do CCB.

Aliás, qualquer negócio ou medida judicial que tenha por objeto o Título só produz efeito perante o emitente ou terceiros, uma vez feita a competente averbação no registro do emitente (art. 926 do CCB).

De maneira que esse Título nominativo não se confunde com o chamado Título à ordem. Este também é nominativo, mas é transferido por simples endosso, assinatura no verso ou no anverso do Título, com a indicação ou não da pessoa a quem o mesmo é transferido (endosso em preto ou em branco).

Em suma, compreende-se à ordem o Título emitido em favor de pessoa determinada, mas transferível por endosso, que é a assinatura do portador atual àquele a quem será transferido o Título. Como vimos, diferencia-se do nominativo, na medida em que dispensa qualquer outra formalidade, que não o endosso, para a transferência do Título. No Título nominativo, como ressaltado, exige-se a escrituração no livro do devedor. Se ao Título nominativo, excepcionalmente, for aposta a cláusula "à ordem", ele se torna transferível por endosso, segundo o art. 924 do CCB.

Contudo, por exemplo, em relação ao Título de Capitalização, não se aplica esse dispositivo do Codex, uma vez que a regra contida no art. 2º, II, da Lei n. 8.021, de 1990, proíbe a transmissão desse Título de crédito por endosso.

Os chamados Títulos não à ordem são aqueles emitidos em benefício de pessoa determinada, mas, em razão da existência de cláusula "não à ordem", fica vedado o endosso. Nos Títulos de crédito, a cláusula "à ordem", que possibilita o endosso, é presumida, de modo que, se houver intenção de impedi-lo, deve ser colocada a cláusula "não à ordem", pois, nesse caso, eles só podem ser transferidos mediante cessão civil de crédito. Exemplo disso, a letra de câmbio, por expressa disposição legal, é transferível por endosso, ainda que não contenha a cláusula "à ordem" (art. 11 da Lei Uniforme). Admite, todavia, que seja colocada a cláusula "não à ordem", hipótese em que poderá ser objeto de mera cessão civil.

Cumpre salientar que a circulação não é elemento essencial para a caracterização de um Título de crédito. Tanto é assim que muitos Títulos nem chegam a circular, como é o caso daqueles que contêm a cláusula "não à ordem".

É de se observar que o art. 890 do CCB diz que se considera como não escrita no Título eventual cláusula proibitiva de endosso. Essa regra, porém, não se aplica aos Títulos disciplinados por legislação especial. Tanto é assim que o art. 893 preservou as normas ditadas em leis especiais quando forem contrárias ao texto do Codex.

Já os chamados Títulos ao portador são aqueles emitidos sem o nome do beneficiário ou tomador, ou com cláusula "ao portador", transferindo-se, assim, por mera entrega ou tradição, conforme disposto no art. 904 do CCB. Será legítimo proprietário aquele que estiver na posse do Título, tendo direito, portanto, à prestação nele indicada, bastando, para tanto, a sua apresentação, segundo prevê o art. 905 do CCB. Não sendo transferidos por endosso, o beneficiário não se obriga cambiariamente ao entregá-los a terceiro.

Essa modalidade de Título é suscetível a maiores riscos, levando-se em conta que pode ser subtraído ou extraviado. Por isso o Código Civil, em seu art. 909, dispõe que "o proprietário, que perder ou extraviar Título, ou for injustamente desapossado dele, poderá obter novo Título em juízo, bem como impedir que sejam pagos a outrem capital e rendimentos".

Essa modalidade ("ao portador"), como apontado, não se aplica ao Título de Capitalização, visto que a regra do art. 2º, II, da Le n. 8.021, de 1990, veda a emissão do Título ao portador. Desta forma, será nulo o Título ao portador emitido sem autorização de lei especial, nos termos do art. 907 do CCB.

Por outro lado, não se pode olvidar, nessa análise, da classificação elaborada por J. X. CARVALHO DE MENDONÇA, que distinguiu os Títulos de crédito em propriamente ditos e impropriamente ditos. Essa classificação leva em consideração a extensão do direito consagrado no Título, uma vez que a diversidade de Títulos faz variar tal extensão. Uns, por exemplo, servem para representar mercadorias, como no conhecimento de depósito; outros, para atestar a participação em uma sociedade, como as ações, ou, ainda, o direito a um crédito em si, como é caso do Título de Capitalização.

Nessa linha, chamam-se de Títulos propriamente ditos ou próprios aqueles em que, de fato, se consubstancia uma operação de crédito, como por exemplo os Títulos da dívida pública, as letras de câmbio, as notas promissórias.

Já os Títulos impropriamente ditos ou impróprios são aqueles que não representam uma operação de crédito, mas, por preencherem os princípios do direito cambiário, ou melhor, os requisitos típicos dos Títulos de crédito (cartularidade, literalidade, autonomia), podem circular com as garantias que os caracterizam.

Na realidade, essa classificação quanto ao conteúdo da cártula é de somenos importância, pois o que importa é saber se um Título é de crédito a partir do momento em que se insere no conceito de VIVANTE, ou se é Título diverso.

Para alguns autores, o cheque não é Título de crédito puro, pois se trata de uma ordem incondicional de pagar certa quantia em dinheiro emitida contra o banco, que não representa necessariamente uma operação de crédito, já que o correntista pode, por exemplo, emitir um cheque em que ele próprio é o beneficiário.

Em sendo assim, o Título de Capitalização é impróprio, porque não caracteriza uma verdadeira operação de crédito. De fato, não contém todas as características logo acima lançadas, abrange outros direitos, além do direito creditório (gozo de dinheiro presente em troca de dinheiro futuro). Porém, como todo Título de crédito, o de Capitalização, além de ser um documento necessário ao exercício do direito literal e autônomo nele contido e produz efeito, porque preenche os requisitos da legislação regedora, também é um instrumento de circulação de riqueza. Aliás, é um meio ágil e fácil para o giro da riqueza.

Relembra FÜHER (1994: 78-79) que os Títulos são divididos em Títulos cambiais e Títulos cambiariformes. As cambiais genuínas ou básicas são a letra de câmbio e a nota promissória. Todos os demais Títulos de crédito, como o cheque, a duplicata, o conhecimento de depósito, a cédula de crédito à exportação, e muitos outros, são apenas assemelhados ou cambiariformes, na designação de PONTES DE MIRANDA. As regras da letra de câmbio e da nota promissória aplicam-se aos Títulos cambiariformes, em tudo que lhes for adequado, inclusive a ação de execução.

De sorte que o Título de Capitalização é um Título financeiro do tipo mobiliário e nominativo, adquirido pelo comprador diretamente de uma Sociedade de Capitalização ou por meio de um Corretor de Capitalização. Seu objetivo é a formação de capital, por meio de uma aplicação prefixada por um período determinado e a uma taxa de juros previamente conhecida.

Além de um papel do mercado mobiliário, o Título de Capitalização é também um papel nominativo, porque possui um proprietário identificado que poderá transferir seu direito de propriedade a outra pessoa.

Título de Capitalização, então, é um Título financeiro do tipo mobiliário, nominativo, adquirido pelo comprador, a partir de um Contrato de Adesão e instrumento do Contrato de Capitalização, estabelecido por uma Sociedade de Capitalização.

O adjetivo mobiliário significa que o Título, após a sua aquisição, pode ser transferido de uma pessoa para outra. Tal característica tem possibilitado uma série de aplicações comerciais e mercadológicas muito difundidas atualmente.

Frise-se, além de ser um papel do mercado mobiliário, o Título de Capitalização é também um papel nominativo porque possui um Titular, o proprietário, que pode transferir esse direito de propriedade para outro Titular (FUNENSEG, 2012:23).

Sob o aspecto da natureza, o Título de Capitalização se inclui nos chamados Títulos abstratos (ou não causais), porque não há necessidade de se mencionar a relação que lhe deu origem. É criado por qualquer motivo, de acordo com a vontade da Sociedade de Capitalização, representando obrigações de qualquer natureza, pois a lei não predetermina a causa de sua emissão. Vale o crédito que na cártula estiver escrito independentemente de outros questionamentos. Os direitos decorrentes do Título poderão ser exercidos livremente porque são abstratos. Diferentemente dos denominados Títulos causais, que são aqueles cuja obrigação que lhes deu causa consta expressamente no Título, estando a ele vinculados. E somente poderá ser emitido se ocorrer o fato que a lei elegeu como causa possível para tanto. Podem circular por endosso.

Aliás, quanto ao emitente, o Título de Capitalização é privado, pois é lançado por pessoa jurídica privada (do particular), sociedade empresária, ou seja, a Sociedade de Capitalização. Inclusive, é bom que se diga, o Título de Capitalização é do tipo seriado (ou em massa), porquanto é emitido em série por Sociedade de Capitalização e por ser numerado. Cada Título envolve um direito igual ao outro, servindo, geralmente, para pagamentos periódicos.

De resto, o Título de Capitalização rege-se pelos Princípios da Cartularidade (materialização do direito no Título); da Literalidade (documento escrito; só vale o que estiver escrito); da Autonomia (direito autônomo do tilular em relação ao direito dos seus predecessores); e da Abstração (desvincula-se do que lhe deu causa).

Sobremais, o Título de Capitalização, como Título de crédito (coisa móvel), nos termos do art. 585, I, do CPC, é um Título executivo extrajudicial, tendo, pois, maior liquidez e certeza.

Portanto, dentre as características acima lançadas, as principais do Título de Capitalização são a negociabilidade, que é a facilidade do crédito poder circular ou mobilização do seu valor, e a executividade, que é a maior eficiência em sua cobrança (art. 585, I, CPC).

8.8. DA AÇÃO DE EXECUÇÃO CAMBIAL

Como vimos, a executividade é característica intrínseca do Título de crédito, portanto, do Título de Capitalização; e, por ser considerado Título executivo extrajudicial, dispensa a prévia ação de conhecimento, gerando uma satisfação célere e eficiente do crédito.

Para tanto, a execução deve ser proposta no lugar indicado para o pagamento do Título, ou no domicílio do devedor principal, ou seja, da Sociedade de Capitalização. A ação é direta, pois deve ser contra ela a emitente do Título, pactuado no Contrato de Capitalização. A não ser que tenha outros coobrigados subsidiários, assim, neste caso, a ação deve ser regressiva contra aqueles coobrigados.

Em virtude do Princípio da Cartularidade, a execução deve ser instruída com o próprio Título original, não se admitindo cópia, pois, se o credor, o Subscritor ou o Titular do Título de Capitalização ou outro exequente ainda estiver na posse do Título, poderá fazê-lo circular após o início da execução, o que é absurdo. Não se pode esquecer que o Título é documento necessário para que se obtenha o direito nele contido. Além disso, deve o Título estar completo (sem rasuras e todo preenchido), ser autêntico (desprovido de falsidades) e exigível (vencido).

Se o Título, todavia, estiver servindo como documento em outro processo, pode ser admitida a execução com base em certidão do cartório de que o Título está acostado nos autos de outra ação.

Para defender-se nessa execução, o devedor, ou seja, em tese, a Sociedade de Capitalização pode valer-se dos embargos de execução, alegando defeito formal ou de conteúdo do Título, caso raro, pois regularmente é ela quem formaliza o Título; direito pessoal contra o exequente; falsidade de sua assinatura ou ausência de requisito necessário para o exercício da ação. O ônus da prova é seu.

Sabemos que a exceção relativa a direito pessoal do réu contra o autor diz respeito à própria pessoa do credor e não à relação cambiária. Como a lei não fez restrições, referindo-se genericamente a autor e réu, a possibilidade estende-se a todos os que estiverem nessa situação, podendo ser sacador e tomador, endossante e endossatário etc. Seriam exemplos dessa exceção o erro, o dolo, a compensação, o pagamento etc. Se o credor for terceiro de boa-fé, não serão, em relação a ele, oponíveis as exceções pessoais do devedor em face do credor originário.

No que tange à falta de requisito necessário ao exercício da ação, poderá o executado alegar, por exemplo, a ilegitimidade do credor, falta do protesto em execução movida contra um dos coobrigados, prescrição etc.

Os defeitos de forma que podem ser alegados em relação aos Títulos de crédito podem referir-se a seus requisitos intrínsecos e extrínsecos. Como, por exemplo, Título rasurado ou falsificado, Título sem o nome do emitente etc.

A execução compreende o pagamento do principal, juros moratórios (de acordo com a taxa pactuada entre as partes), despesas processuais e honorários, além de correção monetária a partir do vencimento.

Não se pode esquecer que o executando pode lançar mão das defesas comuns da legislação processual civil, como vícios de citação etc.

8.9. DA PRESCRIÇÃO DO TÍTULO DE CAPITALIZAÇÃO

Sempre que se fala em prescrição lembra-se do instituto da decadência, e, em qualquer das searas do direito, seja no direito privado, penal, administrativo, a referência é feita ao atingimento em maior ou menor escala de uma relação jurídica pelo tempo aliado à inatividade de atuação do lesado.

Essa é a ideia comum dos institutos em todas as áreas jurídicas.

É claro que o tratamento da prescrição e da decadência no direito penal é realizado de uma maneira muito distinta da forma conferida pelo direito privado.

No campo do direito privado, entretanto, essa matéria é tratada de modo muito distinto das outras áreas. O que liga o instituto é só essa referência. O tratamento vai ser diferente conforme a área própria. Ordinariamente, existiu e ainda existe o problema da distinção entre prescrição e decadência. Vejamos.

A diferença entre prescrição e decadência, de acordo com a visão antiga, tradicional, que era dominante na época do advento do Código Civil de 1916, referia que a prescrição indicava o perecimento da ação, em virtude da inatividade do Titular exercê-la dentro de certo prazo. A ação perecia, mas não o direito, enquanto a decadência indicava o próprio perecimento do direito.

Essa menção era a dominante quando do advento do Código Civil de 1916 e ainda hoje é muito comum que seja mencionada. Os que defendem essa forma de distinção afirmam que o próprio Código Civil, a todo momento, se refere à *prescrição da ação*, conforme previa o art. 178 do CCB de 1916.

O direito não seria diretamente atingido; Tanto isso é verdade, segundo os defensores dessa visão, que, uma vez prescrita a ação, ainda assim, se o devedor resolver pagar o débito e o fizer sem saber da prescrição, mais tarde, não poderá alegar que fez o pagamento por erro e pretender a devolução dos valores pagos. O devedor não faria jus à restituição dos valores porque, na verdade, o débito continuaria a existir, sendo que apenas a ação seria atingida.

Essa visão é antiquada e partia de uma perspectiva apelidada como a perspectiva da Teoria Imanentista da Ação, que era aquela que se referia à ação como apenas um lado do próprio direito. A ação era "o direito vestido com roupa de guerra". Quando ocorria a prescrição, o direito persistia, mas não podia ir mais para a guerra.

A ação e o direito eram vistos como verso e anverso da mesma moeda. Então, por isso, o nome de Teoria Imanentista, pois a ação seria imanente (que existe sempre em um dado objeto e inseparável dele) ao direito. A ação era atingida, mas o direito continuava.

Essa concepção foi totalmente ultrapassada. Hoje, a doutrina reconhece que a ação é um direito subjetivo[184] autônomo em relação ao direito material discutido.

O atual Código Civil Brasileiro está partindo de outra premissa, que é a dominante em outros textos em vigor, afirmando, no art. 189, que o que será atingido é a pretensão.

O que está sendo afirmado que é a pretensão que se extingue pela prescrição. No art. 206, o CCB a todo momento se refere à prescrição da pretensão. Essa é a linha adotada, inclusive, pelo CDC, que, em seu art. 27, se refere à prescrição da pretensão.

Então o que o legislador está indicando no novo texto do CCB é que a prescrição atinge a pretensão, mas essa referência é, ainda, um tanto quanto delicada, de difícil compreensão para o leigo.

No sentido técnico, a palavra pretensão significa o direito, o poder de exigir de outrem uma prestação. É esse o conteúdo, o conceito de pretensão.

Segundo ANDRÉ FONTES (2005:33), pretensão é o direito de exigir de outrem uma ação ou omissão, *"com a referência à literatura alemã, dizemos que a pretensão é o poder de exigir alguma prestação"*.

(184) Já Direito potestativo, na lição de Chiovenda, é aquele ao qual não corresponde nenhuma obrigação, na medida em que os efeitos que produz não depende de qualquer ato do seu destinatário, que fica apenas sujeito ao efeito jurídico produzido.

Aliás, essa foi motivo de uma questão elaborada no concurso para a magistratura federal da 2ª Região, em 1998, de seguinte incagação:

O que é prescrição? Diga se os "Direitos Potestativos" podem ser atingidos por ela.

Pode-se responder que a prescrição é, assim, o comprometimento da exigibilidade do direito, o atingimento da exigibilidade do direito, tendo em vista a inatividade do Titular em exercê-lo em um determinado prazo previsto em lei.

Se a pessoa não exigiu a prestação a que faz jus no prazo legal, a exigibilidade ficou comprometida, mas se o obrigado cumprir sua prestação, este não poderá, mais tarde, requerer a devolução do pagamento. Mesmo em ação judicial, muitas vezes o devedor sequer alega a prescrição, podendo o pedido ser julgado procedente, o que não tem nada demais, porque o direito apenas tinha a exigibilidade comprometida.

É de se notar que a obrigação natural é a obrigação desprovida de seu vínculo jurídico completo. Nela existe o débito, mas não existe a responsabilidade.

Já a ideia de decadência é uma ideia diferente. O CCB de 1916 sequer utilizou essa expressão em qualquer um de seus preceitos. Mas esse Codex usou a palavra caducidade, que é, de modo geral, sinônimo da palavra decadência. As expressões, em geral, são sinônimas que, inclusive, têm a mesma raiz etimológica, que vem da palavra "*cadere*", que é cair, indicando queda, perecimento do direito.

Os prazos decadenciais estão ligados, via de regra, a direitos que são classificados pela doutrina dentro de uma categoria especial, que são chamados de direitos potestativos.

Os direitos subjetivos, em sentido amplo, significam toda a possibilidade de atuação admitida pelo ordenamento, chancelado pelo ordenamento. Pode-se falar ou em direito objetivo — norma cogente — ou em direito subjetivo — faculdade de atuação dentro do ordenamento.

Nesse sentido amplo, é possível distinguir os direitos subjetivos em sentido estrito, que são os direitos de exigir uma prestação e, também, se pode falar daqueles direitos que não estão ligados à exigência de uma prestação a que uma outra parte previamente esteja vinculada. Existem os direitos de exigir uma prestação, quando a outra parte está vinculada, previamente, a uma prestação de dar, de fazer ou de não fazer e não a cumprindo, a pessoa que tem o direito violado poderá exercitar sua pretensão.

Mas existem outros direitos que não estão ligados a esse aspecto nem podem ser referidos como direitos de se exigir uma prestação. Algumas vezes, o ordenamento jurídico autoriza que uma pessoa, pelo poder de sua vontade, influa na esfera jurídica alheia. Presentes os pressupostos, o poder da vontade vai ensejar determinada consequência. Por exemplo, a lei autoriza a qualquer um deixar o seu emprego. O ordenamento permite que o empregado ou empregador possa resilir o contrato. Isso é um direito potestativo que, volta e meia, não estará, necessariamente, vinculado a qualquer prazo.

No Direito Público, vários autores afirmam que a possibilidade que o Estado tem de desapropriar determinada área encerra um direito potestativo. O poder de expropriar é um direito potestativo.

O direito que o condômino tem de exigir a extinção do condomínio é um direito potestativo. É uma relação de poder e sujeição, que não está ligada a qualquer prazo.

Sempre quando se está falando em anulação de determinado contrato, a ideia é, se a lei autoriza anular um determinado contrato sob determinados pressupostos, isso representa um direito potestativo.

O certo é que os direitos potestativos quando ligados a prazo encerram prazos de caducidade.

A ideia é a de que os direitos potestativos não estão sujeitos à prescrição, mas sim a prazos decadenciais. A decadência é a perda do direito potestativo em virtude da inércia da pessoa que deixou de agir dentro do prazo legal fixado para tanto.

No plano dos efeitos, o tratamento dado pelo ordenamento aos prazos prescricionais é muito distinto do conferido aos prazos decadenciais.

Os prazos prescricionais podem ser renunciados e não podem ser conhecidos de ofício pelo magistrado, em regra. A prescrição deve ser suscitada, debatida. Já o prazo decadencial não pode ser renunciado, o próprio direito pereceu diretamente e o magistrado, de ofício, pode reconhecer essa situação.

O prazo prescricional está sujeito a uma série de causas gerais que impedem, suspendem ou interrompem o seu curso. Pelo atual CCB, nem o prazo decadencial nem o prazo prescricional correrão em detrimento dos incapazes.

Os prazos decadenciais não se sujeitam às regras gerais de impedimento, suspensão e interrupção, mas o prazo decadencial pode ser impedido de ocorrer em determinadas hipóteses previstas em lei, por exemplo, no art. 26 do CDC. Nesse sentido, podemos apontar outra questão lançada no concurso para a magistratura federal da 2ª Região em 1999, de seguinte teor:

O juiz pode, de ofício, conhecer da prescrição e decretá-la de imediato nos casos de direitos pessoais e de direitos patrimoniais? Indique o dispositivo legal que fundamenta a sua resposta.

A resposta é negativa, uma vez que o juiz não pode conhecer de ofício a prescrição. A prescrição é renunciável e por isso o juiz não pode conhecê-la de ofício.

O CCB de 1916 tinha uma regra sobre o assunto no art. 166, no que se refere aos direitos patrimoniais. Nota-se que o art. 219, § 5º, do CPC repete a essência dessa assertiva.

A pergunta fez referência a direitos pessoais no sentido geral, de direito obrigacional, que são uma vertente dos direitos genuinamente patrimoniais.

Os direitos de exigir uma prestação — e essa é a essência conceitual de pretensão — são de caráter patrimonial, pois o que se estará pedindo é uma prestação de dar, fazer ou não fazer, e é exatamente isso que está sujeito à prescrição.

No campo que se situa fora dos direitos patrimoniais, não se está falando no direito de exigir uma prestação de dar, fazer ou não fazer.

A ideia geral é a de que não pode haver o reconhecimento da prescrição de ofício, o que está previsto no atual CCB, que, entretanto, deixa claro que se trata de uma regra geral. O atual CCB aponta, em seu art. 194, uma exceção dessa regra, no que se refere ao absolutamente incapaz.

Boa parte da doutrina salienta que a prescrição pode ser reconhecida de ofício quando favorecer a Fazenda Pública — o que não é, entretanto, a visão dos examinadores da magistratura federal.

Esses autores alegam que se está diante de uma exceção, porque a Fazenda Pública só pode renunciar à alegação de prescrição se preenchidos os pressupostos para uma renúncia adequada dentro dos ditames da Administração Pública, por isso que a não alegação da prescrição não poderia ser interpretada como renúncia. Essa visão é minoritária.

O art. 191 do CCB apresenta regras sobre a renúncia da prescrição.

A renúncia da prescrição pode ser tácita ou expressa, mas só vale depois de a prescrição se consumar. Não é possível renunciar de antemão a prescrição. Daí pode-se extrair as seguintes questões:

Pode um contrato aumentar prazo de prescrição? Pode reduzir tal prazo?

Se um contrato aumentar o prazo de prescrição, a cláusula será nula, porque o beneficiário do prazo estará renunciando de antemão a possibilidade de alegar a prescrição naquele prazo, o que era vedado pelo art. 161 do Código Civil de 1916. Por esse dispositivo, era impossível que qualquer contrato aumentasse o prazo de prescrição.

Já a questão da redução também era delicada, sendo bastante controvertida na doutrina e na jurisprudência, tendo posicionamento nos dois sentidos. Contudo essa discussão perdeu espaço com a vigência do atual CCB, que traz regra clara, inequívoca, sobre o assunto, vedando que os prazos de prescrição possam ser alterados em sua dimensão temporal.

Assim, os prazos de prescrição, de uma forma geral, são prazos de ordem pública, por isso não podem ser alterados para maior ou menor.

Nessa via, foi questão de indagação no concurso para a magistratura estadual do Rio de Janeiro, Tribunal de Justiça do Rio de Janeiro — TJRJ, em 1991, de seguinte teor:

Explicar, objetivamente, como se conta o prazo de prescrição no conflito intertemporal das leis, considerando as hipóteses de aumento e redução dos prazos de prescrição, observando o lapso de tempo decorrido em cada caso.

O atual CCB diminuiu, de forma geral, os prazos prescricionais, estipulando o prazo maior de dez anos no art. 205.

Muitas vezes se repete a ideia de que a prescrição tem um certo teor de injustiça. Há uma injustiça nos prazos de prescrição porque o tempo, por si só, não deveria afetar a pretensão do sujeito. Mas esse movimento de redução dos prazos é um movimento universal.

Pelo CCB de 1916, as ações de reparação civil não tinham prazo prescricional fixado, daí porque seguiam a regra geral de 20 anos. Com a vigência do atual CCB, esse prazo foi drasticamente reduzido para 3 (três) anos.

A prestação de alimentos, que tinha o prazo de cinco anos, hoje é de dois anos. Alugueres, que pelo CCB de 1916 podiam ser cobrados em cinco anos, pelo atual CCB é de três anos.

Existe, assim, um movimento geral de redução de prazos, mas há hipóteses de prazos que pelo CCB de 1916 estavam fixados em um ano e não foram repetidos pelo atual CCB, daí porque serão abarcados pela regra geral de dez anos.

Isso é justificado pelo balanceamento dos interesses em conflito — interesse da pessoa *versus* segurança da situação jurídica. É que, quando os conflitos demoram a ser analisados pelo Poder Judiciário, eventual decisão injusta tem maior probabilidade de ser proferida, porque os fatos estarão distanciados, a prova é de difícil aferição.

A regra geral para a redução de prazos está assentada, de certo modo, ao longo da história, que enfrentou inúmeras situações de redução de prazo prescricional. Como também enfrentou, em alguns casos, com o aumento do prazo.

A ideia é a de trabalhar, acima de tudo, uma informação básica: o atual CCB que aumentou ou diminuiu o prazo tem aplicabilidade imediata, mas não retroage. Se a lei civil pretendesse retroagir, ela estaria afetando situações efetivamente consolidadas.

No momento da promulgação da CF, os prazos para ingresso de reclamações trabalhistas foram aumentados para cinco anos quando ainda vigente o contrato de trabalho — art. 7º, XXXIX. Antes disso, as parcelas atrasadas prescreviam em dois anos. Mas, mesmo com o aumento do prazo acima, o empregado que já tivesse perdido o prazo de dois anos previstos antes da promulgação da CF não poderia mais ser beneficiado pelo novo prazo. A CF deveria ser aplicada imediatamente, mas sem retroagir para atingir situações já consolidadas — isso foi decidido pelo STF.

O CCB de 1916 previa que a cobrança de mensalidades prescrevia em um ano (art. 178). Já o atual CCB não repete esse prazo, daí porque aplicável a regra geral de dez anos.

É de se anotar, se se passaram onze meses do prazo prescricional de um ano e o atual CCB entrou em vigor, o prazo será automaticamente aumentado para dez anos, havendo, assim, um saldo de nove anos e um mês de prazo para a cobrança das mensalidades. A nova lei se aplica de imediato, mas não retroage.

Contudo, se já tivessem decorrido treze meses do prazo até o início de vigência do atual CCB, o prazo de dez anos não poderá ser adotado, porque o atual CCB não poderá retroagir. Estaria, assim, consumada a prescrição, pois a pretensão já estaria fulminada. Se o prazo já tiver se esgotado, estando a exigibilidade comprometida, o aumento posterior do prazo não afetará tal situação.

Quanto à redução do prazo, a ideia é a mesma. O atual CCB prevê uma regra de direito intertemporal no art. 2.028. Assim, se já tiver decorrido mais da metade do tempo previsto no CCB revogado, o prazo prescricional é o da lei revogada, caso o atual CCB tenha diminuído o prazo prescricional. Por exemplo, se na vigência do CCB de 1916 uma pessoa fosse agredida e quisesse pleitear a reparação dos danos. Para tanto, não havia prazo fixado no CCB de 1916, daí porque se aplicava a regra geral de vinte anos. Pelo atual CCB, o prazo é de três anos. Se o fato acontecesse em setembro de 2002, ou seja, até o início da vigência do atual CCB, somente teriam decorrido quatro meses do prazo prescricional, daí porque não será possível a adoção da regra do art. 2.028 do novo CCB.

Salienta-se que a pessoa do exemplo acima terá três anos a partir da vigência do novo CCB para exercer sua pretensão, não sendo descontados os meses já decorridos anteriormente ao início da vigência do atual CCB. Como se vê, a nova lei se aplica de imediato, mas não retroage.

Contudo essa regra não pode fazer com que o novo prazo prescricional seja superior ao fixado na lei anterior. Se, por exemplo, o fato tivesse ocorrido em setembro de 1999, quando do início da vigência do atual CCB já teriam decorrido três anos. A pessoa, ainda assim, teria mais três anos para propor a ação.

Vejamos um outro exemplo para melhor elucidação: Maria casou-se em janeiro de 1994 e, em março de 1996, ingressou com ação de anulação de casamento em face de seu marido, alegando erro essencial quanto à pessoa do cônjuge, dizendo-o incapaz de consumar qualquer relação sexual. Citado, o marido fica revel, e o curador ao vínculo contesta genericamente. Pode o pedido ser acolhido?

O prazo decadencial para ação de anulação de casamento por erro essencial quanto ao cônjuge, pelo CCB de 1916, era de dois anos. Na vigência de, então, o pedido não podia ser acolhido, porque o juiz deve pronunciar de ofício a decadência, pois se trata de prazo de natureza decadencial. O atual CCB aumentou o prazo para anulação de casamento, que é de três anos.

Observemos outro exemplo: Caio propôs ação em face de Tício, na qual pediu que fosse o réu condenado a pagar-lhe R$ 200.000,00 (duzentos mil reais). Tício, em defesa, alegou que já pagara e que, além disso, estava consumada a prescrição. O juiz sentenciou, acolhendo o pedido no tocante a R$ 80.000,00, sob o fundamento de que, em relação à outra parcela, se verificara o pagamento. Se somente Caio apelar: a) poderá o Tribunal, entendendo demonstrado o pagamento integral do débito, reformar a sentença para julgar o pedido totalmente improcedente? b) Poderá o Tribunal, se reputar, ao contrário, ausente qualquer prova de pagamento, negar provimento ao recurso com fundamento na prescrição?

Podemos responder que (a) não pode, porque apenas o autor apelou não podendo o Tribunal reformar a sentença para piorar a situação do autor. Somente foi devolvido para o Tribunal o conhecimento da causa quanto à parte do pedido que não foi deferida, qual seja, R$ 120.000,00.

Por outro lado, podemos responder que: b) Sim, o Tribunal pode conhecer da alegação de prescrição com base no art. 515, § 1º, do CPC. A prescrição pode ser conhecida pelo Tribunal.

A prescrição, mesmo que não tenha sido suscitada na contestação, poderá ser alegada na apelação, ou seja, durante o curso do processo, porque se trata de matéria de ordem pública, conforme autoriza o atual CCB em seu art. 193. Mas não é possível a alegação de prescrição somente quando do Recurso Especial ou Extraordinário, porque a atuação dos tribunais superiores deve ser no sentido de verificar as teses já debatidas, devidamente prequestionadas no processo. Da mesma forma, não é cabível a alegação de prescrição em embargos de declaração.

Portanto, empós a exposição supralançada, de cunho pedagógico, afirma-se que no Contrato de Capitalização, dada a sua peculiaridade restada no Título de Capitalização, deve ser observado e regido pelo instituto da prescrição, mormente porque, por um lado, essa visa ao atendimento de um interesse jurídico-social, qual seja, o de proporcionar segurança às relações de direito, por isso afirmar-se ser a mesma um instituto de ordem pública e, por outro lado, porque requer um direito já exercido pelo Subscritor ou Titular ou pela Sociedade de Capitalização, mas que tenha sofrido algum obstáculo, dando origem à violação daquele.

Como vimos, a prescrição não fere o direito em si mesmo, mas sim a pretensão à reparação pelos danos causados pelo fato do produto ofertado ou do serviço prestado pela Sociedade de Capitalização.

O CCB adota o prazo de cinco anos para contratos financeiros. Nessa linha, o Guia da Fenaseg do Novo Código Civil, que teve por objetivo exclusivo de prestar subsídios às associadas, adotou, entre outras, a Recomendação n. 33, *in verbis*:

> *[...].*
>
> *Por faltar ao Título de Capitalização a necessária autonomia e outros atributos essenciais ao Título de crédito, entendemos que se trata de mero instrumento particular, representativo de dívida liquida, motivo pelo qual as pretensões dele decorrentes prescrevem em* ***5 (cinco) anos*** *após o seu vencimento (****art. 206, § 5º, inciso I****).*
>
> *[...].*

No entanto, para Títulos de crédito, a prescrição se dá no prazo de três anos.

Na verdade, alguns juristas e estudiosos, entre os quais nos incluímos, entendem que o Título de Capitalização é de natureza jurídica de um Título de crédito, embora, ressalvamos, esta não seja a interpretação predominante.

Todavia, o instituto da prescrição deve ser largamente empregado no segmento da Capitalização e, data máxima vênia, o seu prazo prescricional há de ser de três anos, a contar do vencimento, consoante dita o inciso VIII, § 3º do art. 206, do CCB, por se tratar de pretensão para haver o pagamento de Título de crédito, gênero do Título de Capitalização (espécie).

Aliás, vale aqui relembrar, o Título de Capitalização espelha direito autônomo do Titular em relação ao direito dos seus predecessores; estampa dívida existente com exata determinação do seu valor, por isso é líquida; certa por causa da sua existência e, ainda, determinada com relação ao seu objeto. Retrata, então, o Título de Capitalização, débito exato, perfeitamente conhecido, como prefere a doutrina.

Doutro lado, parte dos respeitados estudiosos do tema, inclusive a própria FENACAP[185] (entidade representativa das Sociedades de Capitalização), diversamente, entendem que, por faltar ao Título de Capitalização a necessária característica da autonomia, se cuida de mero instrumento particular, representativo

(185) A Confederação Nacional das Empresas de Seguros Gerais, Previdência Privada e Vida, Saúde Suplementar e Capitalização (CNSeg) foi criada no dia 20 de agosto de 2008, em assembleia, pelas Federações Associativas de Seguros Gerais (FenSeg), de Previdência Privada e Vida (FenaPrevi), de Saúde Suplementar (FenaSaúde) e a de Capitalização (FenaCap). A CNSeg tem como missão congregar as principais lideranças, coordenar ações políticas, elaborar o planejamento estratégico do setor e representar o segmento perante o Governo, a sociedade e as entidades nacionais e internacionais. Entre os objetivos e as prerrogativas da CNSeg estão os de representar perante os Poderes Executivo, Legislativo e Judiciário os direitos e interesses dos segmentos de Seguros, Resseguros, Previdência Privada e Vida, Saúde Suplementar e Capitalização; de exercer a representação política e institucional dos setores representados; de defender, divulgar, estimular os segmentos representados e promover o aprimoramento das suas atividades; e de representar as associadas, judicial ou extrajudicialmente, independentemente de mandato.

de dívida líquida, motivo pelo qual as pretensões dele decorrentes prescrevem em cinco anos, após seu vencimento, conforme disposto no inciso I, § 5º do art. 206, do CCB.

É de se observar que essa interpretação não reconhece o Título de Capitalização como espécie de Título de crédito e, por conseguinte, não aceita, tampouco, que aquele figure deste alguma das suas características de documentalidade; força executiva; literalidade; formalismo; solidariedade; autonomia ou independência.

Ressalvando a nossa posição com base no fundamento que acima esposamos, embora descaracterizando o Título de Capitalização como Título de crédito, prejudicando a sua apresentação como documento necessário para o exercício do direito que representa (*documentalidade)*; a sua força idêntica a uma sentença judicial transitada em julgado, dando direito diretamente ao processo de execução (*força executiva*); a validade do que nele está escrito e quanto nominalmente exprime (*literalidade*); bem como a sua *autonomia* etc., temos que reconhecer, tirando o melhor, e só nesta hipótese, que aquela ilação dos representantes do segmento de Capitalização é mais favorável ao consumidor, pois a prescrição, na visão deles, passa a ser bem maior, de três para cinco anos. Enfim, é mais elástico o seu prazo prescricional.

Contudo, embora seja tentador esse posicionamento do mercado de Capitalização, a fim de manter nossa coerência, entendemos que prescreve em três anos a pretensão para haver o pagamento do Título de Capitalização, já que a natureza jurídica deste é de Título de crédito, a contar do vencimento, nos termos do inciso VIII, § 3º do art. 206, do CCB. Ressaltando, obviamente, futura lei especial que preveja um outro prazo prescricional.

Doutrinariamente, podemos dizer que prescrição ocorre quando a perda da exigência da pretensão, ou seja, determinado direito subjetivo é lesionado, o que gera em consequência um direito de exigir do Estado-juiz, através da prestação jurisdicional, a restauração da ordem jurídica que foi violada com a lesão.

Neste particular, deve ser ressaltado que a doutrina clássica que sempre distinguiu para efeito de contagem o início do prazo prescricional, entre o surgimento do direito e a sua violação, evoluiu. Vencida a fase civilista do processo, em que era visto como mero apêndice do direito civil — teoria imanentista da ação —, passou a ter como termo *a quo* para o prazo prescricional não mais aquele em que houve a violação do próprio direito, mas a partir da recusa do sujeito passivo de satisfazer a pretensão do sujeito ativo da obrigação. Ou seja, a partir do instante em que o sujeito passivo se nega a restaurar a lesão experimentada pelo Titular do interesse violado, surge o interesse jurídico de buscar a pretensão jurisdicional — ação. Assim, a prescrição começa com o nascimento da ação.

O ajuizamento da ação condenatória é antecedido: pela existência de direito material (que pode até inexistir, caso em que a sentença assim declarará ao julgar o mérito); pela violação deste direito alegado; e pela pretensão à reparação, sendo certo que esses dois últimos podem ser contemporâneos[(186)].

Daí dizer-se que, ao aceitar a Sociedade de Capitalização o pedido de resgate ou pagamento do valor do Título de Capitalização feito pelo Titular, interrompe-se o prazo prescricional, seja por expressa disposição legal, a qual prevê a interrupção pela condição suspensiva, que então se estabelece, seja pelo princípio da "*actio nata*", pois seria contraditório e até impossível que começasse a correr a prescrição antes de nascer o direito à ação, porquanto não prescreve o que ainda não existe, sendo inevitável a conclusão de que a prescrição só começa a correr a partir do momento em que o Titular toma conhecimento da negativa da Sociedade de Capitalização.

O Subscritor ou Titular, por exemplo, do direito lesionado tem em mãos a possibilidade de movimentar a máquina judiciária a fim de satisfazer aos seus interesses. O direito prevê a tutela da sua pretensão. Contudo a situação de tutela da pretensão, via de regra, não se perpetua indefinidamente no tempo, existindo aquele prazo para que seja exercida, sob pena de não mais contar com atividade coativa do Estado a seu favor.

Cabe relembrar que o decurso do tempo sem que o Subscritor ou Titular ou até mesmo, em certos casos, a Sociedade de Capitalização exerça a provocação para assegurar sua pretensão é denominado prescrição, que é uma forma de limitar no tempo aquela proteção, já que não interessa ao direito à proteção perpétua do Subscritor ou do Titular do direito lesionado, vez que tem também por finalidade a consolidação das situações jurídicas estabelecidas. É, na verdade, uma maneira de proporcionar solidez as relações jurídicas pactuadas no Contrato de Capitalização, as quais não podem ficar, sem limites no tempo, na dependência do exercício de um determinado direito para se consolidarem.

Cumpre a ressalva de que a prescrição atinge a pretensão do Subscritor ou Titular, por exemplo. Melhor dizendo: a possibilidade de exigência de satisfação da pretensão. Logo, como não atinge o direito, poderá o Subscritor ou Titular, mesmo após o prazo prescricional, vir a satisfazer a sua pretensão por outro meio ou ainda por satisfação espontânea da pretensão.

Podemos citar, como exemplo, as regras quanto ao pagamento de dívida prescrita. Ora, o Subscritor ou Titular do direito de cobrança da dívida não aciona o Estado-juiz para a satisfação da sua pretensão — recebimento do crédito através da ação de cobrança. Há o decurso do prazo e o fenômeno da prescrição, logo, não poderá mais ajuizar tal ação; porém seu direito de crédito continua a existir, de forma que, se a dívida for paga voluntariamente pela Sociedade de Capitalização,

---

(186) Embargos Infringentes na APC, EIC 3735596 DF, Acórdão 88884, 1ª Câmara Cível, Data: 07.08.1996, Rel. Waldir Leôncio Junior, DJ do DF: 27.11.19996, p. 21.885.

esta não poderá exigir a devolução do que pagou, alegando pagamento indevido, pois a dívida, apesar de prescrita, continua a existir. O que não existe mais é a tutela da sua pretensão de exigir o pagamento "forçado" da quantia devida.

Por ser um instituto de ordem pública, é composto de algumas características importantes, sendo elas: 1) renúncia da prescrição só pode ser efetuada depois de decorrido o seu prazo e se não houver prejuízo de terceiros; 2) as pretensões imprescritíveis são declaradas por lei; 3) não pode haver dilação do prazo prescricional.

Importante ressaltar que, por ter elementos básicos, que são inércia do Subscritor ou Titular e decurso do tempo, a prescrição como instituto de direito existe em nosso ordenamento também no campo do direito das coisas, para certos doutrinadores, sendo que lá somente se verifica quando os fatores inércia e tempo vêm acompanhados de aquisição de um direito real, denominando-se prescrição aquisitiva.

A prescrição está sujeita a interrupção, suspensão e a figura do impedimento, a saber:

I — interrupção — ocorre quando todo o tempo decorrido antes de sua prática é desprezado, voltando a contagem como se nunca houvesse sido iniciado.

II — suspensão — ocorre quando o Titular da ação, por determinados motivos, fica impossibilitado de ajuizá-la, determinando a paralisação temporária da contagem do prazo prescricional; porém, uma vez terminado o fato que deu causa a essa impossibilidade, o tempo transcorrido antes do prazo ser suspenso é levado em conta e o curso prescricional volta a correr do ponto em que parou; e

III — impedimento — considera-se a qualidade do Titular da ação, o qual, em razão de suas próprias condições pessoais ou familiares, não sofre a incidência da prescrição enquanto permanecer naquela especial situação. Tais causas impossibilitam que o prazo prescricional sequer comece a ser contado.

Os prazos prescricionais podem ser de natureza ordinária ou especial, a saber:

a) Ordinários — são os prazos gerais, estabelecidos pelo CCB, a fim de regular a generalidade das ações patrimoniais (reais ou pessoais). Tais prazos são mencionados pelos arts. 205 e 106 do CCB; e

b) Especiais — são estabelecidos casuisticamente. Há ações que, por versarem sobre determinados direitos ou bens, não são submetidas a nenhum prazo para serem propostas. São as chamadas ações imprescritíveis.

Há, por outro lado, relevância do momento da prescrição de ordem tributária — provisões em excesso caracterizam infração à ordem tributária por sonegação de impostos que incidem sobre o lucro; e, de ordem regulatória — falta de provisões caracterizam infrações passíveis de autuação pela SUSEP.

CAPÍTULO IX

INSTITUTOS DA OPERAÇÃO DE CAPITALIZAÇÃO, CONCEITOS E SEUS EFEITOS ECONÔMICOS, SOCIAIS E JURÍDICOS

9.1. CONSIDERAÇÕES INICIAIS

É imprescindível ao bom método de explanação do nosso trabalho firmar, em rápidas palavras, algumas considerações gerais da técnica de operacionalização da Capitalização, bem como seus efeitos econômicos, sociais e jurídicos, começando pelo conceito de Capitalização. Naturalmente não desceremos aos mínimos detalhes que exorbitariam dos limites da tarefa por nós assumida, portanto.

Bastará para a compreensão do tema que nos detenhamos nesse esforço de divulgação do Contrato de Capitalização e de suas noções básicas que, sem medir esforços, tentamos expor de maneira clara e sucinta.

9.2. CAPITALIZAÇÃO — CONCEITOS

A Capitalização(187) é um instrumento financeiro diferente de qualquer outro. É uma forma alternativa de acumular reservas com prazo e taxas de juros previamente determinados. É o instrumento ideal para quem deseja realizar um projeto de vida bem especial.

Diferente da Caderneta de Poupança, um Título de Capitalização tem **prazo de carência** para resgates, em geral, de 12 meses. Por essa razão, a aplicação em Títulos de Capitalização tornou-se uma das formas mais atraentes para planejar o futuro: o estudo dos filhos, a viagem de férias, a montagem de um negócio, a formação profissional, a compra de um carro e tantos outros projetos que exigem investimento e disciplina para que se tornem realidade.

Depois de conviver tantos anos com inflação, o surgimento de instrumentos como o Título de Capitalização vem transformando a vida de muitos brasilei-

(187) Disponível em: <http://www.brasilcap.com/duvidas.asp?flag=0>. Acesso em: 17 de agosto de 2012.

ros, estimulando a cultura da poupança e abrindo a perspectiva de multiplicar o patrimônio por meio de sorteios. Os valores aplicados podem ser capitalizados mensalmente ou de uma só vez.

A premiação é efetuada por meio de sorteios periódicos realizados pelas Sociedades de Capitalização ou não, sendo a forma mais frequente a utilização de combinação de dezenas, em série de números previamente estabelecidos, tendo como base os sorteios da Loteria Federal.

Em outras palavras, Capitalização é uma forma de economizar dinheiro de maneira programada, com prazos e taxas de juros previamente determinados. Ou seja, é uma maneira de juntar dinheiro só que com uma novidade: além da economia, se concorre a prêmios e, sendo sorteado ou não, recebe todo o dinheiro de volta corrigido ao final do Plano. Podem ser feitos depósitos mensais ou um depósito único, que recebem rendimentos e dão direito a sorteios. Geralmente os sorteios são baseados na extração da Loteria Federal e os prêmios variam conforme o Plano escolhido. Os Planos diferenciam-se um do outro pelo valor das parcelas e período de economia. Normalmente, quanto maior o período do Plano, mais chances se tem de ganhar. O valor do prêmio pode variar de acordo com o valor e número de parcelas.

Em suma, "é uma maneira de juntar dinheiro só que com uma novidade: além da economia, se concorre a prêmios".

Com a Capitalização, ainda se tem a vantagem de estar colocando dinheiro nas mãos de instituições fiscalizadas pela SUSEP, que, portanto, devem ser sinônimo de segurança no país. Assim, com o Título de Capitalização, o único risco que se deve correr é de ficar rico![(188)]

A Capitalização é um instrumento que, utilizado individualmente ou em associação com outros mecanismos de mercado, possibilita o desenvolvimento de soluções eficientes e garantidas para diferentes tipos de demandas da sociedade brasileira.

Em função de suas características genéricas (distribuição de prêmios em sorteios e garantia de resgate financeiro) e da possibilidade de organizá-las em proporções variadas, além da presença atuante do Governo, por intermédio da SUSEP, como Órgão fiscalizador, e o CNSP, como Órgão normativo, no controle de suas operações, a Capitalização tem se mostrado um instrumento confiável, eficiente e flexível, que possibilita atender aos mais diversos públicos e às mais diversas necessidades.

Com duas finalidades distintas, parte do valor arrecadado com o seu pagamento destina-se a fazer a massa necessária para premiar os sorteados e parte destina-se à constituição de um capital para resgate dentro de prazos predeterminados.

---

(188) Disponível em: <http://www.bradescocapitalizacao.com.br>. Acesso em: 17 de agosto de 2012.

Os percentuais destinados ao sorteio e ao programa de poupança não são fixos e podem variar significativamente de Plano para Plano, em função de sua estrutura e de seus objetivos. É assim que determinados Planos dão mais ênfase para o sorteio, enquanto outros, sem abrir mão da premiação, buscam a constituição de maior reserva.

Inicialmente, os Planos de Capitalização foram concebidos exclusivamente como uma ferramenta destinada a estimular o hábito da constituição de uma soma de capital de médio e longo prazo, tendo como incentivo a possibilidade do recebimento de uma premiação através de sorteios periódicos realizados durante a vigência do Plano. Entretanto, devido à sua grande flexibilidade, é vasta a possibilidade de se criar produtos utilizando os Títulos de Capitalização.

Como consequência, o mercado evoluiu significativamente e atualmente oferece uma grande variedade de tipos de produtos.

Cabe às Sociedades de Capitalização demonstrar com clareza as principais características de cada produto, assim como cabe ao consumidor definir qual o mais adequado às suas necessidades[189].

A propósito, a missão da Capitalização é a promoção do desenvolvimento econômico e social, utilizando a característica única dos Títulos de Capitalização de juntar em um só instrumento a distribuição de prêmios via sorteios e a acumulação de recursos, de modo a viabilizar soluções para as diferentes demandas do mercado.

As Sociedades de Capitalização desenvolvem seus produtos de acordo com as realidades e expectativas dos clientes, contribuindo para o desenvolvimento do país por meio da geração de empregos e renda, da formação de um capital interno consistente e da criação de hábitos de responsabilidade socioeconômica.

Do ponto de vista das finanças, Capitalização é o processo de aplicação de uma importância a uma determinada taxa de juros e de seu crescimento por força da incorporação desses mesmos juros à quantia inicialmente aplicada. No sentido particular do termo, Capitalização é uma combinação de economia programada e sorteio, sendo que o conceito financeiro acima exposto aplica-se apenas ao componente "economia programada", cabendo ao componente lotérico o papel de poder antecipar, a qualquer tempo, o recebimento da quantia que se pretende economizar ou de um múltiplo dela de conformidade com o Plano. Para a venda de um Título de Capitalização é necessário uma série de formalidades que visam à garantia do consumidor. A Sociedade de Capitalização deve submeter o seu Plano ao Órgão Fiscalizador do Sistema Nacional de Capitalização — SUSEP.

---

(189) Disponível em: <http://www.bradescocapitalizacao.com.br/pdf/manual_melhores_praticas.pdf>. Acesso em: 17 de agosto de 2012

Em sentido lato, Capitalização é a operação matemático-econômica sancionada por lei, organizada e realizada por uma sociedade anônima, com a finalidade de constituir capitais, pagáveis em moeda corrente, aos Titulares ou portadores dos seus Títulos, constituída com prévia autorização da Administração Federal, sob sua fiscalização e segundo Planos, cláusulas e regras por ela aprovados, retratadas no Contrato de Capitalização.

A Capitalização proporciona e torna interessantemente produtivas as pequenas economias perseverantes, pela sua reunião e aplicação com seus respectivos juros, de maneira global e continuada, — tudo segundo certos princípios e regras que asseguram, principalmente pela constituição de reservas obrigatórias, a consecução de sua finalidade: mediante o recolhimento de contribuições periódicas, durante certo prazo, ou de contribuições únicas, garantir, a cada Titular ou Subscritor, aderente ao Contrato de Capitalização e, por isso, portador de Título da Sociedade de Capitalização, a transformação de suas pequenas economias, ao fim de certo tempo, em determinada importância, em dinheiro, vantajosamente maior.

A Capitalização ainda comporta outros benefícios, como a eventualidade do pagamento antecipado da importância garantida, se o número do Título for contemplado nos sorteios periódicos, cuja efetivação é também, geralmente, assegurada pelas Sociedades, para o reembolso antecipado, em determinada proporção, dos Títulos emitidos (BELLEGARDE, 1944:30-31).

Como se vê, o conceito de BELLEGARDE (1944:30-31) é analítico, focaliza o caráter legal do método, o seu mecanismo, a sua finalidade e, por fim, destaca um dos seus atrativos maiores, como seja o sorteio periódico para reembolso antecipado do capital garantido, até pelo duplo do mesmo, como pode ser adotado em alguns Planos ou, ainda para a liberação de Títulos, tornando-os, desta forma, Títulos saldados.

Aliás, é bom lembrar, desse conceito de Capitalização se extraiu o conceito e a constituição da Sociedade de Capitalização, como alhures apontado.

Capitalização, no sentido geral, é um dos processos elementares e racionais da economia, se a entendermos como reunião ou acumulação de valores destinada a formar capitais, e situada no setor da economia política — consumo, uma das formas, pois, do "consumo deferido", segundo CAMPISTA FILHO (1949:13).

Compreende-se, pois, como Capitalização a contribuição para a formação de um capital por meio de anuidades certas colocadas a juros compostos. Os aderentes aos Contratos de Capitalização e Subscritores dos seus respectivos Títulos pagam à Sociedade de Capitalização, durante um certo tempo, uma mensalidade correspondente ao valor dos Títulos, formando, assim, um capital que, acrescido dos juros acumulados, será recuperado pelos Titulares em prazos previamente fixados. Esses Títulos comportam, também, a eventualidade de um reembolso, por sorteio[190].

Observa-se que esse é um conceito no qual muitas características do método não foram explicitamente mencionados, mas subentendidas por constarem do Contrato de Capitalização que mais adiante iremos tocar.

Nessa linha, Capitalização é um mecanismo de economia programada, combinada, na maior parte das vezes, com sorteio. Comumente, firma-se cláusula contratual com a previsão de prêmios ou de antecipação do pagamento do capital a contratantes sorteados.

Podemos concluir que o Título de Capitalização, então, resulta de uma associação de poupança programada (conceito) e sorteio, cabendo ao aspecto lúdico antecipar ou ultrapassar os valores desejados com uma poupança programada. (FUNENSEG, 2012:24)

Juridicamente, Capitalização é o Contrato pelo qual uma Sociedade Anônima, especificamente autorizada pelo Governo Federal a operar com este gênero de atividade econômica, se compromete, mediante contribuições periódicas do outro contratante, a pagar-lhe importância mínima ao término de prazo determinado.

---

(190) É de se observar que os valores dos prêmios dos sorteios são definidos sempre como múltiplos dos valores dos pagamentos. Esta informação deve estar nas Condições Gerais e na Nota Técnica Atuarial do Título. Nas Condições Gerais do Título, os prêmios não são definidos diretamente em reais, mas sim como um número (múltiplo) que deverá ser multiplicado pelo valor de pagamento para se encontrar o prêmio de sorteio em reais. Por exemplo, imagine um sorteio em que o prêmio seja 4.000 vezes o valor do pagamento. Assim, se o pagamento tiver sido de R$ 20,00, o prêmio de sorteio será de R$ 80.000,00 para o Título sorteado (4.000 × R$ 20,00). Deve-se lembrar de que uma mesma série de Títulos pode ser comercializada com valores diferentes de pagamento. Essa é a principal razão para que o prêmio seja um múltiplo do pagamento, pois o múltiplo é o mesmo para todos, mas os prêmios em reais não. Garante-se, assim, o chamado equilíbrio financeiro da série, isto é, Títulos de pagamentos maiores contribuem mais para o sorteio e, se sorteados, receberão um prêmio maior, apesar de o múltiplo ser o mesmo para todos. Atualmente, os sorteios que preveem a liquidação antecipada do Título contemplado apresentam uma alíquota de 25% de imposto de renda sobre o prêmio de sorteio, enquanto os sorteios que possibilitam a continuidade do Título contemplado após o sorteio sofrem a incidência de 30% de imposto de renda. Deverá, também, ser informado nas Condições Gerais do Título se o valor do prêmio de sorteio é bruto (sobre o qual ainda incidirá imposto de renda) ou se já é livre de imposto. Sendo informado o valor bruto, as Condições Gerais deverão informar, também, a alíquota vigente de IR que incidirá sobre o prêmio. Como nos Títulos PU, o pagamento é realizado logo no início de vigência e o prêmio de sorteio é definido como um múltiplo do valor do pagamento, poderia ocorrer que em Títulos PU de prazo de vigência muito longos o prêmio de sorteio fosse sendo gradativamente corroído pela inflação. Assim, a legislação obriga que os prêmios de sorteios, nos casos de Título de pagamento único (PU) com sorteios após o 12º mês de vigência, sejam atualizados monetariamente. Em relação aos limites aos prêmios e às cotas de sorteio, podemos dizer que o critério matemático utilizado para a determinação da quota de sorteio, ou seja, o percentual dos pagamentos referente ao custeio dos sorteios, deve constar obrigatoriamente da Nota Técnica do Título de Capitalização e é um dos fatores mais relevantes na análise feita pela SUSEP para a aprovação do Título. (Funenseg, 2012:70)

O conceito fundamental da Capitalização, sob aspecto social, é o que se expressa no estímulo à previdência, no fomento à economia, cuja ação se desenvolve num sentido educativo.

Sua interpretação social ilumina-se à invocação do pensamento de IHERING na "Evolução do Direito" de que — toda civilização e história da humanidade repousam na aplicação da existência humana aos fins da comunidade. Nenhuma vida existe somente para si; existe ao mesmo tempo para o mundo. Todo trabalho destina-se ao proveito da coletividade, dos mais simples, dos mais humildes aos grandiosos, existem por outros e para outros.

A regra de que "cada um existe para o mundo" é tanto verdadeira para os povos como para os indivíduos, ela contém a lei soberana que rege a civilização da humanidade (CAMPISTA FILHO, 1949:17).

Nossa própria existência, como nossas relações, significa uma cooperação para fins comuns, e aquele que age para outrem age ao mesmo tempo para si.

9.2.1. CAPITALIZAÇÃO, ECONOMIA E REMUNERAÇÃO DO CAPITAL

Nas palavras de CAMPISTA FILHO (1949:29), Capitalização é florescência da semente natural e humana, feita do ato de poupar, fecundada pela previdência, que as empresas estimulam e despertam, donde a técnica sabe tirar os melhores efeitos.

Malgrado as peculiaridades da técnica, da ciência que a conduz e das leis que vigiam e orientam, a Capitalização não se revestiu de complexidades que perturbassem a clareza das coisas naturalmente simples, imediatamente úteis.

Na verdade, a Capitalização representa uma das modalidades da economia, tendo por fim a formação de capitais, que se opera lenta e progressivamente, pela acumulação de pequenas somas economizadas e regularmente empregadas a juros compostos pelas empresas.

Dessa forma, compreende-se por Capitalização[191] a economia para pessoas de condições modestas e de poucos recursos, para quem cria possibilidades pela constituição de capitais, abrindo, desta sorte, acesso à conquista da propriedade.

---

(191) A legislação estabelece uma série de regras para a estipulação dos valores dos prêmios de sorteios e também para os valores das cotas de sorteio nos Títulos de Capitalização que, evidentemente, limitam os prêmios a serem distribuídos num Título. Algumas regras variam, inclusive, de acordo com a modalidade. 1ª regra: o valor de cada prêmio bruto individual de sorteio deverá ser fixado como um múltiplo do pagamento periódico (PP), pagamento mensal (PM) ou pagamento único (PU) do Título, sendo esse múltiplo não inferior a uma unidade, observadas as disposições específicas. Em relação ao valor sorteado sempre incide IRRF — Imposto de Renda Retido na Fonte — conforme legislação tributária em vigor. Assim, não é possível um Título, em que o valor de pagamento é de R$ 100,00, distribuir um prêmio de sorteio de R$ 80,00, pois este valor corresponderia a 0,80 do valor de pagamento (menos que uma vez o valor do pagamento). (FUNENSEG, 2012: 70).

Desse ato fácil por sua natureza, simples pelo mecanismo que o processa, de inegável evidência nos benefícios que oferece, a inteligência soube tirar um grande sentido, que lhe abre perspectivas para modalidades d versas, quantos a civilização e o processo econômico possam sugerir e o gênio humano engendrar.

Atualmente, a economia normalmente se promove pela Capitalização, *lato sensu* — e as importâncias a elas destinadas não se retraem do consumo, porquanto são conduzidas a um consumo de natureza especial reprodutiva, particularizando--se na operação desenvolvida pela Sociedade Capitalização propriamente dita.

Da ideia que a concebeu ao espírito que a anima, abrem-se clareiras luminosas que realçam sua significação econômico-social, nitidamente manifestada no aproveitamento dos mínimos valores para realizações dos máximos, na drenagem dos improdutivos, dos desperdícios fáceis, às realizações úteis, ao prodigioso econômico a que conduz a aplicação da lei dos grandes números (CAMPISTA FILHO, 1949:14).

O já distante J.B.SAY notava no capital, além da propriedade dos rendimentos que lhe são inerentes, a propriedade de criar um outro — e, quando empregado com inteligência, seria até capaz de fertilizar rochedos.

ADAM SMITH observava nos "Ensaios sobre a Natureza e Causa da Riqueza das Nações" que "um grande capital com pequenos rendimentos aumenta em geral mais prontamente do que o pequeno capital com grande rendimento".

"O dinheiro faz dinheiro", diz o provérbio.

"Quando ganhar um pouco, ser-lhe-á fácil ganhar outro tanto; o difícil é ganhar esse pouco."

Foi para "esse pouco" que se orientou o espíritc da Capitalização, pelo qual a "inteligência capaz de fertilizar rochedos" realiza o inverossímil fenômeno econômico.

Em Conferência sobre o "conceito do milagre na economia política", em que a ciência pura esmalta-se de sedução literária, LUIZ BETIM PAES LEME converte o fenômeno do milagre na economia das cintilações do paradoxo "a um ato de vontade, a da vontade que se exalta a ponto de impor ao meio sua própria lei" — são os prodígios do amor e da solidariedade humana da cooperação criadora que nos multiplicam os esforços.

Entretanto, segundo CAMPISTA FILHO (1949:15), o fenômeno que a ciência deduz com serenidade e lógica não se despe, todavia, das transfigurações misteriosas do milagre para conservar em seus resultados o "maravilhosamente improvável".

É o espetáculo magnífico do assombroso progresso científico da atualidade que nos permite assistir à *internet* transmitir ao mundo inteiro em perfeita instantaneidade todos os sons e as imagens sem ofensas de ressonância, como se nos demonstra que as infinitas distâncias de tal sorte se reduzem pela aviação, que ao homem se dá ensejo do dom da ubiquidade, realizando, assim, o prodígio do tapete mágico da lenda oriental.

No terreno econômico, o "improvável maravilhoso" pode resultar de que, no observar da sucessão dos fenômenos, conseguiu-se prever o fato que teria de acontecer, elevando-se o grau de sua probabilidade, fixando-se, assim, a objetivação de uma possibilidade por meio da lei dos grandes números. O provável passa à certeza, o aleatório afasta-se, conjugados em grande astronômica. É o mecanismo do Seguro de Vida a cuja operação a lei dos grandes números imprime rigorosa precisão, como o é da Capitalização, cujos resgates antecipados processam-se em regularidade imperturbável como função normal da Sociedade Capitalizadora(192).

---

(192) Há, também, quanto ao valor mínimo do prêmio de sorteio, uma outra regra específica para a modalidade popular. Nessa modalidade, nos Títulos estruturados na forma de pagamento mensal (PM), o valor de cada prêmio bruto individual, que deve ser garantido a cada Título contemplado em sorteio, não poderá ser inferior a 12 vezes o valor dos pagamentos. Assim, para este caso muito específico, a 1ª regra sofre esta pequena alteração. 2ª regra: o percentual para os sorteios de premiação instantânea estará limitado a 30% do percentual que for adotado pela Sociedade de Capitalização para o custeio de todos os sorteios do Título, ou seja, de todos os prêmios de sorteio previstos para uma série, no máximo 30% desse total poderá ser destinado para a premiação instantânea. Deve-se ter muito cuidado em observar o limite para a premiação instantânea. Ele é de 30% sobre todos os prêmios de sorteio (no exemplo: 30% incidente sobre 20.000 vezes o valor do pagamento) e não 30% do valor que for destinado aos sorteios comuns (no exemplo, o cálculo não é de 30% incidente sobre 14.000 vezes o valor do pagamento). 3ª regra: Os percentuais dos pagamentos destinados aos sorteios (cotas de sorteio) deverão observar os requisitos de cada modalidade. A legislação estabelece sempre um percentual máximo dos pagamentos, que varia de acordo com a modalidade, que poderá ser destinado ao custeio dos sorteios. O objetivo é impedir que o Título de Capitalização se transforme num bilhete de loteria, isto é, criam-se limites para o valor do pagamento que será destinado ao sorteio. Nas modalidades Popular e Incentivo, em que a importância dos sorteios é mais presente, a legislação permite que até 25% do valor dos pagamentos seja destinado aos sorteios. Já nas modalidades Tradicional e Compra Programada, o percentual máximo possível é de 15%. Na modalidade Popular, que apresenta no sorteio o grande atrativo à sua aquisição, a legislação prevê ainda que, no mínimo, 5% do valor total dos pagamentos sejam destinados ao sorteio. Vale anotar o seguinte: na modalidade Tradicional, o percentual Incidente sobre Todos os Pagamentos é no máximo de 15%; na Modalidade Compra-Programada, no máximo 15%; na Popular, no máximo 25% e no mínimo 5%, na de Incentivo, no máximo 25%. Por exemplo, se uma Sociedade deseja distribuir um prêmio total de 20.000 vezes o valor do pagamento numa determinada série, ela, no máximo, poderá destinar para a premiação instantânea 30% desse valor, ou seja, 6.000 vezes o valor do pagamento. Se ela se utilizar do valor máximo de 6.000 vezes o valor do pagamento para a premiação instantânea, restará 14.000 vezes o valor do pagamento para serem distribuídos nos sorteios comuns. Se o título for do tipo PU, os limites apresentados na tabela acabam se referindo diretamente à cota de sorteio relativa ao pagamento único. Assim, um Título PU da modalidade Tradicional pode apresentar cota de sorteio de, no máximo, 15%. Para títulos PP ou PM, a regra acaba por se traduzir praticamente como um limite para a média aritmética de todas as quotas de sorteio. Assim, num Título PM de 12 meses de vigência da modalidade popular, a média aritmética de todas as 12 cotas de sorteio deverá ser de, no máximo, 25% e de, no mínimo, 5%. Então, numa série de um Título de PU composta por 100.000 Títulos, serão distribuídos os seguintes prêmios de sorteio: 3 prêmios instantâneos de

As mínimas quantias que se dispersam nos gastos perdulários, destruídas no desperdício, a nada se destinam e, como *"rien ne sort du rien"*, delas somente é lícito esperar os germes da morte econômica.

De forma que, segundo CAMPISTA FILHO (1949:16), isso pode fazê-las vivificar o espírito que as congrega porque, isoladas, continuariam impotentes, enquanto no grande número, na imensidade que as associa, vão adquirir vigor e potencialidade para realizações ciclópicas.

Assim, às pequenas somas que fugirem ao apelo aliciador depara-se a encruzilhada — ou o nada pelo desperdício, ou, pelo isolamento, a impossibilidade de fecundar, isto é, a improdutividade.

1.000 vezes o valor do pagamento; e 4 prêmios de 5.500 vezes o valor do pagamento, obtidos a partir do resultado da Loteria Federal. Desse modo, o prêmio total de sorteio a ser distribuído no Título será de: (3 × 1.000) + (4 × 5.500) = 3.000 + 22.000 = 25.000. Isto é: 25.000 vezes o valor do pagamento. Como o custo dos sorteios é dividido pelos Títulos, pode-se calcular a cota de sorteio (QS) para os Títulos PU através da expressão: QS = custo dos sorteios/tamanho da série Onde: QS = 25.000/100.000 = 25%. Essa série obedece ao limite máximo de sorteio para a modalidade Popular, que é justamente o de 25% do total dos pagamentos. O percentual dos sorteios instantâneos, em relação ao total dos sorteios, é de 3.000/25.000 = 12%, o que é inferior ao limite máximo de 30% previsto na norma. Esses resultados mostram que a cota total de sorteio e o percentual de sorteio instantâneo estão em conformidade com a legislação. A modalidade Compra Programada não admite título PU. Se, por exemplo, uma Sociedade pretende aprovar uma série de Títulos PU da modalidade Tradicional, com 200.000 Títulos, em que sejam previstos 3 prêmios instantâneos de 4.000 vezes o valor do Título e 5 prêmios de 2.400 vezes o valor do Título; estes últimos a serem distribuídos por meio de sorteios que serão realizados pela Sociedade de Capitalização durante a vigência do Título (sorteios comuns próprios). Desse modo, o prêmio total de sorteio a ser distribuído no Título será de: (3 × 4.000) + (5 × 2.400) = 12.000 + 12.000 = 24.000. Esse resultado leva a uma cota total de 12% (24.000/200.000), estando de acordo, então, com a legislação em vigor, que estabelece ser de 15% o custeio máximo para a modalidade Tradicional. Entretanto, o percentual dos sorteios instantâneos em relação aos sorteios totais será de 12.000/24.000 = 50%, ultrapassando, portanto, o limite permitido na legislação, de 30%. Assim, a aprovação não seria concedida. Suponha uma série de Títulos PU da modalidade Popular, com 100.000 Títulos, em que sejam previstos 40 prêmios de 100 vezes o valor do Título, que serão distribuídos por meio de sorteios realizados pela Sociedade de Capitalização durante a vigência do Título (sorteios comuns próprios), não havendo premiação instantânea. A premiação total de sorteio será: (40 × 100) = 4.000. Esse resultado leva a uma cota total de 4% (4.000/100.000), não estando de acordo, então, com a legislação em vigor que estabelece ser de, no mínimo, 5% o custeio com os sorteios na modalidade Popular. Aqueles Títulos em que o custeio dos sorteios não observa os limites estabelecidos pela legislação não receberão aprovação da SUSEP, não podendo, obviamente, ser comercializados. Os limites relativos às cotas de sorteio acabam também, indiretamente, por limitar os valores máximos dos prêmios dos sorteios. 4ª regra: as Sociedades de Capitalização somente poderão comercializar Títulos em que o valor máximo do somatório de todos os sorteios previstos, por série e em cada mês, seja igual ou inferior a 10% do último patrimônio líquido auditado. Antes, o critério para o cálculo do limite dependia do tamanho da série, porém, agora, de acordo com a legislação vigente, não se baseia mais nesse parâmetro. Assim, para uma série emitida por uma Sociedade cujo valor do último PL auditado é de R$ 4.000.000,00, o valor máximo mensal do prêmio distribuído por sorteios estará limitado a: 10% × PL = 0,1 × R$ 4.000.000 = R$ 400.000,00 (FUNENSEG, 2012: 70-74).

9.2.2. DOS ATRIBUTOS DA CAPITALIZAÇÃO E A CONCENTRAÇÃO DE ECONOMIAS

O êxito da Capitalização, assegura CAMPISTA FILHO (1949:60), decorre unicamente da quantidade de produção, embora a quantidade lhe seja imprescindível — mas, principalmente, de sua qualidade. Isso porque uma quantidade instável não permitiria acumulação de valores e formação de recursos; portanto não daria lugar à reserva matemática, que resulta da produção continuada, isto é, da qualidade condicionada ao fator tempo.

Chegamos então à segunda fase da obra da Capitalização — no dizer de CORBIER, a da concentração de economias. É daí que se tiram os resultados auspiciosos de uma empresa e é aí onde reside o segredo do sucesso da operação.

A aplicação hábil, cautelosa e segura das economias concentradas, crescentes a cada ano, imprime teor à potencialidade da Capitalização, dando amplitude à sua cooperação na economia do país, por criar maiores possibilidades às fontes produtivas de riquezas. Exige condições especiais, o manejo dessa massa de valores nas várias aplicações a que atender bem mais complexa, por exemplo, que nos bancos com o emprego dos capitais acumulados.

Embora a lei ordene e a experiência técnica indique determinadas inversões, faz-se mister uma distribuição hábil entre as aplicações, de maneira a compensar possíveis riscos de oscilações nos seus valores. Em toda organização torna-se imprescindível e fundamental o equilíbrio da receita e da despesa, o que a Capitalização alcança pela sábia e prudente aplicação dos fundos da Sociedade.

Por seu lado, para a Sociedade de Capitalização fazer frente a seus compromissos, não basta estabelecer tarifas compensadoras nem limitar despesas de gestão ou comprimir gastos, porquanto o principal consiste em que a aplicação dos fundos ofereça perfeita garantia e solidez, proporcionando-lhe melhores e mais vantajosos resultados (CAMPISTA FILHO, 1949:61).

As disponibilidades da Sociedade somente em pequena parte têm caráter patrimonial, pois na maioria constituem reservas, representam investimentos remuneradores, aplicações reprodutivas, uma espécie de depósito a longo prazo, a ser redistribuído aos Subscritores de Títulos segundo as condições do Contrato de Capitalização.

Estabelece-se aí o problema dos investimentos, e a administração da Sociedade encontra, à margem das exigências dos regulamentos oficiais, liberdade e arbítrio para resolução desse importante encargo. Do exercício de tal faculdade em consonância com os imperativos regulamentares decorre o êxito de produtividade dos valores arrecadados.

Infere-se, pois, que incumbência de tamanha relevância esteja constantemente a desafiar a habilidade inteligente e o senso econômico-financeiro da direção da Sociedade, donde resulta, segundo vem demonstrando a experiência, que o florescimento da obra da Capitalização condiciona-se à qualidade de seus administradores, aos atributos da idoneidade profissional.

Em busca de aplicações remuneradoras, ensina CAMPISTA FILHO (1949:60), hão de fugir às seduções das especulações, pois que, se assentando essas no aleatório dos resultados elevados, carecem de solidez e garantia, o que justamente procura a Capitalização.

Nos investimentos de obras de interesse público, saberão discernir o alcance da utilidade social, a par da solidez da aplicação, assegurando, dessa forma, não somente um bem à coletividade, mas, outrossim, uma garantia aos capitais em gestão.

Portanto faz-se, pois, mister que as condições de inteligência, honestidade, tino e visão de negócios, senso de equilíbrio, prudência, que exortam a personalidade dos administradores, conjuguem-se em ritmo ininterrupto, não se perdendo de vista o verdadeiro espírito da Capitalização, cujo progresso desata-se em benefícios de tantas espécies.

9.2.3. A PRODUÇÃO E A TEORIA DAS CAPITALIZAÇÕES

A Sociedade de Capitalização tem o máximo interesse em atrair os aderentes tanto em maior número, imprescindível à natureza de suas operações, como em mantê-los em continuidade por força de seu objetivo, que é obra do tempo. Essa permanência do Titular ou portador do Título constitui o segredo do êxito das Sociedades — é a boa produção.

Uma razoável formação econômica exige longo tempo, durante o qual as contribuições devem ser metódicas e, por isso, indispensável à perseverança. Donde os dois fatores fundamentais — continuidade e tempo (CAMPISTA FILHO, 1949:43).

Entretanto essa continuidade duradoura e a rigorosa disciplina em não faltar às contribuições mensais, sem dúvida, são os motivos por que muita gente não persevera em economizar. Na perseverança há certo heroísmo, principalmente porque os pretextos para gastar são mais instantes e sedutores do que a razão de economizar, preventiva de necessidades remotas.

A Teoria das Capitalizações compreende os entraves opostos naturalmente à formação de capitais mediante pequenas economias, aos poucos acumuladas e trabalhadas numa extensão de tempo, instituindo o resgate antecipado, para obviar a tais dificuldades (CAMPISTA FILHO, 1949:43).

Estipulando um capital realizável[193] ao término de certo número de anos, a Sociedade de Capitalização promete seu pagamento antecipado no curso des-

(193) **Capital Realizável** é o capital representado por valores, como títulos, mercadorias ou outros de fácil conversão. Opõe-se ao capital imobilizado, cuja realização é mais difícil, ou, quando se faça, pode ser prejudicial aos interesses da organização (SILVA, 2010-251).

se período, a recair em alguns de seus aderentes por meio de sorteios mensais. A disciplina rigorosa das contribuições torna-se mais atrativa, e a continuidade mantém-se pela esperança renovada mensalmente da amortização imediata e, assim, a expectativa de ser contemplado leva o Titular ou o portador do Título a metodizar seus encargos. Ele compreende e sente a obrigação de trazer sua quota mensal, adquirindo por isso um hábito de economia que é fundamental, revelando aí a Capitalização um flagrante aspecto de sua função educativa.

9.3. INSTITUTOS DA CAPITALIZAÇÃO

Há vários institutos peculiares e inerentes que compõem a operação de Capitalização, tais como: a poupança ou economia programada; a loteria; sorteio; capital social; reserva matemática; reserva técnica; Contrato de Capitalização; Título de Capitalização; economia e remuneração do capital; taxas de juros; oferta e procura de Contrato de Capitalização; Corretor de Capitalização; Titular e Subscritor, que, entre outros, ao longo deste trabalho, abordamos.

9.3.1. POUPANÇA OU ECONOMIA PROGRAMADA, LOTERIA E SORTEIO

O sentido de poupança é fundamental, pois é a origem do investimento. Para se fazer qualquer investimento, a condição indispensável é que se tenha prévia ou simultaneamente uma poupança. É nesse contexto de formadora e mantenedora de poupança de médio e longo prazo que se insere a Capitalização, nesta, investimento significa economia programada com sorteio.

A chamada poupança ou economia programada se dá através da aplicação de uma importância prefixada, por um período estipulado, a uma determinada taxa de juros. Ao final de cada mês, os juros produzidos são adicionados ao capital, passando a fazer parte desse capital para efeito de cálculo de juros seguintes.

É de salientar que a generalização do hábito de economia como elemento de previsão e resguardo do amanhã constitui incontestável fator do bem-estar social e, assim, é antídoto eficaz ao pauperismo (CAMPISTA FILHO, 1949:18).

Entretanto para economizar é mister perseverança, continuidade, sacrifício. No indiferentismo permanece grande número de pessoas, e por isso é indispensável estimulá-las, despertando-as para consecução de tão nobre finalidade como é a economia (CAMPISTA FILHO, 1949:18). A tanto propõem as Sociedades de Capitalização, sugerindo aos seus aderentes a probabilidade de um benefício determinado pelo sorteio.

Lembra-se que esse evento que as Capitalizações criam para os aderentes de seus contratos e portadores de Títulos com a antecipação da realização do capital visado equipara-se, na técnica, ao risco de morte prematura no Seguro de Vida, que caracteriza um dos traços do paralelismo entre ambas as operações. Enquanto no Seguro o pagamento do pecúlio é resultante do sinistro, na Capitalização, o pagamento do capital antecipadamente é determinado pelo sorteio, que representa um elemento secundário a favor de mais elevado objetivo (CAMPISTA FILHO, 1949:19).

Ora, não podendo criar sanções para os retardatários das contribuições mensais que importaria em estabelecê-las para um dever de ordem moral, dever para com eles próprios, as Sociedades de Capitalização instituíram a sedução do benefício, o evento feito da probabilidade de antecipação imediata de um capital de formação condicionada a longo tempo. Tal providência é capaz de mais eficazes efeitos de quantos pudessem resultar da coação.

Vale frisar que a poupança programada faz-se por meio da aplicação de parte dos pagamentos realizados pelo consumidor, por um período estipulado, a uma determinada taxa de juros. Ao montante presente nessa "poupança programada" dá-se o nome de capital ou reserva de Capitalização, ou, ainda mais tecnicamente, de Provisão Matemática para Resgate (PMR). Ao final de cada mês, os juros decorrentes da remuneração do capital são adicionados ao próprio capital, passando a fazer parte dessa provisão matemática para efeito de cálculo dos juros do próximo período.

Além disso, o capital vai sendo mensalmente atualizado por um índice predefinido, geralmente a TR. A atualização monetária tem como objetivo a manutenção do poder de compra do capital, evitando que ele se deteriore pelos efeitos danosos da inflação.

A atualização monetária evita que o valor constituído na provisão matemática sofra os efeitos causados pela desvalorização da moeda. Seu papel é fundamental em períodos inflacionários mais significativos. No entanto, nos períodos de baixa inflação, a atualização também é necessária para que a remuneração obtida pela taxa de juros não seja uma "falsa" remuneração, pois seria corroída em parte pela inflação, caso não houvesse a atualização.

O saldo dessa espécie de conta programada do consumidor (Provisão Matemática para Resgate) deve ser utilizado como base para o valor que o consumidor tem direito no momento do resgate (valor de resgate). Assim, o resgate de um Título de Capitalização representa o pagamento, pela Sociedade de Capitalização, de determinada quantia ao Titular, extraída da Provisão Matemática para Resgate. Aliás, é bom que se fale: a Sociedade de Capitalização deve efetuar o pagamento do resgate e do prêmio de sorteio por qualquer meio legalmente admitido e disponível na cidade de domicílio do Titular, sendo vedada a reaplicação do valor de resgate ou do valor do sorteio em outro Título sem a prévia concordância do Titular.

Ademais, cabe dizer que, para qualquer modalidade, as CONDGs do Título devem assegurar o direito do Titular em optar por receber o valor do resgate em moeda corrente, independentemente de qualquer vinculação estabelecida à época da subscrição do Título.

Por oportuno, em relação ao momento do resgate, há três hipóteses possíveis: (a) poderá ser antecipado em relação ao fim da vigência (por solicitação do Titular), (b) ser decorrente de contemplação em sorteio (liquidação antecipada por sorteio) ou, ainda, (c) ocorrer após o encerramento da vigência do Título.

Considera-se **Vigência do Título de Capitalização — alguns chamam de Prazo de Capitalização** — o período em que o mesmo está em vigor, capitalizando parte do(s) valor(es) pago(s) e proporcionando o direito aos sorteios existentes. O início de vigência ocorre no dia em que for paga a primeira parcela ou a parcela única do Título de Capitalização. Ou seja, **vigência** é o prazo de validade do Título de Capitalização, período em que o capital é formado. O prazo de vigência, portanto, é o período durante o qual o Título de Capitalização está sujeito às regras descritas nas CONDGs do Título, sendo administrado pela Sociedade de Capitalização. Em suma: **vigência** é o intervalo de tempo no qual o Título de Capitalização está em vigor.

Já em relação ao montante, o resgate poderá ser parcial ou total[194]. Considera-se **Resgate Parcial** aquele que não esgota a totalidade do montante presente na Provisão Matemática para Resgate, isto é, durante a vigência do Título, o Titular solicita o levantamento (resgate) de parte do valor presente na sua Provisão Matemática, sem esgotar o saldo dessa provisão. Neste caso, haverá a continuidade normal do Título, isto é, o resgate parcial não acarreta nem a suspensão do Título[195] nem o cancelamen-

---

(194) Eis algumas observações importantes. Para o caso de resgate antecipado, total ou parcial, do montante da Provisão Matemática, é facultada a fixação de um prazo de carência para efetivação do pagamento, não superior a 24 (vinte e quatro) meses, contados da data de início de vigência do Título de Capitalização. Contudo o prazo de carência não pode ser superior ao prazo de vigência do Título de Capitalização. O pagamento do resgate deve ser disponibilizado em até 15 (quinze) dias úteis após o término da vigência ou após o cancelamento do Título, ou ainda após a solicitação por parte do Titular, no caso de resgate antecipado, observadas as normas em vigor. O valor do resgate deve ser acrescido de juros moratórios previstos nas Condições Gerais do Título, caso a Sociedade de Capitalização não cumpra o prazo especificado. O resgate originado na liquidação antecipada do Título por sorteio ou o resgate total ao final do prazo de vigência deve corresponder a 100% (cem por cento) da Provisão Matemática. Na hipótese de resgate antecipado, a Sociedade de Capitalização deve restituir, no mínimo, os percentuais previstos na legislação em vigor aplicados ao valor da respectiva provisão matemática. Para efeito de aplicação do percentual, deve ser considerada a data em que o pagamento for efetivamente disponibilizado ao Titular, qualquer que tenha sido a data da solicitação do resgate antecipado. Contudo esses apontamentos não se aplicam à Modalidade Compra Programada.

(195) A **Suspensão do Título de Capitalização** é uma decorrência da falta de pagamento, sendo uma característica dos Títulos de PM — pagamento mensal — ou dos Títulos PP — pagamento periódico. Não tendo havido o pagamento na data prevista, o Título é considerado suspenso a partir

to do Título, não afetando, também, o direito de participação nos sorteios. Assim, o resgate parcial é uma forma de resgate antecipado.

Todavia, o resgate parcial só poderá ser efetuado caso esteja previsto nas CONDGs do Título. Se previsto, deverá seguir as regras impostas nas próprias CONDGs, como o valor mínimo a ser resgatado e o período mínimo de intervalo entre os resgates. Por óbvio, os valores de resgate e de sorteio também devem ser atualizados monetariamente, a partir das datas de solicitação ou de realização, respectivamente, até a data do seu efetivo pagamento. Entretanto não se deve confundir a **atualização anual do valor dos pagamentos**, que nem sempre se verifica nos Títulos, com **a atualização monetária mensal da Provisão Matemática para Resgate**, que é obrigatória.

Por sua vez, o ***Resgate Total*** esgota todo o valor constituído na Provisão Matemática para Resgate, podendo o Titular ficar com todo esse valor ou não. O resgate total sempre estará vinculado ao encerramento/cancelamento do Título.

É bem de ver que três são as formas de resgate total: (1) por liquidação antecipada por sorteio (obrigatória, quando assim definido); (2) antecipado por solicitação do Titular (facultativo); e (3) por encerramento da vigência do Título (regular).

Ocorre o Resgate Total por Liquidação Antecipada por Sorteio quando um Título é sorteado, porém dois efeitos podem acontecer:

1. a continuidade normal da vigência: o Titular recebe o prêmio do sorteio, mas o Título tem a sua vigência mantida, podendo, inclusive, o Titular participar

---

daquela data. Com isso, há a suspensão automática do direito do Titular de participar dos sorteios. Nesse caso, se o número do Título suspenso vier a ser sorteado, a Sociedade de Capitalização será a detentora do prêmio de sorteio por ter sido ela que arcou com o custeio daquele prêmio de sorteio relativamente ao Título suspenso (ou seja, "pagou" a cota de sorteio do Título suspenso durante o prazo de suspensão). Um segundo efeito da suspensão é iniciar a contagem de prazo para a rescisão (cancelamento) do Título. Todo Título tem um prazo máximo durante o qual poderá permanecer suspenso. Encerrado tal prazo, sem que tenha havido pagamento, o Título será cancelado. Haverá, portanto, **o Cancelamento do Título de Capitalização**. No entanto, de acordo com a legislação, a Sociedade de Capitalização não poderá se apropriar da Provisão Matemática dos Títulos suspensos ou cancelados (caducos) em razão de inadimplência. Se houver o cancelamento do Título de Capitalização, a Sociedade de Capitalização deverá colocar o valor do resgate à disposição do Titular, tão logo o período de carência termine (se existente), independentemente do número de pagamentos efetuados. Este direito permanece válido mesmo nos casos em que a inadimplência tenha ocorrido em data anterior ao término do prazo de carência fixado nas condições gerais do Título. Quanto à Provisão Matemática para Resgate do Título, há uma diferença entre suspensão e cancelamento: a suspensão não gera efeitos, isto é, ainda que suspensa, a sua provisão continua a ser, normalmente, atualizada monetariamente pelo índice adotado e capitalizada pela taxa de juros prevista no Título. Já para um Título cancelado, somente existirá incidência de atualização monetária até que o resgate seja pago ao Titular, não havendo mais, portanto, a incidência de juros após o cancelamento. (FUNENSEG, 2012:63-64).

dos demais sorteios (e até ser premiado novamente). Na verdade, o Titular poderá manter seus pagamentos, fazendo jus ao recebimento da Provisão Matemática para Resgate no encerramento do prazo de vigência, da mesma forma que os demais Títulos. Esta é uma grande diferença entre o consórcio e o Título de Capitalização: no consórcio, há um vínculo entre a contemplação e o valor a ser recebido, isto é, ser contemplado no consórcio significa receber, antecipadamente, o valor, devendo o consorciado continuar a pagar as suas mensalidades. No Título, o prêmio por sorteio não apresenta qualquer vínculo com o valor de resgate, ou seja, ser sorteado em nada altera o recebimento do valor de resgate. Aliás, não havendo a previsão de liquidação por sorteio, o sorteado prosseguirá no Título como se nada tivesse acontecido.

2. a obrigatoriedade de liquidação antecipada. Para que esse efeito ocorra, as CONDGs devem prever que, se o Título for sorteado, será automaticamente resgatado e encerrado. Nesse caso, o Titular receberá o prêmio de sorteio e o valor presente na sua Provisão Matemática para Resgate, em razão do encerramento do Título. Não poderá haver penalidade para esse resgate, provocado pela contemplação em sorteio, ou seja, o Titular deverá receber integralmente (100%) o valor presente na provisão. O valor a receber, proveniente da provisão matemática, é independente do valor a receber em função do prêmio do sorteio. Se as CONDGs determinam que certo sorteio apresenta liquidação antecipada, o Título contemplado naquele sorteio será obrigatoriamente resgatado, independentemente da vontade do Titular de desejar continuar com seu Título, devendo-lhe ser pago, entretanto, o saldo integral (sem qualquer penalidade) da Provisão Matemática para Resgate (ainda que dentro do prazo de carência), além, é claro, do próprio prêmio de sorteio.

O resgate total antecipado por solicitação do Titular funciona de forma semelhante ao resgate parcial, com a diferença de que, ao solicitar o resgate total antecipado, durante a vigência do Título, ocorrerá a baixa integral do valor constituído na provisão matemática e o cancelamento do Título. Assim, uma vez solicitado o resgate total durante a vigência, o Título não concorrerá mais aos sorteios, em razão de seu cancelamento.

No entanto, é de se frisar, esse resgate, tal qual o parcial, somente será efetivado após o prazo de carência estabelecido nas CONDGs do Título. Assim, durante o **prazo de carência** previsto, o Titular não poderá exigir o recebimento, nem total nem parcial, do valor constante da Provisão Matemática para Resgate.

O resgate antecipado, parcial ou total, pode sofrer a aplicação de uma penalidade em razão de frustrar a expectativa da Sociedade de Capitalização, já que a vigência do Título não foi observada por vontade exclusiva do Titular. Este percentual de desconto é conhecido como penalidade[196].

(196) No caso de resgate antecipado por solicitação do Titular, parcial ou total, a Sociedade de Capitalização poderá fixar, desde que prevista nas Condições Gerais do Título, uma penalidade

O Resgate Total por Encerramento da Vigência do Título, ocorre quando encerrada a vigência, o valor constituído na Provisão Matemática para Resgate

---

em função de o Titular não respeitar o prazo de vigência do Título de Capitalização. Essa penalidade é definida como um percentual a ser aplicado sobre o montante resgatado e será retida pela Sociedade de Capitalização, como uma espécie de multa. No entanto a legislação fixa valores máximos para esse percentual, que varia de acordo com a vigência do Título: **Títulos com Prazo de Vigência de até 24 Meses** — Até o 6º mês: 10% — A partir do 7º mês: 5%; Ao final da vigência: sem penalidade. **Títulos com Prazo de Vigência Superior a 24 Meses** — Até o 6º mês: 10%; A partir do 7º mês e até ¾ da vigência: 5%; A partir de ¾ da vigência: sem penalidade. Os percentuais anteriores se aplicam a todas as modalidades, com exceção da modalidade Compra Programada, que possui regra específica. Nessa modalidade, para qualquer prazo de vigência, a Sociedade de Capitalização poderá reter, desde que previsto nas Condições Gerais do Título, percentual de, no máximo, 10% do valor formado na Provisão Matemática para Resgate, a ser aplicada nos casos em que o Titular solicitar o resgate antes do fim do prazo de vigência do Título. É importante lembrar que o resgate originado na liquidação antecipada do Título por sorteio ou o resgate total ao final do prazo de vigência deverão corresponder sempre a 100% da Provisão Matemática para Resgate, isto é, jamais poderá haver penalidade em tais casos. Nas condições gerais dos Títulos, deverá ser incluída uma tabela informando a evolução da Provisão Matemática para Resgate ao longo da vigência, denominada de Tabela de Resgate. Esta discrimina o percentual de resgate em função do prazo de vigência do Título, considerando todos os pagamentos devidamente efetuados e os demais parâmetros relevantes para o cálculo, como, por exemplo, os eventuais fatores de redução (penalidades) para resgates antecipados. O percentual apresentado deve incidir sobre o montante dos pagamentos já efetuados até aquele momento, gerando, assim, um cálculo aproximado do valor a que o Titular terá direito se solicitar o resgate. A elaboração dessa tabela leva em consideração as Cotas de Capitalização, a taxa de juros e a existência de eventuais penalidades em caso de resgate antecipado. O objetivo da Tabela de Resgate é permitir ao Titular um cálculo aproximado, mas de fácil realização, do valor que ele poderia resgatar numa determinada época durante a vigência do Título. O cálculo é aproximado, uma vez que a tabela não considera a atualização monetária. Assim, a tabela indica, ao final de cada mês de vigência, o montante aproximado que poderia ser resgatado pelo Titular. Esta informação é apresentada a partir de um percentual que deverá ser aplicado sobre a soma dos valores pagos. Os percentuais de resgate presentes na tabela são obtidos a partir dos mesmos dados que servem de auxílio para a formação da Provisão Matemática para Resgate (Cota de Capitalização e taxa de juros). No entanto nem sempre o valor resgatado corresponderá ao saldo total dessa provisão, em razão de a tabela também considerar a aplicação de penalidade. Por exemplo: se num determinado mês de vigência há uma penalidade de 10% (o que significa dizer que, do saldo da provisão matemática, 10% será retido pela Sociedade de Capitalização em caso de resgate antecipado), a tabela, ao apresentar o percentual de resgate, já levou em consideração a aplicação dessa penalidade, isto é, o percentual assinalado na tabela já apresenta o valor "líquido" a ser resgatado, tendo sido "descontada" a penalidade existente, pois seu objetivo é informar ao Titular que percentual dos pagamentos ele poderia resgatar naquele momento. Assim, Provisão Matemática para Resgate e Tabela de Resgate não são sinônimas. Há também outras diferenças. A Provisão Matemática para Resgate é algo real e vai sendo construída ao longo da vigência do Título, incorporando juros e atualização monetária, levando-se em consideração, também, o fato de os pagamentos terem sido ou não efetuados. Já a Tabela de Resgate é algo teórico. Parte da premissa de que todos os pagamentos serão realizados corretamente, aplica a penalidade prevista nas condições gerais e considera, antecipadamente, a incidência de juros. No entanto não leva em conta a atualização monetária, o que seria tecnicamente impossível, uma vez que os valores dos índices de atualização somente são conhecidos posteriormente, ou seja, durante a vigência. (FUNENSEG, 2012:60-61).

tem que estar integralmente disponível para o Titular. Esta forma de resgate representa a situação mais normal do Título. O consumidor completa a vigência definida para o Título, fazendo jus ao resgate[197] da PMR, sem que seja possível haver qualquer penalidade.

Contudo deve-se ter cuidado com o significado da afirmação anterior. Dizer que, ao final da vigência, o Titular receberá todo o capital presente na Provisão Matemática para Resgate (100% do saldo da Provisão Matemática para Resgate) não significa concluir que ele irá resgatar valor igual à soma de todos os pagamentos efetuados pelo Subscritor (100% dos valores pagos).

Algumas modalidades, de fato, estabelecem que o saldo final da provisão deverá corresponder, no mínimo, ao total do valor pago (100% do saldo da provisão ≥ 100% dos valores pagos). Contudo há outras modalidades em que tal fato não ocorrerá. Assim, é possível haver um Título de Capitalização que não restitui ao Titular, ao final do prazo de vigência, o valor total que foi pago pelo Subscritor.

Algumas Sociedades de Capitalização, notadamente aquelas ligadas a grupos bancários, fazem o depósito correspondente ao valor de resgate diretamente na conta-corrente do Titular, quando do encerramento da vigência, havendo então uma espécie de resgate automático quando finda a vigência do Título.

---

(197) Exemplo de Tabela para Resgate de um título PP, da modalidade Popular, com 12 meses de prazo de vigência e que estabelece a realização de nove pagamentos mensais e sucessivos, sendo cada pagamento no valor de R$ 10,00. **Mês de Vigência — % de Resgate sobre a Soma dos Pagamentos Efetuados*** 1 — 9,05%, 2 — 27,16%, 3 — 43,82%, 4 — 52,25%, 5 — 57,39%, 6 — 60,88%, 7 — 66,95%, 8 — 69,02%, 9 — 74,39%, 10 — ** 74,76%, 11 — ** 75,14%, 12 — ** 75,51%. *Esta tabela foi elaborada considerando as seguintes cotas de capitalização: mês 1 = 10%, mês 2: 50%, meses 3 a 9 = 85%. Observe que a média aritmética de todas as quotas de capitalização é de 72,778%, atendendo a todos os requisitos existentes para as quotas de capitalização. Além disso, foram levados em conta a taxa de juros igual a 0,5% ao mês e um fator de redução (penalidade) igual a 10% até o sexto mês de vigência e de 5% nos 7º e 8º meses. Não há penalidade a partir do 9º mês. ** Observe-se, também, que nos meses 10, 11 e 12 não há mais pagamentos, já que o Plano só prevê 9 pagamentos. Exemplo Se o titular solicitar o resgate após ter efetuado dois pagamentos (2 × R$ 10,00 = R$ 20,00), ele terá direito a 27,16% do valor que pagou, resultando, então, em R$ 5,43 (27,16% de R$ 20,00). Já se o titular permanecer até o final do Plano, tendo, portanto, realizado nove pagamentos (9 × R$ 10,00 = R$ 90,00), ele terá direito a 75,51% do que pagou, ou seja, R$ 67,95 (75,51% de R$ 90,00). Em ambos os casos, não se levou em consideração a atualização monetária, ou seja, os valores encontrados ainda sofrerão a atualização pelo índice de atualização estabelecido no Plano (a TR é o mais comum) referente ao período de vigência. Como não pode haver penalidade, uma vez encerrada a vigência do título, a última linha da Tabela de Resgate (mês final de vigência) obrigatoriamente deverá representar a integralidade (100%) do saldo da Provisão Matemática para Resgate, sem considerar a atualização monetária. (FUNENSEG, 2012:62)

É importante observar[198] o seguinte:

- A legislação em vigor estabelece que o pagamento do resgate deverá ser disponibilizado em até 15 dias úteis após o término da vigência ou após o cancelamento do Título (seja por liquidação antecipada por sorteio, seja por falta de pagamento), ou, ainda, após a solicitação por parte do Titular, no caso de resgate antecipado.

- O valor do resgate deverá ser acrescido de juros moratórios previstos nas CONDGs do Título, caso a Sociedade de Capitalização não cumpra o prazo especificado acima, ressalvados os casos em que o Titular não mantém seus dados cadastrais atualizados.

---

(198) A reabilitação de um Título de Capitalização é o encerramento da suspensão de um Título de Capitalização em razão de ter o Subscritor efetuado um ou todos os pagamentos em atraso, dependendo do caso. Com a reabilitação, o Título volta a participar dos sorteios. Mas só poderá haver a reabilitação enquanto durar a suspensão, isto é, uma vez cancelado o Título, este não poderá mais ser reabilitado. Duas são as formas possíveis de reabilitação: sem prorrogação do prazo de vigência ou com a sua prorrogação. **Reabilitação sem Prorrogação de Vigência:** Imaginemos um Título PM que preveja 12 pagamentos e, consequentemente, 12 meses de vigência, adquirido e tendo sido efetuado o primeiro pagamento em 1º de janeiro, e que admita, ainda, um período máximo de suspensão de 4 meses, sendo possível a reabilitação sem prorrogação de vigência. Vamos supor que o Subscritor tenha deixado de efetuar o 2º e o 3º pagamentos, referentes aos meses de fevereiro e março. O Título, então, foi suspenso em 1º de fevereiro, data em que deveria ter acontecido o 2º pagamento. No dia 15 de março, desejando reabilitar seu Título, o subscritor deverá efetuar os pagamentos relativos aos 2 meses em atraso, devidamente atualizados e, ainda, acrescidos de juros. Não havendo prorrogação de vigência, só ocorrerá a reabilitação se todos os pagamentos em atraso forem devidamente quitados, acrescido de juros e atualização monetária. A obrigatoriedade de atualização monetária e de juros busca salvaguardar o valor final de resgate, já que, se os pagamentos tivessem ocorrido na data correta, a parte destinada ao capital estaria sujeita à atualização e aos juros na Provisão Matemática para Resgate. Reabilitação sem prorrogação de vigência significa que o título não terá a sua vigência inicial alterada, ainda que tenha permanecido suspenso durante um certo período. Assim, no exemplo anterior, com vigência de 12 meses, em 1º de janeiro do ano seguinte, o Título completaria sua vigência, encerrando-se. Outro efeito da não prorrogação da vigência é a perda definitiva dos sorteios que ocorreram durante o prazo de suspensão. Exemplo: se o Título previa um sorteio mensal, sempre no dia 5, o Título suspenso não participou dos sorteios de 5 de fevereiro e de 5 de março, não tendo como "recuperá-los". **Reabilitação com Prorrogação de Vigência:** A reabilitação com prorrogação de vigência difere da anterior por não exigir o pagamento de todos os meses que eventualmente estejam em atraso, bastando, apenas, a efetivação de um pagamento para reabilitar o Título. No exemplo anterior, se o Subscritor, que atrasou em fevereiro e março, efetuasse o pagamento de abril no vencimento correto (1º de abril), o Título estaria reabilitado, caso estivesse prevista, nas Condições Gerais, a reabilitação com prorrogação de vigência. Dessa forma, a reabilitação com prorrogação consiste em estender o prazo normal de vigência em função do número de parcelas em atraso. Assim, ainda no mesmo exemplo, o Título teria a sua vigência prorrogada por mais dois meses (período que corresponde ao número de pagamentos não realizados). Além de facilitar a reabilitação, já que basta apenas um pagamento para afastar a suspensão e que não há cobrança de juros e atualização, a reabilitação com prorrogação de vigência repercute favoravelmente também nos sorteios. Prorrogada a vigência, deve também ser prorrogada a participação nos sorteios periódicos. Voltando ao exemplo, o Titular participaria de sorteios nos dois meses de prorrogação de sua vigência (janeiro e fevereiro do ano seguinte). Não há, assim, a perda definitiva dos sorteios periódicos quando prevista a reabilitação com prorrogação de vigência. Este é o motivo de optarmos por utilizar a expressão "prorrogação de vigência" — e não "prorrogação do prazo de pagamento e de Capitalização", já que não são apenas os prazos de pagamento e capitalização que são dilatados, havendo a prorrogação, também, da participação em sorteios periódicos, sendo o termo "vigência" mais abrangente. (FUNENSEG, 2012:64-65).

• Também haverá resgate quando o Título for cancelado por inadimplência. As CONDGs devem definir o número máximo de meses que o Título pode permanecer suspenso em razão da falta de pagamento. Extrapolado esse prazo máximo, o Título estará rescindido (cancelado).

No entanto as Sociedades de Capitalização não podem se apropriar do valor que foi constituído na Provisão Matemática para Resgate, ainda que o cancelamento ocorra dentro do prazo de carência. Nesse caso, a Sociedade deverá colocar à disposição do Titular o valor de resgate quando se encerrar a carência.

Portanto, vale frisar, a Sociedade de Capitalização não pode se apropriar da Provisão Matemática dos Títulos suspensos ou caducos por inadimplência dos pagamentos, devendo colocar à disposição do Titular, independentemente do número de pagamentos efetuados, o valor de resgate após o prazo de carência, ainda que a inadimplência ocorra em data anterior ao prazo de carência fixado.

• Os Títulos que, ao final do prazo de vigência, estabelecem capital de resgate de 100% ou mais em relação aos pagamentos efetuados, além de atualização monetária pela TR, não formarão o mesmo capital comparado ao da caderneta de poupança, pois o capital formado na caderneta de poupança é calculado sobre a totalidade dos depósitos e incluem a variação da TR, além da taxa de juros vigente ao mês. No caso dos Títulos de Capitalização, há também juros mensais e, em geral, variação pela TR e juros mensais, mas estes não incidem sobre a totalidade dos pagamentos. O Título, ao prever um resgate de 100% (ou mais) ao final da vigência, já incluiu a taxa de juros no cálculo, restando apenas a atualização pela TR.

Dizer que há atualização pela TR não significa dizer que o capital formado será igual ao que seria constituído por meio da caderneta de poupança.

• Deverá constar das CONDGs, em destaque, que se aplicará, quando do pagamento do resgate, tratamento tributário na forma da legislação fiscal vigente. Há incidência de imposto de renda sobre o valor a ser resgatado se esse superar o montante dos valores pagos pelo Subscritor ao longo da vigência do Título.

Por outro lado, frise-se, não se deve confundir Título de Capitalização com caderneta de poupança. A utilização aqui do termo "poupança" busca apenas ilustrar que a evolução do capital presente na Provisão Matemática para Resgate é muito semelhante à de uma caderneta de poupança.

Na Capitalização, o acompanhamento desse capital é feito, porém, por uma Sociedade de Capitalização.

A formação de capital sempre esteve presente na concepção de um Título de Capitalização: as Sociedades de Capitalização emitiam certificados em favor dos respectivos compradores, que nada mais eram do que os próprios Títulos de Capitalização. Os Subscritores dos Títulos efetuavam pagamentos à Sociedade, durante um certo tempo, correspondentes ao valor dos Títulos, e formavam, assim, um capital que, acrescido dos juros acumulados, era resgatado pelos Titulares em prazo previamente fixado no Título de Capitalização.

Originalmente, o sorteio(199) se constituía em um componente secundário, uma espécie de atrativo adicional e acessório. Era uma mera antecipação do recebimento do valor que seria formado ao final do prazo estipulado no Plano.

---

(199) Existem dois tipos de sorteios que podem ser previstos no Título: o **sorteio comum**, que deve ser realizado durante a vigência do Título, e um tipo de **sorteio especial denominado premiação instantânea**. As seguintes condições são atreladas ao processo de sorteio para as Sociedades de Capitalização: as Sociedades de Capitalização somente poderão comercializar Títulos em que o valor máximo do somatório de todos os sorteios previstos, por série e em cada mês, seja igual ou inferior a 10% do último patrimônio líquido auditado; os Títulos de Capitalização que prevejam sorteios deverão ser estruturados em séries; o critério matemático utilizado para o estabelecimento do percentual dos pagamentos referente ao custeio dos sorteios deverá constar obrigatoriamente da Nota Técnica Atuarial do Título de Capitalização; e, para cada sorteio realizado, as Sociedades de Capitalização manterão, à disposição da SUSEP, o relatório da auditoria independente, onde deverão constar, no mínimo: a) as regras estabelecidas pela Sociedade de Capitalização para determinação dos resultados de sorteios a serem obtidos; b) um parecer atestando a aleatoriedade, a equiprobabilidade de ocorrência dos possíveis resultados e a efetiva distribuição dos prêmios previstos nas Condições Gerais; e c) um parecer atestando a garantia de sigilo quanto ao conhecimento dos Títulos contemplados, no caso de premiação instantânea.
Sorteio do Tipo Premiação Instantânea. Esse sorteio assemelha-se à chamada "raspadinha". Seria uma forma de sorteio que se realiza previamente ao início de comercialização da série, sendo seu resultado sigiloso até a aquisição do título, quando, então, poderá ser "desvendado" diretamente pelo consumidor. O sorteio realizado por meio de premiação instantânea deverá atender aos seguintes requisitos: o conhecimento relativo à contemplação na premiação instantânea deverá estar disponível ao Titular no momento imediatamente posterior à aquisição do Título, dependendo exclusivamente de sua atuação; os procedimentos que o Titular deve utilizar para verificar a contemplação na premiação instantânea deverão estar previstos nas Condições Gerais do Título; para cada série emitida, é necessária a realização de auditoria independente; e não poderá ser considerado como uma forma de liquidação antecipada do Título de Capitalização, isto é, um título sorteado na premiação instantânea não pode ser automaticamente cancelado. Já os sorteios comuns são aqueles que ocorrem durante a vigência do Título em datas estabelecidas pela Sociedade de Capitalização, ainda que de forma genérica. Exemplo: sorteio a ser realizado no último sábado de cada mês de vigência. Nos sorteios comuns, é facultada à Sociedade de Capitalização a utilização dos resultados de loterias oficiais para a apuração dos seus números sorteados ou a utilização de processos próprios para esta apuração, devendo a escolha estar prevista nas Condições Gerais. O mais comum é a utilização do resultado das extrações da Loteria Federal. Na hipótese de os órgãos oficiais não realizarem os sorteios ou alterarem a sua forma de realização de modo a torná-los incompatíveis às condições do Título, a Sociedade de Capitalização deve prever, nas Condições Gerais do Título, a realização de sorteios próprios substitutivos aos oficiais, precedidos de ampla divulgação. Os sorteios obtidos através de processos próprios devem garantir o direito do Titular de presenciar a apuração, devendo ser realizados nas sedes, sucursais ou em quaisquer estabelecimentos de livre acesso aos Titulares, com a presença obrigatória de um representante de auditoria independente. Em suma, é importante observar o seguinte: Para cada sorteio próprio realizado e nos casos de premiação instantânea, as Sociedades de Capitalização manterão, à disposição da SUSEP, o relatório da auditoria independente, onde deverão constar, no mínimo: as regras estabelecidas pela Sociedade de Capitalização para determinação dos resultados de sorteios a serem obtidos; parecer atestando a aleatoriedade, a equiprobabilidade de ocorrência dos possíveis resultados e a efetiva distribuição dos prêmios previstos nas Condições Gerais; e parecer atestando a garantia de sigilo quanto ao conhecimento dos Títulos contemplados, no caso de premiação instantânea. Não há premiação instantânea e que, no sorteio comum, utilizou-se o resultado da Loteria Federal (FUNENSEG, 2012:68-69).

Atualmente, o valor do sorteio é um múltiplo do pagamento único ou do pagamento mensal ou periódico do Título, não mais se vinculando ao valor do Título, podendo, inclusive, alcançar somas bastante expressivas, enquanto a Provisão Matemática para Resgate (PMR) pode originar um valor de resgate bem menos atraente.

No tocante aos **tipos de Títulos de Capitalização**, são classificados quanto à forma de custeio com base no número de pagamentos que serão efetuados pelo Subscritor, observadas as disposições específicas de cada modalidade. Dividem-se em PU (pagamento único), PP (pagamentos periódicos) e PM (pagamentos mensais). Como o próprio nome diz, os Títulos do tipo PU se caracterizam por um pagamento único.

Em suma, define-se como Pagamentos Mensais (PM) o Título que prevê a realização de um pagamento, a cada mês da respectiva vigência; por Pagamentos Periódicos (PP), o Título em que não há correspondência entre o número de pagamentos e o número de meses de vigência, sendo prevista a realização de mais de um pagamento e, por fim, como Pagamento Único (PU), o Título que prevê a realização de um único pagamento.

Os Títulos do tipo PM preveem a realização de um pagamento para cada mês de sua vigência. Assim, exemplificando, se o Título PM possuir uma vigência de 60 meses, ele exigirá que o Subscritor realize 60 pagamentos mensais e consecutivos. Já os Títulos do tipo PP preveem pagamentos periódicos. Não há correspondência entre o número de pagamentos e o número de meses de vigência, sendo prevista a realização de mais de um pagamento. Em geral, esses pagamentos são consecutivos, mas não há correspondência entre o número de pagamentos e o número de meses de vigência. Por exemplo, é possível a existência de um Título PP com 12 meses de vigência em que haja somente seis pagamentos (do primeiro ao sexto mês, por exemplo).

Há diversas aplicações práticas para os Títulos PP e PM. Em geral, eles priorizam não só os sorteios, mas também o valor de resgate. Os Títulos PP e PM são os que mais se aproximam da ideia de uma "poupança programada", ou "forçada", como alguns preferem, em razão de o Subscritor ser obrigado a efetuar os pagamentos mensalmente, sendo o valor de resgate gradativamente construído.

É importante registrar que, para qualquer tipo de Título, é proibida a cobrança de quaisquer valores do Subscritor e/ou Titular com finalidade de inscrição, cadastro ou transferência do Título, independentemente de sua denominação. Assim, nada, além de valores correspondentes aos pagamentos, pode ser cobrado do Subscritor de um Título de Capitalização.

Voltando aos sorteios, esses contemplam apenas alguns dos consumidores com valores de prêmios que devem ser previamente definidos nos Títulos, sendo, portanto, do conhecimento de todos os participantes. Ainda que não seja obrigatório que um Título de Capitalização apresente sorteios, o que se observa na prática é que quase 100% dos Títulos atualmente existentes possuem esse componente para atrair os consumidores.

Desde a sua concepção, como vimos no capítulo anterior, o Contrato de Capitalização, por meio dos Títulos de Capitalização, combina a aplicação do capital principal com um componente lúcido bastante apreciado — os sorteios.

Trata-se, portanto, de uma peculiar simbiose entre poupança programada e loteria, sendo que o Título de Capitalização busca aliar um mecanismo de poupança programada (a Capitalização em si) com a participação em sorteios. Os Títulos que apresentam maior receptividade no mercado brasileiro são aqueles de baixo valor unitário, cujo principal objetivo é justamente o sorteio, componente lúdico bastante apreciado pelo investidor, ou seja, os que mais fazem sucesso no mercado brasileiro são aqueles de baixo valor unitário, cujo principal objetivo é justamente o sorteio. (FUNENSEG, 2012:24)

O termo Título de Capitalização possui duplo significado:

• Capitalização como objeto do processo administrativo aberto pela Sociedade, que aparece na frase "a SUSEP aprovou o Título 'Cem Milhões' da Sociedade de Capitalização XYZ". Significa que as CONDGs e a Nota Técnica foram aprovadas pela SUSEP e, assim, a Sociedade de Capitalização poderá comercializar diversos contratos com aquelas mesmas CONDGs aprovadas.

• "Título de Capitalização" como individualização do contrato firmado entre consumidor e Sociedade de Capitalização. Por exemplo, na frase "eu comprei um Título da Sociedade de Capitalização XYZ".

Assim, a aprovação dada pela SUSEP num processo administrativo (aprovação do "Título", do Plano, do produto) autoriza a Sociedade a comercializar diversos contratos ("Títulos") de Capitalização, sendo que eles deverão reproduzir as CONDGs aprovadas no processo administrativo.

Plano de Capitalização é o conjunto de elementos que dão forma aos Títulos de Capitalização, condições que os caracterizam e os diferenciam entre si (valor, forma de pagamento etc.). Os Planos são representados pelas CONDGs, pela Nota Técnica Atuarial e pelo Material de Comercialização. No Plano é que são determinadas as formas em que se acumulará o capital, bem como são definidos o tempo de duração, o resgate, os sorteios e as demais condições dos Títulos.

Há quem denomine o objeto do processo administrativo de "Plano de Capitalização" para diferenciá-lo dos Títulos (contratos efetivamente comercializados). No entanto ressaltamos que a SUSEP prefere a nomenclatura "Título de Capitalização" para acentuar a sua diferença em relação ao "Plano de seguro". Porém, no parágrafo único do art. 1º do Decreto-Lei n. 261, de 1967, já há menção tanto ao termo "Título" (o que a Sociedade vende ao público) quanto a "Plano" (o que a sociedade aprova junto à SUSEP).

Assim, utilizaremos o termo "Plano de Capitalização" para significar o produto que foi aprovado pela SUSEP num determinado processo.

Em regra, o Título de Capitalização, entendido como um contrato, existe fisicamente, é impresso, e há um número ("número do Título") que o identifica. Deve trazer, também, as CONDGs que foram aprovadas pela SUSEP.

Atualmente, em função da parte que é mais valorizada no Título (se o resgate ou se o sorteio) e de sua finalidade, os Títulos serão enquadrados em uma das quatro modalidades existentes, sendo voltados, assim, para nichos de mercados diferentes e, evidentemente, com características bem distintas. Porém os Títulos atualmente em comercialização, independentemente da modalidade, apresentam uma parte de "poupança programada" e, geralmente, outra de "sorteios" (FUNENSEG, 2012:24).

Aliás, vale dizer, atualmente o valor do sorteio é estabelecido como um múltiplo do valor total ou do pagamento periódico do Título de Capitalização, alcançando somas bastante expressivas. Tais sorteios contemplam alguns dos compradores com a antecipação de um capital previamente programado e conhecido de todos.

Por força das garantias legais, o povo brasileiro, previdente como se mostra e — por que não dizer — sempre tentado a experimentar a fortuna pela oportunidade de um sorteio, logo soube corresponder aos engenhos e bons propósitos das Sociedades de Capitalização, prestando-lhes decidido apoio.

As criações do gênio, logo ao surgir, incorporam-se ao patrimônio da civilização, desprendem-se de seus inventores que acabam como simples índices na história de suas obras, porque, como todos os homens, eles criaram e trabalharam para a comunidade humana.

De sorte que aquele que leva sua adesão à Capitalização movido pelo impulso egoístico de formar um capital a longo termo ou pela esperança de tê-lo realizado antecipadamente pelo sorteio — agindo por si, age, também, para outrem, porque toma parte nas grandes realizações que a cooperação e solidariedade de esforços empreendem.

O vicioso, pela sedução do sorteio, traz parte de seus desperdícios, como a tentar a sorte, mas pela renovação mensal de seus pagamentos, desdobramento de esperança, transforma o móvel de um ato de perdulário em virtude de economia. Sua iniciativa saneada, ele acaba educado pela própria ambição do lucro rápido e, assim disciplinado, adquire hábitos de economia e de poupança.

9.3.1.1. Diferença entre Caderneta de Poupança e Título de Capitalização, Sorteio e Jogo de Azar

Existe uma confusão conceitual[(200)] entre Título de Capitalização e Caderneta de Poupança. No entanto são produtos distintos:

1º) para os Títulos de Capitalização, existe o aspecto lúdico do produto, os sorteios. Não há esse componente para as cadernetas de poupança;

2º) existe prazo mínimo para resgate e prazo para a "efetivação do investimento"; diferentemente da caderneta de poupança, que não exige carência para o resgate;

3º) as Sociedades de Capitalização são obrigadas a constituir **provisões técnicas** por Título subscrito.

Neste específico ponto, é de suma importância frsar, para assegurar o cumprimento das obrigações com os Subscritores de Títulos, que as Sociedades de

---

(200) **TJPR — Apelação Cível: AC 5054997 PR 0505499-7**
Ação Ordinária de Cobrança. Título de Capitalização. Juros e Correção Monetária que se agregam ao principal. Prescrição Vintenária (art. 177 do Ccb/1916), e não Quinquenal (art. 178, § 10, III do Ccb/1916). Recurso Provido.
Processo: AC 5054997 PR 0505499-7
Relator(a): Fernando Wolff Filho
Julgamento: 20.8.2008
Órgão Julgador: 13ª Câmara Cível
Publicação: DJ: 7694
Ementa
AÇÃO ORDINÁRIA DE COBRANÇA. TÍTULO DE CAPITALIZAÇÃO. JUROS E CORREÇÃO MONETÁRIA QUE SE AGREGAM AO PRINCIPAL. PRESCRIÇÃO VINTENÁRIA (ART. 177 DO CCB/1916), E NÃO QUINQUENAL (ART. 178, § 10, III DO CCB/1916). RECURSO PROVIDO.
I. O Título de Capitalização constitui-se no depósito de prestações pecuniárias pelo sujeito, que, depois de cumprido um prazo contratado, poderá resgatar os valores depositados capitalizados, isto é, corrigidos e acrescidos de uma taxa de juros estabelecida contratualmente; conferindo, ainda, quando previsto, o direito de concorrer a sorteios de prêmios em dinheiro, a teor do art. 1º, parágrafo único do Decreto-Lei n. 261/67.
II. Apesar de **não se poder confundir Título de Capitalização com caderneta de poupança**, não há dúvidas que eles apresentam características em comum, uma delas, a constituição de capital, ou melhor, a capitalização, o que, aliás, é inerente a essa espécie de contrato.
III. A capitalização, como se sabe, seja no sentido jurídico, seja no sentido econômico, significa a aglutinação de rendimentos de um capital aplicado em um novo e atualizado capital, corrigido para que não perca o valor da compra, a cada operação de capitalização, unindo-se tais frutos ao principal, periodicamente, para com ele se acumularem em um novo valor. Desse modo, capitalização é sempre a gênese de novo capital, que se vem anexar ou acumular ao primitivo, de onde se produziu, para aumentar a sua soma, sempre corrigida, ou atualizada.
IV. Daí decorre que, tanto nas cadernetas de poupança como nos títulos de capitalização, os juros e a correção monetária agregam-se ao capital, constituindo novo capital, perdendo, assim, a sua característica acessória. De consequência, não se aplica, ao caso, o prazo quinquenal previsto no art. 178, § 10, III, do CCB/16, mas sim o vintenário contido no art. 177 do mesmo diploma legal, por se tratar de obrigação pessoal. (Grifos nossos)

Capitalização devem constituir as denominadas provisões técnicas, bem como outras provisões complementares, de acordo com os critérios fixados pelo CNSP. Todavia a constituição dessas provisões não exclui a das reservas e dos fundos, cuja existência é determinada ou permitida pelas leis gerais.

Em outras palavras, as Sociedades de Capitalização devem constituir as seguintes provisões técnicas:

I — provisões matemáticas, para garantia dos Títulos em vigor e dos sorteios a realizar, se previstos no Plano;

II — Provisão para obrigações a liquidar, para pagamento de:

a) Resgate dos Títulos com esse direito e que estejam definitivamente rescindidos;

b) Títulos cujo prazo de Capitalização tenha terminado;

c) Títulos já contemplados em sorteio;

d) Lucros atribuídos a Subscritores de Títulos.

Além dessas provisões acima previstas, as Sociedades de Capitalização devem constituir provisão para oscilações de valor de Títulos mobiliários.

As provisões técnicas, para a sua garantia efetiva, devem estar cobertas com aplicações que satisfaçam as condições mínimas de segurança, rentabilidade e liquidez, tendo em vista a estabilidade econômico-financeira das Sociedades de Capitalização.

Os recursos garantidores das provisões técnicas e os fundos das Sociedades de Capitalização devem ser aplicados de acordo com as diretrizes do CMN, ouvido previamente o CNSP.

É de se salientar que metade do capital social realizado das Sociedades de Capitalização constitui permanente garantia suplementar das provisões técnicas, e sua aplicação deve ser idêntica à dessas provisões.

Assenta-se também que os bens garantidores da metade do capital social, das provisões técnicas e dos fundos devem ser registrados na SUSEP e não podem ser alienados, prometidos alienar ou de qualquer forma gravados sem sua prévia e expressa autorização, sendo nulas de pleno direito as alienações realizadas ou os gravames constituídos com tal violação.

Aliás, quando a garantia recair em bem imóvel, deve ser obrigatoriamente inscrita no competente Cartório do Registro Geral de Imóveis (RGI).

4º) parte do valor pago pelo Título de Capitalização é destinada às quotas para a formação do montante Capitalizado, às quotas de sorteio e quotas de Carregamento para cobrir despesas administrativas, ao contrário das cadernetas de poupança;

5º) as Sociedades de Capitalização podem distribuir parte de seus lucros aos Subscritores dos Títulos;

6º) a taxa de juros efetiva mensal utilizada para remuneração do Título e/ou sua equivalente anual, com exceção das modalidades Popular e Incentivo, deverá corresponder a, no mínimo, 90% da taxa de juros aplicada às cadernetas de poupança e deverá constar da Nota Técnica Atuarial e das CONDGs do Título de Capitalização. Segundo, enquanto a caderneta de poupança remunera o capital investido pela TR + 6% ao ano; e

7º) os investimentos em poupança são assegurados pelo Fundo Garantidor de Créditos[201] (FGC), enquanto as aplicações em Títulos de Capitalização não contam com qualquer garantia oficial em caso de irregularidades na gestão financeira por parte da Sociedade de Capitalização. As cadernetas de poupança têm a garantia dada pelo Governo de até R$ 60.000,00 (FUNENSEG, 2012:21).

É de se frisar que jamais se permitiria equiparar o sorteio de que participa os Títulos aos jogos de azar, como poderia parecer a opiniões tendenciosas. Isso porque, no jogo de azar, um ou alguns ganham em detrimento de outros que perdem. Ao ganho do escolhido da sorte, contrapõe-se o prejuízo de outros.

Ora, vejam-se, as contribuições, apostas ou paradas dos não contemplados são absorvidas para fortuna do favorecido, enquanto na Capitalização o sorteio vem para determinar qual o Título escolhido, porque está tecnicamente previsto que uns tantos terão o valor nominal do Título antecipadamente e os outros prosseguirão nos seus efeitos para completação da finalidade convencionada. Portanto não se verifica o fato de perder, condição essencial para que se configure o jogo de azar. Enquanto nesse perder é irremediável, prejuízo consequente, no sorteio da Capitalização, aquele que não obteve a antecipação do capital visado não terá seu Título fulminado pelo prejuízo.

O jogo promete o infinito, ensina CAMPISTA FILHO (1949:45), que a fortuna caprichosa possa trazer em sua roda, mas esmaga e destrói os não contemplados, enquanto a Capitalização promete o certo, que o sorteio antecipa pela técnica da operação em previsão contratual.

Portanto é interessante registrar a diametral diferença entre Título de Capitalização e jogos de loteria ou de azar.

Comprador de loteria ou de jogo de azar	Subscritor de Título de Capitalização
Para obter, gasta	Para ter, guarda
Age por sentir falta de dinheiro	Age por dispor de sobras
Desembolsa fácil, disciplicentemente	Desembolsa quase a contragosto

(201) O **Fundo Garantidor de Crédito** é uma entidade sem fins lucrativos, destinada a administrar mecanismos de proteção a titulares de créditos contra instituições financeiras, autorizado em 1995, com a Resolução 2.197 do Conselho Monetário Nacional — CMN (FUNENSEG, 2012:21).

A amortização antecipada imprime à Capitalização seu característico, sua particularidade no constituir economias, sem o que não passaria de angariadora de depósitos irregularmente feitos para administrar e empregar, sendo que o reembolso é que mantém a corrente dos que procuram essa forma de economia com vantagens iniludíveis para o público, porque cria o hábito de economizar, tão necessário à coletividade, relembra CAMPISTA FILHO (1949:45).

Os sorteios subsistem em todos os Planos adotados como única medida aceitável à amortização antecipada dos Títulos de Capitalização pelo capital subscrito, e constituem atração para os que se iniciam nos métodos da Capitalização, facilitando grandemente a simpatia que desfrutam em toda parte.

Assim, observa-se no progresso e desenvolvimento da Capitalização que sua função educadora tanto mais se afirma, com generalizar a todas as camadas sociais o hábito da economia, a que dá amplitude saudável.

Os Contratos de Capitalização, com a antecipação da restituição dos valores dos Títulos de Capitalização, via sorteio, não se restringem a encorajar unicamente o Subscritor a uma economia individual; adquirem maior alcance, penetrando no mundo dos negócios, na vida comercial, como elemento de previsão e garantia.

A Capitalização é um segmento de produtos financeiros que se ajusta fundamentalmente ao perfil socioeconômico da população brasileira e combina, em nossa cultura, dois componentes de grande representatividade: a oportunidade de fazer economia programada, forma de investimento (investimento, neste caso, significando economia programada com sorteio), e a possibilidade de concorrer a prêmios e antecipar sonhos de consumo de bens e serviços.

Essa sinergia de conceitos nunca, em nenhuma modalidade de produto financeiro, foi tão forte e relevante. Isso torna expoente o produto de Capitalização na intrigante, moderna e salutar engenharia de *marketing*, que busca incessantemente conquistar consumidores e garantir sua fidelização de forma agradável e prática[(202)].

Não há como negar que, em função de suas características intrínsecas e peculiares, a Capitalização vem continuamente arrebatando novos admiradores, tornando-se simpática a diversos nichos de clientes, tanto de baixa renda como de maior poder aquisitivo. Agrada a todos com produtos cuidadosamente desenvolvidos para cada segmento e contempla duas modalidades de pagamento, único e mensal, com variantes criativas de sorteios e de valores de premiação.

A Capitalização faz parte da vida do brasileiro e em muito contribuiu para o desenvolvimento da economia e do mercado financeiro do país. Ainda tem muito a contribuir e apresenta amplas perspectivas de forte crescimento nos próximos anos.

---

(202) SANTOS, Ryvio Matias Pires dos; CARVALHO, Marcos Eduardo de; GAMA DA SILVA, Edmilson. *Capitalização*: histórico, conceitos, perspectivas. Rio de Janeiro: Funenseg, 2006. p. 29.

Aliás, a atividade de qualquer organismo, humano ou social, pressupõe trabalho de acumulação e dispêndio de energia. O organismo vivo é, pois, sede de um movimento duplo de assimilação e integração, mediante o qual ele se apropria de alimentos do meio ambiente adaptável às suas necessidades, e integrados em sua substância — e o movimento de desassimilação e desintegração, pelo qual ele restitui ao meio, parte dos elementos de que se apropriou (CAMPISTA FILHO, 1949:46).

Nesse sentido, percebemos que o ritmo da vida consiste em acrescer e perder, e o excesso do acréscimo sobre a perda constitui a força de que se entretem a vida.

9.3.2. CAPITAL SOCIAL E RESERVA MATEMÁTICA

As Sociedades de Capitalização, por força de determinação legal, como vimos, organizam-se de forma anônima, e os portadores de recursos, os acionistas, acodem à necessidade de organizar sua estrutura social para formação e aparelhamento de seu estabelecimento. Ao contrário, nas sociedades de produção de utilidades, o apelo aos acionistas visa à constituição de recursos indispensáveis ao empreendimento, como fator de produção, elemento imprescindível à sua finalidade criadora de riquezas. Esse capital resultante, conjunto de bens materiais e imateriais, destina-se à satisfação das necessidades da empresa e, representando uma acumulação de trabalho, determina as realizações da Sociedade, que se operam pelo movimento do capital, na conjunção capital e trabalho. Isso porque aquele que se imobiliza e não entra em circulação torna-se incapaz de oferecer vantagens tanto ao indivíduo como à sociedade (CAMPISTA FILHO, 1949:27).

Consiste, pois, a função do capital em uma empresa, no oferecimento de meios de trabalho para produção de utilidades, representando um expediente posto à sua disposição que lhe assegura direito à posse de bens materiais como aos serviços de terceiros. Por isso, as empresas que se propõem a realizações de grande envergadura exigem capitais vultosos que se proporcionam à extensão de seus programas.

Bem diverso é o aspecto das Sociedades de Capitalização, cujo capital social não guarda relação alguma com as responsabilidades a assumir, referente à constituição de capitais, a que se obrigam para com os portadores de seus Títulos. A lei regulamentadora das companhias de Capitalização exige um fixador mínimo, predeterminando-lhe aplicação, que viria suprir as reservas obrigatórias no caso de insuficiência de fundos.

A lei, entretanto, denomina capital social o "capital de responsabilidade", destinando-lhe carrear objetivo social; torna efetiva a "garantia inicial", que responde por dívidas e multas fiscais e "pelas obrigações para com os portadores de Títulos".

Quem ler o balanço de uma grande Sociedade de Capitalização verá, desde logo, que o vulto de suas responsabilidades guarda desproporção com semelhante capital. Tais responsabilidades têm grandeza astronômica; por isso, segundo a técnica da operação, as expressões legais — garantia inicial e capital de responsabilidade — afiguram-se como puramente nominais, motivo de conjunto regulamentar.

Outro não foi o pensamento legislativo, que determinou a imobilização desse capital em aplicação sob continuada vigilância oficial, como exigiu a constituição de reservas técnicas que respondem pelas obrigações contraídas com os portadores de Títulos de Capitalização.

Esse aspecto das Sociedades de Capitalização apresenta marcante similitude com os bancos, cujo comércio opera sobre capitais representados por Títulos de crédito ou numerários. O capital propriamente dito dos bancos, escrevem H. LEJEUNE e TERREL, representa a parte mais fraca de seus recursos. É evidente que existe entre o capital e a extensão de seus negócios uma verdadeira desproporção.

Pode aparecer ao público como garantia em favor daqueles que lhe confiaram seus recursos para cobrir os déficits possíveis, mas é uma ideia de verdade mais aparente que real. Se um grande capital traz ao banqueiro, como a qualquer outro comerciante, maiores vantagens, insiste COURCELLE SENEUIL, ele não é, entretanto, o instrumento principal e necessário de seu comércio (CAMPISTA FILHO, 1949:29).

Nas Sociedades de Capitalização, o capital social não representa, assim, o instrumento indispensável e determinante de sua atividade, como em outras sociedades, em que constitui fator necessário à produção de utilidades, e daí se concluir que não guarda relação alguma com as responsabilidades a assumir sem influência direta em sua produção, que consiste na formação de capitais. Esses significam as responsabilidades da Sociedade e irão surgir do trabalho das reservas matemáticas, cuja função primordial está na cobertura das obrigações, assim habilitando aquela Sociedade a fazer frente aos compromissos contratuais.

Dessa forma, a reserva matemática não faz, por isso, parte do patrimônio da Sociedade de Capitalização, pois representa o valor atual, exatamente calculado, dos compromissos da mesma, para com os aderentes, Titulares ou portadores de Títulos. Portanto as acumulações das reservas são: o índice das obrigações contraídas, paralelamente crescentes aos compromissos da Sociedade em constituir ou reconstituir capitais.

Saliente-se que essa reserva forma-se das arrecadações à economia, apresentadas sob designação de contribuições (similar aos prêmios no contrato de seguro), que, escoimadas pela técnica das sobrecargas inerentes, vão se reunir e aglomerar sob gerência e administração da Sociedade, que lhes insufla força vivificadora (CAMPISTA FILHO, 1949:29).

As arrecadações acodem e crescem pela confiança do público, e a Sociedade de Capitalização promove-as por autorização do Estado. Assim, o vulto das reservas atinge vastas proporções, em que se delineiam as garantias das responsabilidades da Sociedade. Por isso a Sociedade que enfeixa, movimenta e disciplina toda a imensidade desses recursos não pode prescindir de um capital social que a invista da importância equivalente a tais realizações, imprimindo idoneidade à sua capacidade.

Nas Sociedades de Capitalização, em que o capital social não é, como se disse, fator de sua produção, cujas garantias vão se haurir nas reservas técnicas, ele representa, todavia, o investimento absolutamente necessário à sua estrutura e ao seu equipamento social. A lei, fixando um mínimo, prevê a necessidade de aumento, como dissolução da Sociedade na hipótese de desfalque ou perda de determinado percentual do capital.

Não seria, pois, concebível uma finalidade de grande envergadura e irradiação na economia popular, se o segmento de Capitalizações pretendesse desenvolver-se por meio de empresas de capital exíguo que, desta sorte, pareceriam desaparelhadas para tão importante missão econômica e social.

Assim, assegura CAMPISTA FILHO (1949:31), além de se compreender a necessidade do capital social adequado à dignidade do programa a desempenhar, torna-se muitas vezes oportuno aumentá-lo, principalmente quando promovido com recurso tirados dos próprios rendimentos, que, em lugar de saírem como benefícios aos acionistas, permanecem na Sociedade no fortalecimento de suas garantias, no aperfeiçoamento de sua capacidade, no aprimoramento de sua idoneidade.

Desse modo, o grandioso que no mundo moderno surgiu de aplicação do Princípio de Associação de Capitais pelas sociedades anônimas particulariza-se e distingue-se nas Sociedades de Capitalização no processo de suas operações, no fomento de seus negócios, no desenvolvimento de sua atividade (CAMPISTA FILHO, 1949:31).

Não é, portanto, no Capital Social que se encontra o fator de produção da Sociedade, ou melhor, em que se concretizam e congregam as múltiplas parcelas integrantes desse fator, formado pelas contribuições dos Subscritores ou Portadores de seus Títulos de Capitalização.

De maneira que é o conjunto de condições que dão forma a um determinado Título de Capitalização, retrato do Contrato de Capitalização. Em outras palavras, são as condições que caracterizam os diversos produtos e os diferenciam entre si.

9.3.3. DAS RESERVAS MATEMÁTICAS E DAS RESERVAS TÉCNICAS — CONCEITOS E APLICAÇÕES

Mais amplo aspecto da utilidade da Capitalização, de inconfundível preponderância na economia pública, encontra-se na aplicação de suas reservas técnicas.

Abrem-se aí perspectivas aos múltiplos benefícios de que se torna capa de dotar a produção para desenvolvimento de riquezas e animação ao trabalho.

A obra de Capitalização não é de realização espontânea e imediata, pois resulta de uma formação lenta e contínua, seguindo uma progressão assinalada por três fases distintas: concentração de economias, seu emprego produtivo e sua distribuição.

Nestes traços configura-se o seu processo vital, permitindo-nos, através deles, enxergar toda a extensão das vantagens e utilidades da Capitalização.

Para constituir capitais a que se comprometem as empresas, faz-se mister articular o trabalho da valorização das economias arrecadadas. Esse trabalho de vitalização de valores inerentes se processa quando se tornam numerosas as importâncias reunidas, daí derivando a potencialidade criadora da Capitalização.

É a massa de valores que, estéreis ao serem colhidos, recebem o influxo fecundante das reservas matemáticas a que se incorporam (CAMPISTA FILHO, 1949:54).

Salienta CAMPISTA FILHO (1949:48) que:

> [...].
>
> Foi através desse ângulo de visão que se descortinou ao governo brasileiro o programa das vantagens e cooperação da Capitalização, quando fez preceder a lei que homologou sua implantação no país — Decreto n. 22.456, de 10 de fevereiro de 1933 — das expressões encomiásticas de animação e reconhecimento à eficiência de sua colaboração. A exposição de motivos do Ministro da Fazenda assim consignava: "É incontestável o serviço que as Capitalizações prestam à coletividade. Elas vão buscar na economia popular as pequenas contribuições individuais, que de nada serviam, para transformá-las em massas colossais de dinheiro, movimentando e fecundando as indústrias e o comércio, criando empresas novas, desenvolvendo o crédito e aumentando o bem-estar das populações". Assim considerou a lei as duas faces dessa forma de previdência, destacando em luminosa evidência a finalidade de seus serviços distintos.
>
> [...].

Decerto que ao revogar o referido Decreto n. 22.456, de 1933, o legislador brasileiro manteve esse mesmo espírito ao editar o Decreto-Lei n. 261, de 1967, ao dispor sobre as operações das Sociedades de Capitalização, dada a importância e o grau de desenvolvimento da Capitalização no país.

O Estado tem, sem dúvida, maior interesse em estimular todo ato do indivíduo, com o fim de resguardá-lo contra as incertezas do amanhã, e tal ato, expressão de previdência, por generalizar-se, vai fortalecer a potencialidade econômica e financeira do país.

É dessa forma que qualquer país passa a ser citado de mais elevado teor financeiro, detentor de vultosas reservas, pela sua multiplicidade, pela melhor distribuição de fortunas, o que mais eficientemente resulta no fortalecimento econômico do país, do que as fortunas imensas concentradas em poucas mãos.

Poderia o indivíduo imaginar que restrições em sua mesa ou diminuição de alimentos não seriam de influir sobre a economia nacional, porém, se melhor atentasse, chegaria a reconhecer que sua conduta egoística em propagando atitudes perdulárias acabaria por repercutir sobre a economia pública. Semelhante dedução não será extravagante ou inverossímil, desde que se compreenda que a ideia de economia pública, riqueza nacional, é uma concepção de conjunto das economias de cada indivíduo, das riquezas individuais englobadamente, do mesmo modo que se entende por consciência nacional o congraçamento das conspirações individuais que comungam em idêntico objetivo (CAMPISTA FILHO, 1949:48).

Assim sendo, é claro que o mal produzido na unidade torna-se suscetível de contaminar o conjunto. Compreende-se por isso a irradiação dos efeitos do hábito de economizar e, daí, a preocupação permanente dos governos em estimular a difusão do espírito de economia.

A Capitalização depara-se então com seu segmento pelo ato de economia que incita em benefício de cada indivíduo, como pelos múltiplos efeitos que a técnica lhe permite tirar da generalização desse hábito previdente, de utilidade social, proveitoso e saudável para a coletividade. Justifica-se, assim, o controle do Estado sobre as Sociedades que exploram a indústria de Capitalização, exercendo uma vigilância que anime em lugar da interferência que lhe entrave o desenvolvimento.

Nesse sentido, as Sociedades de Capitalização tornam-se detentoras de consideráveis massas de valores, de cuja aplicação em investimentos sólidos e hábeis resulta o florescimento de suas vantagens e utilidades. Afinal, o mundo no qual serão conduzidos os assuntos financeiros, daqui a vinte anos, estará oculto por trás de uma cortina que não deixar à passar nem uma réstia de luz. Não se pode saber nem se existirá um mundo, o dinheiro em moeda corrente, se existirá papel-moeda ou o que comprar com um real.

Todavia não é uma simples acumulação de economias a que a Sociedade se propõe, pois isso não passaria da ideia primária de uma poupança estéril, porém a uma acumulação destinada a gerar energias econômicas, fertilizadora de valores, criadora de riquezas e de estímulo ao trabalho.

Tais massas formam-se das contribuições dos Subscritores dos Contratos de Capitalização que, segundo a técnica da operação, fragmentam-se ao passar à gestão da Sociedade, destinando-se uma parte da contribuição para constituir a reserva matemática. Essa reserva, peculiar à natureza da Capitalização, não se confunde com outras comuns na indústria e no comércio.

Entende-se de ordinário que constituir reservas consiste em tirar dos lucros líquidos de uma sociedade certa importância a ser posta de lado em previsão de necessidades eventuais. Representa um reforço do crédito, condicionado, todavia, a auferimento de sobras industriais, fazendo assim parte do patrimônio da sociedade. São reservas de segurança, cuja constituição está subordinada a sobras, que têm por fim fazer frente a eventuais deficiências do futuro.

Nitidamente se distingue a reserva matemática, pois que independe do andamento industrial, isto é, não se forma de sobras, processabilidades contraídas e em correlação com seu respectivo vulto. Desempenha, portanto, a função específica de garantia em face de tais responsabilidades, de cobertura dos compromissos da Sociedade para com os Titulares ou portadores de seus Títulos, e por isso representa dívida da mesma, razão pela qual não faz parte do patrimônio social.

9.3.3.1. Constituição da Reserva Matemática

Consiste a reserva matemática de um Contrato de Capitalização, da parte da contribuição aplicada e capitalizada anualmente até a expiração do prazo contratual.

Compreende, assim, duas partes — uma constituída da parcela da importância paga pelo Subscritor do Contrato, e a outra, do produto de sua respectiva Capitalização.

A reserva matemática tem, pois, a alimentá-la duas correntes de valores, — uma externa provinda das contribuições dos Subscritores, e outra interna, consistindo nos resultados que a Sociedade recolhe do emprego reprodutivo desses valores. Resulta daí um movimento de crescimento na massa de semelhantes fundos, sobre a qual não recai propriedade definida.

Não seria proprietária a Sociedade de Capitalização que não passa de mera administradora dos capitais que arrecada, empregando-as obrigatoriamente para fazer frente aos compromissos contraídos para com os Titulares ou portadores de seus Títulos de Capitalização, e que, por isso, exprime um encargo ou uma dívida que se inscreve no seu passivo(203).

Se, porém, a massa representa a cobertura dos compromissos contraídos, converte-se em garantia do capital em constituição, isto é, do direito dos Subscritores, dos Titulares ou portadores de Títulos, e, portanto, a eles seria de atribuir-se essa propriedade. Não uma propriedade individual no caráter de conta de cada um, porém uma propriedade em bloco para a massa desses aderentes a Contrato de Capitalização.

---

(203) **Passivo**. Derivado do latim *passivus*, de *pati* (suportar), é geralmente empregado em oposição a ativo para mostrar a qualidade ou a condição de quem não exerce, mas *sofre* ou *suporta a ação*. **Passivo**. Na terminologia técnica das finanças e da contabilidade, exprime o vocábulo o conjunto de *encargos* a serem cumpridos ou *suportados* por uma pessoa, seja física ou jurídica, *encargos* esses apreciáveis ou representados em dinheiro. **Passivo**, pois, é indicativo da soma de dívidas de uma pessoa que pesam sobre seu *patrimônio* (ativo). E, assim, se entendem *dívidas ou obrigações exigíveis*, porque o que não for exigível não afeta o patrimônio (ativo) da pessoa e não corresponde à *parcela do passivo*. Essas dívidas podem constar de dívidas ou débitos pessoais, provenientes de créditos de outrem, como podem constar de obrigações a pagar, isto é, letras de câmbio, notas promissórias, duplicatas etc. Assim, a rigor, passivo é *tudo o que se tem a pagar ou a que se deve*; em oposição, ativo é *tudo o que se tem a receber* ou *se possui*. Na nomenclatura da contabilidade, por vezes, é tomado o vocábulo, em sentido mais amplo, para designar, ao lado do ativo, a soma dos saldos credores das diversas contas, a serem anotados nos balanços ou nos balancetes. Mas, aí, o passivo não se mostra, tecnicamente, uma realidade financeira, apenas um aspecto contábil, pois que nele se incluem contas de compensação e contas que não constituem obrigações, propriamente, tais como fundos de reserva, de amortização etc. Passivo, então, passa a significar o total de saldos credores e todas as contas inscritas nos livros comerciais, constituam ou não um encargo do comerciante ou da sociedade comercial ou civil. Neste particular, vem adotando a técnica da contabilidade a praxe de fazer distinguir os passivos, anotando-os em exigível e não exigível, pois somente os saldos credores exigíveis constituem propriamente o passivo em sua significação técnica (SILVA, 2010:1010). **Capital Líquido.** Designa a expressão o capital que se evidencia da diferença havida entre o ativo bruto e o passivo social, pela qual se verifica que o capital nominal está aumentado ou diminuído, segundo a diferença, é a maior ou menor que o mesmo capital. Chamam-no também de ativo líquido porque representa o patrimônio real da sociedade, pela exclusão da soma das responsabilidades passivas, mostrando, desse modo, o que restará, se solvidos os compromissos da sociedade ou do comerciante. O capital líquido também se chama capital real, visto que a diferença havida entre o ativo e o passivo mostra em verdade o capital da sociedade ou da firma com o lucro ou prejuízo efetivo, que se adiciona ou se deduz do capital nominal, para mostrar uma realidade econômica. Daí a designação que se lhe dá de fundo social, pois exibe a existência que se obterá no caso de serem encerradas todas as contas credoras exigíveis, constitutivas do passivo exigível (SILVA, 2010-251).

Nenhuma confusão ou dúvida se interpõe ante o que claramente explica um tratadista: "a empresa de Capitalização não tem uma conta de reserva matemática por contrato, porém uma conta global de reservas matemáticas aferentes ao total de seus compromissos; é por isso que as reservas matemáticas figuram no passivo dos balanços, e que no ativo[(204)] as aplicações devem atingir a mesma cifra", ensina CAMPISTA FILHO (1949:59).

---

(204) [...]. **Ativo**. Quer na linguagem estritamente jurídica, quer na linguagem tecnicamente comercial, é sempre representativo da existência de um *bem*, de um *valor* ou de um *crédito*, que pertence a determinada pessoa ou a certa entidade jurídica. Está sempre colocado em oposição ao passivo, que representa ou mostra a existência de *dívida* ou *obrigação*, ou um *ônus* qualquer, que pesa sob a responsabilidade da pessoa ou de entidade. Na linguagem técnico-comercial, o ativo é o *haver*, é o que tem, ou se possui, indicando todo acervo de bens de quaisquer espécies, que forma o conjunto patrimonial da pessoa. Assim, ativo indica o *patrimônio*, ou seja, a totalidade de bens ou haveres, pertencentes à pessoa, desde que avaliáveis ou apreciáveis em dinheiro. E, por este modo, se diz ativo, para significar toda espécie de valor com que a pessoa pode contar para satisfazer suas obrigações ou seus compromissos (passivo). Onde quer que existam bens ou haveres existe ativo. O *inventário*, por exemplo, possui o seu *ativo*, que se compõe do acervo de todos os bens representativos da herança, sejam propriamente ditos ou sejam direitos, desde que apreciáveis em valor monetário. A conta expressiva deste ativo justamente, é mostrada pelo laudo de avaliação, onde todos os bens estão sujeitos à determinação de seu preço ou valor. Esses valores, atribuídos a cada bem, consoante sua utilidade ou sua estimativa, formam, então, a coluna de *créditos* desse balanço inventarial. E o ativo está aí na sua função dominadora de representativo de créditos ou haveres, que serão objeto da partilha, após, pela liquidação do passivo, se verificar o *ativo líquido* do inventário, ou seja, os haveres que sobraram, a seguir do pagamento das dívidas do de *cujus* e pagamento das despesas do inventário. **Ativo**, na técnica comercial, o ativo se demonstra pela verificação de todos os valores, sejam contas a receber, como os referentes a direitos ou bens vinculados ao comerciante ou sociedade comercial, que se agrupam na coluna do haver. Representa, assim, a soma de todos os valores disponíveis ou utilizáveis. E esses valores ativos constituem, propriamente, o patrimônio total, integrado de todos os bens e direitos de propriedade da pessoa, apreciáveis em dinheiro. No ativo, assim, há a ponderar a situação do *ativo circulante*, que se entende composto por todos os bens e direitos em função ativa no negócio, quer dizer de valores que podem ter imediata *conversão* em dinheiro, e o *ativo estático*, também chamado de *ativo realizável*, representado pelos bens móveis ou imóveis, que, embora suscetíveis de uma conversão monetária, não se apresenta esta tão rápida e imediata, de modo a satisfazer às necessidades urgentes, que poderão surgir no negócio, como sucederá com os valores componentes do *ativo circulante*, constituído de elementos fundamentais das próprias operações em curso ou constitutivos das atividades mercantis ou industriais da pessoa. O conjunto de *contas ativas*, representativas do ativo, são designadas, na linguagem técnico-contábil, como títulos do ativo. E estes compreendem grupos subordinados a *títulos gerais*, encimando várias contas de títulos especializados. Nos *títulos do ativo* há contas pessoais de fácil mobilização, contas impessoais representativas de valores negociáveis, contas de movimento transitório, contas de regularização e contas de prejuízo. Todas essas contas agrupadas são atinentes à sua função e à própria utilização dos valores que encerram São assim classificadas: 1. Contas ou valores disponíveis, representando os saldos ou fundos disponíveis nos Bancos ou em Caixas, e subtitulados por: a) encaixe monetário. Dinheiro existente no estabelecimento. b) Encaixe bancário. Dinheiro à disposição nos bancos. II. Valores em circulação ou valores realizáveis, onde se agrupam todos os valores que estão em giro, em aplicações ou representados em títulos de crédito e compreendem: a) títulos a receber; b) títulos de crédito; c) valores em trânsito; d) mercadorias etc. III. Valores imobilizados ou bens patrimoniais, onde se acham registrados os imóveis e os diversos bens móveis, constituidores do ativo não negociável, assim discriminados: a) imóveis; b) móveis e utensílios; c) instalações. IV. Valores de compensação, compreendendo os diversos valores retidos em poder do estabelecimento por força contratual ou por outras contingências próprias ao negócio, subordinadas aos diversos títulos, em conformidade com a natureza da transação. [...]. Cf. SILVA (2010:157-158).

Assim, a Sociedade de Capitalização, ao encaixar as contribuições, segundo as indicações da técnica, deve convertê-las em aplicações constitutivas de reservas matemáticas e, dessa forma, em qualquer momento, durante o curso do Contrato, o valor realizável da aplicação cobre o valor atual do crédito do Subscritor, do Titular ou do portador de Título de Capitalização.

9.3.3.2. Da Importância e Constituição das Reservas Técnicas

São as reservas que a própria natureza pôs no destino de todas as coisas — reservas para que se possa existir e que, em previsão de futuras necessidades, permitam a existência de continuar. Criam-se no organismo humano, em obediência ao imperativo viver, e nas organizações do comércio e da indústria por força dos objetivos a que se propõem.

Na vida econômica, desde a pequena indústria, dos mais simples estabelecimento comerciais às grandes empresas, desenvolvem as reservas função importantíssima. Representam acumulação de força a que recorre o industrial ou comerciante para acudir aos imprevistos de sua atividade, além de significar um elemento de confiança e estímulo à marcha dos negócios.

Se as reservas respondem por eventualidades diversas, elas serão tanto mais variáveis, segundo o grau de complexidade das organizações. Assim, os recursos de que se constituem devem se aplicar em Títulos de sólida garantia e de produtividade, que lhes assegurem a execução de seus objetivos, tanto em trazer equilíbrio às flutuações de valores do ativo como prover eventuais financiamentos.

Não é bastante, ensina CAMPISTA FILHO (1949:47), para formar reservas, separar simplesmente uns tantos recursos, a fim de atender a exigências eventuais, pois, nesse caso, seria retirar valores da circulação, prejudicial, portanto, ao indivíduo e à sociedade. Somente a aplicação do trabalho a esses recursos — que consiste no seu emprego hábil e em inversões inteligentes — poderá satisfazer às necessidades sociais e trazer vantagens ao industrial ou comerciante. Por isso as reservas têm de obedecer a certas condições que o tino comercial ou empresarial, a visão dos negócios e a habilidade profissional são capazes de compreender, distinguir e, dessas condições, tirar os melhores proveitos. Proporcionam-se, pois, à importância da empresa e ao gênero do negócio, consoante a previsão das atividades criadoras, sendo assim exigidas por lei e impostas pela prática comercial, segundo os usos e costumes.

As empresas que exercitam serviços de ordem pública e de influência envolvente na economia do País, incidem na obrigação de constituir reservas, chamadas **reservas técnicas**, indicando-lhes a lei os Títulos de que se devem formar. Outras encontram semelhante obrigação nos estatutos e contratos sociais, segundo a categoria de sua influência na vida econômica. Os Títulos que os regulamentos administrativos consideram mais bem adequados aos objetivos das reservas técnicas são as apólices da dívida pública, federais, estaduais ou municipais, e as obrigações do Tesouro Nacional, pela solidez que lhes imprime a garantia do Estado.

Duas condições são, portanto, imprescindíveis à estabilidade nos seus valores. Nenhum escapa, porém, às oscilações de valores; nas suas quedas em bolsa repercutem as crises econômicas, e as flutuações registram as tendências dos mercados, não fugindo a essa contingência as obrigações afiançadas pelo Estado.

Esse fenômeno contingente à vista econômica tornou-se regra inevitável, cuja exceção veio aparecer com o Título de Capitalização, que, por ser isento de riscos, tem valor sujeito a gradativo aumento, certo no tempo, como ritmo inerente à natureza da operação.

Desta sorte, a aplicação de reservas em Títulos de Capitalização, partindo de uma assegurada estabilidade de valor, é dotada, todavia, de movimento ascendente, quer se verifiquem em Títulos saldados, cujo valor de resgate cresce no tempo, quer em outros, de crescimento determinado por força das contribuições anuais ou mensais.

Por isso as reservas aplicadas em Títulos de Capitalização, de preferência a quaisquer outras, atendem aos objetivos da previdência de industriais e comerciantes. Sabem eles que os maquinismos de suas fábricas, de material e instrumentos de suas oficinas sofrerão o desgaste do tempo e, inevitavelmente, deverão ser, no futuro, substituídos e melhorados, no interesse do prosseguimento e progresso dos negócios (CAMPISTA FILHO, 1949:48).

É possível, entretanto, quando isso acontecer, que seja-lhes difícil acudir às respectivas despesas sem afetar o ritmo de suas atividades e, que por deficiência de disponibilidades, sintam-se obrigados ao recurso do crédito.

É de se argumentar que, se houvessem feito depósitos bancários, aí eles encontrassem a reserva para tanto indispensável. Sem dúvida, os depósitos existentes na ocasião a isso atenderiam satisfatoriamente. Mas acontece que a fácil disponibilidade desses recursos não lhes assegura permanência ou existência no futuro, e o que de essencial está na finalidade das reservas é constituir recursos com os quais acudir exigências que, por eventuais, são futuras.

Por isso, ressalta CAMPISTA FILHO, (1949:49), o sentido das reservas é de prender no presente para libertar no futuro. Ora, o desgaste de maquinismos é obra do tempo e, paralelamente a esse, seguiria a Capitalização, também obra do tempo, para trazer-lhe remédio adequado.

A formação de reserva em Títulos de Capitalização melhor atende à comodidade do homem de negócios, previdente e cauteloso, que faz incluir a importância das contribuições nas despesas de seu estabelecimento, perfeitamente comportável nos respectivos orçamentos. Estes Títulos têm um valor de crescimento certo, oferecendo unicamente uma particularidade de aleatório, e esta exclusivamente favorável aos portadores — que consiste na amortização antecipada do capital, mediante sorteios mensais.

À medida que o tempo opera seu trabalho, aliado à perseverança do aderente do Contrato de Capitalização, o Título adquire valor de resgate, que significa os recursos das reservas matemáticas em elaboração do capital contraído. Já então, aos portadores de Títulos permitem-se adiantamentos concernentes a tais valores, sob a forma de empréstimos; e deles lançarão mão de comerciantes e industriais quando onerados de encargos imprevistos, sem necessidade de recorrer a empréstimos bancários, pois emprestam a si próprios, usando a faculdade proveniente da situação e força de suas reservas, sem afetar o prosseguimento da operação, até seu termo definitivo (CAMPISTA FILHO, 1949:50).

É de se ressaltar, portanto, por oferecer valor acessível, ausência de burocracia, dispensa de comprovação de renda, inaugurar relacionamento com instituição bancária, viabilizar juntar dinheiro, programar a compra de um bem ou serviço ou concorrer a sorteios; entre outras facilidades — características peculiares do segmento de Capitalização —, os Títulos de Capitalização também atraem expressivo número de consumidores de pequeno poder aquisitivo — a chamada emergente classe C —, que, hoje, final de 2011, representa um universo de mais de 30 milhões de brasileiros.

Esse movimento teve impacto bastante positivo nos resultados apresentados pelo segmento de Capitalização em 2011. O faturamento global do mercado atingiu R$ 12,8 bilhões entre janeiro e novembro (último dado disponível[205]), um avanço de 19,3% em relação a igual período de 2010[206].

(205) O segmento de Capitalização encerrará 2011 com um crescimento de 15%, quando comparado a 2010, ao atingir faturamento de R$ 13,5 bilhões. Também retornará à sociedade brasileira R$ 11 bilhões, dos quais R$ 700 milhões em forma de sorteio, já que foram realizadas 300 mil premiações. Essa é a expectativa.

(206) Este é um seguimento que tem crescido muito, em decorrência da melhoria de renda dos brasileiros, especialmente entre os consumidores das classes C e D. Além do aspecto da poupança do produto Capitalização, também a característica lúdica dos sorteios tem atraído diversos novos consumidores. A Capitalização é um instrumento que, utilizado individualmente ou em associação com outros mecanismos de mercado, possibilita o desenvolvimento de soluções para diferentes tipos de demandas da sociedade e é acessível aos mais diversos públicos. Os Títulos podem ser adquiridos à vista (Pagamento Único) ou a prazo (Pagamento Mensal). Parte de cada valor pago destina-se aos sorteios e parte destina-se à constituição de um capital para resgate, dentro de prazos predeterminados. Os percentuais destinados ao sorteio e ao resgate variam de Plano para Plano, em função de seus objetivos. É assim que determinados Planos dão mais ênfase ao sorteio, enquanto outros, sem abrir mão da premiação, buscam a constituição de uma maior reserva. O mercado de Capitalização arrecadou R$ 11,780 bilhões em 2010, representando crescimento de 16,6% diante da receita de 2009, que foi de R$ 10,104 bilhões. Olhando um pouco mais para trás, se compararmos à performance de 2005, o avanço foi ainda mais expressivo: 70,48%. Também o patrimônio líquido acompanhou a mesma expansão, chegando a R$ 6,182 bilhões em 2010, 5,22% acima do acumula-

Nessa linha, frise-se, há crescente interesse do segmento empresarial pelos Títulos de Capitalização por conta da utilização das imobiliárias como substituto da tradicional fiança locatícia[207] e por vários outros segmentos de mercado como instrumento promocional e de fidelização, quando, por exemplo — modalidade denominada de Incentivo — empresas adquirem séries fechadas de Títulos de Capitalização, vinculam à venda de produtos ou serviços e repassam aos seus clientes[208] o direito de concorrer a sorteios de prêmios em dinheiro.

Dessa forma, o aspecto lúdico das premiações é um grande atrativo do produto, sendo também o que o diferencia dos produtos financeiros tradicionais. Quem compra um Título de Capitalização quer acumular reservas de maneira programada e concorrer a prêmios. Não é um investidor tradicional. Quem deseja fazer movimentações financeiras no curto prazo ou obter rentabilidade deve buscar outro tipo de instrumento. Ambiente no segmento de Capitalização particularmente favorável[209]. Todavia há que se ter ênfase — como nesta obra aqui, modestamente, já iniciado — no programa estruturado de educação financeira.

---

do em 2009, que foi de R$ 5,875 bilhões. O volume que retornou à sociedade brasileira, em forma de resgates e sorteios, representou 70% da receita do segmento, totalizando R$ 8,1 bilhões. Cf. Informe Mercado Segurador Brasileiro em Anual Balanço Social de 2010 da CNSeg, p. 291.

(207) O Título de Capitalização pode substituir a tradicional fiança locatícia (fiança de aluguel), ou seja, pode funcionar como garantia locatícia de forma simples e desburocratizada. O cliente pode contratar para ter o Título de Capitalização como fiador e, neste caso, não tem nenhuma perda financeira. Ademais, durante a vigência, os locatários concorrem a sorteios e, no final, resgatam 100% do valor pago, com correção monetária, o que não ocorre com outros tipos de garantias. Além disso, é um produto que tem o respaldo de uma Sociedade de Capitalização. Essa utilização do Título de Capitalização, como fiador ou fiança locatícia, simplifica o processo de locação. É uma alternativa segura de garantia para quem precisa do alugar um imóvel de maneira rápida ou para quem não tem como comprovar renda. O pagamento pelo Título pode variar, na média do mercado de Capitalização, de R$ 2 mil a R$ 30 mil por Título. De mais a mais, todo mês há sorteios de mais de 23 vezes o valor do Pagamento Único. A medida vale por toda vigência do produto, que pode ser de 15 ou 30 meses.

(208) Uma das categorias que mais crescem no segmento de Capitalização — *Modalidade Incentivo* **(quando o Título de Capitalização está vinculado a um evento promocional de caráter comercial instituído pelo subscritor)** é o produto para empresas que compram séries para distribuir números da sorte para os clientes. Segundo a FenaCap, as vendas para empresas representam 15% do total arrecadado e, também em abril de 2012, o mercado tem R$ 20,3 bilhões em reserva.

(209) *[...]. Além do desempenho expressivo nas receitas, estamos muito próximos de alcançar a marca dos R$ 20 bilhões em Reservas. [...]*, segundo a FenaCap, referindo-se ao total de recursos aplicados em Títulos de Capitalização no País. O fato evidencia a importância do setor como agente formador de poupança interna, destacando que, atualmente, mais de 40 milhões de brasileiros guardam dinheiro destinando suas economias para produtos de Capitalização, muitas vezes a porta de entrada dos consumidores no mercado financeiro. [...]. *[...]. Para um país que tem pela frente o desafio de continuar a crescer de maneira sustentável, recompor a renda da população ainda desassistida e gerar empregos, esse resultado nos deixa bastante otimistas [...]*, assinala a FenaCap, entidade esta que reúne as Empresas de Capitalização do País. Há que dar continuidade aos esforços desenvolvidos até aqui e estimular uma comunicação mais transparente, fazendo com que as empresas tenham atuação cada vez mais orientada para as necessidades dos consumidores e contribuam para o aumento da poupança interna. *[...]. Uma das prioridades da gestão será a criação de um programa estruturado de educação financeira. [...]*, conclui a FenaCap. Classe impulsiona mercado de Capitalização. *Revista Cobertura*, Rio de Janeiro, p. 5, 8 mar. 2012.

Mais do que uma forma de educação financeira ou investimento com sorteio, o Título de Capitalização faz parte da cultura popular, sendo um instrumento confiável tanto no sentido de introdução à formação de poupança quanto no de agregar valor a diversos tipos de negócios.

Sem dúvida, é de concluir-se que reserva alguma se constitui com maior garantia e solidez do que aquela empregada em Títulos de Capitalização pelas vantagens iniludíveis que oferece, desde sua acessibilidade — ao lado disso, permite incluir e estender o uso de *produtos*, *serviços* e *informação* por todas as parcelas presentes em uma determinada *população* — até ao efetivar de sua função econômica e financeira.

Daí, a aceitação que se vai generalizando nos meios industriais e comerciais, de tal modo franca e compreensiva, que hoje aparece como uma providência imprescindível.

No entanto importa observar que há ainda 19 milhões de novos consumidores que poderão vir para o mercado de Capitalização. De particular, esses potenciais clientes preferem a agilidade e a conveniência. Estão dispostos a pagar até mais por produtos justos e mais adequados às suas necessidades.

Salienta-se, então, as entidades que dominam a microssegmentação e experimentação avançada terão poder sem precedentes porque conhecerão as preferências dos consumidores.

Contudo, por um lado, as responsabilidades também aumentam como a privacidade dos dados, discriminação de algum segmento, ética etc. Por outro lado, as Sociedades de Capitalização devem abolir ou, pelo menos, reduzir radicalmente o uso do papel, diminuir custos, medir constantemente a satisfação da clientela interna da Sociedade ou externa a ela, por meio de Pesquisa de Satisfação e de Clima Organizacional, e apresentar produtos de baixo tíquete para que possam atingir novos segmentos da coletividade.

As Sociedades devem ficar atentas, pois o consumidor é quem deve escolher o canal de comunicação. Todavia, a olhos vistos, ele está mais interconectado e, cada dia mais, exigente de interação, buscando dicas em redes sociais, pesquisando sites, trocando opiniões com amigos.

Nessa vereda, a Sociedade de Capitalização deve apresentar novos produtos com grandes implicações operacionais, com eficiência e baixo custo; maior integração na cadeia produtiva (cliente, corretor, prestadores de serviços e a própria Sociedade de Capitalização) com o objetivo de proporcionar uma gestão sólida, comercial e técnica, com a coordenação de pessoas aliadas à padronização de processos.

Aliás, por exemplo, devem fornecer produtos mais sofisticados, que combinam Seguro de Vida e Capitalização. Na verdade, neste ponto, o próprio governo deveria conceder incentivos fiscais para a disseminação dessa proteção, bem maior.

Capitalização é um tema ainda que atrapalha, no bom sentido, a cabeça do consumidor, que, por vezes, confunde esta aplicação com investimento tradicional. Assim, um dos primeiros desafios passa pela disseminação cultural deste segmento, para que as pessoas compreendam o seu cunho de acumulação com ou sem sorteios. Portanto, na Capitalização, investimento significa economia programada com sorteio.

Além disso, esse segmento há de conquistar mais clientes, crescer com qualidade, como vem acontecendo, e aperfeiçoar a linguagem, flexibilizando as soluções.

Na fidelização, as Sociedades de Capitalização devem prestar atenção ao cliente que reclama, porque é esse que deseja continuar com a empresa.

Dessa forma, a identificação do cliente é fundamental para a sua conquista, e para tanto é preciso colher informações e, a partir de um único ponto, enxergar o todo do cliente.

Neste imenso banco de dados, há um volume de informações preciosas e gigantescas e é aqui que as Sociedades de Capitalização devem começar a segmentação. Esse ponto é o que fará toda a diferença no momento de oferecer novos produtos aos consumidores. Será, portanto, preciso conhecê-lo por inteiro e cada vez melhor para saber o que e, principalmente, como ofertar.

Nessa vereda, podemos dizer que modelos de experiências internacionais de segmentação que dissecam, por exemplo, a tão cultuada nova Classe C apontam o seguinte: 75% das pessoas não têm conta em banco; 72% não têm cartão de crédito; 16% querem viajar; 19% têm algum tipo de plano de saúde privado e respondem por 40% de todas as geladeiras vendidas no país.

Em outras palavras, significa dizer que dentro dessa faixa social há muitos dados ainda encobertos.

9.3.4. DA UTILIDADE DAS RESERVAS MATEMÁTICAS E DO TÍTULO DE CAPITALIZAÇÃO

A aplicação, ou melhor, a utilização das reservas matemáticas pode ser empregada pelas Sociedades de Capitalização em vários segmentos ou fomentações. Aliás, a natural evolução da ciência atuarial pela experiência quotidiana vem permitindo modificações interessantíssimas nos Contratos de Capitalização e variada utilização do Título de Capitalização, tudo a indicar a vitalidade da Capitalização, a evoluir triunfalmente[210] no País. Como, por exemplo, modificam-se os valores,

(210) Basta observar que neste momento, início de 2012, em que o cenário econômico no Brasil é nebuloso, o brasileiro resolveu poupar. E o indicador que sinaliza o aumento da preocupação com o

estabelecem tabelas de conversões, facultam-se empréstimos em condições vantajosas, concedem-se participação nos lucros da Sociedade em melhor proporção.

Aliás, a segmentação dos Contratos de Capitalização, dispostas nas várias modalidades específicas de seus respectivos Títulos de Capitalização, podem representar uma nova fase neste mercado[(211)]. Algumas até já foram outrora

---

futuro é a expansão da venda de produtos de Capitalização, aqueles Títulos em geral baratinhos, que permitem ao titular resgatar o valor investido em prêmios ou em dinheiro depois de um determinado prazo. Entre janeiro e abril de 2012, o segmento de Capitalização movimentou R$ 5 bilhões em vendas, o que representou um aumento de 22,4% em relação a igual período do ano de 2012, segundo a FenaCap. É o maior crescimento registrado nessa época do ano desde 2007, em que o setor taxas médias de expansão de 10% a 15%. O maior canal de vendas dos produtos de Capitalização são as empresas ligadas a bancos. Fonte: Brasil Econômico | Denise Carvalho.

(211) Há regulamentação neste sentido, que está facilitando o relacionamento entre clientes e empresas vendedoras do produto. O processo se torna mais transparente para todos. Os Títulos de Capitalização, como alhures apontados, são divididos em quatro tipos: os **tradicionais (clássicos)**, os **populares**, as **compras programadas** e os **títulos chamados de incentivo (empresariais)**. *Os tradicionais ou clássicos* são aqueles encontrados nos bancos e têm como objetivo principal o acúmulo de capital pelo cliente. Há também o sorteio de prêmios, mas esta não é finalidade primeira, já que 100% do capital pago é devolvido ao cliente corrigido. O sorteio é o principal atrativo em outro tipo de Título, chamado de *popular*. O principal exemplo é a TeleSena, que pertence ao Grupo Sílvio Santos. O cliente só recebe 50% do que investiu. É quase uma loteria. Existe também a *compra programada*, em que o cliente paga um certo valor durante um prazo para que, ao final deste tempo, tenha recursos suficientes para comprar um determinado produto. Neste caso também há sorteios, mas o valor do prêmio é necessariamente equivalente ao do bem vinculado ao título. O quarto tipo é o *Incentivo (empresarial)*. Este é mais um atrativo para que uma empresa consiga vender a outra um terceiro produto. Por exemplo, um empresário contrata um Seguro de Vida para seus funcionários, e a seguradora compra um Título de Capitalização por um custo muito baixo, e o resgate do Título e de um eventual prêmio é feito pela empresa cliente. E um novo tipo de Título de Capitalização está surgindo no mercado. Um cliente que quiser fazer um cartão de crédito, p. ex., e não puder comprovar renda ou tiver restrições cadastrais, pode comprar um Título para garantir a operadora em caso de inadimplência. Essa modalidade está crescendo fortemente no mercado. Contudo prevalecem os Títulos de Capitalização *tradicionais (clássicos)*, já que o cliente resgata 100% do que pagou corrigido ao final do Plano. Mas este é, sem dúvida, um mercado em potencial, e tendo, portanto, uma categoria própria. O banco Ibi, ligado à rede de varejo C&A, e também a Sul América Seguros são empresas que já vinham oferecendo a seus clientes produtos nesta linha. O cliente do Ibi pode fazer um cartão de crédito de acordo com o valor do Título de Capitalização que comprar. Para ter um limite de crédito de R$ 200,00, p. ex., o cliente deve possuir um Título no valor de R$ 250,00. Já a Sul América oferece uma garantia para os proprietários que querem alugar seus imóveis. É ter um Título no valor de três meses de aluguel, resgatado pelo proprietário em caso de inadimplência. Com a segmentação, fica mais fácil para o cliente entender o produto de Capitalização, e a qualidade da venda pelas empresas também melhoram. Na verdade, as Empresas de Capitalização já vêm fazendo um esforço para que as informações em relação ao produto cheguem mais claras para os clientes. As Sociedades de Capitalização têm feito treinamentos para atingir esse objetivo. Contudo essas empresas podem ser multadas pela SUSEP se o cliente for mal informado. Toda essa preocupação parece ter dado certo. É o que mostram os números do setor. Como, por exemplo, em outubro de 2007, as Sociedades de Capitalização bateram a barreira do R$ 10 bilhões em reservas administradas, chegando a R$

muito bem usadas, como alhures dissemos. Por isso, podem essas ser retomadas em sua plenitude de aplicações, assim como outras, como a seguir elencamos. Senão vejamos.

9.3.4.1. Em Títulos da Dívida Pública

A primeira das aplicações da reserva matemática de que cogita a lei é em Títulos da dívida pública, apresentando-se aí a primeira das utilidades da Capitalização em favor do Estado, pois a Sociedade de Capitalização torna-se uma continuada tomadora de seus Títulos, absorvendo, por isso, parte da dívida federal, estadual ou municipal.

Semelhante inversão realiza engenhoso processo de obter o Estado que para seus cofres refluam os recursos dispersos na coletividade, acionando, assim, o movimento indispensável à circulação de capitais.

9.3.4.2. Em Títulos de Renda, Obrigações de Garantia Pública e Ações da Bolsa de Valores

Outra aplicação indicada é em Títulos de renda, obrigação de garantia pública, ações de empresas industriais, na qual se registra a colaboração da Capitalização no financiamento de importantes realizações.

Retendo a companhia de Capitalização grande quantidade de Títulos, é de presumir-se que possam ocorrer flutuações em seus valores, sobretudo nos períodos de crises da Bolsa. Entretanto nenhuma desvalorização se acentua pela compensação que automaticamente se opera na grande massa de diversas espé-

---

10,3 bilhões. O valor é 14,5% maior do que o registrado em outubro de 2004. Em relação ao faturamento, o setor somava, até o mês de outubro, R$ 5,6 bilhões, cifra 4,8% maior do que a do mesmo período em 2004, por exemplo. Já em 2009, as reservas ultrapassaram a marca de R$ 11,5 bilhões. Além das vendas novas, em que também cresceram as Sociedades de Capitalização, conseguiram fidelizar os clientes que já possuíam, o índice de resgate dos Títulos vem caindo". As vendas de novos Títulos tiveram um crescimento entre 6% e 8% durante o ano de 2008. As expectativas são de crescimento, contudo fornecedores e os intermediadores têm de conhecer bem o produto. Devem ter em mente que a Capitalização é um produto único, não há nada parecido no mercado. As Sociedades de Capitalização vivem um bom momento. Podemos dizer que todas as empresas do setor têm registrado lucro. Como o ganho das empresas não se dá diretamente pelas vendas, mas pelo *spread* financeiro. Este *spread* é a diferença entre o índice de correção pago pelas empresas aos seus clientes no momento do resgate, e a rentabilidade das aplicações feitas pelas empresas com estes recursos. Paga-se ao cliente uma correção de Taxa Referencial (TR) mais 0,5% ao mês, o que dá um total de cerca de 0,7% ao mês. Mas se consegue alocar este dinheiro em aplicações que rendem mais do que isso. É daí que vem o lucro das empresas.

cies em continuado aumento, por serem tais Títulos geralmente subestimados nos balanços, onde não aparecem as valorizações. A alta de uns neutraliza os efeitos da baixa de outra, e a compensação se procede naturalmente como autosseguro (CAMPISTA FILHO, 1949:63).

Vê-se, pois, mediante a articulação do trabalho de suas reservas, a Capitalização efetua avultados negócios, assim fomentando e desenvolvendo o crédito, que é fundamental na construção de uma economia sadia.

Assim, organizar o crédito significa utilizar a força de propulsão do progresso e estimular a iniciativa privada, as atividades produtivas, pois o crédito provoca a formação de capitais mais abundantes.

9.3.4.3. Em Crédito Hipotecário ou Empréstimos Hipotecários

Sobretudo, o crédito especializado, tal como o hipotecário, cuja difusão entre nós representa o fator primordial do espantoso desenvolvimento de edificações, tanto no Rio de Janeiro como nas principais cidades do Brasil, notadamente na época áurea do início do seu desenvolvimento, inclusive em projetos habitacionais, tais como, no Rio de Janeiro, são exemplos os bairros do Jardim Sulacap e da Vila Kosmos; o Edifício Kosmos, na Rua do Carmo, o Edifício Sulacap, na esquina das ruas da Quitanda e Alfândega. Como se vê, grande parte das reservas técnicas das Sociedades de Capitalização foram aplicadas nas atividades de construção civil.

Por sua vez, as inversões em empréstimos hipotecários devem ser indicadas pela lei e pela técnica, por sua integral garantia, consentânea com a natureza da operação capitalizadora a se desenvolver em longo prazo.

As hipotecas constituem das mais seguras inversões para os fundos das reservas, pela indubitável solidez que oferecem, como pela remuneração do capital, e pelos proveitosos resultados em favor da coletividade.

O crédito hipotecário, ainda que mais generalizado, não apresenta a malignidade da divulgação ou facilidades do crédito pessoal que durante as crises de inflação monetária assumem amplitudes fictícias; pois se todo crédito se origina da garantia que o caracteriza, o hipotecário assenta-se em garantia real, enquanto o pessoal repousa em garantias artificiais de índole inflacionista. Tanto assim que, no combate à inflação, aos primeiros ataques, o crédito consideravelmente se retrai.

O mesmo, entretanto, não acontece com o crédito hipotecário, pois, se o valor do imóvel aumenta na medida do enfraquecimento do poder aquisitivo da moeda, a garantia em que se funda permanece em absoluta integridade.

Com efeito, a Capitalização a longo prazo em construção imobiliária já é, por si só, uma atividade de risco latente considerável. Enquanto, porém, a captação líquida é positiva (depósitos superiores a saque) e a inadimplência dos mutuários mantida a níveis razoáveis, o sistema consegue proporcionar crescimento e reproduzir as bases do seu equilíbrio.

Portanto os investimentos hipotecários são, assim, vigoroso esteio na estrutura da garantia que a Sociedade pode oferecer aos aderentes da Capitalização. Daí, a necessidade de cuidarem os governos, mediante as leis de controle do Estado, de prescrevê-los como emprego indicado para as reservas matemáticas.

Em contiguidade da natureza do investimento, a lei cogita da aplicação das reservas em imóveis, que nos balanços da Sociedade assinalam auspiciosamente o ativo imobilizado. A experiência tem confirmado o acerto do emprego em imóveis, pois semelhante investimento reúne condições que lhe são imprescindíveis — solidez e produtividade.

Verifica-se que, se o imóvel vier a ser afetado pelo desgaste do tempo, de certa desvalorização, essa será vantajosamente compensada pela valorização natural, produto, também, do tempo — daí a solidez. Quanto à produtividade, provém ela de fonte abundante e segura, como seja a exploração dos edifícios em arrendamentos, na grande maioria, comerciais.

Acontece que, lembra CAMPISTA FILHO (1949:66), os imóveis figuram nos balanços pelo preço de sua aquisição, e como a valorização é um fenômeno natural e certo — segundo o exemplo da atualidade —, essa diferença entre o valor da aquisição e o atual não aparece no ativo. Embora não aparente esse aumento de valor, nem por isso deixa de atuar no ritmo dos trabalhos das reservas matemáticas que, apoiadas nos dois elementos — solidez e produtividade —, desempenham satisfatoriamente seus importantes encargos, atingindo plenamente os objetivos colimados.

Neste particular de investimentos das reservas matemáticas, a Capitalização pode realizar no Brasil obra portentosa de inestimável valor. Elevando edifícios, muitos de construção majestosa, nas capitais dos Estados, e nas principais cidades brasileiras, a Capitalização pode enriquecer-lhes a urbanização e a par da estética arquitetônica pode irradiar utilidade imediata, oferecendo alojamentos condignos aos estabelecimentos comerciais e comodidades às populações do interior e litoral do país.

Graças ao imenso trabalho das reservas matemáticas, alimentado por produção de qualidade, resultante de um agenciamento tenaz e escrupuloso, a obra da Capitalização chegou ao Brasil a portentosa e esplêndida realidade de vez que, após longos anos de existência, nos é assegurada a supremacia em todo o mundo.

É o mais eloquente atestado de que a Capitalização não desmereceu das expressões de confiança que a creditaram, ao implantar-se no Brasil, correspondendo vantajosamente aos que lhes vaticinaram influência auspiciosa sobre o progresso econômico e fomento de riquezas no país.

9.3.4.4. Em Distribuição de Lucros

Outras aplicações possibilitam taxas que ultrapassam as previstas tecnicamente, resultando daí um excedente. Só mediante o excedente de juros em relação à taxa teórica, pode ser destinada a formação de lucros aos Titulares ou portadores de Títulos de Capitalização, pois a teórica incorpora-se à reserva, em função de seu fortalecimento e crescimento.

A Sociedade de Capitalização que administra a massa de valores pode empenhar-se em lhes dar emprego de maior produtividade, da qual pode tirar recursos destinados à distribuição de lucros dos Subscritores de Títulos de Capitalização, pondo, assim, em prova, a orientação segura, competência e probidade de sua administração. Com a possibilidade de distribuição de lucros a seus aderentes, pode culminar a função educadora da Capitalização.

Como se pode notar, alguns defendem que a mistura de poupança e loteria pode muito bem deixar de ser o principal atrativo na comercialização de Títulos de Capitalização. O produto, que durante muito tempo teve sua imagem associada aos polêmicos sorteios pela TV e pela Loteria Federal, pode começar a ganhar muito mais mercado apostando nessas outras modalidades. Outros entendem que um dos produtos mais rentáveis para o setor financeiro combina conceitos de aplicação financeira e loteria[212].

---

(212) Com faturamento de R$ 14,1 bilhões no ano passado, 19,6% superior ao de 2010, os Títulos de Capitalização conquistam as classes emergentes por seu valor acessível, ausência de burocracia e dispensa de comprovação de renda. Impulsionado pelo maior poder de compra dos brasileiros e pela expansão da Classe C, o setor tem crescido a taxas de cerca de 20% ao ano. Segundo o presidente da Federação Nacional de Capitalização (Fenacap), Marco Antonio Barros, a expectativa é de que esse mercado dobre de tamanho em quatro anos. "*As reservas totais dos Títulos já estão próximas de R$ 20 bilhões. Em 2011, foram pagos R$ 10,6 bilhões em resgates e R$ 747,7 milhões em premiações.*" A Capitalização é um produto que reúne dois importantes atributos. Não é investimento clássico, mas reúne características de poupança e planejamento temporal, com objetivos de curto e médio prazos. "*Também não é loteria, mas reúne conceitos deste jogo, com seus aspecto lúdico, e isso é o que dá um charme particular à Capitalização*", define Barros. Para os titulares, a Capitalização pode servir para fazer uma economia, programar a compra de um produto e também como porta de entrada ao sistema financeiro, concorrendo, ao mesmo tempo, a prêmios em bens ou dinheiro. Os Títulos de Capitalização são regulamentados pela SUSEP e há quatro modalidades: tradicional, compra programada, popular e incentivo. Cada modalidade tem características próprias, mas, no geral, a Capitalização consiste em pagar um valor mensal por determinado período, ou de uma só vez, e fazer sorteios semanais e/ou

Todavia não se deve deixar de observar que em virtude dos investimentos em bens e valores, nos quais a Capitalização emprega os fundos de suas reservas matemáticas, formam-se várias fontes que determiram e alimentam os lucros da empresa. Assim, da melhor e mais hábil aplicação de tais fundos dependem os lucros, dos quais uma parte destina-se à distribuição entre os Titulares ou portadores de Títulos de Capitalização, de acordo com o estipulado em cláusula contratual.

A distribuição deverá subordinar-se a certas condições, dentre as quais, o fator tempo, isto é, exige a permanência e o prosseguimento das contribuições; e, desse modo, estimula a perseverança, que significa defesa contra a caducidade, representando um prêmio para o hábito de economia.

Contudo, a fim de que a operação de capitalizar se desenvolva e se efetive, segundo indica a técnica, é necessário o emprego dos valores das reservas matemáticas a uma determinada Taxa de Juros que constitui a taxa teórica, juros esses anualmente acrescidos às mesmas reservas.

9.3.4.5. Em Adiantamento Pessoal

Adiantamento pessoal é uma dentre as aplicações que a Sociedade de Capitalização pode dar aos fundos da reserva matemática, a destinar-se a seus aderentes. Constitui um adiantamento que se permite aos Titulares ou portadores de Títulos de Capitalização, de certa quantia comportável e limitada ao valor de resgate. Retirada da massa da reserva matemática para passar às mãos daqueles, essa quantia não deve sofrer diminuição em sua função de produtividade, daí sobre ela computarem-se juros a cargo do Subscritor do Título.

Essa operação apresenta características que a assemelham a um empréstimo, foi como tal considerada, cedendo essa denominação lugar para adiantamento, por seu verdadeiro e essencial objetivo. O empréstimo pressupõe a obrigação de restituir a quantia mutuada, determinando exigibilidade, de parte daquele que a

---

mensais. No final do prazo contratado, o titular recebe a quantia paga corrigida pela TR, descontadas despesas administrativas. Nos últimos anos, vêm sendo descobertas outras utilidades para esses Títulos. O bom desempenho do setor também se deve ao crescente interesse de empresas imobiliárias pelo produto, como substituto da tradicional fiança de aluguel, e por redes varejistas, seguradoras e companhias de outros setores, como forma de promoção e fidelização dos clientes. Nesse caso, a modalidade é a de incentivo, pela qual os clientes recebem os Títulos como bônus e concorrem a sorteios de prêmios em dinheiro. As empresas compram séries fechadas de Títulos e os vinculam à venda de produtos ou serviços e repassam aos clientes o direito de concorrer aos sorteios. Cf. *Valor Financeiro*. Seguros, Previdência e Capitalização. Ano 11, n. 14, p. 82, maio de 2012.

forneceu, existindo aí credor; enquanto no adiantamento seu reembolso está no interesse e critério daquele que o recebeu, por isso é voluntário, não tendo a empresa, portanto, a qualidade de credora.

O aderente do Contrato de Capitalização, logo que seu Título adquire valor de resgate, isto é, valor atual do Contrato em curso, fica com direito a um adiantamento sobre o dito valor; e a Sociedade de Capitalização fornece-lhe esse adiantamento do capital futuro contraído, utilizando-se dos respectivos fundos de sua reserva.

Deste modo pode se operar uma das aplicações da reserva matemática, com seus próprios Titulares ou portadores de Títulos, aos qual a Capitalização enseja encontrar suprimentos com que atender a eventuais necessidades. A operação oferece, assim, uma interessante modalidade do crédito inerente à condição do Titular ou portador de Título de Capitalização, dele prevalecendo-se mediante seus próprios recursos.

A experiência já demonstrou o acerto dessa aplicação, permanecendo o Contrato de Capitalização em pleno vigor, mantidas suas respectivas prerrogativas, em virtude das contribuições mediante as quais o Subscritor desobriga-se como parte contratual.

9.3.4.6. Em Aquisição de Bens

Como alhures vimos, as reservas matemáticas podem estar voltadas para a aquisição de bens de consumo duráveis ou mercadorias, como casas, carros, geladeiras ou computadores etc. Além, é claro, o consumidor pode optar pela poupança programada com direito a sorteios semanais.

Nesse sentido, ressalta-se que o Título de Capitalização pode ser usado, pela sua cartularidade, para a aquisição de eletrodoméstico, eletrônicos e computadores. Ao fim de 12 meses, o cliente recebe em casa o produto escolhido, sem abrir mão, se for o caso, de concorrer ainda aos sorteios mensais.

Aliás, vale relembrar que, desde o início do Plano Real, as Sociedades de Capitalização têm substituído a comercialização de Títulos de Capitalização com Pagamento Único (PU) para os parcelados com pagamentos mensais direcionados à compra de bens. No período, a quantidade de Títulos pagos em cota única (semelhantes a bilhetes de loteria) caiu de 79% ao passo que os novos Títulos para venda de bens cresceram 153%.

O mercado de Capitalização está mudando. As empresas estão voltando o foco para o setor informal da economia que não tem acesso a linhas de crédito e o público de menor poder aquisitivo(213) que não tem renda para adquirir bens duráveis à vista, explica CUNHA MELLO (2002:06).

Nesse sentido até o próprio governo passou a fornecer uma opção de financiamento habitacional. A Caixa Econômica Federal parou pelo menos momentaneamente de operar com as modalidades de crédito imobiliário para a classe média, como o Consórcio e o Poupanção, e está lançando um Titulo de Capitalização para compra de casa própria com prestações entre R$ 50 e R$ 1 mil e prazos para pagamento de 36 a 120 meses.

Ademais, a Capitalização vem sendo utilizada como garantia de aluguel, além de compra de casa, moto, eletroeletrônico, carro zero quilômetro com a parceria

---

(213) "*A Capitalização tem tudo para todos os segmentos, mas é o público das Classes C e D que se identifica mais com o produto*", diz Barros, da FenaCap. Para ele os Títulos permitem, de maneira muito simples fazer com que as pessoas absorvam conceitos de reserva financeira para complementação de renda e para projetos que mantenham a qualidade de vida conquista recentemente. Barros calcula que há 54 milhões de pessoas ávidas por consumir produtos financeiros e iniciar sua bancarização. "*Essa faixa da população movimenta R$ 100 bilhões por mês em consumo, o que dá R$ 1,2 trilhão ao ano*", afirma. Depois dos gastos com produtos, essas pessoas começam a consumir serviços. "*O Título de Capitalização é também instrumento importante para as novas gerações que entram no mercado de trabalho, para aprender a poupar e a se relacionar com o sistema financeiro.*" Muitas empresas descobriam outro objetivo para os Títulos. Por meio deles, podem fazer investimentos socioambientais sem gastar dinheiro nenhum e ainda concorrer a prêmios. Elas compram Títulos específicos, que destinam parte do faturamento a organizações que defendem o meio ambiente e causas sociais e, no final, como acontece com qualquer outro tipo de Capitalização, recebem o dinheiro de volta, corrigido, com menos custo de administração. E podem declarar em seus relatórios anuais que contribuíram com causas nobres. Desde pequenas empresas até multinacionais estão adquirindo produtos vinculados a essas causas. "*Elas não estão preocupadas com a rentabilidade, mas em contribuir com a sociedade*", diz Norton Glabes Labes, Presidente da Bradesco Capitalização, que lançou, oito anos atrás, uma linha de Títulos vinculados à SOS Mata Atlântica, Instituto Ayrton Senna; O Câncer de Mama no Alvo da Moda, Amazonas Sustentável e Projeto Tamar, que pesquisa e protege o ciclo de vida das tartarugas marinhas. Os Títulos Pé Quente Bradesco Empresa Sociambiental preveem pagamento único de R$ 50 mil, têm 12 meses de vigência e distribuem, nesse período, seis prêmios de R$ 1 milhão cada um, sorteados com base na loteria Federal. Outra inovação da Bradesco Capitalização foi a venda de seus Títulos pela internet, iniciada há seis anos. Em 2011, a venda on-line cresceu 128%, ante 23% nas agências do Bradesco. Em março de 2012 elas aumentaram 84% em relação a março de 2011 e o faturamento no ano passado chegou a R$ 275 milhões. Em 2012, até 30 de março, atingiu R$ 91,5 milhões. "*Estávamos preocupados, porque os clientes estão indo cada vez menos às agências. Agora, eles estão comprando pela internet. Nos últimos anos, esse tipo de venda tem dado saltos*", diz Labes. Criada em 1984, a Bradesco Capitalização faturou R$ 3,47 bilhões em 2011 e, no primeiro trimestre de 2012, R$ 795,5 milhões, 22,5% acima do registrado no mesmo período do ano passado. Pagou R$ 2,65 bilhões em prêmios, sorteios e resgates dos Títulos em 2011 e R$ 708,7 milhões no primeiro trimestre deste ano. Só em prêmios brutos, foram R$ 55,3 milhões em 2011 e mais R$ 17,6 milhões para 402 Títulos sorteados de janeiro a março de 2012. A empresa encerrou o primeiro trimestre de 2012 com uma carteira de 20,6 milhões de Títulos ativos, dos quais 7,5 milhões são Títulos tradicionais e 13,1 milhões são Títulos de Cessão de Direito de Sorteio. Suas Provisões Técnicas, isto é, tudo que foi captado até o final de 2011, atingiram R$ 4,57 bilhões — 22,8% acima do registrado em 2010. As Reservas são uma exigência da SUSEF, como garantia de que as Sociedades de Capitalização vão entregar os valores que se comprometeram a pagar. Cf. *Valor Financeiro*. Seguros, Previdência e Capitalização. Ano 11, n. 14, p. 83, maio de 2012.

das construtoras, montadoras, das indústrias e fábricas desses produtos. Mais uma forma de ajudar a aumentar a participação das Sociedades de Capitalização no mercado em que atuam.

Uma das razões para a poupança programada ter caído no gosto da população foi o fato de os Títulos de Capitalização apostarem em uma das coisas que o brasileiro mais gosta de fazer, que é testar a sorte e concorrer a prêmios[214]. Melhor ainda se puder conciliar a aplicação com uma poupança de longo prazo.

---

(214) "*O brasileiro gosta do lúdico, do sorteio. Sabe que a Capitalização não tem uma rentabilidade muito boa, mas ele gosta desse aspecto*", diz Alfredo Lalia, diretor da HSBC Seguros. A HSBC Empresa de Capitalização tem registrado taxas de crescimento superiores à média do mercado. Em 2011, arrecadou R$ 583 milhões, 40% acima do obtido em 2010. Seu objetivo é trabalhar basicamente com o produto tradicional, em que o cliente faz pagamentos mensais por 60 meses e concorre em sorteios. "*Nos últimos três anos, nosso foco tem sido esse e também a educação financeira. Mostramos que a pessoa pode reservar parte de sua renda para um projeto de vida de médio prazo, como comemorar com a mulher, daqui algum tempo, 25 anos de casado*", diz Lalia. O HSBC continua a tradição dos Títulos de Capitalização do Bamerindus, adquirido pelo banco inglês em 1997. Para o Grupo Cardif, do BNP Paribas, que inclui a Seguradora Cardif, a Capitalização é um dos produtos mais rentáveis. A Cardif Capitalização obteve faturamento de R$ 35,6 milhões em 2011 e espera dobrar este valor em 2012. No ano passado, o lucro operacional (antes dos impostos) chegou a R$ 3,8 milhões, valor que corresponde a cerca de 5% do lucro total obtido pelas empresas Cardif e que também deve duplicar neste ano. A empresa trabalha apenas com a modalidade incentivo, mas pretende começar a operar com Títulos populares no segundo semestre deste ano, os quais têm pagamento único, com sorteios ao longo do período de contrato. Os Planos de incentivo são vendidos a 35 parceiros do Grupo Cardif, entre os quais varejistas, bancos de montadoras e empresas de cartões. Busca também parceiros externos e já firmou compromisso com duas seguradoras, cujo nome não divulga. "*É um benefício atrelado ao seguro, que custa centavos para a empresa, mas que faz diferença ao estimular a adesão aos seguros, diminuir a inadimplência e fidelizar o cliente*", diz Mauricio Guazelli, diretor da Cardif Capitalização, que distribuiu em prêmios e sorteios R$ 8,6 milhões a 753 clientes segurados. "*É um incentivo que os parceiros pagam e volta para seus clientes em forma de prêmios*", explica. Criada em 1995, a partir da parceria do Banco do Brasil (BB) com as empresas Icatu Hartford, SulAmérica e Aliança da Bahia, a BrasilCap distribui seus Títulos OuroCap nas agências do BB. Com uma base de 3,9 milhões de Títulos ativos e 1,9 milhão de clientes, seu faturamento cresceu 20% em 2011, atingindo R$ 3,3 bilhões. Neste ano, até março, a receita foi de R$ 860 milhões, 23,4% superior ao obtido em igual período do ano passado. Seu lucro líquido aumentou 50% em 2011. O valor doa ativos totais somou R$ 5,7 bilhões, uma expansão de 21% em relação a 2010. Em 2011, a BrasilCap distribuiu R$ 108,8 milhões a quase 25 mil clientes. No primeiro trimestre de 2012, seu lucro foi superior a 48 milhões, 25,1% maior do que o do primeiro trimestre de 2011, enquanto as Provisões Técnicas ficaram acima de R$ 5,1 milhões, com aumento 21,1% em relação aos três primeiros meses de 2011. No primeiro trimestre deste ano, a BrasilCap distribuiu R$ 25 milhões em prêmios. Só na última semana de março foram dois prêmios de R$ 5 milhões, entregues a cliente de São Paulo e a outro do Espírito Santo, além de dois de R$ 1,15 milhão, para clientes de Tocantis e do Distrito Federal, e outro de R$ 1,5 milhões para um cliente do Ceará. O Itaú Unibanco, por sua vez, decidiu ouvir os clientes para aperfeiçoar seu produto e modificou, no ano passado, as regras de seus Títulos de Capitalização. O Plano Itaú de Capitalização passou a ter vigência menor, ma gente sorteada e valores mais altos de premiação. Passou também a ser disponível para pessoas jurídicas. Com parcelas mensais de R$ 60, corridas anualmente pelo IGP-M e duração de 48 meses, o cliente concorre a cinco prêmios anuais de R$ 100 mil cada um e a 135 prêmios mensais de R$ 3 mil cada um. Com receita acima de R$ 1 bilhão no ano passado, 25,% maior do que em 2010, a meta da SulaCap, da SulAmérica, é crescer pelo menos 20% em 2012, sua taxa média de expansão nos últimos anos. Fundada em 1929, foi a primeira Sociedade de Capitalização do País. Comercializa Títulos tradicionais e de incentivo. A modalidade de incentivo aumentou 87% no ano passado, enquanto a tradicional, utilizada como garantia de aluguel, teve expansão de 38%. A Santander Cap, do Santander, que não divulga seu faturamento, pagou R% 30 milhões em premiações a clientes em 2011. Trabalha com três modalidades de Títulos: tradicional, popular e de incentivo. Também opera com Títulos vinculados ao turismo sustentável e à ONG Doutores da Alegria, que atende crianças hospitalizadas. Cf. *Valor Financeiro*. Seguros, Previdência e Capitalização. Ano 11, n. 14, p. 84, Maio de 2012.

Neste ponto, entendemos que as operações de distribuição gratuita de prêmios, ainda que iniciadas por prazo indeterminado, mas que tenham se encerrado em prazo inferior a 12 meses, injustificadamente, devem ser consideradas promoções comerciais nos termos da Lei n. 5.768, de 1971, e, quando realizadas sem autorização prévia, acarretam as sanções previstas no art. 12 da Lei n. 5.768, de 1971.

Igualmente, em relação à regulamentação dos Títulos de Capitalização em quatro modalidades distintas, uma delas destinada especificamente à Modalidade Empresarial, vislumbramos a inexistência de conflito entre as disposições do Decreto-Lei n. 261, de 1967, e sua regulamentação, e a Lei n. 5.768, de 1971, pelo contrário, se contratual e opcionalmente escolhidas pelo fornecedor ou pelo consumidor, em benefício do Subscritor, Titular, cessionário ou beneficiário, são complementares.

Aliás, é de se ver que em nenhum ponto essa lei altera ou extingue as normas próprias daquele diploma legal de 1967, pois essas são especiais em face daquela, entendida como norma geral. Um dos critérios clássicos de superação das antinomias jurídicas (aparentes, como lembra NORBERTO BOBBIO, pois solúveis) é a da especialidade, mediante a qual a norma especial não é revogada pela norma geral, ficando essa como supletiva, assegurando-se àquela a precedência. Portanto, o Decreto n. 261, de 1967, — ademais, hierarquicamente superior, pois possuidor de *status* de Lei Complementar —, não foi modificado pela Lei n. 5.768, de 1971, com *status* de Lei Ordinária, perante a hierarquia das leis, inferior, permanecendo aquele a regular, por habitar o âmbito consumerista, os Contratos de Capitalização, seus efeitos econômicos, sociais e jurídicos; os institutos da operação de Capitalização, inclusive as operações de distribuição gratuita de prêmios; e esta (Lei n. 5.768) os contratos comuns civis e mercantis em geral. Por isso, dizer-se que tais normativos podem ser complementares, por óbvio, no que couber, quando favorável ao consumidor.

Nessa esteira, há facultatividade do pagamento dos sorteios ser feito em moeda, em dinheiro ou em bens, em mercadorias, bem como a forma do sorteio ser permitida pela própria empresa, desde que acompanhada por auditor independente, ou por meio da loteria federal. Aliás, pode ser prevista a cessão gratuita do direito de participação nos sorteios e, ainda, do direito de resgate.

Entretanto, como alhures dito, o prazo prescricional para recebimento do sorteio deve seguir as regras do Código Civil brasileiro preceituadas no art. 206, § 3º, inc. VIII, em benefício do Subscritor, Titular, cessionário ou beneficiário com a reversão, quando for o caso, ditada pela vocação hereditária.

Salienta-se, uma vez mais, as Sociedades de Capitalização devem sofrer fiscalização pelo Estado, por meio da SUSEP, inclusive, recebendo essa por tal labor uma taxa fiscalizatória estipulada nos termos da Lei n. 7.944, de 1989.

Contudo assegura CUNHA MELLO (2002:08), por outro lado, que essa premiação é um atrativo que, na verdade, prejudica a rentabilidade do Título. O Título de Capitalização atende à lógica segundo a qual quanto maior forem as despesas operacionais com os custos dos sorteios, menor será o volume economizado ou investido para a provisão matemática. Essa provisão matemática é exatamente o saldo ao qual o aderente terá direito no resgate, e sobre esse saldo é que há Capitalização.

Portanto, quanto maior o desconto para despesas operacionais ou administrativas e o lucro da Sociedade de Capitalização, menor será a provisão matemática do aderente, e consequentemente a sua Capitalização e o seu resgate. Sendo assim, vale mais a pena o consumidor escolher Planos com menos sorteios, que com certeza oferecem uma maior Capitalização.

É de se anotar, por seu lado, que na Capitalização o aderente não tem sócio ou associado, como ocorre no sistema de consórcio; por exemplo, o bom resultado do negócio só depende do aderente.

Ademais, a Capitalização é um produto mais popular porque requer baixa economia individual, mas programada e com sorteio. No consórcio, não. O aderente é obrigado a pagar taxas de adesão, de administração e seguro que oneram em 20% a prestação.

Outro maior atrativo dos Títulos, como já apontado, sem dúvida, é a possibilidade de financiamento para quem não tem como comprovar renda, uma vez que não é exigido fiador, pagamento de taxas de adesão ou formação de fundo de reserva.

Para tanto existe uma demanda e um contingente de pessoas que têm dinheiro, mas enfrentam burocracia muito grande para ter acesso a crédito.

Se houver atraso na prestação, o cliente não paga multa ou juros, mas também não concorre aos prêmios no período em que estiver inadimplente. As pesquisas de mercado comprovam o imenso potencial de consumo para as vendas programadas.

9.3.5. MODALIDADES DE TÍTULOS

A propósito do engendramento humano, como vimos alhures, a concorrência há de tornar mais engenhosa, diversificada e segmentada a utilização do Título de Capitalização e assim surgirão cada vez mais modalidades favoráveis ao público.

De maneira que, dadas as diferentes características e necessidades da sociedade brasileira, o mercado de Capitalização doméstico oferece vários tipos de produtos para aumentar a eficiência de sua comercialização por meio dos diversos canais de distribuição, seguindo as categorias a seguir mencionadas, em que são elencadas formas alternativas de utilização do Título de Capitalização.

Assim, dentre outras formas estereotipadas de pactuação no Contrato de Capitalização — que ainda poderão ser criadas ou remodeladas —, as Sociedades de Capitalização negociam atualmente quatro tipos de modalidades a saber:

9.3.5.1. Modalidade Tradicional (Clássica)

Define-se como Modalidade Tradicional(215) quando o Título de Capitalização tem por objetivo restituir ao Titular, ao final do prazo de vigência, no mínimo, o valor total dos pagamentos efetuados pelo Subscritor, desde que todos os pagamentos previstos tenham sido realizados nas datas programadas.

Frise-se, a Modalidade Tradicional é o Plano de Capitalização que tem por objetivo restituir ao consumidor, ao final do prazo de vigência, o valor total dos pagamentos efetuados pelo Subscritor, desde que todos os pagamentos previstos tenham sido realizados nas datas programadas.

Portanto considera-se Modalidade Tradicional quando o Título de Capitalização tem por objetivo restituir ao Titular, ao final do prazo de vigência, no mínimo, o valor total dos pagamentos efetuados pelo Subscritor, desde que todos os pagamentos previstos tenham sido realizados nas datas programadas, sendo vedada qualquer vinculação da Provisão Matemática para Resgate à aquisição de bem ou serviço.

Assim, percebe-se que a Modalidade Tradicional valoriza o valor final a ser resgatado pelo Titular, uma vez que sua definição parte justamente de que esse valor, ao final da vigência, seja, pelo menos, igual ao valor que foi pago pelo Subscritor. Entretanto, para efeito dessa comparação, no valor ao final da vigência não devem ser computadas a atualização monetária da Provisão Matemática para Resgate nem tampouco a provisão de bônus.

É importante lembrar que a Tabela de Resgate apresenta o valor a ser resgatado, ao final de cada mês de vigência, como um percentual dos valores já pagos pelo Subscritor e justamente sem considerar a incidência de atualização monetá-

---

(215) Resumo das Características Principais da Modalidade Tradicional: Saldo da PMR ao final da vigência, No mínimo, 100% do valor pago pelo Subscritor (sem considerar atualização monetária e bônus), Utilização do saldo da PMR, Proibida qualquer vinculação à aquisição, de bem ou serviço; possível como instrumento de garantia, Provisão de bônus Permitida, Ficha de cadastro Obrigatória, em momento anterior à aquisição do Título, Tipos de título PU, PP ou PM, Custo com sorteio, No máximo, 15% dos valores pagos pelo Subscritor, Taxa de juros, No mínimo, igual a 90% da taxa de juros da poupança, Índice de atualização da PMR, Sem restrição, com exceção da "Submodalidade" em que é vedada a TR (FUNENSEG, 2012:84).

ria. Dessa forma, para os casos em que o Título não prevê bônus, afirmar que o Título ao final da vigência irá restituir valor igual ou superior ao montante pago pelo Subscritor é o mesmo que afirmar que a última linha da tabela de resgate (referente ao último mês de vigência) deve apresentar percentual igual ou superior a 100%. Esse Título será considerado, portanto, pertencente à Modalidade Tradicional se não vincular a Provisão Matemática para Resgate à aquisição de bem ou serviço.

Observe-se que a obrigação de que tais Títulos restituam, no mínimo, o valor que foi pago, somente existe para o final da vigência, isto é, para resgates antecipados (resgates que ocorrem antes do final da vigência) não é obrigatório que o Titular receba o valor que foi pago até aquele momento. Justamente por esta razão, a legislação, para maior clareza ao consumidor, exige que a Ficha de Cadastro contenha, em destaque, a mensagem abaixo:

"Este Título poderá restituir valor inferior ao total dos pagamentos efetuados, caso o resgate seja realizado antes do término do prazo de vigência. A contratação desse Título é apropriada, principalmente, na hipótese de o Subscritor planejar realizar todos os pagamentos e permanecer até o final da vigência."

É de se frisar que a Ficha de Cadastro, quando existente, deve ser preenchida em momento anterior ao da aquisição do Título, deve conter em destaque, sempre, informação de que a contratação implica automática adesão às condições contratuais do Título de Capitalização; e informação de que o Subscritor tomou ciência das Condições Gerais do Título de Capitalização. Nessa oportunidade, ao Subscritor deve ser entregue, mediante contrarrecibo, uma cópia da Ficha de Cadastro.

Vale relembrar que a denominada **Ficha de Cadastro** na Capitalização possui uma função semelhante à da Proposta de Subscrição[216] no mercado de seguros. A Proposta de Subscrição é bastante utilizada no mercado de seguros, salvo no caso de contratação de seguro via bilhete. É por meio dela que o segurado ou o seu representante, ou ainda o corretor, informa as características do bem a ser segurado, permitindo que a seguradora faça uma melhor avaliação dos riscos para os quais oferecerá a cobertura do seguro, ajustando melhor o prêmio a ser cobrado do segurado, podendo até mesmo recusar, desde que motivadamente, a aceitação do seguro.

Por outro lado, na Capitalização, a situação é um pouco diferente em relação ao mercado de seguros. Não há risco a ser transferido para a Sociedade de Capita-

(216) As Sociedades de Capitalização deverão informar, nas Condições Gerais e na Proposta de Subscrição, os percentuais que representam as cotas de sorteio e de carregamento, ficando a SUSEP autorizada a dispensar a exigência da emissão de Proposta de Subscrição, quando se tratar de captação de poupança popular.

lização, nem mesmo o de inadimplência, já que o valor a ser resgatado pelo Titular será constituído a partir dos seus próprios pagamentos. Quanto aos sorteios, o inadimplemento acarreta a Suspensão do Título, isto é, afasta o direito de participar dos sorteios; logo, também não acarreta, pelo menos diretamente, prejuízo à Sociedade. Deve-se observar que, se aquele Título Suspenso viesse a ser sorteado, o prêmio, em regra, pertenceria à própria Sociedade de Capitalização.

Salienta-se que na Modalidade Tradicional o preenchimento de Ficha de Cadastro[217] é obrigatório, devendo ocorrer em momento anterior à aquisição do Título. Ainda sobre a Provisão Matemática para Resgate, é importante lembrar que ela não pode estar vinculada à aquisição de um bem ou serviço, mas poderá ser utilizada como instrumento de garantia, isto é, a PMR pode ser utilizada, por exemplo, como garantia do pagamento de aluguel.

Por outro lado, o Título da Modalidade Tradicional poderá ser estruturado na forma de pagamento único (PU), pagamentos periódicos (PP) ou de pagamentos mensais (PM). Por haver uma valorização maior do valor de resgate em detrimento dos sorteios, a legislação cria um limite para o custeio dos sorteios, determinando que o custo com sorteios poderá corresponder, no máximo, a 15% do total dos

---

(217) A **Ficha de Cadastro** é obrigatória na Modalidade Tradicional e Compra Programada, sendo facultativa nas modalidades Popular e Incentivo. Ainda que não seja obrigatória, a Ficha de Cadastro pode ser um instrumento auxiliar tanto na operacionalização da venda do Título quanto na administração do Título. A Ficha de Cadastro, quando existente, deverá ser preenchida em momento anterior ao da aquisição do Título, devendo conter alguns requisitos previstos na legislação em vigor. Além da informação de que a contratação implica automática adesão às condições contratuais do título; e a informação de que o Subscritor tomou ciência das Condições Gerais do Título de Capitalização. Destaque-se, ainda, que ao Subscritor deverá ser entregue, mediante contrarrecibo, uma cópia da Ficha de Cadastro. Uma vantagem de se ter a Ficha de Cadastro é a de o Subscritor poder informar quem são os Titulares. Exemplo: o pai que compra um Título para seus dois filhos. Ele é o Subscritor (assumindo a obrigação de pagar) e os filhos serão os Titulares (possuem os direitos de resgate e de sorteio). A Ficha de Cadastro poderá conter essa informação (com o nome dos filhos), definindo, também, qual será a parte de cada filho (50% para cada um, por exemplo). No entanto, nada impede que essa declaração seja feita à Sociedade de Capitalização num documento apartado. Assim, a **Ficha de Cadastro** pode conter os dados do Subscritor e do Titular, bem como outras informações como, por exemplo, a autorização para débito em conta-corrente dos pagamentos do Título, se for o caso. A Ficha de Cadastro na Capitalização possui uma função semelhante à da proposta de subscrição no mercado de seguros. A proposta de subscrição é bastante utilizada no mercado de seguros, salvo no caso de contratação de seguro via bilhete. É por meio dela que o segurado ou o seu representante, ou ainda o corretor, informa as características do bem a ser segurado, permitindo que a seguradora faça uma melhor avaliação dos riscos para os quais oferecerá a cobertura do seguro, ajustando melhor o prêmio a ser cobrado do segurado, podendo até mesmo recusar, desde que motivadamente, a aceitação do seguro. Na Capitalização, a situação é um pouco diferente em relação ao mercado de seguros. Não há risco a ser transferido para a Sociedade de Capitalização, nem mesmo o de inadimplência, já que o valor a ser resgatado pelo Titular será constituído a partir dos seus próprios pagamentos. Quanto aos sorteios, o inadimplemento acarreta a suspensão do Título, isto é, afasta o direito de participar dos sorteios; logo, também não acarreta, pelo menos diretamente, prejuízo à sociedade. Deve-se observar que, se aquele Título suspenso viesse a ser sorteado, o prêmio, em regra, pertenceria à própria Sociedade (FUNENSEG, 2012:27).

pagamentos (FUNENSEG, 2012:83). Aliás, num Título PU, equivaleria dizer que a cota de sorteio máxima admissível é de 15%. Nos Títulos PP e PM, essa característica determina que a cota média de sorteio ao longo dos meses de pagamento não pode superar 15%.

A legislação prevê, ainda, uma espécie de Submodalidade dentro da Modalidade Tradicional. Essa Submodalidade, sem nome específico, é caracterizada por permitir a estruturação de Títulos com a possibilidade de pagamentos com livre escolha por parte do Subscritor quanto à quantidade, ao valor e à data de realização desses pagamentos.

Dessa maneira, o Subscritor, a qualquer momento durante a vigência do Título, poderia realizar um pagamento cujo valor também seria livre. Ao permitir "aportes livres", a legislação acabou por criar um produto que guarda certa semelhança com os fundos de investimento. No entanto essa "Submodalidade" possui diversos requisitos:

- os Títulos não serão estruturados em série;
- é vedada a previsão de sorteios;
- os pagamentos deverão ser efetuados dentro do prazo de vigência do Título;
- não há Tabela de Resgate;
- o capital mínimo do Título será definido com base no valor do primeiro pagamento efetuado, como se este fosse o único, considerando-se, também, o prazo de vigência do Título; e
- é vedada a utilização da Taxa de Remuneração Básica aplicada às cadernetas de poupança (TR) como índice de atualização monetária da Provisão Matemática para Resgate.

9.3.5.2. Modalidade Compra Programada

Compreende-se como Modalidade Compra Programada quando o Título de Capitalização em que a Sociedade de Capitalização garante ao Titular, ou melhor, se obriga a disponibilizar ao Titular adimplente ao final da vigência ou em um prazo determinado o recebimento do valor de resgate em moeda corrente nacional, sendo disponibilizada ao Titular a faculdade de optar se este assim desejar e sem qualquer outro custo, pelo recebimento do bem ou serviço referenciado na ficha de proposta de subscrição (cadastro), subsidiado por acordos comerciais celebrados com indústrias, atacadistas ou empresas comerciais.

Deste modo, Modalidade Compra Programada é o Plano de Capitalização pelo qual a Sociedade de Capitalização se obriga a disponibilizar ao consumidor, ao final da vigência, o bem ou o serviço referenciado na Ficha de Cadastro, a partir de acordos comerciais celebrados com indústrias, atacadistas e empresas comerciais, sendo garantida ao consumidor a faculdade de optar pelo recebimento do valor de resgate em moeda corrente nacional.

Em suma, a Modalidade Compra Programada é aquela em que a Sociedade de Capitalização garante ao Titular, ao final da vigência, o recebimento do valor total dos pagamentos efetuados pelo Subscritor, desde que todos os pagamentos tenham sido realizados nas datas programadas.

Para efeito do cálculo do valor final que é garantido ao Titular, como na Modalidade Tradicional, também não se deve considerar a atualização monetária e eventual parcela de bônus. Assim, permanece a observação de que na última linha da Tabela de Resgate o percentual deve ser de, no mínimo, 100%, significando que o Título, ao final da vigência, garante ao Titular o recebimento integral do valor pago pelo Subscritor, desde que todos os pagamentos tenham sido realizados nas datas programadas, sem considerar, ainda, a atualização monetária. Assim, exige-se que a Ficha de Cadastro contenha, em destaque, a seguinte mensagem: *"Este Título poderá restituir valor inferior ao total dos pagamentos efetuados, caso o resgate seja realizado antes do término do prazo de vigência."*

Há, também nessa Modalidade, a regra de que o custo com sorteios poderá corresponder, no máximo, a 15% do total dos pagamentos. A diferença para a Modalidade Tradicional é que nela é proibida a vinculação do saldo da PMR a um bem ou serviço; já na Modalidade Compra Programada, essa vinculação é obrigatória. Entretanto o Titular não é obrigado a escolher o bem ou serviço que foi inicialmente pactuado, podendo optar pelo recebimento em dinheiro do valor de resgate ou, sem qualquer custo adicional, pelo bem ou serviço acordado.

Se pensarmos num Título em que o prazo de vigência é muito amplo, é fundamental que a atualização monetária da Provisão Matemática para Resgate (PMR) expresse os aumentos de preço que o bem ou serviço apresente ao longo dos meses, evitando uma diferença expressiva entre o saldo da PMR e o preço do bem. Este fato poderia onerar muito a Sociedade de Capitalização, eventualmente comprometendo a sua solvência, uma vez que ela tem a obrigação de garantir a entrega do bem, se for esta a escolha do Titular.

A legislação determina que a atualização monetária da PMR seja feita, em regra, por índice de preços e em conformidade com a legislação em vigor. Em princípio, não poderá ser utilizada a TR como índice de atualização. Excepcionalmente, a utilização de outro índice (entre eles a TR) poderá ser previamente aprovada pela SUSEP, caso a Sociedade de Capitalização comprove a existência de contrato firmado com fornecedores, garantindo que a atualização dos preços dos bens ou serviços ocorrerá pelo índice a ser utilizado no Plano.

As condições relativas ao bem ou serviço referenciado deverão ser informadas ao Subscritor, em material apartado das CONDGs, não sendo necessário o envio desse material para a SUSEP. Com a existência de um bem ou serviço, é inevitável a comparação entre a Modalidade Compra Programada e o sistema de consórcio; no entanto eles são muito diferentes. Como exemplo, devemos lembrar que, na Capitalização, o prêmio de sorteio não precisa guardar qualquer relação com o valor de resgate, isto é, o Título poderá ser sorteado, continuar em vigor, sendo que o prêmio de sorteio poderá representar ou não o bem que se pretende adquirir. Mesmo que o prêmio represente o bem, caso continue em vigor, o Título continuará participando de sorteios e terá direito, ainda, ao saldo da PMR no momento do resgate.

É possível também que o Título, uma vez sorteado, seja cancelado (liquidação antecipada por sorteio), não sendo devido mais qualquer pagamento pelo Subscritor. Isso não ocorre com um consumidor contemplado num sorteio de um consórcio, que deve continuar normalmente a realizar os pagamentos. Além disso, as Sociedades de Capitalização são fiscalizadas pela SUSEP, enquanto as de consórcio são fiscalizadas pelo Banco Central.

Exatamente por haver a obrigação de a Sociedade permitir ao Titular a faculdade de optar por um bem ou serviço, a legislação estabelece que somente poderá haver liquidação antecipada por sorteio se esse representar uma forma de o Titular adquirir o bem ou serviço referenciado na Ficha de Cadastro, sendo que, neste caso, o resgate deverá corresponder a 100% do saldo da PMR (não pode haver penalidade). Não faria sentido cancelar o Título sem que o Titular conseguisse alcançar o objetivo fixado quando da sua aquisição. Como a Sociedade de Capitalização precisa firmar acordos comerciais para garantir o bem ou o referenciado na Ficha de Cadastro, há um aumento de suas despesas administrativas. Dessa forma, na Modalidade Compra Programada[218], permite-se a aplicação de penalidade diferenciada para o caso de resgate antecipado, objetivando manter o equilíbrio dessas despesas.

As Sociedades poderão reter, desde que previsto nas CONDGs do Título, percentual de, no máximo, 10% do saldo da PMR nos casos em que o Titular so-

(218) Resumo das Características Principais da Modalidade Compra Programada: Saldo da PMR ao final da vigência, No mínimo, 100% do valor pago pelo Subscritor (sem considerar atualização monetária e bônus), Utilização do saldo da PMR, Vinculada à aquisição de bem ou serviço, mas sendo dada ao titular a opção pelo recebimento em dinheiro do saldo da PMR, Penalidade em caso de resgate antecipado, No máximo, 10%, mas para qualquer momento do resgate antecipado, Provisão de bônus Permitida, Ficha de cadastro Obrigatória, em momento anterior à compra do Título, Tipos de Título PP ou PM (não pode ser PU), Custo com sorteio, No máximo, 15% dos valores pagos pelo Subscritor, Liquidação antecipada por sorteio, Possível desde que possibilite ao Titular a aquisição de bem ou serviço acordado, Taxa de juros, No mínimo, igual a 90% da taxa de juros da poupança Índice de atualização da PMR, Em regra, por índice de preço. Excepcionalmente, pode ser aprovado outro índice (TR, por exemplo) (FUNENSEG, 2012:87).

licitar o resgate antes do fim do prazo de vigência do Título. Em relação à regra geral aplicada às demais Modalidades, essa penalidade se torna mais grave, uma vez que o percentual de 10% poderá ser aplicado até o dia que anteceder o fim da vigência.

É de se observar que o Título somente poderá ser estruturado na forma de pagamento periódico (PP) ou pagamento mensal (PM). Assim, não é possível a estruturação na forma PU. Apenas esta modalidade possui essa limitação.

9.3.5.3. Modalidade Popular

Define-se como Modalidade Popular o Título de Capitalização que tem por objetivo propiciar a participação do Titular em sorteios, sem que haja devolução integral dos valores pagos.

De maneira que Modalidade Popular é o Plano de Capitalização que permite a participação do consumidor em sorteios, sem que haja devolução integral dos valores pagos ao final da vigência.

Normalmente, esta Modalidade Popular é a utilizada quando há cessão de resgate a alguma instituição.

Em outras palavras, tem-se a Modalidade Popular quando o Título de Capitalização propicia a participação do Titular em sorteios, sem que haja devolução integral dos valores pagos.

É clara nessa Modalidade a importância dos sorteios, permitindo-se inclusive que o Título não devolva, no final da vigência, ao Titular tudo o que foi pago pelo Subscritor. As CONDGs e a Ficha de Cadastro, quando prevista (nessa Modalidade a ficha é facultativa), deverão conter, em destaque, a seguinte mensagem: *"Este Título restituirá, ao final de sua vigência, valor inferior ao total dos pagamentos efetuados. A contratação desse Título é apropriada principalmente na hipótese de o Subscritor estar interessado em participar dos sorteios. Consulte a Tabela de Resgate para observar a evolução do percentual de resgate, de acordo com os meses de vigência do Título."*

Recordamos que a taxa de juros mínima aqui também é inferior à taxa mínima de juros aplicável às Modalidades Tradicional e Compra Programada. Neste caso, a taxa de juros mensal utilizada para remuneração do Título deverá corresponder a, no mínimo, 20% da taxa de juros aplicada às cadernetas de poupança. Mas nos Títulos de pagamento único e com 12 meses de vigência, o resgate antecipado da provisão matemática deverá corresponder a, no mínimo, 50% do valor do pagamento único, mesmo havendo incidência de penalidade.

Essa Modalidade prioriza os prêmios de sorteio em detrimento do valor a ser resgatado. Por isso ela apresenta requisitos especiais para o sorteio:

• há um custeio mínimo para os sorteios, enquanto as demais Modalidades possuem apenas um custeio máximo. A legislação estabelece que o custo com sorteios deverá corresponder a, no mínimo, 5% e, no máximo, 25% dos pagamentos efetuados. Observe-se que o limite máximo também é maior quando comparado com as Modalidades Tradicional e Compra Programada (15%).

• para os Títulos estruturados na forma de pagamento mensal (PM), o valor de cada prêmio bruto individual que deve ser garantido a cada Título contemplado em sorteio não poderá ser inferior a 12 vezes o valor dos pagamentos.

• deve ser prevista a realização de, no mínimo, um sorteio a cada semestre de vigência do Título.

• salvo para as séries que possuam mais do que 1.000.000 (um milhão) de Títulos, os sorteios realizados no 2º semestre de vigência do Título devem distribuir, no mínimo, 10% do total do valor de prêmios previstos para a série.

O Título, nesta Modalidade[219], poderá ser estruturado na forma de pagamento periódico (PP), pagamento mensal (PM) ou pagamento único (PU), sendo vedada a previsão de bônus. (FUNENSEG, 2012:87-88)

9.3.5.4. Modalidade Incentivo (Empresarial)

Considera-se a Modalide Incentivo quando o Título de Capitalização está vinculado a um evento promocional de caráter comercial instituído pelo Subscritor. Assim, o Subscritor, ou seja, uma empresa interessada em alavancar a venda de seus produtos (empresa promotora do evento), adquire Títulos de Capitalização junto a uma Sociedade de Capitalização para permitir que seus consumidores, ao adquirirem seus produtos, participem de uma determinada promoção comercial a ser realizada por meio dos sorteios constantes do Título.

Em outras palavras, Modalidade Incentivo é o Plano de Capitalização pelo qual o Título de Capitalização é vinculado a um evento promocional de incentivo ou de premiação a determinado comportamento ou de caráter comercial, sem que haja devolução integral dos valores pagos.

Portanto ocorrerá uma transferência ou cessão dos direitos do Título. A empresa Subscritora dos Títulos e o Titular original deles cederá os direitos dos Títulos a seus consumidores.

---

(219) Resumo das Características Principais da Modalidade Popular: Saldo da PMR ao final da vigência: Inferior a 100% do valor pago pelo subscritor, Provisão de bônus: Vetada, Ficha de cadastro: Facultativa, Tipos de Título: PU, PP ou PM, Custo com sorteio; No mínimo, 5% e, no máximo, 25% dos valores pagos pelo Subscritor, Taxa de juros: No mínimo, igual a 20% da taxa de juros da poupança, Índice de atualização da PMR: Índice de preço ou TR (FUNENSEG, 2012:88).

É importante destacar que esses requisitos são únicos para essa Modalidade.

Lembramos que um Título acarreta dois direitos: o de recebimento do resgate e o de participação nos sorteios.

Segundo a legislação, é obrigatória a cessão gratuita do direito de participação nos sorteios, e a cessão do direito de resgate é facultativa. Assim, no evento promocional, as empresas devem ceder aos seus consumidores, pelo menos, o direito de participação nos sorteios, podendo reter (ficar para si) o direito de resgate dos Títulos.

O evento promocional deve ser mencionado em material apartado das CONDGs do Título, não sendo necessário o seu envio à SUSEP. No entanto, a Sociedade de Capitalização deverá manter à disposição da SUSEP, para fiscalização, diversos documentos relativos ao acordo firmado pelo prazo de cinco anos, a contar da data do término de cada promoção.

Perante a SUSEP, a Sociedade de Capitalização é responsável por eventuais violações das normas em vigor, ou ainda das CONDGs dos Títulos comercializados, violações essas verificadas nos acordos comerciais. Além disso, a Sociedade de Capitalização é responsável pelas obrigações e infrações cometidas pelas empresas promotoras do evento, exclusivamente com relação à promoção comercial.

A SUSEP poderá, a qualquer tempo, cassar ou suspender a autorização, no todo ou em parte, para a utilização do Título de Capitalização em promoções comerciais, em casos de irregularidades.

Essa Modalidade Incentivo possui diversas características idênticas à da modalidade Popular: o Título poderá ser estruturado na forma de pagamento periódico (PP), pagamento mensal (PM) ou pagamento único (PU); a taxa de juros mínima aplicável à PMR é 20% da taxa de juros aplicada às cadernetas de poupança; o custo com sorteios poderá corresponder, no máximo, a 25% do custo total do Título (mas não um limite mínimo); não é possível a previsão de bônus.

No entanto, além da vinculação ao evento promocional do Subscritor, há duas outras características específicas para essa modalidade[220]:

• carência para resgate — deve ser de, no mínimo, um mês, nos casos em que não seja prevista a cessão do direito de resgate ao consumidor. Assim, Títulos

---

(220) Resumo das Características Principais da Modalidade Incentivo: Saldo da PMR ao final da vigência: Não há limites expressos na legislação, Direito de participação nos sorteios: Obrigatória a cessão gratuita aos consumidores da empresa, Provisão de bônus: Vetaca, Ficha de cadastro: Facultativa, Tipos de Título PU, PP ou PM, Custo com sorteio: No máximo, 25% dos valores pagos pelo Subscritor, Taxa de juros: No mínimo, igual a 20% da taxa de juros da poupança, Carência para títulos sem a cessão do direito de resgate: No mínimo, 1 mês, Comercialização de Títulos: Por meio de séries exclusivas (FUNENSEG, 2012:90).

em que a empresa cede também o direito de resgate a seus consumidores podem estabelecer ou não prazo de carência. Contudo, Títulos que não prevejam a cessão do direito de resgate têm de apresentar carência de pelo menos um mês; e

• comercialização dos Títulos — os Títulos que apresentam sorteios têm que ser estruturados em série. Lembramos que **série** são conjuntos de Títulos que concorrem aos mesmos sorteios. Em outras palavras, série é o conjunto definido de Títulos de Capitalização com idênticas características, numerados e individualizados sequencialmente. Ou seja, é um grupo de Título de Capitalização do mesmo Plano de Capitalização quem concorrem entre si aos sorteios, com a mesma chance de premiação. A legislação exige que, numa promoção, somente possam ser comercializadas séries exclusivas, isto é, não adquiridas por mais de um Subscritor.

A legislação em vigor estabelece diversos requisitos para a realização de promoções comerciais envolvendo Títulos de Capitalização.

Dessa forma, somente a empresa que faz a promoção é que pode adquirir Títulos daquela série em que será realizado o sorteio para premiar os consumidores da empresa, evitando-se, assim, que um "estranho" à promoção seja o ganhador do prêmio.

Em outras linhas, repita-se, entende-se por Modalidade Incentivo o Título de Capitalização que está vinculado a um evento promocional de caráter comercial instituído pelo Subscritor.

O Subscritor, nesse caso, é a empresa que compra o Título e o cede total ou parcialmente (somente o direito ao sorteio) aos clientes consumidores do produto utilizado no evento promocional.

Desse modo, reprise-se, o Título de Capitalização constitui-se em um dos pilares do sistema de captação de recursos populares no País. Aliás, a par dos benefícios que provêm da economia sistematizada perdura a fascinação pelo sorteio e pela premiação.

É de se observar que nos Títulos com Pagamento Único (PU) em que haja sorteio, a **Cota de Capitalização**(221) mínima (representa o percentual [a parte]

---

(221) Os percentuais relativos aos pagamentos a serem utilizados para constituição da Provisão Matemática para Resgate — cotas de Capitalização — deverão obedecer aos seguintes critérios, observados, ainda, os demais requisitos de cada modalidade: nos Títulos com pagamento único (PU) em que haja sorteio, a cota de Capitalização mínima é de 70%, qualquer que seja o prazo de vigência. Mas há uma exceção: em Títulos de pagamento único (PU) com 12 meses de vigência e pertencentes às modalidades Incentivo ou Popular, o percentual destinado à formação da Provisão Matemática para Resgate deverá ser, no mínimo, 50% do valor do pagamento. **PU com Sorteios Percentuais Mínimos destinados à Capitalização (Cota de Capitalização Mínima)** Títulos em geral 70% Incentivo ou Popular com 12 meses de vigência 50%; nos Títulos com pagamentos mensais (PM) ou de pagamentos periódicos (PP), em que haja a realização de sorteios, os percentuais destinados à formação da Provisão Matemática para Resgate deverão ser, no mínimo: 10% do valor

de cada pagamento que será destinado à constituição do capital a ser resgatado) deverá ser 70% do valor do pagamento. Porém para Títulos pertencentes às Modalidades Incentivo e Popular com 12 meses de vigência esse percentual deverá ser, no mínimo, 50% do valor do pagamento.

Em resumo, temos a tabela abaixo:

PU com Sorteios		
Modalidade	**Prazo de vigência (meses)**	**Percentual mínimo destinado à Capitalização**
Tradicional / Compra Programada	—	70%
Popular / Incentivo	Acima de 12	70%
Popular / Incentivo	12	50%

Já nos Títulos com Pagamentos Mensais (PM) ou Pagamentos Periódicos (PP), os percentuais destinados à formação da provisão matemática deverão respeitar os seguintes valores mínimos:

Prazo de Vigência	**Mês de Vigência**			
(meses)	**1º**	**2º**	**3º**	**4º**
Acima de 12	**10%**	**10%**	**10%**	**70% até o final**

Porém ainda deverão satisfazer à seguinte condição: a média aritmética do percentual de Capitalização até o final da vigência deverá corresponder a, no mínimo, 70% dos pagamentos realizados.

Cabe destacar que, nos Títulos em que não haja sorteio, os percentuais destinados à formação da provisão matemática deverão corresponder, no mínimo, a 98% de cada pagamento.

Considera-se **Cota de Sorteio** a que tem por finalidade custear os prêmios que são distribuídos em cada série. Representa a parte lotérica do Título, ou seja, aquilo que o consumidor está "jogando". O "bolo" formado por essas parcelas

---

de cada pagamento nos primeiros três meses de vigência; 70% a partir do quarto mês de vigência; além disso a média aritmética do percentual de capitalização de todos os pagamentos, até o final da vigência do Título, deverá corresponder a, no mínimo, 70%, qualquer que seja o prazo de vigência do Título. **PM ou PP com Sorteios Percentuais Mínimo destinados à Capitalização (Cota de Capitalização Mínima)** 1º, 2º e 3º pagamentos 10% 4º pagamento em diante 70% Média de todos os pagamentos 70%; nos Títulos em que não há sorteio, sejam PU, PP ou PM, os percentuais destinados à formação da Provisão Matemática para Resgate devem corresponder, no mínimo, a 98% de cada pagamento (FUNENSEG, 2012:35).

se destina, exclusivamente, a bancar os prêmios pagos aos clientes sorteados. Há limites existentes na legislação para a Cota de Sorteio, mas esses limites variam de acordo com a modalidade do Título. Por exemplo, se, numa série de 100.000 Títulos com pagamento único de valor "a", os prêmios de sorteios totalizarem 10.000 vezes o valor do pagamento (10.000 * a), a Cota de Sorteio será de 10% (10.000 * a /100.000 * a), isto é, cada Título colabora com 10% de seu pagamento para custear os sorteios.

Já as **Cotas de Carregamento**, que perfazem os percentuais de Carregamento, devem cobrir os custos de despesas com corretagem, colocação e administração do Título de Capitalização, emissão, divulgação, atendimento ao cliente, desenvolvimento de sistema e, é claro, o lucro da Sociedade de Capitalização. Assim, as Cotas de Carregamento representam a parcela de cada pagamento que é cobrada pela Sociedade para administrar o Título de Capitalização.

É de se notar que as Cotas de Sorteio e de Carregamento devem ser apresentadas sempre em destaque nas CONDGs do Título de Capitalização e ser de conhecimento do Subscritor no ato da subscrição. Aliás, como as Cotas somadas devem resultar na integralidade de cada pagamento (100%), é evidente que, indiretamente, a Cota de Capitalização também pode ser conhecida.

Atualmente, não há um limite expresso à Cota de Carregamento. Assim, dentro dos limites estabelecidos pela legislação, cada Sociedade pode fixar suas próprias Cotas, de acordo com o objetivo comercial a ser atingido por cada produto que lançar.

Vejamos como, por exemplo, num Título com pagamentos mensais no valor de R$ 200,00 cada um, o quarto pagamento apresenta as seguintes Cotas: Cota de Capitalização: 75%; Cota de sorteio: 15%; Cota de Carregamento: 10%. Então, R$ 150,00 (75%) serão destinados para compor o capital, R$ 30,00 (15%) serão destinados para o custeio dos sorteios e R$ 20,00 (10%) serão destinados ao Carregamento da Sociedade de Capitalização.

Observa-se que apenas uma parte do pagamento (oriunda da Cota de Capitalização) é efetivamente utilizada na formação do capital, isto é, da Provisão Matemática para Resgate (PMR).

As Cotas de Carregamento, repita-se, deverão cobrir os custos de despesas com corretagem, colocação e administração do Título de Capitalização, emissão, atendimento ao cliente, desenvolvimento de sistemas, lucro da Sociedade de Capitalização e Cota de Contingência, quando for o caso, conforme definido na Nota Técnica Atuarial e nas CONDGs do Título. A Cota de Carregamento também deverá ser informada nas CONDGs do Título.

Em resumo, suponha que, num Título com Pagamentos Mensais no valor de R$100,00 cada um, o quarto pagamento apresente as seguintes cotas:

- Cota de Capitalização: 75%
- Cota de Sorteio: 15%
- Cota de Carregamento: 10%

Então, R$ 75,00 serão destinados para compor o capital, R$15,00 serão destinados para o custeio dos sorteios e R$ 10,00 serão destinados à Sociedade de Capitalização.

9.3.6. CONTRATO DE CAPITALIZAÇÃO E TÍTULOS DE CAPITALIZAÇÃO

Como dito, os Títulos de Capitalização instrumentalizam o Contrato de Capitalização. Assim como o Contrato de Seguro é instrumentalizado na apólice, o de Capitalização é instrumentalizado no Título de Capitalização. Ou seja, a apólice está para o Contrato de Seguro assim como o Título de Capitalização está para o Contrato de Capitalização.

É importante assinalar que, além das normas legais, o Contrato de Capitalização também é regido pelas cláusulas e pelas condições contratuais que podem ser estabelecidas entre as partes contratantes. Essas condições estão impressas no Título de Capitalização, que é o instrumento que materializa o negócio jurídico no Contrato de Capitalização.

Os Títulos de Capitalização representam, então, em resumo, a soma de suas CONDGs, da Nota Técnica Atuarial e do material de comercialização. Nas Condições Gerais são determinados: a forma em que se acumulará o capital, o tempo de duração, resgate, sorteios (antecipando o resgate ou provisionando um capital adicional imediato), participação nos lucros da Sociedade de Capitalização emissora, prazo de carência para resgate etc. (FUNENSEG, 2012:24)

Convém firmar que alguns Títulos de Capitalização admitem que o Titular possa realizar resgates mesmo antes de encerrada a vigência do Título, o que se denomina **resgate antecipado**. No entanto o Título também pode estabelecer que o valor a ser recebido, em função do resgate antecipado, só poderá ocorrer depois de cumprida uma certa parte da vigência, denominada prazo de carência.

O **prazo de carência** é o período de tempo, contado a partir do início de vigência do Título, que o Titular terá de aguardar para poder receber o valor de resgate. Após a solicitação do resgate total, não mais incidem juros sobre a Provisão Matemática para Resgate, havendo apenas atualização monetária.

O prazo de carência do Título de Capitalização não afeta o direito de participação nos sorteios, isto é, nesse prazo, o Título concorrerá normalmente aos sorteios, havendo apenas a limitação ao recebimento do valor oriundo de resgate antecipado. Situação interessante poderá ocorrer em caso de cancelamento do

Título por inadimplência (falta de pagamento). Quando houver este cancelamento, os recursos presentes na Provisão Matemática para Resgate sempre poderão ser levantados pelo Titular (não obrigatoriamente de forma integral), devendo, no entanto, aguardar o cumprimento do prazo de carência do Título de Capitalização, se existente. Assim, se o cancelamento ocorrer durante o prazo de carência estabelecido no Título, o Titular deverá aguardar o seu término para só então obter o valor de resgate.

A legislação permite que a Sociedade fixe um prazo de carência para a efetivação de resgates não superior a 24 meses, contados sempre a partir da data de início da vigência. Se o Título tiver um prazo de vigência inferior a 24 meses, o prazo máximo de carência admitido para a efetivação do resgate será igual ao período de vigência do Título.

Observa-se que o prazo de vigência não se confunde com o **prazo de pagamento**, que é o período durante o qual o Subscritor se compromete a efetuar os pagamentos. Porém o prazo de pagamento só poderá, no máximo, ser igual ao prazo de vigência. Por exemplo, um Título de 12 meses de vigência pode prever no máximo um prazo de carência de 12 meses. Já um Título com 72 meses de vigência poderia apresentar um prazo máximo de carência de 24 meses.

De sorte que o Título de Capitalização pode ser entendido como um contrato entre a Sociedade de Capitalização e o adquirente, sendo composto de um conjunto de cláusulas que dão uma forma própria ao Título. Essas cláusulas são denominadas **Condições Gerais** (CONDGs) do Título e estabelecem as regras relativas à formação do capital (reserva matemática), como também as regras para os sorteios. Em outras palavras, são as CONDGs que individualizam uma série de Títulos, havendo, assim, diversos produtos em razão de existirem CONDGs diferentes.

Essas CONDGs, por possuírem uma natureza contratual, devem observar o CDC, sendo que essas condições, por disposição legal, deverão ser disponibilizadas ao Subscritor, assim como todas as demais informações acessórias ao produto, previamente à aquisição do Título, ou melhor, ao preenchimento da Ficha de Cadastro, quando existente. Buscando-se uma analogia com o seguro, as CONDGs do Título corresponderiam às condições contratuais do primeiro, e o Título de Capitalização corresponderia à própria apólice de seguros.

De qualquer forma, o Título de Capitalização, contendo suas CONDGs, juntamente com as informações complementares necessárias, deverá ser disponibilizado ao Subscritor ou ao Titular em, no máximo, 15 dias após a data de início de vigência. O documento disponibilizado é a versão impressa do Título e das respectivas informações complementares na cidade de domicílio do Subscritor e do Titular, sem custos adicionais que sejam revertidos direta ou indiretamente para a Sociedade de Capitalização.

Há, ainda, a **Nota Técnica Atuarial**, que consiste na descrição do Título por meio de bases técnicas, hipóteses e formulações atuariais. Nela, encontram-se as demonstrações dos cálculos dos parâmetros técnicos de um Título de Capitalização, traduzidos em enunciados e fórmulas matemáticas aos quais o Plano deve atender. Além disso, a nota técnica traz também a formulação matemática das provisões que serão constituídas no Plano de Capitalização. Ela deve ser assinada por um atuário devidamente registrado no Instituto Brasileiro de Atuária (IBA). Por não possuir natureza contratual e por não acrescentar novos elementos sobre os direitos ou as obrigações do consumidor, a Nota Técnica do Plano não necessita ser de conhecimento do adquirente do Título de Capitalização.

É possível afirmar que um Título de Capitalização, tecnicamente, é formado pela união das CONDGs do Título e da Nota Técnica Atuarial.

O Título pode ser adquirido a prazo ou à vista. No final de cada período de Capitalização (mensal), os juros produzidos são adicionados ao capital, passando a fazer parte desse capital para efeito de cálculo dos próximos juros. Assim, estamos diante de aplicação de juros compostos.

No regime financeiro que estruturam os Títulos de Capitalização, as reservas (matemáticas e de sorteio) são formadas por acumulação, fazendo-se o recolhimento das parcelas respectivas. Assim os Titulares, com Título em vigor, têm as suas provisões matemáticas para resgate e sorteio constituídas gradativamente até que, por sua vez, tenham direito ao resgate ou sejam sorteados.

De acordo com normativo do CNSP e da SUSEP, os Títulos de Capitalização devem ser estruturados em séries, ou seja, em sequência ou grupos de Títulos submetidos às mesmas condições e características, à exceção do valor do pagamento. Notadamente, os Títulos de Capitalização que prevejam sorteio devem ser estruturados em séries.

Aliás, podem ser comercializadas séries com valores de pagamento diferenciados, desde que seja previsto em Nota Técnica Atuarial do Plano. O número de Títulos (tamanho da série) que serão emitidos numa mesma série deverá ser informado nas CONDGs e na Nota Técnica Atuarial do Título. Assim, o tamanho da série representa a quantidade máxima de Títulos que poderá ser comercializada nessa mesma série. Somente os Títulos relativos a uma mesma série podem concorrer aos sorteios previstos para aquela série. Porém é possível que uma Sociedade de Capitalização comercialize várias séries distintas, observada, no entanto, em cada série, a quantidade máxima de Títulos. É certo que os sorteios relativos a uma série não se comunicam a uma outra, isto é, os sorteios e, consequentemente, os Títulos ganhadores são independentes entre as séries.

A importância do tamanho da série está relacionada aos sorteios[222]. Primeiro, os sorteios são custeados pelos próprios Títulos, por meio da Cota de Sorteio.

(222) Eis algumas observações importantes relativas aos sorteios. Os sorteios que definem os Títulos contemplados devem ocorrer obrigatoriamente durante o prazo de vigência do Título, ressalvado o caso de premiação instantânea, ou de sorteios substitutivos, caso necessários. O pagamento do prêmio de sorteio deve ser disponibilizado em até 15 (quinze) dias úteis após a sua realização, observadas as normas em vigor. O valor do prêmio de sorteio deve ser acrescido de juros moratórios, previstos nas Condições Gerais, caso a Sociedade de Capitalização não cumpra o prazo acima especificado. É admitida a previsão de parcelamento do prêmio de sorteio, desde que atendidas as disposições a seguir: A) O parcelamento deve ser de, no máximo, 12 (doze) meses consecutivos; B) Haver atualização monetária e incidência de taxa de juros mensais sobre as parcelas a serem quitadas; C) A previsão para o parcelamento do prêmio, quando for o caso, deve constar das Condições Gerais do Título. O Título não pode participar de sorteio que acarrete a efetiva contemplação em data anterior ao do início de comercialização de sua série, ressalvada a hipótese de premiação instantânea. Para efeito de sorteio, os Títulos não comercializados, suspensos ou cancelados pertencem à Sociedade de Capitalização, salvo estipulação em contrário nas Condições Gerais, desde que devidamente aprovada pela SUSEP. Os critérios de determinação dos Títulos sorteados devem ser aleatórios, sendo garantida a cada Título a mesma probabilidade de contemplação. A propósito, define-se como premiação instantânea a forma de sorteio que se realiza previamente ao início de comercialização da série, sendo, entretanto, seu resultado sigiloso. O sorteio realizado por meio de premiação instantânea deve atender as seguintes requisitos: 1º) O conhecimento relativo à contemplação na premiação instantânea deve estar disponível ao Titular no momento imediatamente posterior à aquisição do Título, dependendo exclusivamente de sua atuação; 2º) Os procedimentos que o Titular deve utilizar para verificar a contemplação na premiação instantânea devem estar previstos nas Condições Gerais do Título; 3º) Para cada série emitida, é necessária a realização de auditoria independente, em conformidade com a norma em vigor. As Sociedades de Capitalização somente poderão comercializar Títulos em que o valor máximo do somatório de todos os sorteios previstos, por série e em cada mês, seja igual ou inferior a 10% (dez por cento) do último patrimônio líquido auditado. A comercialização do Título fica automaticamente suspensa se o patrimônio líquido auditado da Sociedade de Capitalização, em qualquer data, for reduzido de tal forma que não atenda ao percentual estabelecido até sua adequação. O critério matemático utilizado para o estabelecimento do percentual dos pagamentos referente ao custeio dos sorteios deverá constar obrigatoriamente da Nota Técnica Atuarial do Título de Capitalização. O percentual, em relação aos pagamentos, destinado ao custeio dos sorteios depende da Modalidade do Título. O percentual para os sorteios pertencentes à premiação instantânea deve estar limitado a 30% (trinta por cento) do percentual que for adotado pela Sociedade de Capitalização para o custeio de todos os sorteios do Título. Nos Títulos de Pagamento Único é obrigatória a utilização da taxa de juros aplicada às Cadernetas de Poupança na formulação do critério matemático referente ao custeio dos sorteios. O valor de cada prêmio bruto individual de sorteio deve ser fixado como um múltiplo do Pagamento Periódico (PP), Pagamento Mensal (PM) ou Pagamento Único (PU) do Título, sendo este múltiplo não inferior a uma unidade, observadas as disposições específicas. O múltiplo mínimo deve ser garantido a cada Título contemplado, independentemente de haver fracionamento do prêmio de sorteio entre mais de um ganhador. O sorteio, com exceção da premiação instantânea, pode ser considerado como uma forma de liquidação antecipada do Título de Capitalização de acordo com as condições contratuais nele estabelecidas. O valor pago pelo Subscritor referente ao custeio dos sorteios, cuja realização se der após a liquidação antecipada do Título, deve ser devolvido juntamente com o valor de resgate da Provisão Matemática formada até o momento da liquidação. Os resultados dos sorteios podem ser apurados por meio de resultados de sistemas oficiais de premiação, bem como os obtidos através de processos próprios, sendo condição mínima de direito do titular a possibilidade de presenciar sua apuração. A Sociedade de Capitalização deve especificar nas Condições Gerais os procedimentos para sorteios substitutivos aos sorteios oficiais não realizados em conformidade com o originalmente previsto. Em caso de sorteios procedidos pela própria Sociedade de Capitalização, estes devem ser realizados nas sedes, sucursais ou quaisquer estabelecimentos de livre acesso aos Titulares, precedidos de ampla divulgação, com a presença obrigatória de um representante de auditoria independente. Para cada sorteio realizado, nos casos acima previstos e nos casos de premiação instantânea, as Sociedades de Capitalização devem manter, à disposição da SUSEP, o relatório da auditoria independente, onde devem constar, no mínimo: 1) — As regras estabelecidas pela Sociedade de Capitalização para determinação dos resultados de

Assim, para se determinar quanto compete a cada Título, ou seja, para se fazer a divisão do custo dos sorteios pelos Títulos, é necessário definir quantos Títulos serão colocados à venda, isto é, é necessário se definir o tamanho da série. O segundo aspecto relevante é referente à probabilidade de ser sorteado. Evidentemente, quanto maior o tamanho da série, mais difícil será, em tese, um Título ser sorteado. Uma série é, portanto, um conjunto limitado de Títulos, numerados sequencialmente, que possuem a mesma probabilidade de serem sorteados (o que, tecnicamente, denomina-se de **equiprobabilidade de contemplação** no sorteio), que concorrem praticamente aos mesmos sorteios e que buscam garantir o equilíbrio entre receitas e despesas relativamente aos sorteios (FUNENSEG, 2012:37).

Vale repetir que é facultada às Sociedades de Capitalização a comercialização de Títulos com **valores de pagamentos** diferenciados, dentro da mesma série, isto é, é possível que Títulos dentro da mesma série possuam valores diferentes de pagamento. A observação que se faz é, se não for previsto sorteio (hipótese que, na prática, é muito difícil de ocorrer), não será necessário se estruturar os Títulos em séries, isto é, não havendo sorteio, a Sociedade não precisa definir uma quantidade máxima de Títulos que será comercializada. Mas há também, segundo a legislação em vigor, valor mínimo para cada um dos pagamentos.

Observação que se aponta é que deve ser informado na Nota Técnica Atuarial o valor máximo previsto para a comercialização do Título ou a distribuição de frequência dos valores, quando for o caso. Assim, deve ser utilizado o valor do pagamento médio, calculado de acordo com a distribuição de frequência dos valores estabelecidos para cada série. Todavia é dispensada a apresentação, na Nota Técnica Atuarial, da distribuição de frequência nos casos em que o maior valor de pagamento já atenda a disposto na legislação em vigor.

Em termos gerais, a legislação prevê que o valor mínimo admissível para cada pagamento é de R$ 3,00 (três reais); mas a regra possui duas exceções:

- Títulos que prevejam a cessão integral da Provisão Matemática para Resgate para programas sociais, educacionais, culturais ou esportivos de interesse do Governo Federal; e

- Títulos da Modalidade Incentivo que prevejam a cessão gratuita ao consumidor somente do direito à participação nos sorteios.

Possibilidades de mudança do valor pago pelo Subscritor, durante a vigência:

- nos Planos PU — o pagamento é único, não sendo possível, evidentemente, a hipótese de atualização do valor a ser pago pelo Subscritor.

- nos Planos PM e PP — os pagamentos são mensais e sucessivos.

---

sorteios a serem obtidos; 2) Parecer atestando a aleatoriedade, a equiprobabilidade de ocorrência dos possíveis resultados e a efetiva distribuição dos prêmios previstos nas Condições Gerais; e 3) Parecer atestando a garantia de sigilo quanto ao conhecimento dos Títulos contemplados, no caso de premiação instantânea.

Assim, pode ser interessante prever a sua **atualização monetária**, principalmente se o "Plano" tiver um prazo de vigência longo, para que esses pagamentos não sejam corroídos pelos efeitos inflacionários, já que, como o valor de resgate é originado a partir de uma parte dos pagamentos (oriunda da Cota de Capitalização), ele também sofreria os efeitos inflacionários.

Por isso, a norma faculta às Sociedades de Capitalização a elaboração de Planos com a previsão de **atualização do pagamento**. Anualmente, o valor de pagamento seria corrigido, ou melhor, atualizado monetariamente na forma definida nas CONDGs do Título.

É vedada a inclusão de cláusula de atualização de pagamento para Títulos com prazo de pagamento igual ou inferior a 12 meses, uma vez que a atualização deve ter, quando prevista, periodicidade anual e deverá utilizar um dos índices autorizados pela legislação em vigor.

A legislação permite a utilização de percentual inferior a 100% do índice pactuado (exemplo: 60% da variação do IGP-M), sendo possível, também, que as Sociedades de Capitalização estabeleçam nas CONDGs do Título a livre pactuação entre as partes do percentual do índice de atualização a ser aplicado aos pagamentos periódicos (PP) ou pagamentos mensais (PM), a cada período de 12 meses.

O índice de atualização e a forma de sua apuração, se existentes, deverão constar das CONDGs do Título.

Os Títulos que se utilizam da atualização dos pagamentos adotam, normalmente, a correção anual pelo IGP-M, o que se tornou, praticamente, o padrão do mercado (FUNENSEG, 2012:37-38).

A técnica da Capitalização exige esse grandioso empenho em função de garantia e segurança das operações, por imprimir-lhes rigorosa precisão, trazendo a certeza que a previsão científica pode tecer pelas estatísticas e pela lei dos grandes números. Dessa forma, quanto antes aderir a um Contrato de Capitalização, melhor. Dinheiro atrai dinheiro, já diz o ditado popular. Essa prática é explicada perfeitamente pela teoria. Na fórmula de juros compostos, há dois fatores críticos: tempo e a taxa de rentabilidade. O tempo é o melhor amigo do investidor: quanto mais se tem, muito mais fácil será acumular um invejável montante.

9.3.7. MICROSSEGURO E TÍTULO DE CAPITALIZAÇÃO

De pronto, vale afirmar que o **microsseguro** pode ser utilizado como um benefício atrelado ao seguro, que, por vezes, pode custar centavos para a empresa, mas que faz diferença ao estimular a adesão aos seguros, diminuir a inadimplência e fidelizar o cliente, por exemplo, com o oferecimento de um Título de Capitalização.

Como vimos alhures, o Título de Capitalização é uma aplicação pela qual o Subscritor constitui um capital segundo cláusulas e regras aprovadas e mencionadas no próprio Título (CONDGs do Título), o qual será pago em moeda corrente num prazo máximo estabelecido. Os Títulos de Capitalização são considerados, para todos os fins legais, **Títulos de Créditos**, e são comercializados por Sociedades denominadas "Sociedades de Capitalização".

Por sua capacidade de dar tangibilidade a um produto inicialmente intangível como o seguro, o Título de Capitalização pode ser utilizado para incentivar a comercialização de microsseguros, atraindo um público que geralmente desconhece seus benefícios de proteção. Porém as partes interessadas devem estar alerta para os cuidados como o desenho e a forma de comercialização dos produtos, de maneira a evitar riscos reputacionais à instituição do seguro.

Um dos aspectos a serem considerados se refere, necessariamente, aos prazos de vigência dos Títulos de Capitalização, obrigatoriamente longos — isso não significa dizer que não poderiam existir produtos de microsseguros de vigência curta —, uma vez que o processo não está restrito à simples aquisição de um produto, mas deve incentivar a manutenção do segurado no Plano e a continuidade do pagamento dos prêmios (independentemente de sua forma de custeio), gerando assim aumento da percepção da importância do seguro como ferramenta de proteção.

Um produto de incentivo ao microsseguro que estabeleça vigências muito limitadas estará incentivando mais o componente lotérico da Capitalização do que o da proteção proporcionado pelo seguro, desvirtuando o foco do produto principal e os seus propósitos (OLAVO SALLES, 2010:114)[223].

9.3.7.1. Conceito e Caraterísticas Principais do Microsseguro

Em síntese, podemos dizer que **Microsseguro** é uma modalidade de seguro destinada aos consumidores de baixa renda.

O público-alvo dos microsseguros são as famílias de baixa renda, as pessoas que trabalham na economia informal e os trabalhadores de baixa renda do setor formal.

Considera-se, para efeitos de microsseguro, no Brasil, que população de baixa renda é o segmento da população com rendimento mensal *per capita* de dois salários mínimos, cuja posição na ocupação pode estar classificada tanto no setor formal quanto no setor informal da economia. Contudo não há ainda um consenso quanto a essa linha de pobreza.

Todavia, em definição clássica, "*Microsseguro é a proteção da população de baixa renda contra perigos específicos em troca de pagamentos regulares de prêmios proporcionais à probabilidade e ao custo do risco envolvido.*" (CHURCHILL 2006:12).

---

(223) CONTADOR, Claudio R. (org.). *Microsseguros*: série pesquisas. Rio de Janeiro: Funenseg, 2010. p. 114.

As principais características do microsseguro são: a população de baixa renda como alvo, oferecendo proteção a riscos específicos (determinados nas condições da apólice), tendo como contraprestação a essa proteção o pagamento de certa quantia; o "prêmio", que por sua vez deverá guardar uma relação de proporcionalidade com relação às chances de o risco segurado ocorrer; os baixos custos.

Desse modo, microsseguro[224] é um serviço financeiro que proporciona proteção social; deve ser necessariamente fornecido por provedor[225] autorizado, em

---

(224) *Idem*, p. 14.

(225) Conceitua-se como *Provedor* uma pessoa ou uma instituição encarregada de executar uma encomenda, ordem, comissão ou um pedido de um comitente. No mercado securitário, no contexto mundial, pode-se dizer que microsseguro é neutro em relação ao tamanho da entidade que assume o risco de seguro — podem ser pequenos ou grandes seguradores, que podem assumir formas jurídicas diversas, dependendo da legislação de cada país. Assim, podem ser provedores os regulados pela legislação de seguros, portanto, as sociedades seguradoras; as cooperativas de seguro que comercializem seguros agrícolas; provedores regulados por outras legislação/operadoras de saúde, ou seja, a cooperativa médica, a cooperativa odontológica; as entidades de autogestão que operam serviços de assistência à saúde; as entidades de filantropia, que operam Planos privados de assistência à saúde; odontologia de grupo, que operam exclusivamente Planos odontológicos; medicina de grupo, as empresas ou entidades que operam Planos privados de assistência à saúde. Também podem ser provedores não regulados ou informais, que podem ser indivíduos ou grupos de pessoas (associações sem registro e sanção formal) que compartilham seus riscos sem subordinação a qualquer dispositivo legal, não estando sujeitos a nenhum tipo de supervisão. Esses provedores usualmente surgem de uma necessidade comum de compartilhar riscos entre indivíduos de um determinado grupo. Eles têm a vantagem de usar mecanismos de produção e distribuição de ótimo custo/benefício, com custo inicial baixo, podendo inovar livremente, uma vez que não estão constrangidos por regras e normas de seguro, geralmente ocupando um espaço vazio e exercendo um papel útil em dar proteção a famílias de baixa renda. Contudo, quando esses programas informais, ou semiformais, crescem, os riscos se tornam maiores que os benefícios proporcionados, pois operações de seguro que não são bem reguladas e supervisionadas raramente têm preços baseados em princípios atuariais, funcionando sem a devida constituição de provisões e reservas técnicas suficientes. Como resultado, seus clientes não têm proteção e contam apenas com a confiança. A SUSEP, via de regra, ao detectar alguma atividade irregular, procura atuar de forma imediata, tomando as medidas necessárias. Essa atuação, no entanto, fica prejudicada algumas vezes, em função das limitações nos recursos da Autarquia, sejam financeiros ou de pessoal, quando comparada à extensão e complexidade de acesso a todo o território brasileiro. Entre as atividades irregulares detectadas com mais frequência pela SUSEP verifica-se a existência de alguns tipos de seguros funerais e esquemas informais de autosseguro vinculado a cooperativas profissionais ou associações que fornecem seguro para seus membros, como cooperativas de táxi e de transporte, que fornecem seguro para o veículo de seus associados sem a adequada autorização e/ou previsão legal. Portanto entre as entidades provedoras de microsseguros se incluem programas de pequenas comunidades de base, sociedades mútuas, cooperativas ou companhias organizadas como sociedades anônimas. Podem ser entidades com ou sem fins lucrativos, nem todas são reguladas pela legislação de seguro. Com relação aos canais de distribuição, as entidades que operam microsseguros frequentemente estabelecem vínculos com uma gama de outros operadores para alcançarem o mercado de baixa renda (cooperativas; instituições de microfinanças (IMF)); governos federal, estadual e municipal; administradoras de serviços terceirizados; organizações de comunidades de base; sociedades mútuas de saúde; provedores de serviços, como companhias de telefonia celular; agências de correios e Organizações Não Governamentais (ONGs), entre outros. Cf. CONTADOR, Claudio R. (org.). *Microsseguros*: série pesquisas. Rio de Janeiro: Funenseg, 2010. p. 106-107.

conformidade com a legislação e enquadrado no escopo do regulador/supervisor de seguros local; tem como público-alvo a população de baixa renda, incluindo pessoas que podem trabalhar tanto no setor formal quanto no setor informal da economia; deve ter prêmios proporcionais às probabilidades e aos custos dos riscos envolvidos; deve observar os princípios de seguros globalmente aceitos.

Com base nessas premissas, tecnicamente conceituado, o microsseguro é a proteção financeira fornecida por provedores autorizados para a população de baixa renda contra riscos específicos, em troca de pagamentos de prêmios proporcionais às probabilidades e aos custos dos riscos envolvidos, em conformidade com a legislação e os princípios de seguro globalmente aceitos.

Há atualmente no mercado mundial uma tendência de se perceber o microsseguro por dois pontos de vista diferentes: um focado em estender proteção social para os pobres, de forma a amenizar a desigualdade social; outro, focado em oferecer um serviço financeiro essencial para as famílias de baixa renda ao desenvolver um modelo de negócios apropriado que permita que os pobres se tornem em um segmento de mercado rentável para o seguro comercial. Esses dois pontos, entretanto, não se excluem mutuamente, o que significa que seria possível uma abordagem comercial com responsabilidade social.

Em seara doméstica, *e. g.*, segundo Maria Elena Bidino, diretora da Confederação Nacional das Empresas de Seguros Gerais, Previdência Privada e Vida, Saúde Suplementar e Capitalização (CNSeg), além de tantas experiências individuais, o setor partiu para um projeto coletivo — o Estou Seguro — selecionado em 2008 pela OIT. "*O projeto visa aumentar a percepção da população de baixa renda sobre a importância do seguro como instrumento de organização financeira, além de apontar os riscos a que estão expostos.*"[(226)] Outro objetivo é desenvolver novos produtos voltados para os estratos menos favorecidos da população.

Nesse sentido, o microsseguro se caracteriza por ser direcionado a pessoas de baixa renda; relevante para a realidade do segurado; amplamente inclusivo, com poucas exclusões; por ter documentação de fácil acesso para reclamação de sinistro; apólices com condições simples e fáceis de entender; produtos massificados (precificação baseada no coletivo); baixo valor máximo segurado; prêmios de baixo valor; flexibilidade de pagamento de prêmio; esforço para criar cultura de seguro no cliente e canais alternativos de venda.

9.3.7.2. *Microsseguro x Seguro e Regulamentação*

Convém notar que o microsseguro não é um ramo ou uma modalidade específica de seguro; tampouco está limitado a um tipo de provedor específico. Contudo tem um público-alvo específico: a população de baixa renda.

(226) Cf. *Valor financeiro*. Seguros, previdência e Capitalização. Ano 11, n. 14, p. 36, maio de 2012.

Assim, repita-se, por estarem direcionados a uma população menos favorecida economicamente, e frequentemente de baixo nível de escolaridade, os produtos devem ter preço acessível e atender às necessidades peculiares dos segurados, no que se refere às coberturas, ao formato e à simplicidade de procedimentos, atentando, principalmente, para as questões que envolvem a devida proteção aos direitos dos consumidores(227).

Daí a importância de uma política adequada e da regulação para os microsseguros.

Atualmente, a legislação permite(228) a contratação de microsseguro via bilhete que, pela forma simplificada de comercialização, pode ter efeitos muito benéficos para o segmento, desde que sejam tomadas medidas preventivas de proteção ao segurado, considerando sua hipossuficiência não só econômica, mas também pelo nível educacional esperado de seus potenciais consumidores.

9.3.7.3. O Papel do Microsseguro

Além disso, a legislação(229) flexibiliza o uso dos canais de distribuição, ponto-chave para o processo de comercialização do microsseguro.

---

(227) *Idem*, p. 5.

(228) Atualmente, a legislação permite a habilitação de um corretor especializado em microsseguros, com qualificação mínima obtida por meio de curso técnico diferenciado, com critérios menos rígidos, porém suficientes à prática da atividade. No entanto a questão tributária é de extrema relevância para a viabilização de produtos, e, por isso, a sensibilização das partes interessadas é vital para o sucesso das ações. Nesse aspecto, o principal argumento reside no fato de que, a princípio, não haveria renúncia de receita, pois o microsseguro é um segmento que ainda não existe e que, portanto, ainda não teria sido tributado. Além disso, há que se anotar o seguinte: a regulamentação da Emenda Constitucional n. 20, de 15 dezembro de 1998 (*modifica o sistema de previdência social e estabelece normas de transição*) poderia vir a se constituir como uma excelente oportunidade para o segmento de microsseguros; a relevância do papel dos correspondentes bancários como instrumento nos procedimentos de arrecadação de prêmios de microsseguros deve possibilitar trabalhos coordenados, principalmente entre SUSEP e Banco Central; as análises preliminares efetuadas apontam para a adoção de um modelo no qual seriam estabelecidos ramos de microsseguro operados por seguradoras especialmente licenciadas, com exigências regulatórias compatíveis com a complexidade e o risco das operações; as análises realizadas permitem concluir que a elaboração de um conjunto de normas específicas para microsseguro, no âmbito do CNSP/SUSEP, seria a forma mais prática de regulamentação do segmento, o que evitaria um grande número de remissões aos normativos existentes (quanto ao que é, ou não, aplicável); e no que se refere ao estipulante, atenção especial deve ser dada ao assunto, com inclusão de previsão específica na regulação de microsseguros que permita a adequada proteção aos segurados contra práticas inapropriadas por parte do estipulante, principalmente no caso de "apólices abertas". *Idem*, p. 15.

(229) Em reunião realizada em fins de 2011, os membros do CNSP sancionaram a Resolução CNSP n. 244 de 6.12.2011 que regulamenta o microsseguro. A SUSEP editará atos complementares até o início do ano de 2012. Conforme consta no site da SUSEP na internet, de acordo com a Resolução, a venda do microsseguro poderá ser realizada por meios remotos, tais como celulares e a Internet. Está em análise a possibilidade de, no futuro, essa possibilidade ser estendida para todos os tipos de

O papel que os microsseguros podem exercer na coletividade segue uma lógica econômica básica. Se as pessoas na base inferior da pirâmide econômica tiverem a sua disposição mecanismos capazes de protegê-las contra os altos riscos a que estão expostas, elas poderão obter recursos com o propósito de investir, gerando mais empregos e riqueza nas suas comunidades.

Um trabalho institucionalizado criará um ambiente mais seguro e o maior acesso ao capital, com menores custos, levando ao crescimento econômico, desonerando o Estado, criando novas oportunidades de negócio e um novo mercado consumidor, protegendo a população mais carente e, fundamentalmente, promovendo a inclusão social.

O seguro é, assim, uma ferramenta vital para a sustentabilidade e o desenvolvimento econômico. Todavia, o que se verifica é que esse serviço vem se mantendo além do alcance dos pobres. Muitos fatores inibem o segmento de baixa renda a ter acesso ao seguro, incluindo: os instrumentos financeiros inadequados, as dificuldades regulatórias do risco, entre outros.

A administração adequada dos riscos e o desenvolvimento de melhores mecanismos para pulverizá-los tornam-se pontos críticos para amenizar a pobreza, pois embora o seguro seja referido como intangível, ele toma uma dimensão material quando da ocorrência do sinistro.

Dessa forma, o microsseguro[(230)], fornecido tanto pelo setor privado como por programas públicos, deve obedecer a regras básicas de provimento: os produtos e serviços devem estar em conformidade com os princípios de seguro geralmente aceitos.

---

seguros. Será definido ainda o teto máximo do valor segurado, que servirá de parâmetro para que um determinado produto seja considerado microsseguro. Sobremais disso, em vez de apólices, serão emitidos bilhetes, trazendo as informações mais relevantes sobre o produto adquirido. Qualquer seguradora ou corretor poderá atuar nesse segmento. No entanto a norma prevê a atuação de microsseguradoras com capital inicial correspondente a apenas 20% do valor exigido atualmente das seguradoras tradicionais e de corretores de microsseguro, formados pela Escola Nacional de Seguros. Está prevista ainda a figura do correspondente de microsseguro, pessoa jurídica que ficará vinculada à seguradora e que não poderá ter a venda do seguro como atividade principal. Esses correspondentes poderão ser tanto as associações comunitárias quanto redes de varejo. Os correspondentes bancários, que já atuam nas comunidades carentes, também poderão comercializar o microsseguro. *Idem*, p. 20.

(230) Por outro lado, há que se salientar que o desenvolvimento dos microsseguros depende, necessariamente, de ações das diversas partes interessadas, atuando nos diferentes níveis do sistema financeiro (macro, meso e micro), as quais podem gerar resultados mais rápidos e positivos quando realizadas de forma coordenada. Embora o Poder Executivo exerça um papel preponderante no nível macro, há a necessidade de trabalhar em conjunto com os poderes Legislativo e Judiciário para que se aprofunde e se complete a construção e a implementação de um arcabouço legal que dê sustentabilidade a todo o processo. O conjunto de experiências adquirido pelo Banco Central, em função de sua atuação para aumentar a oferta de serviços financeiros para os mais carentes no país, notadamente com o microcrédito e com os correspondentes bancários, poderá fornecer importantes lições

A idoneidade e a competência profissional dos provedores, bem como sua solvência e solidez financeira, são essenciais para a manutenção da estabilidade e da credibilidade dos programas, exigindo não apenas requerimentos financeiros adequados, mas um ambiente regulatório e tributário propício e estimulante.

Assim, o incentivo ao acesso aos microsseguros deve começar pela construção de mercados financeiros para as populações de baixa renda(231). O maior número de clientes e o grande número de transações atraem capital(232), serviços

---

àqueles responsáveis pela elaboração de políticas específicas voltadas para os microsseguros, além de credenciá-los a colaborar em temas essenciais para sua viabilização. No que se refere aos tributos incidentes sobre seguros, é importante que os representantes da Secretaria da Receita Federal sejam orientados sobre as especificidades que envolvem os microsseguros, destacando-se o fato de que não há que se falar em "renúncia fiscal", já que se trata de um setor inexistente, cujo desenvolvimento sem dúvida proporcionará o aumento da arrecadação por outros meios. Como já destacado no Relatório Parcial — II e em função do que estabelece o Código Civil, atenção especial deve ser dada à figura do estipulante, com o estabelecimento de condições específicas para os microsseguros, principalmente no caso de "apólices abertas". A capacitação de intermediários recrutados nas próprias comunidades, pela relação de confiança existente e pela capacidade de expressarem em linguagem simples e compreensível os benefícios que a proteção de seguro pode proporcionar aos indivíduos e ao grupo, podem ter um impacto muito positivo para todo o processo se conduzido de forma adequada e transparente, impulsionando o esclarecimento e a educação financeira entre os segmentos mais carentes da população. Ao contrário do que ocorre em outros países, no Brasil não há impedimentos para que uma IMF (instituição microfinanceira) atue como canal de distribuição, o que facilita a comercialização de seguros, uma vez que todos os tomadores são potencialmente consumidores de microsseguros, em especial os da modalidade prestamista. Os correspondentes bancários, por terem sido criados como um canal popular de distribuição de serviços financeiros, em linhas gerais, são potenciais canais de distribuição para os microsseguros, desde que se considere a necessidade de adaptar o processo de fornecimento de serviços de seguros para que ele permita a divulgação clara e transparente, em linguagem adequada ao segmento da população. Da mesma forma, e adotados os devidos cuidados no que se refere à divulgação e à transparência, as concessionárias de serviços públicos podem atuar como canais eficazes de distribuição devido ao alcance de seus serviços entre a população de baixa renda. *Idem*, p. 22.

(231) Também o Título de Capitalização, por sua capacidade de tornar palpável um produto inicialmente intangível (bem que não possui existência física, mas representa uma aplicação de capital indispensável aos objetivos de uma empresa ou indivíduo) como o seguro, pode ser utilizado para incentivar à comercialização de microsseguros, desde que se estabeleçam restrições de forma a evitar a perda do foco no produto principal que, no caso, é a proteção proporcionada pelo seguro. As particularidades relacionadas aos consumidores são fundamentais para a realização de uma análise que permita a adequação da estrutura regulatória de seguros ao microsseguros, definindo claramente os limites entre o seguro convencional e o microsseguro. Os contrastes e diferenças regionais brasileiras influenciam muito o poder aquisitivo do salário mínimo, o que dificultaria sua utilização como parâmetro para a definição do público-alvo. Eventuais benefícios fiscais, se obtidos, serão aplicados aos produtos de microsseguros e não aos seus consumidores, beneficiando o público-alvo indiretamente. *Idem*, p. 23.

(232) Os produtos desenhados especialmente para as necessidades e o perfil da população de baixa renda que se pretende atingir — e que pode variar muito de região para região — definirão o público-alvo, mais do que este, aqueles. Embora existam aspectos de desenho de produto que precisariam ser repensados, a legislação deve ter como foco principal a definição de parâmetros objetivos para os produtos de microsseguros, os quais devem proteger o consumidor, porém sem impedir a inovação.

de suporte e outros coadjuvantes para um setor de negócios(233) em crescimento que não pode ser ignorado(234).

É recomendável a pré-aprovação de produtos de microsseguros pela SUSEP, pelo menos por um período predeterminado (por exemplo, cinco anos), e adequada a criação de um grupo de ramos de microsseguros e seus sub-ramos, semelhantes aos grupos de ramos de seguros atualmente previstos na legislação, o que permitiria a segregação dos dados estatísticos enviados à SUSEP e a formação de base de dados de microsseguros. *Idem*, p. 24.

(233) Ademais, para a realização de estudos e pesquisas mais aprofundadas sobre o potencial do público-alvo, seria mais adequado considerar grupos por tipos de família (por exemplo, casal com dois filhos, mãe com dois filhos, família de um único indivíduo etc.), chegando a resultados por linha de produto e não por faixa de renda. Com base nos estudos realizados, avalia-se a correlação dos programas e seguros sociais existentes no Brasil com produtos de seguros existentes no mercado, considerando critérios tais como: a transferência de riscos e a possibilidade de gerenciamento dos mesmos; a existência de um público-alvo restrito dentro de um escopo predefinido; e o financiamento dos programas por meio de prêmios ou tributos específicos. Portanto é desaconselhável a utilização do salário mínimo como índice para definições de renda, em função de sua variação anual acima do índice de inflação. De um modo geral, salvo algumas exceções (por exemplo, o seguro de acidente de trabalho a ser regulamentado e programas de microcrédito, como o Pronaf — RONAF — Programa Nacional de Fortalecimento da Agricultura Familiar), o público-alvo dos programas sociais do governo é diferente daquele dos microsseguros, já que os primeiros estariam voltados para segmentos da população no limiar da indigência. Por todas essas razões, nota-se que eventual definição de "público-alvo", ou de "população de baixa renda" não deve utilizar índices objetivos, como o salário mínimo, que possam ser alterados ao longo do tempo, e sim ser conceitual. Neste caso, é ideal a adoção de conceitos e expressões como "inclusão social e financeira", "população mais vulnerável aos riscos decorrentes da pobreza" (a qual se entende como um conceito mais amplo que conjuga fatores como renda, escolaridade e condições de moradia etc.). *Idem*, p. 25.

(234) A partir de pesquisas feitas, identificou-se três produtos potenciais de microsseguros, baseados em programas existentes: Seguro prestamista (programas de microcrédito); Vida em grupo + Acidentes pessoais (PASI); e Assistência funeral (existência de programas informais). Mas a identificação desses produtos não deve constituir-se como limitador, pois o objetivo da existência de um arcabouço legal facilitador para os microsseguros não é a regulamentação de programas já existentes. Ao contrário, deve incentivar a criação de um novo mercado, com novos produtos adaptados às necessidades e à realidade da população de baixa renda. Neste contexto, preliminarmente, mais do que definir produtos, a legislação de microsseguros deverá estabelecer parâmetros objetivos, como prazos de vigência, importância segurada máxima; prazo máximo para liquidação de sinistros, incluindo procedimentos; forma de contratação (bilhetes e/ou apólices); e documentação máxima exigida por ramo em caso de sinistro; entre outros. Esses parâmetros objetivos para produtos de microsseguros devem ser definidos e fixados por ramo. A legislação deverá definir, também, condições de comercialização e requisitos necessários, como custo máximo de apólice; necessidade de aprovação prévia de produtos; canais de distribuição permitidos; critérios e requisitos de governança, transparência e compliância, solvência e requerimento de capital, e conduta de mercado (com especial atenção à defesa e ao esclarecimento do consumidor de microsseguros), evitando a arbitragem regulatória. Deve-se estabelecer critérios e parâmetros mínimos e requisitos de fácil aplicação, com o objetivo de evitar futuros "engessamentos" no desenho específico dos produtos e na sua operacionalização. Cuidar para que a inovação esteja aliada a condições adequadas de proteção ao consumidor de baixa renda, naturalmente hipossuficiente. Em função do que estabelece o Código Civil, atenção especial deverá ser dada à figura do "estipulante", com a fixação de condições específicas para os microsseguros, principalmente no caso de "apólices abertas". A criação de programas de educação financeira adequados que permitam o desenvolvimento de um mercado consumidor consciente é fundamental para o processo; e a legislação que irá definir os canais de distribuição deverá tornar clara a possibi-

Ao contrário do que ocorreu com outros segmentos(235) das microfinanças, cuja regulação remonta a 20 anos atrás, a regulação do microsseguro em todo o mundo é, hoje, um campo emergente. Uma das lições aprendidas na prática das microfinanças é que a indústria, para prosperar, necessita de uma regulação adequada, favorável e tempestiva que, ao mesmo tempo que proteja a estabilidade dos provedores, consumidores e do mercado como um todo, também ajude a melhorar a habilidade dos provedores de fornecer serviços aos segmentos menos favorecidos de uma forma mais eficiente e eficaz.

9.3.7.4. Cessão de Direitos dos Títulos de Capitalização e Microsseguro

De plano, no tocante à cessão de direitos dos Títulos de Capitalização, cabem algumas observações de ordem normativa. Vejamos.

---

lidade de combinações lineares entre os diferentes canais para um mesmo produto. Essa será uma medida preventiva a questionamentos futuros. O objetivo de estabelecer de parâmetros de aplicação geral para produtos de microsseguros é diferenciá-los de produtos de seguro tradicionais. Assim deve se levar em conta a importância segurada máxima para seguros de pessoas. Ibidem.

(235) Os valores de importância segurada máxima para produtos de microsseguros sejam fixados com base em uma renda mensal de dois salários mínimos recebida em períodos de 12 até 24 meses, considerando-se pagamento em dobro para morte acidental; Também a importância segurada máxima para seguros de danos. No caso de seguros de danos, a importância segurada máxima deva ser analisada caso a caso, porque os valores podem variar muito de acordo com o ramo. A vigência mínima deve se basear no caráter educativo do microsseguro, voltado à formação e conscientização do consumidor de baixa renda sobre a importância da proteção proporcionada pelo seguro. Porém, deverá ser levado em conta que nas populações mais carentes ocorre, frequentemente, irregularidade nos fluxos de renda. Assim, há duas propostas: vigência mínima mensal, pela facilidade de gestão operacional e fácil entendimento do produto pelo consumidor (ao deixar de pagar o prêmio, perde a cobertura), ao mesmo tempo em que permite flexibilização; e vigência mínima anual, com flexibilidade de reabilitação por falta de pagamento, o que permitiria, além da flexibilidade, criar a cultura do seguro. Já em relação ao prazo máximo para pagamento de indenização de produtos de microsseguros deve ser inferior ao dos produtos tradicionais, dada a esperada hipossuficiência econômica dos consumidores e a dependência da proteção proporcionada pelo seguro contra a pobreza. Três dias úteis após a entrega da documentação seria um prazo razoável para pagamento da indenização. Por sua vez, a relação dos documentos exigidos pelos seguradores também deve ser definida por ramo, de forma resumida e objetiva. A comercialização de produtos de microsseguros pode ser feita por bilhete e por outras formas possíveis (apólice e proposta), com a definição das informações mínimas do conteúdo constante nos bilhetes. A carência utilizada de forma inadequada, poderá acarretar riscos graves para a reputação do mercado. Por outro lado, abolir a carência gera a possibilidade de fraude, com o consequente aumento dos riscos e prêmios. Os produtos de microsseguros devem ter aprovação prévia da SUSEP antes de serem colocados à venda. Essa exigência deveria prevalecer durante um prazo predeterminado, por exemplo, cinco anos. Embora não seja um parâmetro, esta recomendação inclui a capacitação em microsseguros dos funcionários da SUSEP responsáveis pela análise dos produtos e também dos profissionais da indústria de seguros. Muito importante a formação adequada do corretor de microsseguros, devido aos riscos que a comercialização inadequada para consumidores com baixo nível de instrução poderia representar para a reputação do mercado como um todo. Por esse motivo, deve ser estabelecida a profissão do "corretor de microsseguro", que estaria sujeito a regras e treinamento específicos, abrindo a possibilidade de pessoas das próprias comunidades e dos grupos mais carentes assumirem essa função. *Idem*, p. 26.

• As Sociedades de Capitalização devem comunicar à SUSEP a realização de acordos firmados com outras empresas/entidades para a comercialização de Títulos de Capitalização que prevejam a cessão parcial ou total dos direitos do Título, ou ainda que vinculem facultativamente os valores de resgate ou sorteio à aquisição de bens e/ou serviços, mediante expediente que deve ser anexado ao processo referente ao Título de Capitalização mencionado no respectivo acordo. Essa comunicação deve ser efetuada em até cinco dias úteis, após o efetivo início da comercialização dos Títulos de Capitalização.

• No caso de Títulos de Capitalização que referenciem os prêmios de sorteio à aquisição de bens, o material de propaganda, qualquer que seja a mídia utilizada, deve traduzir com absoluta transparência que o valor do bem é apenas referencial.

• Para qualquer Modalidade, as Condições Gerais do Título devem assegurar o direito do Titular em optar por receber o valor do resgate e/ou prêmio de sorteio em moeda corrente, independentemente de qualquer vinculação estabelecida, à época da subscrição do Título de Capitalização.

• Os pagamentos relativos aos resgates e sorteios de Títulos de Capitalização emitidos em nome de mais de um Titular devem ser efetuados a cada um deles, na proporção definida por ocasião da contratação, ou decorrente de alteração posterior solicitada formalmente pelos Titulares à Sociedade de Capitalização.

• O nome fantasia dos Títulos de Capitalização não deve induzir a erro quanto aos direitos e/ou obrigações vinculados ao respectivo Título.

É de se destacar que, em relação a este subitem, o Órgão Controlador e Fiscalizador recentemente normatizou a cessão de direitos dos Títulos de Capitalização para incentivo à aquisição do Microsseguro, *in casu*, chamado de Microsseguro Premiável, por intermédio de um Acordo Comercial, realizado entre uma Sociedade de Capitalização e uma empresa promotora ou uma Sociedade Seguradora ou Entidade de Previdência Complementar Aberta.

Para tanto, considera-se Microsseguro Premiável o Plano de Microsseguro associado à cessão de direitos de Título de Capitalização, notadamente à Empresa Promotora, que é a pessoa jurídica ou Sociedade Seguradora ou, ainda, Entidade de Previdência Complementar Aberta que adquire Títulos de Capitalização para o incentivo à aquisição de Microsseguro Premiável. Esse tipo de negócio é pactado num instrumento chamado de Acordo Comercial de Microsseguro Premiável.

Esse Acordo Comercial de Microsseguro Premiável, na verdade, é uma forma de contrato celebrado entre a Sociedade de Capitalização e a empresa promotora ou, ainda, a Sociedade Seguradora ou Entidade de Previdência Complementar Aberta, quando essa não for a empresa promotora, com objetivo de regular os direitos e as obrigações das partes, relativos à cessão do(s) direito(s) do Título de Capitalização.

Figura de suma importância para tal fim é o Segurado, que pode ser pessoa física ou jurídica que, tendo interesse segurável, contrata o microsseguro premiável em seu benefício pessoal ou de terceiro.

As Condições Gerais e os regulamentos dos Planos de Microsseguro Premiável protocolados junto à SUSEP devem conter, obrigatoriamente, informações acerca da cessão de direitos de Título de Capitalização.

De mais a mais, o Acordo Comercial de Microsseguro Premiável celebrado entre a Sociedade de Capitalização e a empresa promotora e, quando for o caso, a Sociedade Seguradora ou Entidade de Previdência Complementar Aberta, quando esta não for a empresa promotora, deve conter, no mínimo, as seguintes informações:

a) dia, mês e ano de início e término de comercialização do Plano de Microsseguro Premiável a ele vinculado;

b) razão social e, se houver, nome fantasia, das partes do Acordo Comercial de Microsseguro Premiável e, ainda, número de inscrição no Cadastro Nacional de Pessoa Jurídica (CNPJ), endereço, código postal, telefone, fax, endereço eletrônico, nome e cargo do signatário, declaração de que o signatário está legalmente investido dos poderes de representação da parte;

c) definição do critério de elegibilidade dos participantes da promoção;

d) forma de divulgação do resultado do(s) sorteio(s);

e) se o valor do prêmio de sorteio é líquido ou bruto e, nesse último caso, que o desconto do Imposto de Renda será realizado na forma da legislação em vigor, explicitando o percentual vigente aplicável;

f) denominação e CNPJ da Sociedade de Capitalização e da Sociedade Seguradora ou Entidade de Previdência Complementar Aberta;

g) números dos processos SUSEP referentes ao Título de Capitalização e ao Plano de Microsseguro Premiável vinculados ao Acordo Comercial de Microsseguro Premiável, facilmente identificáveis;

h) se a cessão do Título de Capitalização engloba os direitos de sorteio e resgate ou apenas o primeiro;

i) obrigação da empresa promotora de disponibilizar aos Segurados, por qualquer meio, a combinação e informações necessárias à participação em sorteios;

j) a vedação expressa à comercialização ou à cessão, ainda que de modo gratuito, de cadastro e/ou banco de dados com as informações obtidas na operação; e

k) que a SUSEP poderá, a qualquer tempo, solicitar às partes envolvidas documentos e/ou informações complementares.

Vale anotar-se que a comercialização de Microsseguro Premiável sem o Acordo Comercial de Microsseguro Premiável correspondente sujeita a Sociedade de Capitalização e a Sociedade Seguradora ou Entidade Aberta de Previdência Complementar às penalidades cabíveis e não pode reverter em prejuízo do Segurado.

Ademais, a Sociedade de Capitalização deve informar à SUSEP, até o dia 10 (dez) de cada mês, por meio de expediente específico, os Acordos Comerciais de Microsseguro Premiável iniciados no mês imediatamente anterior ao da data do envio.

Observa-se que o Acordo Comercial de Microsseguro Premiável, bem como o material promocional de divulgação do Plano de Microsseguro Premiável, não pode conter informações ou parâmetros distintos das Condições Gerais aprovadas para o Título de Capitalização e para o Plano de Microsseguro Premiável protocolados junto à SUSEP.

Convém assinalar que qualquer evento ou material de divulgação relacionado ao Microsseguro Premiável é de responsabilidade da Sociedade de Capitalização e da Sociedade Seguradora ou Entidade de Previdência Complementar Aberta que participem da promoção comercial, sendo que cada uma delas responde, solidariamente, pelas informações relacionadas aos produtos que comercializem em conjunto.

Por outro lado, o **pagamento do prêmio de sorteio** e o valor de resgate do Título de Capitalização, este último quando aplicável, é de responsabilidade exclusiva da Sociedade de Capitalização. Aliás, esta deve informar ao Subscritor, logo na contratação da Capitalização, se o valor do prêmio de sorteio é líquido ou bruto e, nesse caso, que o desconto de imposto de renda deve ser na forma da legislação em vigor, explicitando o percentual aplicável, bem como informar ainda dos tributos, ou melhor, os impostos ou as taxas federais e/ou estaduais que podem incidir sobre os resgates ou prêmios resultantes dos Títulos de Capitalização, conforme legislação vigente.

Aliás, o Titular contemplado em sorteio deve ser notificado desse fato pela Sociedade de Capitalização, por escrito, mediante correspondência expedida com Aviso de Recebimento — AR, ou pela mídia impressa ou eletrônica, caso o pagamento do sorteio não tenha sido efetuado em até quinze dias úteis de sua realização.

A nosso ver, o valor do prêmio de sorteio deve ser acrescido de juros moratórios previstos nas CONDGs caso a Sociedade de Capitalização não cumpra o prazo acima especificado, ressalvados, por óbvio, os casos previstos em Lei.

Também entendemos que pode ser admitida a previsão de parcelamento do prêmio de sorteio, desde que atendidas as disposições a seguir:

I — o parcelamento deve ser, no máximo, em doze meses consecutivos;

II — haver atualização monetária e incidência de taxa de juros mensais sobre as parcelas a serem quitadas;

III — a previsão para parcelamento do prêmio deve constar das CONDGs do Título de Capitalização.

Ressalta-se que os números de processo administrativo junto à SUSEP de aprovação do Título de Capitalização e do Plano de Microsseguro Premiável devem constar em todo o material de divulgação do produto.

É de se salientar que o Microsseguro Premiável pode ser contratado com a utilização de meios remotos, desde que observados todos os requisitos previstos na norma específica sobre a contratação de Planos de Microsseguro.

Todavia, a contratação de Plano de Previdência equiparado a Plano de Microsseguro Premiável não pode ser realizada por meios remotos, devendo obedecer ao disposto na legislação específica.

Cumpre observar que a utilização de meios remotos na contratação de Microsseguro deve garantir ao Segurado o acesso irrestrito às informações sobre o Plano contratado, com a disponibilização obrigatória pela Sociedade Seguradora de telefone gratuito de contato de central de atendimento específica em horário comercial, com fornecimento de número de protocolo de atendimento indicando data e hora de contato.

Por fim, há que se pontuar que o Plano de Microsseguro Premiável pode ser contratado por todas as formas de contratação admitidas na norma específica sobre a contratação de Planos de Microsseguro, desde que observados todos os requisitos previstos.

Daí, repita-se, a importância da regulação da cessão de direitos dos Títulos de Capitalização para incentivar a comercialização e a aquisição dos microsseguros.

9.3.8. TAXAS DE JUROS

Pela lei dos grandes números, o mecanismo dos juros compostos opera as transfigurações.

É óbvio que toda Sociedade de Capitalização, ao receber as contribuições dos Subscritores de Contrato de Capitalização, necessita capitalizá-las a fim de cumprir, em todos os seus itens, as obrigações constantes do Contrato. Essas contribuições podem ser efetuadas de dois modos: ou periodicamente (mensais — pagamentos mensais e sucessivos — PM) ou de uma só vez, no ato da subscrição do Título (pagamento único — PU).

Todavia, sejam de que modo for, tais contribuições devem ser capitalizadas a uma bem determinada taxa para que, ao término do Contrato de Capitalização, esteja integralmente formado o capital garantido pela Sociedade.

Portanto, em primeiro lugar, cumpre calcular e determinar com precisão a taxa de juros para as contribuições, missão que exige dos atuários um cuidado particular.

Todo cuidado se impõe para a melhor aplicação desses grandes capitais levantados continuadamente, tanto mais quando os fatos econômicos não se mostrarem estáveis e sujeitos, a todo momento, a oscilações por vezes muito sensíveis. Se, por um lado, a taxa de juros que a Sociedade de Capitalização se compromete a pagar aos Titulares ou portadores de Títulos de Capitalização é calculada apenas em sua organização, a outra — a das inversões — deverá ser estudada a todo momento levando-se em justo apreço o panorama econômico da ocasião e a previsão de futuro próximo, a fim de ser transposta, sem prejuízos, uma crise de depressão que se apresente mais acentuada.

Disso se poderá deduzir que o risco assumido pela Sociedade de Capitalização está na razão direta da extensão do prazo de vigência do Contrato: quanto mais longo seja esse prazo, tanto maior será o risco. É interessante notar que os prazos mais curtos também determinam uma situação delicada para a Sociedade, que se vê forçada a uma inversão muito vantajosa, a fim de enfrentar compromissos de solução mais breve. O que permite afastar, na realidade, semelhante risco é a determinação exata (ou a mais perfeita possível) das taxas de juros referidas: uma taxa adequada às inversões de capitais representa, no complicado mecanismo da Capitalização, o feixe de molas que amortece os prováveis choques futuros, ocasionados pelo desnível dos fatos econômicos, das inevitáveis "baixas" que precisam ser vencidas sem danos para a Sociedade de Capitalização e, naturalmente, para os Subscritores de seus Contratos verificados nos Títulos.

9.3.9. DO VALOR DO RESGATE

No decurso do Contrato, esse crédito do Subscritor aumenta em consequência da produtividade da reserva e da permanência das contribuições, tendo-se aí o valor atual do Título, seu saldo credor, denominado valor do resgate que, pertencendo ao Subscritor, por esse poderá ser utilizado, se lhe aprouver a liquidação do negócio, como sobre o mesmo poderá levantar um adiantamento.

É de se salientar que o valor do resgate poderá ser igual ou menor ao montante dos pagamentos feitos, dependendo das características do produto, das Condições Gerais, da Modalidade e do tempo de permanência do cliente no Plano de Capitalização.

Valor do resgate é, de forma global, a massa de fundos constitutivos das reservas matemáticas pertencentes aos Subscritores de Títulos em conjunto. De tais reservas, a empresa que criou-as por força de imposições da técnica e da lei tem somente a posse com direito de dispor de semelhantes recursos em investimentos úteis, de garantia e emprego reprodutivo — faculdade e dever cujo exercício será tanto mais perfeito e feliz quanto maior for o descortino, a prudência, a experiência de seus administradores.

A natureza e o objetivo da reserva matemática nitidamente exprimem o sentido da magnitude e a importância de sua aplicação, fonte de inúmeros serviços, que à Capitalização se possibilita prestar à economia pública, criando riquezas, estimulando o trabalho e insuflando o progresso do país.

9.3.10. OFERTA E PROCURA DE CONTRATO DE CAPITALIZAÇÃO E O PAPEL DO CORRETOR DE CAPITALIZAÇÃO

A procura de Contratos de Capitalização e o afluxo de seus aderentes são produtos de conquista do agenciamento e representam o trabalho de produção da Sociedade de Capitalização.

A espontaneidade na procura, que se presume uma obediência a dever de ordem moral, verifica-se no decurso da vida das Sociedades, aumentando na proporção da notoriedade dos benefícios e das vantagens das operações.

Assim, mais complexo é o agenciamento da Capitalização, bem diverso de quaisquer outras atividades mediadoras de Corretores, agenciadores ou propagandistas.

O progresso do agente está sempre em relação direta com seu preparo e conhecimento perfeito do negócio que tiver em mãos. Vale dizer que é mister não se ater somente às categorias dos Planos de Capitalização e as suas respectivas tabelas, porém, elevar-se mais, penetrando o sentido e alcance dos Contratos de Capitalização, compenetrado de seu verdadeiro espírito.

A atividade deste agente ultrapassará, então, a de um mero intermediário entre a Sociedade de Capitalização e o Subscritor do Contrato. Será mais do que a de um produtor hábil, de um realizador de negócios, para investir esse dos atributos do missionário, que prega a virtude da previdência e propaga o hábito saudável da economia, cujos frutos a coletividade recolherá.

Desta sorte, o que oferece o Corretor de Capitalização é a defesa contra as incertezas dos dias vindouros, o amparo à velhice, o desconto de um sacrifício presente em favor do futuro de entes queridos. Enfim, a proteção econômica contra a imprevidência e a operação de tal ordem transcendem das coisas que constituem objeto de transações comerciais.

Por isso é necessário a esse Corretor ter fé em si próprio e fé na Sociedade de Capitalização que representa, conjunto de requisitos que asseguram êxito na profissão. Para inspirar confiança é preciso confiança.

Daí, a necessidade da Sociedade de Capitalização de organizar a personalidade do Corretor, facultando-lhe o necessário preparo para triunfar. Semelhante preparo não consiste unicamente na aquisição de conhecimentos, porém em saber melhor aplicá-los; conhecimentos que se apuram e fortalecem nas experiências, transformados assim em instrumento poderoso de trabalho.

Além de ser honesto e veraz, no que se funda sua probidade profissional, esse Corretor de Capitalização há de ter conhecimento do consumidor e conhecimento do produto.

Além do mais, recomenda-se que o Corretor seja persistente, mas não significa que deva insistir tenazmente, pois acabará por maçar o consumidor que finalmente o evitará. Deve, portanto, procurar o Corretor despertar no consumidor necessidade de que ele não se percebe, ou seja, de subscrever um Título de Capitalização, grande negócio.

Na concorrência industrial, nas competições comerciais, os agenciadores, na ansiedade de conquistar clientela, frequentemente tentam impor seus produtos, e, para tanto, procuram desmerecer os seus competidores, mentindo sobre as qualidades do que oferecem, inventando defeitos sobre os outros que lhes parecem torvar o caminho. Tal procedimento vai além da deslealdade e, pelo dolo e pela malícia de que investe, é mais do que a quebra da ética profissional, porquanto se configura na fraude e no delito.

O Corretor de Capitalização deve preservar a ética profissional dessa influência malfazeja, zeloso da rigidez das regras que o orientem na conquista dos Subscritores de Contratos de Capitalização, regras que lhe impõem, antes de tudo, ser honesto e veraz.

Dizer unicamente a verdade sobre o produto que intermedeiam ou agenciam e não fantasiar vantagens nem fazer promessas falazes, pois desse modo apenas iludiriam os portadores de Títulos, que, afinal, decepcionados, converter-se-iam em inimigos da Capitalização. Ruim para todos, afinal.

Em outras palavras: o instituto Capitalização perderia, assim, seu elemento primacial — o aderente —, que, integrado na sua estrutura, coopera na grande obra que a Capitalização desempenha.

No dizer de CAMPISTA FILHO (1949:42), não deve, pois, o agente desacreditar os Planos e Títulos das Sociedades congêneres, usando de tal procedimento para vencer-lhes a concorrência, porquanto equivaleria o insidioso assalto ao patrimônio moral e material da empresa criticada, e à tentativa de aniquilamento de seu trabalho e experiência que, em última análise, afetaria a toda a Capitalização, aviltando-a.

Em tal intermediação, a ética profissional não se compadece com semelhantes práticas condenáveis, que repugnam aqueles que desenvolvem suas atividades em trabalhos honestos e legítimos, compenetrados de que desempenham funções dignas do maior apreço.

9.3.11. CERTIFICAÇÃO TÉCNICA PROFISSIONAL

9.3.11.1. Recursos Humanos na Sociedade do Conhecimento[236]

As empresas brasileiras, que sempre basearam sua competitividade em vantagens comparativas dos fatores clássicos de produção (terra, capital e trabalho), enfrentam agora o desafio de incorporar o conhecimento como fator essencial do novo processo de produção e geração de riqueza. O mundo mudou e é preciso definir uma política industrial e comercial que aponte claramente aos setores essenciais para a inserção competitiva do Brasil na Sociedade do Conhecimento. Essas são mudanças impostas pela nova ordem econômica.

Nesse entendimento, há demanda crescente por profissões que não são oferecidas pelo sistema educacional brasileiro e que são supridas pelas grandes empresas do mercado pela implementação de suas universidades corporativas.

O foco do governo brasileiro para a formação de Recursos Humanos é equivocado, uma vez que prepara a pessoa para trabalhar apenas com ferramentas e não para pensar e raciocinar de uma forma mais ampla. A tecnologia tem um impacto muito forte no cotidiano das pessoas e deveria impactar também o sistema educacional como um todo. Não basta saber usar a tecnologia, é preciso pensar a tecnologia.

9.3.11.1.1. Mercado Competitivo

Os Departamentos de Recursos Humanos (RH) precisam dotar as organizações de pessoas qualificadas para o mercado competitivo — a adoção de ambientes educacionais nas empresas é uma forma que vem se mostrando eficaz nessa tarefa.

O sucesso profissional é um bom preparo para enfrentar o mercado de trabalho. As mudanças nas empresas, culturais e comportamentais, transformam também o perfil profissional.

A nova economia mundial não comporta mais o modelo de funcionário que tem uma única formação e que se preocupa apenas em manter um emprego bom

(236) Jornal *O Globo*, Economia, Quinta-feira, 20 de julho de 2006, p. 29.

e estável. A capacidade de absorver mudanças, a flexibilidade e a polivalência passaram a ser características essenciais. Todos nós somos empreendedores de nossa carreira.

Critica-se a falta de preparo que o país exibe ao ignorar a formação de mão de obra especializada ou qualificada para setores que, sabidamente, demandariam a contratação de profissionais capacitados, como o segmento de Capitalização, que é apontado como o grande impulso da economia nos próximos dez anos.

9.3.11.1.2. Competências Individuais

Esse abismo que existe entre o que se estuda na escola brasileira, principalmente na universidade, e que se pratica no ambiente profissional fez surgir com força no país as universidades corporativas, um "guarda-chuva" estratégico que estimula o desenvolvimento de competências individuais que darão suporte ao negócio da empresa. As empresas passam por uma crise de capital intelectual. É preciso ter qualidade na gestão dos serviços para que o produto seja bem percebido pelo cliente.

O empregado tem de ser um estudante permanente para se manter no mercado de trabalho. Não estamos falando de profissão, mas de ocupação. Precisamos flexibilizar, separar a formação profissional da formação de elite: não se forma uma elite apenas em salas de aula, é preciso investir no trabalho acadêmico.

Ressalta-se que há utilização das ferramentas da tecnologia no princípio das universidades corporativas, que entendem que o ensino se dá em qualquer lugar. E um bom exemplo de como essa iniciativa cresce a passos largos no país é o investimento que, por exemplo, a Petrobras fez na área de educação corporativa no ano passado: R$ 60 milhões — o mesmo valor que o governo investiu na educação técnica de segundo grau em todo o país.

O Brasil perde competitividade e negócios por falta de mão de obra especializada e qualificada. Não é só a infraestrutura que inibe o crescimento do Brasil. O "gargalo" da capacitação profissional é, talvez, mais preocupante, ao lado da prioritária busca do pleno emprego.

Neste ponto, vale a pena abrir um parêntese para lembrar que há uma Campanha Nacional pelo Pleno Emprego absorvendo o discurso da democracia social que propugna por níveis de desemprego inferiores a 4,5% da força de trabalho.

Ora, em 1988, sob o marco da redemocratização, a Assembleia Nacional Constituinte elaborou a Constituição da República e nela fez constar princípios e normas regedoras da ordem econômica e social, a Constituição Econômica, que, dentre outros dispositivos, prescreveu como diretriz a busca do pleno emprego, talvez até dispensável diante do prescrito nos Princípios Fundamentais da República, no *caput* do art. 6º da Constituição ou, mesmo, da Função Social da Propriedade. No entanto fez questão o constituinte de reafirmar o pleno emprego como direito econômico, e não apenas como social ou fundamento da nova ordem da república.

Pleno emprego representa a utilização, em altos graus, dos recursos produtivos de uma economia, associando-se, consequentemente, às ideias de desenvolvimento econômico e, potencialmente, social. Contudo o dinamismo socioeconômico inerente ao capitalismo e às perspectivas liberais contemporâneas impede o desenvolvimento sem desemprego, tornando as taxas negativas de desemprego ou o desemprego zero sinônimo de estagnação econômica. Assim, o pleno emprego, no contexto capitalista, pode ser atingido quando as taxas de desemprego apresentem-se em níveis representativos do uso das forças produtivas, promovendo o desenvolvimento econômico e mantendo o desemprego controlado por meio da intervenção do Estado na economia.

Presente no texto constitucional, o pleno emprego é, geralmente, associado ao Estado Social em oposição ao liberalismo e ao próprio capitalismo, mas sua origem keynesiana nega tal oposição e reforça a convivência do sistema capitalista e das concepções liberais com a intervenção estatal. É, portanto, o pleno emprego um princípio constitucional totalmente coerente com perspectivas liberais políticas ou econômicas. Sem a pretensão de rupturas políticas e institucionais, a concretização do pleno emprego representa a própria realização da ordem constitucional vigente, relegando a sua não concretização aos espaços de resistência à ordem jurídica atual[(237)].

Por outro lado, há de se reafirmar que, para sustentar um ciclo de desenvolvimento prolongado e atender a novas demandas por produtos e serviços, o país precisa formar grandes contingentes de mão de obra especializada em diversas áreas a curto prazo.

Um estudo do sociólogo e especialista em relações do trabalho JOSÉ PASTORE identifica falta de pessoas qualificadas, hoje, em mais de trinta carreiras.

---

(237) Ensina Renan Aguiar que "... A teoria constitucional há mais de um século debate a abrangência, a normatividade e a aplicabilidade da Constituição, temas correlatos que entre nós, a partir do prestígio da tese de José Afonso da Silva (1967), passou a ser, sob a perspectiva da aplicabilidade, reduzindo às ideias de eficácia jurídica plena, contida ou limitada, influenciando determinantemente o comportamento do Poder Judiciário. Na esteira de Canotilho, José Afonso da Silva classificou os dispositivos do art. 170 da Constituição como princípios políticos constitucionalmente conformadores, ou seja, princípios que explicitam valores fundamentais e devem, através da interpretação ou produção normativa (leis, atos normativos), ser observados. Tais princípios, incorporados à tese de José Afonso da Silva, são eficazes ao Poder Público, mas impossíveis de serem exigidos judicialmente, pois, como normas programáticas, seriam de eficácia limitada e, assim, dependentes de normas infraconstitucionais para sua aplicação", in *Constituição e pleno emprego*. Opinião, Rio de Janeiro: Tribuna do Advogado, 2007. p. 17.

Na sua avaliação, os problemas típicos de formação acadêmica são inflados pelo ritmo crescente das inovações tecnológicas, dos novos métodos de produzir e do aumento da concorrência(238).

Esse periódico noticia que qualquer surto de crescimento esbarra em uma séria falta de pessoal qualificado. Enquanto o Brasil forma cerca de 30 mil profissionais por ano na área de tecnologia da informação, por exemplo, a Índia formou, em 2006, 250 mil engenheiros.

Ademais, a retomada do crescimento econômico trouxe de volta o velho problema da escassez de profissionais qualificados no mercado de trabalho. Os setores mais atingidos são os que estão com demanda aquecida, como as indústrias de petróleo, mineração, material de transporte, tecnologia da informação, confecções de varejo. Também falta mão de obra especializada no agronegócio, principalmente no setor sucroalcooleiro.

Existem várias iniciativas em curso, mas, dizem alguns estudiosos do assunto, não eliminarão "apagão de mão de obra". Todavia, por exemplo, o Ministério da Educação lançou este ano um ambicioso plano de expansão das escolas técnicas federais. A meta era triplicar até 2010 as vagas oferecidas, passando das atuais 160 mil para 500 mil. E o Instituto de Pesquisa Econômica Aplicada (IPEA) também anunciou estudos para aperfeiçoar programas de qualificação e treinamento, na tentativa de aproximar as empresas dos centros de formação. Em países como Alemanha e Japão, o governo faz pesquisas que antecipam as demandas futuras de trabalhadores. Aqui, a qualificação é feita pela oferta de cursos, e não pela demanda das empresas.

Por seu lado, para reter trabalhadores especializados, as grandes empresas aumentaram os salários e ampliaram a concessão de benefícios. Outras criaram programas de qualificação e treinamento com recursos próprios. Nas escolas técnicas públicas e privadas, os formandos são disputados pelas empresas, por causa do seu maior problema — a escassez de operários altamente especializados.

9.3.11.1.3. Certificação Técnica Profissional dos empregados das Sociedades de Capitalização e de Corretoras, pessoas jurídicas

Nesse contexto, a Certificação Técnica Profissional, além de ser um mecanismo adequado para a efetiva especialização e qualificação dos empregados das Sociedades de Capitalização e das Corretoras de Capitalização, pessoas jurídicas, é uma das formas de resgate dos talentos das pessoas e que torna possível a participação de todos os representantes de diferentes níveis da organização na construção de um planejamento estratégico participativo.

---

(238) *Gazeta Mercantil*, 1ª Página e p. A-6, reportagem de André Borges, Simone Cavalcanti, Lígia Guimarães e Eduardo Campos, edição de 13 de fevereiro de 2006.

Essa Certificação Técnica Profissional pode ser usada nos programas de desenvolvimento de lideranças e contribui para o aumento do comprometimento dos empregados com as metas organizacionais. Nessa etapa, o Departamento de Recursos Humanos, ou seja, o RH de cada empresa, desenvolve um papel de grande importância.

A experiência tem mostrado que o papel dos gestores de pessoas é essencial para o sucesso na aplicação da Certificação Técnica eficaz, porquanto são eles que conhecem o potencial dos empregados e é esse conhecimento, além da sua capacidade articulação interna, que faz a diferença. Aliás, por outro lado, os gestores sabem que os empregados precisam estar com muito bom humor, bem-estar, energia, vitalidade, disposição — enfim, estar inteiros — para perceber a dimensão da vida. É evidente, em assim sendo, que os empregados se tornam mais complacentes, vivendo em permanente estado de alegria com mais tolerância e compaixão. Nesse estágio de espírito, farão bem espiritualmente também às pessoas mais próximas, bem como aos clientes, sejam internos ou externos.

Contudo não só o RH deve estar envolvido nesse processo, pois, quanto mais o alto escalão das organizações estiver engajado, mais eficaz será a implementação da Certificação.

Neste particular, do francês "*engajer*", engajamento remete a envolver e comprometer pessoas com uma causa que lhes traga significado. Aplicado ao mercado de Capitalização, significa a paixão por trabalhar neste segmento.

Como se sabe, em determinadas atividades, há pressão e estresse de todos os lados. Manter-se engajado, nesse caso, se transforma em desafio aos gestores de pessoas. Quanto mais quando se fala em atendimento ao público, do produto e de serviços[239], a forma de agir está relacionada ao nível de engajamento existen-

(239) O atendimento e a qualidade dos serviços perturbam a vida dos que escolheram viver no Brasil... Um grande desafio é tornar mais eficientes as relações de consumo para um público acostumado a ter seus direitos assegurados de forma rápida... A dificuldade de resolver um problema diretamente com o fornecedor é outro ponto apontado pelos residentes estrangeiros como bem da realidade nos países considerados desenvolvidos economicamente... Em Londres, o consumidor é sempre compensado (imediatamente). É raro ver um processo entre consumidor e empresa. Existe, mais não é como aqui: todo mundo indo ao Procon a toda hora... Há casos em que o transtorno se transforma em indignação.. Shawn Blore, jornalista canadense, encontrou um objeto estranho em uma pizza entregue em sua casa e diz não ter recebido sequer um pedido de desculpas. "Havia um dente em um dos pedaços. Fui até a pizzaria e o cozinheiro riu, me mostrou a boca dizendo que não era dele. Tive que discutir por 15 minutos até o gerente resolver devolver o meu dinheiro. No meu país, teria recebido um pedido de desculpas e pizzas grátis. Nos EUA, poderia abrir um processo e ganhar milhares de dólares. No Brasil, nada — desabafa Blore. Vivendo há apenas seis meses em São Paulo, o economista peruano Yves Berger recebeu um cartão de crédito o qual não solicitou. No dia seguinte, chegou o boleto para pagar a anuidade. Ele telefonou muito chateado, dizendo que queria processar o banco, porque nunca tinha visto isso. No banco informaram que precisava procurar a administradora do cartão para cancelá-lo. Recebemos com frequência queixas semelhantes. Na

te, por isso, engajar é a alma do mercado de Capitalização. Aliás, o grande desafio para engajar passa por manter a comunicação aberta, mesmo nos momentos difíceis. Por isso, a necessidade e a importância do treinamento para envolver pessoas.

Dessa forma, o trabalho de comprometer as pessoas pode ser muito facilitado se a seleção de profissionais for criteriosa. Isso significa, também, avaliação psicológica que identifica habilidade para lidar com situações que envolvea pressão e estresse.

O sucesso da Certificação Técnica pressupõe a participação das pessoas durante todas as etapas do processo. Uma coisa é certa, a Certificação Técnica Profissional dos empregados das Sociedades de Capitalização e das Corretoras de Capitalização, pessoas jurídicas, tem o potencial de trazer realização plena no ambiente de trabalho dos empregados. Para que isso aconteça, as pessoas devem experimentar três fenômenos. O primeiro é o que garanta a inclusão, no qual os empregados querem se sentir parte da organização. O segundo envolve o reconhecimento, pois as pessoas desejam ser reconhecidas pelos seus trabalhos. Já o terceiro é aquele que promove o aumento das responsabilidades, uma vez que permite uma maior participação do empregado nas decisões da empresa. Isso porque, de um modo geral, as pessoas desejam ser ouvidas. Quando isso acontece, as pessoas se comprometem com os resultados. Afinal, envolver as pessoas deve ser o sonho dos gestores, sobretudo do RH.

Similar formação técnica à do Corretor de Capitalização (pessoa física) e plena capacitação profissional devem ter todos os empregados e assemelhados das Sociedades de Capitalização e das Corretoras de Capitalização, pessoas jurídicas. É uma corrida que esses devem vencer por várias razões. Não só por aquelas há pouco citadas, mas principalmente pela fundamental: a perda de competitividade por ausência de especialização e qualificação. Não só entre os profissionais, não

---

maioria das vezes, indico o Procon e, se não resolver, o Juizado Especial Cível. A lei brasileira é muito desenvolvida nesse aspecto. Grover Calderón, presidente da Associação Nacional de Estrangeiros e Imigrantes no Brasil (Aneib). A legislação garante aos estrangeiros que vivem no país em situação regular os mesmos direitos dos consumidores brasileiros. Não há diferença na relação de consumo. A maior dificuldade, até para nós, brasileiros, é compreender nosso ordenamento jurídico. Uma das metas atuais do Sistema Nacional de Defesa do Consumidor é exigir que as empresas ajam da mesma maneira aqui e lá fora em questões como qualidade e segurança dos produtos. A obrigatoriedade dos freios ABS nos veículos, a partir de 2014, é um reflexo desse trabalho — explica Andrea Sanchez, diretora de Programas Especiais do Procon — SP. O presidente da Confederação Nacional de Dirigentes Lojistas (CNDL), Roque Pelizzaro Jr., reconhece que há muito o que fazer para melhorar o atendimento no comércio e no pós-venda... No Rio de Janeiro, a criação da Escola Municipal de Educação para o Consumo e da Câmara para Grandes Eventos são as apostas da prefeitura carioca para resolver mais rapidamente as queixas dos consumidores, sejam eles estrangeiros ou não. Na escola, os cursos on-line gratuitos também serão destindos aos fornecedores. Os empresários que receberem o treinamento poderão usar um selo em seus estabelecimentos, mostrando que estão aptos a oferecer um melhor atendimento, adianta Pablo Cerdeira, subsecretário do Procon Municipal. Cf. Jornal *O Globo*, Defesa do Consumidor, Domingo, 19.8.2012, p. 50

só no âmbito das empresas, no mercado, entre os mercados afins, mas o próprio país sofre com esse despreparo.

Decerto que o atingimento de plena capacitação técnica depende de um esforço conjunto e de uma articulação (ainda não verificada em todos os setores) entre governo e iniciativa privada.

Por seu lado, o CNSP e o órgão público controlador, regulamentador e fiscalizador, a SUSEP, respectivamente expediram normativos[240] determinando, gradualmente[241], a obrigatoriedade da Certificação Técnica Profissional de todos os empregados das Sociedades de Capitalização.

Nessa esteira, de acordo com as regras implementadas por meio da Resolução CNSP, e regulamentadas através de Circular da SUSEP, a Certificação Técnica deve ser aplicada a todos os empregados e assemelhados das Sociedades Seguradoras, das Sociedades de Capitalização e das Entidades Abertas de Previdência Complementar que atuem diretamente, e.g., na regulação e liquidação de sinistros, nos sistemas de controles internos, no atendimento ao público e na venda direta de produtos de seguros, Capitalização e previdência complementar aberta, principalmente.

Observa-se que as exigências feitas são praticamente as mesmas aplicáveis aos empregados das seguradoras, entidades abertas de previdência privada e sociedades de Capitalização.

A partir do início de 2012, se espera, somente poderão atuar nas atividades citadas pela norma os empregados certificados.

9.3.12. BENEFÍCIOS E VANTAGENS DA CAPITALIZAÇÃO

As vantagens e utilidades da Capitalização nitidamente se revelam desde a ideia inspiradora dessa forma de previdência até a máxima expansão de suas atividades.

---

(240) Pesquisar, p. ex., a Resolução CNSP 115, de 2004, e a Circular SUSEP 290, de 13 de maio de 2005, determinando, gradualmente, até 2010, a obrigatoriedade da Certificação Técnica Profissional de todos os empregados das Sociedades de Capitalização.

(241) Nesse compasso a então FENASEG lançou, ao final do ano de 2005, em parceria com a então ANAPP, o Sistema Eletrônico de Certificação Técnica. O objetivo foi atender às exigências do CNSP e da SUSEP no que tange à Certificação Técnica por Tempo de Serviço. Para isso foi criado um banco de dados que, desde o início de seu funcionamento, em dezembro de 2005, até o dia 31 de janeiro de 2006, quando os dados foram coletados, recebeu a inclusão de 4.438 registros com pedidos de Certificação. Pela então FENASEG foram 3.462 registros, e pela então ANAPP, 976. No mesmo período, a então FENASEG emitiu 1.772 Certificados por Tempo de Serviço, e havia ainda 1.647 requerimentos a serem validados. Naqueles dois meses de funcionamento, apenas 43 requerimentos foram negados pela Federação. Na área de Atendimento ao Público foram conferidos para as empresas de seguros 1.111 Certificados por Tempo de Serviço, enquanto para as de Capitalização, nessa mesma área, os Certificados chegaram a 112. Na parte de Regulação de Sinistros de Automóvel foram 1.092 Certificados emitidos e na Regulação de Sinistros de outros Seguros, 562; na área de Controles Internos foram 416; em Venda Direta em Seguros o total chegou a 159 Certificados e em Capitalização foram conferidos 10.

Além de capitalizar as importâncias recebidas, ou seja, as contribuições, as Sociedades de Capitalização obrigam o Subscritor à reserva sistemática, geralmente mensal, oferecendo em troca de sua perseverança vantagens referentes a um reembolso antecipado (mediante sorteio) do capital subscrito, participação nos lucros da Sociedade, empréstimos etc. Operando por meio de Contratos de Capitalização, essas Sociedades congregam, pela massa dos portadores dos respectivos Títulos de Capitalização, elevadíssimo número de indivíduos perseverantes que reciprocamente se beneficiam, realizando o mais perfeito e engenhoso Plano de Economia racional, bem como, por outro lado, buscando ou mantendo, pois, a sua saúde financeira.

A produtividade dessas pequenas reservas recolhidas de uma multidão de Subscritores torna-se possível dado o montante a que elas atingem, constituindo mesmo a tarefa máxima de Sociedade, de vez que é preciso colocar habilmente esses grandes capitais formados, aliás, sob fiscalização do governo e de acordo com dispositivos legais.

As Sociedades de Capitalização, ao realizarem as operações formativas de capitais para seus aderentes, desdobram outro aspecto dos desígnios da Capitalização. Este deriva da aplicação da massa de valores arrecadados, do emprego reprodutivo das pequenas quantias que afluem em grande número, resultando em fomento e progresso das atividades criadoras de riquezas, portanto em benefício da economia pública e privada.

É incontestável o benefício que as Sociedades de Capitalização prestam à coletividade. Elas vão buscar na economia popular as pequenas contribuições individuais, que, em tese, de nada serviam, para transformá-las em assás colossais de dinheiro, movimentando e fecundando as indústrias e o comércio, criando empresas novas, desenvolvendo crédito e aumentando o bem-estar da população.

Realmente, uma empresa que faz os portadores de seus Títulos de Capitalização participarem dos sorteios periódicos, nos quais podem ser reembolsados da soma garantida, se o Título for premiado, que lhes fornece essa soma, ao fim de certo prazo, se o Título não sair em nenhum dos sorteios anteriores, e lhes concede, após determinado prazo, se quiser rescindir o contrato, somas progressivas e relativas ao tempo decorrido, representa para a economia particular verdadeira utilidade.

Sem dúvida, como já se disse alhures, a finalidade da Capitalização é de formar economias, mas para tanto faz-se mister a aplicação hábil e prudente das contribuições dos pretendentes ao capital futuro.

Arrecadando continuadamente e constantemente invertendo vultosas somas em meios idôneos, a Capitalização realiza, nos países em que opera, duas obras de agigantado alcance social: de um lado, estimula a economia particular e, de outro, contribui para a solução de problemas financeiros do próprio país, atendendo a melhoramentos públicos, concedendo financiamentos para realizações de interesse coletivo e concorrendo em larga parcela para a Receita Pública (SCIOTTI, 1948:16).

Daí, seu evidente benefício, vantagem e utilidade a patentear-se em dois Planos que, embora distintos, são interdependentes, existindo um em função de outro; sendo o primeiro aquele em que se formam os capitais destinados ao homem previdente, em benefício, portanto, da economia privada, e, segundo, mais elevado, o da inversão dos valores acumulados, já então em favor em última análise da economia pública, constituindo fator de interesse para as finanças do país. A Capitalização desempenha, portanto, um duplo papel de grande repercussão.

Realmente as Sociedades de Capitalização preenchem as suas magnas finalidades executando um Plano econômico *sui generis*, dadas as características das vantagens e garantias que somente elas oferecem.

A ideia inspiradora da Capitalização foi a de constituir recursos às classes populares, favorecendo a economia pela aplicação das mínimas importâncias e, aí, sua primeira utilidade, fazendo aproveitar, em tese, o inaproveitável para atender às necessidades próprias do viver.

Essas necessidades, frequentemente dificuldades de vida, necessidades de pequenos dinheiros, devem ser discretas pelo pudor de sua fraqueza, sob pena de consumir a quem por elas passar, porque sua exibição levaria o imprevidente a resvalar para a caridade ou escravizar-se na dependência econômica. Tais angústias são, entretanto, evitáveis, podendo cada um prevenir-se e acautelar-se na medida de seus recursos (CAMPISTA FILHO, 1949:36).

Todo homem age aos impulsos de necessidades que se extremam na atração ao prazer, ao bem-estar e no pavor ao sofrimento, às privações. A velha sabedoria dizia que ele é quem faz o seu próprio destino, e a ciência oferece-lhe instrumentos de previdência construídos das lições da experiência, postos ao serviço do homem, para que se previna do mal e conquiste o bem, dentre esses, a Capitalização, que lhe oferece tantas formas adequadas aos seus recursos e à índole de seus propósitos.

Ora, segundo o citado doutrinador, nenhum pai, ao nascimento de um filho, deixa de se preocupar com seu futuro e, se institui um Título de Capitalização em seu favor, será a bênção econômica a acompanhar o batismo da criança, à custa de pequeno sacrifício, suportável no seu orçamento doméstico. Se o fizer mediante um Título saldado — a Prêmio Único —, ele compra, também, sua tranquilidade, porque se quitou da perseverança indispensável à realização de seu desejo. A criança cresce, o Título vai adquirindo valor de resgate cada vez maior no decurso do tempo. Já existe um crédito ao beneficiário, as contribuições vão se incorporando à vultosa massa para trabalho das reservas matemáticas, concorrendo, desta sorte, à poderosa força que, sendo o grande sentido da Capitalização, é a garantia do capital instituído e, então, o jovem ao ingressar na profissão escolhida, recolherá os frutos da bênção econômica, que desceu sobre seu berço, sentido-a, muitas vezes, transformar-se nas armas para a luta da vida.

Já se sabe, pontua o autor, que a dor e o sofrimento são as reservas da velhice, esse prelúdio da morte, onde a capacidade de trabalho esgotada já não fornece meios à sua mitigação, o "irreparável ultraje dos anos" não é mais que um princípio de decomposição, e o homem sente na privação o desespero do irremediável. Mas aquele que foi prudente, que "vigiou, por não saber o dia nem a hora" no dizer das Escrituras, encontra o bálsamo com que aliviar o sofrimento, o imprescindível econômico, capaz de fazer da última estância da vida um suave crepúsculo.

Na história da existência humana, ensina CAMPISTA FILHO (1949:38), todas as circunstâncias têm seu aspecto econômico, e o lenitivo às suas angústias, como elemento de equilíbrio às perturbações, decorre também do econômico.

A previdência deduz sua teoria em muitas formas que as Sociedades de Capitalização proporcionam ajustando-se às intenções e aos propósitos de cada indivíduo, e adaptando-se à sua situação pecuniária. Todavia não basta guardar, economizar, no sentido de uma cumulação. É indispensável saber reservar ou economizar em condições assecuratórias dos intuitos que movem esse espírito acautelador. Se o capital é trabalho acumulado como se o tem definido, esse trabalho não deve se estagnar no ato de guardar, pois aspira por força à expansão. O capital tem seiva reprodutiva, só despertada pelo emprego e pela aplicação, tanto mais eficiente quanto sabiamente conduzido pela técnica e habilidade das inversões, afirma o doutrinador.

A Capitalização, vitalizadora das importâncias mínimas, representa essa técnica, não sendo jamais o entesouramento, que é tão nocivo à economia pública, como seu oposto, o desperdício. O entesouramento, acumulação do avarento, ensina esse autor, subtrai o capital do movimento, da aplicação remuneradora, tornando-o estéril, e o desperdício, por impedir seu aproveitamento, perde-se na improdutividade, fomentando o encarecimento da vida. Afigura-se que, se são opostos em suas formas, são iguais nas consequências. Aliás, cabe lembrar, o dinheiro do avarento tanto como o do perdulário é sempre estéril.

Nesse sentido, SÊNECA, filósofo romano, afirmava que "ao avarento, tanto lhe falta o que tem como o que não tem, porque o luxurioso gastador de muitas coisas carece, mas o avarento guardador carece de todas".

A economia que consistir em encofrar, assegura CAMPISTA FILHO (1949:39), somente se destina a um enriquecimento estéril — enquanto a disciplinada, regular, não se isolando, visa à aplicação reprodutiva, tal como acontece com as reservas da Capitalização, cujas inversões são criadoras de novas riquezas: maravilhosos benefícios e vantagens da Capitalização.

CAPÍTULO X

MEIOS ALTERNATIVOS DE SOLUÇÃO DE CONFLITOS NOS CONTRATOS DE CAPITALIZAÇÃO

10.1. CONSIDERAÇÕES INICIAIS

Poucos têm em exata dimensão a importância dos mercados de Capitalização, de seguros, de previdência complementar aberta no mundo econômico-social moderno; mais do que meio de preservação do patrimônio e proteção às pessoas, tornaram-se instrumentos fundamentais de crescimento e desenvolvimento.

Esses mercados, mais uma vez, confirmaram a tendência consistente de fortalecimento, ao registrar crescimento de altos percentuais no volume agregado de suas receitas e no aumento gradual na participação global do faturamento do setor de Capitalização no PIB brasileiro.

Ainda há espaço para crescimento, especialmente nas novas modalidades de Contrato de Capitalização, ou seja, por causa da segmentação desse setor, bem como há crescimento ainda nas áreas de previdência e vida, posto que, notadamente, a diversificação é um dos motivos do avanço do ramo vida.

Graças! Estamos vendo isso agora.

Estimuladas pelas discussões em torno da reforma da previdência social, as contratações de planos de previdência complementar aberta somaram um crescimento pujante. Este caminho foi pavimentado pelas contratações de VGBL, Plano lançado em 2002, e do PGBL, lançado em 1999.

Aliás, vale rememorar historicamente que a atividade securitária representava, no início desta década, 1,34% do PIB. Em 1994, superou, pela primeira vez, a marca de 2% do PIB, chegando a 2,11 %, ou US$ 5,2 bilhões. Infelizmente, contrapondo a países como Japão, Estados Unidos e Alemanha, o seguro corresponde a nada menos dos 10% das economias locais.

Com esses números, o mercado segurador brasileiro confirmou sua condição de segmento de maior taxa de crescimento na formação de poupança em toda a economia brasileira.

Mas, apesar de todo esse volume da expansão do mercado nacional, ainda tem-se um longo caminho a percorrer. Basta dizer que, enquanto os norte-americanos gastam em média US$ 1.250 por ano em seguros, os brasileiros aplicam apenas US$ 9,00. Isso porque o seguro movimenta bilhões de dólares anualmente, gerando riquezas e milhares de empregos em todo o País. Além do que mais de 50% de tudo o que é pago às seguradoras volta para o bolso dos segurados.

Todavia, assim como nos bons tempos, os investimentos positivos se espalham pelos mercados afora, como o que estamos vivendo; atualmente, a mesma coisa ocorre com os efeitos negativos da morosidade(242) do Poder Judiciário, que atingem fortemente as economias, principalmente as que estão em fase de transição, como as do Brasil.

Por isso, outros patamares e níveis, certamente, no futuro, em curto prazo, serão alcançados com o desenvolvimento dos processos tecnológicos e a maior consciência da importância e da necessidade de proteção que a atividade securitária representa para o homem, para a sociedade e suas instituições; bem como com a previsão e solução desburocratizada, eficaz e eficiente de conflitos contratuais, de conseguinte, alimentando a necessária credibilidade no mercado de Capitalização, bem como no segurador e no de previdência privada aberta.

No universo desses negócios, as disputas e os conflitos surgem quase diariamente.

Muitas vezes, por razões diversas, as pessoas são incapazes de resolver as suas diferenças.

O que fazer?

Levar o caso ao Judiciário?

Porém, como sabemos, a via judiciária é cara, lenta, perturbadora e rígida no processo.

---

(242) A morosidade é a demonstração da sempre crise do Judiciário. Aliás, há muito convivemos com um Poder Judiciário ineficaz, não satisfatório, em face da morosidade de suas decisões e da forma como são prolatadas. Alardeados como solução para a morosidade da Justiça, os juizados especiais, aos poucos, tornam-se mera cópia da Justiça comum, inchados e vagarosos. Vejam só. Um juiz estadual moveu ação contra um fabricante de veículos em juizado especial cível no Rio de Janeiro e ganhou. A empresa recorreu. Ao buscar informações sobre o processo, descobriu que o recurso aguardava, junto de outros 4.500, na fila de distribuição para um dos juízes da turma de recursos. Tal quadro agravou-se em demasia em virtude das sequentes crises econômicas e sociais que assolam o nosso país, gerando uma quantidade enorme de interferência no direito individual e coletivo. O Poder Judiciário, como não poderia deixar de ser, sofre com este panorama, que reflete um excesso de ações, prejudicando a qualidade do julgamento e a imediata resolução dos problemas.

As razões econômicas normalmente exigem uma solução rápida para que a vida de trabalho e do negócio voltem ao normal.

Contudo, no País, casos sem relevância atolam o Supremo. Os ministros recebem até processos relativos a furto de galinhas(243). Qualquer problema de aluguel, batida de veículos, juros no cartão de crédito, corte de água, luz, telefone, nome no SPC, plano de saúde, indenização de seguro, resgate de valor do título de capitalização etc., vai para e pára e lá para e se avoluma.

E tudo isso tem um custo social muito alto. Quem paga a justiça lenta, na maioria das vezes, não participa dos conflitos: o contribuinte.

Temos conhecimento de que R$ 115 bilhões, cerca de 15% do PIB, são perdidos por ano na morosidade e, pasmem, o Poder Judiciário não atende nem a 15% da população brasileira(244).

Por essa e por outras, os consumidores, os clientes, os usuários, os gestores, acionistas e sócios de empresas devem tomar consciência de que existem opções para a solução de conflitos que oferecem alternativas menos custosas, mais flexíveis e por vezes mais eficazes que a via do contencioso judicial.

---

(243) Um estudo sobre os julgamentos do Supremo Tribunal Federal (STF) e de cortes supremas de outros países revela que a mais alta instância do Judiciário brasileiro está afogada em ações. Em 2005, enquanto os nove ministros dos Estados Unidos bateram o martelo em uma média de 7,25 processos por mês, os 11 ministros brasileiros concluíram 284,1 causas por dia. Apesar de abissal, a diferença numérica pode ser explicada de forma simples: em outras cortes, podem-se arquivar, antes do julgamento, ações consideradas irrelevantes para a sociedade como um todo. A mesma regra vigora no Brasil, mas é aplicada com parcimônia. Até um caso envolvendo furto de galinhas já foi enviado para a análise dos ministros do Supremo. Por isso, em vez de se concentrar em processos importantes, o STF acaba mergulhando em ações menores. Autor do estudo, o jurista Luis Roberto Barroso considera que a demanda numerosa do STF prejudica "o tempo para reflexão, estudo e maturação de ideias, sobretudo nas matérias complexas e polêmicas". A conclusão do advogado é fatal: "Penso que a viabilidade operacional do Supremo Tribunal está em risco e é preciso buscar uma solução de algum grau de radicalidade", escreveu. Como, por exemplo, o uso efetivo da chamada repercussão geral — mecanismo pelo qual o STF pode arquivar processos sem julgá-los, quando o tema tratado não representar o interesse de parcela significativa da sociedade. Isso diminuiria a demanda do STF e faria com que a Corte se concentrasse apenas em casos relevantes e conflitos constitucionais. Boa parte dos 11 ministros do tribunal concorda com a sugestão. Mas, apesar de estar em vigor desde o início do ano, repercussão geral ainda é usada timidamente na Corte. Até hoje, nenhuma ação foi barrada pelo mecanismo. Em 2005, a Suprema Corte americana recebeu 8.521 processos e julgou 87. O restante foi arquivado sem ao menos ter o mérito examinado. Lá, quando não se trata de tema constitucional, o tribunal nem examina o caso. No mesmo ano, o STF recebeu 95.212 ações e julgou 103.700; dessas, uma parte se refere aos processos que ingressaram naquele ano e outra, ao montante de casos que se acumulam todos os anos no tribunal. É crescente a quantidade de casos julgados pelo STF. Em 2006, a marca chegou a 110.284. Neste ano, conforme registros feitos até o último dia 20, o tribunal concluiu 140.500 julgamentos. Até dezembro, dezenas de ações estão pautadas para julgamento. Deve-se bater o recorde histórico no total de ações concluídas em um ano, cf. jornal *O Globo*, O País, domingo, 25 nov. 2007, p. 10.

(244) Como reafirmou, em sua sabatina, o ministro indicado para o STF, ANTONIO CEZAR PELUSO.

É hora de tirar do Judiciário o volume absurdo de ações sobre direitos patrimoniais disponíveis (direitos que admitam transação) e passá-lo para a justiça alternativa. É preciso que criemos essa mentalidade, pois a única saída para a justiça, enquanto instituição, é a justiça privada[245].

De fato, nós temos duas vias: de um lado, o Judiciário lento, um paquiderme que não há quem o faça andar, onde se entra, mas é difícil sair (não é só falta de acesso à justiça, mas de "saída" da justiça); e, de outro, a justiça alternativa.

Somos sabedores de que em nenhum país do mundo a justiça é ágil, mas lá a consciência do povo é mais madura. De modo que, quem quer uma solução vai para a justiça alternativa, quem não quer vai para o Judiciário.

A lentidão de feitos judiciais é duplamente negativa: prêmio para os acusados ou devedores e um castigo para quem deveria ter o amparo da lei.

Contudo, sabe-se que a culpa não é só do Judiciário. Existem leis cheias de recursos, formalidades etc. além de poucos juízes. Cerca de 30% dos cargos de juiz no Brasil estão vagos e em alguns Estados da Federação esse número chega a 50% (os magistrados em atividade acumulam o trabalho nos postos vagos).

Note bem, no Brasil, há um juiz para cada 26 mil pessoas enquanto na Alemanha, um para 3.400; na França, um para 7 mil; e na Argentina, um para 9 mil[246]. Aqui, um juiz julga, em média, uns 40 mil casos ao ano, na Alemanha, 600.

---

(245) Como fonte na expiração e crédito na justiça privada houve a criação da 1ª Câmara Setorial para Solução de Conflitos no Mercado Segurador Brasileiro em Vitória (Que seja uma vitória!) no Espírito Santo; também a instituição da 1ª Ouvidoria, estruturada pelo GRUPO BRADESCO DE SEGUROS. Atualmente, por determinação normativa, é fomentada a instituição de ouvidoria em Sociedades que operam com a atividade securitária. Ademais, a justiça privada passou a ser tema de seminários em algumas capitais e de um *workshop* na 2ª CONSEGURO, da qual participei como debatedor. Sem sombra de dúvida, foi um prazer enorme participar desse evento para expor e defender um dos temas mais apaixonantes do Direito que se prende aos meios alternativos de solução de conflitos, em que se inserem, entre outros, a negociação, a ouvidoria, a mediação, a conciliação e a arbitragem (e também o Termo de Ajustamento de Conduta), justo em virtude da incapacidade do Estado moderno em dar solução rápida e eficaz aos conflitos emergentes no meio social.

(246) **Em outros países, cortes supremas julgam pouco.** Na Espanha, juízes receberam 9.476 ações e julgaram 312. O levantamento de processos nas supremas cortes da Alemanha e da Espanha e da Espanha também revela que apenas um pequeno percentual de ações protocoladas são julgadas por ano. Em 2005, o tribunal alemão recebeu 4.967 processos e julgou 301. Na Espanha, das 9.476 ações que chegaram à Suprema Corte no mesmo ano, 312 foram concluídas. A situação do Brasil é singular mesmo em comparação a outro país da América Latina. No Chile, dos 7.481 recebidos em 2005, 6.231 foram julgados. A avalanche de ações que chega ao STF reflete uma legislação que permite recursos a mais alta corte de justiça em praticamente todos os casos. Recentemente, o Estado do Paraná recorreu ao Supremo contra o resultado de um teste físico para selecionar novos policiais, com detalhe sobre quantas flexões cada candidato teria executado. O ministro Marco Aurélio Mello se recusou a julgar o caso. Antes de tomar essa decisão, precisou dedicar-se à leitura do processo. — O Estado deveria dar o exemplo. Hoje, 70% dos recursos que recebemos são do poder público. Alguma coisa está errada — alerta o ministro. **"Somos estivadores com essa carga de**

Só em 2001, o STF julgou algo próximo de 110 mil casos. Já em 2005, enquanto nove ministros dos EUA "bateram o martelo" em uma média de 7,25 processos por mês, os 11 ministros brasileiros concluíram 284,1 causas por dia, ou seja, o STF recebeu 95.212 ações e julgou 103.700. A propósito, em 2000, ingressaram no Supremo 105.307 processos. Como lançado em 2001, não foi diferente, o STF recebeu 110.771 e julgou 109.692 processos, ou seja, cada um dos 11 ministros teve que despachar 17.100 vezes. São cerca de 85 despachos por dia. E não parou por aí; em 2002, o STF recebeu 160.453 e julgou 83.097 processos; em 2003, protocolaram 87.186 e a Suprema Corte fez julgamento de 107.867; em 2004, recebeu 83.667 e julgou 101.690 ações; em 2005, o STF recebeu 95.212 e julgou 103.700 autos; em 2006, recebeu 127.535 e houve julgamento de 110.284 processos; em 2007, recebeu 119.324 feitos e julgou 159.522; em 2008, recebeu 100.781 e julgou 130.747; e em 2009, o STF recebeu 84.369 e fez julgamentos de 121.316 processos.

Portanto, como se vê, é crescente a quantidade de processos recebidos e casos julgados pelo STF. Aliás, ainda em 2010, a Suprema Corte recebeu 71.670 e concluiu 103.869 julgamentos. Já em 2011, o STF autuou 64.018 e julgou 97.380. E, conforme registros feitos[247] em apuração dos dados de 2012 atualizados até 30 de abril, 18.163 processos foram autuados e 24.483 já julgados, conquanto

---

processos." Marco Aurélio reclama que, com tantos processos para julgar, não sobra tempo para se dedicar muito a causas de impacto para a sociedade. — É frustrante para um juiz que entende o ofício como indelegável. Somos verdadeiros estivadores com essa carga de processos. Não dá tempo de burilar o voto — protesta o ministro. Seu colega Carlos Ayres Britto concorda. Ele é relator da ação que contesta o uso de células-tronco embrionárias em pesquisas científicas — um tema que aguardava julgamentos havia mais de dois anos. Segundo o ministro, apesar da relevância do caso, a ação ainda não foi levada ao plenário devido aos muitos outros processos que estavam na fila para entrar na pauta. — Aqui é ação demais. Faço uma prece todos os dias a Deus: não nos deixeis cair em tanta ação. O ideal seria que cada ministro não julgasse mais que 200 ações por ano. Trabalho 12, 14 horas por dia e fico torcendo por um feriadão para ter chance de me dedicar a processos mais complicados — conta, cf. Jornal *O Globo*, O País, domingo, 25 nov. 2007, p. 10.

(247) **Movimento Processual nos anos de 1940 a 2012.** Dados de 2012 atualizados até 30 de abril.

Movimentação STF	2010	2011	2012*
Proc. Autuados	71.670	64.018	18.163
Proc. Distribuídos	41.014	38.109	9.836
Julgamentos	103.869	97.380	24.483
Acórdãos publicados	10.814	14.093	3.529

Movimentação STF	2000	2001	2002	2003	2004	2005	2006	2007	2008	2009
Proc. Protocolados	105.307	110.771	160.453	87.186	83.667	95.212	127.535	119.324	100.781	84.369
Proc. Distribuídos	90.839	89.574	87.313	109.965	69.171	79.577	116.216	112.938	66.873	42.729
Julgamentos	86.138	109.692	83.097	107.867	101.690	103.700	110.284	159.522	130.747	121.316
Acórdãos publicados	10.770	11.407	11.685	10.840	10.674	14.173	11.421	22.257	19.377	17.704

Movimentação STF	1990	1991	1992	1993	1994	1995	1996	1997	1998	1999
Proc. Protocolados	18.564	18.438	27.447	24.377	24.295	27.743	28.134	36.490	52.636	68.369
Proc. Distribuídos	16.226	17.567	26.325	23.525	25.868	25.385	23.883	34.289	50.273	54.437
Julgamentos	16.449	14.366	18.236	21.737	28.221	34.125	30.829	39.944	51.307	56.307
Acórdãos publicados	1.067	1.514	2.482	4.538	7.800	19.507	9.811	14.661	13.954	16.117

dezenas de ações ainda restam a ser pautadas para julgamento. Deve-se bater recorde histórico após recorde histórico no total de ações concluídas em um ano. Todo ano é a mesma coisa.

Pior ainda para os cidadãos que precisam do julgamento do STF é a saída que a Suprema Corte encontrou para o grande volume de processos: o julgamento por atacado, por série. Esses chamados julgamentos por atacado são corriqueiros. Geralmente, de agravos idênticos sobre assuntos já decididos.

Assim, para atingir o anseio da sociedade por uma Justiça mais rápida[(248)], o Judiciário tem que passar por uma reforma do sistema processual, como disse o ex-presidente do STF, o ministro aposentado doutor MAURÍCIO CORRÊA, até para afastar a facilidade que os advogados têm para ingressar com recurso no STF, abarrotando a Corte.

Movimentação STF	1980	1981	1982	1983	1984	1985	1986	1987	1988	1989
Proc. Protocolados	9.555	12.494	13.648	14.668	16.386	18.206	22.514	20.430	21.328	14.721
Proc. Distribuídos	9.308	12.853	13.846	14.528	15.964	17.935	21.015	18.788	18.674	6.622
Julgamentos	9.007	13.371	15.117	15.260	17.780	17.798	22.158	20.122	16.313	17.432
Acórdãos publicados	3.366	3.553	4.080	4.238	5.178	4.782	5.141	4.876	4.760	1.886

Movimentação STF	1970	1971	1972	1973	1974	1975	1976	1977	1978	1979
Proc.Protocolados	6.367	5.921	6.253	7.093	7.352	8.775	6.877	7.072	8.146	8.277
Proc. Distribuídos	6.716	6.006	6.692	7.298	7.854	9.324	6.935	7.485	7.815	8.433
Julgamentos	6.486	6.407	6.523	8.049	7.986	9.083	7.565	7.947	8.848	10.051
Acórdãos publicados	3.328	3.491	3.926	4.340	4.459	3.913	3.377	3.741	3.755	3.554

Movimentação STF	1960	1961	1962	1963	1964	1965	1966	1967	1968	1969
Proc. Protocolados	6.504	6.751	7.705	8.216	8.960	8.456	7.378	7.614	8.612	8.023
Proc. Distribuídos	5.946	6.682	7.628	8.737	8.526	3.929	7.489	7.634	8.778	10.309
Julgamentos	5.747	6.886	7.436	6.881	7.849	6.241	9.175	7.879	9.899	9.954
Acórdãos publicados	4.422	7.000	7.317	7.316	7.511	5.204	6.611	6.479	6.731	5.848

Movimentação STF	1950	1951	1952	1953	1954	1955	1956	1957	1958	1959
Proc. Protocolados	3.091	3.305	3.956	4.903	4.710	5.015	6.556	6.597	7.114	6.470
Proc. Distribuídos	2.938	3.041	3.572	4.623	4.317	4.686	6.379	6.126	7.816	7.440
Julgamentos	3.371	2.917	4.197	4.464	3.933	4.146	4.940	6.174	7.302	8.360
Acórdãos publicados	3.395	2.217	2.476	3.388	4.474	3.730	3.794	5.251	6.400	7.980

Movimentação STF	1940	1941	1942	1943	1944	1945	1946	1947	1948	1949
Proc. Protocolados	2.419	2.629	2.496	2.480	2.584	3.422	2.415	2.773	2.729	3.335
Proc. Distribuídos	2.211	2.503	2.310	2.281	2.324	2.566	2.246	2.430	2.569	3.705
Julgamentos	1.807	2.265	2.447	2.355	2.321	1.860	1.819	2.565	2.988	3.269
Acórdãos publicados	1.469	2.105	2.238	2.111	2.001	1.801	1.251	1.992	2.079	2.758

Obs.: Protocolados: A partir de 17.10.2009, os processos deixaram de ser protocolados e passaram a ser diretamente autuados. Os dados inseridos a partir dessa data são referentes à quantidade de processos autuados. Julgamentos: Engloba decisões morocráticas (despachos) e decisões colegiadas (acórdãos). Fonte: Portal de Informações Gerenciais do STF.

(248) A Justiça do Rio de Janeiro como um todo custa cerca de R$ 6 milhões por dia. Segundo o ex-presidente do TJ RJ, p. 12, O País, Sexta-feira, 24 de novembro de 2006. Munido de estatística, o ex-presidente do TJ informou que em 2005, sem o recesso, o Poder Judiciário fluminense julgou 62 mil ações a mais apenas na primeira instância. Na segunda instância, disse o ex-presidente, foram julgados 13 mil recursos no mesmo período. Nesse sentido, ele afirmou: se a Justiça pode parar integralmente um mês, ela não é necessária, assegurando sua posição contrária à permanência do recesso.

Outra saída apontada pelo ex-presidente do STJ, o ministro NILSON NAVES, é a necessidade de aplicação de multas severas em autores de processos e advogados que recorrem às instâncias superiores somente para protelar sentenças.

Admite também o ex-presidente do TST, ministro FRANCISCO FAUSTO, que a única saída é a adoção da súmula vinculante(249), que uniformiza sentenças em processos sobre os mesmos assuntos ainda nas instâncias inferiores. Da mesma forma como está o Judiciário hoje, o único caminho é o julgamento por atacado, a fim de evitar a paralisação completa devido por causa do número excessivo de processos.

Só para se ter uma ideia do motivo pelo qual os Tribunais estão no limite de sua capacidade. Sejamos vejamos.

Em 1940, o Brasil tinha 40 milhões de habitantes e a Suprema Corte julgou 1.807 processos. Quando éramos 90 milhões em ação (Copa de 70), o mesmo Supremo Tribunal Federal julgou cerca de 6.500 casos. Em 1990, logo depois da Constituição de 1988, que buscou desafogar a pauta, julgou aproximadamente 17

---

(249) **Grau propõe reforma na legislação do país.** Outro ex-integrante do STF, o então ministro Eros Grau acredita que o Tribunal só passará a ter menos demandas quando houver uma reforma profunda na legislação brasileira. Para ele, além de assuntos constitucionais, o Supremo deveria julgar também ações penais. — Se houver uma reforma da Constituição e das leis, a função do Supremo deverá ser aprimorada — diz. **AMB: existem instrumentos para agilizar.** Súmula vinculante é um dos mecanismos ainda pouco usados. O presidente da Associação dos Magistrados do Brasil (AMB), Rodrigo Collação, propõe a utilização mais frequente da repercussão geral e da súmula vinculante como formas de otimizar o trabalho do STF. Conforme o primeiro mecanismo, a Corte pode se recusar a julgar uma ação que tenha como tema algo irrelevante para a sociedade como um todo. Como, por exemplo, ações de interesse meramente individuais. Já a súmula vinculante obriga os demais tribunais do país a seguir a mesma orientação do Supremo no julgamento de uma causa já decidida inúmeras vezes pela Corte. Os dois instrumentos estão em vigor, mas são poucos usados. **"É preciso parar de mandar causas já julgadas."** Com isso, o STF não precisaria julgar o mesmo assunto várias vezes e ainda conseguiria tempo para ações de fato importantes para o país. Para Collaço, o Supremo deve se dedicar apenas a temas constitucionais. — Com a súmula vinculante e a repercussão geral, o Supremo poderia diminuir o número de julgamentos e dedicar mais tempo a questões de grande relevância. Temos que ficar na média internacional e julgar entre cem e 150 casos por ano. É preciso parar de continuar mandando para o Supremo causas já julgadas por outras instâncias e pelo próprio tribunal. O Supremo precisa se concentrar em temas constitucionais — explica Collaço, p. ex., uma das ações que aguardava o julgamento do STF, em meio a milhares de processos, é a que reivindica para as mulheres grávidas de fetos anencéfalos (sem cérebro) o direito de abortar. Segundo pareceres de especialistas no assunto, é nula a chance de sobrevivência de um bebê com essa deficiência. **Casos importantes parados em meio a ações esdrúxulas.** Outro caso que ficou relegado às prateleiras do Supremo é a briga entre a polícia e o Ministério Público pelo direito de investigar. Os policiais alegam que as investigações devem ser conduzidas exclusivamente por eles. Já os promotores e procuradores da República querem ter o direito de continuar participando de apurações. Enquanto isso, continuam chegando ao STF casos que poderiam ter sido resolvidos de vez na primeira instância incluindo um que já se tornou célebre entre os ministros: um camponês pede indenização ao poder público por ter sido condenado pelo roubo de cinco galinhas — "três gordas e duas magras", detalha a ação. No meio de tantas ações, os ministros não conseguem separar o joio do trigo para acelerar o julgamento de casos de fato importantes. (Carolina Brígido), cf. Jornal *O Globo*, O País, domingo, 25 nov. 2007, p. 10.

mil. Em 2001, o STF, como dissemos, julgou 110 mil processos, e no ano seguinte, 2002, recebeu 160.453 novos processos, só a título de exemplo. Com o mesmo número de ministros desde a Constituição de 1946. Eram 15 no Império, são 11 atualmente.

Aliás, o que chama a atenção, só o STF, em 2011, proferiu "102 mil decisões, das quais 89.074 foram, apesar de possíveis e previstas no Regimento Interno..., monocráticas, de um só ministro (87%), das quais 36.754 couberam exclusivamente ao presidente"(250).

Nesse sentido, demonstrando o árduo e descomunal trabalho forense, ressalta mais uma vez o historiador VILLA (2012:6):

> "[...].
>
> são afirmações, como as do ministro Marco Aurélio. Disse no programa "Roda Viva", da TV Cultura, que julgou, em 2011, 8.700 processos. Isso mesmo: 8.700 processos. Podemos supor que metade tenha sido julgada no mérito. Sobraram 4.350. Vamos imaginar, com benevolência, que cada processo tenha em média 500 folhas. Portanto o ministro teve de ler 2.175.000 páginas. Se excluirmos férias forenses..., os finais de semana, os feriados..., as licenças médicas, as viagens internacionais, as sessões plenárias, o ministro deve ter ficado com uns quatro meses para se dedicar a esses processos. Em 120 dias, portanto, teve de ler, em média, 18.125 páginas. Imaginando que tenha trabalhado 14 horas diárias leu, por hora, 1.294 páginas, das quais 21 por minuto.
>
> [...]".

Ora, enquanto isso ocorre aqui, a Suprema Corte da Índia, que tem um bilhão de habitantes, julgava, anualmente, menos de 800 processos, entre 1980 e 1998. A Suprema Corte Americana julga, em média, 140 casos por ano; a da Venezuela, 700; e a da Nova Zelândia, seis.

Já o Superior Tribunal de Justiça brasileiro, criado pela Constituição de 1988 para desanuviar a Suprema Corte, começou julgando 4 mil casos no primeiro ano. Apenas dez anos depois, julgou 100 mil em um exercício. Ano passado, como dissemos, julgou mais de 200 mil. Foram 206.082 julgamentos. O número de ministros permaneceu sempre o mesmo — 33. Aliás, o STJ, com apenas 24 anos de funcionamento, já ultrapassou a cifra de um milhão de julgados.

A Justiça Federal, uma espécie de Primeira Classe do Judiciário, na qual tramitam os processos em face do governo federal e dele contra os demais mortais, tem

(250) Cf. o historiador e professor da Universidade Federal de São Carlos (SP) VILLA, Marco Antonio. É, leitor, cabe rir. Jornal *O Globo*, terça-feira, 28 de fevereiro de 2012, p. 6.

cinco tribunais regionais federais em todo o país. Em 1992, esses TRFs julgaram 124 mil processos. Ano passado, julgaram 417 mil casos! Por lá passaram 963 mil processos no mesmo exercício[(251)].

Uma outra comparação internacional acentua a diferença salarial entre o Judiciário brasileiro e o de outros países. Um ministro do Supremo Tribunal Federal no Brasil ganha US$ 12.000, o que não o coloca, nem de longe, em condições de padrão remuneratório com os colegas juízes da Corte Suprema dos Estados Unidos (US$ 13.600), Inglaterra (US$ 19.500) e França (US$ 19.300).

Por outro lado, a título de exemplo, que nos ultraja a autoestima[(252)], salienta LUIZ FUX (2012:07), o Brasil ostenta um recorde de homicídios superior ao da Índia, que tem cinco vezes mais o número de nossa população, sem considerar que a Inglaterra elucida 90% dos seus crimes; os Estados Unidos, 65%; a França, 80%; e o Brasil, 6%.

Apesar de que, segundo Martin Luther King, "*para criar inimigos não é necessário declarar guerra, basta dizer o que pensa*", há espíritos observadores que se colocam à margem de conflitos de opiniões e procuram raciocinar calma e logicamente, pesando as controvérsias[(253)], aclarando os pontos obscuros; para triunfo legítimo da razão, empregam a justiça alternativa, hodiernamente, essencial à resolução de lides[(254)].

Nesse contexto, para dirimir litígios relativos a direitos disponíveis, notadamente, a negociação, a ouvidoria, a mediação, a conciliação, a arbitragem e o Termo de Ajustamento de Conduta (TAC), baseados na agilidade, na capacidade técnica, na imparcialidade, na credibilidade e no sigilo, são meios de se fazer justiça[(255)]

---

(251) Superlotação no TJ. Veja como a Justiça Brasiléia anda entupida. Quarta passada, a 11ª Câmara Cível do Rio julgou, acredite, 180 processos numa única sessão que começou às 13h e terminou às 20h., cf. Jornal *O Globo*, 2. ed. Rio de Janeiro, Coluna Ancelmo Góis, domingo, 2 dez. 2007, p. 28.
(252) Cf. Jornal *O Globo*, Opinião, "Juízes sem rosto", sexta-feira, 22 jun. 2012, p. 7.
(253) Uma controvérsia (do latim *controversa*) ou disputa é uma questão de opinião sobre a qual as partes discordam ativamente, argumentam ou debatem[1]. Controvérsias podem variar em tamanho, indo desde disputas privadas entre dois indivíduos até desentendimentos em larga escala entre sociedades.
(254) Lide, na concepção mais clássica (Carnelutti), corresponde a um conflito de interesses qualificado por uma pretensão resistida. Trata-se do núcleo essencial de um processo judicial civil, o qual visa, em última instância, resolver a lide (conflito) apresentada perante o juízo. É um erro comum entre os estudantes de Direito iniciantes confundir Lide e *Facultas agendi* (direito subjetivo). O primeiro termo corresponde ao núcleo do processo civil, enquanto o Direito Subjetivo existe como um conjunto de prerrogativas reconhecidas pelo estado e que não necessariamente precisam ser exigidas perante um tribunal.
"Compor a lide, significa resolvê-la conforme os mandamentos da ordem jurídica, quer dizer, resolver o conflito segundo a vontade da lei. Aquela operação, o processo, portanto, a série de atos coordenados, se destina a obter a atuação da lei, dessa forma compondo a lide. A lide se estabelece entre dois sujeitos, titulares de interesses contrários, uma a pretender subordinar o interesse do outro ao próprio e outro a opor resistência a essa pretensão.
(255) O Estado cresceu exageradamente ao longo do século XX sem atender às suas funções básicas, notadamente, a de tornar eficaz a "Justiça"; ficou fora do controle da sociedade, tornando-se cada

(também) no âmbito do mercado de Capitalização. Então, vamos lá a esses Meios Alternativos (essenciais) de Solução de Conflitos(256).

10.2. NEGOCIAÇÃO

A negociação é a base, é o início, é o fundamento substancial e adjetivo e primeiro degrau para os outros meios alternativos de solução de conflitos. Ou seja, sem o espírito e a técnica de negociação inexistem outros meios.

A negociação, como atividade profissional ou prática cotidiana, encontra importante aliado no notório progresso que se observa nos últimos anos, no conhecimento científico sobre o tema, principalmente em virtude interesse e do trabalho da comunidade acadêmica.

---

vez mais perdulário e ineficiente. E a sua "Justiça" não consegue, no tempo necessário, reduzir certo grau de desigualdade social. A tese que prevalece hoje é aquela em que o Estado deve se voltar para finalidades básicas, como a segurança do indivíduo e proteção social. No mais, o que puder ser repassado para responsabilidade da iniciativa privada, tanto melhor. Por isso, pensar o Estado, contemporaneamente, deve ser o mesmo que pensá-lo em suas relações com a intrincada rede de relações sociais e situá-lo diante dos desafios que emergem dessa própria tessitura. Entretanto, no Brasil, pensa-se que o processo de modernização deveria estar subordinado às ideias de justiça e efetivação do direito. Ora, o próprio "Estado moderno" confunde-se com a ideia generosa do Estado democrático de direito. Por esse conceito, temos não apenas a ideia do governo das leis, mas o pressuposto de uma sociedade civil superposta ao Estado e a realidade de uma esfera pública, relativamente independente, em que seja possível o contraste de opiniões e projetos.

(256) O conflito surge quando há a necessidade de escolha entre situações que podem ser consideradas incompatíveis. Todas as situações de conflito são antagônicas e perturbam a ação ou a tomada de decisão por parte da pessoa ou de grupos. Trata-se de um fenômeno subjetivo, muitas vezes inconsciente ou de difícil percepção. As situações de conflito podem ser resultado da concorrência de respostas incompatíveis, ou seja, um choque de motivos, ou informações desencontradas. Kurt Lewin define o conflito no indivíduo como "a convergência de forças de sentidos opostos e igual intensidade, que surge quando existe atração por duas valências positivas, mas opostas (desejo de assistir a uma peça de teatro e a um filme exibidos no mesmo horário e em locais diferentes); ou duas valências negativas (enfrentar uma operação ou ter o estado de saúde agravado); ou uma positiva e outra negativa, ambas na mesma direção (desejo de pedir aumento salarial e medo de ser demitido por isso)". Salvatore Maddi classifica as teorias da personalidade segundo três modelos, um dos quais o de conflito. Esse modelo supõe que a pessoa esteja permanentemente envolvida pelo choque de duas grandes forças antagônicas, "que podem ser exteriores ao indivíduo (conflito entre indivíduo e sociedade) ou intrapsíquicas (forças conflitantes do interior do indivíduo que se dão, por exemplo, entre os impulsos de separação, individuação e autonomia e os impulsos de integração, comunhão e submissão)". O conflito, no entanto, pode ter efeitos positivos, em certos casos e certas circunstâncias, como fator motivacional da atividade criadora. O conflito em algumas escolas da sociologia é enxergado como o desequilíbrio de forças do sistema social que deveria estar em repouso, isto é, equilibrado, quanto às forças que o compõem. Segundo essa teoria, não se enxerga mais o grupo como uma relação harmônica entre órgãos, não suscetíveis de interferência externa. Os conflitos, para ter uma solução pacífica, devem ter todos os meios possíveis de negociação de controvérsias, estas, precisam ser executadas com diplomacia, bons ofícios, arbitragem e conciliação.

A negociação vem sendo analisada a partir de uma perspectiva multidisciplinar, para a qual se mostra importante a contribuição de estudiosos das áreas de economia, direito, administração, antropologia, psicologia, sociologia, ciência política, história etc.

Na América Latina, o ensino da negociação começa a se desenvolver, sendo ainda escassa a bibliografia disponível. Poucos centros acadêmicos se dedicam a analisar o tema, e, no que toca à capacitação, a oferta se limita a seminários com reduzida carga horária. Recentemente, algumas universidades, na verdade bem poucas, passaram a oferecer cursos de pós-graduação de curta duração.

Neste capítulo, abordaremos o processo de negociação, com todas as suas características, aplicado, basicamente, ao tratamento do conflito que se instala em transações/contratos, e ao desenvolvimento de ideias/projetos.

Inicialmente, tentaremos elaborar uma definição de negociação, a partir da análise de seus componentes básicos.

Assim, podemos definir a negociação como um processo pelo qual duas ou mais partes interagem em uma situação de conflito/transação/desenvolvimento de ideias, segundo regras estabelecidas com ou sem a participação de intervenientes, objetivando o acordo entre as partes ou a busca de um consenso que satisfaça interesses recíprocos.

Dessa forma, chamamos de negociação direta o procedimento no qual as partes diretamente, sem intervenção de um terceiro, resolvem o conflito de interesse surgido de sua relação, ajustando entre si o acordo.

Podemos dizer que, no mercado de Capitalização, entendemos como negociação direta o procedimento que se realiza entre o consumidor (Subscritor, Titular ou beneficiário) e o fornecedor (Sociedade de Capitalização e/ou Corretor de Capitalização), sem a intervenção de um terceiro, resultando num ajuste satisfatório para as partes envolvidas.

O processo de negociação utiliza diferentes mecanismos de comunicação, persuasão e poder, através dos quais são canalizadas, no âmbito de estratégias e táticas negociadoras, informações na forma de propostas e argumentos.

A atividade negociadora, por outro aspecto, implica interação entre as partes, ou seja, as partes buscam a conjugação de interesses e uma ação ativa e dinâmica na direção do consenso. Dependendo do estilo de negociação de cada parte, essa dinâmica poderá assumir uma configuração simétrica ou assimétrica.

O processo de negociação, por sua vez, tende a ser disciplinado mediante a fixação de regras ajustadas entre as partes, que as aceitam e respeitam reciprocamente. A agenda é o instrumento básico que define estas regras, sendo na mesma especificados os aspectos da negociação referentes a que, onde, como, quando e quem participa.

Em geral, as negociações oficiais tendem a ser muito mais formais e solenes, principalmente aquelas que implicam na participação de altas autoridades, por exemplo, os *summits* presidenciais. No outro extremo situam-se as negociações identificadas como de agenda aberta, em que os aspectos anteriores acabam sem definição. A aprovação de uma agenda, embora retire o grau de liberdade das partes, dá a ordenação necessária ao processo.

Além das partes descritas anteriormente, terceiros podem intervir influenciando o processo. A influência poderá ser direta ou indireta, dependendo do caráter de sua participação. Assim, por exemplo, um assessor, ou um mediador/facilitador exerce ação direta sobre as partes. Por outro lado, uma "plateia" pressiona e condiciona os negociadores de forma indireta. Ainda que não se sentem à mesa, condicionam o processo com suas opiniões, seus comentários, seus pontos de vista e manifestações diversas.

Nas negociações denominadas abertas ou públicas, quais sejam, as que admitem o acesso de terceiros, as partes poderiam utilizar-se destes, sobretudo a imprensa e a opinião pública, para condicionar o seu comportamento à mesa. O objetivo de uma negociação é a busca de um acordo, uma solução ou uma *settlement* de uma situação de interdependência.

O acordo poderá ser avaliado com base em diferentes critérios. Como mais importantes podem ser citados o grau de satisfação das partes em curto e longo prazos e o grau de otimização do resultado em função de certos parâmetros, como, *e. g.*, o denominado "ótimo de Pareto".

Bons acordos são aqueles que se aproximam desse ótimo, ou seja, que satisfaçam a ambas as partes, ainda que, às vezes, essa satisfação possa ser temporária, tendo em vista um erro de avaliação. Como no conceito de satisfação intervêm fatores objetivos e subjetivos, cada negociador terá sua própria escala de avaliação.

Outro critério, de grande importância, é a qualidade da relação depois de concluída a negociação, medida não só em função do resultado, como também da satisfação em relação ao processo em si.

Na negociação de conflitos, em que existem diferenças de atitudes e valores, pode-se distinguir o acordo, ou *settlement*, e a simples solução. No primeiro caso, as partes, com base no acordo, aceitam mudar os comportamentos observáveis, sem que isso signifique mudança de atitudes ou valores subjacentes, talvez a raiz do conflito. O conflito pode surgir novamente mais adiante. A solução, por sua vez, atinge a verdadeira causa. É definitiva e duradoura.

Dependendo da natureza do conflito ou da transação, é comum, tendo em vista restrições de tempo, que o acordo seja parcial, se incluir apenas algumas cláusulas ou alguns aspectos, ou temporário, se a vigência for limitada. Outras vezes, quando falta aos negociadores autoridade para negociar, a vigência plena dos acordos depende de aprovação de uma instância superior, como, *e. g.*, a diretoria da empresa ou até no próprio Congresso.

Um acordo pode implicar diferentes tipos de comprometimento entre as partes ou seus representantes, não significando necessariamente consenso em torno das recomendações a serem submetidas às instâncias superiores que um tratado tenha passado por todas as etapas e solenidades.

O conceito central do processo de negociação é definido pelo interesse, que são, na verdade, as razões ou justificativas básicas para que as partes se sentem à mesa de negociação.

O interesse representa as razões e as necessidades a que se buscam satisfazer com o processo. O interesse é o farol que orienta o processo de negociação. A falta de identificação e de explicitação dos interesses envolvidos torna os processos obscuros e complicados.

Se negociar é perseguir a convergência de interesses, os aspectos anteriormente referidos são, naturalmente, os seus complicadores. Na negociação dita distributiva, é típica a ocultação de interesses.

Inúmeras vezes, os verdadeiros interesses não são facilmente identificados pelo negociador, seja por não ter analisado com profundidade a questão, seja porque, mesmo tendo identificado corretamente seus interesses, não lhe convém a divulgação ou, simplesmente, não é capaz de expô-los com clareza.

Finalmente, cabe citar o caso, não raro, de uma distorção premeditada ou de uma ocultação parcial.

Os interesses nas negociações, em geral, são múltiplos, não tendo igual importância cada um deles, razão pela qual é conveniente a formação de um *ranking* ou, em outras palavras, de um ordenamento. Os interesses subjetivos são os que apresentam maior dificuldade de identificação e de caracterização.

Sob a óptica operacional, os interesses permitem a fixação de posições para cada dimensão do conflito ou da situação. A elaboração de posições implica definir objetivos específicos, padrões e valores esperados, além de outros aspectos, para cada dimensão do problema.

A negociação, segundo a posição, opera-se horizontal ou verticalmente. É horizontal quando as partes buscam a convergência em torno de determinada cláusula, com base em argumentos e concessões. É vertical quando se associam cláusulas, de forma que a concessão em relação a uma cláusula é compensada pela concessão, mais ou menos equivalente, em outras, o que se conhece como *trade-offs* entre cláusulas contratuais. A elaboração de *trade-offs* requer a análise da equivalência do alcance de determinadas cláusulas, o que gera dificuldades de ordem prática, se as variáveis objeto de análise não puderem ser medidas cardinalmente.

O tratamento vertical permite, por outro lado, trabalhar com pacotes, que incorporam um conjunto de cláusulas em uma mesma proposta ou oferta. O problema aqui é comparar as virtudes de diferentes pacotes. Quando o *ranking* de interesses é diferente de um negociador para outro, a preparação de pacotes que satisfaçam a ambas as partes é fácil. Isso, normalmente, é conhecido como *logrolling*.

As partes se comunicam por diferentes meios de comunicação verbal e não verbal. Estudiosos da comunicação no âmbito da negociação afirmam que a comunicação não verbal, através de gestos, movimentos do corpo, entonação da voz etc., supera com vantagem a verbal, sendo necessário que o negociador profissional saiba não só perceber a comunicação, como também interpretá-la. Este último fator requer o apoio da ciência da comunicação, o que, lamentavelmente, tem-se desenvolvido nos países mais adiantados, nos quais os valores e a cultura são diferentes, sendo também diferente o significado dos gestos. Necessitamos de uma ciência da comunicação não verbal que se aplique às nossas culturas.

A comunicação verbal opera-se tanto por contato interpessoal como por outros meios, como o telefone, o e-mail, o fax etc.

Muito se tem escrito sobre deformações ou perturbações do processo de comunicação, que podem ser causadas de maneira involuntária ou, mesmo, voluntariamente. Esses fatos provocam erros de percepção e de interpretação, que influem diretamente na facilitação dos acordos.

A comunicação e o poder cumprem o objetivo de persuadir ou induzir o outro a aceitar nosso ponto de vista, expresso mediante propostas e argumentos. Assim, um atributo importante para um negociador é saber elaborar propostas, atentando, principalmente, para o seu conteúdo e para a sua redação, que sejam adequadas as suas pretensões, e saber defendê-las utilizando técnicas apropriadas de oratória e argumentação.

Nas negociações internacionais, o processo de comunicação é mais complexo, seja pela distância física entre as partes, pela disponibilidade assimétrica de meios, como, *e. g.*, nos países em desenvolvimento, seja, sobretudo, pelas diferenças culturais e de linguagem.

O sangue do processo de comunicação é a informação que por ele circula. A disponibilidade e o manejo apropriado da informação proporcionam vantagem diferencial importante para aquele que a detém. A parte mais informada[257] tem,

(257) 2005.001.00254 — APELAÇÃO CÍVEL — DES. LUIZ FERNANDO DE CARVALHO — Julgamento: 21.6.2005 — TERCEIRA CÂMARA CÍVEL — CIVIL E CONSUMIDOR, AÇÃO INDENIZATÓRIA, INVERSÃO DO ÔNUS DA PROVA NO SANEADOR, AGRAVO RETIDO DESACOLHIDO ANTE A PRESENÇA DOS RE-

naturalmente, vantagem sobre a outra, na medida em que dita informação seja adequadamente classificada, analisada e interpretada.

A informação[258] tem um custo que limita a capacidade das partes de dispor de níveis e tipos de informação desejados e apropriados. Em determinadas circunstâncias, as partes desconhecem ou não têm acesso às fontes de informação.

Toda negociação tem um ponto ótimo no que se refere à quantidade de informação necessária, supondo-se divisível a informação em unidades homogêneas, nas quais devem ser analisadas e consideradas as questões relativas a valor e custo da informação.

O negociador, ao analisar o processo de negociação, prepara-se para levar adiante sua atividade da maneira mais eficiente possível. Fazem parte desse processo de preparação as estratégias e as táticas básicas de que dispõe o negociador.

Em geral, a literatura especializada identifica duas linhas estratégicas básicas ou atitudes gerais com vistas à negociação, conhecidas como ganhar/ganhar, ou estratégia integrativa/competitiva. A saber:

• No primeiro caso, a negociação é tida como um jogo cuja soma não é zero. Em outras palavras, mediante cooperação e comportamento honestos e cristalinos, pode-se estabelecer um clima positivo, no qual se desenvolvem a criatividade e os comportamentos positivos, cresce o bolo a ser repartido, maximizando-se os resultados para ambas as partes; e

• No segundo caso, a negociação é um jogo de soma zero, em que é fundamental a preocupação com o próprio interesse, que tem de ser maximizado independentemente dos interesses do outro. Joga-se pela tomada de posições, deixando-se pouca margem de transparência dos interesses e das posições próprias.

Essa percepção gera naturalmente um clima de desconfiança e confronto, em que toda a energia do negociador visa a destruir os argumentos do outro. A comuni-

---

QUISITOS DA LEI N. 8.078/90 AUTORIZADORES DA INVERSÃO. Preliminar de ilegitimidade passiva rejeitada, diante da responsabilidade solidária do banco pelos Contratos de Capitalização firmados em sua agência. Prevalência da realidade fática sobre a fórmula jurídica empregada pela ré, por se tratar de relação de consumo. Aplicação da teoria da aparência. Ocorrência de violação ao dever de informar, vontade emanada em erro substancial, sendo a autora pessoa de pouca instrução que é levada a contratar título de capitalização e seguro, sem receber as informações adequadas sobre o funcionamento de tais contratos, vindo a perder todo o valor aplicado em decorrência de saques fora das datas previstas. Condenação do banco à devolução dos valores pagos e dano moral reduzido para R$ 6.500,00, em atendimento aos parâmetros de razoabilidade e proporcionalidade. Provimento parcial do apelo.

(258) COBRANÇA — TÍTULO DE CAPITALIZAÇÃO — NATUREZA JURÍDICA — RESGATE INTEGRAL — CÓDIGO DE DEFESA DO CONSUMIDOR — APLICABILIDADE — Nos negócios jurídicos firmados por pessoa física, envolvendo títulos de capitalização, afigura-se esta como consumidora final do produto oferecido. Inteligência da Lei n. 8.078 de 11 de setembro de 1990 (Código de Defesa do Consumidor). Nos contratos de adesão, a forma de contratação e as disposições nele inseridas devem ser informadas ao consumidor de forma límpida, para o seu real entendimento.

cação se transforma em diálogo entre surdos, no qual uma parte, por conveniência, não ouve a outra, como se estivesse vacinada contra o processo de persuasão.

Em geral, esse clima leva a soluções que não são as melhores e a relações deterioradas. Na prática, observa-se na mesa de negoc ações, durante o processo, um pouco de cada estratégia, com o predomínio de uma delas.

Também se fala no conceito de *enlighted self interest*, um meio-termo entre a cooperação, ou seja, a preocupação por interesses conjuntos, e a competição, entendida como uma preocupação exclusiva por interesses próprios. Neste caso, predomina a preocupação com o interesse próprio, sem se descuidar, contudo, de atender, na medida do possível, os interesses do outro.

Tem-se proposto o *Dual Model*, no qual as partes se preocupam, em graus diferenciados e em diferentes medidas, simultaneamente pelos interesses próprios e pelos interesses do outro.

Portanto o conflito, como fato real ou latente, pode ser definido e interpretado de diferentes maneiras.

Muitas pessoas associam o conflito a algumas disfuncionalidades verificadas no relacionamento entre partes, tais como o preconceito, a falta de comunicação e agressividade, dentre outras.

Na realidade, existe conflito, em potencial, quando as partes revelam diferenças em uma relação ou interação, que podem referir-se a opiniões, ideias, atitudes, interesses etc. O importante é o manejo dessas diferenças, com vistas a acomodá-las aos interesses das partes envolvidas. Muitas vezes, as diferenças não são conflitivas. Na medida em que podem, por outro lado, significar falsos conflitos, ocasionados fundamentalmente por erros de percepção.

O conflito pode ser tratado por diferentes meios. Pensamos, contudo, que a maioria dos conflitos poderia ser resolvida eficientemente por meio de negociação. Todavia, existem outros meios alternativos que podem solucionar os conflitos partindo dos princípios e das técnicas utilizadas na negociação, se esta não for suficiente e satisfatória, e por isso as partes podem necessitarem e contar com a participação de um terceiro interveniente. Senão vejamos outros meios.

10.3. OUVIDORIA

10.3.1. SURGIMENTO E EVOLUÇÃO

A ouvidoria surgiu na Suécia, precisamente no dia 26.10.1713, quando o rei Carlos XII criou o ofício de *Konungens Högste Ombudsmannen* (Supremo Representante do Rei), a quem cumpria supervisionar a execução das leis e atividades dos servidores públicos. Essa criação teve um importante motivo: o rei teria de passar doze anos afastado e temia que o país caísse em desorganização enquanto se encontrava ausente do reino, em campanha bélica e negociações de paz. Tentemos historiar.

Já em 1719, a denominação do Supremo Representante do Rei foi alterada para *Justitiekanslern* — JK (Chanceler da Justiça).

Em 20.8.1772, o rei Gustavo III, à frente de um golpe de Estado, dita uma nova Constituição (*Regerinsgsform*) nomeando o Chanceler da Justiça (JK) para servi-lo como seu conselheiro de confiança. O Chanceler passa a depender novamente do rei.

Em 1776, com o fortalecimento do Parlamento (*Riksdag*), o Chanceler (JK) passa a ser nomeado pelo Parlamento e não mais pelo rei, para controlar a administração e a justiça, devendo prestar contas do exercício de suas funções por meio de um relatório apresentado ao Parlamento. Esse período histórico pode ser visto como precedente do *ombudsman*, previsto somente na Constituição Sueca de 1809.

Assassinado Gustavo III e deposto seu sucessor, Gustavo IV, em 1809, a Suécia livra-se do período absolutista. O Parlamento volta à plenitude de seus poderes e é promulgada uma nova Constituição (*Regerinsgsform*), que vigorou até 1974, institucionalizando o *Justitieombudsman* (JO) *(Riksdagens Justitieombudsman — "Agente da Justiça do Parlamento")*, com a finalidade de estabelecer um equilíbrio entre o Poder Monárquico e o Parlamento.

A Constituição sueca de 6.6.1809 oficializou o *ombudsman*, que deveria ser escolhido entre cidadãos de marcante integridade e competência legal.

Em 19.5.1915, foi instituído o *ombudsman militar* (*Militieombudsman* — MO), para controlar a administração militar.

Em 1967, houve uma reforma que aprovou a criação de um terceiro *ombudsman*, para cuidar de matérias da esfera cível.

A mais importante missão do *ombudsman* era fiscalizar a observância das leis por parte de todos os funcionários e empregados no exercício de suas funções públicas, bem como de instaurar processos nos tribunais próprios contra os que praticarem ato ilícito ou se omitirem no cumprimento do dever.

É de apontar que uma simples intervenção do *ombudsman* junto ao órgão competente em geral é suficiente para a solução do caso, devida à sua idoneidade. Se for desatendido ou se persistirem comportamentos insatisfatórios, o *ombudsman* se dirigirá ao superior hierárquico para procedimentos de ação disciplinar ou, ainda, à autoridade jurisdicional, podendo o infrator ser condenado por abuso de função com suspensão, demissão ou até mesmo prisão.

Os *ombudsman* não possuem o poder de revogar ou anular decisões, mas de persuasão e influência. Podem recomendar ou propor mudanças nas ações governamentais. Ao denunciar as falhas na administração, contribuem para difundir os princípios de justiça entre os cidadãos.

A partir da criação do *ombudsman* sueco (*Justitieombudsman* — JO), em 1809, progressivamente outros países adotaram a instituição, às vezes seguindo fielmente o modelo sueco e, em outras, com pequenas adaptações ou alterações. Em alguns casos, o nome originário foi mantido; em outros, modificado, traduzindo-se apenas o significado da palavra.

Os primeiros países a adotarem o *ombudsman* foram Finlândia, Noruega, Dinamarca e Nova Zelândia. Constituindo, mesmo depois de 194 anos de sua criação, de tema atualíssimo, sendo objeto de estudo para vários países. O Brasil teve vários projetos propondo sua adoção.

Pode-se resumir que o *Ombudsman* sueco passou pelas seguintes etapas:

- Nomeado pelo Parlamento.
- Mandato de quatro anos, podendo ser reeleito.
- Acesso direto pelo cidadão. Atua na área Civil. Mas foram criados *ombudsman*:
  - Militar (1915);
  - Concorrência (1954);
  - Consumidor (1971);
  - Imprensa (1969);
  - Igualdade de Oportunidade (1980).

10.3.2. ACEPÇÃO DO VOCÁBULO *OMBUDSMAN*

É de origem nórdica a acepção da palavra composta da junção do prefixo *om*, da raiz *bud* e do sufixo *man*:

man significa, em germânico ocidental (nórdico, gótico, holandês, alemão, frisão, anglo-saxão), homem.

bud é equivalente ao alemão *Bote*, ao flamengo *Bode*, é o enviado, embaixador, delegado.

om, em alemão *um* e em holandês *om*, significa movimento ao redor de um ponto médio, em torno, em direção para. *Ombudsman*, literalmente, significa "homem que dá trâmite".

Ombudsman é representante, delegado, procurador, o defensor ou, ainda, aquele que representa.

É de observar que a palavra *ombudsman* não comporta variação de número ou gênero.

10.3.3. PRINCIPAIS OBJETIVOS

A natureza da atividade da Ouvidoria está diretamente ligada à compreensão e ao respeito às necessidades, aos direitos e valores das pessoas. Assim, por necessidades, direitos e valores entendem-se não apenas questões materiais, mas também questões de ordem moral, intelectual e social, e que direitos só têm valor quando efetivamente reconhecidos.

Dessa forma, no desempenho de suas atividades profissionais e dependendo da forma como essas sejam desempenhadas, os Ouvidores/*Ombudsman* podem efetivamente fazer aplicar, alcançando esses direitos. Como se vê, a função do Ouvidor/*Ombudsman* visa ao aperfeiçoamento do Estado, da Empresa, à busca da eficiência e da austeridade administrativa.

Sendo assim, no exercício das suas atividades os Ouvidores/*Ombudsman* devem defender intransigentemente os direitos inerentes da pessoa humana, balizando suas ações por princípios éticos, morais e constitucionais.

Neste sentido, em nosso âmbito, precipuamente, a ouvidoria pode:

I — Solucionar os casos apresentados pelo público interno e externo, o mais rapidamente possível;

II — Monitorar e analisar o perfil das manifestações, sua concentração geográfica e por assunto etc., disponibilizando as informações aos Dirigentes; e

III — Produzir relatórios gerenciais em diversos níveis, visando a subsidiar a tomada de decisões para programar e implementar ações estratégicas, conforme a expectativa do cidadão/consumidor/cliente interno e externo.

10.3.4. PRINCÍPIOS ÉTICOS DA OUVIDORIA

A ouvidoria deve seguir um Código de Ética que contenha, pelo menos, o seguinte:

1. Preservar e respeitar os princípios da “Declaração Universal dos Direitos Humanos, da Constituição Federal e das Constituições Estaduais”.

2. Estabelecer canais de comunicação de forma aberta, honesta e objetiva, procurando sempre facilitar e agilizar as informações.

3. Agir com transparência, integridade e respeito.

4. Atuar com agilidade e precisão.

5. Respeitar toda e qualquer pessoa, preservando sua dignidade e identidade.

6. Reconhecer a diversidade de opiniões, preservando o direito de livre expressão e julgamento de cada pessoa.

7. Exercer suas atividades com independência e autonomia.

8. Ouvir seu representado com paciência, compreensão, ausência de pré-julgamento e de todo e qualquer preconceito.

9. Resguardar o sigilo das informações.

10. Facilitar o acesso à Ouvidoria, simplificando seus procedimentos, agindo com imparcialidade e justiça.

11. Responder ao representado no menor prazo possível, com clareza e objetividade.

12. Atender com cortesia e respeito as pessoas.

13. Buscar a constante melhoria das suas práticas, utilizando eficaz e eficientemente os recursos colocados à sua disposição.

14. Atuar de modo diligente e fiel no exercício de seus deveres e suas responsabilidades.

15. Promover a reparação do erro cometido contra o seu representado.

16. Buscar a correção dos procedimentos errados, evitando a sua repetição, estimulando, persistentemente, a melhoria da qualidade na administração em que estiver atuando.

17. Promover a justiça e a defesa dos interesses legítimos dos cidadãos.

18. Jamais utilizar a função de Ouvidor para atividades de natureza político-partidária ou auferir vantagens pessoais e/ou econômicas.

19. Respeitar e fazer cumprir as disposições constantes no "Código de Ética", sob pena de sofrer as sanções, que poderão ser de advertência, suspensão ou expulsão dos quadros associativos, quando for o caso, conforme a gravidade da conduta praticada, devendo a sua aplicação ser comunicada ao órgão ou empresa em que o Ouvidor exerça suas atividades.

10.3.5. VANTAGENS DO USO DA OUVIDORIA

Modernamente, a instituição de ouvidoria/*ombudsman* tem provocado profundas mudanças nas pessoas e nas empresas, quando o profissional aponta procedimentos, rotinas e regras que devem ser modificadas ou extintas.

As vantagens são enormes com o uso da ouvidoria. A saber:

Como na Espanha, entre outros países, o ouvidor passou a ser o defensor do consumidor, e, em nosso setor, o defensor do Subscritor, Titular e beneficiários, bem como do segurado. Isso faz com que a empresa passe a ser mais transparente, dinâmica, inovadora, visto que o ouvidor não só exerce sua função para a clientela interna, os funcionários da empresa, mas também em defesa dos interesses do Subscritor, do Titular e dos beneficiários, bem como do segurado, quando necessário.

Assim, agindo, dessa maneira a empresa fideliza, transformando o consumidor em seu cliente exclusivo, fortalecendo a sua relação com seus clientes.

Por seu lado, o cliente, se se fideliza, é porque ele sabe que qualquer conflito de interesse tem na própria empresa alguém, sem custo para ele cliente, para defendê-lo e decidir questões postas, resolvendo os problemas decorrentes da relação empresa e consumidor.

Por isso, ressalta-se a importância do estreitamento dos laços das Sociedades de Capitalização, das seguradoras, das entidades de previdência complementar aberta e corretores com o consumidor.

10.3.6. O PAPEL E A IMPORTÂNCIA DA OUVIDORIA/DO *OMBUDSMAN*

Na verdade, é a Ouvidoria, pois, os olhos e ouvidos das empresas.

Assim como ocorreu com a busca pela produtividade, a qualidade nos serviços ao cliente também começa a ser perseguida por várias empresas dentro de um mesmo segmento. Para conseguirem se diferenciar dos concorrentes, algumas empresas estão investindo na figura do ouvidor de clientes, mais conhecido como *ombudsman*.

A rotina desse profissional poderá ser definida como uma caminhada constante pelo fio de uma navalha. O *ombudsman* deve auxiliar uma empresa a transformar em oportunidade todas as solicitações de consumidores que chegam às mãos dele. Mais do que um ouvidor, ele é um agente descobridor de oportunidades.

No entanto, apesar dessa importância, a criação de um cargo desse tipo é uma estratégia que poucas empresas adotam.

Em 1995 eles não passavam de meia dúzia. Atualmente, acredita-se que cheguem a pouco mais de mil, quase todos atuando no setor público por força de leis, como a de n. 10.294, de 20 de abril de 1999, de Proteção e Defesa do Usuário do Serviço Público do Estado de São Paulo.

"O grande desafio é mostrar para as empresas que há vantagem com a criação da ouvidoria e que a função vai muito além da central de relacionamento com cliente", afirma Vera Lúcia Ramos, Diretora da Associação Brasileira de Ouvidores/Ombudsman (ABO Nacional) e que já atuou como ouvidora do PROCON. Para ela, o cargo é diferencial na busca pela excelência. "O *ombudsman* não é mais um gerador de custos, mas sim um promotor de lucros."

A figura que assume a voz do cliente dentro das empresas e transforma possíveis conflitos ou reclamações em oportunidades estratégicas ficou mais clara com o incentivo do Grupo Pão de Açúcar. A companhia contratou a consultoria Vera Giagrande para ser a primeira *ombudsman* popular que o Brasil teve.

No entanto, com a morte de Vera, a rede varejista optou por manter o cargo somente para o contato com fornecedores. Isso influenciou de maneira negativa o mercado.

Para muitos especialistas, o receio de manter alguém com tanto poder dentro das empresas é o principal entrave à expansão da profissão. Existe ainda uma visão de que a contratação de um ouvidor servirá para colocar alguém que manda mais do que o próprio presidente ou diretoria.

Assim como deve ser na adoção do conceito de CRM (*Customer Relationship Management* ou gestão do relacionamento com os clientes), é importante que a companhia tenha cultura de atendimento ao cliente para a criação do cargo de *ombudsman*. Não basta ouvir o cliente falar, é preciso fazer alguma coisa com as informações que ele fornece para não se tornar um canal hipócrita e sem funcionalidade ou valor agregado. A ouvidoria não deve ser apenas mais um instrumento de propaganda, mas precisa ter uma ação efetiva.

Portanto a ouvidoria prega o amadurecimento da cultura da prestação de serviços de qualidade aos consumidores.

Contudo a empresa precisa estar preparada, já que o *ombudsman* mexe em zonas de conforto, questiona ou sugere mudanças de processos, esbarra no ser humano, e assim sempre existem limitadores.

Há necessidade de a empresa sempre realizar pesquisa para tomar conhecimento do grau de confiança dos que acionam o canal da ouvidoria para resolver seus problemas.

Mas tem-se certeza de que o consumidor, que não conseguindo resolver a questão numa negociação direta numa área ou empresa e que tem a oportunidade de recorrer à ouvidoria — que realmente resolve a questão — se transformará de consumidor em cliente dessa empresa.

Para tanto, o *ombudsman* deve sempre descrever à direção da empresa todos os detalhes, inclusive a complicação que leva à atitude do cliente de reclamar e a resolução.

Isso porque não é raro um executivo afetado pela crítica tentar se defender e o clima precipitar um diálogo mais áspero. Necessitando, nesse momento, da intervenção do presidente da empresa para que a situação não se torne ainda mais complicada.

De fato, com o passar do tempo, a cada mês elimina-se mais um problema da empresa. Além de agir para corrigir falhas no atendimento e nos processos da organização, o *ombudsman* precisa "prever" possíveis problemas.

A empresa precisa criar o departamento de ouvidoria, estruturar a equipe e os procedimentos a serem adotados e procurar um modelo a ser desenvolvido. A empresa pode também optar por *on demand* de prestação de serviços individuais. Neste caso, em vez de trabalhar em satisfação, antecipa os anseios dos clientes. A empresa, assim agindo, poderá provocar uma reação no mercado em relação a novos produtos e serviços, e trabalhar para aperfeiçoar cada vez mais.

De uma coisa tem-se certeza, o consumidor é o principal ativo da uma empresa. Mas paira uma nuvem de dúvidas na cabeça dos executivos de relacionamento e fidelização da base quanto ao cliente interno e externo à empresa.

Ora, o ouvidor deve atender tanto o cliente interno quanto o externo, ativos da empresa, que não podem ficar desprovidos, desamparados e sem ter a quem recorrer, para que não prejudique o próprio desempenho e a fidelização.

Portanto, seja para representar o cliente interno, externo ou o fornecedor, e independentemente do segmento de atuação, o que determina a criação do cargo basicamente é o porte da organização e a exposição ao relacionamento com o cliente.

A pequena empresa e a microempresa também têm *ombudsman*, só que ele atende por outro nome, que é "o dono". É ele quem resolve.

10.3.7. ATRIBUTOS DA OUVIDORIA/DO *OMBUDSMAN*

Relacionamos a seguir alguns dos principais atributos da ouvidoria na empresa, a saber:

1) habilidade de negociação;

2) ter muita paciência;

3) ter ótimo trâmite interno;

4) ter facilidade de comunicação;

5) atuar como advogado do cliente dentro da organização;

6) ser proativo;

7) ter presença e capacidade de liderança;

8) conhecimento da organização;

9) visão sistêmica;

10) ter ética e transparência; e

11) autonomia e liberdade na organização.

Sobremais disso somos menos pessimistas quanto ao futuro, porquanto há um crescimento do interesse pela profissão de *ombudsman* e das grandes empresas de contratarem esse profissional. Apesar de muitas empresas ainda não terem percebido a importância, existe a tendência de criação da função como uma evolução e um aperfeiçoamento de SACs e *call centers*. Apesar de tudo, trata-se de um trabalho que veio para ficar.

Por um lado, se dizemos que no setor público a necessidade é mais clara do que na área privada, nesta ainda não há uma visão de que o *ombudsman* é um instrumento de diferenciação no mercado.

Todavia ter um *ombudsman* não é para qualquer um. Somente grandes empresas interessadas em ganhar a lealdade dos clientes com a prestação dos serviços de qualidade conseguem emplacar tal estratégia.

Dessa forma, as empresas devem enxergar as vantagens de se oferecer aos clientes o que pode ser entendido como um serviço de cidadania e respeito aos direitos dos consumidores.

Contudo, infelizmente, outras empresas continuam a fazer o jogo do não vejo, não ouço e "faz de conta que minha empresa não tem problemas".

10.4. MEDIAÇÃO

A mediação é um procedimento pouco conhecido e, por isso, pouco utilizado em nosso país. Mas, ultimamente, vem despertando interesse por ser procedimento mais flexível, informal, breve e econômico do que a conciliação e a arbitragem.

Dessa forma, com maior frequência, deve ser a mais utilizada e confundida, por alguns, em sua evolução, com a consagrada conciliação. Na verdade, há países, em que a própria legislação já procura institucionalizar a figura da mediação, como ocorre, por exemplo nos Estados Unidos e na Argentina.

Com efeito, os bons resultados advindos das experiências realizadas animam a classe empresarial e os governos, vamos dizer, de todo o mundo. Parece uma campanha pró-mediação, conciliação e arbitragem.

Nessa direção é que nos Estados Unidos a mediação percorreu longo caminho, sobretudo na área trabalhista. Tem-se constituído no elemento formal da infraestrutura institucional disponível para a solução de conflitos trabalhistas desde a criação dos sindicatos, no século XIX. Relembram que o *Erdman Act*, de 1898, foi o primeiro ato pelo qual o governo dos EUA reconheceu a mediação como forma de solução de conflitos trabalhistas.

Como luva à mão destra, *mutatis mutantis servantis servandis*, no direito comparado, à nossa proposta de implantar no âmbito da SUSEP um Centro de Mediação, Conciliação e Arbitragem (CEMASC) para solução de conflitos do mercado segurador brasileiro, ensinam esses doutrinadores que, no âmbito trabalhista, têm recorrido à mediação considerável muitas das pessoas e organizações privadas e públicas. Contudo a prestação de serviços regulares, ligados à mediação, é privativa de algumas agências públicas.

A mediação na América Latina não tem ainda evoluído como nos países desenvolvidos, onde a técnica é bastante conhecida pela comunidade. Nesses países, diversas entidades, públicas e privadas, têm o domínio da administração do processo.

A mediação não é só uma técnica de solução de conflitos. É, também, um mecanismo que envolve a participação ativa na busca de acordos. Ou seja, é acordo mutuamente satisfatório, tendo por fim uma solução imediata de uma controvérsia, realizado num processo adversarial, confidencial e voluntário, no qual um terceiro imparcial facilita a negociação entre as duas ou mais partes. Assim, a mediação caracteriza-se por se tratar de um processo voluntário, confidencial, flexível e participativo.

10.4.1. PAPEL DO MEDIADOR

A atividade do mediador se limita a promover a aproximação ou a reaproximação dos litigantes, para que eles próprios (direta e pessoalmente) resolvam a pendenga, negociando a melhor solução para ela. Em princípio, cabe ao mediador interferir nas conversações, salvo se constatar serem improdutivas ou inviáveis, caso em que deve encerrá-las, encaminhando as partes às vias que julgar adequada, aqui, *in casu*, à conciliação e, após, à arbitragem.

10.4.2. CONCEITO DIDÁTICO DE MEDIAÇÃO

Didaticamente, tem-se que mediação é um recurso extrajudicial de resolução de conflitos, utilizado para solucionar ou prevenir situações de litígio ou de impasse na comunicação ou na negociação. É um processo confidencial e voluntário, no qual a autoria das decisões negociadas cabe às partes envolvidas. Diferente da arbitragem e da resolução judicial, situações em que a decisão fica transferida a um terceiro, na mediação as partes se mantêm autoras de suas próprias soluções.

Portanto a mediação é um procedimento sigiloso, no qual uma terceira pessoa, o mediador, ajuda as partes, de forma cooperativa, informal e privada, a encontrar uma solução para o seu conflito. O mediador deverá ser técnico especialmente capacitado para facilitar a comunicação e assistir a negociação, induzindo os participantes a identificar os pontos da controvérsia, gerar opções e explorar fórmulas de acordo que conduzam a uma resolução satisfatória para todas as partes.

10.4.3. DEFINIÇÃO DE MEDIAÇÃO

É de sapiência trivial que tarefa difícil é definir um termo, um instituto: sempre fica um aspecto não açambarcado, não delineado.

Nas palavras de SILVA (2010:902), define-se mediação, do latim *meditatio* (intervenção, intercessão), como o vocábulo empregado, na terminologia jurídica, para indicar todo ato de intervenção de uma pessoa em negócio ou contrato que se realiza entre outros. Utiliza-se a expressão para indicar a função do encarregado de aproximar as partes litigantes na procura de pontos em que os interesses sejam convergentes, buscando a conciliação entre elas.

Peculiarmente, então, na mediação há de ser orientado para a permanência das partes nele envolvidas o poder para encontrar suas próprias e decisivas soluções. Com efeito, a atuação do mediador é de suma importância, pois cria ou favorece o ambiente propício para o encontro de decisões, convidando-as à reflexão e auxiliando-as a ampliarem alternativas, incrementando, dessa forma, a possibilidade da negociação sem dirigi-la, tendo em vista o princípio fundamental da autonomia da vontade das partes.

Cada mediador opera a solução de conflitos de diversas maneiras. Cada um a seu estilo. Cada um conforme sua formação intelectual e cultural etc. No entanto, nessa atuação, de comum, podemos verificar o *vexata quaestio*, o questionamento apontado para as partes, ou seja, às partes um convite à dúvida, com o fito de ampliar a possibilidade de elas acharem, mutuamente, a melhor decisão para a controvérsia.

Assim, genericamente, mediador pode ser qualquer pessoa capaz, com um mínimo de alguns bons anos de efetivo exercício profissional, que atue como um terceiro neutro. Tem deveres éticos para com as partes, sua profissão e consigo mesmo e deve pôr à disposição dos intervenientes todas as habilidades inerentes à sua profissão e o máximo de esforços para conduzir a mediação com maior excelência.

Figura interessante neste processo, então, o mediador deve ser um profissional com formação específica em mediação; um especialista em técnicas de comunicação e negociação; um terceiro imparcial escolhido pelas partes, que atua como facilitador do diálogo e da negociação. Enfim, um auxiliar na ampliação de alternativas para resolver ou prevenir o conflito e buscar com os envolvidos soluções que atendam a todos.

Decerto, encontrada a solução, então, os benefícios trazidos são vários, dentre os quais: a celeridade, a efetividade de resultados, a preservação da autoria, o atendimento dos interesses mútuos, a redução do custo emocional, a redução do custo financeiro, o sigilo, a privacidade, entre outros. Além disso, o mediador, cooperando com as partes para que encontrem uma solução de algum conflito mutuamente amistosa, permite que essas dediquem seus recursos personais e econômicos às atividades mais produtivas.

A mediação pode ser utilizada na prevenção da formação de conflitos, de conseguinte, na prevenção da sucumbência a uma ou ambas as partes em conflitos; na fluidez da comunicação entre as pessoas; na melhoria do relacionamento intergrupal e interpessoal, isto é, nas transformações dessas relações.

10.4.4. A ÉTICA DO MEDIADOR

O mediador se traduz num terceiro imparcial que, por meio de uma série de procedimentos próprios, auxilia as partes em conflito a identificar interesses comuns e a construir, em conjunto, alternativas de solução, visando ao consenso e à realização do acordo. Para tanto, deve seguir o mediador o seu código de ética, domesticamente, instituído pelo Conselho Nacional das Instituições de Mediação e Arbitragem — CONIMA.

A ética, como exigência fundamental, possibilitando a recuperação ou a reconstrução de relacionamentos de comunhão de pessoas, enfim, o bem-estar social, antes de tudo, almeja a transparência, o respeito, a imparcialidade, a credibilidade, a competência, a confidencialidade, a diligência (premissa da autonomia da vontade das partes) como um novo meio de realizar negócios.

Dessa maneira, o mediador trabalha para desconstituir impasses. Na verdade, o mais importante é criar uma cultura não adversarial no tratamento das controvérsias. Contudo, não logrando numa culminação favorável, num acordo amigável na mediação, o processo deve prosseguir para a etapa da conciliação.

10.4.5. FORMAS DE MEDIAÇÃO

A flexibilidade da mediação tem trazido como consequência para os estudiosos da matéria e para os mediadores, conciliadores e árbitros, que, de acordo com os estilos pessoais de cada um, gradativamente, tem provocado diferentes formas de mediar, estas (formas), por sua vez se tem transformado em tendências atualmente definidas em três grandes grupos, a saber: Facilitadora, Avaliadora e Transformadora.

10.4.5.1. Mediação Facilitadora

Há a mediação facilitadora, que é a mais tradicional, quando o mediador controla com a cooperação das partes exercendo seu poder para buscar e examinar as opções de solução de conflitos. Assim, na facilitadora, o mediador não recomenda nem fornece opiniões pessoais e muito menos influi na decisão das partes. Ademais, os mediadores facilitadores não necessitam ter conhecimento específico sobre a matéria objeto da disputa.

10.4.5.2. Mediação Avaliadora

Já na mediação avaliadora, as partes sentem a necessidade de que o mediador seja conhecedor e tenha experiência na matéria objeto da disputa, portanto tem a capacidade técnica para opinar e avaliar a conveniência das diferentes opções para encontrar a solução. O mediador avaliador pode influir e inclusive modificar a decisão final.

10.4.5.3. Mediação Transformadora

Na mediação transformadora, é aprofundado o papel facilitador do mediador, reconhecem as partes sua capacidade para resolver e aceitar as suas necessidades válidas como consequência da natureza íntima do conflito. Nesta a ideia é trocar assim a atitude combativa das pessoas para que elas, e não o mediador, controlem o processo. Esta corrente pretende que as pessoas, não sozinhas, se beneficiem da mediação particular para resolver a disputa, sem que deixem de utilizar os conceitos que absorveram do processo em confrontos futuros.

10.4.6. CLASSIFICAÇÃO DO CONTRATO DE MEDIAÇÃO

O contrato de mediação é bilateral ou sinalagmático, porque acarreta, em tese, obrigações para ambas as partes, embora possa, eventualmente, onerar somente uma delas; acessório, porque tem por fim a celebração de outro contrato (é contrato meio perante contrato fim); consensual, pois decorre do simples consenso das partes; oneroso, porque pressupõe o pagamento de uma remuneração; aleatório, por depender tal remuneração do fator sorte, que é a realização do negócio principal.

10.5. CONCILIAÇÃO

Conceitualmente falando, conciliação significa ação ou efeito de conciliar, pôr de acordo, em harmonia, se assemelhando à mediação com nítidas diferenças. Isso porque conciliação e mediação, embora próximas, por tenderem ambas à autocomposição (e apartando-se, assim, da arbitragem, que é um meio de heterocomposição de conflitos, em que o juiz extrajudicial substitui o juiz togado), distinguem-se porque, na primeira, o conciliador, após ouvir os contendores, sugere a solução consensual do litígio, no intuito de lograr um acordo entre as partes, enquanto na segunda o mediador trabalha mais o conflito, fazendo com que os interessados descubram as suas causas, removam-nas e cheguem assim, por si só, à solução da controvérsia.

Parece, entretanto, que a própria mediação apresenta duas facetas: sendo seus objetivos resolver o conflito e conseguir o acordo, a mediação clássica, que não se volta precipuamente ao processo, dá ênfase à solução do conflito, sendo o acordo apenas o seu apêndice natural, podendo vir ou não; enquanto a mediação voltada ao processo dá ênfase, sobretudo, à obtenção do acordo, porque tem em vista o escopo precípuo de evitar ou encurtar o processo, sendo a pacificação dos contendores a consequência de um acordo alcançado pelo consenso dos interessados. Denomina-se esse segundo tipo de mediação de "paraprocessual" (para = ao lado de, elemento acessório ou subsidiário).

10.5.1. PAPEL DO CONCILIADOR

A atividade do conciliador, por sua vez, destina-se a promover a solução amigável do conflito, comandando a negociação, aparando as arestas, para que cheguem a um consenso. Talvez seja uma tarefa mais delicada, graças a sua capacidade de alcançar consensos. Para tanto, o conciliador, a olhos vistos, tem que possuir temperamento ameno na busca de acordos e, ao mesmo tempo, imposição da autoridade no exercício de sua atividade. Além de agir sempre com racionalidade, operacionalidade, urbanidade, credibilidade e segurança para que alcance a credibilidade desejável. Tanto na mediação como na conciliação, chegando as partes a um bom termo, deve ser traduzido num documento.

Na mediação paraprocessual, o mediador não deve permanecer exclusivamente no campo do esclarecimento das causas do conflito, evitando a formulação de uma proposta de acordo. Ao contrário, é conveniente que o mediador sugira aos contendores a solução, dando-lhe roupagem jurídica. Assim sendo, pode-se afirmar que, na mediação voltada ao processo, o mediador deverá ser ao mesmo tempo um conciliador.

Limitada, na mediação, a função do terceiro ou dos terceiros (mediador, ou mediadores, se mais de um), a simples aproximação das partes em conflito, para que, mediante negociação pessoal, direta, cheguem, elas próprias, a acordo, resolvendo a disputa. O mediador facilita a comunicação, auxilia as partes a identificarem os pontos do conflito e a construírem um acordo.

Entretanto, na conciliação, a tarefa do terceiro ou dos terceiros (conciliador, ou conciliadores, se mais de um) é maior, incumbindo-lhes sugerir soluções, formular propostas e, pela via da persuasão, se empenhar para que se efetive o acordo que ponha fim consentido à divergência que separa as partes.

Portanto o papel preponderante do conciliador é ouvir as partes, conduzir a negociação e propor acordo satisfatório.

10.6. ARBITRAGEM

A arbitragem é a eleição pelas partes de uma ou mais pessoas como juízes, para dirimir litígios diante dos fatos e testemunhas apresentados por intermédio ou não de advogados. Enfim, é uma atividade jurisdicional fora do Judiciário[259].

Contudo não é só. Vamos nos deter mais amiúde na arbitragem por ser o tema que nos coube apresentar o papel da arbitragem como meio alternativo de solução de conflitos.

10.6.1. DEFINIÇÃO

A arbitragem pode ser definida como uma técnica que visa a solucionar questões de interesse de duas ou mais pessoas, físicas ou jurídicas, sobre as quais as mesmas possam dispor livremente em termos de transação e renúncia, por decisão de uma ou mais pessoas — o árbitro ou os árbitros —, as quais têm poderes para assim decidir pelas partes por delegação expressa dessas resultantes de convenção privada, sem estar investidas dessas funções pelo Estado.

No entanto há controvérsia. Alguns doutrinadores pensam que o árbitro está acima das partes, pois desempenham uma função pública, no interesse, pois, do Estado e das partes fazer em justiça.

---

(259) Um fenômeno que deve sempre ser combatido é o da diminuição da credibilidade do Judiciário, pois tal fato acaba redundando em perda de efetividade da lei. A experiência, de fato, que a efetividade da lei não se acha condicionada apenas à qualidade desta, mas ainda ao grau de confiança e credibilidade do Judiciário, daí porque todo esforço deve ser desenvolvido para se evitar a diminuição do prestígio daquele órgão de justiça. O reconhecimento pelo Estado da necessidade de agilizar os processos litigiosos, evitando gastos astronômicos dessa natureza, fez nascer a Lei n. 9.307, de 1996, permitindo a criação de Tribunais de Arbitragem. É salutar verificar que o Estado é o primeiro a reconhecer que esse é o melhor caminho, abrindo mão de poderes antes considerados indelegáveis; adverte o jurista e filósofo Miguel Reale.

A arbitragem decorre da vontade expressa pelas partes na convenção arbitral, que é gênero, da qual são espécies a *cláusula compromissória* (introduzida nos contratos para submeter qualquer questão contratual futura a este método) e o *compromisso arbitral* (termo que detalha a arbitragem depois de surgido o conflito, definindo seus limites, discriminando os dados pessoais dos árbitros escolhidos, o lugar da arbitragem e outros elementos necessários).

O compromisso arbitral, cuja assinatura deve ocorrer espontaneamente após surgido o conflito, pode ser firmado livremente pelas partes (*compromisso extrajudicial*), por instrumento particular assinado pelas partes e por duas testemunhas, ou ser firmado por termo nos autos (*compromisso judicial*), perante o juízo ou tribunal, onde tem curso a demanda.

Poderá o compromisso, ainda, ser firmado perante o Juiz a quem competiria conhecer da causa, quando a demandada permanecer inerte ou se negar a cumprir com a arbitragem e a parte demandante ingressar em juízo com a ação de cumprimento prevista no art. 7º[260] da Lei n. 9.307, de 23 de setembro de 1996.

Diga-se que, em realidade, o compromisso não necessitará ser assinado em determinadas e especiais condições, em que a cláusula compromissória for suficiente — *cláusula cheia, em preto ou completa* — ou em que esta *cláusula (vazia)* delegar a uma instituição especializada a configuração do detalhamento do procedimento arbitral, incluindo a complementação da nomeação dos árbitros, quando as partes forem inábeis ao fazê-lo, assim como a formalização dos requisitos faltantes da arbitragem no caso em que a parte demandada mostrar-se inerte, após citada, para responder ao processo arbitral.

A existência de uma cláusula compromissória válida é suficiente para justificar a prejudicial de exclusão da via judicial a ser alegada pela outra parte caso uma delas se "esqueça" e inobstante o particular da existência da cláusula compromissória resolva ingressar em juízo. Este conceito já existe refletido em muitas decisões judiciais, a que os interessados poderão ter acesso ao consultar repertórios jurisprudências disponíveis.

É de se anotar que da sentença arbitral não cabe recurso, e essa, em comparação com o processo judicial, limita o procedimento à fase de cognição. A sentença arbitral só necessitará ser executada judicialmente caso não seja cumprida espontaneamente pela parte perdedora, o que, por ser a arbitragem um método derivado e construído pela vontade das partes, é muito menos comum do que no processo judicial, em que a execução forçada é a tônica dominante.

---

(260) [...]. Art. 7º Existindo cláusula compromissória e havendo resistência quanto à instituição da arbitragem, poderá a parte interessada requerer a citação da outra parte para comparecer em juízo a fim de lavrar-se o compromisso, designando o juiz audiência especial para tal fim. [...].

10.6.2. VANTAGENS DO USO DA ARBITRAGEM

É evidente que num país como o Brasil, que conta com um fluxo judiciário lento e congestionado, por razões várias já brevemente referidas acima, mas que não vem ao caso agora repetir, a solução de conflitos por meio da arbitragem(261) representa não uma solução para o problema deste congestionamento, mas um remédio que o tornará mais ameno, ao tempo em que outros remédios serão também mais bem aplicados para saná-lo.

É curioso, mas forçoso, notar, entretanto, a existência de preconceitos contra a arbitragem entre nós. Há tempos, aliás, o internacionalista RENÊ DAVI já opinava que o Brasil representava uma ilhota de resistência (*"un ilôt de resistence"*) contra a arbitragem.

Este preconceito e o desuso da arbitragem ao longo da maior parte do século XX no Brasil, enquanto sua utilização se disseminava na maioria dos países, deve-se a uma variedade de fatores. Vejamos.

---

(261) Embora seja discutível a real necessidade de recomposição do caixa do tesouro com a perda da arrecadação da CPMF, é possível reequilibrar o orçamento por uma **terceira via**. De fato, ao lado da tradicional fórmula de aumento de outros tributos ou da anunciada redução de gastos e investimentos, o governo federal pode se valer de outra medida. Essa **terceira via** implica a rápida reformulação da forma de cobrança e de solução de conflitos entre Fazenda Pública e contribuintes. Para se ter uma ideia do quadro atual, no âmbito da Justiça Federal, onde se dá a cobrança de tributos da União, cerca de 90% dos processos se encontram na prática sem andamento, seja por não se encontrar o devedor, seja porque este, quando encontrado, já se desfez de seus bens. Se transportássemos este cenário para o setor privado, dá para imaginar o que seria de uma empresa que não consegue cobrar ou realizar 90% de suas receitas, a exemplo do que corre na prática com o Estado brasileiro. Pois bem. No Congresso tramitam dois projetos de lei que poderiam em curto prazo modificar o atual *status quo*. O primeiro desses projetos alteraria nossa ultrapassada Lei de Execução Fiscal, datada de 1980. A Lei de Execução estipula um rito extremamente complexo e moroso para se encontrar o devedor, localizar bens, fazer a penhora e julgar a defesa do executado. Ou seja, permite a procrastinação do pagamento pelo mau pagador em virtude do excesso de processualismo e oprime as empresas e pessoas que não ocultam o seu patrimônio. O segundo projeto introduz o que se chama de **arbitragem tributária**. Esse modelo é hoje uma realidade exitosa em outros países. Nos últimos anos, Espanha, Itália e Estados Unidos se valeram do modelo arbitral para alcançar a diminuição do grau de conflito e o aumento de arrecadação. A **arbitragem** permite fazer com que Fazenda Pública e contribuinte cheguem a um consenso sobre cada situação em que exista conflito sobre a interpretação da lei, evitando-se a formação de longo e custoso processo administrativo e/ou judicial. Em suma, embora muito se fale da quantidade de tributos e da alta carga tributária, pouco se fala sobre a forma pela qual o Estado cobra seus tributos. Essa discussão foi e ainda é prioritária em outros países, mas por aqui acabamos ficando sempre limitados à utópica visão de um sistema tributário perfeito e que não gera conflitos, cenário que não se materializa nem mesmo em países mais desenvolvidos. Neste momento de perda da CPMF, é mais rápido, eficiente e justo modificar o atual mecanismo, para que assim o Estado possa cobrar de forma mais rápida, eficiente e justa seus tributos. Esse é um pressuposto para qualquer sistema tributário sadio, e, consequentemente, para uma economia competitiva e uma sociedade justa e igualitária, cf. Eficiência, CATÃO, Marcos André Vinhas, in Jornal *O Globo*, Opinião, Segunda-feira, 31 dez. 2007, p. 7. (grifos nossos)

Para começar, temos como um entrave histórico a legislação brasileira, pois, embora a arbitragem seja conhecida no país desde a primeira constituição do Império, a de 1824, e tenha sido expressamente prevista no Código Civil de 1916 e nos Códigos de Processo Civil de 1939 e 1973, somente com a Lei n. 9.307, de 1996, recebeu um instrumental moderno e seguro para sua utilização.

Anteriormente, a sentença arbitral interna dependia de homologação judicial e a sentença arbitral estrangeira, proferida fora do Brasil, dependia de homologação judicial no país em que tivesse sido proferida, para ser homologada aqui pelo STF, o chamado "duplo *exequatur*", que às vezes tornava esta sentença inexequível no Brasil quando o país de origem não homologava sentenças arbitrais.

Também no regime anterior a cláusula compromissória não merecia, segundo a jurisprudência, execução específica, resultando que aquele que a tivesse firmado poderia escapar da arbitragem e procrastinar a solução da controvérsia sem que pudesse, de fato, ser punido, pois as perdas e os danos que poderiam ser apurados pela parte prejudicada eram mais teóricos do que prático e de dificílima configuração.

Contudo, mesmo após a Lei n. 9.307, de 1996, existem preconceitos que remanescem.

Alguns temem que a arbitragem lhes subtraia mercado de trabalho, alguns advogados em particular, o que não representa a realidade porque a arbitragem depende em grande parte dos advogados das empresas ou das partes pessoas físicas, os quais inserem as cláusulas compromissórias nos contratos e redigem os compromissos, vinculando a arbitragem a sistemas regulatórios de entidades especializadas e a normas legais de regência, sugerem muitas vezes os nomes de árbitros às partes que assessoram, preparam e fornecem dossiês aos árbitros, interpõem medidas cautelares antes da instauração do processo arbitral, ou as solicitam aos árbitros e ingressam com eventuais recursos de nulidade. Enfim, para comparar, quase como fariam em juízo, já que no contencioso judicial os advogados também não julgam os processos. Assim, ao contrário do que possam temer tais profissionais, a arbitragem terá, para eles (nós), um efeito multiplicador e inovador em relação a seus serviços.

Outros parecem temer que a arbitragem represente a substituição do Judiciário por uma justiça privada, o que também não corresponde à realidade, pois esta se restringe a direitos patrimoniais disponíveis, concentrando-se numa restrita área de direitos civis, comerciais e empresariais, sujeitando-se, além disso, ao controle do Judiciário, em várias oportunidades, em que o mesmo pode ser ou será instado a intervir.

O professor José Carlos de Magalhães, no livro *Arbitragem Comercial*, afirmava, em 1986, antes mesmo do advento da Lei n. 9.307, de 1996, que o interesse e a prática crescente da arbitragem, reafirmada pelo surgimento de incontáveis entidades especializadas, novas legislações e, inclusive, a inclusão, à época, de uma Cadeira sobre arbitragem comercial internacional no Curso de Direito da USP, não excluía preconceitos contra esse método, os quais, em outro trecho do livro, ele atribui, entre nós, especialmente àqueles que imaginam o Estado como fonte normativa e exclusiva de aplicação da Justiça.

Opiniões respeitáveis, mas não exatamente entusiásticas, quanto à arbitragem são encontradas em textos de comentaristas nacionais[262].

Pode ser dito, no entanto, em sentido oposto, que a arbitragem é um método eficientíssimo de solução de conflitos na área contratual, comercial e empresarial que vem sendo largamente utilizado, em percentual crescente, na maioria dos países desenvolvidos.

No caso dos contratos internacionais, a comunidade internacional de negócios apresenta uma marcada preferência pela solução arbitral, utilizada em cerca de 80% das questões deles originárias. Em alguns tipos de contratos internacionais, como nos de construção de complexos industriais, transporte marítimo e da indústria do petróleo, essa preferência aproxima-se de 100%.

Para permitir uma análise comparativa das vantagens entre os demais métodos de solução de conflitos e a arbitragem pode-se citar uma série de fatores em que a arbitragem apresenta nítidas vantagens, ao menos sobre a via judicial, talvez um pouco diferente da lista tradicional:

1) custos menores;

2) prazo menor para emissão da sentença;

3) confidencialidade/privacidade em comparação com a publicidade do processo judicial;

4) especialização efetiva dos árbitros que as partes podem escolher;

5) flexibilidade (escolha pelas partes dos árbitros, das normas procedimentais, da entidade arbitral para administrar o processo, da lei a ser aplicada na arbitragem);

6) neutralidade e justiça (possibilidade de escolha do local da arbitragem fora das áreas de influência do domicílio das partes ou do local da execução do contrato);

---

(262) Como o de Paulo Lúcio Nogueira; que escreveu obra sobre *os Juizados Especiais Cíveis e Criminais,* publicada pela editora Saraiva, em 1996. Nessa obra, o autor reproduz outras opiniões, como as de Couto e Silva, "para quem há entre nós uma 'inclinação em favor da jurisdição comum'" e coloca a sua própria opinião, ao afirmar que "o juízo arbitral também não tem tido muita aceitação em nosso meio porque as partes preferem recorrer ao Poder Judiciário para a solução de seus conflitos e, no que respeita especificamente ao Juizado Especial Cível, não tem aplicabilidade porque a maioria dos pedidos tem sido solucionada através de conciliação" (p. 29).

7) efetividade (cumprimento espontâneo da sentença arbitral em percentagem muitíssimo mais elevada do que aquela encontrada quanto à sentença judicial); e

8) baixo impacto na continuidade do relacionamento comercial entre as partes.

Note-se bem, da lista acima destacamos os tópicos prazo para emissão da sentença; confidencialidade/privacidade; especialização dos árbitros; flexibilidade e, em especial, o baixo impacto em relação à continuidade do relacionamento comercial entre as partes, como os mais relevantes.

Quanto ao menor prazo para emissão da sentença na arbitragem, basta que tenhamos presente que a mesma sintetiza o processo de cognição e, com a emissão da sentença, o torna definitivo, não cabendo revisão ou recurso da sentença apenas, excepcionalmente, sua anulação através de ação anulatória específica, nos casos previstos no art. 32[263] da Lei n. 9.307, de 1996, ação esta que deverá ser proposta nos 90 dias seguintes ao recebimento pela parte da notificação da sentença ou de seu aditamento (para esclarecimento ou correção formal, nos termos do art. 30[264] da Lei), podendo esta anulação, ainda, ser arguida mediante embargos do devedor, nos termos do art. 741[265] do CPC, se houver execução judicial.

Depois, este menor prazo para entrega da sentença decorre do fato de que o processo arbitral é único e independente, levado a cabo por entidades e árbitros privados, que não estão sujeitos aos expedientes e às pautas de cartórios ou tribunais e que, assim, têm efetiva possibilidade — contratualmente ajustada e sujeita, inclusive, a sanções previstas no contrato em casos de descumprimento — de entregar a sentença rigorosamente nos prazos pactuados, pois esse prazo,

(263) [...]. Art. 32. É nula a sentença arbitral se: I — for nulo o compromisso; II — emanou de quem não podia ser árbitro; III — não contiver os requisitos do art. 26 desta Lei; IV — for proferida fora dos limites da convenção da arbitragem; V — não decidir todo o litígio submetido à arbitragem; VI — comprovado que foi proferida por prevaricação, concussão ou corrupção passiva; VII — proferida fora do prazo, respeitado o disposto no art. 12, inciso III, desta Lei; e VIII — forem desrespeitados os princípios de que trata o art. 21, § 2º, desta Lei. [...].

(264) [...]. Art. 30. No prazo de cinco dias, a contar do recebimento da notificação ou da ciência pessoal da sentença arbitral, a parte interessada, mediante comunicação à outra parte, poderá solicitar ao árbitro ou ao tribunal arbitral que: I — corrija qualquer erro material da sentença arbitral; e II — esclareça alguma obscuridade, dúvida ou contradição da sentença arbitral, ou se pronuncie sobre ponto omitido a respeito do qual se devia manifestar-se a decisão. [...].

(265) [...]. Art. 741. Na execução fundada em título judicial, os embargos só poderão versar sobre: I — falta ou nulidade de citação no processo de conhecimento, se a ação lhe correu à revelia; II — inexigibilidade do título; III — ilegitimidade das partes; IV — excesso de execução, ou nulidade desta até a penhora; VI — qualquer causa impeditiva, modificativa ou extintiva da obrigação, como pagamento, novação, compensação com execução aparelhada, transação ou prescrição, desde que supervenientes à sentença; e VII — incompetência do juízo da execução, bem como suspeição ou impedimento do juiz. [...].

como reza o art. 23[266] da Lei, será estipulado pelas partes e somente poderá ser estendido de comum acordo entre as partes e os árbitros.

As estatísticas, embora sejam imperfeitas em virtude do sigilo do processo arbitral, indicam que esse prazo é incomensuravelmente menor que o judicial, de cerca de um ano, enquanto o judicial, em média, atingiria cinco ou mais anos.

Quanto à confidencialidade/privacidade, não existem também quaisquer dúvidas de que a arbitragem se diferencia substancialmente do judiciário, em que a regra é a publicidade.

A especialização dos árbitros, que se conjuga com a livre escolha dos mesmos pelas partes, sempre foi tema determinante para o interesse das partes na arbitragem, sobretudo nas arbitragens de natureza técnica, em comparação com outros métodos. Isso, evidentemente, não se encontra na via judicial, em que os juízes, ao contrário, são nomeados por sorteio e, ainda que detenham um elevado nível de saber e poder de decisão, têm especialização em matéria processual e em Direito.

A flexibilidade da arbitragem é um de seus grandes atrativos do qual, talvez, alguns não se deem conta de imediato. Com efeito, nada mais flexível do que, em vez das normas rígidas do processo codificado pelo Estado, as partes poderem escolher normas procedimentais de uma determinada entidade, que regulará o processo arbitral, facultando às partes uma variedade de situações em que poderão escolher vários aspectos desse procedimento.

E, ainda, terem as partes a liberdade de poderem levar a cabo a arbitragem em qualquer lugar de sua escolha. Além disso, as partes podem, em vez de rígidas normas de direito, escolher entre si, contratualmente, para reger a arbitragem, a equidade, os princípios gerais de direito, o conjunto difuso, porém tendente a certa homogeneidade estrutural das normas, dos princípios e da jurisprudência arbitral internacional a que se convencionou chamar de *lex mercatoria*, os usos e costumes, ou a legislação nacional que escolham para reger o contrato.

Para nós, por último, um dos mais importantes aspectos da arbitragem como método contratual, derivado da autonomia da vontade das partes, é o baixo impacto que causa, em termos comparativos, no relacionamento posterior entre as partes. Um exemplo disso encontra-se no elevado percentual de cumprimento espontâneo das decisões arbitrais em comparação com a persistente e homogênea resistência em cumprir as decisões judiciais, quando as partes se antagonizam em juízo, em geral até as últimas consequências, ou melhor, até o esgotamento dos recursos processuais de que dispõem.

---

(266) [...]. Art. 23. A sentença arbitral será proferida no prazo estipulado pelas partes. Nada tendo sido convencionado, o prazo para a apresentação da sentença é de seis meses, contado da instituição da arbitragem ou da substituição do árbitro. [...].

10.6.3. A LEI BRASILEIRA DE ARBITRAGEM

A Lei n. 9.307, de 1996, teve origem no Projeto de Lei do Senado de n. 78, de 1992, encaminhado pelo então senador Marco Maciel. Na Exposição de Motivos firmada pelo senador, em 3 de junho de 1992, ficou registrado que para elaboração do Projeto tinham sido consultadas as mais modernas legislações acerca da arbitragem e levadas em conta as diretrizes da comunidade internacional, em especial as fixadas pela ONU na Lei-Modelo sobre Arbitragem Comercial Internacional formulada pela UNCITRAL, além daquelas constantes da Convenção para o Reconhecimento e Execução de Sentenças Arbitrais Estrangeiras firmada em Nova York, em 1958 (Convenção da ONU), e as da Convenção Interamericana sobre Arbitragem Comercial Internacional (Convenção da OEA) firmada no Panamá, em 1975.

10.6.3.1. Arbitrabilidade

É de se ressaltar que nem todas as questões são passíveis de serem submetidas à arbitragem; só os conflitos que versem sobre direitos patrimoniais disponíveis(267), conforme dispõe a Lei n. 9.307, de 1996, em seu art. 1º.

São disponíveis os direitos e bens que as partes podem livremente alienar, ceder, onerar, transacionar, renunciar e que tenham valor econômico ou possam ser avaliados economicamente.

Saliente que, embora os meios alternativos e principalmente a arbitragem, no Brasil, ainda não sejam amplamente aplicados, a realidade é que já podem colher proveitosas observações de sua prática, assim incipiente.

A algumas dessas observações se dedicam estas palavras.

Doutrinariamente, vale repetir, mediação, conciliação e arbitragem se caracterizam pela atuação do terceiro ou dos terceiros que, de confiança e escolha das partes, colaboram na solução amigável de choques de interesses, fora do judiciário. Daí a referência a alternativos: cuida-se de possíveis opções face à solução da Justiça do Estado. Embora sejamos filiados à corrente que defende que esses são meios essenciais (e não alternativos) à justiça.

Antes cabe relembrar que os diferentes meios de acesso à justiça, na verdade, não são concorrentes, mas alternativos. A sua indicação muito depende do caso concreto. Cogita-se da fungibilidade das opções consideradas, à semelhança do que dispõe o Código Civil Brasileiro, quando define fungíveis as coisas móveis que podem substituir-se por outras de mesma espécie, qualidade e quantidade.

---

(267) [...]. Art. 1º As pessoas capazes de contratar poderão valer-se da arbitragem para dirimir litígios relativos a direitos patrimoniais disponíveis. [...].

É preciso compreender que a "escolha" do meio alternativo (digo, essencial) não é arbitrária, não é um puro e simples exercício dos caprichos da vontade. A lição do real é que a questão a ser resolvida como que "pede" o meio mais adequado, desta forma havendo não se tem uma "escolha", mas uma "indicação", desta forma pacífica que, caso a caso, se revela própria para a solução do conflito de interesses, que muito perde de subjetividade e muito ganha em objetividade. O que é bom!

Assim, como salientamos, pelo conhecimento que se torna do choque de vontades, disposição e ânimo das partes conflitantes, é possível entrever se a sua solução será possível em um só ato, caso em que é indicada a tentativa de mediação. Mas se as partes em conflito não têm muitas luzes, se entremostra necessário um trabalho de persuasão, o caso será de se intentar a conciliação. Por outro lado, se a divergência é complexa, inviável que seja resolvida em um só ato, ou se exige conhecimentos técnicos especializados, a indicação é da arbitragem, com a convocação de um *expert* na matéria.

De toda forma, em se tratando de questão envolvendo direito indisponível, não pode haver a menor dúvida: a indicação é a via judicial.

Outra observação que se tem colhido do emprego da arbitragem, a aconselhar que se intente modificar a atitude das partes face ao árbitro ou aos árbitros e à própria instituição que administra (não faz!), a arbitragem é o tratamento por demais formal e reverente das partes ante o árbitro ou os árbitros e a própria administradora da arbitragem.

É preciso que se recorde, notadamente em se tratando de arbitragem comercial, como a que se faz nas Associações Comerciais, que a arbitragem foi reativada, no início do Direito Mercantil, como verdadeiro imperativo categórico, em reação ao formalismo excessivo e à demora da Justiça comum. As páginas escritas pelos estudiosos dessa época até parecem conter as mesmas mensagens da "média" dos dias de hoje, condenando a ineficiência, a demora e o formalismo da Justiça Estatal.

É necessário que não se esqueça de que se está no âmbito do Direito Privado. Os árbitros são terceiros, estranhos, necessariamente, ao conflito de interesses. Mas não são autoridades públicas, acima das partes. São iguais às partes e têm a autoridade para resolver o conflito recebido das próprias partes, que neles confiam. Não há, desta sorte, justificativa para as partes se dirigirem aos árbitros por intermédio de verdadeiras petições judiciais, o que é causado, certamente, pela circunstância de que, quase sempre, são representadas por advogados, *data maxima venia*, viciados na redação forense, que não param (embora, haja forte exceção) um pouco para meditar sobre a matéria.

O instrumento de comunicação das partes com os árbitros e as próprias instituições administradoras de arbitragem, e vice-versa, é a carta, no costumeiro estilo, simples, objetivo, do comércio, e o tratamento, respeitoso, como exige a boa educação, é o de V.S. (Vossa Senhoria), no singular e no plural, na 3ª pessoa.

Assim, não há de se cogitar de "petição inicial" para a iniciativa do procedimento da arbitragem: cuida-se de uma carta, de uma comunicação, que pode ser unilateral, quando apenas uma das partes provoca o procedimento, ou conjunta, quando ambas as partes, queimando etapas, pedem a arbitragem.

Há, nesta ideia de aproveitar a rapidez própria da arbitragem, uma série de iniciativas adequadas: I — a comunicação conjunta cogitada se desde logo fornece os elementos necessários, por lei, ao compromisso arbitral, os obrigatórios e os facultativos, dos artigos 10 e 11 da lei de arbitragem(268); II — a escolha de árbitro único; III — A previsão de um procedimento enxuto, mas com inteira observância do art. 13, 6º, e do art. 21, § 2º, da Lei 9.307, de 1996(269). Essas iniciativas, havendo o verdadeiro ânimo arbitral(270), asseguram um rendimento inimaginável à arbitragem, na presteza e eficiência de sua solução de conflitos de interesses.

Outro comportamento inconveniente que se tem verificado é o terror das partes, representado por advogados, em propiciar, logo nesta comunicação primeira, os elementos para a redação do compromisso — ato inaugural do procedimento

---

(268) [...]. Art. 10. Constará, obrigatoriamente, do compromisso arbitral: I — o nome, profissão, estado civil e domicílio das partes; II — o nome, profissão e domicílio do árbitro, ou dos árbitros, ou, se for o caso, a identificação da entidade à qual as partes delegaram a indicação de árbitros; III — a matéria que será objeto da arbitragem; e IV — o lugar em que será proferida a sentença arbitral. [...]. [...]. Art. 11. Poderá, ainda, o compromisso arbitral conter: I — local, ou locais, onde se desenvolverá a arbitragem; II — a autorização para que o árbitro ou os árbitros julguem por equidade, se assim for convencionado pelas partes; III — o prazo para apresentação da sentença arbitral; IV — a indicação da lei nacional ou das regras corporativas aplicáveis à arbitragem, quando assim convencionarem as partes; V — a declaração da responsabilidade pelo pagamento dos honorários e das despesas com a arbitragem; e VI — a fixação dos honorários do árbitro, ou dos árbitros. [...].

(269) [...]. Art. 13. Pode ser árbitro qualquer pessoa capaz e que tenha a confiança das partes. [...]. [...]. Art. 6º Não havendo acordo prévio sobre a forma de instituir a arbitragem, a parte interessada manifestará à outra parte sua intenção de dar início à arbitragem, por via postal ou por outro meio qualquer de comunicação, mediante comprovação de recebimento, convocando-a para, em dia, hora e local certos, firmar o compromisso arbitral. [...]. [...]. Art. 21. A arbitragem obedecerá ao procedimento estabelecido pelas partes na convenção de arbitragem que poderá reportar-se às regras de um órgão arbitral institucional ou entidade especializada, facultando-se, ainda, às partes delegar ao próprio árbitro, ou ao tribunal arbitral, regular o procedimento. § 2º Serão, sempre, respeitados no procedimento arbitral os princípios do contraditório, da igualdade das partes, da imparcialidade do árbitro e de seu livre convencimento. [...].

(270) Na Exposição que se elaborou na Bolsa de Comércio de Montevidéu para o Banco Interamericano de Desenvolvimento, dissertando sobre "Matéria Arbitrável e Ordem Pública", fez-se referência ao espírito, o ânimo que envolve a arbitragem. A partir da disposição de sujeitar a questão à arbitragem, as partes conflitantes já se entremostram (ou devem dar evidência disto!) com espírito desarmado, sem reservas mentais, com o ânimo de cooperar sinceramente para a solução do conflito, abstendo-se de criar incidentes, levantar preliminarmente protelatórias, como é usual no juízo contencioso, enfim contribuindo, transparentemente, para que seja bem-sucedida a arbitragem.

(art. 19 da Lei n. 9.307, de 1996[271]) — "escondendo o jogo", precisamente com o ânimo contrário ao que predomina e deve predominar na arbitragem. Comumente, a parte que toma a iniciativa da arbitragem não dá as suas razões; na primeira comunicação, a outra parte faz o mesmo, ao corresponder à iniciativa, e se dificulta o andamento, a carecer, então, de novas manifestações, para, afinal, esclarecer as razões de cada qual.

Também as partes não se dão conta da valia de indicação dos nomes, das qualificações e dos endereços dos árbitros, efetivos e suplentes, e do árbitro ímpar, que devem figurar no compromisso arbitral. São tais ordens as condutas restritivas das próprias partes, que são responsáveis por travar o célere andamento do procedimento, abrindo mão de virtude relevante da arbitragem.

Veja-se, contudo, que já em curso acelerado, entre nós, um esforço no sentido do abandono das primitivas e (porque não reconhecer?), rudimentares preocupações em trabalhos doutrinários centrados ou nos aspectos gerais do instituto arbitral, ou no combate aos preconceitos contra as formas alternativas de que se cogitam. O estimado e doutor pioneiro da arbitragem no Brasil, o advogado PETRÔNIO RAIMUNDO GONÇALVES MUNIZ, a quem se devem as primeiras e profícuas iniciativas para o advento da atual Lei n. 9.307, de 1996, há algum tempo, chegando de visita aos Estados Unidos, deu a conhecer o estágio a que se chegou lá, com as alternativas amigáveis, já tratando de questões outras, mais profundas.

O que importa, a esta altura, aos arbitralistas sinceros, que não abrem concessões aos tais preconceitos, é o emprego dos meios pacíficos de que se tratam, cumulando a realidade com os benéficos e admiráveis efeitos práticos e positivos do seu emprego. Nesta diretriz se tem em preparo modesta monografia sobre o *Consenso Arbitral*, cuidando do que designa *Consenso Antecipado* — aspecto que se ressalta na sofrida cláusula compromissória — e do que se refere como *Consenso Formal* — enfatizam sem exagerar, as importantíssimas funções do compromisso arbitral, está se estudando um novo e salutar hábito, de conjugação da advocacia nos moldes forenses tradicionais com as alternativas amigáveis, com plenos resultados profícuos.

Verifica-se que são incomensuráveis as possibilidades de dar aos meios alternativos (aliás, essenciais) cogitados, já por si céleres, uma rapidez maior na resolução de divergências, observando-se sempre que, limitadas, embora, por sua própria natureza e pelas próprias normas a que submetem, têm uma potencialidade inigualável e acesso à justiça muito próxima do ideal que se busca realizar.

É preciso atentar que, além das restrições legais para a adoção das alternativas expostas, há, também, as impropriedades nascidas da própria contextura do

---

(271) [...]. Art. 19. Considera-se instituída a arbitragem quando aceita a nomeação pelo árbitro, se for único, ou por todos, se forem vários. [...].

caso concreto, que afastam a indicação das aludidas opções. Assim, em um caso envolvendo direito patrimonial disponível, pode ocorrer a manifesta negativa de um dos interessados em se sujeitar à divergência arbitragem. Não se poderá, em princípio, submeter a questão à arbitragem, pois falta condição essencial para tanto. O consenso.

Conta-se de NOEL ROSA, consagrado compositor de música popular, grande poeta da Vila Isabel, que, recebendo uma notícia triste, da morte de um companheiro de boemia, escreveu um samba em homenagem ao extinto. Já ia alta a madrugada. Os tradicionais recursos, o lápis com o qual escrevia seus sambas na mesa de mármore do botequim, a própria mesa, a "saideira", de hábito, estavam todos presentes, mas a música não saía. Faltava a inspiração. Foi aí que um dos presentes, fatigado da longa madrugada, bem ponderou: "Nem tudo dá samba, Noel. Vamos embora...".

À semelhança, é possível afirmar: nem tudo dá arbitragem, nem tudo dá alternativa amigável de solução. É só ver o que "pede" a questão a resolver... E podemos ir embora com as preocupações com o mais prático...

10.6.4. ARBITRAGEM: CONCEITO, DIFERENÇAS E SEMELHANÇAS

A arbitragem, como vimos, não deve ser confundida com a conciliação nem tampouco com a mediação. São institutos distintos, porém podem ser sequenciais e complementares.

Arbitragem significa poder concebido a pessoas determinadas por lei ou escolhidas pelas partes[272], para decidirem questões entre essas partes. *Arbitraje,* em espanhol, ou *arbitration*, em inglês, se traduz em decisão, julgamento ou arbitramento, como é mais conhecido em determinados países, *v. g.* na Colômbia.

No entanto arbitramento se diferencia de arbitragem. Talvez por questão semântica, a arbitragem se aproxima do arbitramento, mas só isso, pois são bem definidos os perfis dos dois institutos.

A arbitragem é a eleição pelas partes (na Capitalização, pela Capitalizadora e Subscritor/Titular e beneficiários) de uma ou mais pessoas, mediante compromisso, para o fim de dirimir, como juízes, pendências judiciais e extrajudiciais.

Enfim, é um meio de atividade jurisdicional exercida por particular. A arbitragem, em última análise, é um instrumento de acesso à justiça.

Afigura-se, então, a arbitragem é um modo especial de resolução de conflitos, mediante um juízo de conhecimento dos fatos, passando pela sua valoração

(272) Dicionário Michaelis Trilíngue (Português/Espanhol/Inglês). *Op. cit.*, p. 22.

de acordo com o direito ou o temperamento da equidade[273], mediante um juízo de particulares (árbitros), em tudo semelhante ao juízo formulado pelo juízo estatal, com idêntica eficácia e finalidade; o arbitramento, por seu turno, pressupõe uma sentença (arbitral ou judicial) ilíquida, não passando de um procedimento destinado a imprimir-lhe liquidez. A arbitragem mantém com o arbitramento um ponto de contato, consistente na convenção das partes, que está, necessariamente, na base daquela, e pode estar também na base deste. É que o art. 606 do CPC[274] estabelece que far-se-á a liquidação por arbitramento, dentre outras hipóteses, quando "convencionado pelas partes".

Frise, então, a arbitragem consiste em um sistema jurídico no qual pessoas físicas ou jurídicas buscam, voluntariamente, uma solução rápida e definitiva do conflito. Para tanto, contam com o auxílio de um árbitro, escolhido por elas, que resolverá o litígio de maneira justa e eficaz.

Arbitragem é o processo em que as partes concordam em submeter um litígio a uma parte neutra, a qual é atribuída poder para apresentar uma decisão em face de uma determinada disputa. Os lados em disputa têm oportunidade de apresentar seus fatos, testemunhas e arrazoados, por intermédio ou não de representantes.

É extensamente utilizada nas relações industriais, bem como nas relações entre comerciantes, empresários e consumidores.

Ratifica-se aqui o que já apontamos anteriormente: o árbitro ao ser indicado pelas partes, não atua em nome delas, e sim, em nome do Estado, mas no interesse estatal e das partes, vez que todos buscam a justiça. Daí dizer-se que os árbitros estão em posição distinta, superior à das partes, ta o interesse e o caráter público que envolvem a função.

10.6.5. SURGIMENTO DA ARBITRAGEM

A arbitragem surge como se fosse uma novidade nos dias atuais. Ledo engano. A arbitragem não é forma nova de solução de conflitos nem constitui modismo. Antecede até mesmo a solução de conflitos pela via estatal. No princípio, quando ainda inexistia o Estado como poder político, os conflitos de interesses eram

(273) Equidade, no sentido objetivo, é a adaptabilidade de uma norma a uma relação de fato, em correspondência com a natureza da própria relação e representando o princípio de igualdade entre os homens. No sentido subjetivo, a equidade significa sentimento, aspiração individual ou coletiva, no sentido de uma relação a ser regulada de um certo modo, pelo sentimento percebido como o mais adaptado e o mais conveniente àquela relação. A equidade pode influir na elaboração das leis, na aplicação do direito e em sua interpretação.

(274) [...]. Art. 606. Far-se-á a liquidação por arbitramento quando: I — determinado pela sentença ou convencionado pelas partes; II — o exigir a natureza do objeto da liquidação. [...].

resolvidos pelos próprios litigantes, ou pelos grupos a que pertenciam, sendo a transposição dessa modalidade de justiça privada para a justiça pública produto de uma lenta e segura evolução.

A arbitragem já aparecia na Lei das XII Tábuas no período dominado pela autocracia romana, apesar daqueles que acreditavam cegamente no voraz e generalizado Estado, incluído, é claro está, a administração da justiça.

Aliás, como forma pacífica de solução de litígios, já era conhecida e praticada na Grécia Antiga, principalmente na solução de conflitos entre as cidades-estados. Esteve presente entre os hebreus, desde 1.300 a.C., na época do Direito Mosaico. No Novo Testamento encontra-se conhecida censura do apóstolo S. Paulo à igreja de Corinto, onde os litígios *interna corporis* estavam sendo encaminhados aos tribunais togados. Ele recomenda a instituição de arbitragem com a escolha de um árbitro da própria irmandade, evitando-se a justiça pagã. Mais tarde, essa recomendação penetra na igreja da Idade Média, por outro motivo, a saber, a força institucional e política da Igreja.

Observa CÍCERO no *Pro Roscio* que "uma coisa é um julgamento, outra, uma arbitragem... vêm-se a julgamento para perder ou ganhar todo o processo, tomam-se árbitros com a intenção de não perder tudo ou não ganhar tudo". Também é a CÍCERO que se atribui a ideia de que "a arbitragem é o meio de não ganhar completamente um bom processo, nem perder completamente um mau processo".

10.6.5.1. Evolução Histórica da Arbitragem no Mundo

A arbitragem é um dos institutos jurídicos da vida internacional mais antigos. O direito arbitral tem origem consuetudinária e é encontrado, segundo alguns (Tod), no tratado entre Eanatum e os homens de Umma em 3.100 a.C. No entanto foi na Grécia, seu verdadeiro "berço" (Taube), que ela teve o seu desenvolvimento. Em Roma, a arbitragem, que pressupõe Estados soberanos e em consequência juridicamente iguais, quase desapareceu.

O direito romano, epicentro da generalidade de nosso direito privado, indica que a *civitas romana*, em sua origem, significa na esfera judicial uma possibilidade de as próprias partes selecionarem seu árbitro, diferenciando-se, pois, *arbitrium merum*, de índole processual, do *arbitrium bon viri*, de natureza tipicamente extraprocessual.

Na arbitragem afasta-se o princípio do juiz natural, esteio do direito processual, porquanto na arbitragem o árbitro é o terceiro, estranho ao conflito, a que se confia uma composição escolhida antecipadamente, de comum acordo, pelas partes.

Aliás, essa arbitragem extraprocessual, vertida no Digesto Justiniano, em especial com um fragmento de *Proculo*, cultor da chamada "*escuela de los proculeyanos*" (D. 17.2.76), era utilizada no campo da aplicação dos negócios jurídicos, basicamente nos casos em que se desejava realizar uma valoração ou concretizar algum aspecto de uma determinada obrigação jurídica ou no estabelecimento do preço de um determinado objeto deferido por um terceiro. A arbitragem processual, ou compromissório, pelo contrário, era empregada para dirimir controvérsias jurídicas entre dois sujeitos, com uma peculiaridade, de que por intermédio deles se evitasse o recurso pela via processual ordinária.

No Baixo Império, a justiça arbitral desenvolveu-se entre os cristãos, com os bispos arbitrando as diferenças entre os membros das comunidades cristãs. Essa modalidade de arbitragem teria sido encorajada por Constantino e também era conhecida pelos visigodos. A arbitragem não é uma instituição unicamente greco-romana, pois o Corão distingue o *hakam* (árbitro) do *qadi* (juiz), e a Bíblia faz também menção a ela.

Na Idade Média, porém, é que surge a arbitragem comercial típica, que cria as características do instituto que prevalecem até hoje. Na maioria dos países de direito codificado, a arbitragem sofreu restrições com a promulgação dos Códigos de Processo Civil. Já nos países que adotam o *common law,* a arbitragem desenvolveu-se ao abrigo da autonomia das partes, com mínima exigência dos estatutos e na regra do precedente judicial. Assim, na Grã-Bretanha, o laudo arbitral é autoexequível para sua execução.

Na França, na Idade Média, a arbitragem era frequente, notadamente nos foros. Depois das ordenanças reais de 1510, 1516 e 1535, o édito de François II, de 1150, confirmado pela Ordenança de Moulins, as ordenanças de 1629, 1667 e 1673 levaram essa instituição até o período revolucionário, quando ela continuou o seu apogeu.

Em Portugal, utilizava-se, como juízo arbitral, os compositores ou compromissários do direito romano do século XIII lançado no Livro 3º, Título 118, das Ordenações Affonsinas, Título 81 das Ordenações Manuelinas e Título 18 das Ordenações Filipinas, legislação essa que passou a viger no Brasil em virtude da carta de lei de 20 de outubro de 1823.

Algumas convenções internacionais tratam da matéria, como as de Genebra de 24.9.23 (Protocolo relativo a cláusulas arbitrais) e de 24.4.61 (sobre arbitragem comercial internacional), a de Nova York, de 10.6.58 (sobre reconhecimento e execução de sentenças arbitrais estrangeiras). Esta é praticamente uma convenção universal, reunindo mais de 130 países e todos os do Mercosul. Realmente, o país era a única exceção, o que impedia a utilização do instituto da arbitragem por nós, enquanto é amplamente usado nas relações internacionais. Isso porque, no dia 23.07.2002, por meio do Decreto n. 4.311, foi promulgada a Convenção sobre o Reconhecimento e a Execução de Sentenças Arbitrais Estrangeiras. Demais, o Brasil ratificou a de 1923 (Genebra), que se transformou no Dec. 21.167/23, e assinou a de 1975 do Panamá (sobre arbitragem e executoriedade), a qual ainda não ratificou.

10.6.5.2. Evolução Histórica da Arbitragem no Brasil

Constitucionalmente, a arbitragem para cuidar de causas cíveis e penais aparece, pela primeira vez, no art. 160[(275)] da Constituição de 1824. Já os conflitos versando sobre seguro poderiam ser decididos pelo juízo arbitral, conforme dispunha a Resolução de 26 de julho de 1831. A arbitragem a partir de então foi admitida na Lei n. 108, de 11 de outubro (locação de serviços); no C.Com. de 1850, juízo arbitral obrigatório, no art. 20, nas causas do art. 245 (locação mercantil); dos arts. 294, 302, § 5º e 348 (entre sócios de companhia, sua liquidação e partilha); art. 736 (salário de empregado do serviço de navio ou carga); 739 (pagamento de salvados); arts. 749 e 750 (dano de abalroação de navios) e art. 846 (impugnação de crédito nas falências).

O Regulamento 737, de 25 de novembro de 1850, cuidou também da arbitragem sob o prisma processual, distinguindo a obrigatória da facultativa (art. 411), reservando aquela para as causas comerciais, e esta para as demais causas[(276)]. Aparece também a arbitragem na Constituição republicana de 1891, de forma facultativa, regulamentada pelo Dec. 3.084, de 5 de novembro de 1898.

Alguns Estados-Membros e o Distrito Federal adotaram, ao tempo do pluralismo processual, o juízo arbitral voluntário, facultando às partes dirimir por esse modo suas controvérsias e modelando o respectivo processo, com pequenas variações, nas regras e nos preceitos do Dec. n. 3.900, de 1867, como o CPC do Distrito Federal (1924) — "O juízo arbitral será sempre voluntário e o processo e o julgamento regular-se-ão pelas disposições do Dec. n. 3.900, de 26 de junho de 1867" (art. 730) — e se depreende do sistema adotado pelos Códigos estaduais, notadamente os de Minas Gerais, da Bahia e do Rio de Janeiro.

Retomando ao sistema da unidade processual, com a Constituição Federal de 1934, que, mantido pela Carta Constitucional de 1937, foi promulgado o Código de Processo Civil, aprovado pelo Decreto-Lei n. 1.608, de 18 de setembro de 1939, que disciplinou pormenorizadamente o juízo arbitral no Livro IX, Título único, arts. 1.031 a 1.046, embora a Constituição, então em vigor, nenhuma alusão fizesse ao instituto.

---

(275) [...]. Art. 160. Nas causas cíveis e nas penais civilmente intentadas, poderão as partes nomear juízes árbitros. Suas sentenças são executadas sem recurso, se assim o convencionarem as partes. [...].

(276) ALVIM, José Eduardo Carreira. *Op. cit.*, p. 18.

As Constituições que se seguiram (1946, 1967 e 1969) silenciaram, igualmente, sobre a arbitragem, o que não impediu que o CPC nacional, instituído pela Lei n. 5.869, de 11 de janeiro de 1973, consagrasse o juízo arbitral, que veio disciplinado no Livro IV (Dos procedimentos especiais), Título I (Dos procedimentos especiais de jurisdição contenciosa), Capítulo XIV (Do juízo arbitral).

A Constituição de 1988, diferentemente das suas antecessoras, consagra expressamente a arbitragem, nos §§1º e 2º do art. 114[(277)] (Seção V — Dos Tribunais e Juízes do Trabalho, do Capítulo III — Do Poder Judiciário, do Título IV — Da Organização dos Poderes), tendo a Lei 9.307, de 1996, disciplinado, em nível infraconstitucional, a arbitragem. Aliás, a LA, alterando o art. 584 do CPC, assegura que a sentença arbitral e a sentença de transação ou de conciliação são títulos executivos judiciais.

10.6.6. PROCEDIMENTO NA ARBITRAGEM

A arbitragem, aqui no trato comercial[(278)], ou Juízo Arbitral constitui uma forma alternativa para solução de conflitos, com origem em um pacto privado, através do qual as partes interessadas[(279)] expressam e voluntariamente concordam em submeter as suas controvérsias, as suas disputas, ou melhor, os potenciais ou efetivos conflitos a uma ou mais pessoas autorizadas a decidi-las por meio de uma sentença de similar efeito daquelas prolatadas por órgão do Poder Judiciário, conforme, domesticamente, prevê o art. 18[(280)] da Lei n. 9.307, de 1996 (Lei de Arbitragem — LA).

Assim, os sujeitos de direito podem escolher em comum acordo um árbitro para apreciar interesses privados. Como qualquer negócio jurídico, origina-se da manifestação de vontade, que colima a realização de um certo fim, criando,

(277) [...]. Art. 114. Compete à Justiça do Trabalho conciliar e julgar dissídios individuais e coletivos entre trabalhadores e empregadores, abrangidos os entes de direito público externo e da administração pública direta e indireta dos Municípios, do Distrito Federal, dos Estados e da União, e, na forma da lei, outras controvérsias decorrentes da relação de trabalho, bem como os litígios que tenham origem no cumprimento de suas próprias sentenças, inclusive coletivas. § 1º Frustrada a negociação coletiva, as partes poderão eleger árbitros. § 2º Recusando-se qualquer das partes à negociação ou à arbitragem, é facultado aos respectivos sindicatos ajuizar dissídio coletivo, podendo a Justiça do Trabalho estabelecer as normas e condições, respeitadas as disposições convencionais e legais mínimas de proteção ao trabalho. [...].

(278) Entendemos que, em termos gerais, o mercado comercial de seguros cuida essencialmente de direitos patrimoniais disponíveis, de interesses privados, portanto, de índole particular, em que as partes podem dispor sobre eles, através de um negócio jurídico.

(279) Cf. art. 1º da Lei de Arbitragem. [...]. As pessoas capazes de contratar poderão valer-se da arbitragem para dirimir litígios relativos a direitos disponíveis. [...].

(280) [...]. Art. 18. O árbitro é juiz de fato e de direito, e a sentença que proferir não fica sujeita a recurso ou a homologação pelo Poder Judiciário. [...].

com fundamento na norma jurídica, direito subjetivo, e impondo, por outro lado, obrigações jurídicas. Dentre tais obrigações está a de cumprir o que foi pactuado, não se admitindo voltar atrás em relação ao que foi decidido pelo árbitro, designado por um ato *livre* de vontade das partes[281].

10.6.7. O ÁRBITRO

De um modo geral, para solução de conflito no mercado de Capitalização, qualquer pessoa pode ser árbitro, ou seja, qualquer pessoa capaz, com um mínimo de alguns bons anos de efetivo exercício profissional, e que tenha a confiança das partes, sem qualquer restrição de sexo ou nacionalidade. As partes nomearão um ou mais árbitros, podendo nomear os respectivos suplentes. A ele cumpre realizar a arbitragem (se for árbitro único) ou integrar o Tribunal Arbitral, a Câmara ou o Centro Arbitral etc., se esses forem múltiplos, observando o seu respectivo regulamento.

Porém o importante é que os primeiros juízes sejam aqueles que o demandante e o demandado tenham elegido a quem o nome de árbitros convém mais que o de juízes; que o mais sagrado dos tribunais seja aquele que as partes mesmas tenham criado e eleito de comum acordo.

É importante ressaltar que pode ser árbitro qualquer pessoa que tenha confiança das partes. As qualidades do árbitro não devem ir além da reputação ilibada, do bom senso e da capacidade para solucionar as questões que lhe forem apresentadas. Porém ressalta-se que a arbitragem tem o mérito de permitir confiar litígios técnicos complicados ao julgamento de peritos competentes no mercado de Capitalização, por exemplo.

Consubstancia a arbitragem o povo na administração da justiça, que a própria CF incentiva e aprova, como ocorre no Tribunal do Júri, em que prevalece a soberania ou "indiscutibilidade" dos veredictos, e nos Juizados Especiais, com os juízes leigos.

Por outro lado, estatisticamente, em se tratando da realidade do século XXI, pesquisa entre mil das maiores empresas americanas demonstrou que nos últimos três anos 88% utilizou a mediação, 79% a arbitragem e 41% a mediação/arbitragem para solução das disputas. Nesse caminho, é preciso flexibilizar o monopólio da Justiça pelo Estado e pôr fim à cultura brasileira do paternalismo estatal, do Estado absoluto, centralizador e distribuidor de vantagens e benefícios, e se conscientizar de que a ele também incumbe resolver toda e qualquer pendência legal.

Consoante registra o desembargador JOÃO CARLOS PESTANA DE AGUIAR SILVA, a arbitragem é o novel *nomen juris* conferido pela Lei n. 9.307, de 1996, a

---

(281) FURTADO, Paulo; BULOS, Uadi Lammêgo. *Lei de Arbitragem comentada: breves comentários à Lei n. 9.307, de 23.9.1966*. São Paulo: Saraiva, 1998. p. 28.

um conhecido e nada pragmático instituto do direito positivo pátrio, desdobrado nos planos substancial e formal. Todavia, aponta JOAQUIM FONSECA, presidente da Corte Brasileira de Arbitragem Comercial, que a implantação da arbitragem no Brasil é o reconhecimento da justiça cidadã, a expressão da cidadania sem formalidades.

Antes, o CCB de 1916, nos arts. 1.037 a 1.048, sob o título "Compromisso", dispunha de uma modalidade de transação para, por intermédio de um árbitro, serem resolvidas as pendências judiciais ou extrajudiciais. Porém ambos os institutos[(282)] foram expressamente revogados pelo art. 44[(283)] da Lei n. 9.307. Na realidade, não apresentava quase nenhuma serventia prática.

10.6.8. RECOMENDAÇÕES HISTÓRICAS DA ARBITRAGEM NA ATIVIDADE SECURITÁRIA

Já em fevereiro de 1926, a *Revista de Seguros* recomendava às seguradoras que, todas as vezes que tivessem divergências com seus segurados, lhes propusessem o juízo arbitral. Justificava o articulista Cesar Victor que nenhum juiz togado mereceria maior confiança do que mereceria qualquer um dos jurisconsultos e juristas, que formam o Juízo Arbitral. Adiantava o articulista que as companhias de seguros, que não amavam os pleitos judiciais, no Juízo Arbitral teriam um meio pronto e econômico de decidir quaisquer divergências, na execução dos seus contratos.

A demanda judicial é hoje apenas mais um dos meios pelos quais as empresas poderão resolver uma discordância contratual. Hodiernamente, no âmbito de comércio exterior, o Poder Judiciário não tem as mesmas condições de solucionar os conflitos de interesse que eventualmente podem ocorrer em virtude do inadimplemento, pelas partes, das cláusulas contratuais.

Surgem, então, os métodos alternativos (*sic.* essenciais) para solução de conflitos, denominados genericamente de "Modos Pacíficos de Solução dos Litígios Internacionais", tais como a mediação, a conciliação e a arbitragem comercial, bastante utilizados, notadamente, pelo mercado segurador e ressegurador internacional, possibilitando a solução de um conflito de interesses, sem necessidade de acionamento da máquina judiciária.

Ora, dentre outros, os contratos de grandes seguros, de Capitalização e de resseguro são elaborados essencialmente com base no princípio da boa-fé e las-

(282) AGUIAR SILVA, João Carlos Pestana. *Op. cit.*, p. 15.

(283) [...]. Art. 44. Ficam revogados os arts. 1.037 a 1.048 da Lei n. 3.701, de 1º de janeiro de 1916, Código Civil Brasileiro; os arts. 101 e 1.072 a 1.102 da Lei n. 5.869, de 11 de janeiro de 1973, Código de Processo civil e demais disposições em contrário. [...].

treados na confiança entre os contratantes, o que presume o seu cumprimento. Porém não há dúvida de que os sinistros ocorrem e, portanto, divergências podem surgir por oportunidade de sua liquidação, impondo às partes providências urgentes para solucionar o conflito.

Como repisado, no direito local, ou seja, em nosso direito doméstico, dispondo sobre arbitragem, a LA(284) introduziu recentes alterações no ordenamento jurídico brasileiro, e, com os vários organismos institucionais reguladores do assunto, o País passou a oferecer mais flexibilidade e mais agilidade na solução alternativa de conflitos.

A Lei de Arbitragem é moderna e estabelece que, mediante uma cláusula compromissória, dentro ou fora do corpo do contrato, as partes acordem que, em casos de conflitos, esse se dirimirá por meio da arbitragem, que pode ser institucional ou independente e de direito ou de equidade, permitindo que os contratantes elejam o número de árbitros, o qual sempre deverá ser ímpar, o lugar dentro ou fora do país e inclusive o idioma em que se vá realizar a arbitragem. A decisão dos árbitros não tem apelação, mas se admite recurso de nulidade quando não cumprir as normas procedimentais que a lei contempla, como por exemplo quando a parte contra a qual se invoca demonstre que uma das partes estava afetada por alguma incapacidade no momento de celebrar-se o acordo de arbitragem. O laudo arbitral, qualquer que seja o país em que for lavrado, será reconhecido pelos tribunais ordinários como vinculante e inapelável, e deverá trazer a apresentação de uma petição por escrito ao juízo competente, será executado forçosamente por esse sem requerer *exequatur*, segundo as normas que estabelece o CPC para a execução forçada das sentenças.

A cláusula de arbitragem, também conhecida por cláusula de arbitramento, é a cláusula mediante a qual o segurado e o segurador elegem um árbitro para dirimir suas contendas. Nesse entendimento, arbitragem é a eleição pelas partes — no seguro, pelo segurado e segurador — de uma ou mais pessoas, mediante compromisso, para o fim de dirimir, como mediadores, pendências judiciais ou extrajudiciais. Sendo, pois, nesse caso, um árbitro regulador.

---

(284) A Lei de Arbitragem tem todos os elementos necessários à celeridade e eficiência do seu procedimento, permitindo que as partes possam escolher as regras a serem aplicadas na solução arbitral, ou convencionar que a solução do conflito seja fundamentada nos princípios gerais de direito, nos usos e costumes ou nas regras internacionais do comércio; a sede da arbitragem e que o procedimento seja estabelecido pelos contratantes, que podem reportar-se às regras de qualquer órgão institucional, ou entidade especializada, nacional ou internacional, ou, ainda, delegar ao próprio árbitro ou tribunal arbitral a regulamentação do procedimento. O conhecimento das regras de cada organismo revela diferenças que devem ser avaliadas em função da oportunidade e da conveniência econômica da operação. A par da escolha da sede da arbitragem e do organismo institucional que fornecerá as regras que servirão de base ao julgamento do conflito, existem também a alternativa pelo procedimento da arbitragem "*ad hoc*" (sem referência a quaisquer regulamentos institucionais particulares e que serão regulados pela aplicação da lei local ou escolhida).

Considera-se, para tanto, árbitro regulador o técnico que, à vista dos documentos examinados, é capaz de definir, num sinistro, as responsabilidades envolvidas e as respectivas participações. Tal profissional é escolhido consoante os princípios informativos e regedores da arbitragem.

10.6.9. PRINCIPAIS PRINCÍPIOS DA ARBITRAGEM

Afigura-se que o Princípio da Autonomia da Vontade é mola propulsora da arbitragem em todos os seus ângulos. Desde a faculdade de as partes disporem quanto a essa via opcional de solução de conflitos até o "*modus*" de como será desenvolvido o procedimento arbitral, no que pertine à forma de indicação do árbitro, a lei aplicável à arbitragem, seja material ou formal, desde que não viole os bons costumes e a ordem pública, a escolha entre decisão ser de direito ou por equidade a; a eleição da arbitragem institucional e a fixação do prazo para o árbitro proferir a sentença arbitral etc.

Destarte, tem-se como seu substrato o Princípio da Autonomia da Cláusula Compromissória estabelecer que essa seja independente das demais cláusulas pactuadas. Nessa estrada, a cláusula arbitral ou compromissória é o acordo que as partes incluem no contrato ou em documento firmado à parte, obrigando-se a submeter ao juízo arbitral os conflitos advindos daquela contratação. É cláusula autônoma em relação ao contrato em que estiver inserta, de tal forma, que a nulidade desse não implica na nulidade daquela.

Ora, o objetivo desse princípio visa a salvaguardá-la para que possa julgar-se a validade do contrato arbitrável, sem interferência em sua validade, que perdura se perdurar a relação jurídica entre as partes contratantes. E, como consequência desse princípio, surge o princípio "*Competence-Competence*", segundo o qual o árbitro tem competência para decidir sobre a sua própria competência, conforme dita o parágrafo único do art. 8º da Lei de Arbitragem.

Doutro lado, realça o Princípio da Prevalência do Tratado ou Convenção Internacional frente à legislação interna estabelecendo que, existindo tratado ou convenção regulando a matéria sobre o reconhecimento e a execução[285] de decisão arbitral estrangeira, terá prevalência sobre a legislação nacional, que atuará supletivamente. Porquanto, nada mais coerente. Se o país compromete-se no concerto das nações, deve honrar o compromisso avençado. Além do que o tratado

(285) Ainda no escopo do reconhecimento e da execução de laudos ou sentenças arbitrais estrangeiros, aplica-se o Princípio da Inversão do Ônus da Prova. Esse princípio reforça a responsabilidade do réu de demonstrar a impossibilidade de homologação, para reconhecimento ou execução do laudo arbitral estrangeiro. No Brasil, os motivos que impossibilitam a homologação são os descritos nos incisos do art. 38 da LA.

internacional é a mais importante fonte do direito internacional. Afora esse aspecto, atua como medida profilática, prevenindo dúvidas quanto à norma que deve ser aplicada.

10.6.10. DA NECESSIDADE DE ELEIÇÃO DE TRIBUNAL ARBITRAL NO CONTRATO DE CAPITALIZAÇÃO

Embora se logre quase sempre resolver divergências de opiniões a respeito de interpretação e da execução de Contratos de Capitalização em termos amigáveis, faz-se necessária, porém, uma instância para solucionar as disputas entre as partes contratantes que não podem ser pacificadas de outra maneira.

Por isso, no Contrato de Capitalização, dever-se-ia prever a competência de um tribunal de arbitragem com a exclusão da jurisdição do direito comum. Muito frequentes são disposições de arbitragem que rezam que a decisão será tomada mais em conformidade com os princípios da equidade e as exigências do negócio na prática, considerando particularmente a boa-fé, do que em conformidade com o direito formal.

10.6.10.1. Da importância da Cláusula de Arbitragem no Contrato de Capitalização

Na Capitalização, mais especificamente, deve ser indispensável a cláusula de instituição da arbitragem. Isso porque a Sociedade de Capitalização e o Subscritor e/ou o Titular não pretendem acabar com seu relacionamento por causa de um conflito gerado por um Contrato de Capitalização. Na realidade, a via judicial deveria ser firmemente recusada pela totalidade desses contratantes, que, em geral, poderiam solucionar seus conflitos ainda em fase de negociações. Por vezes, poderia se chegar até a mediação, e a arbitragem se caracterizaria como o máximo a que pode chegar um desentendimento entre profissionais dessa mesma atividade.

Assim, o percentual de arbitragem em Capitalização deverá ser baixo, não por falta de credibilidade, mas porque é considerado o ponto máximo a que podem chegar os contratantes nesse tipo de negócio. E, se a arbitragem for utilizada, ela deverá chegar a representar, aproximadamente, 90% das soluções, ficando por conta da justiça estatal o percentual restante, ou seja, os outros 10% que vão buscar solução junto ao Poder Judiciário.

Salienta-se que o uso da arbitragem (como um dos meios alternativos, ou, melhor, essenciais, de solução de conflitos), nos países de mais alto índice de desenvolvimento cultural, econômico e científico, aproxima-se de 90%, por causa da pouca experiência e da falta de conhecimento técnico de Capitalização de alguns juízes ordinários, do alto índice de congestionamento de processos submetidos ao Judiciário, reduzidos, valor econômico do processo, além de outros fatores desalentadores, entre eles o excesso de advogados às vezes desqualificados no ramo de Capitalização, que de alguma forma contribuem para o "consumismo judicial".

Ademais, tudo isso, sem se levar em consideração a singular complexidade técnica e jurídica da Capitalização, encontrando eco, pois, na preferência da escolha pelos meios alternativos (essenciais) e profícuos de solução de conflitos, principalmente pelas Sociedades de Capitalização de países mais desenvolvidos, submetendo-se à decisão imparcial, célere e criteriosa, a tal ponto que poucos são os casos em que alguma das partes se inconforma com tal decisão.

Enfim, recorrer à arbitragem é uma exceção em matéria de Capitalização. Tanto o funcionamento da grande maioria dos contratos como a execução de cessões facultativas não provocam contestações em geral. E, se excepcionalmente uma contestação vir a surgir, ela será na maioria das vezes resolvida amigavelmente por meio do que poderíamos então chamar de 'arbitragem oficiosa'.

Contudo convém redigir com todo o zelo possível a cláusula compromissória, pois um litígio que venha a submeter-se à arbitragem será necessariamente de grande envergadura, por vezes tanto no que se referem aos princípios que estarão sendo julgados como aos valores em jogo, ou até mesmo ambos simultaneamente. Assim, instaura-se a arbitragem.

Sabe-se que a arbitragem pode ser desempenhada num terceiro país, neutro, que não seja o de domicílio das partes, e que tal escolha possibilita aos árbitros uma aplicação mais isenta da lei ou do sistema jurídico escolhido ao fundo da causa e na pesquisa da conexão mais apropriada ao contrato.

Além do que a arbitragem possibilita que a matéria seja apreciada por árbitros de experiência[286] nacional e internacional, em geral com maior treinamento na área financeira, comercial, de serviços ou de negócios, o que atribui ao pleito não só um elemento de velocidade, mas, teoricamente, deverá resultar numa decisão mais bem qualificada. E, por vezes, a arbitragem resulta em menor custo em relação ao procedimento judicial.

Sobremais, a arbitragem, como um dos profícuos meios alternativos (ou melhor, essenciais) de solução de conflitos de interesses no Contrato de Capitalização, evita o usual congestionamento das cortes judiciárias estatais, com ganho de tempo, além do tratamento confidencial do conflito, conforme acordado pelas partes, com relação a segredos comerciais e industriais, o que não ocorre num processo submetido ao Judiciário. É preferível, pois, recorrer à arbitragem do que recorrer a um processo, mesmo porque os tribunais têm se queixado frequentemente do número crescente de processos. É notório.

---

(286) [...]. No se exige que los árbitros sean peritos en derecho sino fundamentalmente que sean personas de actuación profesional en la acitividad aseguradora o reaseguradora, preferentemente en el ramo o especialidad sobre la que versa el problema. [...]. Cf. DIRUBE, Ariel Fernández. *Op. cit.*, p. 69.

10.6.10.2. Vantagens da Submissão do Litígio no Tribunal Arbitral

Diversas são as vantagens de submeterem-se os litígios a um tribunal arbitral, como a eficácia, a agilidade, a especialização, o sigilo e a prevalência da vontade das partes na escolha do tribunal, culminando com vantagens econômicas. Pela sua agilidade e eficácia, a utilização da arbitragem custa muito menos que a justiça estatal. Os limites são de 2% a 6% do valor da causa.

Basta que haja uma cláusula no contrato, elegendo um tribunal arbitral, para solução de eventuais litígios. É a chamada cláusula compromissória. No entanto, se não houver, basta que as partes envolvidas manifestem sua vontade para que ela seja acrescida ao contrato a qualquer tempo.

Ademais, na escolha da arbitragem, as partes eliminam atos estritos de formalidade processual e obtendo resultados da mesma maneira confiáveis. Por outro lado, deixa de ser mais um caso empilhado aguardando uma sentença e passa a ter tratamento personalizado. Aliás, as perdas ocasionadas pela morosidade da justiça se fazem sentir não só na economia, como também nos inalienáveis direitos individuais dos cidadãos.

Por todos os motivos acima abordados, foram incluídas também as modalidades dos meios alternativos de solução de controvérsias, pela primeira vez na legislação paraguaia, permitindo estabelecer para se igualar aos outros países participantes do Mercosul, como uma política de acesso à justiça nacional, regional e internacional.

Assim, o Paraguai possui para os conflitos econômicos coletivos um procedimento de mediação, de conciliação e de arbitragem, o que demonstra a preocupação de seus governantes em se tornar eficaz como a verdadeira "Justiça" de Aristóteles, no seu sentido distributivo[287] e corretivo[288]. Aliado ao entendimento de que tais procedimentos são mais dinâmicos e têm pela frente um futuro promissor.

Então aqui o Estado viu que esse é o melhor caminho, abriu mão de poderes antes indelegáveis, reconheceu que acesso à justiça não é só acesso ao Judiciário e fez a Lei da Arbitragem (Lei n. 9.307, de 1996).

---

(287) [...]. Se as pessoas não são iguais, não receberão coisas iguais... As distribuições devem ser feitas "de acordo com o mérito de cada um. [...]. Cf. ARISTÓTELES. *Ética a Nicômaco*. Trad. Pietro Nassetti. Coleção a obra prima de cada autor. São Paulo: Martin Claret. p. 109.

(288) [...]. A outra espécie de justiça é a corretiva, que tanto surge nas transações voluntárias como nas involuntárias... a lei considera apenas o caráter distintivo do delito e trata as partes como iguais, perguntando apenas se uma comete e a outra sofre injustiça, se uma é autora e a outra é vítima do delito. Sendo, então, esta espécie de injustiça uma desigualdade, o juiz tenta restabelecer a igualdade, pois também no caso em que uma pessoa é ferida e a outra infligiu um ferimento, ou uma matou e a outra foi morta, o sofrimento e a ação foram desigualmente distribuídos, e o juiz tenta igualar as coisas por meio da pena, subtraindo uma parte do ganho do ofensor. [...]. (*Idem*, p. 110).

Daí tudo a favor da solução de litígios fora do Judiciário. Basta sensibilizar as partes envolvidas, a sociedade, o povo brasileiro. Basta regular, criar estruturas e elaborar cartilha de incentivo à justiça alternativa. Basta melhor orientar os consumidores para a escolha dos meios alternativos de solução de conflitos. Basta promover campanhas de esclarecimento mostrando os benefícios da justiça alternativa.

Para tanto, órgãos públicos, empresas e setores vitais do mercado devem buscar os meios alternativos de solução de conflitos adequados a seus propósitos nas relações industriais, empresariais, entre fornecedores, comerciantes, prestadores de serviços e consumidores.

Assim, por exemplo, para os casos de seguro, previdência, Capitalização poderiam ser criados na SUSEP uma ouvidoria geral, para receber sugestões, queixas e compor litígios; um Centro de Mediação, Conciliação e Arbitragem (CEMASC), sem ônus para as partes, igual ao que existe na Bolívia, no Chile, no México, na República Dominicana e na Venezuela; e um convênio a um órgão extrajudicial, com atuação ou não de servidor. Já que esse pode ser designado para dirimir conflitos, por analogia à autorização do Decreto n. 1.572, de 1995, que permite que o servidor do Ministério do Trabalho componha conflito trabalhista.

Aliás, agências públicas da Europa, dos Estados Unidos e da América Latina, como a nossa ANP *(Agência Nacional de Petróleo, conforme Lei n. 9.478. de 6.8.1997 e Decreto n. 2.455, de 14.1.1998)*, a ANATEL *(Agência Nacional de Telecomunicações, nos termos da Lei n. 9.472/97 e Dec. n. 2.338/97)* e a ANEEL *(Agência Nacional de Energia Elétrica, consoante a Lei n. 9.427/96, Dec. n. 2.335/97 e Portaria n. 349/97)* resolvem litígios, e a SUSEP, autarquia federal como essas agências, deve ter a mesma prerrogativa, pois o fundamento da filosofia da analogia é o princípio da isonomia, isto é, para quem é igual, igual tratamento jurídico.

Já, por seu lado, o mercado, na sua autorregulamentação, poderia determinar, o que já vem ocorrendo de forma vertiginosa, ouvidoria na empresa, custeada pela própria sociedade empresária, cujo ouvidor, escolhido pelos acionistas, com mandato fixo, com estabilidade funcional até um ano após a saída do cargo, decidiria casos até certo valor que, se contrários à empresa, não caberia questionamento administrativo ou judicial.

Ademais, também, para solução de conflitos, poderia haver a opção por câmaras setoriais, formadas por corretores, seguradores, representante do segurado, técnicos do setor etc., ou por empresas especializadas ou por mediador, conciliador ou árbitro independentes, conveniados à SUSEP.

Na verdade, o que queremos é demonstrar a necessidade de haver acordo em todas as esferas públicas, por meio do qual se atinja a paz social e se alcance o bem comum.

Portanto basta que o mercado segurador, notadamente o de Capitalização, e a SUSEP, que movimenta um pesado sistema repressivo, aplicando milhares de multas em demorados processos administrativos, adotem, em substituição daquele, um sistema alternativo de composição de conflitos, valendo-se da estrutura já existente e da experiência técnica de seus funcionários, sem onerações para o erário público e para as partes, com resultados para a população, respeitando-se assim o princípio da eficiência.

Dessa forma, os meios alternativos (essenciais) de solução dos conflitos aplicados no mercado segurador viriam tutelar a sociedade na busca da efetivação dos seus direitos e na concretização da justiça eficaz. E, ao mesmo tempo, cooperar com o Judiciário, fazendo justiça.

Desta forma, com o uso desses meios, espera-se uma justiça rápida e qualificada, com decisões irrecorríveis, prolatadas, árbitros com transparente honorabilidade, capacidade e imparcialidade que assegurem à sociedade decisões justas, mais econômicas e em muito menos tempo.

Enfim, isso resultaria numa corresponsabilidade social de órgãos públicos e privados no uso de meios alternativos de solução de conflitos para a pronta satisfação do consumidor.

Nessa linha, ainda se for o caso, dependendo das vontades das partes, podem utilizar o Termo de Ajustamento de Conduta, observada a legitimidade, de forma e maneira mais abrangentes, a saber.

10.7. TERMO DE AJUSTAMENTO DE CONDUTA — TAC

10.7.1. CONCEITO, EVOLUÇÃO HISTÓRICA DO TAC

10.7.1.1. Conceito

Termo é um instrumento que se traduz numa declaração exarada no processo, num procedimento ou, muitas vezes, é o próprio procedimento seguindo determinada forma ou maneira, contendo determinado e relevante teor. Termo também significa uma designação comum às informações habitualmente constantes para abranger os propósitos, os deveres, as obrigações, os interesses e os direitos almejados pelos compromitentes e compromissários. Ainda no termo se formaliza determinado ato processual ou administrativo.

Daí que se depreende que **ajustamento** compreende, abrange tanto o ajuste em si, quer dizer, o que foi convencionado, acordado, pactuado, combinado, estipulado quanto o que deve ser tornado justo, adaptado, amoldado, conformado, reconciliado ao correto, à retidão, ao exato. Em outras palavras, ajustamento é unir ou igualar ao tido como bem; harmonizado a um novo comportamento regular. Sendo assim, ajustamento não é represália, no sentido de desagravo ou revindita que toma contra alguém.

Já a **conduta** é o principal propósito buscado no termo e deve ser modificada, reconduzida, redirecionada para alcançar o comportamento adequado, ou seja, o procedimento moral tido como sendo o acomodado às exigências da lei.

Assim, no TAC, a conduta é o modo habitual de proceder ou de comportar do indivíduo (*rectius*, pessoa jurídica) no meio social em que vive de acordo com a prescrição normativa em vigor.

10.7.1.2. Evolução histórica do TAC no Brasil

O TAC teve a sua origem na legislação dos Estados-membros e posteriormente incorporado pela Lei n. 6.938, de 31 de agosto de 1981, como Termo de Compromisso, por meio do qual o infrator poderia se comprometer a eliminar os danos ambientais causados. Uma vez cumprido, gozava do benefício de redução de multa. Assim como descrito, trata-se apenas de um instrumento administrativo, utilizado até hoje pelas normas federais e estaduais.

Depois esse instituto foi incorporado ao Estatuto da Criança e do Adolescente (ECA), por meio da Lei n. 8.069, de13 de julho de 1990, em seu art. 211[289].

Posteriormente, com a promulgação da Lei n. 7.347, de 24 de julho de 1985, Lei da Ação Civil Pública (LACP), tornou possível a criação do acordo com a denominação que se popularizou como Termo de Ajustamento, com duas características: a de ser um título executivo extrajudicial e somente usado pelo Ministério Público.

Com o advento do CDC, esse instrumento passou a ser nominado de TAC e a ser firmado por qualquer órgão público, com fulcro no § 6º do art. 5º da LACP, introduzido pelo art. 113 da Lei n. 8.078, de 11 de setembro de 1990 (dispõe sobre a proteção do consumidor — CDC)[290].

---

(289) [...]. Art. 211. Os órgãos públicos legitimados poderão tomar dos interessados compromisso de ajustamento de sua conduta às exigências legais, o qual terá eficácia de título executivo extrajudicial. [...].

(290) [...]. Art. 5º A ação principal e a cautelar poderão ser propostas pelo Ministério Público, pela União, pelos Estados e Municípios. Poderão também ser propostas por autarquia, empresa pública, fundação, sociedade de economia mista ou associação que: I — esteja constituída há pelo menos um ano, nos termos da lei civil; II — inclua entre suas finalidades institucionais a proteção ao meio-ambiente, ao consumidor, à ordem econômica, à livre concorrência, ou ao patrimônio artístico, estético, histórico, turístico e paisagístico. **§ 6º Os órgãos públicos legitimados poderão tomar dos interessados compromisso de ajustamento de sua conduta às exigências legais, mediante cominações, que terá eficácia de título executivo extrajudicial**. [...]. (grifo nosso).

Esta providência é fruto da experiência da Lei de Pequenas Causas (Lei n. 7.244, de 7 de novembro de 1984), que confere ao Ministério Público natureza de Título executivo extrajudicial (art. 55, parágrafo único).

NELSON NERY JÚNIOR(291) (um dos autores do anteprojeto do CDC) afirma que:

> [...].
>
> *Houve, entretanto, sensível avanço quando se dispensou o referendo do Ministério Público. Basta que qualquer entidade legitimada pelo art. 5º da LACP ou art. 82 do CDC tome compromisso dos interessados, fixando cominações, para que esse compromisso tenha* ***eficácia*** *de Título executivo extrajudicial.*
>
> *Importante salientar que esse compromisso pode ter como objeto tanto obrigação de dar quanto de fazer ou não fazer, mas a execução será sempre por* ***quantia*** *certa. Se houver compromisso de pagamento em dinheiro, o não cumprimento do dever de prestar pode ensejar, como é curial, execução por quantia certa; o inadimplemento da obrigação de fazer ou não fazer, se fixada a cominação* ***em*** *dinheiro, pode dar azo, também, a execução por quantia certa.*
>
> [...].

O art. 585, VII, do CPC, diz que é Título extrajudicial todo aquele a que a lei, expressamente, conferir essa qualidade. O § 6º do art. 5º da LACP atribui, expressamente, eficácia executiva ao compromisso de ajustamento da conduta dos interessados às exigências legais, tomado pelas entidades e pelos órgãos legitimados pelos arts. 5º da LACP e 82 do CDC, que poderão, inclusive, fixar cominações pelo inadimplemento do dever de prestar assumido no compromisso.

Ensina NELSON NERY JÚNIOR(292) o seguinte:

> [...].
>
> *Quando se tratar de compromisso em que houver assunção de obrigação de pagar quantia certa, é dispensado o comparecimento de testemunhas nesse negócio jurídico, de sorte que é suficiente que dele constem as assinaturas dos interessados e da entidade legitimada para que se configure como Título executivo extrajudicial (art. 585, n. VII, CPC). Não há necessidade da presença de duas testemunhas, como o exige o art. 585, n. II, do CPC, para que o compromisso tomado dos interessados por qualquer legitimado seja Título executivo extrajudicial.*
>
> [...].

---

(291) GRINOVER, Ada Pellegrini *et al*. *Código brasileiro de defesa do consumidor comentado pelos autores do anteprojeto*. 4. ed. Rio de Janeiro: Forense Universitária, 1995. p. 651.
(292) *Idem*, p. 651.

Nota-se que o § 6º do art. 5º da LACP, introduzido pelo art. 113 do CDC, possui texto de quase idêntico conteúdo ao que consta no art. 211 do ECA.

Com efeito, cediço que o TAC é uma "medida que propicia maior agilidade e efetividade aos negócios jurídicos relativos aos direitos e interesses difusos, coletivos e individuais homogêneos"(293), notadamente no que respeita às relações de consumo, evitando a ação judicial de conhecimento quando os interessados estiverem de acordo quanto à solução extrajudicial do conflito.

10.7.2. A IMPORTÂNCIA DO TAC

O TAC tornou-se um instrumento de grande importância, no momento da necessidade de coerção. Ao abrir as possibilidades para os órgãos públicos legitimados, dentre os quais a SUSEP, utilizarem da medida, o TAC transformou-se numa via de entendimento, através da qual os empreendedores passaram a oferecer garantia de todos os meios de comprometimento, de forma civilizada e necessária e eficaz para um desenvolvimento sustentável.

A nossa Constituição Cidadã determina que o trabalho humano e a livre-iniciativa são os valores a serem promovidos na ordem econômica. Estabelece, outrossim, registra RODRIGUES (2003:1), como princípios reitores dessa última, entre outros, a defesa do consumidor, de cujas características mais importantes são a transindividualidade, a indeterminação objetiva, a conflituosidade que sua tutela enseja, a sua indisponibilidade coletiva.

Nesse passo, magistra RODRIGUES (2000:2) que "o ajustamento de conduta é um meio de se honrar os fundamentos do Estado Democrático de Direito, haurindo sua legitimidade da própria ordem constitucional".

Vai mais longe a douta Procuradora da República da 3ª Região supracitada:

> [...].
>
> *Pelo fato de a celebração do ajuste estar limitada pelo ordenamento jurídico à adaptação da conduta do transgressor da norma às exigências legais, pode-se considerar democrática a eleição realizada pelo*

---

(293) Compreendem-se como interesses coletivos e difusos, conforme expressos no art. 81, I e II, da Lei n. 8.078, de 11 de setembro de 1990 (que dispõe sobre o Código de Proteção e Defesa do Consumidor — o nosso conhecido CPDC): **difusos** — são os transindividuais, de natureza indivisível, de que sejam titulares pessoas indeterminadas e ligadas por circunstâncias de fato; e **coletivos** — são os transindividuais, de natureza indivisível, de que seja titular grupo, categoria ou classe de pessoas ligadas entre si ou com a parte contrária por uma relação jurídica de base. Anote-se que a característica maior dos interesses ou direitos difusos e coletivos é a indivisibilidade do bem jurídico protegido e/ou tutelado.

representante do povo, de órgãos públicos legitimados[294] *a promovê-la. A formação do ajuste não pressupõe deliberações políticas que não estejam previamente previstas na lei, implícita ou explicitamente. São órgãos cuja legitimação técnica, prevista no ordenamento constitucional, também desempenha um papel importante na concretização de direitos, mesmo porque podem estar menos sujeitos aos interesses pessoais e partidários, que comandam, mais de perto, a atuação dos representantes políticos, de índole técnica, a possibilidade de negociação desses direitos, dentro dos estritos limites legais.*

[...].

Salienta-se, por uma via, que os direitos transindividuais são o gênero que engloba três espécies: os direitos difusos, os direitos coletivos e os direitos individuais homogêneos.

Por outra trilha, considera-se que a proteção dos direitos transindividuais é uma segunda onda de acesso a uma ordem jurídica mais justa.

Com efeito, adverte RODRIGUES (2003:1), apenas com a criação de mecanismos de garantia desses novos direitos o sistema passa a tutelar plenamente o indivíduo porque não olvida sua dimensão coletiva, típica das sociedades de massa. A tutela desses direitos não ocorre apenas em âmbito judicial, mas também pode ser realizada através dos meios extrajudiciais.

Nessa vereda, vê-se que a administração pública, ao limitar a propriedade e a liberdade, o faz para promover direitos, para evitar ou reparar danos causados a direitos da comunidade.

Nesse sentido, assegura AGUSTÍN GORDILLO que a concepção tradicional de Poder de Polícia é equívoca porque enfatiza o controle que o Estado exerce sobre os administrados, quando a lógica da regulação estatal é justamente promover o direito de todos, ou de quase todos, sujeitos à violação por alguns.

Em sendo assim, afirmamos que a aplicação de sanções administrativas aos transgressores da norma jurídica é também uma forma de tutela extrajudicial de direitos transindividuais.

Diante disso, há uma tendência em se privilegiar a solução negociada, também no âmbito administrativo. Esta é uma forma de solução de conflitos que possui uma lógica própria, pois enseja a participação ativa das partes interessadas, distinguindo-se das formas adjudicatórias de resolução de conflitos.

---

(294) O compromisso tomado pelos órgãos legitimados é uma providência fruto da experiência da Lei de Pequenas Causas (Lei n. 7.244, de 7.11.1984), que confere ao acordo extrajudicial, celebrado entre as partes.

O caminho para se chegar ao resultado conciliatório, lembra RODRIGUES (2003:1), passa necessariamente pela negociação, entendida esta como a entabulação de um diálogo, é uma "*comunicação bidirecional*" sobre os pontos de vista de cada parte e a melhor forma de compor os interesses em jogo. Ao se configurar como uma alternativa ao processo judicial, a conciliação permite uma maior economia.

Todavia, tendo em vista a singularidade desses direitos, especialmente sua indisponibilidade, reputamos que existe um regime peculiar da solução extrajudicial dos conflitos envolvendo direitos transindividuais, que pode ser resumido a duas regras que devem necessariamente ser observadas, sendo a primeira relacionada à ausência de renúncia e de concessão do direito em jogo, e a segunda no sentido da observância de um sistema que garanta que a vontade manifestada coincida com os interesses dos Titulares do direito, seja através da consulta efetiva dos interessados, seja através da presunção de que órgãos públicos poderão adequadamente representar os direitos da coletividade.

Uma outra característica da solução extrajudicial dos conflitos transindividuais, que nem sempre está presente nas resoluções alternativas dos conflitos individuais, é o seu **potencial preventivo**[295], posto que ocorre, em muitos casos, a disciplina de alguns aspectos da relação entre aqueles que participam do acordo, não só apresentando a solução para um dissídio concreto, mas também dispondo para o futuro, a fim de evitar novos pontos de atrito em relacionamentos, às vezes, inevitáveis.

Esse potencial preventivo é a responsabilidade civil preventiva, fundamental para adequação da tutela consumerista pela óptica da prevenção.

O Direito Processual brasileiro tem, nos últimos tempos, conhecido uma série de novos títulos executivos que, apesar de extrajudiciais, contam com a participação de entes estatais em sua formação.

Isso decorreu de dois motivos essenciais:

a) da constatação que ao atingimento dos fins públicos não mais bastavam os meios de coerção tradicionais (imposição de multas administrativas, por exemplo), de atuação indireta na obtenção dos comportamentos tidos como socialmente relevantes, e sim que são necessários instrumentos que possam garantir, de maneira efetiva, a observância daquelas condutas;

---

(295) Dentre todas as políticas públicas possíveis na nossa sociedade, a prevenção nos parece ser a mais adequada. Evitar um dano é sempre mais eficaz que buscar a sua reparação. A prevenção é compatível com a velocidade vertiginosa da nossa sociedade, pois nos dá respostas rápidas e eficazes. Ser preventivo encerra inúmeras estratégias, mas a principal está relacionada com a informação e a orientação. Informar e orientar são preceitos básicos do que convencionamos denominar educação para o consumo.

b) para obviar o trâmite de imposição de sanções, ou sustar sua aplicação por tempo suficiente à conformação aos padrões exigidos, como ocorre com o termo de compromisso de cessação de ilegalidade e/ou reparação do dano causado, para evitar o ajuizamento de ação civil pública[(296)]. Quer dizer: o TAC deve ser priorizado em relação à ação civil pública por apresentar flagrantes vantagens sobre esta.

Sendo assim, o TAC evita o ajuizamento da ação civil pública. Ou, quando possível, para solucionar a questão ainda nesta fase, através de Termo de Ajustamento de Conduta, e mediante o qual os interessados compõem, perante órgão público legitimado, de modo a se obrigarem a cumprir o que determina a Lei, ou se absterem de prática lesiva ao direito ou interesse protegido, e ainda a repararem as consequências de lesão já consumada, restaurando a integralidade do direito.

Vale rememorar que a década de 1990 nos legou alguns institutos que tratam justamente da tutela extrajudicial de direitos transindividuais, como o compromisso em Termo de Ajustamento de Conduta, previsto no § 6º do art. 5º da LACP[(297)]; no art. 211[(298)] do ECA (Lei n. 8.069, 13 de julho de 1990); no art. 76-A[(299)] da Lei da Natureza (Lei n. 9.605, de 12 de fevereiro de 1998, que dispõe

---

(296) Como doutrina Ives Gandra da Silva Martins Filho, neste caso, "não há campo para transação de direitos por parte do Ministério Público. O que se admite é apenas a flexibilização de prazos para o ajuste de conduta, quando a lesão à ordem jurídica não seja passível de imediata reparação. Assim, pode o Ministério Público conceder prazo, previsto no termo de compromisso, para a adequação de conduta, suspendendo, por esse tempo o ajuizamento da ação civil pública e/ou a execução específica do título executivo extrajudicial que é o termo de compromisso".

(297) Lei n. 7.347, de 24 de julho de 1985 (Disciplina a ação civil pública de responsabilidade por danos causados ao meio-ambiente, ao consumidor, a bens e direitos de valor artístico, estético, histórico, turístico e paisagístico), [...]. Art. 5º A ação principal e a cautelar poderão ser propostas pelo Ministério Público, pela União, pelos Estados e Municípios. Poderão também ser propostas por autarquia, empresa pública, fundação, sociedade de economia mista ou associação que: II — inclua entre suas finalidades institucionais a proteção ao meio-ambiente, ao consumidor, à ordem econômica, à livre concorrência, ou ao patrimônio artístico, estético, histórico, turístico e paisagístico. § 6º Os órgãos públicos legitimados poderão tomar dos interessados compromisso de ajustamento de sua conduta às exigências legais, mediante cominações, que terá eficácia de título executivo extrajudicial. [...].

(298) Lei n. 8.069, de 13 de julho de 1990 (Dispõe sobre o Estatuto da Criança e do Adolescente), [...]. Art. 211. Os órgãos públicos legitimados poderão tomar dos interessados compromisso de ajustamento de sua conduta às exigências legais, o qual terá eficácia de título executivo extrajudicial. [...].

(299) Lei n. 9.605, de 12 de fevereiro de 1998. [...]. Art. 79-A Para o cumprimento do disposto nesta Lei, os órgãos ambientais integrantes do SISNAMA, responsável pela execução de programas e projetos e pelo controle e fiscalização dos estabelecimentos e das atividades suscetíveis de degradarem a qualidade ambiental, ficam autorizados a celebrar, com força de título executivo extrajudicial, termo de compromisso com pessoas físicas ou jurídicas responsáveis pela construção, instalação, ampliação e funcionamento de estabelecimentos e atividades utilizadores de recursos ambientais, considerados efetiva ou potencialmente poluidores. § 1º O termo de compromisso a que se refere este artigo destinar-se-á, exclusivamente, a permitir que as pessoas físicas e jurídicas mencionadas no caput possam promover as necessárias correções de suas atividades, para o atendimento das exigências impostas pelas autoridades ambientais competentes, sendo obrigatório que o respectivo

sobre sanções penais e administrativas derivadas de condutas e atividades lesivas ao meio ambiente), e, na seara da defesa da ordem econômica, o compromisso de desempenho e o compromisso de cessação de prática. Este último está regulado no art. 53[(300)] da Lei n. 8.884, de 11 de julho de 1994.

Comenta GRECO FILHO (1991: 377):

> [...].
>
> *O § 6º institui a possibilidade de as pessoas públicas legitimadas firmarem com os interessados compromisso de ajustamento de conduta às exigências legais, valendo o acordo como título executivo extrajudicial no caso de descumprimento.*
>
> *A norma é salutar, porque dá força ao acordo, muitas vezes indispensável para que se possa alcançar a normalidade. As condutas agressivas*

---

instrumento disponha sobre: I — o nome, a qualificação e o endereço das partes compromissadas e dos respectivos representantes legais; II — o prazo de vigência do compromisso, que, em função da complexidade das obrigações nele fixadas, poderá variar entre o mínimo de 90 (noventa) e o máximo de 3 (três) anos, com possibilidade de prorrogação por igual período; III — a descrição detalhada de seu objeto, o valor do investimento previsto e o cronograma físico de execução e de implantação das obras e serviços exigidos, com metas trimestrais a serem atingidas; IV — as multas que podem ser aplicadas à pessoa física ou jurídica compromissada e os casos de rescisão, em decorrência do não-cumprimento das obrigações nele pactuadas; V — o valor da multa de que trata o inciso anterior não poderá ser superior ao valor do investimento previsto; VI — o foro competente para dirimir litígios entre as partes. § 2º No tocante aos empreendimentos em curso até o dia 30 de março de 1998, envolvendo construção, instalação, ampliação e funcionamento de estabelecimentos e atividades utilizadoras de recursos ambientais, considerados efetiva ou potencialmente poluidores, a assinatura do termo de compromisso devera ser requerida pelas pessoas físicas e jurídicas interessadas, até o dia 31 de dezembro de 1998, mediante requerimento escrito protocolizado junto aos órgãos competentes do SISNAMA, devendo ser firmado pelo dirigente máximo do es6tablecimento. § 3º Da data da protocolização do requerimento previsto no parágrafo anterior e enquanto perdurar a vigência do correspondente termo de compromisso, ficarão suspensas, em relação aos fatos que deram causa à celebração do instrumento, a aplicação de sanções administrativas contra a pessoa física ou jurídica que ou houver firmado. § 4º A celebração do termo de compromisso de que trata este artigo não impede a execução de eventuais multas aplicadas antes da protocolização do requerimento. § 5º Considera-se rescindido, de pleno direito o termo de compromisso, quando descumprida qualquer de suas cláusulas, ressalvado o caso fortuito ou de força maior. § 6º O termo de compromisso deverá ser firmado em até 90 (noventa) dias, contados da protocolização do requerimento. § 7º O requerimento de celebração do termo de compromisso deverá conter as informações necessárias à verificação da sua viabilidade técnica e jurídica, sob pena de indeferimento do Plano. § 8º Sob pena de ineficácia, os termos de compromisso deverão ser publicados no órgão oficial competente, mediante extrato. [...].

(300) Lei n. 8.884, de 11 de julho de 1994 (Transforma o Conselho Administrativo de Defesa Econômica — CADE em Autarquia, dispõe sobre a prevenção e a repressão às infrações contra a ordem econômica), [...]. Art. 53. Em qualquer fase do processo administrativo poderá ser celebrado, pelo CADE ou pela SDE *ad referendum* do CADE compromisso de cessação de prática sob investigação que não importará confissão quanto à matéria de fato, nem reconhecimento de ilicitude da conduta analisada. [...].

ao meio ambiente e a outros direitos difusos comumente demandam tempo e despesas para a sua correção, de modo que o acordo será a única maneira de se alcançar a melhoria das condições. Poderia parecer estranho que perante uma conduta ilegal se admita contemporização, mas cremos que a utilização do instrumento atuará em favor da comunidade, já que seria inviável a correção imediata.

Três pontos, ainda importantes:

*a) o termo de ajustamento somente pode ser firmado por **órgãos públicos**, excluídas, pois, as associações particulares, aplicando-se, pois, a regra às entidades enumeradas nos incisos I, II e III do art. 82, excluído o inciso IV.*

b) Em sendo a eficácia do título a de título executivo extrajudicial, a sua elaboração independe de homologação judicial, bem como a executividade dele resultante. Basta a assinatura dos participantes.

c) Em se tratando de título executivo extrajudicial, as "cominações" a que se refere o parágrafo somente podem ser pecuniárias, porque não há título executivo extrajudicial de obrigação de fazer ou de dar coisa infungível. Na falta de disposição em contrário expressa, deve haver a conciliação do dispositivo com o sistema de títulos executivos do Código de Processo Civil. Prestação de fazer ou de dar coisa infungível deve ser perseguida por meio de ação de conhecimento.

[...].

Em sede de improbidade consumerista ocorre a inversão do ônus da prova, não cabendo ao agente público escusar-se no desconhecimento ou na ignorância dos deveres que obrigam o seu atuar. Quando descumprido Termo de Ajustamento de Conduta, caberá ao agente público justificar por que o fez.

O TAC, a ser lavrado de forma autônoma, deve conter a qualificação completa do interessado (e eficácia da representatividade, se pessoa jurídica), o fato ou momento a partir do qual restará configurado o descumprimento do ajuste e, se for o caso, a previsão orçamentária para o adimplemento da obrigação; deve indicar o responsável pela sua fiscalização e, ainda, consignar a responsabilidade pessoal do firmador e a configuração de ato de improbidade administrativa pelo descumprimento, além de incluir documentos anexos, que não deverão ser objeto de mera referência.

Convém notar que a CF acolheu opção política no sentido de responsabilizar a pessoa jurídica até criminalmente e, portanto, cabe aos operadores do direito construir caminho dogmático capaz de materializar, com segurança, a vontade política.

10.7.3. DA REALIDADE DO TAC NO SISTEMA NACIONAL DE CAPITALIZAÇÃO — SNC

Não se pode negar que a SUSEP, notadamente, desde 1979, vem se utilizando de instrumentos similares ao TAC, revelando-se tais mecanismos como verdadeiros termos de compromisso — como, por exemplo, por meio do Plano Geral de Fiscalização —, ora assumidos pelas próprias empresas fiscalizadas, ora por recomendação da Autarquia Federal, como medida eficaz para solução de irregularidades que, caso sejam saldadas, farão subsistir a inaplicação de sanção administrativa.

Nesse entretempo, a SUSEP impõe e aceita de suas fiscalizadas variados instrumentos com aquele cariz, como o Termo de Compromisso, o Plano de Adequação, Plano de Recuperação, Plano de Saneamento, a Carta de Recomendação etc.

De fato, é de uso e costume, já plenamente consolidado, sem regramento formal, a celebração do TAC, que ora passamos a pretensão de ver regulamentado, e, de uma vez por todas, implantá-lo com esse nome no âmbito deste mercado, notadamente no de Capitalização e respectiva corretagem.

Aliás, com olhos abertos por que passa o segmento de Capitalização dentro do Sistema Financeiro Nacional — SFN, para a concretização e efetiva autorregulamentação[(301)], é de se conseguir encontrar uma solução que se revele bastante benéfica, eficaz para a verdadeira finalística pretendida pelo normativo e que dificilmente seria alcançada numa mera, pronta e imediata aplicação de multa pecuniária ou até em juízo.

10.7.4. O TAC NO MERCADO DE CAPITALIZAÇÃO

A SUSEP deve tomar do infrator o compromisso de ajustamento de conduta às exigências legais, ela deve atuar de forma a dirimir eventuais divergências entre os seus fiscalizados, como a Sociedade de Capitalização e o Corretor de Capitalização, pessoa física ou jurídica, e entre esses e seus consumidores.

Portanto compete à SUSEP celebrar, nas condições que estabelecer termo de compromisso de ajuste de conduta, e fiscalizar o seu cumprimento.

Aliás, de competência similar à da SUSEP, a ANS, no uso das atribuições que lhe confere o inciso III do art. 9º do regulamento aprovado pelo Decreto n. 3.327, de 5 de janeiro de 2000, com fundamento na **norma genérica** disposta no § 9º

(301) Aliás, penso que já é chegado o momento de se criar o **Conselho Nacional de Autorregulamentação de Seguro, Resseguro, Capitalização e Previdência Complementar Aberta — CONAR-SECAPRE**. Também, nessa oportunidade, considero ponto positivo para o mercado a criação e implantação pela CNSeg a **Casa do Consumidor de Seguro, Resseguro, Capitalização e Previdência Complementar Aberta** para atendimentos dos reclamos dos seus clientes.

do art. 29 da Lei n. 9.656, de 3 de junho de 1998, dispositivo acrescentado pela Medida Provisória n. 2.177-44, de 28 de agosto de 2001, e da competência definida no inciso XXXIX do art. 4º da Lei n. 9.961, de 28 de janeiro de 2000, inciso acrescentado pela Medida Provisória n. 2.177-43, de 27 de julho de 2001, em reunião realizada em 13 de fevereiro de 2001, adotou a **Resolução RDC n. 57, de 19 de fevereiro de 2001**, que ***dispõe sobre o termo de compromisso de ajuste de conduta das operadoras de planos privados de assistência à saúde***.

Nesse prisma, além de tomar o TAC, deve a SUSEP resolver conflitos decorrentes das atividades de regulação, contratação e fiscalização no âmbito geral da chamada indústria de Capitalização.

De fato, a SUSEP tem se utilizado dos casos mediados como precedentes para novas decisões e como subsídios para uma eventual regulamentação do conflito resolvido.

Na verdade, as sessões deliberativas do E. Conselho Diretor da SUSEP se destinam notadamente a resolver conflitos entre as empresas fiscalizadas da atividade securitária e entre essas e consumidores desses segmentos.

Aliás, há de se sugerir que essas sessões sejam, doravante, sempre públicas ou, pelo menos, mais públicas; que se permita a sua gravação por meios eletrônicos e assegurados aos interessados o direito de obter transcrições das mesmas.

Nesta óptica, propõe-se também que as sessões referidas para decisão terminativa somente devam ser realizadas após a comprovação, pelas partes em conflito, de que esgotaram todos os meios viáveis para uma solução amigável da controvérsia.

É por demais sabido que o modelo jurídico-institucional baseado na pura e simples punição aos infratores, mediante a aplicação de sanções penais, civis e administrativas não vem se mostrando adequado e plenamente eficaz para proteger e defender os direitos difusos especialmente aqui tratados, os do consumidor.

O Termo de Ajustamento de Conduta — TAC é o resultado da lavratura de um compromisso realizado entre o interessado (indiciado, infrator), seja pessoa física e/ou jurídica (o dirigente, administrador ou diretor representante e/ou a empresa responsável pela infração) e o órgão fiscalizador legitimado — a SUSEP, objetivando promover a adequação das atividades daquele às exigências legais vigentes.

O conteúdo do TAC representa o reconhecimento de uma obrigação legal a ser cumprida, passando o cumprimento da mesma a ser um dever jurídico daquele que propôs ajustar a conduta. Ela não se confunde com a transação que pressupõe concessões recíprocas, que não ocorrem no compromisso de ajustamento de conduta.

Nessa óptica, ensina CARVALHO FILHO (2009:202)[302] que "a natureza jurídica do instituto é, pois, a de ato jurídico unilateral quanto à manifestação volitiva, e bilateral somente quanto à formalização, eis que nele intervêm o órgão público e o promitente".

Assevera ainda o douto professor[303] que:

> [...].
>
> *poder-se-ia considerar o compromisso de ajustamento de conduta como um acordo firmado entre o órgão público legitimado para a ação civil pública e aquele que está vulnerando o interesse difuso ou coletivo protegido pela lei. Não obstante, a figura não se compadece com os negócios bilaterais de natureza contratual, razão por que entendemos que não se configura propriamente como **acordo**. Como a lei alude ao ajustamento da conduta **às exigências legais**, está claro que a conduta não vinha sendo tida como legal, senão nada haveria para ajustar. Por outro lado, ao empregar o termo tomar o compromisso, o legislador deu certo cunho de impositividade ao órgão público legitimado para tanto. Ora, ante esses elementos, o compromisso mais se configura como reconhecimento implícito da ilegalidade da conduta e promessa de que se adequará à lei.*
>
> *Podemos, pois, conceituar o dito compromisso sendo **o ato jurídico pelo qual a pessoa, reconhecendo implicitamente que sua conduta ofende interesse difuso ou coletivo, assume o compromisso de eliminar a ofensa através da adequação de seu comportamento às exigências legais**.*
>
> [...].

Ressalta MIRANDA (2001:1)[304] que "os Termos de Ajustamento de Conduta estabelecem obrigações e condicionamentos que deverão ser rigorosamente observados pelos infratores em relação à atividade causadora de degradação de modo a fazer cessar, adaptar, recompor, corrigir ou minimizar seus efeitos".

Então, na atividade securitária, o TAC é um compromisso que se realiza entre o interessado (indiciado infrator), seja pessoa física e/ou jurídica (o dirigente, administrador ou diretor representante e/ou a empresa responsável pela infração) e o órgão fiscalizador legitimado — a SUSEP, objetivando promover a adequação das atividades daquele às exigências legais vigentes.

---

(302) CARVALHO FILHO, José dos Santos. *Ação civil pública*: comentários por artigo, Lei n. 7.347, de 24.7.85. 7. ed., ampl e atual. Rio de Janeiro: Lumen Juris, 2009. p. 202.

(303) *Idem, ibidem*.

(304) MIRANDA, Augusto. *Mecanismos de compromisso de ajuste e sua aplicação pelos órgãos ambientais*, 2001. Disponível em: <http://old.ecolatina.com.br/br/artigos/legisl_ambiental/legis_amb_06.asp>. Acesso em: 6 de dezembro de 2004.

Na verdade, através do TAC, busca-se aqui a efetivação dos procedimentos necessários à:

1º) regularização das atividades de Capitalização, visando à prevenção ou reparação de danos ao potencial cliente ou já consumidor (Subscritor, Titular, portador de Título de Capitalização e sucessores); e

2º) preservação da integridade do Sistema Financeiro Nacional — SFN e de seus subsistemas (Sistema Nacional de Capitalização), com fins específicos de manter a sua higidez, liquidez, a solvência e o seu equilíbrio, principalmente em seus motes econômico, contábil, financeiro, atuarial, aos fins sociais e às exigências do bem comum. Basta ver o que impõem os seguintes normativos:

CONSTITUIÇÃO DA REPÚBLICA FEDERATIVA DO BRASIL, PROMULGADA EM 5 DE OUTUBRO DE 1988:

[...].

Art. 192. O sistema financeiro nacional, estruturado de forma a promover o desenvolvimento equilibrado do País e a servir aos interesses da coletividade, em todas as partes que o compõem, abrangendo as cooperativas de crédito, será regulado por leis complementares que disporão, inclusive, sobre a participação do capital estrangeiro nas instituições que o integram.

[...].

DECRETO-LEI N. 261, DE 28 DE FEVEREIRO DE 1967:

[...].

Art. 2º O controle do Estado se exercerá pelos órgãos referidos neste Decreto-lei, no interesse dos portadores de Títulos de Capitalização e objetivando:

I — promover a expansão do mercado de Capitalização e propiciar as condições operacionais necessárias à sua integração no processo econômico e social do País;

II — promover o aperfeiçoamento do sistema de Capitalização e das sociedades que nele operam;

III — preservar a liquidez e a solvência das sociedades de Capitalização;

IV — coordenar a política de Capitalização com a política de investimentos do Governo Federal, observados os critérios estabelecidos para as políticas monetárias, creditícia e fiscal, bem como as características a que devem obedecer as aplicações de cobertura das reservas técnicas.

Art. 3º Fica instituído o Sistema Nacional de Capitalização, regulado pela presente Lei e constituído:

I — do Conselho Nacional de Seguros Privados — CNSP;

II — da Superintendência de Seguros Privados — SUSEP;

III — das sociedades autorizadas a operar em Capitalização.

[...].

É de observar que o art. 3ª da Resolução CNSP n. 15, de 2001, considera os corretores de Capitalização integrantes do SNC.

Além disso, a SUSEP, dentre outras atribuições, deve analisar e monitorar os riscos de crédito, os riscos de mercado e os riscos operacionais das empresas pertencentes aos mercados supervisionados pelo ente autárquico, bem como acompanhar a implementação dos controles internos e dos procedimentos de conformidade (*compliance*) nas empresas, verificando a sua efetividade na gestão dos riscos internos e externos, de modo a assegurar conformidade entre as atividades, os produtos e serviços e as normas legais e regulamentares a eles aplicáveis, garantindo seu cumprimento.

Dessa maneira, o TAC também visa a adequar as políticas de gerenciamento de riscos das Sociedades de Capitalização brasileiras às normas vigentes no mercado internacional[305].

O TAC é largamente utilizado no mercado internacional, sendo possível destacar a respeito o histórico caso da empresa americana de seguros MARSH, que acordou pagar 850 milhões de dólares para encerrar uma demanda com a Superintendência de Seguros de Nova York.

Verifica-se que a SUSEP não é só um órgão destinado a defesa do consumidor, na estrita palavra, porque não foi criada apenas e especificamente para isso, mas também para isso, na forma da lei, em nome do Estado[306]. O seu Poder de Polícia Administrativa se exerce no interesse dos Subscritores, Titulares dos Contratos de Capitalização, conforme impõe logo no art. 2º, do Decreto-Lei n. 261, de 1967; no qual impõe que *o controle do Estado se exercerá pelos órgãos referidos neste Decreto-Lei, no interesse dos portadores de Títulos de Capitalização*[307].

Portanto é fácil constatar que a SUSEP tem incluído entre suas finalidades institucionais a proteção dos interesses e direitos do consumidor. Assim sendo, é essa Autarquia um órgão público legitimado para propor Ação Civil Pública[308]

---

(305) Principalmente com a abertura do setor de resseguros brasileiro. Assim há que se adequar a realidade das sociedades nacionais de seguros, de resseguros, de capitalização e das entidades de previdência complementar abertas, bem como dos seus respectivos corretores, à operação internacional destes setores.

(306) CF/88: [...]. Art. 5º Todos são iguais perante a lei, sem distinção de qualquer natureza, garantindo-se aos brasileiros e aos estrangeiros residentes no País a inviolabilidade do direito à vida, à liberdade, à igualdade, à segurança e à propriedade, nos termos seguintes: V — é assegurado o direito de resposta, proporcional ao agravo, além da indenização por dano material, moral ou à imagem; X — são invioláveis a intimidade, a vida privada, a honra e a imagem das pessoas, assegurado o direito a indenização pelo dano material ou moral decorrente de sua violação; XXXII — o Estado promoverá, na forma da lei, a defesa do consumidor. [...].

(307) Título de Capitalização tem a natureza de título de crédito, que é um documento formal, com força executiva, representativo de dívida líquida e certa.

(308) Esta conclusão de que a SUSEP é um órgão legitimado (*legitimatio ad causam* ativa) para propor Ação Civil Pública, pelo teor da lei, já bastante tempo temos defendido essa posição, consoante

e tomar dos interessados o compromisso a ser lavrado no TAC, no interesse dos Subscritores dos Contratos de Capitalização, dos Titulares e demais portadores de Títulos de Capitalização, bem como no interesse das Sociedades de Capitalização.

se pode verificar no nosso livro *Previdência privada*: Lei da Previdência Complementar Comentada, Rio de Janeiro: Editora e Livraria Jurídica do Rio de Janeiro, 2004, às fls. 112 *usque* 115 da 1ª edição, na oportunidade do comentário do art. 3º, inciso VI (proteger os interesses dos participantes e assistidos dos Planos de benefícios) da Lei Complementar 109, de 29-05-01.

CAPÍTULO XI

CONSIDERAÇÕES FINAIS

De todo o exposto, podemos sistematizar as seguintes considerações:

1. Neste livro não se trata de uma tese complexa, nem de uma abordagem revolucionária de um fundamento jurídico, mas sim de uma tentativa clara e ousada de dissertação sobre o Contrato de Capitalização.

2. Correspondendo às suas finalidades, a Capitalização tem percorrido no Brasil uma trajetória esplêndida, ascensional, protegida pela sua legislação própria, fiscalizada e garantida pelo Governo, aperfeiçoando-se à mercê dos cálculos atuariais, financeiros etc., oferecendo aspectos, modalidades outras que a concorrência sugere.

3. A administração hábil, a gerência prudente e o manejo inteligente e seguro dos elementos das provisões técnicas conduzem a Capitalização ao clima da grandiosidade imprescindível às suas operações e ao êxito completo de sua finalidade.

4. Vemo-nos ante a projeção luminosa da Capitalização que realmente à evidência, há vasta perspectiva de cooperação na civilização e na vida econômica brasileira.

5. Para atingir o objetivo além de formar as economia do caráter individual, a Capitalização desdobra mais ampla ação em prol da coletividade e da riqueza nacional, que redunda, por fim, na garantia que assegura aos portadores de Títulos de Capitalização.

6. Em futuro bem próximo será devidamente reconhecida a função extraordinária durante esses árduos anos da produção da Capitalização no país.

7. Somos extremamente otimistas no tocante à expansão sempre crescente da Capitalização no Brasil, ainda mais pelo que ela oferece em face da índole do nosso povo e dos seus verdadeiros recursos.

8. Hoje em dia, todos reconhecem, à luz clara dos fatos, a elevada finalidade e as garantias de todas as Sociedades de Capitalização, e procuram-nas a fim de ajustar Contratos de Capitalização e constituir, por meios dos Títulos de Capitalização, reservas sistemáticas postas à margem dos riscos de suas próprias atividades.

São imensas as possibilidades ofertadas a todos os brasileiros, é vastíssimo, o plano de trabalho a ser eficientemente realizado por nós e por todos os que desejem cooperar conosco, pois, mesmo diante do já alcançado, muito longe estamos de atingir um ponto de saturação.

9. Somente as nações compostas de indivíduos previdentes conseguem prosperar. A economia coletiva transmuda-se em patrimônio nacional realizado, desenvolvendo e valorizando as fontes de produção, permitindo a crescente melhoria do padrão de vida, a saúde e o bem-estar dos aglomerados humanos. Elevado patriotismo é sempre tornar promissora realidade a Capitalização no Brasil.

10. As Sociedades de Capitalização fazem apelo à economia, propõem-se a realizar operação na aparência de Capitalização coletiva, que se destinam a formar ou fazer capitais, mas onde a operação bem diversa não assume o caráter especial, limitado, como no Contrato de Capitalização. Neste, uma das partes, o Subscritor, mediante o pagamento mensal ou anual, obriga a outra parte, a empresa, a pagar-lhe uma importância predeterminada ou em bens ou mercadorias, ao término daquele Contrato, ou por antecipação, a processar-se por meio de sorteios mensais. Semelhante Contrato somente poderá se efetuar pelas Sociedades técnicas e legalmente organizadas, e devidamente autorizadas pelo Estado.

11. As Sociedades de Capitalização emitem certificados em favor dos respectivos compradores, que nada mais são do que os próprios Títulos de Capitalização. Os Subscritores efetuam pagamentos à Sociedade, durante um certo tempo, correspondentes ao valor dos títulos e à forma; assim, um capital que, acrescido dos juros acumulados, será recuperado pelos Titulares em prazo previamente fixado. Os Títulos de Capitalização comportam também a eventualidade de um reembolso antecipado por sorteio.

12. A Sociedade de Capitalização deve prestar ao Subscritor, ao Titular, ao Cessionário ou ao Beneficiário as informações necessárias ao acompanhamento de valores inerentes ao Título de Capitalização, bem como emitir e remeter extratos individuais aos Titulares, ou mantê-los informados através da mídia impressa, falada ou eletrônica.

13. A periodicidade de remessa de extratos dos Títulos deve constar nos Contratos de Capitalização, devendo conter, no mínimo, o valor do resgate atualizado. Independentemente da emissão de extratos, a Sociedade de Capitalização deve prestar informações relativas a seus pagamentos, sempre que solicitada pelo Subscritor.

14. A Capitalização é um instrumento financeiro diferente de qualquer outra aplicação do mercado, tal como Caderneta de Poupança ou Fundos de Investimentos. É uma forma alternativa de acumular reservas com prazo e taxas de juros previamente determinados. É o instrumento ideal para quem deseja realizar um projeto de vida bem especial. Na Capitalização, investimento significa economia programada com sorteio.

15. Diferente da Caderneta de Poupança, um Título de Capitalização tem prazo de carência para resgates, em geral, de 12 meses. Por esta razão, a aplicação em Títulos de Capitalização tornou-se uma das formas mais atraentes para planejar o futuro: o estudo dos filhos, a viagem de férias, a montagem de um negócio, a formação profissional, a compra de um carro e tantos outros projetos que exigem investimento e disciplina para que se tornem realidade.

16. Deve ser desmistificada a correlação conceitual de Capitalização e Caderneta de Poupança; esses produtos não são concorrentes, mas sim, complementares. Depois de conviver tantos anos com inflação, o surgimento de instrumentos como o Título de Capitalização, instrumento do Contrato de Capitalização, vem transformando a vida de muitos brasileiros, estimulando a cultura da poupança e abrindo a perspectiva de multiplicar o patrimônio por meio de sorteios. Os valores aplicados podem ser capitalizados mensalmente ou de uma só vez.

17. A quantia paga mensalmente no Contrato de Capitalização é dividida em três partes: a cota (parcela) de Capitalização — dinheiro que efetivamente vai ser devolvido com o adicional proporcional de juros —, a cota (parte) do sorteio e a cota (parte) dos custos administrativos da instituição. Essas duas últimas partes podem estar agrupadas num único nome no Contrato, como, por exemplo, taxa de Carregamento, ou indicadas separadamente.

18. A porcentagem referente à cota (parcela) de Capitalização, também chamada de reserva matemática, varia de Sociedade para Sociedade de Capitalização e deve estar especificada em Contrato de Capitalização.

19. Os produtos de Capitalização vêm ganhando espaço por estarem disponíveis para todas as classes sociais e atenderem a necessidades específicas dos consumidores.

20. O desempenho das Sociedades de Capitalização também deve ser atribuído à diversificação do portfólio de produtos e à criatividade dessas empresas.

21. Atualmente, ainda há as seguintes Modalidades de Títulos de venda individual:

I) **Modalidade Tradicional (Clássica):** quando o Título de Capitalização tem por objetivo restituir ao Titular, ao final do prazo de vigência, no mínimo, o valor total dos pagamentos efetuados pelo Subscritor, desde que todos os pagamentos previstos tenham sido realizados nas datas programadas.

II) **Modalidade Compra-Programada:** quando o Título de Capitalização em que a Sociedade de Capitalização garante ao Titular, ou melhor, se obriga a disponibilizar ao Titular adimplente ao final da vigência ou em um prazo determinado, o recebimento do valor de resgate em moeda corrente nacional, sendo disponibilizada ao Titular a faculdade de optar se este assim desejar e sem qualquer outro custo, pelo recebimento do bem ou serviço referenciado na ficha de Proposta de Subscrição (Ficha de Cadastro, Proposta de Adesão, Proposta de Aquisição ou Proposta), subsidiado por acordos comerciais celebrados com indústrias, atacadistas ou empresas comerciais.

III) **Modalidade Popular:** quando o Título de Capitalização tem por objetivo propiciar a participação do Titular em sorteios, sem que haja devolução integral dos valores pagos.

Normalmente, esta modalidade é a utilizada quando há cessão de resgate a alguma instituição.

IV) **Modalidade Incentivo (Empresarial):** quando o Título de Capitalização está vinculado a um evento promocional de caráter comercial instituído pelo Subscritor.

O Subscritor, neste caso, é a empresa que compra o Título e o cede total ou parcialmente (somente o direito ao sorteio) aos clientes consumidores do produto utilizado no evento promocional.

Deste modo, o Título de Capitalização constitui-se em um dos pilares do sistema de captação de recursos populares no País. Aliás, a par dos benefícios que provêm da economia sistematizada perdura a fascinação pelo sorteio e pela premiação.

22. Título de Capitalização tem natureza jurídica de Título de crédito, que é um documento formal, com força executiva, representativo de dívida líquida e certa. É um instrumento financeiro, nominativo, que representa a operação de Capitalização, podendo ser adquirido em uma ou mais parcelas.

23. O sucesso das Sociedades de Capitalização não é um fato isolado, depende de aplicação de uma legislação social, já que uma exigência se impõe: a segurança. No século XXI, a Capitalização torna-se uma necessidade, e o seguro, seu melhor aliado.

24. No atual contexto jurídico e socioeconômico globalizado, há premente necessidade existencial de implementação da justiça privada, caracterizada pela segurança, informalidade, maturidade para decidir questões fundamentais, notadamente no mercado de Capitalização e, incluindo ainda, a respectiva corretagem. Ressalta-se um crescente fomento mundial objetivando a construção da cultura de uma justiça extrajudicial, comumentemente utilizada nos países desenvolvidos e, recentemente, nos latino-americanos.

25. Há motivos para justificar o surgimento do atual auge da autocomposição e da heterocomposição alternativa de solução de conflitos equivalentes legalmente à jurisdição ordinária. Não apenas para expor os argumentos tradicionais, como a especialização, honorabilidade, eficiência, rapidez etc., mas também para apresentá-los relacionados à desconfiança existente pela justiça estatal.

26. Fundamentando-se nos ensinamentos nacionais e alienígenas, almeja-se apontar as vantagens da adoção dos meios alternativos de solução de conflitos na Capitalização, visando ao desenvolvimento pacífico deste mercado no Brasil. Nesse contexto, a negociação, a ouvidoria, a mediação, a conciliação e a arbitragem, baseadas na agilidade, na capacidade técnica, na imparcialidade, na credibilidade e no sigilo, são meios de se fazer justiça, além do TAC, são os MASC (Meios Alternativos de Solução de Conflitos) cuidados nesta obra.

27. Diversamente do que alguns pensam, um problema pode ter, alternativamente, uma profícua solução, por acordo, conciliação dos contratantes ou por uma decisão de um ou vários terceiros escolhidos por eles. Deixando desta forma de ser problema, passando a ser solução, resolvida, lá que seja no processo, mas por procedimentos adequados também escolhidos e gerenciados pelas próprias partes contraentes interessadas na pacífica solução da controvérsia.

28. Deve haver, na medida possível e ponderada, a intervenção dos poderes públicos para que sejam chamados a corrigir, bem como dirigir, as forças econômicas, sociais e jurídicas, resultando na plena institucionalização do Contrato de Capitalização e na comedida intervenção legislativa no segmento da Capitalização. Enfim, o objetivo do poder público deve ser regulamentar melhor a atividade das Sociedades de Capitalização. Essas são apenas as primeiras pedras de um edifício legislativo, cuja construção continuará, depois de décadas, controlada pelo Estado. Caberá ainda ao legislador harmonizar o conjunto da evolução do setor de Capitalização, como também continuar normatizando e institucionalizando o Contrato de Capitalização, razão de viver do Título de Capitalização, pois fruto dessa convenção, com o fim de assegurar que o contrato cumpra a sua nova função social.

29. Roga-se e deseja-se que esta modesta obra, naturalmente sem intenção de esgotar a temática ou qualquer de sua variante ora em exame, sirva de estímulo a outros empreendimentos acadêmicos como supedâneo, para, pelo menos, fomentar maior deleite no estudo aprofundado e concentrado, resultando num melhor preparo técnico de estudantes, pesquisadores, elaboradores, operadores, aplicadores, professores, mestres e doutores do Direito, posta a serviço público ou privado da sociedade brasileira.

GLOSSÁRIO

DEFINIÇÕES BÁSICAS

Antecipação de Parcelas — é a possibilidade de pagamento de parcelas antes da sua data de vencimento, de acordo com as características do produto.

Atraso de Pagamento — é a parcela não paga até a data do seu vencimento.

Atualização Monetária — é o mecanismo utilizado para compensar as perdas inflacionárias do valor aplicado, por meio dos índices especificados nas Condições Gerais.

Beneficiário = **Titular** — é a pessoa física ou jurídica possuidora de Títulos de Capitalização.

Beneficiário de gravame (garantia, penhora e óbito) — são aqueles que detêm direitos sobre o Título de Capitalização por recebimento em garantia ou por determinação judicial.

Caducidade — é o cancelamento de um Título de Capitalização pelo não pagamento de parcelas no limite estabelecido nas Condições Gerais.

Cancelamento da Proposta — é a rescisão da proposta por falta de pagamento, por problemas de cadastro ou por solicitação do cliente antes da geração do Título de Capitalização.

Cancelamento de Título de Capitalização — ocorre por desistência dentro do prazo estabelecido pelo Código de Defesa do Consumidor (CDC), por solicitação de resgate antecipado ou por caducidade.

Capital ou Saldo de Capitalização — é o valor constituído na reserva de Capitalização, ou seja, é o montante constituído pelos percentuais de cada pagamento(s) efetuado(s) pelo Subscritor e que será mensalmente capitalizado e atualizado pelas taxas e quotas definidas nas Condições Gerais de cada produto, formando o valor do resgate do Título de Capitalização.

Capital Nominal — é o valor mínimo do Plano de Capitalização formado ao final do prazo de vigência, considerando-se todos os pagamentos previstos efetuados em dia.

Capitalizar — é formar ou acumular capital durante um certo período com juros relativos a esse tempo.

Capitalização — é a operação financeira que consiste na aplicação de uma importância preestabelecida, com sorteios periódicos, durante um prazo fixado para formação de um capital. Em outras palavras, Capitalização é a contribuição para a formação de um capital por meio de anuidades certas colocadas a juros compostos. Os portadores dos Títulos pagam à Sociedade de Capitalização, durante um certo tempo, uma mensalidade correspondente ao valor dos Títulos, formando, assim, um capital que, acrescido dos juros acumulados, será recuperado pelos portadores em prazos previamente fixados. Esses Títulos comportam, também, a eventualidade de um reembolso, por sorteio.

Carência — é o período de tempo em que o Título de Capitalização não pode ser resgatado, no caso de desistência do Titular. Ou seja, é o período mínimo em que o Titular deve permanecer com o produto para a solicitação de devolução parcial ou total do valor pago.

Carregamento — é a parcela da contribuição paga pelo Subscritor, destinada a responder pelas despesas administrativas de colocação, corretagem e sorteio. Ou seja, é a importância destinada à Sociedade de Capitalização para atender às despesas administrativas e de comercialização do Plano.

CNSP (Conselho Nacional de Seguros Privados) — é o Órgão Federal que define a política normativa de Capitalização.

Composição do preço de um Título de Capitalização — cada parcela guardada em um Título de Capitalização se divide em três partes: a quota (cota) de Capitalização, a quota (cota) de sorteio e a quota (cota) de Carregamento.

Condições Gerais (CONDGs) — são as regras, devidamente aprovadas pela SUSEP, que regem os Títulos de Capitalização e que definem os deveres e direitos dos adquirentes de Títulos de Capitalização e da Sociedade de Capitalização que administra o produto. Ou seja, é o instrumento que estabelece as normas do Contrato de Capitalização firmado entre a Sociedade de Capitalização e os clientes, aprovadas pelo Órgão Regulador (SUSEP). Em suma, **Condições Gerais** é o documento que contém todos os direitos e deveres da Sociedade de Capitalização e do comprador do Título de Capitalização. É, portanto, de fundamental importância conhecer o texto das Condições Gerais de um Título, tanto para vendê-lo como para comprá-lo. Atente-se ainda para o fato de que não existe padrão de Condições Gerais; assim sendo, os direitos conferidos pela aquisição de um Título de Capitalização ou os deveres decorrentes da sua venda variam substancialmente de empresa para empresa e até de plano para plano em uma mesma empresa.

Data de vencimento ou data de aniversário — é o dia do mês em que o capital do Título de Capitalização é atualizado e capitalizado, coincidente com o dia de início de vigência e com as próximas datas de cobrança do Título de Capitalização.

Fato Gerador – são os benefícios líquidos resultantes da amortização antecipada, mediante sorteio, dos Títulos de Capitalização e os benefícios atribuídos aos portadores de Títulos de Capitalização nos lucros da empresa emitente.

Gravames – são eventos, com ou sem anuência do Titular, que podem impedir o resgate do Título de Capitalização pelo proprietário, alterar o beneficiário do sorteio e/ou resgate do Título de Capitalização.

Início de vigência – é a data do primeiro pagamento ou do pagamento único que determina o início do prazo de vigência do produto. Observe que **data de aniversário** é o mesmo dia do início de vigência para todos os meses subsequentes, enquanto o plano estiver em vigor. E **início da vigência de sorteio** é a data a partir da qual o Título de Capitalização começa a concorrer aos sorteios.

Juros – é uma remuneração do capital aplicado a uma determinada taxa, denominada taxa de juros. No final de cada período de Capitalização que é previamente estipulado, os juros produzidos são adicionados ao capital, passando a fazer parte do mesmo para efeito de cálculo dos próximos juros. Assim, estamos diante de uma aplicação de juros compostos.

Número do processo SUSEP – é o identificador dos Planos de Capitalização informado nas Condições Gerais.

Números da sorte ou combinação – conjunto de números designados para cada Título de Capitalização, com os quais o mesmo concorre aos sorteios previstos no Plano de Capitalização.

Parcelas ou Mensalidades – são os valores e as quantidades de pagamentos definidos na aquisição dos Títulos de Capitalização.

Parcela(s) Pendente(s) – ocorre quando o Título de Capitalização possui parcela(s) vencida(s) e não paga(s).

Plano de Capitalização – é o conjunto de elementos que dão forma ao Título de Capitalização. É representado pelas Condições Gerais e pelo material de comercialização. No Plano é que são determinadas as formas em que se acumulará o capital, bem como o tempo de duração, resgate, sorteios e as demais condições dos Títulos.

Plano ou Produto de Capitalização – é o tipo do Título de Capitalização adquirido, cada qual tendo regras específicas definidas nas Condições Gerais. Na verdade, o **Plano de Capitalização** é o que garante ao Subscritor, após o pagamento das mensalidades pelo prazo contratado, o resgate das mensalidades líquidas acumuladas, corrigidas e capitalizadas. Pode ser comercializado com o atrativo do sorteio de prêmios em dinheiro ou em bens.

Postergação de Pagamento – meses sem pagamento(s) e com compensação de parcela paga anteriormente.

Prazo de Carência — é o prazo mínimo de permanência no plano para que o cliente possa receber um resgate.

Prazo de Capitalização — é o período em que a parcela do pagamento, destinada à formação do capital a ser resgatado, sofre a incorporação dos juros. Ou seja, é o período em que os valores depositados são capitalizados. Em suma, é o período no qual o Título de Capitalização está em vigor.

Prazo de Pagamento — é o período em que deverão ser efetuados os pagamentos dos Títulos de Capitalização. Podem ser realizados mensalmente (prêmio mensal) ou de uma só vez (prêmio único).

Premiação — é a importância ganha em decorrência da contemplação do Título de Capitalização em sorteios.

Prêmio de Capitalização — são os valor(es) aos quais o cliente está concorrendo em sorteios a serem realizados durante o período de vigência de sorteio do Título.

Prêmio de Sorteio — é a importância bruta paga ao Titular, caso seu Título de Capitalização seja sorteado.

Proposta — é a manifestação de intenção de compra de um Título de Capitalização, identificando todos os dados necessários para a efetivação do Título de Capitalização.

Proposta de Aquisição — é o formulário a ser preenchido para aquisição do Título de Capitalização, que contém os dados do Subscritor, do Titular (se for o caso) e as Condições Gerais do produto. Seu correto preenchimento evitará transtornos futuros, tais como o não envio de documento de pagamento, extratos aos clientes e comunicado de contemplação em sorteios. Proposta de Aquisição, ou simplesmente proposta, equivale à Ficha de Cadastro na Capitalização.

Provisão de Capitalização — é o montante constituído a cada pagamento, que sofre incidência de juros e é atualizado monetariamente. Isto é, representa o montante acumulado pela quota (cota) de Capitalização da parcela única ou de cada uma das mensalidades pagas pelo cliente, formando a reserva destinada ao pagamento do resgate.

Provisão Matemática — é o fundo em que são alocadas as parcelas da contribuição quando essas são capitalizadas, à taxa de juros definida no Plano, que serve de garantia para o resgate do respectivo Título de Capitalização. Ou seja, é a parcela deduzida de cada mensalidade para formar as quantias economizadas pelo Titular. É somente sobre ela que são aplicados a correção monetária e os juros, e não sobre o total das mensalidades.

Provisões Técnicas — As Sociedades de Capitalização devem constituir as seguintes provisões técnicas: I — **provisões matemáticas**, para garantia dos Títulos em vigor e dos sorteios a realizar, se previstos no Plano; II — **Provisão para obrigações a liquidar**, para pagamento de: a) Resgate dos Títulos com esse direito e que estejam definitivamente rescindidos; b) Títulos cujo prazo de Capitalização tenha terminado; c) Títulos já contemplados em sorteio; e d) Lucros atribuídos a Subscritores de Títulos. Além disso, as Sociedades de Capitalização devem constituir provisão para oscilações de valor de Títulos mobiliários. Para a sua garantia efetiva, as provisões técnicas devem estar cobertas com aplicações que satisfaçam as condições mínimas de segurança, rentabilidade e liquidez, tendo em vista a estabilidade econômico-financeira das Sociedades de Capitalização. Os recursos garantidores das provisões técnicas e dos fundos das Sociedades de Capitalização devem ser aplicados de acordo com as diretrizes do CMN, ouvido previamente o CNSP. Metade do capital social realizado das Sociedades de Capitalização constitui permanente garantia suplementar das provisões técnicas e sua aplicação será idêntica à dessas provisões. Os bens garantidores da metade do capital social, provisões técnicas e fundos são registrados na SUSEP e não podem ser alienados, prometidos alienar ou de qualquer forma gravados sem sua prévia e expressa autorização, sendo nulas de pleno direito as alienações realizadas ou os gravames constituídos com violação. Quando a garantia recair em bem imóvel, é obrigatoriamente inscrita no competente Cartório do Registro Geral de Imóveis (RGI).

Quota ou Cota de Carregamento — é a parte da contribuição realizada pelo Subscritor destinada a custear despesas do Título de Capitalização. Ou seja, é parte da parcela guardada em um Título de Capitalização destinada a cobrir as despesas operacionais e administrativas da Sociedade de Capitalização.

Quota ou Cota de Sorteio — é a parte da(s) parcela(s) paga(s) que tem como finalidade custear os prêmios que são distribuídos em cada série. Ou seja, é a parte da parcela guardada em um Título de Capitalização destinada ao pagamento dos prêmios aos Títulos contemplados em sorteios.

Quota ou Cota de Capitalização — é a parte da(s) parcela(s) paga(s) que será destinada à constituição do Capital ou da Provisão Matemática. Ou seja, é a parte da parcela guardada em um Título de Capitalização destinada a formar o montante a ser pago ao cliente na época do resgate.

Reserva de Sorteio — é o valor constituído pelo Título de Capitalização para o custeio dos prêmios dos sorteios durante a vigência do Plano de Capitalização.

Reserva de Capitalização — é formada por parte do valor pago, sendo este o valor que será devolvido.

Reserva projetada — é o valor da parcela multiplicado pelo número de parcelas do Título de Capitalização.

Reserva renovada — é a projeção da soma total das parcelas devidas pela aquisição do novo Título de Capitalização.

Resgate — é a liquidação antecipada do Contrato de Capitalização, correspondendo, desta forma, a um percentual reduzido do capital.

Resgate antecipado — é o recebimento, pelo Titular, do valor constituído no saldo de Capitalização (já descontados os tributos), por solicitação ou caducidade, antes do fim do prazo da vigência. Esse resgate gera o encerramento do Título de Capitalização, após o prazo de carência do mesmo.

Resgate final — é o recebimento, pelo Titular, do valor constituído no saldo de Capitalização (descontados os tributos), ao fim do prazo de vigência do Título de Capitalização. Ou seja, é aquele que corresponde ao recebimento do saldo da provisão matemática, ao final do período de Capitalização.

Resgate Parcial — é a solicitação e o recebimento de um percentual do saldo de Capitalização, quando previsto nas Condições Gerais. Mantém o Título de Capitalização ativo por meio da realização do pagamento das demais parcelas e da participação nos sorteios.

Série — é o conjunto definido de Títulos de Capitalização com idênticas características, numerados e individualizados sequencialmente. Ou seja, é um grupo de Título de Capitalização do mesmo Plano de Capitalização que concorrem entre si aos sorteios, com a mesma chance de premiação.

Sociedade de Capitalização — é a empresa legalmente constituída em forma de Sociedade Anônima com o objetivo de gerir Planos de Capitalização, obedecidos os critérios técnicos e administrativos específicos. É autorizada pela SUSEP para administrar Planos de Capitalização. É empresa que, dentro do Sistema Nacional de Capitalização — SNC — é obrigada a constituir um capital mínimo determinado. À Sociedade de Capitalização cabe a administração dos Planos, respeitando as diretrizes traçadas pelo Conselho Nacional de Seguros Privados — CNSP e pela Superintendência de Seguros Privados — SUSEP.

O Decreto-Lei n. 261, de 1967, procura definir as Sociedades de Capitalização a partir do que seria o Título de Capitalização. Desta forma, dispõe o parágrafo único de seu art. 1º: "Consideram-se Sociedades de Capitalização as que tiverem por objetivo fornecer ao público, de acordo com Planos aprovados pelo Governo Federal, a constituição de um capital mínimo perfeitamente determinado em cada Plano, e pago em moeda corrente em um prazo máximo indicado no mesmo Plano, à pessoa que possuir um Título segundo cláusulas e regras aprovadas e mencionadas no próprio Título."

Sorteio — é o evento no qual se apura o(s) número(s) da sorte dos Títulos de Capitalização contemplado(s). É o atrativo para a aplicação financeira. As operações podem ser realizadas com base em sorteios oficiais ou em sorteios realizados pela própria Sociedade. Dá-se, então, a premiação, ou seja, a importância recebida, pelo Subscritor, em razão de contemplação em sorteio.

Subscritor — é a pessoa que subscreve uma proposta de adesão (Proposta de Adesão, Proposta de Aquisição, ou simplesmente proposta equivalentes a Ficha de Cadastro na Capitalização) aos Planos dos Títulos de Capitalização, comprometendo-se a efetuar o pagamento de acordo com as Condições Gerais. É a pessoa que adquire o Plano e efetua o pagamento na forma convencionada nas Condições Gerais. Ou seja, **Subscritor** é a pessoa, física ou jurídica, que subscreve a compra do Título de Capitalização, comprometendo-se a pagar a(s) mensalidade(s) na forma prevista nas condições traçadas no Contrato de Capitalização. Assim, Subscritor é a pessoa que subscreve a proposta de aquisição do Título, assumindo o compromisso de efetuar o pagamento na forma convencionada nas CONDGs.

Suspensão — ocorre em determinado Plano de Capitalização em que prevê com até três pagamentos em atraso, podendo ser reabilitado a partir da quitação de uma só vez de todas as parcelas em atraso. Durante este período o Plano não participará dos sorteios.

SUSEP — Superintendência de Seguros Privados — é o Órgão federal que regulamenta e fiscaliza as Sociedades de Capitalização e seus produtos.

Taxa de juros — é o percentual que remunera o capital, conforme estabelecido nas Condições Gerais.

Titular — é a pessoa proprietária dos direitos do Título de Capitalização, a quem deverão ser pagos todos os benefícios do mesmo. Ou seja, **Titular** é a pessoa física ou jurídica, proprietária dos direitos do Título de Capitalização, a quem devem ser pagos os benefícios, garantidos nas CONDGs do Plano, pactuadas no Contrato de Capitalização. O Titular pode ser o próprio Subscritor ou outra pessoa por ele indicada na proposta (beneficiário). Aliás, ressalta-se que Proposta de Adesão, Proposta de Aquisição, ou simplesmente proposta, equivale à Ficha de Cadastro na Capitalização. Titular, portanto, é o próprio Subscritor ou outra pessoa expressamente indicada por ele. Titular é o proprietário do Título, a quem devem ser pagos todos os valores originados por esse Título. É possível afirmar que um Título de Capitalização, tecnicamente, é formado pela união das CONDGs do Título e da Nota Técnica Atuarial.

Título de Capitalização — é a realização de economia programada, por meio de pagamento único ou mensal, com possibilidade de ganho por meio de sorteios periódicos. As Condições Gerais de cada Título de Capitalização definem o resgate, no todo ou em parte, a ser recebido pelo Titular, com atualização monetária e taxas de juros. O **Título de Capitalização** é um papel nominativo do mercado mobiliário, que pode ser adquirido à vista, na modalidade de pagamento único, ou a prazo, na modalidade de pagamento mensal. O **Título de Capitalização**, na verdade, é um instrumento financeiro, nominativo, que representa a operação Capitalização, podendo ser adquirido em uma ou mais parcelas. Assim, Título de Capitalização tem a natureza de Título de crédito, que é um documento formal, com força executiva, representativo de dívida líquida e certa.

Título Suspenso — é o Título de Capitalização com mensalidade(s) em atraso. Nesse caso, fica automaticamente suspenso o direito do Titular de concorrer aos sorteios previstos no Plano de Capitalização, até que seja regularizado o pagamento das mensalidades vencidas, e o Título fique em dia novamente.

Tributos — são os impostos ou as taxas federais e/ou estaduais que podem incidir sobre os resgates ou prêmios resultantes dos Títulos de Capitalização, conforme legislação vigente.

Valor nominal do Título de Capitalização — é o valor da parcela inicial contratada, multiplicado pela quantidade de parcelas previstas no Plano.

Vigência do Título de Capitalização ou Prazo de Capitalização — é o período em que o mesmo está em vigor, capitalizando parte do(s) valor(es) pago(s) e proporcionando o direito aos sorteios existentes. O início de vigência ocorre no dia em que for paga a primeira parcela ou a parcela única do Título de Capitalização. Ou seja, **vigência** é o prazo de validade do Título de Capitalização, período em que o capital é formado. O prazo de vigência é o período durante o qual o Título de Capitalização está sujeito às regras descritas nas CONDGs do Título, sendo administrado pela Sociedade de Capitalização. Em suma: **vigência** é o intervalo de tempo no qual o Título de Capitalização está em vigor.

PRINCIPAIS DÚVIDAS

PERGUNTAS E RESPOSTAS

1. O QUE É CAPITALIZAÇÃO?

Capitalização é uma forma de guardar dinheiro, por um prazo previamente determinado, com direito, na maioria das vezes, a concorrer a prêmios.

Atualmente existem duas modalidades básicas de Título de Capitalização, o de pagamento único e o de pagamento mensal.

É uma forma de guardar dinheiro, com prazo e taxas de juros previamente determinados. Na maioria das vezes, o Título de Capitalização adquirido inclui o direito de concorrer a prêmios.

Para alguns estudiosos, Capitalização é investimento, no médio ou longo prazo, às suas necessidades de liquidez, oferecendo-lhe rendibilidades, garantidas ou potenciais, extremamente atrativas. Contudo, na Capitalização, investimento significa economia programada com sorteio.

Do ponto de vista das finanças, CAPITALIZAÇÃO é o processo de aplicação de uma importância a uma determinada taxa de juros e de seu crescimento por força da incorporação desses mesmos juros à quantia inicialmente aplicada. No sentido particular do termo, CAPITALIZAÇÃO é uma combinação de economia programada e sorteio, sendo que o conceito financeiro acima exposto aplica-se apenas ao componente "economia programada", cabendo ao componente lotérico o papel de poder antecipar, a qualquer tempo, o recebimento da quantia que se pretende economizar ou de um múltiplo dela de conformidade com o Plano. Para a venda de um Título de Capitalização é necessária uma série de formalidades que visam à garantia do consumidor. A Sociedade de Capitalização deve submeter o seu Plano ao órgão fiscalizador do Sistema Nacional de Capitalização, a SUSEP.

Plano de Capitalização — é o conjunto de elementos que dão forma ao Título de Capitalização, são as Condições que caracterizam um produto e os diferenciam entre si. Os Planos são representados pelas Condições Gerais do Contrato (CONDGs), pela Nota Técnica Atuarial e pelo Material de Comercialização.

Os Títulos de Capitalização podem ser entendidos como cotas de participação de uma espécie de "concurso" que tem sorteios e premiações periódicas. Parte do valor pago é usada para o pagamento dos prêmios, e outra parte é provisionada (reservada) para o resgate do Título, total ou parcial. Há várias espécies de Títulos de Capitalização; alguns sorteiam prêmios e outros sorteiam valores em dinheiro.

2. O QUE É UM CONTRATO DE CAPITALIZAÇÃO?

É contrato de adesão realizado entre o consumidor e uma Sociedade de Capitalização, obrigatoriamente registrada na SUSEP, que tem por objeto o depósito periódico de prestações pecuniárias pelo consumidor, o qual terá, depois de cumprido um prazo contratado, o direito de resgatar parte dos valores depositados corrigidos por uma taxa de juros estabelecida contratualmente; conferindo, ainda, quando previsto, o direito de concorrer a sorteios de prêmios em dinheiro.

3. O QUE É UM TÍTULO DE CAPITALIZAÇÃO?

É um papel do mercado mobiliário, nominativo, que pode ser adquirido a prazo ou à vista.

É uma aplicação pela qual o Subscritor constitui um capital, segundo cláusulas e regras aprovadas e mencionadas no próprio Título de Capitalização (CONDGs do Título) e que será pago em moeda corrente num prazo máximo estabelecido. O Título de Capitalização só pode ser comercializado pelas Sociedades de Capitalização devidamente autorizadas a funcionar. Eles são considerados, para todos os fins legais, Títulos de crédito.

Em suma, é um produto em que parte dos pagamentos realizados pelo Subscritor é usada para formar um capital, segundo cláusulas e regras aprovadas e mencionadas no próprio Título (CONDGs do Título), e que será pago em moeda corrente num prazo máximo estabelecido.

O restante dos valores dos pagamentos é usado para custear os sorteios, quase sempre previstos neste tipo de produto, e as despesas administrativas das Sociedades de Capitalização.

Os Títulos de Capitalização não são investimentos, como as ações, as caderneta de poupança ou os fundos de renda fixa. São ideais para quem deseja realizar um projeto de vida especial. Na verdade, na Capitalização, investimento significa economia programada com sorteio. Os Planos de Capitalização funcionam, na verdade, como uma "poupança programada", ou seja, ao fim do Plano, a provisão matemática sobre o valor que foi depositado é devolvida ao consumidor para que ele possa adquirir o bem que deseja.

Atualmente, existem duas modalidades básicas de Título de Capitalização, o de pagamento único e o de pagamento mensal. O Título de Capitalização com pagamento mensal geralmente tem seu valor quitado mensal e sucessivamente. É possível que após o último pagamento o Plano ainda continue em vigor, pois seu prazo de vigência pode ser maior do que o prazo de pagamento estipulado na proposta (Proposta de Adesão, Proposta de Aquisição ou simplesmente proposta equivalem à Ficha de Cadastro na Capitalização). Já no pagamento único, o Plano é quitado em apenas uma parcela, tendo sua vigência estipulada na proposta.

4. QUAL A LEGISLAÇÃO APLICÁVEL?

Na esfera legal, o Decreto-Lei n. 261, de 28 de fevereiro de 1967, dispõe sobre as operações das Sociedades de Capitalização, mencionando no seu texto artigos do Decreto-Lei n. 73, de 21 de novembro de 1966.

Na esfera infralegal, a Resolução CNSP n. 015, de 12.5.1992, e alterações (Res. CNSP 23/2002 e Res. CNSP 101/2004) estabelecem as normas reguladoras das operações de Capitalização no País e a Circular SUSEP n. 365, de 27 de maio de 2008, e alterações (Circular SUSEP 378/2008, Circular SUSEP 396/2009 e Circular SUSEP 416/2010) dispõem sobre as operações, as CONDGs e a Nota Técnica Atuarial dos Títulos de Capitalização. Também a Circular SUSEP n. 376 dispõe sobre a operacionalização, a emissão de autorizações e a fiscalização das operações de distribuição gratuita de prêmios mediante sorteio.

O Título de Capitalização só pode ser comercializado pelas Sociedades de Capitalização devidamente autorizadas a funcionar.

5. QUAIS AS INFORMAÇÕES QUE DEVEM CONSTAR NAS CONDGS DE UM TÍTULO DE CAPITALIZAÇÃO?

As CONDGs, além de determinarem os direitos e as obrigações do Subscritor/Titular e da Sociedade de Capitalização, estabelecem também todas as normas referentes ao Título de Capitalização.

A seguir apresentamos vários itens que deverão constar das CONDGs e entre parênteses os números das perguntas que se relacionam com o item apresentado, explicando-o melhor:

A) Glossário:

Definição dos termos mais importantes para a compreensão das CONDGs;

B) Objetivo:

Define a finalidade do Título, que é a formação de um capital (13) no prazo e nas condições estabelecidos nas CONDGs.

C) Natureza do Título:

Informa sobre a sua indivisibilidade em relação à Sociedade de Capitalização, sendo facultada a transferência de Titularidade (5);

D) Início de Vigência (7):

Prazo em que se dará o início do contrato, isto é, define a data em que a Sociedade assume a administração do Título;

E) Pagamentos:

Traz informações sobre o número de pagamentos (8, 9 e 10), a vigência (7), atraso de pagamento (11), entre outros;

F) Cancelamento dos Títulos (11): (Só nos Títulos PM ou PP):

Informa as condições nas quais a Sociedade de Capitalização poderá cancelar o Título, porém ela não poderá, em nenhum caso, se apossar do capital constituído;

G) Ordenação e Identificação de Títulos:

Informa o tamanho da série (número de Títulos emitidos numa mesma série). Em geral, quanto maior a série, menor é a chance de ser sorteado;

H) Sorteios (12):

Define de que forma são realizados os sorteios e os valores dos prêmios. Tais valores são sempre definidos como múltiplos do último pagamento efetuado;

I) Resgate (13 a 18):

Informa sobre o Resgate do Título de Capitalização, definindo o prazo de carência e a taxa de juros de Capitalização do Título. Traz também uma tabela que, em função do número de pagamentos realizados, fornece o percentual em relação à *soma* dos pagamentos efetuados que o Titular tem direito em caso de resgate, isto é, qual o percentual do valor efetivamente pago a que o Subscritor tem direito em caso de resgate.

J) Atualização de Valores (13 e 18):

Informa como é realizada a atualização mensal da provisão matemática, devendo-se utilizar a taxa de remuneração básica aplicada à caderneta de poupança (TR). Esta taxa **não** inclui a taxa de juros de 0,5% ao mês aplicada à caderneta de poupança.

K) Impostos e Taxas (12):

Informa os Impostos e as taxas incidentes, ou que venham a incidir, sobre os valores do Título.

L) Informações (19):

Apresenta como o Titular receberá informações sobre o seu Título, acompanhando, assim, a evolução do capital constituído;

M) Foro:

Deverá prever que o foro será o do domicílio do Titular.

6. COMO É FEITA A CONTRATAÇÃO DE UM TÍTULO?

O Título de Capitalização pode ser adquirido mediante preenchimento de uma Proposta (Proposta de Adesão, Proposta de Aquisição ou simplesmente Proposta equivalentes à Ficha de Cadastro na Capitalização) para Compra de Título de Capitalização. Entretanto não existe obrigatoriedade normativa de preenchimento e assinatura da proposta de subscrição para a aquisição do Título. A aquisição pode ser feita diretamente com os canais de comercialização disponibilizados pela Sociedade de Capitalização.

No caso de existência de proposta, o envio (a entrega) da proposta devidamente assinada representa a concretização da subscrição do Título, sendo **proibida** a cobrança de qualquer taxa a título de inscrição.

É importante destacar que as CONDGs do Título devem estar disponíveis ao Subscritor no ato da contratação. A disponibilização das CONDGs em momento posterior ao da contratação constitui violação às normas, sendo a Sociedade, portanto, passível de penalidade.

7. O TÍTULO PODE SER TRANSFERIDO OU PODE-SE ADQUIRIR UM TÍTULO PARA OUTRA PESSOA?

Sim. O Título de Capitalização pode ser transferido, desde que a Sociedade de Capitalização seja comunicada formalmente. Esta transferência é totalmente gratuita. Aliás, o Subscritor, que é a pessoa que adquire o Título de Capitalização e assume o dever de efetuar os pagamentos, pode, desde que comunique por escrito à Sociedade de Capitalização, a qualquer momento, e não somente no ato da contratação, definir quem será o Titular, isto é, quem terá ou assumirá os direitos relativos ao Título, tais como o resgate e o sorteio. É claro que Subscritor e Titular podem ser a mesma pessoa, isto é, a pessoa que paga é a mesma que detém ou possui os direitos inerentes ao Título.

Também é possível a cessão parcial do Título, ou seja, o Subscritor pode ceder o resgate do Título para uma associação, para um clube de futebol e outros.

Quando essa cessão é feita automaticamente, isto é, no ato da aquisição ou compra já está predefinido que ocorrerá a cessão do direito de resgate para alguma instituição. É obrigatório que essa informação esteja claramente disponível para o Subscritor. Em outras palavras, o Subscritor tem de ser obrigatoriamente informado de que ao adquirir o Título está cedendo o direito de resgate à instituição identificada no material de comercialização.

8. QUAIS OS TIPOS DE TÍTULO DISPONÍVEIS NO MERCADO?

Os Títulos de Capitalização são estruturados, quanto a sua forma de pagamento, em PM, PP e PU.

• **PM (Pagamento Mensal):** É um Título que prevê um pagamento a cada mês de vigência do Título.

• **PP (Pagamento Período):** É um Título em que não há correspondência entre o número de pagamentos e o número de meses de vigência do Título.

• **PU (Pagamento Único):** É um Título em que o pagamento é único (realizado uma única vez), tendo sua vigência estipulada na proposta.

9. QUAIS AS MODALIDADES DOS TÍTULOS DE CAPITALIZAÇÃO?

• **Modalidade Tradicional**: Define-se como Modalidade Tradicional o Título de Capitalização que tem por objetivo restituir ao Titular, ao final do prazo de vigência, no mínimo, o valor total dos pagamentos efetuados pelo Subscritor, desde que todos os pagamentos previstos tenham sido realizados nas datas programadas.

• **Modalidade Compra Programada**: Define-se como Modalidade Compra Programada o Título de Capitalização em que a Sociedade de Capitalização garante ao Titular, ao final da vigência, o recebimento do valor de resgate em moeda corrente nacional, sendo disponibilizada ao Titular a faculdade de optar, se este assim desejar e sem qualquer outro custo, pelo recebimento do bem ou serviço referenciado na Ficha de Cadastro, subsidiado por acordos comerciais celebrados com indústrias, atacadistas ou empresas comerciais.

• **Modalidade Popular**: Define-se como Modalidade Popular o Título de Capitalização que tem por objetivo propiciar a participação do Titular em sorteios, sem que haja devolução integral dos valores pagos.

Normalmente, esta modalidade é a utilizada quando há cessão de resgate a alguma instituição.

• **Modalidade Incentivo**: Entende-se por Modalidade Incentivo o Título de Capitalização que está vinculado a um evento promocional de caráter comercial instituído pelo Subscritor.

O Subscritor neste caso é a empresa que compra o Título e o cede total ou parcialmente (somente o direito ao sorteio) aos clientes consumidores do produto utilizado no evento promocional.

10. PRAZO DE VIGÊNCIA É O MESMO QUE PRAZO DE PAGAMENTO?

Não. Prazo de Pagamento é o período durante o qual o Subscritor compromete-se a efetuar os pagamentos que, em geral, são mensais e sucessivos. Outra possibilidade, como colocada acima, é a de o Título ser de Pagamento Periódico (PP) ou de Pagamento Único (P.U.).

Já Prazo de Vigência é o período durante o qual o Título de Capitalização está sendo administrado pela Sociedade de Capitalização, sendo o capital relativo ao

Título, em geral, atualizado monetariamente pela TR e capitalizado pela taxa de juros informada nas CONDGs. Tal período deverá ser igual ou superior ao período de pagamento.

11. COMO É ESTRUTURADO UM TÍTULO DE CAPITALIZAÇÃO?

Os Títulos de Capitalização são estruturados com prazo de vigência igual ou superior a 12 meses e em séries cujo tamanho deve ser informado no próprio Título, sendo, no mínimo, de 10.000 Títulos. Por exemplo, uma série de 100.000 Títulos poderá ser adquirida por até 100.000 clientes diferentes, que são regidos pelas mesmas CONDGs e, se for o caso, concorrerão ao mesmo tipo de sorteio.

O Título prevê pagamentos a serem realizados pelo Subscritor. Cada pagamento apresenta, em geral, três componentes: Cota de Capitalização, Cota de Sorteio e Cota de Carregamento.

12. O QUE REPRESENTAM AS COTAS QUE COMPÕEM UM TÍTULO?

As Cotas de Capitalização representam o percentual de cada pagamento que será destinado à constituição do Capital, conforme definido na pergunta número 1. Em geral, não representam a totalidade do pagamento, pois, como foi dito anteriormente, há também uma parcela destinada a custear os sorteios e outra destinada aos Carregamentos da Sociedade de Capitalização.

Este capital também é chamado de Provisão Matemática para resgate.

Nos Títulos com Pagamento Único (PU) em que haja sorteio, a Cota de Capitalização mínima deverá ser 70% do valor do pagamento. Porém para Títulos pertencentes às Modalidades Incentivo e Popular com 12 meses de vigência este percentual deverá ser, no mínimo, 50% do valor do pagamento.

Em resumo, temos a tabela abaixo:

PU com Sorteios		
Modalidade	**Prazo de vigência (meses)**	**Percentual mínimo destinado à Capitalização**
Tradicional / Compra Programada	—	70%
Popular / Incentivo	Acima de 12	70%
Popular / Incentivo	12	50%

Já nos Títulos com Pagamentos Mensais (PM) ou Pagamentos Periódicos (PP), os percentuais destinados à formação da provisão matemática deverão respeitar os seguintes valores mínimos:

Prazo de Vigência	Mês de Vigência			
(meses)	1º	2º	3º	4º
Acima de 12	10%	10%	10%	70% até o final

Porém ainda deverão satisfazer à seguinte condição: a média aritmética do percentual de Capitalização até o final da vigência deverá corresponder a, no mínimo, 70% dos pagamentos realizados.

Para finalizar, cabe destacar que nos Títulos em que não haja sorteio, os percentuais destinados à formação da provisão matemática deverão corresponder, no mínimo, a 98% de cada pagamento.

As Cotas de Sorteio têm como finalidade custear os prêmios que são distribuídos em cada série. Por exemplo, se numa série de 100.000 Títulos com Pagamento Único os prêmios de sorteios totalizarem 10.000 vezes o valor deste pagamento, a cota de sorteio será de 10% (10.000/100.000), isto é, cada Título colabora com 10% de seu pagamento para custear os sorteios. A cota de sorteio deverá ser informada nas CONDGs do Título.

As Cotas de Carregamento deverão cobrir os custos de despesas com corretagem, colocação e administração do Título de Capitalização, emissão, atendimento ao cliente, desenvolvimento de sistemas, lucro da Sociedade de Capitalização e Cota de Contingência, quando for o caso, conforme definido na Nota Técnica Atuarial e nas CONDGs do Título. A Cota de Carregamento também deverá ser informada nas CONDGs do Título.

Para encerrar, daremos um exemplo. Suponha que, num Título com Pagamentos Mensais no valor de R$ 100,00 cada um, o quarto pagamento apresente as seguintes cotas:

- Cota de Capitalização: 75%
- Cota de Sorteio: 15%
- Cota de Carregamento: 10%

Então, R$ 75,00 serão destinados para compor o capital, R$ 15,00 serão destinados para o custeio dos sorteios e R$ 10,00 serão destinados à Sociedade de Capitalização.

13. OS VALORES DOS PAGAMENTOS SÃO FIXOS?

Nos Títulos com vigência igual a 12 meses, os pagamentos são obrigatoriamente fixos. Já nos Títulos com vigência superior, é facultada a atualização dos pagamentos, a cada período de 12 meses, por aplicação de um índice oficial estabelecido no próprio Título.

14. O QUE ACONTECE SE HOUVER ATRASO NOS PAGAMENTOS?

Cada Título define o procedimento em relação aos pagamentos em atraso. Alguns estipulam multa moratória, atualização monetária e juros para pagamentos após a data de vencimento. Outros somente atualização monetária e juros. Já alguns simplesmente prorrogam a vigência em razão de atrasos. Porém, em qualquer hipótese anteriormente citada, os Títulos que estão em atraso são suspensos, não possuindo direito aos sorteios durante o prazo de suspensão. Além disso, na ocorrência de um determinado número consecutivo (definido em cada Título) de pagamentos em atraso, o Título será automaticamente cancelado. Porém, mesmo assim, o Titular terá direito ao capital formado para resgate, após encerrado o prazo de carência.

15. COMO SÃO REALIZADOS OS SORTEIOS?

A Sociedade de Capitalização pode utilizar-se dos resultados de loterias oficiais para a geração dos seus números sorteados. Caso a Sociedade opte por não utilizá-los, ou se as loterias oficiais não se realizarem, a Sociedade de Capitalização se obriga a realizar sorteios próprios com ampla e prévia divulgação aos Titulares, prevendo, inclusive, livre acesso aos participantes e a presença obrigatória de auditores independentes.

As CONDGs do Título devem informar o critério de apuração dos números sorteados, além de definir os múltiplos dos prêmios dos sorteios. Tais múltiplos se referem ao valor do pagamento, ou seja, se no exemplo dado na pergunta número 10, o prêmio do sorteio for de 40 vezes o pagamento, ao Título sorteado caberá R$ 4.000,00 (40 x R$ 100,00). Porém deverá ser informado se este valor é bruto (sobre o qual incidirá imposto de renda) ou se já é líquido de imposto.

O Título sorteado poderá permanecer em vigor ou não, segundo o que estiver disposto nas CONDGs, porém o fato de um Título ser ou não sorteado em nada alterará o seu capital para resgate.

Finalizando, um Título de Capitalização não obrigatoriamente deverá prever sorteios, mas como os prêmios do sorteio são custeados pelos próprios Títulos, em geral, quanto maiores forem os prêmios, menores serão as Cotas de Capitalização, isto é, menor será a parcela do pagamento destinada a compor o capital de resgate do Título.

16. COMO É FORMADO O CAPITAL (VALOR) A SER RESGATADO?

O capital a ser resgatado origina-se do valor que é constituído pelo Título com o decorrer do tempo a partir dos percentuais dos pagamentos efetuados, com base nos parâmetros estabelecidos nas CONDGs. Este montante que vai sendo formado denomina-se Provisão Matemática e é, portanto, a *base de cálculo* para o valor a que o Subscritor terá direito ao efetuar o resgate do seu Título. Ele, mensal e obrigatoriamente, é atualizado, em geral, pela TR, que é a mesma taxa utilizada para atualizar as contas de caderneta de poupança, e sofre a aplicação da taxa de juros definida nas CONDGs, que pode inclusive ser variável, porém limitada ao mínimo de 20% da taxa de juros mensal aplicada à caderneta de poupança (atualmente, então, a taxa mínima de juros seria de 0,1% ao mês).

Portanto, sobre parte de cada pagamento e do saldo acumulado, aplica-se atualização monetária e juros, formando o valor de resgate do Título de Capitalização.

A Sociedade de Capitalização em hipótese alguma poderá se apossar do capital, podendo apenas estabelecer um percentual de desconto (penalidade), não superior a 10%, nos casos de resgate antecipado, isto é, quando o resgate for solicitado pelo Titular antes de concluído o período de vigência. Na hipótese de resgate, o Título após o prazo de vigência, ou quando o Título for sorteado, não poderá haver aplicação de penalidade — o capital resgatado corresponderá a 100% da provisão matemática.

17. O TÍTULO PODE SER RESGATADO A QUALQUER MOMENTO?

Não. Alguns Títulos de Capitalização preveem prazo de carência, isto é, um período inicial em que o capital fica indisponível ao Titular. Se o Titular solicitar o resgate durante o período de carência ou se o Título for cancelado, o resgate (recebimento do dinheiro) só poderá acontecer efetivamente após o encerramento do período de carência. Em casos de resgate antecipado, faculta-se à Sociedade de Capitalização estipular uma penalidade de até 10% do capital constituído.

Outra possibilidade, também, é a de o Título prever Resgate Parcial, isto é, resgata-se uma parte do capital constituído, valendo inclusive a aplicação de penalidade limitada novamente a 10%.

O Título de Capitalização deverá informar nas suas CONDGs, em geral na forma de uma tabela, os percentuais do capital constituído a que o Titular terá direito em função do número de pagamentos realizados. Vejamos abaixo um exemplo de um Título de pagamentos mensais da modalidade popular com doze meses de prazo de vigência e com prazo de pagamento igual a nove meses, sendo cada pagamento no valor de R$ 10,00.

PAGAMENTOS EFETUADOS	% DE RESGATE SOBRE A SOMA DOS PAGAMENTOS EFETUADOS
1	9,05%
2	27,16%
3	42,32%

PAGAMENTOS EFETUADOS	% DE RESGATE SOBRE A SOMA DOS PAGAMENTOS EFETUADOS
4	49,99%
5	54,66%
6	57,84%
7	66,84%
8	68,83%
9	70,42%
10(**)	70,78%
11(**)	71,13%
12(**)	71,48%
(*) Esta tabela foi elaborada considerando as seguintes cotas de Capitalização: mês 1: 10%, mês 2: 50%, meses 3 a 9: 80%. Além disso, considerou-se a taxa de juros igual a 0,5% ao mês e um fator de redução (penalidade) igual a 10% até o sexto mês. (**) 10, 11 e 12 representam na verdade apenas os meses de vigência, já que o Título só prevê nove pagamentos.	

Se, por exemplo, o Titular solicitar o resgate após ter efetuado dois pagamentos (2 x R$ 10,00 = R$ 20,00), ele terá direito a 27,16% do valor que pagou, resultado, então, em R$ 5,43 (27,16% de R$ 20,00).

Já se o Titular permanecer até o final do Título, tendo, portanto, realizado nove pagamentos (9 x R$ 10,00 = R$ 90,00), ele terá direito a 71,48% do que pagou, ou seja, a R$ 64,33 (71,48% de R$ 90,00).

Em ambos os casos acima, sobre os valores, ainda, incidirá a atualização monetária.

18. AO SE RESGATAR O TÍTULO, AO FINAL DO PRAZO DE VIGÊNCIA, NÃO SE RECEBE TUDO O QUE FOI PAGO?

A resposta irá variar de Título para Título. Nas Modalidades Tradicional e Compra Programada, há obrigação prevista em Norma para que o resgate seja, no mínimo, igual ao montante pago. Cada empresa define no seu Título o percentual, em relação aos pagamentos realizados, que será restituído ao Titular quando do resgate. O consumidor, antes de assinar a proposta, deverá observar nas CONDGs do Título tabela semelhante à que foi mostrada na pergunta anterior, verificando, assim, o percentual a que terá direito.

Se o Título fosse da modalidade tradicional e o Titular ficasse até o final do prazo de vigência, receberia, no mínimo, R$ 90,00.

19. O RESGATE É SEMPRE INFERIOR AO VALOR TOTAL QUE FOI PAGO?

Não, alguns Títulos possuem ao final do prazo de vigência um percentual de resgate igual ou até mesmo superior a 100%, isto é, se fosse, por exemplo, 100%, significaria que o Titular receberia, ao final do prazo de vigência, tudo o que pagou, além da atualização monetária.

20. APLICAR EM TÍTULO DE CAPITALIZAÇÃO É O MESMO QUE APLICAR EM POUPANÇA? FORMARÃO, EM SITUAÇÕES SEMELHANTES, O MESMO CAPITAL?

Título de Capitalização não é a mesma coisa que caderneta de poupança. O Título de Capitalização é um produto comercializado somente pelas Sociedades de Capitalização através de Títulos que são previamente aprovados pela SUSEP. Seu capital de resgate será sempre inferior ao capital constituído por aplicações idênticas na caderneta de poupança, já que, dos pagamentos efetuados num Título, desconta-se uma parte para custear as despesas administrativas das Sociedades de Capitalização e, quando há sorteios, uma parcela para custear as premiações.

21. OS TÍTULOS QUE, AO FINAL DO PRAZO DE VIGÊNCIA, ESTABELECEM CAPITAL DE RESGATE DE 100% (OU MAIS) EM RELAÇÃO AOS PAGAMENTOS EFETUADOS, ALÉM DE ATUALIZAÇÃO MONETÁRIA PELA TR, NÃO FORMARÃO NO TÍTULO DE CAPITALIZAÇÃO O MESMO CAPITAL COMPARADO COM A CADERNETA DE POUPANÇA?

Não, o capital formado na caderneta de poupança é calculado sobre a totalidade dos depósitos e inclui a variação da TR, além de juros de 0,5% ao mês. No caso dos Títulos de Capitalização, há também atualização monetária, em geral, pela TR, e juros mensais, mas estes não incidem sobre a totalidade dos pagamentos. Ao prever um resgate de 100% (ou mais), esses já inclui a taxa de juros nos percentuais da tabela citada anteriormente, restando apenas a atualização monetária. Dizer que há atualização pela TR não significa dizer que o capital formado será igual ao que seria constituído por meio da caderneta de poupança.

22. COMO SE FAZ PARA ACOMPANHAR A EVOLUÇÃO DO CAPITAL CONSTITUÍDO?

As Sociedades de Capitalização são obrigadas a prestar informações sempre que solicitadas pelo Subscritor. Independentemente deste fato, as informações poderão ser disponibilizadas por meio de mídia impressa ou eletrônica, ou ainda por meio de extratos. No caso de extratos, a periodicidade máxima para sua emissão ou é de seis meses, para Títulos com Pagamentos Mensais (PM ou PP) e vigência igual a 12 meses, ou é de um ano, se a vigência for superior a 12 meses ou para qualquer período de vigência se o Título for de Pagamento Único (PU). Neste caso, a periodicidade do extrato deverá estar nas CONDGs do Título.

23. É VANTAGEM ADQUIRIR UM TÍTULO DE CAPITALIZAÇÃO?

Além da possibilidade de sorteio, a compra de um Título de Capitalização significa, antes de tudo, compromisso de guardar dinheiro. É uma das alternativas para realização de algum projeto especial que exija planejamento.

Contudo, a resposta para esta pergunta depende de cada pessoa. O consumidor deverá avaliar as diferenças entre o Título de Capitalização e a poupança, por exemplo. O Título de Capitalização permite a participação em sorteios e a obrigação de poupar para não atrasar os pagamentos, uma vez que os Títulos com pagamento em atraso não concorrem aos sorteios. Entretanto o capital formado é inferior se comparado ao que seria obtido com a caderneta de poupança, naturalmente com os mesmos valores e número de depósitos, pode haver prazo de carência, os valores de depósitos estão predefinidos, ou seja, obriga o Subscritor a efetuar o depósito daquele valor e ainda, pode haver a aplicação de penalidade em caso de resgate antecipado, isto é, antes de encerrado o prazo de vigência.

24. O QUE SIGNIFICA O NÚMERO PROCESSO SUSEP QUE APARECE NO TÍTULO?

Quando a Sociedade submete o material referente a um produto para análise na SUSEP recebe um número de processo — Processo SUSEP XXXXX.

Deste modo, o número que aparece no Título e no material de comercialização é o número de identidade do produto da empresa que está registrado na SUSEP.

25. COMO POSSO SABER SE O TÍTULO QUE ESTOU COMPRANDO FOI REGISTRADO NA SUSEP?

Basta verificar se consta o número do processo administrativo do produto na SUSEP — esse número deve constar obrigatoriamente nas CONDGs do Título.

Todo Título de Capitalização, antes de começar a ser comercializado, deve, obrigatoriamente, ter seus critérios técnicos analisados e aprovados pela SUSEP.

26. É A SUSEP QUE APROVA AS PROMOÇÕES COMERCIAIS ENVOLVENDO TÍTULOS DE CAPITALIZAÇÃO EM QUE OS CONSUMIDORES GANHAM O DIREITO À PARTICIPAÇÃO EM SORTEIOS?

Não. A SUSEP aprova os Títulos que podem ser utilizados nestas promoções.

Esta aprovação do Título de Capitalização na Modalidade Incentivo representa uma autorização prévia por parte da SUSEP para sua utilização em promoções comerciais.

Quando uma empresa quer aumentar as vendas de um determinado produto, pode fazer promoções pelas quais o consumidor, ao adquirir aquele produto, recebe, gratuitamente, um número para participar de um sorteio (pode receber também o Título na íntegra); e esse número está ligado a um Título de Capitalização, sempre da Modalidade Incentivo.

A SUSEP, embora não aprove cada promoção individualmente, determina, por meio da Circular SUSEP 376/2008, as regras que as Sociedades de Capitalização devem seguir para vender esses Títulos para as empresas utilizarem nessas promoções comerciais.

27. COMO SE FORMA O VALOR DOS PRÊMIOS DE SORTEIO?

Uma parte do pagamento é destinada ao sorteio. Assim, o Título de Capitalização pode oferecer premiações ao longo de um determinado prazo, lembrando que as chances no sorteio são iguais para todos os participantes.

28. O QUE AS SOCIEDADES DE CAPITALIZAÇÃO FAZEM COM OS VALORES A SEREM DEVOLVIDOS AOS CLIENTES?

Os recursos são investidos segundo regras estabelecidas pelo Conselho Monetário Nacional, com a fiscalização da SUSEP, e servem de garantia ao resgate do Título de Capitalização.

29. O QUE É PRAZO DE CAPITALIZAÇÃO?

É o período em que os valores depositados são capitalizados. O prazo mínimo estabelecido pela legislação é de um ano. O Título de Capitalização é uma forma de guardar dinheiro a médio e longo prazo.

30. O QUE É PRAZO DE CARÊNCIA?

É o período mínimo de tempo que o Subscritor do Título de Capitalização terá de esperar para receber o valor (aplicado) de resgate correspondente ao saldo de Capitalização garantido. Somente após esse prazo, o saldo acumulado pode ser resgatado.

31. QUE ACONTECE COM O TÍTULO SE FOR RESGATADO ANTES DO FINAL DO PRAZO?

Com o resgate antes do final do prazo, perdem-se alguns dos benefícios do Título de Capitalização, como, por exemplo, sua participação nos sorteios. Além disso, frequentemente o valor a receber será menor do que o total pago. A penalidade máxima é de 10%.

32. E NO FINAL DO PRAZO DE CAPITALIZAÇÃO?

Na maioria dos Títulos de Capitalização, o valor de resgate será igual ou maior do que o valor pago, atualizado pela TR.

33. ONDE POSSO OBTER INFORMAÇÕES SOBRE OS PLANOS DE CAPITALIZAÇÃO QUE SE ENCONTRAM APROVADOS?

Na Home Page da SUSEP no link "Atendimento ao Público", na opção "Capitalização", clique em "Planos de Capitalização aprovados". Mais informações devem ser obtidas junto às próprias Sociedades de Capitalização.

34. OS TÍTULOS DE CAPITALIZAÇÃO SÃO INVESTIMENTOS?

Os Títulos de Capitalização não são investimentos, como as ações, a caderneta de poupança ou os fundos de renda fixa, uma vez que têm por finalidade principal propiciar chances ao consumidor de concorrer a prêmios. São, de fato e de direito, um tipo de economia programada com sorteio. Portanto, na Capitalização, investimento significa economia programada com sorteio.

35. O DESISTENTE PODE RECUPERAR TUDO AQUILO QUE PAGOU?

Não, o desistente de um Plano de Capitalização em prestações tem direito, após determinado número de parcelas, a receber uma proporção sobre a provisão matemática constituída, quer dizer, uma parte daquela reserva feita para o resgate, que não corresponde ao total pago. Quanto menos parcelas forem pagas, menor será a porcentagem a que o desistente tem direito. Os Planos de Capitalização oferecidos por bancos normalmente estabelecem períodos de contribuição longos (até 50 meses) e, em muitos deles, a desistência antes de um ano (12 meses), inviabiliza qualquer resgate. Para o resgate é necessária a devida comprovação dos pagamentos efetuados.

36. QUEM REGULAMENTA OS PLANOS DE CAPITALIZAÇÃO?

Os Planos de Capitalização são normatizados pela SUSEP, que aprova previamente os seus termos, conferindo-lhes um certificado de autorização. Assim como os seguros, os Planos de Capitalização podem ser comercializados diretamente pelas Sociedades de Capitalização, como também por corretoras ou agentes credenciados. Da mesma forma que os bancos, as Sociedades de Capitalização também estão sujeitas às normas de defesa do consumidor.

37. COMO SURGIU A CAPITALIZAÇÃO?

Objetivando proporcionar auxílio financeiro aos sócios através de suas próprias poupanças, PAUL VIGET, diretor de uma cooperativa de minérios da França, idealizou, em 1850, a Capitalização. O sistema era baseado em contribuições mensais, visando à constituição de um capital garantido, pago no final de prazo previamente estipulado ou, antecipadamente, através de sorteio. No início do século XX, a Capitalização tomou um grande impulso na França e de lá se difundiu através dos países de origem latina.

As atividades no setor de Capitalização surgiram no Brasil em 1929, tomando grande impulso na década de 30. Em 1947, o número de companhias de Capitalização operando no país já ascendia a dezesseis, sediadas no Rio de Janeiro, em São Paulo, Porto Alegre e Salvador. Na década de 50, entretanto, o processo inflacionário acelerou-se de tal forma que o sistema de Capitalização se tornou desinteressante para a clientela, pois o Capital inicialmente contratado era corroído pela incessante desvalorização da moeda. Com a instituição da correção monetária em 1964, criaram-se as premissas básicas para o ressurgimento da Capitalização, embora esse processo só tenha deslanchado mesmo dez anos depois, quando surgiram no Brasil muitas novas empresas.

38. COMO SE APRESENTA ATUALMENTE O SISTEMA NACIONAL DE CAPITALIZAÇÃO

Pelo Decreto-Lei n. 261, que foi criado em 28.2.1967, o Sistema Nacional de Capitalização (SNC) é constituído pelos seguintes órgãos:

- CONSELHO NACIONAL DE SEGUROS PRIVADOS (CNSP)

É o responsável pela política de Capitalização.

- SUPERINTENDÊNCIA DE SEGUROS PRIVADOS — SUSEP

É responsável pela execução da política estabelecida pelo CNSP, com competência para fiscalizar a constituição, e as operações das sociedades de Capitalização. A análise e aprovação de um Plano são atribuições da SUSEP.

- SOCIEDADES DE CAPITALIZAÇÃO

São as sociedades autorizadas que tiverem por objetivo fornecer ao público, de acordo com Planos aprovados pelo Governo Federal, a constituição de um capital mínimo perfeitamente determinado em cada Plano, e pago em moeda corrente em um prazo máximo indicado no mesmo Plano, à pessoa que possuir um Título segundo cláusulas e regras mencionadas e aprovadas no próprio Título.

São as empresas que podem comercializar Títulos de Capitalização.

É de observar que o art. 3ª da Resolução CNSP n. 15, de 2001, considera os CORRETORES DE CAPITALIZAÇÃO integrantes do SNC.

39. O QUE SIGNIFICA "JUROS"?

É uma remuneração do capital aplicado a uma determinada taxa, denominada taxa de juros.

No final de cada período de Capitalização que é previamente estipulado, os juros produzidos são adicionados ao capital, passando a fazer parte do mesmo para efeito de cálculo dos próximos juros. Assim, estamos diante de uma aplicação de juros compostos.

40. O QUE SÃO AS CONDGS?

É o documento que contém todos os direitos e deveres da Sociedade de Capitalização e do comprador do Título de Capitalização.

É, portanto, de fundamental importância conhecer o texto das CONDGs de um Título de Capitalização, tanto para vendê-lo como para comprá-lo. Atente-se ainda para o fato de que não existe padrão de CONDGs, assim sendo, os direitos conferidos pela aquisição de um Título de Capitalização ou os deveres decorrentes da sua venda variam substancialmente de empresa para empresa e até de Plano para Plano em uma mesma empresa.

41. O QUE É NOTA TÉCNICA?

É o documento que contém as demonstrações de cálculos dos parâmetros técnicos de um Título de Capitalização. Esse documento consiste de enunciados e fórmulas matemáticas e deve ser assinado por atuário registrado no órgão de classe e credenciado junto à SUSEP.

42. O QUE É MATERIAL DE COMERCIALIZAÇÃO?

É o material usado para a divulgação e venda do Título de Capitalização. Deve ser bem claro, atendendo ao Código de Defesa do Consumidor. É fundamental o conhecimento do produto para que todos possam prestar quaisquer esclarecimentos aos clientes.

43. O QUE É PROPOSTA?

Proposta é um formulário contendo os dados do Subscritor, bem como sua autorização para débito em sua conta das mensalidades do Título de Capitalização. Observe-se que Proposta de Adesão, Proposta de Aquisição, ou simplesmente Proposta, equivalem a Ficha de Cadastro na Capitalização.

44. FALE SOBRE A NATUREZA E TRANSFERIBILIDADE DO TÍTULO.

O Título de Capitalização é livremente negociável, podendo ser vendido, trocado ou doado, desde que seja formalizada junto a Sociedade de Capitalização a transferência conjunta do cedente e do cessionário. Assim, o cessionário sucede o cedente em todos os seus direitos e em suas obrigações.

45. O QUE É CEDENTE?

É a Pessoa física ou Jurídica que cede o Título de Capitalização.

46. O QUE É CESSIONÁRIO?

É a Pessoa física ou Jurídica a quem está sendo cedido o Título de Capitalização e que se tornará o novo Subscritor.

47. QUAIS OS ATRIBUTOS BÁSICOS DO TÍTULO

O Título de Capitalização possui os seguintes atributos básicos: prazos, sorteios, mensalidades e atualizações monetárias.

48. QUE SIGNIFICA PRAZO?

É o prazo para pagamento das mensalidades do Título de Capitalização cujos valores são capitalizados no mesmo período, ou não, dependendo do Plano.

49. QUE SIGNIFICA VIGÊNCIA?

O Título de Capitalização é considerado em vigor no primeiro dia útil seguinte ao do pagamento da primeira mensalidade. O Título de Capitalização permanecerá nessa condição enquanto não houver atraso no pagamento das mensalidades subsequentes.

50. QUE SIGNIFICA TÍTULO SUSPENSO?

Vencido o prazo para pagamento e não quitado o débito, ficará suspenso automaticamente o direito de o Título de Capitalização concorrer a sorteios, até que venha a ficar novamente em dia, pelo pagamento das mensalidades vencidas.

51. QUAL É A DECOMPOSIÇÃO DAS MENSALIDADES DE UM TÍTULO DE CAPITALIZAÇÃO?

A mensalidade é composta pelo menos de três elementos, a saber:

Reserva Matemática — É a parcela deduzida de cada mensalidade para constituir as quantias economizadas pelo Subscritor. É somente sobre a reserva matemática que se aplicam correção monetária e juros e não sobre o total das mensalidades. A reserva matemática nada mais é que o valor de resgate ao final do Plano.

Despesas Operacionais — É a parcela deduzida de cada mensalidade para cobrir despesas operacionais e administrativas da Companhia, tais como salários, honorários, aluguéis, publicidade, material, correios etc.

Custo de Sorteios — É a parcela deduzida de cada mensalidade para garantir o pagamento dos prêmios aos Subscritores contemplados.

52. QUAL É A FORMA DE PAGAMENTO?

O Título de Capitalização pode ser adquirido a prazo ou à vista.

53. QUAL É O PRAZO DE PAGAMENTO / TAMANHO DA SÉRIE?

O prazo de pagamento e o tamanho da série são definidos em função do Plano a ser elaborado pela Sociedade de Capitalização.

54. QUAIS AS PRINCIPAIS CLÁUSULAS QUE INTEGRAM UM CONTRATO DE CAPITALIZAÇÃO?

Um Contrato de Capitalização apresenta como cláusulas principais:

- *O prazo de vencimento do Título de Capitalização;*
- *O número de depósitos que o consumidor obrigar-se-á a realizar;*
- *A taxa de juros a ser aplicada no reajuste das prestações pagas pelo consumidor;*
- *A taxa de juros a ser aplicada para corrigir os depósitos realizados.*

55. QUAIS AS OBRIGAÇÕES DO CONSUMIDOR QUE ADERE A UM TÍTULO DE CAPITALIZAÇÃO?

O consumidor que aderir a um Título de Capitalização ficará sujeito às seguintes obrigações:

- *Depósito periódico, usualmente mensal, de prestações em dinheiro;*
- *Reajuste no valor dos depósitos realizados por índice gerais de preços, normalmente, o IGPM — FGV;*
- *Retenção de parte dos depósitos realizados, em caso de resgate antes do vencimento do contrato;*
- *Carência para o consumidor ter direito a efetuar resgates.*

56. QUAIS OS DIREITOS DO CONSUMIDOR QUE ADERE A UM TÍTULO DE CAPITALIZAÇÃO?

O consumidor que aderir a um Título de Capitalização terá o direito de receber ao término do contrato **os valores depositados**, descontados de taxas de administração e custos do sorteio corrigidos por uma taxa de juros contratada. Alguns Títulos de Capitalização oferecem, ainda, o direito de concorrer a sorteio de prêmios.

57. O QUE DEVE SER INFORMADO PREVIAMENTE AO CONSUMIDOR?

É fundamental que o consumidor seja cientificado, previamente à adesão contratual, das seguintes informações:

• *Título de Capitalização destina-se apenas à formação de um capital, que será resgatado ao término do prazo constante do contrato;*

• *Título de Capitalização não é meio para aquisição de bens;*

• *Título de Capitalização não assegura aquisição de quaisquer bens;*

• *Título de Capitalização não é contrato de compra e venda de bens a prazo;*

• *Título de Capitalização não é contrato de financiamento para a aquisição de bens;*

• *O consumidor que adquirir um Título de Capitalização está acordando em aplicar recursos seus por um certo período de tempo, para resgatá-los apenas ao término do contrato, ficando obrigado a sofrer perdas patrimoniais em caso de resgate antecipado;*

• *O capital formado ao término do Título de Capitalização, em geral, não corresponde ao total de recursos investidos pelo consumidor.*

58. QUAL O NÚMERO DE PRESTAÇÕES DEVIDAS PELO CONSUMIDOR QUE ADQUIRE UM TÍTULO DE CAPITALIZAÇÃO?

O número de prestações é variável, estando previsto, obrigatoriamente, no contrato de adesão. Segundo norma vigente, um Título de Capitalização deve ter vigência mínima de 12 meses. Assim, em geral, a Capitalização será realizada pelo consumidor através de, no mínimo, 12 prestações.

59. O VALOR DA PRESTAÇÃO A SER DEPOSITADO MENSALMENTE PELO CONSUMIDOR É REAJUSTADO?

Sim. Por terem carência anual, as prestações poderão ser reajustadas por quaisquer dos índices gerais de variação de preços, de acordo com a Lei 10.192/2001. De um modo geral, as Sociedades de Capitalização têm utilizado o IGPM-FGV como índice corretor; no entanto é lícita a aplicação de outros índices, desde que previstos no contrato.

60. QUAL O PERÍODO DE REAJUSTE DAS PRESTAÇÕES?

As prestações serão reajustadas anualmente.

61. TÍTULO DE CAPITALIZAÇÃO É POUPANÇA?

Não. Os Títulos de Capitalização apresentam três diferenças fundamentais com relação à aplicação em caderneta de poupança. Primeiro, as aplicações em poupança não exigem carência para resgate dos recursos investidos.

Segundo, enquanto a poupança remunera o capital investido pela TR + 6 % ao ano, os Títulos remuneram o capital investido pela TR ou outra taxa referenciada a um percentual da taxa de juros básica aplicada à caderneta de poupança. Em 2002, enquanto as cadernetas renderam 9,1432%, a TR 7 rendeu apenas 2,80%. A terceira diferença está no fato de que os investimentos em poupança são assegurados pelo Fundo Garantidor de Créditos (F.G.C), enquanto as aplicações em Títulos não contam com qualquer garantia oficial em caso de irregularidades na gestão financeira por parte da Sociedade de Capitalização.

62. O RESGATE ANTECIPADO IMPLICA PERDAS PATRIMONIAIS?

Sim. Em caso de resgate antes do término do prazo contratual, o consumidor será obrigado a retirar apenas parte dos valores depositados.

Destacamos que o percentual de perdas patrimoniais é progressivo, sendo maior quanto mais cedo ocorrerem os resgates.

63. HÁ RISCOS PARA QUEM ADERE A UM TÍTULO DE CAPITALIZAÇÃO?

Como já destacado, os Títulos de Capitalização não contam com a garantia do F.G.C. (existente para os aplicadores em poupança). Os ativos financeiros adquiridos com o capital dos consumidores estão, por sua própria natureza, sujeitos a flutuações de preços/cotações de mercado e a riscos de liquidez. Outro fator importante a ser considerado é a saúde financeira da Sociedade de Capitalização contratada.

64. A PUBLICIDADE VEICULADA COM RELAÇÃO AOS TÍTULOS INTEGRA O CONTRATO E OBRIGA O FORNECEDOR?

Sim. De acordo com o art. 30 do Código de Proteção e Defesa do Consumidor: "Toda informação ou publicidade, suficientemente precisa, veiculada por qualquer forma ou meio de comunicação, com relação a produtos e serviços oferecidos ou apresentados, obriga o fornecedor que a fizer veicular ou dela se utilizar e integra o contrato que vier a ser celebrado."

65. OS CONTRATOS DE TÍTULOS PODEM SER RESCINDIDOS?

O Contrato de Capitalização pode ser rescindido:

a) Por inadimplemento de qualquer das partes, sem ônus para o consumidor.

b) Por comum acordo de ambas as partes, sem ônus para o consumidor; e

c) Por onerosidade excessiva, judicialmente, a cada caso concreto.

66. AS CLÁUSULAS CONTRATUAIS DE UM TÍTULO DE CAPITALIZAÇÃO PODEM SER REVISTAS?

Sim. É um direito básico do consumidor, previsto no inciso V, art. 6º do Código de Proteção e Defesa do Consumidor, a modificação das cláusulas contratuais que estabeleçam prestações desproporcionais ou sua revisão em razão de fatos supervenientes que as tornem excessivamente onerosas.

67. COMO O CONSUMIDOR DEVE PROCEDER EM CASO DE CLÁUSULAS ABUSIVAS OU INADIMPLEMENTO CONTRATUAL?

O consumidor pode solicitar diretamente à Sociedade de Capitalização a anulação da cláusula abusiva, bem como o adimplemento contratual. Se o inadimplemento contratual se caracterizar em infração penal, o consumidor deverá se dirigir à delegacia do consumidor, se houver em sua cidade, ou ao órgão de registro para ocorrência da polícia civil. Em caso de violação aos direitos do consumidor, este pode apresentar reclamação junto ao órgão local de proteção e defesa do consumidor e ao Ministério Público do consumidor, que são agentes responsáveis pela fiscalização do cumprimento da lei nas relações de consumo.

Em caso de dano ou de recusa para anulação de cláusula, poderá ser requerida, junto ao Poder Judiciário, a indenização devida, bem como a anulação das condições contratuais abusivas.

68. O QUE DEVE SER OBSERVADO PELO CONSUMIDOR NA HORA DE CELEBRAR O CONTRATO DE CAPITALIZAÇÃO PARA COMPRAR UM TÍTULO DE CAPITALIZAÇÃO VISANDO O SORTEIO?

Em geral, o consumidor não examina o serviço minuciosamente a fim de descobrir os possíveis defeitos ocultos, até porque ele parte do princípio da boa-fé presumindo que o fornecedor daquele serviço também estará agindo com correção e honestidade. O consumidor não tem como examinar profundamente o produto prometido porque, conforme propaganda exposta anteriormente pelo fornecedor, ele só terá a posse quando for devidamente sorteado. O que se discute aqui é que não poderia haver qualquer tipo de promessa por parte do fornecedor ao consumidor de que este será sorteado e receberá o produto prometido, pois aquele não tem como prever o resultado do sorteio. Caso contrário, haveria má-fé na conduta do mesmo. A única coisa realmente garantida é que o consumidor, ao pagar as parcelas regularmente, participará dos quatro sorteios mensais com apurações baseadas nos resultados das extrações realizadas aos sábados pela Loteria Federal, recebendo ao fim do contrato o seu capital anteriormente investido devidamente atualizado monetariamente.

69. O QUE DEVE SER PRESUMIDO NA CELEBRAÇÃO DO CONTRATO DE CAPITALIZAÇÃO?

No momento em que o contrato é firmado, presume-se este de acordo com o princípio da boa-fé e presume-se ainda que as partes contratantes estejam envoltas pela confiança e lealdade, mesmo que defendam interesses opostos. Isso significa presumir que as partes agirão licitamente com a finalidade de satisfazer as suas vontades pactuadas originariamente. O consumidor presume que, na celebração do contrato para compra de um Título de Capitalização, está a empresa fornecedora agindo de boa-fé, mas verifica-se que os principais problemas dos consumidores com relação ao contrato objeto deste estudo são: o reajuste percentual das mensalidades — índice de correção IGP-M (juros acumulados em 12 meses); ao desistir no meio do contrato, o investidor recebe somente parte (ver tabela) do que aplicou desde o início do pagamento das parcelas; o prazo para sorteio do bem (algumas vezes são prometidos veículos automotores ou imóveis); propaganda enganosa: são prometidos ao consumidor brindes caso ele seja sorteado; e o fornecedor do serviço no ato da celebração do contrato, em regra, promete que o bem será sorteado logo nos seis primeiros meses, promessa essa que poderá estar fora do seu alcance.

70. O QUE CONSTITUI O CONTRATO DE CAPITALIZAÇÃO PARA COMPRAR UM TÍTULO DE CAPITALIZAÇÃO DIANTE DO CDC?

O Contrato de Capitalização e seu instrumento material, o Título de Capitalização, constituem-se em um serviço, e o art. 20 do CDC trata da proteção do consumidor no caso de existência de vício no serviço. Caso isso ocorra, poderá o consumidor alternativamente e à sua escolha exigir: a nova execução dos serviços, sem custo adicional e quando cabível; a restituição imediata da quantia paga, monetariamente atualizada, sem prejuízo de eventuais perdas e danos; e o abatimento proporcional do preço.

71. O QUE OCORRE QUANDO O CONSUMIDOR NÃO É SORTEADO NO CONTRATO DE CAPITALIZAÇÃO?

O consumidor, caso não seja sorteado, não recebendo assim o bem prometido, receberá ao final do contrato o pagamento de todas as parcelas de seu capital devidamente atualizado. O período do contrato será definido pelo consumidor que escolherá em quantas parcelas (12, 24 ou 36 parcelas, por exemplo) será feito o pagamento do Título de Capitalização.

O problema ocorre quando muitos consumidores, desavisados ou desatentos, não conseguem mais suportar o pagamento das parcelas e decidem rescindir o contrato antes do final previsto contratualmente. Conforme visto na tabela acima, o valor do resgate é proporcional ao tempo em que o dinheiro ficou aplicado.

72. QUAIS AS CONSEQUÊNCIAS QUANDO O FORNECEDOR NÃO EXPLICA AO CONSUMIDOR A QUESTÃO DO RESGATE?

Nos casos em que o fornecedor não explicita devidamente ao consumidor a questão do resgate, agindo assim de má-fé, caberá ao art. 6º, inciso V, do CDC elencar como um direito básico do consumidor o direito à revisão do contrato em razão de fatos supervenientes (por exemplo: em razão dos juros o pagamento das parcelas se torna abusivo e o consumidor não tem mais como pagá-la, ou então, este perde seu emprego) que o torne excessivamente oneroso. Conclui-se, então, que o consumidor, sentindo-se enganado quanto ao contrato firmado, não tendo recebido o bem anteriormente prometido pelo fornecedor e vendo as parcelas aumentarem mensalmente de modo abusivo, tem todo o direito de requerer a revisão contratual provando a existência do mesmo por meio dos Títulos de Capitalização, de contrato e cartas recebidas do fornecedor em domicílio acerca do assunto.

73. A PROPOSTA VINCULA AS PARTES?

Questiona-se se a proposta vincula a empresa capitalizadora ao Título de Capitalização. A proposta também pode ser chamada de oferta ou policitação e consiste em uma declaração de vontade de uma parte para outra, em que a primeira declara sua intenção de se vincular à segunda. Ela obriga o contratante, exceto se o contrário resultar dos termos dela, da natureza do negócio, ou das circunstâncias do caso, conforme determina o art. 427 do CCB. Ela também tem força vinculante e, caso o proponente resolva retirar sua oferta injustificadamente, responderá este por perdas e danos.

Só existem quatro situações em que a proposta não será obrigatoriamente vinculante, segundo o art. 428 do CCB, são elas: se, feita sem prazo a pessoa presente, não foi imediatamente aceita; se, feita sem prazo a pessoa ausente, tiver decorrido tempo suficiente para chegar resposta ao conhecimento do proponente; se, feita a pessoa ausente, não tiver sido expedida a resposta dentro do prazo dado e se, antes dela, ou simultaneamente, chegar ao conhecimento da outra parte a retratação do proponente.

74. A OFERTA AO PÚBLICO CORRESPONDE À PROPOSTA?

Há casos em que a oferta ao público corresponde à proposta, isso ocorrerá quando a oferta encerrar os requisitos essenciais do contrato, conforme determina o art. 429 do CCB. Vale ressaltar que a oferta poderá ser revogada pela mesma via de sua divulgação na condição de que seja ressalvada esta possibilidade na oferta realizada. A oferta no caso da propaganda de venda do Título de Capitalização é feita ao público, o aceitante é uma pessoa certa, definida. Entende DINIZ (2008:311) ser a oferta ao público uma proposta e não somente um simples convite.

75. HAVENDO DANO, PODERÁ SER USADA A TEORIA DA IMPREVISÃO?

Há algumas situações em que a parte prejudicada contratualmente poderá se utilizar da teoria da imprevisão a fim de requerer a revisão contratual. Contudo, para que se enquadre na situação de revisão contratual, o contrato deverá ser de execução futura, como no caso em estudo de venda de Título de Capitalização em que o consumidor receberá futuramente o prêmio por meio de um sorteio; no momento da execução do contrato, as condições socioeconômicas das partes não são mais as mesmas do momento da sua celebração; a alteração das condições socioeconômicas das partes tem que decorrer de fato imprevisto, ou seja, tem que decorrer de um fato novo e imprevisto do qual as partes não tinham conhecimento prévio algum; uma das partes deve ter saído prejudicada economicamente em virtude da onerosidade excessiva decorrente do fato imprevisível; e o contrato deve ser pré-estimado, as partes devem conhecer originalmente as suas prestações.

76. PODE HAVER RESPONSABILIDADE DO FORNECEDOR?

No que se refere à responsabilidade do fornecedor, o art. 12 do CDC, abaixo transcrito, trata da mesma e afirma que esta independe de culpa e o art. 14, do CDC reforça a questão da má informação fornecida ao consumidor. Entende-se que os danos sofridos pelos consumidores como consequência da irregular atividade do fornecedor devem ser indenizados.

> [...].
>
> Art. 12. O fabricante, o produtor, o construtor, nacional ou estrangeiro, e o importador respondem, independentemente de existência de culpa, pela reparação dos danos causados aos consumidores por defeitos decorrentes de projeto, fabricação, construção, montagem, fórmulas, manipulação, apresentação ou acondicionamento de seus produtos, bem como por informações insuficientes ou inadequadas (grifo nosso) sobre sua utilização e riscos.
>
> [...].

77. QUAIS AS SITUAÇÕES EM QUE O FORNECEDOR NÃO SERÁ RESPONSABILIZADO?

Só existem três situações nas quais o fornecedor não será responsabilizado. Ele deverá provar não ter colocado o produto no mercado ou provar que, embora haja colocado o produto no mercado, o defeito não existe ou ser a culpa exclusiva do consumidor ou de terceiro. No caso dos Títulos de Capitalização, somente o fato de o fornecedor produzir as propagandas prometendo como prêmio um carro ou uma casa já é suficiente para excluir o primeiro item mencionado, pois o produto foi devidamente colocado no mercado. No caso de o fornecedor alegar o terceiro item, ele deverá provar que a culpa excessiva do consumidor ou de terceiro se deve à ausência do nexo causal.

78. QUAIS AS PARTES E O ELEMENTO ESSENCIAL DO CONTRATO DE CAPITALIZAÇÃO?

Verifica-se claramente a presença de duas partes: existem o consumidor e o fornecedor (empresa capitalizadora), e um dos elementos essenciais: o serviço a ser oferecido que é o Título de Capitalização e o consumidor é o real destinatário final do serviço.

79. QUAIS OS EFEITOS DA PROPAGANDA VEICULADA PELO FORNECEDOR?

Quanto à propaganda veiculada pelo fornecedor, o CDC é bem explícito ao afirmar em seu art. 30 que toda informação ou publicidade veiculada por qualquer forma com relação aos serviços apresentados obriga o fornecedor que a publicou caso o contrato venha a ser celebrado. Logo, as empresas vendedoras de Títulos de Capitalização com promessas de bens vinculados a sorteios são obrigadas a fornecer o bem até a data do término do pagamento das parcelas, conforme informado pelas propagandas exibidas.

80. CITE ALGUMAS DAS PROVIDÊNCIAS A SER TOMADA PELA SOCIEDADE DE CAPITALIZAÇÃO?

A Sociedade de Capitalização deverá tomar as seguintes providências: esclarecer para os consumidores que o Título de Capitalização consiste em uma aplicação e que, ao término do contrato, o consumidor, retirando a garantia aplicada, poderá, com este dinheiro, adquirir o bem desejado, quando for o caso. O Título de Capitalização não consiste, portanto, em forma de financiamento de bens, sejam eles móveis ou imóveis. Tendo em vista que o art. 6º, inciso III, do CDC é claro ao determinar que a informação sobre o serviço oferecido tem que ser clara e adequada; esclarecer ao consumidor que ele poderá ou não receber o prêmio e que isso dependerá do sorteio baseado nos números da Loteria Federal. O consumidor só o receberá se for sorteado; esclarecer quando o consumidor estará apto a receber os brindes prometidos, e fica vedado o uso de publicidade que ludibrie o consumidor.

Ressaltando ainda que um cliente que firma um contrato acerca de um Título de Capitalização também está protegido pelo art. 46 do CDC, que deixa bem claro ao dizer que um contrato como esse que regula uma relação de consumo, não pode obrigar o consumidor se não lhe for fornecido todo o conhecimento prévio do seu conteúdo, ou se o contrato for redigido de maneira a dificultar a sua compreensão.

81. O CONTRATO DE CAPITALIZAÇÃO EXISTE FISICAMENTE?

Questiona-se ainda a existência física ou não do Contrato de Capitalização. Há situações em que as Sociedades de Capitalização não firmam fisicamente contrato algum com os Subscritores e a única documentação que prova a existência da relação de consumo, ou seja, que existe um contrato não formal, são os boletos bancários, a propaganda emitida pelo fornecedor informando as condições do negócio jurídico e as cartas informativas que o consumidor recebe em casa. O art. 332 do CPC afirma que, se se tratar de negócio jurídico não formal, qualquer meio de prova será permitido pela ordem jurídica, desde que não seja por ela proibido ou restringido. Portanto, o Subscritor, portando o Título de Capitalização em si, ou um contrato de venda do mesmo, poderá utilizar um ou outro como meio de prova na sua defesa processual.

82. QUAL A RESPONSABILIDADE DOS PUBLICITÁRIOS?

Analisando a questão da responsabilidade dos publicitários, verifica-se que, ao realizar uma campanha publicitária solicitada por um fornecedor qualquer, o publicitário toma conhecimento do que realmente é o produto ou serviço a ser comercializado, assim como também fica ciente da imagem que o fornecedor deseja passar ao público. O CDC trata dos abusos da publicidade nos arts. 66 a 69 e elenca como delito em espécie no seu art. 67: fazer ou promover publicidade que sabe ou deveria saber ser enganosa ou abusiva. A pena para estes profissionais é de detenção de três meses a um ano e multa. Norma esta considerada razoável, pois nada mais sensato do que punir os maus profissionais que saibam ou que devam saber que a propaganda por eles produzida e veiculada não condiz com a realidade do produto ou serviço oferecido. A conduta correta a ser tomada por estes profissionais seria a de não aceitar produzir a propaganda nos moldes exigidos pelo fornecedor, mas na medida da realidade do produto.

O Código de autorregulamentação Publicitária do CONAR estabelece condutas que devem ser evitadas e condutas que devem ser obedecidas, a exemplo de seu art. 19, que afirma que a atividade publicitária deve respeitar a dignidade da pessoa humana, o interesse social, as instituições e os símbolos nacionais, as autoridades constituídas e o núcleo familiar. Neste mesmo Código, estabelece o art. 27 que o anúncio deve conter uma apresentação verdadeira do produto oferecido e especifica mais no §1º ao determinar que todas as descrições do produto ou serviço de fatos ou dados objetivos devem ser comprobatórias, sendo de responsabilidade dos anunciantes e agências fornecer as comprovações quando solicitadas.

Claro que não é sempre que o consumidor tem razão e a sua proteção não é indiscriminada, pois entendem os Tribunais que este não pode utilizar-se da Teoria da Imprevisão para esquivar-se de suas dívidas caso não exista um fato excepcional e extraordinário que justifique o não cumprimento da obrigação. Vide jurisprudência abaixo:

> CONTRATO DE FINANCIAMENTO — Sistema Financeiro de Habitação — Rescisão pretendida sob invocação da Teoria da Imprevisão — Inadmissibilidade — Quadro econômico e financeiro do País que não se mostra como fenômeno novo e imprevisível — Problemas profissionais do

mutuário impeditivos da satisfação obrigacional pactuada — Impossibilidade de caracterização como desequilíbrio contratual provocado por fato excepcional e extraordinário." (RT 619/87).

83. QUAIS AS PRINCIPAIS RECLAMAÇÕES DO CONSUMIDOR EM RELAÇÃO AO CONTRATO DE CAPITALIZAÇÃO E O QUE TEM FEITO A FENASEG EM RELAÇÃO A ESTE TEMA?

As principais reclamações são a falta de informações claras sobre o produto na hora da venda, a obrigação de comprar Títulos de Capitalização para conseguir um empréstimo ou um aumento do cheque especial, e a demora para obter o resgate. Para tentar diminuir esses problemas, a Comissão de Produtos da FENACAP apresentou, na Conferência Nacional de Seguros deste ano, uma proposta de simplificação dos contratos dos Títulos. A comissão também fez uma proposta de segmentação do mercado, que está em estudo na SUSEP.

Aliás, no mercado de Capitalização existem diversos segmentos, mas todos estão misturados e o consumidor não sabe diferenciá-los. Por isso é necessário que se façam contratos mais claros, mas para isso é preciso mudar a legislação para se substituir, dentro do que couber, termos técnicos, que o consumidor tem dificuldade de entender.

84. QUAL É A MENSAGEM QUE SE DEVE DAR AO CONSUMIDOR?

Não basta poupar, tem que acreditar.

A proposta é bastante sedutora: você faz uma poupança programada, com aplicações mensais, ou um investimento único, e concorre a prêmios, de eletrodomésticos a carros e milhões de reais.

Contudo, a questão é tão polêmica que mesmo os executivos do setor deixam claro que não se trata de um investimento. Na verdade, na Capitalização, investimento significa economia programada com sorteio.

O Título de Capitalização é um produto que lhe permite guardar dinheiro com chance de concorrer a prêmio semanal, dependendo do Título. Existe o caráter lúdico do produto, por causa dos sorteios, e o caráter disciplinador para o dono do Título guardar dinheiro enquanto concorre a prêmios.

85. COMO SÃO REALIZADOS OS SORTEIOS?

Em geral, os sorteios são feitos com base nos concursos da Loteria Federal. É o caso de 80% dos Títulos de Capitalização, segundo o diretor de Capitalização da FENACAP, Neival Rodrigues Freitas. Um dos poucos casos em que há sorteio próprio é o da Tele Sena, do Grupo Silvio Santos, o título mais popular, que só remunera 50% do valor pago. Outros títulos são oferecidos pelos bancos, donos da maior parte das Sociedades de Capitalização.

86. QUAL É A DIFERENÇA ENTRE SORTEIO E LOTERIA?

O matemático José Dutra Sobrinho já fez as contas e lembra que, ainda que os Títulos de Capitalização utilizem os mesmos números e sorteios da Loteria Federal — às quartas-feiras e sábados —, na Loteria há quatro prêmios além do principal. Além disso, estatisticamente, a cada cinco bilhetes da loteria, um é premiado, nem que seja com o valor do bilhete de volta, diz. Já nos Títulos de Capitalização, em geral, é considerado apenas um dos números da loteria com o sorteado. Mas, dependendo da instituição que oferece, o comprador pode ficar com mais de um número da série.

O motivo para os Títulos remunerarem menos do valor pago pelos Títulos é atribuído principalmente às cotas de sorteio e de Carregamento. A primeira é destinada a custear os prêmios e varia de 5% a 6% do valor do Título, segundo a FenaCap. A outra é utilizada para as despesas administrativas e está em torno de 8%. Há ainda a penalidade de até 10% do valor aplicado se o dono do Título resgatar antes do prazo, que hoje chega a 72 meses.

Segundo os números da FenaCap, há atualmente 24 milhões de pessoas com Títulos de Capitalização, vendidos em bancas de jornal ou pelos bancos. As reservas acumuladas com o produto chegaram a R$ 11,5 bilhões em setembro. A FenaCap afirma que desconhece o número de quantas pessoas já foram sorteadas ou são sorteadas periodicamente.

87. O QUE É COTA DE SORTEIO?

É a parcela que o banco retira do valor aplicado para custear o prêmio que será sorteado, como valores em dinheiro ou bens, como carros. Pode ser debitada a cada aplicação, se for feita mensalmente, ou em uma só vez, se o Título for de investimento único.

88. O QUE É CARREGAMENTO?

Taxa cobrada pelo banco para administrar os recursos. Incide sobre o valor aplicado no Título. Também pode ser cobrada mensalmente ou em parcela única, dependendo das regras do investimento.

REFERÊNCIAS BIBLIOGRÁFICAS

AGUIAR, Renan. *Constituição e pleno emprego*. Opinião, Rio de Janeiro: Tribuna do Advogado, 2007.

AJAJ, Cláudia. *O papel do Estado na estrutura econômica*. Disponível em: <http://www.abdir.com.br/artigos/ver.asp?art_id=733>. Acesso em: 22 nov. 2006.

ALMEIDA, João Batista. *A proteção jurídica do consumidor*. 7. ed. São Paulo: Saraiva, 2009.

ALMEIDA, José Eulálio Figueiredo de. Breves anotações sobre o princípio da ampla defesa. *Jus Navigandi*, Teresina, ano 6, n. 58, ago. 2002. Disponível em: <http://jus2.uol.com.br/doutrina/texto.asp?id=3166>. Acesso em: 22 nov. 2006.

ALVIM, Pedro. *O contrato de seguro*. Rio de Janeiro: Forense, 1983.

AMADOR, Paulo. *Capitalização*: uma história de prosperidade. Rio de Janeiro: Grupiara, 2002.

AMARAL JÚNIOR, Alberto do. *Proteção do consumidor no contrato de compra e venda*. São Paulo: RT, 1993.

ANDRADE, Darcy Bessone de Oliveira. *Do contrato*. Rio de Janeiro: Forense, 1960.

ANDRADE, Filippe Augusto Vieira. *Algumas reflexões sobre vinculação e discricionariedade em matéria ambiental*, *apud* "Justiça Penal 6", coord. Jaques de Camargo Penteado. São Paulo: RT, 1999.

ARANHA, Oswaldo. *Exposição de motivos do Decreto de n. 22.456 de 10 de fevereiro de 1933*.

ARISTÓTELES. *Ética a Nicômaco*. Trad. Pietro Nassetti. Coleção a obra prima de cada autor. São Paulo: Martin Claret, 2001.

ARRUDA ALVIM *et al*. *Código do consumidor comentado*. 2. ed. e ampl., 2. T. São Paulo: RT, 1995.

AZEVEDO, Álvaro Villaça. *Curso de direito civil*: teoria geral das obrigações. 5. ed. São Paulo: RT, 1994.

AZEVEDO, Antônio Junqueira de. *Princípios do novo direito contratual e desregulamentação do mercado, direito de exclusividade nas relações contratuais de fornecimento, função do contrato e responsabilidade aquiliana do terceiro que contribui para inadimplemento contratual*. São Paulo: Revista dos Tribunais, n. 750, abr. 1998.

________. *Insuficiências, deficiências e desatualização do projeto de código civil na questão da boa-fé objetiva nos contratos*. São Paulo: RTDC, v. 1, jan./mar. 2000.

BANDEIRA DE MELLO, Celso Antonio. *Discricionariedade e controle jurisdicional*. São Paulo: Malheiros Editores, 2010.

________. *Elementos de direito administrativo*. 2. ed. São Paulo: RT, 2001.

BAPTISTA, Joaquim de Almeida. *Código de defesa do consumidor interpretado*. 2. ed. São Paulo: Iglu, 1999.

BARROS, Ana Lúcia Porto de *et al*. *O novo código civil*: comentado. Rio de Janeiro: Freitas Bastos, 2002, v. 1.

BELLEGARDE, Alceu de Toledo Piza. *Seguros e bancos*. Rio de Janeiro: A Noite, 1944.

BETTI, Emilio. *Cours de droit civil comparé des obligations*. Milano, It: Giuffré, 1958, Universidade do Cairo, Egito.

BEVILAQUA, Clóvis. *Código civil comentado*. Rio de Janeiro: Livraria Francisco Alves. v. 4, 1950.

BITTAR, Carlos Alberto. *Direito dos contratos e dos atos unilaterais*. Rio de Janeiro: Forense, 1990.

BESSONE, Darcy. *Do contrato*: teoria geral. São Paulo: Saraiva, 1997.

BRASIL. Congresso. Senado. *Decreto-lei n. 73 de 21 de novembro de 1966*. Dispõe sobre o Sistema Nacional de Seguros Privados, regula as operações de seguros e resseguros e dá outras providências. Disponível em: <http://www.senado.gov.br>. Acesso em 13 jan. 2004.

BRASIL. Congresso. Senado. *Decreto-lei n. 261 de 28 de fevereiro de 1967*. Dispõe sobre as sociedades de Capitalização e dá outras providências. Disponível em: <http://www.senado.gov.br>. Acesso em: 13 jan. de 2004.

BRESSER PEREIRA, Luiz Carlos. *Desenvolvimento e crise no Brasil*. São Paulo: Editora 34, 2003.

BULGARELLI, Waldirio. *Contratos mercantis*. 10. ed. São Paulo: Atlas, 1997.

________. *Questões contratuais no código de defesa do consumidor*. São Paulo: Atlas, 1999.

CAMARGO, Margarida Maria Lacombe. *Hermenêutica e argumentação*: uma contribuição ao estudo do direito. Rio de Janeiro: Renovar, 2003.

CAMPISTA FILHO, David. *Capitalização sua interpretação econômica e social*. Rio de Janeiro: A Noite, 1949.

CARNEIRO, Paulo Cezar Pinheiro. *Acesso à justiça*: juizados especiais cíveis e ação civil pública: uma nova sistematização da teoria geral do processo. Rio de Janeiro: Forense, 2000.

CANOTILHO, Joaquim Gomes. *Direito constitucional* e *teoria da constituição*. 1. ed. Coimbra — Portugal: Almedina, 2007.

CARVALHO FILHO, José dos Santos. *Ação civil pública*. 7. ed. Rio de Janeiro: Lumen Juris, 2009.

________. *Ação civil pública*: comentários por artigo, Lei n. 7.347, de 24.7.1985. 3. ed., ampl. e atual. Rio de Janeiro: Lumen Juris, 2001.

CARVALHOSA, Modesto; EIZIRIK, Nelson. *A nova lei das sociedades anônimas*. São Paulo: Saraiva, 2002.

CAVALIERI FILHO, Sergio. *Programa de responsabilidade civil*. 10. ed., rev. e ampl. São Paulo: Atlas, 2012.

CHUERI, Vera Karam de. *A filosofia jurídica de Ronald Dworkin como possibilidade de um discurso instituinte de direitos*. 1993. 182 f. Dissertação (Mestrado em Direito) — Centro de Ciências Jurídicas, Universidade Federal de Santa Catarina, Florianópolis.

CHURCHILL, Craig (ed.). *Protecting the poor: A microinsurance compendium*. Geneva: International Labour Office, Munich Re Foundation, 2006. 654 p.

COELHO, Fábio Ulhoa. *Manual de direito comercial*. 24. ed. rev. e atual. de acordo com o novo código civil e alterações das LSA, e ampl. CCom. estudo sobre comércio eletrônico. São Paulo: Saraiva, 2012. 2v.

________. *Curso de direito comercial*. 11. ed. rev. e atual. São Paulo: Saraiva, 2007, v. I.

CORDEIRO, Antônio Manuel da Rocha e Menezes. *Da boa-fé no direito civil*. Coimbra: Almeida, 1997.

COSTA, Eliane Romeiro. *Previdência privada e fundos de pensão — Brasil, Chile e França*. Rio de Janeiro: Lumen Juris, 1996.

COUTO E SILVA, Clóvis V. do. *A obrigação como processo*. São Paulo: FGV, 2006.

CUNHA MELLO, Gustavo de. *Previdência e seguros*. Rio de Janeiro: SINCOR-RJ, ano 63, n. 564, mar./abr. 2002.

DA SILVA, José Afonso. *Curso de direito constitucional positivo*. 35. ed. São Paulo: Malheiros, 2012.

DIAS, José Aguiar. *Da responsabilidade civil*. 12. ed. Rio de Janeiro: Forense, 2011. 2v.

DINIZ, Maria Helena. *Código civil anotado*. 16. ed. São Paulo: Saraiva, 2012.

________. *Curso de direito civil brasileiro*: teoria geral das obrigações. 23. ed., rev. atual. e ampl. De acordo com a reforma do CPC e como o Projeto de Lei n. 276/2007. São Paulo: Saraiva, 2008.

DI PIETRO, Maria Sylvia Zanella. *Direito administrativo*. 24. ed. São Paulo: Atlas, 2011.

DRÜCKER, Peter. *A revolução invisível*. São Paulo: Livraria Pioneira Editora, 1977.

DWORKIN, Ronald. Is law a system of rules? In: *The philosophy of law*. Oxford, UK: Oxford University Press, 1977.

FERNANDES, Francisco *et al. Dicionário brasileiro da língua portuguesa*. Rio de Janeiro: O Globo, 1993.

FIGUEIREDO, Leonardo Vizeu. *Lições de direito econômico*. 5. ed. Rio de Janeiro: Forense, 2012.

FILOMENO, José Geraldo Brito. *Manual de direito do consumidor*. 10. ed. São Paulo: Atlas, 2010.

FIORILLO, Celso Antonio Pacheco. *Curso de direito ambiental brasileiro*. 13. ed. São Paulo: Saraiva, 2012.

FIÚZA, César. *Direito civil curso completo*. 15. ed. São Paulo: Del Rey, 2011.

FIÚZA, César; ROBERTO, Giordano Bruno Soares. *Contratos de adesão*. Belo Horizonte: Mandamentos, 2002.

FONSECA, Arnoldo Medeiros da. *Caso fortuito e teoria da imprevisão*. 3. ed. Rio de Janeiro: Forense, 1958.

FONTES, André Ricardo Cruz. *A pretensão como situação jurídica subjetiva*. Belo Horizonte: Del Rey, 2002.

FRADERA, Véra M. Jacob de (org.). *O direito privado brasileiro na visão de Clóvis do Couto e Silva*. Porto Alegre: Livraria do Advogado, 1997.

FRAN MARTINS. *Contratos comerciais*. 16. ed. Rio de Janeiro: Forense, 2010.

FÜHER, Maximillianus Cláudio Américo. *Resumo de direito comercial*. 4. ed. São Paulo: Malheiros, 2011.

FUNENSEG — Escola Nacional de Seguros. Diretoria de Ensino Técnico. Capitalização/Supervisão e coordenação metodológica da Diretoria de Ensino Técnico; assessoria técnica de Werner da Silva Frank e Rodrigo Maia Jorge. 12. ed. Rio de Janeiro: Funenseg, 2012.

FURTADO, Paulo, BULOS, Uadi Lammêgo. *Lei de arbitragem comentada*: breves comentários à Lei n. 9.307, de 23.9.1966. São Paulo: Saraiva, 1998.

GAMA, Hélio Zaghetto. *Curso de direito do consumidor*. Rio de Janeiro: Atlas, 2001.

GARCIA, Emerson; PACHECO ALVES, Rogério. *Improbidade administrativa*. Rio de Janeiro: Lumen Juris, 2002.

GHESTIN, Jacques. *Traité de droit civil*, Les Obligations. Le Contrat: Formation. Paris: L.G.D.J., 1988.

GOMES, Orlando. *Contratos*. 26. ed., rev. atual. e aumentada de acordo com o Código Civil de 2002, Rio de Janeiro: Forense, 2007.

GONÇALVES, Victor Eduardo Rios. *Título de crédito e contratos mercantis*. São Paulo: Saraiva. v. 22, 2004.

GONÇALVES, Carlos Roberto. *Direito das obrigações*, parte especial, v. 6, tomo — 1 — Contratos. 9. ed., atual. de acordo com o novo Código Civil (Lei n. 10.406, de 10.1.2002. São Paulo: Saraiva, 2012.

GORDILLO, Agustín. *Tratado de derecho administrativo*. Tº 1, Parte Geral. 8. ed. Buenos Aires: FDA, 2003.

GRAU, Eros Roberto. *A ordem econômica na Constituição de 1988*: interpretação e crítica. 15. ed. São Paulo: Malheiros, 2012.

GRECO FILHO, Vicente *et al*. *Comentários ao código de proteção do consumidor*. Coord. Juarez de Oliveira, São Paulo: Saraiva, 1991.

GRINOVER, Ada Pellegrini *et al. Código brasileiro de defesa do consumidor comentado pelos autores do anteprojeto*. 4. ed. Rio de Janeiro: Forense Universitária, 1995.

IAIS. *Issues in regulation and supervision of microinsurance*. Basel: International Association of Insurance Supervisors, 2007. 56 p.

ILO. *Identifying good and bad practices in microinsurance: The development and dissemination of practical guidelines to expand the availability of insurance to the poor*. International Labour Office, 2003. 10 p.

JÚNIOR, Humberto Theodoro. *O contrato e seus princípios*. 39. ed. Rio de Janeiro: Aide, 2001.

LACERDA, Paulo Maria de. *A cambial no direito brasileiro*. Rio de Janeiro: Leite Ribeiro, 1921.

KELSEN, Hans. *Teoria pura do direito*. 8. ed. São Paulo: Martins Fontes, 2009.

LAKATOS, Eva Maria; MARCONI, Marina de Andrade. *Fundamentos de metodologia científica*. 7. ed. São Paulo: Atlas, 2010.

LOBO, Jorge; KANDIR *et al. Reforma da lei das sociedades anônimas*: inovações e questões controvertidas da Lei n. 10.303, de 31.10.2001. Rio de Janeiro: Forense, 2003.

LÔBO, Paulo Luiz Netto. *Princípios sociais dos contratos no CDC e no novo Código Civil*. *BRASILCON*, 17 fev. 2005. Disponível em: <http://www.brasilcon.org.br/web/artigos/artigosver.asp?id=12> Acesso em: 08 jan. 2007.

LORENZETTI, Ricardo Luís. *Fundamentos do direito privado*. São Paulo: RT, 1998.

LOURENÇO, M. Bonini. *Sociedades de capitalização*. Rio de Janeiro: Sulina, 1948.

MAGALHÃES, José Carlos de. *Arbitragem comercial*. São Paulo: Saraiva, 2000.

MANCUSO, Rodolfo de Camargo. *Ação civil pública*. 11. ed., São Paulo: RT, 2009.

MARTINS-COSTA, Judith. *A boa-fé no direito privado*. São Paulo: Revista dos Tribunais, 2000.

________. Direito privado como um sistema em construção: As Cláusulas Gerais no Projeto do Código Civil Brasileiro. *Revista de Informação Legislativa*, n. 139, jul./set. 1998.

MARQUES, Cláudia Lima. *Contratos no código de defesa do consumidor*: o novo regime das relações contratuais. 6. ed., rev. atual. e ampl., incluindo mais de 1.000 decisões jurisprudenciais. São Paulo: RT, 2011.

MARX, Karl Heinrich. Tradução de J. Teixeira Martins e Vital Moreira. Transcrição de: Alexandre Linares. *O Capital* (*Das Kapital*). 25. ed., 1867, 1. ed. em Português. Fonte da Presente Transcrição: Centelha — Promoção do Livro, SARL, Coimbra, 2008.

MATOS, Dario Oliveira de. O Microsseguro (ou Seguro Popular) e o Brasil. In: *Revista Brasileira de Risco e Seguro*. Edição V.3 — n. 6 — Outubro 2007/Março 2008. Disponível em: <http://www.rbrs.com.br/paper/_download/RBRS6-2%20Dario%20Oliveira.pdf>. Acesso em: 18.12.2007.

MATOS, Dario Oliveira de. *Microsseguros*: Oportunidades, Inserção Social e o Brasil. Palestra ministrada em 26 de novembro de 2007 na FUNENSEG, em São Paulo, dentro do "Curso avançado de Resseguro".

MAZZILLI, Hugo Nigro. *O inquérito civil*. São Paulo: Saraiva, 1999.

MEIRELLES, Hely Lopes. *Direito administrativo brasileiro*, 38. ed., atual. Até a Emenda Constitucional 68, de 21.12.2011. São Paulo: Malheiros, 2012.

MIRANDA, Augusto. *Mecanismos de Compromisso de Ajuste e sua Aplicação pelos Órgãos Ambientais*, 2001. Disponível em: <http://old.ecolatina.com.br/br/artigos/legisl_ambiental/legis_amb_06.asp>. Acesso em: 6 de dezembro de 2004.

MIRANDA, Custodio da Piedade. *Contrato de adesão*. São Paulo: Atlas, 2002.

MIRANDA, Darcy Arruda. *Anotações ao código civil brasileiro*. 5. ed. São Paulo: Saraiva, 1995. v. I.

MIRANDA, Pontes de. *Tratado de direito privado*. Rio de Janeiro: Borsoi, 2007.

MOLLEDA, José Antônio. *La presunción de buena fé*. Madrid: Revista de Derecho Privado, Tomo XLVI, 1998.

MORAES, Alexandre de. *Direito constitucional*. 26. ed. São Paulo: Atlas, 2010.

MORAES, Andréia Cristina Costa de. *Títulos de capitalização*. Monografia de final de curso de bacharel em administração. Rio de Janeiro: UCAM, jul. 2002.

MUÑIZ, Joaquín R.-Toubes. *Legal principles and legal theory*. Ratio Juris, v. 10, n. 3, sept. 1997.

NEGRÃO, Theotônio. *Código de processo civil e legislação processual em vigor*. 25. ed. São Paulo: Saraiva, 1994.

NEGREIROS, Teresa. *Fundamentos para uma interpretação constitucional do princípio da boa-fé*. Rio de Janeiro: Renovar, 1998.

NERY JÚNIOR, Nelson *et al*. *Código brasileiro de defesa do consumidor comentado pelos autores do anteprojeto*. 10. ed. São Paulo: RT, 2011. 2 v.

NOGUEIRA, Paulo Lúcio. *Os juizados especiais cíveis e criminais*. São Paulo: Saraiva, 1996.

OLIVEIRA, José Carlos de. *Código de defesa do consumidor*. 2. ed. São Paulo: Forense, 2000.

OTONI HARES, Antonio Carlos. *Fundamento jurídico do contrato de seguro*. 1975.

PAJARDI, Piero. *I provvedimenti d´urgenza atipici nel processo civile*. Milano: Pirola Editore, 1992.

PEREIRA, Caio Mario da Silva. *Lesão nos contratos*. Rio de Janeiro: Forense, 1994.

________. *Instituições de direito civil*. Contratos. De acordo com o Código Civil de 2002. Rev. e atual. por Regis Fichtner. v. III, Rio de Janeiro: Forense, 2004.

PEREIRA, Regis Fichtner. *A responsabilidade civil pré-contratual*. Rio de Janeiro: Renovar, 2001.

PONTES DE MIRANDA, Francisco Cavalcanti. *Tratado de direito privado*. Borsói, 2007.

PROCON, *Termo de ajustamento de conduta de 28 de agosto de 2003*. Disponível em: <http://www.acessa.com/consumidor/arquivo/dúvidas/2003/10/23-duvidas3/>. Acesso em: 10 jan. 2004.

PRZEWORSKI, Adam *et al. Democracy and development: political institutions and well--being in the world, 1950-1990.* Cambrige University Press, 2000.

REALE Jr., Miguel. *O projeto do código civil*. São Paulo; Saraiva, 1986.

REQUIÃO, Rubens. *Curso de direito comercial*. V. I, rev. e atual. por Edmundo Requião. 29. ed. São Paulo: Saraiva, 2010. 2 v.

RIZZARDO, Arnaldo. *Contratos*. Rio de Janeiro: Aide, v. I, n. 85, 1988.

ROCHA FILHO, Gumercindo. *O corretor de seguros à luz do novo código civil*. Rio de janeiro: SINCOR/FENACOR/FUNENSEG, 2003.

RODRIGUES, Geisa de Assis. *Ação civil pública e termo de ajustamento de conduta*. Forense, 2001.

________. *A participação da sociedade civil na celebração do Termo de Ajustamento de Conduta*. Artigo. Encontro de Procuradores da República em São Paulo, 2000.

________. *Breves considerações sobre o compromisso de cessação de prática*, 2003.

RODRIGUES, Silvio. *Direito civil dos contratos e das declarações unilaterais de vontade*. São Paulo: Saraiva, 2006.

________. *Direito civil*: parte geral das obrigações. 12. ed. São Paulo: Atlas, 2012.

RODRIGUES JUNIOR, Otavio Luiz. *Revisão judicial dos contratos*. São Paulo: Atlas, 2002.

ROPPO, Enzo. *O contrato*. Trad. de Ana Coimbra e M. Januário C. Gomes. Almedina Brasil, 2009.

SAMPAIO, Rogério Marrone de Castro. *Direito civil*: contratos. São Paulo: Atlas, 2004.

SANTOS, Amaral Santos. *Prova judiciária no cível e comercial.* 5. ed. São Paulo: Saraiva, 1983. v. I.

SANTOS, Jerônimo Jesus dos. *Meios alternativos de solução de conflitos*: efeitos sociais, econômicos e jurídicos no seguro, resseguro, previdência e Capitalização. Rio de Janeiro: Funenseg, 2002.

________. *Previdência privada*: Lei da Previdência Complementar Comentada. Rio de Janeiro: Editora e Livraria Jurídica do Rio de Janeiro, 2004.

________. *Previdência privada*: Lei da Previdência Complementar Comentada. 2. ed. Rio de Janeiro: Editora e Livraria Jurídica do Rio de Janeiro, 2005.

________. *Termo de ajustamento de conduta*. Rio de Janeiro: Editora e Livraria Jurídica do Rio de Janeiro, 2006.

SANTOS, J. M. Carvalho. *Código civil comentado*. 8. ed. Rio de Janeiro: Renovar, 1964. v. XIX.

SANTOS, Ryvio Matias Pires dos; CARVALHO, Marcos Eduardo de; GAMA DA SILVA, Edmilson. *Capitalização*: histórico, conceitos, perspectivas. Rio de Janeiro: Funenseg, 2006.

SAVIGNY, Frederich Carl Von. *Sistema del derecho romano actual*. Trad. Jacinto Mesia e Manuel Poely. 2. ed. Madri: Centro Editorial de Góngora, s/d. t. II, , CIV.

SCHWAB, Karl Heinz. Divisão de funções e o juiz natural. In: *RePro* n. 48, 1987, p. 125 (tradução de Nelson Nery Junior). NERY JUNIOR, Nelson. *Princípios do Processo Civil na Constituição Federal*. 2. ed. São Paulo: RT, 1995.

SCIOTTI, José. *A capitalização no Brasil*. São Paulo: Edições Artes Gráficas, 1948.

SERPA LOPES, Miguel Maria de. *Curso de direito civil*. 6. ed. Rio de Janeiro: Freitas Bastos, 1996. v. III.

SILVA, De Plácido. *Vocabulário jurídico*, de acordo com a nova reforma ortográfica da língua portuguesa/atualizadores: Nagib Slaibi Filho e Gláucia Carvalho. 20. ed., 1ª tir., Rio de Janeiro: Forense, 2010.

TAGLIETA, Eliane da Silva. Espécies de extinção dos contratos, suas classificações e seus efeitos. *Boletim Jurídico*, Uberaba/MG, a. 4, n. 171. Disponível em: <http:??www.boletimjuridico.com.br/doutrina/texto.asp?id=1164>. Acesso em: 8 jan. 2007.

TOSHIO MUKAI *et al.* Coord. Juarez de Oliveira. *Comentários ao código de proteção do consumidor*. São Paulo: Saraiva, 1991.

VENOSA, Silvio de Salvo. *Direito civil*: contratos em espécie. 10. ed. São Paulo: Atlas, 2010. v. 3.

________. *Direito civil*: teoria geral das obrigações e teoria geral dos contratos. 10. ed. São Paulo: Atlas, 2010. v. 2.

________. *Direito civil*: responsabilidade civil. 10. ed. São Paulo: Atlas, 2010. v. 4.

VIEHWEG, Theodor. *Tópica e jurisprudência*. Trad. de Tércio Sampaio Ferraz Jr. Brasília: Ministério da Justiça, UnB, (Coleção Pensamento Jurídico Contemporâneo, 1979.

WATANABE, Kazuo. *Código brasileiro de defesa do consumidor*. 3. ed. São Paulo: Forense, 1993.

WEBER, Anatole. *Traité dês societés de capitalisation*. 2. ed. Paris, 1931.

WEINGAST, Barry R. Constitutions as governance structures: the political foundations of secure markets (*Journal of Institutional and Theoretical Economics*, v. 149, n. 1, 1993).

WHITAKER, __________. *Letra de câmbio*. São Paulo: Saraiva, 1992.

WITTE, Edwin. *Social security in america*. Cornell University Library, 1937.

WITTE, Edwin E. (janeiro 4, 1887 — maio 20, 1960) *The Government in Labor Disputes* (1932) e *Social Security in American* (1937). Disponível em: <http://www.ssa.gov/history/witte3.html>. Acesso em: 7 de novembro de 2006.

ZÉFIRO, Gabriel de Oliveira. *A boa-fé na publicidade no código de defesa do consumidor*. Fonte: Disponível no site: <http://www.usinadeletras.com.br/exibelotexto.phtml?cod=497&cat=Textos_Jurídicos>. Acesso em: 23 de março de 2007.

REFERÊNCIA HISTÓRICA

DECRETO N. 22.456, DE 10 DE FEVEREIRO DE 1933

Revogado pelo Decreto n. 261, de 1967

Revogado pelo Decreto de 25.4.1991

APÊNDICE

MINUTA DE ANTEPROJETO DE LEI COMPLEMENTAR DE CAPITALIZAÇÃO

Dispõe sobre o Sistema Nacional de Capitalização, e dá outras providências.

O Congresso Nacional decreta:

TÍTULO I
DISPOSIÇÕES GERAIS

CAPÍTULO I
OBJETO E ÂMBITO DE APLICAÇÃO

Art. 1º O Sistema Nacional de Capitalização, integrante do Sistema Financeiro Nacional, organizado de forma autônoma, estruturado de forma a promover o desenvolvimento equilibrado do país, é facultativo, baseado na constituição de reservas técnicas e reservas matemáticas, na forma de poupança popular programada, nos termos do *caput* do art. 192 da Constituição Federal, observado o disposto nesta Lei Complementar.

Seção I
Da Estrutura Organizacional do SNC

Art. 2º O Sistema Nacional de Capitalização — SNC, instituído e regulado pela presente Lei, é constituído:

I — do Conselho Nacional de Seguros Privados — CNSP;

II — da Agência Nacional de Seguros Privados — ANSEP;

III — das sociedades anônimas autorizadas a operar em Capitalização.

IV — dos corretores de Capitalização habilitados.

Paragráfo único. Agência Nacional de Seguros Privados — ANSEP será a nova denominação da Superintendência de Seguros Privados — SUSEP.

Art. 3º O SNC é operado por sociedades de Capitalização, legalmente autorizadas pelo Estado, que têm por objetivo principal instituir, e executar contratos de Capitalização, e emitir respectivo Título de Capitalização, na forma desta Lei.

§ 1º As sociedades de Capitalização não poderão requerer concordata e não estão sujeitas à falência, salvo, neste último caso, se decretada a liquidação extrajudicial, o ativo não for suficiente para o pagamento de pelo menos a metade dos credores quirografários, ou quando houver fundados indícios da ocorrência de crime falimentar.

§ 2º O CNSP será integrado pelos seguintes membros:

I — Ministro de Estado da Fazenda, ou seu representante;

II — representante do Ministério da Justiça;

III — representante do Ministério da Previdência e Assistência Social;

IV — representante do Ministério do Trabalho e Emprego;

V — representante do Ministério do Desenvolvimento, Indústria e Comércio Exterior;

VI — Direto-Presidente da Agência Nacional de Seguros Privados — ANSEP;

VII — representante do Banco Central do Brasil;

VIII — representante da Comissão de Valores Mobiliários — CVM; e

IX — representante da Secretaria de Acompanhamento Econômico.

§ 3º O CNSP será presidido pelo Ministro de Estado da Fazenda e, na sua ausência, pelo Diretor-Presidente da ANSEP.

§ 4º O CNSP terá seu funcionamento regulado em regimento interno.

Art. 4º Pelo Contrato de Capitalização, a Sociedade de Capitalização se obriga, mediante o recebimento de um pagamento denominado de contribuição, a constituição de um capital mínimo perfeitamente determinado, pago em moeda corrente em um prazo máximo indicado, ou na forma de entrega de um bem, à pessoa que possuir um Título de Capitalização, instrumento material resultante do Contrato de Capitalização expressamente pactuado, segundo cláusulas e regras mencionadas e aprovadas pela autoridade competente.

Parágrafo único. As partes, Subscritores, Titulares, os beneficiários e os cessionários devem conduzir-se segundo o exigido pelo princípio da boa-fé, desde os atos pré-contratuais até a fase pós-contratual.

Art. 5º Só podem pactuar contratos de Capitalização companhias autorizadas na forma da lei e que tenham depositado junto à ANSEP as minutas de contratos, de condições contratuais e as respectivas notas técnicas e atuariais.

§ 1º Havendo determinação pela ANSEP de modificações das condições gerais contratuais (CONDGs) ou das respectivas notas técnicas e atuariais, essas modificações somente serão aplicadas aos contratos em curso na parte em que forem favoráveis aos Subscritores, Titulares, cessionários e beneficiários.

§ 2º Quando proibida a comercialização de determinada modalidade de Capitalização, esta vedação não prejudicará os direitos e garantias dos Subscritores e beneficiários dos contratos já celebrados.

Art. 6º Será solidariamente responsável com a cessionária a Sociedade de Capitalização que, sem anuência do Subscritor, Titular ou beneficiário, ceder a qualquer modo, no todo ou em parte, sua posição contratual.

Art. 7º O Contrato de Capitalização, em suas distintas modalidades, será regido pela presente lei, de ordem pública e interesse social.

Parágrafo único. Aplica-se exclusivamente a lei brasileira aos contratos de Capitalização celebrados no país com Subscritor, Titular ou beneficiário aqui residentes.

CAPÍTULO II
INTERESSE

Art. 8º Os contratos de Capitalização cumulados com seguros sobre a vida e a integridade física de terceiro só podem ser pactuados mediante autorização prévia deste, ressalvados os casos previstos em lei.

Art. 9º É lícito o seguro parcial do interesse.

Art. 10. Não existindo interesse legítimo quando pactuado conjuntamente na forma do art. 8º, o Contrato de Capitalização é ineficaz. Se parcial o interesse, a ineficácia não atingirá a parte útil. Se impossível a existência do interesse, o Contrato de Capitalização é nulo.

Parágrafo único. A superveniência de legítimo interesse torna eficaz o Contrato de Capitalização, desde então.

Art. 11. Extinto o interesse resolve-se o Contrato de Capitalização com a redução proporcional da contribuição, ressalvado o direito da Sociedade de Capitalização às despesas incorridas. Não caberá a redução se o interesse desapareceu em virtude da ocorrência de sinistro eventualmente pactuado no Contrato de Capitalização.

Art. 12. Quando o Contrato de Capitalização for nulo ou ineficaz, o Subscritor que tiver agido de boa-fé terá direito à devolução da contribuição, deduzidas as despesas incorridas.

CAPÍTULO III
RISCO

Art. 13. Delimitados os riscos, quando pactuado na forma do art. 8º, por outros não responderá a Sociedade de Capitalização. A delimitação deve ser feita de forma clara e inequívoca.

§ 1º Havendo divergência entre os riscos expressos no Contrato de Capitalização e os previstos no modelo de contrato ou nas notas técnicas e atuariais apresentados à ANSEP, prevalecerá o que for mais favorável ao Subscritor, Titular ou ao beneficiário.

§ 2º Quando cumulados contratados de Capitalização com de seguro de ramos e modalidades diversos, deve a contratação preencher os requisitos exigidos para cada um dos ramos e modalidades abrangidos pelo contrato.

§ 3º O risco pode se encontrar em curso ou ter passado, desde que o desfecho não seja conhecido dos contratantes.

§ 4º O contrato garante todos os riscos pertinentes à espécie de seguro contratada, salvo disposição legal ou contratual em contrário.

§ 5º A garantia dos riscos, nos seguros de transporte de coisas e da responsabilidade civil pelos danos relacionados com essa atividade, começa no momento em que são pelo transportador recebidas as mercadorias, e cessa com a sua entrega ao destinatário.

Art. 14. O Contrato de Capitalização cumulativamente pode ser celebrado para toda classe de risco, salvo vedação legal.

Parágrafo único. São nulas as garantias:

a) de interesses patrimoniais relativos a autuações aplicadas pelas autoridades administrativas no exercício do poder de polícia e multas judiciais;

b) contra risco proveniente de ato doloso do Subscritor, do Titular, do beneficiário ou de representante de um ou de outro, salvo o dolo do representante em prejuízo do Subscritor, do Titular, ou do beneficiário; e

c) de outros interesses ou contra outros riscos vedados em lei.

Art. 15. O Contrato de Capitalização na forma cumulativa é nulo quando qualquer das partes souber que, desde o momento de sua conclusão, o risco é impossível.

§ 1º A Sociedade de Capitalização que tiver conhecimento da impossibilidade do risco e, não obstante isto contratar, pagará ao Subscritor, Titular ou beneficiário o dobro do valor do Título de Capitalização.

§ 2º O Subscritor que tiver conhecimento da impossibilidade do risco e, não obstante isto contratar, perderá o valor do Título de Capitalização pago.

Art. 16. Desaparecido o risco resolve-se o Contrato de Capitalização com a devolução proporcional da contribuição, ressalvado o direito da Sociedade de Capitalização às despesas incorridas. Não caberá a redução se o risco desapareceu em virtude da ocorrência de sinistro.

Art. 17. O Subscritor, Titular ou beneficiário é obrigado a comunicar a Sociedade de Capitalização, tão logo saiba, o relevante agravamento do risco, inclusive o derivado de motivo alheio à sua vontade.

§ 1º Será relevante o agravamento que contrariar o conteúdo das informações prestadas à Sociedade de Capitalização nas respostas ao questionário formulado quando da formação do Contrato de Capitalização na forma de cumulado, com o aumento substancial da probabilidade de realização do risco ou da severidade de seus efeitos.

§ 2º Depois de notificada, a Sociedade de Capitalização terá o prazo máximo de vinte dias para cobrar a diferença de contribuição ou resolver o contrato.

§ 3º Nos seguros sobre a vida e a integridade física próprias não configura agravamento a doença contraída ou a lesão sofrida durante a vigência do contrato.

§ 4º A resolução deve ser feita por carta registrada com aviso de recebimento ou meio idôneo equivalente, devendo a Sociedade de Capitalização restituir a diferença de contribuição ou a reserva matemática constituída se o seguro for sobre a vida ou integridade física próprias e pressupor sua constituição.

§ 5º No agravamento voluntário a resolução por parte da Sociedade de Capitalização produzirá efeitos desde o momento em que os riscos foram agravados.

§ 6º Prosseguindo o Contrato de Capitalização, será devida diferença de contribuição, salvo pacto em contrário.

§ 7º A Sociedade de Capitalização em nenhuma hipótese responderá pelas consequências do ato praticado com a intenção de aumentar a probabilidade ou tornar mais severos os efeitos do sinistro.

Art. 18. Perde a garantia o Subscritor, Titular ou beneficiário que não cumprir dolosamente a obrigação de comunicar o agravamento do risco. Se o descumprimento for culposo, a prestação decorrente do sinistro se reduzirá em proporção à diferença entre a contribuição paga e o que seria devido caso comunicado o agravamento.

Art. 19. Havendo relevante redução do risco, o valor da contribuição será proporcionalmente reduzida, ressalvado o direito da Sociedade de Capitalização às despesas incorridas.

CAPÍTULO IV
CONTRIBUIÇÃO

Art. 20. Considera-se contribuição, para os efeitos desta Lei, o pagamento único, periódico ou mensal, pactuado no Contrato de Capitalização, pago no tempo, forma e lugar convencionados, cumprindo à Sociedade de Capitalização, cobrá-la.

§ 1º Na falta de convenção em contrário, entende-se ser a contribuição à vista e pagável no domicílio do Subscritor.

§ 2º É vedado o recebimento de adiantamento do valor da contribuição antes de formado o Contrato de Capitalização.

Art. 21. A Sociedade de Capitalização não pode recusar o pagamento da contribuição por terceiro, salvo se a isso se opuser o Subscritor.

Art. 22. A mora relativa à prestação única ou à primeira parcela de contribuição resolve automaticamente o Contrato de Capitalização, salvo convenção em contrário.

§ 1º A mora relativa à parcela de contribuição, que não seja a primeira, suspenderá a garantia contratual após notificação ao Subscritor concedendo prazo para a purgação, não inferior a quinze dias contados da recepção. A suspensão da garantia não afetará direitos das vítimas nos seguros de responsabilidade civil.

§ 2º A notificação deve ser feita por carta registrada remetida para o último endereço do Subscritor por ele informado à Sociedade de Capitalização, ou outro meio idôneo, e conter as advertências de que o não pagamento no novo prazo suspenderá a garantia e de que não sendo purgada a mora a Sociedade de Capitalização não efetuará quaisquer pagamentos devidos por sinistro ocorrido a partir do vencimento original da prestação não paga.

§ 3º Caso o Subscritor recuse a recepção ou por qualquer razão não seja encontrado no último endereço por ele informado à Sociedade de Capitalização, o prazo previsto no § 1º terá início nessa data.

Art. 23. A resolução, salvo quando se tratar de prestação única ou da primeira parcela da contribuição, está condicionada a prévia notificação e não poderá ocorrer em prazo inferior a trinta dias após a suspensão da garantia. A notificação da suspensão da garantia poderá desde logo advertir para a resolução do Contrato de Capitalização caso não purgada a mora.

§ 1º Nos contratos de Capitalização pactuados conjuntamente com seguros coletivos sobre a vida e a integridade física próprias, a resolução somente ocorrerá após noventa dias, contado o prazo da última notificação feita ao estipulante e aos Subscritores, Titulares ou beneficiários, devendo o valor da contribuição ser cobrado do estipulante.

§ 2º Nos contratos de Capitalização cumulados com seguros individuais sobre a vida e a integridade física próprias estruturados com reserva matemática, o não pagamento de parcela da contribuição, que não a primeira ou única, implicará redução proporcional da garantia ou devolução da reserva, o que for mais vantajoso para o Subscritor, Titular ou beneficiários.

§ 3º Caso o Subscritor ou o estipulante recuse a recepção ou por qualquer razão não seja encontrado no último endereço por ele informado à Sociedade de Capitalização, o prazo terá início na data da frustração da comunicação.

Art. 24. Nos contratos de Capitalização cumulados com seguros sobre a vida e a integridade física própria o valor da contribuição pode ser convencionado por prazo limitado ou por toda a vida do Subscritor.

Art. 25. Caberá execução para a cobrança da contribuição.

CAPÍTULO V
CAPITALIZAÇÃO EM FAVOR DE OUTREM

Art. 26. O Contrato de Capitalização será em favor de outrem quando a convenção recair sobre interesse de terceiro, determinado ou determinável, ou por conta de quem corresponder.

Parágrafo único. O beneficiário será identificado pela lei, por ato de vontade anterior à contratação ou, quando for o caso, à ocorrência do sinistro ou, a qualquer tempo, pela Titularidade do interesse garantido.

Art. 27. O interesse alheio, sempre que conhecido, deve ser declarado à Sociedade de Capitalização no momento da contratação.

Parágrafo único. Presume-se que o Contrato de Capitalização é por conta própria, salvo quando, em razão das circunstâncias ou dos termos do contrato, a Sociedade de Capitalização conheça ou deva conhecer que a modalidade de Capitalização é em favor de outrem.

Art. 28. O Contrato de Capitalização em favor de outrem pode coexistir com Contrato de Capitalização por conta própria ainda que no âmbito do mesmo contrato, de forma cumulativa ou alternativa.

Parágrafo único. Salvo disposição em contrário, havendo concorrência de interesses, prevalecerá a garantia por conta própria até o valor em que concorrer, valendo, naquilo que ultrapassar, como Contrato de Capitalização em favor de outrem, respeitado sempre o limite da contribuição e, quando for o caso, da importância segurada.

Art. 29. Considera-se estipulante aquele que atua em favor dos interesses dos Subscritores, Titulares e beneficiários, pactuando com a Sociedade de Capitalização os termos do Contrato de Capitalização para adesão dos Subscritores, na forma da legislação em vigor.

Art. 30. Cabe ao estipulante, além de outras atribuições que decorram da lei ou do Contrato de Capitalização, assistir ao Subscritor, ao Titular e ao beneficiário, durante a execução do Contrato de Capitalização, e quando for o caso, da regulação e liquidação dos sinistros.

Art. 31. No que couber, aplica-se ao estipulante no Contrato de Capitalização às mesmas regras e princípios, responsabilidade, remuneração, representação, previstos para a estipulação de seguro coletivo e seguro em favor de outrem, normatizados pelo CNSP.

Art. 32. O Subscritor, Titular, o beneficiário e o estipulante, este em favor daqueles, são concorrentemente legitimados para exigir o cumprimento das obrigações derivadas do Contrato de Capitalização.

Art. 33. Além das exceções próprias ao Subscritor, ao Titular e ao beneficiário, a Sociedade de Capitalização pode opor-lhes todas as defesas fundadas no Contrato de Capitalização que tenha contra o estipulante, anteriores e posteriores ao sinistro.

CAPÍTULO VI
CO-SEGURO, SEGURO CUMULATIVO E RESSEGURO

Art. 34. Ocorre co-seguro quando duas ou mais seguradoras, por acordo expresso entre elas e o segurado ou o estipulante, garantem um determinado interesse contra o mesmo risco e ao mesmo tempo, cada uma delas assumindo uma cota de garantia.

Parágrafo único. Ocorre seguro cumulativo quando a distribuição entre várias seguradoras for feita pelo segurado ou estipulante por força de contratações separadas. Neste caso, se o seguro for de dano, o segurado deverá comunicar a cada uma das seguradoras sobre a existência dos contratos com as demais e, quando a soma das importâncias seguradas superar o valor do interesse, será reduzida proporcionalmente a importância segurada de cada contrato.

Art. 35. Resseguro é a relação obrigacional pela qual a resseguradora, mediante o recebimento do prêmio ou contribuição, garante o interesse da seguradora ou da Sociedade de Capitalização contra os riscos próprios de sua atividade, decorrentes da celebração e execução de negócios de seguro ou de Capitalização.

Art. 36. No que couber, aplicam-se as mesmas regras e princípios previstos para a estipulação do co-seguro, do seguro cumulativo ou do resseguro no Contrato de Capitalização, normatizados pelo CNSP.

CAPÍTULO VII
INTERVENIENTES NO CONTRATO DE CAPITALIZAÇÃO

Art. 37. Os intervenientes são obrigados a agir de acordo com lealdade e a máxima boa-fé, prestando informações completas e verídicas sobre todas as questões envolvendo a formação e execução do Contrato de Capitalização, sob pena de responsabilidade pessoal.

Art. 38. Os agentes autorizados de Capitalização são, para todos os efeitos, prepostos da Sociedade de Capitalização, vinculando-a por seus atos e omissões.

Art. 39. Os representantes e prepostos da Sociedade de Capitalização, ainda que temporários ou de modo precário, vinculam aquela para todos os fins, quanto a seus atos e omissões.

Art. 40. O corretor de Capitalização é o intermediário legalmente autorizado para angariar e promover o Contrato de Capitalização, respondendo civil, penal e administrativamente por seus atos e omissões.

§ 1º Dentre outras, são atribuições dos corretores de Capitalização:

I — o exame do risco e do interesse que se pretende poupar, investir ou garantir;

II — a recomendação de providências que permitam a obtenção da garantia de seguro, quando for o caso;

III — a identificação e recomendação da modalidade de Capitalização que melhor atenda às necessidades do Subscritor, Titular e beneficiário, a identificação e recomendação da Sociedade de Capitalização;

IV — assistir ao Subscritor e ao Titular durante a execução do contrato, bem como a esse e ao beneficiário, quando da regulação e liquidação do sinistro, quando for o caso; e

V — assistir ao Subscritor na renovação e preservação da poupança, investimento ou garantia de seu interesse.

§ 2º O corretor de Capitalização não pode participar dos resultados obtidos pela Sociedade de Capitalização.

Art. 41. O corretor de Capitalização será responsável pela efetiva entrega ao destinatário dos documentos e correspondências que lhe forem confiados, no prazo máximo de cinco dias, independentemente do suporte.

Parágrafo único. Sempre que for conhecido o iminente perecimento de direito, a entrega deve ser feita em prazo hábil.

Art. 42. O corretor de Capitalização somente será considerado representante dos Subscritores, Titulares e beneficiários quando lhe for outorgado mandato.

Art. 43. Pelo exercício de sua atividade o corretor de Capitalização fará jus a comissões de corretagem, salvo estipulação contratual diversa.

CAPÍTULO VIII
FORMAÇÃO E DURAÇÃO DO CONTRATO

Art. 44. A proposta de Capitalização pode ser efetuada pelo Subscritor e, quando for o caso, pelo estipulante ou pela Sociedade de Capitalização.

Parágrafo único. Proposta de Adesão, Proposta de Aquisição, ou simplesmente Proposta, equivalem a Ficha de Cadastro na Capitalização.

Art. 45. A proposta feita pela Sociedade de Capitalização não poderá ser condicional e deverá conter todos os requisitos necessários para a contratação, o conteúdo integral do contrato e o prazo máximo para sua aceitação.

§ 1º A Sociedade de Capitalização não poderá invocar omissões de sua proposta.

§ 2º A aceitação da proposta feita pela Sociedade de Capitalização somente se dará pela manifestação expressa de vontade ou ato inequívoco do destinatário.

Art. 46. A proposta feita pelo Subscritor não exige forma escrita.

Parágrafo único. O simples pedido de cotação à Sociedade de Capitalização, ao agente desta ou ao corretor de Capitalização não equivale à proposta, mas as informações prestadas pelas partes e terceiros intervenientes integram o Contrato de Capitalização que vier a ser celebrado.

Art. 47. Efetuada a proposta, a Sociedade de Capitalização terá o prazo máximo de quinze dias para cientificar sua recusa ao proponente, findo o qual se considerará aceita a proposta. O CNSP poderá fixar prazos inferiores.

§ 1º Considera-se igualmente aceita a proposta pela prática de atos inequívocos reveladores do ajuste, como o recebimento total ou parcial da contribuição ou sua cobrança pela Sociedade de Capitalização.

§ 2º O Contrato de Capitalização celebrado mediante aceitação tácita se regerá, naquilo que não contrariar a proposta, pelas condições contratuais previstas nos modelos depositados pela Sociedade de Capitalização junto à ANSEP para a modalidade de garantia constantes da proposta, prevalecendo, caso haja mais de um clausulado depositado, o que for mais favorável ao interesse do Subscritor.

§ 3º Durante o prazo para sua manifestação a Sociedade de Capitalização poderá cientificar o proponente, uma única vez, de que o exame da proposta está subordinado à apresentação de informações ou documentos complementares, ou exame pericial, quando for o caso. O prazo para aceitação terá novo início a partir do atendimento da solicitação ou da conclusão do exame pericial.

Art. 48. O proponente é obrigado a fornecer as informações necessárias para a aceitação do Contrato de Capitalização.

Art. 49. As partes e os terceiros intervenientes devem informar tudo que souberem de relevante, bem como aquilo que deveriam saber, de acordo com as regras ordinárias de conhecimento.

Art. 50. A Sociedade de Capitalização deverá alertar o proponente sobre quais são as informações relevantes a serem prestadas para a aceitação e formação do Contrato de Capitalização, esclarecendo em seus impressos e questionários as consequências do descumprimento deste dever.

Parágrafo único. A Sociedade de Capitalização que dispensar as informações relevantes, não exigi-las de forma clara, completa e inequívoca, ou não alertar sobre as consequências do descumprimento do dever de informar, não poderá aplicar sanções com base em infração contratual, salvo conduta dolosa do proponente ou do seu representante.

Art. 51. As cláusulas sobre perda de direitos, exclusão de interesses e riscos, imposição de obrigações e restrições de direitos serão redigidas de forma clara e compreensível, e postas em destaque.

Parágrafo único. Serão nulas as cláusulas redigidas em idioma estrangeiro ou que se limite a referir a cláusulas de uso internacional.

Art. 52. O contrato presume-se celebrado para viger pelo prazo de um ano, salvo se o contrário não decorrer da sua natureza, do interesse, ou quando for o caso, do risco ou de acordo das partes.

Art. 53. As partes poderão subordinar o início da garantia a termo ou condição.

Parágrafo único. A garantia contratada não pode ser condicionada a futura contratação de co-seguro ou resseguro.

CAPÍTULO IX
PROVA DO CONTRATO

Art. 54. O Contrato de Capitalização prova-se por todos os meios em direito admitidos, vedada a prova exclusivamente testemunhal.

Art. 55. A Sociedade de Capitalização é obrigada a entregar ao Subscritor, no prazo de vinte dias contados da aceitação, além do Título de Capitalização, documento probatório do Contrato de Capitalização de que constarão, no mínimo, os seguintes elementos:

I — a denominação, qualificação completa e o número de registro na ANSEP da Sociedade de Capitalização única;

II — o número de registro na ANSEP do procedimento administrativo em que se encontram o modelo do Contrato de Capitalização, as notas técnicas, notas atuariais e Título de Capitalização correspondentes;

III — o nome do Subscritor, do Titular e, sendo distinto, o do beneficiário;

IV — o nome do estipulante, quando for o caso;

V — o dia e horário precisos do início e fim de vigência ou, se for o caso, o modo preciso para sua determinação;

VI — o valor da contribuição e a demonstração da regra de atualização monetária, ou da regra através da qual se possa precisar aquele valor;

VII — os interesses, poupança, investimento e os riscos garantidos, quando for o caso;

VIII — os locais de risco compreendidos pela garantia;

IX — quando cumulados no Contrato de Capitalização, os riscos excluídos e os interesses vinculados ao mesmo bem não compreendido pela garantia, ou em relação aos quais a garantia seja de valor inferior ou submetida a condições ou a termos específicos;

X — o nome, a qualificação e o domicílio de todos os intermediários do negócio, com a identificação, em existindo, daquele que receberá e transmitirá as comunicações entre os contratantes;

XI — em caso de co-seguro, a denominação, qualificação completa, número de registro na ANSEP de cada co-seguradora, de forma especialmente precisa e destacada; e

XII — o valor da contribuição e, se for o caso, as prestações ou parcelas que o compõem.

§ 1º O valor do resgate será expresso em moeda nacional, salvo se o interesse for daqueles normalmente cotados em moeda estrangeira ou se nela tiver que se fazer, por força de lei ou de regulamento administrativo do Banco Central do Brasil ou, quando for o caso, o pagamento da indenização em caso de sinistro.

§ 2º O Contrato de Capitalização terá o glossário dos termos técnicos nele empregados.

Art. 56. Os contratos de Capitalização são Títulos executivos extrajudiciais.

Parágrafo único. O Título executivo extrajudicial será constituído por qualquer documento hábil para a prova da existência do Contrato de Capitalização, do qual constem os elementos essenciais para a verificação da certeza e liquidez da dívida, acompanhado dos documentos necessários para a prova de sua exigibilidade.

CAPÍTULO X
INTERPRETAÇÃO DO CONTRATO

Art. 57. O Contrato de Capitalização não pode ser interpretado ou executado em prejuízo da coletividade de Subscritores, ainda que em benefício de um ou mais Subscritores, Titulares, cessionários ou beneficiários, nem promover o enriquecimento injustificado de qualquer das partes ou de terceiros.

Art. 58. O Contrato de Capitalização deve ser executado e interpretado segundo a boa fé e sempre com o objetivo de atender sua função social.

Parágrafo único. Se da interpretação de quaisquer documentos elaborados pela Sociedade de Capitalização, tais como peças publicitárias, impressos, instrumentos contratuais ou pré-contratuais, resultarem dúvidas, contradições, obscuridades ou equivocidades, estas serão resolvidas no sentido mais favorável ao Subscritor, Titular ou ao beneficiário.

Art. 59. É vedada a interpretação ampliativa que desequilibre a estrutura técnica e atuarial da modalidade da operação de Capitalização.

Art. 60. As condições contratuais particulares prevalecem sobre as especiais e estas sobre as gerais no Contrato de Capitalização.

Art. 61. As cláusulas referentes à exclusão de riscos e prejuízos ou que impliquem restrição ou perda de direitos e garantias são de interpretação restritiva quanto à sua incidência e abrangência nos contratos de Capitalização cumulados com os de seguro.

Art. 62. É nula a inclusão de compromissos e cláusulas de arbitragem nas Condições Gerais (CONDGs), especiais e particulares, salvo com a anuência do Subscritor.

Art. 63. Os meios alternativos para a solução de litígios somente poderão ser pactuados em instrumentos apartados assinados pelas partes ou seus representantes legais, desde que não formados por adesão a cláusulas e condições predispostas exclusivamente pela parte contratualmente mais forte e submetidos ao procedimento e às regras do direito brasileiro.

CAPÍTULO XI
SINISTRO, REGULAÇAO E LIQUIDAÇÃO DE SINISTROS

Art. 64. O Subscritor que tiver conhecimento da ocorrência do sinistro antes de formular a proposta e, não obstante isto contratar, não terá direito à garantia e continuará obrigado ao pagamento da contribuição, quando for o caso de cumulação de Contrato de Capitalização com o de seguro.

Art. 65. A Sociedade de Capitalização que tiver conhecimento da ocorrência do sinistro antes da recepção da proposta e não obstante contratar, pagará em dobro o valor do Título de Capitalização pactuado.

Art. 66. Regulação do sinistro é o procedimento através do qual se apura a existência e se identificam as causas e os efeitos do fato avisado pelo interessado.

Art. 67. Liquidação do sinistro é o procedimento através do qual se quantifica em dinheiro, salvo quando convencionada reposição em espécie, os efeitos do fato avisado pelo interessado.

Art. 68. Aplica-se no que couber, as regras e procedimentos do sinistro, regulação e liquidação de sinistros do seguro ao Contrato de Capitalização.

CAPÍTULO XII
TRANSFERENCIA DE INTERESSE DO SUBSCRITOR

Art. 69. A transferência do interesse do Subscritor garantido implica a cessão do Título de Capitalização correspondente, obrigando-se o cessionário no lugar do cedente.

Art. 70. A cessão, as bonificações, taxações especiais e outras vantagens personalíssimas do cedente não se comunicam para o novo Titular do interesse garantido.

Art. 71. A cessão somente será eficaz quando comunicada por escrito à Sociedade de Capitalização nos dez dias posteriores à transferência.

§ 1º A ausência de comunicação exonera a Sociedade de Capitalização.

§ 2º A recusa será feita por carta registrada endereçada ao cessionário e produzirá efeitos após sessenta dias contados da sua recepção.

Art. 72. A cessão do Título de Capitalização dá-se automaticamente da transferência do interesse.

TÍTULO II
DISPOSIÇÕES ESPECIAIS

CAPÍTULO I
TÍTULO DE CAPITALIZAÇÃO

Art. 73. A elaboração, a operação e a comercialização de Títulos de Capitalização obedecerão ao disposto nesta Lei.

Parágrafo único. Consideram-se Títulos de Capitalização, para os efeitos desta Lei, papéis em que estão incorporados os direitos do Subscritor, do Titular, do beneficiário ou do cessionário em face da Sociedade de Capitalização, facilitando a circulação dos direitos creditórios previstos no Contrato de Capitalização.

Art. 74. Os Títulos de Capitalização serão estruturados, para efeito de comercialização, conforme uma das quatro modalidades discriminadas abaixo:

I — modalidade tradicional ou clássica;

II — modalidade compra-programada;

III — modalidade popular; e

IV — modalidade empresarial.

Art. 75. As sociedades de Capitalização não poderão comercializar, após centro e oitenta dias após a publicação desta Lei, os Títulos de Capitalização já aprovados que não atendam à presente Lei.

§ 1º As sociedades de Capitalização poderão, até o prazo fixado no *caput* deste artigo, obter novas aprovações para os seus atuais Títulos de Capitalização, por meio das adequações necessárias à presente Lei, sem necessidade de abertura de novo processo administrativo junto à ANSEP.

§ 2º A aprovação a que se refere o parágrafo primeiro deste artigo não se aplica aos Títulos de Capitalização em que houver alteração ou da cota de sorteio, ou da cota de Capitalização ou ainda da taxa de juros.

§ 3º Após a data prevista no *caput* deste artigo, a Sociedade de Capitalização deverá solicitar a abertura de novo processo administrativo para a adaptação dos Títulos de Capitalização que não atendam a presente Lei.

§ 4º Os novos Títulos de Capitalização apresentados para aprovação após a entrada em vigor da presente Lei deverão obedecer aos critérios definidos nesta Lei.

Art. 76. O não atendimento ao disposto nesta Lei sujeitará as sociedades de Capitalização às penas previstas na legislação em vigor.

Art. 77. Relativamente aos pagamentos, os Títulos de Capitalização poderão ser do tipo pagamentos periódicos (PP), pagamentos mensais (PM) ou do tipo pagamento único (PU), observadas as disposições específicas de cada modalidade.

§ 1º Entende-se por pagamentos periódicos (PP) o Título de Capitalização em que não há correspondência entre o número de pagamentos e o número de meses de vigência, sendo prevista a realização de mais de um pagamento.

§ 2º Entende-se por pagamentos mensais (PM) o Título de Capitalização que prevê a realização de um pagamento para cada mês de vigência do Título.

§ 3º Entende-se por pagamento único (PU) o Título de Capitalização que prevê a realização de um único pagamento.

§ 4º É vedada a cobrança de taxa de qualquer espécie para subscrição, cessão ou transferência do Título de Capitalização, independentemente de sua denominação, ao Subscritor, ou Titular ou cessionário.

Art. 78. As Sociedades de Capitalização deverão encaminhar à SUSEP minuta de Contrato de Capitalização, contendo as CONDGs e a nota técnica atuarial dos Títulos de Capitalização a serem por elas comercializados, para análise e aprovação, consoante as normas em vigor, mediante expediente que contemple, no mínimo, a razão social da sociedade, o seu CNPJ, a respectiva modalidade do Título e as assinaturas de um diretor da sociedade e do atuário responsável pela elaboração da nota técnica atuarial, com seu número de identificação profissional perante o órgão competente.

§ 1º O número de processo na ANSEP deverá fornecido quando do protocolo do material mencionado no *caput* deste artigo.

§ 2º Qualquer alteração adotada na nota técnica, após a aprovação da minuta de Contrato de Capitalização, e do respectivo Título de Capitalização, deverá ser encaminhada à ANSEP, observado o disposto no *caput* deste artigo, mediante abertura de novo processo administrativo e, a critério da Sociedade de Capitalização, solicitação do arquivamento do processo original.

§ 3º Excluem-se da hipótese prevista no parágrafo anterior as alterações decorrentes de mudanças nas normas estabelecidas pela ANSEP, pelo CNSP ou demais normativos em vigor.

§ 4º A aprovação de que trata o *caput* deste artigo será automaticamente revogada se não houver início de comercialização do Contrato de Capitalização no prazo de um ano, contado da data de sua aprovação.

Art. 79. Nas CONDGs do Título de Capitalização deverão constar, sempre em destaque, no mínimo:

I — glossário com as definições necessárias;

II — percentuais de sorteio e Carregamento;

III — tabela que relacione o percentual de resgate em função do prazo de vigência do Título, considerando-se todos os pagamentos previstos e parâmetros de cálculo e especificando eventuais fatores de redução para resgates antecipados;

IV — se o valor do prêmio de sorteio é líquido ou bruto e, nesse caso, que o desconto de imposto de renda será na forma da legislação em vigor.

V — denominação e CNPJ da Sociedade de Capitalização;

VI — nome fantasia do produto, número do processo ANSEP e a modalidade, facilmente identificáveis;

VII — critério de atualização dos valores, com a indicação do índice utilizado;

VIII — aplicação de juros moratórios quando o sorteio e/ou resgate ou prestação não forem pagos nos prazos estabelecidos na legislação em vigor;

IX — Informações relativas à participação em excedentes financeiros, quando for o caso, nos termos da legislação específica, e às condições para obtenção de bônus, quando previstos.

§ 1º Todas as cláusulas que implicarem limitações ou impuserem ônus aos Titulares deverão ser redigidas com destaque, permitindo sua imediata e fácil compreensão.

§ 2º As CONDGs deverão apresentar as redações propostas pelo CNSP e ANSEP.

§ 3º As seguintes informações complementares deverão ser entregues ao Subscritor apartadas das CONDGs do Título de Capitalização:

I — o valor do capital nominal mínimo formado ao final do prazo de vigência, considerando-se todos os pagamentos previstos efetuados em dia;

II — Nome e número do registro do corretor de Capitalização, quando couber;

III — Identificação dos Titulares, quando conhecidos previamente, com o respectivo percentual de cada um sobre os direitos do Título, quando for o caso.

§ 4º A redação presente nos incisos anteriores deste artigo deverá ser inserida, necessariamente, em todo e qualquer material de comercialização e propaganda utilizado pela Sociedade de Capitalização, quando este for específico para um determinado produto ou grupo de produtos.

§ 5º O Título de Capitalização, contendo suas CONDGs, juntamente com as informações complementares mencionadas no parágrafo terceiro deste artigo, deverá ser fornecido ao Subscritor em, no máximo, quinze dias após a data de início de vigência do Título.

Art. 80. A proposta de subscrição, quando existente, deverá ser preenchida em momento anterior ao da aquisição do Título de Capitalização, devendo conter em destaque, sempre, no mínimo:

I — os incisos I, II, III, V, VI e VII do artigo 79;

II — as redações previstas no § 2º do artigo 79;

III — informação de que a contratação implica a automática adesão às condições contratuais do Título;

IV — informação de que o Subscritor tomou ciência das CONDGs do Título de Capitalização.

Parágrafo único. Ao Subscritor deverá ser entregue, com contra-recibo, uma cópia da proposta de subscrição.

Art. 81. As CONDGs completas deverão ser disponibilizadas ao Subscritor, assim como todas as demais informações acessórias ao produto, previamente à subscrição do Título ou juntamente com o preenchimento da proposta de subscrição, quando existente.

Art. 82. Os Títulos de Capitalização poderão ser contratados via canais remotos, desde que atendidas, também, as seguintes disposições:

I — a Sociedade de Capitalização deverá disponibilizar, imediatamente, a confirmação da contratação ao Subscritor;

II — Não obstante o disposto no inciso anterior, a Sociedade de Capitalização deverá encaminhar em até quinze dias, após a data de seu início de vigência, o Título de Capitalização ao Subscritor ou fornecer, no momento da contratação, documentação contendo o Título de Capitalização e as CONDGs.

Art. 83. A Sociedade de Capitalização não poderá comercializar os direitos relativos ao Título separadamente.

§ 1º É facultada a transferência ou cessão total ou parcial dos direitos ou obrigações do Título a qualquer momento, mediante comunicação escrita à Sociedade de Capitalização, ficando vedada a cobrança de qualquer espécie de taxa.

§ 2° São obrigações do Subscritor e do Titular comunicar à Sociedade de Capitalização:

I — seus dados cadastrais atualizados para efeito de registro e controle;

II — sobre a realização de cessão, informando os dados cadastrais do novo Subscritor, do novo Titular ou cessionário, respectivamente.

§ 3° A Sociedade de Capitalização deverá manter registro atualizado contendo as informações sobre o Título de Capitalização e os dados cadastrais do Subscritor e Titular, de modo a identificar a perfeita vinculação do Título entre estes e a Sociedade de Capitalização, observados também os requisitos da legislação específica.

§ 4º Para a modalidade popular, o Subscritor poderá ser identificado pelo número do seu Título de Capitalização, do seu CPF ou do RG.

Art. 84. A Sociedade de Capitalização deverá efetuar o pagamento do resgate e do prêmio de sorteio por qualquer meio legalmente admitido e disponível na cidade de domicílio do Titular.

Art. 85. É vedada a reaplicação do valor de resgate ou do valor do sorteio em outro Título de Capitalização sem a prévia anuência do Titular, observado, para a nova contratação.

CAPÍTULO II
DA MODALIDADE TRADICIONAL OU CLÁSSICA

Art. 86. Entende-se por modalidade tradicional ou clássica o Título de Capitalização que tem por objetivo restituir ao Titular, ao final do prazo de vigência, no mínimo, o valor total dos pagamentos efetuados pelo Subscritor, desde que todos os pagamentos previstos tenham sido realizados nas datas programadas.

§ 1º O Título de Capitalização poderá ser estruturado na forma de pagamentos periódicos (PP), pagamentos mensais (PM) ou de pagamento único (PU).

§ 2º Para efeito do cálculo do valor total a que se refere o *caput* deste artigo, não deverão ser computadas a atualização monetária da provisão matemática para resgate e tampouco a provisão de bônus.

§ 3º É permitida a utilização da provisão matemática para resgate como instrumento de garantia.

§ 4º É vedada qualquer vinculação da provisão matemática para resgate à aquisição de bem ou serviço.

Art. 87. É obrigatório o preenchimento da proposta de subscrição em momento anterior à aquisição do Título de Capitalização, com exceção nos casos de vendas em canais remotos.

Art. 88. A proposta de subscrição, quando houver, deverá conter, em destaque, informações e mensagens elaboradas pelo CNSP e ANSEP.

Art. 89. O custo com sorteios deverá corresponder ao percentual do total dos pagamentos previsto pelo CNSP e ANSEP.

Art. 90. É facultada a previsão de bônus ao Titular.

Art. 91. Fica facultada a estruturação de Títulos de Capitalização com a possibilidade de pagamentos com livre escolha por parte do Subscritor quanto à quantidade, valor e data de realização desses pagamentos, desde que observadas as seguintes condições:

I — os Títulos de Capitalização não serão estruturados em série;

II — é vedada a previsão de sorteios;

III — os pagamentos deverão ser efetuados dentro do prazo de vigência do Título de Capitalização;

IV — o capital mínimo será definido com base no valor do primeiro pagamento efetuado, como se este fosse o único, considerando-se também o prazo de vigência do Título de Capitalização;

V — É vedada a utilização da taxa de remuneração básica aplicada às cadernetas de poupança (TR) como índice de atualização monetária da provisão matemática para resgate.

CAPÍTULO III
DA MODALIDADE COMPRA-PROGRAMADA

Art. 92. Entende-se por modalidade compra-programada o Título de Capitalização em que a Sociedade de Capitalização se obriga a disponibilizar ao Titular adimplente, em um prazo determinado, se este assim desejar, o bem ou serviço referenciado na proposta de subscrição, a partir de acordos comerciais celebrados com indústrias, atacadistas e empresas comerciais, sendo garantido ao Titular adimplente a faculdade de optar pelo recebimento do valor de resgate em moeda corrente nacional.

§ 1º As condições relativas ao bem ou serviço referenciado deverão constar na proposta de subscrição e nas CONDGs, entregues ao Subscritor.

§ 2º O Título de Capitalização poderá ser estruturado na forma de pagamento periódico (PP) ou pagamento mensal (PM).

Art. 93. Ao final do prazo de vigência, a provisão matemática para resgate deverá corresponder, no mínimo, ao valor total dos pagamentos efetuados pelo Subscritor, desde que todos os pagamentos tenham sido realizados, nas datas programadas.

§ 1º Para efeito do cálculo do valor total a que se refere o *caput* deste artigo, não deverão ser computadas a atualização monetária da provisão matemática para resgate e tampouco a provisão de bônus.

§ 2º A Sociedade de Capitalização poderá prever, desde que presente nas CONDGs do Título de Capitalização, uma penalidade de, no máximo, quinze por cento do valor formado na provisão matemática de resgate, a ser aplicada nos casos em que o Titular solicitar o resgate antes do fim do prazo de vigência do Título ou optar por não adquirir o bem ou serviço referenciado na proposta de subscrição.

§ 3º Somente poderá haver liquidação antecipada por sorteio se este representar uma forma de o Titular adquirir o bem ou serviço referenciado na proposta de subscrição, sendo que, neste caso, o resgate deverá corresponder a cem por cento da provisão matemática.

Art. 94. É obrigatório o preenchimento da proposta de subscrição em momento anterior à aquisição do Título de Capitalização.

Art. 95. A proposta de subscrição deverá conter, em destaque, informações e mensagens elaboradas pelo CNSP e ANSEP.

Art. 96. O custo com sorteios poderá corresponder ao percentual do total dos pagamentos previsto pelo CNSP e ANSEP.

Art. 97. É facultada a previsão de bônus ao Titular.

Parágrafo único. Na nota técnica atuarial deverá ser demonstrado o critério matemático para a constituição da provisão deste bônus.

Art. 98. A atualização da provisão matemática para resgate deverá ser necessariamente feita por índice de preços e em conformidade com a legislação em vigor, ressalvado o disposto no parágrafo único deste artigo.

Parágrafo único. Poderá ser utilizado outro índice, diferente do citado no *caput* deste artigo, para a atualização da provisão matemática para resgate, mediante aprovação prévia da ANSEP, desde que a Sociedade de Capitalização comprove a existência de contrato firmado com fornecedores que garantam a atualização dos preços dos bens ou serviços pelo referido índice.

Art. 99. Os percentuais relativos aos pagamentos a serem utilizados para a constituição da provisão matemática para resgate deverão ser calculados de tal forma que, no décimo segundo mês de vigência, este percentual corresponda a, no mínimo, cinquenta por cento do valor dos pagamentos efetuados.

CAPÍTULO IV
DA MODALIDADE POPULAR

Art. 100. Entende-se por modalidade popular o Título de Capitalização que tem por objetivo propiciar a participação do Titular em sorteios, sem que haja devolução integral dos valores pagos.

Parágrafo único. O Título de Capitalização poderá ser estruturado na forma de pagamento periódico (PP), pagamento mensal (PM) ou pagamento único (PU).

Art. 101. É facultativo o preenchimento da proposta de subscrição no ato do Contrato de Capitalização.

Art. 102. As CONDGs e a proposta de subscrição, quando previstas, deverão conter, em destaque, informações e mensagens elaboradas pelo CNSP e ANSEP.

Art. 103. O custo com sorteios deverá corresponder ao percentual do total dos pagamentos previsto pelo CNSP e ANSEP.

§ 1º Após 1º de julho de 2008, somente poderão ser comercializados, nesta modalidade, Títulos de Capitalização em que o custo com sorteios corresponda, no mínimo, a dez por cento do total dos pagamentos, observado, em qualquer caso, o percentual máximo a ser fixado pelo CNSP e ANSEP.

§ 2º O valor de cada prêmio bruto individual de sorteio não poderá ser inferior a doze vezes o valor dos pagamentos.

§ 3º O valor de que trata o parágrafo anterior deve ser garantido a cada Título contemplado independentemente de haver fracionamento do prêmio de sorteio entre mais de um ganhador.

§ 4º Deverá ser prevista a realização de, no mínimo, um sorteio a cada semestre de vigência do Título.

Art. 104. Para os Títulos de Capitalização de pagamento único e com doze meses de vigência, o resgate antecipado da provisão matemática deverá corresponder a, no mínimo, cinquenta por cento do valor do pagamento único.

Art. 105. É vedada a previsão de bônus.

CAPÍTULO V
DA MODALIDADE EMPRESARIAL

Art. 106. Entende-se por modalidade empresarial o Título de Capitalização que está vinculado a um evento promocional de caráter comercial instituído pelo Subscritor.

Art. 107. Entende-se por modalidade empresarial, os Títulos de Capitalização voltados para distribuição gratuita de prêmios, seja por tempo indeterminado ou não, e cuja possibilidade de ganho de prêmios é parte integrante da comercialização de produtos ou serviços.

§ 1º Deverá ser prevista a cessão gratuita do direito de participação nos sorteios e, facultativamente, do direito de resgate.

§ 2º O evento de que trata o *caput* deste artigo deve ser mencionado em material apartado das CONDGs do Título, não sendo necessário o envio deste à ANSEP.

§ 3º O Título de Capitalização poderá ser estruturado na forma de pagamento periódico (PP), pagamento mensal (PM) ou pagamento único (PU).

Art. 108. A SUSEP poderá solicitar a qualquer momento a cópia do acordo firmado entre a Sociedade de Capitalização e o Subscritor, bem como cópia de todo material publicitário envolvido na promoção, e demais informações que julgar necessárias.

Parágrafo único. Perante a SUSEP, a Sociedade de Capitalização é responsável por eventuais violações das normas em vigor ou ainda das CONDGs dos Títulos comercializados, verificadas nos acordos mencionados no *caput* deste artigo.

Art. 109. A taxa de juros efetiva mensal utilizada para remuneração do Título de Capitalização e/ou a equivalente anual deverá corresponder, no mínimo, a vinte por cento da taxa de juros aplicada às cadernetas de poupança e deverá constar da nota técnica atuarial e das CONDGs do Título de Capitalização.

§ 1° Se a taxa de juros informada corresponder a um percentual da taxa de juros aplicada às cadernetas de poupança, eventuais alterações nesta deverão ser automaticamente adotadas, mesmo para os Títulos já comercializados.

§ 2º Em caso de aumento da taxa de juros aplicada à caderneta de poupança, de modo que a taxa informada no produto não atenda ao mínimo estabelecido no *caput* deste artigo, ficará automaticamente suspensa a comercialização do produto até que a Sociedade de Capitalização obtenha nova aprovação adequando a taxa de juros, podendo excepcionalmente ser mantido o mesmo número de processo SUSEP.

Art. 110. É facultativo o preenchimento de proposta de subscrição para a aquisição do Título.

Art. 111. As CONDGs e a proposta de subscrição, quando prevista, deverão conter, em destaque, informações e mensagens elaboradas pelo CNSP e ANSEP.

Art. 112. O custo com sorteios poderá corresponder ao percentual do total dos pagamentos previsto pelo CNSP e ANSEP.

Parágrafo único. É vedada a previsão de bônus.

Art. 113. Nesta modalidade, somente poderão ser comercializadas séries para aquisição exclusivas, por clientes pessoas jurídicas, com carência mínima de trinta dias.

Art. 114. Deverá ser prevista a realização de, no mínimo, um sorteio a cada semestre de vigência do Título de Capitalização.

Parágrafo único. Nos casos em que não houver a cessão do direito de resgate, somente poderá haver resgate antecipado dos Títulos não-contemplados em sorteio após a realização do último sorteio previsto na série.

CAPÍTULO VI
DA VIGÊNCIA

Art. 115. Os Títulos de Capitalização não poderão ser estruturados com prazo de vigência inferior a doze meses.

Parágrafo único. A data de início de vigência do Título de Capitalização deverá ser a data do primeiro pagamento ou do pagamento único.

CAPÍTULO III
DOS SORTEIOS

Art. 116. Os Títulos de Capitalização que prevejam sorteios deverão ser estruturados em séries.

§ 1º Os sorteios que definem os Títulos de Capitalização contemplados deverão ocorrer obrigatoriamente durante o prazo de vigência do Título, ressalvado o caso de premiação instantânea, ou de sorteios substitutivos, caso necessários.

§ 2º O pagamento do prêmio de sorteio deverá ser disponibilizado em até quinze dias úteis após a sua realização, observados as normas em vigor.

§ 3º O valor do prêmio de sorteio deverá ser acrescido de juros moratórios previstos nas CONDGs caso a Sociedade de Capitalização não cumpra o prazo especificado no parágrafo anterior, ressalvados os casos previstos nesta Lei.

§ 4º É admitida a previsão de parcelamento do prêmio de sorteio, desde que atendidas as disposições a seguir:

I — o parcelamento deverá ser, no máximo, em doze meses consecutivos;

II — haverá atualização monetária e incidência de taxa de juros mensais sobre as parcelas a serem quitadas;

III — a previsão para parcelamento do prêmio deverá constar das CONDGs do Título de Capitalização.

§ 5º O Título de Capitalização não poderá participar de sorteio que acarrete a efetiva contemplação em data anterior ao de início de comercialização de sua série, ressalvado o caso de premiação instantânea.

§ 6º Para efeito de sorteio, os Títulos de Capitalização não comercializados, suspensos ou cancelados pertencem à Sociedade de Capitalização, salvo estipulação em contrário nas CONDGs e devidamente aprovada pela ANSEP.

§ 7º Os critérios de determinação dos Títulos de Capitalização sorteados deverão ser aleatórios, sendo garantida a cada Título a mesma probabilidade de contemplação.

Art. 117. Para fins desta Lei, define-se como premiação instantânea a forma de sorteio que se realiza previamente ao início de comercialização da série, sendo, entretanto, seu resultado sigiloso.

Art. 118. O sorteio realizado por meio de premiação instantânea deverá atender os seguintes requisitos:

I — o conhecimento relativo à contemplação na premiação instantânea deverá estar disponível ao Titular no momento imediatamente posterior à aquisição do Título de Capitalização, dependendo exclusivamente de sua atuação;

II — os procedimentos que o Titular deve utilizar para verificar a contemplação na premiação instantânea deverão estar previstos nas CONDGs do Contrato de Capitalização e respectivo Título;

III — a cada alteração de critério, é necessária a realização de auditoria independente.

Art. 119. As sociedades de Capitalização somente poderão comercializar Títulos de Capitalização em que o valor máximo do somatório de todos os sorteios previstos, por série e em cada mês, seja igual ou inferior a dez por cento do último patrimônio líquido auditado.

Parágrafo único. A comercialização do Título de Capitalização fica automaticamente suspensa se o patrimônio líquido auditado da Sociedade de Capitalização, em qualquer data, for reduzido de tal forma que não atenda ao percentual estabelecido no *caput* deste artigo, até sua adequação.

Art. 120. O critério matemático utilizado para o estabelecimento do percentual dos pagamentos referente ao custeio dos sorteios deverá constar obrigatoriamente da nota técnica atuarial do Título de Capitalização.

§ 1º O percentual, em relação aos pagamentos, destinado ao custeio dos sorteios dependerá da modalidade do Título de Capitalização.

§ 2º O percentual para os sorteios pertencentes à premiação instantânea deverá estar limitado a trinta por cento do percentual que for adotado pela Sociedade de Capitalização para o custeio de todos os sorteios do Título de Capitalização.

§ 3º Nos Títulos de Capitalização de pagamento único é opcional a utilização da taxa de juros aplicada às cadernetas de poupança na formulação do critério matemático referente ao custeio dos sorteios.

§ 4º O valor de cada prêmio bruto individual de sorteio deverá ser fixado como um múltiplo do pagamento periódico (PP), pagamento mensal (PM) ou pagamento único (PU) do Título de Capitalização, sendo este múltiplo não inferior a uma unidade, ressalvadas disposições específicas.

§ 5º O múltiplo mínimo de que trata o parágrafo anterior deve ser garantido a cada Título de Capitalização contemplado independentemente de haver fracionamento do prêmio de sorteio entre mais de um ganhador.

Art. 121. O sorteio, com exceção da premiação instantânea, poderá ser considerado como uma forma de liquidação antecipada do Título de Capitalização de acordo com as condições contratuais nele estabelecidas.

Parágrafo único. O valor pago pelo Subscritor referente ao custeio dos sorteios cuja realização se der após a liquidação antecipada do Título de Capitalização deverá ser devolvido juntamente com o valor de resgate da provisão matemática formada até o momento da liquidação.

Art. 122. Os resultados dos sorteios poderão ser apurados por meio dos resultados de sistemas oficiais de premiação, bem como os obtidos através de processos próprios, sendo condição mínima de direito do Titular a possibilidade de presenciar sua apuração.

§ 1º A Sociedade de Capitalização deverá especificar nas CONDGs os procedimentos para sorteios substitutivos aos sorteios oficiais não realizados em conformidade com o originalmente previsto.

§ 2º Em caso de sorteios procedidos pela própria Sociedade de Capitalização, estes deverão ser realizados nas sedes, sucursais ou quaisquer estabelecimentos de livre acesso aos Titulares, precedidos de ampla divulgação, com a presença obrigatória de um representante de auditoria independente.

§ 3º Para cada sorteio realizado, nos casos previstos no parágrafo anterior e nos casos de premiação instantânea, as sociedades de Capitalização manterão, à disposição da ANSEP, relatório de auditoria independente, onde deverão constar, no mínimo:

I — as regras estabelecidas pela Sociedade de Capitalização para determinação dos resultados de sorteios a serem obtidos;

II – parecer atestando a aleatoriedade, a equiprobabilidade de ocorrência dos possíveis resultados e a efetiva distribuição dos prêmios previstos nas CONDGs;

III – parecer atestando sobre a garantia de sigilo quanto ao conhecimento dos Títulos de Capitalização contemplados, no caso de premiação instantânea.

CAPÍTULO IV
DOS PAGAMENTOS

Art. 123. Fica facultada às sociedades de Capitalização a comercialização de Títulos de Capitalização distintos com valores de pagamentos diferenciados dentro da mesma série.

§ 1º Deverá ser informado na nota técnica atuarial o valor máximo previsto para a comercialização do Título de Capitalização ou a distribuição de frequência de valores, quando for o caso.

§ 2º Na hipótese de que trata o *caput* deste artigo, será utilizado o valor do pagamento médio, calculado de acordo com a distribuição de frequência dos valores estabelecidos para cada série.

§ 3º Fica dispensada a apresentação, na nota técnica atuarial, da distribuição de frequência prevista no parágrafo primeiro deste artigo.

Art. 124. O valor mínimo de cada pagamento será normatizado pelo CNSP, ressalvado o disposto nesta Lei.

CAPÍTULO V
DA TAXA DE JUROS

Art. 125. A taxa de juros efetiva mensal utilizada para remuneração do Título de Capitalização e/ou a equivalente anual, deverá constar na nota técnica atuarial e das CONDGs do Título de Capitalização.

§ 1º A taxa de juros, quando vinculada a taxa de juros da caderneta de poupança, será modificada a partir da data da alteração que houver na taxa de juros aplicada às cadernetas de poupança, mesmo para os Títulos já comercializados.

Art. 126. A aplicação da taxa de juros cessará a partir da data do cancelamento do Título de Capitalização por falta de pagamento, ou por resgate antecipado, ou ainda, a partir da data do término da vigência.

Art. 127. As sociedades de Capitalização poderão prever, também, nas CONDGs dos Títulos de Capitalização, participação dos Titulares nos lucros da Sociedade de Capitalização, ou em excedentes financeiros, nos termos da legislação específica.

CAPÍTULO VI
DO RESGATE

Art. 128. A Sociedade de Capitalização não poderá se apropriar da provisão matemática dos Títulos de Capitalização suspensos ou caducos por inadimplência dos pagamentos, devendo colocar à disposição do Titular, independentemente do número de pagamentos efetuados, o valor de resgate após o prazo de carência, ainda que a inadimplência ocorra em data anterior ao prazo de carência fixado.

§ 1º Para o caso de resgate antecipado, total ou parcial, do montante da provisão matemática, é facultada a fixação de um prazo de carência para efetivação do pagamento, não superior a vinte e quatro meses, contados da data de início de vigência do Título de Capitalização.

§ 2º O prazo de carência não poderá ser superior ao prazo de vigência do Título, observado o disposto no parágrafo anterior.

§ 3º O pagamento do resgate deverá ser disponibilizado em até quinze dias úteis após o término da vigência ou após o cancelamento do Título de Capitalização, ou, ainda, após a solicitação por parte do Titular, no caso de resgate antecipado, observadas as normas em vigor.

§ 4º O valor do resgate deverá ser acrescido de juros moratórios previstos nas CONDGs do Título caso a Sociedade de Capitalização não cumpra o prazo especificado no parágrafo anterior, ressalvados os casos previstos na Lei.

Art. 129. O resgate originado por liquidação antecipada por sorteio ou o resgate total ao final do prazo de vigência deverá corresponder a cem por cento da provisão matemática.

Parágrafo único. O disposto neste artigo não se aplica à modalidade compra-programada.

CAPÍTULO VII
DAS PROVISÕES

Art. 130. As provisões serão constituídas conforme legislação em vigor.

Art. 131. A provisão matemática para resgate do Título de Capitalização, deverá considerar atualização monetária e juros a partir da data de início de vigência.

Parágrafo único. Não conhecida a data de aquisição ou do pagamento inicial, a provisão deverá considerar atualização monetária e juros ou a partir do décimo quinto dia da data de início de comercialização da série ou a partir da data média estabelecida entre as datas de início e término de comercialização, o que for menor.

CAPÍTULO VIII
DAS COTAS DE CAPITALIZAÇÕE E DE CARREGAMENTO

Art. 132. Os percentuais relativos aos pagamentos a serem utilizados para constituição da provisão matemática para resgate — cotas de Capitalização — deverão obedecer aos seguintes critérios, exceto para a modalidade de compra-programada, observados ainda os demais requisitos de cada modalidade:

I — nos Títulos de pagamento único (PU), em que haja a realização de sorteios, ressalvado o disposto no inciso III deste artigo, o percentual destinado à formação da provisão matemática para resgate deverá ser, no mínimo, setenta por cento do valor do pagamento, qualquer que seja o prazo de vigência do Título de Capitalização;

II — nos Títulos de pagamentos mensais (PM) ou de pagamentos periódicos (PP), em que haja a realização de sorteios, o percentual destinado à formação da provisão matemática para resgate deverá ser:

a) para prazo de vigência de até vinte e três meses — dez por cento no mínimo para o primeiro e segundo mês de vigência e trinta por cento no mínimo até o final.

b) para prazo de vigência acima de vinte e três meses — 10% no mínimo para o 1º, 2º e 3º mês de vigência e trinta por cento no mínimo até o final.

III — nos Títulos de pagamento único (PU) com doze meses de vigência e pertencentes às modalidades empresarial ou popular o percentual destinado à formação da provisão matemática para resgate deverá ser, no mínimo, cinquenta por cento do valor do pagamento;

IV — nos Títulos de Capitalização em que não haja sorteio, os percentuais destinados à formação da provisão matemática para resgate deverão corresponder, no mínimo, a noventa e oito por cento de cada pagamento.

Art. 133. Os percentuais de Carregamento — cotas de Carregamento — deverão cobrir os custos de despesas com corretagem, colocação e administração do Título de Capitalização, emissão, divulgação, atendimento ao Subscritor, ao Titular, ao cessionário e ao beneficiário, desenvolvimento de sistema, lucro da Sociedade de Capitalização e cota de contingência, quando for o caso, conforme definido na nota técnica atuarial e determinado nas CONDGs de Capitalização e do respectivo Título de Capitalização.

CAPÍTULO IX
DA ATUALIZAÇÃO DE VALORES

Art. 134. As CONDGs do respectivo Título de Capitalização deverão conter o critério de atualização de valores inerentes ao Contrato de Capitalização, observadas as normas em vigor.

§ 1º Os valores inerentes ao Contrato de Capitalização a que se refere o *caput* deste artigo são:

I – pagamentos periódicos (PP) ou pagamentos mensais (PM), facultativamente e somente nos casos em que o prazo de pagamento é superior a doze meses;

II – provisão matemática para resgate;

III – pagamentos de resgates e sorteios realizados;

IV – prêmios de sorteios nos casos de Título de pagamento único (PU) com sorteios após o décimo segundo mês de vigência;

V – devolução do custeio dos sorteios cuja realização se der após a liquidação antecipada do Título de Capitalização sorteado.

§ 2º Faculta-se às sociedades de Capitalização estabelecerem, nas CONDGs do Título de Capitalização, a livre pactuação entre as partes do percentual do índice de atualização a ser aplicado aos pagamentos periódicos (PP) ou pagamentos mensais (PM), a cada período de doze meses.

Art. 135. As CONDGs e a proposta de subscrição, quando prevista, deverão, nos casos em que a taxa de remuneração básica aplicada às cadernetas de poupança (TR) for utilizada como índice de atualização da provisão matemática para resgate, conter, em destaque, informações e mensagens elaboradas pelo CNSP e SUSEP.

CAPÍTULO X
DA COMERCIALIZAÇÃO E DAS OPERAÇÕES RELATIVAS AO TÍTULO

Art. 136. A propaganda e o material de promoção referentes aos contratos de Capitalização e respectivos Títulos de Capitalização somente podem ser feitos com autorização expressa e sob supervisão da Sociedade de Capitalização, respeitadas as CONDGs dos contratos e respectivos Títulos e as normas em vigor.

Parágrafo único. A Sociedade de Capitalização é responsável pela fidedignidade das informações prestadas através do material de promoção e de comercialização dos Títulos de Capitalização.

Art. 137. As sociedades de Capitalização deverão comunicar à ANSEP a realização de acordos firmados com outras empresas/entidades para a comercialização de Títulos de Capitalização que prevejam a cessão parcial ou total dos direitos do Título, ou ainda, que vinculem, facultativamente, os valores de resgate ou sorteio à aquisição de bens e/ou serviços, mediante expediente que deverá ser anexado ao processo referente ao Título de Capitalização mencionado no respectivo acordo.

§ 1º A comunicação de que trata o *caput* deste artigo deverá ser efetuada em até cinco dias úteis após o efetivo início da comercialização dos Títulos de Capitalização.

§ 2º No caso de Títulos de Capitalização que referenciem o capital nominal ou os prêmios de sorteio à aquisição de bens, o material de propaganda, qualquer que seja a mídia utilizada, deverá traduzir com absoluta transparência que o valor do bem é apenas referencial.

Art. 138. Para qualquer modalidade, as CONDGs do Título de Capitalização devem assegurar o direito do Titular em optar por receber o valor do resgate e/ou prêmio de sorteio em moeda corrente, independentemente de qualquer vinculação estabelecida à época da subscrição do Título.

Art. 139. Os pagamentos relativos aos resgates e sorteios de Títulos emitidos em nome de mais de um Titular deverão ser efetuados a cada um deles na proporção definida por ocasião da contratação, ou decorrente de alteração posterior solicitada formalmente pelos Titulares à Sociedade de Capitalização.

Art. 140. O nome fantasia dos Títulos de Capitalização não deverá induzir a erro quanto aos direitos e/ou obrigações vinculados ao Contrato de Capitalização e respectivo Título.

CAPÍTULO XI
DAS INFORMAÇÕES OBRIGATÓRIAS

Art. 141. É obrigatória a inclusão do número de processo SUSEP nas CONDGs de Capitalização e respectivo Título de Capitalização, na proposta de subscrição e em qualquer material publicitário impresso, de forma a permitir a fácil identificação do produto pelo destinatário da mensagem.

Parágrafo único. Não será necessário mencionar os números dos processos SUSEP quando se tratar de propaganda institucional.

Art. 142. Qualquer veiculação de caráter publicitário impresso, ao mencionar a faculdade de conversão dos valores de resgate e/ou prêmios de sorteio em eventuais bens e/ou serviços, deverá informar que o Titular sempre terá direito ao recebimento em dinheiro, se assim o desejar.

Art. 143. O Titular contemplado em sorteio deverá ser notificado deste fato pela Sociedade de Capitalização, por escrito, mediante correspondência expedida com aviso de recebimento — AR, ou pela mídia impressa ou eletrônica, caso o pagamento do sorteio não tenha sido efetuado em até quinze dias úteis de sua realização.

Art. 144. Deverá constar das CONDGs, em destaque, que se aplicará, quando do pagamento do resgate, tratamento tributário na forma da legislação fiscal vigente.

Art. 145. As CONDGs deverão estabelecer a obrigatoriedade de a Sociedade de Capitalização prestar ao Titular as informações necessárias ao acompanhamento dos valores inerentes ao Título de Capitalização, bem como emitir e remeter extratos individuais aos Titulares, no mínimo uma vez a cada ano, durante a vigência do Título, ou disponibilizar as informações através da mídia impressa ou eletrônica ou mediante outro canal de comunicação, devendo conter, no mínimo, o valor do resgate atualizado.

§ 1º Caso as informações sejam fornecidas por extratos, a periodicidade de remessa desses extratos deverá constar nas CONDGs do Título.

§ 2º Independentemente da emissão de extratos, a Sociedade de Capitalização deverá prestar informações relativas ao Título de Capitalização, sempre que solicitadas pelo Subscritor ou Titular.

§ 3º No caso de Títulos de Capitalização de pagamentos periódicos (PP) ou pagamentos mensais (PM) com prazo de vigência de doze meses, deverá ser observada a periodicidade máxima semestral para o envio de extratos, quando previstos.

Art. 146. Deverá ser estabelecido, nas CONDGs de Capitalização e respectivo Título de Capitalização, que as questões judiciais entre o Subscritor, Titular, cessionário ou beneficiário e a Sociedade de Capitalização serão processadas no foro de domicílio ou do Subscritor, Titular, cessionário ou do beneficiário.

Art. 147. Deverá ser estabelecido, nas CONDGs de Capitalização e respectivo Título de Capitalização, que os prazos prescricionais são aqueles determinados em lei.

TÍTULO III
PRESCRIÇÃO E DECADÊNCIA

Art. 148. Prescrevem em três anos, contado o prazo da ciência da recusa expressa da Sociedade de Capitalização, as pretensões fundadas nos Títulos de Capitalização.

Art. 149. Além das causas previstas no Código Civil e Código de Defesa do Consumidor, a prescrição da pretensão relativa ao recebimento de indenização ou capital será suspensa, uma única vez, quando a Sociedade de Capitalização receber pedido de reconsideração da recusa de pagamento, cessando o período de suspensão quando por qualquer meio for o interessado comunicado da decisão da Sociedade de Capitalização.

Art. 150. Decai do direito à indenização ou ao capital quando houver contrato de Capitalização cumulado com o de seguro, o Subscritor ou Titular que deixar de avisar o sinistro à Sociedade de Capitalização no prazo de um ano.

Art. 151. Decai do direito à indenização ou ao capital, quando houver contrato de Capitalização cumulado com o de seguro, o beneficiário que deixar de avisar o sinistro à Sociedade de Capitalização no prazo de três anos.

Art. 152. Nos contratos de Capitalização cumulados com os de seguros de responsabilidade civil a prescrição e a decadência das pretensões e direitos dos prejudicados em face da Sociedade de Capitalização seguem as regras aplicáveis à responsabilidade do segurado.

TÍTULO IV
DISPOSIÇÕES FINAIS E TRANSITÓRIAS

Art. 153. É absoluta a competência da justiça brasileira para a composição de litígios relativos aos contratos de Capitalização celebrados no país ou relativos a riscos e interesses sobre bens localizados no território nacional.

Art. 154. O foro competente para as ações de Capitalização é o do domicílio do Subscritor, do Titular, cessionário ou do beneficiário.

Art. 155. O CNSP regulamentará as modalidades de Contrato de Capitalização instituídas por esta lei no prazo máximo de cento e oitenta dias e poderá instituir outras modalidades, observados princípios e as disposições desta lei e do Código de Defesa do Consumidor.

Art. 156. Revogam-se as disposições legais em contrário, em especial o Decreto-lei n. 261, de 28 de fevereiro de 1967.

Art. 157. Esta lei entra em vigor um ano após sua publicação.

Parágrafo único. As atuais operações e os contratos em vigor ou pactuados antes desta data subordinam-se às disposições desta Lei, no tocante aos direitos que não tenham ainda se formados, ou cuja formação ainda não tenha se completado.

Sala das Sessões, em

ANEXOS

LEGISLAÇÃO BÁSICA DE CAPITALIZAÇÃO

ANEXO I

DECRETO-LEI N. 261, DE 28 DE FEVEREIRO DE 1967

Dispõe sobre as sociedades de Capitalização,
e dá outras providências.

O PRESIDENTE DA REPÚBLICA, usando das atribuições que lhe confere o art. 9º, § 2º, do Ato Institucional n. 4, de 7 de dezembro de 1966, decreta:

Art. 1º Todas as operações das sociedades de Capitalização ficam subordinadas às disposições do presente Decreto-lei.

Parágrafo único. Consideram-se sociedades de Capitalização as que tiverem por objetivo fornecer ao público, de acordo com Planos aprovados pelo Governo Federal, a constituição de um capital mínimo perfeitamente determinado em cada Plano, e pago em moeda corrente em um prazo máximo indicado no mesmo Plano, à pessoa que possuir um Título segundo cláusulas e regras mencionadas e aprovadas no próprio Título.

Art. 2º O controle do Estado se exercerá pelos órgãos referidos neste Decreto-lei, no interesse dos portadores de Títulos de Capitalização e objetivando:

I — promover a expansão do mercado de Capitalização e propiciar as condições operacionais necessárias à sua integração no processo econômico e social do País;

II — promover o aperfeiçoamento do sistema de Capitalização e das sociedades que nele operam;

III — preservar a liquidez e a solvência das sociedades de Capitalização;

IV — coordenar a política de Capitalização com a política de investimentos do Governo Federal, observados os critérios estabelecidos para as políticas monetárias, creditícia e fiscal, bem como as características a que devem obedecer as aplicações de cobertura das reservas técnicas.

Art. 3º Fica instituído o Sistema Nacional de Capitalização, regulado pela presente Lei e constituído:

I — do Conselho Nacional de Seguros Privados — CNSP;

II — da Superintendência de Seguros Privados — SUSEP;

III — das sociedades autorizadas a operar em Capitalização.

§ 1º Compete privativamente ao CNSP fixar as diretrizes e normas da política de Capitalização e regulamentar as operações das sociedades do ramo, relativamente às quais exercerá atribuições idênticas às estabelecidas para as sociedades de seguros, nos seguintes incisos do art. 32 do Decreto-lei n. 73, de 21 de novembro de 1966: I, II, III, IV, V, VI, IX, XI, XII, XIII.

§ 2º A SUSEP é o órgão executor da política de Capitalização traçada pelo CNSP, cabendo-lhe fiscalizar a constituição, organização, funcionamento e operações das sociedades do ramo, relativamente às quais exercerá atribuições idênticas às estabelecidas para as sociedades de seguros, nas seguintes alíneas do art. 36 do Decreto-lei n. 73, de 21 de novembro de 1966: a, b, c, g, h, i.

Art. 4º As sociedades de Capitalização estão sujeitas a disposições idênticas às estabelecidas nos seguintes artigos do Decreto-lei n. 73, de 21 de novembro de 1966 e, quando for o caso, seus incisos, alíneas e parágrafos: 7º, 25 a 31, 74 a 77, 84, 87 a 111, 113, 114, 116 e 121.

Art. 5º O presente Decreto-lei entra em vigor na data de sua publicação.

Art. 6º Revogam-se o Decreto n. 22.456, de 10 de fevereiro de 1933, os arts. 147 e 150 do Decreto-lei n. 73, de 21 de novembro de 1966, e as demais disposições em contrário.

ANEXO II

DECRETO-LEI N. 73, DE 21 DE NOVEMBRO DE 1966

Dispõe sobre o Sistema Nacional de Seguros Privados, regula as operações de seguros e resseguros e dá outras providências.

O Presidente da República, usando da atribuição que lhe confere o art. 2º do Ato Complementar número 23, de 20 de outubro de 1966, decreta:

DECRETA:

CAPÍTULO II
DO SISTEMA NACIONAL DE SEGUROS PRIVADOS

Art. 7º Compete privativamente ao Govêrno Federal formular a política de seguros privados, legislar sôbre suas normas gerais e fiscalizar as operações no mercado nacional;

Art. 8º Fica instituído o Sistema Nacional de Seguros Privados, regulado pelo presente Decreto-lei e constituído:

a) do Conselho Nacional de Seguros Privados — CNSP;

b) da Superintendência de Seguros Privados — SUSEP;

c) do Instituto de Resseguros ao Brasil — IRB;

d) das Sociedades autorizadas a operar em seguros privados;

e) dos corretores habilitados.

CAPÍTULO III
DISPOSIÇÕES ESPECIAIS APLICÁVEIS AO SISTEMA

Art. 25. As ações das Sociedades Seguradoras serão sempre nominativas.

Art. 26. As Sociedades Seguradoras não estão sujeitas a falência, nem poderão impetrar concordata.

Art. 26. As sociedades seguradoras não poderão requerer concordata e não estão sujeitas à falência, salvo, neste último caso, se decretada a liquidação extrajudicial, o ativo não for suficiente para o pagamento de pelo menos a metade dos credores quirografários, ou quando houver fundados indícios da ocorrência de crime falimentar. (*Redação dada pela Lei n. 10.190. de 4.2.2001*)

Art. 27. Serão processadas pela forma executiva as ações de cobrança dos prêmios dos contratos de seguro.

Art. 28. A partir da vigência dêste Decreto-Lei, a aplicação das reservas técnicas das Sociedades Seguradoras será feita conforme as diretrizes do Conselho Monetário Nacional.

Art. 29. Os investimentos compulsórios das Sociedades Seguradoras obedecerão a critérios que garantam remuneração adequada, segurança e liquidez.

Parágrafo único. Nos casos de seguros contratados com a cláusula de correção monetária é obrigatório o investimento das respectivas reservas nas condições estabelecidas neste artigo.

Art. 30. As Sociedades Seguradoras não poderão conceder aos segurados comissões ou bonificações de qualquer espécie, nem vantagens especiais que importem dispensa ou redução de prêmio.

Art. 31. É assegurada ampla defesa em qualquer processo instaurado por infração ao presente Decreto-Lei sendo nulas as decisões proferidas com inobservância dêste preceito.

CAPÍTULO IV
DO CONSELHO NACIONAL DE SEGUROS PRIVADOS

Art. 32. É criado o Conselho Nacional de Seguros Privados — CNSP, ao qual compete primitivamente:

I — Fixar as diretrizes e normas da política de seguros privados;

II — Regular a constituição, organização, funcionamento e fiscalização dos que exercerem atividades subordinadas a êste Decreto-Lei, bem como a aplicação das penalidades previstas;

III — Estipular índices e demais condições técnicas sôbre tarifas, investimentos e outras relações patrimoniais a serem observadas pelas Sociedades Seguradoras;

IV — Fixar as características gerais dos contratos de seguros;

V — Fixar normas gerais de contabilidade e estatística a serem observadas pelas Sociedades Seguradoras;

VI — Delimitar o capital do IRB e das Sociedades Seguradoras, com a periodicidade mínima de dois anos, determinando a forma de sua subscrição e realização;

IX — Conhecer dos recursos de decisão da SUSEP e do IRB, nos casos especificados neste Decreto-Lei;

XI — Prescrever os critérios de constituição das Sociedades Seguradoras, com fixação dos limites legais e técnicos das operações de seguro;

XII — Disciplinar a corretagem de seguros e a profissão de corretor;

XIII — Corrigir os valores monetários expressos nêste Decreto-lei, de acôrdo com os índices do Conselho Nacional de Economia;

CAPÍTULO V
DA SUPERINTENDÊNCIA DE SEGUROS PRIVADOS

SEÇÃO I

Art. 36. Compete à SUSEP, na qualidade de executora da política traçada pelo CNSP, como órgão fiscalizador da constituição, organização, funcionamento e operações das Sociedades Seguradoras:

a) processar os pedidos de autorização, para constituição, organização, funcionamento, fusão, encampação, grupamento, transferência de contrôle acionário e reforma dos Estatutos das Sociedades Seguradoras, opinar sôbre os mesmos e encaminhá-los ao CNSP;

b) baixar instruções e expedir circulares relativas à regulamentação das operações de seguro, de acôrdo com as diretrizes do CNSP;

c) fixar condições de apólices, Planos de operações e tarifas a serem utilizadas obrigatoriamente pelo mercado segurador nacional;

g) fiscalizar a execução das normas gerais de contabilidade e estatística fixadas pelo CNSP para as Sociedades Seguradoras;

h) fiscalizar as operações das Sociedades Seguradoras, inclusive o exato cumprimento dêste Decreto-lei, de outras leis pertinentes, disposições regulamentares em geral, resoluções do CNSP e aplicar as penalidades cabíveis;

i) proceder à liquidação das Sociedades Seguradoras que tiverem cassada a autorização para funcionar no País;

Seção II
Da autorização para funcionamento

Art. 74. A autorização para funcionamento será concedida através de Portaria do Ministro da Indústria e do Comércio, mediante requerimento firmado pelos incorporadores, dirigido ao CNSP e apresentado por intermédio da SUSEP.

Art. 75. Concedida a autorização para funcionamento, a Sociedade terá o prazo de noventa dias para comprovar perante a SUSEP, o cumprimento de tôdas as formalidades legais ou exigências feitas no ato da autorização.

Art. 76. Feita a comprovação referida no artigo anterior, será expedido a carta-patente pelo Ministro da Indústria e do Comércio.

Art. 77. As alterações dos Estatutos das Sociedades Seguradoras dependerão de prévia autorização do Ministro da Indústria e do Comércio, ouvidos a SUSEP e o CNSP.

Seção III
Das Operações das Sociedades Seguradoras

Art. 84. Para garantia de tôdas as suas obrigações, as Sociedades Seguradoras constituirão reservas técnicas, fundos especiais e provisões, de conformidade com os critérios fixados pelo CNSP, além das reservas e fundos determinados em leis especiais.

§ 1º O patrimônio líquido das sociedades seguradoras não poderá ser inferior ao valor do passivo não operacional, nem ao valor mínimo decorrente do cálculo da margem de solvência, efetuado com base na regulamentação baixada pelo CNSP. (*Parágrafo incluído pela Lei n. 10.190, de 4.2.2001*)

§ 2º O passivo não operacional será constituído pelo valor total das obrigações não cobertas por bens garantidores . (*Parágrafo incluído pela Lei n. 10.190, de 4.2.2001*)

§ 3º As sociedades seguradoras deverão adequar-se ao disposto neste artigo no prazo de um ano, prorrogável por igual período e caso a caso, por decisão do CNSP. (*Parágrafo incluído pela Lei n. 10.190, de 4.2.2001*)

Art. 87. As Sociedades Seguradoras não poderão distribuir lucros ou quaisquer fundos correspondentes às reservas patrimoniais, desde que essa distribuição possa prejudicar o investimento obrigatório do capital e reserva, de conformidade com os critérios estabelecidos neste Decreto-lei.

Art. 88. As Sociedades Seguradoras obedecerão às normas e instruções da SUSEP e do IRB sôbre operações de seguro, cosseguro, resseguro e retrocessão, bem como lhes fornecerão dados e informações atinentes a quaisquer aspectos de suas atividades.

Parágrafo único. Os inspetores e funcionários credenciados da SUSEP e do IRB terão livre acesso às Sociedades Seguradoras, delas podendo requisitar e apreender livros, notas técnicas e documentos, caracterizando-se como embaraço à fiscalização, sujeito às penas previstas neste Decreto-lei, qualquer dificuldade oposta aos objetivos dêste artigo.

CAPÍTULO VII
DO REGIME ESPECIAL DE FISCALIZAÇÃO

Art. 89. Em caso de insuficiência de cobertura das reservas técnicas ou de má situação econômico-financeira da Sociedade Seguradora, a critério da SUSEP, poderá esta, além de outras providências cabíveis, inclusive fiscalização especial, nomear, por tempo indeterminado, às expensas da Sociedade Seguradora, um diretor-fiscal com as atribuições e vantagens que lhe forem indicadas pelo CNSP.

Parágrafo único. Sempre que julgar necessário ou conveniente à defesa dos interêsses dos segurados, a SUSEP verificará, nas indenizações, o fiel cumprimento do contrato, inclusive a exatidão do cálculo da reserva técnica e se as causas protelatórias do pagamento, porventura existentes, decorrem de dificuldades econômico-financeira da emprêsa.

Art. 90. Não surtindo efeito as medidas especiais ou a intervenção, a SUSEP encaminhará ao CNSP proposta de cassação da autorização para funcionamento da Sociedade Seguradora.

Parágrafo único. Aplica-se à intervenção a que se refere este artigo o disposto nos arts. 55 a 62 da Lei n. 6.435, de 15 de julho de 1977 (*Parágrafo único incluído pela n. 10.190, de 14.2.2001*)

Art. 91. O descumprimento de qualquer determinação do Diretor-Fiscal por Diretores, administradores, gerentes, fiscais ou funcionários da Sociedade Seguradora em regime especial de fiscalização acarretará o afastamento do infrator, sem prejuízo das sanções penais cabíveis.

Art. 92. Os administradores das Sociedades Seguradoras ficarão suspensos do exercício de suas funções desde que instaurado processo-crime por atos ou fatos relativos à respectiva gestão perdendo imediatamente seu mandato na hipótese de condenação.

Art. 93. Cassada a autorização de uma Sociedade Seguradora para funcionar, a alienação ou gravame de qualquer de seus bens dependerá de autorização da SUSEP, que, para salvaguarda dessa inalienabilidade, terá podêres para controlar o movimento de contas bancárias e promover o levantamento do respectivo ônus junto às Autoridades ou Registros Públicos.

CAPÍTULO VIII
DA LIQUIDAÇÃO DAS SOCIEDADES SEGURADORAS

Art. 94. A cessação das operações das Sociedades Seguradoras poderá ser:

a) voluntária, por deliberação dos sócios em Assembléia Geral;

b) compulsória, por ato do Ministro da Indústria e do Comércio, nos têrmos dêste Decreto-lei.

Art. 95. Nos casos de cessação voluntária das operações, os Diretores requererão ao Ministro da Indústria e do Comércio o cancelamento da autorização para funcionamento da Sociedade Seguradora, no prazo de cinco dias da respectiva Assembléia Geral.

Parágrafo único. Devidamente instruído, o requerimento será encaminhado por intermédio da SUSEP, que opinará sôbre a cessação deliberada.

Art. 96. Além dos casos previstos neste Decreto-lei ou em outras leis, ocorrerá a cessação compulsória das operações da Sociedade Seguradora que:

a) praticar atos nocivos à política de seguros determinada pelo CNSP;

b) não formar as reservas, fundos e provisões a que esteja obrigada ou deixar de aplicá-las pela forma prescrita neste Decreto-lei;

c) acumular obrigações vultosas devidas ao IRB, a juízo do Ministro da Indústria e do Comércio;

d) configurar a insolvência econômico-financeira.

Art. 97. A liquidação voluntária ou compulsória das Sociedades Seguradoras será processada pela SUSEP.

Art. 98. O ato da cassação será publicado no Diário Oficial da União, produzindo imediatamente os seguintes efeitos:

a) suspensão das ações e execuções judiciais, excetuadas as que tiveram início anteriormente, quando intentadas por credores com privilégio sôbre determinados bens da Sociedade Seguradora;

b) vencimento de tôdas as obrigações civis ou comerciais da Sociedade Seguradora liquidanda, incluídas as cláusulas penais dos contratos;

c) suspensão da incidência de juros, ainda que estipulados, se a massa liquidanda não bastar para o pagamento do principal;

d) cancelamento dos podêres de todos os órgãos de administração da Sociedade liquidanda.

Parágrafo único. Durante a liquidação, fica interrompida a prescrição extintiva contra ou a favor da massa liquidanda.

Art. 99. Além dos podêres gerais de administração, a SUSEP ficará investida de podêres especiais para representar a Sociedade Seguradora liquidanda ativa e passivamente, em juízo ou fora dêle, podendo:

a) propor e contestar ações, inclusive para integralização de capital pelos acionistas;

b) nomear e demitir funcionários;

c) fixar os vencimentos de funcionarios;

d) outorgar ou revogar mandatos;

e) transigir;

f) vender valôres móveis e bens imóveis.

Art. 100. Dentro de 90 (noventa) dias da cassação para funcionamento, a SUSEP levantará o balanço do ativo e do passivo da Sociedade Seguradora liquidanda e organizará:

a) o arrolamento pormenorizado dos bens do ativo, com as respectivas avaliações, especificando os garantidores das reservas técnicas ou do capital;

b) a lista dos credores por dívida de indenização de sinistro, capital garantidor de reservas técnicas ou restituição de prêmios, com a indicação das respectivas importâncias;

c) a relação dos créditos da Fazenda Pública, da Previdência Social, e do IRB;

d) a relação dos demais credores, com indicação das importâncias e procedência dos créditos, bem como sua classificação, de acôrdo com a legislação de falências.

Parágrafo único. O IRB compensará seu crédito com o valor das ações efetivamente realizadas pela Sociedade Seguradora liquidanda, acrescido do ágio, pagando-lhe o saldo, se houver, e procedendo à transferência como previsto no art. 43, § 3º.

Art. 101. Os interessados poderão impugnar o quadro geral de credores, mas decairão dêsse direito se não o exercerem no prazo de quinze dias.

Art. 102. A SUSEP examinará as impugnações e fará Publicar no Diário Oficial da União, sua decisão, dela notificando os recorrentes por via postal, sob AR.

Parágrafo único. Da decisão da SUSEP caberá recurso para o Ministro da Indústria e do Comércio, no prazo de quinze dias.

Art. 103. Depois da decisão relativa a seus créditos ou aos créditos contra os quais tenham reclamado, os credores não incluídos nas relações a que se refere o art. 100, os delas excluídos, os incluídos sem os privilégios a que se julguem com direito, inclusive por atribuição de importância inferior à reclamada, poderão prosseguir na ação já iniciada ou propor a que lhes competir.

Parágrafo único. Até que sejam julgadas as ações, a SUSEP reservará cota proporcional do ativo para garantia dos credores de que trata êste artigo.

Art. 104. A SUSEP promoverá a realização do ativo e efetuará o pagamento dos credores pelo crédito apurado e aprovado, no prazo de seis meses, observados os respectivos privilégios e classificação, de acôrdo com a cota apurada em rateio.

Art. 105. Ultimada a liquidação e levantado e balanço final, será o mesmo submetido à aprovação do Ministro da Indústria e do Comércio, com relatório da SUSEP.

Art. 106. A SUSEP terá direito à comissão de cinco por cento sôbre o ativo apurado nos trabalhos de liquidação, competindo ao Superintendente arbitrar a gratificação a ser paga aos inspetores e funcionários encarregados de executá-los.

Art. 107. Nos casos omissos, são aplicáveis as disposições da legislação de falências, desde que não contrariem as disposições do presente Decreto-lei.

Parágrafo único. Nos casos de cessação parcial, restrita às operações de um ramo, serão observadas as disposições dêste Capítulo, na parte aplicável.

CAPÍTULO IX
DO REGIME REPRESSIVO

Art. 108. As infrações aos dispositivos dêste Decreto-lei sujeitam as Sociedades Seguradoras, seus Diretores, administradores, gerentes e fiscais às seguintes penalidades, sem prejuízo de outras estabelecidas na legislação vigente:

I — Advertência;

II — Multa pecuniária;

III — Suspensão do exercício do cargo;

IV — Inabilitação temporária ou permanente para o exercício de cargo de direção, nas Sociedades Seguradoras ou no IRB;

V — Suspensão da autorização em cada ramo isolado;

VI — Perda parcial ou total da recuperação de resseguro;

VII — Suspensão de cobertura automática;

VIII — Suspensão de retrocessão;

IX — Cassação de carta-patente.

Art. 109. Os Diretores, administradores, gerentes e fiscais das Sociedades Seguradoras responderão solidàriamente com a mesma pelos prejuízos causados a terceiros, inclusive aos seus acionistas, em consequência do descumprimento de leis, normas e instruções referentes as operações de seguro, cosseguro, resseguro ou retrocessão, e em especial, pela falta de constituição das reservas obrigatórias.

Art. 110. Constitui crime contra a economia popular, punível de acôrdo com a legislação respectiva, a ação ou omissão, pessoal ou coletiva, de que decorra a insuficiência das reservas e de sua cobertura, vinculadas à garantia das obrigações das Sociedades Seguradoras.

Art. 111. Serão aplicadas multas de até Cr$ 50.000.000 (cinquenta milhões de cruzeiros) às Sociedades Seguradoras que:

a) infringirem disposições das normas e instruções baixadas pelo CNPS, pela SUSEP ou pelo IRB, nos casos em que não estejam previstas outras penalidades;

b) retiverem cotas de responsabilidade fora de seus limites de retenção;

c) alienarem eu onerarem bens em desacôrdo com êste Decreto-lei;

d) não mantiverem os registros aprovados pela SUSEP, de acôrdo com o presente Decreto-lei;

e) transgredirem a proibição do art. 24 dêste Decreto-lei;

f) deixarem de fornecer informações ao IRB na forma prevista no artigo 63 dêste Decreto-lei;

g) fizerem declarações ou dissimulações fraudulentas nos relatórios, balanços, contas e documentos apresentados, requisitados ou apreendidos pela SUSEP ou pelo IRB;

h) diretamente ou por interposta pessoa, realizarem ou se propuserem realizar, através de anúncios ou prospectos, contratos de seguro ou resseguro de qualquer natureza que interessem a pessoas e coisas existentes no País, sem a necessária carta-patente ou antes da aprovação dos respectivos Planos, tabelas, modêlos de propostas, de apólices e de bilhetes de seguro;

i) divulgarem prospectos, publicarem anúncios, expedirem circulares ou fizerem outras publicações que contenham afirmações ou informações contrárias às leis, seus estatutos e Planos, ou que possam induzir alguém em erro sôbre a verdadeira importância das operações, bem como sôbre o alcance da fiscalização a que estiverem obrigadas.

Art. 113. As pessoas físicas ou jurídicas que realizarem operações de seguro, cosseguro ou resseguro sem a devida autorização, no País ou no exterior, ficam sujeitas à pena de multa igual ao valor da importância segurada ou ressegurada.

Art. 114. A suspensão do exercício do cargo e a inabilitação para a direção ou gerência de Sociedades Seguradoras caberão quando houver reincidência nas transgressões previstas nas letras d , f , e h do art. 111.

Art. 116. A perda parcial ou total da recuperação e a suspensão da cobertura automática e das retrocessões caberão nos seguintes casos:

a) incapacidade técnica na condução dos negócios da Sociedade Seguradora;

b) liquidação de sinistro sem autorização do IRB;

c) contratação de seguro em desacôrdo com as normas da SUSEP;

d) falta de liquidação dos débitos de operações com o IRB por mais de sessenta dias;

e) omissão do IRB como litisconsorte necessário nos casos em que êste tiver responsabilidade no pedido;

f) falta de aplicação dos adiantamentos concedidos pelo IRB, na forma e no prazo previsto no art. 66, § 1º dêste Decreto-lei;

g) reincidência na proibição do art. 30 do presente Decreto-lei;

h) reincidência na proibição do art. 84 dêste Decreto-lei;

i) reincidência na proibição do art. 11, letra "a", dêste Decreto-lei;

Art. 121. Provada qualquer infração penal a SUSEP remeterá cópia do pocesso ao Ministério Público para fins de direito.

Art 153. Êste Decreto-Lei entrará em vigor na data de sua publicação, ficado revogadas expressamente tôdas as disposições de leis, decretos e regulamentos que dispuserem em sentido ontrário.

Brasília, 21 de novembro de 1966; 145º da Independência e 78º da Repúlica.

H. CASTELLO BRANCO
Eduardo Lopes Rodrigues
Severo Fagundes Gomes
L. G. do Nascimento e Silva
Raymundo de Britto
Paulo Egydio Martins
Roberto Campos

ANEXO III

LEI N. 10.190, DE 14 DE FEVEREIROE 2001

Altera dispositivos do decreti n. 73, de 21 de novembro de 1966, da Lei n. 6.435, 15 de julho de 1977, da Lei n. 5.627, de 1º de dezeo de 1970, e dá outras providências.

Faço saber que o Presidente da República adotou a Medida Provisória ?.069-31, de 2001, que o Congresso Nacional aprovou, e eu, Antonio Carlos Magalhães, Presidente, para os eos do disposto no parágrafo único do art. 62 da Constituição Federal, promulgo a seguinte Lei:

Art. 1º Os arts. 20, 26, 84 e 90 do Decreto-lei n. 73, de 21 de noven de 1966, passam a vigorar com as seguintes alterações:

"Art. 20. ....

Parágrafo único. Não se aplica à União a obrigatoriedade estatuída na a "h" deste artigo." (NR)

"Art. 26. As sociedades seguradoras não poderão requerer concordata eestão sujeitas à falência, salvo, neste último caso, se decretada a liquidação extrajudicial, o ativo não for sufie para o pagamento de pelo menos a metade dos credores quirografários, ou quando houver fundados indíciosocorrência de crime falimentar." (NR)

"Art. 84. ....

§ 1º O patrimônio liquido das sociedades seguradoras não poderá ser ir ao valor do passivo não operacional, nem ao valor mínimo decorrente do cálculo da margem de solvênciatuado com base na regulamentação baixada pelo CNSP.

§ 2º O passivo não operacional será constituído pelo valor total das obrigações não cobertas por bens garantidores.

§ 3º As sociedades seguradoras deverão adequar-se ao disposto neste artigo no prazo de um ano, prorrogável por igual período e caso a caso, por decisão do CNSP." (NR)

"Art. 90. ....

Parágrafo único. Aplica-se à intervenção a que se refere este artigo o disposto nos arts. 55 a 62 da Lei n. 6.435, de 15 de julho de 1977." (NR)

Art. 2º Fica restabelecido o art. 33 do Decreto-lei n. 73, de 1966, com a seguinte redação:

"Art. 33. O CNSP será integrado pelos seguintes membros:

I — Ministro de Estado da Fazenda, ou seu representante;

II — representante do Ministério da Jutiça;

III — representante do Ministério da Pevidência e Assistência Social;

IV — Superintendente da Superintenoncia de Seguros Privados — SUSEP;

V — representante do Banco Central o Brasil;

VI — representante da Comissão de Vlores Mobiliários — CVM.

§ 1º O CNSP será presidido pelo Mistro de Estado da Fazenda e, na sua ausência, pelo Superintendente da SUSEP.

§ 2º O CNSP terá seu funcionamentegulado em regimento interno" (NR)

Art. 3º Às sociedades seguradoras e Capitalização e às entidades de previdência privada aberta aplica-se o disposto nos arts. 2º e 15 do Decretei n. 2.321, de 25 de fevereiro de 1987, 1º a 8º da Lei n. 9.447, de 14 de março de 1997 e, no que couber, narts. 3º a 49 da Lei n. 6.024, de 13 de março de 1974.

Parágrafo único. As funções atribuídao Banco Central do Brasil pelas Leis referidas neste artigo serão exercidas pela Superintendência de Seguros Pados — SUSEP, quando se tratar de sociedades seguradoras, de Capitalização ou de entidades de previdência vada aberta.

Art. 4º Aplica-se às entidades de prdência privada aberta o disposto no art. 84 do Decreto-lei n. 73, de 1966.

Art. 5º O art. 56 da Lei n. 6.435, de de julho de 1977, passa a vigorar com a seguinte redação:

"Art. 56. ....

§ 3º A decretação da intervenção nãetará o funcionamento da entidade nem o curso regular de seus negócios.

§ 4º Na hipótese de indicação de pa jurídica para gerir a sociedade em regime de intervenção, esta poderá, em igualdade de condições com os interessados, participar de processo de aquisição do controle acionário da sociedade interventiva." (NR)

Art. 6º O art. 9º da Lei n. 5.627, dede dezembro de 1970, passa a vigorar com a seguinte redação:

"Art. 9º ....

Parágrafo único. Excepcionalmentem prazo não superior a um ano, prorrogável por uma única vez e por igual prazo, e a critério da SUSEP, poder autorizada a transferência de controle acionário de sociedades de seguros às pessoas jurídicas indicadas nestigo." (NR)

Art. 7º Ficam convalidados os atoticados com base na Medida provisória n. 2.069-30, de 27 de dezembro de 2000.

Art. 8º Esta lei entra em vigor na de sua publicação.

Art. 9º Fica revogado o art. 3º da. 7.682, de 2 de dezembro de 1988.

Congresso Nacional, em 14 de fero de 2001; 180º da Independência e 113º da República.

SENADOR ANTONIO CARLOS MAHÃES
Presidente

ANEXO IV

LEI N. 8.078, DE 11 DE SETEMBRO DE 1990

Dispõe sobre a proteção do consumidor e dá outras providências.

O PRESIDENTE DA REPÚBLICA, faço saber que o Congresso Nacional decreta e eu sanciono a seguinte lei:

TÍTULO I
DOS DIREITOS DO CONSUMIDOR

CAPÍTULO I
DISPOSIÇÕES GERAIS

Art. 1º O presente código estabelece normas de proteção e defesa do consumidor, de ordem pública e interesse social, nos termos dos arts. 5º, inciso XXXII, 170, inciso V, da Constituição Federal e art. 48 de suas Disposições Transitórias.

Art. 2º Consumidor é toda pessoa física ou jurídica que adquire ou utiliza produto ou serviço como destinatário final.

Parágrafo único. Equipara-se a consumidor a coletividade de pessoas, ainda que indetermináveis, que haja intervindo nas relações de consumo.

Art. 3º Fornecedor é toda pessoa física ou jurídica, pública ou privada, nacional ou estrangeira, bem como os entes despersonalizados, que desenvolvem atividade de produção, montagem, criação, construção, transformação, importação, exportação, distribuição ou comercialização de produtos ou prestação de serviços.

§ 1º Produto é qualquer bem, móvel ou imóvel, material ou imaterial.

§ 2º Serviço é qualquer atividade fornecida no mercado de consumo, mediante remuneração, inclusive as de natureza bancária, financeira, de crédito e securitária, salvo as decorrentes das relações de caráter trabalhista.

CAPÍTULO II
DA POLÍTICA NACIONAL DE RELAÇÕES DE CONSUMO

Art. 4º A Política Nacional de Relações de Consumo tem por objetivo o atendimento das necessidades dos consumidores, o respeito a sua dignidade, saúde e segurança, a proteção de seus interesses econômicos, a melhoria da sua qualidade de vida, bem como a transferência e harmonia das relações de consumo, atendidos os seguintes princípios:

Art. 4º A Política Nacional das Relações de Consumo tem por objetivo o atendimento das necessidades dos consumidores, o respeito à sua dignidade, saúde e segurança, a proteção de seus interesses econômicos, a melhoria da sua qualidade de vida, bem como a transparência e harmonia das relações de consumo, atendidos os seguintes princípios: (*Redação dada pela Lei n. 9.008, de 21.3.1995*)

I — reconhecimento da vulnerabilidade do consumidor no mercado de consumo;

II — ação governamental no sentido de proteger efetivamente o consumidor:

a) por iniciativa direta;

b) por incentivos à criação e desenvolvimento de associações representativas;

c) pela presença do Estado no mercado de consumo;

d) pela garantia dos produtos e serviços com padrões adequados de qualidade, segurança, durabilidade e desempenho.

III — harmonização dos interesses dos participantes das relações de consumo e compatibilização da proteção do consumidor com a necessidade de desenvolvimento econômico e tecnológico, de modo a viabilizar os princípios nos quais se funda a ordem econômica (art. 170, da Constituição Federal), sempre com base na boa-fé e equilíbrio nas relações entre consumidores e fornecedores;

IV — educação e informação de fornecedores e consumidores, quanto aos seus direitos e deveres, com vistas à melhoria do mercado de consumo;

V — incentivo à criação pelos fornecedores de meios eficientes de controle de qualidade e segurança de produtos e serviços, assim como de mecanismos alternativos de solução de conflitos de consumo;

VI — coibição e repressão eficientes de todos os abusos praticados no mercado de consumo, inclusive a concorrência desleal e utilização indevida de inventos e criações industriais das marcas e nomes comerciais e signos distintivos, que possam causar prejuízos aos consumidores;

VII — racionalização e melhoria dos serviços públicos;

VIII — estudo constante das modificações do mercado de consumo.

Art. 5° Para a execução da Política Nacional das Relações de Consumo, contará o poder público com os seguintes instrumentos, entre outros:

I — manutenção de assistência jurídica, integral e gratuita para o consumidor carente;

II — instituição de Promotorias de Justiça de Defesa do Consumidor, no âmbito do Ministério Público;

III — criação de delegacias de polícia especializadas no atendimento de consumidores vítimas de infrações penais de consumo;

IV — criação de Juizados Especiais de Pequenas Causas e Varas Especializadas para a solução de litígios de consumo;

V — concessão de estímulos à criação e desenvolvimento das Associações de Defesa do Consumidor.

§ 1º (Vetado).

§ 2º (Vetado).

CAPÍTULO III
DOS DIREITOS BÁSICOS DO CONSUMIDOR

Art. 6º São direitos básicos do consumidor:

I — a proteção da vida, saúde e segurança contra os riscos provocados por práticas no fornecimento de produtos e serviços considerados perigosos ou nocivos;

II — a educação e divulgação sobre o consumo adequado dos produtos e serviços, asseguradas a liberdade de escolha e a igualdade nas contratações;

III — a informação adequada e clara sobre os diferentes produtos e serviços, com especificação correta de quantidade, características, composição, qualidade e preço, bem como sobre os riscos que apresentem;

IV — a proteção contra a publicidade enganosa e abusiva, métodos comerciais coercitivos ou desleais, bem como contra práticas e cláusulas abusivas ou impostas no fornecimento de produtos e serviços;

V — a modificação das cláusulas contratuais que estabeleçam prestações desproporcionais ou sua revisão em razão de fatos supervenientes que as tornem excessivamente onerosas;

VI — a efetiva prevenção e reparação de danos patrimoniais e morais, individuais, coletivos e difusos;

VII — o acesso aos órgãos judiciários e administrativos com vistas à prevenção ou reparação de danos patrimoniais e morais, individuais, coletivos ou difusos, assegurada a proteção Jurídica, administrativa e técnica aos necessitados;

VIII — a facilitação da defesa de seus direitos, inclusive com a inversão do ônus da prova, a seu favor, no processo civil, quando, a critério do juiz, for verossímil a alegação ou quando for ele hipossuficiente, segundo as regras ordinárias de experiências;

IX — (Vetado);

X — a adequada e eficaz prestação dos serviços públicos em geral.

Art. 7º Os direitos previstos neste código não excluem outros decorrentes de tratados ou convenções internacionais de que o Brasil seja signatário, da legislação interna ordinária, de regulamentos expedidos pelas autoridades administrativas competentes, bem como dos que derivem dos princípios gerais do direito, analogia, costumes e equidade.

Parágrafo único. Tendo mais de um autor a ofensa, todos responderão solidariamente pela reparação dos danos previstos nas normas de consumo.

CAPÍTULO IV
DA QUALIDADE DE PRODUTOS E SERVIÇOS, DA PREVENÇÃO E DA REPARAÇÃO DOS DANOS

Seção I
Da Proteção à Saúde e Segurança

Art. 8º Os produtos e serviços colocados no mercado de consumo não acarretarão riscos à saúde ou segurança dos consumidores, exceto os considerados normais e previsíveis em decorrência de sua natureza e fruição, obrigando-se os fornecedores, em qualquer hipótese, a dar as informações necessárias e adequadas a seu respeito.

Parágrafo único. Em se tratando de produto industrial, ao fabricante cabe prestar as informações a que se refere este artigo, através de impressos apropriados que devam acompanhar o produto.

Art. 9º O fornecedor de produtos e serviços potencialmente nocivos ou perigosos à saúde ou segurança deverá informar, de maneira ostensiva e adequada, a respeito da sua nocividade ou periculosidade, sem prejuízo da adoção de outras medidas cabíveis em cada caso concreto.

Art. 10. O fornecedor não poderá colocar no mercado de consumo produto ou serviço que sabe ou deveria saber apresentar alto grau de nocividade ou periculosidade à saúde ou segurança.

§ 1º O fornecedor de produtos e serviços que, posteriormente à sua introdução no mercado de consumo, tiver conhecimento da periculosidade que apresentem, deverá comunicar o fato imediatamente às autoridades competentes e aos consumidores, mediante anúncios publicitários.

§ 2º Os anúncios publicitários a que se refere o parágrafo anterior serão veiculados na imprensa, rádio e televisão, às expensas do fornecedor do produto ou serviço.

§ 3º Sempre que tiverem conhecimento de periculosidade de produtos ou serviços à saúde ou segurança dos consumidores, a União, os Estados, o Distrito Federal e os Municípios deverão informá-los a respeito.

Art. 11. (Vetado).

Seção II
Da Responsabilidade pelo Fato do Produto e do Serviço

Art. 12. O fabricante, o produtor, o construtor, nacional ou estrangeiro, e o importador respondem, independentemente da existência de culpa, pela reparação dos danos causados aos consumidores por defeitos decorrentes de projeto, fabricação, construção, montagem, fórmulas, manipulação, apresentação ou acondicionamento de seus produtos, bem como por informações insuficientes ou inadequadas sobre sua utilização e riscos.

§ 1º O produto é defeituoso quando não oferece a segurança que dele legitimamente se espera, levando-se em consideração as circunstâncias relevantes, entre as quais:

I — sua apresentação;

II — o uso e os riscos que razoavelmente dele se esperam;

III — a época em que foi colocado em circulação.

§ 2º O produto não é considerado defeituoso pelo fato de outro de melhor qualidade ter sido colocado no mercado.

§ 3º O fabricante, o construtor, o produtor ou importador só não será responsabilizado quando provar:

I — que não colocou o produto no mercado;

II — que, embora haja colocado o produto no mercado, o defeito inexiste;

III — a culpa exclusiva do consumidor ou de terceiro.

Art. 13. O comerciante é igualmente responsável, nos termos do artigo anterior, quando:

I — o fabricante, o construtor, o produtor ou o importador não puderem ser identificados;

II — o produto for fornecido sem identificação clara do seu fabricante, produtor, construtor ou importador;

III — não conservar adequadamente os produtos perecíveis.

Parágrafo único. Aquele que efetivar o pagamento ao prejudicado poderá exercer o direito de regresso contra os demais responsáveis, segundo sua participação na causação do evento danoso.

Art. 14. O fornecedor de serviços responde, independentemente da existência de culpa, pela reparação dos danos causados aos consumidores por defeitos relativos à prestação dos serviços, bem como por informações insuficientes ou inadequadas sobre sua fruição e riscos.

§ 1º O serviço é defeituoso quando não fornece a segurança que o consumidor dele pode esperar, levando-se em consideração as circunstâncias relevantes, entre as quais:

I — o modo de seu fornecimento;

II — o resultado e os riscos que razoavelmente dele se esperam;

III — a época em que foi fornecido.

§ 2º O serviço não é considerado defeituoso pela adoção de novas técnicas.

§ 3º O fornecedor de serviços só não será responsabilizado quando provar:

I — que, tendo prestado o serviço, o defeito inexiste;

II — a culpa exclusiva do consumidor ou de terceiro.

§ 4º A responsabilidade pessoal dos profissionais liberais será apurada mediante a verificação de culpa.

Art. 15. (Vetado).

Art. 16. (Vetado).

Art. 17. Para os efeitos desta Seção, equiparam-se aos consumidores todas as vítimas do evento.

Seção III
Da Responsabilidade por Vício do Produto e do Serviço

Art. 18. Os fornecedores de produtos de consumo duráveis ou não duráveis respondem solidariamente pelos vícios de qualidade ou quantidade que os tornem impróprios ou inadequados ao consumo a que se destinam ou lhes diminuam o valor, assim como por aqueles decorrentes da disparidade, com as indicações constantes do recipiente, da embalagem, rotulagem ou mensagem publicitária, respeitadas as variações decorrentes de sua natureza, podendo o consumidor exigir a substituição das partes viciadas.

§ 1º Não sendo o vício sanado no prazo máximo de trinta dias, pode o consumidor exigir, alternativamente e à sua escolha:

I — a substituição do produto por outro da mesma espécie, em perfeitas condições de uso;

II — a restituição imediata da quantia paga, monetariamente atualizada, sem prejuízo de eventuais perdas e danos;

III — o abatimento proporcional do preço.

§ 2º Poderão as partes convencionar a redução ou ampliação do prazo previsto no parágrafo anterior, não podendo ser inferior a sete nem superior a cento e oitenta dias. Nos contratos de adesão, a cláusula de prazo deverá ser convencionada em separado, por meio de manifestação expressa do consumidor.

§ 3º O consumidor poderá fazer uso imediato das alternativas do § 1º deste artigo sempre que, em razão da extensão do vício, a substituição das partes viciadas puder comprometer a qualidade ou características do produto, diminuir-lhe o valor ou se tratar de produto essencial.

§ 4º Tendo o consumidor optado pela alternativa do inciso I do § 1º deste artigo, e não sendo possível a substituição do bem, poderá haver substituição por outro de espécie, marca ou modelo diversos, mediante complementação ou restituição de eventual diferença de preço, sem prejuízo do disposto nos incisos II e III do § 1º deste artigo.

§ 5º No caso de fornecimento de produtos in natura, será responsável perante o consumidor o fornecedor imediato, exceto quando identificado claramente seu produtor.

§ 6º São impróprios ao uso e consumo:

I — os produtos cujos prazos de validade estejam vencidos;

II — os produtos deteriorados, alterados, adulterados, avariados, falsificados, corrompidos, fraudados, nocivos à vida ou à saúde, perigosos ou, ainda, aqueles em desacordo com as normas regulamentares de fabricação, distribuição ou apresentação;

III — os produtos que, por qualquer motivo, se revelem inadequados ao fim a que se destinam.

Art. 19. Os fornecedores respondem solidariamente pelos vícios de quantidade do produto sempre que, respeitadas as variações decorrentes de sua natureza, seu conteúdo líquido for inferior às indicações constantes do recipiente, da embalagem, rotulagem ou de mensagem publicitária, podendo o consumidor exigir, alternativamente e à sua escolha:

I — o abatimento proporcional do preço;

II — complementação do peso ou medida;

III — a substituição do produto por outro da mesma espécie, marca ou modelo, sem os aludidos vícios;

IV — a restituição imediata da quantia paga, monetariamente atualizada, sem prejuízo de eventuais perdas e danos.

§ 1º Aplica-se a este artigo o disposto no § 4° do artigo anterior.

§ 2º O fornecedor imediato será responsável quando fizer a pesagem ou a medição e o instrumento utilizado não estiver aferido segundo os padrões oficiais.

Art. 20. O fornecedor de serviços responde pelos vícios de qualidade que os tornem impróprios ao consumo ou lhes diminuam o valor, assim como por aqueles decorrentes da disparidade com as indicações constantes da oferta ou mensagem publicitária, podendo o consumidor exigir, alternativamente e à sua escolha:

I — a reexecução dos serviços, sem custo adicional e quando cabível;

II — a restituição imediata da quantia paga, monetariamente atualizada, sem prejuízo de eventuais perdas e danos;

III — o abatimento proporcional do preço.

§ 1º A reexecução dos serviços poderá ser confiada a terceiros devidamente capacitados, por conta e risco do fornecedor.

§ 2º São impróprios os serviços que se mostrem inadequados para os fins que razoavelmente deles se esperam, bem como aqueles que não atendam as normas regulamentares de prestabilidade.

Art. 21. No fornecimento de serviços que tenham por objetivo a reparação de qualquer produto considerar-se-á implícita a obrigação do fornecedor de empregar componentes de reposição originais adequados e novos, ou que mantenham as especificações técnicas do fabricante, salvo, quanto a estes últimos, autorização em contrário do consumidor.

Art. 22. Os órgãos públicos, por si ou suas empresas, concessionárias, permissionárias ou sob qualquer outra forma de empreendimento, são obrigados a fornecer serviços adequados, eficientes, seguros e, quanto aos essenciais, contínuos.

Parágrafo único. Nos casos de descumprimento, total ou parcial, das obrigações referidas neste artigo, serão as pessoas jurídicas compelidas a cumpri-las e a reparar os danos causados, na forma prevista neste código.

Art. 23. A ignorância do fornecedor sobre os vícios de qualidade por inadequação dos produtos e serviços não o exime de responsabilidade.

Art. 24. A garantia legal de adequação do produto ou serviço independe de termo expresso, vedada a exoneração contratual do fornecedor.

Art. 25. É vedada a estipulação contratual de cláusula que impossibilite, exonere ou atenue a obrigação de indenizar prevista nesta e nas seções anteriores.

§ 1º Havendo mais de um responsável pela causação do dano, todos responderão solidariamente pela reparação prevista nesta e nas seções anteriores.

§ 2º Sendo o dano causado por componente ou peça incorporada ao produto ou serviço, são responsáveis solidários seu fabricante, construtor ou importador e o que realizou a incorporação.

Seção IV
Da Decadência e da Prescrição

Art. 26. O direito de reclamar pelos vícios aparentes ou de fácil constatação caduca em:

I — trinta dias, tratando-se de fornecimento de serviço e de produtos não duráveis;

II — noventa dias, tratando-se de fornecimento de serviço e de produtos duráveis.

§ 1º Inicia-se a contagem do prazo decadencial a partir da entrega efetiva do produto ou do término da execução dos serviços.

§ 2º Obstam a decadência:

I — a reclamação comprovadamente formulada pelo consumidor perante o fornecedor de produtos e serviços até a resposta negativa correspondente, que deve ser transmitida de forma inequívoca;

II — (Vetado).

III — a instauração de inquérito civil, até seu encerramento.

§ 3º Tratando-se de vício oculto, o prazo decadencial inicia-se no momento em que ficar evidenciado o defeito.

Art. 27. Prescreve em cinco anos a pretensão à reparação pelos danos causados por fato do produto ou do serviço prevista na Seção II deste Capítulo, iniciando-se a contagem do prazo a partir do conhecimento do dano e de sua autoria.

Parágrafo único. (Vetado).

Seção V
Da Desconsideração da Personalidade Jurídica

Art. 28. O juiz poderá desconsiderar a personalidade jurídica da sociedade quando, em detrimento do consumidor, houver abuso de direito, excesso de poder, infração da lei, fato ou ato ilícito ou violação dos estatutos ou contrato social. A desconsideração também será efetivada quando houver falência, estado de insolvência, encerramento ou inatividade da pessoa jurídica provocados por má administração.

§ 1º (Vetado).

§ 2º As sociedades integrantes dos grupos societários e as sociedades controladas, são subsidiariamente responsáveis pelas obrigações decorrentes deste código.

§ 3º As sociedades consorciadas são solidariamente responsáveis pelas obrigações decorrentes deste código.

§ 4º As sociedades coligadas só responderão por culpa.

§ 5º Também poderá ser desconsiderada a pessoa jurídica sempre que sua personalidade for, de alguma forma, obstáculo ao ressarcimento de prejuízos causados aos consumidores.

CAPÍTULO V
DAS PRÁTICAS COMERCIAIS

Seção I
Das Disposições Gerais

Art. 29. Para os fins deste Capítulo e do seguinte, equiparam-se aos consumidores todas as pessoas determináveis ou não, expostas às práticas nele previstas.

Seção II
Da Oferta

Art. 30. Toda informação ou publicidade, suficientemente precisa, veiculada por qualquer forma ou meio de comunicação com relação a produtos e serviços oferecidos ou apresentados, obriga o fornecedor que a fizer veicular ou dela se utilizar e integra o contrato que vier a ser celebrado.

Art. 31. A oferta e apresentação de produtos ou serviços devem assegurar informações corretas, claras, precisas, ostensivas e em língua portuguesa sobre suas características, qualidades, quantidade, composição, preço, garantia, prazos de validade e origem, entre outros dados, bem como sobre os riscos que apresentam à saúde e segurança dos consumidores.

Art. 32. Os fabricantes e importadores deverão assegurar a oferta de componentes e peças de reposição enquanto não cessar a fabricação ou importação do produto.

Parágrafo único. Cessadas a produção ou importação, a oferta deverá ser mantida por período razoável de tempo, na forma da lei.

Art. 33. Em caso de oferta ou venda por telefone ou reembolso postal, deve constar o nome do fabricante e endereço na embalagem, publicidade e em todos os impressos utilizados na transação comercial.

Art. 34. O fornecedor do produto ou serviço é solidariamente responsável pelos atos de seus prepostos ou representantes autônomos.

Art. 35. Se o fornecedor de produtos ou serviços recusar cumprimento à oferta, apresentação ou publicidade, o consumidor poderá, alternativamente e à sua livre escolha:

I — exigir o cumprimento forçado da obrigação, nos termos da oferta, apresentação ou publicidade;

II — aceitar outro produto ou prestação de serviço equivalente;

III — rescindir o contrato, com direito à restituição de quantia eventualmente antecipada, monetariamente atualizada, e a perdas e danos.

Seção III
Da Publicidade

Art. 36. A publicidade deve ser veiculada de tal forma que o consumidor, fácil e imediatamente, a identifique como tal.

Parágrafo único. O fornecedor, na publicidade de seus produtos ou serviços, manterá, em seu poder, para informação dos legítimos interessados, os dados fáticos, técnicos e científicos que dão sustentação à mensagem.

Art. 37. É proibida toda publicidade enganosa ou abusiva.

§ 1º É enganosa qualquer modalidade de informação ou comunicação de caráter publicitário, inteira ou parcialmente falsa, ou, por qualquer outro modo, mesmo por omissão, capaz de induzir em erro o consumidor a respeito da natureza, características, qualidade, quantidade, propriedades, origem, preço e quaisquer outros dados sobre produtos e serviços.

§ 2º É abusiva, dentre outras a publicidade discriminatória de qualquer natureza, a que incite à violência, explore o medo ou a superstição, se aproveite da deficiência de julgamento e experiência da criança, desrespeita valores ambientais, ou que seja capaz de induzir o consumidor a se comportar de forma prejudicial ou perigosa à sua saúde ou segurança.

§ 3º Para os efeitos deste código, a publicidade é enganosa por omissão quando deixar de informar sobre dado essencial do produto ou serviço.

§ 4º (Vetado).

Art. 38. O ônus da prova da veracidade e correção da informação ou comunicação publicitária cabe a quem as patrocina.

Seção IV
Das Práticas Abusivas

Art. 39. É vedado ao fornecedor de produtos ou serviços:

Art. 39. É vedado ao fornecedor de produtos ou serviços, dentre outras práticas abusivas: (*Redação dada pela Lei n. 8.884, de 11.6.1994*)

I — condicionar o fornecimento de produto ou de serviço ao fornecimento de outro produto ou serviço, bem como, sem justa causa, a limites quantitativos;

II — recusar atendimento às demandas dos consumidores, na exata medida de suas disponibilidades de estoque, e, ainda, de conformidade com os usos e costumes;

III — enviar ou entregar ao consumidor, sem solicitação prévia, qualquer produto, ou fornecer qualquer serviço;

IV — prevalecer-se da fraqueza ou ignorância do consumidor, tendo em vista sua idade, saúde, conhecimento ou condição social, para impingir-lhe seus produtos ou serviços;

V — exigir do consumidor vantagem manifestamente excessiva;

VI — executar serviços sem a prévia elaboração de orçamento e autorização expressa do consumidor, ressalvadas as decorrentes de práticas anteriores entre as partes;

VII — repassar informação depreciativa, referente a ato praticado pelo consumidor no exercício de seus direitos;

VIII — colocar, no mercado de consumo, qualquer produto ou serviço em desacordo com as normas expedidas pelos órgãos oficiais competentes ou, se normas específicas não existirem, pela Associação Brasileira de Normas Técnicas ou outra entidade credenciada pelo Conselho Nacional de Metrologia, Normalização e Qualidade Industrial (Conmetro);

IX — deixar de estipular prazo para o cumprimento de sua obrigação ou deixar a fixação de seu termo inicial a seu exclusivo critério;

IX — recusar a venda de bens ou a prestação de serviços, diretamente a quem se disponha a adquiri-los mediante pronto pagamento, ressalvados os casos de intermediação regulados em leis especiais; (*Redação dada pela Lei n. 8.884, de 11.6.1994*)

X — (Vetado).

X — elevar sem justa causa o preço de produtos ou serviços. (*Incluído pela Lei n. 8.884, de 11.6.1994*);

XI — Dispositivo incluído pela MPV n. 1.890-67, de 22.10.1999, transformado em inciso XIII, quando da conversão na Lei n. 9.870, de 23.11.1999;

XII — deixar de estipular prazo para o cumprimento de sua obrigação ou deixar a fixação de seu termo inicial a seu exclusivo critério; e (*Incluído pela Lei n. 9.008, de 21.3.1995*)

XIII — aplicar fórmula ou índice de reajuste diverso do legal ou contratualmente estabelecido. (*Incluído pela Lei n. 9.870, de 23.11.1999*)

Parágrafo único. Os serviços prestados e os produtos remetidos ou entregues ao consumidor, na hipótese prevista no inciso III, equiparam-se às amostras grátis, inexistindo obrigação de pagamento.

Art. 40. O fornecedor de serviço será obrigado a entregar ao consumidor orçamento prévio discriminando o valor da mão-de-obra, dos materiais e equipamentos a serem empregados, as condições de pagamento, bem como as datas de início e término dos serviços.

§ 1º Salvo estipulação em contrário, o valor orçado terá validade pelo prazo de dez dias, contado de seu recebimento pelo consumidor.

§ 2º Uma vez aprovado pelo consumidor, o orçamento obriga os contraentes e somente pode ser alterado mediante livre negociação das partes.

§ 3º O consumidor não responde por quaisquer ônus ou acréscimos decorrentes da contratação de serviços de terceiros não previstos no orçamento prévio.

Art. 41. No caso de fornecimento de produtos ou de serviços sujeitos ao regime de controle ou de tabelamento de preços, os fornecedores deverão respeitar os limites oficiais sob pena de não o fazendo, responderem pela restituição da quantia recebida em excesso, monetariamente atualizada, podendo o consumidor exigir à sua escolha, o desfazimento do negócio, sem prejuízo de outras sanções cabíveis.

Seção V
Da Cobrança de Dívidas

Art. 42. Na cobrança de débitos, o consumidor inadimplente não será exposto a ridículo, nem será submetido a qualquer tipo de constrangimento ou ameaça.

Parágrafo único. O consumidor cobrado em quantia indevida tem direito à repetição do indébito, por valor igual ao dobro do que pagou em excesso, acrescido de correção monetária e juros legais, salvo hipótese de engano justificável.

Seção VI
Dos Bancos de Dados e Cadastros de Consumidores

Art. 43. O consumidor, sem prejuízo do disposto no art. 86, terá acesso às informações existentes em cadastros, fichas, registros e dados pessoais e de consumo arquivados sobre ele, bem como sobre as suas respectivas fontes.

§ 1º Os cadastros e dados de consumidores devem ser objetivos, claros, verdadeiros e em linguagem de fácil compreensão, não podendo conter informações negativas referentes a período superior a cinco anos.

§ 2º A abertura de cadastro, ficha, registro e dados pessoais e de consumo deverá ser comunicada por escrito ao consumidor, quando não solicitada por ele.

§ 3º O consumidor, sempre que encontrar inexatidão nos seus dados e cadastros, poderá exigir sua imediata correção, devendo o arquivista, no prazo de cinco dias úteis, comunicar a alteração aos eventuais destinatários das informações incorretas.

§ 4º Os bancos de dados e cadastros relativos a consumidores, os serviços de proteção ao crédito e congêneres são considerados entidades de caráter público.

§ 5º Consumada a prescrição relativa à cobrança de débitos do consumidor, não serão fornecidas, pelos respectivos Sistemas de Proteção ao Crédito, quaisquer informações que possam impedir ou dificultar novo acesso ao crédito junto aos fornecedores.

Art. 44. Os órgãos públicos de defesa do consumidor manterão cadastros atualizados de reclamações fundamentadas contra fornecedores de produtos e serviços, devendo divulgá-lo pública e anualmente. A divulgação indicará se a reclamação foi atendida ou não pelo fornecedor.

§ 1º É facultado o acesso às informações lá constantes para orientação e consulta por qualquer interessado.

§ 2º Aplicam-se a este artigo, no que couber, as mesmas regras enunciadas no artigo anterior e as do parágrafo único do art. 22 deste código.

Art. 45. (Vetado).

CAPÍTULO VI
DA PROTEÇÃO CONTRATUAL

Seção I
Disposições Gerais

Art. 46. Os contratos que regulam as relações de consumo não obrigarão os consumidores, se não lhes for dada a oportunidade de tomar conhecimento prévio de seu conteúdo, ou se os respectivos instrumentos forem redigidos de modo a dificultar a compreensão de seu sentido e alcance.

Art. 47. As cláusulas contratuais serão interpretadas de maneira mais favorável ao consumidor.

Art. 48. As declarações de vontade constantes de escritos particulares, recibos e pré-contratos relativos às relações de consumo vinculam o fornecedor, ensejando inclusive execução específica, nos termos do art. 84 e parágrafos.

Art. 49. O consumidor pode desistir do contrato, no prazo de 7 dias a contar de sua assinatura ou do ato de recebimento do produto ou serviço, sempre que a contratação de fornecimento de produtos e serviços ocorrer fora do estabelecimento comercial, especialmente por telefone ou a domicílio.

Parágrafo único. Se o consumidor exercitar o direito de arrependimento previsto neste artigo, os valores eventualmente pagos, a qualquer Título, durante o prazo de reflexão, serão devolvidos, de imediato, monetariamente atualizados.

Art. 50. A garantia contratual é complementar à legal e será conferida mediante termo escrito.

Parágrafo único. O termo de garantia ou equivalente deve ser padronizado e esclarecer, de maneira adequada em que consiste a mesma garantia, bem como a forma, o prazo e o lugar em que pode ser exercitada e os ônus a cargo do consumidor, devendo ser-lhe entregue, devidamente preenchido pelo fornecedor, no ato do fornecimento, acompanhado de manual de instrução, de instalação e uso do produto em linguagem didática, com ilustrações.

Seção II
Das Cláusulas Abusivas

Art. 51. São nulas de pleno direito, entre outras, as cláusulas contratuais relativas ao fornecimento de produtos e serviços que:

I — impossibilitem, exonerem ou atenuem a responsabilidade do fornecedor por vícios de qualquer natureza dos produtos e serviços ou impliquem renúncia ou disposição de direitos. Nas relações de consumo entre o fornecedor e o consumidor pessoa jurídica, a indenização poderá ser limitada, em situações justificáveis;

II — subtraiam ao consumidor a opção de reembolso da quantia já paga, nos casos previstos neste código;

III — transfiram responsabilidades a terceiros;

IV — estabeleçam obrigações consideradas iníquas, abusivas, que coloquem o consumidor em desvantagem exagerada, ou sejam incompatíveis com a boa-fé ou a equidade;

V — (Vetado);

VI — estabeleçam inversão do ônus da prova em prejuízo do consumidor;

VII — determinem a utilização compulsória de arbitragem;

VIII — imponham representante para concluir ou realizar outro negócio jurídico pelo consumidor;

IX — deixem ao fornecedor a opção de concluir ou não o contrato, embora obrigando o consumidor;

X — permitam ao fornecedor, direta ou indiretamente, variação do preço de maneira unilateral;

XI — autorizem o fornecedor a cancelar o contrato unilateralmente, sem que igual direito seja conferido ao consumidor;

XII — obriguem o consumidor a ressarcir os custos de cobrança de sua obrigação, sem que igual direito lhe seja conferido contra o fornecedor;

XIII — autorizem o fornecedor a modificar unilateralmente o conteúdo ou a qualidade do contrato, após sua celebração;

XIV — infrinjam ou possibilitem a violação de normas ambientais;

XV — estejam em desacordo com o sistema de proteção ao consumidor;

XVI — possibilitem a renúncia do direito de indenização por benfeitorias necessárias.

§ 1º Presume-se exagerada, entre outros casos, a vontade que:

I — ofende os princípios fundamentais do sistema jurídico a que pertence;

II — restringe direitos ou obrigações fundamentais inerentes à natureza do contrato, de tal modo a ameaçar seu objeto ou equilíbrio contratual;

III — se mostra excessivamente onerosa para o consumidor, considerando-se a natureza e conteúdo do contrato, o interesse das partes e outras circunstâncias peculiares ao caso.

§ 2º A nulidade de uma cláusula contratual abusiva não invalida o contrato, exceto quando de sua ausência, apesar dos esforços de integração, decorrer ônus excessivo a qualquer das partes.

§ 3º (Vetado).

§ 4º É facultado a qualquer consumidor ou entidade que o represente requerer ao Ministério Público que ajuíze a competente ação para ser declarada a nulidade de cláusula contratual que contrarie o disposto neste código ou de qualquer forma não assegure o justo equilíbrio entre direitos e obrigações das partes.

Art. 52. No fornecimento de produtos ou serviços que envolva outorga de crédito ou concessão de financiamento ao consumidor, o fornecedor deverá, entre outros requisitos, informá-o prévia e adequadamente sobre:

I — preço do produto ou serviço em moeda corrente nacional;

II — montante dos juros de mora e da taxa efetiva anual de juros;

III — acréscimos legalmente previstos;

IV — número e periodicidade das prestações;

V — soma total a pagar, com e sem financiamento.

§ 1º As multas de mora decorrentes do inadimplemento de obrigação no seu termo não poderão ser superiores a dez por cento do valor da prestação.

§ 1º As multas de mora decorrentes do inadimplemento de obrigações no seu termo não poderão ser superiores a dois por cento do valor da prestação. (*Redação dada pela Lei n. 9.298, de 1º.8.1996*)

§ 2º É assegurado ao consumidor a liquidação antecipada do débito total ou parcialmente, mediante redução proporcional dos juros e demais acréscimos.

§ 3º (Vetado).

Art. 53. Nos contratos de compra e venda de móveis ou imóveis mediante pagamento em prestações, bem como nas alienações fiduciárias em garantia, consideram-se nulas de pleno direito as cláusulas que estabeleçam a perda total das prestações pagas em benefício do credor que, em razão do inadimplemento, pleitear a resolução do contrato e a retomada do produto alienado.

§ 1º (Vetado).

§ 2º Nos contratos do sistema de consórcio de produtos duráveis, a compensação ou a restituição das parcelas quitadas, na forma deste artigo, terá descontada, além da vantagem econômica auferida com a fruição, os prejuízos que o desistente ou inadimplente causar ao grupo.

§ 3° Os contratos de que trata o *caput* deste artigo serão expressos em moeda corrente nacional.

Seção III
Dos Contratos de Adesão

Art. 54. Contrato de adesão é aquele cujas cláusulas tenham sido aprovadas pela autoridade competente ou estabelecidas unilateralmente pelo fornecedor de produtos ou serviços, sem que o consumidor possa discutir ou modificar substancialmente seu conteúdo.

§ 1º A inserção de cláusula no formulário não desfigura a natureza de adesão do contrato.

§ 2º Nos contratos de adesão admite-se cláusula resolutória, desde que a alternativa, cabendo a escolha ao consumidor, ressalvando-se o disposto no § 2º do artigo anterior.

§ 3º Os contratos de adesão escritos serão redigidos em termos claros e com caracteres ostensivos e legíveis, de modo a facilitar sua compreensão pelo consumidor.

§ 4º As cláusulas que implicarem limitação de direito do consumidor deverão ser redigidas com destaque, permitindo sua imediata e fácil compreensão.

§ 5º (Vetado)

CAPÍTULO VII
DAS SANÇÕES ADMINISTRATIVAS
(Vide Lei n. 8.656, de 1993)

Art. 55. A União, os Estados e o Distrito Federal, em caráter concorrente e nas suas respectivas áreas de atuação administrativa, baixarão normas relativas à produção, industrialização, distribuição e consumo de produtos e serviços.

§ 1º A União, os Estados, o Distrito Federal e os Municípios fiscalizarão e controlarão a produção, industrialização, distribuição, a publicidade de produtos e serviços e o mercado de consumo, no interesse da preservação da vida, da saúde, da segurança, da informação e do bem-estar do consumidor, baixando as normas que se fizerem necessárias.

§ 2º (Vetado).

§ 3º Os órgãos federais, estaduais, do Distrito Federal e municipais com atribuições para fiscalizar e controlar o mercado de consumo manterão comissões permanentes para elaboração, revisão e atualização das normas referidas no § 1º, sendo obrigatória a participação dos consumidores e fornecedores.

§ 4º Os órgãos oficiais poderão expedir notificações aos fornecedores para que, sob pena de desobediência, prestem informações sobre questões de interesse do consumidor, resguardado o segredo industrial.

Art. 56. As infrações das normas de defesa do consumidor ficam sujeitas, conforme o caso, às seguintes sanções administrativas, sem prejuízo das de natureza civil, penal e das definidas em normas específicas:

I — multa;

II — apreensão do produto;

III — inutilização do produto;

IV — cassação do registro do produto junto ao órgão competente;

V — proibição de fabricação do produto;

VI — suspensão de fornecimento de produtos ou serviço;

VII — suspensão temporária de atividade;

VIII — revogação de concessão ou permissão de uso;

IX — cassação de licença do estabelecimento ou de atividade;

X — interdição, total ou parcial, de estabelecimento, de obra ou de atividade;

XI — intervenção administrativa;

XII — imposição de contrapropaganda.

Parágrafo único. As sanções previstas neste artigo serão aplicadas pela autoridade administrativa, no âmbito de sua atribuição, podendo ser aplicadas cumulativamente, inclusive por medida cautelar, antecedente ou incidente de procedimento administrativo.

Art. 57. A pena de multa, graduada de acordo com a gravidade da infração, a vantagem auferida e a condição econômica do fornecedor será aplicada mediante procedimento administrativo nos termos da lei, revertendo para o fundo de que trata a Lei n. 7.347, de 24 de julho de 1985, sendo a infração ou dano de âmbito nacional, ou para os fundos estaduais de proteção ao consumidor nos demais casos.
Parágrafo único. A multa será em montante nunca inferior a trezentas e não superior a três milhões de vezes o valor do Bônus do Tesouro Nacional (BTN), ou índice equivalente que venha substituí-lo.

Art. 57. A pena de multa, graduada de acordo com a gravidade da infração, a vantagem auferida e a condição econômica do fornecedor, será aplicada mediante procedimento administrativo, revertendo para o Fundo de que trata a Lei n. 7.347, 1985, os valores cabíveis à União, ou para os Fundos estaduais ou municipais de proteção ao consumidor nos demais casos. (*Redação dada pela Lei n. 8.656, de 21.5.1993*)

Parágrafo único. A multa será em montante não inferior a duzentas e não superior a três milhões de vezes o valor da Unidade Fiscal de Referência (Ufir), ou índice equivalente que venha a substituí-lo. (*Parágrafo acrescentado pela Lei n. 8.703, de 6.9.1993*)

Art. 58. As penas de apreensão, de inutilização de produtos, de proibição de fabricação de produtos, de suspensão do fornecimento de produto ou serviço, de cassação do registro do produto e revogação da concessão ou permissão de uso serão aplicadas pela administração, mediante procedimento administrativo, assegurada ampla defesa, quando forem constatados vícios de quantidade ou de qualidade por inadequação ou insegurança do produto ou serviço.

Art. 59. As penas de cassação de alvará de licença, de interdição e de suspensão temporária da atividade, bem como a de intervenção administrativa, serão aplicadas mediante procedimento administrativo, assegurada ampla defesa, quando o fornecedor reincidir na prática das infrações de maior gravidade previstas neste código e na legislação de consumo.

§ 1º A pena de cassação da concessão será aplicada à concessionária de serviço público, quando violar obrigação legal ou contratual.

§ 2º A pena de intervenção administrativa será aplicada sempre que as circunstâncias de fato desaconselharem a cassação de licença, a interdição ou suspensão da atividade.

§ 3º Pendendo ação judicial na qual se discuta a imposição de penalidade administrativa, não haverá reincidência até o trânsito em julgado da sentença.

Art. 60. A imposição de contrapropaganda será cominada quando o fornecedor incorrer na prática de publicidade enganosa ou abusiva, nos termos do art. 36 e seus parágrafos, sempre às expensas do infrator.

§ 1º A contrapropaganda será divulgada pelo responsável da mesma forma, frequência e dimensão e, preferencialmente no mesmo veículo, local, espaço e horário, de forma capaz de desfazer o malefício da publicidade enganosa ou abusiva.

§ 2º (Vetado)

§ 3º (Vetado).

TÍTULO II
DAS INFRAÇÕES PENAIS

Art. 61. Constituem crimes contra as relações de consumo previstas neste código, sem prejuízo do disposto no Código Penal e leis especiais, as condutas tipificadas nos artigos seguintes.

Art. 62. (Vetado).

Art. 63. Omitir dizeres ou sinais ostensivos sobre a nocividade ou periculosidade de produtos, nas embalagens, nos invólucros, recipientes ou publicidade: Pena — Detenção de seis meses a dois anos e multa.

§ 1º Incorrerá nas mesmas penas quem deixar de alertar, mediante recomendações escritas ostensivas, sobre a periculosidade do serviço a ser prestado.

§ 2º Se o crime é culposo: Pena Detenção de um a seis meses ou multa.

Art. 64. Deixar de comunicar à autoridade competente e aos consumidores a nocividade ou periculosidade de produtos cujo conhecimento seja posterior à sua colocação no mercado:

Pena — Detenção de seis meses a dois anos e multa.

Parágrafo único. Incorrerá nas mesmas penas quem deixar de retirar do mercado, imediatamente quando determinado pela autoridade competente, os produtos nocivos ou perigosos, na forma deste artigo.

Art. 65. Executar serviço de alto grau de periculosidade, contrariando determinação de autoridade competente: Pena Detenção de seis meses a dois anos e multa.

Parágrafo único. As penas deste artigo são aplicáveis sem prejuízo das correspondentes à lesão corporal e à morte.

Art. 66. Fazer afirmação falsa ou enganosa, ou omitir informação relevante sobre a natureza, característica, qualidade, quantidade, segurança, desempenho, durabilidade, preço ou garantia de produtos ou serviços: Pena — Detenção de três meses a um ano e multa.

§ 1º Incorrerá nas mesmas penas quem patrocinar a oferta.

§ 2º Se o crime é culposo: Pena Detenção de um a seis meses ou multa.

Art. 67. Fazer ou promover publicidade que sabe ou deveria saber ser enganosa ou abusiva: Pena Detenção de três meses a um ano e multa.

Parágrafo único. (Vetado).

Art. 68. Fazer ou promover publicidade que sabe ou deveria saber ser capaz de induzir o consumidor a se comportar de forma prejudicial ou perigosa a sua saúde ou segurança: Pena — Detenção de seis meses a dois anos e multa:

Parágrafo único. (Vetado).

Art. 69. Deixar de organizar dados fáticos, técnicos e científicos que dão base à publicidade: Pena Detenção de um a seis meses ou multa.

Art. 70. Empregar na reparação de produtos, peça ou componentes de reposição usados, sem autorização do consumidor: Pena Detenção de três meses a um ano e multa.

Art. 71. Utilizar, na cobrança de dívidas, de ameaça, coação, constrangimento físico ou moral, afirmações falsas incorretas ou enganosas ou de qualquer outro procedimento que exponha o consumidor, injustificadamente, a ridículo ou interfira com seu trabalho, descanso ou lazer: Pena Detenção de três meses a um ano e multa.

Art. 72. Impedir ou dificultar o acesso do consumidor às informações que sobre ele constem em cadastros, banco de dados, fichas e registros: Pena Detenção de seis meses a um ano ou multa.

Art. 73. Deixar de corrigir imediatamente informação sobre consumidor constante de cadastro, banco de dados, fichas ou registros que sabe ou deveria saber ser inexata: Pena Detenção de um a seis meses ou multa.

Art. 74. Deixar de entregar ao consumidor o termo de garantia adequadamente preenchido e com especificação clara de seu conteúdo: Pena Detenção de um a seis meses ou multa.

Art. 75. Quem, de qualquer forma, concorrer para os crimes referidos neste código, incide as penas a esses cominadas na medida de sua culpabilidade, bem como o diretor, administrador ou gerente da pessoa jurídica que promover, permitir ou por qualquer modo aprovar o fornecimento, oferta, exposição à venda ou manutenção em depósito de produtos ou a oferta e prestação de serviços nas condições por ele proibidas.

Art. 76. São circunstâncias agravantes dos crimes tipificados neste código:

I — serem cometidos em época de grave crise econômica ou por ocasião de calamidade;

II — ocasionarem grave dano individual ou coletivo;

III — dissimular-se a natureza ilícita do procedimento;

IV — quando cometidos:

a) por servidor público, ou por pessoa cuja condição econômico-social seja manifestamente superior à da vítima;

b) em detrimento de operário ou rurícola; de menor de dezoito ou maior de sessenta anos ou de pessoas portadoras de deficiência mental interditadas ou não;

V — serem praticados em operações que envolvam alimentos, medicamentos ou quaisquer outros produtos ou serviços essenciais.

Art. 77. A pena pecuniária prevista nesta Seção será fixada em dias-multa, correspondente ao mínimo e ao máximo de dias de duração da pena privativa da liberdade cominada ao crime. Na individualização desta multa, o juiz observará o disposto no art. 60, § 1º do Código Penal.

Art. 78. Além das penas privativas de liberdade e de multa, podem ser impostas, cumulativa ou alternadamente, observado o disposto nos arts. 44 a 47, do Código Penal:

I — a interdição temporária de direitos;

II — a publicação em órgãos de comunicação de grande circulação ou audiência, às expensas do condenado, de notícia sobre os fatos e a condenação;

III — a prestação de serviços à comunidade.

Art. 79. O valor da fiança, nas infrações de que trata este código, será fixado pelo juiz, ou pela autoridade que presidir o inquérito, entre cem e duzentas mil vezes o valor do Bônus do Tesouro Nacional (BTN), ou índice equivalente que venha a substituí-lo.

Parágrafo único. Se assim recomendar a situação econômica do indiciado ou réu, a fiança poderá ser:

a) reduzida até a metade do seu valor mínimo;

b) aumentada pelo juiz até vinte vezes.

Art. 80. No processo penal atinente aos crimes previstos neste código, bem como a outros crimes e contravenções que envolvam relações de consumo, poderão intervir, como assistentes do Ministério Público, os legitimados indicados no art. 82, inciso III e IV, aos quais também é facultado propor ação penal subsidiária, se a denúncia não for oferecida no prazo legal.

TÍTULO III
DA DEFESA DO CONSUMIDOR EM JUÍZO

CAPÍTULO I
DISPOSIÇÕES GERAIS

Art. 81. A defesa dos interesses e direitos dos consumidores e das vítimas poderá ser exercida em juízo individualmente, ou a Título coletivo.

Parágrafo único. A defesa coletiva será exercida quando se tratar de:

I — interesses ou direitos difusos, assim entendidos, para efeitos deste código, os transindividuais, de natureza indivisível, de que sejam Titulares pessoas indeterminadas e ligadas por circunstâncias de fato;

II — interesses ou direitos coletivos, assim entendidos, para efeitos deste código, os transindividuais, de natureza indivisível de que seja Titular grupo, categoria ou classe de pessoas ligadas entre si ou com a parte contrária por uma relação jurídica base;

III — interesses ou direitos individuais homogêneos, assim entendidos os decorrentes de origem comum.

Art. 82. Para os fins do art. 100, parágrafo único, são legitimados concorrentemente:

Art. 82. Para os fins do art. 81, parágrafo único, são legitimados concorrentemente: (*Redação dada pela Lei n. 9.008, de 21.3.1995*)

I — o Ministério Público,

II — a União, os Estados, os Municípios e o Distrito Federal;

III — as entidades e órgãos da Administração Pública, direta ou indireta, ainda que sem personalidade jurídica, especificamente destinados à defesa dos interesses e direitos protegidos por este código;

IV — as associações legalmente constituídas há pelo menos um ano e que incluam entre seus fins institucionais a defesa dos interesses e direitos protegidos por este código, dispensada a autorização assemblear.

§ 1º O requisito da pré-constituição pode ser dispensado pelo juiz, nas ações previstas nos arts. 91 e seguintes, quando haja manifesto interesse social evidenciado pela dimensão ou característica do dano, ou pela relevância do bem jurídico a ser protegido.

§ 2º (Vetado).

§ 3º (Vetado).

Art. 83. Para a defesa dos direitos e interesses protegidos por este código são admissíveis todas as espécies de ações capazes de propiciar sua adequada e efetiva tutela.

Parágrafo único. (Vetado).

Art. 84. Na ação que tenha por objeto o cumprimento da obrigação de fazer ou não fazer, o juiz concederá a tutela específica da obrigação ou determinará providências que assegurem o resultado prático equivalente ao do adimplemento.

§ 1º A conversão da obrigação em perdas e danos somente será admissível se por elas optar o autor ou se impossível a tutela específica ou a obtenção do resultado prático correspondente.

§ 2º A indenização por perdas e danos se fará sem prejuízo da multa (art. 287, do Código de Processo Civil).

§ 3º Sendo relevante o fundamento da demanda e havendo justificado receio de ineficácia do provimento final, é lícito ao juiz conceder a tutela liminarmente ou após justificação prévia, citado o réu.

§ 4º O juiz poderá, na hipótese do § 3º ou na sentença, impor multa diária ao réu, independentemente de pedido do autor, se for suficiente ou compatível com a obrigação, fixando prazo razoável para o cumprimento do preceito.

§ 5º Para a tutela específica ou para a obtenção do resultado prático equivalente, poderá o juiz determinar as medidas necessárias, tais como busca e apreensão, remoção de coisas e pessoas, desfazimento de obra, impedimento de atividade nociva, além de requisição de força policial.

Art. 85. (Vetado).

Art. 86. (Vetado).

Art. 87. Nas ações coletivas de que trata este código não haverá adiantamento de custas, emolumentos, honorários periciais e quaisquer outras despesas, nem condenação da associação autora, salvo comprovada má-fé, em honorários de advogados, custas e despesas processuais.

Parágrafo único. Em caso de litigância de má-fé, a associação autora e os diretores responsáveis pela propositura da ação serão solidariamente condenados em honorários advocatícios e ao décuplo das custas, sem prejuízo da responsabilidade por perdas e danos.

Art. 88. Na hipótese do art. 13, parágrafo único deste código, a ação de regresso poderá ser ajuizada em processo autônomo, facultada a possibilidade de prosseguir-se nos mesmos autos, vedada a denunciação da lide.

Art. 89. (Vetado)

Art. 90. Aplicam-se às ações previstas neste Título as normas do Código de Processo Civil e da Lei n° 7.347, de 24 de julho de 1985, inclusive no que respeita ao inquérito civil, naquilo que não contrariar suas disposições.

CAPÍTULO II
DAS AÇÕES COLETIVAS PARA A DEFESA DE INTERESSES INDIVIDUAIS HOMOGÊNEOS

Art 91. Os legitimados de que trata o art. 81 poderão propor, em nome próprio e no interesse das vítimas ou seus sucessores, ação civil coletiva de responsabilidade pelos danos individualmente sofridos, de acordo com o disposto nos artigos seguintes.

Art. 91. Os legitimados de que trata o art. 82 poderão propor, em nome próprio e no interesse das vítimas ou seus sucessores, ação civil coletiva de responsabilidade pelos danos individualmente sofridos, de acordo com o disposto nos artigos seguintes. (*Redação dada pela Lei n. 9.008, de 21.3.1995*)

Art. 92. O Ministério Público, se não ajuizar a ação, atuará sempre como fiscal da lei.

Parágrafo único. (Vetado).

Art. 93. Ressalvada a competência da Justiça Federal, é competente para a causa a justiça local:

I — no foro do lugar onde ocorreu ou deva ocorrer o dano, quando de âmbito local;

II — no foro da Capital do Estado ou no do Distrito Federal, para os danos de âmbito nacional ou regional, aplicando-se as regras do Código de Processo Civil aos casos de competência concorrente.

Art. 94. Proposta a ação, será publicado edital no órgão oficial, a fim de que os interessados possam intervir no processo como litisconsortes, sem prejuízo de ampla divulgação pelos meios de comunicação social por parte dos órgãos de defesa do consumidor.

Art. 95. Em caso de procedência do pedido, a condenação será genérica, fixando a responsabilidade do réu pelos danos causados.

Art. 96. (Vetado).

Art. 97. A liquidação e a execução de sentença poderão ser promovidas pela vítima e seus sucessores, assim como pelos legitimados de que trata o art. 82.

Parágrafo único. (Vetado).

Art. 98. A execução poderá ser coletiva, sendo promovida pelos legitimados de que trata o art. 81, abrangendo as vítimas cujas indenizações já tiverem sido fixadas em sentença de liquidação, sem prejuízo do ajuizamento de outras execuções.

Art. 98. A execução poderá ser coletiva, sendo promovida pelos legitimados de que trata o art. 82, abrangendo as vítimas cujas indenizações já tiveram sido fixadas em sentença de liquidação, sem prejuízo do ajuizamento de outras execuções. (*Redação dada pela Lei n. 9.008, de 21.3.1995*)

§ 1º A execução coletiva far-se-á com base em certidão das sentenças de liquidação, da qual deverá constar a ocorrência ou não do trânsito em julgado.

§ 2º É competente para a execução o juízo:

I — da liquidação da sentença ou da ação condenatória, no caso de execução individual;

II — da ação condenatória, quando coletiva a execução.

Art. 99. Em caso de concurso de créditos decorrentes de condenação prevista na Lei n. 7.347, de 1985 e de indenizações pelos prejuízos individuais resultantes do mesmo evento danoso, estas terão preferência no pagamento.

Parágrafo único. Para efeito do disposto neste artigo, a destinação da importância recolhida ao fundo criado pela Lei n. 7.347, de 1985, ficará sustada enquanto pendentes de decisão de segundo grau as ações de indenização pelos danos individuais, salvo na hipótese de o patrimônio do devedor ser manifestamente suficiente para responder pela integralidade das dívidas.

Art. 100. Decorrido o prazo de um ano sem habilitação de interessados em número compatível com a gravidade do dano, poderão os legitimados do art. 82 promover a liquidação e execução da indenização devida.

Parágrafo único. O produto da indenização devida reverterá para o fundo criado pela Lei n. 7.347, de 1985.

CAPÍTULO III
DAS AÇÕES DE RESPONSABILIDADE DO FORNECEDOR DE PRODUTOS E SERVIÇOS

Art. 101. Na ação de responsabilidade civil do fornecedor de produtos e serviços, sem prejuízo do disposto nos Capítulos I e II deste Título, serão observadas as seguintes normas:

I — a ação pode ser proposta no domicílio do autor;

II — o réu que houver contratado seguro de responsabilidade poderá chamar ao processo o segurador, vedada a integração do contraditório pelo Instituto de Resseguros do Brasil. Nesta hipótese, a sentença que julgar procedente o pedido condenará o réu nos termos do art. 80 do Código de Processo Civil. Se o réu houver sido declarado falido, o síndico será intimado a informar a existência de seguro de responsabilidade, facultando-se, em caso afirmativo, o ajuizamento de ação de indenização diretamente contra o segurador, vedada a denunciação da lide ao Instituto de Resseguros do Brasil e dispensado o litisconsórcio obrigatório com este.

Art. 102. Os legitimados a agir na forma deste código poderão propor ação visando compelir o Poder Público competente a proibir, em todo o território nacional, a produção, divulgação distribuição ou venda, ou a determinar a alteração na composição, estrutura, fórmula ou acondicionamento de produto, cujo uso ou consumo regular se revele nocivo ou perigoso à saúde pública e à incolumidade pessoal.

§ 1º (Vetado).

§ 2º (Vetado)

CAPÍTULO IV
DA COISA JULGADA

Art. 103. Nas ações coletivas de que trata este código, a sentença fará coisa julgada:

I — *erga omnes*, exceto se o pedido for julgado improcedente por insuficiência de provas, hipótese em que qualquer legitimado poderá intentar outra ação, com idêntico fundamento valendo-se de nova prova, na hipótese do inciso I do parágrafo único do art. 81;

II — ultra partes, mas limitadamente ao grupo, categoria ou classe, salvo improcedência por insuficiência de provas, nos termos do inciso anterior, quando se tratar da hipótese prevista no inciso II do parágrafo único do art. 81;

III — *erga omnes*, apenas no caso de procedência do pedido, para beneficiar todas as vítimas e seus sucessores, na hipótese do inciso III do parágrafo único do art. 81.

§ 1º Os efeitos da coisa julgada previstos nos incisos I e II não prejudicarão interesses e direitos individuais dos integrantes da coletividade, do grupo, categoria ou classe.

§ 2º Na hipótese prevista no inciso III, em caso de improcedência do pedido, os interessados que não tiverem intervindo no processo como litisconsortes poderão propor ação de indenização a Título individual.

§ 3º Os efeitos da coisa julgada de que cuida o art. 16, combinado com o art. 13 da Lei n. 7.347, de 1985, não prejudicarão as ações de indenização por danos pessoalmente sofridos, propostas individualmente ou na forma prevista neste código, mas, se procedente o pedido, beneficiarão as vítimas e seus sucessores, que poderão proceder à liquidação e à execução, nos termos dos arts. 96 a 99.

§ 4º Aplica-se o disposto no parágrafo anterior à sentença penal condenatória.

Art. 104. As ações coletivas, previstas nos incisos I e II e do parágrafo único do art. 81, não induzem litispendência para as ações individuais, mas os efeitos da coisa julgada erga omnes ou ultra partes a que aludem os incisos II e III do artigo anterior não beneficiarão os autores das ações individuais, se não for requerida sua suspensão no prazo de trinta dias, a contar da ciência nos autos do ajuizamento da ação coletiva.

TÍTULO IV
DO SISTEMA NACIONAL DE DEFESA DO CONSUMIDOR

Art. 105. Integram o Sistema Nacional de Defesa do Consumidor (SNDC), os órgãos federais, estaduais, do Distrito Federal e municipais e as entidades privadas de defesa do consumidor.

Art. 106. O Departamento Nacional de Defesa do Consumidor, da Secretaria Nacional de Direito Econômico (MJ), ou órgão federal que venha substituí-lo, é organismo de coordenação da política do Sistema Nacional de Defesa do Consumidor, cabendo-lhe:

I — planejar, elaborar, propor, coordenar e executar a política nacional de proteção ao consumidor;

II — receber, analisar, avaliar e encaminhar consultas, denúncias ou sugestões apresentadas por entidades representativas ou pessoas jurídicas de direito público ou privado;

III — prestar aos consumidores orientação permanente sobre seus direitos e garantias;

IV — informar, conscientizar e motivar o consumidor através dos diferentes meios de comunicação;

V — solicitar à polícia judiciária a instauração de inquérito policial para a apreciação de delito contra os consumidores, nos termos da legislação vigente;

VI — representar ao Ministério Público competente para fins de adoção de medidas processuais no âmbito de suas atribuições;

VII — levar ao conhecimento dos órgãos competentes as infrações de ordem administrativa que violarem os interesses difusos, coletivos, ou individuais dos consumidores;

VIII — solicitar o concurso de órgãos e entidades da União, Estados, do Distrito Federal e Municípios, bem como auxiliar a fiscalização de preços, abastecimento, quantidade e segurança de bens e serviços;

IX — incentivar, inclusive com recursos financeiros e outros programas especiais, a formação de entidades de defesa do consumidor pela população e pelos órgãos públicos estaduais e municipais;

X — (Vetado).

XI — (Vetado).

XII — (Vetado)

XIII — desenvolver outras atividades compatíveis com suas finalidades.

Parágrafo único. Para a consecução de seus objetivos, o Departamento Nacional de Defesa do Consumidor poderá solicitar o concurso de órgãos e entidades de notória especialização técnico-científica.

TÍTULO V
DA CONVENÇÃO COLETIVA DE CONSUMO

Art. 107. As entidades civis de consumidores e as associações de fornecedores ou sindicatos de categoria econômica podem regular, por convenção escrita, relações de consumo que tenham por objeto estabelecer condições relativas ao preço, à qualidade, à quantidade, à garantia e características de produtos e serviços, bem como à reclamação e composição do conflito de consumo.

§ 1º A convenção tornar-se-á obrigatória a partir do registro do instrumento no cartório de Títulos e documentos.

§ 2º A convenção somente obrigará os filiados às entidades signatárias.

§ 3º Não se exime de cumprir a convenção o fornecedor que se desligar da entidade em data posterior ao registro do instrumento.

Art. 108. (Vetado).

TÍTULO VI
DISPOSIÇÕES FINAIS

Art. 109. (Vetado).

Art. 110. Acrescente-se o seguinte inciso IV ao art. 1º da Lei n. 7.347, de 1985:

"IV — a qualquer outro interesse difuso ou coletivo".

Art. 111. O inciso II do art. 5º da Lei n. 7.347, de 1985, passa a ter a seguinte redação:

"II — inclua, entre suas finalidades institucionais, a proteção ao meio ambiente, ao consumidor, ao patrimônio artístico, estético, histórico, turístico e paisagístico, ou a qualquer outro interesse difuso ou coletivo".

Art. 112. O § 3º do art. 5º da Lei n. 7.347, de 1985, passa a ter a seguinte redação:

"§ 3º Em caso de desistência infundada ou abandono da ação por associação legitimada, o Ministério Público ou outro legitimado assumirá a Titularidade ativa".

Art. 113. Acrescente-se os seguintes §§ 4º, 5º e 6º ao art. 5º da Lei n. 7.347, de 1985:

"§ 4º O requisito da pré-constituição poderá ser dispensado pelo juiz, quando haja manifesto interesse social evidenciado pela dimensão ou característica do dano, ou pela relevância do bem jurídico a ser protegido.

§ 5º Admitir-se-á o litisconsórcio facultativo entre os Ministérios Públicos da União, do Distrito Federal e dos Estados na defesa dos interesses e direitos de que cuida esta lei. (Vide Mensagem de veto) (Vide REsp 222582 / MG — STJ)

§ 6º Os órgãos públicos legitimados poderão tomar dos interessados compromisso de ajustamento de sua conduta às exigências legais, mediante combinações, que terá eficácia de Título executivo extrajudicial". (Vide Mensagem de veto) (Vide REsp 222582 /MG — STJ).

Art. 114. O art. 15 da Lei n. 7.347, de 1985, passa a ter a seguinte redação:

"Art. 15. Decorridos sessenta dias do trânsito em julgado da sentença condenatória, sem que a associação autora lhe promova a execução, deverá fazê-lo o Ministério Público, facultada igual iniciativa aos demais legitimados".

Art. 115. Suprima-se o *caput* do art. 17 da Lei n. 7.347, de 1985, passando o parágrafo único a constituir o *caput*, com a seguinte redação:

"Art. 17. Em caso de litigância de má-fé, a danos".

Art. 116. Dê-se a seguinte redação ao art. 18 da Lei n. 7.347, de 1985:

"Art. 18. Nas ações de que trata esta lei, não haverá adiantamento de custas, emolumentos, honorários periciais e quaisquer outras despesas, nem condenação da associação autora, salvo comprovada má-fé, em honorários de advogado, custas e despesas processuais".

Art. 117. Acrescente-se à Lei n. 7.347, de 1985, o seguinte dispositivo, renumerando-se os seguintes:

"Art. 21. Aplicam-se à defesa dos direitos e interesses difusos, coletivos e individuais, no que for cabível, os dispositivos do Título III da lei que instituiu o Código de Defesa do Consumidor".

Art. 118. Este código entrará em vigor dentro de cento e oitenta dias a contar de sua publicação.

Art. 119. Revogam-se as disposições em contrário.

Brasília, 11 de setembro de 1990; 169º da Independência e 102º da República.

FERNANDO COLLOR
Bernardo Cabral
Zélia M. Cardoso de Mello
Ozires Silva

ANEXO V

LEI N. 5.768, DE 20 DE DEZEMBRO DE 1971

Abre a legislação sôbre distribuição gratuita de prêmios, mediante sorteio, vale-brinde ou concurso, a Título de propaganda, estabelece normas de proteção à poupança popular, e dá outras providências.

O PRESIDENTE DA REPÚBLICA, faço saber que o CONGRESSO NACIONAL decreta e eu sanciono a seguinte Lei:

CAPÍTULO I
DA DISTRIBUIÇÃO GRATUITA DE PRÊMIOS

Art.1º A distribuição gratuita de prêmios a Título de propaganda quando efetuada mediante sorteio, vale-brinde, concurso ou operação assemelhada, dependerá de prévia autorização do Ministério da Fazenda, nos têrmos desta lei e de seu regulamento.

§ 1º A autorização sòmente poderá ser concedida a pessoas jurídicas que exerçam atividade comercial, industrial ou de compra e venda de bens imóveis comprovadamente quites com os impostos federais, estaduais e municipais, bem como com as contribuições da Previdência Social, a Título precário e por prazo determinado, fixado em regulamento, renovável a critério da autoridade.

§ 2º O valor máximo dos prêmios será fixado em razão da receita operacional da emprêsa ou da natureza de sua atividade econômica, de forma a não desvirtuar a operação de compra e venda.

§ 3º É proibida a distribuição ou conversão dos prêmios em dinheiro.

§ 4º Obedecerão aos resultados da extração da Loteria Federal, os sorteios previstos neste artigo.

§ 5º O Ministério da Fazenda, no caso de distribuição de prêmios a Título de propaganda, mediante sorteio, poderá autorizar que até o limite de 30% (trinta por cento) dos prêmios a distribuir por essa modalidade seja excluído da obrigatoriedade prevista no parágrafo anterior, desde que o sorteio se processe exclusivamente em programas públicos nos auditórios das estações de rádio ou de televisão.

§ 6º Quando não fôr renovada a autorização de que trata êste artigo, a emprêsa que, na forma desta lei, venha distribuindo, gratuitamente, prêmios vinculados à pontualidade de seus prestamistas nas operações a que se referem os itens II e IV do art. 7º continuará a distribuí-los exclusivamente com relação aos contratos celebrados até a data do despacho denegatório.

Art. 2º Além da emprêsa autorizada, nenhuma outra pessoa natural ou jurídica poderá participar do resultado financeiro da promoção publicitária de que trata o artigo anterior, ainda que a Título de recebimento de *royalties*, aluguéis de marcas, de nomes ou assemelhados.

Art. 3º Independe de autorização, não se lhes aplicando o disposto nos artigos anteriores:

I — a distribuição gratuita de prêmios mediante sorteio realizado diretamente por pessoa jurídica de direito público, nos limites de sua jurisdição, como meio auxiliar de fiscalização ou arrecadação de tributos de sua competência;

II — a distribuição gratuita de prêmios em razão do resultado de concurso exclusivamente cultural artístico, desportivo ou recreativo, não subordinado a qualquer modalidade de álea ou pagamento pelos concorrentes, nem vinculação dêstes ou dos contemplados à aquisição ou uso de qualquer bem, direito ou serviço.

Parágrafo único. O Ministério da Fazenda poderá autorizar a realização de propaganda comercial, com distribuição gratuita de prêmios vinculada a sorteio realizado nos têrmos do tem I dêste artigo, atendido, no que couber, o disposto no art. 1º e observada a exigência do art. 5º.

Art. 4º Nenhuma pessoa física ou jurídica poderá distribuir ou prometer distribuir prêmios mediante sorteios, vale-brinde, concursos ou operações assemelhadas, fora dos casos e condições previstos nesta lei, exceto quando tais operações tiverem origem em sorteios organizados por instituições declaradas de utilidade pública em virtude de lei e que se dediquem exclusivamente a atividades filantrópicas, com fim de obter recursos adicionais necessários à manutenção ou custeio de obra social a que se dedicam. (*Redação da pela Lei n. 5.864, de 12.12.72*)

§ 1º Compete ao Ministério da Fazenda promover a regulamentação, a fiscalização e controle, das autorizações dadas em caráter excepcional nos termos deste artigo, que ficarão basicamente sujeitas às seguintes exigências: (*Parágrafo incluído pela Lei n. 5.864, de 12.12.72*)

a) comprovação de que a requerente satisfaz as condições especificadas nesta lei, no que couber, inclusive quanto à perfeita regularidade de sua situação como pessoa jurídica de direito civil; (*Alínea incluído pela Lei n. 5.864, de 12.12.72*)

b) indicação precisa da destinação dos recursos a obter através da mencionada autorização; (*Alínea incluído pela Lei n. 5.864, de 12.12.72*)

c) prova de que a propriedade dos bens a sortear se tenha originado de doação de terceiros, devidamente formalizada; (*Alínea incluído pela Lei n. 5.864, de 12.12.72*)

d) realização de um único sorteio por ano, exclusivamente com base nos resultados das extrações da Loteria Federal somente admitida uma única transferência de data, por autorização do Ministério da Fazenda e por motivo de força maior. (*Alínea incluído pela Lei n. 5.864, de 12.12.72*)

§ 2º Sempre que for comprovado o desvirtuamento da aplicação dos recursos oriundos dos sorteios excepcionalmente autorizados neste artigo, bem como o descumprimento das normas baixadas para sua execução, será cassada a declaração de utilidade pública da infratora, sem prejuízo das penalidades do art. 13 desta lei. (*Parágrafo incluído pela Lei n. 5.864, de 12.12.72*)

§ 3º Será também considerada desvirtuamento da aplicação dos recursos obtidos pela forma excepcional prevista neste artigo a interveniência de terceiros, pessoas físicas ou jurídicas, que de qualquer forma venham a participar dos resultados da promoção. (*Parágrafo incluído pela Lei n. 5.864, de 12.12.72*)

Art. 5º A concessão da autorização prevista no art. 1º sujeita as emprêsas autorizadas ao pagamento, a partir de 1º de janeiro de 1972, da "Taxa de Distribuição de Prêmios" de 10% (dez por cento), incidente sôbre o valor da promoção autorizada, assim compreendida a soma dos valôres dos prêmios prometidos. *(Taxa de Distribuição extinta pela Lei n. 8.522, de 11.12.92)*

§ 1º A taxa a que se refere êste artigo será paga em tantas parcelas mensais, iguais e sucessivas, quantos forem os meses de duração do Plano promocional, vencendo-se a primeira no 10º (décimo) dia do mês subsequente ao do início da execução do Plano.

§ 2º Até 31 de dezembro de 1971, será exigida a Taxa de Distribuição de Prêmios de que trata o § 3º do art. 14 do Decreto-lei n. 34, de 18 de novembro de 1966, incidente sôbre o valor previsto no art. 8º, alínea *a* , do Decreto-lei n. 7.930, de 3 de setembro de 1945.

Art. 6º Quando o prêmio sorteado, ou ganho em concurso, não fôr reclamado no prazo de 180 (cento e oitenta) dias, caducará o direito do respectivo Titular e o valor correspondente será recolhido ao Tesouro Nacional no prazo de 10 (dez) dias pelo distribuidor autorizado.

CAPÍTULO II
DE OUTRAS OPERAÇÕES SUJEITAS A AUTORIZAÇÃO

Art. 7º Dependerão, igualmente, de prévia autorização do Ministério da Fazenda, na forma desta lei, e nos têrmos e CONDGs que forem fixados em regulamento, quando não sujeitas à de outra autoridade ou órgãos públicos federais: (Vide Lei n. 8.177, de 1991)

I — as operações conhecidas como Consórcio, Fundo Mútuo e outras formas associativas assemelhadas, que objetivem a aquisição de bens de qualquer natureza;

II — a venda ou promessa de venda de mercadorias a varejo, mediante oferta pública e com recebimento antecipado, parcial ou total, do respectivo preço;

III — a venda ou promessa de venda de direitos, inclusive cotas de propriedade de entidades civis, tais como hospital, motel, clube, hotel, centro de recreação ou alojamento e organização de serviços de qualquer natureza com ou sem rateio de despesas de manutenção, mediante oferta pública e com pagamento antecipado do preço;

IV — a venda ou promessa de venda de terrenos loteados a prestações mediante sorteio;

V – qualquer outra modalidade de captação antecipada de poupança popular, mediante promessa de contraprestação em bens, direitos ou serviços de qualquer natureza.

§ 1º Na operação referida no item II dêste artigo, a mercadoria deverá:

a) ser de preço corrente de venda a vista no mercado varejista da praça indicada e aprovada com o Plano, à data da liquidação do contrato, e, não o havendo, ou sendo a mercadoria de venda exclusiva, ou de mercadoria similar na mesma praça, vedado qualquer acréscimo até sua efetiva entrega;

b) ser de produção nacional e considerada de primeira necessidade ou de uso geral;

c) ser descriminada no contrato referente à operação, podendo, entretanto, o prestamista, a seu critério exclusivo, escolher outra não constante da discriminação, desde que o existente no estoque do vendedor, atendidas as alíneas *a* e *b*, pagando o prestamista a diferença de preço se houver.

§ 2º A emprêsa que realizar a operação a que se refere o parágrafo anterior aplicará o mínimo de 20% (vinte por cento) de sua arrecadação mensal na formação de estoque de mercadoria que se propõe a vender, podendo o Ministério da Fazenda, a seu exclusivo critério, permitir que parte dessa percentagem seja aplicada no mercado de valôres mobiliários, nas condições que vierem a ser fixadas em regulamento; nos casos do item IV, manterá, livre de quaisquer ônus reais ou convencionais, quantidade de imóveis de sua propriedade, na mesma proporção acima mencionada.

§ 3º Na operação referida no item II dêste artigo, quando houver desistência ou inadimplemento do prestamista, a partir da 4ª (quarta) prestação, inclusive, êste receberá, no ato, em mercadorias nacionais, do estoque do vendedor, e pelo preço corrente de venda à vista no mercado varejista da praça indicada no Plano, à data em que se verificar a desistência ou inadimplemento, o valor da tabela de resgate das prestações pagas, fixada pelo Ministro da Fazenda.

§ 4º O valor de resgate a que se refere o parágrafo anterior será fixado proporcional e progressivamente às prestações pagas pelo prestamista, não podendo ser inferior a 50% (cinquenta por cento) das importâncias pagas, e, se não reclamado até 60 (sessenta) dias do término do contrato de venda, será recolhido ao Tesouro Nacional, dentro do prazo de 30 (trinta) dias.

§ 5º Paga a totalidade das prestações previstas nos contratos a que se refere o item II dêste artigo, o prestamista receberá mercadorias de valor correspondente à soma das prestações corrigidas monetàriamente segundo índices que o regulamento indicar, e, se não reclamado no prazo de 1 (um) ano do término do contrato de venda, será recolhido ao Tesouro Nacional dentro de 30 (trinta) dias.

§ 6º Nas operações previstas no item V dêste artigo, quando a contraprestação fôr em mercadorias, aplicar-se-á o disposto nos parágrafos anteriores.

§ 7º Para autorização das operações a que se refere êste artigo, quando a contraprestação fôr em imóveis, serão exigidas:

a) prova de propriedade dos imóveis objeto das vendas, promessas de venda ou contraprestações prometidas, e da inexistência de ônus reais que recaiam sôbre os mesmos;

b) prova de que os mesmos imóveis satisfazem a, pelo menos, duas das condições previstas do art. 32 do Código Tributário Nacional, preferencialmente a existência de escola a menos de 2 (dois) quilômetros de distância;

c) a manifestação do Banco Nacional da Habitação de que os imóveis se prestam a consecução de Plano habitacional, quando se tratar de terrenos, ou quanto à viabilidade técnica e financeira, quando se tratar de edificações residenciais;

d) a compatibilidade do Plano de vendas com o Plano de Integração Nacional, quando fôr o caso.

§ 8º É vedado à emprêsa autorizada a realizar as operações a que se refere êste artigo cobrar do prestamista qualquer outra quantia ou valor, além do preço do bem, direito ou serviço, ainda que a Título de ressarcimento de tributos, ressalvado, quando fôr o caso, o disposto no item III do art. 8º.

CAPÍTULO III
DAS DISPOSIÇÕES GERAIS E PENALIDADES

Art. 8º O Ministério da Fazenda, nas operações previstas no art. 7º, exigirá prova de capacidade financeira, econômica e gerencial da emprêsa, além dos estudos de viabilidade econômica do Plano e das formas e condições de emprêgo das importâncias a receber, podendo: (Vide Lei n. 8.177, de 1991)

I — fixar limites de prazos e de participantes, normas e modalidades contratuais;

II — fixar limites mínimos de capital social;

III — estabelecer percentagens máximas permitidas, a Título de despesas de administração;

IV — exigir que as respectivas receitas e despesas sejam contabilizadas destacadamente das demais.

Art. 9º O Conselho Monetário Nacional, tendo em vista os critérios e objetivos compreendidos em sua competência legal, poderá intervir nas operações referidas no art. 7º, para:

I — restringir seus limites e modalidades, bem como disciplinar as operações ou proibir novos lançamentos;

II — exigir garantias ou formação de reservas técnicas, fundos especiais e provisões, sem prejuízos das reservas e fundos determinados em leis especiais;

III — alterar o valor de resgate previsto no § 4º do art. 7º, bem como estendê-lo a alguma ou a tôdas daquelas operações.

§ 1º Os bens e valôres que representem as reservas e garantias técnicas para atender ao disposto neste artigo não poderão ser alienados prometidos alienar ou de qualquer forma gravados sem autorização expressa do Ministério da Fazenda, sendo nula, de pleno direito, a alienação realizada ou o gravame constituído com a violação dêste artigo.

§ 2º Quando a garantia ou reserva técnica fôr representada por bem imóvel, a cláusula de inalienabilidade e impenhorabilidade será obrigatoriamente registrada no competente Cartório do Registro Geral de Imóveis.

Art. 10. O Banco Central do Brasil poderá intervir nas emprêsas autorizadas a realizar as operações a que se refere o art. 7º, e decretar sua liquidação extrajudicial na forma e condições previstas na legislação especial aplicável às entidades financeiras.

Art. 11. Os diretores, gerentes, sócios e prepostos com função de gestão na emprêsa que realizar operações referidas no art. 7º:

I — serão considerados depositários, para todos os efeitos, das quantias que a emprêsa receber dos prestamistas na sua gestão, até o cumprimento da obrigação assumida;

II — responderão solidariamente pelas obrigações da emprêsa com o prestamista, contraídas na sua gestão.

Parágrafo único. O disposto neste artigo aplica-se também aos administradores da operação mencionada no item I do art. 7º.

Art. 12. A realização de operações regidas por esta Lei, sem prévia autorização, sujeita os infratores às seguintes sanções, aplicáveis separada ou cumulativamente: *(Redação da pela Lei n. 7.691, de 15.12.88)*

I — no caso de que trata o art. 1º: *(Redação da pela Lei n. 7.691, de 15.12.88)*

a) multa de até cem por cento da soma dos valores dos bens prometidos como prêmios; *(Redação da pela Lei n. 7.691, de 15.12.88)*

b) proibição de realizar tais operações durante o prazo de até dois anos; *(Redação da pela Lei n. 7.691, de 15.12.88)*

II — nos casos a que se refere o art. 7º: *(Redação da pela Lei n. 7.691, de 15.12.88)*

a) multa de até cem por cento das importâncias previstas em contrato, recebidas ou a receber, a Título de taxa ou despesa de administração; *(Redação da pela Lei n. 7.691, de 15.12.88)*

b) proibição de realizar tais operações durante o prazo de até dois anos. *(Redação da pela Lei n. 7.691, de 15.12.88)*

Parágrafo único. Incorre, também, nas sanções previstas neste artigo quem, em desacordo com as normas aplicáveis, prometer publicamente realizar operações regidas por esta Lei. *(Redação da pela Lei n. 7.691, de 15.12.88)*

Art. 13. A empresa autorizada a realizar operações previstas no art. 1º, que não cumprir o Plano de distribuição de prêmios ou desvirtuar a finalidade da operação, fica sujeita, separada ou cumulativamente, às seguintes sanções: *(Redação da pela Lei n. 7.691, de 15.12.88)*

I — cassação da autorização; *(Redação da pela Lei n. 7.691, de 15.12.88)*

II — proibição de realizar tais operações durante o prazo de até dois anos; *(Redação da pela Lei n. 7.691, de 15.12.88)*

III — multa de até cem por cento da soma dos valores dos bens prometidos como prêmio. *(Redação da pela Lei n. 7.691, de 15.12.88)*

Parágrafo único. Incorrem nas mesmas sanções as instituições declaradas de utilidade pública que realizarem as operações referidas neste artigo, sem autorização ou em desacordo com ela. *(Parágrafo único incluído pela Lei n. 7.691, de 15.12.88)*

Art. 14. A empresa autorizada, na forma desta Lei, a realizar operações referidas no art. 7º, que descumprir os termos da autorização concedida ou normas que disciplinam a matéria, ficará sujeita, separada ou cumulativamente, às seguintes sanções: *(Redação da pela Lei n. 7.691, de 15.12.88)*

I — cassação da autorização; *(Redação da pela Lei n. 7.691, de 15.12.88)*

II — proibição de realizar nova operação durante o prazo de até dois anos; *(Redação da pela Lei n. 7.691, de 15.12.88)*

III — sujeição a regime especial de fiscalização; e *(Redação da pela Lei n. 7.691, de 15.12.88)*

IV — multa de até cem por cento das importâncias, recebidas ou a receber, previstas em contrato, a Título de despesa ou taxa de administração. *(Inciso incluído pela Lei n. 7.691, de 15.12.88)*

Art. 15. A falta de recolhimento da Taxa de Distribuição de Prêmios, dentro dos prazos previstos nesta lei, sujeita o contribuinte à multa igual a 50% (cinquenta por cento) da importância que deixou de ser recolhida.

Parágrafo único. Se o recolhimento fôr feito após o prazo legal, antes de qualquer procedimento fiscal, a multa será de 10% (dez por cento).

Art. 16. As infrações a esta lei, a seu regulamento ou a atos normativos destinados a complementá-los, quando não compreendidas nos artigos anteriores, sujeitam o infrator à multa de 10 (dez) a 40 (quarenta) vêzes o maior salário-mínimo vigente no País, elevada ao dôbro no caso de reincidência.

Art. 17. A aplicação das penalidades previstas nesta lei não exclui a responsabilidade e as sanções de natureza civil e penal, nos têrmos das respectivas legislações.

Art. 18. O processo e o julgamento das infrações a esta lei serão estabelecidos em regulamento.

Art. 19. A fiscalização das operações mencionadas nesta lei será exercida privativamente pela Secretaria da Receita Federal do Ministério da Fazenda.

CAPÍTULO IV
DAS DISPOSIÇÕES TRANSITÓRIAS

Art. 20. As operações de que trata o art. 1º, autorizadas pelo Ministério da Fazenda e em curso na data do início da vigência desta Lei, serão adaptadas às suas disposições e às de seu regulamento, no prazo de 90 (noventa) dias, após o qual as respectivas autorizações serão consideradas canceladas de pleno direito, sujeitando-se quem as praticar, sem permissão legal às penalidades previstas nos itens II e III, do art. 13.

Art. 21. As operações de que trata o art. 7º, em curso na data em que entrar em vigor esta lei, deverão, no prazo de 90 (noventa) dias, contados a partir da vigência do regulamento, prorrogável a critério da administração ser adaptadas ao regime ora estabelecido sob pena de os responsáveis ficarem sujeitos às sanções estipuladas no art. 14, cabendo ao Ministério da Fazenda fixar normas especiais aplicáveis à liquidação dos Planos não suscetíveis de adaptação, respeitados os contratos já celebrados na vigência dos mesmos Planos, e de forma a não prejudicar os direitos dos participantes.

§ 1º Consideram-se não suscetíveis de adaptação as operações previstas no inciso I do artigo 7º, já contratadas segundo as normas vigentes expedidas pelo Ministério da Fazenda ou pelo Banco Central do Brasil.

§ 2º Nas operações de que trata o art. 7º, em curso, e que antes desta Lei não dependiam de autorização, os que as praticarem requererão, no mesmo prazo fixado no *caput* dêste artigo, as respectivas autorizações e, caso negada esta, terá aplicação o disposto no *caput* dêste artigo.

Art. 22. O Poder Executivo baixará regulamento desta Lei no prazo de 90 (noventa) dias.

Art. 23. Esta Lei entrará em vigor na data de sua publicação, revogados os Decretos-lei números 7.930, de 3 de setembro de 1945, e 418, de 10 de janeiro de 1969, e demais disposições em contrário.

Brasília, 20 de dezembro de 1971; 150º da Independência e 83º da República.

EMÍLIO G. MÉDICI
Antônio Delfim Netto

ANEXO VI

LEI N. 12.529, DE 30 DE NOVEMBRO DE 2011

Estrutura o Sistema Brasileiro de Defesa da Concorrência; dispõe sobre a prevenção e repressão às infrações contra a ordem econômica; altera a Lei n. 8.137, de 27 de dezembro de 1990, o Decreto-Lei n. 3.689, de 3 de outubro de 1941 — Código de Processo Penal, e a Lei n. 7.347, de 24 de julho de 1985; revoga dispositivos da Lei de 1994, e a Lei n. 9.781, de 19 de janeiro de 1999; e dá outras providências n. 8.884, de 11 de junho.

A PRESIDENTA DA REPÚBLICA Faço saber que o Congresso Nacional decreta e eu sanciono a seguinte Lei:

TÍTULO I
DISPOSIÇÕES GERAIS

CAPÍTULO I
DA FINALIDADE

Art. 1º Esta Lei estrutura o Sistema Brasileiro de Defesa da Concorrência — SBDC e dispõe sobre a prevenção e a repressão às infrações contra a ordem econômica, orientada pelos ditames constitucionais de liberdade de iniciativa, livre concorrência, função social da propriedade, defesa dos consumidores e repressão ao abuso do poder econômico.

Parágrafo único. A coletividade é a Titular dos bens jurídicos protegidos por esta Lei.

CAPÍTULO II
DA TERRITORIALIDADE

Art. 2º Aplica-se esta Lei, sem prejuízo de convenções e tratados de que seja signatário o Brasil, às práticas cometidas no todo ou em parte no território nacional ou que nele produzam ou possam produzir efeitos.

§ 1º Reputa-se domiciliada no território nacional a empresa estrangeira que opere ou tenha no Brasil filial, agência, sucursal, escritório, estabelecimento, agente ou representante.

§ 2º A empresa estrangeira será notificada e intimada de todos os atos processuais previstos nesta Lei, independentemente de procuração ou de disposição contratual ou estatutária, na pessoa do agente ou representante ou pessoa responsável por sua filial, agência, sucursal, estabelecimento ou escritório instalado no Brasil.

TÍTULO II
DO SISTEMA BRASILEIRO DE DEFESA DA CONCORRÊNCIA

CAPÍTULO I
DA COMPOSIÇÃO

Art. 3º O SBDC é formado pelo Conselho Administrativo de Defesa Econômica — CADE e pela Secretaria de Acompanhamento Econômico do Ministério da Fazenda, com as atribuições previstas nesta Lei.

CAPÍTULO II
DO CONSELHO ADMINISTRATIVO DE DEFESA ECONÔMICA — CADE

Art. 4º O Cade é entidade judicante com jurisdição em todo o território nacional, que se constitui em autarquia federal, vinculada ao Ministério da Justiça, com sede e foro no Distrito Federal, e competências previstas nesta Lei.

Seção I
Da Estrutura Organizacional do Cade

Art. 5º O Cade é constituído pelos seguintes órgãos:

I — Tribunal Administrativo de Defesa Econômica;

II — Superintendência-Geral; e

III — Departamento de Estudos Econômicos.

Seção II
Do Tribunal Administrativo de Defesa Econômica

Art. 6º O Tribunal Administrativo, órgão judicante, tem como membros um Presidente e seis Conselheiros escolhidos dentre cidadãos com mais de 30 (trinta) anos de idade, de notório saber jurídico ou econômico e reputação ilibada, nomeados pelo Presidente da República, depois de aprovados pelo Senado Federal.

§ 1º O mandato do Presidente e dos Conselheiros é de 4 (quatro) anos, não coincidentes, vedada a recondução.

§ 2º Os cargos de Presidente e de Conselheiro são de dedicação exclusiva, não se admitindo qualquer acumulação, salvo as constitucionalmente permitidas.

§ 3º No caso de renúncia, morte, impedimento, falta ou perda de mandato do Presidente do Tribunal, assumirá o Conselheiro mais antigo no cargo ou o mais idoso, nessa ordem, até nova nomeação, sem prejuízo de suas atribuições.

§ 4º No caso de renúncia, morte ou perda de mandato de Conselheiro, proceder-se-á a nova nomeação, para completar o mandato do substituído.

§ 5º Se, nas hipóteses previstas no § 4º deste artigo, ou no caso de encerramento de mandato dos Conselheiros, a composição do Tribunal ficar reduzida a número inferior ao estabelecido no § 1º do art. 9º desta Lei, considerar-se-ão automaticamente suspensos os prazos previstos nesta Lei, e suspensa a tramitação de processos, continuando-se a contagem imediatamente após a recomposição do *quorum*.

Art. 7º A perda de mandato do Presidente ou dos Conselheiros do Cade só poderá ocorrer em virtude de decisão do Senado Federal, por provocação do Presidente da República, ou em razão de condenação penal irrecorrível por crime doloso, ou de processo disciplinar de conformidade com o que prevê a Lei n. 8.112, de 11 de dezembro de 1990 e a Lei n. 8.429, de 2 de junho de 1992, e por infringência de quaisquer das vedações previstas no art. 8º desta Lei.

Parágrafo único. Também perderá o mandato, automaticamente, o membro do Tribunal que faltar a 3 (três) reuniões ordinárias consecutivas, ou 20 (vinte) intercaladas, ressalvados os afastamentos temporários autorizados pelo Plenário.

Art. 8º Ao Presidente e aos Conselheiros é vedado:

I — receber, a qualquer Título, e sob qualquer pretexto, honorários, percentagens ou custas;

II — exercer profissão liberal;

III — participar, na forma de controlador, diretor, administrador, gerente, preposto ou mandatário, de sociedade civil, comercial ou empresas de qualquer espécie;

IV — emitir parecer sobre matéria de sua especialização, ainda que em tese, ou funcionar como consultor de qualquer tipo de empresa;

V — manifestar, por qualquer meio de comunicação, opinião sobre processo pendente de julgamento, ou juízo depreciativo sobre despachos, votos ou sentenças de órgãos judiciais, ressalvada a crítica nos autos, em obras técnicas ou no exercício do magistério; e

VI — exercer atividade político-partidária.

§ 1º É vedado ao Presidente e aos Conselheiros, por um período de 120 (cento e vinte) dias, contado da data em que deixar o cargo, representar qualquer pessoa, física ou jurídica, ou interesse perante o SBDC, ressalvada a defesa de direito próprio.

§ 2º Durante o período mencionado no § 1º deste artigo, o Presidente e os Conselheiros receberão a mesma remuneração do cargo que ocupavam.

§ 3º Incorre na prática de advocacia administrativa, sujeitando-se à pena prevista no art. 321 do Decreto-Lei n. 2.848, de 7 de dezembro de 1940 — Código Penal, o ex-presidente ou ex-conselheiro que violar o impedimento previsto no § 1º deste artigo.

§ 4º É vedado, a qualquer tempo, ao Presidente e aos Conselheiros utilizar informações privilegiadas obtidas em decorrência do cargo exercido.

Subseção I
Da Competência do Plenário do Tribunal

Art. 9º Compete ao Plenário do Tribunal, dentre outras atribuições previstas nesta Lei:

I — zelar pela observância desta Lei e seu regulamento e do regimento interno;

II — decidir sobre a existência de infração à ordem econômica e aplicar as penalidades previstas em lei;

III — decidir os processos administrativos para imposição de sanções administrativas por infrações à ordem econômica instaurados pela Superintendência-Geral;

IV — ordenar providências que conduzam à cessação de infração à ordem econômica, dentro do prazo que determinar;

V — aprovar os termos do compromisso de cessação de prática e do acordo em controle de concentrações, bem como determinar à Superintendência-Geral que fiscalize seu cumprimento;

VI — apreciar, em grau de recurso, as medidas preventivas adotadas pelo Conselheiro-Relator ou pela Superintendência-Geral;

VII — intimar os interessados de suas decisões;

VIII — requisitar dos órgãos e entidades da administração pública federal e requerer às autoridades dos Estados, Municípios, do Distrito Federal e dos Territórios as medidas necessárias ao cumprimento desta Lei;

IX — contratar a realização de exames, vistorias e estudos, aprovando, em cada caso, os respectivos honorários profissionais e demais despesas de processo, que deverão ser pagas pela empresa, se vier a ser punida nos termos desta Lei;

X — apreciar processos administrativos de atos de concentração econômica, na forma desta Lei, fixando, quando entender conveniente e oportuno, acordos em controle de atos de concentração;

XI — determinar à Superintendência-Geral que adote as medidas administrativas necessárias à execução e fiel cumprimento de suas decisões;

XII — requisitar serviços e pessoal de quaisquer órgãos e entidades do Poder Público Federal;

XIII — requerer à Procuradoria Federal junto ao Cade a adoção de providências administrativas e judiciais;

XIV — instruir o público sobre as formas de infração da ordem econômica;

XV — elaborar e aprovar regimento interno do Cade, dispondo sobre seu funcionamento, forma das deliberações, normas de procedimento e organização de seus serviços internos;

XVI — propor a estrutura do quadro de pessoal do Cade, observado o disposto no inciso II do *caput* do art. 37 da Constituição Federal;

XVII — elaborar proposta orçamentária nos termos desta Lei;

XVIII — requisitar informações de quaisquer pessoas, órgãos, autoridades e entidades públicas ou privadas, respeitando e mantendo o sigilo legal quando for o caso, bem como determinar as diligências que se fizerem necessárias ao exercício das suas funções; e

XIX — decidir pelo cumprimento das decisões, compromissos e acordos.

§ 1º As decisões do Tribunal serão tomadas por maioria, com a presença mínima de 4 (quatro) membros, sendo o quorum de deliberação mínimo de 3 (três) membros.

§ 2º As decisões do Tribunal não comportam revisão no âmbito do Poder Executivo, promovendo-se, de imediato, sua execução e comunicando-se, em seguida, ao Ministério Público, para as demais medidas legais cabíveis no âmbito de suas atribuições.

§ 3º As autoridades federais, os diretores de autarquia, fundação, empresa pública e sociedade de economia mista federais e agências reguladoras são obrigados a prestar, sob pena de responsabilidade, toda a assistência e colaboração que lhes for solicitada pelo Cade, inclusive elaborando pareceres técnicos sobre as matérias de sua competência.

§ 4º O Tribunal poderá responder consultas sobre condutas em andamento, mediante pagamento de taxa e acompanhadas dos respectivos documentos.

§ 5º O Cade definirá, em resolução, normas complementares sobre o procedimento de consultas previsto no § 4º deste artigo.

Subseção II
Da Competência do Presidente do Tribunal

Art. 10. Compete ao Presidente do Tribunal:

I — representar legalmente o Cade no Brasil ou no exterior, em juízo ou fora dele;

II — presidir, com direito a voto, inclusive o de qualidade, as reuniões do Plenário;

III — distribuir, por sorteio, os processos aos Conselheiros;

IV — convocar as sessões e determinar a organização da respectiva pauta;

V — solicitar, a seu critério, que a Superintendência-Geral auxilie o Tribunal na tomada de providências extrajudiciais para o cumprimento das decisões do Tribunal;

VI — fiscalizar a Superintendência-Geral na tomada de providências para execução das decisões e julgados do Tribunal;

VII — assinar os compromissos e acordos aprovados pelo Plenário;

VIII — submeter à aprovação do Plenário a proposta orçamentária e a lotação ideal do pessoal que prestará serviço ao Cade;

IX — orientar, coordenar e supervisionar as atividades administrativas do Cade;

X — ordenar as despesas atinentes ao Cade, ressalvadas as despesas da unidade gestora da Superintendência-Geral;

XI — firmar contratos e convênios com órgãos ou entidades nacionais e submeter, previamente, ao Ministro de Estado da Justiça os que devam ser celebrados com organismos estrangeiros ou internacionais; e

XII — determinar à Procuradoria Federal junto ao Cade as providências judiciais determinadas pelo Tribunal.

Subseção III
Da Competência dos Conselheiros do Tribunal

Art. 11. Compete aos Conselheiros do Tribunal:

I — emitir voto nos processos e questões submetidas ao Tribunal;

II — proferir despachos e lavrar as decisões nos processos em que forem relatores;

III — requisitar informações e documentos de quaisquer pessoas, órgãos, autoridades e entidades públicas ou privadas, a serem mantidos sob sigilo legal, quando for o caso, bem como determinar as diligências que se fizerem necessárias;

IV — adotar medidas preventivas, fixando o valor da multa diária pelo seu descumprimento;

V — solicitar, a seu critério, que a Superintendência-Geral realize as diligências e a produção das provas que entenderem pertinentes nos autos do processo administrativo, na forma desta Lei;

VI — requerer à Procuradoria Federal junto ao Cade emissão de parecer jurídico nos processos em que forem relatores, quando entenderem necessário e em despacho fundamentado, na forma prevista no inciso VII do art. 15 desta Lei;

VII — determinar ao Economista-Chefe, quando necessário, a elaboração de pareceres nos processos em que forem relatores, sem prejuízo da tramitação normal do processo e sem que tal determinação implique a suspensão do prazo de análise ou prejuízo à tramitação normal do processo;

VIII — desincumbir-se das demais tarefas que lhes forem cometidas pelo regimento;

IX — propor termo de compromisso de cessação e acordos para aprovação do Tribunal;

X — prestar ao Poder Judiciário, sempre que solicitado, todas as informações sobre andamento dos processos, podendo, inclusive, fornecer cópias dos autos para instruir ações judiciais.

Seção III
Da Superintendência-Geral

Art. 12. O Cade terá em sua estrutura uma Superintendência-Geral, com 1 (um) Superintendente-Geral e 2 (dois) Superintendentes-Adjuntos, cujas atribuições específicas serão definidas em Resolução.

§ 1º O Superintendente-Geral será escolhido dentre cidadãos com mais de 30 (trinta) anos de idade, notório saber jurídico ou econômico e reputação ilibada, nomeado pelo Presidente da República, depois de aprovado pelo Senado Federal.

§ 2º O Superintendente-Geral terá mandato de 2 (dois) anos, permitida a recondução para um único período subsequente.

§ 3º Aplicam-se ao Superintendente-Geral as mesmas normas de impedimentos, perda de mandato, substituição e as vedações do art. 8º desta Lei, incluindo o disposto no § 2º do art. 8º desta Lei, aplicáveis ao Presidente e aos Conselheiros do Tribunal.

§ 4º Os cargos de Superintendente-Geral e de Superintendentes-Adjuntos são de dedicação exclusiva, não se admitindo qualquer acumulação, salvo as constitucionalmente permitidas.

§ 5º Durante o período de vacância que anteceder à nomeação de novo Superintendente-Geral, assumirá interinamente o cargo um dos superintendentes-adjuntos, indicado pelo Presidente do Tribunal, o qual permanecerá no cargo até a posse do novo Superintendente-Geral, escolhido na forma do § 1º deste artigo.

§ 6º Se, no caso da vacância prevista no § 5º deste artigo, não houver nenhum Superintendente Adjunto nomeado na Superintendência do Cade, o Presidente do Tribunal indicará servidor em exercício no Cade, com conhecimento jurídico ou econômico na área de defesa da concorrência e reputação ilibada, para assumir interinamente o cargo, permanecendo neste até a posse do novo Superintendente-Geral, escolhido na forma do § 1º deste artigo.

§ 7º Os Superintendentes-Adjuntos serão indicados pelo Superintendente-Geral.

Art. 13. Compete à Superintendência-Geral:

I — zelar pelo cumprimento desta Lei, monitorando e acompanhando as práticas de mercado;

II — acompanhar, permanentemente, as atividades e práticas comerciais de pessoas físicas ou jurídicas que detiverem posição dominante em mercado relevante de bens ou serviços, para prevenir infrações da ordem econômica, podendo, para tanto, requisitar as informações e documentos necessários, mantendo o sigilo legal, quando for o caso;

III — promover, em face de indícios de infração da ordem econômica, procedimento preparatório de inquérito administrativo e inquérito administrativo para apuração de infrações à ordem econômica;

IV — decidir pela insubsistência dos indícios, arquivando os autos do inquérito administrativo ou de seu procedimento preparatório;

V — instaurar e instruir processo administrativo para imposição de sanções administrativas por infrações à ordem econômica, procedimento para apuração de ato de concentração, processo administrativo para análise de ato de concentração econômica e processo administrativo para imposição de sanções processuais incidentais instaurados para prevenção, apuração ou repressão de infrações à ordem econômica;

VI — no interesse da instrução dos tipos processuais referidos nesta Lei:

a) requisitar informações e documentos de quaisquer pessoas, físicas ou jurídicas, órgãos, autoridades e entidades, públicas ou privadas, mantendo o sigilo legal, quando for o caso, bem como determinar as diligências que se fizerem necessárias ao exercício de suas funções;

b) requisitar esclarecimentos orais de quaisquer pessoas, físicas ou jurídicas, órgãos, autoridades e entidades, públicas ou privadas, na forma desta Lei;

c) realizar inspeção na sede social, estabelecimento, escritório, filial ou sucursal de empresa investigada, de estoques, objetos, papéis de qualquer natureza, assim como livros comerciais, computadores e arquivos eletrônicos, podendo-se extrair ou requisitar cópias de quaisquer documentos ou dados eletrônicos;

d) requerer ao Poder Judiciário, por meio da Procuradoria Federal junto ao Cade, mandado de busca e apreensão de objetos, papéis de qualquer natureza, assim como de livros comerciais, computadores e arquivos magnéticos de empresa ou pessoa física, no interesse de inquérito administrativo ou de processo administrativo para imposição de sanções administrativas por infrações à ordem econômica, aplicando-se, no que couber, o disposto no art. 839 e seguintes da Lei n. 5.869, de 11 de janeiro de 1973 — Código de Processo Civil, sendo inexigível a propositura de ação principal;

e) requisitar vista e cópia de documentos e objetos constantes de inquéritos e processos administrativos instaurados por órgãos ou entidades da administração pública federal;

f) requerer vista e cópia de inquéritos policiais, ações judiciais de quaisquer natureza, bem como de inquéritos e processos administrativos instaurados por outros entes da federação, devendo o Conselho observar as mesmas restrições de sigilo eventualmente estabelecidas nos procedimentos de origem;

VII — recorrer de ofício ao Tribunal quando decidir pelo arquivamento de processo administrativo para imposição de sanções administrativas por infrações à ordem econômica;

VIII — remeter ao Tribunal, para julgamento, os processos administrativos que instaurar, quando entender configurada infração da ordem econômica;

IX — propor termo de compromisso de cessação de prática por infração à ordem econômica, submetendo-o à aprovação do Tribunal, e fiscalizar o seu cumprimento;

X — sugerir ao Tribunal condições para a celebração de acordo em controle de concentrações e fiscalizar o seu cumprimento;

XI — adotar medidas preventivas que conduzam à cessação de prática que constitua infração da ordem econômica, fixando prazo para seu cumprimento e o valor da multa diária a ser aplicada, no caso de descumprimento;

XII — receber, instruir e aprovar ou impugnar perante o Tribunal os processos administrativos para análise de ato de concentração econômica;

XIII — orientar os órgãos e entidades da administração pública quanto à adoção de medidas necessárias ao cumprimento desta Lei;

XIV — desenvolver estudos e pesquisas objetivando orientar a política de prevenção de infrações da ordem econômica;

XV — instruir o público sobre as diversas formas de infração da ordem econômica e os modos de sua prevenção e repressão;

XVI — exercer outras atribuições previstas em lei;

XVII — prestar ao Poder Judiciário, sempre que solicitado, todas as informações sobre andamento das investigações, podendo, inclusive, fornecer cópias dos autos para instruir ações judiciais; e

XVIII — adotar as medidas administrativas necessárias à execução e ao cumprimento das decisões do Plenário.

Art. 14. São atribuições do Superintendente-Geral:

I — participar, quando entender necessário, sem direito a voto, das reuniões do Tribunal e proferir sustentação oral, na forma do regimento interno;

II — cumprir e fazer cumprir as decisões do Tribunal na forma determinada pelo seu Presidente;

III — requerer à Procuradoria Federal junto ao Cade as providências judiciais relativas ao exercício das competências da Superintendência-Geral;

IV — determinar ao Economista-Chefe a elaboração de estudos e pareceres;

V — ordenar despesas referentes à unidade gestora da Superintendência-Geral; e

VI — exercer outras atribuições previstas em lei.

Seção IV
Da Procuradoria Federal junto ao Cade

Art. 15. Funcionará junto ao Cade Procuradoria Federal Especializada, competindo-lhe:

I — prestar consultoria e assessoramento jurídico ao Cade;

II — representar o Cade judicial e extrajudicialmente;

III — promover a execução judicial das decisões e julgados do Cade;

IV — proceder à apuração da liquidez dos créditos do Cade, inscrevendo-os em dívida ativa para fins de cobrança administrativa ou judicial;

V — tomar as medidas judiciais solicitadas pelo Tribunal ou pela Superintendência-Geral, necessárias à cessação de infrações da ordem econômica ou à obtenção de documentos para a instrução de processos administrativos de qualquer natureza;

VI — promover acordos judiciais nos processos relativos a infrações contra a ordem econômica, mediante autorização do Tribunal;

VII — emitir, sempre que solicitado expressamente por Conselheiro ou pelo Superintendente-Geral, parecer nos processos de competência do Cade, sem que tal determinação implique a suspensão do prazo de análise ou prejuízo à tramitação normal do processo;

VIII — zelar pelo cumprimento desta Lei; e

IX — desincumbir-se das demais tarefas que lhe sejam atribuídas pelo regimento interno.

Parágrafo único. Compete à Procuradoria Federal junto ao Cade, ao dar execução judicial às decisões da Superintendência-Geral e do Tribunal, manter o Presidente do Tribunal, os Conselheiros e o Superintendente-Geral informados sobre o andamento das ações e medidas judiciais.

Art. 16. O Procurador-Chefe será nomeado pelo Presidente da República, depois de aprovado pelo Senado Federal, dentre cidadãos brasileiros com mais de 30 (trinta) anos de idade, de notório conhecimento jurídico e reputação ilibada.

§ 1º O Procurador-Chefe terá mandato de 2 (dois) anos, permitida sua recondução para um único período.

§ 2º O Procurador-Chefe poderá participar, sem direito a voto, das reuniões do Tribunal, prestando assistência e esclarecimentos, quando requisitado pelos Conselheiros, na forma do Regimento Interno do Tribunal.

§ 3º Aplicam-se ao Procurador-Chefe as mesmas normas de impedimento aplicáveis aos Conselheiros do Tribunal, exceto quanto ao comparecimento às sessões.

§ 4º Nos casos de faltas, afastamento temporário ou impedimento do Procurador-Chefe, o Plenário indicará e o Presidente do Tribunal designará o substituto eventual dentre os integrantes da Procuradoria Federal Especializada.

Seção V
Do Departamento de Estudos Econômicos

Art. 17. O Cade terá um Departamento de Estudos Econômicos, dirigido por um Economista-Chefe, a quem incumbirá elaborar estudos e pareceres econômicos, de ofício ou por solicitação do Plenário, do Presidente, do Conselheiro-Relator ou do Superintendente-Geral, zelando pelo rigor e atualização técnica e científica das decisões do órgão.

Art. 18. O Economista-Chefe será nomeado, conjuntamente, pelo Superintendente-Geral e pelo Presidente do Tribunal, dentre brasileiros de ilibada reputação e notório conhecimento econômico.

§ 1º O Economista-Chefe poderá participar das reuniões do Tribunal, sem direito a voto.

§ 2º Aplicam-se ao Economista-Chefe as mesmas normas de impedimento aplicáveis aos Conselheiros do Tribunal, exceto quanto ao comparecimento às sessões.

CAPÍTULO III
DA SECRETARIA DE ACOMPANHAMENTO ECONÔMICO

Art. 19. Compete à Secretaria de Acompanhamento Econômico promover a concorrência em órgãos de governo e perante a sociedade cabendo-lhe, especialmente, o seguinte:

I — opinar, nos aspectos referentes à promoção da concorrência, sobre propostas de alterações de atos normativos de interesse geral dos agentes econômicos, de consumidores ou usuários dos serviços prestados submetidos a consulta pública pelas agências reguladoras e, quando entender pertinente, sobre os pedidos de revisão de tarifas e as minutas;

II — opinar, quando considerar pertinente, sobre minutas de atos normativos elaborados por qualquer entidade pública ou privada submetidos à consulta pública, nos aspectos referentes à promoção da concorrência;

III — opinar, quando considerar pertinente, sobre proposições legislativas em tramitação no Congresso Nacional, nos aspectos referentes à promoção da concorrência;

IV — elaborar estudos avaliando a situação concorrencial de setores específicos da atividade econômica nacional, de ofício ou quando solicitada pelo Cade, pela Câmara de Comércio Exterior ou pelo Departamento de Proteção e Defesa do Consumidor do Ministério da Justiça ou órgão que vier a sucedê-lo;

V — elaborar estudos setoriais que sirvam de insumo para a participação do Ministério da Fazenda na formulação de políticas públicas setoriais nos fóruns em que este Ministério tem assento;

VI — propor a revisão de leis, regulamentos e outros atos normativos da administração pública federal, estadual, municipal e do Distrito Federal que afetem ou possam afetar a concorrência nos diversos setores econômicos do País;

VII — manifestar-se, de ofício ou quando solicitada, a respeito do impacto concorrencial de medidas em discussão no âmbito de fóruns negociadores relativos às atividades de alteração tarifária, ao acesso a mercados e à defesa comercial, ressalvadas as competências dos órgãos envolvidos;

VIII — encaminhar ao órgão competente representação para que este, a seu critério, adote as medidas legais cabíveis, sempre que for identificado ato normativo que tenha caráter anticompetitivo.

§ 1º Para o cumprimento de suas atribuições, a Secretaria de Acompanhamento Econômico poderá:

I — requisitar informações e documentos de quaisquer pessoas, órgãos, autoridades e entidades, públicas ou privadas, mantendo o sigilo legal quando for o caso;

II — celebrar acordos e convênios com órgãos ou entidades públicas ou privadas, federais, estaduais, municipais, do Distrito Federal e dos Territórios para avaliar e/ou sugerir medidas relacionadas à promoção da concorrência.

§ 2º A Secretaria de Acompanhamento Econômico divulgará anualmente relatório de suas ações voltadas para a promoção da concorrência.

TÍTULO III
DO MINISTÉRIO PÚBLICO FEDERAL PERANTE O CADE

Art. 20. O Procurador-Geral da República, ouvido o Conselho Superior, designará membro do Ministério Público Federal para, nesta qualidade, emitir parecer, nos processos administrativos para imposição de sanções administrativas por infrações à ordem econômica, de ofício ou a requerimento do Conselheiro-Relator.

TÍTULO IV
DO PATRIMÔNIO, DAS RECEITAS E DA GESTÃO ADMINISTRATIVA, ORÇAMENTÁRIA E FINANCEIRA

Art. 21. Compete ao Presidente do Tribunal orientar, coordenar e supervisionar as atividades administrativas do Cade, respeitadas as atribuições dos dirigentes dos demais órgãos previstos no art. 5º desta Lei.

§ 1º A Superintendência-Geral constituirá unidade gestora, para fins administrativos e financeiros, competindo ao seu Superintendente-Geral ordenar as despesas pertinentes às respectivas ações orçamentárias.

§ 2º Para fins administrativos e financeiros, o Departamento de Estudos Econômicos estará ligado ao Tribunal.

Art. 22. Anualmente, o Presidente do Tribunal, ouvido o Superintendente-Geral, encaminhará ao Poder Executivo a proposta de orçamento do Cade e a lotação ideal do pessoal que prestará serviço àquela autarquia.

Art. 23. Ficam instituídas as taxas processuais sobre os processos de competência do Cade, no valor de R$ 45.000,00 (quarenta e cinco mil reais), que têm como fato gerador a apresentação dos atos previstos no art. 88 desta Lei e no valor de R$ 15.000,00 (quinze mil reais) para processos que têm como fato gerador a apresentação de consultas de que trata o § 4º do art. 9º desta Lei.

Parágrafo único. A taxa processual de que trata o *caput* deste artigo poderá ser atualizada por ato do Poder Executivo, após autorização do Congresso Nacional.

Art. 24. São contribuintes da taxa processual que tem como fato gerador a apresentação dos atos previstos no art. 88 desta Lei qualquer das requerentes.

Art. 25. O recolhimento da taxa processual que tem como fato gerador a apresentação dos atos previstos no art. 88 desta Lei deverá ser comprovado no momento da protocolização do ato.

§ 1º A taxa processual não recolhida no momento fixado no *caput* deste artigo será cobrada com os seguintes acréscimos:

I — juros de mora, contados do mês seguinte ao do vencimento, à razão de 1% (um por cento), calculados na forma da legislação aplicável aos tributos federais;

II — multa de mora de 20% (vinte por cento).

§ 2º Os juros de mora não incidem sobre o valor da multa de mora.

Art. 26. (Vetado).

Art. 27. As taxas de que tratam os arts. 23 e 26 desta Lei serão recolhidas ao Tesouro Nacional na forma regulamentada pelo Poder Executivo.

Art. 28. Constituem receitas próprias do Cade:

I — o produto resultante da arrecadação das taxas previstas nos arts. 23 e 26 desta Lei;

II — a retribuição por serviços de qualquer natureza prestados a terceiros;

III — as dotações consignadas no Orçamento Geral da União, créditos especiais, créditos adicionais, transferências e repasses que lhe forem conferidos;

IV — os recursos provenientes de convênios, acordos ou contratos celebrados com entidades ou organismos nacionais e internacionais;

V — as doações, legados, subvenções e outros recursos que lhe forem destinados;

VI — os valores apurados na venda ou aluguel de bens móveis e imóveis de sua propriedade;

VII — o produto da venda de publicações, material técnico, dados e informações;

VIII — os valores apurados em aplicações no mercado financeiro das receitas previstas neste artigo, na forma definida pelo Poder Executivo; e

IX — quaisquer outras receitas, afetas às suas atividades, não especificadas nos incisos I a VIII do *caput* deste artigo.

§ 1º (Vetado).

§ 2º (Vetado).

§ 3º O produto da arrecadação das multas aplicadas pelo Cade, inscritas ou não em dívida ativa, será destinado ao Fundo de Defesa de Direitos Difusos de que trata o art. 13 da Lei n. 7.347, de 24 de julho de 1985, e a Lei n. 9.008, de 21 de março de 1995.

§ 4º As multas arrecadadas na forma desta Lei serão recolhidas ao Tesouro Nacional na forma regulamentada pelo Poder Executivo.

Art. 29. O Cade submeterá anualmente ao Ministério da Justiça a sua proposta de orçamento, que será encaminhada ao Ministério do Planejamento, Orçamento e Gestão para inclusão na lei orçamentária anual, a que se refere o § 5º do art. 165 da Constituição Federal.

§ 1º O Cade fará acompanhar as propostas orçamentárias de quadro demonstrativo do planejamento plurianual das receitas e despesas, visando ao seu equilíbrio orçamentário e financeiro nos 5 (cinco) exercícios subsequentes.

§ 2º A lei orçamentária anual consignará as dotações para as despesas de custeio e capital do Cade, relativas ao exercício a que ela se referir.

Art. 30. Somam-se ao atual patrimônio do Cade os bens e direitos pertencentes ao Ministério da Justiça atualmente afetados às atividades do Departamento de Proteção e Defesa Econômica da Secretaria de Direito Econômico.

TÍTULO V
DAS INFRAÇÕES DA ORDEM ECONÔMICA

CAPÍTULO I
DISPOSIÇÕES GERAIS

Art. 31. Esta Lei aplica-se às pessoas físicas ou jurídicas de direito público ou privado, bem como a quaisquer associações de entidades ou pessoas, constituídas de fato ou de direito, ainda que temporariamente, com ou sem personalidade jurídica, mesmo que exerçam atividade sob regime de monopólio legal.

Art. 32. As diversas formas de infração da ordem econômica implicam a responsabilidade da empresa e a responsabilidade individual de seus dirigentes ou administradores, solidariamente.

Art. 33. Serão solidariamente responsáveis as empresas ou entidades integrantes de grupo econômico, de fato ou de direito, quando pelo menos uma delas praticar infração à ordem econômica.

Art. 34. A personalidade jurídica do responsável por infração da ordem econômica poderá ser desconsiderada quando houver da parte deste abuso de direito, excesso de poder, infração da lei, fato ou ato ilícito ou violação dos estatutos ou contrato social.

Parágrafo único. A desconsideração também será efetivada quando houver falência, estado de insolvência, encerramento ou inatividade da pessoa jurídica provocados por má administração.

Art. 35. A repressão das infrações da ordem econômica não exclui a punição de outros ilícitos previstos em lei.

CAPÍTULO II
DAS INFRAÇÕES

Art. 36. Constituem infração da ordem econômica, independentemente de culpa, os atos sob qualquer forma manifestados, que tenham por objeto ou possam produzir os seguintes efeitos, ainda que não sejam alcançados:

I — limitar, falsear ou de qualquer forma prejudicar a livre concorrência ou a livre iniciativa;

II — dominar mercado relevante de bens ou serviços;

III — aumentar arbitrariamente os lucros; e

IV — exercer de forma abusiva posição dominante.

§ 1º A conquista de mercado resultante de processo natural fundado na maior eficiência de agente econômico em relação a seus competidores não caracteriza o ilícito previsto no inciso II do *caput* deste artigo.

§ 2º Presume-se posição dominante sempre que uma empresa ou grupo de empresas for capaz de alterar unilateral ou coordenadamente as condições de mercado ou quando controlar 20% (vinte por cento) ou mais do mercado relevante, podendo este percentual ser alterado pelo Cade para setores específicos da economia.

§ 3º As seguintes condutas, além de outras, na medida em que configurem hipótese prevista no *caput* deste artigo e seus incisos, caracterizam infração da ordem econômica:

I — acordar, combinar, manipular ou ajustar com concorrente, sob qualquer forma:

a) os preços de bens ou serviços ofertados individualmente;

b) a produção ou a comercialização de uma quantidade restrita ou limitada de bens ou a prestação de um número, volume ou frequência restrita ou limitada de serviços;

c) a divisão de partes ou segmentos de um mercado atual ou potencial de bens ou serviços, mediante, dentre outros, a distribuição de clientes, fornecedores, regiões ou períodos;

d) preços, condições, vantagens ou abstenção em licitação pública;

II — promover, obter ou influenciar a adoção de conduta comercial uniforme ou concertada entre concorrentes;

III — limitar ou impedir o acesso de novas empresas ao mercado;

IV — criar dificuldades à constituição, ao funcionamento ou ao desenvolvimento de empresa concorrente ou de fornecedor, adquirente ou financiador de bens ou serviços;

V — impedir o acesso de concorrente às fontes de insumo, matérias-primas, equipamentos ou tecnologia, bem como aos canais de distribuição;

VI — exigir ou conceder exclusividade para divulgação de publicidade nos meios de comunicação de massa;

VII — utilizar meios enganosos para provocar a oscilação de preços de terceiros;

VIII — regular mercados de bens ou serviços, estabelecendo acordos para limitar ou controlar a pesquisa e o desenvolvimento tecnológico, a produção de bens ou prestação de serviços, ou para dificultar investimentos destinados à produção de bens ou serviços ou à sua distribuição;

IX — impor, no comércio de bens ou serviços, a distribuidores, varejistas e representantes preços de revenda, descontos, condições de pagamento, quantidades mínimas ou máximas, margem de lucro ou quaisquer outras condições de comercialização relativos a negócios destes com terceiros;

X — discriminar adquirentes ou fornecedores de bens ou serviços por meio da fixação diferenciada de preços, ou de condições operacionais de venda ou prestação de serviços;

XI — recusar a venda de bens ou a prestação de serviços, dentro das condições de pagamento normais aos usos e costumes comerciais;

XII — dificultar ou romper a continuidade ou desenvolvimento de relações comerciais de prazo indeterminado em razão de recusa da outra parte em submeter-se a cláusulas e condições comerciais injustificáveis ou anticoncorrenciais;

XIII — destruir, inutilizar ou açambarcar matérias-primas, produtos intermediários ou acabados, assim como destruir, inutilizar ou dificultar a operação de equipamentos destinados a produzi-los, distribuí-los ou transportá-los;

XIV — açambarcar ou impedir a exploração de direitos de propriedade industrial ou intelectual ou de tecnologia;

XV — vender mercadoria ou prestar serviços injustificadamente abaixo do preço de custo;

XVI — reter bens de produção ou de consumo, exceto para garantir a cobertura dos custos de produção;

XVII — cessar parcial ou totalmente as atividades da empresa sem justa causa comprovada;

XVIII — subordinar a venda de um bem à aquisição de outro ou à utilização de um serviço, ou subordinar a prestação de um serviço à utilização de outro ou à aquisição de um bem; e

XIX — exercer ou explorar abusivamente direitos de propriedade industrial, intelectual, tecnologia ou marca.

CAPÍTULO III
DAS PENAS

Art. 37. A prática de infração da ordem econômica sujeita os responsáveis às seguintes penas:

I — no caso de empresa, multa de 0,1% (um décimo por cento) a 20% (vinte por cento) do valor do faturamento bruto da empresa, grupo ou conglomerado obtido, no último exercício anterior à instauração do processo administrativo, no ramo de atividade empresarial em que ocorreu a infração, a qual nunca será inferior à vantagem auferida, quando for possível sua estimação;

II — no caso das demais pessoas físicas ou jurídicas de direito público ou privado, bem como quaisquer associações de entidades ou pessoas constituídas de fato ou de direito, ainda que temporariamente, com ou sem personalidade jurídica, que não exerçam atividade empresarial, não sendo possível utilizar-se o critério do valor do faturamento bruto, a multa será entre R$ 50.000,00 (cinquenta mil reais) e R$ 2.000.000.000,00 (dois bilhões de reais);

III — no caso de administrador, direta ou indiretamente responsável pela infração cometida, quando comprovada a sua culpa ou dolo, multa de 1% (um por cento) a 20% (vinte por cento) daquela aplicada à empresa, no caso previsto no inciso I do *caput* deste artigo, ou às pessoas jurídicas ou entidades, nos casos previstos no inciso II do *caput* deste artigo.

§ 1º Em caso de reincidência, as multas cominadas serão aplicadas em dobro.

§ 2º No cálculo do valor da multa de que trata o inciso I do *caput* deste artigo, o Cade poderá considerar o faturamento total da empresa ou grupo de empresas, quando não dispuser do valor do faturamento no ramo de atividade empresarial em que ocorreu a infração, definido pelo Cade, ou quando este for apresentado de forma incompleta e/ou não demonstrado de forma inequívoca e idônea.

Art. 38. Sem prejuízo das penas cominadas no art. 37 desta Lei, quando assim exigir a gravidade dos fatos ou o interesse público geral, poderão ser impostas as seguintes penas, isolada ou cumulativamente:

I — a publicação, em meia página e a expensas do infrator, em jornal indicado na decisão, de extrato da decisão condenatória, por 2 (dois) dias seguidos, de 1 (uma) a 3 (três) semanas consecutivas;

II — a proibição de contratar com instituições financeiras oficiais e participar de licitação tendo por objeto aquisições, alienações, realização de obras e serviços, concessão de serviços públicos, na administração pública federal, estadual, municipal e do Distrito Federal, bem como em entidades da administração indireta, por prazo não inferior a 5 (cinco) anos;

III — a inscrição do infrator no Cadastro Nacional de Defesa do Consumidor;

IV — a recomendação aos órgãos públicos competentes para que:

a) seja concedida licença compulsória de direito de propriedade intelectual de Titularidade do infrator, quando a infração estiver relacionada ao uso desse direito;

b) não seja concedido ao infrator parcelamento de tributos federais por ele devidos ou para que sejam cancelados, no todo ou em parte, incentivos fiscais ou subsídios públicos;

V — a cisão de sociedade, transferência de controle societário, venda de ativos ou cessação parcial de atividade;

VI — a proibição de exercer o comércio em nome próprio ou como representante de pessoa jurídica, pelo prazo de até 5 (cinco) anos; e

VII — qualquer outro ato ou providência necessários para a eliminação dos efeitos nocivos à ordem econômica.

Art. 39. Pela continuidade de atos ou situações que configurem infração da ordem econômica, após decisão do Tribunal determinando sua cessação, bem como pelo não cumprimento de obrigações de fazer ou não fazer impostas, ou pelo descumprimento de medida preventiva ou termo de compromisso de cessação previstos nesta Lei, o responsável fica sujeito a multa diária fixada em valor de R$ 5.000,00 (cinco mil reais), podendo ser aumentada em até 50 (cinquenta) vezes, se assim recomendar a situação econômica do infrator e a gravidade da infração.

Art. 40. A recusa, omissão ou retardamento injustificado de informação ou documentos solicitados pelo Cade ou pela Secretaria de Acompanhamento Econômico constitui infração punível com multa diária de R$ 5.000,00 (cinco mil reais), podendo ser aumentada em até 20 (vinte) vezes, se necessário para garantir sua eficácia, em razão da situação econômica do infrator.

§ 1º O montante fixado para a multa diária de que trata o *caput* deste artigo constará do documento que contiver a requisição da autoridade competente.

§ 2º Compete à autoridade requisitante a aplicação da multa prevista no *caput* deste artigo.

§ 3º Tratando-se de empresa estrangeira, responde solidariamente pelo pagamento da multa de que trata o *caput* sua filial, sucursal, escritório ou estabelecimento situado no País.

Art. 41. A falta injustificada do representado ou de terceiros, quando intimados para prestar esclarecimentos, no curso de inquérito ou processo administrativo, sujeitará o faltante à multa de R$ 500,00 (quinhentos reais) a R$ 15.000,00 (quinze mil reais) para cada falta, aplicada conforme sua situação econômica.

Parágrafo único. A multa a que se refere o *caput* deste artigo será aplicada mediante auto de infração pela autoridade competente.

Art. 42. Impedir, obstruir ou de qualquer outra forma dificultar a realização de inspeção autorizada pelo Plenário do Tribunal, pelo Conselheiro-Relator ou pela Superintendência-Geral no curso de procedimento preparatório, inquérito administrativo, processo administrativo ou qualquer outro procedimento sujeitará o inspecionado ao pagamento de multa de R$ 20.000,00 (vinte mil reais) a R$ 400.000,00 (quatrocentos mil reais), conforme a situação econômica do infrator, mediante a lavratura de auto de infração pelo órgão competente.

Art. 43. A enganosidade ou a falsidade de informações, de documentos ou de declarações prestadas por qualquer pessoa ao Cade ou à Secretaria de Acompanhamento Econômico será punível com multa pecuniária no valor de R$ 5.000,00 (cinco mil reais) a R$ 5.000.000,00 (cinco milhões de reais), de acordo com a gravidade dos fatos e a situação econômica do infrator, sem prejuízo das demais cominações legais cabíveis.

Art. 44. Aquele que prestar serviços ao Cade ou a Seae, a qualquer Título, e que der causa, mesmo que por mera culpa, à disseminação indevida de informação acerca de empresa, coberta por sigilo, será punível com multa pecuniária de R$ 1.000,00 (mil reais) a R$ 20.000,00 (vinte mil reais), sem prejuízo de abertura de outros procedimentos cabíveis.

§ 1º Se o autor da disseminação indevida estiver servindo o Cade em virtude de mandato, ou na qualidade de Procurador Federal ou Economista-Chefe, a multa será em dobro.

§ 2º O Regulamento definirá o procedimento para que uma informação seja tida como sigilosa, no âmbito do Cade e da Seae.

Art. 45. Na aplicação das penas estabelecidas nesta Lei, levar-se-á em consideração:

I — a gravidade da infração;

II — a boa-fé do infrator;

III — a vantagem auferida ou pretendida pelo infrator;

IV — a consumação ou não da infração;

V — o grau de lesão, ou perigo de lesão, à livre concorrência, à economia nacional, aos consumidores, ou a terceiros;

VI — os efeitos econômicos negativos produzidos no mercado;

VII — a situação econômica do infrator; e

VIII — a reincidência.

CAPÍTULO IV
DA PRESCRIÇÃO

Art. 46. Prescrevem em 5 (cinco) anos as ações punitivas da administração pública federal, direta e indireta, objetivando apurar infrações da ordem econômica, contados da data da prática do ilícito ou, no caso de infração permanente ou continuada, do dia em que tiver cessada a prática do ilícito.

§ 1º Interrompe a prescrição qualquer ato administrativo ou judicial que tenha por objeto a apuração da infração contra a ordem econômica mencionada no *caput* deste artigo, bem como a notificação ou a intimação da investigada.

§ 2º Suspende-se a prescrição durante a vigência do compromisso de cessação ou do acordo em controle de concentrações.

§ 3º Incide a prescrição no procedimento administrativo paralisado por mais de 3 (três) anos, pendente de julgamento ou despacho, cujos autos serão arquivados de ofício ou mediante requerimento da parte interessada, sem prejuízo da apuração da responsabilidade funcional decorrente da paralisação, se for o caso.

§ 4º Quando o fato objeto da ação punitiva da administração também constituir crime, a prescrição reger-se-á pelo prazo previsto na lei penal.

CAPÍTULO V
DO DIREITO DE AÇÃO

Art. 47. Os prejudicados, por si ou pelos legitimados referidos no art. 82 da Lei n. 8.078, de 11 de setembro de 1990, poderão ingressar em juízo para, em defesa de seus interesses individuais ou individuais homogêneos, obter a cessação de práticas que constituam infração da ordem econômica, bem como o recebimento de indenização por perdas e danos sofridos, independentemente do inquérito ou processo administrativo, que não será suspenso em virtude do ajuizamento de ação.

TÍTULO VI
DAS DIVERSAS ESPÉCIES DE PROCESSO ADMINISTRATIVO

CAPÍTULO I
DISPOSIÇÕES GERAIS

Art. 48. Esta Lei regula os seguintes procedimentos administrativos instaurados para prevenção, apuração e repressão de infrações à ordem econômica:

I — procedimento preparatório de inquérito administrativo para apuração de infrações à ordem econômica;

II — inquérito administrativo para apuração de infrações à ordem econômica;

III — processo administrativo para imposição de sanções administrativas por infrações à ordem econômica;

IV — processo administrativo para análise de ato de concentração econômica;

V — procedimento administrativo para apuração de ato de concentração econômica; e

VI — processo administrativo para imposição de sanções processuais incidentais.

Art. 49. O Tribunal e a Superintendência-Geral assegurarão nos procedimentos previstos nos incisos II, III, IV e VI do *caput* do art. 48 desta Lei o tratamento sigiloso de documentos, informações e atos processuais necessários à elucidação dos fatos ou exigidos pelo interesse da sociedade.

Parágrafo único. As partes poderão requerer tratamento sigiloso de documentos ou informações, no tempo e modo definidos no regimento interno.

Art. 50. A Superintendência-Geral ou o Conselheiro-Relator poderá admitir a intervenção no processo administrativo de:

I — terceiros Titulares de direitos ou interesses que possam ser afetados pela decisão a ser adotada; ou

II — legitimados à propositura de ação civil pública pelos incisos III e IV do art. 82 da Lei n. 8.078, de 11 de setembro de 1990.

Art. 51. Na tramitação dos processos no Cade, serão observadas as seguintes disposições, além daquelas previstas no regimento interno:

I — os atos de concentração terão prioridade sobre o julgamento de outras matérias;

II — a sessão de julgamento do Tribunal é pública, salvo nos casos em que for determinado tratamento sigiloso ao processo, ocasião em que as sessões serão reservadas;

III — nas sessões de julgamento do Tribunal, poderão o Superintendente-Geral, o Economista-Chefe, o Procurador-Chefe e as partes do processo requerer a palavra, que lhes será concedida, nessa ordem, nas condições e no prazo definido pelo regimento interno, a fim de sustentarem oralmente suas razões perante o Tribunal;

IV — a pauta das sessões de julgamento será definida pelo Presidente, que determinará sua publicação, com pelo menos 120 (cento e vinte) horas de antecedência; e

V — os atos e termos a serem praticados nos autos dos procedimentos enumerados no art. 48 desta Lei poderão ser encaminhados de forma eletrônica ou apresentados em meio magnético ou equivalente, nos termos das normas do Cade.

Art. 52. O cumprimento das decisões do Tribunal e de compromissos e acordos firmados nos termos desta Lei poderá, a critério do Tribunal, ser fiscalizado pela Superintendência-Geral, com o respectivo encaminhamento dos autos, após a decisão final do Tribunal.

§ 1º Na fase de fiscalização da execução das decisões do Tribunal, bem como do cumprimento de compromissos e acordos firmados nos termos desta Lei, poderá a Superintendência-Geral valer-se de todos os poderes instrutórios que lhe são assegurados nesta Lei.

§ 2º Cumprida integralmente a decisão do Tribunal ou os acordos em controle de concentrações e compromissos de cessação, a Superintendência-Geral, de ofício ou por provocação do interessado, manifestar-se-á sobre seu cumprimento.

CAPÍTULO II
DO PROCESSO ADMINISTRATIVO NO CONTROLE DE ATOS DE CONCENTRAÇÃO ECONÔMICA

Seção I
Do Processo Administrativo na Superintendência-Geral

Art. 53. O pedido de aprovação dos atos de concentração econômica a que se refere o art. 88 desta Lei deverá ser endereçado ao Cade e instruído com as informações e documentos indispensáveis à instauração do processo administrativo, definidos em resolução do Cade, além do comprovante de recolhimento da taxa respectiva.

§ 1º Ao verificar que a petição não preenche os requisitos exigidos no *caput* deste artigo ou apresenta defeitos e irregularidades capazes de dificultar o julgamento de mérito, a Superintendência-Geral determinará, uma única vez, que os requerentes a emendem, sob pena de arquivamento.

§ 2º Após o protocolo da apresentação do ato de concentração, ou de sua emenda, a Superintendência-Geral fará publicar edital, indicando o nome dos requerentes, a natureza da operação e os setores econômicos envolvidos.

Art. 54. Após cumpridas as providências indicadas no art. 53, a Superintendência-Geral:

I — conhecerá diretamente do pedido, proferindo decisão terminativa, quando o processo dispensar novas diligências ou nos casos de menor potencial ofensivo à concorrência, assim definidos em resolução do Cade; ou

II — determinará a realização da instrução complementar, especificando as diligências a serem produzidas.

Art. 55. Concluída a instrução complementar determinada na forma do inciso II do *caput* do art. 54 desta Lei, a Superintendência-Geral deverá manifestar-se sobre seu satisfatório cumprimento, recebendo-a como adequada ao exame de mérito ou determinando que seja refeita, por estar incompleta.

Art. 56. A Superintendência-Geral poderá, por meio de decisão fundamentada, declarar a operação como complexa e determinar a realização de nova instrução complementar, especificando as diligências a serem produzidas.

Parágrafo único. Declarada a operação como complexa, poderá a Superintendência-Geral requerer ao Tribunal a prorrogação do prazo de que trata o § 2º do art. 88 desta Lei.

Art. 57. Concluídas as instruções complementares de que tratam o inciso II do art. 54 e o art. 56 desta Lei, a Superintendência-Geral:

I — proferirá decisão aprovando o ato sem restrições;

II — oferecerá impugnação perante o Tribunal, caso entenda que o ato deva ser rejeitado, aprovado com restrições ou que não existam elementos conclusivos quanto aos seus efeitos no mercado.

Parágrafo único. Na impugnação do ato perante o Tribunal, deverão ser demonstrados, de forma circunstanciada, o potencial lesivo do ato à concorrência e as razões pelas quais não deve ser aprovado integralmente ou rejeitado.

Seção II
Do Processo Administrativo no Tribunal

Art. 58. O requerente poderá oferecer, no prazo de 30 (trinta) dias da data de impugnação da Superintendência-Geral, em petição escrita, dirigida ao Presidente do Tribunal, manifestação expondo as razões de fato e de direito com que se opõe à impugnação do ato de concentração da Superintendência-Geral e juntando todas as provas, estudos e pareceres que corroboram seu pedido.

Parágrafo único. Em até 48 (quarenta e oito) horas da decisão de que trata a impugnação pela Superintendência-Geral, disposta no inciso II do *caput* do art. 57 desta Lei e na hipótese do inciso I do art. 65 desta Lei, o processo será distribuído, por sorteio, a um Conselheiro-Relator.

Art. 59. Após a manifestação do requerente, o Conselheiro-Relator:

I — proferirá decisão determinando a inclusão do processo em pauta para julgamento, caso entenda que se encontre suficientemente instruído;

II — determinará a realização de instrução complementar, se necessário, podendo, a seu critério, solicitar que a Superintendência-Geral a realize, declarando os pontos controversos e especificando as diligências a serem produzidas.

§ 1º O Conselheiro-Relator poderá autorizar, conforme o caso, precária e liminarmente, a realização do ato de concentração econômica, impondo as condições que visem à preservação da reversibilidade da operação, quando assim recomendarem as condições do caso concreto.

§ 2º O Conselheiro-Relator poderá acompanhar a realização das diligências referidas no inciso II do *caput* deste artigo.

Art. 60. Após a conclusão da instrução, o Conselheiro-Relator determinará a inclusão do processo em pauta para julgamento.

Art. 61. No julgamento do pedido de aprovação do ato de concentração econômica, o Tribunal poderá aprová-lo integralmente, rejeitá-lo ou aprová-lo parcialmente, caso em que determinará as restrições que deverão ser observadas como condição para a validade e eficácia do ato.

§ 1º O Tribunal determinará as restrições cabíveis no sentido de mitigar os eventuais efeitos nocivos do ato de concentração sobre os mercados relevantes afetados.

§ 2º As restrições mencionadas no § 1º deste artigo incluem:

I — a venda de ativos ou de um conjunto de ativos que constitua uma atividade empresarial;

II — a cisão de sociedade;

III — a alienação de controle societário;

IV — a separação contábil ou jurídica de atividades;

V — o licenciamento compulsório de direitos de propriedade intelectual; e

VI — qualquer outro ato ou providência necessários para a eliminação dos efeitos nocivos à ordem econômica.

§ 3º Julgado o processo no mérito, o ato não poderá ser novamente apresentado nem revisto no âmbito do Poder Executivo.

Art. 62. Em caso de recusa, omissão, enganosidade, falsidade ou retardamento injustificado, por parte dos requerentes, de informações ou documentos cuja apresentação for determinada pelo Cade, sem prejuízo das demais sanções cabíveis, poderá o pedido de aprovação do ato de concentração ser rejeitado por falta de provas, caso em que o requerente somente poderá realizar o ato mediante apresentação de novo pedido, nos termos do art. 53 desta Lei.

Art. 63. Os prazos previstos neste Capítulo não se suspendem ou interrompem por qualquer motivo, ressalvado o disposto no § 5º do art. 6º desta Lei, quando for o caso.

Art. 64. (Vetado).

Seção III
Do Recurso contra Decisão de Aprovação do Ato pela Superintendência-Geral

Art. 65. No prazo de 15 (quinze) dias contado a partir da publicação da decisão da Superintendência-Geral que aprovar o ato de concentração, na forma do inciso I do *caput* do art. 54 e do inciso I do *caput* do art. 57 desta Lei:

I — caberá recurso da decisão ao Tribunal, que poderá ser interposto por terceiros interessados ou, em se tratando de mercado regulado, pela respectiva agência reguladora;

II — o Tribunal poderá, mediante provocação de um de seus Conselheiros e em decisão fundamentada, avocar o processo para julgamento ficando prevento o Conselheiro que encaminhou a provocação.

§ 1º Em até 5 (cinco) dias úteis a partir do recebimento do recurso, o Conselheiro-Relator:

I — conhecerá do recurso e determinará a sua inclusão em pauta para julgamento;

II — conhecerá do recurso e determinará a realização de instrução complementar, podendo, a seu critério, solicitar que a Superintendência-Geral a realize, declarando os pontos controversos e especificando as diligências a serem produzidas; ou

III — não conhecerá do recurso, determinando o seu arquivamento.

§ 2º As requerentes poderão manifestar-se acerca do recurso interposto, em até 5 (cinco) dias úteis do conhecimento do recurso no Tribunal ou da data do recebimento do relatório com a conclusão da instrução complementar elaborada pela Superintendência-Geral, o que ocorrer por último.

§ 3º O litigante de má-fé arcará com multa, em favor do Fundo de Defesa de Direitos Difusos, a ser arbitrada pelo Tribunal entre R$ 5.000,00 (cinco mil reais) e R$ 5.000.000,00 (cinco milhões de reais), levando-se em consideração sua condição econômica, sua atuação no processo e o retardamento injustificado causado à aprovação do ato.

§ 4º A interposição do recurso a que se refere o *caput* deste artigo ou a decisão de avocar suspende a execução do ato de concentração econômica até decisão final do Tribunal.

§ 5º O Conselheiro-Relator poderá acompanhar a realização das diligências referidas no inciso II do § 1º deste artigo.

CAPÍTULO III
DO INQUÉRITO ADMINISTRATIVO PARA APURAÇÃO DE INFRAÇÕES À ORDEM ECONÔMICA E DO PROCEDIMENTO PREPARATÓRIO

Art. 66. O inquérito administrativo, procedimento investigatório de natureza inquisitorial, será instaurado pela Superintendência-Geral para apuração de infrações à ordem econômica.

§ 1º O inquérito administrativo será instaurado de ofício ou em face de representação fundamentada de qualquer interessado, ou em decorrência de peças de informação, quando os indícios de infração à ordem econômica não forem suficientes para a instauração de processo administrativo.

§ 2º A Superintendência-Geral poderá instaurar procedimento preparatório de inquérito administrativo para apuração de infrações à ordem econômica para apurar se a conduta sob análise trata de matéria de competência do Sistema Brasileiro de Defesa da Concorrência, nos termos desta Lei.

§ 3º As diligências tomadas no âmbito do procedimento preparatório de inquérito administrativo para apuração de infrações à ordem econômica deverão ser realizadas no prazo máximo de 30 (trinta) dias.

§ 4º Do despacho que ordenar o arquivamento de procedimento preparatório, indeferir o requerimento de abertura de inquérito administrativo, ou seu arquivamento, caberá recurso de qualquer interessado ao Superintendente-Geral, na forma determinada em regulamento, que decidirá em última instância.

§ 5º (Vetado).

§ 6º A representação de Comissão do Congresso Nacional, ou de qualquer de suas Casas, bem como da Secretaria de Acompanhamento Econômico, das agências reguladoras e da Procuradoria Federal junto ao Cade, independe de procedimento preparatório, instaurando-se desde logo o inquérito administrativo ou processo administrativo.

§ 7º O representante e o indiciado poderão requerer qualquer diligência, que será realizada ou não, a juízo da Superintendência-Geral.

§ 8º A Superintendência-Geral poderá solicitar o concurso da autoridade policial ou do Ministério Público nas investigações.

§ 9º O inquérito administrativo deverá ser encerrado no prazo de 180 (cento e oitenta) dias, contado da data de sua instauração, prorrogáveis por até 60 (sessenta) dias, por meio de despacho fundamentado e quando o fato for de difícil elucidação e o justificarem as circunstâncias do caso concreto.

§ 10. Ao procedimento preparatório, assim como ao inquérito administrativo, poderá ser dado tratamento sigiloso, no interesse das investigações, a critério da Superintendência-Geral.

Art. 67. Até 10 (dez) dias úteis a partir da data de encerramento do inquérito administrativo, a Superintendência-Geral decidirá pela instauração do processo administrativo ou pelo seu arquivamento.

§ 1º O Tribunal poderá, mediante provocação de um Conselheiro e em decisão fundamentada, avocar o inquérito administrativo ou procedimento preparatório de inquérito administrativo arquivado pela Superintendência-Geral, ficando prevento o Conselheiro que encaminhou a provocação.

§ 2º Avocado o inquérito administrativo, o Conselheiro-Relator terá o prazo de 30 (trinta) dias úteis para:

I — confirmar a decisão de arquivamento da Superintendência-Geral, podendo, se entender necessário, fundamentar sua decisão;

II — transformar o inquérito administrativo em processo administrativo, determinando a realização de instrução complementar, podendo, a seu critério, solicitar que a Superintendência-Geral a realize, declarando os pontos controversos e especificando as diligências a serem produzidas.

§ 3º Ao inquérito administrativo poderá ser dado tratamento sigiloso, no interesse das investigações, a critério do Plenário do Tribunal.

Art. 68. O descumprimento dos prazos fixados neste Capítulo pela Superintendência-Geral, assim como por seus servidores, sem justificativa devidamente comprovada nos autos, poderá resultar na apuração da respectiva responsabilidade administrativa, civil e criminal.

CAPÍTULO IV
DO PROCESSO ADMINISTRATIVO PARA IMPOSIÇÃO DE SANÇÕES ADMINISTRATIVAS POR INFRAÇÕES À ORDEM ECONÔMICA

Art. 69. O processo administrativo, procedimento em contraditório, visa a garantir ao acusado a ampla defesa a respeito das conclusões do inquérito administrativo, cuja nota técnica final, aprovada nos termos das normas do Cade, constituirá peça inaugural.

Art. 70. Na decisão que instaurar o processo administrativo, será determinada a notificação do representado para, no prazo de 30 (trinta) dias, apresentar defesa e especificar as provas que pretende sejam produzidas, declinando a qualificação completa de até 3 (três) testemunhas.

§ 1º A notificação inicial conterá o inteiro teor da decisão de instauração do processo administrativo e da representação, se for o caso.

§ 2º A notificação inicial do representado será feita pelo correio, com aviso de recebimento em nome próprio, ou outro meio que assegure a certeza da ciência do interessado ou, não tendo êxito a notificação postal, por edital publicado no Diário Oficial da União e em jornal de grande circulação no Estado em que resida ou tenha sede, contando-se os prazos da juntada do aviso de recebimento, ou da publicação, conforme o caso.

§ 3º A intimação dos demais atos processuais será feita mediante publicação no Diário Oficial da União, da qual deverá constar o nome do representado e de seu procurador, se houver.

§ 4º O representado poderá acompanhar o processo administrativo por seu Titular e seus diretores ou gerentes, ou por seu procurador, assegurando-se-lhes amplo acesso aos autos no Tribunal.

§ 5º O prazo de 30 (trinta) dias mencionado no *caput* deste artigo poderá ser dilatado por até 10 (dez) dias, improrrogáveis, mediante requisição do representado.

Art. 71. Considerar-se-á revel o representado que, notificado, não apresentar defesa no prazo legal, incorrendo em confissão quanto à matéria de fato, contra ele correndo os demais prazos, independentemente de notificação.

Parágrafo único. Qualquer que seja a fase do processo, nele poderá intervir o revel, sem direito à repetição de qualquer ato já praticado.

Art. 72. Em até 30 (trinta) dias úteis após o decurso do prazo previsto no art. 70 desta Lei, a Superintendência-Geral, em despacho fundamentado, determinará a produção de provas que julgar pertinentes, sendo-lhe facultado exercer os poderes de instrução previstos nesta Lei, mantendo-se o sigilo legal, quando for o caso.

Art. 73. Em até 5 (cinco) dias úteis da data de conclusão da instrução processual determinada na forma do art. 72 desta Lei, a Superintendência-Geral notificará o representado para apresentar novas alegações, no prazo de 5 (cinco) dias úteis.

Art. 74. Em até 15 (quinze) dias úteis contados do decurso do prazo previsto no art. 73 desta Lei, a Superintendência-Geral remeterá os autos do processo ao Presidente do Tribunal, opinando, em relatório circunstanciado, pelo seu arquivamento ou pela configuração da infração.

Art. 75. Recebido o processo, o Presidente do Tribunal o distribuirá, por sorteio, ao Conselheiro-Relator, que poderá, caso entenda necessário, solicitar à Procuradoria Federal junto ao Cade que se manifeste no prazo de 20 (vinte) dias.

Art. 76. O Conselheiro-Relator poderá determinar diligências, em despacho fundamentado, podendo, a seu critério, solicitar que a Superintendência-Geral as realize, no prazo assinado.

Parágrafo único. Após a conclusão das diligências determinadas na forma deste artigo, o Conselheiro-Relator notificará o representado para, no prazo de 15 (quinze) dias úteis, apresentar alegações finais.

Art. 77. No prazo de 15 (quinze) dias úteis contado da data de recebimento das alegações finais, o Conselheiro-Relator solicitará a inclusão do processo em pauta para julgamento.

Art. 78. A convite do Presidente, por indicação do Conselheiro-Relator, qualquer pessoa poderá apresentar esclarecimentos ao Tribunal, a propósito de assuntos que estejam em pauta.

Art. 79. A decisão do Tribunal, que em qualquer hipótese será fundamentada, quando for pela existência de infração da ordem econômica, conterá:

I — especificação dos fatos que constituam a infração apurada e a indicação das providências a serem tomadas pelos responsáveis para fazê-la cessar;

II — prazo dentro do qual devam ser iniciadas e concluídas as providências referidas no inciso I do *caput* deste artigo;

III — multa estipulada;

IV — multa diária em caso de continuidade da infração; e

V — multa em caso de descumprimento das providências estipuladas.

Parágrafo único. A decisão do Tribunal será publicada dentro de 5 (cinco) dias úteis no Diário Oficial da União.

Art. 80. Aplicam-se às decisões do Tribunal o disposto na Lei n. 8.437, de 30 de junho de 1992.

Art. 81. Descumprida a decisão, no todo ou em parte, será o fato comunicado ao Presidente do Tribunal, que determinará à Procuradoria Federal junto ao Cade que providencie sua execução judicial.

Art. 82. O descumprimento dos prazos fixados neste Capítulo pelos membros do Cade, assim como por seus servidores, sem justificativa devidamente comprovada nos autos, poderá resultar na apuração da respectiva responsabilidade administrativa, civil e criminal.

Art. 83. O Cade disporá de forma complementar sobre o inquérito e o processo administrativo.

CAPÍTULO V
DA MEDIDA PREVENTIVA

Art. 84. Em qualquer fase do inquérito administrativo para apuração de infrações ou do processo administrativo para imposição de sanções por infrações à ordem econômica, poderá o Conselheiro-Relator ou o Superintendente-Geral, por iniciativa própria ou mediante provocação do Procurador-Chefe do Cade, adotar medida preventiva, quando houver indício ou fundado receio de que o representado, direta ou indiretamente, cause ou possa causar ao mercado lesão irreparável ou de difícil reparação, ou torne ineficaz o resultado final do processo.

§ 1º Na medida preventiva, determinar-se-á a imediata cessação da prática e será ordenada, quando materialmente possível, a reversão à situação anterior, fixando multa diária nos termos do art. 39 desta Lei.

§ 2º Da decisão que adotar medida preventiva caberá recurso voluntário ao Plenário do Tribunal, em 5 (cinco) dias, sem efeito suspensivo.

CAPÍTULO VI
DO COMPROMISSO DE CESSAÇÃO

Art. 85. Nos procedimentos administrativos mencionados nos incisos I, II e III do art. 48 desta Lei, o Cade poderá tomar do representado compromisso de cessação da prática sob investigação ou dos seus efeitos lesivos, sempre que, em juízo de conveniência e oportunidade, devidamente fundamentado, entender que atende aos interesses protegidos por lei.

§ 1º Do termo de compromisso deverão constar os seguintes elementos:

I — a especificação das obrigações do representado no sentido de não praticar a conduta investigada ou seus efeitos lesivos, bem como obrigações que julgar cabíveis;

II — a fixação do valor da multa para o caso de descumprimento, total ou parcial, das obrigações compromissadas;

III — a fixação do valor da contribuição pecuniária ao Fundo de Defesa de Direitos Difusos quando cabível.

§ 2º Tratando-se da investigação da prática de infração relacionada ou decorrente das condutas previstas nos incisos I e II do § 3º do art. 36 desta Lei, entre as obrigações a que se refere o inciso I do § 1º deste artigo figurará, necessariamente, a obrigação de recolher ao Fundo de Defesa de Direitos Difusos um valor pecuniário que não poderá ser inferior ao mínimo previsto no art. 37 desta Lei.

§ 3º (Vetado).

§ 4º A proposta de termo de compromisso de cessação de prática somente poderá ser apresentada uma única vez.

§ 5º A proposta de termo de compromisso de cessação de prática poderá ter caráter confidencial.

§ 6º A apresentação de proposta de termo de compromisso de cessação de prática não suspende o andamento do processo administrativo.

§ 7º O termo de compromisso de cessação de prática terá caráter público, devendo o acordo ser publicado no sítio do Cade em 5 (cinco) dias após a sua celebração.

§ 8º O termo de compromisso de cessação de prática constitui Título executivo extrajudicial.

§ 9º O processo administrativo ficará suspenso enquanto estiver sendo cumprido o compromisso e será arquivado ao término do prazo fixado, se atendidas todas as condições estabelecidas no termo.

§ 10. A suspensão do processo administrativo a que se refere o § 9º deste artigo dar-se-á somente em relação ao representado que firmou o compromisso, seguindo o processo seu curso regular para os demais representados.

§ 11. Declarado o descumprimento do compromisso, o Cade aplicará as sanções nele previstas e determinará o prosseguimento do processo administrativo e as demais medidas administrativas e judiciais cabíveis para sua execução.

§ 12. As condições do termo de compromisso poderão ser alteradas pelo Cade se se comprovar sua excessiva onerosidade para o representado, desde que a alteração não acarrete prejuízo para terceiros ou para a coletividade.

§ 13. A proposta de celebração do compromisso de cessação de prática será indeferida quando a autoridade não chegar a um acordo com os representados quanto aos seus termos.

§ 14. O Cade definirá, em resolução, normas complementares sobre o termo de compromisso de cessação.

§ 15. Aplica-se o disposto no art. 50 desta Lei ao Compromisso de Cessação da Prática.

CAPÍTULO VII
DO PROGRAMA DE LENIÊNCIA

Art. 86. O Cade, por intermédio da Superintendência-Geral, poderá celebrar acordo de leniência, com a extinção da ação punitiva da administração pública ou a redução de 1 (um) a 2/3 (dois terços) da penalidade aplicável, nos termos deste artigo, com pessoas físicas e jurídicas que forem autoras de infração à ordem econômica, desde que colaborem efetivamente com as investigações e o processo administrativo e que dessa colaboração resulte:

I — a identificação dos demais envolvidos na infração; e

II — a obtenção de informações e documentos que comprovem a infração noticiada ou sob investigação.

§ 1º O acordo de que trata o *caput* deste artigo somente poderá ser celebrado se preenchidos, cumulativamente, os seguintes requisitos:

I — a empresa seja a primeira a se qualificar com respeito à infração noticiada ou sob investigação;

II — a empresa cesse completamente seu envolvimento na infração noticiada ou sob investigação a partir da data de propositura do acordo;

III — a Superintendência-Geral não disponha de provas suficientes para assegurar a condenação da empresa ou pessoa física por ocasião da propositura do acordo; e

IV — a empresa confesse sua participação no ilícito e coopere plena e permanentemente com as investigações e o processo administrativo, comparecendo, sob suas expensas, sempre que solicitada, a todos os atos processuais, até seu encerramento.

§ 2º Com relação às pessoas físicas, elas poderão celebrar acordos de leniência desde que cumpridos os requisitos II, III e IV do § 1º deste artigo.

§ 3º O acordo de leniência firmado com o Cade, por intermédio da Superintendência-Geral, estipulará as condições necessárias para assegurar a efetividade da colaboração e o resultado útil do processo.

§ 4º Compete ao Tribunal, por ocasião do julgamento do processo administrativo, verificado o cumprimento do acordo:

I — decretar a extinção da ação punitiva da administração pública em favor do infrator, nas hipóteses em que a proposta de acordo tiver sido apresentada à Superintendência-Geral sem que essa tivesse conhecimento prévio da infração noticiada; ou

II — nas demais hipóteses, reduzir de 1 (um) a 2/3 (dois terços) as penas aplicáveis, observado o disposto no art. 45 desta Lei, devendo ainda considerar na gradação da pena a efetividade da colaboração prestada e a boa-fé do infrator no cumprimento do acordo de leniência.

§ 5º Na hipótese do inciso II do § 4º deste artigo, a pena sobre a qual incidirá o fator redutor não será superior à menor das penas aplicadas aos demais coautores da infração, relativamente aos percentuais fixados para a aplicação das multas de que trata o inciso I do art. 37 desta Lei.

§ 6º Serão estendidos às empresas do mesmo grupo, de fato ou de direito, e aos seus dirigentes, administradores e empregados envolvidos na infração os efeitos do acordo de leniência, desde que o firmem em conjunto, respeitadas as condições impostas.

§ 7º A empresa ou pessoa física que não obtiver, no curso de inquérito ou processo administrativo, habilitação para a celebração do acordo de que trata este artigo, poderá celebrar com a Superintendência-Geral, até a remessa do processo para julgamento, acordo de leniência relacionado a uma outra infração, da qual o Cade não tenha qualquer conhecimento prévio.

§ 8º Na hipótese do § 7º deste artigo, o infrator se beneficiará da redução de 1/3 (um terço) da pena que lhe for aplicável naquele processo, sem prejuízo da obtenção dos benefícios de que trata o inciso I do § 4º deste artigo em relação à nova infração denunciada.

§ 9º Considera-se sigilosa a proposta de acordo de que trata este artigo, salvo no interesse das investigações e do processo administrativo.

§ 10. Não importará em confissão quanto à matéria de fato, nem reconhecimento de ilicitude da conduta analisada, a proposta de acordo de leniência rejeitada, da qual não se fará qualquer divulgação.

§ 11. A aplicação do disposto neste artigo observará as normas a serem editadas pelo Tribunal.

§ 12. Em caso de descumprimento do acordo de leniência, o beneficiário ficará impedido de celebrar novo acordo de leniência pelo prazo de 3 (três) anos, contado da data de seu julgamento.

Art. 87. Nos crimes contra a ordem econômica, tipificados na Lei n. 8.137, de 27 de dezembro de 1990, e nos demais crimes diretamente relacionados à prática de cartel, tais como os tipificados na Lei n. 8.666, de 21 de junho de 1993, e os tipificados no art. 288 do Decreto-Lei n. 2.848, de 7 de dezembro de 1940 — Código Penal, a celebração de acordo de leniência, nos termos desta Lei, determina a suspensão do curso do prazo prescricional e impede o oferecimento da denúncia com relação ao agente beneficiário da leniência.

Parágrafo único. Cumprido o acordo de leniência pelo agente, extingue-se automaticamente a punibilidade dos crimes a que se refere o *caput* deste artigo.

TÍTULO VII
DO CONTROLE DE CONCENTRAÇÕES

CAPÍTULO I
DOS ATOS DE CONCENTRAÇÃO

Art. 88. Serão submetidos ao Cade pelas partes envolvidas na operação os atos de concentração econômica em que, cumulativamente:

I — pelo menos um dos grupos envolvidos na operação tenha registrado, no último balanço, faturamento bruto anual ou volume de negócios total no País, no ano anterior à operação, equivalente ou superior a R$ 400.000.000,00 (quatrocentos milhões de reais); e

II — pelo menos um outro grupo envolvido na operação tenha registrado, no último balanço, faturamento bruto anual ou volume de negócios total no País, no ano anterior à operação, equivalente ou superior a R$ 30.000.000,00 (trinta milhões de reais).

§ 1º Os valores mencionados nos incisos I e II do *caput* deste artigo poderão ser adequados, simultânea ou independentemente, por indicação do Plenário do Cade, por portaria interministerial dos Ministros de Estado da Fazenda e da Justiça.

§ 2º O controle dos atos de concentração de que trata o *caput* deste artigo será prévio e realizado em, no máximo, 240 (duzentos e quarenta) dias, a contar do protocolo de petição ou de sua emenda.

§ 3º Os atos que se subsumirem ao disposto no *caput* deste artigo não podem ser consumados antes de apreciados, nos termos deste artigo e do procedimento previsto no Capítulo II do Título VI desta Lei, sob pena de nulidade, sendo ainda imposta multa pecuniária, de valor não inferior a R$ 60.000,00 (sessenta mil reais) nem superior a R$ 60.000.000,00 (sessenta milhões de reais), a ser aplicada nos termos da regulamentação, sem prejuízo da abertura de processo administrativo, nos termos do art. 69 desta Lei.

§ 4º Até a decisão final sobre a operação, deverão ser preservadas as condições de concorrência entre as empresas envolvidas, sob pena de aplicação das sanções previstas no § 3º deste artigo.

§ 5º Serão proibidos os atos de concentração que impliquem eliminação da concorrência em parte substancial de mercado relevante, que possam criar ou reforçar uma posição dominante ou que possam resultar na dominação de mercado relevante de bens ou serviços, ressalvado o disposto no § 6º deste artigo.

§ 6º Os atos a que se refere o § 5º deste artigo poderão ser autorizados, desde que sejam observados os limites estritamente necessários para atingir os seguintes objetivos:

I — cumulada ou alternativamente:

a) aumentar a produtividade ou a competitividade;

b) melhorar a qualidade de bens ou serviços; ou

c) propiciar a eficiência e o desenvolvimento tecnológico ou econômico; e

II — sejam repassados aos consumidores parte relevante dos benefícios decorrentes.

§ 7º É facultado ao Cade, no prazo de 1 (um) ano a contar da respectiva data de consumação, requerer a submissão dos atos de concentração que não se enquadrem no disposto neste artigo.

§ 8º As mudanças de controle acionário de companhias abertas e os registros de fusão, sem prejuízo da obrigação das partes envolvidas, devem ser comunicados ao Cade pela Comissão de Valores Mobiliários — CVM e pelo Departamento Nacional do Registro do Comércio do Ministério do Desenvolvimento, Indústria e Comércio Exterior, respectivamente, no prazo de 5 (cinco) dias úteis para, se for o caso, ser examinados.

§ 9º O prazo mencionado no § 2º deste artigo somente poderá ser dilatado:

I — por até 60 (sessenta) dias, improrrogáveis, mediante requisição das partes envolvidas na operação; ou

II — por até 90 (noventa) dias, mediante decisão fundamentada do Tribunal, em que sejam especificados as razões para a extensão, o prazo da prorrogação, que será não renovável, e as providências cuja realização seja necessária para o julgamento do processo.

Art. 89. Para fins de análise do ato de concentração apresentado, serão obedecidos os procedimentos estabelecidos no Capítulo II do Título VI desta Lei.

Parágrafo único. O Cade regulamentará, por meio de Resolução, a análise prévia de atos de concentração realizados com o propósito específico de participação em leilões, licitações e operações de aquisição de ações por meio de oferta pública.

Art. 90. Para os efeitos do art. 88 desta Lei, realiza-se um ato de concentração quando:

I — 2 (duas) ou mais empresas anteriormente independentes se fundem;

II — 1 (uma) ou mais empresas adquirem, direta ou indiretamente, por compra ou permuta de ações, quotas, Títulos ou valores mobiliários conversíveis em ações, ou ativos, tangíveis ou intangíveis, por via contratual ou por qualquer outro meio ou forma, o controle ou partes de uma ou outras empresas;

III — 1 (uma) ou mais empresas incorporam outra ou outras empresas; ou

IV — 2 (duas) ou mais empresas celebram contrato associativo, consórcio ou *joint venture*.

Parágrafo único. Não serão considerados atos de concentração, para os efeitos do disposto no art. 88 desta Lei, os descritos no inciso IV do *caput*, quando destinados às licitações promovidas pela administração pública direta e indireta e aos contratos delas decorrentes.

Art. 91. A aprovação de que trata o art. 88 desta Lei poderá ser revista pelo Tribunal, de ofício ou mediante provocação da Superintendência-Geral, se a decisão for baseada em informações falsas ou enganosas prestadas pelo interessado, se ocorrer o descumprimento de quaisquer das obrigações assumidas ou não forem alcançados os benefícios visados.

Parágrafo único. Na hipótese referida no *caput* deste artigo, a falsidade ou enganosidade será punida com multa pecuniária, de valor não inferior a R$ 60.000,00 (sessenta mil reais) nem superior a R$ 6.000.000,00 (seis milhões de reais), a ser aplicada na forma das normas do Cade, sem prejuízo da abertura de processo administrativo, nos termos do art. 67 desta Lei, e da adoção das demais medidas cabíveis.

CAPÍTULO II
DO ACORDO EM CONTROLE DE CONCENTRAÇÕES

Art. 92. (Vetado).

TÍTULO VIII
DA EXECUÇÃO JUDICIAL DAS DECISÕES DO CADE

CAPÍTULO I
DO PROCESSO

Art. 93. A decisão do Plenário do Tribunal, cominando multa ou impondo obrigação de fazer ou não fazer, constitui Título executivo extrajudicial.

Art. 94. A execução que tenha por objeto exclusivamente a cobrança de multa pecuniária será feita de acordo com o disposto na Lei n. 6.830, de 22 de setembro de 1980.

Art. 95. Na execução que tenha por objeto, além da cobrança de multa, o cumprimento de obrigação de fazer ou não fazer, o Juiz concederá a tutela específica da obrigação, ou determinará providências que assegurem o resultado prático equivalente ao do adimplemento.

§ 1º A conversão da obrigação de fazer ou não fazer em perdas e danos somente será admissível se impossível a tutela específica ou a obtenção do resultado prático correspondente.

§ 2º A indenização por perdas e danos far-se-á sem prejuízo das multas.

Art. 96. A execução será feita por todos os meios, inclusive mediante intervenção na empresa, quando necessária.

Art. 97. A execução das decisões do Cade será promovida na Justiça Federal do Distrito Federal ou da sede ou domicílio do executado, à escolha do Cade.

Art. 98. O oferecimento de embargos ou o ajuizamento de qualquer outra ação que vise à desconstituição do Título executivo não suspenderá a execução, se não for garantido o juízo no valor das multas aplicadas, para que se garanta o cumprimento da decisão final proferida nos autos, inclusive no que tange a multas diárias.

§ 1º Para garantir o cumprimento das obrigações de fazer, deverá o juiz fixar caução idônea.

§ 2º Revogada a liminar, o depósito do valor da multa converter-se-á em renda do Fundo de Defesa de Direitos Difusos.

§ 3º O depósito em dinheiro não suspenderá a incidência de juros de mora e atualização monetária, podendo o Cade, na hipótese do § 2º deste artigo, promover a execução para cobrança da diferença entre o valor revertido ao Fundo de Defesa de Direitos Difusos e o valor da multa atualizado, com os acréscimos legais, como se sua exigibilidade do crédito jamais tivesse sido suspensa.

§ 4º Na ação que tenha por objeto decisão do Cade, o autor deverá deduzir todas as questões de fato e de direito, sob pena de preclusão consumativa, reputando-se deduzidas todas as alegações que poderia deduzir em favor do acolhimento do pedido, não podendo o mesmo pedido ser deduzido sob diferentes causas de pedir em ações distintas, salvo em relação a fatos supervenientes.

Art. 99. Em razão da gravidade da infração da ordem econômica, e havendo fundado receio de dano irreparável ou de difícil reparação, ainda que tenha havido o depósito das multas e prestação de caução, poderá o Juiz determinar a adoção imediata, no todo ou em parte, das providências contidas no Título executivo.

Art. 100. No cálculo do valor da multa diária pela continuidade da infração, tomar-se-á como termo inicial a data final fixada pelo Cade para a adoção voluntária das providências contidas em sua decisão, e como termo final o dia do seu efetivo cumprimento.

Art. 101. O processo de execução em juízo das decisões do Cade terá preferência sobre as demais espécies de ação, exceto habeas corpus e mandado de segurança.

CAPÍTULO II
DA INTERVENÇÃO JUDICIAL

Art. 102. O Juiz decretará a intervenção na empresa quando necessária para permitir a execução específica, nomeando o interventor.

Parágrafo único. A decisão que determinar a intervenção deverá ser fundamentada e indicará, clara e precisamente, as providências a serem tomadas pelo interventor nomeado.

Art. 103. Se, dentro de 48 (quarenta e oito) horas, o executado impugnar o interventor por motivo de inaptidão ou inidoneidade, feita a prova da alegação em 3 (três) dias, o juiz decidirá em igual prazo.

Art. 104. Sendo a impugnação julgada procedente, o juiz nomeará novo interventor no prazo de 5 (cinco) dias.

Art. 105. A intervenção poderá ser revogada antes do prazo estabelecido, desde que comprovado o cumprimento integral da obrigação que a determinou.

Art. 106. A intervenção judicial deverá restringir-se aos atos necessários ao cumprimento da decisão judicial que a determinar e terá duração máxima de 180 (cento e oitenta) dias, ficando o interventor responsável por suas ações e omissões, especialmente em caso de abuso de poder e desvio de finalidade.

§ 1º Aplica-se ao interventor, no que couber, o disposto nos arts. 153 a 159 da Lei n. 6.404, de 15 de dezembro de 1976.

§ 2º A remuneração do interventor será arbitrada pelo Juiz, que poderá substituí-lo a qualquer tempo, sendo obrigatória a substituição quando incorrer em insolvência civil, quando for sujeito passivo ou ativo de qualquer forma de corrupção ou prevaricação, ou infringir quaisquer de seus deveres.

Art. 107. O juiz poderá afastar de suas funções os responsáveis pela administração da empresa que, comprovadamente, obstarem o cumprimento de atos de competência do interventor, devendo eventual substituição dar-se na forma estabelecida no contrato social da empresa.

§ 1º Se, apesar das providências previstas no *caput* deste artigo, um ou mais responsáveis pela administração da empresa persistirem em obstar a ação do interventor, o juiz procederá na forma do disposto no § 2º deste artigo.

§ 2º Se a maioria dos responsáveis pela administração da empresa recusar colaboração ao interventor, o juiz determinará que este assuma a administração total da empresa.

Art. 108. Compete ao interventor:

I — praticar ou ordenar que sejam praticados os atos necessários à execução;

II — denunciar ao Juiz quaisquer irregularidades praticadas pelos responsáveis pela empresa e das quais venha a ter conhecimento; e

III — apresentar ao Juiz relatório mensal de suas atividades.

Art. 109. As despesas resultantes da intervenção correrão por conta do executado contra quem ela tiver sido decretada.

Art. 110. Decorrido o prazo da intervenção, o interventor apresentará ao juiz relatório circunstanciado de sua gestão, propondo a extinção e o arquivamento do processo ou pedindo a prorrogação do prazo na hipótese de não ter sido possível cumprir integralmente a decisão exequenda.

Art. 111. Todo aquele que se opuser ou obstaculizar a intervenção ou, cessada esta, praticar quaisquer atos que direta ou indiretamente anulem seus efeitos, no todo ou em parte, ou desobedecer a ordens legais do interventor será, conforme o caso, responsabilizado criminalmente por resistência, desobediência ou coação no curso do processo, na forma dos arts. 329, 330 e 344 do Decreto-Lei n. 2.848, de 7 de dezembro de 1940 — Código Penal.

TÍTULO IX
DISPOSIÇÕES FINAIS E TRANSITÓRIAS

Art. 112. (VETADO).

Art. 113. Visando a implementar a transição para o sistema de mandatos não coincidentes, as nomeações dos Conselheiros observarão os seguintes critérios de duração dos mandatos, nessa ordem:

I — 2 (dois) anos para os primeiros 2 (dois) mandatos vagos; e

II — 3 (três) anos para o terceiro e o quarto mandatos vagos.

§ 1º Os mandatos dos membros do Cade e do Procurador-Chefe em vigor na data de promulgação desta Lei serão mantidos e exercidos até o seu término original, devendo as nomeações subsequentes à extinção desses mandatos observar o disposto neste artigo.

§ 2º Na hipótese do § 1º deste artigo, o Conselheiro que estiver exercendo o seu primeiro mandato no Cade, após o término de seu mandato original, poderá ser novamente nomeado no mesmo cargo, observado o disposto nos incisos I e II do *caput* deste artigo.

§ 3º O Conselheiro que estiver exercendo o seu segundo mandato no Cade, após o término de seu mandato original, não poderá ser novamente nomeado para o período subsequente.

§ 4º Não haverá recondução para o Procurador-Chefe que estiver exercendo mandato no Cade, após o término de seu mandato original, podendo ele ser indicado para permanecer no cargo na forma do art. 16 desta Lei.

Art. 114. (Vetado).

Art. 115. Aplicam-se subsidiariamente aos processos administrativo e judicial previstos nesta Lei as disposições das Leis ns. 5.869, de 11 de janeiro de 1973 — Código de Processo Civil, 7.347, de 24 de julho de 1985, 8.078, de 11 de setembro de 1990, e 9.784, de 29 de janeiro de 1999.

Art. 116. O art. 4º da Lei n. 8.137, de 27 de dezembro de 1990, passa a vigorar com a seguinte redação:

"Art. 4º ....

I — abusar do poder econômico, dominando o mercado ou eliminando, total ou parcialmente, a concorrência mediante qualquer forma de ajuste ou acordo de empresas;

a) (revogada);

b) (revogada);

c) (revogada);

d) (revogada);

e) (revogada);

f) (revogada);

II — formar acordo, convênio, ajuste ou aliança entre ofertantes, visando:

a) à fixação artificial de preços ou quantidades vendidas ou produzidas;

b) ao controle regionalizado do mercado por empresa ou grupo de empresas;

c) ao controle, em detrimento da concorrência, de rede de distribuição ou de fornecedores.

Pena — reclusão, de 2 (dois) a 5 (cinco) anos e multa.

III — (revogado);

IV — (revogado);

V — (revogado);

VI — (revogado);

VII — (revogado)." (NR)

Art. 117. O *caput* e o inciso V do art. 1º da Lei n. 7.347, de 24 de julho de 1985, passam a vigorar com a seguinte redação:

"Art. 1º Regem-se pelas disposições desta Lei, sem prejuízo da ação popular, as ações de responsabilidade por danos morais e patrimoniais causados:

....

V — por infração da ordem econômica;

...." (NR)

Art. 118. Nos processos judiciais em que se discuta a aplicação desta Lei, o Cade deverá ser intimado para, querendo, intervir no feito na qualidade de assistente.

Art. 119. O disposto nesta Lei não se aplica aos casos de *dumping* e subsídios de que tratam os Acordos Relativos à Implementação do Artigo VI do Acordo Geral sobre Tarifas Aduaneiras e Comércio, promulgados pelos Decretos ns. 93.941 e 93.962, de 16 e 22 de janeiro de 1987, respectivamente.

Art. 120. (Vetado).

Art. 121. Ficam criados, para exercício na Secretaria de Acompanhamento Econômico e, prioritariamente, no Cade, observadas as diretrizes e quantitativos estabelecidos pelo Órgão Supervisor da Carreira, 200 (duzentos) cargos de Especialistas em Políticas Públicas e Gestão Governamental, integrantes da Carreira de Especialista em Políticas Públicas e Gestão Governamental, para o exercício das atribuições referidas no art. 1º da Lei n. 7.834, de 6 de outubro de 1989, a serem providos gradualmente, observados os limites e a autorização específica da lei de diretrizes orçamentárias, nos termos do inciso II do § 1º do art. 169 da Constituição Federal.

Parágrafo único. Ficam transferidos para o Cade os cargos pertencentes ao Ministério da Justiça atualmente alocados no Departamento de Proteção e Defesa Econômica da Secretaria de Direito Econômico, bem como o DAS-6 do Secretário de Direito Econômico.

Art. 122. Os órgãos do SBDC poderão requisitar servidores da administração pública federal direta, autárquica ou fundacional para neles ter exercício, independentemente do exercício de cargo em comissão ou função de confiança.

Parágrafo único. Ao servidor requisitado na forma deste artigo são assegurados todos os direitos e vantagens a que façam jus no órgão ou entidade de origem, considerando-se o período de requisição para todos os efeitos da vida funcional, como efetivo exercício no cargo que ocupe no órgão ou entidade de origem.

Art. 123. Ato do Ministro de Estado do Planejamento, Orçamento e Gestão fixará o quantitativo ideal de cargos efetivos, ocupados, a serem mantidos, mediante lotação, requisição ou exercício, no âmbito do Cade e da Secretaria de Acompanhamento Econômico, bem como fixará cronograma para que sejam atingidos os seus quantitativos, observadas as dotações consignadas nos Orçamentos da União.

Art. 124. Ficam criados, no âmbito do Poder Executivo Federal, para alocação ao Cade, os seguintes cargos em comissão do Grupo-Direção e Assessoramento Superiores — DAS: 2 (dois) cargos de natureza especial NES de Presidente do Cade e Superintendente-Geral do Cade, 7 (sete) DAS-6, 16 (dezesseis) DAS-4, 8 (oito) DAS-3, 11 (onze) DAS-2 e 21 (vinte e um) DAS-1.

Art. 125. O Poder Executivo disporá sobre a estrutura regimental do Cade, sobre as competências e atribuições, denominação das unidades e especificações dos cargos, promovendo a alocação, nas unidades internas da autarquia, dos cargos em comissão e das funções gratificadas.

Art. 126. Ficam extintos, no âmbito do Poder Executivo Federal, os seguintes cargos em comissão do Grupo--Direção e Assessoramento Superiores — DAS e Funções Gratificadas — FG: 3 (três) DAS-5, 2 (duas) FG-1 e 16 (dezesseis) FG-3.

Art. 127. Ficam revogados a Lei n. 9.781, de 19 de janeiro de 1999, os arts. 5º e 6º da Lei n. 8.137, de 27 de dezembro de 1990, e os arts. 1º a 85 e 88 a 93 da Lei n. 8.884, de 11 de junho de 1994.

Art. 128. Esta Lei entra em vigor após decorridos 180 (cento e oitenta) dias de sua publicação oficial.

Brasília, 30 de novembro de 2011; 190º da Independência e 123º da República.

DILMA ROUSSEFF
José Eduardo Cardozo
Guido Mantega
Eva Maria Cella Dal Chiavon
Luís Inácio Lucena Adams

ANEXO VII

DECRETO N. 7.738, DE 28 DE MAIO DE 2012

Aprova a Estrutura Regimental e o Quadro Demonstrativo dos Cargos em Comissão do Conselho Administrativo de Defesa Econômica — CADE; remaneja cargos em comissão e funções de confiança; altera os Decretos n. 6.061, de 15 de março de 2007, n. 2.181, de 20 de março de 1997, e n. 1.306, de 9 de novembro de 1994.

A PRESIDENTA DA REPÚBLICA, no uso da atribuição que lhe confere o art. 84, *caput*, inciso VI, alínea "a", da Constituição,

DECRETA:

Art. 1º Ficam aprovadas a Estrutura Regimental e o Quadro Demonstrativo dos Cargos em Comissão do Conselho Administrativo de Defesa Econômica — CADE, na forma dos Anexos I e II.

Art. 2º Ficam remanejados, na forma do Anexo III, os seguintes cargos em comissão do Grupo-Direção e Assessoramento Superiores — DAS e Funções Gratificadas — FG:

I — do Ministério da Justiça para a Secretaria de Gestão Pública do Ministério do Planejamento, Orçamento e Gestão: três DAS 102.1;

II — do CADE para a Secretaria de Gestão Pública do Ministério do Planejamento, Orçamento e Gestão:

a) um DAS 101.5;

b) quatro DAS 101.2; e

c) cinco FG-3;

III — da Secretaria de Gestão Pública do Ministério do Planejamento, Orçamento e Gestão para o Ministério da Justiça:

a) um DAS 101.6;

b) um DAS 101.5;

c) quatro DAS 101.1; e

d) cinco FG-3; e

IV — da Secretaria de Gestão Pública do Ministério do Planejamento, Orçamento e Gestão para o CADE:

a) dois cargos de Natureza Especial, sendo um de Presidente do CADE e um de Superintendente-Geral do CADE;

b) quatro DAS 101.6;

c) quatorze DAS 101.4;

d) seis DAS 101.3;

e) seis DAS 101.1;

f) cinco DAS 102.4;

g) três DAS 102.3;

h) quatorze DAS 102.2; e

i) quinze DAS 102.1.

Art. 3º Os cargos remanejados por força do parágrafo único do art. 121 da Lei n. 12.529, de 30 de novembro de 2011, são os especificados no Anexo IV.

Art. 4º Os cargos extintos por força do art. 126 da Lei n. 12.529, de 30 de novembro de 2011, são os especificados no Anexo V.

Art. 5º O Anexo II ao Decreto n. 6.061, de 15 de março de 2007, passa a vigorar com as alterações do Anexo VI a este Decreto.

Art. 6º O Anexo I ao Decreto n. 6.061, de 2007, passa a vigorar com as seguintes alterações:

"Art. 2º ....

II — ....

....

c) Secretaria Nacional do Consumidor: Departamento de Proteção e Defesa do Consumidor;

d) Secretaria de Assuntos Legislativos:

...." (NR)

"Art. 17. À Secretaria Nacional do Consumidor cabe exercer as competências estabelecidas na Lei n. 8.078, de 11 de setembro de 1990, e especificamente:

I — formular, promover, supervisionar e coordenar a Política Nacional de Proteção e Defesa do Consumidor;

II — integrar, articular e coordenar o Sistema Nacional de Defesa do Consumidor — SNDC;

III — articular-se com órgãos da administração federal com atribuições relacionadas à proteção e defesa do consumidor;

IV — orientar e coordenar ações para proteção e defesa dos consumidores;

V — prevenir, apurar e reprimir infrações às normas de defesa do consumidor;

VI — promover, desenvolver, coordenar e supervisionar ações de divulgação dos direitos do consumidor, para o efetivo exercício da cidadania;

VII — promover ações para assegurar os direitos e interesses dos consumidores;

VIII — adotar ações para manutenção e expansão do Sistema Nacional de Informações de Defesa do Consumidor — SINDEC, e garantir o acesso a suas informações;

IX — receber e encaminhar consultas, denúncias ou sugestões apresentadas por consumidores e entidades representativas ou pessoas jurídicas de direito público ou privado;

X — firmar convênios com órgãos, entidades públicas e instituições privadas para executar Planos, programas e fiscalizar o cumprimento de normas e medidas federais;

XI — incentivar, inclusive com recursos financeiros e programas especiais, a criação de órgãos públicos estaduais, distrital, e municipais de defesa do consumidor e a formação, pelos cidadãos, de entidades com esse objetivo;

XII — celebrar compromissos de ajustamento de conduta;

XIII — elaborar e divulgar o elenco complementar de cláusulas contratuais e práticas abusivas nos termos do Código de Defesa do Consumidor;

XIV — dirigir, orientar e avaliar ações para capacitação em defesa do consumidor destinadas aos integrantes do Sistema Nacional de Defesa do Consumidor;

XV — determinar ações de monitoramento de mercado de consumo, para subsidiar políticas públicas de proteção e defesa do consumidor;

XVI — solicitar colaboração de órgãos e entidades de notória especialização técnico-científica, para a consecução de seus objetivos;

XVII — acompanhar os processos regulatórios, objetivando a efetiva proteção dos direitos dos consumidores; e

XVIII — participar de organismos, fóruns, comissões e comitês nacionais e internacionais que tratem da proteção e defesa do consumidor ou de assuntos de interesse dos consumidores." (NR)

"Art. 19. Ao Departamento de Proteção e Defesa do Consumidor cabe apoiar a Secretaria Nacional do Consumidor no cumprimento das competências estabelecidas na Lei n. 8.078, de 1990." (NR)

Art. 7º O Decreto n. 2.181, de 20 de março de 1997, passa a vigorar com as seguintes alterações:

"Art. 2º Integram o SNDC a Secretaria Nacional do Consumidor do Ministério da Justiça e os demais órgãos federais, estaduais, do Distrito Federal, municipais e as entidades civis de defesa do consumidor."(NR)

"Art. 3º Compete à Secretaria Nacional do Consumidor do Ministério da Justiça, a coordenação da política do Sistema Nacional de Defesa do Consumidor, cabendo-lhe:

....

XII — celebrar convênios e termos de ajustamento de conduta, na forma do § 6º do art. 5º da Lei n. 7.347, de 24 de julho de 1985;

...." (NR)

"Art. 4º ....

....

V — elaborar e divulgar anualmente, no âmbito de sua competência, o cadastro de reclamações fundamentadas contra fornecedores de produtos e serviços, de que trata o art. 44 da Lei n. 8.078, de 1990 e remeter cópia à Secretaria Nacional do Consumidor do Ministério da Justiça;

...." (NR)

"Art. 5º ....

Parágrafo único. Se instaurado mais de um processo administrativo por pessoas jurídicas de direito público distintas, para apuração de infração decorrente de um mesmo fato imputado ao mesmo fornecedor, eventual conflito de competência será dirimido pela Secretaria Nacional do Consumidor, que poderá ouvir a Comissão Nacional Permanente de Defesa do Consumidor — CNPDC, levando sempre em consideração a competência federativa para legislar sobre a respectiva atividade econômica."(NR)

"Art. 9º A fiscalização das relações de consumo de que tratam a Lei n. 8.078, de 1990, este Decreto e as demais normas de defesa do consumidor será exercida em todo o território nacional pela Secretaria Nacional do Consumidor do Ministério da Justiça, pelos órgãos federais integrantes do Sistema Nacional de Defesa do Consumidor, pelos órgãos conveniados com a Secretaria e pelos órgãos de proteção e defesa do consumidor criados pelos Estados, Distrito Federal e Municípios, em suas respectivas áreas de atuação e competência."(NR)

"Art. 16. Nos casos de processos administrativos em trâmite em mais de um Estado, que envolvam interesses difusos ou coletivos, a Secretaria Nacional do Consumidor poderá avocá-los, ouvida a Comissão Nacional Permanente de Defesa do Consumidor, e as autoridades máximas dos sistemas estaduais."(NR)

"Art. 50. Quando o processo tramitar no âmbito do Departamento de Proteção e Defesa do Consumidor, o julgamento do feito será de responsabilidade do Diretor daquele órgão, cabendo recurso ao Titular da Secretaria Nacional do Consumidor, no prazo de dez dias, contado da data da intimação da decisão, como segunda e última instância recursal." (NR)

"Art. 56. Na forma do art. 51 da Lei n. 8.078, de 1990, e com o objetivo de orientar o Sistema Nacional de Defesa do Consumidor, a Secretaria Nacional do Consumidor divulgará, anualmente, elenco complementar de cláusulas contratuais consideradas abusivas, notadamente para o fim de aplicação do disposto no inciso IV do *caput* do art. 22.

...." (NR)

"Art. 63. Com base na Lei n. 8.078, de 1990, e legislação complementar, a Secretaria Nacional do Consumidor poderá expedir atos administrativos, visando à fiel observância das normas de proteção e defesa do consumidor." (NR)

Art. 8º O Decreto n. 1.306, de 9 de novembro de 1994, passa a vigorar com as seguintes alterações:

"Art. 3º ....

I — um representante da Secretaria Nacional do Consumidor do Ministério da Justiça, que o presidirá;

...." (NR)

"Art. 5º Funcionará como Secretaria-Executiva do CFDD a Secretaria Nacional do Consumidor do Ministério da Justiça." (NR)

Art. 9º Os apostilamentos decorrentes das alterações processadas deverão ocorrer no prazo de vinte dias, contado da data de entrada em vigor deste Decreto.

§ 1º Após os apostilamentos previstos no *caput*, o Presidente do CADE fará publicar, no Diário Oficial da União, no prazo de trinta dias, relação nominal dos Titulares dos cargos em comissão do Grupo-Direção e Assessoramento Superiores — DAS a que se refere o Anexo II, indicando, inclusive, o número de cargos vagos, sua denominação e respectivo nível.

§ 2º Ficam mantidos os mandatos de Conselheiros do CADE em curso na data de entrada em vigor deste Decreto, que serão exercidos até a previsão original de término, conforme o disposto no § 1º do art. 113 da Lei n. 12.529, de 30 de novembro de 2011.

§ 3º A alteração dos níveis dos cargos de que trata o § 2º, constante do Anexo II, não implica necessidade de novo ato de nomeação.

Art. 10. O regimento interno do CADE será aprovado pelo plenário do Tribunal Administrativo de Defesa Econômica e publicado no Diário Oficial da União, no prazo de noventa dias, contado da data de entrada em vigor deste Decreto.

Art. 11. Ficam revogados:

I — o art. 18 do Anexo I ao Decreto n. 6.061, de 15 de março de 2007; e

II — o Decreto n.5.344, de 14 de janeiro de 2005.

Art. 12. Este Decreto entra em vigor no dia 29 de maio de 2012.

Brasília, 28 de maio de 2012; 191º da Independência e 124º da República.

DILMA ROUSSEFF
José Eduardo Cardozo
Eva Maria Cella Dal Chiavon

ANEXO VIII

RESOLUÇÃO CNSP N. 15, DE 3 DE DEZEMBRO DE 1991

Normas Reguladoras das Operações de Capitalização, das Sociedades de Capitalização, do Sistema Nacional de Capitalização, Disposições Gerais, da Autorização para Funcionar, do Capital, dos Planos, Títulos e Prêmios de Capitalização, das Provisões Técnicas e do Regime Contábil, dos Planos, Títulos e Prêmios de Capitalização, das Provisões Técnicas, do Registro Operação e do Regime Contábil, Do Regime Especial de Fiscalização, da Liquidação das Sociedades de Capitalização, Disposições Gerais e Transitórias.

A SUPERINTENDÊNCIA DE SEGUROS PRIVADOS (SUSEP), na forma do art. 30 do Regimento Interno baixado pela Resolução CNSP n. 31/68, de 19.8.1968, com a redação dada pela Resolução CNSP n. 05/87, de 26.5.1987, torna público que o **Conselho Nacional de Seguros Privados (CNSP)**, em sessão realizada nesta data, no uso de suas atribuições, e tendo em vista o disposto no artigo 25 das Disposições Transitórias da Constituição Federal, nas Leis ns. 8.127, de 20.12.1990 e 8.201, de 29.6.1991, no § 1º do art. 3º do Decreto-Lei n. 261, de 28.2.1967, combinado com os arts. 7º e 32 do Decreto-Lei n. 73, de 21.11.1966, bem como o que consta do processo CNSP n. 014/91, de 14.8.1991,

RESOLVEU:

Art. 1º Aprovar as normas reguladoras das operações de Capitalização no País, na forma do anexo a esta Resolução.

Art. 2º Esta Resolução entrará em vigor na data da sua publicação.

Brasília (DF), 03 de dezembro de 1991.

CARLOS PLÍNIO DE CASTRO CASADO
Superintendente

ANEXO
NORMAS PARA AS OPERAÇÕES DE CAPITALIZAÇÃO

CAPÍTULO I
DA NATUREZA E SUPERVISÃO DAS SOCIEDADES DE CAPITALIZAÇÃO

Art. 1º As operações das Sociedades de Capitalização ficam subordinadas às disposições destas Normas.

Parágrafo único. Consideram-se Sociedades de Capitalização as que tiverem por finalidade fornecer ao público, de acordo com Planos aprovados pelo Governo Federal, a constituição de um capital mínimo perfeitamente determinado em cada Plano, a ser pago em moeda corrente, em um prazo mínimo indicado no mesmo Plano, a pessoa que subscrever um Título de Capitalização segundo cláusulas e regras aprovadas e mencionadas no próprio Título.

Art. 2º O controle do Estado se exercerá pelos órgãos referidos nestas Normas no interesse dos Subscritores de Títulos de Capitalização, objetivando:

I — promover a defesa dos interesses do consumidor;

II — promover a expansão do mercado de Capitalização e propiciar as condições operacionais necessárias a sua integração no progresso econômico e social do País;

III — promover o aperfeiçoamento do sistema de Capitalização e das sociedades de Capitalização que nele operem;

IV — zelar pela liquidez e a solvência das sociedades de Capitalização;

V — coordenar a política de Capitalização com a política de investimentos do Governo Federal, observando os critérios estabelecidos para as políticas monetárias, creditícia e fiscal, bem como as características a que devem obedecer as aplicações de cobertura das provisões técnicas;

VI — dotar o mercado de Capitalização de mecanismos que estimulem a livre concorrência, a disseminação de informações e uma maior transparência de suas operações.

CAPÍTULO II
DO SISTEMA NACIONAL DE CAPITALIZAÇÃO

Art. 3º Integram o sistema de Capitalização:

I — o Conselho Nacional de Seguros Privados (CNSP);

II — a Superintendência de Seguros Privados (SUSEP);

III — as Sociedades autorizadas a funcionar em Capitalização;

IV — os Corretores de Capitalização.

Art. 4º Ao CNSP compete privativamente:

I — adotar medidas destinadas a promover o funcionamento e a racionalizar o desenvolvimento do mercado de Capitalização;

II — estabelecer critérios para a constituição, organização, funcionamento, fusão, incorporação, cisão, grupamento e transferência de controle acionário das Sociedades de Capitalização;

III — fixar as características gerais para a elaboração de Títulos e Planos de Capitalização;

IV — estabelecer os critérios técnicos para as operações de Capitalização e índices concernentes às relações patrimoniais das Sociedades de Capitalização;

V — fixar os valores mínimos de capital social e de patrimônio líquido das Sociedades de Capitalização;

VI — fixar critérios para a posse e o exercício de cargos de diretoria e demais colegiados dirigentes das Sociedades de Capitalização;

VII — fixar os critérios de constituição de provisões técnicas e fundos especiais das Sociedades de Capitalização;

VIII — fixar critérios gerais de contabilidade, estatística e atuária das Sociedades de Capitalização;

IX — disciplinar a corretagem, a profissão de corretor de Capitalização e as relações dos corretores com os Subscritores de Títulos de Capitalização;

X — conhecer dos recursos interpostos de decisões da SUSEP;

XI — aplicar às Sociedades de Capitalização estrangeiras, autorizadas a funcionar no País, vedações ou restrições equivalentes às que vigorarem nos países da matriz em relação às sociedades de Capitalização nacionais ali instaladas, ou que neles desejem estabelecer-se.

Art. 5º Compete à SUSEP, como órgão executor da política de Capitalização traçada pelo Governo Federal, fiscalizar a constituição, organização, funcionamento e operações das Sociedades de Capitalização e, em particular:

I — processar os pedidos de autorização para constituição, organização, funcionamento, fusão, cisão, incorporação, grupamento, transferência de controle acionário e reforma dos estatutos das Sociedades de Capitalização, bem como opinar sobre os mesmos e encaminhá-los ao CNSP;

II — baixar instruções e expedir circulares relativas à regulamentação das operações de Capitalização, de acordo com as diretrizes fixadas pelo CNSP;

III — aprovar os Planos das Sociedades de Capitalização;

IV — fiscalizar a execução das normas gerais de contabilidade, estatística e atuária fixadas pelo CNSP para as Sociedades de Capitalização;

V — fiscalizar as operações das Sociedades de Capitalização, inclusive o exato cumprimento destas Normas, de outras leis pertinentes, disposições regulamentares em geral, resoluções do CNSP, bem como aplicar as penalidades cabíveis;

VI — proceder à liquidação das Sociedades de Capitalização que tiverem cancelada a autorização para funcionar no País;

VII — opinar sobre o cancelamento da autorização para funcionamento das Sociedades de Capitalização;

VIII — proceder a inscrição dos corretores de Capitalização, fiscalizar suas atividades e aplicar penalidades.

CAPÍTULO III
DAS SOCIEDADES DE CAPITALIZAÇÃO

Seção I
Disposições Gerais

Art. 6º As Sociedades de Capitalização serão organizadas sob a forma de sociedade anônima.

Art. 7º As Sociedades de Capitalização não poderão distribuir lucros ou quaisquer fundos correspondentes às reservas patrimoniais, desde que essa distribuição possa prejudicar o investimento obrigatório de capital e reserva, de conformidade com os critérios estabelecidos nestas normas.

Art. 8º Os funcionários credenciados da SUSEP terão livre acesso às Sociedades de Capitalização, delas podendo requisitar e apreender livros e documentos, caracterizando-se como embaraço à fiscalização, sujeito à penalidade a ser aplicada pela SUSEP, qualquer dificuldade apresentada aos objetivos deste artigo.

Art. 9º As Sociedades de Capitalização não estão sujeitas à concordata ou falência, cuja legislação será subsidiariamente aplicada às liquidações compulsórias.

Art. 10. É vedado às Sociedades de Capitalização estabelecer vantagens especiais para determinado número de Subscritores de Títulos em detrimento de outros Subscritores de um mesmo Plano.

Seção II
Da Autorização para Funcionar

Art. 11. A autorização para funcionar será concedida através de Portaria do Ministro da Economia, Fazenda e Planejamento, mediante requerimento firmado pelos incorporadores, dirigido ao CNSP e apresentado por intermédio da SUSEP.

§ 1º O pedido será instruído com a prova de regularidade da constituição da Sociedade de Capitalização, do depósito no Banco do Brasil S/A da parte já realizada do capital e apresentação do estatuto social.

§ 2º O pedido de autorização para funcionar será encaminhado à apreciação do CNSP pela SUSEP, que opinará sobre:

a) a regularidade de constituição da Sociedade de Capitalização;

b) inconveniência, omissões e irregularidades encontradas na constituição, nos estatutos ou Planos de operações.

Art. 12. Ficam limitadas a 10% (dez por cento) do capital realizado as despesas de organização e instalação das Sociedades de Capitalização.

Art. 13. Não será concedida autorização para funcionar às Sociedades de Capitalização que sejam controladas, direta ou indiretamente, por pessoa jurídica de Direito Público, empresa pública, sociedades de economia mista ou fundação instituída pelo Poder Público, sendo-lhe vedada, igualmente, a transferência de controle acionário às pessoas jurídicas indicadas neste artigo.

Art. 14. A autorização para funcionar será concedida à Sociedade de Capitalização que preencher os seguintes requisitos:

I — estar regularmente constituída;

II — possuir o capital social e o patrimônio líquido exigido à data da autorização;

III — possuírem os acionistas-controladores reputação ilibada;

VI — possuírem os membros do Conselho de Administração, Fiscal e Diretores reputação ilibada e capacitação técnica;

V — ser empresa brasileira de capital nacional, nos termos do disposto no art. 171 da Constituição Federal, admitida a participação estrangeira, direta ou indireta no seu capital, limitada a 1/3 do capital votante.

Art. 15. Publicada a Portaria de autorização, a Sociedade de Capitalização deverá comprovar, perante a SUSEP, no prazo de 90 (noventa) dias, sob pena de revogação:

I — ter efetuado os registros e publicado os atos exigidos por lei para seu funcionamento;

II — haver satisfeito as exigências constantes da Portaria de autorização.

Art. 16. Caso a Sociedade de Capitalização não obtenha autorização para funcionar, a importância depositada no Banco do Brasil S/A será restituída aos Subscritores.

Art. 17. A autorização para fusão, cisão, grupamento, incorporação e transferência de controle acionário será concedida pelo Ministro da Economia, Fazenda e Planejamento, mediante requerimento dirigido ao CNSP, apresentado por intermédio da SUSEP.

Parágrafo único. A aprovação das operações mencionadas neste artigo independerá de manifestação dos Subscritores de Títulos de Capitalização.

Art. 18. Nos casos de fusão, cisão, grupamento, incorporação e transferência de controle acionário, as Sociedades de Capitalização apresentarão as suas demonstrações financeiras, levantadas no momento da operação, bem como quaisquer outros documentos comprobatórios de sua situação econômico-financeira.

Parágrafo único. Examinada a operação pela SUSEP, que efetuará as diligências necessárias, será o processo encaminhado ao CNSP, com parecer do Superintendente.

Art. 19. As Sociedades de Capitalização são obrigadas a:

I — publicar o relatório da Diretoria, o parecer do Conselho Fiscal e as demonstrações financeiras levantadas em 30/06 e 31/12, de cada exercício, até 31 de agosto e 28 de fevereiro, respectivamente, no Diário Oficial da União ou no Jornal Oficial dos Estados, segundo o local da respectiva sede e em outro jornal de grande circulação;

II — realizar a sua assembléia geral ordinária até 31 de março de cada ano;

III — enviar à SUSEP, no prazo e na forma que esta determinar, a documentação pertinente às assembléias gerais, nomeações de agentes e representantes autorizados, modificações na diretoria e no conselho fiscal, demonstrações financeiras e demais atos que lhe forem exigidos;

IV — manter na matriz, sucursais e agências os registros mandados adotar pela SUSEP, com escrituração completa das operações efetuadas;

V — encaminhar à SUSEP, independentemente de notificação, os dados estatísticos das operações efetuadas de acordo com as normas e instruções expedidas pela SUSEP.

Art. 20. A abertura de sucursal ou filial de Sociedade de Capitalização no exterior dependerá de prévia autorização do Ministro da Economia, Fazenda e Planejamento, mediante requerimento dirigido ao CNSP, apresentado por intermédio da SUSEP.

Art. 21. As Sociedades de Capitalização nacionais que mantiverem estabelecimento no exterior destacarão, nas suas demonstrações financeiras, contas de resultado e respectivos anexos, as operações realizadas fora do País e apresentarão à SUSEP relatório circunstanciado dessas operações.

Parágrafo único. Para os efeitos do disposto neste artigo, as Sociedades de Capitalização comprovarão, por documento hábil, estarem aprovadas as suas demonstrações financeiras e contas de resultado, relativas às suas operações no exterior, pela autoridade local competente.

Seção III
Do Capital

Art. 22.O capital mínimo das Sociedades de Capitalização será determinado pelo CNSP.

Art. 23. A totalidade do capital das Sociedades de Capitalização deverá ser representada por ações nominativas.

CAPÍTULO IV
DOS PLANOS, TÍTULOS E PRÊMIOS DE CAPITALIZAÇÃO, DAS PROVISÕES TÉCNICAS E DO REGIME CONTÁBIL

Seção I
Dos Planos, Títulos e Prêmios de Capitalização

Art. 24. As Sociedades de Capitalização somente poderão operar Planos e emitir Títulos segundo condições aprovadas pela SUSEP, observada a legislação em vigor.

Art. 25. O Título de Capitalização é indivisível em relação à Sociedade.

Art. 26. Os Títulos de Capitalização deverão conter cláusulas de atualização monetária dentro das normas estabelecidas pelo CNSP e de acordo com os Planos aprovados pela SUSEP.

Art. 27. Será admitida a conversão de Títulos de um Plano em outro, desde que com prévia anuência do Subscritor, quando não acarretar diminuição da provisão matemática já constituída.

Art. 28. O Título terá um valor de resgate para o caso de rescisão antes de seu vencimento.

Art. 29. As Sociedades de Capitalização poderão prever nas Condições Gerais dos Títulos a participação nos lucros da empresa.

Art. 30. As Sociedades de Capitalização poderão, desde que conste das respectivas Condições Gerais, fazer adiantamento a Subscritores de seus Títulos, até o limite do valor de resgate.

Parágrafo único. O Subscritor de Título que obtiver adiantamento na forma deste artigo, pagará à Sociedade de Capitalização uma taxa indenizatória que deverá cobrir o juro atuarial, os custos administrativos e a correção monetária.

Art. 31. O Título poderá participar de sorteios, sendo estes uma forma não discriminatória de proporcionar o recebimento do valor estipulado para este fim, permanecendo o Título sorteado em vigor ou não, segundo o que dispuserem suas Condições Gerais.

§ 1º Os sorteios a que se refere o *caput* deste artigo poderão utilizar os resultados de sistemas oficiais de premiação, bem como os obtidos através de processos próprios.

§ 2º Em casos de sorteios procedidos pela própria Sociedade de Capitalização, estes deverão ser realizados nas sedes, sucursais ou quaisquer estabelecimentos de livre acesso aos Subscritores de Títulos, desde que localizados nas cidades onde a SUSEP possuir Representação, em dias úteis e horário comercial.

§ 3º Na hipótese de os Órgãos oficiais não realizarem sorteios nas datas previstas ou mesmo desses virem a ser definitivamente suspensos, a Sociedade de Capitalização se obriga a promover sorteios em idênticas condições às previstas originariamente no Plano, com prévia divulgação do fato aos Subscritores de Títulos.

Art. 32. Prêmio comercial ou prêmio propriamente dito é a quantidade despendida de uma só vez ou periodicamente, na aquisição do Título de Capitalização.

Art. 33. O prêmio do Título é constituído pelos seguintes componentes:

I — quota de Capitalização, destinada à formação do montante capitalizado ou do valor do Título ao seu vencimento, capitalizada à taxa de juros prevista no respectivo Plano;

II — quota de sorteio, destinada a custear os sorteios, se previstos no Plano;

III — quota de Carregamento, para cobrir as despesas gerais com a colocação e administração do Plano.

Art. 34. O pagamento dos prêmios será realizado através de rede bancária, em dependências da Sociedade de Capitalização ou de qualquer instituição financeira, desde que legalmente autorizada.

§ 1º As Condições Gerais do Título, para o caso de atraso no pagamento do prêmio, deverão prever um prazo de suspensão, durante o qual o Título poderá ser reabilitado com prorrogação, ou não, dos prazos de pagamento de prêmio e de Capitalização.

§ 2º A reabilitação sem prorrogação implica no pagamento dos prêmios vencidos, acrescido dos juros do Plano e da correção monetária.

§ 3º Vencido o prazo de suspensão, o Título ficará rescindido, permanecendo à disposição do Subscritor o respectivo valor de resgate, para recebimento do mesmo após o prazo de carência.

§ 4º Ao Subscritor do Título reabilitado não assistirá qualquer direito aos sorteios realizados durante o período de suspensão.

Art. 35. Fica vedada a cobrança de qualquer taxa a Título de inscrição.

Seção II

Das Provisões Técnicas

Art. 36. A fim de assegurar o cumprimento das obrigações com os Subscritores de Títulos, as Sociedades de Capitalização constituirão provisões técnicas, bem como outras provisões complementares, de acordo com os critérios fixados pelo CNSP.

Parágrafo único. A constituição dessas provisões não exclui a das reservas e fundos cuja existência for determinada ou permitida pelas leis gerais.

Art. 37. As Sociedades de Capitalização constituirão as seguintes provisões técnicas:

I — provisões matemáticas, para garantia dos Títulos em vigor e dos sorteios a realizar, se previstos no Plano;

II — Provisão para obrigações a liquidar, para pagamento de:

a) Resgate dos Títulos com esse direito e que estejam definitivamente rescindidos;

b) Títulos cujo prazo de Capitalização tenha terminado;

c) Títulos já contemplados em sorteio;

d) Lucros atribuídos a Subscritores de Títulos.

Art. 38. Além das provisões previstas no art. 37, as Sociedades de Capitalização deverão constituir provisão para oscilações de valor de Títulos mobiliários.

Art. 39. Para a sua garantia efetiva, as provisões técnicas deverão estar cobertas com aplicações que satisfaçam condições mínimas de segurança, rentabilidade e liquidez, tendo em vista a estabilidade econômico-financeira das Sociedades de Capitalização.

Art. 40. Os recursos garantidores das provisões técnicas e fundos das Sociedades de Capitalização serão aplicados de acordo com as diretrizes do Conselho Monetário Nacional, ouvido previamente o Conselho Nacional de Seguros Privados.

Art. 41. Metade do capital social realizado das Sociedades de Capitalização constituirá permanente garantia suplementar das provisões técnicas e sua aplicação será idêntica à dessas provisões.

Art. 42. Os bens garantidores da metade do capital social, provisões técnicas e fundos serão registrados na SUSEP e não poderão ser alienados, prometidos alienar ou de qualquer forma gravados sem sua prévia e expressa autorização, sendo nulas de pleno direito as alienações realizadas ou os gravames constituídos com violação deste artigo.

Parágrafo único. Quando a garantia recair em bem imóvel, será obrigatoriamente inscrita no competente Cartório do Registro Geral de Imóveis.

Seção III
Do Registo das Operações e do Regime Contábil

Art. 43. As Sociedades de Capitalização manterão registro dos Títulos emitidos, com as características estabelecidas pela SUSEP.

Art. 44. As Sociedades de Capitalização manterão, ainda, um livro para registro das atas dos sorteios dos Títulos, das quais constarão, pela ordem de extração, as combinações sorteadas.

Art. 45. As demonstrações financeiras, os elementos para cálculos das provisões técnicas, bem como os quadros estatísticos das operações serão organizados de acordo com as diretrizes gerais do CNSP e instruções da SUSEP.

CAPÍTULO V
DO REGIME ESPECIAL DE FISCALIZAÇÃO

Art. 46. Em caso de insuficiência de cobertura do capital, das provisões técnicas ou precariedade da situação econômico-financeira da Sociedade de Capitalização, a critério da SUSEP, poderá esta, além de outras providências, inclusive fiscalização especial, nomear *ad referendum* do CNSP, às expensas da Sociedade de Capitalização e por tempo indeterminado, um diretor-fiscal, com atribuições e vantagens fixadas pelo CNSP.

Parágrafo único. Sempre que julgar necessário ou conveniente à defesa dos interesses dos Subscritores de Títulos, a SUSEP poderá verificar o fiel cumprimento dos contratos de Capitalização, inclusive a exatidão do cálculo das provisões técnicas ou reservas obrigatórias e fundos, bem como da cobertura, além de investigar se eventuais causas protelatórias daquele cumprimento ou exatidão decorrem de dificuldades econômico-financeiras da empresa.

Art. 47. Ao diretor-fiscal compete especialmente:

I — providenciar a execução de medidas que possam operar o estabelecimento da normalidade econômico-financeira da Sociedade de Capitalização;

II — representar o Governo junto aos administradores da Sociedade de Capitalização, acompanhando-lhes os fatos e vetando-lhes as propostas ou atos que lhe cheguem ao conhecimento e que não sejam convenientes ao reerguimento econômico-financeiro da Sociedade de Capitalização ou que contrariem as determinações da SUSEP;

III — dar conhecimento aos administradores, para as devidas providências, de quaisquer irregularidades que interessem à solvência da Sociedade de Capitalização, ponham em risco valores sob sua responsabilidade ou guarda ou, ainda, lhe comprometam o crédito;

IV — providenciar o recebimento de quaisquer créditos da Sociedade de Capitalização, inclusive de realização do capital;

V — sugerir aos administradores as providências e práticas administrativas que facilitem o desenvolvimento dos negócios da Sociedade de Capitalização e concorram para consolidar sua estabilidade financeira, de acordo com as instruções da SUSEP;

VI — informar, mensalmente e por escrito, à SUSEP, sobre o andamento dos negócios e da situação econômico-financeira da Sociedade de Capitalização;

VII — submeter à decisão da SUSEP os vetos que apuser aos atos dos administradores da Sociedade de Capitalização e propor, inclusive, o afastamento temporário de qualquer destes, podendo os interessados recorrerem ao CNSP dessa decisão, sem efeito suspensivo;

VIII — promover, perante a autoridade competente, a responsabilidade criminal de administradores, empregados ou quaisquer pessoas responsáveis pelos prejuízos causados aos Subscritores de Títulos de Capitalização, beneficiários, acionistas e sociedades congêneres;

IX — convocar e presidir assembléias gerais;

X — convocar e presidir reuniões de diretoria;

XI — controlar o movimento financeiro da Sociedade de Capitalização, suas contas bancárias e aplicações financeiras, visando todos os saques efetuados mediante cheques ou quaisquer outras ordens de pagamento;

XII — controlar as operações de Capitalização da Sociedade de Capitalização;

XIII — autorizar a admissão e a dispensa de empregados;

XIV — dirigir, coordenar e supervisionar os serviços da Sociedade de Capitalização, baixando instruções diretas a seus administradores e empregados, exercendo quaisquer outras atribuições necessárias ao desempenho de suas funções.

Art. 48. O diretor-fiscal poderá cessar os poderes de todos os mandatários "ad negotia", cuja nomeação não seja por ele expressamente ratificada.

Art. 49. O descumprimento de qualquer determinação do diretor-fiscal por administradores, gerentes, fiscais ou empregados da Sociedade de Capitalização, em regime de fiscalização, acarretará o afastamento do infrator, sem prejuízo das sanções cabíveis.

Art. 50. Os administradores das Sociedades de Capitalização ficarão suspensos do exercício de suas funções desde que instaurado processo crime por atos ou fatos relativos à respectiva gestão, perdendo imediatamente seu mandato na hipótese de condenação.

Art. 51. Não surtindo efeito as medidas especiais de fiscalização, a SUSEP encaminhará ao CNSP proposta de cancelamento da autorização para funcionamento da Sociedade de Capitalização.

Art. 52. Cancelada a autorização para funcionar, a alienação ou o gravame de quaisquer bens da Sociedade de Capitalização dependerá de autorização da SUSEP que, para salvaguardar dessa inalienabilidade, terá poderes para controlar o movimento de contas bancárias e promover o levantamento do respectivo ônus junto às autoridades ou Registros Públicos.

CAPÍTULO VI
DA LIQUIDAÇÃO DAS SOCIEDADES DE CAPITALIZAÇÃO

Art. 53. A cessação das operações das Sociedades de Capitalização poderá ser:

I — voluntária, por deliberação dos sócios em assembléia geral;

II — compulsória, por ato do Ministro da Economia, Fazenda e Planejamento nos termos do Decreto-Lei n. 261, de 28.2.1967.

Art. 54. Nos casos de cessação voluntária das operações, a Sociedade de Capitalização deverá requerer ao Ministro da Economia, Fazenda e Planejamento o cancelamento da autorização para funcionar, no prazo de 5 (cinco) dias da data da assembléia geral que assim deliberou.

Parágrafo único. O pedido será apresentado à SUSEP, que, depois de instruí-lo, o encaminhará à apreciação do CNSP.

Art. 55. Será determinada a cessação compulsória das operações da Sociedade de Capitalização que:

I — praticar atos nocivos à política de Capitalização determinada pelo CNSP;

II — não constituir as provisões técnicas, reservas obrigatórias e fundos a que esteja obrigada ou deixar de aplicá-los na forma prevista na legislação vigente;

III — configurar insolvência econômico-financeira;

IV — reincidir na prática das infrações previstas no inciso VI do art. 5º e inciso I do art. 6º das Normas anexas à Resolução CNSP n. 016, de 3.12.1991;

V — não integralizar os seus capitais mínimos e respectivos aumentos, nos prazos e condições fixadas.

Art. 56. A liquidação voluntária ou compulsória da Sociedade de Capitalização será processada pela SUSEP, que designará o respectivo liquidante.

Art. 57. O ato que determinar a cessação será publicado no Diário Oficial da União, produzindo imediatamente os seguintes efeitos:

I — suspensão das ações e execuções judiciais, excetuadas as que tiverem início anteriormente, quando intentadas por credores com privilégio sobre determinados bens da Sociedade de Capitalização;

II — vencimento de todas as obrigações civis ou comerciais da Sociedade de Capitalização liquidanda, incluídas as cláusulas penais dos contratos;

III — suspensão da incidência de juros, ainda que estipulados, se a massa liquidanda não bastar para o pagamento do principal;

IV — cancelamento dos poderes de todos os órgãos de administração da Sociedade de Capitalização liquidanda.

§ 1º — Durante a liquidação, fica interrompida a prescrição extintiva contra ou a favor da massa liquidanda.

§ 2º — A suspensão determinada no inciso I deste artigo abrange inclusive os credores por salários ou indenizações trabalhistas.

§ 3º — Poderá ser argüida, em qualquer fase processual, inclusive quanto às questões trabalhistas, a nulidade dos despachos ou decisões que contravenham o disposto no inciso I deste artigo ou em seu § 2º. Nos processos sujeitos à suspensão, caberá à Sociedade de Capitalização liquidanda, para realização do ativo, requerer o levantamento de penhoras, arrestos e quaisquer outras medidas de apreensão ou reserva de bens, sem prejuízo do estatuído no parágrafo único do art. 63 destas normas.

§ 4º — A massa liquidanda não responderá pelo pagamento de multas, custas, honorários e demais despesas feitas pelos credores em interesse próprio.

Art. 58. O liquidante designado pela SUSEP será o responsável pela administração da Sociedade de Capitalização liquidanda e terá plenos poderes para representá-la, ativa e passivamente, em juízo ou fora dele, podendo inclusive:

I — propor, contestar e intervir em ações, inclusive para integralização do capital pelos acionistas;

II — nomear e demitir empregados;

III — fixar os salários dos empregados;

IV — outorgar ou revogar mandatos;

V — vender bens móveis e imóveis;

VI — pagar e receber, firmando os competentes recibos e dando quitação;

VII — convocar assembléia geral dos acionistas na hipótese de liquidação voluntária;

VIII — abrir, movimentar e encerrar contas bancárias, assinando e endossando cheques, ordens de pagamento e outros papéis necessários.

Art. 59. Dentro de 90 (noventa) dias da publicação do ato de cassação da autorização para funcionar, o liquidante levantará a demonstração financeira do ativo e passivo da Sociedade de Capitalização liquidanda e organizará:

I — o arrolamento pormenorizado dos bens do ativo, com as respectivas avaliações, especificando os garantidores das provisões técnicas, dos fundos ou do capital;

II — a relação dos créditos trabalhistas da Receita Federal e da Previdência Social;

III — a relação dos demais credores, com indicação da importância e procedência dos créditos, bem como sua classificação de acordo com a legislação de falências;

IV — a lista dos credores, das provisões e dos valores de resgate garantidos pelas provisões, com indicações das respectivas importâncias.

Art. 60. O liquidante publicará, no Diário Oficial da União e em jornal de grande circulação da capital do estado onde a Sociedade de Capitalização for sediada ou onde tiver dependência, um aviso, convidando os interessados a examinarem, nas repartições da SUSEP ou nas que esta houver designado, o quadro geral dos credores e, dentro do prazo máximo de 15 (quinze) dias, alegarem seus direitos.

Parágrafo único. As habilitações e reclamações dos credores mencionarão sua residência ou a de seus procuradores ou a caixa postal para onde deverão ser dirigidos os avisos e comunicações.

Art. 61. Os interessados poderão impugnar o quadro geral de credores, mas decairão desse direito se não o exercerem no prazo de 15 (quinze) dias de sua publicação, na forma do artigo anterior.

Art. 62. A SUSEP examinará as impugnações e fará publicar, no Diário Oficial da União, sua decisão, dela notificando os interessados por via postal, sob Aviso de Recebimento (AR).

Parágrafo único. Da decisão da SUSEP caberá recurso ao Ministro da Economia, Fazenda e Planejamento, no prazo de 15 (quinze) dias da notificação.

Art. 63. Depois da decisão relativa a seus créditos ou aos créditos contra os quais tenham reclamado, os credores não incluídos nas relações a que se refere o art. 59 destas normas, os delas excluídos sem os privilégios a que se julgarem com direito, inclusive por atribuição de importância inferior à reclamada, poderão prosseguir na ação já iniciada ou propor o que lhe competir.

Parágrafo único. Até que sejam julgadas as ações, o liquidante reservará quota proporcional do ativo para garantia dos credores de que trata este artigo.

Art. 64. O liquidante promoverá a venda dos bens do ativo e, autorizado pela SUSEP, efetuará o pagamento dos credores pelo crédito apurado e aprovado, no prazo de 6 (seis) meses, observados os respectivos privilégios e classificação, de acordo com a quota apurada em rateio.

§ 1º Os bens imóveis, integrantes do patrimônio da Sociedade de Capitalização liquidanda, serão vendidos mediante autorização da SUSEP, com base em laudo previamente emitido por órgão reconhecido oficialmente.

§ 2º As vendas de Títulos da dívida pública, de ações de companhia, de Títulos de renda fixas e de outros valores mobiliários serão efetuadas, através de Sistema de distribuição de Títulos e valores mobiliários, quando for o caso.

Art. 65. Ultimada a liquidação e levantada a demonstração financeira final, será esta submetida à aprovação do Ministro da Economia, Fazenda e Planejamento, com relatório da SUSEP.

Art. 66. Ao liquidante compete publicar, no Diário Oficial da União, e arquivar no Órgão do Registro do Comércio, os atos relativos à liquidação da Sociedade de Capitalização.

Art. 67. O liquidante responderá pelos prejuízos causados, no desempenho de suas funções, à massa liquidanda ou a terceiros.

Art. 68. A SUSEP terá direito à comissão de 5% (cinco por cento) sobre o ativo apurado nos trabalhos de liquidação, competindo ao Superintendente arbitrar a gratificação a ser paga aos servidores encarregados de executá-los.

Art. 69. Aos casos omissos são aplicáveis as disposições da legislação de falência, desde que não contrariem as destas Normas.

CAPÍTULO VII
DISPOSIÇÕES GERAIS E TRANSITÓRIAS

Art. 70. O Subscritor do Título contemplado em sorteio deverá ser notificado, por escrito, pela Sociedade de Capitalização, no prazo máximo de 30 (trinta) dias, sendo obrigatória a comprovação do recebimento do aviso.

Art. 71. As Sociedades de Capitalização ficam obrigadas a prestar quaisquer esclarecimentos com relação ao Título de Capitalização, mediante solicitação por escrito dos interessados.

§ 1º Anualmente, deverá ser informado o valor de resgate atualizado ao Subscritor de Título cujo prazo de carência para resgate já tenha decorrido.

§ 2º — As Sociedades de Capitalização deverão fornecer ao Subscritor, no ato da subscrição do Título, os percentuais em relação aos prêmios comerciais, que representam as quotas de Capitalização utilizadas na formação da provisão matemática.

Art. 72. A propaganda e o material de promoção referentes aos Títulos de Capitalização somente podem ser feitos com autorização expressa e supervisão de Sociedade de Capitalização, respeitadas as Condições Gerais dos Títulos e as Notas Técnicas aprovadas pela SUSEP.

Parágrafo único. A Sociedade de Capitalização é responsável pela fidedignidade das informações prestadas através do material de promoção, que deverá conter, em linguagem simples e precisa, as principais características do Título, dentre as quais: prazo de pagamento, periodicidade dos sorteios, critérios de reajustes previstos no Plano, prazo de carência e condições limitativas para concessão de resgate antecipado.

Art. 73. As Sociedades de Capitalização não poderão comercializar, após 180 (cento e oitenta) dias da entrada em vigor destas normas, os Planos já aprovados que não atendam às presentes condições.

Este texto não substitui o publicado no DOU de 12.05.92.

ANEXO IX

CONSELHO NACIONAL DE SEGUROS PRIVADOS
RESOLUÇÃO CNSP N. 004, DE 25 DE JUNHO DE 1997

A SUPERINTENDÊNCIA DE SEGUROS PRIVADOS — SUSEP, no uso da atribuição que lhe confere o § 10 do art. 33 do Decreto-lei n. 73, de 21 de novembro de 1966, com a redação que lhe foi dada pelo art. 2º da Lei n. 8.127, de 20 de dezembro de 1990, combinado com o disposto no art. 26 do Regimento Interno aprovado pela Resolução CNSP n. 014, de 3 de dezembro de 1991, torna público que o **CONSELHO NACIONAL DE SEGUROS PRIVADOS — CNSP,** em Sessão Ordinária realizada nesta data, tendo em vista o disposto no art. 3º, § 1º, do Decreto-lei n. 261, de 28 de fevereiro de 1967, combinado com os arts. 7º e 32 do Decreto-lei n. 73, de 21 de novembro de 1966, bem como o que consta dos Processos CNSP n. 014, de 14 de agosto de 1991, e SUSEP n. 15414.000753/97-08, de 24 de março de 1997,

RESOLVEU:

Art 1º O art. 28 da Resolução CNSP n. 15, de 3 de dezembro de 1991, é acrescido de parágrafo único com a seguinte redação:

"Art. 28. ....

Parágrafo único. Para os resgates solicitados fora da data de atualização mensal, fica expressamente vedado o pagamento de rendimento *pro rata die* entre a data da última atualização mensal e a data da solicitação do resgate."

Art. 2º Esta Resolução entra em vigor na data de sua publicação.

Brasilia — DF, 25 de junho de 1997.

HELIO OLIVEIRA PORTOCARRERO DE CASTRO
Superintendente

ANEXO X

RESOLUÇÃO CNSP N. 23, DE 17 DE FEVEREIRO DE 2000

Altera dispositivos da Resolução CNSP n. 15, de 3 de dezembro de 1991, e dá outras providências.

A SUPERINTENDÊNCIA DE SEGUROS PRIVADOS — SUSEP, na forma do art. 26 do Regimento Interno, aprovado pela Resolução CNSP n. 14, de 03 de dezembro de 1991, torna público que o **CONSELHO NACIONAL DE**

SEGUROS PRIVADOS — CNSP, em Sessão Ordinária realizada nesta data, no uso de suas atribuições, tendo em vista o que dispõe o Decreto-Lei n. 261, de 28 de fevereiro de 1967; o art. 25 do Ato das Disposições Constitucionais Transitórias combinado com o art. 1º da Lei n. 8.056, de 28 de junho de 1990 e da Lei n. 8.392, de 29 de junho de 1991 com a redação dada pela Lei n. 9.069, de 30 de dezembro de 1995, bem como considerando o que consta no Processo SUSEP n. 10.002966/99-84, de 2 de junho de 1999 e no Processo CNSP n. 14, de 14 de agosto de 1991.

RESOLVEU:

Art. 1º Os arts. 31, 34, 42 e 70 da Resolução CNSP n. 15, de 3 de dezembro de 1991, passam a vigorar com as seguintes alterações:

"Art. 31. ....

§ 1º ....

§ 2º Em casos de sorteios procedidos pela própria Sociedade de Capitalização, estes deverão ser realizados nas sedes, sucursais ou quaisquer estabelecimentos de livre acesso aos Subscritores de Títulos, procedida de ampla divulgação, com a presença obrigatória de um representante de auditoria independente."(NR)

"Art. 34. Os pagamentos referentes aos Títulos de Capitalização serão sempre realizados em rede bancária, em dependências de Sociedade de Capitalização, em instituições financeiras ou outros estabelecimentos comerciais, sob exclusiva responsabilidade da Sociedade de Capitalização." (NR)

"Art. 42. Os bens garantidores das provisões técnicas e fundos serão registradores na SUSEP e não poderão ser alienados, prometidos alienar ou de qualquer forma gravados sem sua prévia e expressa autorização, sendo nulas de pleno direito as alienações realizadas ou os gravames constituídos com violação deste artigo." (NR)

"Art. 70. O Titular do Título contemplado em sorteio deverá ser notificado pela Sociedade de Capitalização, por escrito, sendo obrigatória, neste caso, a comprovação do aviso de recebimento em mão própria, ou pela mídia impressa ou eletrônica, caso o pagamento oriundo do sorteio não tenha sido efetuado até o trigésimo dia de sua realização." (NR)

Art. 2º Para efeito do disposto na Resolução CNSP n. 15, de 1991, considera-se:

I — Subscritor: a pessoa que subscreve o Título de Capitalização, assumindo o compromisso de efetuar o(s) pagamento(s); e

II — Titular: o próprio Subscritor ou outra pessoa expressamente indicada pelo mesmo, a quem devem ser pagos todos os valores originados no Título.

Parágrafo único. Fica estabelecido que todos os dispositivos da Resolução CNSP n. 15, de 1991 que tratam das obrigações decorrentes da subscrição de Título de Capitalização se referem ao Subscritor e todos os dispositivos da mesma norma que tratam dos direitos originados no Título se referem ao Titular.

Art. 3º Para efeito do disposto na Resolução CNSP n. 15, de 1991, o termo prêmio(s) deverá ser substituído por pagamento(s).

Art. 4º Esta resolução entra em vigor na data de sua publicação.

Art. 5º Ficam revogados os arts. 30 e 41 da Resolução CNSP n. 15, de 3 de dezembro de 1991.

Brasília (DF), 17 de fevereiro de 2000.

HÉLIO OLIVEIRA PORTOCARRERO DE CASTRO
Superintendente

ANEXO XI

RESOLUÇÃO CNSP N. 36, DE 8 DE DEZEMBRO DE 2000

Aprova as Normas para Constituição das Provisões Técnicas das Sociedades Seguradoras, Entidades Abertas de Previdência Privada e Sociedades de Capitalização.

A SUPERINTENTENDÊNCIA DE SEGUROS PRIVADAS — SUSEP, no uso da atribuição que lhe confere o art. 26 do Regimento Interno, aprovado pela Resolução CNSP n. 14, de 3 de dezembro de 1991, torna público que o

CONSELHO NACIONAL DE SEGUROS PRIVADOS — CNSP, em Sessão Ordinária realizada nesta data, considerando o disposto no art. 32, inciso IV, do Decreto-Lei n. 73, de 21 de novembro de 1966, e tendo em vista o que consta do Processo CNSP n. 30, de 7 de dezembro de 2000 — na origem, Processo SUSEP n. 10.002883/00-74, de 5 de junho de 2000,

RESOLVEU:

Art.1º Aprovar as Normas anexas a esta Resolução, que passam a ser de cumprimento obrigatório pelas Sociedades Seguradoras, Entidades Abertas de Previdência Privada e Sociedades de Capitalização.

Parágrafo único. Poderá ser admitida a constituição de outras provisões técnicas relacionadas a um produto, Plano ou carteira, além das especificadas nas Normas anexas, desde que previstas em Nota Técnica Atuarial elaborada por atuário legalmente habilitado e previamente aprovada pela SUSEP.

Art. 2º Para fins de remissão, consideram-se abrangidas pela sigla EAPP's as Entidades Abertas de Previdência Privada com e sem fins lucrativos e as Sociedades Seguradoras autorizadas a operar em previdência privada aberta.

Art. 3º As Sociedades Seguradoras, as Entidades Abertas de Previdência Privada e as Sociedades de Capitalização são obrigadas a manter à disposição da fiscalização da SUSEP, pelo período de cinco anos, a documentação e os dados comprobatórios do integral cumprimento do disposto nas Normas Anexas a esta Resolução.

Art. 4º A SUSEP fica autorizada a baixar as normas complementares necessárias à execução dos disposto nesta Resolução.

Art. 5º Esta Resolução entra em vigor em 1º de janeiro de 2001.

Art. 6º Ficam revogadas a Resolução CNSP n. 30, de 5 de agosto de 1968; a Resolução CNSP n. 5, de 21 de julho de 1971; a Resolução CNSP n. 6, de 18 de outubro de 1973; a Resolução CNSP n. 2, de 20 de fevereiro de 1974; o item 2 da Resolução CNSP n. 7, de 9 de agosto de 1977; a Resolução CNSP n. 13, de 4 de maio de 1978; a Resolução CNSP n. 15, de 8 de junho de 1978; a Resolução CNSP n. 28, de 27 de novembro de 1978, a Resolução CNSP n. 26, de 17 de dezembro de 1987; a Resolução CNSP n. 14, de 20 de dezembro de 1988; os art. 36, 37 e 38, Seção II, Capítulo IV das Normas Anexas à Resolução CNSP n. 15, de 3 de dezembro de 1991; os itens 46 a 50 das Normas Anexas à Resolução CNSP n. 25, de 22 de dezembro de 1994; o art. 5º da Resolução CNSP n. 1, de 23 de abril de 1998, a Resolução CNSP n. 18, de 25 de agosto de 1998; os art. 5º, 6º e 7º da Resolução CNSP n. 17, de 17 de fevereiro de 2000, o art. 4º da Resolução CNSP n. 22, de 17 de fevereiro de 2000, e o item 4 da Circular SUSEP n. 5, de 29 de janeiro de 1980, com a modificação prevista no item 2 da Resolução CNSP n. 14 , de 11 de dezembro de 1984.Rio de Janeiro, 8 de dezembro de 2000.

HELIO OLIVEIRA PORTOCARRERO DE CASTRO
Superintendente da Superintendência de Seguros Privados

NORMAS PARA CONSTITUIÇÃO DAS PROVISÕES TÉCNICAS DAS SOCIEDADES SEGURADORAS, ENTIDADES ABERTAS DE PREVIDÊNCIA PRIVADA E SOCIEDADES DE CAPITALIZAÇÃO

1. Seguro de Ramos Elementares, Seguro de Vida em Grupo e Seguro de Renda de Eventos Aleatórios

Para garantia de suas operações, as Sociedades Seguradoras autorizadas a operar nos ramos de Seguro de Ramos Elementares, Seguro de Vida em Grupo e Seguro de Renda de Eventos Aleatórios constituirão, mensalmente, as seguintes provisões técnicas, quando necessárias: Provisão de Prêmios Não Ganhos; Provisão de Insuficiência de Prêmios; Provisão de Benefícios a Conceder: Renda de Eventos Aleatórios; Remissão; Outros Provisão de Sinistros a Liquidar; Provisão de Sinistros Ocorridos e Não Avisados (IBNR);

Provisão de Benefícios Concedidos:

— Renda de Eventos Aleatórios;

— Remissão;

— Outros.

1.1. Provisão de Prêmios Não Ganhos — será constituída para apurar a parcela de prêmios não ganhos relativa ao período de cobertura do risco, sendo formada pelo valor resultante da fórmula abaixo, para todos os ramos, por meio de cálculos individuais por apólice, endosso ou fatura representativos de todos os contratos de seguro em vigor no mês de sua constituição ou a eles relacionados:

$$\text{PPNG} = \frac{\textbf{prêmio comercial retido}}{\textbf{período total de cobertura de risco}} \times \textbf{período de risco a decorrer}$$

a) o cálculo da provisão será efetuado "pro rata die", tomando por base as datas de início e fim do período de risco;

b) o prêmio comercial retido representa o valor recebido do segurado (valor do prêmio emitido, pago à vista ou parcelado), nas operações de seguro direto ou de congêneres, nas operações de cosseguro aceito, líquido de quaisquer descontos, cancelamentos e restituições, e de parcelas de prêmios transferidas a terceiros em operações de cosseguro e/ou resseguro;

c) a SUSEP disporá sobre os ramos que, em função de suas características técnicas, devam ser excluídos do cálculo de constituição desta provisão.

1.2. Provisão de Insuficiência de Prêmios — deverá ser calculada atuarialmente, considerando as características específicas de cada Sociedade, nos termos de Nota Técnica devidamente aprovada pela SUSEP. Na falta de Nota Técnica, o valor da provisão a ser constituída para todos os ramos agrupados operados pela Sociedade será calculado conforme fórmula abaixo:

$$\text{PIP} = \left\{ \left[\frac{(\text{SR} + \text{DA})}{(\text{PG} - \text{DC})} \right] - 1{,}05 \right\} \times \text{PPNG}$$

onde:

PIP = Provisão de Insuficiência de Prêmios

SR = Sinistros Retidos

DA = Despesas Administrativas

PG = Prêmio Ganho

DC = Despesas de Comercialização

PPNG = Saldo da Provisão de Prêmios Não Ganhos

a) para fins de cálculo, serão tomados os valores de sinistros retidos, despesas administrativas, despesas de comercialização e prêmio ganho de todos os ramos agrupados, dos últimos doze meses anteriores à data-base de constituição de provisão, e o saldo da provisão de prêmios não ganhos de todos os ramos agrupados, do mês anterior à data-base de constituição de provisão;

b) para efeito desta provisão, considera-se despesa administrativa as contas: Cofins, PIS/PASEP, Taxa de Fiscalização, Despesas com Inspeção de Riscos, Despesas com Administração de Apólices, Lucros Atribuídos e Outras Despesas Operacionais;

c) caso o valor obtido pela fórmula acima seja menor que zero, não deverá ser constituída tal provisão;

d) a SUSEP disporá sobre os ramos que, em função de suas características técnicas, devam ser excluídos do cálculo de constituição desta provisão.

1.3. Provisão de Benefícios a Conceder — deverá ser constituída pela Sociedade Seguradora, conforme Nota Técnica Atuarial encaminhada para análise e arquivamento na SUSEP, nas modalidades a seguir, quando o regime financeiro for de Capitalização:

a) Renda de Eventos Aleatórios — deverá ser constituída pela Sociedade Seguradora responsável pela oferta do seguro enquanto não tenha ocorrido o evento gerador da renda;

b) Remissão — deverá ser constituída pela Sociedade Seguradora enquanto não tenha ocorrido o evento gerador da remissão;

c) Outros.

1.4. Provisão de Sinistros a Liquidar — deverá ser calculada conforme metodologia constante de Nota Técnica devidamente aprovada pela SUSEP. Na falta de Nota Técnica, seu valor corresponderá, na data de sua avaliação, à quantia total das indenizações a pagar por sinistros avisados, deduzida a parcela relativa à recuperação de resseguros e cosseguros cedidos, tomando-se por base:

a) o valor acordado entre o Segurado e a Seguradora;

b) o valor reclamado pelo Segurado, quando aceito pela Seguradora;

c) o valor estimado pela Seguradora, quando não tenha o Segurado indicado a avaliação do sinistro;

d) o valor igual à metade da soma da importância reclamada pelo Segurado e da oferecida pela Seguradora, no caso de divergência de avaliação, limitado à importância segurada do risco coberto no sinistro;

e) o valor resultante de sentença transitada em julgado;

f) o valor máximo de responsabilidade por vítima ou por evento e por tipo de dano, nos seguros obrigatórios de responsabilidade civil.

1.5. Provisão de Sinistros Ocorridos e Não Avisados (IBNR) — deverá ser calculada atuarialmente, em função do montante esperado de sinistros ocorridos em riscos assumidos na carteira e não avisados até a data-base das demonstrações financeiras:

a) a SUSEP disporá sobre os ramos que, em função de suas características técnicas, devam ser excluídos do cálculo de constituição desta provisão;

b) cada Sociedade Seguradora poderá utilizar o método que considere mais adequado para o cálculo do montante e determinar o critério de reavaliação desta provisão, devendo ser encaminhada Nota Técnica Atuarial à SUSEP, com a sua descrição;

c) a estimativa deverá ser baseada na informação sobre a sinistralidade de períodos anteriores completos, de, no mínimo, um ano, podendo ser feita por ramo ou grupo de ramos;

d) os cosseguros aceitos e as despesas com sinistros deverão ser consideradas no cálculo desta provisão;

e) as Sociedades Seguradoras que não tenham operado em determinado ramo de seguro, durante o período de tempo mínimo que deva servir de base para o cômputo da Provisão para Sinistros Ocorridos e Não Avisados (IBNR), calcularão seu valor segundo critério a ser definido pela SUSEP;

f) as Sociedades Seguradoras deverão informar à SUSEP, até 31 de março de cada ano, a estatística sobre os sinistros estimados e os avisados (pagos ou não), considerando os períodos de ocorrência e aviso, por ramo (ou grupo de ramos), conforme modelo de apresentação de dados a ser estabelecido pela SUSEP;

g) caso o método utilizado pela Sociedade Seguradora apresente, sistematicamente, desvios relevantes entre os valores estimados e os efetivamente avisados (pagos e não pagos), a SUSEP poderá solicitar a sua alteração ou indicar um método específico;

h) as Sociedades Seguradoras deverão encaminhar Nota Técnica Atuarial para análise e arquivamento anteriormente ao início da constituição da Provisão;

i) para os seguros DPEM e DPVAT, a SUSEP reavaliará e informará, com a devida antecedência, os valores da provisão de sinistros de IBNR que deverão ser constituídos em dezembro de cada ano.

1.6. Provisão de Benefícios Concedidos — deverá ser constituída pela Sociedade Seguradora, correspondendo ao valor atual da indenização cujo evento gerador tenha ocorrido, conforme Nota Técnica Atuarial encaminhada para análise e arquivamento na SUSEP, para as modalidades a seguir, quando o regime financeiro for de Capitalização:

a) Renda de Eventos Aleatórios — deverá ser constituída pela Sociedade Seguradora responsável pela oferta do seguro, após a ocorrência do evento gerador da renda;

b) Remissão — deverá ser constituída pela Sociedade Seguradora após a ocorrência do evento gerador do seguro de remissão;

c) Outros.

2. Planos Previdenciários Privados e Seguros de Vida Individual

Para garantia de suas operações, as Entidades Abertas de Previdência Privada (EAPP's) e as Sociedades Seguradoras autorizadas a operar Planos Previdenciários Privados e Seguros de Vida Individual constituirão, mensalmente, as seguintes provisões técnicas e provisões matemáticas, quando tecnicamente necessárias, de acordo com o regime financeiro adotado e a Nota Técnica Atuarial aprovada, com exceção da reserva de contingência, que será constituída anualmente:

PROVISÕES	REGIME FINANCEIRO		
	Capitalização	**Repartição Simples**	**Repartição de Capitais de Cobertura**
BENEFÍCIOS A REGULARIZAR	Pecúlios Rendas	Pecúlios	Rendas por Invalidez e por Morte
RESGATES E/OU OUTROS VALORES A REGULARIZAR	Rendas Pecúlios	Pecúlios	Rendas por invalidez e por morte
EVENTOS OCORRIDOS E NÃO AVISADOS (IBNR)	Pecúlios Rendas por Invalidez e por morte	Pecúlios	Rendas por invalidez e por morte
MATEMÁTICA DE BENEFÍCIOS A CONCEDER	Rendas Pecúlios		
MATEMÁTICA DE BENEFÍCIOS CONCEDIDOS	Rendas		Rendas por Invalidez e por Morte
DESPESAS ADMINISTRATIVAS	Rendas Pecúlios	Pecúlios	Rendas por Invalidez e por Morte
OSCILAÇÃO DE RISCOS	Pecúlios Rendas	Pecúlios	Rendas por Invalidez e por Morte
RISCOS NÃO EXPIRADOS		Pecúlios	Rendas por Invalidez e por Morte
EXCEDENTES TÉCNICOS	Rendas Pecúlios	Pecúlios	Rendas por Invalidez e por Morte
EXCEDENTES FINANCEIROS	Rendas Pecúlios	Pecúlios	Rendas por Invalidez e por Morte
OSCILAÇÃO FINANCEIRA	Rendas Pecúlios	Pecúlios	Rendas por Invalidez e por Morte

2.1. Provisão de Benefícios a Regularizar — corresponde ao valor total dos pecúlios e rendas vencidas, não pagos em decorrência de eventos ocorridos, inclusive a atualização de valor cabível.

2.2. Provisão de Resgates e/ou Outros Valores a Regularizar — abrange os valores destinados a devoluções de contribuições e resgates a regularizar. Para efeito destas normas, consideram-se resgates a regularizar aqueles solicitados e por qualquer motivo ainda não pagos, bem como os valores correspondentes a resgate cujo direito não tenha sido exercido nos casos de cancelamento do contrato do participante.

2.3. Provisão de Eventos Ocorridos e Não Avisados (IBNR) — será dimensionada, atuarialmente, em função do montante esperado das obrigações decorrentes de eventos geradores de benefícios ocorridos na carteira e não avisados até a data-base das demonstrações financeiras:

a) as EAPP's poderão utilizar o método que considerem mais adequado para o cálculo do montante desta provisão, devendo ser encaminhada Nota Técnica Atuarial à SUSEP com a sua descrição;

b) a estimativa deverá ser baseada na informação sobre o pagamento de benefícios de períodos anteriores completos, de, no mínimo, um ano, podendo ser feita por modalidade de benefício;

c) as EAPP'S que não tenham operado em Plano de previdência durante o período de tempo mínimo que deva servir de base para o cômputo da Provisão para Eventos Ocorridos e Não Avisados (IBNR) calcularão seu valor segundo critério a ser definido pela SUSEP;

d) as EAPP's deverão informar à SUSEP, até 31 de março de cada ano, a estatística sobre os benefícios estimados e os avisados (pagos ou não), considerando os períodos de ocorrência e aviso, conforme modelo de apresentação de dados a ser estabelecido pela SUSEP;

e) caso o método utilizado pela EAPP apresente, sistematicamente, desvios relevantes entre os valores estimados e os efetivamente avisados (pagos ou não), a SUSEP poderá solicitar a sua alteração ou indicar um método específico;

f) esta provisão deverá ser constituída a partir de dezembro de 2001.

2.4. Provisão Matemática de Benefícios a Conceder — abrange os compromissos assumidos pelas EAPP's com os participantes do respectivo Plano, enquanto não iniciada a percepção do pagamento de benefício.

2.5. Provisão Matemática de Benefícios Concedidos — corresponde ao valor atual dos benefícios cuja percepção tenha sido iniciada.

2.6. Provisão para Despesas Administrativas — será constituída para cobrir despesas administrativas do Plano, conforme definida em Nota Técnica. A constituição desta provisão será facultativa.

2.7. Provisão de Oscilação de Riscos — será calculada de acordo com critério estabelecido na Nota Técnica Atuarial, sendo constituída para cobrir eventuais desvios nos compromissos esperados ou pela não adequação do Plano às bases técnicas adotadas.

2.8. Provisão de Riscos Não Expirados — será calculada "pro rata die", com base nas contribuições líquidas do mês.

2.9. Provisão de Excedentes Técnicos — abrange os valores de Excedentes Técnicos provisionados, quando prevista no Plano.

2.10. Provisão de Excedentes Financeiros — abrange os valores de Excedentes Financeiros provisionados, a serem utilizados conforme regulamentação em vigor.

2.11. Provisão de Oscilação Financeira — será constituída e terá seus valores utilizados conforme regulamentação em vigor.

2.12. Reserva de Contingência de Benefícios — será constituída somente por entidades sem fins lucrativos, em base mínima de cinquenta por cento do resultado de cada exercício, de forma cumulativa, até o limite máximo de dez por cento da soma dos valores das Provisões Matemáticas correspondentes ao respectivo exercício.

Observação — Os critérios técnicos e operacionais previstos neste item aplicam-se também ao seguro de vida individual, no que couber, podendo ser utilizados pelas Sociedades Seguradoras que operem tal seguro, com adaptação dos termos à nomenclatura consagrada no ramo vida.

3. Capitalização

Para garantia de suas operações, as Sociedades autorizadas a operar em Capitalização constituirão, mensalmente, as seguintes provisões técnicas, que serão calculadas de acordo com os métodos estabelecidos na Nota Técnica Atuarial aprovada pela SUSEP, quando tecnicamente necessárias:

Provisão Matemática para Resgate:

Provisão Administrativa;

Provisão para Sorteios a Realizar;

Provisão para Participação nos Lucros de Títulos Ativos;

Provisão para Contingências;

Provisão para Resgate de Títulos:

— Títulos vencidos;

— Títulos antecipados.

Provisão de Sorteios a Pagar;

Provisão para Participação nos Lucros de Títulos Inativos:

— Títulos vencidos;

— Títulos cancelados após carência.

3.1. Provisão Matemática para Resgate — deverá ser calculada para cada Título que estiver em vigor, suspenso ou cancelado durante o prazo de carência.

3.2. Provisão Administrativa — deverá ser constituída para cobrir despesas administrativas do Plano, conforme definida em Nota Técnica Atuarial. A constituição desta provisão será facultativa.

3.3. Provisão para Sorteios a Realizar — deverá ser constituída para cada Título cujos sorteios já tenham sido custeados mas que, na data da constituição, ainda não tenham sido realizados.

3.4 . Provisão para Participação nos Lucros de Títulos Ativos — deverá ser constituída para cada Título em vigor, suspenso ou cancelado durante o prazo de carência, que tenha adquirido direito à participação nos lucros, conforme definido na Nota Técnica Atuarial do Plano.

3.5. Provisão para Contingências — deverá ser constituída pela aplicação da quota de contingência ao valor do pagamento.

3.6. Provisão para Resgate de Títulos — deverá ser constituída nas modalidades a seguir:

a) Títulos vencidos — deverá ser constituída para todos os Títulos com prazo de vigência concluído;

b) Títulos antecipados — deverá ser constituída para todos os Títulos cancelados após o prazo de carência.

3.7. Provisão de Sorteios a Pagar — deverá ser constituída para todos os Títulos já sorteados e ainda não pagos.

3.8. Provisão para Participação nos Lucros de Títulos Inativos — deverá ser constituída para o Título adquirido que tenha valor de participação nos lucros, nas modalidades a seguir:

a) Títulos vencidos — deverá ser constituída para cada Título vencido;

b) Títulos cancelados após carência — deverá ser constituída para cada Título cancelado após o prazo de carência.

ANEXO XII

RESOLUÇÃO CNSP N. 101, DE 6 DE JANEIRO DE 2004

Altera dispositivo da Resolução CNSP n. 15, de 3 de dezembro de 1991.

A SUPERINTENDÊNCIA DE SEGUROS PRIVADOS –SUSEP, no uso da atribuição que lhe confere o art. 34, inciso XI, do Decreto n. 60.459, de 13 de março de l967, torna público que o **CONSELHO NACIONAL DE SEGUROS PRIVADOS — CNSP,** em sessão ordinária realizada em 22 de dezembro de 2003, na forma do que estabelece o art. 3º, § 2º do Decreto-lei n. 261, de 28 de fevereiro de 1967, o art. 32, inciso IV, do Decreto-Lei n. 73, de 21 de novembro de 1966 e tendo em vista o que consta do processo CNSP n. 14, de 14 de agosto de 1991 — na origem, e do processo SUSEP n. 15414.003844/2003-79, de 16 de outubro de 2003,

RESOLVEU:

Art. 1º Alterar o § 2º do art. 71 da Resolução CNSP n. 15, de 3 de dezembro de 1991, passando a prevalecer a seguinte redação:

"Art. 71. ....

§ 2º As sociedades de Capitalização deverão informar, nas condições gerais e na proposta de subscrição, os percentuais que representam as cotas de sorteio e de Carregamento, ficando a SUSEP autorizada a dispensar a exigência da emissão de proposta de subscrição, quando se tratar de captação de poupança popular."

Art. 2º Esta Resolução entra em vigor na data de sua publicação.

Rio de Janeiro, 6 de janeiro de 2004.

RENÊ GARCIA JUNIOR
Superintendente

ANEXO XIII

CIRCULAR SUSEP N. 365, DE 27 DE MAIO DE 2008

Estabelece normas para elaboração, operação e comercialização de Títulos de Capitalização.

O SUPERINTENDENTE DA SUPERINTENDÊNCIA DE SEGUROS PRIVADOS — SUSEP, na forma prevista nas alíneas "b", "c" e "h", do art. 36 do Decreto-Lei n. 73, de 21 de novembro de 1966 c/c do § 2º, do art. 3º do Decreto-Lei n. 261, de 28 de fevereiro de 1967, e considerando o que consta do Processo SUSEP no 15414.000936/2005-69,

RESOLVE:

Art. 1º A elaboração, a operação e a comercialização dos Títulos de Capitalização obedecerão ao disposto nesta Circular.

Art. 2º Os Títulos de Capitalização serão estruturados, para efeito de comercialização, conforme uma das quatro modalidades discriminadas abaixo:

I — Modalidade I: Tradicional

II — Modalidade II: Compra-Programada

III — Modalidade III: Popular

IV — Modalidade IV: Incentivo

Art. 3º As sociedades de Capitalização não poderão comercializar, após 1º de janeiro de 2009, os Títulos já aprovados que não atendam ao disposto na presente Circular.

§ 1º As sociedades de Capitalização poderão, até o prazo fixado no *caput* deste artigo, obter nova aprovação para os seus Títulos já aprovados, realizando as adequações necessárias à presente Circular, sem a necessidade de abertura de novo processo administrativo na SUSEP.

§ 2º A nova aprovação a que se refere o parágrafo anterior não se aplica aos Títulos em que houver necessidade de alteração da cota de sorteio, da cota de Capitalização ou da taxa de juros.

§ 3º Após a data prevista no *caput* deste artigo, a Sociedade de Capitalização deverá solicitar abertura de novo processo administrativo para a adaptação dos Títulos que não atendam ao presente normativo.

4º Os novos Títulos submetidos à aprovação, após a entrada em vigor da presente norma, deverão obedecer aos critérios definidos nesta Circular.

Art. 4º O não atendimento ao disposto nesta Circular sujeitará as sociedades de Capitalização às penas previstas na legislação em vigor.

Art. 5º Integram esta Circular os seguintes Anexos:

I — Das Disposições Gerais;

II — Da Modalidade Tradicional;

III — Da Modalidade Compra-Programada;

IV — Da Modalidade Popular; e

V — Da Modalidade Incentivo.

Art. 6º Esta Circular entrará em vigor na data de sua publicação, ficando revogadas as Circulares SUSEP N. 130, de 12 de maio de 2000, N. 144, de 30 de outubro de 2000, N. 223, de 13 de dezembro de 2002 e N. 238, de 19 de novembro de 2003.

ARMANDO VERGILIO DOS SANTOS JÚNIOR
Superintendente

ANEXO I
DAS DISPOSIÇÕES GERAIS

TÍTULO I
DAS DISPOSIÇÕES PRELIMINARES

Art. 1º Relativamente à forma de custeio, os Títulos de Capitalização poderão ser do tipo Pagamentos Periódicos (PP), Pagamentos Mensais (PM), ou do tipo Pagamento Único (PU), observadas as disposições específicas de cada modalidade.

§ 1º Define-se como Pagamentos Mensais (PM) o Título que prevê a realização de um pagamento, a cada mês da respectiva vigência.

§ 2º Define-se como Pagamentos Periódicos (PP) o Título em que não há correspondência entre o número de pagamentos e o número de meses de vigência, sendo prevista a realização de mais de um pagamento.

§ 3º Define-se como Pagamento Único (PU) o Título que prevê a realização de um único pagamento.

§ 4º É vedada a cobrança de quaisquer valores do Subscritor e/ou Titular com finalidade de inscrição, cadastro ou transferência do Título, independentemente de sua denominação.

Art. 2º As sociedades de Capitalização deverão encaminhar à SUSEP as Condições Gerais e a Nota Técnica Atuarial dos Títulos de Capitalização a serem por elas comercializados, para análise e aprovação, consoante as normas em vigor, mediante expediente que contemple, no mínimo, a razão social da sociedade, seu CNPJ, a respectiva modalidade à qual pertença o Título e as assinaturas de um Diretor da sociedade e do Atuário responsável pela elaboração da Nota Técnica Atuarial, com seu número de identificação profissional perante o órgão competente.

§ 1º O número do processo administrativo na SUSEP será fornecido, quando do protocolo do material mencionado no *caput* deste artigo.

§ 2º Qualquer alteração implementada nas Condições Gerais ou na Nota Técnica Atuarial, após a comercialização do Título, deverá ser previamente encaminhada à SUSEP, observado o disposto no *caput* deste artigo, mediante abertura de novo processo administrativo e, a critério da Sociedade de Capitalização, solicitação de arquivamento do processo original.

§ 3º Excluem-se da exigência estabelecida no parágrafo anterior as alterações decorrentes de mudanças nas normas determinadas pela SUSEP ou pelo CNSP, ou nos demais normativos em vigor.

§ 4º A aprovação de que trata o *caput* deste artigo será automaticamente revogada se não houver início de comercialização do Título no prazo de 1 (um) ano, contado da data de sua aprovação.

Art. 3º Nas Condições Gerais do Título de Capitalização deverão constar, sempre em destaque, no mínimo:

I — Glossário com as definições de Subscritor, Titular, capital, capital nominal;

II — Percentuais de sorteio e de Carregamento;

III — Tabela que discrimine o percentual de resgate em função do prazo de vigência do Título, considerando-se todos os pagamentos previstos e demais parâmetros de cálculo, especificando eventuais fatores de redução para resgates antecipados;

IV — Se o valor do prêmio de sorteio é líquido ou bruto e, nesse caso, que o desconto de imposto de renda será na forma da legislação em vigor, explicitando o percentual vigente aplicável;

V — Denominação e CNPJ da Sociedade de Capitalização;

VI — Nome fantasia do produto, número do processo SUSEP e a modalidade, facilmente identificáveis;

VII — Critério de atualização de valores, com a indicação do índice utilizado;

VIII — Informação sobre a incidência de juros moratórios, quando o sorteio e/ou resgate não forem pagos nos prazos estabelecidos pela legislação em vigor; e

IX — Informações relativas à participação em excedentes financeiros, nos termos da legislação específica, e as condições para obtenção de bônus, quando previstos.

§ 1º Todas as cláusulas que implicarem limitações ou impuserem ônus aos Titulares deverão ser redigidas em destaque, permitindo sua imediata e fácil identificação e compreensão.

§ 2º As Condições Gerais deverão apresentar também as seguintes redações:

I — "A aprovação deste Título pela SUSEP não implica, por parte da Autarquia, em incentivo ou recomendação a sua aquisição, representando, exclusivamente, sua adequação às normas em vigor"; e, quando a venda for intermediada por corretor de Capitalização:

II — "O consumidor poderá consultar a situação cadastral de seu corretor de Capitalização, no sítio <www.SUSEP.gov.br>, por meio do número de seu registro na SUSEP, nome completo, CNPJ ou CPF."

§ 3º As seguintes informações complementares deverão ser disponibilizadas ao Subscritor, apartadas das Condições Gerais do Título:

I — Valor do capital nominal mínimo, formado ao final do prazo de vigência, considerando-se todos os pagamentos previstos efetuados em dia;

II — Nome e número de registro do corretor, quando couber;

III — Identificação dos Titulares, quando conhecidos previamente, com o respectivo percentual de cada um sobre os direitos do Título, quando for o caso; e

IV — Número do Título e os números ou códigos que o Título utilizará na participação dos sorteios.

§ 4º A redação prevista no inciso I do § 2º deste artigo deverá ser inserida, necessariamente, em todo e qualquer material de comercialização e propaganda utilizado pela Sociedade de Capitalização, à exceção da propaganda efetuada por meio de mídia eletrônica, a exemplo de rádio e TV, quando este for específico para um determinado produto ou grupo de produtos.

§ 5º Não obstante o disposto no art. 5º deste anexo, o Título de Capitalização, contendo suas Condições Gerais, juntamente com as informações complementares mencionadas no § 3º deste artigo, deverá ser disponibilizado efetivamente ao Titular ou ao Subscritor em, no máximo, 15 (quinze) dias após a respectiva data de início de vigência.

§ 6º A disponibilização efetiva do Título a que se refere o parágrafo anterior deve compreender a possibilidade de obtenção de sua versão impressa e das respectivas informações complementares, na cidade de domicílio do Subscritor e do Titular, devendo ser realizada sem custos adicionais que sejam revertidos direta ou indiretamente para a Sociedade de Capitalização.

Art. 4º A Ficha de Cadastro, quando existente, deverá ser preenchida em momento anterior ao da aquisição do Título, devendo conter em destaque, sempre, no mínimo:

I — Os incisos I, II, III, V, VI e VII do art. 3º;

II — As redações previstas no § 2º do art. 3º;

III — Informação de que a contratação implica automática adesão às condições contratuais do Título; e

IV — Informação de que o Subscritor tomou ciência das Condições Gerais do Título de Capitalização.

Parágrafo único. Ao Subscritor deverá ser entregue, mediante contra-recibo, uma cópia da Ficha de Cadastro.

Art. 5º As Condições Gerais completas deverão ser disponibilizadas ao Subscritor, assim como todas as demais informações acessórias ao produto, previamente à aquisição do Título ou ao preenchimento da Ficha de Cadastro, quando existente.

Art. 6º Os Títulos de Capitalização poderão ser contratados via canais remotos, desde que atendidas, também, as seguintes disposições:

I — A Sociedade de Capitalização deverá disponibilizar, imediatamente, a confirmação da contratação ao Subscritor; e

II — Não obstante o disposto no inciso anterior, a Sociedade de Capitalização deverá encaminhar, em até 15 (quinze) dias após a data de seu início de vigência, o Título de Capitalização ao Titular ou disponibilizar efetivamente, no momento da contratação, na forma prevista no § 6º do art. 3º deste anexo, documentação contendo o Título de Capitalização e suas Condições Gerais.

Art. 7º A Sociedade de Capitalização não poderá comercializar os direitos relativos ao Título separadamente.

§ 1º É facultada a cessão total ou parcial dos direitos ou obrigações do Título, a qualquer momento, mediante comunicação escrita à Sociedade de Capitalização, ficando vedada a cobrança de qualquer espécie.

§ 2º São obrigações do Subscritor e do Titular comunicar à Sociedade de Capitalização:

I — Seus dados cadastrais atualizados, para efeito de registro e controle; e

II — A realização de cessão, informando os dados cadastrais do novo Subscritor ou do novo Titular, respectivamente.

§ 3º A Sociedade de Capitalização deverá manter registro atualizado contendo as informações sobre o Título e os dados cadastrais do Subscritor e Titular, de modo a identificar a perfeita vinculação do Título de Capitalização entre estes e a Sociedade de Capitalização, observados também os requisitos da legislação específica.

Art. 8º A Sociedade de Capitalização deverá efetuar o pagamento do resgate e do prêmio de sorteio por qualquer meio legalmente admitido e disponível na cidade de domicílio do Titular.

Art. 9º É vedada a reaplicação do valor de resgate ou do valor do sorteio em outro Título sem a prévia anuência do Titular, observado, para a nova contratação, o disposto nos arts. 5º e 6º deste Anexo.

TÍTULO II
DA VIGÊNCIA

Art. 10. Os Títulos de Capitalização não poderão ser estruturados com prazo de vigência inferior a 12 (doze) meses.

Parágrafo único. A data de início de vigência do Título de Capitalização deverá ser a data do primeiro pagamento ou do pagamento único, ou ainda a data de aquisição, a que ocorrer primeiro.

TÍTULO III
DOS SORTEIOS

Art. 11. Os Títulos de Capitalização que prevejam sorteios deverão ser estruturados em séries.

§ 1º Os sorteios que definem os Títulos contemplados deverão ocorrer obrigatoriamente durante o prazo de vigência do Título, ressalvado o caso de premiação instantânea, conforme definido no art. 12 deste Anexo, ou de sorteios substitutivos, caso necessários, conforme art. 17, § 1º, deste Anexo.

§ 2º O pagamento do prêmio de sorteio deverá ser disponibilizado em até 15 (quinze) dias úteis após a sua realização, observadas as normas em vigor e o disposto nos arts. 8º e 29 deste Anexo.

§ 3º O valor do prêmio de sorteio deverá ser acrescido de juros moratórios, previstos nas Condições Gerais, caso a Sociedade de Capitalização não cumpra o prazo especificado no parágrafo anterior, ressalvados os casos em que não forem atendidas as disposições do art. 7º, § 2º, deste Anexo.

§ 4º É admitida a previsão de parcelamento do prêmio de sorteio, desde que atendidas as disposições a seguir:

I — O parcelamento deverá ser de, no máximo, 12 (doze) meses consecutivos;

II — Haverá atualização monetária e incidência de taxa de juros mensais sobre as parcelas a serem quitadas;

III — A previsão para o parcelamento do prêmio, quando for o caso, deverá constar das Condições Gerais do Título.

§ 5º O Título não poderá participar de sorteio que acarrete a efetiva contemplação em data anterior ao do início de comercialização de sua série, ressalvada a hipótese de premiação instantânea.

§ 6º Para efeito de sorteio, os Títulos não comercializados, suspensos ou cancelados pertencem à Sociedade de Capitalização, salvo estipulação em contrário nas Condições Gerais, desde que devidamente aprovada pela SUSEP.

§ 7º Os critérios de determinação dos Títulos sorteados deverão ser aleatórios, sendo garantida a cada Título a mesma probabilidade de contemplação.

Art. 12. Para fins desta Circular, define-se como premiação instantânea a forma de sorteio que se realiza previamente ao início de comercialização da série, sendo, entretanto, seu resultado sigiloso.

Art. 13. O sorteio realizado por meio de premiação instantânea deverá atender os seguintes requisitos:

I — O conhecimento relativo à contemplação na premiação instantânea deverá estar disponível ao Titular no momento imediatamente posterior à aquisição do Título, dependendo exclusivamente de sua atuação;

II — Os procedimentos que o Titular deve utilizar para verificar a contemplação na premiação instantânea deverão estar previstos nas Condições Gerais do Título;

III — Para cada série emitida, é necessária a realização de auditoria independente, em conformidade com o disposto no § 3º do art. 17, deste anexo.

Art. 14. As sociedades de Capitalização somente poderão comercializar Títulos em que o valor máximo do somatório de todos os sorteios previstos, por série e em cada mês, seja igual ou inferior a 10% (dez por cento) do último patrimônio líquido auditado.

Parágrafo único. A comercialização do Título fica automaticamente suspensa se o patrimônio líquido auditado da Sociedade de Capitalização, em qualquer data, for reduzido de tal forma que não atenda ao percentual estabelecido no *caput* deste artigo, até sua adequação.

Art. 15. O critério matemático utilizado para o estabelecimento do percentual dos pagamentos referente ao custeio dos sorteios deverá constar obrigatoriamente da Nota Técnica Atuarial do Título de Capitalização.

§ 1º O percentual, em relação aos pagamentos, destinado ao custeio dos sorteios dependerá da modalidade do Título.

§ 2º O percentual para os sorteios pertencentes à premiação instantânea deverá estar limitado a 30% (trinta por cento) do percentual que for adotado pela Sociedade de Capitalização para o custeio de todos os sorteios do Título.

§ 3º Nos Títulos de Pagamento Único é obrigatória a utilização da taxa de juros aplicada às Cadernetas de Poupança na formulação do critério matemático referente ao custeio dos sorteios.

§ 4º O valor de cada prêmio bruto individual de sorteio deverá ser fixado como um múltiplo do Pagamento Periódico (PP), Pagamento Mensal (PM) ou Pagamento Único (PU) do Título, sendo este múltiplo não inferior a uma unidade, observadas as disposições específicas.

§ 5º O múltiplo mínimo de que trata o parágrafo anterior deve ser garantido a cada Título contemplado, independentemente de haver fracionamento do prêmio de sorteio entre mais de um ganhador.

Art. 16. O sorteio, com exceção da premiação instantânea, poderá ser considerado como uma forma de liquidação antecipada do Título de Capitalização de acordo com as condições contratuais nele estabelecidas.

Parágrafo único. O valor pago pelo Subscritor referente ao custeio dos sorteios cuja realização se der após a liquidação antecipada do Título deverá ser devolvido juntamente com o valor de resgate da provisão matemática formada até o momento da liquidação, observado o disposto nos arts. 8º e 29 deste anexo.

Art. 17 Os resultados dos sorteios poderão ser apurados por meio de resultados de sistemas oficiais de premiação, bem como os obtidos através de processos próprios, sendo condição mínima de direito do Titular a possibilidade de presenciar sua apuração.

§ 1º A Sociedade de Capitalização deverá especificar nas Condições Gerais os procedimentos para sorteios substitutivos aos sorteios oficiais não realizados em conformidade com o originalmente previsto.

§ 2º Em caso de sorteios procedidos pela própria Sociedade de Capitalização, estes deverão ser realizados nas sedes, sucursais ou quaisquer estabelecimentos de livre acesso aos Titulares, precedidos de ampla divulgação, com a presença obrigatória de um representante de auditoria independente.

§ 3º Para cada sorteio realizado, nos casos previstos no parágrafo anterior e nos casos de premiação instantânea, as sociedades de Capitalização manterão, à disposição da SUSEP, o relatório da auditoria independente, onde deverão constar, no mínimo:

I — As regras estabelecidas pela Sociedade de Capitalização para determinação dos resultados de sorteios a serem obtidos;

II — Parecer atestando a aleatoriedade, a equiprobabilidade de ocorrência dos possíveis resultados e a efetiva distribuição dos prêmios previstos nas Condições Gerais; e

III — Parecer atestando a garantia de sigilo quanto ao conhecimento dos Títulos contemplados, no caso de premiação instantânea.

TÍTULO IV
DOS PAGAMENTOS

Art. 18. Fica facultado às sociedades de Capitalização a comercialização de Títulos distintos com valores de pagamentos diferenciados, dentro da mesma série.

§ 1º Deverá ser informado na Nota Técnica Atuarial o valor máximo previsto para a comercialização do Título ou a distribuição de frequência dos valores, quando for o caso.

§ 2º Na hipótese de que trata o *caput* deste artigo, para atender o disposto no art. 14 deste Anexo, será utilizado o valor do pagamento médio, calculado de acordo com a distribuição de frequência dos valores estabelecidos, para cada série.

§ 3º Fica dispensada a apresentação, na Nota Técnica Atuarial, da distribuição de frequência prevista no parágrafo primeiro deste artigo, nos casos em que o maior valor de pagamento já atenda o disposto no art. 14 deste anexo.

Art. 19. O valor mínimo de cada pagamento será de R$ 3,00 (três reais), ressalvado o disposto no parágrafo único deste artigo.

Parágrafo único. Ficam excluídos dos valores mínimos previstos no *caput* deste artigo os Títulos que prevejam a cessão integral da provisão matemática de resgate para programas sociais, educacionais, culturais ou esportivos de interesse do Governo Federal, e aqueles da Modalidade Incentivo que prevejam a cessão gratuita somente do direito à participação nos sorteios.

TÍTULO V
DA TAXA DE JUROS

Art. 20. A taxa de juros efetiva mensal utilizada para remuneração do Título e/ou sua equivalente anual, com exceção das Modalidades Popular e Incentivo, deverá corresponder a, no mínimo, 90% da taxa de juros aplicada às Cadernetas de Poupança e deverá constar da Nota Técnica Atuarial e das Condições Gerais do Título de Capitalização.

§ 1º A taxa de juros será modificada a partir da data da alteração que houver na taxa de juros aplicada às Cadernetas de Poupança, mesmo para os Títulos já comercializados.

§ 2º Caso haja alteração na taxa de juros que remunera as Cadernetas de Poupança, os Títulos que estabelecerem valor fixo para taxa de juros terão sua comercialização automaticamente suspensa até que a Sociedade de Capitalização obtenha nova aprovação adequando o seu valor, podendo excepcionalmente ser mantido o mesmo número de processo SUSEP.

Art. 21. A aplicação da taxa de juros cessará a partir da data do cancelamento do Título por falta de pagamento, ou por resgate antecipado, ou ainda, a partir da data do término da vigência.

Art. 22. As sociedades de Capitalização poderão prever, também, nas Condições Gerais dos Títulos, participação dos Titulares nos lucros da Empresa, ou em excedentes financeiros, nos termos da legislação específica.

TÍTULO VI
DO RESGATE

Art. 23. A Sociedade de Capitalização não poderá se apropriar da provisão matemática dos Títulos suspensos ou caducos por inadimplência dos pagamentos, devendo colocar à disposição do Titular, independentemente do número de pagamentos efetuados, o valor de resgate após o prazo de carência, ainda que a inadimplência ocorra em data anterior ao prazo de carência fixado.

§ 1º Para o caso de resgate antecipado, total ou parcial, do montante da provisão matemática, é facultada a fixação de um prazo de carência para efetivação do pagamento, não superior a 24 (vinte e quatro) meses, contados da data de início de vigência do Título de Capitalização.

§ 2º O prazo de carência não poderá ser superior ao prazo de vigência do Título, observado o disposto no parágrafo anterior.

§ 3º O pagamento do resgate deverá ser disponibilizado em até 15 (quinze) dias úteis após o término da vigência ou após o cancelamento do Título, ou ainda, após a solicitação por parte do Titular, no caso de resgate antecipado, observadas as normas em vigor e o disposto nos arts. 8º e 29 deste anexo.

§ 4º O valor do resgate deverá ser acrescido de juros moratórios previstos nas Condições Gerais do Título, caso a Sociedade de Capitalização não cumpra o prazo especificado no parágrafo anterior, ressalvados os casos em que não forem atendidas as disposições do § 2º do art. 7º, deste anexo.

Art. 24. O resgate originado na liquidação antecipada do Título por sorteio ou o resgate total ao final do prazo de vigência deverá corresponder a 100% (cem por cento) da provisão matemática.

§ 1º Na hipótese de resgate antecipado, ressalvado o disposto no § 2º do art. 2º do anexo III, a Sociedade de Capitalização deverá restituir, no mínimo, os seguintes percentuais aplicados ao valor da respectiva provisão matemática:

Resgate Antecipado Percentual Mínimo

Até o final do 6º mês 90%

A partir do 7º mês até o 24º mês 95%

A partir do 25º mês até ¾ do prazo de vigência 95%

A partir de ¾ do prazo de vigência 100%

§ 2º Para efeito de aplicação do percentual ao qual se refere o parágrafo anterior, deverá ser considerada a data em que o pagamento será efetivamente disponibilizado ao Titular, qualquer que tenha sido a data da solicitação do resgate antecipado.

§ 3º O disposto neste artigo não se aplica à modalidade Compra-Programada.

TÍTULO VII
DAS PROVISÕES

Art. 25. As provisões serão constituídas conforme legislação em vigor.

Art. 26. A provisão matemática para resgate do Título, deverá considerar atualização monetária e juros, a partir da data de início de vigência.

Parágrafo único. Não conhecida a data de aquisição ou do pagamento inicial, a provisão deverá considerar atualização monetária e juros, a partir do 15º (décimo quinto) dia da data de início de comercialização da série ou a partir da data média estabelecida entre as datas de início e término de comercialização, o que for menor.

TÍTULO VIII
DAS COTAS DE CAPITALIZAÇÃO E DE CARREGAMENTO

Art. 27. Os percentuais relativos aos pagamentos a serem utilizados para constituição da provisão matemática para resgate — cotas de Capitalização — deverão obedecer aos seguintes critérios, observados ainda os demais requisitos de cada modalidade:

I — Nos Títulos de Pagamento Único (PU) em que haja a realização de sorteios, ressalvado o disposto no inciso III deste artigo, o percentual destinado à formação da provisão matemática para resgate deverá ser, no mínimo, 70% (setenta por cento) do valor do pagamento, qualquer que seja o prazo de vigência do Título;

II — Nos Títulos de Pagamentos Mensais (PM) ou de Pagamentos Periódicos (PP), em que haja a realização de sorteios, o percentual destinado à formação da provisão matemática para resgate deverá ser, no mínimo, 10% (dez por cento) do valor de cada pagamento, nos primeiros três meses de vigência, e 70% (setenta por cento), a partir do quarto mês de vigência, sendo que a média aritmética do percentual de Capitalização de todos os pagamentos, até o final da vigência do Título, deverá corresponder a, no mínimo, 70% (setenta por cento), qualquer que seja o prazo de vigência do Título;

III — Nos Títulos de Pagamento Único (PU) com 12 (doze) meses de vigência e pertencentes às Modalidades Incentivo ou Popular, o percentual destinado à formação da provisão matemática para resgate deverá ser, no mínimo, 50% (cinquenta por cento) do valor do pagamento; e

IV — Nos Títulos em que não haja sorteio, os percentuais destinados à formação da provisão matemática para resgate deverão corresponder, no mínimo, a 98% (noventa e oito por cento) de cada pagamento.

Art. 28. Os percentuais de Carregamento — cotas de Carregamento — deverão cobrir os custos de despesas com corretagem, colocação e administração do Título de Capitalização, emissão, divulgação, atendimento ao cliente, desenvolvimento de sistema, lucro da Sociedade de Capitalização e cota de contingência, quando for o caso, conforme definido na Nota Técnica Atuarial e determinado nas Condições Gerais do Título.

TÍTULO IX
DA ATUALIZAÇÃO DE VALORES

Art. 29. As Condições Gerais do Título de Capitalização deverão conter o critério de atualização de valores inerentes ao contrato, observadas as normas em vigor.

§ 1º Os valores inerentes ao contrato a que se refere o *caput* deste artigo são:

I — Pagamentos Periódicos (PP) ou Pagamentos Mensais (PM), facultativamente e somente nos casos em que o prazo de pagamento é superior a 12 (doze) meses;

II — Provisão matemática para resgate;

III — Pagamentos de resgates e sorteios realizados;

IV — Prêmios de sorteios nos casos de Título de Pagamento Único (PU) com sorteios após o 12º (décimo segundo) mês de vigência;

V — Devolução do custeio dos sorteios cuja realização se der após a liquidação antecipada do Título sorteado.

§ 2º Faculta-se às sociedades de Capitalização estabelecerem nas Condições Gerais do Título a livre pactuação entre as partes do percentual do índice de atualização a ser aplicado aos Pagamentos Periódicos (PP) ou Pagamentos Mensais (PM), a cada período de 12 (doze) meses.

Art. 30. As Condições Gerais e a ficha de cadastro, quando prevista, deverão, nos casos em que a Taxa de Remuneração Básica aplicada às cadernetas de poupança (TR) for utilizada como índice de atualização da provisão matemática para resgate, conter a seguinte mensagem e em destaque:

"O capital formado neste Título será atualizado pela Taxa de Remuneração Básica aplicada às cadernetas de poupança (TR), que corresponde ao rendimento das cadernetas de poupança sem a parcela de juros mensais."

TÍTULO X
DA COMERCIALIZAÇÃO E DAS OPERAÇÕES RELATIVAS AO TÍTULO

Art. 31. A propaganda e o material de promoção referentes aos Títulos de Capitalização somente poderão ser elaborados com autorização expressa e sob supervisão da Sociedade de Capitalização, respeitadas as Condições Gerais dos Títulos e as normas em vigor.

Parágrafo único. A Sociedade de Capitalização é responsável pela fidedignidade das informações prestadas por meio do material de promoção e de comercialização dos seus Títulos.

Art. 32. As sociedades de Capitalização deverão comunicar à SUSEP a realização de acordos firmados com outras empresas/entidades para a comercialização de Títulos que prevejam a cessão parcial ou total dos direitos do Título, ou ainda, que vinculem, facultativamente, os valores de resgate ou sorteio à aquisição de bens e/ou serviços, mediante expediente que deverá ser anexado ao processo referente ao Título de Capitalização mencionado no respectivo acordo.

§ 1º A comunicação de que trata o *caput* deste artigo deverá ser efetuada em até 5 (cinco) dias úteis, após o efetivo início da comercialização dos Títulos.

§ 2º No caso de Títulos que referenciem os prêmios de sorteio à aquisição de bens, o material de propaganda, qualquer que seja a mídia utilizada, deverá traduzir com absoluta transparência que o valor do bem é apenas referencial.

Art. 33. Para qualquer modalidade, as Condições Gerais do Título devem assegurar o direito do Titular em optar por receber o valor do resgate e/ou prêmio de sorteio em moeda corrente, independentemente de qualquer vinculação estabelecida, à época da subscrição do Título.

Art. 34. Os pagamentos relativos aos resgates e sorteios de Títulos emitidos em nome de mais de um Titular deverão ser efetuados a cada um deles, na proporção definida por ocasião da contratação, ou decorrente de alteração posterior solicitada formalmente pelos Titulares à Sociedade de Capitalização.

Art. 35. O nome fantasia dos Títulos de Capitalização não deverá induzir a erro quanto aos direitos e/ou obrigações vinculados ao Título.

TÍTULO XI
DAS INFORMAÇÕES OBRIGATÓRIAS

Art. 36. É obrigatória a inclusão do número de processo SUSEP nas Condições Gerais, na ficha de cadastro ou em qualquer veiculação de caráter publicitário, de forma a permitir a fácil e imediata identificação do produto pelo destinatário da mensagem.

Parágrafo único. Não será necessário mencionar os números dos processos SUSEP quando se tratar de propaganda institucional.

Art. 37. Qualquer veiculação de caráter publicitário, independentemente da mídia utilizada, ao mencionar a faculdade de conversão dos valores de resgate e/ou prêmios de sorteio em eventuais bens e/ou serviços, deverá informar que o Titular sempre terá direito ao recebimento em dinheiro, se assim o desejar.

Art. 38. O Titular contemplado em sorteio deverá ser notificado deste fato pela Sociedade de Capitalização, por escrito, mediante correspondência expedida com aviso de recebimento — AR, ou pela mídia impressa ou eletrônica, caso o pagamento do sorteio não tenha sido efetuado em até 15 (quinze) dias úteis de sua realização.

Art. 39. Deverá constar das Condições Gerais, em destaque, que se aplicará, quando do pagamento do resgate, tratamento tributário, na forma da legislação fiscal vigente.

Art. 40. As Condições Gerais deverão estabelecer a obrigatoriedade da Sociedade de Capitalização prestar ao Titular as informações necessárias ao acompanhamento dos valores inerentes ao Título, bem como emitir e remeter extratos individuais aos Titulares, no mínimo uma vez a cada ano, durante a vigência do Título, ou disponibilizar as informações através da mídia impressa ou eletrônica ou mediante outro canal de comunicação, devendo conter, no mínimo, o valor do resgate atualizado.

§ 1º Caso as informações sejam fornecidas por extratos, a periodicidade de remessa desses extratos deverá constar nas Condições Gerais do Título.

§ 2º Independentemente da emissão de extratos, a Sociedade de Capitalização deverá prestar informações relativas ao Título, sempre que solicitadas pelo Subscritor ou Titular.

§ 3º No caso de Títulos de Capitalização de Pagamentos Periódicos (PP) ou Pagamentos Mensais (PM) com prazo de vigência de 12 (doze) meses, deverá ser observada a periodicidade máxima semestral para o envio de extratos, quando previstos.

Art. 41. Deverá ser estabelecido, nas Condições Gerais, que as questões judiciais entre o Subscritor e/ou Titular e a Sociedade de Capitalização serão processadas no foro de domicílio do Titular.

Art. 42. Deverá ser estabelecido, nas Condições Gerais, que os prazos prescricionais são aqueles determinados em lei.

ANEXO II
DA MODALIDADE TRADICIONAL

Art. 1º Define-se como Modalidade Tradicional o Título de Capitalização que tem por objetivo restituir ao Titular, ao final do prazo de vigência, no mínimo, o valor total dos pagamentos efetuados pelo Subscritor, desde que todos os pagamentos previstos tenham sido realizados nas datas programadas.

§ 1º O Título poderá ser estruturado na forma de Pagamentos Periódicos (PP), Pagamentos Mensais (PM) ou de Pagamento Único (PU).

§ 2º Para efeito do cálculo do valor total a que se refere o *caput* deste artigo, não deverão ser computadas a atualização monetária da provisão matemática para resgate nem tampouco a provisão de bônus.

§ 3º É permitida a utilização da provisão matemática para resgate como instrumento de garantia.

§ 4º É vedada qualquer vinculação da provisão matemática para resgate à aquisição de bem ou serviço.

Art. 2º É obrigatório o preenchimento de ficha de cadastro, em momento anterior à aquisição do Título.

Art. 3º A ficha de cadastro deverá conter, em destaque, a seguinte mensagem:

"Este Título poderá restituir valor inferior ao total dos pagamentos efetuados, caso o resgate seja realizado antes do término do prazo de vigência. A contratação deste Título é apropriada, principalmente, na hipótese de o Subscritor planejar realizar todos os pagamentos e permanecer até o final da vigência."

Art. 4º O custo com sorteios poderá corresponder, no máximo, a 15% (quinze por cento) do total dos pagamentos.

Art. 5º É facultada a previsão de bônus ao Titular que permanecer até o final da vigência do Título.

Parágrafo único. Na Nota Técnica Atuarial deverá ser demonstrado o critério matemático para a constituição da provisão deste bônus.

Art. 6º Fica facultada a estruturação de Títulos com a possibilidade de pagamentos com livre escolha por parte do Subscritor quanto à quantidade, valor e data de realização desses pagamentos, desde que observadas as seguintes condições:

I — Os Títulos não serão estruturados em série;

II É vedada a previsão de sorteios;

III — Os pagamentos deverão ser efetuados dentro do prazo de vigência do Título;

IV — Não se aplica, nessa hipótese, a apresentação da tabela prevista no art. 3º, inciso III, do Anexo I;

V — O capital mínimo será definido com base no valor do primeiro pagamento efetuado, como se este fosse o único, considerando-se também o prazo de vigência do Título; e

VI — É vedada a utilização da Taxa de Remuneração Básica aplicada às cadernetas de poupança (TR) como índice de atualização monetária da provisão matemática para resgate.

ANEXO III
DA MODALIDADE COMPRA-PROGRAMADA

Art. 1º Define-se como Modalidade Compra-Programada o Título de Capitalização em que a Sociedade de Capitalização garante ao Titular, ao final da vigência, o recebimento do valor de resgate em moeda corrente nacional, sendo disponibilizada ao Titular a faculdade de optar, se este assim desejar e sem qualquer outro custo, pelo recebimento do bem ou serviço referenciado na fichade cadastro, subsidiado por acordos comerciais celebrados com indústrias, atacadistas ou empresas comerciais.

§ 1º As condições relativas ao bem ou serviço referenciado deverão ser informadas ao Subscritor em material apartado das Condições Gerais, não sendo necessário o envio deste para a SUSEP.

§ 2º O Título poderá ser estruturado na forma de Pagamento Periódico (PP) ou Pagamento Mensal (PM).

Art. 2º Ao final do prazo de vigência, a provisão matemática para resgate deverá corresponder, no mínimo, ao valor total dos pagamentos efetuados pelo Subscritor, desde que todos os pagamentos tenham sido realizados, nas datas programadas.

§ 1º Para efeito de cálculo do valor total a que se refere o *caput* deste artigo, não deverão ser computadas a atualização monetária da provisão matemática para resgate nem tampouco a provisão de bônus.

§ 2º Para manter o equilíbrio das despesas administrativas decorrentes dos acordos comerciais celebrados para garantia do bem referenciado, a Sociedade de Capitalização poderá reter, desde que previsto nas Condições Gerais do Título, percentual de, no máximo, 10% (dez por cento) do valor formado na provisão matemática de resgate, a ser aplicada nos casos em que o Titular solicitar o resgate antes do fim do prazo de vigência do Título.

§ 3º Somente poderá haver liquidação antecipada por sorteio se este representar uma forma do Titular adquirir o bem ou serviço referenciado na ficha de cadastro, sendo que, neste caso, o resgate deverá corresponder a 100% (cem por cento) da provisão matemática.

Art. 3º É obrigatório o preenchimento da ficha de cadastro, em momento anterior à aquisição do Título.

Art. 4º A ficha de cadastro deverá conter, em destaque, a seguinte mensagem:

"Este Título poderá restituir valor inferior ao total dos pagamentos efetuados, caso o resgate seja realizado antes do término do prazo de vigência."

Art. 5º O custo com sorteios poderá corresponder, no máximo, a 15% (quinze por cento) do total dos pagamentos.

Art. 6º É facultada a previsão de bônus ao Titular que permanecer até o final da vigência do Título.

Parágrafo único. Na Nota Técnica Atuarial deverá ser demonstrado o critério matemático para a constituição da provisão deste bônus.

Art. 7º A atualização da provisão matemática para resgate deverá ser necessariamente feita por índice de preços e em conformidade com a legislação em vigor, ressalvado o disposto no parágrafo único deste artigo.

Parágrafo único. Poderá ser utilizado outro índice, diferente do citado no *caput* deste artigo, para a atualização da provisão matemática para resgate, mediante aprovação prévia da SUSEP, desde que a Sociedade de Capitalização comprove a existência de contrato firmado com fornecedores que garantam a atualização dos preços dos bens ou serviços pelo referido índice.

ANEXO IV
DA MODALIDADE POPULAR

Art. 1º Define-se como Modalidade Popular o Título de Capitalização que tem por objetivo propiciar a participação do Titular em sorteios, sem que haja devolução integral dos valores pagos.

Parágrafo único. O Título poderá ser estruturado na forma de Pagamento Periódico (PP), Pagamento Mensal (PM) ou Pagamento Único (PU).

Art. 2º É facultativo o preenchimento da ficha de cadastro, no ato da subscrição do Título.

Art. 3º As Condições Gerais e a ficha de cadastro, quando prevista, deverão conter, em destaque, a seguinte mensagem:

"Este Título restituirá ao final de sua vigência valor inferior ao total dos pagamentos efetuados. A contratação deste Título é apropriada principalmente na hipótese do Subscritor estar interessado em participar dos sorteios. Consulte a tabela de resgate para observar a evolução do percentual de resgate, de acordo com os meses de vigência do Título."

Art. 4º O custo com sorteios deverá corresponder a, no mínimo, 5% (cinco por cento) e, no máximo, 25% (vinte e cinco por cento) dos pagamentos efetuados.

§ 1º Para os Títulos estruturados na forma de Pagamento Mensal (PM), o valor de cada prêmio bruto individual de sorteio não poderá ser inferior a 12 (doze) vezes o valor dos pagamentos.

§ 2º O valor de que trata o parágrafo anterior deve ser garantido a cada Título contemplado independentemente de haver fracionamento do prêmio de sorteio entre mais de um ganhador.

§ 3º Deverá ser prevista a realização de, no mínimo, 1 (um) sorteio a cada semestre de vigência do Título.

Art. 5º Para os Títulos de pagamento único e com 12 (doze) meses de vigência, o resgate antecipado da provisão matemática deverá corresponder a, no mínimo, 50% (cinquenta por cento) do valor do pagamento único, independentemente do disposto no artigo 24 do Anexo I.

Art. 6º A taxa de juros efetiva mensal utilizada para remuneração do Título e/ou sua equivalente anual deverá corresponder a, no mínimo, 20% (vinte por cento) da taxa de juros aplicada às Cadernetas de Poupança e deverá constar da Nota Técnica Atuarial e das Condições Gerais do Título de Capitalização.

§ 1º Se a taxa de juros informada corresponder a percentual da taxa de juros aplicada às Cadernetas de Poupança, eventuais alterações nesta deverão ser automaticamente adotadas, mesmo para os Títulos já comercializados.

§ 2º Em caso de aumento da taxa de juros aplicada à Caderneta de Poupança, de modo que a taxa informada no produto não atenda ao mínimo estabelecido no *caput* deste artigo, ficará automaticamente suspensa a comercialização do produto até que a Sociedade de Capitalização obtenha nova aprovação adequando a taxa de juros, podendo excepcionalmente ser mantido o mesmo número de processo SUSEP.

Art. 7º É vedada a previsão de bônus.

ANEXO V
DA MODALIDADE INCENTIVO

Art. 1º Entende-se por Modalidade Incentivo o Título de Capitalização que está vinculado a um evento promocional de caráter comercial instituído pelo Subscritor.

§ 1º Deverá ser prevista a cessão gratuita do direito de participação nos sorteios e, facultativamente, do direito de resgate.

§ 2º O evento de incentivo de que trata o *caput* deste artigo deve ser mencionado em material apartado das Condições Gerais do Título, não sendo necessário o envio deste à SUSEP.

§ 3º O Título poderá ser estruturado na forma de Pagamento Periódico (PP), Pagamento Mensal (PM) ou Pagamento Único (PU).

Art. 2º A SUSEP poderá solicitar, a qualquer momento, a cópia do acordo firmado entre a Sociedade de Capitalização e o Subscritor, bem como cópia de todo material publicitário envolvido na promoção, e demais informações que julgar necessárias.

Parágrafo único. Perante a SUSEP, a Sociedade de Capitalização é responsável por eventuais violações das normas em vigor ou ainda das Condições Gerais dos Títulos comercializados, verificadas nos acordos mencionados no *caput* deste artigo.

Art. 3º A taxa de juros efetiva mensal utilizada para remuneração do Título e/ou a equivalente anual deverá corresponder a, no mínimo, 20% (vinte por cento) da taxa de juros aplicada às Cadernetas de Poupança e deverá constar da Nota Técnica Atuarial e das Condições Gerais do Título de Capitalização.

§ 1º Se a taxa de juros informada corresponder a percentual da taxa de juros aplicada às Cadernetas de Poupança, eventuais alterações nesta deverão ser automaticamente adotadas, mesmo para os Títulos já comercializados.

§ 2º Em caso de aumento da taxa de juros aplicada à Caderneta de Poupança, de modo que a taxa informada no produto não atenda ao mínimo estabelecido no *caput* deste artigo, ficará automaticamente suspensa a comercialização do produto até que a Sociedade de Capitalização obtenha nova aprovação, adequando a taxa de juros, podendo excepcionalmente ser mantido o mesmo número de processo SUSEP.

Art. 4º É facultativo o preenchimento de ficha de cadastro para a aquisição do Título.

Art. 5º As Condições Gerais e a ficha de cadastro, quando prevista, deverão conter, em destaque, a seguinte mensagem:

"A aprovação da SUSEP para a comercialização dos Títulos de Capitalização desta modalidade não desobriga ao cumprimento de outras exigências legais para a realização de promoções comerciais por empresas que não sejam por ela fiscalizadas."

Art. 6º O custo com sorteios poderá corresponder, no máximo, a 25% (vinte e cinco por cento) do custo total do Título.

Art. 7º É vedada a previsão de bônus.

Art. 8º Nesta modalidade, somente poderão ser comercializadas séries exclusivas, isto é, que não poderão ser adquiridas por mais de um Subscritor.

Art. 9º Deverá ser prevista a carência.

ANEXO XIV

CIRCULAR SUSEP N. 378, DE 19 DE DEZEMBRO DE 2008

Altera a Circular SUSEP N. 365, de 27 de maio de 2008.

O SUPERINTENDENTE DA SUPERINTENDÊNCIA DE SEGUROS PRIVADOS — SUSEP, na forma prevista nas alíneas "b", "c" e "h", do art. 36 do Decreto-Lei n. 73, de 21 de novembro de 1966 c/c do § 2º, do art. 3º do Decreto-Lei n. 261, de 28 de fevereiro de 1967, e considerando o que consta do Processo SUSEP n. 15414.000936/2005-69,

RESOLVE:

Art. 1º Alterar o art. 3º da Circular SUSEP n. 365, de 27 de maio de 2008, que passa a vigorar com a seguinte redação:

"Art. 3º As sociedades de Capitalização não poderão comercializar, após 31 de março de 2009, os Títulos já aprovados que não atendam ao disposto na presente Circular". (NR)"

Art. 2º Incluir o § 8º, no art. 11, do Anexo I, da Circular SUSEP n. 365, de 27 de maio de 2008, na forma, a seguir, indicada:

"Art. 11. ....

§ 8º O tamanho da série deverá ser de, no mínimo, 10.000 (dez mil) Títulos."

Art. 3º Incluir o § 4º, no art. 4º, do Anexo IV, da Circular SUSEP n. 365, de 27 de maio de 2008, na forma, a seguir, indicada:

"Art. 4º ....

§ 4º Os sorteios realizados no 2º (segundo) semestre de vigência do Título devem distribuir, no mínimo, 10% do total do valor de prêmios previstos para a série."

Art. 4º Esta Circular entra em vigor na data de sua publicação.

ARMANDO VERGILIO DOS SANTOS JÚNIOR
Superintendente

ANEXO XV

CIRCULAR SUSEP N. 396, DE 10 DE DEZEMBRO DE 2009

Altera a Circular SUSEP n. 365, de 27 de maio de 2008.

O SUPERINTENDENTE DA SUPERINTENDÊNCIA DE SEGUROS PRIVADOS — SUSEP, na forma prevista nas alíneas "b", "c" e "h", do art. 36 do Decreto-Lei n. 73, de 21 de novembro de 1966 c/c o § 2º, do art. 3º, do Decreto-Lei n. 261, de 28 de fevereiro de 1967, e considerando o que consta do Processo SUSEP n. 15414.000936/2005-69,

RESOLVE:

Art. 1º Alterar o *caput* do art. 40 da Circular SUSEP n. 365, de 27 de maio de 2008, que passa a vigorar com a seguinte redação:

"Art. 40. As Condições Gerais deverão estabelecer a obrigatoriedade da Sociedade de Capitalização prestar ao Titular da provisão matemática para resgate as informações necessárias ao acompanhamento dos valores inerentes ao Título, bem como emitir e remeter extratos individuais ao mesmo, no mínimo uma vez a cada ano, durante a vigência do Título, ou disponibilizar as informações através da mídia impressa ou eletrônica ou mediante outro canal de comunicação, devendo conter, no mínimo, o valor do resgate atualizado."

Art. 2º Alterar no § 4º do art. 4º, do anexo IV, da Circular SUSEP n. 365, de 27 de maio de 2008, que passa a vigorar com a seguinte redação:

"Art. 4º ....

§ 4º Salvo para as séries que possuam mais do que 1.000.000 (hum milhão) de Títulos, os sorteios realizados no 2º (segundo) semestre de vigência do Título devem distribuir, no mínimo, 10% do total do valor de prêmios previstos para a série."

Art. 3º Fica revogado o art. 3º da Circular SUSEP n. 378, de 19 de dezembro de 2008.

Art. 4º Esta Circular entra em vigor na data de sua publicação.

ARMANDO VERGILIO DOS SANTOS JÚNIOR
Superintendente

ANEXO XVI

CIRCULAR SUSEP N. 416, DE 23 DE DEZEMBRO DE 2010

Altera a Circular SUSEP n. 365, de 27 de maio de 2008.

O SUPERINTENDENTE DA SUPERINTENDÊNCIA DE SEGUROS PRIVADOS — SUSEP, na forma prevista no inciso IV do art. 32 do Decreto-Lei n. 73, de 21 de novembro de 1966, e no inciso II do art. 5º da Resolução CNSP

n. 15, de 3 de dezembro de 1991, c/c o *caput* e alínea "b" do art. 36 do Decreto-Lei n. 73, de 21 de novembro de 1966, e com o § 2º do art. 3º do Decreto-Lei n. 261, de 28 de fevereiro de 1967, e considerando o que consta do Processo SUSEP n. 15414.000936/2005-69,

RESOLVE:

Art. 1º Incluir o § 2º no art. 31 do anexo I à Circular SUSEP n. 365, de 27 de maio de 2008, renumerando-se o parágrafo único para § 1º, na forma, a seguir, indicada:

"Art. 31. ....

§ 1º ....

§ 2º Qualquer material de promoção referente aos Títulos de Capitalização deverá apresentar sempre, em destaque, a seguinte mensagem:

'É proibida a venda de Título de Capitalização a menores de dezesseis anos. — Art. 3º, I do Código Civil'."

Art. 2º Incluir, no art. 7º do anexo I à Circular SUSEP n. 365, de 27 de maio de 2008, os §§ 4º, 5º, 6º e 7º, na forma, a seguir, indicada:

"Art. 7º ....

§ 4º É vedada à Sociedade de Capitalização a inclusão de cláusula que estabeleça a cessão do direito de resgate e/ou de participação dos sorteios a qualquer Entidade de que esta Sociedade ou qualquer de seus sócios, diretores, ou parentes destes até o terceiro grau, dela participem de alguma forma.

"§ 5º No caso de comercialização de Título em que haja a cessão do direito de resgate, a Sociedade de Capitalização deverá informar no material de comercialização e nas Condições Gerais, em destaque, que o consumidor está adquirindo um Título em que está cedendo o direito de resgate a uma referida instituição, cujo nome também deverá constar em destaque no material de comercialização.

§ 6º No caso de Título em que haja a cessão do direito de resgate, cujos sorteios sejam apresentados na televisão, a informação da cessão deverá constar em texto apresentado durante a transmissão e comunicado pelos apresentadores, durante a realização dos sorteios e nas campanhas publicitárias.

§ 7º É vedado que a Entidade beneficiária da cessão de direito:

I — participe de qualquer custo relativo à realização dos sorteios, excetuando-se aqueles relativos à sua divulgação;

II — destine qualquer recurso à própria Sociedade de Capitalização ou a qualquer outra de que esta Sociedade ou qualquer de seus sócios, diretores, ou parentes destes até o terceiro grau, dela participem de alguma forma."

Art. 3º Incluir no art. 8º do anexo I da Circular SUSEP n. 365, de 27 de maio de 2008, os §§ 1º e 2º, na forma, a seguir, indicada:

"Art. 8º ....

§ 1º Para os Títulos de Capitalização adquiridos por meio de débito automático em conta, a Sociedade de Capitalização deve realizar, quando do fim da vigência do Título, o depósito automático do saldo integral da Provisão Matemática para Resgate na respectiva conta, salvo se verificada a ocorrência de pelo menos um dos seguintes fatos:

I — manifestação expressa em sentido diverso do Titular;

II — Titular diferente do Subscritor correntista;

III — falecimento do Titular;

IV — encerramento da conta corrente;

V — impossibilidade devidamente justificada de efetivação de crédito em conta.

§ 2º Nos casos que não se enquadrem no § 1º deste artigo, a Sociedade de Capitalização deverá possuir procedimentos operacionais que viabilizem, quando do fim da vigência do Título de Capitalização, a ciência ao Titular sobre a disponibilidade do saldo da Provisão Matemática para Resgate."

Art. 4º Alterar o *caput* do art. 5º do anexo II e o *caput* do art. 6º do anexo III, ambos da Circular SUSEP n. 365, de 27 de maio de 2008, que passam a vigorar com a seguinte redação:

"Art. 5º É facultada a previsão de bônus ao Titular, devendo este ser constituído de forma independente da Provisão Matemática para Resgate.

Parágrafo único. ...."

"Art. 6º É facultada a previsão de bônus ao Titular, devendo este ser constituído de forma independente da Provisão Matemática para Resgate.

Parágrafo único. ...."

Art. 5º As Sociedades de Capitalização terão 180 dias para se adaptar às disposições desta Circular.

§ 1º Para os produtos aprovados em conformidade com a Circular SUSEP no 365, de 27 de maio de 2008, o requerimento de aprovação de produto decorrente de adaptação às disposições desta Circular poderá ser formulado nos autos do processo administrativo original, desde que requerida dentro do prazo estabelecido no *caput*.

§ 2º A comercialização dos Títulos de que trata o parágrafo anterior deverá ser suspensa, quando sua aprovação não ocorrer dentro do prazo estabelecido no *caput*.

§ 3º A suspensão, de que trata o parágrafo anterior, cessará com a nova aprovação do produto.

§ 4º O requerimento de aprovação de produto, decorrente exclusivamente de adaptação do clausulado padrão definido pela SUSEP ao disposto nesta Circular, será aprovado de forma automática, a partir da data de protocolo do expediente, desde que requerida dentro do prazo estabelecido no *caput* e na forma disposta no § 1º.

§ 5º Poderá ser utilizado, desde que o produto esteja adaptado ao disposto nesta Circular, o material de divulgação pré-impresso por até 360 dias após a publicação desta Circular.

Art. 6º Esta Circular entra em vigor na data de sua publicação.

PAULO DOS SANTOS
Superintendente

ANEXO XVII

CIRCULAR SUSEP N. 444, DE 27 DE JUNHO DE 2012

Dispõe sobre a cessão de direitos dos Títulos de Capitalização para incentivo à aquisição do microsseguro.

O SUPERINTENDENTE SUBSTITUTO DA SUPERINTENDÊNCIA DE SEGUROS PRIVADOS — SUSEP, na forma do disposto no Decreto-Lei n. 73, de 21 de novembro de 1966, no Decreto-Lei n. 261, de 28 de fevereiro de 1967 e o disposto na Resolução CNSP n. 244, de 6 de dezembro de 2011, e considerando o que consta do Processo SUSEP n. 15414.002278/2012-79,

RESOLVE:

Art. 1º Dispor sobre a cessão de direitos dos Títulos de Capitalização para incentivo à aquisição do microsseguro.

Art. 2º Para fins desta Circular define-se como:

I — Microsseguro Premiável: Plano de microsseguro associado à cessão de direitos de Título de Capitalização;

II — Empresa Promotora: pessoa jurídica ou sociedade seguradora/entidade de previdência complementar aberta que adquire Títulos de Capitalização para o incentivo à aquisição de microsseguro premiável;

III — Acordo Comercial de Microsseguro Premiável: contrato celebrado entre a Sociedade de Capitalização e a empresa promotora e, ainda, a sociedade seguradora/entidade de previdência complementar aberta, quando esta não for a empresa promotora, com objetivo de regular os direitos e as obrigações das partes, relativo à cessão do(s) direito(s) do Título de Capitalização;

IV — Segurado: pessoa física ou jurídica que, tendo interesse segurável, contrata o microsseguro premiável em seu benefício pessoal ou de terceiro.

Art. 3º As condições gerais e os regulamentos dos Planos de microsseguro premiável protocolados junto à SUSEP deverão conter, obrigatoriamente, informações acerca da cessão de direitos de Título de Capitalização.

Art. 4º O Acordo Comercial de Microsseguro Premiável celebrado entre a Sociedade de Capitalização e a empresa promotora e, quando for o caso, a sociedade seguradora/entidade de previdência complementar aberta, quando esta não for a empresa promotora, deverá conter, no mínimo, as seguintes informações:

I — dia, mês e ano de início e término de comercialização do Plano de microsseguro premiável a ele vinculado;

II — razão social e, se houver, nome fantasia, das partes do Acordo Comercial de Microsseguro Premiável e, ainda, número de inscrição no Cadastro Nacional de Pessoa Jurídica (CNPJ), endereço, código postal, telefone, fax, endereço eletrônico, nome e cargo do signatário, declaração de que o signatário está legalmente investido dos poderes de representação da parte;

III — definição do critério de elegibilidade dos participantes da promoção;

IV — forma de divulgação do resultado do(s) sorteio(s);

V — se o valor do prêmio de sorteio é líquido ou bruto e, nesse último caso, que o desconto do imposto de renda será realizado na forma da legislação em vigor, explicitando o percentual vigente aplicável;

VI — denominação e CNPJ da Sociedade de Capitalização e da Sociedade Seguradora/Entidade de Previdência Complementar Aberta;

VII — números dos processos SUSEP referentes ao Título de Capitalização e ao Plano de microsseguro premiável vinculados ao Acordo Comercial de Microsseguro Premiável, facilmente identificáveis;

VIII — se a cessão do Título de Capitalização engloba os direitos de sorteio e resgate ou apenas o primeiro;

IX — obrigação de a empresa promotora disponibilizar aos segurados, por qualquer meio, a combinação e informações necessárias à participação em sorteios;

X — a vedação expressa à comercialização ou à cessão, ainda que a Título gratuito, de cadastro e/ou banco de dados com as informações obtidas na operação.

XI — que a SUSEP poderá, a qualquer tempo, solicitar às partes envolvidas documentos e/ou informações complementares.

Art. 5º A comercialização de microsseguro premiável sem o Acordo Comercial de Microsseguro Premiável correspondente sujeitará à Sociedade de Capitalização e a sociedade seguradora/entidade aberta de previdência complementar às penalidades cabíveis e não poderá reverter em prejuízo do segurado.

Art. 6º A Sociedade de Capitalização deverá informar à SUSEP, até o dia 10 (dez) de cada mês, por meio de expediente específico, os Acordos Comerciais de Microsseguro Premiável iniciados no mês imediatamente anterior ao da data do envio.

Art. 7º O Acordo Comercial de Microsseguro Premiável, bem como o material promocional de divulgação do Plano de microsseguro premiável, não poderá conter informações ou parâmetros distintos das condições gerais aprovadas para o Título de Capitalização e para o Plano de microsseguro premiável protocolados junto à SUSEP.

§ 1º Qualquer evento ou material de divulgação relacionado ao microsseguro premiável será de responsabilidade da Sociedade de Capitalização e da sociedade seguradora/entidade de previdência complementar aberta que participarem da promoção comercial, sendo que cada uma delas responderá, solidariamente, pelas informações relacionadas aos produtos que comercializarem em conjunto.

§ 2º O pagamento do prêmio de sorteio e o valor de resgate do Título, este último quando aplicável, é de responsabilidade exclusiva da Sociedade de Capitalização.

§ 3º Os números de processo administrativo junto à SUSEP de aprovação do Título de Capitalização e do Plano de microsseguro premiável deverão constar de todo o material de divulgação do produto.

Art. 8º O Microsseguro Premiável poderá ser contratado com a utilização de meios remotos, desde que observados todos os requisitos previstos na norma específica sobre a contratação de Planos de microsseguro.

§ 1º A contratação de Plano de previdência equiparado a Plano de microsseguro premiável não poderá ser realizada por meios remotos, devendo obedecer ao disposto na legislação específica.

§ 2º A utilização de meios remotos na contratação de microsseguro deverá garantir ao segurado o acesso irrestrito às informações sobre o Plano contratado, com a disponibilização obrigatória pela sociedade seguradora de telefone gratuito de contato de central de atendimento específica em horário comercial, com fornecimento de número de protocolo de atendimento indicando data e hora de contato.

Art. 9º O Plano de microsseguro premiável poderá ser contratado por todas as formas de contratação admitidas na norma específica sobre a contratação de Planos de microsseguro, desde que observadas todos os requisitos previstos.

Art. 10. Esta Circular entra em vigor na data de sua publicação.

CARLOS ROBERTO AMORELLI DE FREITAS

ANEXO XVIII

LISTA DE ENDEREÇOS DA CONFEDERAÇÃO E DA FEDERAÇÃO E DAS SOCIEDADES DE CAPITALIZAÇÃO

CONFEDERAÇÃO NACIONAL DAS EMPRESAS DE SEGUROS GERAIS, PREVIDÊNCIA PRIVADA E VIDA, SAÚDE SUPLEMENTAR E CAPITALIZAÇÃO — CNseg
CNPJ 33.623.893/0001-80
Rua Senador Dantas, 74 — 11º andar — Centro — Rio de Janeiro — CEP: 20.031-205.
Telefone: (21) 2510 7777 / (21) 2510 7844
PRESIDENTE: JORGE HILÁRIO GOUVÊA VIEIRA

FEDERAÇÃO NACIONAL DE CAPITALIZAÇÃO — FenaCap
CNPJ 08.948.628/0001-25
Rua Senador Dantas, 74 — 8º andar — Centro — Rio de Janeiro — CEP: 20.031-205.
Telefone: (21) 2510 7909 / (21) 2510 7845
PRESIDENTE: MARCO ANTÔNIO DA SILVA BARROS

SOCIEDADES DE CAPITALIZAÇÃO ASSOCIADAS À FENACAP

1 — APLUB CAPITALIZAÇÃO S/A.
CNPJ: 88.076.302/0001-94
Endereço: Av. Júlio de Castilhos, 10 — 5º andar — Centro
Porto Alegre — Cep: 90030-130
DDD: 051 — Tel: 3027-2576 — Fax: 3027-2552
PRESIDENTE: SALVADOR LÁPIS JÚNIOR

2 — BRADESCO CAPITALIZAÇÃO S/A
CNPJ: 33.010.851/0001-74
Endereço: Av. Paulista, 1415 — 4º andar — Bela Vista
São Paulo — SP — Cep: 01311200
DDD: 011 — Tel: 3265-5414 — Fax: 3284-5912
PRESIDENTE: NORTON GLABES LABES

3 — BRASILCAP CAPITALIZAÇÃO S/A
CNPJ: 15.138.043/0001-05
Endereço: Rua Senador Dantas, 105 / 10º andar — Centro
Rio de Janeiro — Cep: 20031923
DDD: 021 — Tel: 3804-2060 — Fax: 3804-2007
PRESIDENTE: MARCIO LOBÃO

4 — CAIXA CAPITALIZAÇÃO S/A
CNPJ: 01.599.296/0001-71
Endereço: SCN Quadra 01 Bloco "A" Ed. Number One 15º andar — Asa Norte
Brasília — Cep: 70711900
DDD: 061 — Tel: 2192-2697 — Fax: 2192-2407
PRESIDENTE: THIERRY MARC CLAUDE CLAUDON

5 — CIA ITAÚ DE CAPITALIZAÇÃO S/A
CNPJ: 23.025.711/0001-16
Endereço: Pça Alfredo Egydio de Souza Aranha, 100 Torre Olavo Setúbal Pl — Parque Jabaquara São Paulo — Cep: 04344902
DDD: 011 — Tel: 5019-2959 — Fax: 5019-2933
PRESIDENTE: ROBERTO EGYDIO SETUBAL

6 — HSBC EMPRESA DE CAPITALIZAÇÃO (BRASIL) S/A
CNPJ: 33.425.075/0001-73
Endereço: Rua Tenente Francisco Ferreira de Souza, 805-Bl. 1-Ala 1 — Vila Hauer
Curitiba — PR — Cep: 81630010
DDD:041 Tel: 3777-4455 — Fax: 3523-2197
PRESIDENTE: ALFREDO LALIA NETO

7 — ICATU CAPITALIZAÇÃO S/A
CNPJ: 74.267.170/0001-73
Endereço: Praça Vinte e Dois de Abril, 36 — 9º andar — Centro
Rio de Janeiro — Cep: 20021370
DDD: 021 — Tel: 3824-3912 — Fax: 3824-3867
PRESIDENTE: MARIA DO CARMO NABUCO DE ALMEIDA BRAGA

8 — LIDERANÇA CAPITALIZAÇÃO S/A
CNPJ: 60.853.264/0001-10
Endereço: Rua Jaceguaí, 400 — Bela Vista
São Paulo — Cep: 01315901
DDD: 011 — Tel: 3188-9741 — Fax: 3188-9830
PRESIDENTE: JOSÉ MARIA CORSI

9 — SANTANDER CAPITALIZAÇÃO S/A
CNPJ: 03.209.092/0001-02
Endereço: Av. Pres. Juscelino Kubitscheck, 2235/2041
São Paulo — Cep: 04752901
DDD: 011 — Tel: 3553-7540 — Fax: 3553-3267
PRESIDENTE: HUGO SERGIO ASSIS JUNIOR

10 — SUL AMÉRICA CAPITALIZAÇÃO S/A — SULACAP
CNPJ: 03.558.096/0001-04
Endereço: Rua da Candelária, 60, 9º andar — Centro.
Rio de Janeiro — Cep: 20091020
DDD: 021 — Tel: 3213-6340 — Fax: 3213-6417
PRESIDENTE: CARLOS INFANTE SANTOS DE CASTRO

11 — CARDIF CAPITALIZAÇÃO S/A
CNPJ: 11.467.788/0001-67
Endereço: Rua Campos Bicudo, 98 — 4º andar — Itaim Bibi
São Paulo — Cep: 04536010
DDD: 011 — Tel: 2246-9006 — Fax: 2246-9077
PRESIDENTE: ADRIANO ROMANO

12 — MAPFRE CAPITALIZAÇÃO S/A
CNPJ: 09.382.998/001-00
Endereço: Avenida das Nações Unidas, 12.495 — Brooklin Paulista — São Paulo
CEP: 04578000
DDD: 011 — Tel: 2663-5102 — Fax: 2663-5192
PRESIDENTE: WILSON TONETO

ANEXO XIX

LISTA DE ENDEREÇOS DOS SINDICATOS DAS EMPRESAS DE SEGUROS, DE RESSEGUROS, DE CAPITALIZAÇÃO E DE PREVIDÊNCIA COMPLEMENTAR ABERTA

1 — SINDICATO DAS SEGURADORAS, PREVIDÊNCIA COMPLEMENTAR E CAPITALIZAÇÃO DO ESTADO DE SÃO PAULO — SINDSEG / SP
CNPJ: 60.495.231/0001-45
Endereço: Av. São João, 313 — 6 e 7º andares — Centro — São Paulo
CEP: 01035000
DDD: 011 — Tel: 3331-7666 Fax: 3331-7666
PRESIDENTE: MAURO CÉSAR BATISTA

2 — SINDICATO DAS EMPRESAS DE SEGUROS PRIVADOS, DE RESSEGUROS, DE PREVIDÊNCIA COMPLEMENTAR E DE CAPITALIZAÇÃO DO NORTE/NORDESTE — SINDISEG / N-NE
CNPJ: 11.010.907/0001-58
Endereço: Rua Frei Matias Teves, 280, sala 507, Empresarial Albert Einstein, Ilha do Leite, Recife-PE — CEP: 50070450
DDD: 081 Tel: 3222-8818 Fax: 3222-8921
PRESIDENTE: MUCIO NOVAES DE ALBUQUERQUE CAVALCANTI

3 — SINDICATO DAS EMPRESAS DE SEGUROS PRIVADOS, RESSEGUROS, PREVIDÊNCIA COMPLEMENTAR E VIDA, SAÚDE SUPLEMENTAR E CAPITALIZAÇÃO NOS ESTADOS DA BAHIA, SERGIPE E TOCANTINS
CNPJ: 15.243.520/0001-00
CGA: 020 344 0001/15
Endereço: Rua Pedro Rodrigo Bandeira, 9 — Edifício Santa Elisa — 2º andar — Centro
CEP: 40015080
DDD: 071 — Tel: 3242-9908 Fax: 3242-9908
PRESIDENTE: ANTONIO TAVARES DA CÂMARA

4 — SINDICATO DAS EMPRESAS DE SEGUROS PRIVADOS, RESSEGUROS, PREVIDÊNCIA COMPLEMENTAR E VIDA, SAÚDE SUPLEMENTAR E CAPITALIZAÇÃO NOS ESTADOS DO PARANÁ E MS — SINDSEG / PR-MS
CNPJ: 76.708.841/0001-10
Endereço: Rua Monsenhor Celso, 225 — 7º andar — Centro
CEP: 80010150
DDD: 041 — Tel: 3224-1271 — Fax: 3224-1271
PRESIDENTE: JOÃO GILBERTO POSSIEDE

5 — SINDICATO DAS EMPRESAS DE SEGUROS PRIVADOS, RESSEGUROS, PREVIDÊNCIA COMPLEMENTAR E VIDA, SAÚDE SUPLEMENTAR E CAPITALIZAÇÃO NOS ESTADOS DE MG, GO, MT E DF
CNPJ: 17.202.615/0001-01
Endereço: Av. Afonso Pena, 726 — 22º andar — Centro
Belo Horizonte — CEP: 30130902
DDD: 031 — Tel: 3271 0770 — Fax: 3271 0051
PRESIDENTE: AUGUSTO FREDERICO COSTA ROSA DE MATOS

6 — SINDICATO DAS EMPRESAS DE SEGUROS PRIVADOS, RESSEGUROS, PREVIDÊNCIA COMPLEMENTAR E VIDA, SAÚDE SUPLEMENTAR E CAPITALIZAÇÃO NO ESTADOS DE SANTA CATARINA — SINDSEG / SC
CNPJ: 79.375.838/0001-10
Endereço: Rua XV de Novembro, 550 — Sala 1001-1004 — Centro.
Blumenau — SC — 89010-901
DDD: 047 — Tel/Fax: 3322-6067
PRESIDENTE: PAULO LÜCKMANN

7 — SINDICATO DAS EMPRESAS DE SEGUROS PRIVADOS, RESSEGUROS, PREVIDÊNCIA COMPLEMENTAR E VIDA, SAÚDE SUPLEMENTAR E CAPITALIZAÇÃO NOS ESTADOS DO RJ E ES — SINDSEG / RJ-ES
CNPJ: 33.621.962/0001-17
Endereço: Rua Senador Dantas, 74 — 16º andar — Centro — Rio de Janeiro.
CEP: 20.031-205
DDD: 021 — Tel: 2510-7785- Fax: 2532-7549
PRESIDENTE: LUIS TAVARES PEREIRA FILHO

8 — SINDICATO DAS EMPRESAS DE SEGUROS PRIVADOS, RESSEGUROS, PREVIDÊNCIA COMPLEMENTAR E VIDA, SAÚDE SUPLEMENTAR E CAPITALIZAÇÃO DOS ESTADOS DO RIO GRANDE DO SUL — SINDSEG / RS
CNPJ: 92.947.241/0001-60
Endereço: Av. Otavio Rocha, 115 — 7º andar — Centro — Rio Grande do Sul
CEP 90020904
DDD: 051 — Tel: 3221 4333 — Fax: 3224 5914
PRESIDENTE: JÚLIO CESAR ROSA

Envie sua crítica, informação ou sugestão para <jeronimojesus@gmail.com>. Desde já, o autor agradece a colaboração e deseja felicidades.